踏着新世纪的脚步
中国知识产权事业
不断向前

知 识 产 权 保 护 是 新 世 纪

发 刊 词

在以邓小平、江泽民同志为核心的党的第二代和第三代领导集体的亲切关怀和领导下，作为中国改革开放政策的一个重要成果——中国知识产权制度，已成为整个社会主义现代化建设伟大事业中的一个重要组成部分。

国内国外的实践反复证明，知识产权制度是促进技术创新，加速高科技产业化，提高经济竞争力的一项重要法律制度。随着当代科学技术的日新月异，经济全球化、科技全球化进程的不断加速，知识产权保护政策与国家经济政策、外交政策和国际贸易政策的关系日益密切，并且，成为影响国际政治和国家政治的重要力量。完善知识产权制度，切实保护知识产权，已成为大多数国家发展高科技、增强国家综合竞争能力的一项重要战略选择。

我国即将加入世界贸易组织，很快就要更加广泛地融入经济全球化的大潮。建立和完善我国知识产权制度，增强社会公众的知识产权意识，加强技术创新中的知识产权保护和管理，大力提升我国企事业单位掌握和运用知识产权制度的能力和水平，提高我国知识产权的总量和质量，是我们当前和今后相当长一段时间里的重要而艰巨的任务，也是我国加入世贸组织，应对国际竞争，变压力为动力、趋利避害的必然选择。虽然我们在二十多年的时间里取得了令世人瞩目的成就，但比较一些实施专利制度上百年的发达国家，我国知识产权工作的综合能力、知识产权保护能力和水平还存在差距。中国知识产权事业任重道远。

大力提高知识产权保护能力和水平，增强全社会知识产权保护意识，很重要的一项工作就是宣传工作。二十多年来，各知识产权部门一贯重视知识产权宣传工作，通过本部门、本系统的报纸、杂志以及电视、广播、报刊等各种社会新闻媒体，做了大量知识产权宣传普及工作，并且取得了明显的社会效果。在人类社会迈进二十一世纪的第一年里，《中国知识产权年鉴》创刊，向国内国外、向社会各界奉献了一份厚礼，这是我国知识产权界的一件大喜事。《中国知识产权年鉴》的创刊，使我们又多了一个记录我国知识产权事业发展历史的阵地，多了一个向国内国外全面宣传我国知识产权事业发展状况的一个重要窗口。

在各知识产权部门和各相关部门、单位的大力支持和合作下，《中国知识产权年鉴（2000）》顺利出版，这是非常值得庆贺的。《中国知识产权年鉴（2000）》的问世，是我们成功迈出的第一步。千里之行，始于足下。我相信《中国知识产权年鉴》，一定能够始终如一，紧紧踏着新世纪的脚步，不断向前，成为中国知识产权事业发展历史的忠实记录者，成为中国知识产权事业的光荣宣传者。

王景川

（国家知识产权局局长）

保护知识产权

激励科技创新

宋健

二〇〇一年七月

加強知识产权保护
促进科学技术创新

为《中国知识产权年鉴》题

二○○一年五月

任建新

中国知识产权年鉴

ZHONGGUO ZHISHICHANQUAN NIANJIAN

2000

国家知识产权局主办

知识产权出版社出版

◆1978 年党的十一届三中全会以后，我国改革开放的总设计师邓小平同志明确表示支持我国建立包括专利制度在内的知识产权制度。

◆为感谢世界知识产权组织在中国专利制度的建立和发展中给予的大力支持，1991 年 11 月 28 日江泽民同志在北京亲切会见了世界知识产权组织总干事鲍格胥博士。鲍格胥博士高度称赞中国专利事业取得的举世瞩目的成绩。

◆1999年1月27日 江泽民主席在钓鱼台国宾馆会见世界知识产权组织总干事伊德里斯博士。

◆1992年9月15日 江泽民主席在人民大会堂同参加中国版权保护国际讨论会的世界知识产权组织官员和外国专家合影。

◆2000年4月2日 江泽民主席参观“中国专利十五年成就展”时，受到参展人员的热烈欢迎。

◆ 2000 年 4 月 2 日 江泽民主席在“中国专利十五年成就展”展厅观看发明人的演示。

◆ 1984 年 12 月 10 日 李鹏同志为中国专利局业务大楼奠基揭彩。

◆ 1986 年 11 月 国务院副总理李鹏在中国专利局参观“专利技术展览会”。

◆ 1989 年 11 月 国务院总理李鹏、国务委员宋健会见世界知识产权组织总干事鲍格胥博士和联邦德国专利局长豪依塞尔。

◆ 1999 年 10 月 13 日 国务院总理朱镕基在人民大会堂会见世界知识产权组织总干事伊德里斯博士，并与参加会见的人员合影。

◆ 2000 年 4 月 2 日 胡锦涛副主席在军事博物馆参观“中国专利十五年成就展”。

◆ 1996 年 3 月 11 日 李岚清副总理在人民大会堂会见在华出席会议的世界知识产权组织副总干事居尔舒，并与参加会见的人员合影。

◆ 2000 年 4 月 2 吴阶平副委员长参观“中国专利十五年成就展”。

◆ 1999 年 6 月 30 彭佩云副委员长视察国家知识产权局受理大厅。

◆1999 年 6 月 4 日 温家宝副总理参观国家知识产权局文献馆。

◆1998 年 4 月 15 日 国务委员吴仪会见世界知识产权组织副总干事柯肖德及代表团一行。

◆ 2000 年 4 月 2 日 任建新政协副主席参观“中国专利十五年成就展”。

◆ 1984 年 3 月 12 日 第六届人大常委会第 4 次会议通过《中华人民共和国专利法》。

◆1985年4月1日 中华人民共和国专利法施行第一天。

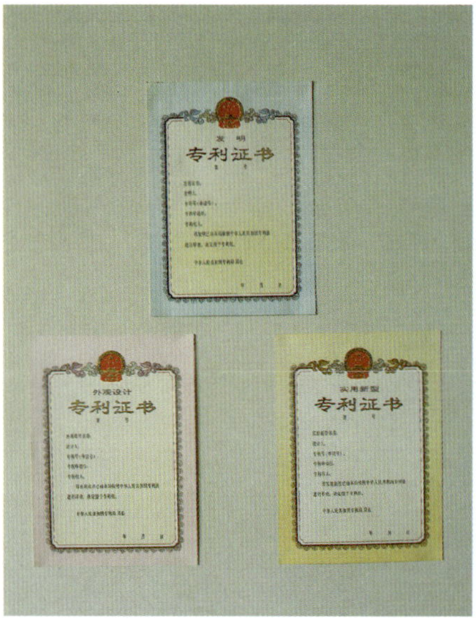

◆专利证书。

◆1985年4月1日 第一个申请专利的发明人接受采访。

◆首批中国专利证书于1985年12月28日在人民大会堂隆重颁发。

◆ 1993 年 9 月 13 日 刘华秋同志代表中国向世界知识产权总干事鲍格胥递交《专利合作条约》加入书。

◆ 2000 年 4 月 6 国家知识产权局在人民大会堂举办庆祝《中华人民共和国专利法》实施 15 周年座谈会。

◆ 2000 年 8 月 25 日全国人大常委会第九届第 17 次会议通过专利法第二次修正案。

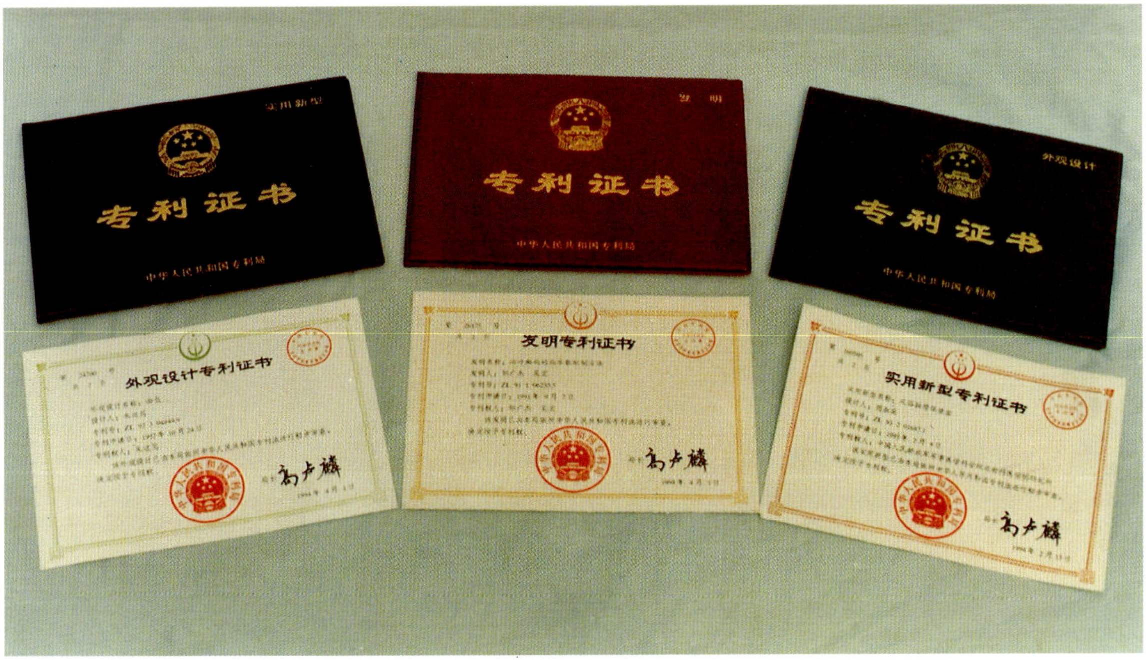

◆专利证书。

◆国家版权局自1985年成立起，即与世界知识产权组织建立了良好的合作关系。这是双方首次在中国举办版权培训班。

◆为加强对著作权的研究、发挥各方面的才智，1990年3月，全国范围的著作权社团—中国版权研究会在京成立。

◆国家版权局经常就著作权及相关法规的起草及执法工作征求社会各方人士意见。这是作家曹禺（中）在国家版权局举办的一次会议上发表意见。

◆国家版权局与中国版权研究会共同主办出版的《著作权》杂志及与联合国教科文组织合作出版的《版权公报》中文版。

◆著作集体管理组织的建立，是一个国家著作权保护水平的重要标志，1992 年底中国第一家此类组织—中国音乐著作权协会在京宣告成立。

◆推动版权贸易工作，使版权贸易为科教兴国服务是各级版权行政机关的一项重要工作。1994 年 10 月，国家版权局在南宁举办了首次全国版权贸易工作座谈会。

◆为在全国范围内做好依法行政工作，从 1995 年，全国版权局开始举行全国版权局长会议，以此规划年度版权行政执法工作。

◆中国与外国及国际组织间的交流十分密切。1996 年 6 月国家版权局局长于友先应邀访问美国。

◆1986 年 5 月 中国版权代表团赴美考察学习。图为代表团成员与美国版权局官员在白宫前合影。

◆ 1982 年 8 月 23 日 第五届全国人民代表大会常务委员会第 24 次会议通过《中华人民共和国商标法》时的情景。

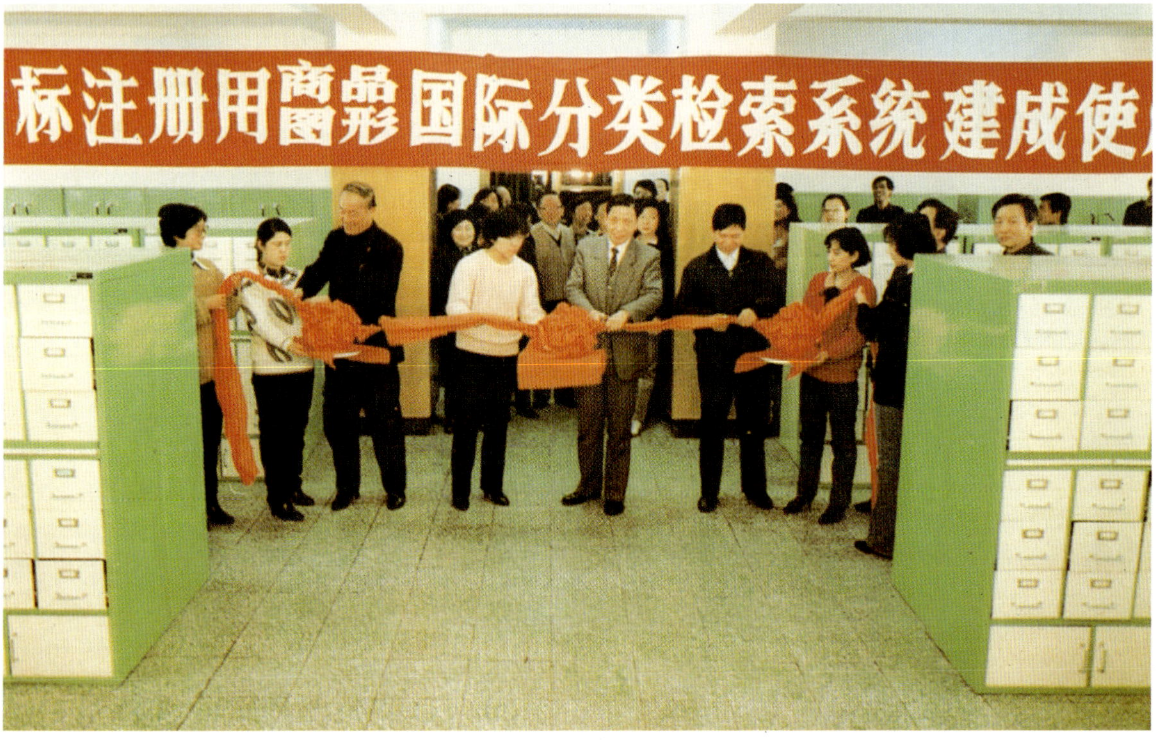

◆ 1988 年 11 月国家工商行政管理局常务副局长刘敏学同志为检索系统建成剪彩。

◆1989年10月国家工商行政管理局副局长甘国屏在日内瓦主持世界知识产权组织马德里联盟大会。

全 权 证 书

中华人民共和国国务院授权刘敏学代表中华人民共和国政府签署《商标法律条约》。

中华人民共和国外交部长

一九九四年十月二十四日于北京

◆这是中国外交部长钱其琛给国家工商行政管理局局长刘敏学签发的代表中国政府签署加入《商标法律条约》的授权书。

日内瓦

世界知识产权组织总干事

鲍格胥阁下

阁下：

我谨通知您，中国政府决定加入《商标国际注册马德里协定》（于一九六七年修订及一九七九年修改的斯德哥尔摩文本），同时声明如下：

1、关于第三条之二：通过国际注册取得的保护，只有经商标所有人专门申请才扩大到中国；

2、关于第十四条第二款第四项：本议定书仅适用于中国加入生效之后注册的商标，但以前在中国已经取得与前述商标相同且仍有效的国际注册，经有关当事人请求即可承认为国际商标的，不在此列。

顺致最崇高的敬意。

中华人民共和国外交部部长

一九八九年六月廿日于北京

◆《商标国际注册马德里协定》是保护工业产权巴黎公约下设的一个关于商标国际注册制度的专门协定，该协定于1891年在西班牙首都马德里签订。这是1989年6月20日中国外交部长钱其琛代表中国政府，给世界知识产权组织总干事鲍格胥博士的中国政府决定加入《商标国际注册马德里协定》的通知。

◆1994年5月6日商标局副局长刘佩智同我国驻日内瓦代表团代表唐玉峰向WIPO总干事鲍格胥博士递交《商标注册用商品和服务国际分类尼斯协定》加入书。

◆1994年10月28日中国政府代表团团长、国家工商行政管理局局长刘敏学在日内瓦签署《商标法律条约》。在该条约上签字的还有美国、英国、俄罗斯联邦等34个国家。

◆1995年9月1日国家工商行政管理局局长王众孚与我国常驻日内瓦代表团金永健大使一起，代表我国政府向WIPO总干事鲍格胥递交《商标国际注册马德里协定有关议定书》的加入书。我国作为第四个国家加入，使该议定书于1995年12月1日生效。

◆1998年4月国家工商行政管理局副局长兼商标局局长白大华、商标局副局长曹中强赴日本东京出席中日商标首脑第二次会谈后合影。

◆ 1999 年 1 月 26 日国家工商行政管理局局长王众孚会见来华访问的 WIPO 新任总干事加米尔·伊德里斯博士一行后合影。

◆ 1999 年 10 月国家工商行政管理局商标局局长侯林与欧洲商标局局长贡巴尔蒂约先生举行工作会谈后合影。

◆2000年6月8日至9日国家工商行政管理局与世界知识产权组织在成都联合举办了WIPO亚洲地区商标国际保护研讨会。

◆2000年10月国家工商行政管理局商标局局长侯林与美国专利商标局局长狄金森先生举行工作座谈后合影。

◆2000年11月，最高人民法院民事审判第三庭与欧盟－中国知识产权项目办公室在武汉联合举办知识产权高级法官培训班。图为欧盟专家与中国法官在一起。

◆2000年12月，最高人民法院副院长李国光（右二）、最高人民法院民事审判第三庭庭长蒋志培（右一）访问欧洲专利局。

◆2000年12月，最高人民法院副院长李国光（右）率领中国高级法官代表团访问欧洲，会见世界知识产权组织副总干事罗伯特.卡斯特罗（ROBERTOCASTELO）。

◆2000年12月，最高人民法院民事审判第三庭庭长蒋志培（右）访欧期间与世界知识产权组织副总干事罗伯特.卡斯特罗（ROBERTOCASTELO）合影。

◆ 2000 年 2 月，最高人民法院副院长曹建明（右三）、最高人民法院民事审判第三庭副庭长罗东川（左一）在上海市第一中级人民法院调研知识产权审判工作。

◆最高人民法院公开开庭审理二审案件。

《中国知识产权年鉴》编辑委员会名单

主　任：王景川（国家知识产权局局长）

副主任：白大华（国家工商局副局长）
沈仁干（国家版权局副局长）
马连元（国家知识产权局副局长）
杨正午（国家知识产权局副局长）
蒋志培（最高人民法院民审第三庭庭长）
侯　林（国家工商局商标局局长）
王化鹏（国家版权局版权司司长）
侯丽叶（国家工商局商标局副局长）
曹中强（国家工商局商标评审委员会副主任）
郑成思（中国社科院知识产权研究中心主任、研究员）

编　委：（按姓氏笔画排序）
邓　军（国家知识产权局办公室副主任）
王汉波（科学技术部政策法规司法规与知识产权处长）
王亚仑（国家知识产权局办公室主任）
王景明（中华商标协会秘书长）
尹新天（国家知识产权局条法司司长）
文希凯（国家知识产权局条法司副司长）
许　超（国家版权局版权司副司长）
李德威（发明协会副秘书长）
乔德喜（国家知识产权局国际合作司司长）
成卉清（国家海关总署法规司副司长）
辛广伟（国家版权局版权司信息宣传处处长）
陈仲华（国家知识产权局规划司司长）
陈美章（北京大学知识产权教学研究中心教授）
陈　涛（国家工商局商标评审委员会处长）
陈昭宽（中国版权研究会秘书长）
张景安（科学技术部火距高技术产业开发中心主任）
杨一平（国家工商局商标局综合处副处长）
罗东川（最高人民法院民审第三庭副庭长）
金纪民（中华全国专利代理人协会秘书长）

胡一鸣（国家知识产权局专利局审查业务部部长）

胡佐超（国知局协调司司长）

胡　倬（中国知识产权报社副社长）

黄英达（科学技术部科学技术奖励工作办公室主任）

董铁鹰（知识产权出版社社长）

赖　洪（中国知识产权研究会秘书长）

年鉴编辑部名单

主　　编： 马连元

副 主 编： 邓　军　董铁鹰　董葆霖　辛广伟

向良穗　韩秀成　王永昌　张锦锐

编　　辑： 雷嘉玲　黄清明　张丽荣　范红延　王常永

特约编辑：（按姓氏笔画排序）

毛金生（国家知识产权局发展规划司综合计划处）

冯宏声（国家版权局版权司信息宣传处）

刘　宁（国家知识产权局办公室宣传处）

李群英（国家海关总署知识产权办公室）

陆贺本（国家工商局商标局综合处）

张锦锐（中国知识产权研究会）

段立红（最高人民法院民审第三庭）

编 辑 说 明

一、《中国知识产权年鉴》是反映我国知识产权界工作基本状况的大型资料性工具书，内容主要反映上一年度情况。

2000年刊为该年鉴的创刊号，部分章节回顾了我国知识产权制度建立健全的过程。

二、本期由“彩色照片”、“特约文章”、“大事记”、“知识产权组织”、“人物”、“法律法规规章”、“统计资料”、“典型案例”、“合作与交流”、“宣传、培训、出版物、网站”、“项目介绍”、“地方概况”、“热点聚焦”、“技术创新与知识产权产业化”、“附录”15部分组成。

三、“彩色照片”展示了党和国家领导人对知识产权界的关心与支持，记录国家知识产权局、国家版权局、国家工商局及国家工商局商标局、最高人民法院知识产权庭主要领导活动情况，反映出知识产权界一些重大事件的历史瞬间。

四、“特约文章”是编辑部特邀知识产权界行政主管部门、司法机构、国家部局的有关领导及社科院、高校专家学者，回顾我国知识产权制度建立健全的历史及知识产权在各条战线所发挥的巨大作用。

五、“大事记”，记录了我国知识产权三大支柱专利、商标、版权及知识产权司法保护在我国20年来建立知识产权制度中发生的重大事件。

六、“知识产权组织”介绍了知识产权行政管理部门机构设置及职责，地方行政管理机构的联系地址；知识产权司法机构的状况；知识产权研究单位和目前我国大学中设立的知识产权学院或系；以及现正式注册登记的全国性知识产权社团。

七、“人物”登载了知识产权行政管理、司法机构历届领导班子，全国性社团历届理事会、知识产权系统公开表彰的全国先进集体和先进个人名单。栏目中还设置了人物简介。由于篇幅所限，此期选登的是一些行政司法管理机构的领导人和全国性社团副理事长以上的人物，应各单位的要求，今后将陆续介绍在知识产权工作或工作过的各部门领导、专家、学者和先进模范人物。

八、“法律法规规章”栏目刊登了历年知识产权法律法规规章目录；现行的知识产权各专业基本法律法规刊登了全文。最高人民法院知识产权审判历年的司法解释只登目录，2000年的司法解释刊登了全文。为便于人们了解知识产权三大支柱商标、专利、版权立法过程，曾参与起草商标法、专利法、著作权法的专家，回顾这三个法律制定过程。

九、“统计资料”收录了专利申请、授权；版权的有关工作商标申请、注册，近年商标违法案件的统计数字；介绍了2000年查处商标违法案件的全国状况；1989年～2000年商标局认定的驰名商标。栏目中还列出农业、林业植物新品种保护名录植物新品种授权品种；2000年计算机软件登记以及全国司法保护统计。

十、“典型案例”收录的是近年一些行政保护与司法保护的典型案例。

十一、“合作与交流”，介绍了近年来知识产权界与国外合作交流情况。

十二、“宣传、培训、出版物、网站”，该栏目介绍了知识产权界宣传培训情况。主要反映的是2000年当年的情况；收录了近年来中央在京出版社出版的知识产权图书；涉及到知识产权的国内网站和部分国外知识产权网站。

十三、“项目介绍”：收录了国家知识产权局（包括原中国专利局）6届评选出的专利金奖及中国专利优秀奖目录。

十四、“地方概况”栏目中，由各省、直辖市、自治区的知识产权局（或专利局）反映2000年本省的知识产权工作情况，由于职责范围所限，大多数反映的主要是专利方面的情况，只有个别地区反映了商标和著作权方面情况，我们拟在今后弥补这一不足。司法工作反映的是最高人民法院民审第三庭的知识产权司法保护情况。

十五、“热点聚焦”，是知识产权领域中专家学者，对一些热点问题的观点和看法。

十六、“技术创新与知识产权产业化”，收录了有关主管部门对知识产权产业化的办法、措施；刊载了三个专利试点城市，五家大型企业开展知识产权工作的经验与体会。

十七、“附录”，收录了专利、版权、商标代理机构名录；据检索，国家科技进步奖中有相当数量项目申请了专利，取得了知识产权保护，为了使广大读者了解国家科技进步奖情况，我们在附录中收录了2000年国家科技部公布的国家科学技术进步奖。一等奖13项刊登简介，二等奖167项只列题目；附录还收录了知识产权有关的国际组织与国际条约；编辑部并为本刊做了索引，以便读者查询。

目　录

特约文章

大事记

知识产权组织

人物

法律法规规章

统计资料

典型案例

合作与交流

宣传、培训、出版物、网站

项目介绍

地方概况

热点聚焦

技术创新与知识产权产业化

附录

CONTENTS

Special Contributions

Major Events and Activities Related

Intellectual Property Organizations in China

Personnel

Laws, Regulations and Rules

Statistics

Typical Cases

Cooperation and Exchange

Publicity, Training, Publications and Websites

Introductions of Awards

General Introduction of Intellectual Property Work at Local Level

Hot Topics

Technological Innovation and Industrialization of Intellectual Property

Appendix

特约文章

中国专利事业二十年

王 景 川

（国家知识产权局局长）

中国专利制度从1978年筹备起算，到今天已有20多年的历史。20多年来，中国专利事业在以邓小平同志为核心的党的第二代领导集体和以江泽民同志为核心的党的第三代领导集体的亲切关怀和领导下，我国专利事业从无到有，不断发展壮大，并进入了一个新的历史时期。江泽民同志近几年来，在不同场合就知识产权问题作过多次重要论述，从维护经济主权和国家安全的战略高度反复强调知识产权保护工作的重要性。2000年4月2日，江泽民同志在参观中国专利15年成就展时指出："大力支持专利工作，充分发挥专利制度作用，扶植有自主知识产权和市场前景的高新技术产品成长，促进我国经济的长远发展。"江泽民同志在《在表彰为研制"两弹一星"作出突出贡献的科技专家大会上的讲话》中特别强调指出，"惟有自己掌握核心技术，拥有自主知识产权，才能将祖国的发展与安全的命运牢牢掌握在我们手中"。在党中央和国务院的高度重视和关怀下，作为改革开放的一个重要成果——中国专利制度，已深深植根于我国改革开放的伟大事业之中，并在我国社会主义现代化建设中发挥着日益重要的作用。20多年来，我国专利事业全面发展，取得了举世公认的成绩。

一、建立了一个比较完善的专利法律法规体系

《中华人民共和国专利法》的制订工作始于1979年。经过五年多的调查研究和讨论修改，历经波折，25次易稿，在以邓小平同志为核心的党的第二代领导集体的亲切关怀下，终于于1984年3月12日，经第六届全国人民代表大会常务委员会第四次会议通过，并于1985年4月1日顺利实施。《中华人民共和国专利法》的施行，标志着中国专利制度的成功建立和实行。《中华人民共和国专利法》是一部既适合我国国情，又成功借鉴国外经验的现代化的专利法。为适应我国不断深化改革、扩大开放和知识产权保护国际发展形势的需要，我国专利法又进行过两次修改。我国专利法经过1992年的第一次修改，基本上达到了国际标准。在专利保护期限和保护范围等方面达到了世界贸易组织《与贸易有关的知识产权协议》(TRIPS)的要求。2000年我国专利法的第二次修改，主要涉及到以下几个方面：一是为了与社会主义市场经济发展尤其是国有企业改革的要求相适应，修改后的专利法明确了国有企事业单位在申请和取得专利方面与其他经济成份享受同样的权利与义务；二是为了适应加强科技进步和创新形势的要求，按照政府鼓励技术等生产要素参与收益分配的精神，对职务发明重新进行了合理界定，并且从法律上明确规定对职务发明人应当给予报酬；三是完善专利领域的司法与行政执法，坚持继续实行司法与行政执法的"两条途径、协调运作"的模式，进一步加大专利保护力度；四是简化、完善专利审批和维权程序，维护当事人的合法权益；五是通过这次修改，使我国的专利法与TRIPS的标准相一致，为我国加入世界贸易组织营造更为完善的专利法律环境；六是对专利审批和专利管理机构提出明确要求，努力建设勤政、廉洁、务实、高效的专利工作队伍。通过第二次修改，专利法更加完善，不但进一步适应了我国社会主义现代化建设的需要，而且与TRIPS的要求更加一致。为确保专利法的贯彻实施，国务院于专利法颁布和两次修改后，制定和修订了《中华人民共和国专利法实施细则》。1991年3月4日公布了《专利代理条例》。

中国专利局于1989年发布了《专利管理机关处理专利纠纷办法》，1994年制定了《专利管理机关查处冒充专利行为暂行规定》。1996年国家知识产权局与海关总署联合制定了《关于实施专利权海关保护问题的若干规定》等规章。广东、四川、山东、湖北、辽宁、河北、安徽、浙江、广西、河南、山西以及厦门等十几个省、自治区和城市还制订了本地的《专利保护条例》，使专利行政执法和整个专利保护的力度不断加强。一个比较完善的专利法律法规体系已经形成。

二、建立了一个包括专利受理、审查、管理、执法、中介服务在内的专利工作体系

国家知识产权局专利申请的受理、审查以及自动化等方面的能力和水平不断提高，目前已成为世界上有影响的专利局之一。各省、自治区、直辖市，沿海开放城市、副省级市建立了适合我国国情的以专利管理和专利行政执法为主要职责的地方专利管理机关，一些具备条件的省、自治区、直辖市在地县级设立了专利管理机构。专利管理体系是推动我国专利事业蓬勃发展的一支重要力量。我们还培养建立了一支5000余人的专利代理人队伍，形成了一个以专利代理、专利信息服务、专利技术转让中介、专利技术评估为主要内容的服务体系。

三、专利申请与审批量大幅度增长

我国专利法施行以来，专利申请量每年都以较大幅度增长，到2000年，年专利申请量已达170 682件。自1985年4月1日至2000年12月底，我国专利申请受理总量已达1 166 427件，其中国内专利申请为968 119件，国外专利申请198 308件；发明专利申请326 811件，实用新型专利申请594 134件，外观设计专利申请245 482件。在受理的国内三种专利申请中，发明专利申请156 434件；实用新型专利申请590 855件；外观设计专利申请220 830件。近几年来，国内发明专利申请虽然有明显的增长，但国外发明专利申请所占比例仍高于国内，1997～2000年国外申请量分别占62%、61%、57.5%、51%。

专利申请量排在前十位的省市依次是：广东(106 415)、北京(85 049)、山东(69 810)、辽宁(62 769)、台湾(61 719)、江苏(61 453)、浙江(61 026)、上海(44 239)、湖南(40 215)、四川(36 364)。

来自国外的专利申请量排在前十位的国家依次是：日本(62 780)、美国(52 445)、德国(18 268)、韩国(11 276)、法国(8 615)、瑞士(6 832)、英国(6 224)、荷兰(6 097)、瑞典(3 466)、意大利(3 156)。

到2000年12月底，累计授予专利权636 382件，其中职务发明专利权260 956件，非职务发明专利权375 426件；国内580 947件，国外55 435件；发明专利权61 126件，实用新型专利权399 850件，外观设计专利权175 406件。2000年年专利授权量已达105 344件。

专利授权量排在前十位的省市依次是：广东(70 854)、北京(48 235)、台湾(45 272)、山东(40 070)、江苏(38 207)、浙江(37 328)、辽宁(36 965)、上海(24 408)、四川(21 725)、湖南(21 588)。

专利授权量排在前十位的国家依次是：日本(19 722)、美国(13 576)、德国(4 564)、法国(2 684)、瑞士(2 430)、韩国(2 159)、荷兰(2 120)、英国(1 844)、意大利(1 083)、瑞典(851)。

四、专利保护不断加强

我国对专利权的保护，采取司法和行政机关"两条途径、协调运作"的模式。这一作法不仅被实践证明是符合我国国情，行之有效，而且也是符合世界贸易组织的有关规定的。在专利法的第二次修改中，人民法院和专利管理机关的执法手段都得到了充实和加强。到2000年底，各地专利管理机关共受理专利纠纷6 171件，结案5 234件；查处冒充专利案件6 348件。专利管理机关对大量专利侵权案件和冒充专利行为的处理，有效地保护了专利权人的合法权益，为维护市场秩序发挥了重要作用。

五、企业、科研单位和高等学校专利工作的整体水平不断提高。

通过企事业单位专利工作试点、促进专利技术产业化示范工程以及大量专利宣传培训工作的开展，企事业单位专利工作取得进展，一些部门、行业和企事业单位制定了包括专利在内的知识产权管理制度，建立了专门的知识产权机构，掌握和运用专利制度的能力和水平有所提高。自1995年以来，企业专利申请连年增长，最高的年份高达72%。科研单位和高等院校近几年改变了连续负增长的局面，实现正增长。1999年科研单位和高等学校分别增长70%和22%，2000年分别增长35%和65%。到2000年12月底，企业、科研单位和高等学校的专利申请量分别为211 635件、37 967件和23 410件；专利授权量分别为144 231件、24 036件和15 247件。出现了一批像中科院、中国石化集团公司、海尔集团公司、江苏好孩子集团、深圳华为公司、清华大学等，注重运用专利制度推动技术创新，保护其市场竞争优势的企事业单位。

六、专利制度在技术创新过程中的作用日益凸显

专利法的一个重要宗旨是鼓励发明创造，有利于发明创造的推广应用。第二次修改后的专利法，进一步明确了专利法促进科学技术进步和创新的立法宗旨。依照专利法的规定授予专利权，对技术发明成果进行产权界定，给予了专利权人独占市场的权利，为其收回投资，继续进行新的发明创造提供了保障。专利文献记载了人类90%以上的技术信息，通过查阅专利文献，在已有技术基础上进行技术创新，可以有效地配置创新资源，实现技术跨越式发展。按照专利法的规定，给予发明人的报酬，要从其专利技术产业化后创造的经济效益中提取。专利制度的这一机制，比较好地解决了科技与经济两张皮的问题，促使发明人更加关注创新成果的产业化、市场化。近几年来，出现了安阳钢铁集团、上海石化研究院、上海医科大学等一批运用专利制度使本单位技术创新活动走向良性循环的企事业单位。

七、专利文献收藏，专利信息传播与运用上新水平

经过十几年的努力，国家知识产权局建立起了国内收藏专利文献数量最大、范围最广的专利文献馆。国家知识产权局专利文献馆目前收藏有中、美、日、德、英、法、前苏联等21个国家及欧洲专利局和专利合作条约的全文专利说明书，36个国家和两个国际组织的专利公报与检索工具书，专利文献总量达4000多万件。同时投入使用的还有供局内审查员使用的按国际专利分类排列的专利审查文档馆。

为了实现文献载体非纸件化，检索手段现代化，1991年，国家知识产权局设立了CD－ROM工作站，1994年正式建成光盘阅览室，收集有17个国家和3个国际组织的全文说明书光盘。国家知识产权局自1992年以来，先后出版CD－ROM专利文献检索光盘和全文说明书光盘，供读者使用。在文献存贮载体从纸件、缩微件向光盘转化方面与发达国家保持了同步。

为加快专利信息的传播和广泛运用，自1999年起，国家知识产权局开始致力于中国专利信息工程的建设。该工程完成后，不仅可以大大提高国家知识产权局办公自动化水平和专利检索、专利审查效率，而且还可以使各地方网点与国家知识产权局全部联网，解决各地对专利信息检索的需求。

八、国际交流与合作成效显著

我国专利制度自孕育、诞生至今，自始至终就以开放的姿态面向世界。到目前，我国加入了《保护工业产权巴黎公约》、《专利合作条约》等几乎所有与专利有关的国际公约或条约。国家知识产权局与世界知识产权组织、欧洲专利局以及德、法、日、美、英、泰、韩、澳、俄等十几个国家的知识产权部门建立了良好的合作关系。专利领域的国际合作与交流，有力地促进了我国专利事业的发展，树立起了我国在知识产权国际舞台上的良好形象。

我们用短短二十几年的时间，在专利立法、审查、保护工作体系建设等方面，取得了明显进步。但是，我们清醒地认识到，随着经济全球化、科技全球化进程的不断加快，作为世界贸易组织三大支柱之一的知识产权，日益成为世界各国激烈竞争的焦点。我国即将加入世界贸易组织，当前及今后较长一个时期的一项紧迫而重要的任务是，必须进一步增强社会公众的知识产权意识；大力提高企业、事业单位掌握和运用知识产权制度的能力和水平；切实加强知识产权工作队伍建设，尽快培养一批熟练掌握知识产权国际规则的人才；加强知识产权战略和策略的研究与运用；掌握关键高新技术的知识产权；保护和形成我们的市场优势，增强国家综合竞争能力。

中国专利事业，任重道远。二十几年，只不过是人类历史长河中短短的一瞬，在这短短的二十几年里，我们已经为中国专利事业的长远发展奠定了一个良好的基础，取得了令世人瞩目的成就。我们坚信，在以江泽民同志为核心的党中央的坚强领导下，高举邓小平理论伟大旗帜，坚持党的基本路线，以“三个代表”的重要思想为指导，振奋精神，扎实工作，团结进取，未来的中国专利事业，一定会更加兴旺发达，我们一定能够再创21世纪中国专利事业新的辉煌，为实现我国社会主义现代化建设第三步战略目标，实现中华民族的伟大复兴，作出新的更大的贡献！

加入世贸组织与我国的版权保护

沈　仁　干

（国家版权局副局长）

经过15年的努力，我国恢复关贸总协定(GATT)缔约国地位和加入世界贸易组织(WTO)的谈判已近尾声。加入WTO、广泛参与国际市场竞争，这是我国改革开放历史进程中的重大事件，对我国由社会主义计划经济体制向社会主义市场经济体制转轨和加速实现四个现代化将产生巨大影响。与其他各行业关心加入WTO对本行业的影响一样，我国文学艺术和科学作品的创作者与传播者也十分关心加入WTO对版权保护的影响，报刊和因特网上已发表一些谈论这个题目的文章。作为版权界的一个老兵，我也谈一点看法，以向有关方面人士和版权界的同仁请教。

一、WTO的基本原则与对版权保护的基本要求

WTO是当今世界最大的多边贸易组织，其主要宗旨是通过组织多边贸易谈判，制订国际多边贸易规则和解决成员之间的贸易争端，以达到降低关税、减少非关税贸易壁垒、促进自由贸易和发展经济的目的。

包括《关税与贸易总协定》(GATT)、《服务贸易总协定》(GATS)和《与贸易有关的知识产权协议》(TRIPS)在内的《WTO协议》，贯穿着以下几项基本原则：

1. 市场经济为基础的自由竞争原则；
2. 互惠原则；
3. 非歧视原则（最惠国待遇原则和国民待遇原则）；
4. 关税为惟一保护手段的原则；
5. 贸易壁垒递减原则；
6. 公平贸易原则；
7. 禁止数量限制原则；
8. 贸易政策法规的全国统一与透明原则。

WTO对版权保护的基本要求主要体现在TRIPS第二部分“有关知识产权的效力、范围及利用标准”和第三部分“知识产权执法”中。

第一，TRIPS要求“全体成员均应遵守伯尔尼公约1971年文本第1条至第21条及公约附录”，即遵守伯尔尼公约的实质性条款。

第二，对“无论以源代码或以目标代码表达的计算机程序”，全体成员“均应作为伯尔尼公约1971年文本所指的文字作品给予保护”。

第三，对“数据或其他材料的汇编，无论采取机器可读形式还是其他形式，只要其内容的选择或安排构成智力创作”，全体成员“即应予以保护”。

第四，“至少对于计算机程序和电影作品”，全体成员“应授权其作者或作者之合法继承人许可或禁止将其享有版权的作品原件或复制件向公众进行商业性出租”。此种出租权“原则上适用于录音制品制作者”以及“成员域内法律确认的录音制品的任何其他权利持有人”。

第五，全体成员应对“表演者、录音制品制作者和广播组织”（注：我国通称为“广播电视组织”）予以保护，即保护作品传播者的“邻接权”。

第六，对于侵犯版权或邻接权的行为，包括“即发侵权”行为，成员的行政当局或司法当局，应当为权利人提供行政或司法救济，包括采取“临时措施”、“边境措施”以及对盗版行为实施刑事惩罚。

TRIPS关于保护版权与邻接权的条款不仅十分详细，而且十分明确，便于成员行政当局或司法当局实施，也便于WTO争端解决机构对成员间知识产权纠纷的仲裁。

二、TRIPS与我国现行版权法律的冲突及可能的解决办法

《中华人民共和国著作权法》、《中华人民共和国著作权法实施条例》、《计算机软件保护条例》、《实施国际著作权条约的规定》以及《中华人民共和国民法通则》和《中华人民共和国刑法》的有关条款，便是我国现行的版权法律。

自1992年10月我国成为《保护文学艺术作品的伯尔尼公约》（以下简称《伯尔尼公约》）和《世界版权公约》成员国、1993年成为《保护录音制品制作者防止未经许可复制其录音制品公约》成员国以来，我国政府对外国人与对本国人的版权与邻接权的保护，实行的是“外高内低”的“双重标准”，也就是说，在版权与邻接权保护的问题上，给予外国人“超国民待遇”。因此，从总体上看，我国现行的版权法律对外国人的版权与邻接权的保护，基本上符合TRIPS的要求，对本国人的版权与邻接权的保护，则与TRIPS的要求差距较大。

上述差距主要体现在作品的保护范围、授与作者的权利、行使权利的限制以及司法救济方面。

1. 在作品的保护范围方面，《伯尔尼公约》与TRIPS规定：(1)实用艺术作品应当保护；(2)计算机程序应当按文字作品保护；(3)其内容的选择与安排构成智力创作的数据或其他材料的汇编（即数据库）应予保护。

我国现行版权法律对本国作者的实用艺术作品和数据库未予保护，对本国作者的计算机程序未明确按文字作品予以保护。

2. 在授予作者的权利方面，《伯尔尼公约》规定：(1)戏剧作品、音乐戏剧作品和音乐作品的作者，享有“授权用各种手段公开播送其作品的表演和演奏”，即“机械表演权”；(2)文学艺术作品的作者享有“授权通过扩音器或其他任何传送符号、声音或图像的类似工具向公众传播其作品的广播”，享有“授权用各种手段公开播送其作品的朗诵”，即“向公众传播的权利”。

我国现行版权法律尚未授予本国作者上述权利。

3. 在行使权利的限制方面，我国现行版权法律规定：(1)广播电台、电视台非营业性播放已经出版的录音制品，可以不经版权所有者、表演者、录音制作者许可，不向其支付报酬；(2)除著作权人另有声明外，①报刊互相转载作品，②表演者使用他人已发表的作品进行营业性演出，③录音制作者使用他人已发表的作品制作录音制品，④广播电台、电视台使用他人已发表的作品制作广播、电视节目，可以不经版权所有者许可，只需按规定支付报酬；

(3)①报纸、期刊、广播电台、电视台刊登或者播放其他报纸、期刊、广播电台、电视台已经发表的社论、评论员文章，②国家机关为执行公务使用已经发表的作品，③免费表演已经发表的作品，④将已经发表的汉族文字作品翻译成少数民族文字在国内出版发行等，可以不经版权所有者同意，也不向版权所有者支付报酬，等等。

上述种种限制作者行使版权的规定，具有鲜明的中国特色，与《伯尔尼公约》和TRIPS的有关规定相抵触。

4. 在司法救济方面，TRIPS规定：(1)对于知识产权权利人（当然包括版权所有人和邻接权所有人）滥用知识产权执法程序，给被告当事人造成损害的，司法当局有权责令原告当事人对被告当事人提供“适当补偿”；(2)司法当局有权对申请制止“即发侵权”行为采取及时有效的“临时措施”；(3)司法当局有权责令侵权者向受害者支付“法定赔偿额”；(4)司法当局有权责令侵权者向受害者提供参与侵权活动的第三方身份及有关信息，等等。

我国现行的版权法律却无上述规定。

如何解决TRIPS与我国现行版权法律的冲突问题，我国版权界、法律界特别关心，提出了不少建议。在众多的建议中，有两种十分对立的意见值得研究。一种意见是，废除《实施国际著作权条约的规定》，全面修改著作权法，使其与TRIPS和《伯尔尼公约》相协调，提高对本国作者和传播者的保护水平，给外国版权所有者和邻接权人“国民待遇”。另一种意见是，保留《实施国际著作权条约的规定》，仅对著作权法中的个别条款做适当修改，对外国版权所有者和邻接权人按TRIPS的规定保护，对本国版权所有者和邻接权人仍按国内著作权法的规定保护。也就是说，继续坚持“双重标准”，对外国人给予“超国民待遇”。

本人倾向第一种意见，主要理由是：

(1)对外国人实行“超国民待遇”，实质上是对本国权利人的歧视。对内不利于调动本国作者与传播者的积极性，甚至可能抑制他们的创新精神，妨碍科学文化的发展；对外，则有损于一个社会主义大国的政治形象。

(2)我国加入WTO后，中国在WTO中有四个成员（因为台湾省、香港特别行政区、澳门特别行政区以独立关税区的身份加入），根据WTO协议的非

歧视原则，台湾、香港和澳门的版权所有者和邻接权人在内地亦可享受“超国民待遇”。出现此种局面，既严重挫伤内地作者与传播者的自尊心，也不利于内地与台、港、澳三地的科学文化交流。

(3)同属知识产权法律体系，在专利与商标的保护方面，我国并未实行“双重标准”，惟独在版权保护方面实行“双重标准”，显失公平。

在版权保护方面，实行“外高内低”的“双重标准”，其直接后果一是内地的作者将版权转让给外国人或港、澳、台同胞；二是大批学有专长的知识分子出国或到三资企业服务，造成智力资源外流。

解决 TRIPS 与我国现行版权法律冲突问题比较理想的办法是：废除《实施国际著作权条约的规定》，修改著作权法，使其与 TRIPS、《伯尔尼公约》相协调。

三、增强民族自信心，加速我国版权产业的发展

不论现行的版权法律是否做重大修改，加入 WTO 都将对我国的版权产业带来深远影响。

所谓版权产业，是指创作、传播、复制和发行文学艺术和科学作品的行业，主要包括图书、报刊、音像、电子出版业、广播、电影、电视业，音乐、戏剧、舞蹈等艺术表演与其他娱乐业，工艺美术、建筑艺术、园艺设计业，计算机程序设计与软件开发业，信息网络传播业，广告业等。随着传播技术的发展与人类文明程度的提高，版权产业对国民经济发展的影响越来越大。据国际知识产权联盟统计，1997 年美国核心版权产业的产值为 3 484 亿美元，占全国国内生产总值的 4.3%（全部版权产业为 5 293 亿美元，占全国国内生产总值的 6.53%），比 1996 年增长了 7.2%（1996 年核心版权产业的产值为 3 429 亿美元）。1977 年到 1997 年，核心版权产业的产值在国内生产总值中的绝对增长率为 241%，平均年增长率为 6.3%，是同期美国经济年增长率 2.7%的两倍多。美国版权产业无论在国内生产总值中的比重，还是在对外出口中的比重，都超过了汽车和飞机制造业，已经成为美国经济的重要支柱产业。我国目前缺少这方面的统计资料，笔者从新闻出版署和信息产业部的有关部门获悉，1998 年我国图书、报刊、音像、电子出版业的产值为 1 263.2 亿元，软件为 170 亿元，两项相加为 1 433.2 亿元，约占全国当年国内生产总值 79 552.8 亿元的 1.8%，如果将版权产业其他部门的产值全部统计出来，我估计，我国的版权产业在全国国内生产总值中的比重将会达到 5%左右。

加入 WTO 对我国版权产业的影响可分为有形的影响和无形的影响。

有形的影响表现为：(1)降低关税和减少非关税壁垒，有利于我国引进和出口图书、音像、电子出版物和工艺品、服装、玩具等版权产品；(2)开放部分出版物、电影、网络传输等服务市场，将使我国出版业、电影业和网络业受到较大的冲击；(3)依照 TRIPS 的标准保护版权，将有利于我国发展版权产业和开展版权贸易。

无形的影响（实质性的影响）表现为：(1)市场经济体制将冲击计划经济体制；(2)“新闻自由”、“出版自由”将冲击我国的传统文化与马克思主义的意识形态；(3)服务贸易的“自然人流动”将加剧国内人才的外流；(4)版权产品销售市场的开放将制约版权产品的生产。

我国经济的发展不能无视全球经济一体化的国际潮流，不管人们愿意与否，加入 WTO 已是不可改变的事实。为此，我们版权产业界的同仁们，应当迅速转变观念，坚定民族自信心，做好把社会主义与市场经济相结合这篇文章。面对 WTO，我们的主要对策应当包括：(1)制订与社会主义市场经济体制相适应的政策法规；(2)充分利用两种资源（国内外文学、艺术和科学作品的作者），积极开拓国内与国际两个市场，有效进行两种贸易（书刊、影片、音像制品、软件等物权的贸易与文学、艺术和科学作品的版权贸易）；(3)吸收、培养、重用大批具有爱国主义思想的高素质人才；(4)以大城市为中心加快建立一批大型的版权产业基地与集团，争取让这些大集团能控制 80%以上的国内版权产品市场，并能积极参与国际竞争。

新中国成立 50 多年来，特别是改革开放 20 年来，我国版权产业界与国外同行交往不断加强，在剧烈的国际竞争中，有过胜利的喜悦，也有过失败的教训，交过不少学费，也积累了比较丰富的经验。我想，只要我们认真学习和领会中央制订的改革开放政策，认真学习和灵活运用世界贸易组织的各项协议，我们是能够在国际市场这个大海中学会游泳的。

改革开放以来我国商标工作的回顾

侯　林

（国家工商行政管理局商标局局长）

十一届三中全会以后实行的改革开放政策，不仅为我国的经济建设注入了生机和活力，而且也为我国的商标工作带来全新的发展机遇。20 多年来，我国商标工作由恢复走向全面发展，商标法律制度由确立到逐步走向完善，商标注册申请量逐年大幅度增长，商标管理机构日趋健全，商标行政执法队伍逐步壮大,全社会商标法律意识不断增强,我国在世界知识产权界的地位日益提高,我国的商标工作取得了举世瞩目的成就。

一、对全国商标进行清理整顿

十年动乱期间,我国的商标工作遭到严重破坏,商标机构被撤销,外贸商标和外国商标由中国国际贸易促进委员会办理,国内商标注册权限下放地方,商标不再实行统一注册与管理,商标使用情况十分混乱。1978年工商行政管理总局恢复工作后,根据国务院加强商标管理的指示,开始对全国商标进行清理整顿。1978年11月20日,工商行政管理总局发出《关于清理商标的通知》。从1978年底开始,通过县、省两级清理、审查、汇审、淘汰,全国报送商标局约5万余件商标。在商标局组织的五片集体汇审后,淘汰1.5万余件,清理登记编号32 589件,其中国内商标27 459件,国外商标5 130件。这32 589件商标中有21 892件没有争议,10 697件则为混同商标,即在相同或类似商品上使用相同或近似的商标。1979年11月1日,全国商标统一注册恢复后,在对混同商标进行广泛调研的基础上,工商行政管理总局于1980年10月24日发出《关于调查处理混同商标的通知》,提出了混同商标处理原则。各地依照混同商标处理原则,对本辖区混同商标提出处理意见。1981年4月20日至5月5日,工商行政管理总局在江西九江市召开混同商标处理工作会议,最后确定保留4 140件,不予保留6 427件,一时难于确定暂缓处理130件。1982年3月29日,工商行政管理总局发出《关于混同商标处理工作中几个问题的通知》,解决处理混同商标的遗留问题。1983年4月7日,收缴不保留的混同商标注册证。混同商标的解决,结束了长期以来我国商标注册工作的混乱局面,为《商标法》的顺利施行奠定了良好的基础。

在处理混同商标的同时,我国还对酒类商品商标进行了整顿,规范了酒类商品商标的使用行为。长期以来,在酒的瓶贴上,商标往往不醒目而其所用的特定名称却非常显著,导致消费者只认酒的特定名称,而商标却起不到区别不同酒的来源的作用。如贵州茅台酒使用"金轮"、"飞天"商标,五粮液酒使用"交杯"、"长江大桥"商标,汾酒使用"古井亭"商标,张弓大曲使用"跃进"商标,等等。实际上,这些酒的商标缺乏显著性,而特定名称却起着商标的作用。1980年10月11日,工商行政管理总局、商业部、轻工业部发出《关于改进酒类商品商标的联合通知》,要求企业应将酒的商标与其特定名称统一起来,如要继续使用已注册商标,应去掉原来酒的特定名称,如不再继续使用已注册商标,应将特定名称申请商标注册,并申请撤销原注册商标。经过此次酒类商品商标的整顿,"贵州茅台"、"五粮液"、"汾酒"、"郎酒"、"西凤酒"等名酒的特定名称先后作为商标注册,结束了长期以来酒类商品上注册商标与特定名称混用的状况。

二、建立和完善商标法律

十一届三中全会以后,随着经济体制改革的逐步深入,1963年颁布的《商标管理条例》已不能适应发展社会主义商品经济和健全社会主义法制的要求。1982年8月23日,第五届全国人民代表大会常务委员会第二十四次会议审议并通过了《商标法》,并决定从1983年3月1日起实施。该法是我国第一部规范和调整商标行为的法律,也是我国商标法律体系的奠基石和商标事业发展的里程碑。它开辟了我国知识产权立法的先河,标志着我国知识产权法制建设开始步入一个崭新的阶段。这部《商标法》是适应改革开放形势的需要,在总结我国商标管理历史经验的基础上,借鉴发达国家商标立法的有益经验,结合我国经济发展的实际情况制订的,是一部既适合中国当时国情,又基本符合国际惯例的现代法律。《商标法》的实施,对于保护商标专用权,促使生产者维护商标信誉,保障消费者利益,促进经济发展,起了巨大的推动作用。

1993年2月22日,为适应我国市场经济发展和保护商标专用权的需要,第七届全国人民代表大会常务委员会第三十次会议对《商标法》作了9条修订,并颁布了《关于惩治假冒注册商标犯罪的补充规定》。修订后的《商标法》,增加了对服务商标的注册和保护,完善了商标注册程序,加大了对商标侵权假冒行为的打击力度。1997年,新修订的《刑法》增加了假冒商标罪方面的规定。为进一步完善商标法制,与《商标法》配套的法规、规章相继出台。1983年3月10日,国务院颁布了《商标法实施细则》,并于1988年、1993年和1995年先后三次进行了修订;1996年7月13日,国务院颁布了《特殊标志管理条例》。国家工商行政管理局先后制定了《集体商标、证明商标注册和管理办法》、《商标评审规则》、《企业商标管理若干规定》、《商标印制管理办法》、《驰名商标认定和管理暂行规定》、《商标代理管理办法》等一系列与《商标法》和《商标法实施细则》相配套的行政规章。商标法律的建立和健全,为我国商标工作提供了制度保障,促进了我国商标事业的蓬勃发展。

三、建立和健全商标管理机构

国家工商行政管理总局建立后,即设立商标局,着手恢复全国商标统一注册工作。当时商标局仅有二十多人,很多地方工商行政管理机关没有商标管理部门,全国商标管理人员仅有几百人,且多为兼职。《商标法》颁布以后,《商标法》赋予工商行政管理机关以商标管理职能。在90年代以前实行商标核转制时,各地工商行政管理机关的商标管理部门的基本职责主要是从事商标核转工作,1993年实行商标代理制后,商标管理工作尤其是商标行政执法工作成为其中心工作。二十多年来,各地工商行政管理机关以改革开放为契机,大力宣传商标工作在社会经济生活中的重要作用,积极争取当地政府在机构设置和人员配置上予以支持,建立和健全了商标管理机构,造就和培养了一支既具有商标理论知识又具有实践工作经验的商标行政执法队伍。经过十多年的发展,全国基本建立了较为完善的商标管理机构和初具规模的商标管理队伍。据 1998 年统计，截止 1997 年底，全国各级工商行政管理机关共设立了 2 190 个商标管理机构，其中单设机构 153 个，分设机构 2 037 个。省级工商行政管理局商标管理机构已全部设立，378 个地市级工商行政管理局已设立商标管理机构 340 个，2 717 个县级工商行政管理局已设立商标管理机构 1 821 个。全国商标管理机构现有人员 8 799 人，其中大专以上学历人员约占 53%。

四、实现商标注册用商品分类由国内分类向国际分类的转换

1979 年恢复全国商标统一注册后，商标注册仍沿用 1963 年公布的《商品分类表》。随着我国商品经济的发展和国际经济贸易往来的扩大，加之我国于 1985 年、1987 年先后加入《保护工业产权巴黎公约》和《商标国际注册马德里协定》，国内商品分类表已不能适应商标注册和管理工作的需要。1987 年，国家工商行政管理局决定将用国内分类转换为国际分类。转换采用的是商标检索用卡片一次性转换，《商标注册簿》、《商标注册证》在续展时转换的原则。在充分准备的基础上，从 1988 年 5 月 18 日开始，商标局工作人员分为三个工作小组，经过七个月的艰苦奋战，制成商标名称检索卡片 305 691 张，图形检索卡片 194 891 张，完成了 21 万余件注册商标从 78 个类别的原商品分类向 34 个类别的国际商品分类的转换工作，并于 1989 年 1 月建立商标注册用商品、图形要素国际分类检索系统。检索系统的建成，为科学管理商标档案、建立计算机自动化检索系统、提高商标注册效率和质量打下了坚实的基础。1988 年 11 月 1 日，我国开始实行商标注册用商品国际分类，1993 年新增加的服务商标注册也相应地采用了国际分类。从 1992 年 9 月 1 日起，注册商标开始申请续展，《商标注册簿》和《商标注册证》的转换工作随之展开。为妥善做好续展时注册簿和注册证的商品分类转换工作，切实维护注册商标所有人的合法权利，商标局确定四个原则进行续展的分类转换工作。由于我国从 1988 年 11 月 1 日开始采用国际商品分类，而注册商标的有效期为 10 年，因此，直到 1999 年商品分类转换工作才彻底完成。国内商品分类向国际商品分类转换的成功完成，为我国顺利实施马德里国际注册奠定了良好基础，也为我国商标注册与管理工作的国际化、科学化迈出了关键的一步。

五、解决“两本账”商标

“两本账”商标是在 50 年代特定外贸体制下形成的，同一商标在相同商品上核准工贸双方注册，分别使用于内、外销商品，即一个商标两个注册人。在混同商标处理时，因当时急需解决“文革”中地方注册造成的大量混同商标，再加之当时外贸体制尚未改革，“两本账”商标确定的工贸双方分别在内外销商品上享有专用权的原则，工贸双方均能遵守，矛盾并不突出，因此没有对“两本账”商标加以清理。遗留的“两本账”商标涉及 26 个省、自治区、直辖市的 49 家外贸公司和近 200 家工业企业，商品分布于原国内商品分类 78 类商品中的 44 个类别，情况十分复杂。80 年代中期，随着我国对外开放和经济体制改革的进一步深入，外贸体制也发生了根本性的变革，企业的自主权扩大，工贸双方注册同一商标引起的商标纠纷日益增多，严重影响了工业生产和外贸出口的发展。根据国务院领导的指示精神，国家工商行政管理局商标局从 1986 年开始，组织力量对全国“两本账”商标进行调查研究。1990 年 6 月，经与有关部门会商，并经全国商标工作会议讨论，国家工商行政管理局发出《关于解决工贸双方注册同一商标问题的意见》，对“两本账”商标提出了六条处理意见。1990 年 12 月，国家工商行政管理局又发出《关于重申工贸双方注册同一商标使用原则的通知》。为加快解决“两本账”商标的工作进度，协调好跨地区之间“两本账”商标问题的解决，1991 年 8 月在新疆乌鲁木齐市召开了全国解决“两本账”商标协调会，对“两本账”商标的历史和现状、解决“两本账”商标的原则和处理程序以及有关问题达成共识，并对 195 对“两本账”商标权归属问题逐一进行研究讨论，最后确定 128 件商标归工业部门，55 件商标归外贸部门，5 件商标自行协商解决，6 件商标需进一步查证，1 件商标待定。此次会议是继 1981 年九江会议之后召开的又一次重要的处理历史遗留商标问题的会议。乌鲁木齐会议之后，各地做了大量的调研和协调工作，提出了解决方案，并由工贸双方办理了相应的法律手续。至此，“两本账”商标的归属权基本得到解决，我国商标工作的历史遗留问题也得以完全解决。

六、完成国内商标受理形式由核转制向代理制的转轨

1990 年以前，我国企业在国内申请商标注册一直实行核转制，只有外国企业和外国人到我国申请商标注册和国内企业到国外申请商标注册时，才通过少数几个商标代理机构代理。在我国实行计划经济的特定历史时期，核转制是适合当时的经济特点的，便于地方工商行政管理部门加强商标管理，在当时起到了重要的作用。但随着我国商品经济的迅速发展，尤其是我国市场经济的确立和发展，商标在市场竞争中的作用日益突出，商标申请量日益增多，商标管理部门的任务日渐加重，核转制已不能适应商标行政管理和商标事业发展的需要。为完善我国的商标法律制度，实现行政职能与服务职能的分离，进一步与国际惯例接轨，1990 年 4 月，国家工商行政管理局在杭州召开的全国商标工作会议上作出了“逐步实行商标代理制，建立商标代理人队伍”的决定，逐步推行商标代理制。1990 年 5 月，国家工商行政管理局决定在上海、江苏、福建、湖北、广东、四川、沈阳、广州、重庆、南京、成都、长春、珠海等 13 个省、市试点建立商标事务所，推行商标代理制。1991 年 5 月 20 日，国家工商行政管理局批准湖北省、上海市、沈阳市、成都市、南京市、常州市等 6 家商标事务所为首批国内商标代理机构，开展国内商标代理业务。在总结试点经验基础上，1993 年在全国全面推行商标代理制。1993 年修改后的《商标法实施细则》，对商标代理制作了明确规定。从 1993 年 7 月 1 日起，商标代理机构的代理业务不受行政区划的限制，地方工商行政管理机关的商标核转工作同时停止。至此，商标核转制向商标代理制的转轨工作基本完成。

1994 年 6 月，国家工商行政管理局发布了《商标代理组织管理暂行办法》，对代理组织设立条件、指定或认可程序、业务范围、法律责任等作了明确规定，实现了商标代理组织及其业务的规范化管理，标志着我国商标代理制的正式确立。1999 年 12 月 2 日，国家工商行政管理局对 1994 年颁布的《商标代理组织管理暂行办法》作了修订，颁布了《商标代理管理办法》，并从 2000 年 1 月 1 日开始实施。新办法面向社会放开商标代理业务，并取消了涉内、涉外商标代理业务的区分；改革了商标代理机构的审批程序，由原来的“先登记后特许”改为“先特许后登记”；建立了“两证执业”制度，即商标代理人的执业证书和资格证书相分离；健全了监督机制，对商标代理人和商标代理机构的违法违纪行为加大处罚力度。

经过十年的探索和发展，我国商标代理法律制度已基本建立，商标代理队伍不断发展壮大，商标代理业务范围不断扩大，商标代理人素质和服务质量明显提高，我国已经建立起一个遍布全国、基本完整的商标代理服务体系，实现了商标体制发展过程中的一次重要飞跃。截至 2000 年底，我国已有商标代理机构 151 家，取得正式资格的商标代理人 1 396 人。商标代理制度的建立，完善了我国的商标法律制度，实现了行政职能与服务职能的分离，极大地推动了我国商标事业的蓬勃发展。据统计，从 1995 年以来，通过商标代理机构代理的商标申请量占每年商标申请量的 70%～80%。这充分表明，商标代理机构是沟通企业和行政主管机关的桥梁纽带，是提供商标法律服务、帮助企业开展市场竞争的良师益友，是发展我国商标事业的一支不可缺少的力量。

七、依法认定和保护驰名商标

自《巴黎公约》明确规定保护驰名商标以来，世界各国尤其是发达国家非常重视驰名商标，并对其本国的驰名商标实施特殊保护。我国《商标法》实施之后，先后保护过美国的“FREON(氟里昂)”和“JEEP(吉普)”商标。1985 年加入《巴黎公约》之后，当时国内法律尚未对驰名商标作出明确规定，在实践中直接以《巴黎公约》的有关规定为依据，保护过一些外国的驰名商标，如“M&M′S”、“MICKEY MOUSE(米老鼠)”、“IBM”、“Marlboro”、“CoCa－CoLa”等。随着经济体制改革的进一步深入，我国的一些企业在参与国际竞争过程中，也遇到了如何有效保护自己的驰名商标问题，“同仁堂”商标就是其中的第一例。1993 年修改后的《商标法实施细则》，增加了对公众熟知商标的保护条款。为切实加强对驰名商标的保护力度，维护公平竞争的市场秩序，1996 年 8 月 14 日，国家工商行政管理局发布了《驰名商标认定和管理暂行规定》使我国驰名商标认定和管理工作从此步入了法制化、规范化的轨道。据此规定并按照个案认定、被动保护的原则，商标局先后四次依法认定了 177 件驰名商标。加上 1996 年前认定或选评的 19 件驰名商标，截至 2000 年底我国共认定 196 件驰名商标。驰名商标认定之后，商标局制定具体措施，在相关商品类别上对驰名商标实施扩大保护，禁止他人在相关商品类别或非类似商品上注册驰名商标。各级工商行政管理机关根据《驰名商标认定和管理暂行规定》和《关于解决商标与企业名称中若干问题的意见》的有关规定，依法责成多家企业变更了与驰名商标相冲突的企业名称，并多次开展保护驰名商标专项整治行动，依法查处侵犯驰名商标专用权的案件，切实保护了驰名商标所有人的合法权益。

八、注册和保护服务商标、集体商标、证明商标、特殊标志

为适应我国市场经济的发展，积极履行有关商标国际公约规定的义务，我国商标法律先后将服务商标、集体商标、证明商标、特殊标志纳入商标保护范围，对其进行注册和保护。1993 年修改后的《商标法》将服务商标纳入商标保护范围，并从同年 7 月 1 日起商标局开始受理服务商标注册申请。截至 2000 年底，我国共受理服务商标申请 157 157 件，有效注册的服务商标达 108 370 件。我国对服务商标进行注册和保护，在与国际惯例接轨的同时，有力地促进了我国第三产业的发展。1993 年修改后的《商标法实施细则》将集体商标和证明商标纳入保护范围，国家工商行政管理局于 1994 年 12 月 30 日发布了《集体商标、证明商标注册和管理办法》，并于 1995 年 3 月 1 日开始受理集体商标、证明商标的注册申请，依法保护集体商标、证明商标。截至 2000 年底，商标局共受理集体商标申请 100 件、证明商标申请 316 件，核准注册集体商标 14 件、证明商标 130 件。对集体商标、证明商标进行注册和保护，顺应了我国市场经济发展的客观要求，在一定程度上解决了因法律法规的不健全而对一些应予保护的主体不能保护的缺陷，如我国还没有原产地名称方面的法律法规，但可以通过证明商标来保护原产地名称。1996 年 7 月 13 日，国务院发布《特殊标志管理条例》，将经国务院批准举办的全国性和国际性的文化、体育、科学研究及其他社会公益活动所使用的由文字、图形或者其组合构成的名称及缩写、会徽、吉祥物等标志纳入法律保护的范围，并从颁布之日起受理特殊标志登记申请。截至 2000 年底，商标局共受理特殊标志登记申请 800 件。我国创造性地将特殊标志纳入商标保护范围，既保护了特殊标志所有人、使用人和消费者的合法权益，又推动了文化、体育、科研及其他社会公益活动的发展，可谓一举两得。

九、商标注册审查方式由手工作业更新为现代化的计算机检索查询

1993 年 3 月，国家工商行政管理局开始着手建立商标注册与管理自动化系统，分三期工程进行开发。经过一年多的开发建设，1994年底一期工程竣工，并于1995年2月28日通过验收。一期工程的投入运行，实现了计算机进行商标检索和查询的目标，改变了多年来商标注册各环节一直是传统的、低效率的手工操作模式，结束了我国商标注册人工翻阅卡片采集数据的历史，大大提高了商标注册工作的效率和质量。在经过充分的可行性调研论证之后，二期工程于1997年开始建设。二期工程将在一期工程的基础上，建立标准的数据管理系统，实现档案工作的计算机管理和业务流程的自动化管理，使我国商标注册与管理的自动化建设水平产生质的提高，初步实现商标注册流程的无纸化办公。二期工程开通后，将开始三期工程的开发和建设，三期工程将实现远程联网。

十、普及和宣传商标法律

二十多年来，各级工商行政管理机关始终如一地把商标法制宣传作为一件大事来抓，充分利用报刊、广播、电视等媒体，广泛采取有奖征文、知识竞赛、法律讲座等形式，向社会各界特别是广大企业和消费者广泛宣传商标法律知识，取得了良好的社会效果，提高了全社会的商标法律意识。尤其是随着我国市场经济的建立和完善，商标在市场竞争中的作用日益凸现，企业的商标意识明显增强，全社会的商标法律意识也明显提高。企业运用商标策略开拓市场、参与竞争的意识和能力明显增强，涌现出了“海尔”、“长虹”等一大批以驰名商标为龙头发展起来的现代企业集团，促进了民族品牌的崛起和民族工业的振兴；广大消费者的商标法律意识也明显增强，认牌购物形成风尚，并自觉以《商标法》为武器，维护自身的合法权益，积极同商标侵权假冒行为作斗争。随着全社会商标法律意识的不断提高，商标注册申请量和有效商标注册量逐年大幅度增长。1979年，我国有效注册商标仅为32 589件，到2000年底，我国有效注册商标已达1 249 438件。1980年，我国商标年申请量仅为26 177件，2000年，我国商标年申请量达223 177件。1979年前，来我国注册商标的国家或地区仅有20个，到2000年底，已增加到100多个国家或地区，注册商标累计达238 549件。目前，我国的商标注册申请量和有效注册商标均位居世界前列。

十一、依法保护注册商标专用权

工商行政管理机关作为商标行政执法部门和商标注册管理的职能机构，二十多年来尤其是《商标法》实施以来，各级工商行政管理机关在加强商标日常监管和行政执法方面做了卓有成效的工作，取得了显著成绩。一是积极引导和鼓励企业及时注册商标，指导企业建立健全商标管理制度，规范企业商标使用行为，提高了企业以商标战略开拓市场、参与竞争的能力；二是严格审查商标印制单位资质，加强日常监督检查，堵住了假冒商标标识的源头，规范了商标印制行为，净化了商标印制市场；三是加强流通领域中商标使用行为的监管，倡导开展无假冒商标商品销售活动，有力地净化了市场环境，维护了公平竞争的市场秩序；四是抓住商标侵权假冒行为猖獗的重点地区、重点商品和商标印制等重点环节，多次开展大规模的商标专项治理活动，加大执法力度，有效地维护了社会主义市场经济秩序；五是集中力量，狠抓商标侵权假冒大案要案，查处了一大批侵犯我国驰名商标和外国商标专用权的案件，如“红塔山”、“贵州茅台”、“M&M'S”、“LUX”、“addidas”、“可口可乐”、“IBM”、“高乐高”等商标案，切实保护了注册商标专用权，树立了我国保护商标专用权的良好国际形象。自1978年至2000年底，全国各级工商行政管理机关充分发挥商标行政执法网络健全、程序简便、快捷高效的优势，共查处商标侵权假冒案件23万余件，有效地保护了注册商标专用权。

十二、积极开展商标领域的国际交流与合作

二十多年来，我国积极开展商标领域的国际交往，先后加入多个商标领域的国际组织或条约。加入世界知识产权组织后，中国同世界知识产权组织进行了真诚而又卓有成效的合作，参加了世界知识产权组织的一系列商标国际会议，并与世界知识产权组织合作举办了多次商标研讨会、商标培训班，还邀请世界知识产权组织专家来中国讲课或工作访问。同时，我国在独立自主、平等互利原则基础上，积极发展与世界各国商标主管机关的交流与合作。1985年，我国与法国建立中法商标工作组，每年定期举行一次中法商标工作组会议，加强了中法双方在商标领域的交流与合作；1995年，我国与泰国签订《中泰两国商标领域双边合作备忘录》，并于1996年共同草签了《商标合作活动计划》；从1996年起我国与日本每年举行一次中日商标首脑会谈。商标局先后多次派团访问了法国、德国、美国、英国、日本、加拿大、澳大利亚、新西兰、泰国、巴西、瑞士、朝鲜、西班牙、比荷卢、韩国等国的商标主管机关；同时，法国、德国、日本、泰国、捷克、朝鲜、西班牙、美国、韩国、俄罗斯等许多国家的商标主管机关代表团来商标局访问，增进了相互了解，加强了双边合作。我国还邀请外国商标专家来华讲学，派出数十批商标工作人员出国考察、学习，增进了与其他国家在商标领域的交流与合作，提高了我国在世界知识产权界的国际地位。

回顾改革开放以来我国商标事业的发展历程，所取得的成就是有目共睹的，但也必须清醒认识到，与发达国家一百多年的商标发展历史相比，我国商标工作仍处在发展阶段。全社会的商标意识比较薄弱，企业利用商标战略参与国际竞争的能力比较差，经济领域中的商标侵权假冒现象仍很严重，我国的商标法制有待进一步完善，我国的商标注册工作仍需进一步提高效率和质量。同时，世界经济一体化的发展趋势和商标制度的国际协调，使我国商标工作面临前所未有的挑战。驰名商标的保护已引起世界各国和国际组织的高度重视，我国加入世界贸易组织后必须遵守《与贸易有关的知识产权协议》的基本规定，信息技术的突飞猛进使得互联网域名与商标保护日益为人们所关注，港澳回归后有关商标国际条约或协定在香港、澳门的适用需要妥善解决。回首过去，我国商标工作取得的成绩令人鼓舞，展望未来，我国商标事业任重道远。

我国对知识产权的司法保护

蒋 志 培

（最高人民法院民事审判第三庭庭长）

一、我国对知识产权司法保护的起步和发展

人民法院对知识产权的司法保护起步于20世纪80年代的初、中期，是随着《中华人民共和国商标法》、《中华人民共和国专利法》、《中华人民共和国民法通则》和《中华人民共和国技术合同法》等知识产权法律的颁布施行而逐步发展起来的。至90年代初，伴随着《中华人民共和国著作权法》的颁布实施，我国人民法院已经初步建立起适合我国国情并行之有效的知识产权诉讼制度，已培养了一批能够胜任审理知识产权案件的法官，审理了一批知识产权纠纷案件。但在此之前几十年共和国的历史中，或许有零星的有关案件，但没有知识产权纠纷案件的审判工作。实际上，我国对知识产权司法保护的起步和发展，正是改革开放以来，我国在建设有中国特色社会主义道路上不断前进、我国民主与法治建设不断发展的缩影。

90年代以来，世界经济、科技全球一体化的趋势越来越突出，信息技术、生物工程技术等高科技带来了前所未有的挑战，作为冷战产物的计算机信息网络与商务等相结合，已经逐步深入到社会生活的各个方面。知识经济初见端倪，科技发展占社会经济发展的比重越来越大。面对经济、科技发展和全球化对我国知识产权法律制度的挑战，人民法院的知识产权审判工作得到了快速发展。

1993年以来，已有北京、上海、天津、广东等十多个省、直辖市高级人民法院，及一批城市的中级人民法院成立了专门审判知识产权案件的知识产权审判庭，有的地处高科技经济开发区的基层人民法院，也成立了知识产权审判庭。1996年10月最高人民法院设立了知识产权审判庭，不但受理审判在全国范围有重大影响的案件，还对全国知识产权审判工作负有指导和监督的职责。各地未成立知识产权审判庭的地方法院也逐步将知识产权审判业务集中在一个审判庭，并由专业合议庭负责承办。这标志中国知识产权审判工作已走上了专业化的道路。

1987～1991年五年全国法院受理一审知识产权纠纷案件7 174件的情况，1996～1999年，全国法院受理知识产权一审案件已经达到15880件。其中包括了一大批具有国际、国内重大影响的案件。仅北京市法院两年来就受理一审类似发达国家出现的涉及网络的知识产权案件120多件。

我国法院受理知识产权案件情况从另一统计数字也可看出。据统计，自1996年1月～1998年6月，人民法院共受理一审知识产权民事案件9 531件，审结9 018件，其中，受理专利纠纷案件2 948件，审结2 642件；受理商标纠纷案件858件，审结780件；受理著作权纠纷案件1 126件，审结1 105件；受理技术合同纠纷案件2 720件，审结2 678件；受理侵犯商业秘密和其他知识产权纠纷案件1 879件，审结1 813件。1996年1月～1998年6月共受理知识产权刑事案件435件，审结427件。如美国迪斯尼公司诉北京少儿出版社等著作权纠纷案、美国八家影视公司诉先科激光商场等著作权侵权案、吴冠中诉朵云轩等假冒他人署名美术作品案、钱钟书等诉四川文艺出版社等侵犯《围城》小说著作权案、中国轻工业品进出口公司诉上海华兴鞋业有限公司等商标侵权案等，都受到了社会各界的好评。

特别值得一提的是，我国法官于1998年起在网络侵权司法实践和理论上进行了开拓。随着一系列案件的审判，我国司法发出了强烈的信号，网络上不能侵犯知识产权。他们使用了三个理论武器，一是古老的法理，法官不能以无法律为由拒绝审判案件；二是民事诉讼法第一百零八条的规定，符合该条规定的平等主体之间财产权益争议应当予以受理；三是我国法律具有时间、空间的效力，“任何法律都是因特网法律”；《著作权法》第十一条、第四十五条规定中作品使用方式和侵权行为种类的“等”字，就是法官执法的依据和准绳。实际上，我国法官是运用他们的法律素养，站在信息网络高科技挑战的端点，从现有法律规范出发，进行的一次发挥审判职能的尝试，一次司法弥补立法不足的尝试。

进入21世纪以来，我国向世界贸易组织迈进，《与贸易有关的知识产权协议》（TRIPS协议）对知识产权执法提出了更高的要求和更明确的执法标准，同时人民法院审理的知识产权案件又出现了新的特点和趋势：

1．受理案件数量持续增长，近几年增长幅度加大，尤其是江苏、北京和上海法院受理的知识产权案件数量有较大的增长。2000年，江苏法院受理的知识产权案件比1999年增长了55.4%，北京法院受理的知识产权案件比1999年增长了42%，上海法院受理的知识产权案件比1999年增长了16%。

2001年1月至2月北京法院受理的知识产权案件就比去年同期增长了300%，相当于2000年半年的案件受理数量。上述法院面临相当大的审判压力。

2. 在经济、文化和科技比较发达的地区，知识产权案件日益突出，且专利权、著作权案件所占比例较大。例如，广东作为经济发达地区，同时又是专利大省，其专利纠纷尤其是外观设计专利纠纷多，其受理的争议标的额达几千万甚至上亿元的案件居全国之首。广东法院2000年专利案件占受理案件总数的27%，著作权案件占案件总数的25%。上海法院审理的专利案件占受理案件总数的31%，审理的著作权案件占受理案件总数的25%。北京法院2000年受理著作权案件占案件总数的57%。广东、上海、北京法院也受理了不少争议标的额达几千万甚至上亿的知识产权案件。这与过去知识产权案件标的额小有巨大变化。

3. 绝大多数知识产权案件为侵权纠纷。由于知识产权对经济发展、科技进步的作用日显突出，且知识产权的经济价值日显重要，因此，对知识产权的不法侵害成为影响我国市场经济建设和科技发展中的一个突出问题。当前我国法院受理的知识产权案件，绝大多数为侵犯知识产权的纠纷。例如，广州市中级人民法院审理的知识产权案件中侵权纠纷占了95%。上海法院审理的知识产权侵权纠纷占受理案件总数的77%。在中国即将加入WTO的关键时刻，国际社会特别是先期进入中国投资的各国著名跨国公司对我国这类案件的审判特别是司法保护力度尤为关注。

4. 随着信息技术、生物技术等高新技术的发展，与高新技术发展和应用相关的案件以及新类型案件不断出现。近年来相当一批涉及商业秘密、计算机软件、计算机网络、数据库、域名和科技成果权的案件包括植物新品种案件进入法院，使知识产权审判不断面临挑战。知识产权案件"高、新、难"的特点对人民法院知识产权审判队伍的建设提出了严峻的挑战。

5. 涉外案件占有相当高的比例。据统计，1998年1月到2000年底上海法院共受理一审涉外、涉港、涉台案件84件，占受理案件总数的9.4%。北京高中两级法院2000年就受理涉外案件35件，占全部一审案件的10%。深圳中院2000年受理涉外案件20件，占受理案件总数的20%。这些案件的当事人多来自欧、美、日等西方国家，当事人还多为国际著名的企业，如美国微软公司、美国宝洁公司、法国拉科斯特公司、美国奥多比公司、加拿大索尼音乐娱乐公司、日本电气株式会社等。

面对新的挑战，最高人民法院于2001年6月12日召开了全国知识产权审判工作会议。这次会议的主题是：认真贯彻全国民事审判工作会议和全国高级法院院长工作会议精神，总结知识产权审判工作经验，部署当前和今后一个时期知识产权审判工作的任务，特别是为应对入世做好司法准备，贯彻执行新修改的专利法及其他知识产权法律和司法解释，研究在大民事审判格局下充分发挥知识产权审判整体职能作用，使知识产权审判工作更加适应新世纪人民法院工作思路的需要，解决知识产权审判工作中出现的新情况、新问题等，努力开创知识产权审判工作的新局面。同时，最高人民法院公布了《关于审理专利纠纷案件适用法律问题的若干规定》、《关于诉前停止侵犯专利权行为适用法律问题的若干规定》和《关于涉及计算机网络域名民事纠纷案件适用法律问题的解释》等三个司法解释；下发了《全国知识产权审判工作会议关于审理技术合同案件的座谈纪要》。可以断言，我国对知识产权的司法保护将更加趋于成熟，将在知识产权法律保护体系中发挥越来越重要的作用。

二、知识产权司法保护范围、成绩和基本经验

一般认为，对知识产权的司法保护，是指对知识产权通过司法途径进行保护，即由享有知识产权的权利人或国家公诉人向法院对侵权人提起刑事、民事诉讼，以追究侵权人的刑事、民事法律责任，以及通过不服知识产权行政机关处罚的当事人向法院提起行政诉讼，进行对行政执法的司法审查，以支持正确的行政处罚或纠正错误的处罚，使各方当事人的合法权益都得到切实的保护。

知识产权司法保护的范围包括对专利、商标、著作权(版权)、邻接权以及防止不正当竞争权等涉及人类智力成果的一切无形财产的财产权和人身权的保护。我国法律规定的保护范围和水平基本与知识产权国际条约规定的范围和水平相同，并且将会受到TRIPS协议等国际公约的积极影响。此外，人民法院的知识产权审判庭还将有关技术转让、技术合作等各类技术合同纠纷案件作为自己的收案范围。

人民法院主要依照国家成文的法律审判案件，同时审判又受到最高人民法院公布的司法解释、判例及法官们总结的审判经验的影响。因此在我国法院起诉或应诉应当特别注意国家颁布的知识产权法律和最高人民法院的司法解释；同时在法庭上有力的举证和有理有据地言词陈述、辩论也十分重要。这是在掌握了法律依据以后帮助法官明辨事实的中心环节。

我国对知识产权的司法保护，是在人民法院深入进行司法改革，强调严肃、公正和公平执法，为改革开放、进行社会主义市场经济建设提供可靠司法保障的背景下开展的。也是在我国面临加入世界贸易组织，对知识产权的保护按照世界贸易组织TRIPS协议规定不断提高执法水平的情况下开展的。由于入世的临近，人民法院正在召开一系列研讨会、培训班，学习研讨世界贸易组织的法律制度，结合本国的情况，规划和明确人民法院对我国入世后的司法应对措施。十多年来，人民法院努力作了以下工作：

(一)审理了大量案件，树立了新的形象

仅据对1990～2000年期间的司法统计，全国各级法院共受理各类一审知识产权纠纷案件36 504件，审结36 088件。其中，商标纠纷案件3 027件，专利纠纷案件9 318件，技术合同纠纷案件13 710件，著作权纠纷案件4 486件，不正当竞争纠纷和其他知识产权纠纷案件5 963件。知识产权案件不同于一般案件，专业性强，法律关系复杂，案件事实复杂，审理难度大。全国法院在知识产权纠纷案件相对较多，审理难度大，审判力量不足的情况下，开拓进取，克服困难，努力工作，积累了比较丰富的审判经验，较好地完成了繁重的审判任务，培养了一批专家型的审判人才，体现了中国知识产权司法保护的水平，树立了我国在国际社会中保护知识产权的良好形象。

（二）审判领域不断拓展，审判地位得到确立

近二十年来，随着我国改革开放事业的发展和知识产权立法进程的加快，知识产权的审判领域不断拓展。从1981年12月经济合同法颁布施行以来，国家相继颁布施行了《商标法》、《专利法》、《民法通则》、《技术合同法》、《著作权法》、《计算机软件保护条例》、《反不正当竞争法》、《合同法》、《植物新品种保护条例》等专门或者涉及知识产权内容的知识产权法律、法规。据此，人民法院也相继开展了技术合同、商业秘密、商标、专利、著作权、计算机软件、计算机网络、数据库、域名、不正当竞争、植物新品种和科技成果权等纠纷案件的审判工作，知识产权的审判领域不断拓展，并表现出“高、新、难”的特点，逐步形成了案件类别较为齐全、特点鲜明、相对独立的审判业务，确立了知识产权的审判地位。

（三）制定司法解释，完善审判制度

为准确适用知识产权实体法和有关程序法，正确审理知识产权纠纷案件，二十年来，最高人民法院在不断总结各级人民法院审理知识产权纠纷案件审判经验的基础上，及时制定司法解释和带有司法解释性的文件。例如，《关于审理专利纠纷案件若干问题的解答》、《关于深入贯彻执行〈中华人民共和国著作权法〉几个问题的通知》、《关于审理涉及计算机网络著作权纠纷案件适用法律若干问题的解释》、《关于审理科技纠纷案件的若干问题的规定》、《关于人民法院对注册商标权进行财产保全的解释》、《关于审理植物新品种纠纷案件若干问题的解释》等，共约30余件。最近，最高人民法院根据新修改的专利法，又制定了《关于责令停止侵犯专利权行为适用法律问题的解释》和《关于处理专利纠纷案件若干问题的解释》两个重要司法解释。

通过制定上述司法解释，建立了一系列重要的知识产权审判制度和处理知识产权纠纷案件的法律适用原则。例如，知识产权纠纷案件的指定管辖制度和侵犯知识产权纠纷案件的地域管辖制度；侵犯专利权纠纷案件中止审理制度；技术鉴定制度；专利权和注册商标权的财产保全制度；专利侵权诉讼中重复授予专利权和知识产权权利冲突的处理原则；网络环境下知识产权纠纷案件的处理原则；审理涉外知识产权纠纷案件的法律适用原则；侵犯知识产权纠纷案件损害赔偿额的计算方法等。这些重要审判制度和法律适用原则的建立和完善，对及时解决知识产权审判工作中出现的新情况、新问题，指导各级人民法院正确审理知识产权纠纷案件，具有十分重要的作用。

（四）建立审判组织，培养审判队伍

人民法院自开展知识产权审判工作以来，特别是进入20世纪90年代以后，十分重视知识产权审判组织的建设。最高人民法院于1996年10月成立知识产权审判庭，统一负责对全国的知识产权审判工作进行司法指导和监督。在此之前，最高人民法院还先后成立知识产权工作办公室和在民事审判庭、经济审判庭分别成立著作权审判组、工业产权审判组等，指导和监督全国知识产权审判工作。地方各级人民法院根据当地知识产权审判情况，也先后成立知识产权审判庭或者专门从事知识产权审判的合议庭，负责审理知识产权纠纷案件。1993年8月，在最高人民法院的指导下，北京市高、中两级人民法院率先成立知识产权审判庭。此后，广东、上海等省市高级法院和一部分中级法院先后成立了知识产权审判庭。个别知识产权纠纷案件较多的基层法院也成立了知识产权审判庭，如北京市海淀区人民法院、上海市浦东新区人民法院等。其他有知识产权审判任务但没有成立知识产权审判庭的法院，也设立了专门审理知识产权纠纷案件的合议庭。知识产权审判组织的建立和健全，为完成知识产权审判任务提供了组织保证。去年，最高人民法院完成了机构改革，在知识产权审判庭的基础上，成立的民事审判第三庭，其职能仍然是负责对全国知识产权审判工作的司法指导和监督工作，并且在机构精简的情况下，增加了编制，强化了职能。

知识产权审判工作具有很强的专业性，需要一支懂法律、懂专业知识，精通知识产权法律和知识产权国际公约的专业审判队伍。二十年来，最高人民法院领导和有关地方各级法院领导高度重视并大力支持知识产权审判工作，对知识产权审判工作高标准、严要求，同时在人员选配、业务培训、出国学习方面给予大力支持和优先照顾，并定期研究如何搞好知识产权审判工作，培养了一支从事知识产权审判的专业队伍，取得了良好的社会效果和法律效果。广大审判人员在条件艰苦、环境复杂的情况下，开拓进取，努力工作，较好地完成了党和国家交给的审判任务，并且涌现出了一批先进集体和模范，不少法官立功和受奖，有的还被授予“全国十大人民满意的好法官”的光荣称号。

（五）加强司法宣传，扩大社会影响

二十年来，最高人民法院和各有关人民法院都十分重视知识产权审判的司法宣传工作。最高人民法院曾在1996年6月和1997年7月，先后两次召开由中外记者参加的新闻发布会，全面介绍了我国知识产权审判工作的情况，公布了一些有重大影响的案例，在国内外产生了积极的影响。北京市第一中级人民法院通过中央电视台向全国现场直播的方式，于1998年6月公开开庭审理了十大音像公司侵犯著作权纠纷案，在全国引起强烈反响。此外，各有

关法院还结合审判方式改革，通过与媒体合作等多种方式，积极开展知识产权审判司法宣传。通过宣传，不仅教育全社会树立保护知识产权的观念，同时还向国内外展现了中国知识产权法官的风采，扩大了社会影响。

总结近二十年来我国知识产权审判工作的基本经验，主要有：

1. 牢固树立为大局服务的思想，确保审判工作的正确方向

知识产权审判工作是国家审判工作的重要组成部分，是完成党和国家中心任务的重要法律保障。因此，只有坚持知识产权审判工作为党和国家工作大局服务，才能确保知识产权审判工作的正确方向，知识产权审判的价值也才能因此而得以实现。二十年来，各级法院领导和知识产权审判人员深入研究和努力把握我国改革开放和建设中带全局性、战略性、前瞻性的重大问题，围绕党和国家吸引外资，扩大开放、实施科教兴国战略，鼓励知识、技术创新、制止假冒、盗版等侵权行为以及中美知识产权谈判和入世谈判等不同时期的中心任务，积极部署各项审判工作，及时采取各种有效措施，保障党和国家各项重大决策的贯彻执行，取得了良好的法律效果和社会效果，知识产权审判事业本身也因此得到了长足的发展。

2. 坚持依法保护知识产权的原则

依法保护知识产权是人民法院知识产权审判工作的根本任务。因此，二十年来，人民法院充分发挥知识产权审判职能，依法制裁假冒、盗版等侵权行为和不正当竞争行为，正确处理知识产权的权利归属，依法保护知识产权人的合法权益，规范和维护公平竞争的市场经济秩序。在依法保护知识产权的同时，人民法院又注意与维护社会公众利益相协调，防止知识产权保护的滥用。

3. 树立尊重科学精神，保证知识产权审判的科学性

二十年来，人民法院在开展知识产权审判工作过程中，始终把尊重科学作为审理知识产权纠纷案件的重要原则之一。在审理知识产权纠纷案件中，同样有是否尊重科学精神，学习科学知识，运用科学技术的问题。近年来，人民法院建立完善了技术鉴定制度，委托有关专业技术人员帮助法官解决案件中涉及的专业技术问题。此外，不少法院对专业性较强的知识产权案件，坚持采取走访有关部门、召开专家学者论证会和研讨会、建立特邀陪审员制度等方式，广泛听取各方面意见，请专家帮助审判人员对专业技术问题作出判断，从而保证了案件审理的客观和公正。人民法院在审理知识产权纠纷案件中，只有树立尊重科学的精神，才能保证知识产权审判工作的科学性。

4. 案件相对集中审理，发挥整体职能作用

知识产权纠纷案件的最大特点是知识产权，专业性很强，需要高素质的专业法官从事知识产权审判工作。因此，在我国知识产权审判工作开展不久，从事知识产权审判工作的专业法官匮乏的情况下，必须将知识产权纠纷案件相对集中审理。对此，人民法院二十年来重点做了两方面的工作：一是通过司法解释的形式，将某些专利纠纷案件指定由特定的人民法院审理，同时要求各有关高院将其他知识产权纠纷案件也集中到中级以上人民法院审理，只保留少数已成立知识产权审判庭的基层法院可以继续审理某些知识产权纠纷案件。二是将知识产权的民事案件和行政案件集中到知识产权审判庭审理；没有设立知识产权审判庭的，也要求其将知识产权案件集中到民事审判庭或者经济审判庭审理，并设立专门的合议庭。个别法院还尝试将知识产权民事、行政和刑事案件集中到知识产权审判庭审理。将知识产权纠纷案件相对集中审理，有利于更好地利用宝贵的审判资源，充分发挥知识产权审判的整体职能作用。

5. 促进国际司法合作与交流，借鉴有益的审判经验

二十年来，人民法院通过多种方式，不断拓宽知识产权司法方面的国际合作与交流的途径，积极学习借鉴外国知识产权审判方面的有益经验和成功做法，并运用于我国知识产权审判实践，取得了良好的效果，使我国的知识产权司法保护水平在较短的时间内基本达到国际水平。例如，借鉴"自由公知技术抗辩"、"等同原则"等方法审理专利侵权纠纷案件；借鉴"抽象检验法"审理侵犯软件著作权纠纷案件，等等。通过学习借鉴外国有益的经验和成功做法，使我国知识产权审判工作一开始就建立在较高的起点上，实现了跨越式发展。

6. 积极进行审判方式改革，确保司法公正

各级人民法院努力探索，完善适合知识产权案件特点的审判方式。各法院知识产权庭在成立之初，即针对知识产权通过改革，提高了知识产权审判的透明度和社会公信度，使得知识产权案件当事人文化素质高、有一定诉讼能力等特点，积极探索审判方式改革并不断加以完善，包括：庭前告知当事人诉讼权利义务；积极探索庭前调处程序，并对当事人进行庭前指导，使对方当事人明确举证期限、举证范围、举证方式及不举证的后果；实行庭前证据交换制度，通过证据交换，使当事人明确双方争议焦点，促使当事人理清诉辩思路；院长、庭长担任审判长或直接承办案件；真正落实合议和公开审判制度。无论一审还是二审案件，一律公开审判，提前向社会公开开庭的时间和地点，允许公众旁听，允许新闻单位客观报道。许多法院通过改革，提高了知识产权审判的透明度和社会公信度，使得知识产权司法公正有了程序上的保证。

在充分肯定成绩的同时，我们还要清醒地看到目前存在的问题和不足：在有的法院知识产权审判的重要性和特殊性还未被充分认识，现行的审判机制还不能完全适应迅速有力地制止假冒、盗版等侵犯知识产权行为和不正当竞争行为的需要；知识产权审判队伍不稳定，专业法官少，队伍素质虽相对较

高，但与其承担的审判任务仍不相适应；审判组织尚不健全，存在“一人庭”的情况；知识产权审判工作发展不平衡，一些地方比较薄弱；司法不公和效率低下的现象还时有发生等。这些问题和不足，已经严重影响和制约了知识产权审判工作的顺利开展，无法适应入世后的需要，必须引起高度重视，并切实加以解决。

三、针对故意侵害知识产权的犯罪和民事侵权行为的突出，加大对知识产权司法保护的力度

针对知识产权领域中的抄袭、非法复制、假冒、违约等故意侵害知识产权，破坏科技市场秩序的侵权行为，人民法院加大了对知识产权司法保护的力度：

（一）以《中华人民共和国刑法》为武器，对知识产权犯罪施之以刑罚，惩治假冒、盗版，切实保护知识产权

1997年3月，五届人大三次会议修改通过于同年10月实施的《中华人民共和国刑法》第三章第七节专门规定了侵犯知识产权罪，该节从第213条至第220条共有8个条文。刑法第213条规定未经注册商标所有人许可，在同一种商品上使用与其注册商标相同的商标，情节严重的，处三年以下有期徒刑或者拘役，并处或者单处罚金；情节特别严重的，处三年以上七年以下有期徒刑，并处罚金。该法第214条规定销售明知是假冒注册商标的商品，销售金额数额较大的，处三年以下有期徒刑或者拘役，并处或者单处罚金；销售金额数额巨大的，处三年以上七年以下有期徒刑，并处罚金。该法第215条规定伪造、擅自制造他人注册商标标识或者销售伪造、擅自制造的注册商标标识，情节严重的，处三年以下有期徒刑、拘役或者管制，并处或者单处罚金；情节特别严重的，处三年以上七年以下有期徒刑，并处罚金。该法第216条规定假冒他人专利，情节严重的，处三年以下有期徒刑或者拘役，并处或者单处罚金。该法第217条规定以营利为目的，有法定侵犯著作权情形之一，违法所得数额较大或者有其他严重情节的，处三年以下有期徒刑或者拘役，并处或单处罚金；违法所得数额巨大或者有其他特别严重情节的，处三年以上七年以下有期徒刑，并处罚金。法定的侵权行为包括：（一）未经著作权人许可，复制发行其文字作品、音乐、电影、电视、录相作品、计算机软件及其他作品的；（二）出版他人享有专有出版权的图书的；（三）未经录音录像制作者许可，复制发行其制作的录音录相的；（四）制作、出售假冒他人署名的美术作品的。该法第218条规定以营利为目的，销售明知是法定的侵权复制品，违法所得数额巨大的，处三年以下有期徒刑或者拘役，并处或者单处罚金。该法第219条规定实施法定侵犯商业秘密行为之一，给商业秘密的权利人造成重大损失的，处三年以下有期徒刑或者拘役，并处或者单处罚金；造成特别严重后果的，处三年以上七年以下有期徒刑，并处罚金。法律规定的侵犯商业秘密行为包括：（一）以盗窃、利诱、胁迫或者其他不正当手段获取权利人的商业秘密的；（二）披露、使用或允许他人使用以前项手段获取的权利人的商业秘密的；（三）违反约定或者违反权利人有关保守商业秘密的要求，披露、使用或者允许他人使用其所掌握的商业秘密的。明知或者应知前款所列行为，获取、使用或者披露他人的商业秘密的，以侵犯商业秘密论。《中华人民共和国刑法》第220条规定单位犯侵犯知识产权罪的，对单位判处罚金，并对其直接负责的主管人员和其他直接责任人员，依照刑法的规定处罚。

根据《中华人民共和国刑事诉讼法》和相关司法解释的规定，对侵害知识产权的犯罪，受害人可以向公安机关控告，公安机关负责立案侦查；受害人也可以直接向人民法院起诉，人民法院应当依法受理。人民法院如果发现自诉的刑事案件证据不足、可由公安机关受理的，或者对被告人可能判处三年有期徒刑以上刑罚的，应当移送公安机关处理。自诉刑事案件及由公安机关侦查、检察院负责提起公诉的刑事案件，都可以附带民事诉讼。人民法院在审理知识产权民事案件中，如果发现知识产权犯罪嫌疑的，即移送公安机关侦查；如果受害人提起自诉刑事诉讼的，依法予以受理。社会各界特别是中外知识产权权利人当发现知识产权犯罪嫌疑的，一定要将他们送上法庭追究其刑事责任，不能让他们逍遥法外；知识产权行政执法机关在执法中发现犯罪嫌疑的也一定要移送公安机关查处，不能罚款了事。

（二）依照专利、商标、著作权、反不正当竞争法的规定，发挥民事责任惩罚与补偿相结合的特有功能，全面追究侵权人的民事责任，使知识产权得到最终保护

依照法律规定，知识产权受到侵犯其民事司法救济的方式主要有：责令停止侵害；消除影响；公开赔礼道歉；恢复名誉；赔偿损失等。上述方式可以单独适用，也可以合并适用。对其他严重侵权行为，除承担民事责任外，人民法院视案情可以采取收缴非法所得、罚款等民事制裁措施。对侵犯知识产权案件的赔偿，不仅考虑权利人的经济损失，对侵害知识产权精神利益的还可以予以精神损害赔偿。

法官们注意到，停止侵权和赔偿损失是法律规定的诸项民事责任形式的核心与关键环节，也是受害人提起民事诉讼的根本利益所在。中国法官将一般民事侵权法的成功经验运用于知识产权诉讼，遇有需要停止侵害、排除妨碍、消除危险的情况时，我国法院根据当事人的申请或者依职权先行作出裁定。这就意味着，在知识产权诉讼中，法官不但可以作出类似“永久性侵权禁令”的判决，也可以在诉讼中包括受害人起诉时作出立即付诸执行类似“临时性禁令”的裁定。甚至在侵权的预备阶段，就可以裁定消除此种侵权危险。将于2001年7月1日实施的《中华人民共和国专利法》最新修改的几个条文，规定了我国专利诉讼的诉前临时“禁令”。最高人民法院已经公布了有关司法解释明确界定诉前责令停止侵犯专利权行为的操作程序。

根据法律和最高人民法院司法解释的规定，知

识产权损害赔偿数额的计算方法主要有三种：一是以知识产权权利人因侵权所受到的实际损失作为标准计算赔偿额；二是以侵权人的非法获利作为标准计算赔偿额；三是以不低于受到侵犯的知识产权公平合理的使用费或转让费作为标准计算赔偿额。反不正当竞争法还规定侵权者应当承担被侵害的经营者因调查该经营者侵害其合法权益的不正当竞争行为所支付的合理费用。

此外，中国法官在审判知识产权侵权案件实践中还创造、积累了其他一些赔偿的计算方法。如在商标侵权损失计算中，以侵权产品的数量乘以商标权人生产每件正牌产品的合理利润之积作为损失赔偿额。特别值得一提的，是借鉴国际“法定赔偿”的经验，对权利人受到损害，但其受到的损失和侵权人获利都难以查清的，实行按预定的数额幅度为标准进行赔偿。定额赔偿的幅度掌握人民币50万元以下，具体数额由人民法院根据被侵害的知识产权的类型、评估价值、侵权持续时间、权利人因侵权所受到的商誉损害等因素在幅度内确定。我国法官还在一定条件下，将调查、制止和消除侵权行为的费用等计算进了赔偿范围。

我国法官通过司法实践完善和丰富了知识产权侵权理论，高度重视过错推定原则在确定侵权者民事赔偿责任中的运用。在知识产权侵权案件审理中逐步形成以下共识：(1)对于知识产权的权利人要求停止侵权的，只要行为人实施了法律规定禁止的侵权行为，权利人不必证明行为人实施侵权行为的主观过错，法官也不必考虑行为人是否有过错，即可作出停止侵权先予执行的裁定或停止侵权的实体判决。(2)对于知识产权权利人要求行为人承担损害赔偿等民事责任的，只要证明行为人实施了法律规定禁止的侵权行为，即推定行为人主观上具有过错；行为人举证证明其主观不具有过错成立的，不承担赔偿等民事责任。不能举证或举证不成立的，即判令其承担损害赔偿等民事责任。(3)销售者对于不得销售侵权复制、假冒品等，依照法律、法规、规章或当事人的合同约定，负有注意义务，在其实施了销售侵权物品行为后，其主观上具有轻过失即应承担相应的民事责任。(4)对于确有证据证明销售侵权物品的行为人，既无故意又无过失的，不承担赔偿责任；对于被告知后仍继续销售的，应当承担故意侵权责任。(5)对于实施了知识产权法禁止实施的行为，确有证据证明行为人主观上不知、也不应当知道的，在一定条件下，法官仍可以判令其返还不当得利，或者适当的定额赔偿，或者两者并处。

(三)严格执行民事诉讼法和最高人民法院有关审判程序的司法解释，以设立专门审判机构、完善诉讼程序等，保障知识产权司法保护执法公正

近几年来，我国法院在建立专门审理知识产权案件的审判庭方面作了积极的努力。90年代初以来，人民法院体系内陆续成立了知识产权审判庭。自1998年以来，中国最高人民法院以宪法和诉讼法等法律为依据，加大了司法改革的步伐，实施了《人民法院五年改革纲要》，使审判知识产权的机构和法官队伍更加专业化和固定化。

人民法院为了提高知识产权司法保护的执法水平，根据此类案件绝对数量仍然相对较少的情况，除少数已经成立知识产权审判庭的基层法院外，已逐步由各地中级人民法院作为知识产权民事纠纷案件的一审法院。专利纠纷的一审案件仍由指定的中级人民法院管辖。为了完善知识产权案件地域管辖制度，我国法官提出对于以销售侵权物品为由起诉销售者的案件，销售地法院有管辖权；如果原告对销售者不起诉，仅对制造者起诉，制造地与销售地又不一致的，由制造地(通常为被告住所地)法院管辖；如果在侵权物品销售地以制造者与销售者为共同被告起诉时，侵权物品销售地法院有管辖权。销售者是制造者的分支机构的，其销售行为视为制造者的销售行为，原告在销售地起诉制造者的制造、销售行为的，销售地法院有管辖权。对于涉外知识产权案件严格依照民事诉讼法第二十五章等规定执行。

鉴于知识产权案件专业技术性强的特点，人民法院要求当事人在开庭前向法院提交支持自己主张的证据；所提交的证据材料在原、被告之间交换；对用于认定案件事实的证据包括专业鉴定必须经过当庭质证后方能决定是否采信。最高人民法院最近对一起定案证据未经过当事人当庭质证的知识产权案件，作出裁定指令有关高级人民法院另行组成合议庭进行再审。与此同时，我国法官在诉讼中也注意保护当事人的技术秘密等信息。

知识产权侵权纠纷案件的诉讼时效应当依据民法通则关于诉讼时效的规定和有关法律的规定办理。然而，一些知识产权侵权行为往往是连续进行的，有的持续时间较长。有些权利人从知道或者应当知道权利被侵害之日起二年内未予追究，当权利人提起侵权诉讼时，权利人的知识产权仍在法律规定的保护期内，侵权人仍然在实施侵权行为。法官们主张，对于连续实施的知识产权侵权行为，从权利人知道或者应当知道侵权行为发生之日起至权利人向人民法院提起诉讼之日止已超过二年的，不能简单地以超过诉讼时效为由判决驳回权利人的诉讼请求。在该项知识产权受法律保护期间，应当判决被告停止侵权行为，侵权损害赔偿应自权利人向法院起诉之日起向前推算二年计算，超过二年的侵权损失不予保护。

作为最高审判机关的最高人民法院十分重视知识产权的司法保护工作，近年来依法开庭审判了一批知识产权二审、再审等案件，以及完成了大量个案和原则性司法解释工作。同时，最高人民法院也加强了对全国各级法院的审判监督以维护司法的公正和法制的统一。

四、当前人民法院知识产权审判工作的主要任务

面临新的形势，知识产权审判工作的任务神圣艰巨。当前的主要任务是：在新世纪人民法院“一个主题，三件大事”工作思路的总揽下，紧紧围绕党和国家的中心工作和“十五”计划纲要确立的科技进步

和经济社会发展目标，认真贯彻执行知识产权法律和其他法律，积极做好入世的司法准备，正确审理各类知识产权纠纷案件，依法保护知识产权人的合法权益，制止假冒、盗版等侵犯知识产权的行为和不正当竞争行为，维护和规范公平竞争的市场经济秩序，为实施“科教兴国”战略，鼓励知识创新和促进科技进步及文化事业发展提供可靠的司法保障。

（一）认真贯彻执行新修改的专利法及其他知识产权法律

2000年8月，第九届全国人大常务委员会第十七次会议通过了《关于修改〈中华人民共和国专利法〉的决定》，完成了专利法的第二次修改，并于2001年7月1日施行。此外，商标法、著作权法等知识产权法律也正在加紧修改。这些法律的修改完善，是我国加入世贸组织在知识产权立法方面的重要司法准备之一，也是中国知识产权制度发展史上又一个重要的里程碑，标志着中国知识产权制度进入了新的历史发展阶段。

这次专利法的修改力度很大，专利法总共69条，修改的条文就达35条。其中重大的修改有：将有关授予、宣告无效和维持实用新型和外观设计专利权的行政决定，也纳入人民法院的司法审查范围，当事人不仅对发明专利权的行政决定不服可以向人民法院提起行政诉讼，对实用新型和外观设计专利权的行政决定不服也可以向人民法院提起行政诉讼；当事人对侵犯专利权的行为可以在起诉前向人民法院申请责令停止有关行为的措施，等等。商标法和著作权法的修改力度也很大，修改后的商标法和著作权法都要符合TRIPS协议的要求。

上述法律的修改将对人民法院的知识产权审判工作产生重要影响，将会使知识产权纠纷案件的类型增加，数量增多，难度增大，特别是新修改的专利法实施在即，迫在眉睫。因此，认真贯彻执行好新修改的专利法等知识产权法律，是人民法院今年的重要任务之一。各有关法院，特别是由于专利法等法律的修改导致案件剧增的北京市高、中级法院，一定要在认识上、组织上、业务上充分做好准备，加强新法的学习和培训，调配充实审判人员，把贯彻执行好新修改的专利法等法律作为今年乃至今后相当长一段时间知识产权审判的主要工作来抓，确保新旧法律的平稳过渡。知识产权审判组织及其审判人员都要积极做好有关专利复审、无效，植物新品种复审、无效，商标评审，强制许可及其使用费，不服知识产权行政管理部门对侵犯知识产权纠纷案件作出的行政处理决定等各类案件审理的准备工作。

特别需要提一下的是《中华人民共和国植物新品种保护条例》的贯彻执行问题。植物新品种条例已于1997年10月1日起施行。1999年4月23日我国正式加入“国际植物新品种保护联盟（UPOV）”，承诺履行该联盟公约义务。我国农业部、国家林业局也按照各自职责分工，从1999年4月23日开始受理国内外植物新品种申请，并已对符合条件的申请授予了植物新品种权。对植物新品种权的司法保护，是国家法律赋予人民法院的一项新的审判职能，是人民法院知识产权审判工作的又一个新的领域。为了贯彻执行植物新品种保护条例，正确审理植物新品种纠纷案件，最高法院已于今年2月分别发出《关于开展植物新品种纠纷案件审判工作的通知》和公布了《关于审理植物新品种纠纷案件若干问题的解释》。各有关人民法院要高度重视，认真执行，正确审理好植物新品种纠纷案件。

（二）依法正确审理好各类知识产权纠纷案件

知识产权审判工作要按照公正与效率的要求，依法正确审理好各类知识产权纠纷案件。

要审理好假冒、盗版等侵犯知识产权和不正当竞争纠纷案件。近年来，假冒、盗版等侵犯知识产权的行为和不正当竞争行为屡禁不止，十分猖獗，严重侵犯了知识产权人的合法权益，扰乱了公平竞争的市场经济秩序，损害了我国改革开放的国际形象，引起了党和国家的高度重视。因此，人民法院要充分发挥其知识产权审判职能作用，按照全国整顿规范市场经济秩序工作会议精神的要求，运用法律赋予的诉前责令停止侵权行为及先予执行、民事制裁等措施，坚决制止假冒、盗版等侵犯知识产权和不正当竞争行为，保护知识产权人的合法权益，为整顿规范市场经济秩序提供司法保障。

在加强保护知识产权的同时，也要防止权利人滥用知识产权，进行不正当竞争。

要审理好知识产权权属纠纷案件。鼓励技术和知识作为生产要素参与收益分配已成为我国的一项重要分配制度，并成为鼓励广大科技人员进行科技创新、知识创新，发展高科技的重要激励手段。因此，人民法院要按照这一制度的精神，正确审理好知识产权权属纠纷案件，充分利用知识产权权属法律制度，妥善处理好涉及专利、商业秘密、著作权、计算机软件、植物新品种等权属纠纷，依法保护知识产权人的智力成果，以调动广大科技人员进行科技创新、知识创新，发展高科技的积极性，推动社会科技进步和文化事业的发展。

要审理好技术合同和其他知识产权合同纠纷案件。技术合同是进行科技成果开发、推广、转让的重要法律形式，贯穿于研究开发、实现产业化的全过程。著作权合同等其他知识产权合同但是进行知识产权创造和传播的重要法律形式。因此，要正确审理好技术合同和其他知识产权合同纠纷案件，通过知识产权合同法律制度，调整当事人之间的合同关系，确保知识产权的产生和利用。

要审理好知识产权行政纠纷案件。根据新修改的专利法和即将修改的商标法以及植物新品种保护条例规定，专利权包括发明、实用新型和外观设计专利权、注册商标专用权和植物新品种权的授予、无效、撤销和维持的行政决定，均被纳入人民法院的司法审查范围，将使人民法院主要是北京市高、中级法院此类案件数量剧增，据初步预测每年可达2000余件。此外，还有实施强制许可及实施强制许可使用费的纠纷案件，不服管理知识产权的工作的部门作出的行政决定的纠纷案件和不服国务院知识产权行政部门作出的行政复议决定的案件等。要通过正确审理知识产权行政纠纷案件，依法保护行政相对人的合法权益，促进依法行政。

此外，还要依法审理好网络环境下新类型知识产权纠纷等其他各类知识产权纠纷案件，依法保护知识产权，促进科技进步和文化事业的发展。

(三)做好入世的司法准备工作

我国加入世贸组织日益临近，知识产权审判工作要做好入世的准备工作。人民法院要做好入世的准备工作。

首先要在思想上入世。加入世贸组织是我国进一步对外开放的伟大决策，也是发展社会主义市场经济的必然选择。中国加入WTO，对我国司法工作包括知识产权审判工作提出了更高的要求。它意味着我们的管理能力和审判水平也要达到更高的水平，否则，我们就会处在被动的位置，也有可能产生不良影响。近年来，我国法院审理的知识产权案件，涉外案件占有相当的比例，且当事人多来自欧、美、日等西方国家，当事人还多为国际著名的企业。中国加入WTO在即，外国政府和许多国外大企业越来越对中国知识产权司法保护给予关注和重视。人民法院对国际背景下错综复杂的知识产权纠纷案件，要依法慎重妥善处理。各有关法院对此要有清醒的认识。

其次要尽快熟悉世贸组织规则，特别是TRIPS协议。这是做好知识产权审判入世准备工作的基本要求。在学习世贸组织规则特别是TRIPS协议的时候，一定要注意和我国新修改的专利法等知识产权法律结合起来，做到对国内法律资源和世贸组织规则均“胸中有数”。新修改的专利法等知识产权法律是与TRIPS协议接轨的法律，是我国重要的知识产权法律资源，我们要充分发挥我国知识产权法律资源在国际竞争中的作用。在处理具体涉外知识产权纠纷案件中，我们应当做到依法平等保护知识产权人的合法权益，包括既切实保护外国的知识产权，也依法保护我国的自主知识产权产业。

再次要把入世准备同人民法院正在进行的机构改革和法官队伍建设结合起来。入世后，我国知识产权审判将面临新的考验，需要坚强可靠的组织保障。所以，要把知识产权审判入世准备工作同目前人民法院正在进行的机构改革和法官队伍建设结合起来，各有关法院在进行机构设置和人员配备的时候，一定要切实加强和充实知识产权审判力量，为知识产权审判入世做好组织准备。

要把入世准备同知识产权司法的国际合作与交流结合起来。入世后，我国知识产权审判工作的视野和范围将更为开阔，从事知识产权审判的法官更应具有世界眼光。我们要及时跟踪世界知识产权理论和司法实践的最新发展动态，进一步加强知识产权司法的国际合作与交流，始终把握知识产权审判的发展方向。

(四)加强知识产权审判组织和队伍建设

加强知识产权审判组织和队伍建设是知识产权审判的基础性工作。目前，人民法院知识产权审判工作发展很不平衡，知识产权审判组织和队伍的现状从总体上讲还不能适应入世和其承担的任务的需要。如何真正充分发挥知识产权审判的整体职能作用的问题还没有解决，导致在培训、指导和工作部署上难以统一的不利状况；有的法院虽成立了知识产权审判庭，但实为“一人庭”，没有配备起码的审判人员；知识产权审判队伍不稳定，审判队伍的整体素质还不高，因此，迫切需要进一步加强和充实。各有关法院在进行人民法院内设机构改革和审判队伍建设时，要根据最高人民法院机构改革的总体部署，充分考虑知识产权审判专业性强、审理难度大、倍受国际社会关注的特点以及知识产权纠纷案件迅猛增长的趋势，设置好知识产权审判机构，配备好相应的审判人员。总的要求是：知识产权审判组织和队伍只能加强，不能削弱。各地高级法院应当建立知识产权纠纷案件的“民三庭”。而对于中级法院，要考虑当地案件数量、科技、经济、文化发展水平、外商投资和地方政府所在地等因素来决定是否设立单独的知识产权审判机构，即民三庭。建议省会城市、计划单列市和经济发达地区中级法院设立知识产权纠纷案件的审判庭。对于不设立知识产权专门审判庭的法院，应当将知识产权纠纷案件集中到一个审判庭审理，以便指导、监督和培训。建议知识产权纠纷案件较多地区的部分基层法院，如北京市海淀区法院、上海市浦东新区法院等，可设立专门审理知识产权纠纷案件的审判庭。案件突增的法院，要在这次机构改革中，配备足额的人员；人员明显不足的，要配备起码的人员。

要确保知识产权审判队伍的稳定。我们培养这支队伍来之不易，培养一名合格的知识产权法官，相比其他法官要付出更大代价，成长、成熟周期亦更长，他们不仅要具备一般法官所具备的政治、业务素质，还要求具有理工知识背景和外语的要求，使得知识产权审判人员的选拔十分困难。所以，无论是机构改革，还是法院内部人员交流，都要注意维护知识产权审判队伍的相对稳定，不能冲散和削弱这支队伍。在工作安排、任务考核方面，要充分考虑和照顾到知识产权纠纷案件审理难度大的特点，不能把知识产权审判当作一般的民事审判来对待，完全按案件数量作为工作成绩的考核标准。在安排法官培训、深造、出国学习交流方面，要适当向从事知识产权审判的法官进行倾斜，努力为知识产权审判创造一个良好的环境。直接从事知识产权审判的同志，也要端正对知识产权审判工作的态度，树立为我国知识产权审判事业无私奉献的精神，不断提高自身的政治素质、业务素质，要按照肖扬院长提出的“三个德化于”的要求，加强自身的道德休养。

(五)加强知识产权审判的指导和监督工作

随着信息技术、生物技术等高新技术的发展，与高新技术发展和应用相关的知识产权案件以及新类型案件不断出现。新修改的专利法等知识产权法律即将实施，要充分注意在实施过程中可能会遇到许多意想不到的问题。我国即将加入世贸组织，入世后，在适应我国知识产权法律处理知识产权案件时，又可能会遇到与TRIPS协议的冲突问题。因此，特别需要加强司法指导。最高人民法院要在调查研究的基础上，对一些带有全局性的法律适应问题，适时制定司法解释，以便加强对全国知识产权审判工作司法指导。各高级法院也要针对本地区知识产权审判工作中出现的新情况、新问题，进行指导，制定规范性文件，以便为最高法院制定司法解释提供素材和经验。

在加强司法指导的同时，要搞好知识产权审判监督工作。各级法院都要从保护广大科技人员和创作人员创造和创新热情，保障“科教兴国”战略得以实施的政治高度来认识这个问题，确保案件质量，提高审判效率。对于明显错案、冤案，要按照审判监督程序，坚决予以纠正，确保司法公正。对于不违反法律规定的自由裁量结果，不应改判，防止“终审裁判不终”的问题，以维护人民法院判决的既判力和严肃性。

展望未来，我们已经跨入新世纪。新世纪的我国法官倍感责任重大。知识产权的司法保护将面临高科技的挑战，为适应需要，知识产权各项法律的修改工作正在逐步展开。人民法院将积极参与这一工作，依法拓展知识产权司法保护的范围，加大司法保护的广度、深度和力度。然而面对盗版、假冒等侵犯知识产权的行为，人民法院的知识产权审判任务仍很艰巨，在司法的各方面也都存在不少问题。我们愿意与各界同行们团结协作，将我国的知识产权保护工作做的更好。

农业植物新品种保护发展状况

石　燕　泉

（农业部科技教育司副司长级助理巡视员）

一、我国植物新品种保护制度的建立

20世纪80年代，我国的《商标法》、《专利法》和《著作权法》等一系列知识产权保护法律、法规相继颁布实施。但是作为农业科技重要成果的动植物新品种的知识产权却缺乏应有的法律保护，农业科技人员尤其是育种人员对此反映十分强烈。

1993年4月，朱镕基总理到湖南省视察时，农业科技人员直接向他反映了希望国家尽快立法保护植物新品种的意见，并得到了总理重视。自此，国务院将植物新品种知识产权保护立法问题列入重要议事日程。国务院有关部门组成立法小组进行专题调研，着手《植物新品种保护条例》的起草工作。与此同时，我国与国际植物新品种保护联盟（UPOV）开展合作。1993年9月，UPOV首次在我国召开了亚太地区植物新品种保护国际研讨会，推动了我国植物新品种保护立法进程。

1997年3月20日，国务院正式发布了《中华人民共和国植物新品种保护条例》（以下简称《条例》）。1999年4月23日，我国正式加入国际植物新品种保护联盟（UPOV），成为其第39个成员国。同日，农业部和国家林业局正式启动实施《中华人民共和国植物新品种保护条例》，开始受理来自国内外的品种权申请，从此，中国在农业领域实现了知识产权保护的历史性跨越，并成为现代农业发展的重要里程碑。2000年7月8日，第九届全国人民代表大会常务委员会第十六次会议通过的《中华人民共和国种子法》进一步明确规定，在我国实行植物新品种保护制度，从而使我国农业领域的这一知识产权保护制度得到进一步加强。

二、植物新品种保护条例的实施

（一）制定与《条例》配套的规章制度，保证以法行政

自《条例》发布以来，农业部先后制定了《农业植物新品种保护条例实施细则》、《农业部植物新品种复审委员会复审规定》等规章；在1999年发布了第一批新品种保护名录以后，2000年又发布了两批名录，使受保护的农业植物属和种达到23种，涉及大田植物、蔬菜、观赏植物和果树等四大类植物。水稻、玉米、大白菜、马铃薯、春兰、菊属、石竹属、唐菖蒲属、紫花苜蓿、草地早熟禾。普通小麦、大豆、甘蓝型油菜、花生、普通番茄、黄瓜、辣椒属、梨属、酸模属。即兰属、百合属、鹤望兰属和补血草属。同时还及时组织研制了主要农作物新品种测试技术标准。这些工作的开展，为《条例》顺利实施打下了良好的基础。

（二）初步建立植物新品种保护体系，为《条例》实施提供组织保障

为了保障《条例》实施，农业部先后组建了农业部植物新品种保护办公室、农业部植物新品种复审委员会、农业部植物新品种繁殖材料保藏中心、农业部植物新品种测试中心和分中心。这些机构的建立为《条例》实施提供了有力的组织保障。为了加强品种权行政执法工作，2000年4月，农业部在北京召开了全国农业植物新品种保护执法工作会议，部署了近期农业植物新品种保护执法工作的主要任务，要求各省农业行政管理部门就植物新品种保护行政

执法尽快落实职能、落实机构、落实人员，为查处品种权案件提供组织保障。2000年9月，吉林省四平市中级人民法院受理了中国首例品种权侵权纠纷案。经法院主持调解，双方当事人自愿达成调解协议，由被告赔付了原告赔偿金。至2000年12月31日，人民法院共处理品种权纠纷案2个。

(三)品种权审批工作全面展开

2000年，农业部受理国内品种权申请111件。农业部共受理国内外品种权申请共227件，包括大田作物、蔬菜、果树、花卉和牧草，其中，玉米157件，水稻32件；授予品种权39件。

围绕已经公布或即将公布的品种保护名录，农业部组织专家对38个主要农作物新品种测试指南和测试标准开展了研制工作。

(四)积极开展《条例》的宣传培训，扩大《条例》的影响

为了提高社会各界对植物新品种保护重要性的认识，了解和掌握保护自身合法权益的法律武器，农业部多次举办植物新品种保护培训班；组织编写出版了《植物新品种保护基础知识》；创办了《农业植物新品种保护公报》；利用各种媒体宣传植物新品种保护知识。这些工作的开展对宣传和促进《条例》的实施起到了良好的作用。到2000年底，通过培训，有65人取得了品种权代理人资格。90%的申请案由代理人代理申请。

(五)广泛开展国际交流，学习借鉴发达国家先进经验

作为UPOV成员国，中国积极参加了该国际组织的工作。同时，农业部在农业植物新品种保护方面与UPOV其他成员国开展了广泛地交流与合作。在我们学习借鉴发达国家先进经验的同时，也增进了外国对我国植物新品种保护制度的了解，为进一步合作打下了良好的基础。2000年，农业部植物新品种保护办公室邀请法国和荷兰两位专家来京对15个植物新品种测试中心及分中心测试人员讲授植物新品种DUS测试知识，进行了新品种测试知识的培训和交流。与此同时，农业部植物新品种保护办公室派出5人前往日本、美国等审查制度相同或相似的国家学习新品种审查和测试技术，并接待了英国植物新品种保护办公室官员，双方就品种审查的技术问题进行了讨论。农业部植物新品种保护办公室还定期与美国、日本、新西兰、澳大利亚、英国等UPOV成员国的植物新品种保护办公室联系，交换品种保护信息，搜集有关品种权申请的书面审查，办公程序等资料。

林业植物新品种保护发展状况

龙　三　群

(国家林业局植物新品种保护办公室处长)

1997年3月20日国务院以第213号令发布了《中华人民共和国植物新品种保护条例》(以下简称《条例》)，自1997年10月1日起施行。第九届全国人民代表大会常务委员会第四次会议通过决定(1998年8月29日)，我国加入《国际植物新品种保护公约(1978年文本)》(以下简称《公约》)。随后，国家林业局派员参加的我国政府代表团在日内瓦向国际植物新品种保护联盟(UPOV)秘书处递交了我国的加入书，经过UPOV大会审查通过，我国于1999年4月23日正式加入《公约》，成为UPOV第39个成员国。

我国实施植物新品种保护制度并加入《公约》，有利于依法保护我国育种者的合法权益。植物育种者培育一个新品种需要大量投入，包括技术、劳力、物资和资金，同时要花费许多年的时间。新品种的推广应用为生产和生态环境建设带来了巨大的社会经济效益。然而，育种者由于无法防止别人无偿繁育自己的品种，也不能制止那些不经育种者同意就以商业目的出售其品种的活动，以致育种者得不到应有的报酬和利润。对植物新品种给予知识产权保护，世界上许多发达国家早已实行。从20世纪30年代开始，美国和欧洲相继制定了一些规定，逐渐形成了本国的植物新品种保护法律制度，随后又建立了《公约》，统一了各国的保护水平。我国实施植物新品种保护制度，进一步完善了我国的知识产权保护制度，极大地调动了育种者培育植物新品种的积极性，适应了我国实施“科教兴国”战略、依靠技术创新推动经济发展的需要，也有利于我国引进国外优良植物新品种，并为我国及早加入世界贸易组织创造了条件。

根据《条例》的规定，国家林业局是植物新品种权审批机关之一。按职责分工，国家林业局负责林木、竹、木质藤本、木本观赏植物(包含木本花卉)、果树(干果部分)、及木本油料、饮料、调料、木本药材等植物新品种权申请的受理和审查，并对符合《条例》规定的植物新品种授予植物新品种权。《条例》规定林业行政部门可依据各自的职权对植物新品种权的侵权案件和假冒授权品种案件进行查处，省级以上林业行政主管部门可以处理植物新品种权侵权案件，县级以上林业行政主管部门可以处理植物新品种权假冒授权品种案件。

根据《条例》的规定，国家林业局认真履行植物新品种权审批机关的职责，制订发布了有关植物新品种保护的部门规章，公布了植物新品种保护名录，制定了

植物新品种权申请文件和测试指南，培训了植物新品种保护管理、审查、代理人队伍，建立代理机构，受理了林业植物新品种权的申请，经过初步审查和实质审查，对符合植物新品种条件的申请授予了品种权，林业植物新品种保护工作有了一个良好的开端，不断向深入发展。

一、国家林业局制定完善了有关植物新品种保护的部门规章

(1)发布了《中华人民共和国植物新品种保护条例实施细则(林业部分)》。为使《条例》的规定适合林木等森林植物的特点，并具有可操作性，1999年8月10日国家林业局局令第3号发布了《中华人民共和国植物新品种保护条例实施细则(林业部分)》。该实施细则共九章七十二条，分别就《条例》规定的品种权的内容和归属、授予品种权的条件、品种权的申请和受理、品种权的审查批准、品种权的终止和无效、文件的递交、送达和期限、费用和公报等内容作出了一些具体的、程序上的规定。其中，根据《条例》第四十五条的规定，国家林业局对森林植物新品种新颖性的变通规定为“自保护名录公布之日起一年内提出的品种权申请，经育种人许可，在中国境内销售该品种的繁殖材料不超过4年的，视为具有新颖性”。实施细则自发布之日起施行。

国家林业局在2000年发布了《实施细则(林业部分)》的英文版。该英文本的正式发布，有利于国外申请人准确了解我国植物新品种保护的有关法规和规定，便于国外申请人在我国申请林业植物新品种权。这也是国家林业局为履行《公约》做出的一项基础性工作。

(2)国家林业局以通知形式就正式开展植物新品种保护工作作出了规定。为了推动林业植物新品种保护工作顺利进行，国家林业局于1999年7月23日发出了《关于开展植物新品种保护工作的通知》(林科发[1999]228号)，该通知要求各省(区、市)林业部门、各有关直属单位要充分认识植物新品种保护工作的重要性，要加强领导，明确主管机构，积极组织引导育种者申报植物新品种权，严格履行《条例》赋予的执法职责，认真查处本地区侵权案件和假冒授权品种案件。并随文公布了我局植物新品种权的申请文件。

(3)国家林业局于2000年3月20日发出了《关于开展植物新品种保护代理工作有关问题的通知》。该通知明确了林业植物新品种权代理机构的职责、应具备的条件、申报程序等要求，规范了林业植物新品种权代理工作，促进了林业植物新品种保护工作健康发展。

二、国家林业局公布了林业植物新品种保护名录

根据《条例》第十三条“……植物新品种保护名录由审批机关确定和公布”的规定，1999年4月22日，国家林业局局令第2号发布毛白杨、杉木、泡桐属、木兰属、牡丹、梅、蔷薇属、山茶属共8种(属)为首批林业植物新品种保护名录。于2000年2月2日以第五号局令颁布了《第二批林业植物新品种保护名录》，包括杨属、柳属、桉属、板栗、核桃属、枣、柿、杏、银杏、油桐属、红豆杉属、杜鹃花属、桃花、紫薇、榆叶梅、腊梅、桂花等17个种属。这些保护名录自发布之日起，其新品种可以向国家林业局申请植物新品种权保护。

三、国家林业局健全了林业植物新品种保护管理机构

国家林业局作为林业植物新品种保护的审批机关和《公约》的履约单位，品种权申请的受理、审查、授权工作量大，还要出版有关公报，承办林业植物新品种保护复审委员会交办的工作和履约工作，经过中央机构编制委员会办公室批准，国家林业局成立了科技发展中心，同时加挂国家林业局植物新品种保护办公室的牌子，作为正式的具有行政职能的正司局级事业单位，承担林业植物新品种保护的具体工作。该机构的正式成立，理顺了林业植物新品种保护工作机构管理不顺、渠道不畅等问题，保障了林业植物新品种保护工作健康发展。

四、举办植物新品种保护培训班，建立林业植物新品种保护工作骨干队伍

为宣传植物新品种保护的有关法律法规，普及植物新品种保护知识，进一步提高林业植物新品种保护从业人员的素质，国家林业局于1999年、2000年各举办了一期林业植物新品种保护培训班。培训班聘请了有关法律专家、育种专家和植物新品种保护管理审查人员讲解《条例》及其实施细则(林业部分)的立法宗旨和具体条款规定、品种权申请程序、申请表格的撰写以及育种新技术等知识。

通过举办植物新品种保护培训班，学员学习了解了植物新品种保护的法律规定、品种权保护的申请程序和技术审查要求及方法，林业植物新品种保护执法等知识，提高了林业植物新品种保护管理人员、执法人员、测试人员和代理人员的业务水平，壮大了林业植物新品种保护工作队伍。到2000年，共有120名学员取得了《国家林业局植物新品种权代理人资格证书》，他们将成为林业植物新品种保护代理骨干。

五、林业植物新品种权申请量逐步增加，授权品种不断扩大

自1999年4月23日北京林业大学向国家林业局递交三倍体毛白杨植物新品种权申请以来，林业植物新品种权申请量逐步增加，1999年国家林业局受理了109项品种权申请，其中林木6项，木本花卉103项。2000年受理了64项林业植物新品种权申请。经过受理、初步审查、公开、实质审查等项工作程序，国家林业局于1999年12月29日授予了北京林业大学“三毛杨1号”等6个三倍体毛白杨品种权，这是国家林业局授权的第一批植物新品种。2000年我局授权了中国林科院林研所申请的“抗虫杨12号”等23个品种权，包括荷兰、法国育种公司申请的5个月季新品种权。在2000年国家林业局第一次授予了国外申请人品种权，这标志着林业植物新品种保护工作进入了一个新的阶段。截至2000年底，国家林业局共授权了29项品种权，其中毛白杨6项、其他杨树3项、月季10项、木兰8项、山茶花2项。

六、建立了林业植物新品种保护代理机构

经国家林业局批准，“北京北林方圆植物新品种权事务所”于 1999 年 12 月 24 日在京注册成立。这是第一家从事林业植物新品种保护代理工作，并具有涉外代理职能的事务所。

七、正式出版了《林业植物新品种保护公报》

根据《条例》的规定，为按时公告林业植物新品种保护的有关事项，维护品种权人和公众的合法权益，确保林业植物新品种保护工作健康开展，经国家新闻出版署批准，国家林业局于 2000 年 4 月 27 日正式创刊出版了《林业植物新品种保护公报》。该公报属于政府公报期刊系列，公报的正式出版，使林业植物新品种保护工作有了一个正式发布公告的载体，便于公众和品种权人及时了解林业植物新品种保护工作进展情况，有利于保护育种者和广大公众的利益。

八、我国加入国际植物新品种保护联盟（UPOV），林业植物新品种保护国际合作与交流不断发展

根据第九届全国人大常委会第四次会议关于我国加入《国际植物新品种保护公约（1978 年文本）》决定，国家林业局派代表参加了科技部组织的中国政府代表团赴瑞士日内瓦，代表团于 3 月 23 日上午代表中国政府向国际植物新品种保护联盟递交中国的加入书，自 1999 年 4 月 23 日起，我国正式成为国际植物新品种保护联盟（UPOV）第 39 个成员国。

国际植物新品种保护联盟是一政府间国际组织，是根据国际植物新品种保护公约于 1961 年在巴黎成立的。该联盟的主要活动是促进其成员国的国际协调与合作，为各国在植物新品种保护立法方面提供支持。该公约曾在 1972 年、1978 年和 1991 年进行了修改，1991 年修订的《公约》文本在 1999 年开始生效，目前国际上大多数国家沿用的还是公约 1978 年文本。

作为《公约》的履约单位之一，国家林业局加强了与国际植物新品种保护联盟（UPOV）及成员国间的联系和合作，拓展了林业植物新品种保护对外合作交流的渠道。国家林业局积极参与国际植物新品种保护的有关法规和技术政策的制定和讨论，与国际植物新品种保护联盟秘书处保持了经常性联系，于 2000 年 10 月份派员参加了 UPOV 理事会。国家林业局有关植物新品种保护管理和技术人员参加了 UPOV 于 1998 年在英国剑桥举办的国际植物新品种保护培训班，于 2000 年 4 月在日本举办的技术工作研讨会。在 2000 年上半年和下半年各派 1 人分别赴荷兰和美国学习植物新品种保护管理及测试技术，派员参加了在荷兰举行的国际植物新品种保护培训班。与国际植物新品种保护联盟（UPOV）联合于 1999 年 5 月在我国昆明召开了“技术创新与植物新品种保护国际研讨会”。1999 年 9 月邀请了荷兰品种权利委员会秘书长和观赏植物测试中心主任来指导工作。

国家林业局于 1998 年 5 月接待国际观赏和果树保护组织（CIOPORA，非政府间组织）主席、秘书长和该组织的法律顾问，1999 年 1 月接待日本果树种苗协会知识产权专家和育种专家，1999 年 5 月接待了 UPOV 副总干事格林·戈拉斯等 UPOV 秘书处官员及新西兰、日本等国植物新品种保护主管人员一行 20 人，2000 年接待了法国农业及食品行业联合会的代表。

通过接待 UPOV 的官员和其它成员国的代表，组织外宾参观中国林科院的有关植物品种测试的实验室，并同国家林业局科技司、植物新品种保护办公室有关人员举行座谈，使 UPOV 和其它成员国及有关国际组织对我国植物新品种保护的法律制度和做法有了更进一步的深入了解，学习了国外先进的植物新品种保护管理经验和先进技术，提高了林业植物新品种保护工作水平，宣传了我国植物新品种保护工作，促进了我国植物新品种保护工作与 UPOV 和其它成员国的合作和交流，推动了林业植物新品种保护工作尽快与国际接轨。

中国知识产权法对侵权法理论的贡献

郑　成　思

（中国社会科学院知识产权研究中心主任）

一

2000 年 8 月底，第八届全国人大常委会第十七次会议通过了《中华人民共和国专利法》（以下简称《专利法》）修正案。

《专利法》已经是第二次修订了。

由于《专利法》在 TRIPS 协议框架文件已基本形成的 1992 年，曾参考国际惯例作过一次修订，所以它本来已是我国知识产权三个基本法中，与世贸组织的要求差距最小的一个。在 2000 年 8 月的再次修订中，条文顺序并未大变，即没有大改，也就是理所当然的了。不过，在这种“小改”之中，该法仍旧有许多明显的进步。从法理上看，至少有下面几点是值得注意的。

第一，是解决专利授权及无效程序中，与“在先权”冲突的问题。

就发明专利与实用新型专利而言，有了“新颖性”这一前提，基本上可以避免了与任何“在先权”的冲突，何况更有原法第 62 条对“先用权”的照顾作补充。原因是在技术领域，只要某一技术占了先，它便会几乎无例外地排除了相同技术再获专利或保持专利有效的可能性。

而在工业产权与版权相交叉(乃至相重叠)的外观设计领域,“新颖性”的要求就远远不足以避免外观设计专利与“在先权”的冲突了。未经许可拿了他人的美术作品,与自己的产品相结合,去申请外观设计专利的情况,近年在中国越来越多。以至专利复审委员会都感到十分棘手。申请者的未经许可行为显然属于侵犯版权;如果该美术作品已被他人合法注册为商标,则还可能属于侵犯商标权。但申请人的这种独有的首次与某产品结合,则可能符合“新颖性”要求。于是当年作为最终确权的主管——专利复审委员会该不该宣布这类已获专利的外观设计无效,就在理论界及行政主管部门都发生了争议。一部分人认为:侵权行为不产生新的权利,完全可以依《专利法》第5条定其无效。另一部分人则认为:侵权行为也可以产生“在后权”,它可与“在先权”并存,尤其是版权与工业产权不会冲突,因此坚决反对依《专利法》第5条定其无效。

中、外知识产权法乃至国际公约,均只承认及维护“在先权”而从不涉及怎样去维护基于侵害他人的在先权利而产生的所谓“在后权”,决不是立法者及起草国际公约的专家缺少“创造性”。打个比方:甲公司是一块地皮的所有人,它可能准备在上面盖平房。而乙公司未经甲的许可,却在上面盖了二层楼。是否从“公平”原则出发避免使乙白费力,就必须承认及维护乙的这种“在后权”,而认为应当承认这二层楼的合法存在呢?如果丙未经乙许可在二层上又加了一层,那么是甲有权出来主张权利,还是乙有权出来主张权利?

从民法中,侵权人均负有“恢复原状”民事责任的原则看,乙的二层楼是应当拆除的。因此乙当然地无权向丙主张权利。只有在侵权后果按“恢复原状”处理将极其不平衡时(如乙所盖是摩天大厦、社会又需要它),才可能在侵权人负侵权责任的前提下,承认这种特殊的侵权结果。而人们在对待知识产权侵权结果时,往往忘记了“恢复原状”的原则。在担心如果不承认第一侵权人的侵权成果合法、第二侵权人可能受不到制裁时,他们完全忽视了真正权利人(即被侵权人)的存在。最典型的议论还是在版权领域:如果不承认未经许可的翻译作品享有版权,难道不经许可复制该译作就合法了吗?提问者显然忘记了第二侵权人同样侵犯了原作者的版权。

虽然“在后权”论者显然忽略了在民法中侵权人均负有“恢复原状”民事责任的基本原则。但这种“理论”确实有一定市场。至少不可能在没有明文确认保护在先权利人的法出现之前,使版权人与商标权人(以及其他可能涉及的在先权人)的合法权利处于安全地位。

由于大多数国家并不将外观设计作为“专利”保护,故起草专利法而参考外国成例时未注意到这一问题,是并不足怪的。但专门规范外观设计的其他外国法中,则早有成例可循。例如,欧盟的《外观设计保护指令》中,虽已有“外观设计不得违反公共秩序及道德”的第8条(相当于我国专利法第5条),却仍另有第11条(即不允许侵害版权等其他在先权)另作出专门规定。日本《意匠法》也有类似条文。

国内的实践与国外的成例均告诉我们:想要有效地保护知识产权,就应当有针对性地作尽可能细化的规定,而不能依靠差距很大、并不确定的法解释学。在争论是否仅仅有《专利法》第5条就足够这一问题时,一位执法人员反问过:全部民法,是否能以《民法通则》第4条的存在,就认为足够了?那么我国的立法任务就真可以大大减轻了。当然,在学者中提出同样疑问的也早有人在。①实际上,相似的问题,在重刑法的我国古代,就已在实践中讨论过。刘邦入关后“约法三章”,有人认为已经够了。但这种过于原则的“法”,易于留在口头上而无从实施。正如后来鲁迅所说:“法三章者,话一句耳”。汉刘邦之后,中国又有“汉律”、“唐律”、“明律”等等,即是很好的说明。

简言之,《专利法》2000年修订文本第23条增加了防止外观设计与“在先权”冲突的规定,应当说是理论上的一个进步。

第二,传统的“侵权构成要件说”在《专利法》中开始动摇。

这次修订中,《专利法》诸多条文里,增加了专利权人的一项“许诺销售”权②。这项权利的出现,首先是符合了WTO中的TRIPS协议的要求,其次是有利制止“即发侵权”。而其必然结果,则是对于“没有实际损害就构不成侵权”这一中国侵权法理论提出了挑战。修订中如果没有直接引入“即发侵权”这一概念,就会如《合同法》1998年前的草案中没有引入“预期违约”一样,将是个缺憾。有的人曾认为:中国知识产权法中原来已经有了禁止即发侵权的条文,无需再引入这一概念本身。而他们所举的条文(如《专利法》中对“制造权”的保护,《版权法》中对“复制权”的保护、《商标法实施细则》中对仓储、运输等等的禁止条文,等等),实际上只是禁止到了一部分“尚未产生侵权损害”的行为,而并未禁止到“即发侵权”。因为,制造、复制等,显然均是“已发”的,即已经在实施的侵权行为。不引入一个已被国际上认可的总概念,极可能使我们这样的立法经验尚不足的国家“挂一漏万”。幸而在这次修订中,除“许诺销售”之外,终于增加了与TRIPS协议第50条极为相近的(修订后的)《专利法》第61条,完成了引入禁止“即发侵权”制度的行程。

《专利法》修订后第63条,把不知而售侵权产品的行为,从过去的“不视为侵权”,改为“不承担赔偿责任”。这一改动看起来与我国侵权法理论的“主观要件”(即无过错不构成侵权)离得远了,却与绝大多数国家的知识产权保护制度离得近了。

我国《民法通则》第106条第二段,将侵害人的主观状态(进而及于“实际损害”、“违法与否”等等要件)与侵权的“民事责任”相关联。这几乎是我国大多数侵权法理论及教科书的基本点与出发点。据说这一段是在吸收了德国民法典823条,法国民法典

---

① 见武汉大学《法学评论》2000年第2期,孟国勤的文章。
② 见《专利法》2000年修订本第10条等。

1382条,意大利民法典2043条等等"经典民法"的基础上产生的。而细看这几部外国法典的相关条文,却均是把主观要件(或再加其他要件)仅仅与"赔偿责任"相关联,绝不联及其他民事责任(诸如停止侵权、恢复原状等等)。我国《民法通则》第134条列举的"民事责任"又远不限于"赔偿责任"。那么,我们过去的侵权法研究,是否存在误区,它对制止侵权是否有利,等等一系列问题,就值得我们认真研究了。《专利法》修正案的有关增删及改动,只是给我们开了个头。

第三,对民事赔偿的"填平原则"在《消费者权益保护法》之后,再次作了突破尝试。

修订后的《专利法》第60条,首次使专利的侵权人在中国可能有所"失"了。

按照传统民法理论的"填平原则",侵权赔偿额或以权利人"实际损失"为准,或以侵权人侵权收入为准,或以正常状态下的许可合同使用费为准。这种计算貌似"公平",实则不仅对权利人不公,而且对老老实实与专利权人缔结许可合同后再实施专利的人也不公。想想看,如果我见到别人有了一项有效益的专利,就擅自实施起来,如果被权利人发现了,他要经过"协商"、"调解"、"处理"、"诉讼"等不胜其烦的过程,还不能保证胜诉。即使胜诉了,我只消把得到的不法收入还给他,我自己作为侵权人倒是"恢复原状了",没受到任何额外损失。如果权利人抓不到我的把柄,我就算捡着了。于是作为侵权人毫无风险,作为权利人则有开发技术的风险、诉讼中失败的风险,等等,老实的被许可人也有合同谈不成、许可费自认过高等风险。在这种情况下,法律等于鼓励人们不经许可就用,抓着了再说。这样的专利"保护"制度难道不应改变吗?

可喜的是:在这次修订中,确实作了改变的尝试。

知识产权领域还有几部法,它们会随着2000年《专利法》修正案的进步也向前迈出可喜的步伐。

二

1990年9月初,第七届全国人大常委会第十五次会议通过了《著作权法》,迄今已经10年了。

10年的变化是惊人的。

10年前,网络还仅仅是专业学者们过问的,甚至计算机在中国尚待普及,那时的版权理论与立法高度,仅可能与当时技术发展的程度相适应。

10年后的今天,《著作权法》第十八条的真正含义开始被人了解("无形"指的是什么)。《著作权法》第十条的内容已使一部分人感到冲击着中国传统的侵权法理论。这些,实际上都与网络经济、知识经济等被一些人不屑一顾的生产方式及交流方式密切联系着。

真的,如果不是国外开始了讨论"在线服务商"在版权领域应否负"无过错责任"(其前提是其他传播一使用者如出版商已不言而喻地负着无过错责任),我们还不会在侵权法领域认认真真地研究侵害知识产权的归责原则。

由于《著作权法》第十条的制定,使得主张人身权之诉、主张权利物权之诉与主张债权之诉重叠在同一起侵权之诉中成为"通例",于是以往在一般侵权诉讼中以"赔偿责任"之偏,盖"民事责任"之全的失误,就显现出来了。于是我们发现中国《民法通则》第106条第二款,与相应的《德国民法典》第823条,《法国民法典》第1382条,原来并不在同一水平线上。

有人认为:"物权请求"不以"过错"为要件,拟议中的"物权法"中,将规定出的"物权请求",足以补充《民法通则》第106条的不足。① 在认定和制止侵权时,可适用"物权请求",在认定是否应赔偿及确定赔偿额时,可适用"债权请求"。这不是就周全了吗?不过人们会进一步看到:作者对"发表权"、"修改权"等权利的主张,既不属于"物权法"中将定出的"物权请求",也不属于损害赔偿诉讼中的"债权请求"。而停止对"发表权"或"修改权"的侵害,显然也不应以侵权人的"过错"或被侵权人的"实际损失"为先决条件。《通则》中的缺陷仍旧难以弥补。

技术的发展、网络的应用,已不再允许我们在别人已有议论的基础上"人云亦云"了。它要求我们如鲁迅在《狂人日记》里所说,应当提出这样的问题:"从来如此的,就对吗?"不提出这样的问题,则窄而至于知识产权法学、广而及于整个民商法学,是难有真正的进步或成就的。

这里还仅讲到:当年由于外国版权法已有与后来中国《著作权法》第十条、第十八条等相应条文,我们借来了,但并非所有人都"知其所以然"。如果进一步讲及我们的《著作权法》中当年尚没有或不可能有而今天应予补齐的,诸如信托关系、技术措施等等,那就更是大有可研究的问题存在了。

10年过去了,我们有了进步。但前面的路仍旧很长。仍有更多的艰辛,需要更多的人去付出。

三

我国理论界在侵权法上的误区从历史上讲,很大程度来源于语言的障碍。就是说,在很长时间里没有分清"infringement"与"tort"的区别。在一定意义上讲,tort的范围要稍窄些,它只覆盖了负有损害赔偿责任的侵权行为。而infringement的覆盖面较宽。它除了把tort涵盖在内之外,还涵盖了一切侵入他人权利或利益范围的行为。从字面上看,你只要进入(in)了他人的圈(fringe),即只要有了"侵入"事实,infringement即可确定,用英文讲,就是establishing你的infringement行为了。这绝不再以什么主观状态、实际损害等等为前提,而可以立即予以制止、要求恢复原状等等。至于进一步探究infringement之下包含的tort,是否能构成后者,则要符合过失、实际损害等要件。

---

① 见《电子知识产权》2000年第6期。

可惜我们不少学者不过问“侵权”的外语来源，在研究“侵权法”（Law of Tort）时，不时地又谈起 infringement 了。因为二者在中文中都是“侵权”。他们没有注意到，任何外国在论及侵害知识产权时，从来不使用 tort，而只使用 infringement。于是误区就产生了。

在美国，律师和法官都十分清楚：当商业秘密被 WTO 的 TRIPS 协议提升为“财产权”之前，它一直只处于 tort 之中。就是说：只有商业秘密所有人证明了被告有任何过错或过失（He must do something wrong），才能在法官那里确认被告侵权并制止和要求赔偿。而在 TRIPS 协议把商业秘密提升为“知识产权”之后，则只要有“侵入”的事实，原告就可以胜诉了。我国的多数侵权法论著论及知识产权时，误差也正在这里。

在法国律师、法官及学者眼里，情况也几乎与美国相同。于是我的一位从法国留学回来的博士生在论文中，转引一位法国学者用英文谈及侵权者（infringer）在被法院认定侵权、被制止侵权、被要求销毁侵权用品后，还要返还“不当得利”，因为其侵权并无过错。[①]看到这段论文，国内民法学者们大吃一惊。因为他们过去所了解到的侵权之债与不当得利是相互独立的，决不可能在侵权的框架内返还不当得利。确实，在“tort”中只可能有“侵权赔偿”；而在 infringement 之中则很可能有“返还不当得利”。只是我们在不重视外语时，当然就不知其所以然了。如果早年翻译家们翻译得再细一些或再准确些，infringement 就应翻译成“侵权”，而 tort 则应翻译成“负赔偿责任的侵权”。在德文与法文中，与“侵权”、“负赔偿责任的侵权”相应的，也不是同一个词。这里就不再赘述了。

进而说到侵权的民事责任，恢复原状等等责任，以及 restitution 等等，也首先与“侵权”（即 infringement）而不是与“负赔偿责任的侵权”相联系，稍微细心些的学者阅读外文法学著作时，是不会不注意到的。

当然，这种最初由语言障碍引起、而后“谬以千里”的误区还很多。原因是整个现代民法体系，都几乎是从“外”引进的。而学者中的一部分又偏偏不重视外语。例如：有的学者断言“债”也属于“财产权”。同时，也有人正确地指出：财产法是规范财产归属的、债权法是规范财产流转的。[②]至于“转移”这种动态自身怎么又成为“财产”了，却没有给予答案。也许难以回答。

实际上，这是把 debt（债）与 obligation（债、责任、义务等等）混淆了。debt 确属财产权。而 obligation（责任、义务）是否也属于财产权？就是说，是否在人身权之外就只剩下了财产权？这就大大值得商榷了。所有西方国家民法的债权篇（Obligation）均是与“财产权篇”（Property）分立的，绝不可能出现前者也属于后者的混淆。

更进一步讲，至于欧陆法系国家学者自己，都在十多年前已承认诸如财产所有权的“三项主要功能”（使用、收益、处分）虽看起来十分合乎逻辑，却实质十分肤浅。这当然更不是一些学者愿意听到的了。

在改革开放后的中国，在网络时代，在学术研究中，外语是重要的（虽然不会是主要的）。这至少在我们法学研究的一些误区中得到了证实。

---

①黄晖：《驰名商标与企业的商标战略》。

②见《人民法院报》2000 年 4 月 30 日第 3 版。

实施知识产权战略　强化创新能力建设

——浅谈高新技术开发区的知识产权工作

张　景　安

（科技部火炬高技术产业开发中心主任）

中共中央、国务院《关于加强技术创新，发展高科技，实现产业化的决定》对各行各业加强技术创新，发展高科技，实现产业化作出了全面的部署。党的十五届五中全会，进一步明确了我国新时期科技创新的方向和战略重点，以体制创新和科技创新为动力，加快国民经济的发展和产业结构的调整，推动社会进步，繁荣精神文明。科技进步和产业化离不开知识产权的管理与保护，因为加强知识产权的管理与保护有关工作，是加快科技成果转化和产业化，促进科技创新的重要途径，也是激发创新创业者的积极性、保护其权益的根本性措施。

为进一步加强技术创新活动中与科技有关的知识产权保护和管理工作，科技部于 2000 年 12 月发布了《关于加强与科技有关的知识产权保护和管理工作的若干意见》（以下简称《意见》）。《意见》明确指出，科技部将率先在国家高新技术产业开发区（以下简称高新区）、大学科技园及高新技术企业，推动知识产权管理制度和环境建设的试点工作。这对于大力扶持和发展高新区自主知识产权产业，推动高新区技术创新体系建设，提升高新区的技术创新能力和产业竞争力，具有十分积极而深远的意义。为此，笔者认为，国家高新区应在以下几个方面开展加强知识产权管理的有关工作。

一、加强学习和宣传，深化对知识产权制度及相关工作的认识

进入新的世纪，科学技术发展日新月异、经济竞争全球化步伐加快，激烈的市场竞争使科学技术、创新人才及相关资源成为重要的竞争力要素。知识产权制度是鼓励创新创业，促进产业发展，保护国家科技、经济竞争力的有力工具，无疑也是高新技术企业巩固自身技术优势，增强持续创新能力的有效手段和国家和区域发展自主知识产权产业，保持竞争优势的重要保障。知识产权制度是国家以法定程序和条件授予智力劳动成果完成人在一定期间内拥有一定的独占权，并以法律手段保障这一权利不受侵犯的法律制度。作为高新技术产业密集所在的国家高新区，必须充分认识到知识产权制度对促进高新区体制创新和技术创新，建立自主知识产权体系，进一步提高产业竞争能力的至关重要性。区内区外的高新技术企业都必须深刻认识到知识产权是企业战略性的无形资产和竞争利器，体会到知识产权在提高企业竞争优势和发展后劲方面的积极作用，必须从创新战略和经营方略的高度上重视知识产权保护问题，把知识产权的形成和使用纳入产品和技术开发、生产经营和资源管理的各环节之中，迅速建立和执行相应的管理制度，提高对知识产权的管理能力和保护水平。

二、创新机构必须研究对策，加快制定和实施知识产权战略

随着世界科技、经济一体化的发展，以及我国加入世界贸易组织（WTO）的临近，加快知识产权已经成为保护创新权益、提升竞争实力的有利武器。高新区要从实际出发，根据高新技术产业化的特点，制定知识产权战略，研究相应的知识产权管理和保护对策，创造有利于高新技术成果转化及其产业化的机制和环境。企业、学校、科技、孵化器、金融等机构应借鉴国外的发展经验，积极发掘现有的研究开发和产业化潜力，提高原始性创新的能力，提高技术专利等知识产权的质量。国家和各地方必须积极扶持和保护具有自主知识产权的高新技术产业的形成和发展，为提升国家创新能力和综合竞争力的整体发展战略服务。

掌握自主知识产权，保护并使用知识产权，提高技术含量和水平，实现技术创新的跨越式发展，是新世纪对企业提出的时代要求。高新技术企业应从技术、法律和市场几个方面，综合考虑并选择自主知识产权的保护形式。通过申请专利、注册商标、登记计算机软件版权、申请植物新品种和商业秘密保护等，依法取得知识产权，确保项目技术发明人的合法权益。高新技术企业还要善于运用知识产权武装高新技术产品，建立起自己的专利保护领地，树立在国际范围内的驰名商标，加大实施名牌战略的力度。

三、加快健全知识产权组织的管理机制，完善相应的管理制度

知识产权管理是无形资产管理，也是法制管理和战略资源管理。高新区有责任对区内高新技术企业建立知识产权管理制度进行积极引导和督察，要使这项成为区域创新体系建设的一项重要活动。高新区应采取积极性措施，加快建立职责明确、专人负责的知识产权组织管理机构，并对区内高新技术企业申请专利等给予积极支持，并逐步创造条件，对企业的专利申请和维持费用予以补贴。一些重要的高科技产业，如新药、基因工程、软件，应重点加强其知识产权的保护和管理，防止重要科技成果和信息的流失。在这方面，还应充分发挥中介机构的作用，大力开展知识产权管理制度创新和环境建设。强化服务意识，提高服务水平，建立健全高新技术企业的知识产权状况信息监控和综合服务体系，指导高新技术企业制定知识产权管理规章制度，加强知识产权管理能力。

企业是技术创新的主体，也是知识产权保护的主要力量。高新技术企业在产品和技术开发的过程中，要注重保护自身知识产权，尊重他人知识产权。高新区管委会要积极指导和促进区内高新技术企业建立健全知识产权管理制度，包括：统计制度、备案制度、登记制度、管理和信息查询制度、奖酬制度、限制制度和评估制度等等。

充分发挥知识产权中介服务机构的重要作用。加强知识产权保护，提高知识产权权利人的自我保护能力，不仅需要创造一个良好的法制环境，而且需要建立一个高素质、高水平的知识产权服务体系。高新区应根据实际需要，积极扶持专利事务所、商标代理机构、版权贸易代理机构、技术交易中介服务机构、资产评估机构以及律师事务所等机构的建设和发展，为上述机构开展工作创造必要的条件，引导其按照市场需求，强化其中介服务的功能和作用，面向区内高新技术企业及科技人员开展多种形式的知识产权中介服务，不断提高知识产权中介服务的质量和水平，使之成为技术创新活动中知识产权管理与保护体系中的一支重要力量。

四、加强知识产权培训，普及和提高相关知识能力

学法、懂法是保护好、运用好知识产权的前提。高新区管委会要把知识产权法律、法规的知识普及作为一项长期的工作，深入、扎实地抓紧抓好。采取多种方式，加大宣传力度，促进知识产权法律知识的普及，提高知识产权保护意识和保护水平。

国家高新区管理机构必须采取积极而有效的措施，指导和帮助区内高新技术企业培养和建立一支业务能力强、素质好的知识产权专业队伍。知识产权培训工作可针对不同的对象和层次，采取以普及教育、专业培养、业务交流等多种方式，培训内容可有所侧重。目前，由于缺乏经验，开展知识产权管理的有关培训非常必要。高新技术企业应引导全员树立知识产权保护意识；高级管理人员和技术、管理、经营骨干都应树立知识产权战略思想和意识，掌握知识产权的基本概念和基础知识。有条件的高新技术企业应从企业的竞争战略需要出发，尽快培养一批知识产权专职管理人员，并让他们较全面和系统地掌握知识产权法律知识,具备在知识产权和市场竞争中正确运用、管理知识产权的能力。

五、鼓励成立知识产权保护联盟

拥有知识产权的实体和权利人组建行业协会或联合组织,是国际上一种通行的知识产权管理和保护模式。高新区开展知识产权管理和保护工作必须立足区内,面向高新技术产业,建立知识产权保护联盟,发挥在管理和保护知识产权方面的集体运作功能,形成自我教育、自我保护、自我约束、自我发展的机制。知识产权保护联盟可按照市场、诚信、双赢的原则,由企业自愿参加,也可以开展高新区际之间联合共建活动。这些联盟不应只是虚设的条款,旨在组织开展本地区产业界整体的知识产权战略研究,向有关政府部门提供政策咨询和建议,协助和指导成员单位建立和完善知识产权的内部管理制度,开展培训宣传活动等等,特别是通过成员间长期的或定期的活动,活跃知识产权有关的中介服务,提高成员单位运用和保护知识产权的能力,并建立相应竞争规则,协调处理联盟成员间的知识产权纠纷,提供其他知识产权专项服务等等。

六、加强国际科技合作与交流中的知识产权保护和管理

保护知识产权既是我国经济发展和科技创新的内在需求,也是对外开放、优化投资环境、参与国际竞争的必然选择。我国即将加入世界贸易组织(WTO),认真履行我国加入和缔结的有关知识产权国际公约和双边协定是我们的庄严承诺。我们一方面要学习这方面的国际经验,另一方面应特别加强在国际科技交流与合作中的知识产权保护和管理。高新区及有关企业要从树立民族品牌、保护持续创新优势的高度重视知识产权保护工作,采取有效措施,切实保护国际合作与交流中各方的知识产权权利和利益,促进对外开放,优化投资环境。同时更要有效运用知识产权武器,提高民族产业参与国际市场竞争的能力。在这方面,国家有关主管部门和地方政府都应当切实加强对高新区知识产权工作的指导,通过探索和试验,加快建立符合国际惯例、切合我国国情的高新区知识产权管理体系,促进我国高新区知识产权保护工作和高新技术产业发展再上新的台阶。

跨入21世纪,高新技术及产业发展日新月异,技术创新将成为经济和社会发展的主导力量。高新区要根据当前的形势,切实增强知识产权保护的自觉性、主动性和紧迫性,在已有创新实践和知识产权保护、管理的基础上,把技术创新、制度创新和管理创新结合起来,引导我们的高新技术企业迅速建立知识产权管理制度,制定和实施知识产权战略。这样,我们才能确保我们的高新技术企业在未来立于不败之地。

发挥知识产权制度的作用,促进技术创新和产业发展

陈　小　筑

(信息产业部科技司副司长)

一、信息产业在国民经济建设中的地位及其发展

信息技术作为当代高新技术产业和新的生产力的代表,已成为21世纪世界各国科技、经济、政治、军事竞争的焦点,成为维护国家安全、增强综合国力、增进民族凝聚力的关键所在。发展信息技术,实现产业化,加快信息化进程,是我国面向新世纪生存与发展的根本途径。

“十五”期间,是我国全面实施科教兴国战略和可持续发展战略,开始向第三步战略目标迈进的关键时期。信息产业作为国民经济的基础产业、先导产业和支柱产业,在我国国民经济建设、社会发展和国家安全中具有重要的战略地位。切实发挥信息技术在我国提高国民经济素质、改造传统产业、以信息化带动工业化中的主导作用,是信息产业科技跨世纪发展的历史任务。

(一)信息产业的地位

(1)科技兴业,促进产业取得巨大成就

电子信息技术的快速发展,推动电子信息产业以年均33.4%的增长率迅猛发展。1999年电子信息产业总产值已达到7 782亿元,产品出口总额达390亿美元,分别占国内生产总值(GDP)的3.4%和全国外贸出口总额的20.6%。电子信息产业在全国工业总产值中所占比重从1995年的4.4%提高到1999年的7.04%,其产值规模已居世界第四位,其中彩电、音响、电话机等产品产量已跃居世界第一位。

通信与网络技术的飞速发展和应用,使电信业以年均43%的业务增长率获得惊人的发展速度。全国固定电话用户数已超过1.35亿户,移动电话用户超过6 500万户,全国电话普及率已达17.7%。我国的通信网络规模和用户总数位居世界第二,技术层次跃居世界先进水平。

(2)科技攻关,取得一批重要科技成果

信息产业在积极消化吸收引进先进技术的基础上,加强自主创新,高起点攻关,取得了23项新技术成果。在产品开发技术、系统集成技术、军事电子技术、信息处理与应用技术等方面取得了新的突破。

银河机、神威机、曙光机等巨型计算机的开发成功,大型“青鸟”系统投入使用,中文信息处理、汉字

激光照排、导航定位、遥控遥测等技术已跻身于世界领先行列，32位浮点数字信号处理器、HDTV实验播出系统、数字程控交换机等实现了技术上的成功跨越，超级VCD被国际电工委员会采纳为国际标准、TD-SCDMA被推荐为国际电信联盟标准提案，与此有关的成果还有很多，而更重要的是基于这些成果我们开始拥有了自己的知识产权。

(3)科技实力，提升行业技术开发能力

随着"大规模集成电路CAD设计中心"、"国家平板显示工程中心"、"移动通信国家工程研究开发中心"等二十余个国家工程研究中心和产业开发中心的建设与运作，大幅度提高了信息产业的整体科研实力、技术控制能力和市场的规范能力，企业技术创新、成果转化步伐明显加快，技术开发和市场竞争能力均有提高。

以集成电路生产用0.25μm暴光设备为代表的关键设备的技术突破和国产化，909工程的建成投产和新型片式元器件规模化生产技术的成熟，标志着我国已掌握了深亚微米通用集成电路和新型元器件的大规模生产工艺技术。

(4)科技改革，推进产业结构与经济增长方式的转变

信息产业科研院所的改革转制、国有企业的改革发展，有力地推动了科技与经济的结合，促进了科技企业的群体崛起和技术市场的迅猛发展。信息产业结构调整、经济增长方式实现了新的转变，形成了军民结合、多种所有制并存、大中小企业并举、三大类产品比例趋于合理和通信服务网络规模、技术水平不断扩大的发展新格局。

上述情况反映了一个突出的特征，即信息产业的发展必须紧紧依靠技术创新，面对全球化的市场和经济环境，身处技术迅猛发展的高科技时代，信息产业离开了技术创新将一事无成。

(二)信息产业的发展思路

世界信息技术发展日新月异，信息产品层出不穷，这些既给我们带来了严峻的挑战，也为我们带来了良好的发展机遇，使我们能够发挥后发优势，加快我国信息技术及信息产业的发展。

(1)坚持主动创新的指导思想

掌握信息产业发展的主动权，必须坚持主动创新；保障国家信息安全和增强国家综合实力，同样要求主动创新。从中国的基本国情出发，在战略性、方向性、前瞻性、基础性的重大信息技术领域，必须突出国家目标，依靠主动创新，实现跨越式发展，在增强持续创新能力的同时，提高知识产权的拥有量。

(2)坚持市场取向与市场创新相结合

市场是科技发展的基本出发点，也是最终归宿。信息技术基础研究要面向应用研究，应用研究要面向产业化开发，产业化开发要面向市场。要通过技术创新主动开拓新市场，充分运用市场机制，提高技术创新、科技成果产业化的针对性和实施效果。

(3)突出重点，集中力量办大事

发挥全行业的优势，以企业为主体，走产、学、研、用相结合的发展道路，实现跨专业、跨学科交叉创新，相互结合、互为支撑，突出重点，集中力量办大事。对产业关联度大，市场前景好的产业和核心技术，按照市场规则组织运作，集中力量，集中投资，专题攻关，重点突破。

(4)开展国际交流与合作，坚持走出去的发展战略

加强国际的技术合作与交流，坚持走出去的发展战略，大力吸引人才和加强智力引进，充分利用全人类的智力资源和先进的科技成果，充分利用国际、国内两个市场，提高技术创新的起点，增强后发优势。

(5)贯彻实施西部大开发战略

贯彻实施西部大开发战略，为电子信息产业优化结构，促进资源合理配置，改善布局，提高整体效益，提供了新的重大机遇。在发挥西部地区科研院所、院校、企业现有技术力量的同时，合理配置全国信息产业技术资源，引导东西部技术、资金、市场方面的联合，加大信息技术的辐射和延伸，提高西部利用信息技术的水平。

(三)信息产业的发展目标和产业重点

我们的发展目标是，在加强技术创新的基础上，使信息产业技术水平有明显提高，技术对信息产业的贡献率达到60%以上。在扩大知识产权拥有量，形成以企业为主的合理的技术创新体系的同时，为信息产业发展和国民经济、社会信息化提供有力的技术支持。

我们的发展重点是，攻克关系到国家信息安全和增强综合国力的核心技术；突破制约我国信息技术和产业跨越发展的关键技术；开发涉及到产业结构调整与升级、改造和提升传统产业、促进新兴产业发展和信息化建设急需的应用技术。其中包括一系列的重点产品开发、重点技术开发和科技开发能力建设与创新基地建设工程等。

二、利用知识产权制度促进信息产业发展的实践

随着信息技术的高速发展，以及它在国家建设和安全方面所起的作用越来越突出，信息技术以及由此带动的市场引起了世界各国的高度重视。在信息产业建设与发展的过程中，面对来自市场的激烈竞争我们明显的感受到，要想在市场竞争中赢得优势，不仅必须通过技术创新拥有新技术，更重要的是通过这些技术享有自己的知识产权，只有这样才能最终形成自己独特的市场竞争优势和产业发展后劲。

(一)依靠知识产权制度引导和推动技术创新

电子信息技术的发展与知识产权制度的建立应该说有着密切的联系，从中国软件产业发展的历程就能够清晰地反映出知识产权保护制度的作用。作为产业主管部门我们对涉及产业发展利益的有关法律的建立与完善给予了高度重视。从80年代中期即开始组织力量对软件知识产权保护问题进行研究，并接受国务院的委托起草《计算机软件保护条例》，此后还与国家知识产权局共同研究起草《集成电路布图设计保护条例》，以及在有关知识产权法律进行的历次修改中，都组织业内的企业和专家积极

提出意见和建议。产业部门积极参与国家法制建设,并引导企业关注法制化建设的进程,对于在技术创新中充分利用知识产权制度,提高企业在市场竞争中运用法律武器的自觉性是十分有益的。

为不断提高全行业的知识产权法律意识,针对我国软件产业发展的实际建立了由企业参加的,旨在保护软件知识产权的行业组织,中国商业软件联盟。在积极倡导尊重知识产权,使用正版软件观念的同时,在法律许可的范围内为保障软件产业发展和企业的正当利益发挥了积极的作用。

随着我国知识产权制度的建立,为了充分满足行业加强知识产权保护工作的需要,我们培养并保持着一支比较专业化的知识产权工作队伍,经过十几年的工作,这支队伍的整体水平得到了提高,并在提供产业决策咨询、知识产权宣传普及等方面成为我们开展工作的重要力量。

在行业技术标准的制定工作中重视与知识产权的有机结合,对促进技术创新,提高技术标准对行业发展的规范、指导和督促起到了积极的作用。

(二)提供面向全行业的技术信息引导,适应市场竞争新要求

今天,外国公司进入国际市场特别是发展中国家市场,有一个非常明显的特点,那就是技术和专利先行。想占领哪块市场就在那里大量地申请专利,通过法律的保护取得市场竞争的先机。因此,从某种程度上说,专利申请的状况可以反映出市场竞争的发展态势和激烈程度。

为掌握技术创新和市场竞争的主动权,我们对信息技术领域近几年国内外在华申请发明专利的情况进行了统计和分析,从中发现我们存在的差距,并且了解技术发展的新动向。同时我们将对行业专利态势的分析向全行业发布,以引起有关各方的关注。这里提供一些数据比较。

(1)当前外国公司在信息技术领域的市场争夺非常激烈。从我们对这一领域专利态势的分析来看,在该技术领域中,我国受理的发明专利申请有84.5%来自国外,国内申请仅占15.5%。拥有这些发明专利的国外公司主要是日、美、韩等国的跨国公司。(图1)

(2)专利方面的差距还表现在专利构成上,在国外申请的专利中发明专利占了87.9%,而国内申请的专利中发明专利仅占16%;此外,国外申请的发明专利中94.5%属职务发明,而国内专利中职务申请仅占38.5%。上述数据反映了我们的专利技术与国外专利技术在质量上的差距。(图2、图3)

(3)根据我们对不同技术领域的统计,在广播与电视领域,我们与国外发明专利申请量之比是1:8.18;通信技术领域为1:9.86;有源器件领域为1:12。由此可见,针对中国市场,外国公司通过专利技术进行跑马占地的攻势早已开始(图4)

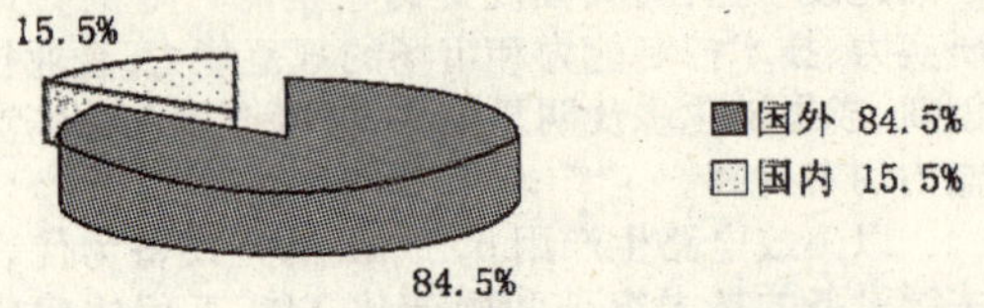

图1　1997~1999年信息技术领域发明专利申请国内外情况对比

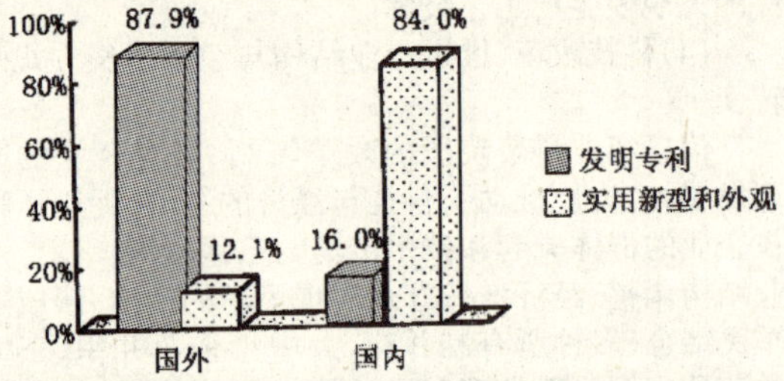

图2　专利申请中国内与国外发明专利的对比

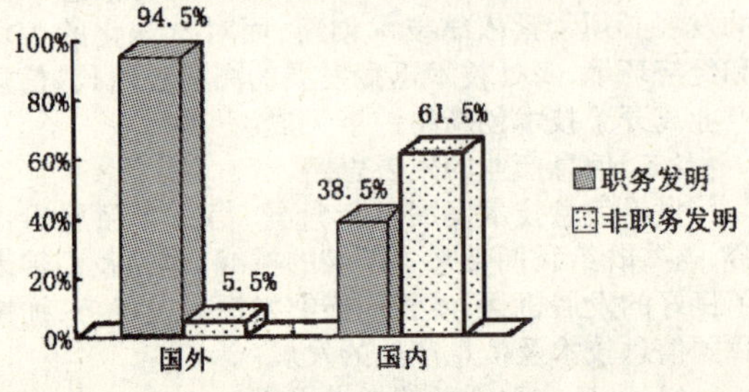

图3　专利申请中职务申请与非职务申请的对比

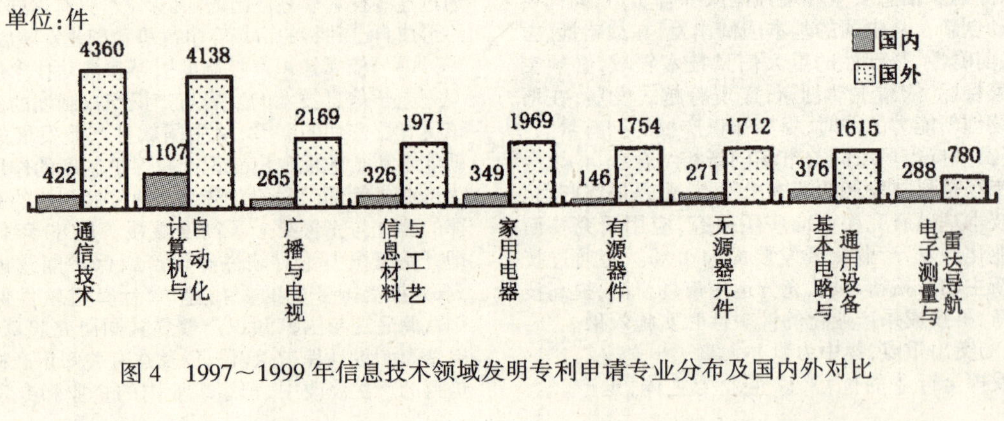

图4　1997~1999年信息技术领域发明专利申请专业分布及国内外对比

(4)根据近三年的数据统计,国外在华申请专利的数量保持在每年2.4万件的较高水平。排在前列的国家分别是日本、美国、韩国和德国,这些国家专利数量的多少即反映了该国的技术实力,同时也体现了他们通过专利制度开拓和控制别国市场的战略用心。(图5)

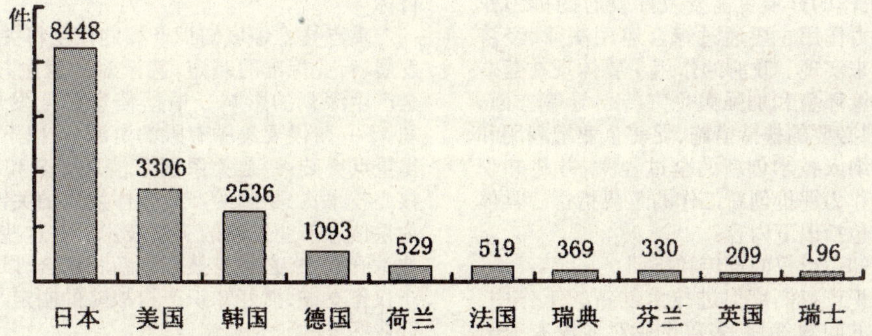

图5　1997～1999年信息技术领域专利申请外国国家排名前10位

通过对信息技术领域专利态势的分析和发布活动,起到了多方面的作用:一是比较完整的了解了信息技术领域的专利状况及其国内外的对比情况;二是对企业和研究所起到了一定的警示作用,也开阔了眼界;三是引导企业和研究所学会跟踪和利用专利技术信息,以提高技术创新的效率和水平;四是为企事业单位建立知识产权制度和提高对专利的重视程度起到了积极的促进作用。

另一方面,对行业内重点发展的技术及其产品,也在知识产权方面提出了明确的要求并给予重点支持。其中包括提供专利战略分析、专利信息检索、专利申请代理等一系列的服务。例如,数字高清晰度电视的研发、移动通信技术研究、DVD相关技术及其产品的开发等。在这些技术开发的过程中加强在保护知识产权方面的指导,对提高技术开发质量和效率,进而形成自己的专利技术积累,以及对于产业局部和整体的发展,最终形成中国自己的行业标准等有着诸多的好处。

在对外技术引进与合作中同样对知识产权问题给予了高度的重视。一方面坚决按照我国知识产权法律的原则办事,认真履行我们应承担的国际义务;同时在法律规定的框架内积极维护我们产业的利益。例如,我们在移动通信技术对外合作中,在解决音视频产品技术引进谈判中,由于对知识产权工作的重视使得有关各方的利益得到了应有的体现,取得了较好的效果。

为贯彻国务院关于《鼓励软件产业和集成电路产业发展的若干政策》的精神,我们调查并发布了《中国软件产业社会环境状况调查报告》,该报告从整体社会环境这一新的视角考察影响软件产业发展的问题。该报告的发布引起了媒体和社会的积极反响,它使人们看到影响中国软件产业发展的一个最直接和主要的问题,软件盗版。

实践表明,在技术和市场竞争日趋激烈的今天,对信息技术产业这种高科技产业来说,及时了解和关注有关知识产权的信息和动态,对推动技术创新工作,跟踪技术发展潮流,形成和保持竞争优势十分必要。

(三)加强宣传与培训促进企业开展知识产权管理工作

应当说我国建立知识产权法律制度的时间还比较短,特别缺少在市场经济环境下的实践经验,因此,在行业内加强对知识产权知识的宣传普及是一项长期的工作。

早在90年代初,我们就创办了《电子知识产权》月刊。应该说作为一个工业主管部门搞这样一本专业性较强的刊物是有相当难度的,但是在十余年的发展中这本刊物坚持了下来,并且在市场经济发展的大环境中办得越来越有特色,也因此受到业内外专家和读者的好评。

结合信息产业技术发展的现实,我们必须重视新技术给知识产权保护带来的新问题的研究。例如,在国内软件界开始关注自由软件的时候,我们组织国内专家和学者举办了,关于Linux自由软件著作权问题的专家座谈会,及时探讨并澄清在这类软件开发和利用中有关的法律问题。最近随着网络建设的普及,由此引出的纠纷已屡见不鲜,并且引起了网络运营者和有关各方的注意。为此我们会同有关主管部门,组织国内学术界、司法界、行业主管单位和相关企业,举办了"网络环境下知识产权保护问题研讨会"。这种活动的一个重要目的即在于使有关各方充分的交流信息,同时引导企业关注国家法律制度的建设与发展。我们认为在市场经济环境下,企业是市场经济活动中的主人,法律将在建立有序的社会秩序的同时,维护和保证企业各方面的利益。企业是完善的法律制度最直接的受益者,企业也因此有必要积极地参与和关注国家法律制度的建设。

三、开展知识产权工作的几点措施

在市场经济条件下,开展知识产权保护工作,从根本上说,更多依靠的是市场机制与知识产权制度间的相互作用。其中发挥市场机制的作用并不是孤立的,它还需要方方面面的支持与配合。在国际上知识产权已经成为国家主权问题而受到各国政府的重视。在我国逐步建立和完善市场经济和转轨过程中,知识产权工作的开展更需要发挥政府的推力作用。政府的推力作用主要通过综合运用法律、经济和行政的手段来实现。政府的作用主要体现在营造良好的法律政策环境和加强舆论宣传引导等方面。同时,也将采取必要的扶持措施,促使企业把利用和保护知识产权纳入技术创新的全过程中,并将知识产权的拥有量作为评价创新工作的重要指标。具体的工作和措施包括以下内容:

(一)加强知识产权的宣传和培训

在利用知识产权制度促进技术创新的工作中,一个比较突出的问题就是,多数企业对此没有充分的认识,甚至了解甚少。因而造成主动性不高,措施不利的状况。这种情况说明知识产权法律制度在我国建立之后,一部分人的观念还没有转变。我国企事业单位在知识产权保护的意识、能力和水平方面与国外相比存在着相当大的差距。拿我们电子行业来说,原有直属研究院所有 48 个,从 1984 年《专利法》颁布到 1998 年的 14 年中,这 48 个研究院所 6 万多人的开发队伍,申请专利的总数只有 400 多项。而实际上,每年的科研投入并不少。其实,《专利法》、《商标法》等有关知识产权法律颁布后,政府进行了大量的普法宣传工作。从目前现状来看,这还远远不够。对于政府来讲,普法工作任重道远。知识产权的宣传和培训工作对于提高行业内知识产权保护意识、营造有利的舆论环境具有积极的意义。我们不仅要在各种会议上强调知识产权的重要性,而且要根据行业特点,针对不同的对象,开展形式多样的知识产权宣传和培训。充分发挥《电子知识产权》月刊等专业媒体的作用,使知识产权的宣传和普及工作向广度和深度发展。

培训将分层次开展,特别是对企业和研究所的主要领导的培训,必须首先在单位的一把手思想中建立知识产权的法制观念和知识产权的战略观念。

(二)提供面向全行业的技术(专利)信息引导

世界知识产权组织的有关研究结果表明,世界上最新发明成果的 90%~95%可以在专利信息中查到,在研究开发的各个环节中充分运用专利信息,能节约 40%的科研开发经费和 60%的研究开发时间。据德国一家研究单位统计,如果没有专利制度,德国至少 30%的技术发明做不出来。可见,专利信息的传播和运用为科研项目少走弯路提供了可能。去年和今年,我们对国外在我国信息技术领域申请专利的态势进行了研究和分析,并举办了电子信息技术领域专利态势分析发布会。今后,我们将继续对信息技术领域的专利动向给予关注和跟踪。这样做的目的是,一方面提升技术开发的整体高度,开阔行业技术创新的眼界,适当地缩短技术开发周期和节约投入;另一方面,引导企业和研究院所学会利用专利信息资源,并且有助于企业完善内部知识产权管理。

(三)在信息技术的重点领域确定知识产权保护目标

重点技术领域知识产权的产生将关系到行业的发展、行业标准的制定,甚至对国家主权和经济、安全产生深刻的影响。根据信息产业发展"十五"计划,下一阶段要集中有限的资源,在以下三个方面取得重点突破:一是关系国家信息安全和增强国力的核心技术;二是制约产业整体发展的关键技术;三是关系信息产业发展的关键技术。在这些重点领域的技术开发中,必须与技术创新相结合,以自己的知识产权作支撑,抓好知识产权战略的制定与落实,以及行业标准的研究和制定。

把拥有知识产权的数量和水平作为评价信息产业技术创新工作的重要指标,使信息技术领域的科研成果中含有更多的发明专利技术。

(四)推动企业知识产权管理工作的落实

针对企业知识产权管理工作的需要,指导和帮助企事业单位规范内部知识产权管理工作,推动企事业单位加强对知识产权的管理、保护和利用。对于政府财政资金支持的科技项目,要充分运用知识产权信息资源,选准高起点,避免低水平重复研究;对于取得的科研成果,要重视运用知识产权制度保护其合法权益;对于知识产权的职务发明人、设计人、作者以及主要实施者,要给予与其实际贡献相当的报酬和收益。

在企业知识产权工作中要做到"一个重视,三个落实"。即在领导重视的前提下,做到组织落实、制度落实和培训落实。

(五)研究科技发展对知识产权保护提出的新问题

信息技术的发展和应用确实给传统的知识产权法律带来了新的问题,从十五年前我国研究制订计算机软件保护法,到今天人们普遍关心对网络环境的法律保护问题,世界和我们的国家都发生了巨大的变化。知识产权的"专有性"和"地域性",保护专有技术的有效措施都受到了来自网络环境的挑战。人们甚至越来越感到面对高科技的发展法制建设适度超前的必要性。很明显,知识经济、技术创新和信息产业已不可能脱离知识产权保护而健康发展。因此,研究知识产权保护中出现的新问题,也是知识产权为技术创新服务过程中必须引起重视和解决的问题。

综上所述,知识产权制度为天才的创造之火添加了利益的柴薪。知识产权制度激发技术创新,技术创新离不开知识产权保护。因此,在信息技术发展日新月异、市场竞争越趋激烈的今天,只有进一步加强知识产权保护,才能更好地促进技术创新和产业的发展。

浅谈清华大学的知识产权保护工作

赵　莼　善

（清华大学知识产权管理办公室）

在"改革开放"和"科教兴国"战略方针指导下，在各级领导的关心、支持下，清华大学逐步由多学科性工科大学发展成为研究型、开放型、综合型大学，正努力争取在建校100周年即2011年建成世界一流、具有中国特色的社会主义新型大学。

这对我们来说，既面临严峻的挑战，又获得难得的机遇。这一目标的确立为我校的教学和科研的发展带来了动力，也为我校加强技术创新切实作好知识产权各项工作提出了更高的要求。

大学作为实施高等教育的机构，与知识创造、传播和运用紧密地联系在一起，它伴随着知识的积累而成长，伴随着知识的创新而发展；大学承担着传播知识为国家培养人才（包括培养大量从事智力劳动的创造者）、承担着创造知识、从事科学研究、技术创新活动（新的知识产权的生长点，知识产权的来源）、承担着运用知识、转化成果、为社会创造财富（知识产权的辐射源）的重任，从大学具备上述三大基本功能这一意义讲，大学对于知识产权的产生和积累，对于知识产权制度的向前发展起到了重要的推动作用。

在走入21世纪的时候，我们清醒地看到人类的进步是与知识的探索和创新紧密地联系在一起的，伴随着知识经济时代的到来，保护知识这一无形资产的知识产权法律制度就显得责任重大，对于清华这样一所创造知识、传播知识和运用知识的研究型大学，加强其知识产权的保护，在学校的各项工作中是有及其重要地位的。

1996年底，我校有幸成为全国企事业单位保护知识产权工作试点单位，实践中我们认识到搞好知识产权的保护和管理是一项难度大、政策性强、涉及面广的工作，需要一个逐步探索、总结、提高的过程。一方面不断增强保护意识是学校知识产权工作一项长期重要的内容，另一方面做好适合学校科技活动特点推动技术创新的知识产权保护和管理工作是必不可少的一环。

通过实践我们体会到除了一般的对《专利法》、《著作权法》、《商标法》等进行宣传培训、普遍进行提高专利保护意识的教育外，学校领导决策层的知识产权保护意识是学校推动技术创新，做好知识产权保护战略决策的关键所在。

科研管理层干部的保护意识是保证决策层的知识产权保护战略贯彻、实施的关键所在。

科技成果知识产权的创造者（学术带头人、课题组负责人、科技工作者）的保护意识是学校做好知识产权工作，加速技术创新最直接、最具普遍性的因素。

经过两年多的努力，我校被评为全国知识产权工作先进单位，并通过了国家知识产权局和教育部、北京市相关部门的验收，于1999年下半年被评为全国企事业单位知识产权保护试点工作合格单位。

近两年来，为充分体现"以人为本"的价值观，积极推进科技与经济的紧密结合，把科技工作进一步推向市场，我校制定并积极落实促进科技成果转化的激励政策，并制定相关的规章制度、管理办法，加强专利的各项工作，推动学校的技术创新。

一、落实知识产权的管理和服务机构

为加强学校对知识产权工作的统一领导，我校于1996年11月成立了校知识产权领导小组，由主管校长任组长，该小组全部由校职能部门领导组成。涉及科技、开发、教学、财务、校办企业及出版社等部门。成立学校知识产权管理办公室，它是领导小组的执行机构，负责管理学校日常的知识产权工作，各系、所、校机关各部、处指派一名主要负责人分管本单位的知识产权工作，下设一名兼职工作人员负责日常管理工作。

由学校科技开发部负责以清华大学的技术为标的的合同的审核、管理工作；科技处国际合作办负责国际合作合同的审核、管理工作；专利管理工作由科技处成果办负责；出版社负责版权合同的审核、管理工作。

学校相关的服务机构：专利事务所主要负责学校的专利代理、代办软件登记等；此外在图书馆还设有查新工作站，为全校科研人员提供多种服务。

二、建立健全保护知识产权的规章制度

建立健全保护知识产权的规章制度是我校知识产权保护法制化、规范化管理重要的一环。《清华大学保护知识产权的规定》经1996～1997学年度学校第十六次校务会议讨论通过，并已下发试行。该规定是我校第一部全面系统地反映知识产权保护的规定，其目的和意义在于：（1）保护清华大学及其所属单位的知识产权；（2）鼓励创新开拓，促进交流与合作；（3）调整学校师生员工与学校及所属单位的利益关系；（4）规范学校所属单位和学校师生员工的对外行为。该文件分别就专利、著作权、校名、商标、保密、知识产权管理及奖惩等方面做了规定，要求全校师生员工遵守执行，《清华大学保护知识产权的规定》的试行将使我校的知识产权工作有章可循。

我校自1998年开始实施保护知识产权的保证书制度，目的是贯彻和落实《规定》，并逐步做到对我校知识产权的法制化、规范化管理。通过签署保证书，提高全校师生员工的保护意识，自觉遵守《规定》的条款，承担保护学校知识产权的责任和义务。

学校要求新分配到学校及其所属单位的教职员工在办理入校手续时签署保证书；《清华大学保护知识产权的规定》首次印入研究生、本科生手册，导师、管理人员、新生人手一册。博士生、硕士生、本科生从踏入清华大学校门第一天起，就上好这第一课，明确自己成为认真学习《规定》、执行《规定》、肩负保护清华大学知识产权重任新的一员。

三、促进学校科技成果转化政策的制定和落实

在主管校长（校知识产权领导小组组长）的直接领导下，我校深入学习领会国家七部委“十二条”的精神，注意兼顾国家、单位、个人三者利益，落实知识和技术作为生产要素参与分配的原则。重点放在观念的转变，放在对人能力的开放、积极性的调动，创造性的激发上。不仅在发明创造出现时对发明人给予奖励，而且在发明创造实施，产生大量经济效益中提取一部分奖励发明人和为成果转化做出贡献的人员，敢于让有创新成就的科技人员得到较大的经济回报，给创新者创造条件。

（一）制定《清华大学关于促进科技成果转化的若干规定》

我校坚持以人为本，结合学校的具体情况，听取教授、专家、工程技术人员及管理人员的意见，制定实施加速技术创新发展高科技的激励政策。于1999年底经校务会议讨论通过《清华大学关于促进科技成果转化的若干规定》。该规定对科技成果转化成功的科技人员进行奖励，允许个人实施转化，以及兼职、离职办企业等做了明确规定。

该《规定》明确，学校依法对为学校科技成果转化做出贡献的人员，包括研究开发该项科技成果的完成人和为成果转化做出贡献的其他人员给予奖励。奖励以货币和股权两种形式进行。货币奖励总额为成果转化所得净收入的20%～50%。科技成果以技术入股的形式转让到股份形式的企业时，可用该科技成果入股所占股份的20%～50%，以股权形式给予奖励。对在研究开发和成果转让中做出主要贡献的人员，所得奖励份额应不低于奖励总额的50%。

《规定》提出，学校技术成果一年未实施转化的，经知识产权管理办公室批准，该科技成果的完成人和其他人在不变更学校科技成果权属、保证学校技术经济权益、不损害学校声誉的前提下，可与学校签订协议，离岗自行实施该项科技成果的转化，离岗从事科技成果转化的科技人员在协议约定的期限内（原则上不超过3年），可重回学校竞争上岗。

《规定》还提出，我校科技人员在完成本职工作，遵守《清华大学保护知识产权的规定》的前提下，经所属院系批准并签订相应的协议，也可以到校外其他单位兼职从事研究开发和成果转化活动，并依法获取报酬。兼职时间每周不超过一天。

《规定》鼓励学生在校学习期间积极参与学校的科研开发和成果转化活动。在校生如需暂时中断学业从事科技成果的转化活动，可向学校提出申请，经教务部门批准后，在规定期限内保留学籍。

此外在技术职务聘任及工作业绩评定时，对学校科技人员在转化科技成果工作中所做的贡献也应给予充分的肯定。

（二）落实激励政策，促进科技成果的转化

学习贯彻江主席“要扶持一批有自主知识产权和市场前景的高新技术产品”的有关指示及七部委《鼓励软件产业和集成电路产业发展的若干政策》后，经过近一年的努力，我校成立了“清华同方软件股份有限公司”，同时落实了学校的激励政策，把科技人员的收益同所创造的成果对社会经济发展的贡献结合起来，以股权形式对成果完成人和为成果转化做出贡献的主要人员进行奖励。目前，科技成果入股，学校以股权形式对成果完成人和为成果转化做出贡献的主要人员的奖励已做六例，其中包括对孙家广院士等人以该项成果所占股份的42%作为奖励。

我校自1983年设立“清华大学科技成果推广应用效益显著专项奖”以来，对应用清华大学科技成果年增利税（增收节支）100万元以上、以及新增产值1000万元以上的企业开具财务证明者予以奖励，并作为业绩考核，职称评定的重要依据。至2000年我校已奖励257项成果，累计收益2 000亿元。

四、认真抓好专利工作

专利已成为我校加强技术创新对科研成果法律保护的主要形式，一方面不断增强专利意识是学校保护知识产权工作的一项长期和重要的内容，另一方面，建立适合我校科技活特点的专利管理和代理也是必不可少的一环。

（一）加强专利保护意识的教育

九届全国人大常委会通过的修改专利法决定中，突出强调了修改专利法的目的之一是促进科学技术进步和创新，这对于贯彻《中共中央、国务院关于加强技术创新，发展高科技，实现产业化的决定》的精神，把专利工作纳入技术创新、纳入增强持续创新能力中，对成为“新知识、新科技、新产业的诞生地、发源地”的高等学校的科技工作而言毫无疑议具有重要指导意义。一流的大学必须有一流的发明创造，清华大学多年来，始终把专利技术、特别是发明专利的数量作为衡量高校创新水平和科技实力的一个重要标志，作为学校科技人员聪明才智的重要体现，视为学校的宝贵的精神财富和物质财富，视为对国家经济、科技、国防以及国际竞争力做出项献，具有显示度的一项重要工作。科技以人为本，科技人员是专利技术、科技成果的真正载体。在学校的专利工作中，加强《专利法》的宣传教育，专利意识不断增强。学校组织各项活动开展普及教育，如邀请国内外学者来校有针对性地开展专利讨论和报告，对校内科技管理人员组织培训和研讨，主管校长利用闭路电视向全校宣讲包括专利在内的知识产权有关规定，编辑知识产权法规制度，知识产权常识50问等学习参考资料，开设每年约2300名学生学习的知识产权法课程等。

(二)采取多种激励措施，鼓励发明创造

我校注重采取多种激励措施和制定一系列规章制度，鼓励发明创造，调动科技人员创新的积极性。依据我国现行的专利制度和科技奖励制度，我校积极进行有效的结合，推动自主知识产权的形成和发展。学校鼓励科技人员依据专利法尽可能快速、及时地申请专利，如1998年设立的专利基金，是在已有的由专利发明人主要支配专利收入的基础上，学校进一步增大投入，对经审批同意的申请项目资助其申请费、代理费、实审费、申请维持费、登记费及授权后三年的年费。1999年资助的171项(其中发明专利占82%)涉及发明人800余人；2000年上半年对资助的189项全部给予资助，涉及发明人630余人次。

同时，又依据国家有关科技奖励条例，在条件成熟时，尽可能快速、及时地申报奖励，特别是有权威性的、有重大影响的国家级科技奖励。截止2000年底，清华大学获得的国家科技奖励279件(国家技术发明奖86件，国家自然科学奖27件，国家科技进步奖164件，星火奖2件)，国家知识产权局授理的申请专利和授权专利，以及以清华大学拥有的技术为基础获得的各类科技奖励，对构成清华大学的自主知识产权都具有重要的作用。

多年来，清华大学始终坚持成果管理和专利管理相结合，专利管理和专利代理相结合，专职代理和兼职代理相结合，专利工作取得了一定的成绩，得到了稳步的发展。清华大学专利的申请数和授权数继续处于全国高校的前列。自1998年设立清华大学专利基金以来，专利申请数大幅度增长。1998年专利申请数为149件(比1997年的117件增长27%)，专利授权数64件，(比1997年47件增长36%)；1999年专利申请数为189件(比1998年的149件增长27%)专利授权数为121件，(比1998年的64件增长89%)。2000年清华大学专利申请量和授权量达历史最高水平，专利申请344件，比1999年的189件增长82%，其中发明专利278件，比1999年123件增长126%，是1998年的91件的3倍，授权专利达135件，居全国高校首位。清华大学从1985年实施专利法以来，学校累计申请专利数1929件，授权专利数1116件。

在新世纪，学校为加强技术创新，鼓励重大发明，提高科技工作中拥有知识产权的数量和质量，提高专利质量和发明高度，规划在今后的三年中力争实现“发明专利”申请数达500件。并在全校范围内作了具体布署。

(三)重视专利实施，促进发展高新技术产业

江泽民总书记最近关于知识产权工作的一系列讲话中指出：“要把经济命脉和某些关键高新技术的知识产权牢牢掌握在国家的手里”、“实施走出去的战略”。清华大学的实践表明，贯彻这些重要指示，除了要不失时机地将专利技术和其它专有技术尽快形成自主知识产权外，还要采取多种有效措施，积极转化为高新技术产品的产业。清华大学近年来广泛开展的同省市地区以及厂矿企业的多形式、多渠道、多层次的横向科技合作，推动包括专利技术和非专利技术的高新技术产业化、取得了积极效果。目前我校大约1/4以上的专利技术得到程度不同的应用，一批专利已实现产业化并成为校办产业和社会企业的主干产品。如清华同方股份有限公司和紫光集团等CAD输入系统、RH分布微机系统、汉字识别系统、大型集装箱整体检测系统等都由学校重大成果转化而成。其中，大型集装箱检测系统拥有六项高水平专利技术，由学校组织跨学科联合攻关，由同方公司实现产业化，其技术水平已达英、德等发达国家水平，对打击走私、维护国家经济秩序具有重要作用。又如获国家发明奖的“全玻璃太阳能集热管”含有三项国内发明专利，一项美国专利，现已和北京玻璃仪器厂联营，年生产能力由5万支发展到600万支，数量和质量均居世界前列。

(四)学校注意发挥管理和服务两大机构的作用，分工负责，相互支持

一方面要按照学校制定的管理程序加强规范化的管理，另一方面注意发挥已有服务机构的作用，如专利事务所，承担了校内的申请专利代理、软件登记、专利诉讼以及部分管理等大量工作。设在校图书馆内的查新工作站，为科技人员提供多项服务，努力争取科研项目的前沿性和新颖性，避免不必要的重复等。这些服务机构，已成为学校知识产权工作的重要的有机组成部分。

五、依据“合同法”保护学校的科技成果

我校在抓紧专利工作的同时，依据“合同法”，注意用技术合同来保护我校科技成果的合法权益也是十分必要的。我们从实践中总结出科技合同的严格审核，对于保护学校的知识产权、防止流失，减少纠纷起着非常重要的作用。

学校在1983年成立清华大学科技开发部，它是由校长授权进行科技成果推广、签订和管理横向技术合同的全校统一归口管理单位，负责学校与全国各省、市、地区、企业的横向科技合作和清华大学科学技术成果为“标的”的各类技术转让、开发、服务等工作。

(一)制定规章制度

从实际出发，我校加强科学化、规范化管理，制定一系列管理规章制度，如：《清华大学横向技术合同审批程序》、《清华大学横向技术合同审查规则》等，从校系两级严格审核，规范化管理，近两年多来，以“四技”合同的推荐文本，在全校范围内宣传、普及，修改了校内技术合同的审批表，要求项目负责人如实填写签约技术成果的法律状况，明确自己承担的责任和义务。校知产办、开发部合同办还对每年100多项50万元以上的重大合同实行会审和跟踪管理制度。

(二)加强校企合作

1995年学校为加强与企业的合作建立了“清华大学与企业合作委员会”，1996年又成立“清华大学与企业合作委员会海外部”加强我校与国外大公司的合作，现在已发展有一百多家国内外成员单位。

全国技术创新大会后，企业迫切需要和高校进行产学研的结合，如何在合作中坚持友好合作、强强联合、双赢的原则，既发挥企业在转化中的主体作用，又使我校的资源得到有效的利用，注意合作中我校的声誉及相关的知识产权得到保护，这些新情况、新问题都需要研究。今年初学校制定了《关于与企业联合建立研发机构的申报审批规定》，该规定对成果归属等条款，强调依法予以约定，注重保护学校的知识产权，针对个别企业利用与我校的合作进行商业炒作等情况，制定相应的禁约条款，对申请成立的联合机构严格审批。一年来，与国内企业建立的这种产、学、研联合机构达 20 家。

（三）横向合作持续增长

学校的激励措施和有关规定促进了科技成果的转化，推动了学校同省市地区、厂矿企业的横向科技合作，使技术合同持续大幅度增长，1998 年合同额 1.75 亿元，比 1997 年增长 76%；1999 年合同额 2.53亿元，比 1998 年增长 45%；2000 年上半年合同额已达 4.23 亿元，比 1999 年增长 67%。

六、认真做好对学校名称、商标及其它标志的管理工作，制止、打击对我校的侵权行为

学校的名称、商标及其它标志，均为我校的无形资产，正确、规范地使用这一无形资产对学校来说是非常重要的。

（一）注册清华大学的服务商标

1997 年 9 月，我校在高校中率先向国家工商行政管理局商标局申请，将“清华”、“清华钟型图案”分别在教育服务类、科研服务类注册服务商标，并于 1998 年底被予以正式核准。近期我校又将“二校门图案”申请注册服务商标，这些商标是为了将我校在教育、科研方面提供的服务与他人提供的相同或类似的服务相区别而使用的标志，我校作为商标注册人，受国家《商标法》保护，依法行使注册商标的专用权，在其核准的范围内，禁止他人擅自使用所注册的商标。

（二）注重为清华大学维护自身的无形资产和权益创造有利的环境

学校明确要求，全校师生员工都有义务维护学校的荣誉，在使用校名、商标及其它标志时不得采取欺骗、侮辱或有损学校形象的方式，以清华大学的名义设立机构，必须经过学校授权或学校主管领导的批准。对校内以“清华”从事个人或小团体活动的行为加以制止，在全校通报批评并追究行为者的责任。

在校外，多年来“清华”两个字已成为清华大学的简称，它代表着我校作为国内一流综合大学的教学、科研水平和声誉，近年来学校的名称被盗用，使学校声誉受到损害的事情常有发生。社会上少数个人、企业擅自以“清华”的名义进行研究开发、转化成果、社会办学乃至商品销售活动，甚至挂上“清华”字样重新登记商号，或谎称与学校合作或自称是学校的公司进行商业炒作，其中还有个别上市公司，它们不同程度地侵犯了我校的名称权及技术经济权益，我校正是由于这些现象日趋严重、产生了比较严重的负面影响，而及时注册了商标，并依据《商标法》、《反不正当竞争法》等法律维护自身的合法权益和尊严，制止、打击侵权行为。最近我校投诉了一家公司，它利用电视、报刊大作广告，“清华”、学校的代表建筑都上了广告，从广告的整体构思到客观效果都使消费者误以为这一产品与清华大学有关，学校向国家工商机关提出投诉。经查确认：该公司的行为已构成了《中华人民共和国反不正当竞争法》第二十四条所指的利用广告对商品作引人误解的虚假宣传的不正当竞争行为，并依法对其做行政处罚，责令当事人停止虚假广告的宣传。同时处以行政罚款。

依据国家商标局商标（2000）19 号文件，“清华”商标已符合申请认定弛名商标的条件，学校决定清华大学作为商标权人正式启动驰名商标的认定申请工作，以达到进一步扩大保护的目的。

“清华”商标的含金量是很高的，这笔无形资产的财富是几代清华人艰苦奋斗拚搏创造的，“清华”商标的意义在于它是一种“技术力”、“经济力”和“凝聚力”，我们要倍加珍惜，不断提高保护学校无形资产的意识，自觉地同违法的现象进行斗争，采取各种措施，逐步有效地改善现有的状况，为清华大学维护自身的无形资产和权益创造有利的环境。

此外，学校的知识产权工作还涉及著作权法的普及与教育、不断增强对著作权的保护意识，以我校出版社为重点，加强对版权合同的严格审核和规范化管理等方面；最后还应提到的是校办企业的知识产权保护工作。在市场经济体制下，校办企业自主知识产权的保护和运用问题是企业经营、发展的战略问题，加强校办企业的知识产权保护则是企业发展强有力的竞争手段和必由之路，也是我校知识产权工作的重要组成部分。

大 事 记

知识产权大事记

（1973 年 – 2000 年）

1973 年

11 月 经周恩来同志批准，以任建新同志为首的中国代表团出席了世界知识产权组织领导机构会议。回国后，任建新同志向中央提出了在中国建立专利制度的建议。

1978 年

9 月 25 日 国务院发出《关于成立工商行政管理总局的通知》，成立中华人民共和国工商行政管理总局。工商行政管理总局成立后，设立商标局。

1979 年

1 月 邓小平率领中国政府代表团访问美国，方毅和美国能源部长施莱辛格签定了《中美高能物理协议》，协议中提到了互相保护版权问题。

2 月 4 日 工商行政管理总局在北京召开全国工商行政管理局长会议，讨论恢复商标统一注册工作，并研究外国商标注册工作。

2 月 26～3 月 2 日 工商行政管理总局与中国国际贸易促进委员会组成观察员参加世界知识产权组织（WIPO）在日内瓦召开的商标注册条约临时委员会第四次会议。

3 月 我国成立了专利法起草小组，着手中国专利法起草工作。

4 月 9 日 国务院在批转工商行政管理总局关于全国工商行政管理局长会议的报告中指示，要从速恢复商标统一注册制度。

4 月 21 日 国家出版局向国务院呈报了关于制订版权法，建立版权机构的报告，国务院副总理耿飙同志请中共中央秘书长兼宣传部长胡耀邦同志批示，耀邦同志 4 月 26 日批示："同意报告。请你们尽快着手，组织班子，草拟版权法。"

5 月 国家出版局成立班子起草版权法和出版法；同年 12 月，全国出版工作会议在长沙召开，会上讨论了包含版权条款在内的《中华人民共和国出版法（草案）》。

5 月 中国出版工作者协会版权研究小组成立，著名学者汪衡先生任组长。

5 月 全国商标清理登记工作基本完成，清理登记编号 32589 件商标，其中国内商标 27459 件，国外商标 5130 件。

5 月 商标局组成商标法起草小组，开始起草商标法。

9 月 16～26 日 工商行政管理总局在杭州召开全国商标工作会议。会议统一了对社会主义制度下商标意义和作用的认识，肯定商标专用权是一种工业产权，决定把商标管理同经济体制改革结合起来。

10 月 17 日 国家科委向国务院提出《关于在我国建立专利制度的请示报告》，国务院于 1980 年 1 月 14 日批准了这个报告。批示指出，要尽快制定专利法及相应的规章制度，培养专利工作干部，宣传普及专利知识，登记国内的发明，有关部门要密切配合专利局的工作，使我国的专利工作迅速开展起来。

11 月 1 日 全国商标统一注册正式恢复，清理登记的 32589 件商标自此日生效。

1980 年

1 月 恢复后的《商标公告》第 1 期正式出版。

1 月 14 日 国务院批准建立中国专利局。

2 月 1 日 中美双方正式签署《中华人民共和国与美利坚合众国贸易关系协定》，该协定的第六条中有"缔约双方承认在其贸易关系中有效地保护专利、商标和版权的重要性……缔约双方同意应采取适当措施，以保证根据各自的法律和规章并适当考虑国际做法，给予双方法人或自然人的版权保护，应与对方给予自己的此类保护相适应"的条款。

3 月 3 日 中国政府向 WIPO 总干事鲍格胥递交世界知识产权组织加入书。

5 月 28～6 月 14 日 陈瀚伯率中国出版代表团访美，期间与美国版权局进行了会晤。

6 月 3 日 中国加入世界知识产权组织公约。

6月3日 中国成为世界知识产权组织成员国。

7月 国家出版局草拟出《中华人民共和国版权法(草案)》,并在北京组织讨论。

9月 中国出版工作者协会版权研究小组派员赴英国和德意志联邦共和国考察版权立法与版权管理。

10月11日 工商行政管理总局、商业部、轻工业部发出《关于改进酒类商品商标的联合通知》,统一酒的特定名称与商标名称,规范酒类商标的使用行为。

10月24日 工商行政管理总局发出《关于调查处理混同商标的通知》,开始全国混同商标的处理工作。

11月3日 工商行政管理总局对**139**个工业企业使用的**129**个商标颁发"国家著名商标证书"。

11月12日 工商行政管理总局在北京召开商标工作座谈会。

1981年

10月12日 国务院批转国家出版局关于《加强对外合作出版管理的暂行规定》。

1982年

3月29日 工商行政管理总局发出《关于混同商标处理工作中几个问题的通知》。

6月19日 国家出版局合并到文化部,单独设立版权处,同年6月将版权法草案修改为《中华人民共和国版权保护暂行条例》,印发全国征求意见。

8月23日 第五届全国人民代表大会常务委员会第二十四次会议通过《中华人民共和国商标法》,并将工商行政管理总局的名称确定为国家工商行政管理局。

1983年

1月7～17日 全国商标工作会议在北京召开,会议重点研究实施《商标法》的准备工作。

2月23日 国家工商行政管理局发布《商标印制管理规定》。

3月1日 《中华人民共和国商标法》开始实施。人民法院根据该法规定,开始受理各类商标纠纷案件。

3月10日 国务院颁布《中华人民共和国商标法实施细则》。

4月7日 商标局发出《关于收缴不保留的混同商标注册证的通知》,混同商标的处理工作结束。

4月26日 国家工商行政管理局、卫生部、国家医药管理局发布《关于药品必须使用注册商标的几个问题的联合通知》。

7月 文化部向国务院呈报《中华人民共和国版权保护条例》。

1984年

3月12日 第六届全国人民代表大会常务委员会第四次会议审议通过了《中华人民共和国专利法》。这是我国建立专利制度的重要标志和开端。

6月 国务院指定的涉外专利代理机构——中国国际贸易促进委员会专利代理部正式开业。李鹏、陈慕华、谷牧、周培源出席开业典礼。

6月15日 文化部颁布关于《图书、期刊版权保护试行条例》,自1985年1月1日起生效。

8月23日 国家经委、国家科委、劳动人事部、中国专利局发布《关于在全国设置专利工作机构的通知》,根据通知要求,各省、自治区、直辖市、经济特区、计划单列市和沿海开放城市先后建立了专利管理机关,经济发达地区的一些地、县也相继建立了专利管理机关。

8月23日 中国专利局发布第**1**号公告。公告对外国人向中国申请专利时依法享有优先权问题作出规定。

10月19日 文化部颁发《书籍稿酬试行规定》。

12月6日 第一次全国专利工作会议在北京召开。这次会议部署了专利法实施前的准备工作,重点研讨了中国专利法的宣传、普及和专利体系的建设问题。

12月10日 中国专利局业务大楼奠基仪式举行,李鹏同志参加奠基仪式。

12月19日 中国向世界知识产权组织总干事鲍格胥递交参加《保护工业产权巴黎公约》加入书。

1985年

1月 最高人民法院就商标侵权如何计算损失赔偿额和侵权期间问题作出批复。

1月1日 文化部发布关于颁发《图书、期刊版权保护试行条例实施细则》和《图书约稿合同》、《图书出版合同》的通知。

1月5日 文化部颁发《美术出版物稿酬试行办法》。

2月 最高人民法院发布《关于开展专利审判工作的几个问题的通知》,规定了有关专利纠纷案件的收案范围、案件管辖和诉讼程序,并规定了对假冒他人专利等三种犯罪行为应当追究刑事责任。自此,人民法院开始审理专利纠纷案件。

3月15日 经国务院批复,国家工商行政管理局公布实施《关于申请商标注册要求优先权的暂行规定》。

3月19日 中国加入《保护工业产权巴黎公约》。

3月29日 中国工业产权研究会成立。

4月1日 中国专利法施行,标志着新中国专利制度的建立和成功实施。

4月1日 中国专利法生效施行的第一天,中国专利局举行受理专利申请仪式。这一天，中国专利局共受理专利申请3455件。航空航天工业部207所工程师胡国华提交了第一份专利申请。

4月1日 中国专利局上海分局（1990年更名为中国专利局上海代办处）及中国专利局沈阳、济南、长沙代办处同时开始受理专利申请。

4月22日 国家工商行政管理局发布《关于商标在国外要求优先权问题的通知》。

4月29日 国家工商行政管理局、国家经济委员会、对外经济贸易部、农牧渔业部联合发出《关于使用未注册商标几点意见的通知》。

7月2日 国家经济委员会、轻工业部、商业部、国家工商行政管理局发出《关于坚决制止企业销售残次零部件和废次商标标识的通知》。7月15日国家工商行政管理局发布《关于商品使用未注册商标时应当标明企业名称或地址的通知》。

7月25日 国务院批准设立国家版权局。

9月 黄坤益同志在联合国世界知识产权组织第16次会议上当选为巴黎联盟大会主席，这是我国第一次在世界知识产权组织任职。

9月4日 国务院批准《专利代理暂行规定》。

9月10日 卫生部、农牧渔业部、中国专利局联合发布《关于用于专利程序的微生物菌（毒）种、培养物入境检疫暂行规定》。

9月10日 中国专利局出版第一批专利公报及专利说明书。自此之后，在世界3000多万份专利文献宝库中，增加了中国专利文献。

9月16日 国家工商行政管理局转发最高人民法院《关于个人非法制造、销售他人注册商标标识而构成犯罪的应按假冒商标罪惩处的批复》。

11月13日 国家工商行政管理局、卫生部、国家医药管理局发出《关于药品使用注册商标若干具体问题的通知》。

12月18日 国家工商行政管理局转发最高人民法院《关于商标侵权如何计算损失赔偿额和侵权期间问题的批复》。

12月21日 国家工商行政管理局发布《商标印制管理暂行办法》。

12月28日 首批中国专利证书在人民大会堂隆重颁发。李鹏、胡启立、方毅同志为专利权人颁发专利证书。

1986年

1月20日 国家工商行政管理局发布《关于在酒类商品商标标识上使用产地名称问题的通知》，对不适当地渲染产地名称，侵犯他人商标专用权的行为进行处理和限制。

2月1日 中国专利局、外交部、国家科委颁布了《关于我国学者在国外完成的发明创造申请专利的规定》。

4月12日 第六届全国人民代表大会第四次会议通过《中华人民共和国民法通则》，第一次以法律的形式确认了对著作权、专利权、商标专用权等知识产权的保护。

4月22日 中国专利局发布《专利管理机关调处专利纠纷暂行办法》。

5月24日 国家版权局发出《关于内地出版港澳同胞作品版权问题的暂行规定》。

8月30日 商标局发出《关于注册商标指定颜色问题的通知》。

11月 薄一波同志为中国专利史上第一次专利技术展览会题写会名。

12月16日 国家经委、国家科委、财政部、中国专利局联合发布《关于加强企业专利工作的规定》。

12月18日 中国专利局发出《关于受理台胞专利申请的意见》。

12月20日 国家工商行政管理局发布《商标核转工作若干规定》。

1987年

1月 国家版权局转发《录音录像出版物版权保护暂行条例》、《录音录像出版工作暂行条例》的通知。

2月6日 国家工商行政管理局、新闻出版署发出《关于报纸杂志名称作为商标注册的几项规定》。

2月17日 国家工商行政管理局、国家经委、外经贸部、轻工业部、国家商检局发出《关于出口罐头食品使用商标问题的通知》。

8月 中国工业产权研究会主办的《工业产权》杂志创刊。

9月4日 国家工商行政管理局、国家语委发出《关于商标用字规范化若干问题的通知》。

11月 《中华人民共和国技术合同法》施行，人民法院开始依照技术合同法审理各类技术合同纠纷案件。

1988年

1月13日 国家工商行政管理局发出《关于发布修订的〈中华人民共和国商标法实施细则〉的通知》。

1月14日 国家工商行政管理局指定中国国际贸易促进委员会、中国专利代理（香港）有限公司为商标代理组织，负责代理外国人或外国企业在中国办理商标注册事宜。

4月 中华版权代理总公司成立。

5月18日 商标局着手实施国内商品分类向国际商品分类的转换工作。

6月3日 国家工商行政管理局、对外经济贸易部联合发出《关于技术引进合同中涉及商标使用问题的通知》。

12月12日 中华全国专利代理人协会成立。

12月16日 商标局完成国际商品分类商标名称卡片和维也纳图形要素商标图形卡片（不包括两

轨制的卡片),国内商品分类向国际商品分类的转换工作基本完成。

1989 年

2 月 20 日 我国开始受理韩国企业的商标注册申请。

3 月 14 日 国家工商行政管理局举行“关于查处假冒商标和侵权案件新闻发布会”,甘国屏副局长向新闻界介绍了“IBM”、”M&M’S”、”米老鼠”等商标案件的查处情况。

3 月 14 日 国家工商行政管理局指定中国商标专利代理(香港)有限公司为台湾企业的商标代理机构。

4 月 12 日 邓小平同志亲笔为中国专利局机关报《中国专利报》题写报名。

4 月 12 日 中国专利局发布《专利管理机关处理专利纠纷办法》。

7 月 4 日 中国向世界知识产权组织总干事鲍格胥递交《商标国际注册马德里协定》加入书。

10 月 4 日 中国成为《商标国际注册马德里协定》成员国。

11 月 座落于北京西三环北路的中国专利局业务大楼建成,并投入使用。

11 月 中国专利奖创立,该奖每两年评选一次。中国专利局与世界知识产权组织首次联合颁发了“中国专利发明创造金奖”。

11 月 1 日 商标局作出《关于撤销“日の星”等商标的决定》,这是商标局首次依职权撤销注册商标。

11 月 18 日 商标局认定“同仁堂”为驰名商标,这是我国商标主管机关认定的第一例国内驰名商标。

12 月 21 日 中国专利局发布第 27 号公告。公告对不授于实用新型专利权的范围作出了新的规定。

1990 年

1 月 17 日 国家工商行政管理局召开新闻发布会,公布了“M&M’S”、“茅台”、“荆江”、“MOBIL”、“青岛”、“IBM”、“米老鼠”和“唐老鸭”等七件商标侵权大要案的查处情况。

3 月 9 日 中国版权研究会成立。

3 月 22 日 中国专利局、国家计委、国家体改委、国家科委、国务院生产委员会联合发布《企业专利工作办法(试行)》。

5 月 18 日 国家工商行政管理局发出《关于大力加强企业商标工作的通知》,要求各级工商行政管理机关把加强企业商标工作作为一项重要任务来抓。

5 月 18 日 国家工商行政管理局发出《关于对我国企业在国外注册商标进行登记管理的通知》,要求我国企业到国外注册商标应先到申请人所在地工商行政管理局进行登记。

5 月 23 日 国家工商行政管理局发出《关于试点建立商标事务所,推行商标代理制的通知》,决定上海、江苏、福建、河南、湖北、广东、四川、沈阳、广州、重庆、南京、成都、长春、珠海等十四个省市先行试点,建立商标事务所,推行商标代理制。

6 月 13 日 国家工商行政管理局发布《关于解决工贸双方注册同一商标问题的意见》,对工贸双方注册同一商标问题提出了六条处理意见。

6 月 15 日 国家版权局发布《关于适当提高书籍稿酬的通知》。

7 月 10 日 国家版权局发布《关于适当提高美术出版物稿酬的通知》。

8 月 8 日 国家工商行政管理局发布《商标印制管理办法》。

9 月 高卢麟同志当选为巴黎联盟执行委员会主席。

9 月 7 日 第七届全国人民代表大会常务委员会第十五次会议通过《中华人民共和国著作权法》。

11 月 19 日 国家工商行政管理局、外经贸部联合发出《关于禁止擅自持他人商标在国外注册的通知》,禁止任何企业擅自持他人在我国注册的商标以自己的名义到国外申请注册。

11 月 30 日 中国工业产权研究会更名为中国知识产权研究会。

1991 年

1 月 《工业产权》杂志更名为《知识产权》。

2 月 《著作权》杂志创刊。

3 月 4 日 国务院发布《专利代理条例》,该条例于 1991 年 4 月 1 日施行。

4 月 6 日 机电部颁布《计算机软件著作权登记办法》。

5 月 24 日 国务院批准《中华人民共和国著作权法实施条例》自 1991 年 6 月 1 日起实行。

6 月 1 日 《中华人民共和国著作权法》施行。

6 月 4 日 国务院批准《计算机软件保护条例》及《实施条例》自 1991 年 10 月 1 日起施行。

9 月 20 日 “首届‘中国驰名商标’(部分商品)消费者评选活动”在人民大会堂举行颁奖仪式,“茅台”等十件商标被推选为“中国驰名商标”。

10 月 15 日 国家工商行政管理局与对外经济贸易部联合发出《关于印发〈关于出口罐头食品使用商标问题的规定〉的通知》。

11 月 28 日 江泽民主席会见世界知识产权组织总干事鲍格胥。

11 月 北京大学校长吴树青授予世界知识产权组织总干事鲍格胥博士“北京大学名誉教授”称号。

11 月 29 日 国家版权局发布《关于维护出版社外国作品专有出版版权的通知》。

1992 年

1 月 17 日 中国与美国签订《中华人民共和国

政府与美利坚合众国政府关于保护知识产权谅解备忘录》。

3月20日 最高人民检察院下发《关于加强对假冒商标犯罪案件查处工作的通知》。

5月 最高人民法院设立工业产权审判组，专门负责审理工业产权民事案件。

7月1日 第七届全国人民代表大会常委会第二十六次会议通过了关于中国加入《保护文学和艺术作品伯尔尼公约》和《世界版权公约》的决定。

7月15、30日 中国政府分别向世界知识产权组织和联合国教科文组织递交了加入《伯尔尼公约》和《世界版权公约》加入书。

9月1日 商标局开始受理国内商标续展注册申请，国内注册商标的续展工作全面展开。

9月4日 第七届全国人民代表大会常务委员会第二十七次会议作出“关于修改《中华人民共和国专利法》的决定”。1992年12月12日国务院批准修改后的《中华人民共和国专利法实施细则》。修改后的中国专利法及其实施细则于1993年1月1日起正式施行。此次专利法修改的主要内容有：扩大专利保护范围；延长专利保护期限；将授权前的异议程序改为授权后的撤销程序等。经过这次修改，我国的专利保护标准基本上达到了国际水平。

9月15日 国家主席江泽民会见世界知识产权组织总干事阿帕德·鲍格胥博士。

9月25日 国务院颁发《实施国际著作权条约的规定》。

10月15、30日 《伯尔尼公约》与《世界版权公约》分别在中国生效。

11月7日 第七届全国人大常委会第二十八次会议决定我国加入《保护录音制品制作者防止未经许可复制其录音制品公约》。

1993年

1月1日 《药品行政保护条例》、《农业化学物质产品行政保护条例》施行。

1月 中国科学院率先制定了《中国科学院保护知识产权的暂行规定》。这一“规定”的制定对整个科技系统以及部门和行业的知识产权保护工作也起到了积极的带动作用。此后，中国航空工业总公司、教育部等相继制订了知识产权保护规定。

1月9日 最高人民检察院印发《关于假冒商标案立案标准的暂行规定》。

2月 中国音乐著作权协会成立。

2月22日 第七届全国人大常委会第三十次会议审议并通过《中华人民共和国商标法修正案》。

3月29日 中国专利局发布《关于受理台胞专利申请的规定》。

5月24日 国家工商行政管理局下发《关于受理服务商标注册申请的通知》，规定自7月1日～9月30日提出的服务商标注册申请视为同一天申请。

6月24日 国家工商行政管理局下发《关于申请商标注册有关问题的通知》，规定自7月1日起商标当事人可以直接向商标局申请商标注册事宜，也可以选择商标代理组织代理商标注册事宜，地方工商行政管理机关的商标核转工作同时停止。

7月1日 根据修订后的《商标法》，商标局开始受理服务商标注册申请，白天鹅宾馆、天津狗不理包子饮食（集团）公司、四通集团公司、绍兴咸亨酒家、钓鱼台国宾馆、美国麦当劳公司等成为前10家申请注册服务商标的企业。

7月28日 国家工商行政管理局公布国务院于7月15日批准修订的《商标法实施细则》。

8月 国家版权局颁发《报刊转载、摘编法定许可付酬标准暂行规定》等三个法定许可付酬规定。

8月 北京市高级人民法院、中级人民法院在全国率先成立知识产权审判庭，将著作权案件与工业产权案件集中到一个专门审理知识产权案件的审判庭审理。

9月 我国与世界知识产权组织合作出版《中国和世界知识产权组织合作二十年》纪念册。

9月12日 最高人民检察院公布《关于假冒商标案立案标准的暂行规定》。

9月13日 刘华秋同志代表中国政府向世界知识产权组织总干事鲍格胥递交《专利合作条约》加入书。

12月 最高人民法院发出《关于深入贯彻执行〈著作权法〉几个问题的通知》，明确人民法院受理计算机软件著作权纠纷，不以该软件是否登记为前提。

12月 《中华人民共和国反不正当竞争法》施行，人民法院依照该法受理擅自使用证明商品特有的名称、包装、装潢造成混淆等各类不正当竞争纠纷案件。

12月1日 最高人民检察院印发《关于假冒注册商标犯罪立案标准的规定》。

本年内中国专利局研究开发出中国专利文摘CD～ROM光盘。

1994年

1月1日 中国成为《专利合作条约》成员国。中国专利局同时成为该条约的国际专利申请的受理局、国际检索单位和初步审查单位，中文正式成为其工作语言。

1月 广东省高级人民法院设立知识产权审判庭。此后，广州、深圳、珠海、汕头等中级人民法院相继设立知识产权审判庭。1998年，佛山市中级人民法院设立知识产权审判庭。广东省成立全国设立知识产权审判庭最多的地区，受理了一批标的额上亿元、在国内外有重大影响的案件。

3月23日 荣毅仁副主席会见世界知识产权组织总干事阿帕德·鲍格胥博士。

4月15日 国家版权局、新闻出版署等七部委联合发出《关于加强激光唱盘、激光视盘复制管理的紧急通知》。

5 月 5 日 商标局副局长刘佩智同中国驻日内瓦代表团唐玉峰向世界知识产权组织总干事鲍格胥递交了《商标国际注册用商品和服务分类尼斯协定》加入书。

6 月 16 日 国务院新闻办公室发表了《中国知识产权保护状况》白皮书，详细阐述了中国保护知识产权的基本立场和态度，系统介绍了中国知识产权立法和执法的现状，以及中国积极承担保护知识产权的国际义务等方面的情况。

6 月 23 日 国家版权局颁布了《对侵犯著作权行为行政处罚的实施办法》，并于 1994 年 7 月 1 日起施行。

7 月 5 日 国务院作出《关于进一步加强知识产权保护工作的决定》。为了进一步健全和完善我国知识产权管理制度，加强知识产权的宏观管理和统筹协调，国务院决定建立国务院知识产权办公会议制度。办公会议由外交、科技、外经贸、新闻出版、版权、广电、文化、电子、司法、公安、工商、专利、海关等部门参加。随后，各省、自治区、直辖市建立起省级知识产权办公会议制度，统一领导与协调本地区的知识产权保护工作。

7 月 5 日 八届全国人大常委会第八次会议通过了《惩治侵犯著作权犯罪的决定》，自公布之日起施行。

7 月 11 日 国务院建立国务院知识产权办公会议制度。国务院知识产权办公会议由宋健同志主持。

7 月 11 日 国务院办公厅发布《关于建立国务院知识产权办公会议制度及有关部门职责分工问题的通知》，明确了办公会议和有关行政管理部门的职责分工。

7 月 29 日 国务院召开中国知识产权保护工作的电话会议，国务委员宋健同志代表国务院发表了重要讲话。会议动员和部署全国各地区、各部门贯彻落实《国务院关于进一步加强知识产权保护工作的决定》。

8 月 9 日 中国成为《商标国际注册用商品和服务分类尼斯协定》成员国。

8 月 12 日 国家工商行政管理局下发《关于服务商标继续使用问题的通知》。

8 月 25 日 国务院发布《音像制品管理条例》，并自 10 月 1 日起施行。

9 月 最高人民法院发出《关于进一步加强知识产权司法保护的通知》。对健全审判机构、及时受理各类知识产权案件、加大打击力度、严惩侵犯知识产权的犯罪行为、加强审判人员专利技术培训、加强监督指导等方面作出了规定。

9 月 9 日 中华商标协会在北京成立。

9 月 30 日 国家版权局发出通知，决定对国内音像复制单位接受境外委托复制加工音像制品合同进行登记。这项措施对控制音像制品盗版行为将起到重要作用。

10 月 10 日～28 日 国家工商行政管理局局长刘敏学率领中国代表团赴日内瓦出席“缔结《商标法律条约》外交会议”，并代表中国政府在《商标法律条约》上签字。

10 月 15 日 国家版权局发布文件，指定国际唱片业协会作为其会员录制品权利认证机构。

10 月 19 日 国家版权局发布《关于计算机软件著作权管理的通知》。要求各地版权管理机关应切实做好计算机软件著作权的管理工作。

11 月 最高人民法院院长任建新接受世界知识产权组织授予的金奖。世界知识产权组织总干事鲍格胥对中国改革开放以来在保护知识产权建立健全知识产权制度方面所取得的成就给予了充分肯定。

11 月 22 日 国家工商行政管理局下发《关于工商行政管理机关查处商标违法行为工作中若干问题的意见》和《关于执行＜商标法＞及其＜实施细则＞若干问题的通知》。

12 月 30 日 国家工商行政管理局发布《集体商标、证明商标注册和管理办法》。

12 月 31 日 国家版权局发布《作品自愿登记试行办法》的通知。

1995 年

1 月 最高人民法院设立知识产权办公室，负责办理、指导全国知识产权审判工作等有关事项。

1 月 11 日 最高人民检察院下发《关于依法严肃查处侵犯知识产权犯罪案件的通知》。

2 月 26 日 经过长达 20 个月的谈判，中美两国代表在北京就知识产权问题达成协议，双方签署中美知识产权谅解备忘录。

3 月 1 日 商标局开始受理集体商标、证明商标注册申请。

3 月 20 日 商标局首次举行服务商标抽签仪式，对涉及内地和港台企业在相同或类似服务上同一天申请的 5 对商标用抽签方式决定商标权。

3 月 28 日 国家工商局、国家版权局联合发出《关于严厉打击盗版等侵犯著作权行为的通知》。

4 月 10 日 第一次全国版权局长会议在北京召开，李铁映到会并发表了重要讲话。

4 月 14 日 商标局印发《关于按照核准登记的经营范围申请商标注册的通知》。

5 月 12 日 根据国务院《关于办理商标注册附送证件问题的批复》，国家工商行政管理局对《商标法实施细则》第二十条第一款、第二款和第二十一条第一款作了修改。

5 月 18 日 北京市第一中级人民法院对美国沃尔特·迪斯尼公司诉北京出版社等侵犯其著作权案作出一审判决，原告胜诉。此案终审结果亦如此。这是美国公司在中美双方达成版权保护协议以来在中国提起的第一例版权诉讼。

6 月 27 日 “联合国教科文组织世界版权公约政府间委员会第十次会议”在巴黎举行。该委员会由 18 个国家组成，中国当选为该委员会委员。

7 月 1 日 中国加入《国际承认用于专利程序的微生物菌种保藏布达佩斯条约》。

7 月 13 日 外经贸部、国家工商行政管理局下发《关于对外贸易中商标管理的规定》。

7 月 25 日 国家版权局发出《关于印发〈对侵犯著作权行为行政处罚的实施办法〉的通知》。

7 月 27 日 国家工商行政管理局下发《关于禁止汽车零部件销售商店、汽车维修站点擅自使用他人注册商标的通知》。

8 月 23 日 国家版权局发出《关于不得使用非法复制的计算机软件的通知》。

9 月 1 日 国家工商行政管理局局长王众孚同中国驻日内瓦代表团大使金永健向世界知识产权组织总干事鲍格胥博士递交了《商标国际注册马德里协定有关议定书》加入书。中国继西班牙、瑞典、英国之后第四个加入，使得该议定书于 12 月 1 日正式生效。

12 月 北京市高级人民法院对审理美国沃尔特·迪斯尼公司诉北京出版社、新华书店总店北京发行所侵犯著作权纠纷案作出终审判决，认定北京出版社、新华书店总店北京发行所出版、发行《迪斯尼的品德故事丛书》的行为构成著作权侵权。这是中美两国政府签订知识产权谅解备忘录后人民法院审理的首例著作权纠纷。

12 月 7 日 新闻出版署、国家版权局联合发文《关于向光盘生产厂家派驻监督员的通知》。为贯彻落实《中华人民共和国著作权法》和《音像制品管理条例》，加强音像制品和电子出版物出版、复制工作的管理，新闻出版署和国家版权局决定对光盘(包括母盘)生产厂派驻监督员。

12 月 7 日 国家工商行政管理局下发《关于处理商标专用权与外观设计专利权冲突问题的意见》，对处理商标专用权与外观设计专利权冲突问题提出规范性意见。

12 月 22 日 国家工商行政管理局发布《企业商标管理暂行规定》。

1996 年

1 月 31 日 国家工商行政管理局召开全国工商系统 1995 年第四次市场专项治理成果通报会，商标局公布 10 大商标案例。

4 月 15 日 国家版权局、国家工商局发布《著作权涉外代理机构管理暂行办法》。规定国家版权局负责涉外著作权代理机构的审批工作，涉外著作权代理机构应当接受国家版权局的业务指导和监督。《暂行办法》对设立著作权涉外代理机构的申请、设立代理机构的条件、登记注册、代理机构的主要业务以及违反规定的处罚等等，都作了明确规定。

5 月 24 日 国家工商行政管理局制定并下发《马德里商标国际注册实施办法》。

5 月 26 日 国家工商行政管理局发布《商标评估机构管理暂行办法》。

6 月 10 日 国家工商行政管理局下发《关于禁止擅自将他人注册商标用作专卖店(专修店)企业名称及营业招牌的通知》。

6 月 10 日 由商标局、专利局、版权局和中国知识产权研究会共同举办的“全国知识产权法律知识竞赛”在中央电视台进行决赛。

7 月 13 日 国务院颁布《特殊标志管理条例》。

8 月 8 日 国家版权局发布《关于对出版和复制境外电子出版物和计算机软件进行著作权授权合同登记和认证的通知》。

8 月 14 日 国家工商行政管理局发布《驰名商标认定和管理暂行规定》。

9 月 5 日 广东省第 8 届人民代表大会常务委员会第 24 次会议通过《广东省专利保护条例》。这是第一个地方专利保护方面的法规。随后，四川、湖北、山东、辽宁、安徽、山西、浙江、广西、河南以及厦门等地相继颁布实施了专利保护条例。

9 月 5 日 国家工商行政管理局发布《商标印制管理办法》。

9 月 19 日 我国加入《工业品外观设计国际分类洛迦诺协议》。

9 月 23 日 国家版权局发布《著作权质押合同登记办法》，自发布之日起施行。

10 月 中国发布《专利权质押合同登记管理暂行办法》。

10 月 最高人民法院成立知识产权审判庭，负责审理各类知识产权案件，指导监督全国的知识产权审判工作。

10 月 广东省高级人民法院对佛山陶瓷研究所诉南海松岗特种材料厂、西樵金昌陶瓷辊棒厂、狮山特种陶瓷实业公司侵犯商业秘密一案作出终审判决，判定被告侵权成立，赔偿原告经济损失 1300 余万元。

12 月 上海市高级人民法院对钱钟书、人民文学出版社诉胥智芬、四川文艺出版社著作权侵权纠纷案作出终审判决，认定胥智芬、四川文艺出版社出版《围城》汇校本一书的行为构成对钱钟书著作权的侵害，亦构成对人民文学出版社专有出版权的侵害，判令两被告承担共同侵权责任。

1997 年

1 月 1 日 商标注册开始执行第六版《商标注册用商品和服务国际分类》。

1 月 16 日 中国知识产权培训中心教学科研楼奠基典礼隆重举行，全国人大常委会副委员长倪志福、国务委员宋健、全国政协副主席孙孚凌等领导出席典礼，并为基石培土。

1 月 28 日 国家版权局发布《著作权行政处罚实施办法》。

3 月 24 日 国务院发布《植物新品种保护条例》。

5月14日 中央机构编制委员会办公室批复：同意成立中国版权保护中心。

5月26日 国家版权局根据《中华人民共和国著作权法》及其实施条例和《计算机软件保护条例》中的有关规定，对一家公司在未取得合法授权的情况下复制使用他人的计算机软件，侵犯他人著作权行为给予行政处罚：一、未经合法授权，不得再使用上述软件；二、罚款人民币49万元。4月17日，国家版权局还就此案举行了听证会，这也是《中华人民共和国行政处罚法》实施后国家版权局进行行政处罚的首例听证会。

6月23日 国家版权局发出《关于加强涉外著作权贸易代理机构管理的通知》。《通知》强调设立著作权涉外代理机构或开展其业务必须经国家版权局和国家工商局的批准；对未经批准从事涉外著作权贸易代理活动的单位要依法查处。

6月23～27日 联合国教科文组织召开世界版权公约政府间委员会第十一次会议，我国当选为该公约政府间委员会第十二次会议的副主席。

6月27日 《香港版权法本地化条例》实施。

7月 最高人民法院召开新闻发布会，副院长李国光介绍近年来人民法院审理知识产权民事案件的情况，公布了瑞士英特莱格公司、丹麦乐高海外公司诉南京宝高国际实业有限公司专利、商标、著作权侵权及不正当竞争纠纷案等五起知识产权民事案例。

10月1日 《植物新品种保护条例》施行。

1998年

最高人民法院颁布实施《人民法院五年改革纲要》，其中要求审判知识产权案件的机构和法官队伍更加专业化。

国家知识产权局"促进专利技术产业化示范工程"开始实施。

全国开始实施"中国专利信息工程"地方网点建设。到目前，20个多个省市自治区的专利信息工程地方网点已经建成。

3月18～20日 全国商标工作座谈会在厦门召开。

3月29日 根据3月29日《国务院关于机构设置的通知》(国发[1998]5号)的规定，中国专利局更名为国家知识产权局，并进入国务院直属机构序列。在随后进行的地方机构改革中，地方专利管理机关已更名为知识产权局，增加了新的职能。

5月26～28日 商标局在北京召开修改《商标法》专家论证会。

6月 中央电视台直播北京市第一中级人民法院公开开庭审理十大电影制片厂起诉天都版权代理公司等侵犯著作权纠纷案。这是中央电视台首次对庭审进行直播，在国内外引起强烈反响。

6月17日 国务院批准《国家工商行政管理局职能配置、内设机构和人员编制的规定》，原国家工商行政管理局商标局与商标注册中心合并，名称为国家工商行政管理局商标局，仍承担商标注册与管理监督等行政职能，其干部管理办法不变。

7月 注册商标档案的清理工作结束，共清理档案1 017 500件，核实商标注册簿8 785本，清理评审、异议商标文件1 422件，整理变更、转让、续展、补证文件7 500件。

7月 最高人民法院发布(1998)65号《关于全国部分法院知识产权审判工作座谈会纪要》，作为人民法院审理知识产权案件的指导性文件。

7月3日 商标局依法撤销中国(深圳)对外贸易中心有限公司以不正当手段注册的67件商标。

7月11日 中央电视台首次向全国现场直播一例知识产权案庭审：北京市第一中级人民法院审理"国产电影名片著作权"归属案。

9月22日 中国版权保护中心正式成立。

9月24日 姜颖局长代表中国政府签订了"中华人民共和国政府和法兰西共和国政府关于知识产权的合作协定"。1999年11月8日姜颖局长代表中国政府签订"中华人民共和国政府和乌兹别克斯坦共和国政府知识产权保护协定"。

1999年

1月6日 北京市版权局对北财商贸中心因销售盗版制品给予行政处罚。该中心拒绝交纳罚款，北京市版权局申请人民法院强制执行。这是《中华人民共和国著作权法》实施以来，全国首例由法院强制执行的著作权行政处罚案。

1月26日 国家工商行政管理局局长王众孚在北京会见来华访问的世界知识产权组织新任总干事卡米勒·伊德里斯博士一行。

1月27日 国家主席江泽民听取国家知识产权局局长姜颖工作汇报。

1月27日 国家主席江泽民在钓鱼台会见了世界知识产权组织总干事卡米勒·伊德里斯博士。国家版权局局长于友先和国家知识产权局局长姜颖、国家工商局局长王众孚等有关同志参加了会见。

1月 国家知识产权局在原暂行规定的基础上，经过修订，发布了《专利管理机关查处冒充专利行为规定》。

1月 北京大学校长陈佳洱授予世界知识产权组织总干事伊德里斯博士"北京大学名誉教授"称号。

4月5日 国家版权局发出《关于颁发〈出版文字作品报酬规定〉的通知》。

4月5日 国家工商行政管理局下发《关于解决商标与企业名称中若干问题的意见》。

4月23日 我国加入《国际植物新品种保护公约》。

4月28日 北京市海淀区人民法院审结我国涉及计算机网络的著作权纠纷案件－陈卫华诉成都电脑商情报社著作权侵权纠纷案。判决认定被告侵权成立。双方当事人均未提起上诉。

4月28日 商标局就撤销第281831号“长城”注册商标举行听证会。此次听证会是1996年《工商行政管理机关行政处罚听证暂行规则》实施以来商标局组织的第一次听证会,也是商标局在商标管理工作中因要作出行政处罚而举行的首次听证。

6月4日 国务院副总理温家宝在国家知识产权局考察,并发表重要讲话。他指出,实行知识产权制度,是建立社会主义市场经济体制的需要。他强调要进一步加强对知识产权工作的领导,不断完善法律法规,依法保护知识产权。

6月30日 全国人大常委会副委员长彭佩云在国家知识产权局进行专利执法调研。她指出,要强化专利执法手段,加大执法力度,依法保护知识产权,促进科学技术发展。

7月1日 《中国专利报》更名为《中国知识产权报》。

9月 姜颖同志当选洛加诺联盟大会副主席。

9月26日 最高人民法院对全国标的最大的著作权纠纷案件——上诉人雅芳(中国)有限公司与被上诉人太平洋优利达有限公司、北京京延电子有限公司计算机软件著作权侵权纠纷案做出二审裁定。

10月13日 国务院总理朱镕基听取国家知识产权局局长姜颖、国家工商行政管理局局长王众孚、国家版权局局长于友先关于加强知识产权工作的意见。

10月13日 国务院总理朱镕基会见来访的世界知识产权组织总干事伊德里斯博士。

11月8日 姜颖局长代表中国政府签订“中华人民共和国政府和乌兹别克斯坦共和国政府知识产权保护协定”。

12月2日 国家工商行政管理局发布《商标代理管理办法》。

12月29日 国家工商行政管理局下发《关于商标行政执法若干问题的意见》。

2000年

1月1日 《商标代理管理办法》开始施行。

1月11日 我国专利申请受理总量突破100万件。

1月12日 国家知识产权局、对外贸易经济合作部、海关总署、国家工商行政管理局、国家出入境检验检疫局联合发出《关于开展打击假冒UL标志专项活动的通知》。

1月18～21日 全国专利工作会议在北京召开。这次会议全面部署了跨世纪全国专利工作主要任务。姜颖同志在会议上作了题为《抓住机遇迎接挑战全面推进我国专利事业》的工作报告。

2月29日 国家版权局做出《关于同意成立中国文字作品著作权协会的批复》,批准中国版权保护中心、中国作家协会共同组建集体管理性质的中国文字作品著作权协会。

3月17日 国家工商行政管理局发出《关于进一步加强商标管理工作的通知》。

4月1～5日 中国专利15年成就展在中国人民军事博物馆举行。4月2日晚,江泽民、胡锦涛、李岚清、温家宝、吴阶平、任建新等党和国家领导人参观成就展。江泽民要求要大力支持专利工作,充分发挥专利制度的作用,扶持有自主知识产权和市场前景的高新技术产品成长,促进我国经济的长远发展。

4月28日 商标局发出《关于申请认定驰名商标若干问题的通知》。

5月 北京市各级人民法院知识产权法官亮相第三届中国北京高新技术产业国际周,参加知识产权论坛,海淀区人民法院还公开开庭审理了知识产权案件,受到参加国际周活动的中外人士的好评。

5月18日 全国扫黄办,公安部、海关总署、国家工商局、新闻出版署、国家版局和广东省扫黄办联合举办“打击盗版－中国2000大行动”,一次销毁盗版光盘500万张。

8月25日 第九届全国人民代表大会常务委员会第十七次会议通过了《关于修改〈中华人民共和国专利法〉的决定》。修改后的专利法于2001年7月1日起实行。经过这次修改,我国专利法进一步适应了社会主义市场经济发展和推动科技创新的需要,加强了专利保护力度,完善了专利审批和维权程序,与TRIPS协议的标准更加一致。

9月 最高人民法院知识产权审判庭更名为最高人民法院民事审判第三庭。

11月2～4日 国家知识产权局在上海召开全国运用专利制度促进技术创新经验交流会。这次会议得到地方人民政府的高度重视,共有14位省市的领导、9位省(市)政府的副秘书长、5位计划系列市和省会城市的副市长出席了会议。会议交流了各地运用专利制度促进技术创新的经验,并就我国现阶段政府在运用专利制度推动技术创新中的重要作用达成共识。

11月28～29日 商标局在山东省潍坊市召开全国基层商标行政执法工作经验交流会。

11月30日 武汉市第十届人民代表大会常务委员会第二十二次会议通过《武汉市专利管理条例》,这是我国第一部地方专利管理条例。条例从专利申请权与专利权管理、专利实施与许可、专利信息传播利用、专利行政执法等方面,进行了系统的规范,强调了在技术创新的各个阶段都要充分运用专利制度。

12月 最高人民法院发布《关于审理涉及计算机网络著作权纠纷案件适用法律若干问题的解释》。

(以上材料由国家版权局冯宏声,国家工商局商标局,最高法院民事审判第三庭段立红,国家知识产权局韩秀成提供,由韩秀成统稿)

知识产权组织

知识产权行政管理机构

国家知识产权局

国家知识产权局是国务院主管专利工作和统筹协调涉外知识产权事宜的直属机构。其内设机构的职能如下：

一、办公室(人事司)

(一)职能

办公室职能

1. 组织协调局系统的有关政务工作，研究解决有关政策性问题；

2. 负责有关需要在全局协调的专利以及知识产权工作；

3. 协助局领导对有关重要工作进行综合协调、督促检查；

4. 负责专利、知识产权工作的政策研究和重要文件、报告的起草以及局系统规章制度的组织制定工作；

5. 负责局公文管理、机要、值班、信访、保密、档案管理和会议组织等日常文秘工作；

6. 负责局宣传工作和局系统普法工作；

7. 负责国内的政务信息上报、交换及其他有关信息的管理工作；

8. 负责局系统行政管理的规划和局机关行政事务的管理工作；

9. 负责局下属单位的审计工作；

10. 承办直属机关党委的日常工作；

11. 完成局交办的其他工作。

人事司职能

1. 研究并提出贯彻国家有关人事、劳动工资方针政策的实施方案，协调解决有关政策性问题；

2. 组织制定局系统人事、劳动工资工作的规章制度以及规划和计划；

3. 负责局机关及局属事业单位的机构设置和人员编制的管理；

4. 负责局机关人员和干部管理权限内人员的人事管理工作；

5. 参与局智力引进工作，牵头负责智力引进工作领导小组办公室的工作；

6. 负责制定局机关及全国专利系统培训工作年度计划和中长期规划，并进行宏观管理和组织协调工作；

7. 指导局下属事业单位、社团组织的人事工作；

8. 负责局下属事业单位专业技术职务(职称)评定工作的政策、办法的制定和组织实施；

9. 组织评选全国专利系统先进集体和先进工作者的工作；

10. 负责局驻外人员的人事管理及局系统出国人员的政审工作；

11. 参与局人才资源办公室的工作；

12. 完成领导交办的其他工作。

(二)处级机构职能

1. 秘书处

负责局领导的秘书工作，协调和安排局领导的公务活动；安排局工作日程；组织局各类工作会议，参与组织全国性会议及重要会议；办理局公文，指导和规范局公文处理工作；办理、催办上级机关交办的和局领导布置的工作以及有关文件和会议决定的事项；编辑《局内简讯》、《局领导批示摘报》和《局大事记》；负责管理机要文件以及国务院远程通讯网和局保密通讯设备；管理局章、党组章；负责局值班工作；完成领导交办的其他工作。

2. 综合处

负责管理机关的文书档案，对局系统档案工作进行指导、监督和检查；负责办公室办公自动化工作，参与组织实施机关公文处理办公自动化工作；负责有关信息的交换；负责办公室公文运转，办理办公室发文；处理群众来信来访；负责保管、使用办公室印章；协助办公室领导做好局内有关协调工作；完成领导交办的其他工作。

3. 政策研究处

负责协调、组织局软科学研究工作，对全国专利系统软课题研究工作进行规划和指导；组织研究全国专利及有关知识产权工作的重要方针政策；负责我局重要调研工作的协调；负责重要报告的起草工作；负责《专利工作动态》、《知识产权局信息》的编辑出版工作；完成领导交办的其他工作。

4. 宣传处

负责提出全国专利宣传工作规划，拟定全局宣传工作计划；协调、指导全国专利宣传工作，组织实施全局宣传工作计划和重要宣传工作；负责局系统普法的组织工作；承担局新闻发布的组织工作和新闻稿的草拟工作，归口联系各新闻媒体；负责组织局年报的撰写与印制；完成领导交办的其他工作。

5. 行政处

组织制定局系统行政管理和后勤服务工作的规章制度和工作规划，并进行协调与监督；组织制定局政府采购、职工医疗、公务用车、办公用房、职工住房等后勤保障制度改革方案的实施办法；参与房产管理以及办公用房的调整和职工住房、集体宿舍的分配工作；参与局系统有关服务合同的签订；负责全局性会议后勤事务的联系和组织工作；负责局机关固定资产的管理工作；编报局机关物资采购、文印打字、公务用车、工作用餐、职工医疗等费用的计划及有关审核和费用结算工作；负责局机关后勤保障工作；完成领导交办的其他工作。

6. 人事处

制定和实施局有关人事、劳资等方面的规章制度与管理办法；负责局系统年度用人计划及工资计划的制定与申报工作；负责局机关人员的录用、任免、考核、交流、奖惩及培训工作；负责干部管理权限内领导干部的有关人事管理工作；负责局机关及干部管理权限内后备干部选拔与培养的具体工作；负责局机关及专利系统培训工作的组织与协调；组织实施局下属事业单位的专业技术职称评定工作；承办评选全国专利系统先进集体和先进工作者的有关工作；承办局机关和下属单位出国人员的政审工作；承办局系统京外调干以及解决两地分居问题的申报工作；负责局系统军队转业干部的接收和安置工作；组织领导干部个人收入申报和个人重大事项报告工作；负责局系统各类人事、劳资报表的汇总、统计和上报工作；承办局机关人员的工资、退休、福利及考勤工作；负责局机关人员及干部管理权限内领导干部的人事档案管理工作；负责局机关人事管理系统人员信息数据库的建立和维护工作；完成领导交办的其他工作。

7. 审计处

负责对局及局属事业单位财务进行内部审计监督；负责对局属单位领导干部及局机关负责财务、物资部门的领导干部进行离任审计监督；负责局审计委员会的日常工作；负责向上级审计机关报送年度审计工作计划和年度审计工作总结；完成领导交办的专项任务和其他工作。

8. 党群工作处

负责局系统党的思想、组织、作风建设工作的组织实施；负责局机关党员的教育、管理和发展工作；负责局机关精神文明建设的有关工作；负责与专利局、局其它下属单位党组织的工作联系；负责联系局直属机关工会、团委和妇委会等群众组织；组织和参与党员、干部培训工作；参与对领导干部的考核与民主评议工作；完成领导交办的其他工作。

二、条法司

(一)职能

1. 组织专利法及其实施细则的修订工作；
2. 研究起草相关的知识产权法规；
3. 负责对专利法实施细则以及有关法规、规章的解释工作；
4. 提出有关知识产权国际条约的制定和修改方案；
5. 提出知识产权对外谈判的方案；
6. 负责知识产权法律法规方面的必要的协调工作；
7. 组织制定专利确权、侵权判断的标准，并指定管理机构；
8. 组织专利审查指南以及有关专利工作规章制度的制定工作；
9. 负责审核专利代理机构和指定涉外专利代理机构；
10. 负责组织专利代理人的考试和资格认定工作；
11. 负责行政复议规程和标准的制定；
12. 完成局交办的其他工作。

(二)处级机构职能

1. 条法一处

组织提出专利法及其实施细则的修订方案；研究起草相关的知识产权法规；协调提出有关知识产权国际条约(PCT 除外)的制定和修改方案；协调提出知识产权对外谈判的方案；负责对专利法实施细则及有关法规、规章进行解释；完成领导交办的其他工作。

2. 条法二处

负责提出对 PCT 条约各种法规规章的修订意见，组织 PCT 各种法规、规章的编译出版工作，跟踪 PCT 工作的进展；组织制定专利确权标准，并负责指定确权管理机构；协调专利审查指南和有关专利工作规章制度的制定工作；负责行政复议章程和标准的制定，协调行政复议工作；完成领导交办的其他工作。

3. 法律实施处

负责答复各专利管理机关提出的有关法律法规方面的请示，组织制定有关对港、澳、台专利工作的法规和政策；负责解决专利管理机关行政执法工作中的有关法律问题；负责对专利管理机关执法人员进行培训、考核；组织制定专利侵权判断的标准，并负责指定管理机构；负责条法司的行政管理及图书资料的管理工作；完成领导交办的其他工作。

4. 专利代理管理处

负责修订专利代理人条例，制定有关代理人管理的规章准则；组织全国代理人资格考试，发放代理人资格证书；负责审批国内和涉外专利代理机构；负责对代理机构的管理和年检工作；完成领导交办的其他工作。

三、国际合作司

(一)职能

1. 负责涉外知识产权的统筹协调工作；

2. 组织并负责协调有关知识产权双边或多边公约及协定的谈判、签约及修订工作；

3. 负责协调与世界知识产权组织及其他国际(境外)知识产权组织的联系；

4. 负责专利工作的国际合作与交流；

5. 负责有关知识产权国际合作协调工作；

6. 负责对港、澳、台的知识产权事务；

7. 参与局智力引进工作；

8. 完成局交办的其他工作。

(二)处级机构职能

1. 国际组织处

负责就专利或涉及两个以上政府部门的知识产权事宜,代表我国政府与世界知识产权组织的联系；负责 WIPO 协调委员会会议及成员国大会以及有关外交会议等重要会议的组团、预案准备、报批和总结工作；负责向 WIPO 缴纳会费；负责有关向 WIPO 推荐人选及应聘工作人员工作；负责有关 WIPO 培训人员的分配和推荐；负责组织 WIPO 与我局共同举办的培训班及研讨会；负责组织协调 WIPO 有关文献的中文文本的翻译出版工作；负责有关对 WIPO 及其所辖联盟发展及对策的研究工作；负责组织协调 WIPO 领导人访华等重大活动；负责其他有关 WIPO 事宜；负责协调与国外(境外)其他知识产权组织的联系与合作；完成领导交办的其他工作。

2. 欧洲处

负责与欧洲地区国家和相关机构的双边合作与交流；研究、制定和执行双边合作计划；组织双边合作会谈及签约；组织和监督我局双边合作计划或项目的实施；负责来访团组的接待安排；负责局系统人员出国的联系安排及选取初审工作；跟踪欧洲知识产权制度的发展动态,并提出相应对策；负责与驻华使馆及我驻外使领馆的联系；完成领导交办的其他工作。

3. 亚太处

负责与欧洲地区以外国家的双边合作与交流,具体职责同欧洲处。

4. 综合处

负责制定局国际合作工作规划、年度计划及预算；负责办理出国任务批件、护照、签证和外事纪律教育工作；制定局外事工作规定；参与局智力引进工作领导小组办公室的工作；负责局对港、澳、台事务；负责司内预算、文秘和行政工作；完成领导交办的其他工作。

四、协调管理司

(一)职能

1. 研究和拟定我国专利及有关知识产权管理工作的政策、办法、措施和规章制度；

2. 指导地方专利管理机关处理专利纠纷和查处冒充专利行为的工作；

3. 拟定规范专利市场、推动专利技术实施的有关政策和措施；

4. 协调在执行知识产权双边和多边协议、协定中有关国内履约的行政执法和管理工作；

5. 规范、管理专利资产评估工作及其服务机构；

6. 负责提出对强制许可及其费用的请求裁定的建议；

7. 负责专利合同的登记备案工作；

8. 组织评选中国专利金奖,与人事司共同组织评选全国专利系统先进集体和先进工作者的工作；

9. 组织开展专利战略研究工作；

10. 完成局交办的其他工作。

(二)处级机构职能

1. 综合协调处

研究和拟定专利以及知识产权管理工作的政策、办法、措施和规章制度,根据国家产业政策,研究相关的知识产权政策；负责国务院各部门的知识产权协调工作和日常联络工作；承办评选表彰全国专利系统先进集体与先进工作者的有关工作；完成领导交办的其他工作。

2. 行政执法管理处

负责指导地方专利管理机关处理专利纠纷和查处冒充专利行为的工作；负责专利纠纷数据的统计工作；负责在执行知识产权双边和多边协议、协定中有关国内履约的行政执法和管理工作的具体协调工作；协助、配合海关总署采取措施,开展知识产权保护工作；组织评选中国专利金奖；负责与地方专利管理机关的联络工作；完成领导交办的其他工作。

3. 市场监督处

制定规范专利市场的相关政策、规章；负责专利权质押合同的登记和专利合同的登记备案工作；负责对强制许可及其费用的请求提出裁定建议；负责组织实施专利技术产业化示范工程；完成领导交办的其他工作。

4. 战略评估管理处

研究和制定专利资产评估标准、参数与管理办法；负责对专利资产评估工作进行指导、监督和检查；组织开展专利战略研究；负责企业专利试点工作；完成领导交办的其他工作。

五、规划发展司

(一)职能

1. 研究并提出贯彻国家有关规划发展和财务管理方针政策的实施方案,协调解决有关政策性问题；

2. 负责编制局系统及全国专利工作的年度计划和中、长期发展规划及基本建设计划；

3. 负责编制局系统自动化工作规划,规划和指导全国专利系统的信息及网络建设；

4. 负责制定局系统年度财务计划及预算、决算的编制和报批工作；

5. 负责局系统国有资产的管理；

6. 负责局系统专利统计工作；

7. 负责局机关行政财务管理工作；

8. 负责局系统业务发展和经费配置的综合平衡和协调工作；

9. 负责对下属单位财务工作的指导和监督；

10. 协助局领导对局属事业单位进行政策引导、监管国有资产等宏观管理；

11. 完成局交办的其他工作。

(二)处级机构职能

1. 综合计划处

编制局系统及全国专利工作年度工作计划和中、长期发展规划及基本建设计划；编制专利统计年报；负责有关计划、报表的申报和填报工作；制定局系统自动化工作规划、计划和全国专利系统信息网络建设规划，并进行组织协调；负责对局新上项目建议书、可行性报告的审核；负责本部门行政管理工作；负责对局属事业单位进行宏观管理；完成领导交办的其他工作。

2. 计划财务处

对局系统财务工作进行宏观管理和监督；负责预算内、外资金、购汇人民币限额计划的报批和下拨，负责制定局系统财务计划、年度财务预、决算，并进行汇总、报批；负责专利收费的财政专储和收支两条线的管理；负责局系统国有资产的管理，检查、监督国有资产管理措施的落实情况；负责局系统财务人员的岗位培训；配合进行审计工作；完成领导交办的其他任务。

3. 行政财务处

负责局机关行政财务的管理工作；编制局机关财务计划、预算和决算；制定局机关财务管理的规章制度；负责局机关电算化工作；负责涉及局机关的外汇账务管理工作；完成领导交办的其他工作。

国家知识产权局专利局

根据《国家知识产权局专利局职能配置、内设机构和人员编制规定》(中编办发[1998]6号)，国家知识产权局专利局内设机构的职能如下。

一、办公室

(一)职能

1. 负责局文秘、机要、信访、档案、宣传等工作；

2. 负责局工作计划和财务计划的制定；

3. 负责局财务、国有资产、行政事务的管理工作；

4. 受国家知识产权局委托，管理国家知识产权局系统的房产和基建工作；

5. 参与行政复议及行政诉讼的应诉工作；

6. 负责局外事接待工作；

7. 完成局交办的其他工作。

(二)处级机构职能

1. 秘书处

负责安排局领导的活动和处理局领导交办的工作；起草有关文件和报告；安排专利局工作日程；组织局召开的各种会议；负责局对外发文和内部呈报文的处理；负责保管、使用局印章；催办、查办局领导布置的工作及有关文件和会议决定的事项；完成领导交办的其他工作。

2. 综合处

组织制定局工作计划和中、长期规划；组织安排办公室日常工作；组织办公室召开的各种会议；负责局宣传和外事接待工作；受国家知识产权局委托负责有关信函、邮件的分发和报刊杂志的征订，负责专利申请文件的收发；负责管理局机要文件和档案工作；处理群众来信来访；负责本部门行政事务和后勤保障工作；完成领导交办的其他工作。

3. 行政处

负责局物资管理工作；负责局交通安全工作，负责与机关服务中心有关交通、文印等后勤服务经费的结算，受知识产权局的委托，负责专利业务大楼及附属办公用房的日常管理以及两局的职工医疗报销、计划生育和绿化工作；负责局职工福利工作；完成领导交办的其他工作。

4. 房产处

受国家知识产权局委托，负责与机关服务中心签定办公用房和职工宿舍楼的物业管理合同，执行合同并负责经费结算；负责集体宿舍和过渡房的分配与管理工作；参与职工住房分配与住房改革工作，负责管理住房公积金；负责住宅托管费和局职工供暖费等费用的交纳；负责局小型工程项目施工的监督和工作量的审核；负责房产档案的管理；完成领导交办的其他工作。

5. 基建处

受国家知识产权局委托制定基建计划；负责基建工程的招、投标；代表甲方组织基建工程的施工；负责房地产的购置；负责基建工程和主要工程项目预、决算的审核；管理基建档案资料；完成领导交办的其他工作。

6. 计划财务处

负责制定局财务收支计划并监督财务计划的执行；对局有关部门和下属单位的财务工作进行指导和监督；负责局国有资产的管理；负责计划外和追加计划资金的报批及财务工作的对外协调；负责局财会人员的业务培训；负责对局下属单位经费的监督管理；完成领导交办的其他工作。

7. 财务处

负责管理专利局经费；负责局行政财务管理工作；负责局非贸易外汇管理工作；负责基建财务工作；编报局经费预算和决算；管理财务文件和财务档案；完成领导交办的其他工作。

8. 法律事务处

按《行政复议法》的规定审理各种提交专利局的行政复议案件；在涉及专利局复议决定案件和其他行政诉讼的法庭审理中代表专利局出庭应诉；负责局其他有关法律工作；完成领导交办的其他工作。

二、人事教育部

(一)职能

1.负责组织制定局有关人事、劳资、教育、保卫、保密和防火等方面的规章制度与管理办法;

2.组织制定并实施局人事教育工作的发展规划与计划;

3.负责局机关及下属单位的机构设置和人员编制的管理;

4.负责局机关及下属单位人员的专业技术职务(职称)的评任(聘)工作以及专利代理系列职称代评工作;

5.负责局干部管理权限内所管人员的录用、任免、调配(交流)、考核(察)和奖惩;负责干部退休和人事档案管理工作;

6.负责局机关及下属单位人员的工资、福利和考勤管理工作;

7.负责局机关及下属人员的教育、培训和出国进修管理工作;

8.受国家知识产权局委托,负责国家知识产权局系统的安全保卫、保密和防火工作;

9.参与知识产权局智力引进工作和全国专利系统培训工作;

10.负责国家知识产权局人才资源办公室的日常管理工作;

11.完成局交办的其他工作。

(二)处级机构职能

1.人事处

负责制定局有关人事工作的规章制度并监督、检查执行情况;负责制定并组织执行局录用工作人员的中期规划与年度计划;负责干部管理权限内人员的考核、调配(交流)、晋升与奖惩工作;负责领导干部的考察与任免工作;负责后备干部的选拔与培养工作;负责局专业技术职务(称)的评任(聘)与日常管理工作,参与局高、中级评委会评审会议的组织工作;负责人事档案与专业技术档案的管理;承办局出国人员的政审工作;组织并监督《领导干部个人收入申报》的实施工作;负责人事管理系统人员信息子库的维护工作;承办有关干部、人事报表的填报工作;完成领导交办的其他工作。

2.劳动工资处

负责制定本局职工考勤管理办法并监督执行;负责局工资计划的制定和工资统计报表及工资联审工作;负责办理工资调整工作;负责确定调入人员的工资标准及办理调出人员的工资手续;负责审核局工作人员的月误餐补贴的发放;负责局工作人员岗位补贴的汇总、统计和审核工作;负责办理职工探亲及子女统筹等福利性工作;负责局工作人员的困难补助及抚恤金核发工作;负责办理局部级干部高干医疗待遇工作;负责办理局工作人员退休工资的计算及退休证的发放工作;完成领导交办的其他工作。

3.综合处

协助制定、实施部工作发展规划、年度计划及部内工作规程的工作;负责局所属单位职能、机构及人员编制的审核、制定及机构编制信息数据的维护、报表填报等日常管理工作;承担知识产权局智力引进工作领导小组办公室的日常工作;参与局属单位的职称代评工作,负责地方专利代理机构的职称代评工作;负责部内自动化建设及人事工作的网络开发工作;负责部内公文运转及人教部印章的管理;负责局临时工使用计划的核定及日常管理工作;负责部内后勤事务的管理;完成领导交办的其他工作。

4.教育处

负责制定局干部培训办法、规定、培训计划和经费计划;负责选派、推荐局外派讲课教员;负责管理局职工的成人教育、继续教育及更新知识的培训;参与专利系统的培训工作;负责局出国进修人员的选派和管理,及出国预备人员的语言强化培训,配合有关部门做好外国专家来局讲学的组织管理工作;负责局教学器材、设备、教室的使用及日常维护,负责有关教材的购置及发放;负责局各项重大活动的录相、编辑和制作;完成领导交办的其他工作。

5.保卫处(防火办公室)

受知识产权局委托,负责制定局系统有关安全防范的规章制度及安全防范计划,拟定安全防范工作的文件;负责机关内部警卫人员和警卫工作的日常管理工作;负责局安全防火技术设备的维护、管理,负责安全防火、值班人员的培训、值班工作的安排和临时性问题的处理;负责知识产权局防火安全委员会的日常工作;负责进行安全防范和防火宣传教育及培训,负责安全防范和防火工作的经费预算;办理人员、物品出入办公区所需手续;负责保卫业务的对外联系,协助办理有关事宜;落实上级机关及公安部门交办的各项工作;完成领导交办的其他工作。

6.保密办公室

负责知识产权局保密委员会的日常工作;负责制定局保密工作的规章制度并监督实施;指导、协调、督促、检查局内各单位的保密工作;组织开展保密宣传教育和保密工作人员的培训;负责调查失、泄密事件,并提出处理意见;协助完成上级机关及国家保密局交办的工作;完成领导交办的其他工作。

三、审查业务管理部

(一)职能

1.研究和拟定专利审查工作中、长期发展规划和重要政策措施,制定和调整审查工作的年度计划。

2.调整和平衡各部门审查工作或事务处理工作的定额标准;拟定审查奖励的政策,负责超额奖励政策的执行。

3.提出审查指南和办事规程的修改意见,组织审查业务指导委员会的工作会议,拟定审查指南公报或审查工作规程、规章并组织实施。

4.制定和调整审查工作质量管理办法和标准;组织局实审和初审质量检查。

5.负责专利审批流程中各业务部门之间及与涉外代理机构之间的协调工作。

6.协调和统一全局审查用表格、审查用标准语段工作,参与审查用标准语段计算机辅助审查系统的建设。

7.组织开展审查业务研究活动,编辑出版审查业务通讯。

8.负责新审查员的培训和审查员审查业务知识的更新。

9.负责实审部审查过程中申请文档的交接、管理和相应的数据采集、期限监控和统计工作。

10.完成局交办的其他工作。

(二)处级机构职能

1.综合管理处

编制全局年度审查业务计划,检查计划的执行情况,并对各审查部门工作量完成情况进行核算;制定专利文献出版计划;组织有关审查工作的统计分析和预测;负责处理审查部门上报的有关报告;负责部内文秘和日常行政管理工作;负责部内固定资产和办公设备的管理;受理发明专利申请的提前检索请求;完成领导交办的其他工作。

2.审查指南处

组织、参与审查指南的制定和修改;负责专利审查质量管理标准及管理办法的制定;组织、参与实质审查工作的质量检查;组织、参与初审和流程质量检查组的质量检查;参与专利法及实施细则的修订;完成领导交办的其他工作。

3.业务协调处

组织协调专利审批流程中出现的各种业务问题;组织业务协调办公会议,编发办公会议纪要;协调审查部门之间的分类领域;协调和解决审查部门与文献服务、公报出版、计算机管理等部门之间的配合和衔接问题;负责协调PCT国际检索、初步审查以及进入国家阶段时的管理流程,并组织制定相关的内部法规;负责PCT中译英翻译工作的质量反馈、工作量统计和稿费发放工作;负责组织修订专利审查办事规程和各种审查用表格;负责全局审查表格的计划、统计和印刷工作;组织编辑与专利审查工作有关的各种业务规定和文件;负责专利局与涉外代理机构之间的业务协调,组织审查部门和专利代理机构之间的业务交流;完成领导交办的其他工作。

4.审查业务研究室

研究和提出审查业务研究工作的中长期规划及方案;制定综合性审查业务研究活动计划,组织和协助制定各业务部门的审查业务研究活动计划;负责有关审查业务研究项目的立项、备案、建档、进度和监督的日常管理工作;编制审查业务研究活动和项目的年度经费预算;组织、参与有关审查业务研究项目和综合性审查业务研究活动;负责《审查业务通讯》的编辑和出版发行工作;完成领导交办的其他工作。

5.审查业务培训处

负责制定新审查员培训办法、程序和合格标准;组织和参与新审查员培训课程的设置、教学和培训安排及上岗考核等工作;参与审查员的继续教育和知识更新工作;负责编制年度培训进修经费预算并监督预算的执行;组织并参与新审查员培训教材和典型案例的编写和修订工作;协助局教育部门管理教学器材、资料和教室;完成领导交办的其他工作。

6.实审程序处

负责按规定向实审部审查员提供和补充新申请;负责实审程序中申请文档和审查中间文件的交接和发送;负责核对和采集检索报告、实审程序中申请状态的变动和重要文件的发送情况;按规定对审查期限进行监控,并向审查员提供逾期信息;定期向审查员核对申请状态,修改数据库;定期发送审查工作量统计报表;根据实审部审查领域调整通知单修改数据库;完成领导交办的其他工作。

四、初审及流程管理部

(一)职能

1.负责受理专利申请;

2.负责接受专利申请的中间文件及其他各类请求文件;

3.负责发明专利申请初步审查;

4.负责专利档案的管理;

5.负责颁发专利证书;

6.负责编辑出版专利公报和专利说明书;

7.负责收取并管理专利费用。

8.负责和组织发明、实用新型专利申请的分类及研究工作。

(二)处级机构及职能

1.受理处

负责对三种专利新申请和提交的中间文件做出受理或不受理决定;接收、处理电子申请(目前尚在试验阶段),完成对三种专利申请著录项目的首次数据采集,在建立纸件文档的同时,建立电子数据库,提供管理使用的数据统计;负责在受理工作范围内的查询;协调并管理代办处的受理工作;协调涉外代理机构的申请业务;完成领导交办的其他工作;

2.收费处

负责接收中国专利申请及PCT国际专利申请等有关费用;对接收的费用进行全部财会管理;提供用于专利费用管理的缴费电子数据;向国际局转交代收的PCT专利申请国际阶段的费用;上缴受国家地税局委托代收的专利证书印花税款;提供管理使用的财务报表及数据统计;协调代办处的收费工作;负责在收费工作范围内的查询;完成领导交办的其他工作。

3.PCT处

负责对国际阶段的PCT专利申请做出受理或不受理决定以及PCT申请国际阶段的国际检索和国际初步审查的流程管理工作;接收进入国家阶段的PCT专利申请,依法进行初步审查、事务处理、国家阶段公布等工作及文档管理;向专利局主数据库传输进入国家阶段的PCT专利申请的电子数据;负责与国际局PCT处的业务联系;接收PCT-EASY电子申请;负责PCT专利申请范围内的查询、咨询及指导；完成领导交办的其他任务。

4. 发明初审处

接收分类转来的发明专利新申请文档；负责发明专利申请费期限的监视；依法对发明专利申请进行初步审查，对明显违反专利法及实施有关规定，经意见陈述或补正仍不符合规定的，应予以驳回；完成部里交办的其他任务。

5. 初审流程处（分类处）

接收发明初审处转来的初审合格的专利申请及PCT转来的进入国家程序并初审合格的PCT专利申请文档，负责处理在初审合格之后至实审请求生效之前的期限、费用、中间文件事务处理及文档管理；负责对发明专利申请进行公布；对违反法定期限规定的，依法做出视为撤回决定。组织国际专利分类（IPC）体系、分类基准研究及IPC分类改版工作；组织发明、实用新型新申请案的初分类工作；负责跨部门分类纠纷的调处、提出裁决意见。主管发明专利申请的保密审查及确定保密后文档的全程管理及事务处理，以及与国防分局的业务协调；完成领导交办的其他工作。

6. 实审流程处

接收发明初审流程处转来已实审生效的发明专利申请和PCT专利申请文档，负责发明实审程序中的期限、费用、中间文件的事务处理及文档管理；对违反法定、指定期限规定的，依法做出视为撤回决定；根据实审部调档清单，按序调档送实审部审查；负责发明专利和实用新型专利撤销程序的受理、初审、事务处理及文档管理；完成领导交办的其他工作。

7. 授权处

接收实审流程处转来已授权的发明专利文档，负责授权后程序中的事务处理和文档管理；颁发专利证书；编辑发明专利公报和发明专利公告说明书；对授权后的专利进行年费的期限监视，依法做出终止决定并公告。负责对三种失效专利文档的管理；对失效保存期限届满的文档进行销毁处理。负责对CPMS系统数据的运行、管理、维护；向CPMS系统追加著录项目、IPC分类号采集数据和缴纳专利费用数据；打印三种专利审批程序中视撤、视放、终止决定及各种通知书；负责公布、公告运行，进行公报编辑生成公报电子数据；对授予专利权的三种专利予以登记、打印专利证书；打印证书副本、证书证明、专利登记簿等具有法律效力的证明文件；协调与局内、部内各机关业务部门的工作；完成领导交办的其他任务。

8. 综合处

负责本部业务工作的计划、统计、质量及定额、考勤管理和物资保障；协调部内各处室业务工作；负责与部外有关部门的联系与协调；负责对辅助工的管理。

负责分类审查中的文档管理；负责电子文档的建档和管理；负责全局审查业务的发文工作；协助部领导完成对代办处的业务协调与管理工作。负责三种专利流程中大宗物资的管理工作。

负责专利代理机构集体变更；总委托书、转让证明的备案；行政复议及特殊恢复案件的管理；优先权证明文本的制作；涉及专利审批程序的出证、阅档、查询、咨询服务；完成领导交办的其他工作。

五、机械发明审查部

（一）职能

1. 负责动力、金属加工、木材加工、武器、粮食、烟草及食品加工、纺织、造纸及印刷、包装、输送及搬运、农业、林业、矿业、交通运输等机械领域的发明专利申请的实质审查、复审前置审查、专利权撤销请求的审查、PCT国际检索和国际初步审查等有关的业务工作；

（二）处级机构职能

1. 轻纺处

负责本技术领域内的国内外发明专利申请的实质审查工作；负责本技术领域内的发明或实用新型专利撤销请求的审查工作；负责本技术领域内的复审前置审查；负责本技术领域内PCT申请的国际检索和国际初步审查工作；完成领导交办的其他工作。

2. 切削加工处

负责本领域技术领域内的国内外发明专利申请的实质审查工作；负责本技术领域内的发明或实用新型专利撤销请求的审查工作；负责本技术领域内的复审前置审查；负责本技术领域内PCT申请的国际检索和国际初步审查工作；完成领导交办的其他工作。

3. 包装处

负责本技术领域内的国内外发明专利申请的实质审查工作；负责本技术领域内的发明或实用新型专利撤销请求的审查工作；负责本技术领域内的复审前置审查；负责本技术领域内PCT申请的国际检索和国际初步审查工作；完成领导交办的其他工作。

4. 交通运输处

负责本技术领域内的国内外发明专利申请的实质审查工作；负责本技术领域内的发明或实用新型专利撤销请求的审查工作；负责本技术领域内的复审前置审查；负责本技术领域内PCT申请的国际检索和国际初步审查工作；完成领导交办的其他工作。

5. 动力处

负责本技术领域内的国内外发明专利申请的实质审查工作；负责本技术领域内发明或实用新型专利撤销请求的审查工作；负责本技术领域内的复审前置审查；负责本技术领域内PCT申请的国际检索和国际初步审查工作；完成领导交办的其他工作。

6. 行政秘书工作职责

协助部领导完成部内有关文秘、行政和后勤等事务性工作；完成领导交办的其他工作。

六、电学发明审查部

（一）职能

负责基本电子元件、电机及发配电、基本电子线路、电子计算机、通讯、电视及广播等技术领域的发明专利申请的实质审查、复审前置审查、专利权撤销请求的审查、PCT国际检索和国际初步审查等有关业务工作。

(二)处级机构职能

1.电器元件处

负责本技术领域内的国内外发明专利申请的实质审查工作;负责本技术领域内发明或实用新型专利撤销请求的审查工作;负责本技术领域内的复审前置审查;负责本技术领域内PCT申请的国际检索和国际初步审查工作;完成领导交办的其他工作。

2.电机处

负责本技术领域内的国内外发明专利申请的实质审查工作;负责本技术领域内发明或实用新型专利撤销请求的审查工作;负责本技术领域内的复审前置审查;负责本技术领域内PCT申请的国际检索和国际初步审查工作;完成领导交办的其他工作。

3.计算机处

负责本技术领域内的国内外发明专利申请的实质审查工作;负责本技术领域内发明或实用新型专利撤销请求的审查工作;负责本技术领域内的复审前置审查;负责本技术领域内PCT申请的国际检索和国际初步审查工作;完成领导交办的其他工作。

4.通信处

负责本技术领域内的国内外发明专利申请的实质审查工作;负责本技术领域内发明或实用新型专利撤销请求的审查工作;负责本技术领域内的复审前置审查;负责本技术领域内PCT申请的国际检索和国际初步审查工作;完成领导交办的其他工作。

5.图像记录处

负责本技术领域内的国内外发明专利申请的实质审查工作;负责本技术领域内发明或实用新型专利撤销请求的审查工作;负责本技术领域内的复审前置审查;负责本技术领域内PCT申请的国际检索和国际初步审查工作;完成领导交办的其他工作。

6.行政秘书工作职责

协助部领导完成部内有关文秘、行政和后勤等事务性工作;完成领导交办的其他工作。

七、化学发明审查一部

(一)职能

负责食品工程、药品、生物工程、化学工程、石油化工及冶金等技术领域的发明专利申请的实质审查、复审前置审查、专利权撤销请求的审查、PCT国际检索和国际初步审查等有关业务工作。

(二)处级机构职能

1.西药处

负责本技术领域内的国内外发明专利申请的实质审查工作;负责本技术领域内发明或实用新型专利撤销请求的审查工作;负责本技术领域内的复审前置审查;负责本技术领域内PCT申请的国际检索和国际初步审查工作;完成领导交办的其他工作。

2.中药处

负责本技术领域内的国内外发明专利申请的实质审查工作;负责本技术领域内发明或实用新型专利撤销请求的审查工作;负责本技术领域内的复审前置审查;负责本技术领域内PCT申请的国际检索和国际初步审查工作;完成领导交办的其他工作。

3.食品工程处

负责本技术领域内的国内外发明专利申请的实质审查工作;负责本技术领域内发明或实用新型专利撤销请求的审查工作;负责本技术领域内的复审前置审查;负责本技术领域内PCT申请的国际检索和国际初步审查工作;完成领导交办的其他工作。

4.生物工程处

负责本技术领域内的国内外发明专利申请的实质审查工作;负责本技术领域内发明或实用新型专利撤销请求的审查工作;负责本技术领域内的复审前置审查;负责本技术领域内PCT申请的国际检索和国际初步审查工作;完成领导交办的其他工作。

5.化学工程处

负责本技术领域内的国内外发明专利申请的实质审查工作;负责本技术领域内发明或实用新型专利撤销请求的审查工作;负责本技术领域内的复审前置审查;负责本技术领域内PCT申请的国际检索和国际初步审查工作;完成领导交办的其他工作。

6.石油冶金处

负责本技术领域内的国内外发明专利申请的实质审查工作;负责本技术领域内发明或实用新型专利撤销请求的审查工作;负责本技术领域内的复审前置审查;负责本技术领域内PCT申请的国际检索和国际初步审查工作;完成领导交办的其他工作。

7.行政秘书工作职责

协助部领导完成部内有关文秘、行政和后勤等事务性工作;完成领导交办的其他工作。

八、化学发明审查二部

(一)职能

负责无机化学、有机化学、药物化学、农业化学、高分子化学及高分子应用等技术领域的发明专利申请的实质审查、复审前置审查、专利权撤销请求的审查、PCT国际检索和国际初步审查等有关业务工作。

(二)处级机构职能

1.无机化学处

负责本技术领域内的国内外发明专利申请的实质审查工作;负责本技术领域内发明或实用新型专利撤销请求的审查工作;负责本技术领域内的复审前置审查;负责本技术领域内PCT申请的国际检索和国际初步审查工作;完成领导交办的其他工作。

2.有机化学处

负责本技术领域内的国内外发明专利申请的实质审查工作;负责本技术领域内发明或实用新型专利撤销请求的审查工作;负责本技术领域内的复审前置审查;负责本技术领域内PCT申请的国际检索和国际初步审查工作;完成领导交办的其他工作。

3.药物化学处

负责本技术领域内的国内外发明专利申请的实质审查工作；负责本技术领域内发明或实用新型专利撤销请求的审查工作；负责本技术领域内的复审前置审查；负责本技术领域内PCT申请的国际检索和国际初步审查工作；完成领导交办的其他工作。

4.农业化学处

负责本技术领域内的国内外发明专利申请的实质审查工作；负责本技术领域内发明或实用新型专利撤销请求的审查工作；负责本技术领域内的复审前置审查；负责本技术领域内PCT申请的国际检索和国际初步审查工作；完成领导交办的其他工作。

5.高分子化学处

负责本技术领域内的国内外发明专利申请的实质审查工作；负责本技术领域内发明或实用新型专利撤销请求的审查工作；负责本技术领域内的复审前置审查；负责本技术领域内PCT申请的国际检索和国际初步审查工作；完成领导交办的其他工作。

6.高分子应用处

负责本技术领域内的国内外发明专利申请的实质审查工作；负责本技术领域内发明或实用新型专利撤销请求的审查工作；负责本技术领域内的复审前置审查；负责本技术领域内PCT申请的国际检索和国际初步审查工作；完成领导交办的其他工作。

7.行政秘书工作职责

协助部领导完成部内有关文秘、行政和后勤等事务性工作；完成领导交办的其他工作。

九、物理发明审查部

(一)职能

负责测量和计量技术及其装置、光学器件及仪器、声学器件及仪器、自动控制与调节、信号装置、精密仪器、医疗仪器及设备、生活用品、建筑土木工程、热力工程等技术领域的发明专利申请的实质审查、复审前置审查、专利权撤销请求的审查、PCT国际检索和国际初步审查等有关业务工作。

(二)处级机构职能

1.计量处

负责本技术领域内的国内外发明专利申请的实质审查工作；负责本技术领域内发明或实用新型专利撤销请求的审查工作；负责本技术领域内的复审前置审查；负责本技术领域内PCT申请的国际检索和国际初步审查工作；完成领导交办的其他工作。

2.应用物理处

负责本技术领域内的国内外发明专利申请的实质审查工作；负责本技术领域内发明或实用新型专利撤销请求的审查工作；负责本技术领域内的复审前置审查；负责本技术领域内PCT申请的国际检索和国际初步审查工作；完成领导交办的其他工作。

3.控制和医疗器械处

负责本技术领域内的国内外发明专利申请的实质审查工作；负责本技术领域内发明或实用新型专利撤销请求的审查工作；负责本技术领域内的复审前置审查；负责本技术领域内PCT申请的国际检索和国际初步审查工作；完成领导交办的其他工作。

4.热能工程处

负责本技术领域内的国内外发明专利申请的实质审查工作；负责本技术领域内发明或实用新型专利撤销请求的审查工作；负责本技术领域内的复审前置审查；负责本技术领域内PCT申请的国际检索和国际初步审查工作；负责本技术领域内发明专利申请的IPC分类和实用新型专利申请IPC分类；完成领导交办的其他工作。

5.工民建处

负责本技术领域内的国内外发明专利申请的实质审查工作；负责本技术领域内发明或实用新型专利撤销请求的审查工作；负责本技术领域内的复审前置审查；负责本技术领域内PCT申请的国际检索和国际初步审查工作；完成领导交办的其他工作。

6.行政秘书工作职责

协助部领导完成部内有关文秘、行政和后勤等事务性工作；完成领导交办的其他工作。

十、实用新型审查部

(一)职能

负责实用新型专利申请的初步审查，实用新型专利申请档案的管理，以及其他有关业务工作。

(二)处级机构职能

1.机械一处

负责该技术领域实用新型专利申请的初步审查工作；完成领导交办的其他工作。

2.机械二处

负责该技术领域实用新型专利申请的初步审查工作；完成领导交办的其他工作。

3.电学处

负责该技术领域实用新型专利申请的初步审查工作；完成领导交办的其他工作。

4.物理处

负责该技术领域实用新型专利申请的初步审查工作；完成领导交办的其他工作。

5.流程一处

负责实用新型专利申请授权前的流程管理工作；完成领导交办的其他工作。

6.流程二处

负责实用新型专利申请授权后的流程管理工作；完成领导交办的其他工作。

十一、外观设计审查部

(一)职能

负责外观设计专利申请的分类与初步审查，专利权的撤销，外观设计专利申请档案的管理，以及其他有关业务工作。

(二)处级机构职能

1.综合处

负责对外观设计专利部分新申请的初步审查工作；负责对外观设计专利撤销请求的审查工作；负责对外观设计专利申请的分类；负责本部门行政事务，

完成领导交办的其他工作。

2. 审查处

负责对外观设计专利申请的初步审查工作；完成部领导交办的其他工作。

3. 流程处

负责外观设计专利申请的流程及文档管理；完成部领导交办的其他工作。

十二、专利复审委员会

(一)职能

1. 对不服专利局驳回申请和撤销或维持专利权的决定提出的复审请求进行复审；

2. 对无效宣告请求进行审理；

3. 负责有关发明案件诉讼的应诉工作；

4. 参与专利确权和专利侵权技术判定的研究工作；

5. 接受人民法院和专利管理机关的委托，对专利确权和专利侵权案件的处理提供咨询意见。

(二)处级机构职能

1. 机械申诉处

负责审理该领域复审请求案、无效宣告请求案；负责在该领域的发明案件诉讼程序中，出庭应诉；负责对专利确权和侵权案件的处理提出咨询意见；完成领导交办的其他工作。

2. 电学申诉处

负责审理该领域复审请求案、无效宣告请求案；负责在该领域的发明案件诉讼程序中，出庭应诉；负责对专利确权和侵权案件的处理提出咨询意见；完成领导交办的其他工作。

3. 化学申诉处

负责审理该领域复审请求案、无效宣告请求案；负责在该领域的发明案件诉讼程序中，出庭应诉；负责对专利确权和侵权案件的处理提出咨询意见；完成领导交办的其他工作。

4. 物理申诉处

负责审理该领域复审请求案、无效宣告请求案；负责在该领域的发明案件诉讼程序中，出庭应诉；负责对专利确权和侵权案件的处理提出咨询意见；完成领导交办的其他工作。

5. 外观设计申诉处

负责审理该领域复审请求案、无效宣告请求案；负责对专利确权和侵权案件的处理提出咨询意见；完成领导交办的其他工作。

6. 综合处

负责复审、无效案件的受理、形审、初审、流程管理等工作；负责本部门行政、后勤等事务性工作；完成领导交办的其他工作。

十三、专利文献部

(一)职能

1. 负责专利文献的收集和国际交换；

2. 负责建立、制备和管理审查用检索档案(包括专利文献和非专利文献)；

3. 负责专利文献馆的工作，向社会提供专利信息服务；

4. 负责全国专利文献网络和信息服务的业务指导工作；

5. 负责专利文献的研究。

(二)处级机构职能

1. 综合处

负责部内工作计划的制定、检查，部内各部门工作的统一协调及后勤保障工作；负责专利审查工作所需的专利文献及非专利文献的收集与国际交换；负责专利文献电子化及网络化的规划与管理；负责为提高专利文献的利用水平，满足审查工作需要，做好国际、国内专利文献的动态研究工作；负责学术刊物《专利文献研究》的编辑出版；负责文献部与审查流程有关事宜的联络和协调；完成领导交办的其他工作。

2. 分类文档处

负责分类文档的清点、复印；负责分类文档的分检工作；负责分类文档的管理及阅览服务；负责分类文档的整理工作，完成领导交办的其他工作。

3. 审查文档服务处

负责建立、管理审查用专利文献和非专利文献；负责 PCT 按需建档工作；负责为审查员提取检索的专利文档；负责非专利文献的管理与阅览服务；负责纸件专利文献的复印；负责为审查部提供专利、非专利文献的服务工作；完成领导交办的其他工作。

4. 文献阅览处

负责为审查员和公众提供专利文献与信息服务；负责为审查员和公众提供专利文献与信息的阅览、检索、缩微复印、光盘打印、咨询辅导和为审查员发送电子邮件等服务；负责建设专利文献馆、管理专利文献和相关设备；完成领导交办的其他工作。

5. 专利信息处

负责全国地方专利文献信息服务、业务指导工作；负责为审查工作提供专利文献检索服务；负责为全国地方专利文献的业务指导及信息服务；负责为社会提供各种形式的函委托服务；完成领导交办的其他工作。

十四、自动化部

(一)职能

1. 负责制定专利局自动化中长期规划和年度计划；

2. 负责专利局信息系统资源和自动化设备的管理；

3. 负责组织落实专利局自动化年度计划和中长期规划；

4. 参与指导全国专利信息工程的建设；

5. 完成局交办的其他工作。

(二)处级机构职能

1. 综合处

负责调研各部门对自动化工作的需求；制定局自动化中长期规划和年度计划；制定自动化项目的

年度预算；监督自动化规划和计划的执行；参与指导全国专利信息工程建设的工作；负责部内的行政事务；完成领导交办的其他工作。

2.项目实施处

负责自动化项目中用户需求的征集、汇总工作；组织自动化项目的对外招标工作；负责组织和监督自动化项目的实施，并进行验收鉴定；协助和组织用户进行项目的前期开发工作；完成领导交办的其他工作。

3.资源设备管理处

负责管理全局自动化系统的资源和设备；制定有关管理的规章制度并监督执行；负责自动化资源和设备档案的建立和管理工作；完成领导交办的其他工作。

党　委

(一)职能

1.负责组织实施局党的思想、政治、作风建设工作；

2.负责开展马列主义基本理论和思想在政治教育活动及精神文明建设的有关工作；

3.负责局党员和党务干部的日常教育、管理、培训及党员发展工作；

4.参与领导干部的考核(察)与民主评议工作；

5.负责对局属各部门的专利执法和廉政建设的监督检查工作；

6.负责接待和受理纪检监察信访举报和申诉工作；

7.负责领导和指导工、青、妇等群众组织的工作；

8.负责局统战工作；

9.完成局党组及直属机关党委交办的其他工作。

(二)处级机构职能

1.党委办公室

负责党内组织、宣传、培训及统战，本部门的行政工作。

2.纪委办公室(监察处)

负责党内纪律检查及行政监察工作。

3.群工办公室

负责国家知识产权局系统的工会、共青团及妇女工作。

(由国家知识产权局办公室提供)

国家知识产权局下属单位

中国专利信息中心

1.中心概况

中国专利信息中心的前身是原中国专利局的自动化工作部，现在是国家知识产权局直属的事业单位，国家知识产权局赋予了中心专利数据库的管理权、使用权和综合服务的经营权。作为国家级大型的专利信息服务机构，中国专利信息中心以最新、最完整的专利信息资源，遍及全国各地的信息收集和服务网络、先进的信息处理技术为依托，为国内外用户提供快捷、优质的服务。中心技术力量雄厚，拥有大批长期从事专利工作、经验丰富的专家和专业技术人员。现有职工100余人。其中大学本科以上学历占80%。

2.主要职责

根据国家知识产权局的有关规定，中心的职能和职责是：

(1)承担局自动化系统建设；

(2)开展专利及其他知识产权信息的加工、传播、检索和咨询服务；

(3)开展专利技术的展览、中介、开发、实施和利用，组织专利产品的试生产及贸易；

(4)信息工程的开发和相关业务服务；

(5)上级交办的其他工作。

3.业务机构职能介绍

(1)系统部

为适应信息产业的快速发展，信息中心将与通讯、计算机及网络有关的处整合为系统部，旨在更好地发挥其整体优势。

主要开发业务是：国家知识产权局系统的计算机软件开发和维护；中国专利数据库中英文版CD-ROM的生产；中国专利库、世界专利库的管理、维护；对外承接各种信息系统工程的开发项目。

运行维护业务是：负责运行国家知识产权局的信息化系统及流程管理系统，包括西门子日立、IBM9672-R14 S390等为主机的计算机系列，以及各种磁盘阵列和Unix系统和网络。负责主机系统正常运行的同时，还将每周专利公报的数据提供给出版之用，向局综合计划部门提供月、年申请、授权的统计报表以及负责用于与国外交换的中国专利的英文数据。负责支持中文专利检索系统、日文、西文专利等系统的日常维护，负责专利局内的信息系统设备设施，用户工作站以及数据通讯网络的及互联网络管理工作日常维护、维修工作，保障各系统的正常运行。各系统目前保持7×24不间断正常运行。

(2)检索咨询处

检索咨询处的技术人员长期从事计算机检索，具备丰富的检索经验及技巧，是前国家科委认定的计算机检索单位，对外承接用户委托、函托的国内外专利检索咨询服务。

(3)编译处

编译处拥有一支素质高，技术强的专家队伍，对内负责中国专利英文文摘翻译工作；对外提供美、日、德、法、俄等多语种资料的代译服务。

(4)信息加工处

承担知识产权局对中国专利文献的标引、录入的任务，对外提供中英文打字、复印及大批量数据的采集服务。

(5)发展处

定期组织全国性、地区性的专利技术博览会及国际展览会，并广泛与国内外同行合作，不定期举办各种专利信息发布会、知识产权培训班等。

(6)实施处

专利实施处拥有一支长期从事专利工作，经验丰富的专家及专业技术人员队伍，利用中心得天独厚的信息源："中国专利数据库"和"专利实施数据库"，为专利技术的持有者和需求方架设桥梁，其业务涉及：负责征集发明人最新的专利项目，进行宣传服务；专利技术项目筛选并编辑成专题性汇编；提供中国专利文献CD－ROM光盘的销售服务与技术咨询。

(7)信息工程处

负责计算机互联网上的专利信息服务的研究及应用，提供信息网站建设的全套硬、软件解决方案，提供系统设计、综合布线、网络调试等服务。

知识产权出版社

知识产权出版社(原名专利文献出版社)，成立于1980年，主管和主办单位是原国家专利局，是中国专利局最早设立的部门之一，是专利文献法定出版单位，经国家新闻出版署批准成为国家级出版社和电子出版单位。1998年国务院机构改革后，国家专利局更名为国家知识产权局，原专利文献出版社更名为知识产权出版社。

自1985年中国专利法实施以来，出版社一直担负着中国专利公报和专利说明书的出版发行工作，已累计公开出版中国专利文献约60万件。1992年第一批中国专利文献CD－ROM光盘在专利文献出版社开发成功，标志着中国专利文献的出版迈入电子时代。目前出版社以纸件，CD－ROM光盘和通过国际互联网三种载体向18个国家和国内各地出版发行专利文献。

知识产权出版社由编辑部，电子出版部和中献电子技术开发中心三个主要实体和职能部门组成。

出版社编辑部每年出版一百余种有关知识产权、科学技术以及其它社会科学和自然科学方面的图书和电子出版物。读者对象主要是具有中等以上文化程度的科技人员，干部，学生，企业管理者等。

电子出版部采用最先进的技术传播专利和知识产权信息，提供优质中介服务。CNIPR中国知识产权网站已于1999年10月正式向公众开放，您可以通过CNIPR查阅丰富的专利和知识产权信息，并得到多种服务。

中献电子技术开发中心拥有一流的设备和技术，可以承担各种数据处理、印制加工任务。

知识产权出版社的办社宗旨是为读者服务，作者服务，广泛传播专利和知识产权信息及科技知识，热忱欢迎各界人士与我们携手合作，共同进步。

中国知识产权报社

一、历史沿革

中国知识产权报社的前身是中国专利报社。中国专利报社创建于1988年，时值知识经济初露端倪、我国专利制度实施初期，专利知识的宣传任务艰巨而繁重。中国知识产权报社办有一报一刊，即《中国知识产权报》和《世界发明》杂志。《中国知识产权报》原名《中国专利报》，创刊于1989年7月。对中国专利事业一贯给予极大关怀的邓小平同志亲自为《中国专利报》题写了报名。在《中国专利报》存续的10年间，为中国专利事业的创建、发展和壮大作出了积极的贡献。1999年7月，为更好地适应国际国内知识产权事业发展的需要和国务院机构改革的实际情况，中国专利报社更名为中国知识产权报社，与此同时，《中国专利报》也更名为《中国知识产权报》。

二、《中国知识产权报》

为进一步推进我国知识产权事业的蓬勃发展，国家知识产权局决定，并经国家新闻出版总署批准，《中国专利报》1999年7月2日正式更名为《中国知识产权报》。

在我们跨入21世纪的今天，科学技术日新月异，知识经济扑面而来，科技全球化、经济全球化进程不断加快，知识产权在科技、经济发展中的作用日益凸现，并且已经成为世界各国激烈竞争的焦点之一。我国加入世界贸易组织在即，这势必对我国政治、经济、文化、科学技术及知识产权保护产生重要而深远的影响。纵观国际国内形势，我国的知识产权工作面临着巨大的压力和严峻的挑战。

《中国知识产权报》正是在国际国内知识产权发展形势发生深刻变化之时应运而生的，肩负着时代赋予的新的历史使命，任重而道远。

《中国知识产权报》由国家知识产权局主办，是以展示我国知识产权领域全貌为内容的中央级行业报纸。

《中国知识产权报》以传送党和国家有关知识产权工作方针、政策，宣传、普及知识产权法律知识，提高全社会知识产权保护法律意识为己任，并通过舆论监督，努力营造并维护一个公平有序的市场竞争环境，为中国知识产权事业的发展和社会主义经济建设服务。

《中国知识产权报》是传送党和国家有关知识产权工作方针、政策的"喉舌"；是宣传、普及知识产权法律知识的"园地"；是提高全社会知识产权保护法律意识的"工具"；是维系知识产权工作者、权利拥有人与社会、市场和经济建设的"桥梁"和"纽带"；是通过舆论监督来营造并维护公平有序的市场竞争环境的"武器"。

10多年来，在局党组的正确领导下，报社全体同仁遵照江泽民总书记对新闻工作者的要求——"以科学的理论武装人，以正确的舆论引导人，以高尚的精神塑造人，以优秀的作品鼓舞人"，充分发挥报纸在知识产权宣传中的喉舌和工具作用，为推进我国专利事业的发展做了大量的宣传报道工作，得到了社会的认可和普遍关注，所取得的成绩是功不可没的。然而，报社原有的经营体制和管理模式，难以适应我国知识产权宣传事业及报业发展规律的需要，有碍于报社的进一步发展。为此，在新的社领导班子的带领下，于2000年4月起实施全方位改革，为报社的发展注入了活力，带来了勃勃生机。

《中国知识产权报》的口号是：用竞争的机制和良好的社风激发活力，用崭新的面貌和优质的报道奉献读者，让《中国知识产权报》成为企业朋友和发明人及知识产权拥有人的挚友，走进千家万户”。

《中国知识产权报》重点栏目：

环球传真、科技快讯、产业经纬、科技博览、社会观察、法官视点、案例分析、国际了望、新技术在线。

三、《世界发明》杂志

《世界发明》杂志由中国知识产权报社主办，是一本普及科学技术知识的月刊。《世界发明》创刊于1978年，原名为《国外发明》，1980年正式更名为《世界发明》。20多年来，虽然换了几任主编，但是《世界发明》编辑部全体同仁始终如一地辛勤耕耘着这块孕育科技的花坛。截止到2000年，共出版发行了229期，以图文并茂的形式大量报导了国外最新发明成果和技术发展动态，为普及科学技术知识，推动我国发明事业的发展做出了积极的贡献，深受广大读者的喜爱，在科技期刊界独领风骚。1999年12月，《世界发明》编辑部被科学技术部、中共中央宣传部、中国科协联合授予“全国科普工作先进集体”荣誉称号。

伴随着中国知识产权报社全面改革的前进步伐，《世界发明》编辑部实行主编负责制。这本有20多年历史的期刊将以崭新的面貌回报读者，走向社会。

《世界发明》将更加全面系统地报导国内外的重要发明和技术动态，同时对世界新技术的发展予以关注和跟踪。为了满足众多发明人的需求，《世界发明》设立了“发明探讨”、“发明史”和“发明人物”等栏目。“发明探讨”的文章内容主要是从世界各国发明家的成功和失败中汲取经验，打破发明神秘感，让人们树立“我也能当发明家”的信念。“发明探讨”还刊登让发明走向市场方面的经验和故事，使更多的发明人能够从发明中获益，让社会从这些辛勤耕耘的发明人的劳动成果中获益。“发明史”和“发明人物”两个栏目从不同角度讲述国内外发明人的历程，成功发明背后的故事。除了用文字叙述“发明史”，还以卡通画的形式介绍世界发明。

作为《世界发明》的主要内容，“新技术”、“科技快讯”、“发明简讯”等栏目刊登了世界最新技术的发展，将中外专利信息以图文并茂的形式传递给读者。《世界发明》还开辟“专利龙门”栏目，普及专利和有关知识产权方面的知识。彩色封三封四将世界最新最好的发明产品展现给读者。“卷首语”给读者一个想象的空间，品味发明对人生对社会的意义。《世界发明》还刊登广告，为企业和发明人服务。

四、中国知识产权报社的改革

在“中国知识产权报社总体改革方案”中进一步明确了办报的指导思想，即：

(一)高举邓小平理论的伟大旗帜，以“解放思想、实事求是”和“发展是硬道理”为指导，按照江泽民总书记提出的“政治家办报”的要求，在国家知识产权局党组的正确领导下，以提高办报质量为中心，力求实现发行总量和经营总量两个轮子平衡运转的良性循环，全面提升报社参与市场竞争的能力，努力实现在坚持正确舆论导向前提下的社会效益与经济效益的最佳组合。

(二)依据国家有关事业单位改革的精神，引进企业经营管理机制，彻底破除本报典型的“大锅饭”弊端，从根本上改变“无章可循”的工作局面。为此：

1. 要把国家利益摆在第一的位置，妥善处理好事业发展、公共积累与职工收入三者之间的关系。本着“鼓励竞争、多劳多得、兼顾公平；责、权、利相统一”的原则，在广泛听取同行先进思想与成功经验的基础上，从本报的实际出发，逐步建立起：良性的竞争与激励机制、合理的收入分配机制和有效的自我发展与约束机制。

2. 要在改革的实施进程中，处理好改革、发展与稳定这三者之间的关系，做到“推进改革坚定不移、具体操作积极稳妥”。

3. 要把推进改革和加强管理有机结合起来。要提倡扁平式管理方式，每件事责任到人。

4. 要用事业发展来调动全体职工的积极性。创新就是前进、就是发展，要积极、大胆地创新。

在“总体改革方案”中明确了报纸定位，在广泛调研、分析的基础上，测算出不同读者群体的比例，相应调整版面的设置与内容，立足知识产权界，面向全社会。要以企业为主体，以市场为中心，在全社员工中牢固树立市场观念；要以采编为基础，树立报纸质量是报社生命线的观念，突出报纸的权威性、可读性和实用性，以高质量的报道参与报业竞争；要以专利及知识产权为特色，从知识产权的社会化角度审视社会，围绕广大知识产权权利人和企业需求展开报道；要以发行为重点，将发行量作为评价读者对本报满意度的重要标准，逐步用市场准则探索出适应市场规律的新路子。

通过以建立新机制和资源重组为中心内容的一系列改革创新，使本报适应当今报业发展的潮流和市场规律，达到社会效益与经济效益双丰收。

中国知识产权培训中心

中国知识产权培训中心担负着全国高层次知识产权专业人才的在职培训工作，是我国政府直接创办的第一个全国知识产权专业培训基地，隶属于国家知识产权局。

随着经济和科学技术的发展和文化艺术的繁荣，人类智力创造活动在世界经济发展中的作用日益突出，作为保护人类智力劳动成果的知识产权保护制度越来越受到世界各国的重视。为适应国际知识产权竞争日趋激烈的形势和我国知识产权事业迅速发展的需要，有组织、有计划、有步骤地为全国培养和输送大批知识产权人才，已经成为我国知识产权工作的当务之急。早在1981年，联合国世界知识产权组织原总干事鲍格胥博士就曾建议我国建立知识产权学院。1991年6月，当时的中华全国专利代理人协会会长柳谷书同志上书国务院领导，从对我国知识产权事业的长远发展着想，提出了建立知识产权培训机构的建议，并对经费来源及其管理形式等提出了具体设想。柳谷书同志的建议，受到国务院领导同志的高度重视，原国务委员宋健同志在1991年8月29日主持召开国务院办公会研究加强我国知识产权保护工作，把建立知识产权学院的问题作为议题之一加以研究，并形成了会议纪要。纪要指出“对专利、商标、版权管理人员的培养和培训是一项十分重要的工作，今后要进一步加强”，会议责成国家知识产权局(原中国专利局)会同有关部门研究一个方案，报国务院审批。国家知识产权局按会议要求，于1992年3月向国务院上报了《关于建立知识产权培训中心方案的请示》。1991年6月，国务院批复，同意由国家知识产权局负责组建知识产权培训中心，1993年9月中央机构编制委员会正式批准成立中国知识产权培训中心。国家知识产权局为贯彻国务院的指示精神，投入很大精力进行知识产权培训中心的筹建工作。

在国家知识产权局数年精心筹备下，在国家新闻出版总署、国家工商行政管理总局等单位的大力支持和涉外专利代理机构的密切合作下，经过多方努力，我国政府直接创办的第一个培养知识产权专门人才的教学实体—中国知识产权培训中心于1996年4月1日在人民大会堂正式宣告成立。培训中心的成立，受到党中央和国务院领导同志及社会各方面的重视。同时，培训中心的成立也在国际上引起强烈反响，当时的世界知识产权组织总干事鲍格胥博士为培训中心的成立发来贺信，世界知识产权组织副总干事柯肖德博士担任中心名誉教授，美国、德国、日本、法国、韩国、奥地利等国的专利局或知识产权培训机构也发来贺电。

中国知识产权培训中心教学综合楼1997年1月16日在北京市海淀区上地信息产业基地举行了隆重的奠基典礼。1998年4月15日，第一期建筑面积为13000米^2，集教学、图书、音像制作、食宿和康乐为一体的中国知识产权培训中心教学科研楼，可同时容纳150人住宿培训和300人走读培训，培训中心大楼配备有先进的教学和会议设备，大、中、小会议室十分齐备，适合承接国内外各类会议和培训班。经过一年零三个月的紧张建设正式竣工并举行了隆重的落成典礼，同时举行了由世界知识产权组织和国家知识产权局共同主办、由中国知识产权培训中心承办的“21世纪PCT制度国际研讨会”开幕式。全国人大和国务院有关部门的领导出席了落成典礼。

中国知识产权培训中心自筹建以来，依据国务院赋予的职能，遵循按需办学、按需施教的原则，积极主动地开展培训工作，与国内有关部门和机构建立了广泛的联系。截至到2000年，共举办各类知识产权培训班120余期，培训11000多人，已经形成年举办各类知识产权培训班40期左右，年培训人数3000人的能力。培训中心的培训内容几乎含盖知识产权所有方面，包括专利、商标、版权、反不正当竞争、许可证贸易、知识经济等，培训人员涉及专利代理人、专利审查员、专利管理人员、知识产权法官、企业专利工作者及其他在职人员。

1999年8月中国知识产权培训中心组织编写的《中国知识产权教程》开始出版；1999年11月，培训中心与华中理工大学开始联合培养研究生，培训中心与美国芝加哥马歇尔法学院签署了培养法学硕士研究生的协议；2000年8月培训中心首次在拉萨为西藏自治区举办了知识产权培训班，受到自治区政府和当地企业、科研院所的欢迎，全年承办了4期国家经贸委与国家知识产权局联合主办的全国520家重点企业领导人知识产权培训班。

知识产权培训中心的建立在国际知识产权界产生了广泛影响。世界知识组织总干事伊利德斯先生多次表示，愿意在知识产权培训方面与中国知识产权培训中心开展合作，在培训资料方面给予支持，还将在知识产权远程培训方面进行合作，欧盟及欧洲专利局也定期为培训中心提供有关资料。在培训中心教学科研楼建设期间和落成以后，承办了世界知识产权组织与国家知识产权局举办的大型知识产权国际研讨会10期左右，接待到培训中心参观的外国客人60批，500余人，其中包括美国、德国、英国、法国、日本、韩国、奥地利、瑞典、泰国、南斯拉夫、匈牙利等国的客人。

（马　放）

国家知识产权局机关服务中心

国家知识产权局机关服务中心成立于1993年10月，是根据国家机构改革和机关后勤体制改革的要求，经中编办批准成立的国家知识产权局直属事业单位。

中心具有独立事业法人资格，拥有服务经营、收益分配、内部机构设置、人事管理和劳动用工权等经营管理自主权。

中心下设办公室、人事劳资处、财务处、机电运行处、交通处、物业处、综合服务处、文印处、物资处、医务处、膳食处及利专勤经科贸公司，主要承担：

1．国家知识产权局及所属专利局机关办公楼、机关大院物业管理服务、机关会议室服务、机关办公文具用品服务、机关办公设备服务、机关交通服务、文印服务等机关办公服务；

2．职工住宅区物业管理、职工餐饮服务、职工医疗保健服务、职工福利用品服务等机关后勤生活服务；

3．机关委托事项；

4．社会餐饮等相关社会服务。

（梁跃）

国家知识产权局专利检索咨询中心

国家知识产权局专利检索咨询中心是国家知识产权局(原中国专利局)下属的自收自支事业单位,是知识产权局指定的对外服务的部门之一。中心有一支经验丰富而又富有创造性的职工队伍,对外广泛开展专利技术检索、商情检索、专利咨询、专利法律状态查询、专利保护范围认证、外文资料翻译、专利数据加工等服务。

中心现有固定职工和合同制职工计 50 人,其中,具有本科以上学历的 31 人,占职工总数的一半以上。中心下设 4 个职能部门,各自在自己的职责范围内竭诚为广大客户服务。

中心检索处拥有先进的国内、国际联机检索系统和一批经验丰富的优秀检索人员,在国际联机检索、尤其是在化学结构式检索、复杂聚合物检索、基因序列检索、复杂专利文献检索等方面具有无与伦比的优势。

中心咨询服务处面向广大客户提供各种专利方面的咨询服务。为社会各界读者提供外文专利文献的翻译服务。

数据加工处负责知识产权局专利局委托的中国药物专利深加工工作,还负责为中法政府间合作项目加工中国药物专利。为社会各界提供软件开发服务。

中心综合处负责中心的日常工作,包括财务、人事、劳资管理、后勤保障、中心年度工作计划的制订和监督执行。

国家知识产权局专利检索咨询中心主任宋小逸先生偕全体员工本着立足于专利局,服务于全社会的宗旨,竭诚为广大公众服务,愿为促进我国科学技术的发展和国家经济的繁荣尽最大的努力。

(郭立兴)

中国专利技术开发公司

中国专利技术开发公司成立于 1986 年,是隶属于中华人民共和国国家知识产权局,在国家工商局登记注册的全民所有制企业。

公司宗旨:充分利用国家知识产权局的信息优势,为国内外科研院所及企业提供全方位专利及商情信息中介服务,加速专利技术向生产力的进一步转化,使之迅速产业化、商品化,促进我国科技经济及社会的发展。

公司精神:服务、创新、求实、高效、优质。

公司业务:

1. 为国内外科研院所及企业提供专利申请、转让、诉讼等方面的咨询并代办有关事宜;

2. 筛选有巨大社会及经济效益的专利技术项目,组织开发实施并融资;

3. 组织各种类型的国内外专利展览及会议;

4. 承接各类专利技术及产品的广告业务;

5. 办理专利技术及相关产品的进出口贸易业务;

6. 承接各类软件工程;

7. 与厦门海沧台商投资区管委会共同承办"厦门专利技术园区"的各项业务。

中国知识产权研究会 (见第 73 页)

中国发明协会 (见第 73 页)

中华全国专利代理人协会 (见第 74 页)

国家版权局

一、版权司的职能调整

(一)划入的职能

1. 承办参加国际著作权的双边或多边条约、协议的谈判、签约的有关工作。

2. 根据《中华人民共和国行政处罚法》,增加行政复议的职能。

(二)转变的职能

将计算机软件登记和其他各类作品的著作权自愿登记,引进国(境)外音像制品合同的登记,国外音像制品和计算机软件的著作权认证,编辑出版《著作权》杂志,侵权作品的鉴定,著作权法律咨询服务等工作,移交中国版权保护中心和有关社会中介组织。

二、版权司的主要职责

(一)组织起草与著作权保护有关的法律、法规草案。

(二)拟定著作权行政管理规章并组织实施。

(三)检查著作权法律、法规的实施和我国加入的国际著作权公约在我国的执行情况,组织查处有重大影响的著作权侵权案件和涉外著作权侵权案件。

(四)承办著作权行政复议工作。

(五)组织、指导著作权的宣传普及,指导著作权专业培训。

(六)承办审批著作权集体管理机构、著作权涉外代理机构,并监督、指导其工作。

(七)监督管理作品的著作权登记和法定许可使用作品的工作,管理国家享有著作权作品的使用。

(八)承办与国外及香港特别行政区和澳门、台湾地区的著作权关系的有关事宜。

(九)承办参加著作权的双边或多边条约、协议的谈判、签约和国内履约活动的有关工作。

(十)承办联系国际著作权组织事宜。

(十一)承办设立著作权涉外机构、指定国(境)外著作权权利认证机构、外国和国际著作权组织在华设立办事机构的审批工作。

(十二)监督指导涉外著作权贸易、涉外著作权合同登记和著作权认证工作。

(十三)承办强制重印或翻译出版外国作品申请的审批工作并发放强制许可证。

（十四）组织著作权管理方面的全国性表彰和评奖。

（十五）指导著作权行业社会团体的工作。

（十六）承办署（局）领导交办的其他事项。

三、版权司的处级机构名称、主要职责

（一）版权管理处

主要职责

(1)起草著作权行政管理办法并监督实施，负责联系和协调地方著作权行政管理工作。

(2)承办查处在全国有重大影响的著作权侵权案件和涉外著作权侵权案件的工作。

(3)承办调解在全国有典型意义的著作权纠纷的工作。

(4)承办批准设立著作权集体管理机构和涉外著作权代理机构，并监督和指导其工作。

(5)监督指导涉外著作权贸易、涉外著作权合同登记和著作权认证工作，监督管理作品的著作权登记工作。

(6)承办设立著作权涉外机构、指定国（境）外著作权权力认证机构、外国和国际著作权组织在华设立办事机构的审批工作。

(7)承办处理涉及香港特别行政区和澳门、台湾地区的著作权关系的事宜。

(8)管理法定许可使用作品的工作，管理国家享有著作权作品的使用。

(9)承办强制重印或翻译出版外国作品的申请的审批工作并发放强制许可证。

(10)承办司领导交办的其他事项。

（二）法律法规处（行政复议处）

主要职责

(1)组织修订著作权法，起草与著作权保护有关的法规草案和规章、办法。

(2)承办协助全国人大常委会和国务院解释著作权法及有关法律、法规的工作。

(3)组织研究著作权保护的政策，研究涉外以及对香港特别行政区和澳门、台湾地区的著作权关系。

(4)承办参加著作权的双边或多边条约、协议的谈判、签约的工作。

(5)组织立法、执法的调研工作。

(6)承办对国家版权局和省级版权局行政处罚案件的行政复议工作。

(7)承办司领导交办的其他事项。

（三）信息宣传处

主要职责

(1)组织著作权的宣传普及和专业培训工作。

(2)负责国家版权局的新闻发布等日常工作。

(3)负责国内外著作权信息的收集、研究和提供，组织国内著作权信息交流。

(4)参加信息联网，组织协调全国著作权信息网络，负责署信息管理系统著作权管理子系统的内容提供和使用、维护。

(5)组织对国际著作权机构、国际著作权保护状况及发展趋势的研究。

(6)负责著作权年度统计工作。

(7)编发《版权工作简报》和《版权信息》。

(8)承办司领导交办的其他事项。

（四）综合业务处（国际业务处）

主要职责

(1)负责与国际著作权组织、外国著作权机构、驻外国际机构和使、领馆负责著作权事务的部门的联系工作，开展与国际著作权界的交流与合作。

(2)参与著作权的双边或多边条约、协议的谈判、签约，承办国际著作权机构举办的国际会议、研讨会、出国专业考察和专业培训。

(3)组织或参与组织与外国和国际著作权组织在中国举办的学术活动和专业培训。

(4)承担著作权管理方面的全国性表彰和评选的组织工作。

(5)负责司内文秘和综合管理工作。

(6)承办司领导交办的其他事项。

国家版权局下属单位

中国版权保护中心

经中央编制委员会批准，中国版权保护中心于1998年9月在北京成立。这是国家设立的综合性的版权社会管理和社会服务机构。其宗旨是依照《中华人民共和国著作权法》及相关的法律、法规，维护作者的著作权和作品的使用者及传播者合法权益，鼓励创作，繁荣科学文化，促进版权事业和版权产业的发展。

该中心管理的下属机构有：中华版权代理总公司、中国著作权使用报酬收转中心、中国计算机软件登记中心、《著作权》杂志社、版权鉴定委员会、法律部、综合业务部、全国反盗版联盟联络处（筹）、中国文字作品著作权协会（筹）、中国摄影美术作品著作权协会（筹）等部门。

该中心的主要职责是：

1. 版权代理。组织国内外的版权贸易洽谈和合作出版业务，提供版权贸易信息和版权代理、咨询服务。

2. 著作权登记。受国家版权局委托，进行计算机软件登记；涉外作品登记；版权质押合同登记；音像制品权利转让和许可使用合同登记。

3. 著作权使用报酬收转。

4. 著作权法律服务：著作权法律咨询；调解著作权纠纷；代理著作权诉讼；为著作权人和版权产业单位提供常年法律顾问服务等。

5. 著作权鉴定。受司法机关和版权行政管理机关的委托，对作品的版权归属，侵权性质进行技术鉴定。

6. 负责筹建文字、美术、摄影作品版权集体管理机构。

7. 开展著作权信息服务，收集发布各种版权信息。

8. 编辑出版《著作权》杂志。

9. 开展著作权法律知识的宣传，培训版权业务人员。

10. 建立全国反盗版联盟联络处，收集和向各地反盗版联盟提供反盗版信息。

11. 开展其他有关版权保护服务工作。

12. 办理国家版权局委托的其他有关版权工作。

中国版权研究会 （见第 74 页）

中国音乐著作权协会（见第 75 页）

（由国家版权局版权司信息处提供）

国家工商行政管理局商标局

商标局的职能配置和内设机构

根据 1998 年国务院批准的《国家工商行政管理局职能配置、内设机构和人员编制规定》和国家工商行政管理局党组同意的《各司（局、室）职能配置、内设机构和人员编制规定》，国家工商行政管理局商标局承担商标注册与管理监督等行政职能。

一、商标局主要职责

负责办理商品商标、服务商标、集体商标、证明商标等商标的注册工作，以及办理上述商标的变更、转让、续展、补证、注销等有关事宜；负责办理商标异议裁定；制定或参与制定有关商标的规章制度及具体措施、办法；依法查处商标侵权及假冒案件，指导本系统的商标办案工作；协助办理商标侵权行政复议案件；负责商标使用许可合同和商标印制；负责商标代理机构、商标评估机构的管理；负责认定驰名商标；负责商标信息的收集工作；组织商标国际条约、协定在中国的具体实施及承办商标国际交流与合作的有关工作。

二、商标局内设机构

根据上述职责，商标局设置综合处、申请受理处、审查一处、审查二处、审查三处、国际注册处、异议裁定处、商标档案处、变更续展处、法律事务处、案件指导处、监督管理处、计算机系统管理处等 13 个职能处。

（一）综合处

1. 负责商标局机关行政事务工作。

2. 负责文秘、机要、文件收发工作。

3. 负责统计工作。

4. 负责商标业务的国际合作和交流工作。

5. 负责群众来信来访接待工作及对外宣传工作。

6. 负责商标注册规费的收缴工作。

7. 负责年度商标业务经费核算及支出的审核工作。

8. 负责来信来访查询有关商标业务问题的接待和答复工作。

9. 组织协调商标查询工作。

10. 办理领导交办的其他工作。

（二）申请受理处

1. 负责商标申请文件的接收、分捡、转递、发送工作。

2. 负责直接送达商标申请件的受理接待工作，受理商标注册申请。

3. 对商标注册申请及特殊标志进行形式审查。

4. 对注册商标的变更、转让、续展、补证、注销等申请进行形式审查。

5. 办理商标《受理通知书》、《不予受理通知书》及《补正通知书》的制作；开具商标申请优先权证明文件。

6. 负责商品和服务分类的审核工作，对未列入《商标注册用商品和服务国际分类》的商品和服务项目确定类别。

7. 划定图形要素编码。

8. 负责商标申请件的对款、统计工作。

9. 办理领导交办的其他工作。

（三）审查一处

1. 对部分类别的商品商标进行实质审查。

2. 签发初步审定商标，编排《商标公告》。

3. 制作《商标审查意见书》和《商标驳回通知书》。

4. 办理领导交办的其他工作。

（四）审查二处

1. 对部分类别的商品商标进行实质审查。

2. 签发初步审定商标，编排《商标公告》。

3. 制作《商标审查意见书》和《商标驳回通知书》。

4. 办理领导交办的其他工作。

（五）审查三处

1. 对服务商标进行实质审查。

2. 对集体商标、证明商标、特殊标志进行实质审查。

3. 签发初步审定商标，编排《商标公告》。

4. 制作《商标审查意见书》和《商标驳回通知书》。

5. 办理领导交办的其他工作。

（六）国际注册处

1. 承担依照《商标国际注册马德里协定》（以下简称《马德里协定》）及《商标国际注册马德里协定有关议定书》（以下简称《议定书》），申请领土延伸商标的实质审查工作。

2. 办理依照《马德里协定》及《议定书》进行商标国际注册的变更、转让、续展、注销、更正、删减工作。

3. 负责国内企业申请商标国际注册的工作。

4. 负责商标国际注册信息的搜集和《马德里协定》及《议定书》在实际工作中的协调。

5. 负责《马德里协定》及《议定书》申请件的分

捡、复印、统计工作。

6. 办理领导交办的其他工作。

(七)异议裁定处

1. 负责异议申请件的形式审查。

2. 负责裁定商标异议案件。

3. 办理异议申请件的《受理通知书》、《不予受理通知书》、《异议补正通知书》、《异议答辩通知书》、《异议扣证通知单》。

4. 办理领导交办的其他工作。

(八)商标档案处

1. 负责商标注册证发证工作。

2. 负责下发商标变更、转让、续展等证明文件。

3. 负责建立和管理、维护商标档案。

4. 负责电子档案的数据录制和管理工作。

5. 建立和管理《商标注册簿》。

6. 指导商标注册证的制作。

7. 指导编辑、出版、发行《商标公告》。

8. 负责补发商标注册证,补发商标变更、转让、续展等证明文件的审查工作。

9. 负责商标数据库中错误数据的修正。

10. 指导本系统商标档案的管理工作。

11. 负责办理连续三年停止使用注册商标的撤销工作。

12. 办理领导交办的其他工作。

(九)变更续展处

1. 负责注册商标的变更、转让、续展的实质审查。

2. 负责办理商标质押。

3. 办理注册商标的注销工作。

4. 办理由商标评审委员会移送的争议、撤销注册商标等终局裁定、决定事宜。

5. 办理领导交办的其他工作。

(十)法律事务处

1. 制定或参与制定有关商标管理的规章制度及具体措施、办法。

2. 负责商标规章的研究、修改和解释工作。

3. 负责涉及商标业务规章的会签工作。

4. 负责商标行政诉讼案件的应诉工作。

5. 负责商标注册业务流程的制定、修改及执行过程中的协调工作。

6. 负责制定商标法规的培训计划,协助组织培训工作。

7. 负责收集、研究外国商标法律、法规工作。

8. 办理领导交办的其他工作。

(十一)案件指导处

1. 负责对本系统查处商标违法案件的指导和监督管理工作。

2. 协助办理商标违法案件的行政复议工作。

3. 负责办理撤销注册商标事宜。

4. 办理领导交办的其他工作。

(十二)监督管理处

1. 负责驰名商标的认定工作。

2. 负责商标代理机构、商标评估机构、商标协会的业务指导和管理工作。

3. 负责商标代理人、商标评估人的考核和资格确认工作。

4. 负责商标使用许可合同备案和管理工作。

5. 负责商标印制和商标验证管理工作。

6. 办理领导交办的其他工作。

(十三)计算机系统管理处

1. 负责商标管理自动化工程的组织开发和实施工作。

2. 负责计算机设备的维护工作。

3. 负责监控、维护商标数据,定期复制商标数据。

4. 负责应用软件维护和修正工作。

5. 办理领导交办的其他工作。

国家工商行政管理局商标局机构示意图

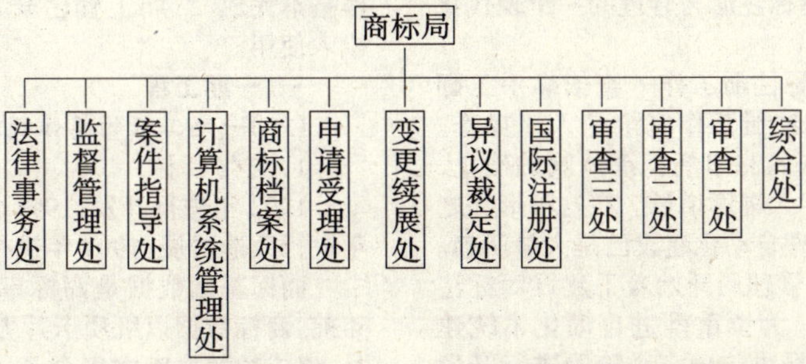

商标管理机构

根据我国商标法律规定,我国的商标管理体制实行统一注册与分级管理相结合的原则,这是我国商标法律制度的一个突出特点。商标注册申请由国家工商行政管理总局商标局统一受理,依法审查核准后统一注册。对商标的行政管理则实行分级管理原则,即商标管理工作由县级以上工商行政管理局负责。地方工商行政管理机关对使用商标(包括未注册商标)的商品粗制滥造,以次充好,欺骗消费者的;使用违反禁用条款的未注册商标的;假冒注册商标的;出售未使用注册商标的人用药品和烟草制品的;违反商标印制管理规定的;侵犯商标专用权等违法行为,可责令违法者限期改正,依法封存、收缴违法者的商标标识或对违法者进行通报、罚款,直至报请商标局撤销其注册商标。

国家工商行政管理局商标局承担商标注册与管理监督等行政职能,统筹协调、指导、监督全国的商标管理工作。1998年经国务院批准,工商行政管理体制进行重大改革,省以下工商行政管理机关实行垂直管理。各省、自治区、直辖市工商行政管理局设立商标管理处或商标广告管理处,负责本省、自治区、直辖市的商标管理工作。地区级工商行政管理局设立商标管理科或商标广告管理科,具体负责本地区的商标管理工作。县级工商行政管理局设立商标管理股或商标广告管理股,具体负责本辖区商标管理工作。县级工商行政管理局还派出众多的工商所,肩负市场执法监管的重任。这样遍布全国的行政执法网络,可以有效地保护注册商标专用权,维护商标权人和消费者的合法权益。

各级工商行政管理机关商标管理部门示意图

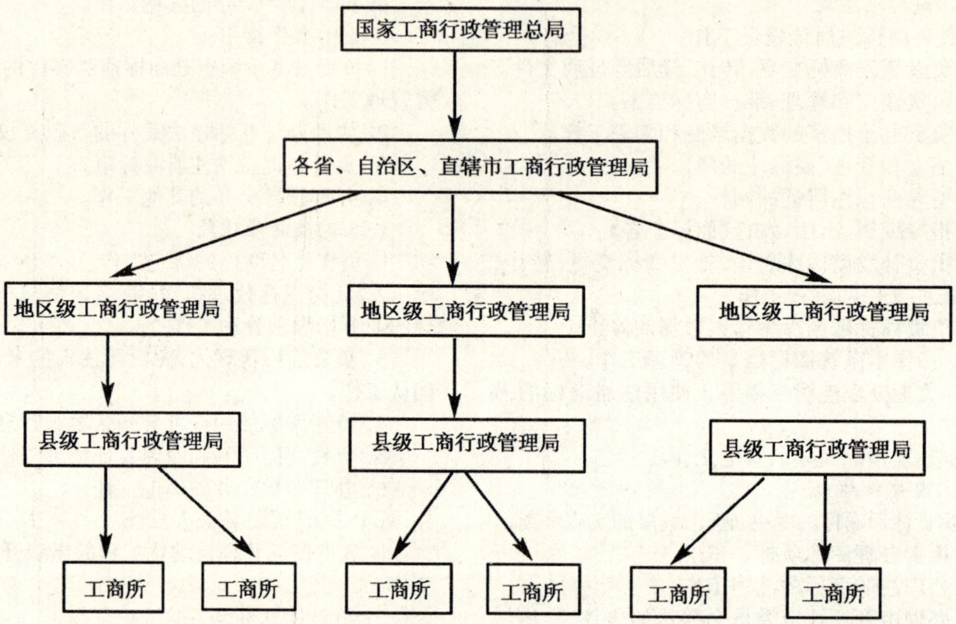

(由国家工商局商标局综合处提供)

商标注册与管理自动化系统

我国的商标注册与管理自动化系统是商标局和商标评审委员会用于商标注册与管理的一个现代化管理工具和工作平台。

长期以来,我国商标注册工作一直依靠手工翻阅卡片进行检索,商标注册工作完全是人工操作。随着我国改革开放的深入和市场经济体制的确立,我国的商标申请量逐年大幅度增长。在这种形势之下,加快商标注册与管理自动化建设已是大势所趋。1993年,国家工商行政管理局开始着手建设商标注册与管理自动化系统。为慎重推进自动化系统建设,国家工商行政管理局决定分三个阶段进行开发建设:

第一阶段即一期工程,其目标是建立商标基础数据库系统和局域网络检索系统,实现商标信息“检索”自动化管理。

第二阶段即二期工程,其目标是实现商标注册与管理业务“流程”自动化管理,大幅度提高商标注册与管理的质量和效率。

第三阶段即三期工程,其目标是在全国范围内基本实现远程联网。

目前,商标注册与管理自动化系统一期工程运行良好,实现了局域检索自动化。二期工程开发工作基本完成,二期工程已开发了三年多,2001年将投入使用。

一、一期工程

(一)一期工程的总体规划

1. 应用目标

1993年进行开发,1994年11月投入运行,1995年进行改造扩展,1999年进行第二次扩展。

商标基础数据是商标审查、检索的基础。1993年前,商标数据以纸质卡片方式保存。到1994年11月,建成的数据库中集合了45万件商标基础信息。每一件商标的信息包括基本文字信息、商标图案信息。这些信息被录入存储,形成商标数据库。

根据商标审查准则,以检索为基础,建立了计算机商标审查系统,实现计算机辅助审查。在商标注册中,审查员不再去检索纸质卡片,而是直接通过计算机进行自动化检索、查询。

2. 应用结构

以注册申请书为例说明一期工程的应用结构:

下图为一个简化的一期工程应用结构图。从中可以看到,只在审查员处理环节中使用了计算机检索和计算机辅助审查,除此之外的环节仍然是人工过程。

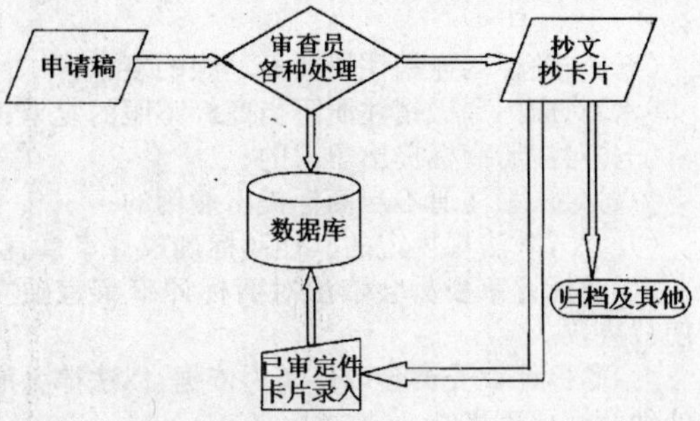

3. 应用效果

一期工程只在关键的检索与审查环节中使用了计算机管理,这是一个非常重要的环节,也是一个核心环节。一期工程建立的基础数据库,为商标注册与管理自动化系统奠定了发展基础。

一期工程的投入运行,实现了计算机进行商标检索和查询目标,改变了多年来商标注册各环节一直是传统的、低效率的手工操作模式,结束了我国商标注册人工翻阅卡片采集数据的历史,大大提高了商标注册工作的效率和质量。

(二)一期工程的投资规模

1. 初期投入

1993年投入40万美元,主要用于购置中央服务器(SUN690,双CPU,16G硬盘),建立50个站点的局域网络,录入基础卡片数据,开发应用软件,购置数据库系统(ORACLE)。

2. 中期改造

1995年,一期工程进行扩展,中央服务器扩展到4个CPU,256M内存,24GB硬盘,网络终端扩展到100个。

3. 后期改造

1998～1999年对一期工程进行第二次扩展、改造,主要解决"2000年"问题。使用新的中央服务SUN E6000,内存扩展到2GB,硬盘扩展到128GB,网络终端扩展到250个。最终,以一期工程模式运行的系统其总造价大约为70万～100万美元。

二、二期工程

商标注册包括诸多业务流程,而一期工程只解决了"检索"环节的计算机管理问题,其他环节仍然是人工抄写。1997年,二期工程经过充分的可行性调研论证之后,完成了立项、投标、招标工作,确定了工作项目单位,制定了项目任务书,档案电子化的实施工作全面展开。二期工程在一期工程的基础上,建立标准的商标数据管理系统,实现商标档案的计算机管理,使商标业务流程完全实现自动化管理,从而使我国商标注册与管理的自动化建设水平产生质的提高。

(一)二期工程的总体规划

1. 应用结构

以商标注册申请流程为例,说明二期工程的应用结构:

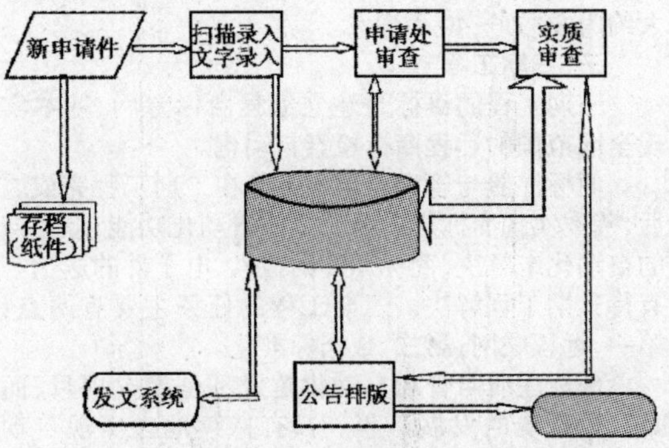

从应用结构图看出二期工程的特点:

(1)申请件一到商标局,即刻录入到数据库,然后存档,其后纸件不再流动。

(2)仅在必要时,根据流程指令由发文系统产生各种下发文纸件。

(3)在适当时候,由公告系统产生纸件公告。在流程各个环节,工作人员均从数据库中得到数据支持。数据库中动态产生的有序指令流程,约束、维持流程各环节有序工作。

(4)数据库的数据只在一个入口点产生,程序(软件)手段保证录入的有效性。因此商标数据的可靠性、准确性得到有效的提高。

(5)各种业务人员除了例外的特别拟文(计算机辅助行文)外,业务人员不再有文字的输入行为,避免了数据库的混乱。

(6)由于新的申请信息,第一个操作号入库,所以,流程的各个环节均可以得到全部的数据支持,人们可以了解任何一个申请在某一个时刻处于什么环节,被做了何种处理。

(7)特别指出,二期工程已将1000多万页的商标档案原稿件以扫描方式实现了电子化,建立了数百的文档数据库。所以,对于一些重要文档的需求,工作人员不必再到档案库房去调阅纸卷,可以从本地的计算机终端上通过检索获得,随时得到自己希望的任何商标注册件的任何一页原件文稿。

(8)不再存在环节(处、室)之间的纸质文件交接,交接只是在计算机系统内部以电子文件方式进行。简化了文件交接手续,交接准确可靠,免于丢失。

2. 应用效果

二期工程预计在2001年6月份投入试运行。目前已完成了设计的测试工作,一切设计都是按照预想的无纸化模式进行的。

(二)二期工程的投资

二期工程总投资为300万美元,其中包括办公环境、支持设施的经费。电子设备、软件投资、开发经费大约为240万美元。硬件设备包括两台SUNE 6000服务器,每台指标为8CPU、4GB内存、256GB

硬盘，此外还有800GB的用于档案的陈列硬盘和NT级服务器，200余台终站设备等。在数据准备方面（含档案录入）花费50万美元，在应用软件开发上大约为30万～40万美元。

三、三期工程

三期工程的目标是建立远程商标专网，基本实现全国范围的远程商标检索自动化。

商标注册与管理自动化系统在二期工程完成之后，基本实现商标局内局域网的自动化功能，但广域的自动化未解决，商标局外的检索、电子件的送达等有待三期工程解决。三期工程的任务主要有两点：第一、远程联网；第二、数据标准化。

商标注册与管理自动化建设不是朝夕项目，而是一个系统的发展工程。只有持续地去实现自动化，才能使商标注册与管理水平达到更高的境界。

（赵存亮　莫会平撰稿）

国家工商行政管理局商标评审委员会

简介

商标评审委员会是依据《中华人民共和国商标法》（以下简称《商标法》）的有关规定，在国家工商行政管理局设立的负责商标确权评审的专门行政执法机构，依法对商标评审事宜行使终局裁决权。

《商标法》规定，国务院工商行政管理部门商标局主管全国商标注册和管理工作。《商标法》及其细则又规定，国务院工商行政管理部门设立商标评审委员会，负责处理商标争议事宜。

因此，商标评审委员会与商标局的工作既相互关联、又相互制约，由此构成了我国商标授权、确权和商标保护的一个完整法律体系。

一、商标评审委员会由主任委员、副主任委员、委员组成。

二、商标评审委员会委员应当符合下列条件：

（一）熟悉商标法律；

（二）从事商标审查工作满三年或者从事其他法律事务工作满五年的；

（三）系国家工商行政管理局的公务员。

三、商标评审委员会主任委员、副主任委员和委员由国家工商行政管理局任命。

四、商标评审委员会主任委员行使下列职权：

（一）主持商标评审委员会的日常工作；

（二）决定商标评审委员会委员的回避；

（三）审核签发商标评审裁决书。

商标评审委员会主任委员可以委托副主任委员代行职权。

五、商标评审委员会受理就下列事宜提出的评审申请：

（一）对商标局驳回商标注册申请不服的复审；

（二）对商标局异议裁定不服的复审；

（三）对商标局驳回注册商标转让申请不服的复审；

（四）对商标局驳回注册商标续展申请不服的复审；

（五）对商标局撤销注册商标不服的复审；

（六）对商标局撤销注册不当商标不服的复审；

（七）对注册商标提出争议的；

（八）对认为注册不当商标提出撤销的；

（九）法律、法规规定的其他商标确权评审事宜。

六、商标评审委员会依法对商标评审事宜独立行使裁决权。

七、商标评审委员会以事实为依据、以法律为准绳处理商标评审事宜。

八、商标评审委员会处理商标评审事宜，采取合议形式并实行委员投票表决制，遵循少数服从多数的原则。

九、商标评审委员会对商标评审事宜实行书面审理。

十、商标评审委员会设立专家咨询小组，就商标评审事宜中的有关问题征求意见。专家咨询小组由知识产权界法律专家若干人组成，其成员由商标评审委员会聘任。

职能配置、内设机构

国家工商行政管理局商标评审委员会职能配置、内设机构如下。

一、主要职责

处理商标争议事宜，并作出终局裁决。主要职责是：对商标局驳回的商标注册、商标转让、商标续展申请，应当事人请求进行复审；对商标局作出的异议裁定、商标撤销裁定，应当事人请求进行复审；对当事人提出的商标争议、商标注册不当申请进行审理。

二、内设机构

根据上述职责，商标评审委员会设置3个职能处。

（一）综合处

1. 承担本会工作计划、总结、有关文件和报告的起草工作。

2. 负责本会文书档案和有关资料的管理工作。

3. 负责处理本会的综合性行政事务。

4. 负责组织商标评审理论研究。

5. 负责本会案件的统计工作。

6. 负责商标评审案件当事人的接待工作。

7. 负责商标评审案件的形式审查，作出受理或不受理决定，并起草有关文书。

8. 负责组织有关会议，协同案件审理处组织商标评审案件专家咨询会。

9. 办理领导交办的其他工作。

（二）案件审理一处

1. 依法对商品商标、服务商标、集体商标、证明商标以及国际注册商标驳回复审案件进行实质性审查,进行合议,通过决定,并办理裁决书。

2. 组织研讨复杂案件。

3. 办理领导交办的其他工作。

(三)案件审理二处

1. 依法对异议复审、撤销复审、驳回转让复审、驳回续展复审、撤销注册不当商标、商标争议案件进行合议,通过决定,并办理裁决书。

2. 组织双方当事人或单方当事人参加的调查听证会。

3. 办理领导交办的其他工作。

(国家工商局商标评审委员会提供)

地方专利行政管理机构

北京市知识产权局
地 址:北京市西城区南礼士路3号B座3层、4层
邮 编:100037
电 话:010-68037776

天津市知识产权局
地 址:天津市南开区科研西路2号金辉大厦五楼
邮 编:300192
电 话:022-23003061

河北省知识产权局
地 址:石家庄市体育南大街290号
邮 编:050021
电 话:0311-5810104

山西省知识产权局
地 址:太原市迎泽大街366号
邮 编:030001
电 话:0351-4041291转206

内蒙古知识产权局
地 址:呼和浩特市新城西街141号科技大厦
邮 编:010055
电 话:0471-6967707

辽宁省知识产权局
地 址:沈阳市河区惠工街247号
邮 编:110013
电 话:024-88513223

吉林省知识产权局
地 址:长春市民康路14号
邮 编:130041
电 话:0431-8955844

黑龙江省知识产权局
地 址:哈尔滨市中山路204号
邮 编:150001
电 话:0451-2928355

上海市知识产权局
地 址:上海市静安区成都北路333号(市招商局广场南楼九楼)
邮 编:200041
电 话:021-52980852

江苏省知识产权局
地 址:南京市中山北路49号江苏机械大厦20层
邮 编:210008
电 话:025-3319525

浙江省知识产权局
地 址:杭州市环城西路33号
邮 编:310006
电 话:0571-87057044

安徽省专利管理局
地 址:合肥市马鞍山路44号(省科技厅综合楼3楼)
邮 编:230001
电 话:0551-2619697

福建省专利管理局
地 址:福州市五一南路34号
邮 编:350009
电 话:0591-3270422

江西省专利管理局
地 址:南昌市省府大院东一路民政综合楼
邮 编:330046
电 话:0791-6270551

山东省知识产权局
地 址:济南市千佛山东二路19号
邮 编:250014
电 话:0531-2947814

河南省知识产权局
地 址:郑州市政六街3号河南省科技情报研究所5楼
邮 编:450003
电 话:0371-5974186

湖北省知识产权局
地 址:武汉市武昌八一路212号
邮 编:430072
电 话:027-87641839

湖南省知识产权局
地 址:长沙市潇湘路1号
邮 编:410006
电 话:0731-8860919

广东省知识产权局
地 址:广州市先烈中路100号
邮 编:510070
电 话:020-87300604

广西知识产权局
地 址:南宁市新民路55号
邮 编:530012
电 话:0771-2805978转2448

海南省知识产权局
地 址:海口市海府路89号
邮 编:570203
电 话:0898-5342621

重庆市知识产权局
地 址:重庆市渝北区龙溪镇华莹路380号
邮 编:401147
电 话:023-67606059

四川省知识产权局
地 址:成都市一环路南四段二号
邮 编:610041
电 话:028-5542043

云南省知识产权局
地 址:昆明市北京路542号省科技大楼
邮 编:650051
电 话:0871-3136001

贵州省知识产权局
地 址:贵阳市延安东路外文书店

六楼
邮 编:550001
电 话:0851－5829315

西藏专利管理局
地 址:拉萨市北京西路230号
邮 编:850001
电 话:0891－6833579

陕西省知识产权局
地 址:西安市新城省府大院
邮 编:710006
电 话:029－7292677

甘肃省知识产权局
地 址:兰州市庆阳路128号
邮 编:730030
电 话:0931－8833194转38

青海省专利管理局
地 址:西宁市胜利路3号
邮 编:810001
电 话:0971－6153681

宁夏知识产权局
地 址:银川市公园街8号
邮 编:750001
电 话:0951－5032206

新疆知识产权局
地 址:乌鲁木齐市北京南路40号
邮 编:830011
电 话:0991－3836486

新疆兵团专利管理处
地 址:乌鲁木齐市光明路15号
邮 编:830002
电 话:0991－2890201
(国家知识产权局协调管理司提供)

地方版权行政管理机构

北京市版权局
地 址:北京市和平街11区甲24号
邮 编:100013
电 话:010－84253628
传 真:84253628

天津市版权局
地 址:天津市河西区尖山路82号
邮 编:300211
电 话:022－28335745
传 真:28335745

河北省版权局
地 址:石家庄市友谊北大街330号
邮 编:050061
电 话:0311－7759623
传 真:7751567

山西省版权局
地 址:太原市建设南路15号
邮 编:030001
电 话:0351－4922117
传 真:4922117

内蒙古版权局
地 址:呼和浩特市老缸房街15号
邮 编:010010
电 话:0471－4913871
传 真:4913873

辽宁省版权局
地 址:沈阳市和平区北一马路108号
邮 编:110001
电 话:024－23262508
传 真:23255549

吉林省版权局
地 址:长春市人民大街124号
邮 编:130021
电 话:0431－5644760
传 真:5644760

黑龙江省版权局
地 址:哈尔滨市道里区森林街68号
邮 编:150010
电 话:0451－4615103
传 真:4614852

上海市版权局
地 址:上海市绍兴路5号
邮 编:200020
电 话:021－64670303
传 真:64332452

江苏省版权局
地 址:南京市高云岭56号
邮 编:210009
电 话:025－3359836
传 真:3213773

浙江省版权局
地 址:杭州市体育场路347号
邮 编:310006
电 话:0571－85175660
传 真:85151788

安徽省版权局
地 址:合肥市迴龙桥路1号
邮 编:230063
电 话:0551－2846150
传 真:2826677

福建省版权局
地 址:福州市东水路76号
邮 编:350001
电 话:0591－7535956
传 真:7532711

江西省版权局
地 址:南昌市新魏路17号
邮 编:330002
电 话:0791－8514109
传 真:8514109

山东省版权局
地 址:济南市省府前街1号综合楼
邮 编:250011
电 话:0531－6061783
传 真:6061795

河南省版权局
地 址:郑州市农业路73号
邮 编:450002
电 话:0371－5730413
传 真:5730413

湖北省版权局
地 址:武汉市黄鹂路75号
邮 编:430077
电 话:027－86782369
传 真:86792531

湖南省版权局
地 址:长沙市展览馆路66号
邮 编:410005
电 话:0731－4302557
传 真:4307063/4302558

广东省版权局

地 址:广州市环市东路水荫路11号
邮 编:510075
电 话:020－87769411
传 真:87609967

广西版权局
地 址:南宁市金湖路53号
邮 编:530021
电 话:0771－5516027
传 真:5516083

海南省版权局
地 址:海口市海府路59号省办公大楼14层
邮 编:570204
电 话:0898－65337894
传 真:65337894

四川省版权局
地 址:成都市桂花巷20号
邮 编:610015
电 话:028－6241146
传 真:6636481

贵州省版权局
地 址:贵阳市中华北路289号
邮 编:550001
电 话:0851－6828615
传 真:6828614

云南省版权局
地 址:昆明市环成西路609号新闻出版大楼
邮 编:650034
电 话:0871－4110370
传 真:4111187

西藏版权局
地 址:拉萨市夺底路
邮 编:850000
电 话:0891－6827279
传 真:6833531

重庆市版权局
地 址:重庆市渝中区李子坝正街102号
邮 编:400043
电 话:023－63876409
传 真:63606331

陕西省版权局
地 址:西安市北大街131号
邮 编:710003
电 话:029－7285886
传 真:7210141

甘肃省版权局
地 址:兰州市东岗西路174号
邮 编:730000
电 话:0931－8275622
传 真:8274491

宁夏版权局
地 址:银川市解放西街47号
邮 编:750001
电 话:0951－5014264
传 真:5046836

青海省版权局
地 址:西宁市同仁路10号
邮 编:810001
电 话:0971－6143650
传 真:6141890

新疆版权局
地 址:乌鲁木齐市解放南路346号
邮 编:830001
电 话:0991－2815713
传 真:2815715

总政版权局
地 址:北京市西域旃坛寺1号
邮 编:100034
电 话:010－66739351

沈阳市版权局
地 址:沈阳市沈河区市府大路260号
邮 编:110013
电 话:024－22734230
传 真:22734214

大连市版权局
地 址:大连市西岗区花园广场育仁巷1号
邮 编:116011
电 话:0411－3645450
传 真:3621001

长春市版权局
地 址:长春市人民大街78号
邮 编:130051
电 话:0431－8991435
传 真:8991424

南京市版权局
地 址:南京市北京东路41号29号楼
邮 编:210018
电 话:025－3619767
传 真:3604166

青岛市版权局
地 址:青岛市徐州路77号
邮 编:266071
电 话:0532－5814611－76
传 真:5814750

武汉市版权局
地 址:武汉市汉口北京路20号
邮 编:430014
电 话:027－82839745
传 真:82839745

广州市版权局
地 址:广州市东风中路503号东建大厦七楼
邮 编:510030
电 话:020－83546825
传 真:83554554

深圳市版权局
地 址:深圳市深南中路15号
邮 编:518031
电 话:0755－2060655
传 真:2273504

长沙市版权局
地 址:长沙市五一中路市委大院
邮 编:410005
电 话:0731－2252325
传 真:2241567

西安市版权局
地 址:西安市政府八楼
邮 编:710003
电 话:029－7295629
传 真:7295652

成都市版权局
地 址:成都市三洞桥街8号
邮 编:610031
电 话:028－7715323
传 真:7715361

(国家版权局版权司信息处提供)

地方商标行政管理机构

北京市工商行政管理局商标处
地 址:北京市海淀区倒座庙 9 号甲
邮 编:100080
电 话:010－82690806

上海市工商行政管理局商标处
地 址:上海市肇嘉浜路 301 号
邮 编:200032
电 话:021－64220000 转

天津市工商行政管理局商标处
地 址:天津市河北区民主道 38 号
邮 编:300010
电 话:022－24461658

河北省工商行政管理局商标广告处
地 址:石家庄市体育南大街 316 号
邮 编:050021
电 话:0311－8636580

山西省工商行政管理局商标处
地 址:太原市开化寺 135 号
邮 编:030002
电 话:0351－4126799 转

内蒙古自治区工商行政管理局商标监督管理局
地 址:呼和浩特市新城区锡林北路 15 号
邮 编:010025
电 话:0471－6934070

辽宁省工商行政管理局商标广告处
地 址:沈阳市皇姑区崇山中路 55 号
邮 编:110031
电 话:024－86244899 转

吉林省工商行政管理局商标监管中心
地 址:长春市大经路 156 号
邮 编:130041
电 话:0431－8739303

黑龙江省工商行政管理局商标监督管理处
地 址:哈尔滨市道里区高谊街 65 号
邮 编:150010
电 话:0451－4655032

山东省工商行政管理局商标处
地 址:济南市燕子山路 43 号
邮 编:250014
电 话:0531－8527505

江苏省工商行政管理局商标监督管理处
地 址:南京市北京西路 30 号
邮 编:210024
电 话:025－3321128 转

安徽省工商行政管理局商标管理局
地 址:合肥市屯溪路 101 号
邮 编:230022
电 话:0551－3635104

浙江省工商行政管理局商标监督管理处
地 址:杭州市莫干山路 77 号金汇大厦北大门
邮 编:310005
电 话:0571－88383388 转

江西省工商行政管理局商标广告处
地 址:南昌市北京西路省政府院内
邮 编:330046
电 话:0791－6350113

福建省工商行政管理局商标广告处
地 址:福州市五四路 358 号
邮 编:350003
电 话:0591－7716044

河南省工商行政管理局商标处
地 址:郑州市郑华路 10 号
邮 编:450008
电 话:0371－6779321

湖北省工商行政管理局商标广告处
地 址:武汉市武昌区东湖路 309 号
邮 编:430077
电 话:027－86782420

湖南省工商行政管理局商标广告处
地 址:长沙市枫林路 1 号
邮 编:410006
电 话:0731－8887474

广东省工商行政管理局商标管理处
地 址:广州市天河体育西横街 1 号
邮 编:510620
电 话:020－85514411

广西壮族自治区工商行政管理局商标广告处
地 址:南宁市星湖路 37 号
邮 编:530022
电 话:0771－5531209

海南省工商行政管理局商标广告处
地 址:海口市机场西路 4 号
邮 编:570206
电 话:0898－66768029

四川省工商行政管理局商标分局
地 址:成都市玉沙路 118 号
邮 编:610018
电 话:028－6780943

重庆市工商行政管理局商标监督管理处
地 址:重庆市渝中区沧白路 73 号
邮 编:400011
电 话:023－63736995 转

云南省工商行政管理局商标管理监督办公室
地 址:昆明市新闻路 28 号
邮 编:650032
电 话:0871－4161832

贵州省工商行政管理局商标广告处
地 址:贵阳市八鸽岩路 4 号
邮 编:550004
电 话:0851－6825140

西藏自治区工商行政管理局商标广告处
地 址:拉萨市宇拓路 13 号
邮 编:850000
电 话:0891－6340077

陕西省工商行政管理局商标广告处
地 址:西安市新城大院省政府大楼 11 层
邮 编:710006
电 话:029－7294425

甘肃省工商行政管理局商标广告处

地　址：兰州市皋兰路120号
邮　编：730000
电　话：0931－8415050

宁夏回族自治区工商行政管理局商标广告处
地　址：银川市利民南街91号
邮　编：750001
电　话：0951－4110841

青海省工商行政管理局商标广告处
地　址：西宁市北大街3号
邮　编：810000
电　话：0971－8247270

新疆维吾尔自治区工商行政管理局商标处
地　址：乌鲁木齐市人民路56号
邮　编：830002
电　话：0991－2811669

（国家工商局商标局综合处提供）

知识产权司法机构

最高人民法院民事审判第三庭

2000年，最高人民法院进行了机构改革，对最高人民法院的机构设置和职责分工进行了重新划分和调整。根据《最高人民法院机关内设机构及新设事业单位职能》（法发【2000】30号）的规定，最高人民法院民事审判第三庭（原知识产权审判庭）的主要职能为：

1．审判第一、二审著作权（包括计算机软件）、商标权、专利权、技术合同、不正当竞争以及科技成果权、植物新品种权等知识产权案件；

2．审理处理不服高级人民法院生效裁判的知识产权申请再审案件以及少数立案庭移送的不服基层人民法院、中级人民法院生效裁判的知识产权申请再审案件；

3．办理知识产权申请复议案件；

4．审批高级人民法院知识产权案件延长审限的申请。

此外，民事审判第三庭还办理下列案件：

1．审理与本庭业务相关的请示案件；

2．办理与本庭业务相关的涉外、涉港、澳、台的案件；

3．办理与本庭业务相关的人大代表和政协委员会的提案和建议以及领导交办的案件；

4．参与起草相关司法解释；

5．开展相关审判工作的调研指导及协调。

地方知识产权审判庭

从1993年北京市高、中级人民法院设立专门审理知识产权案件的业务庭开始，全国部分高、中人民法院先后设立了知识产权审判庭，案件比较集中的部分基层法院也设立了知识产权审判庭。据不完全统计，全国共有14个高级法院设立了知识产权审判庭，包括北京、上海、天津、重庆、黑龙江、河北、广东、福建、江苏、四川、海南、浙江、河南、安徽；30个中级法院设立知识产权审判庭，包括北京市第一、二中院、天津市第一、二中院、上海市第一、第二中院、哈尔滨、石家庄、秦皇岛、保定、邢台、济南、烟台、青岛、成都、南京、盐城、安阳、合肥、滁州、景德镇、太原、武汉、福州、厦门、广州、深圳、佛山、汕头、海口；设立知识产权审判庭的基层法院有海淀、朝阳、浦东、黄浦等4个。

（段立红撰稿）

知识产权教育研究机构

目前国内主要的知识产权教育研究机构有中国社会科学院知识产权中心、北京大学知识产权学院、上海大学知识产权学院、中国人民大学知识产权研究中心、华中科技大学知识产权系、复旦大学知识产权教学与研究中心及上海交通大学知识产权研究室等。

另外，全国法律专业院校将知识产权法作为必修课，各工科院校将知识产权法作为选修课。

中国社会科学院知识产权中心

一、成立背景

以专利、商标、版权和反不正当竞争为主要组成部分的知识产权，是随着商品经济和现代科学技术的发展而产生和发展起来的，是当代社会的重要财富。20世纪70年代末，中国实行了改革开放的政策。在发展社会主义市场经济，鼓励和保护公平竞争，促进中国同世界各国的经济、技术、文化的贸易、合作与交流的进程中，知识产权立法与执法已经成为举足轻重的要素。自20世纪80年代初至今，全国人民代表大会及其常委会先后颁布了商标法、专利法、著作权法、反不正当竞争法等法律，从而初步建立起较为完善的知识产权法律制度。

随着对外交流的增多，知识产权的重要性也日渐突出；知识产权贸易在国际贸易中所占的比重也越来越大。在中美关系，尤其是中美贸易关系的发展过程中，中国知识产权法律制度的建设一直是一个非常敏感的问题。在长达十几个的中国恢复关税与贸易总协定缔约国地位及加入世界贸易组织的谈判中，知识产权问题也始终是焦点问题之一。与数字技术的发展及互联网的应用相联系，知识产权保护已成为各国政府及商家、社会公众都在关注的话题。

在改革开放政策指导下发展起来的中国已经认识到，为了促进本国经济的发展，以更强大的力量参与国际竞争，就必须进一步完善中国的知识产权立法，并在执法方面进一步加大力度。为了真正建立起完善且行之有效的知识产权法律制度，还必须提高中国司法与行政部门的执法水平和公众的知识产权意识。正是基于对知识产权的重要性的认识，在国务院主管领导的关心和支持下，经中国社会科学院院长会议批准，"中国社会科学院知识产权中心"于1994年9月正式成立。

二、宗旨

中国社会科学院知识产权中心是中国高层次的知识产权研究机构，其宗旨是团结和组织我国在知识产权法律领域内的最优秀的专业人员，造就一批能与世界各国知识产权法律同行对话的我国第一流人才，对实践中的知识产权法律问题及时作出正确回答，并针对我国立法与司法中亟待解决的知识产权问题进行对策性研究，对整个知识产权法律制度的建立和完善施加积极影响。

三、任务与职能

1. 结合我国在知识产权领域的立法、司法实践，并比较国外有关经验，正确阐述知识产权保护的有关基本概念和基本原理，深入研究各种新情况和新问题，为有关法律的制定、修订和完善提供充分可靠的理论依据。

2. 接受全国人大法制工作委员会、全国人大法律委员会、国务院法制办公室、最高人民法院、科技部、国务院知识产权办公室、国家知识产权局、国家版权局、国家工商行政管理总局等机关或部门的委托，就有关法律的起草、修订及法律实施等问题进行专门研究。

3. 接受其他政府部门、地方政府、企、事业单位和有关团体及有关国际组织的委托及资助，对与知识产权法律有关并为各该部门、机构与组织所关注的问题进行对策性研究。

4. 作为中国法学会知识产权研究会的秘书处，收集、整理有关立法、司法和学术信息，组织国内有关专家、学者就热点问题进行专题研究；不定期进行优秀知识产权研究成果评选活动，并通过本中心出版物向国内外学术界推介一些有影响的对策性研究报告及知识产权论著。

5. 通过中国社会科学院研究生院的招生计划，招收并培养知识产权领域的硕士及博士，并通过中国社会科学院法学研究所博士后工作站接纳博士后研究人员。另外，本中心还将根据办公条件的许可及研究工作的需要，不定期接受来自国内外的访问学者。基于合作协议，为各类企业培养知识产权管理人才也是本中心的任务之一。

6. 与国内外知识产权教学与研究机构开展各种形式的学术合作，积极开展国内的与国际的学术交流活动。

7. 接受司法机关、知识产权行政执法部门、律师事务所等参与知识产权案件处理的机关与部门的委托，就知识产权法律及相关的专业问题提供鉴定及咨询意见。在获得法院及其他执法机构认可的情况下，亦可直接向知识产权案件当事人提供鉴定意见。

四、人员构成

中国社会科学院知识产权中心现有专职研究人员6人，其中研究员3人，副研究员3人；博士生导师2人，硕士生导师4人。本中心还从国内及国外有影响的专家与学者中聘请数十位兼职研究员，从而使中心的研究力量始终保持在国内首屈一指的地位。根据研究工作的需要，本中心还通过临时聘用秘书及合作研究人员的方式随时调整研究队伍。此外，本中心接受的国内外访问学者也是中心研究队伍中不可缺少的组成部分，为中心整体作用的发挥作出了显著的贡献。

五、参加国家立法及法律修订的项目

中国社会科学院知识产权中心研究人员曾参加过下列法律、法规的制定、修订工作，或者为相关法律、法规的制定提供过正式的咨询意见：

商标法（修订组成员）及其实施细则；专利法及其实施细则；著作权法（立法小组成员）及其实施条例；计算机软件保护条例（立法小组成员）；科技奖励法（立法小组成员）；技术引进合同管理条例；广告法；执行国际著作权条约规定；反不正当竞争法；商业秘密法（立法小组成员及顾问组成员）；旅游法；植物品种保护条例；集成电路知识产权保护法；担保法；出版法；海关知识产权保护条例；印刷字形保护法；地理标志（名称）保护法；促进科技成果转化法，等等。

在向市场经济转轨及数字化技术迅速发展的今天，中国社会科学院知识产权中心还将就下列问题作深入研究并向立法机关提出具体立法及修法建议：

1. 国际互联网与知识产权保护问题；

2. 中国知识产权法与世贸组织知识产权协议(Trips)的差距问题；

3. 中国知识产权执法过程中遇到的问题；

4. 欧盟与北美自由贸易区知识产权法一体化及其对国际知识产权保护与中国国内法的影响；

5. 亚太自由贸易区实现计划中的知识产权问题；

6. 互联网域名及相关的知识产权保护问题；

7. 其他有关问题。

（中国社会科学院知识产权中心供稿）

北京大学知识产权学院

北京大学知识产权学院作为百年学府的年轻成员，自其诞生之日始，便迎来时代的机缘，蕴含无限生机。今天科教兴国已成共识，明天知识经济也崭露头角，在人类历史进程中科学技术已成为无可置疑的主要推动力。创造之火需要辅以利益之源，保护知识产权已是大势所趋。曾经对人类文明进步产生深远影响的中华民族无疑会顺应历史潮流，努力为保护人类文明成果做出自己的努力。北京大学知识产权学院在这一时代背景下，将以实际行动把握机遇，迎接挑战，力争为中国乃至世界的知识产权保护做出贡献！

北京大学知识产权学院经学校校长办公会议批准，从1992年开始筹建，其间得益于香港星光传讯有限公司主席黄金富先生的慷慨资助，并受到国家教委、专利局、版权局、商标局及中国国际贸易促进委员会的大力支持。学院由北京大学领导，并由学院董事会监督管理。董事会由17人组成，现任董事长为黄金富先生，副董事长为最高人民法院副院长罗豪才教授、原中国专利局局长高卢麟先生、北京大学副校长何芳川教授，学院院长为法学院吴志攀教授，秘书长为郑胜利教授。学院的办学宗旨是：培养具备一定科技知识基础，掌握法学及知识产权基本理论知识，能够在立法、司法、执法部门，企事业单位与科研部门从事与知识产权有关的实物与研究工作的高等专业人才。

知识产权学院经过几年的发展，已经在世界范围内享有一定的声誉，成为集科研、教学与学术交流于一体的文教中心。学院实行开放办学，除依靠自身实力雄厚的师资队伍外，还聘有一批国内外久负盛名的专家学者作为名誉教授或兼职教授，例如，世界知识产权组织的总干事伊德里斯先生，原中国专利局局长高卢麟先生，科技部副秘书长段瑞春先生，中国社科院法学所研究员郑成思先生、世界知识产权组织高级法律顾问王正发先生、中国软件登记中心应明先生等等。学院已经多次举办过世界级的学术会议，先后与世界知识产权共同组织举办三次国际学术研讨会。平时的学术讲座和论坛更是频繁异常，为学院师生及同行们提供了广泛的交流机会，因而倍受欢迎。学院已拥有一定的图书资料库和相关的教研设备，为国内外学者来校从事学术研究创造了有利条件。

学院于1993年9月正式招收第一批知识产权专业第二学位生和硕士研究生，并于1999年开始招收博士研究生。现有在校博士生8名，硕士生32名，第二学士学位生62名。1993～1995年第二学位招生只面向北京大学在校本科生，1996年以后开始面向全国应、历届本科毕业生。报考考生第一专业限于理工农医、经济和外语专业。第二学位学制两年，课程设置分两类，第一类为必修课程，包括法学基础理论、宪法学、民法学、民事诉讼法学、刑法学、刑事诉讼法学、行政法学、经济法学、国际法、国际私法、著作权法、专利法、商标法、专利文献检索、技术合同法、反不正当竞争法、计算机技术的法律保护、科技法、专业英语等基础性法律学科。第二类是选修课程，包括企业法与公司法、财政法与税收法、金融法与银行法、国际技术转让、国际投资法、国际贸易法等。学生按规定修完课程后授予法学第二学士学位。硕士和博士研究生专业为培养我国高层次知识产权专门人才而设置，学生生源分别是已毕业的本科毕业生和硕士毕业生。

目前学院已有多届毕业生走上工作岗位，其中第二学位毕业生175名，硕士学位毕业生70名。他们分布于立法、行政、司法等国家机关，学校、研究所等学术机构，以及公司、企业等经济单位，部分人已成为中国知识产权相关部门与行业的中坚力量。

（北京大学知识产权学院供稿）

上海大学知识产权学院

上海大学知识产权学院正式成立于1994年秋天，其前身是本校创立于1988年的“知识产权教学与研究中心”和始建于1979年的法律系。学院现有专职教师36人(其中教授、副教授15人)，教辅人员多人，还聘任了国内外一批知识产权专家、学者为兼职教授。学院院长由上海大学党委书记、常务副校长、博士生导师方明伦教授兼任，常务副院长陶鑫良、副院长陈剑平、程璞。上海大学知识产权学院成立至今，已经培养五届本科生和三届双学士学位本科生共计近千人；已经和正在培养知识产权研究方向、知识产权管理工程研究方向、国际贸易中的知识产权保护研究方向的硕士研究生数十名；同时还举办了一届知识产权管理在职研究生班和为本校其他专业开设知识产权公共课程，并且为社会进行知识产权培训上万人次。学院目前承担着在校的1600多名本科生和40来名硕士研究生的教学任务和相关的科学研究工作，已开设出本科生、双学科生、硕士研究生、在职研究生班、培训班共五个层次的几十门法学基础课程、专业基础课程和知识产权系列课程。上海大学知识产权学院坚持理论与实践相结合，坚持专业特色，坚持案例教学，为毕业生从事有关知识产权法律、管理工作和其他法务工作提供了良好的专业背景和综合基础。学院毕业的千百名本科生、研究生已经活跃在上海等地的各级法院、检察院、政府部门和律师事务所、跨国公司等企事业单位的工作岗位上,成绩斐然。

上海大学知识产权学院是一所发展中的法学专业学院,上海大学知识产权学院正在继续发展中。

(上海大学知识产权学院　郑健德)

中国人民大学知识产权教学与研究中心

中国人民大学知识产权教学与研究中心是我国最早的专门从事知识产权教学与研究机构。中国人民大学从1981年开始招收民法学知识产权方向的研究生。1986年在世界知识产权组织(WIPO)总干事鲍格胥博士的倡导下,原国家教育工作委员会决定在中国人民大学设立中国人民大学知识产权教学与研究中心,并批准该中心从1986年起在我国创立知识产权法专业。在教育部的支持下,经过多年的努力,该中心已成为我国有关知识产权的高等教育层次与结构最为完整的教学与研究工作基地,涵盖了博士后研究,博士研究生,硕士研究生,法律硕士,第二学士学位生等具有不同培养目标、不同层次的指导研究和学生培养工作。到2001年,已有220多人分别完成了博士后研究、获得博士、硕士学位,460多人获得第二学士学位。这些毕业生现活跃在我国与知识产权有关的立法、司法、行政管理和教学与科学研究领域,其中不少人已成为教授或该领域内的知名专家和学者。

目前,中心有专职或兼职研究人员16人,其中教授8人(含博士生导师6人)、副教授4人、讲师4人,出版专著、教材20余部,发表论文200余篇。中心教学与研究人员参加了我国全部与知识产权有关的立法工作。他们的不少研究成果被立法机关采纳,反映在法律文件和其他规范性文件中。多年来还为人民法院的司法工作人员以及相关的政府管理部门提供专家意见,为我国知识产权法制建设作出了重要贡献。

中心出版的知识产权法教材受到我国法学教育的广泛认同,成为主流教材。中心主任刘春田教授被连续聘为教育部全国高等学校法学教学指导委员会委员,并担任面向21世纪全国高等学校法学专业核心教程教材《知识产权法》的主编。中心广泛建立和参与了和国内外学术团体的学术交流活动。其中,与联合国教科文组织(UNESCO)以及欧美、日本著名的研究机构有着密切的学术交流关系,郭寿康教授是联合国教科文组织在中国设立和资助的著作权与邻接权教席的主持教授(UNESCO CHAIRHOLDER),他是至今全亚洲唯一获此殊荣的学者。

目前,中心有在读博士生16人,硕士研究生48人,第二学士学位生61人。

(中国人民大学知识产权教学与研究中心供稿)

华中科技大学知识产权系

华中科技大学(原华中理工大学)知识产权系成立于1995年,其前身可以追溯到1985年成立的知识产权教研室和1993年成立的知识产权教学与研究中心。该系现有教授、研究员3人,副教授、副研究员4人;教师中具有律师资格的4人,具有专利代理人资格的7人;在校硕士生和博士生共30余人(不含在职生)。现任系主任为博士生导师、教授朱雪忠博士。

华中科技大学是全国最早开展知识产权教学、研究的高校之一,是"中国高校知识产权研究会"的诞生地。为适应我国改革开放对知识产权人才的需要,具体承担知识产权教学、研究工作的知识产权系及其前身,自1983年起开设知识产权选修课,之后培养了"专利与科技管理"第二学士学位生、"知识产权法"专业第二学士学位生和"知识产权法"专业辅修双学士学位生,1996年开始培养外国进修生,1997年开始培养"科技法学"(现调整为"经济法学")专业硕士生(主要研究方向是知识产权法)。此外,还挂靠"工商管理"(MBA)专业硕士点、"管理科学与工程"专业硕士点和博士点招收有关知识产权研究方向的硕士生和博士生。经国务院学位办公室批准,于1999年在中国知识产权培训中心开设"经济法学"专业"知识产权法"研究方向的硕士生课程进修班。该进修班课程现已全部结束。根据达成的有关协议,该进修班十几名优秀学员已赴美国Marshall法学院继续深造。

在积极培养知识产权人才的同时,该系教师还对有关知识产权的理论与实际问题进行了深入的探讨。自1991年以来,获得国家自然科学基金资助项目6项,其中戚昌文教授主持的"知识产权协调管理与保护"是国家自然科学基金会成立以来在知识产权领域资助的唯一一项重点项目。此外,还承担了国家教育部、科技部、国家知识产权局、湖北省科技厅等下达的有关知识产权科研项目。近几年来,在International Review of Industrial Property and Copyright (IIC)、GRUR Int.、《知识产权》、《著作权》、《中国法学》、《法学评论》、《法学》、《科技与法律》、《科研管理》等刊物上发表论文200余篇,并出版《市场竞争与专利战略》等专著及知识产权方面的教材多部。

在进入知识经济时代的21世纪,知识产权保护将变得更为重要。鉴于知识产权法是一种文理交叉、科技与法律并举的文科专业,该系将利用华中科技大学以理工医见长的优势,抓住学校向综合性大学发展的有利时机,将知识产权学科办成该校最具特色的学科之一。

(华中科技大学知识产权系供稿)

知识产权全国性社会团体

中国知识产权研究会

中国知识产权研究会(China Intellectual Property Society,CIPS),是国家知识产权局主管,由从事知识产权研究的有关人士和单位自愿结成的、依法登记成立的全国性、学术性、公益性社会团体。1985年3月29日经国家体改委批准,中国工业产权研究会正式成立,1990年11月30日更名为中国知识产权研究会。

宗旨

团结广大知识产权工作者,遵守宪法、法律、法规和国家有关政策,遵守社会道德风尚,坚持实事求是的科学态度,贯彻"百花齐放,百家争鸣"的方针,开展知识产权学术研究和交流,促进知识产权知识的普及和人才成长,促进我国知识产权制度的完善和发展,为加速我国社会主义现代化建设做出贡献。

业务活动

1. 开展理论研究,组织学术活动,提高学科水平,促进知识产权制度的完善和发展;
2. 普及知识产权知识,增强广大群众的知识产权法律意识;
3. 表彰奖励优秀知识产权工作者,举荐人才;
4. 开展科学论证、咨询服务,提供政策建议,接受委托承担技术开发、技术服务;
5. 组织实施知识产权技术项目,促进科学技术成果转化为生产力;
6. 维护发明创造人、知识产权人和知识产权工作者的合法权益;
7. 编辑出版知识产权出版物;
8. 开展国际民间学术交流和合作;
9. 开展继续教育和培训工作;
10. 兴办符合本会宗旨的社会公益性事业。

日常办事机构

秘书处作为日常办事机构。在理事长、副理事长的领导下,由秘书长主持日常工作。秘书处设立学术交流部、编辑部、综合部、咨询部。

出版物

定期编辑出版《知识产权》杂志(双月刊),通过邮局公开发行,邮发代号:82—570。

分支机构

全国地方和系统知识产权研究会在业务上受中国知识产权研究会指导,在本地区、本系统范围积极开展各种活动。目前,全国已成立的地方和部门分会31个。

(中国知识产权研究会供稿)

中国发明协会

中国发明协会(China Association of Inventions, CAI)是在包括钱学森、黄家驷、王大珩等几十位著名科学家和胡锦涛、倪志福、邹家华等几十位热心发明创造活动的领导干部在内的134位著名人士的联合倡议下,经上级批准,于1985年依法登记成立的。倡议成立中国发明协会的根本出发点是推动群众性的发明创造活动。

宗旨

调动广大群众中蕴藏的发明创造积极性,引导和推动发明创造活动,发掘和支持发明创造人才,维护发明者的合法权益,促进科学技术进步,为经济建设和社会发展服务。

业务活动

·普及创造学知识,开发智力资源。大力推进创造教育,为培养创造性人才服务。

·举办大型发明展览活动,促进发明成果转化实施。每年举办一次国内的、四年举办一次国际的发明展览会。迄今已举办了12届全国发明展览会和4届国际发明展览会。

·运用发明基金支持优秀发明项目(尤其是非职务发明)。

·评选、表彰和奖励在促进我国科技进步和经济发展中作出突出贡献的发明创新者。开展的大型活动有评选"优秀发明企业家"和"聂荣臻发明创新奖"等。

·维护发明者的合法权益,反映发明者的呼声和要求,为发明者伸张正义。

·开展民间国际交流与合作。中国发明协会是发明者协会国际联合会的正式会员,并与世界知识产权组织(WIPO)、发明者协会国际联合会(IFIA)以及许多国家的发明组织保持着密切的友好合作关系。

业务主管和挂靠单位

国家科技部是业务主管单位,全国总工会、国家知识产权局为挂靠单位。

会员及分支机构

分团体会员和个人会员。40多个省、市、自治区、计划单列市的发明协会是我会的团体成员。个人会员达2万多人。

分支机构有"高校创造教育分会"和"中小学创造教育分会"。

出版物

《发明与革新》杂志。

(中国发明协会供稿)

中华全国专利代理人协会

中华全国专利代理人协会(ALL-CHINA PATENT AGENTS ASSOCIATION, ACPAA),是国家知识产权局主管,由民政部批准成立的全国性的行业性社会团体,成立于1988年12月12日。目前全国500余家专利代理机构均为协会团体会员,4000余名专利代理人为协会个人会员。

协会的主要宗旨是团结和教育会员遵守宪法、法律、法规和国家政策,遵守社会道德风尚,忠实于专利代理事业,恪守专利代理人职业道德和执业纪律;协调行业内、外部关系,维护会员的合法权益,提高会员的执业素质;加强行业自律,制止不正当竞争,促进专利代理事业的健康发展;开展国际间的交流和合作。

协会的主要业务范围是加强并完善行业管理职能,制定专利代理人行业规范并监督实施;组织开展专利代理业务培训和学术研究活动;协助国家知识产权局做好专利代理机构的年检工作;协助国家知识产权局和有关部门做好专利代理人的考核和职称评审工作;协助人民法院和专利管理机关作好专利审判和调处的技术鉴定工作;宣传专利代理工作,出版全国性会刊《中国专利代理》;开展与外国专利代理组织的联系、交流和合作;开展咨询服务。

中华全国专利代理人协会成立以来举办了多次国内外交流与培训活动。制定颁布了《专利代理人职业道德和执业纪律规范》、《涉外专利代理机构最低收费标准》等行业管理方面的规定,并受国家知识产权局委托颁发《专利代理人工作证》,参与专利代理机构的年检等工作。协会还与日本、韩国、法国、英国等国家的专利代理人协会建立了长期友好合作关系。

中华全国专利代理人协会全国会员代表大会每三年举行一次,现有理事59名,常务理事19名。柳谷书从1988年至1993年任第一、二届会长;须一平从1993年至1995年任第三届会长;戈泊从1995年至1998年任第四届会长,李雒英为现任第五届代会长。协会日常办事机构为秘书处,金记民为秘书长。此外协会还设有组织、奖惩、培训教育、费用协调、国际合作、专家、会刊编辑7个委员会及华北、东北、中南、华东、西南、西北、高校、部委、中科院9个支会。

(中华全国专利代理人协会供稿)

中华商标协会

中华商标协会成立于1994年,隶属国家工商行政管理总局领导,是由享有盛誉的企业、商标代理机构和商标法律专家自愿参加并依法组成,开展商标自我保护、自我完善、自我发展和自律活动的专业性、全国性、非营利性的具有法人资格的社会团体。

中华商标协会的宗旨是,依法维护会员的商标权益,协助会员创立驰名商标,增强全社会的商标意识,提高商品和服务质量,促进经济发展与繁荣。其主要任务是:宣传、贯彻国家有关商标法律、法规和政策;指导和协助会员企业运用商标战略和策略,创立驰名商标;依法维护会员企业的商标权益,接受委托,为会员企业提供法律咨询服务,对工商行政管理机关和司法机关查处商标违法行为进行举证;协调会员间的关系,促进交流与合作,举办学术活动,培训企业商标业务人员,传播国内外商标工作信息,推广先进的理论和成功的经验,提高企业的商标经营管理水平;调查研究国内外商标发展趋势,研究中国的商标发展战略和重大问题,向政府有关部门反映情况并提出工作建议;接受政府机关、社会团体和企业的委托,从事商标调查研究,举办有关社会活动;开展民间的商标国际交流与合作;出版发行商标业务的资料、刊物。

中华商标协会的会员分为团体会员和个人会员。团体会员为商标知名度高、经济效益好、有志创立驰名商标的企业及商标代理机构、地方商标协会。在中国已认定驰名商标的企业中,很大部分是中华商标协会的会员。个人会员为对商标理论有相当的造诣,经验丰富的专家以及从事行政执法和司法的法律工作者,充分体现了中华商标协会高层次、高水准的特点。协会现有团体会员328个,个人会员47人。

中华商标协会重视加强与国际知识产权界的交流与合作,与世界许多国家和地区的国际民间商标组织建立了广泛的联系,其中包括世界知识产权组织(WIPO)、国际商标协会(INTA)、日本商标协会(JTA)、法国制造商联合会(UDF)、泰国知识产权机构、马来西亚自创品牌协会等,并开展了一些合作项目,如近年来与INTA成功地合作举办了数次有关商标法律与实务国际研讨会,2001年3月与泰中法学会举办了著名商标保护演讲会等。这些都加强了彼此的了解,增进了相互间的友谊,并将对国际商标领域的发展起到积极的作用。

中华商标协会下设办公室、会员部、法律咨询部、《中华商标》编辑部、中企商标评估中心等工作部门。

(中华商标协会供稿)

中国版权研究会

中国版权研究会(Copyright Society of China)成立于1990年3月9日。

中国版权研究会是中国从事版权理论研究的全国性群众性学术团体。其宗旨是遵循为人民服务、为社会主义服务的方向,贯彻“百花齐放,百家争鸣”

的方针,团结全国热心版权研究的个人和团体,开展版权的理论研究与学术交流,推动中国版权制度的建立和不断完善。

中国版权研究会的主要任务是:促进版权立法、司法与管理的理论研究,开展国内外有关版权的学术交流,宣传普及版权知识,收集版权文献,整理编印有关资料,提供版权法律咨询。

中国版权研究会有 500 多个个人会员和 60 多家团体会员。其最高权力机关是会员代表大会。全国会员代表大会每 5 年召开一次。在会员代表大会休息期间,由会员代表大会选举产生的理事会、理事会选举产生的常务理事会主持研究会工作。

到 2000 年底,全国各省、自治区、直辖市和部分大城市先后成立了 20 家版权研究会、版权学会、版权保护协会。地方版权研究会(学会)绝大部分已更名为版权保护协会。地方版权保护协会是中国版权研究会的团体成员。中国版权研究会协调、指导地方版权保护协会的工作。

中国版权研究会与国家版权局共同主办《著作权》杂志。该刊于 1990 年创办,原为季刊,2000 年改为双月刊。

(陈昭宽)

中国音乐著作权协会

中国音乐著作权协会(Music Copyright Society of China,MCSC),于 1992 年 12 月 17 日成立,是中国目前唯一的著作权集体管理机构。主要管理音乐作品的录制权、表演权、广播权。

协会开展音乐著作权集体管理的主要内容有:通过签定合同吸收音乐著作权人入会;发放音乐作品使用许可证,并收取音乐作品使用费;根据作品的使用情况向音乐著作权人分配;对侵犯音乐著作权的行为提出法律交涉;受国家版权局指定,协会还承担法定许可使用音乐作品使用费的收转工作。

协会现设三个职能部门:会员和作品资料部、法律许可证部、分配部,协会的总部设在北京,现有工作人员 20 名,并在上海、广东、广州、湖北、安徽、陕西、四川、山东、河北和天津设有办事处。

截至目前为止,协会有会员 2100 余名,协会管理的音乐作品已达 62000 余首。协会成立八年来,已向会员进行 16 次复制权分配及 1 次机械表演权分配,共计投入分配使用费 3000 多万元。

协会于 1994 年 5 月加入了国际作者、作曲者协会联合会(CISAC)。在 CISAC 的框架下,协会已与 32 个国家和地区的协会签订了相互代表协议,并已从海外签约协会收到使用费 1000 多万元人民币。

(中国音乐著作权协会供稿)

中国软件联盟

中国软件联盟(China Software Alliance 缩写为 CSA)是中国软件行业协会知识产权保护分会的简称,是一个旨在推进我国软件知识产权法律保护,打击盗版、仿冒、非法拷贝等侵权行为,净化软件市场,维护软件权利人合法权益,促进软件产业健康发展的社团组织。

中国软件联盟成立于 1995 年 3 月 21 日,隶属于国家信息产业部。联盟办事机构设在秘书处,主要成员单位包括:中国计算机与技术服务总公司、北大方正集团、联想集团、四通集团、北京希望电脑公司、用友软件集团、四通利方公司、北京连邦软件公司、微软(中国)有限公司、北京深思洛克数据保护中心、北京江民新技术有限责任公司、北京金益康新技术有限公司、北京金山公司、北京彩虹天地信息技术有限公司等 18 家国内知名的软件企业。中国软件联盟还在全国 40 多个大中城市建立了中国软件联盟软件知识产权保护授权市场观察站,观察站作为联盟在各地的派驻机构,积极配合各地版权管理等执法部门在知识产权保护方面的工作。

中国软件联盟的工作主要有:开展全国范围内的软件知识产权宣传教育,提高公众使用正版软件的意识;会同有关部门,完善知识产权法律制度,加大打击软件盗版的力度,协助政府有关部门制裁软件盗版等侵权行为,为其成员及广大软件企业提供知识产权法律服务,参与《计算机软件保护条例》、《著作权法》及《鼓励软件产业和集成电路产业发展若干政策》等政策制定工作;研究国内外知识产权保护的前沿理论;在知识产权保护等方面充当政府与企业的沟通渠道和桥梁。目前有《软件知识产权保护手册》、《1999 年度软件产业法律汇编》、及《2000~2001 年中国计算机软件知识产权保护现状与发展年度报告》等出版物。

中国软件联盟的成立是软件产业发展的呼唤,是社会主义市场经济发展的要求。保护软件知识产权任重道远,今后的道路会很长,要做的工作还很多。我们希望能够同有关部门以及业界一起努力,为我国软件产业发展创造出一个良好的市场环境。

(中国软件联盟供稿)

人　物

人物栏目设置说明　编纂年鉴相当于修史，入选《中国知识产权年鉴》等于载入知识产权史册。为了给在知识产权界辛勤耕耘、做过一定贡献的同志做一记载，以激励知识产权界工作的同志继续为我国知识产权事业做贡献，我们特设置了人物栏目。

栏目中的知识产权行政机构领导班子、全国性的知识产权社团组织理事会成员名单均由各单位提供，本年鉴只做历史记载。

先进集体和先进个人名单，也都是国家知识产权局（含原中国专利局）、国家版权局、国家工商行政管理局商标局、最高人民法院民事审判第三庭（含原知识产权庭）成立以来（或近几年）单位评选出的全国性的先进集体和个人。

关于人物简介栏目的入选，总原则是：在知识产权界工作过，有一定影响和贡献，或知识产权有关单位特别推荐的人员。由于知识产权界有关人员成千上万，符合条件的也大有人在，一期年鉴不可能包括完全，我们将在本栏目中陆续刊登。

本期入选征集的范围是：(1)国家知识产权局、国家版权局、国家工商行政管理局商标局、最高人民法院民事审判第三庭历任有关领导；(2)在知识产权界工作的全国人大代表、全国政协委员、国务院参事、中科院院士、社科院学部委员；(3)知识产权系统国家级群众社团领导（限理事长、副理事长）。

具体做法：(1)征求各单位对入选名单意见；(2)各候选人员所在单位征集入刊人员内容（发表自愿填写）；(3)编辑部根据回收表格加工编辑。

对于刊登的名单和人物简介，我们力求完整、准确、全面、公正，但由于涉及时间较长，范围较广，难免遗漏与差错，敬请知情人士指正，我们将不胜感激。

知识产权行政管理机构历届领导班子名单

国家知识产权局（含原中国专利局）

1980～1982	武　衡　赵石英　蔡立珩　安玉涛　宋永林　钱传炳　高阶平　田巨生
1982～1987	黄坤益　田巨生　安玉涛　沈尧曾　戈　泊　汤宗舜
1987～1988	高卢麟　安玉涛　沈尧曾　姜　颖　戈　泊
1988～1989	蒋民宽　高卢麟　安玉涛　沈尧曾　姜　颖　马连元
1989～1998.7	高卢麟　沈尧曾　姜　颖　马连元　明廷华　杨正午　吴伯明
1998.7～2001.1	姜　颖　王景川　马连元　明廷华　杨正午　吴伯明　郭晓东
2001.1～	王景川　马连元　杨正午　吴伯明　田力普　林炳辉

国家工商行政管理局商标局

1978　～1982	局　长	马冠群
1979.8～1980.6	副局长	周亚贤
1980.7～1983.4	副局长	李　文
1981　～1992.10	顾　问	马克强
1982.11～1985.2	局　长	李继忠
1984.7～1986.6	副局长	甘国屏
1982.8～1987.2	副局长	李　文　许道乐
1985.2～1988.1	局　长	郝志新
1986.11～1990.3	副局长	甘国屏　许道乐　杨建力
1988.1～1992.10	局　长	李继忠
1989.1～1993.6	副局长	杨建力　欧万雄
1990.9～1996.7	副局长	刘佩智
1992.10～1998.8	局　长	白大华(兼)
1992.10～1995.10	常务副局长	李必达
1993.6～2000.3	副局长	欧万雄　刘佩智　曹中强

1996.8～1998.8　常务副局长　刘佩智
1996.7～1998.8　副局长　曹中强　黎晓宽
1998.8～　局　长　侯　林
1993.6～2000.3　副局长　曹中强
2000.3～　副局长　范汉云
1998.8～　副局长　侯丽叶
2000.3～　副局长　田云鹏

国家版权局

1985～1987　局长　边春光
1987～1993　局长　宋木文　副局长　刘　杲
1993～2000.10　局长　于友先　副局长　沈仁干
2000.10～　局长　石宗源　副局长　沈仁干

最高人民法院主管知识产权工作的领导

李国光　1995年12月至今任最高人民法院副院长、审判委员会委员，曾主管知识产权审判工作。

曹建明　1999年10月至今，任最高人民法院副院长、审判委员会委员，主管知识产权审判工作。

黄赤东　1996年10月至1998年10月，任最高人民法院经济审判庭庭长，兼任知识产权审判庭庭长、审判委员会委员。

蒋志培　1995年2月任最高人层法院知识产权办公室副主任，1996年10月任最高人民法院知识产权庭副庭长，2000年8月至今任最高人民法院民事审判第三庭庭长，同年10月任最高人民法院审判委员会委员。

罗东川　2000年12月至今，任最高人民法院民事审判第三庭副庭长。

知识产权全国性社团理事会成员名单

中国工业产权研究会常务理事会

1985.3～1990.12

名誉理事长　武　衡　顾　明　任建新
顾　　　问　田　夫　汤宗舜
理　事　长　黄坤益
副 理 事 长　高卢麟　沈尧曾　甘国屏　李继忠
　　　　　　方扬春　柳谷书　费宗祎
　　　　　　刘　湖　曹家瑞
秘　书　长　刘激扬
副 秘 书 长　杨建力　霍　俊　赵春华　魏启学
　　　　　　姜溯洲　朱仲明
常 务 理 事　（按姓氏笔划排序）
　　　　　　方扬春　王兆熊　王正发　甘国屏
　　　　　　刘达夫　刘激扬　刘　湖　朱仲明
　　　　　　吕学实　沈尧曾　何润华　李继忠
　　　　　　姜溯洲　柳谷书　胡明正　须一平
　　　　　　赵春华　费宗祎　杨建力　高卢麟
　　　　　　高元道　郭寿康　徐　辛　黄坤益
　　　　　　曹家瑞　霍　俊　魏启学

（注：中国工业产权研究会系中国知识产权研究会前身。）

中国知识产权研究会理事会

第一届（1990.12～1995.10）

名誉理事长　任建新　顾　明　武　衡　黄坤益
顾　　　问　汤宗舜　田　夫
理　事　长　高卢麟
副 理 事 长　沈尧曾（常务）
　　　　　　甘国屏　刘　杲　李继忠　刘　湖
　　　　　　费宗祎　方扬春　柳谷书　王正发
　　　　　　安玉涛　戈　泊　须一平　曹家瑞
　　　　　　沈士团　熊尚彬
秘　书　长　刘激扬
副 秘 书 长　欧万雄　赵春华　魏启学　朱仲明
　　　　　　刘春田　陈昭宽
常 务 理 事　（按姓氏笔划排序）
　　　　　　戈　泊　王文光　王正发　王永源
　　　　　　王兆熊　王彬颖　方扬春　牛煜华
　　　　　　甘国屏　孙泊生　孙常立　包冠乾
　　　　　　安玉涛　刘达夫　刘　杲　刘佩智
　　　　　　刘春田　刘　湖　刘激扬　朱仲明
　　　　　　李国华　李继忠　沈士团　沈仁干

沈尧曾　沈家琪　陈昭宽　杨　凯
欧万雄　郑成思　郑松宇　周传杰
周渊泉　张厚英　张鲁民　须一平
高元道　高卢麟　高凌瀚　赵春华
郭玉琦　郭寿康　柳谷书　胡明正
费宗祎　段瑞林　段瑞春　徐　辛
贾明如　曹家瑞　夏淑华　黄勤南
蒋宝玉　裘安曼　楼垂品　熊尚彬
魏启学

理　　事　(按姓氏笔划排序)
弋才富　戈　泊　马连元　马晓刚
王允方　王云龙　王文光　王月珍
王正发　王永源　王兆熊　王宗贤
王栋令　王桂丹　王彬颖　文聿奎
方扬春　牛煜华　田子斌　冯大同
甘国屏　孙泊生　孙忠民　孙常立
包冠乾　宁星耀　司婉春　李义敢
李凤鸣　李国华　李宪卿　李　悦
李继忠　安玉涛　汤灼甜　许　超
刘达夫　刘庆璞　刘　杲　刘波林
刘佩智　刘诗嵩　刘春田　刘　湖
刘激扬　刘耀前　朱士范　朱仲明
朱绍录　沈士团　沈仁干　沈达明
沈尧曾　沈家琪　吴可同　邱平济
陈双来　陈立松　陈昭宽　陈美章
吕志英　陆志强　肖金山　汪敦泳
杨　凯　杨叶璇　杨金琪　欧万雄
郑文相　郑成思　郑松宇　周传仁
周传杰　周渊泉　昌金铭　张家襄
张厚英　张鲁民　张锦锐　罗燕生
须一平　贺元秀　高元道　高卢麟
高　航　高凌瀚　赵元果　赵宗康
赵春华　郭　禾　郭玉琦　郭寿康
柳谷书　姜志宏　胡明正　费宗祎
段瑞林　段瑞春　顾开信　徐　辛
倪宏兴　贾明知　殷宝桢　唐　毅
龚兆和　龚雅民　曹余尧　曹家瑞
曹宪志　黄卓著　黄勤南　夏淑华
夏勤农　程永顺　蒋伯雄　蒋宝玉
蒋康铭　董葆霖　谢佐鑫　裘安曼
楼垂品　熊尚彬　樊　华　魏启学
魏　彬

第二届(1995.10～2000.1)

名誉理事长　任建新　顾　明　武　衡　黄坤益
顾　　问　汤宗舜　田　夫
理 事 长　高卢麟
副理事长　(按姓氏笔划排序)
马连元(常务)　戈　泊　白大华
甘国屏　安玉涛　刘　杲　刘佩智
刘　湖　刘激扬　李雒英　沈士团
沈仁干　沈尧曾　郑成思　郑松宇
须一平　柳谷书　姜　颖　费宗祎
秘 书 长　吴湘文
副秘书长　(按姓氏笔划排序)
刘春田　陈昭宽　欧万雄　张锦锐
董天平　魏启学
常务理事　(按姓氏笔划排序)
马连元　王化鹏　王永源　戈　泊
牛煜华　白大华　石小梅　甘国屏
包冠乾　江天水　刑纯洁　安玉涛
刘　杲　刘佩智　刘春田　刘洪昆
刘　湖　刘激扬　乔德喜　李国华
李宪卿　李　维　李雒英　吴伯明
吴湘文　沈士团　沈仁干　沈尧曾
陈昭宽　陈美章　杨叶璇　杨金琪
孟　杨　欧万雄　张月姣　张百伟
张鲁民　张锦锐　郑成思　郑松宇
林柏楠　须一平　俞子清　郭玉绮
郭寿康　柳谷书　姜　颖　段瑞春
高大安　高卢麟　高凌瀚　顾开信
费宗祎　曹中强　黄勤南　宿　迟
常　城　程永顺　蒋志培　魏启学
理　　事　(按姓氏笔划排序)
弋才富　马连元　马秀山　王大渝
王月珍　王化鹏　王永源　王百江
王自强　王栋令　王　怡　王春霖
王桂丹　王晋杰　戈　泊　邓基联
牛煜华　白大华　石小梅　甘国屏
卢素华　包冠乾　宁星耀　孙忠民
江天水　迟少杰　刑纯洁　安玉涛
任　刚　任庆昌　吕志英　汤灼甜
刘　杲　刘　非　刘佩智　刘春田
刘波林　刘　剑　刘保孚　刘祖林
刘洪昆　刘桂荣　刘　湖　刘福来
刘激扬　刘耀前　许　超　乔德喜
李义敢　李文章　李国华　李俊华
李建诚　李彦章　李宪卿　李顺德
李　悦　李　维　李雒英　李樟云
吴人新　吴伯明　吴湘文　沈士团
沈仁干　沈尧曾　抑小衡　陈本发
陈仲华　陈明忠　陈昭宽　陈美章
邱平济　杨叶璇　杨克佃　杨志贤
杨金琪　杨晓光　孟　杨　宋培贤
陆普舜　欧万雄　张月姣　张玉瑞
张好兴　张百伟　张保国　张富文
张鲁民　张锦锐　范汉云　范国祥
庞正中　周传仁　金纪民　郑成思
郑松宇　罗邦玺　罗燕生　昌金铭
林建成　林炳辉　林柏楠　林爱枝
须一平　胡一鸣　胡佐超　胡光和
俞子清　俞建扬　贺元秀　赵元果
赵世坤　郭　禾　郭玉绮　郭寿康
柳谷书　衷诚宣　郝晓锋　姜　颖
段瑞春　高大安　高介福　高卢麟

高恒龙　高凌瀚　高振波　徐文方
徐秦中　顾开信　费宗祎　唐维云
曹中强　黄文霞　黄勤南　宿　迟
梁传运　常　城　董天平　董葆霖
程永顺　程时桓　蒋志培　蒋康铭
微　嘉　魏启学

第三届（2000.7～）

名誉理事长　任建新　顾　明　黄坤益　高卢麟
理　事　长　姜　颖
常务副理事长　马连元
副理事长　（按姓氏笔划排序）
丁忠泽　王化鹏　白大华　刘佩智
吴伯明　杨绵绵　陈昭宽　陈美章
林柏楠　郑成思　侯　林　段瑞春
须一平　钱永铭　彭言智
秘　书　长　赖　洪
副秘书长　（按姓氏笔划排序）
刘波林　张锦锐　范汉云　邰中林
常务理事　（按姓氏笔划排序）
丁忠泽　马连元　牛煜华
王化鹏　王友彭　王喜敏　史　敏
白大华　石小梅　乔德喜　刘佩智
刘波林　刘春田　许　超　吴伯明
吴秉芬　张鲁民　张锦锐　宋郑还
李　维　李文秀　杨绵绵　杨德炎
沈仁干　陈小筑　陈仲华　陈昭宽
陈美章　陈清龙　孟　杨　林柏楠
林炳辉　范汉云　范晓峰　邰中林
郑成思　郑特强　侯　林　姜　颖
段瑞春　须一平　唐善新　贾明如
钱永铭　顾栽延　高大安　宿　迟
曹中强　彭言智　程　伟　程永顺
葛红林　董天平　蒋志培　赖　洪
靳云平　穆德骏　魏启学
理　　事　（按姓氏笔划排序）
丁元德　丁忠泽　丁滨元　万学堂
卫茂才　马连元　马耀扬　尹新天
牛煜华　王　兵　王　澄　王化鹏
王友彭　王永昌　王延康　王喜敏
王景明　冯　坚　卢艳刚　史　敏
田云鹏　白大华　白京兆　石小梅
龙三群　乔德喜　任　刚　任中南
刘东威　刘佩智　刘波林　刘诗嵩
刘春田　刘通江　刘桂荣　刘激扬
向润华　吕志英　吕国强　孙文龙
成光祜　朱雪忠　许　超　邢冬生
齐相潼　严一民　严山义　余　刚
吴大建　吴伯明　吴秉芬　吴湘文
宋郑还　宋培贤　应　明　应善强
张　平　张习义　张好兴　张国鸿
张金隆　张清奎　张鲁民　张锦锐
李　政　李　悦　李　维　李文秀
李文章　李石新　李正培　李全寿
李宗全　李建诚　李朋义　李彦章
李顺德　李振谆　李雒英　李德威
杨叶璇　杨民宪　杨国华　杨建成
杨建君　杨波久　杨柏勇　杨晓光
杨铁军　杨绵绵　杨德炎　沈仁干
肖树志　迟少杰　邹　忭　陈小筑
陈仲华　陈如明　陈昭宽　陈美章
陈清龙　陈燕平　周传仁　周培荣
周新华　孟　杨　屈景明　昌金铭
林柏楠　林炳辉　罗东川　罗燕生
范汉云　范晓峰　邰中林　郑成思
郑胜利　郑特强　金劲松　金建忠
侯　林　侯丽叶　俞建杨　姜　颖
姜鹏明　段瑞春　胡　倬　胡一鸣
胡大卫　胡佐超　赵　刚　赵　宏
赵作审　赵春山　赵蓉民　须一平
唐维云　唐善新　徐秦中　索来军
翁贤明　贾明如　郭世栈　郭寿康
郭明浩　郭洪中　钱永铭　陶鑫良
顾栽延　高大安　高介福　高尚梅
高凌瀚　宿　迟　曹中强　彭言智
曾柳权　曾凡国　程　伟　程永顺
程时桓　葛红林　董天平　董葆霖
蒋志铭　微　嘉　蓝航伶　赖　洪
雷筱云　靳云平　雒书秋　穆魁良
穆德骏　魏启学

中国发明协会

第一届全国委员会（1985～1990）

名誉会长　聂荣臻
会　　长　武　衡
副会长　王崇伦　刘延东　严东生　张　维
张帼英　林宗堂　郭树言　聂　力
黄辛白　曹培生
干事长　张铁铮
副干事长　唐新民　王廷岚

第二届全国委员会（1990～1995）

名誉会长　聂荣臻
会　　长　武　衡
副会长　蒋民宽　李沛瑶　张　维　聂　力
高卢麟　杨烈宇　刘延东　张铁铮
安玉涛　曹培生　张开逊　周　林
干事长　安玉涛（兼）
副干事长　王文光（常务）　唐新民　王廷岚
肖志恒

委　　员　(按汉语拼音排序)

安玉涛　白云中　蔡　沐　蔡义钦
蔡祖泉　曹培生　曹渭白　陈壁光
陈传群　陈惠波　陈镜华　陈康怀
陈自新　程振登　崔　昆　邓南生
范朝来　戈建新　高　原

第三届全国委员会(1995～2000)

会　　长　武　衡

副 会 长　(按姓氏笔划排序)

包起帆　台震林　安玉涛　张开逊
张铁铮(女)　明廷华　周平　周林
郑哲敏　赵忠贤　郝　岩　袁纯清
聂　力(女)　曹培生　蒋民宽　滕一龙

干 事 长　明廷华(兼)

常务副干事长　刘祖林

副干事长　王文光　王廷岚　唐新民

委　　员　(按姓氏笔划排序)

马才珍(女)　于永进　王万钧
王文光　王　选　王永民　王百江
王绍祺　王廷岚　王春霖　王金涛
王耀羲　计重远　孙迎年　孙金龙
白拥政　左铁镛　叶天如　史光辉
包起帆　台震林　刘玉珩　刘永生
刘昌明(女)　刘建军(女)　刘诗嵩
刘　钧　刘祖林　刘耀前　朱　炎
朱奕庆　朱继峰　江旅安　安玉涛
匡培根(女)　邬廷芳　李之珍
李百长　李　苏　李　锋　李昌仁
李秀敏(女)　李德威　李树钧
陈自新　陈传群　陈惠波　陈肇雄
杨松桥　杨启文　吴佑寿　吴湘文
苏文礼　来辉武　汪文端　宋福祥
张万象　张开逊　张　刚　张　妥
张　勃　张金全　张铁铮(女)
张寅南　张　维　何宗贵　何黄彪
何额红(女)　孟英夫　周　平
周　林　郑国安　郑哲敏　武　衡
明廷华　欧阳晓明(女)　范朝来
赵忠贤　赵国欣　赵新华(女)
赵章光　姜华山　茹明定　柳小衡
郝　岩　郦志隆　俞润体　侯祥麟
唐天华　唐新民　高介福　高卢麟
徐荣祥　徐锦航(女)　袁纯清
袁隆平　聂　力(女)　秦海燕(女)
仇宏兴　梁克诚　黄友直　黄志镗
曹凤国　曹渭白(女)　曹培生
阎武宏　屠呦呦(女)　程玉华
程志青(女)　温邦彦　粟道云(女)
蒋民宽　董瑞湘(女)　蔡大烈
蔡　沐　雷天觉　雷电驰
路成玉(女)　詹庆富　滕一龙

第四届全国理事会(2000～)

理 事 长　倪志福

副理事长　(按姓氏笔划排序)

王　选　包起帆　台震林　朱育理
孙金龙　李　昌　李永安　张　耀
张岐山　明廷华　周国泰　赵忠贤
聂　力(女)　郭晓东　唐新民
谢丽娟(女)　蒋民宽

常务副理事长　聂　力(女)

秘 书 长　明廷华(兼)

副秘书长　李德威　杨启文　常恒慧(女)

理　　事　(按姓氏笔划排序)

于永进　马燕合　王　成　王　选
王　首　王永民　王廷岚　王绍祺
王金涛　王春霖　王振铎　王桂鑫
邓　军　冯长根　冯存礼　包起帆
台震林　史丰收　史光辉　甘　萍
石汇玉　伍正滢　刘永生　刘传绩
刘祖林　刘家栋　刘海新　匡培根
孙金龙　安玉涛　朱育理　何宗贵
何额红　余守志　吴绵才　宋培贤
张　伟　张　刚　张　耀　张开逊
张岐山　张铁铮　张新君　张景丰
张锦锐　李　昌　李之珍　李文玉
李永安　李百长　李树钧　李晓红
李浩林　李德威　来辉武　杨启文
杨绵绵　汪文端　沈荣发　连小勇
邹健强　邹德骏　邵敬联　陈　欣
陈　继　陈嘉泰　周　旭　周　林
周文志　周兆龙　周国泰　周建强
周素霞　明廷华　竺　玄　郑哲敏
金纪民　金达泉　姜万林　姜文汉
姜华山　柳小衡　胡宏伟　胡宗健
茹明定　荆　中　赵作审　赵忠贤
赵洪生　赵新华　郝晓英　郦志隆
倪　刚　倪志福　唐天华　唐新民
徐学洪　殷志强　秦海燕　聂　力
郭晓东　高介福　高忠兴　屠呦呦
崔　亮　常恒慧　曹凤国　曹培生
黄友直　黄正豫　曾庆炎　曾柳权
温邦彦　蒋民宽　谢丽娟　谢耕发
谢焕忠　詹庆富　翟述华　蔡　沐
蔡之兴　谭迪熬

顾　　问　侯祥麟　雷天觉　李　苏

名誉副理事长　曹培生　张开逊　周　林

中华全国专利代理人协会

第一届(1988)

名誉会长　蒋民宽　高卢麟

顾　　问　汤宗舜
会　　长　柳谷书
副 会 长　蒋宝玉　戈　泊　陈肖梅　陆方明
沈　怡
秘 书 长　金纪民
副秘书长　吴秉芬　石小梅　张英光　丁惠敏
常务理事　柳谷书　蒋宝玉　戈　泊　须一平
陈肖梅　陆方明　沈　怡　金纪民
罗　东　唐　华　廖元秋　杨士铨
理　　事　(按姓氏笔划排序)
丁洪学　王正发　王允方　王顺荣
戈　泊　冯忠亮　包冠乾　刘文意
李东辉　李　静　何麟毓　杨士铨
杨思东　陆方明　陈如明　陈肖梅
沈　怡　须一平　金纪民　张二群
张安国　张英光　张美娟　罗习群
罗　东　周　樱　郁慕湘　柳谷书
顾天华　顾路祥　唐　华　唐柏松
梁瑞林　蒋宝玉　廖元秋

第二届(1991)

名誉会长　蒋民宽　高卢麟
会　　长　柳谷书
顾　　问　汤宗舜
副 会 长　王正发　戈　泊　须一平　陈肖梅
陆方明　罗　东
常务理事　王燕秋　张英光　张美娟　郁慕湘
顾路祥　颜志祥　廖元秋　廖玉珍
秘 书 长　金纪民
副秘书长　吴秉芬　王彦斌　丁惠敏　陈如明
理　　事　(按姓氏笔划排序)
丁洪学　王正发　王兰凤　王连发
王肖武　王顺荣　王燕秋　戈　泊
牛煜华　石小梅　石本定　成义生
向源富　刘文意　刘天语　孙民兴
陆方明　何本谦　何麟毓　李东辉
吴可同　陈肖梅　陈如明　沈　怡
沈根水　罗习群　罗　东　金纪民
张贰群　张安国　张庆泰　张英光
张美娟　郑松宇　周素霞　郁慕湘
须一平　柳谷书　赵宗康　赵佳民
闻秀元　徐永乐　徐　娴　徐晓琴
徐薏华　顾路祥　唐柏松　黄首一
梁瑞林　龚雅民　塔西甫拉堤
廖元秋　廖立全　廖玉珍　颜志祥

第三届(1993)

名誉会长　蒋民宽　高卢麟　柳谷书
顾　　问　汤宗舜
会　　长　须一平
副 会 长　(以姓氏笔划排序)
戈　泊　王燕秋　李雒英　沈尧曾
罗　东　郑松宇　颜志祥
秘 书 长　金纪民
副秘书长　丁惠敏　李祥民　沈　怡　陈如明
周中琦　罗　宏
常务理事　(以姓氏笔划排序)
成义生　孙民兴　陈肖梅　沈根水
金纪民　张美娟　徐薏华　廖元秋
理　　事　(以姓氏笔划排序)
丁洪学　王兰凤　王　成　王连发
王鹏举　王锡麟　王燕秋　戈　泊
牛煜华　田文英　石本定　成义生
向源富　刘文意　刘天语　刘建国
孙民兴　任　力　何本谦　何麟毓
李云霞　李东辉　李本宁　李雒英
吴人新　吴可同　吴启运　陈肖梅
陈如明　沈尧曾　沈　怡　沈根水
罗　东　金纪民　张安国　张庆泰
张英光　张美娟　郑松宇　周素霞
须一平　柯柏成　赵佳民　闻秀元
姜士凤　徐永乐　徐薏华　聂孟民
塔西甫拉提　韩宝田　廖元秋
廖立全　廖玉珍　颜志祥　蔡聿鸿
臧慧敏

第四届(1995)

名誉会长　蒋民宽　高卢麟　柳谷书
顾　　问　马连元
会　　长　戈　泊
副 会 长　王燕秋　李雒英　陈肖梅　沈尧曾
罗　东　郑松宇　须一平
秘 书 长　金纪民
常务理事　王　勇　刘文意　刘天语　沈根水
杨中元　廖元秋　颜志祥　蔡聿鸿
穆德骏
理　　事　(按姓氏笔划排序)
丁洪学　丁美和　王允方　王连发
王　勇　王鹏举　王燕秋　戈　泊
牛煜华　田文英　白志斌　向源富
刘文意　刘天语　刘东升　刘建国
孙民兴　任　力　朱盛华　何本谦
何麟毓　李云霞　李东辉　李致宁
李雒英　吴人新　吴可同　吴启运
陈肖梅　陈如明　陈纪纲　沈尧曾
沈根水　杨中元　杨翼林　宋天平
罗　东　金纪民　张庆泰　张志刚
张英光　张荣玖　张　刚　郑松宇
须一平　柯柏成　郭中民　郭　防
闻秀元　饶黄裳　徐永乐　徐秦中
聂孟民　韩宝田　韩飘扬　楼高潮
廖元秋　廖立全　颜志祥　蔡聿鸿
穆德骏　臧慧敏　濮家蔚

副秘书长　丁慧敏　李祥民　沈　怡
陈如明　周中琦　罗　宏

第五届(1998)

名誉会长　高卢麟　马连元　柳谷书
顾　　问　须一平　戈　泊
会　　长　郑松宇(注:现代理会长:李雒英)
副 会 长　王燕秋　沈尧曾　陈肖梅
秘 书 长　金纪民
常务理事　丁洪学　牛煜华　刘天语　李　悦
李　强　陈如明　沈根水　杨中元
金纪民　郭　防　闻秀元　程　伟
楼高潮　穆德骏
理　　事　丁洪学　丁惠敏　王　申　王连发
王　勇　王　俊　王燕秋　王雄杰
王融生　牛煜华　方　放　白志斌
石本定　刘天语　刘东升　刘建国
任　力　朱盛华　安　丽　何本谦
李云霞　李　悦　李　强　李雒英
吴秉芬　肖剑南　汪锡安　陈肖梅
陈如明　陈纪纲　陈肇南　沈尧曾
沈根水　杨中元　杨翼林　金纪民
张志刚　张　洪　张　慧　张贰群
郑松宇　郑特强　郭中民　郭　防
闻秀元　徐永乐　徐关寿　徐秦中
聂孟民　高尚梅　梁　辉　程　伟
彭一江　楼高潮　廖立全　蔡学俊
颜志祥　穆德骏　濮家蔚
副秘书长　顾惠忠　安京生　姜建成
(以上排名不分先后)

中华商标协会

名誉会长　薄一波
顾　　问　张劲夫　袁宝华　吕　东
邹　瑜　曾宪梓
会　　长　刘敏学
副 会 长　周明臣　李安建　宣捍东　赵新先
张冬科　葛文耀　刘保孚
秘 书 长　王景明
副秘书长　袁有祥　刘春田
常务理事　于善福　解维坤　王光兴　白大华
殷顺海　李必达　李克穆　杨启照
卢　平　杨小鹏　马　跃　陈国有
江玉森　陈博生　张巨声　季克良
张玉峰　宗庆后　徐雪华　肖　刚
宇国瑞　马须伦　苏寿南　王大中
孙立坚　蒋国才　刘瑞旗　杨中毅
倪润峰　张瑞敏　张东明　吴秉新
翟美卿　王林祥　王国春　林功尊
高玉文　雷世忠　赵景文　吕仲英
张文蔚　王正在　乐朝沛　卢士贤
滕志荣　刘佩智　吴洪元　王景明
袁有祥　李福成　李全寿　朱德坤
刘扬武　郑成思
理　　事　马声宏　梁英奇　王正林　叶慧伦
翟增辉　刘　巍　林　引　李国进
沈关生　沈国钧　别晓壮　吴冠群
来辉武　何伯权　欧万雄　杨金琪
杨竹清　彭追远　陈世增　金咸文
张鸿镇　黄本坚　金建华　林宏恩
彭作义　赵义奎　吕远杰　俞观山
高风来　许荣祥　许兴尧　何世斌
耿新伟　曹中强　章　立　陶国峰
程永顺　鲁群生　刘炳银　邱振新
张慧瑜　王效金　魏启学　陈应革
张　和　刘慧鸣　董　阳　崔桂亮
李东生　李家顺　叶仙玉　林维盛
何　秀　陶建幸　福季强　钟虹光
黄维祝　王占国　李建昌　李显光
孟向松　张志昂　周有富　赵嘉祥
寿彩凤　洪志明　范汉云　罗活活
范国祥

中国版权研究会

第一届理事会(1990年3月)

名誉理事长　任建新
顾　　问　顾　明　江　平　陈　原　许力以
佟　柔　汪　衡　郑成思
理 事 长　宋木文
副理事长　(按姓氏笔划排序)
刘　杲　黄曙海　谢怀轼　柳谷书
郭寿康
秘 书 长　沈仁干
副秘书长　(按姓氏笔划排序)
刘春田　陈昭宽
常务理事　(按姓氏笔划排序)
王立平　王正发　邓兴器　田大畏
朱启超　伍　杰　刘　杲　刘春田
刘激扬　李　奇　李　詈　肖　峋
沈仁干　宋木文　玛拉沁夫　张书义
张　契　欧万雄　周贤奇　孟伟哉
赵　寻　柳谷书　夏淑华　郭寿康
黄勤南　黄曙海　蒋龙翔　谢怀轼

第二届理事会(1993年5月)

名誉理事长　任建新
顾　　问　顾　明　江　平　陈　原　许力以
黄曙海　谢怀轼

理 事 长 宋木文
副理事长 （按姓氏笔划排序）
刘 杲（常务） 沈仁干 郑成思
柳谷书 郭寿康 曹康泰
秘 书 长 沈仁干
副秘书长 （按姓氏笔划排序）
王化鹏 刘春田 何山 陈昭宽（常务）
常务理事 （按姓氏笔划排序）
于金兰 王化鹏 王立平 王正发
韦 克 邓兴器 石小梅 田大畏
史梦熊 朱启超 伍 杰 刘 杲
刘春田 刘春茂 刘激扬 孙权科
安智光 李 詈 李雕英 玛拉沁夫
何 山 何其昌 沈仁干 宋木文
应 明 张书义 张俊浩 张 契
陈昭宽 郑成思 欧万雄 周贤奇
孟伟哉 赵 寻 柳谷书 贾明如
夏淑华 高凌瀚 郭寿康 陶有法
曹康泰 梁光弟 梁志强 康式昭
鲁 刚 程季华 裘安曼
理 事 （按姓氏笔划排序）
丁大安 丁桥先 于金兰 才 华
马晓刚 孔三行 王化鹏 王立平
王正发 王 申 王自荣 王自强
王克衷 王若军 王顺荣 王 骅
王桂海 王海峰 王继安 王登平
王耀梁 牛新民 韦 克 邓兴器
龙斯荣 尹 莉 石小梅 石振勤
田大畏 史可荣 史梦熊 白 瑜
吕淑琴 朴东生 成志谷 朱平山
朱启超 朱明远 朱树森 朱效亮
朱景和 伍 杰 乔 羽 任 彦
刘广明 刘白驹 刘东威 刘孝纯
刘 杲 刘国富 刘建珩 刘波林
刘春田 刘春茂 刘森民 刘激扬
齐相潼 许光远 许 超 孙友海
孙权科 孙金海 安智光 华 夏
李大元 李文兵 李应奇 李社来
李 维 李 詈 李鹏程 李雒英
肖永真 玛拉沁夫 吴汉东
何 山 何其昌 汪永标 沈仁干
沈昌文 宋木文 应 明 张书义
张玉岭 张成德 张志业 张赤军
张建申 张武林 张俊浩 张佩霖
张树英 张根宝 张 契 张鹏远
陈水源 陈昭宽 陈 钟 陈美章
陈谈强 陈煜斌 杨 伟 杨明仑
杨学彰 杨 震 林 立 林尔蔚
林 涛 欧万雄 周 林 周贤奇
郑成思 郑守衍 郑邦俊 郑明亮
屈景明 孟伟哉 赵 寻 赵建勋
柏玉华 胡 恩 柳谷书 钟颖科
侯建英 贾明如 贾 健 夏光明
夏淑华 袁厚春 徐 庄 高炳章
高 航 高凌瀚 郭 禾 郭寿康
郭志明 金渝林 陶世义 陶有法
陶庆军 谈承宗 黄勤南 曹康泰
崔玉林 常大林 梁光弟 梁志强
康式昭 鲁 刚 程季华 曾宪治
蒋龙翔 傅庚仲 靳国君 詹朝强
裘安曼 翟一我 翟丽凤 雒书秋
樊 拓 熊明轩 戴 群 缪超群
魏 彬

中国音乐著作权协会

第一届理事会（1992.9～1999.4）

名誉主席 李焕之
主 席 王立平
副 主 席 沈仁干
总 干 事 裘安曼 常城
常务副总干事 屈景明
副总干事 孙建红 赵 平 高华苓
常务理事 陈晓光 杜鸣心 谷建芬 刘春田
刘森民 刘 薇 刘文金 倪和文
乔 羽 裘安曼 沈仁干 施万春
王化鹏 王立平 王 酩 王世光
徐沛东

第二届理事会（1999.4～）

名誉主席 李焕之 吴祖强
主 席 王立平
副 主 席 沈仁干 谷建芬
总 干 事 常 城 王化鹏
常务副总干事 屈景明
常务理事 常 城 陈晓光 杜鸣心 谷建芬
雷 蕾 刘春田 刘 薇 刘文金
倪和文 乔 羽 沈仁干 王化鹏
王立平 王世光 徐沛东 阎 肃
张丕基 赵季平

先进集体及个人

全国专利系统先进集体
1991

中华人民共和国专利局
中华人民共和国人事部　表彰

北京化学工业集团公司专利管理办公室
北京市大兴县科委工业专利管理科
北京电视机厂情报专利室
天津市专利管理局
天津市电机总厂专利委员会
天津化工厂专利委员会
中国技术市场报社法律部专利组
河北省专利事务所
河北省唐山钢铁公司科技处专利科
山西太原钢铁公司技术处专利管理办公室
内蒙古自治区包头市专利事务所
辽宁省专利管理局
辽宁省大连市专利管理处
辽宁省沈阳市专利事务所
鞍山钢铁公司科技处专利科
吉林省专利管理处
吉林省长春市专利事务所
吉林省油田管理局专利办公室
黑龙江省专利服务中心
黑龙江省哈尔滨市专利管理处
黑龙江省大庆石油管理局科技发展部专利管理室
上海第五钢铁厂专利事务室
上海化工专利事务所
上海市专利管理局
江苏省专利管理局
江苏省盐城市专利管理处
江苏省南京化学工业(集团)公司专利事务所
江苏省南通市专利管理处
浙江省专利管理局
浙江省温州市专利管理局
浙江省杭州市专利事务所
安徽省蚌埠市专利事务所
中国扬子电器公司电冰箱总厂商标专利处
福建师范大学科研生产处
江西省专利事务所
山东省专利管理局
山东省烟台市专利管理处
山东省淄博市专利代理事务所
山东省青岛市专利管理处
河南省开封市科委专利管理科
河南省专利代理中心
湖北省专利管理局
湖北省黄石市专利管理局
湖北省武汉市专利事务所
第二汽车制造厂专利事务所
湖南省专利管理局
湖南省湘潭市专利管理办公室
湖南省长沙市专利事务所
航空航天工业部南方动力机械公司专利事务所
广东省专利管理局
广东省广州市专利管理办公室
广东省江门市专利办公室
广西壮族自治区桂林市专利事务所
四川省专利管理局
四川石油管理局科技处专利办公室
四川省万县地区专利事务所
贵州省专利服务中心
昆明钢铁公司技术处专利科研科
陕西省专利管理局
陕西省发明专利服务中心
陕西省宝鸡市专利事务所
青海省专利管理局
宁夏发明专利服务中心代理室
新疆维吾尔自治区石河子市专利事务所
海南省海口罐头厂专利办公室
北京农业工程大学专利事务所
北京林业大学专利事务所
建设部专利代理事务所
冶金工业部冶金专利事务所
机械电子工业部机械专利服务中心
天津市电子仪表工业管理局科技处
上海市轻工业局专利事务室
航空航天工业部科技司综合技术处
清华大学专利事务所
浙江大学专利代理事务所
中国科学院上海专利事务所
中国核工业总公司专利管理处
中南工业大学专利办公室
河南石油勘探局专利管理办公室
中国人民解放军总后勤部专利服务中心
中国专利代理(香港)有限公司

全国专利系统先进工作者
1991

中华人民共和国专利局
中华人民共和国人事部　表彰

(按姓氏笔划排序)

王桂丹　黑龙江省专利管理处处长、高级工程师
王蕴华(女)天津市电子仪表工业管理局科技处工程
申安文　上海第五钢铁厂专利事务室主任、工程师
刘曼朗　冶金工业部科技司副处长、高级工程师
陈向东　浙江省瑞安市专利管理处副处长、助理工程师
杨逢春　内蒙古自治区包头市专利事务所所长、副研究员
杨艳春(女)河北省秦皇岛市专利事务所副所长、副研究员
孟景前　湖北省襄樊市专利事务所副所长、高级工程师
罗邦玺　广西专利管理处处长、高级工程师
郑寿亭　山东省专利管理局局长、副研究员
须一平　上海专利事务所所长、研究员
翟中平　陕西省宝鸡市专利事务所科员、助理研究员

全国专利系统先进个人
1991

中华人民共和国专利局　表彰

王俊民　北京市专利管理局总工程师、工程师
吴其瑞　北京市科学技术情报研究所副所长、副研究员

卢炳森　北京燕山石油化工公司科长、高级工程师
李本源　首都钢铁公司科研部专利调研员、工程师
朱　琨　北京市建筑工程专利代理事务所所长、教授级高级工程师
李景春　中国人民解放军第3522工厂厂长、工程师
张彦昌　天津市保温容器公司副经理、工程师
王淑香(女)天津市化学工业局科技处高级工程师
解松凡　南开大学专利事务所所长、高级工程师
李振国　河北省专利管理处处长、副研究员
陈润生　河北冶金企业集团公司专利代理副研究员
杨瑞志　河北省唐山市科委技术员
冯保明　山西省阳泉市科委科长、工程师
闻秀元　山西省太原专利事务所所长、工程师
齐　英　内蒙古自治区专利管理处主任科员
朱绍禄　辽宁省专利管理局副局长、工程师
王继顺　辽宁省大连市专利管理处处长、高级工程师
谢佐鑫　辽宁省沈阳市专利管理局主任、工程师
张忠信　辽宁省锦西市科委专利科科长、工程师
杜海琛　辽宁省专利管理局办公室副主任
许宗富　辽宁专利事务所工程师
曹丽华(女)辽宁省锦州市科委副处长
唐　永　吉林省四平市专利事务所所长、助理研究员
郭来伏　吉林省延边朝鲜族自治州专利事务所所长、高级工程师
单兆全　吉林省专利服务中心科长、工程师
高建平　吉林省辽源市专利事务所所长、工程师
曹忠靖　黑龙江省齐齐哈尔市科委专利事务所副所长、高级工程师
陈雅平　黑龙江省绥化行署专利事务所副科长、助理研究员
张传祥　黑龙江省牡丹江市科委专利事务所科长、助理研究员
黄志坚　黑龙江省双鸭山市科委专利事务所科长、助理研究员
金丽琍(女)上海铁路局科委高级工程师
江　瑜(女)上海市仪表电讯工业局科技情报所工程师、局专利事务室负责人
陶鑫良　上海工业大学专利事务所副所长、讲师
吕渭春　上海市化工装备研究所情报室主任、工程师
孙苇隆　江苏省苏州市专利管理办公室主任、工程师
夏海初　江苏省常州市科委专利管理科科长、工程师
朱永明　江苏省南通市专利管理处副科长、工程师
史建群　江苏省宜兴市科委
陈静巧(女)江苏省淮阴市科委高级工程师
易敬德　江苏省常熟市科委专利办公室主任、农业经济师
徐冬涛　江苏省专利服务中心实习研究员
唐柏松　浙江省专利事务所副所长、工程师
陈祯祥　浙江大学专利代理事务所所长、副教授
金新寿　浙江省玉环县专利服务站工程师
胡杰平　浙江省金华市专利事务所副所长、助理研究员
陈肇南　浙江省温州市专利事务所所长、副研究员
高桂珍(女)安徽省马鞍山市科委专利事务所助理研究员
吴　斌　安徽省六安地区专利事务所所长、助理研究员
程增英　福建省福州市专利管理处处长、助理工程师
马应森　厦门大学专利代理事务所所长、讲师
刘福来　江西省专利管理局副局长、高级工程师
卢和炳　江西省赣州地区专利事务所所长、工程师
孙德民　山东省烟台市专利管理处处长、副研究员
连海国　山东省威海市专利管理处副处长、工程师
丁金德　山东省潍坊市专利管理局负责人、工程师
牟海锋(女)山东省济南市科委成果专利处处长、助理工程师
宁钦亮　山东省临沂地区科委成果专利科工程师
张秀荣(女)山东省枣庄市科委成果专利科科长、工程师
张天禧　河南省南阳地区专利管理局副局长、工程师
徐皂兰　河南省专利管理局实施处处长、工程师
郭中民　河南省郑州市专利事务所负责人、工程师
张智和　河南省安阳市科委工程师
张秀英(女)湖北省十堰市科委专利管理科科长、高级工程师
方　放　华中理工大学专利事务所所长、副教授
张安国　湖北省专利事务所所长、高级工程师
王　耘　湖北省宜昌地区专利事务所助理工程师
杨松桥　湖南省专利管理局局长、助理研究员
张美娟(女)湖南省专利服务中心主任、副研究员
夏宗福　湖南省益阳地区专利事务所所长、副研究员
王法男　湖南省株州市专利事务所所长、助理研究员
彭扬民　湖南省零陵地区专利事务所所长、副研究员
黄子平　机械电子工业部第八设计研究院工程师
卢钟廷　湖南省湘潭市专利管理办公室主任、副研究员
王雄杰　广东省深圳市专利服务中心负责人、工程师
杨秀华(女)广东省珠海市专利办公室副主任、工程师
张应保　广东省汕头市专利管理处主任、助理研究员
朱永忠　广东省佛山市专利办公室副主任、工程师
余炳和　中国科学院广州专利事

务所负责人、工程师

何本谦　广东专利事务所副所长、高级工程师

邱振泉　广西壮族自治区玉林地区专利事务所所长、工程师

隆天友　四川石油管理局川东钻探公司科长、工程师

江晓萍(女)四川省专利服务中心工程师

陆志强　四川省重庆市专利管理处副处长

陈智伦　四川大学专利事务所所长、副教授

谭昌驰　冶金工业部攀枝花钢铁公司科技处副科长

詹福五　四川省自贡市专利事务所工程师

吕景新　011基地技术情报所专利事务所负责人、工程师

王妙德　贵州省遵义市专利事务所副所长、助理研究员

李义敢　云南省专利管理处处长、副研究员

罗　东　云南省专利事务所所长、工程师

高家福　铁道部科技情报所铁路专利咨询服务中心主任、副研究员

梁瑞林　航空航天工业部航空专利事务所主任、工程师

王兰凤(女)航空航天工业部第707研究所航天专利事务所副所长、高级工程师

丁英烈　清华大学专利事务所副所长、副研究员

陈美章(女)北京大学专利事务所所长、副教授

张耀光　广播电影电视部科技司专利标准处副处长、高级工程师

迮永清(女)国家建筑材料工业局科技中心处长、高级工程师

蒋家华(女)国家建筑材料工业局南京玻璃纤维研究设计院高级工程师

杨淑愚(女)国家医药管理局专利成果处副处长、研究员级高级工程师

高存秀(女)中国科学院物理研究所专利办公室工程师

王大珠(女)第一汽车制造厂专利事务所主任工程师、高级工程师

汪惠民　中国科学院沈阳专利事务所所长、高级工程师

杨竹清　核工业专利法律事务所工程师

王松山　机械电子工业部第204研究所科技委秘书、高级工程师

徐永乐　中国船舶工业总公司专利事务所所长、高级工程师

曹诗健　中国石油化工总公司石油化工科学研究院专利事务所负责人、高级工程师

母宗绪　北京有色金属研究总院高级工程师

王连发　中国有色金属工业总公司技术经济研究中心信息室主任、高级工程师

孙景友　辽河石油勘探局科技发展部高级工程师

黄雪兰(女)中国矿业大学科研处专利事务所所长、高级工程师

刘寿椿　国防专利事务所副所长、高级工程师

周维平　中国人民解放军总参谋部工程兵技术装备研究所工程师

王正发　中国国际贸易促进委员会专利代理部部长、副研究员

吴伟成　中国专利局审查一部副部长、副研究员

范明娥(女)中国专利局审查四部研究员

王丰岚　中国专利局烟台专利干部进修学院副院长、高级工程师

王星亮　中国专利局文献部科长、助理馆员

全国专利工作先进单位
1995年

中华人民共和国专利局表彰(排名不分先后)

江苏省专利管理局
辽宁省专利管理局
山东省专利管理局
湖南省专利管理局
浙江省专利管理局
四川省专利管理局
上海市专利管理局
河南省专利管理局
湖北省专利管理局
天津市专利管理局
内蒙古自治区专利管理处
陕西省专利管理局
新疆维吾尔自治区专利管理局
国家教委科技管理中心成果专利处
电子工业部科技与质量监督司专利管理处
冶金部科技司综合处
中国科学院计划财务局专利处
中国石油化工总公司发展部专利处
中国航空工业总公司科技局综合管理处及专利管理办公室

全国专利工作先进市

沈阳市　广州市　西安市
苏州市　潍坊市　四平市
顺德市　瑞安市　龙口市

全国先进专利代理机构

中国专利代理(香港)有限公司
贸促会专利商标事务所
上海专利商标事务所
冶金专利事务所
河北省专利事务所
宁波市专利事务所
广州市专利事务所
天津市专利事务所
湖南省专利事务所
江苏省专利事务所
北京市专利事务所
云南省专利事务所
重庆市专利事务所
中国人民解放军总后勤部专利中心
沈阳市专利事务所
中科院上海专利事务所
贵州省专利服务中心
三友专利事务所

全国专利工作先进高等院校

清华大学
石油大学(华东)
浙江大学
东南大学

西安交通大学
哈尔滨工业大学
中国矿业大学
南京理工大学
华南理工大学
吉林工业大学
北京大学

全国专利工作先进科研院所

冶金工业部钢铁研究总院
中国石油化工总公司石油化工科学研究院
中国科学院沈阳金属研究所
中国科学院上海有机化学研究所
中国科学院上海光学精密机械研究所
电子工业部第五十四研究所
军事医学科学院
中国有色金属工业总公司昆明贵金属研究所
冶金部长沙矿冶研究院
湖北省化学研究所
青海省新能源研究所
天津市林业果树研究所

全国专利工作先进企业

鞍山钢铁公司
北大方正集团公司
辽河石油勘探局
四川石油管理局
唐山钢铁(集团)公司
齐鲁石油化工公司
海尔集团公司
哈慈集团股份有限公司
中原石油勘探局
东风汽车公司
马鞍山钢铁股份有限公司
南京化学工业(集团)公司
山东新华制药厂
湖南迅达集团
沈阳黎明发动机制造公司
天津中药集团股份有限公司
新余钢铁有限责任公司
中山威力集团公司
中国扬子电气(集团)公司
上海第五钢铁厂
渤海化工(集团)股份有限公司天津化工厂
广西黑五类食品集团公司(原广西南方儿童食品厂)
太原重型机械集团公司
海口罐头厂
西安启明新材料有限公司(集团)
常柴股份有限公司
福建省仙游电机总厂
杭州东宝电器公司
昆明重型机器厂
大连造船厂
宁夏三新技术有限公司

全国专利系统先进工作者
1995

中华人民共和国专利局
中华人民共和国人事部 表彰

刘永生 新疆维吾尔自治区专利管理局
舒万淑(女)河南省专利管理局
张美娟(女)湖南省专利管理局
孙苇隆 苏州市专利管理办公室
何麟毓 广州市专利事务所
陈景书 唐山钢铁(集团)公司科技处专利科
陈守国 南昌市专利事务所
解振邦 湖北省专利管理局
李　平(女)上海市轻工业局专利事务所
陈小筑(女)电子工业部科技质量司
廖元秋(女)清华大学专利事务所
徐永乐 中国船舶工业总公司专利事务所
李展明 中南工业大学专利办公室
孙德民 烟台市专利管理局
吴伟成 中国专利局初审及流程管理部
林朝熙 中国科学院福建物质结构研究所
李兰英(女)中国科学院上海光学精密机械研究所
张　怡(女)云南省专利事务所
邓　颐(女)石油化工科学研究院
孙连伟 辽宁省盘锦市专利事务所

全国专利系统先进集体
2000

中华人民共和国人事部
国家知识产权局 表彰

北京市

北京市专利管理局专利管理处
中科专利商标代理有限责任公司

天津市

天津化工研究设计院科研处

河北省

河北省专利管理局实施计划处
石家庄市专利管理局
唐山钢铁集团有限责任公司科学技术处

山西省

阳泉市专利管理办公室
山西省专利服务中心

内蒙古自治区

内蒙古哲里木盟专利管理局

辽宁省

辽宁省专利管理局市场处
沈阳市专利管理局

吉林省

吉林省专利管理局综合计划部
吉林省专利服务中心
吉林石油集团有限责任公司科技发展处

上海市

上海市专利管理局法律事务处
上海专利商标事务所
上海石油化工研究院科研管理处
上海宝钢集团公司技术部知识产权室

江苏省

武进市科委专利管理科

浙江省

浙江省专利管理局办公室

安徽省

合肥美菱股份有限公司总师办

福建省

中国科学院福建物质结构研究所科技处

江西省

江西江中制药厂技术中心

山 东 省

山东省专利管理局法律事务处
青岛市专利服务中心
海尔集团公司法律事务中心

河 南 省

河南省专利管理局专利管理处

湖 北 省

湖北省专利管理局综合管理处
武汉市专利管理局
湖北省化学研究所科技办公室
江汉石油钻头股份有限公司科研管理处

湖 南 省

衡阳市专利管理局
中南工业大学专利科
巴陵石化鹰山石油化工厂知识产权办公室

广 东 省

广东省专利管理局法制处
广州市专利管理局
顺德市专利管理办公室
华南理工大学科研处
美的集团股份有限公司科技管理部

广西壮族自治区

广西黑五类食品集团公司知识产权部
柳州市建筑机械总厂技术中心

海 南 省

椰树集团有限公司专利工作小组

重 庆 市

重庆市专利事务所
重庆钢铁(集团)有限责任公司总师办

四 川 省

四川省专利管理局法律事务处
德阳市专利管理局

云 南 省

昆明贵金属研究所知识产权办公室
昆明制药股份有限公司技术发展部

贵 州 省

贵州工业大学专利管理办公室
中国贵州航空工业(集团)有限责任公司专利管理办公室

陕 西 省

汉中市专利管理处

甘 肃 省

甘肃省专利服务中心

新疆维吾尔自治区

石河子市专利事务所
新疆东方奥斯曼化妆品有限公司知识产权部

国务院有关部委、直属机构

国防专利局审查部
中国科学院大连化学物理研究所科技处
中国科学院上海光学精密机械研究所科技处
中国科学院长春光学精密机械与物理研究所科技处
中国科学院化学研究所科技处
中国科学院山西煤炭化学研究所科技处
中国航天机电集团第二研究院北京电子文献服务中心
北京航空材料研究院知识产权办公室
中国运载火箭技术研究院质量技术部技术处
信息产业部电子知识产权咨询服务中心
中国石油化工集团公司技术开发中心
中国石化集团胜利石油管理局科技处
中国石油化工集团公司石油化工科学研究院知识产权处
中国石油天然气集团公司辽河石油勘探局知识产权办公室
中国石油天然气集团公司四川石油管理局知识产权办公室
同济医科大学科研处
清华大学科学技术处
浙江大学科学技术处
华中理工大学科学研究与技术开发处
南京玻璃纤维研究设计院科研管理处
东风汽车公司知识产权办公室
中国嘉陵工业股份有限公司(集团)技术中心
江南造船(集团)有限责任公司综合技术研究所
哈尔滨飞机工业(集团)有限责任公司知识产权办公室

全国专利系统先进工作者 2000

中华人民共和国人事部
国 家 知 识 产 权 局 表彰

北 京 市

高永迈　北京市专利管理局处长

河 北 省

李国昌　河北省专利管理局主任科员
董定玉(女)露露集团有限责任公司知识产权部经理

山 西 省

雷立康　山西省专利服务中心代理部部长

内蒙古自治区

安　平(女)包头市专利管理处处长

吉 林 省

冯　巍　吉林省农业科学院院长

黑龙江省

吴国清　黑龙江省专利管理局副局长

江 苏 省

倪晓峰　盐城市专利管理局局长

浙 江 省

陈乾康　温州市专利管理局局长

福 建 省

马应森　厦门大学专利代理事务所所长

江 西 省

周少华　鹰潭市专利事务所所长

河南省

王　锋　郑州大学科研处副处长

湖南省

王法男　株洲市专利管理局局长

李翠梅（女）中国南方航空动力机械公司高工

广西壮族自治区

张荣玖（女）柳州市专利事务所所长

黄益富　桂林市康兴激光仪器厂厂长

重庆市

张爱云（女）重庆钢铁设计研究院知识产权部主任

四川省

华景和　德阳市专利管理局局长

云南省

程韵波（女）昆明理工大学科研处副研究员

马晓青（女）中国科学院昆明植物研究所高工

陕西省

徐秦中　陕西省发明专利服务中心副主任

国务院有关部委、直属机构

周　静（女）教育部科技发展中心处长

高锡明　信息产业部电子第54所工程师

崔立增　国家海洋局专利事务所主任

马　燕（女）中国石油化工集团公司技术开发中心副处长

胡志文　中国石油天然气集团公司大庆石油管理局科技处副主任

成光祜　钢铁研究总院知识产权办公室主任

许宗富　中国科学院沈阳专利事务所所长

王晓多　中国科学院西安光学精密机械研究所副处长

李　悦（女）中科专利商标代理有限责任公司　总经理

全国版权工作先进集体

国家版权局2000年3月6日公布

北京市版权局版权执法处

天津市版权局版权处

黑龙江省版权局版权处

吉林省版权局版权处

辽宁省版权局版权处

辽宁省鞍山市版权局

内蒙古自治区版权局版权处

山东省版权局版权处

山东省济南市版权局

陕西省版权局版权处

湖北省武汉市版权局版权处

湖南省版权局版权处

湖南省长沙市版权局

江苏省版权局版权处

江苏省南通市版权局

上海市版权局版权处

上海市版权代理公司

安徽省版权局版权处

福建省版权局版权处

广东省版权局版权处

广州市版权局版权法规处

广西壮族自治区万达版权代理公司

四川省版权局版权处

四川省版权保护协会

贵州省版权局版权处

甘肃省版权局版权处

中国软件联盟

中国软件登记中心

中国电视节目代理公司

中国作家协会作家权益保障委员会

中国音像协会

中国音乐著作权协会许可证部

全国版权工作先进个人

国家版权局2000年3月6日公布

刘志伟　北京市版权局案件调解处

王会友　北京市版权局版权执法处

苏志军　北京版权代理有限责任公司

孙金海　天津市版权局版权处

李春香（女）天津市版权代理公司

邱鸿程　黑龙江版权局版权处

刘　忠　黑龙江省版权代理公司

雒书秋（女）吉林省版权局版权处

杨波久　辽宁省版权局版权处

赵延志　辽宁省沈阳市版权局版权处

李东平（女）辽宁省大连市版权局版权处

潘玉英（女）内蒙古自治区版权局版权处

李应奇　河北省版权局版权处

庞惠静（女）河南省版权局版权处

高灿华　河南省开封市新闻出版（版权）局

孟宪民　山东省淄博市版权局

辛明东　山东省潍坊市版权局版权科

夏永清　山东省威海市版权局版权科

赵　岗　陕西省版权局版权处

吴道银　湖北省荆门市版权局

陈洪华　湖北省宜昌市版权局版权科

符志华　湖南省常德市版权局版权科

李平军　湖南省娄底市版权局版权科

刘专可　湖南省郴州市版权局版权科

曾凡超　江西省版权局版权处

徐　海　江苏省版权局版权处

孙安中　江苏省连云港市版权管理办公室

费兴南　江苏省无锡市版权局版权处

余国光　上海版权保护协会

薛　彬（女）中国音乐著作权协会上海代表处

蒋祖华　浙江省版权局版权处

夏光明　安徽省版权局版权处

陈新亮　广东省深圳市版权局

蒋健成　广东省珠海市版权局

翁小庆　广东省汕头市版权局

黄永贵　广东省东莞市版权局

向润华　广西壮族自治区版权局版权处

李承武　广西壮族自治区版权局版权处

刘水云　云南省版权局版权处

黄　煜（女）四川省版权局版权处

黄友琼　四川省成都市版权局版

权处
沈文忠　重庆市版权局版权处
谈承宗　贵州省版权局版权处
卢旺存　甘肃省版权局版权处
张维民　甘肃省兰州市文化出版局
何洪庆　宁夏回族自治区版权局版权处
王海峰　青海省版权局版权处
巴哈古丽(女)新疆维吾尔族自治区版权局版权处
高　群　中国软件联盟
郑祥武　九洲音像出版公司版权贸易部
张树英(女)中国作家协会作家权益保障委员会
焦广田　中国版权保护中心代理一部
屈景明　中国音乐著作权协会
江　远　中国出版工作者协会版权工作委员会

1995年度全国商标管理工作先进单位

北京市工商行政管理局商标广告管理处
上海市工商行政管理局商标广告管理处
江苏省工商行政管理局商标广告管理处
广东省工商行政管理局商标管理处
山西省工商行政管理局商标广告管理处
北京市东城区工商行政管理局商标广告管理科
北京市朝阳区工商行政管理局商标广告管理科
北京市顺义县工商行政管理局商标广告管理科
上海市卢湾区工商行政管理局商标广告管理科
上海市虹口区工商行政管理局商标广告管理科
上海市徐汇区工商行政管理局商标广告管理科
天津市塘沽区工商行政管理局商标广告管理科
天津市和平区工商行政管理局商标广告管理科
河北省石家庄市工商行政管理局商标广告管理处
河北省唐山市工商行政管理局商标广告管理科
山西省运城市工商行政管理局商标广告管理科
内蒙古自治区呼和浩特市工商行政管理局
辽宁省沈阳市工商行政管理局商标管理处
辽宁省大连市工商行政管理局商标广告管理处
吉林省榆树市工商行政管理局商标广告管理科
黑龙江省哈尔滨市工商行政管理局南岗分局商标广告管理科
江苏省无锡市工商行政管理局
江苏省常州市工商行政管理局商标广告管理科
江苏省姜堰市工商行政管理局商标广告管理股
浙江省宁波市工商行政管理局商标广告管理处
浙江省温州市工商行政管理局商标广告管理处
浙江省富阳市工商行政管理局商标广告管理科
安徽省淮北市工商行政管理局
安徽省蚌埠市工商行政管理局
江西省萍乡市工商行政管理局直属分局
福建省厦门市工商行政管理局商标广告管理处
福建省南安市工商行政管理局商标广告管理科
山东省淄博市工商行政管理局商标广告管理科
山东省青岛市工商行政管理局商标广告管理处
河南省洛阳市工商行政管理局商标广告管理科
河南省鹤壁市工商行政管理局商标广告管理科
湖北省仙桃市工商行政管理局商标广告管理科
湖北省武汉市桥口区工商行政管理局商标广告管理科
湖南省邵阳市工商行政管理局商标广告管理科
湖南省岳阳市工商行政管理局商标广告管理科
广东省广州市工商行政管理局商标广告管理处
广东省深圳市工商行政管理局商标管理处
广东省开平市工商行政管理局商标广告管理股
海南省海口市工商行政管理局商标广告管理科
广西壮族自治区梧州市工商行政管理局商标广告管理科
广西壮族自治区宾阳县工商行政管理局商标广告管理股
四川省成都市工商行政管理局商标管理处
四川省重庆市工商行政管理局商标管理处
四川省万县市工商行政管理局商标广告管理所
贵州省黔东南自治州工商行政管理局商标广告管理科
云南省玉溪市工商行政管理局商标广告管理科
陕西省宝鸡市工商行政管理局商标广告管理科
甘肃省武威市工商行政管理局
青海省西宁市工商行政管理局商标广告管理科
宁夏回族自治区石嘴山市工商行政管理局商标广告管理所
新疆维吾尔自治区石河子市工商行政管理局商标广告管理科

1995年度全国商标管理工作先进个人

尹宝生　北京市崇文区工商行政管理局科长
郭平宽　北京市西城区工商行政管理局科长
齐永志　北京市丰台区工商行政管理局科长
舒　杰　上海市南市区工商行政管理局副科长
黄坚平　上海市崇明县工商行政管理局科长
沙治民　上海市杨浦区工商行政管理局副科长
叶火弟　上海市闵行区工商行政管理局科长
李继栋　天津市工商行政管理局干部
吕树田　天津市河西区工商行政管理局干部

潘兴旺 河北省沧州市工商行政管理局科长

崔春文 河北省秦皇岛市工商行政管理局科长

郭守祥 山西省工商行政管理局处长

上官廷玉 山西省晋城市工商行政管理局科长

李定山 山西省运城地区工商行政管理局科长

魏胜利 内蒙古自治区呼和浩特市工商行政管理局科长

白雪梅 内蒙古自治区赤峰市巴林左旗工商行政管理局股长

葛元 辽宁省抚顺市工商行政管理局处长

孙剑辉 辽宁省辽阳市工商行政管理局副科长

孙海英 吉林省公主岭市工商行政管理局科长

李世国 吉林省集安市工商行政管理局科长

李大为 黑龙江省绥化行署工商行政管理局副科长

万记德 黑龙江省牡丹江市工商行政管理局科长

张明 江苏省无锡市工商行政管理局干部

李蔚珠 江苏省张家港市工商行政管理局科长

江以平 江苏省南京市工商行政管理局干部

胡桂昌 浙江省绍兴市工商行政管理局科长

王道义 浙江省海宁市工商行政管理局科长

刘丰 浙江省台州市工商行政管理局科长

胡俊卿 安徽省亳州市工商行政管理局副局长

胡吉峰 安徽省宿州市工商行政管理局科长

刘克钺 江西省南昌市西湖工商行政管理分局科长

郑小三 江西省吉安市工商行政管理局科长

卓庚 福建省宁德地区工商行政管理局副科长

蔡文诚 福建省漳州市工商行政管理局干部

杨光 山东省威海市工商行政管理局环翠分局局长

孙凤岐 山东省莱州市工商行政管理局科长

马留喜 河南省平顶山市工商行政管理局科长

于宗学 河南省开封市工商行政管理局科长

皇甫勇 湖北省十堰市工商行政管理局科长

张雪 湖北省襄樊市工商行政管理局科长

尹俐 湖南省长沙市工商行政管理局宁乡县局股长

方鹏初 湖南省汉寿县工商行政管理局股长

齐浒湾 广东省工商行政管理局处长

黎观金 广东省珠海市工商行政管理局科长

蔡忠和 广东省汕头市工商行政管理局科长

黎文轩 广东省中山市工商行政管理局科长

王步天 广东省韶关市工商行政管理局副科长

廖若凡 海南省海口市工商行政管理局干部

郑宗礼 海南省琼山市工商行政管理局股长

韦佳礼 广西壮族自治区柳州市工商行政管理局科长

梁晓宁 广西壮族自治区南宁市工商行政管理局科长

熊壮 四川省乐山市工商行政管理局副科长

唐大清 四川省内江市工商行政管理局副科长

孟凡钦 四川省德阳市工商行政管理局科长

蔡尔伦 贵州省清镇市工商行政管理局股长

李秀华 云南省昆明市工商行政管理局处长

郑永康 云南省工商行政管理局处长

张军 陕西省西安市工商行政管理局干部

常文选 陕西省蒲城县工商行政管理局副局长

李红英 甘肃省庆阳地区工商行政管理局干部

王国刚 青海省海东地区工商行政管理局科长

段志伟 宁夏回族自治区银川市工商行政管理局干部

鲁泽 新疆维吾尔自治区伊犁地区工商行政管理局副科长

1996～1997 年度商标管理工作先进单位

省级工商行政管理局

黑龙江省工商行政管理局商标监督管理处

上海市工商行政管理局商标监督管理处

安徽省工商行政管理局商标监督管理处

福建省工商行政管理局商标广告监督管理处

广东省工商行政管理局商标管理处

新疆维吾尔自治区工商行政管理局商标广告监督管理处

北京市

通州区工商行政管理局商标广告管理科

海淀区工商行政管理局商标广告管理科

崇文区工商行政管理局商标广告管理科

天津市

北辰区工商行政管理局商标广告管理科

静海县工商行政管理局商标广告管理科

上海市

卢湾区工商行政管理局商标广告管理科

闸北区工商行政管理局商标广告管理科

普陀区工商行政管理局商标广告管理科

重庆市

万县市工商行政管理局商标广告管理所

达川市工商行政管理局商标广告管理科

河北省

保定市工商行政管理局商标广告管理处

石家庄市工商行政管理局商标广告管理处

内蒙古自治区

呼和浩特市工商行政管理局商标管理科

包头市工商行政管理局商标广告管理科

山西省

渝次市工商行政管理局商标广告管理科

临汾地区工商行政管理局商标广告管理科

辽宁省

沈阳市工商行政管理局商标管理处

锦州市工商行政管理局商标广告管理处大连市工商行政管理局商标广告管理处

吉林省

敦化市工商行政管理局商标广告监督管理科

辽源市工商行政管理局商标广告管理科

黑龙江省

哈尔滨市南岗区工商行政管理局分局商标管理科

齐齐哈尔市工商行政管理局商标监督管理科

江苏省

无锡市工商行政管理局

徐州市工商行政管理局商标监督管理科

淮阴市工商行政管理局商标监督管理科

安徽省

淮南市工商行政管理局商标广告管理科

淮北市工商行政管理局商标管理科

山东省

淄博市工商行政管理局商标广告管理科

潍坊市工商行政管理局商标广告管理科

威海市工商行政管理局商标广告管理科

浙江省

台州市工商行政管理局路桥分局商标广告管理科

温州市工商行政管理局商标广告管理处

宁波市工商行政管理局商标广告管理处

江西省

南昌市工商行政管理局西湖分局

共青城工商行政管理局

福建省

南安市工商行政管理局商标广告管理科

邵武市工商行政管理局

漳州市工商行政管理局商标广告管理科

湖南省

株州市工商行政管理局

娄底地区工商行政管理局商标广告管理科

湖北省

武汉市口区工商行政管理局商标广告管理科

仙桃市工商行政管理局商标广告管理科

河南省

洛阳市工商行政管理局商标广告管理科

许昌市工商行政管理局商标广告管理科

广东省

深圳市工商行政管理局商标管理处

茂名市工商行政管理局商标广告管理科

广州市工商行政管理局白云区分局商标广告管理科

海南省

儋州市工商行政管理局商标广告管理股

广西壮族自治区

梧州市工商行政管理局商标管理科

柳江县工商行政管理局商标广告管理股

贵州省

贵阳市工商行政管理局云岩分局商标广告管理科

四川省

成都市工商行政管理局商标管理处

泸州市工商行政管理局商标广告管理科

中江县工商行政管理局

云南省

昆明市工商行政管理局商标广告管理处

保山地区工商行政管理局商标广告管理科

陕西省

西安市工商行政管理局商标监督管理处

宝鸡市工商行政管理局商标广告管理科

甘肃省

平凉市工商行政管理局商标广告监督管理科

兰州市工商行政管理局商标广告管理处

宁夏回族自治区

吴忠市工商行政管理局商标广告管理科

青海省

西宁市工商行政管理局商标广告管理科

新疆维吾尔自治区

哈密地区工商行政管理局商标广告管理科

乌鲁木齐市工商行政管理局商标广告管理科

1996～1997年度商标管理工作先进个人名单

北京市

娄凤梅　北京市工商行政管理局商标广告监督管理处处

长
高　健　朝阳区工商行政管理局商标广告管理科科长
刘　莹　大兴县工商行政管理局商标广告管理科科长
曲娅芬　东城区工商行政管理局商标广告管理科副科长
齐永杰　丰台区工商行政管理局商标广告管理科科长

上海市

张　华　奉贤县工商行政管理局商标广告管理科科员
舒　杰　南市区工商行政管理局商标广告管理科副科长
郑秀兰　长宁区工商行政管理局商标广告管理科科长
乔和庆　虹口区工商行政管理局商标广告管理科科长

天津市

许宝山　宝坻县工商行政管理局商标广告管理科科长
高　建　红桥区工商行政管理局商标广告管理科科长
褚玉林　武清县工商行政管理局商标广告管理科科长

重庆市

朱成华　重庆市工商行政管理局商标管理处处长
江　南　九龙坡区分局商标广告管理科科长
陈宏伟　北碚区分局商标广告管理科科长
李　林　渝北区工商行政管理局商标广告管理所所长

河北省

张廷华　河北省工商行政管理局商标广告监督管理处处长
左梦奎　邢台市工商行政管理局副局长
崔春文　秦皇岛市工商行政管理局商标广告管理科科长
陈丽华　唐山市工商行政管理局商标广告管理处副处长

内蒙古自治区

严　洁　伊克昭盟工商行政管理局商标广告管理科科长
马俊义　哲里木盟工商行政管理局商标广告管理科科长

山西省

杨兆惠　平遥县工商行政管理局商标广告管理股股长
宋成德　忻州地区工商行政管理局商标广告管理科副科长
郭　旭　太原市工商行政管理局河西分局商标广告管理科科长

辽宁省

李凤文　丹东市工商行政管理局商标广告管理科科长
姜学堂　鞍山市工商行政管理局商标广告管理处处长
曲　明　沈阳市工商行政管理局于洪分局企业综合指导科副科长

吉林省

崔光宇　吉林省工商行政管理局商标管理处调研员
江　虹　通化市工商行政管理局商标广告分局副局长
郑有福　四平市工商行政管理局商标管理科科长

黑龙江省

王　仁　黑龙江省工商行政管理局商标监督管理处处长
张剑飞　海伦市工商行政管理局商标广告管理股股长
肖泽龙　哈尔滨市南岗工商分局商标管理科科长
于维莲　齐齐哈尔市工商行政管理局商标管理科科长

江苏省

刘同生　常州市工商行政管理局商标广告管理处副处长
夏荣潮　江阴市工商行政管理局商标广告管理科科长
李蔚珠　张家港市工商行政管理局商标广告管理科科长
李顺喜　兴化市工商行政管理局商标广告管理股股长

安徽省

唐维云　安徽省工商行政管理局商标监督管理处处长
徐守全　六安地区行政公署工商行政管理局商标广告科副科长
张兰福　界首市工商行政管理局副局长
任明英　淮北市工商行政管理局商标管理科科长

山东省

尹鹏飞　青岛市工商行政管理局商标广告管理处处长
刘玉亮　济南市工商行政管理局商标广告管理处主任科员
朱　俐　枣庄市工商行政管理局商标广告管理科副主任科员
段立颖　烟台市工商行政管理局商标管理科科员

浙江省

蔡　葵　杭州市工商行政管理局商标广告管理处副处长
王道义　海宁市工商行政管理局商标广告管理科科长
楼校夫　诸暨市工商行政管理局商标广告监督管理科科长
毛伟民　金华市工商行政管理局商标广告管理科副科长

江西省

汤秋华　江西省工商行政管理局商标监督管理处处长
颜雄萍　萍乡市工商行政管理局直属分局商标广告管理股副股长
刘　忠　抚州地区工商行政管理局商标广告管理科科长
袁任体　新余市工商行政管理局商标监督管理科科长

福建省

郑良华　厦门市工商行政管理局商标管理处处长
林大明　福州市工商行政管理局商标管理处处长
罗　光　三明市沙县工商行政管理局局长

湖南省

贺元秀　湖南省工商行政管理局商标广告监督管理处副处长

黄慷侠　平江县工商行政管理局副局长

周　宏　长沙市工商行政管理局雨花区分局商标管理科科长

周　斌　湘西土家族苗族自治州工商行政管理局商标广告管理科副科长

湖北省

赵云禄　荆门市工商行政管理局商标广告管理科科长

王现兰　咸宁地区工商行政管理局商标广告管理科副科长

吴　萍　枣阳市工商行政管理局商标广告管理科科长

河南省

石传柏　河南省工商行政管理局商标监督管理处处长

王海林　信阳地区工商行政管理局商标广告管理科科长

许学智　南阳市工商行政管理局商标广告管理科科长

张炳军　安阳市工商行政管理局商标管理科科长

广东省

蔡忠和　汕头市工商行政管理局商标管理科科长

黎文轩　中山市工商行政管理局商标广告管理科科长

张永红　佛山市工商行政管理局商标广告管理科科长

李达桢　新会市工商行政管理局商标广告管理股股长

海南省

何运敏　澄迈县工商行政管理局副局长

陈　潘　文昌市工商行政管理局商标广告管理股股长

广西壮族自治区

郜建成　自治区工商行政管理局商标管理处主任科员

欧志红　梧州市工商行政管理局商标管理科科长

周锡爱　都安县工商行政管理局商标广告股股长

贵州省

高　燕　安顺地区工商行政管理局商标广告管理科科员

白　泓　遵义市红花岗区工商行政管理局商标广告管理科副科长

四川省

郑华安　内江市工商行政管理局商标广告管理处处长

杨崇勋　宜宾市工商行政管理局商标广告管理科科长

张著国　巴中地区工商行政管理局商标广告科科长

云南省

原　宏　临沧地区行政公署工商行政管理局企业科科长

熊石玉　曲靖市工商行政管理局商标广告管理科科长

由　云　楚雄彝族自治州工商行政管理局商标广告管理科科长

陕西省

张　莉　西安市工商行政管理局莲湖分局商标广告管理科科员

王建中　宝鸡市工商行政管理局商标广告管理科副主任科员

来颖泉　渭南市工商行政管理局商标广告管理科科长

甘肃省

徐兆鹏　白银市工商行政管理局商标广告管理科科长

李能荣　天祝藏族自治县工商行政管理局商标广告管理股股长

宁夏回族自治区

刘合武　吴忠市工商行政管理局商标广告管理科科长

李清香　平罗县工商行政管理局商标广告管理科科长

青海省

赵英建　西宁市东城区工商行政管理局商标广告管理科科长

聂永忠　互助土族自治县工商行政管理局商标广告管理科科员

新疆维吾尔族自治区

李伟民　伊宁市工商行政管理局商标广告管理科科长

王金平　塔城沙湾县工商行政管理局商标广告股副股长

1998～1999年度商标管理工作先进集体

北京市工商行政管理局商标监督管理处

上海市工商行政管理局商标监督管理处

河北省工商行政管理局商标广告管理处

浙江省工商行政管理局商标监督管理处

安徽省工商行政管理局商标监督管理处

河南省工商行政管理局商标监督管理处

广东省工商行政管理局商标管理处

新疆维吾尔自治区工商行政管理局商标广告监督管理处

北京市

北京市工商行政管理局海淀分局商标广告管理科

北京市工商行政管理局房山分局商标广告管理科

天津市

天津市工商行政管理局武清分局商标广告管理科

天津市工商行政管理局静海分局商标广告管理科

上海市

上海市工商行政管理局闵行分局商标广告管理科

上海市工商行政管理局卢湾分局商标广告管理科

上海市工商行政管理局杨浦分局商标广告管理科

重庆市

重庆市工商行政管理局渝北分局

商标广告管理所

大足县工商行政管理局商标广告管理科

河 北 省

沧州市工商行政管理局商标广告管理科

石家庄市工商行政管理局商标广告管理处

山 西 省

太原市工商行政管理局商标广告管理科

晋中地区工商行政管理局商标广告管理科

内蒙古自治区

赤峰市宁城县工商行政管理局商标广告管理科

包头市工商行政管理局青山分局商标广告管理科

辽 宁 省

沈阳市工商行政管理局商标管理处

大连市工商行政管理局商标广告管理处

鞍山市工商行政管理局商标广告管理处

吉 林 省

四平市工商行政管理局商标监督管理科

蛟河市工商行政管理局商标广告管理科

黑 龙 江 省

哈尔滨市工商行政管理局南岗分局商标管理科

齐齐哈尔市工商行政管理局商标监督管理科

江 苏 省

江苏省苏州工商行政管理局

江苏省无锡工商行政管理局

江苏省盐城工商行政管理局

江苏省徐州工商行政管理局

浙 江 省

宁波市工商行政管理局商标管理处

海宁市工商行政管理局商标广告管理科

东阳市工商行政管理局商标广告管理科

安 徽 省

蚌埠市工商行政管理局商标管理科

淮北市工商行政管理局商标科

黄山市工商行政管理局商标广告管理科

福 建 省

福州市工商行政管理局商标广告处

福建省晋江市工商行政管理局商标广告管理科

福建省寿宁县工商行政管理局商标广告监督管理股

江 西 省

鹰潭市工商行政管理局

南昌市工商行政管理局西湖分局

山 东 省

济宁市工商行政管理局商标管理科

青岛市工商行政管理局商标广告管理处

潍坊市工商行政管理局商标广告管理科

河 南 省

洛阳市工商行政管理局商标管理科

许昌市工商行政管理局商标广告管理科

湖 北 省

孝感市工商行政管理局商标广告管理科

钟祥市工商行政管理局商标广告管理科

监利县工商行政管理局商标广告管理股

枝江市工商行政管理局商标广告管理科

湖 南 省

湘潭市工商行政管理局商标广告管理科

石门县工商行政管理局商标广告管理股

浏阳市工商行政管理局商标广告管理股

广 东 省

广州市工商行政管理局商标管理处

深圳市工商行政管理局商标管理处

汕头市工商行政管理局商标管理科

广西壮族自治区

南宁市工商行政管理局商标管理科

北流市工商行政管理局商标广告管理股

海 南 省

海南省琼山工商行政管理局商标广告管理股

四 川 省

成都市工商行政管理局商标管理处

南充市工商行政管理局商标广告管理科

德阳市工商行政管理局商标广告管理科

贵 州 省

贵阳市工商行政管理局商标广告管理处

云 南 省

昆明市工商行政管理局官渡分局

红河州开远市工商行政管理局商标广告管理科

西 藏 自 治 区

拉萨市工商行政管理局商标广告管理科

陕 西 省

西安市工商行政管理局商标管理处

宝鸡市工商行政管理局商标广告管理科

泾阳县工商行政管理局商标广告管理股

甘 肃 省

兰州市工商行政管理局城关分局商标广告监督管理股

庄浪县工商行政管理局商标广告监督管理股

青 海 省

青海省海东地区工商行政管理局商标广告管理科

宁夏回族自治区

银川市工商行政管理局商标广告管理分局

新疆维吾尔自治区

乌鲁木齐市工商行政管理局水磨沟区分局商标管理科

阿克苏地区工商行政管理局商标广告管理科

1998～1999 年度商标管理工作先进个人

北 京 市

张彦军　北京市工商局顺义分局商标广告管理科科长

孙连进　北京市工商局崇文分局商标广告管理科副科长

齐永志　北京市工商局丰台分局商标广告管理科科长

刘莹(女)北京市工商局大兴分局商标广告管理科科长

天 津 市

李文玲(女)天津市工商局河西分局商标广告管理科副科长

王永新　天津市工商局南开分局商标广告管理科科长

王　瑜　天津市工商局宝坻分局商标广告管理科科长

上 海 市

邢东生　上海市工商局商标监督管理处处长

柯晓军　上海市工商局商标监督管理处主任科员

颜英华(女)上海市工商局浦东新区分局经检处主任科员

吴玉洁(女)上海市工商局青浦分局商标广告管理科科长

陈银树　上海市工商局静安分局商标广告管理科科员

重 庆 市

朱成华　重庆市工商局商标管理处处长

黄立章　重庆市永川工商局商标广告管理科科长

马之清　重庆市万州区工商局商标广告管理所所长

黄仁碧(女)重庆市工商局江北区分局商标广告管理科科长

河 北 省

李建平　保定市工商局商标广告管理处处长

谢如清　唐山市工商局商标广告管理处副主任科员

张晓军　邯郸市工商局商标广告管理处科员

山 西 省

郭守祥　山西省工商局商标广告管理处处长

刘云雁　朔州市工商局商标广告管理科科长

张胜利　运城地区工商局副局长

尚清良　临汾地区工商局商标广告管理科科长

内蒙古自治区

马俊义　通辽市工商局商标广告管理科科长

严洁(女)伊克昭盟工商局商标广告管理科科长

辽 宁 省

张尧志　辽宁省工商局商标广告监督管理处处长

张金清　丹东市工商局商标广告管理科副主任科员

陈东黎　锦州市工商局商标广告管理处副处长

王景石　辽阳市工商局商标广告管理科科员

吉 林 省

欧乃山　延边州工商局商标广告处长

梁成山　白城市工商局商标广告管理科科长

黑 龙 江 省

杨立华(女)哈尔滨市工商局道里分局商标管理科科长

徐树彬　海林市工商局商标管理股股长

陈永华　佳木斯市工商局商标管理科副科长

江 苏 省

梅江南　江苏省工商局商标监督管理处处长

王俊杰　常州市工商局商标广告管理处处长

宋芳芳(女)南京市工商局商标管理处主任科员

徐锦忠　南通市工商局商标管理科科长

浙 江 省

吴　平　浙江省工商局商标监督管理处主任科员

余振华　温州市工商局商标广告管理处副处长

汪国兵　衢州市工商局商标广告管理科科长

郑蓓娅(女)玉环县工商局商标广告管理科科长

杨　键　湖州市工商局商标广告管理处科员

安 徽 省

周智明　天长市工商局商标广告管理股股长

陈建华　铜陵市工商局商标广告管理科科长

姚多喜　淮南市工商局商标广告管理科科长

福 建 省

孙鹏志　漳州市工商局商标广告管理科科长

郑良华　厦门市工商局商标管理处处长

林金炳　莆田市工商局商标广告管理科科员

江 西 省

汤秋华　江西省工商局商标处处长

黄　斌　宜春地区万载县工商局商标广告管理股股长

傅建邦　新余市工商局城关分局综合业务股

谢林凤(女)兴国县工商局商标广告管理股股长

邓继东　萍乡市工商局湘东分局商标广告管理股股长

山东省

张传坦　山东省工商局商标管理处处长

刘翠芳(女)淄博市工商局商标广告管理科科长

刘明娟(女)烟台市工商局商标管理科科员

姜洪翠(女)威海市工商局商标广告管理科

宋景华　滨州地区工商局商标广告管理科科长

河南省

李广庆　周口地区工商局商标广告管理科科长

董敬宗　商丘市工商局商标科

陈国勋　开封市工商局商标广告管理科副科长

湖北省

卢才松　潜江市工商局商标广告监管科科长

王先明　十堰市工商局商标广告管理科科长

王现兰(女)咸宁市工商局商标广告管理科科长

湖南省

田德贵　保靖县工商局商标广告管理股股长

戴庆国　攸县工商局商标广告管理股股长

张孝章　衡南县工商局商标广告管理股股长

广东省

吴励超　广东省工商局商标管理处副处长

邹敏江　江门市工商局商标广告管理科科长

吴国齐　东莞市工商局商标管理科科长

黎文轩　中山市工商局商标广告管理科科长

谢庆强　南海市工商局商标广告管理科科长

黎观金　珠海市工商局商标管理科科长

广西壮族自治区

梁华红(女)广西区工商局商标管理处副主任科员

欧志红(女)梧州市工商局商标管理科科长

杨伟生　南宁地区工商局科长

韦佳礼　柳州市工商局商标管理科科长

海南省

廖若凡　海口市工商局商标广告管理科副主任科员

符亚伟　乐东黎族自治县工商局商标广告管理股科员

四川省

曾继英(女)四川省工商局商标管理处主任科员

李　波　成都市工商局商标管理处副主任科员

饶　宁　雅安工商局商标广告管理科科长

廖多友　遂宁工商局商标管理科科长

贵州省

彭有康　贵阳市工商局商标广告管理处副处长

郭镇枫　安顺地区工商局商标广告管理科副科长

云南省

赵之放　德宏州工商局商标广告管理科科长

丁凤磊　昆明市工商局商标管理处

陈忠义　大理州工商局商标广告管理科主任科员

西藏自治区

彭多(女)山南地区工商局企业科副主任科员

次仁琼达(女)日喀则地区工商局企业科科长

陕西省

杨秋荣(女)安康地区工商局商标广告管理办副科长

张克凯　咸阳市工商局商标广告管理科科员

李建平　蒲城县工商局商标广告管理股股长

甘肃省

周维平　景泰县工商局副局长

王伯俊　平凉地区工商局科员

青海省

聂永忠　海东地区互助县工商局商广股股长

寇柏龙　西宁市工商局商标广告管理科副主任科员

宁夏回族自治区

刘合武　吴忠市工商局商标广告管理科科长

宣喆(女)青铜峡市工商局商标广告管理科科长

新疆维吾尔自治区

王　超　乌鲁木齐市工商局沙区分局商标广告管理科副科长

麦提丽拜(女)塔城地区工商局商标广告管理科副科长

全国知识产权审判工作先进个人和先进集体

国科发政字[1998]113号

国家科委、司法部　表彰

省市先进个人

程永顺　罗东川　张妍　郭捷　刘弘毅　姚荣民　孙爱民　杨钧　夏雷　刘建玲　刘思斌　王乐群　杨兰平

省市先进集体

北京市高级人民法院知识产权审判庭

北京市海淀区人民法院知识产权审判庭

天津市高级人民法院知识产权审判庭

黑龙江省高级人民法院经一庭

福建省高级人民法院知识产权审判庭

长沙市中级人民法院知识产权审判庭

青海省高级人民法院知识产权审判庭

部委先进个人

杨金琪　蒋志培　董天平

先进集体

最高人民法院知识产权审判庭

人物简介

（按姓氏笔划排序）

于友先　男，1937年5月出生，山东蓬莱人，中共党员。研究生学历。

1974～1984年任河南人民出版社社长、总编、党组书记。1984～1993年任河南省委宣传部部长、教委主任、副省长、党组书记。1993～2000年10月任新闻出版署署长、署党组书记兼国家版权局局长。

马克强　男，汉族，1907年11月1日出生，浙江杭州人，大学学历，曾任国家工商局商标局顾问，1981年至1995年从事知识产权工作。

马克强同志是爱国民主人士，第六届全国政协委员，中国民主促进会参议委员会委员，国际金融和商标专家。1941年到重庆，任旧政府经济部商业司司长兼商标局局长。解放后参加革命工作。1981～1995年间任国家工商局商标局顾问。他在商标工作领域中有多年实践经验，对商标理论研究有较深的造诣，为我国商标工作和商标管理制度的创立、推进和商标理论研究做了大量有益的工作。新中国成立后，他编辑了二十多个国家的商标法和国际组织的有关文献，对我国商标工作的开拓作出了重大贡献。

马连元　男，汉族，1945年9月9日出生，江苏苏州人，中共党员。研究生学历，现任国家知识产权局副局长。

1966年毕业于南京师范学院外语系英文专业，1981年毕业于中国科技大学研究生院机器翻译专业，获理学硕士学位。研究员职称。

1979年在日本特许厅工业产权研修所学习工业产权，并于1988年9月～1989年9月在美国哈佛大学法学院研究知识产权法和国际法。

马连元同志1981年至1982年在中国专利局法律部工作，1982年至1984年在中国专利局专利文献出版社任副总编，1984年至1985年任中国专利局法政处处长，1985年至1991年任中国专利局法律部部长，1991年任中国专利局副局长、国家知识产权局副局长。

马连元同志直接参与了中国专利法及其实施细则的起草工作，并负责了大量专利法规的起草、制定和修改，以及专利法规与其他有关法规的协调等。著有《Intellectual Property Law and Administration in China》等。

马冠群　男，汉族，1918年8月出生，河北深州人，中共党员。曾任国家工商行政管理局商标局局长、顾问。

马冠群同志在“文革”后任第一任商标局局长，中央工商行政管理局党组成员。他在任期间，主持组建商标局；领导商标领域开展“文革”的拨乱反正工作；主持领导商标法的起草调研工作，确立了我国商标法的主要原则；清理整顿“文革”造成的商标注册的混乱局面；重新建立商标档案，恢复了商标统一注册工作；重新制定审查原则和标准；积极参与国际活动，提出加入世界知识产权组织的建议，开辟了我国商标工作的国际合作渠道。马冠群同志对我国商标管理制度的重新建立付出了大量心血汗水，开创了商标工作的新局面。

戈泊　男，汉族，1930年2月23日出生，中共党员，浙江人。研究生学历。职称为研究员。原任中国专利局副局长。

起草过关于巴黎公约、马德里协定的调研报告及有关知识产权的一系列论文、社论等。

1980年12月任中国专利局负责人，1981年3月至1984年底被派往日内瓦世界知识产权组织任高级顾问，负责我国第一部商标法、专利法及其实施细则的国际协调工作。1985～1989年任中国专利局副局长，分管法律、宣传、国际合作、文献、出版、自动化等业务，同时担任全国专利代理人考核委员会主任、中国专利局高级专业技术评审委员会主任。1989～2000年任香港永新专利商标代理公司总经理，曾任中华全国专利代理人协会副会长、会长、中国知识产权研究会副理事长。2000年10月参加纪凯知识产权代理公司，任高级合伙人。

王立平　男，满族，1941年8月5日出生，吉林省长春市人。大学本科学历，从事知识产权工作16年。

1954年入中央音乐学院少年班主修钢琴，1965年毕业于中央音乐学院作曲系。现任第九届中国人民政治协商会议全国委员会常务委员会委员、中国民主促进会中央副主席、中国音乐著作权协会主席、中国电影音乐学会会长、中国音乐家协会副主席、中国音乐文学学会副主席、中国文学艺术界联合会第六届全国委员会委员、中国版权研究会常务理事。

多年来创作了大量影视音乐作品，具有浓厚的民族风格和鲜明的个性，且词曲兼长。所创作的许多歌曲优美动听、情深意切，富于哲理和文化品味，雅俗共赏，广为流传，经久不衰。

主要作品有：记录片音乐《潜海姑娘》；故事片音乐《带手铐的旅客》、《少林寺》、《香魂女》等；电影连续剧音乐《红楼梦》、《徐悲鸿》、《李大钊》、《火烧阿房宫》等；影视歌曲《太阳岛上》、《驼铃》、《少林寺》、《牧羊曲》、《大海啊故乡》、《枉凝眉》、《说聊斋》等。

1985年担任中国音乐家协会书记处书记，开始负责音乐著作权保护工作。多年来为推动著作权法的制定、实施和完善，作了大量工作。领导创建了我国第一个著作权集体管理组织——中国音乐著作权协会。

王景川 男，汉族，1944年12月生，山东掖县人，中共党员。1967年9月参加工作，哈尔滨工程学院计算机专业毕业，大学文化，研究员。国家级突出贡献专家。

1967年，毕业于哈尔滨工程学院计算机专业。1970年至1987年，在中国科学院沈阳自动化所工作，历任研究实习员、助理研究员、副研究员、所长助理、副所长；1984年至1997年任中国科学院沈阳分院研究员、副院长；其间1991年至1992年，在日本东京大学作访问学者；1997年至1999年，任中国科学院副秘书长、秘书长；1999年11月，任国家知识产权局副局长；2001年1月8日起，任国家知识产权局局长。

王燕秋 女，汉族，1944年8月6日出生，山西人，中共党员，大学学历。1985年1月起从事知识产权工作，高级工程师职称，原任北京市专利事务所所长，与他人合著《专利商标著作权案例精析》一书。

1985年1月考取专利代理人资格，1985年10月至1987年6月在北京市专利管理局从事专利管理工作，1987年7月至2001年5月在北京市专利事务所担任所长，1995年至今担任中华全国专利代理人协会副会长。从事知识产权工作16年中，曾为建立北京市专利工作体系作了大量工作。曾为专利代理机构的发展壮大努力奋斗。积极倡导改革创新，制定严格的管理程序，采用大胆的改革措施，领导北京市专利事务所立足市场经济向高质量、高效率、高信誉的方向快步发展。1995年4月北京市专利事务所被中国专利局评为首届“全国先进专利代理机构”；1998年12月被批准为涉外专利代理机构。她曾获评“北京市专利工作先进工作者”、“北京市技术市场金桥奖一等奖”、“北京市爱国立功标兵”，被国家科委和司法部联合授予“全国知识产权工作先进个人”称号。

甘国屏 男，湖南岳阳人，民族汉，大学文化。中共党员，现任国家工商行政管理总局党组副书记、副局长。

1984年7月～1985年5月任国家工商行政管理局商标局副局长。

1985年6月～2000年10月任国家工商行政管理局副局长、党组成员。

2000年11月～2001年3月国有重点企业监事会主席。

2001年4月至今任国家工商行政管理总局党组副书记、副局长。

1985～1991年分管商标工作同时兼任国家工商行政管理局商标评审委员会主任。

现任国家工商行政管理总局副局长分管法规、公平交易、反不正当竞争执法等工作。

甘国屏同志于1989年6月参加了马德里召开的缔结《商标注册马德里协定》议定书外交会议。并先后参加了1989年9月、1990年9月在日内瓦举行的世界知识产权组织及其所辖联盟领导机构第20次、第21次会议，甘国屏同志在第20会议上当选为马德里联盟副主席。

田力普 男，汉族，1953年10月出生于天津，中共党员，理学硕士，一级审查员职称，现任国家知识产权局党组成员、副局长。

历任中国专利局法律政策处干部，中国专利局专利复审委员会审查员、副主任，中国专利局电学审查部副部长，国家知识产权局专利自动化部副部长、部长。

1975年毕业于天津轻工业学院机械工程专业，1981年毕业于中国科技大学研究生院情报专业。通晓英语和德语。

自1979年起在中国专利局工作，先后在法律部门、专利复审委员会和电学审查部从事专利审查、复审、无效和法律事务方面的工作。曾参加中国专利法实施细则的起草。1980年以来，先后在欧洲专利局、德国专利局、德国联邦专利法院等机构学习进修，1988～1989年曾作为访问学者在德国马普专利法研究所从事研究工作。自1998年10月起，负责专利局的自动化工作，包括制定和实施全局自动化中长期规划和年度计划；对专利信息系统资源和自动化设备进行管理；参与指导全国专利信息工程的建设。

著有《关于“智力活动的规则和方法”》、《关于专利保护与专利审批、专利侵权中的若干基本问题》等著作、论文和报告12篇，译有《中国专利法和实施细则(德文本)》、《德国专利诉讼报告一至七》等6篇。

田云鹏 男，汉族，1963年9月出生，中共党员。大学本科学历。现任国家工商局商标局副局长。

1990～1994年6月，在国家工商局法规司任法规处副处长，研究起草《反不正当竞争法》、《消费者权益保护法》等法律法规。1994年7月～2000年3月，任国家工商局公平交易局反不正当竞争处副处长、处长，负责反不正当竞争执法工作。2000年4月起任国家工商局商标局副局长，分管商标监督管理、案件指导及服务商标、证明商标、集体商标的审查工作。

田巨生 男，汉族，1921年3月出生，中共党员，山西榆社人。人大函授毕业。1980～1991年从事知识产权工作。曾任中国专利局副局长。

1980年到中国专利局工作，在武衡同志直接领导下负责全局工作，1982年负责专利大楼建设工作和出版社、文献工作。1991年离休。

白大华 男，回族，1942年3月生，吉林省吉林市人。1966年毕业于清华大学汽车专业。中国民主建国会副主席，全国政协常委。

1967年至1989年在中国第一汽车制造厂工作，曾任该厂底盘厂副厂长兼总经济师，高级工程师。1989年到民建中央任副主席。1991年至2001年任国家工商行政管理局副局长，并于1991年至1998年兼任国家工商行政管理局商标局局长。

白大华同志直接参与了中国商标法及其实施细则的修改工作，积极开拓了我国与国外商标界及国际商标组织的交流与合作，主持了商标注册管理的信息化工程，完善了商标代理工作。曾主编《中国商标十年》等著作。

石宗源 男，回族，1946年7月出生，中共党员，河北保定人。大学学历。现任新闻出版总署署长。

1968～1984年任甘肃省和政县县委书记、县长，1984～1993年任甘肃省临夏回族自治州副州长、州委书记及中共甘肃省委委员、省委常委，1993～1998年任中共甘肃省委常委、省委宣传部长，1998～2000年1月任中共吉林省委副书记、省委宣传部长和党校副校长，2000年10月起任新闻出版署党组书记、署长、国家版权局局长。

刘佩智 男，汉族，1953年10月出生，中共党员，甘肃兰州人。法律硕士。1990年至今从事知识产权工作。现任国家工商行政管理局公平交易局局长。

著作有《中国商标注册与管理》及《论中国商标确权终审制度》。

1990年9月～1998年8月先后在国家工商局商标局任副局长、常务副局长，1998年8月至今在国家工商行政管理局公平交易局任局长。1993年以来，先后任中国知识产权研究会常务理事、副理事长。

熟悉我国商标法律、法规、注册程序、管理规则。组织了服务商标、集体商标、证明商标在我国首次申请及核准注册工作；主持修订了1983年制定的《商标审查标准》；主持制定并组织实施了商标注册与管理自动化系统一期工作，改变了多年来商标人工查询的局面。任公平交易局局长后，组织工商行政管理公平交易系统的执法干部贯彻执行《反不正当竞争法》，对商品交易中的仿冒行为、商标诋毁、虚假宣传、侵犯商业秘密等行为依法予以严厉打击，保护了经营者和消费者的合法权益。

安玉涛 男，汉族，1929年出生，中共党员，河北安平人。大专学历，1979年起从事知识产权工作。

参加了中国专利局起步、筹建到全面正式运转的有关工作：

1. 组建队伍。组织筹建了由三、五人到能承担全部工作的队伍。

2. 建立党团组织。由小组、临时支部、支部、总支到党团委。

3. 建立培训班子，组织各类人员去国内外进修、考察、调研。

4. 成立中国专利局职工工会。

5. 组建了离退休干部工作机构。

6. 保证了专利队伍所需物质条件。

与各有关同志，在局党组领导下，共同完成了上述任务。

汤宗舜 男，汉族，1917年9月出生，九三学社社员，浙江湖州人。大学学历，职称为研究员，1979年3月～1994年10月从事知识产权工作。原任中国专利局顾问、国务院参事。

著有《专利法教程》、《专利法解说》、《知识产权的国际保护》等著作；合译著作分别为《巴黎公约解说》、《知识产权法教程》；译有《巴黎公约》、《Trips协定》、《欧洲专利公约》等。

自1979年3月参加专利法起草小组起，参加了历次草案的研究起草工作。1980年1月专利局成立后留在局内研究专利法草案的修改，1982年3、4月中国专利局领导班子正式成立，任顾问，主要考虑专利法的草案。参加了1984年专利法正式制定和1992年专利法第一次修改，退休后也曾参加了2000年专利法第二次修改的讨论。

自1979年10月以后至1990年曾多次代表我国参加了WIPO有关知识产权的国际会议。

许道乐 男，汉族，1929年10月出生，中共党员，安徽广德人。大学本科学历，1981～1987年从事知识产权工作。曾任国家工商局商标局副局长。

著有《商标法基础知识》一书。

许道乐同志任过商标局审查处处长、副局长，具有丰富的商标工作经验，兢兢业业地协助局长抓商标审查注册业务，重视商标审查基础工作和审查质量，经常与审查员一起总结经验，找出不足，改进工作，积累了商标审查中的案例和实践经验，为《商标审查标准》的制定做出了贡献。

吴伯明 男，汉族，1941年6月出生，江苏江宁人，九三学社社员，大学学历，研究员职称，现任国家知识产权局副局长。

1980～1988年任中国专利局物理审查部审查员、审查室副主任、主任；1989～1992年任中国专利局专利法研究所副所长、法律部副部长；1993～1996年任中国专利局专利复审委员会副主任；1997～2001年任国家知识产权局副局长，并兼国家知识产权局专利局副局长。曾主持中国专利法及其实施细则第一次修订(1992年)，主编了中国《专利审查指南》。为表彰其在专利工作中做出的突出贡献，国务院从1993年10月起发给政府特殊津贴并颁发证书，曾任第八届全国政协委员、社会与法制委员会委员，第八届、第九届北京市政协委员，提案委员会及经济与科技委员会委员，九三学社中央科技委员会副主任，中国知识产权研究会副理事长，专利委员会主任。

吴祖强 音乐理论家，音乐教育家。男，江苏武进人，1927年出生于北京。20世纪50年代，先后毕业于中央音乐学院及莫斯科柴科夫斯基音乐学院，归国后长期执教于中央音乐学院，70、80年代历任该院副院长、院长，现为名誉院长、教授、博士生导师。其他社会职务为中国文联副主席，中国音协名誉主席，全国政协常委，中国交响乐团顾问，国家大剧院艺委会主任等。1999年当选为联合国教科文组织国际音乐理事会执行委员。

创作了大量各类音乐作品，其中如舞剧《鱼美人》、《红色娘子军》音乐（合作）及弦乐合奏《二泉映月》、琵琶协奏曲《草原小姐妹》等产生很大社会影响。所著《曲式与作品分析》获全国高校优秀教材奖。出版有文集《吴祖强选集——霞晖集》。屡次出任国内外重要音乐比赛评委，名列多种文化名人及世界名人录，享有国际声望。曾任中共中央候补委员，文化部党组成员，中国文联党组书记。

李 文 男，原籍河北省玉田县，1922年12月2日生，汉族，中共党员，北京大学法学院法律系毕业，律师。1979年3月至1983年4月任国家工商局商标局副局长。

在任职期间，积极协助局长，组织有关工作人员清理整顿十年动乱给商标造成的混乱状况，处理大量的混同商标，以及在建立健全商标的审查、注册等管理制度方面，作了大量工作。

在参与起草我国第一部《中华人民共和国商标法》及其实施细则等工作中，发挥了积极的作用，并先后带队赴京、津、沪、杭等大城市向有关干部和企业宣讲商标法，还组织了有关商标法的讲座等，普及商标知识，并于1993年协同商标局的欧万雄、董葆霖编写《中国人民共和国百法释解案例全书》中的《知识产权法编》的商标法部分，对我国商标法进行了比较系统、全面的诠释。

李必达 1940年12月出生于湖北省武汉市，1965年8月毕业于中南政法学院分配于广州军区，1979年转业到司法部任党组秘书、秘书处长、办公厅主任、律师司司长等职，1992年11月调入国家工商行政管理局任商标局常务副局长，商标协会秘书长，世界知识产权协会中国分会副会长，北京大学知识产权学院董事，中国人民大学法学院教授、首都经贸大学教授。1995年到任公平交易局局长，1998年调任企业注册局局长，2001年1月退休。主要著作有1997年10月中国工商出版社出版《商标战略》、《特殊战场》等专辑。

李必达同志在任期间十分重视商标理论研究，创办了《商标通讯》刊物。倡导创立驰名商标，开展驰名商标的认定工作。重视全国商标管理工作队伍建设，对商标法和细则条文的制定，推进各级工商局打击假冒商标，保护商标专用权做了大量工作。

李国光 1938年2月生于上海，汉族，中共党员，1961年8月北京大学法律系毕业。

1961年9月至1985年8月历任最高人民法院西藏分院、西藏自治区高级人民法院办事员、办公室副主任、主任、审委会委员、副院长、党组成员。1985年10月至1995年12月历任上海市高级人民法院副院长、审委会委员，上海市中级人民法院院长、审委会委员、上海市高级人民法院党组副书记。1995年12月至今任最高人民法院副院长、审委会委员、党组成员。曾于1994年2月兼任上海市高级人民法院知识产权庭首任庭长。系复旦大学法学院、华东政法学院、西南政法大学兼职教授。

李国光自1985年至1995年十年间主管上海法院知识产权审判工作，对上海法院知识产权审判机构的建设和发展，做出了显著成绩。1995年调任最高人民法院副院长以来，主管全国法院知识产权审判工作，不仅监督指导在国内外有重大影响的知识产权案件的依法审判，取得较好的法律效果和社会效果，而且从实体法和程序法方面组织了适用知识产权法律的司法解释的起草工作，以及应对计算机2000年问题、适应我国加入WTO如何执行Trips协议知识产权审判对策等重大问题提出指导意见。通过出席欧洲专利工作会议，访问世界知识产权组织、世界贸易组织总部和欧洲专利局，与欧洲专利局建立了较为稳定的工作联系。李国光主编了中国知识产权培训中心系列教材《知识产权诉讼》、《知识产权案例精选》、《合同法释解与适用》等著作。

李继忠 男，汉族，1931年12月8日出生，辽宁锦西人，中共党员。大专学历。从事知识产权工作8年，职称为高级经济师。曾任国家工商行政管理局商标局局长。

著有《商标之研究》、《外国专家商标法律讲座》、《保护知识产权国际公约条约选编》等。

1982年4月～1985年2月、1988年1月～1992年10月任国家工商行政管理局商标局局长。严格执行商标法，开创了中国保护知识产权的先河。采用国际分类、建立商标检索系统，为中国商标体制现代化打下了基础。积极推进国际合作，参加马德里协定，开拓了商标领域国际合作的基础。大力推进商标社会化，倡导企业树立商标战略思想，使商标在社会主义经济建设中起到积极重要作用。离休后组建知识产权代理公司，继续为知识产权事业做贡献。

李焕之 男，音乐家，1919年出生于香港，祖籍福建晋江县。1936年就读于上海音乐专科学校。1938年入延安鲁艺音乐系后担任教学。1938年加入中国共产党。

建国后曾任中央歌舞团艺术指导。中央民族乐团团长，曾当选为第三届全国人大代表。1978年至1993年历任全国政协第五、六、七届委员。

1979年当选为中国音乐家

协会副主席。1985年当选为中国音乐家协会主席。1992年当选为中国音乐著作权协会名誉主席。2000年初聘请为中国文联荣誉委员。

1999年9月在联合国教科文组织国际音理会28届代表大会上当选为本届选出的唯一一位荣誉委员。该称号颁发给为音乐事业,特别是在国际上做出重大成就的人士。

李焕之还为《国歌》编写了和声和管弦乐配器,定为发放到全世界的正式版本。

代表作有《春节序曲》、《白毛女》(作曲者之一)等等。创作曾获多项奖和荣誉。文字有多部专著及三百多篇理论文稿。1957年他执棒指挥荣获世界青年联欢节合唱比赛金质奖章。这是中国合唱团首次在世界上的获奖。

李維英 女,汉族,1940年2月25日出生,中共党员,云南昆明人。大学学历,1980年起从事知识产权工作,职称为研究员、律师、专利代理人。任中国国际贸易促进委员会专利商标事务所顾问。

著有《在中国申请化学专利的若干问题》《Patent Protecton in China》等文章。

李維英1964年毕业于清华大学工程化学系,曾任南京大学化学系讲师。1981年在瑞典和欧洲专利局进修工业产权。1984年任中国贸促会专利代理部化学处副处长,并从事涉外专利代理工作。1986～1992年任中国专利代理(香港)有限公司化学部经理、董事副总经理。1992～2000年任中国贸促会专利代理部副部长、中国贸促会专利商标事务所第一副所长。曾任中国知识产权研究会副理事长,中国许可贸易工作者协会副会长。现任事务所顾问,中华全国专利代理人协会代会长。

杨正午 男,汉族,1943年11月出生,河北人,中共党员,研究生学历,研究员职称,现任国家知识产权局副局长。

1981～1992年,杨正午同志在中国专利局专利审查二部任审查员、室主任、副部长、部长;1992～1994年在专利复审委员会任副主任;1994～1996年在专利局办公室任主任,兼局秘书长;1996～1998年任专利局副局长;1998年至今任国家知识产权局副局长。

著有专利审查及专利申请文件撰写方面的书籍中的有关章节。

杨建力 男,生于1952年11月,江西省兴国县人,中共党员。北京外国语学院毕业,曾在法国斯特拉斯堡法学院专修知识产权专业。参加过《中华人民共和国商标法》和《中华人民共和国商标法实施细则》的起草工作。1986年11月～1990年3月,担任国家工商局商标局副局长,起草并主持制定过商标优先权的暂行规定、中国加入马德里条约的协定、商标分类目录、保护商标专用权打击假冒伪劣商品等方面的法律法规文件。曾任国际保护知识产权协会中国分会理事、中国工业产权协会副秘书长、第一届全国商标委员会主任。现任美国达通公司副总裁、江西蓝德投资顾问有限公司董事长。

沈仁干 男,1943年2月出生,湖南浏阳人,中共党员。大学学历。现任国家版权局副局长。

1965年毕业于北京师范大学外语系,1965～1969年在中共中央高级党校马列基础教研室工作,1969～1973年在河南五七干校工作,1973年至今任国家出版局(国家版权局)处长、司长、副局长。

沈尧曾 男,汉族,1933年4月24日出生,浙江镇海人,中共党员。研究生学历,从事知识产权工作20年,职称为研究员。原在中国专利局任副局长,现在柳沈知识产权律师事务所任主任。

曾编写过《工业产权浅论》;主编、审定《中国专利法及其实施》;撰写《化工百科全书》专利一章(第19卷)、《专利制度的理论与实践》、《建设有中国特色的专利制度》、《中国知识产权的现状与展望》、《关于加强我国专利权保护的几点建议》。

1982年在德国专利局进修一年;1982年9月～1993年初担任中国专利局副局长;1993年作为高级合伙人参加创建北京柳沈知识产权公司,后改名为柳沈知识产权律师事务所。

曾积极参加中国专利法及其实施细则的起草和修订工作,为创建中国专利制度,特别是专利审查制度做出了贡献,获得了国务院颁发的政府特殊津贴,1993年后,为我国合伙制、合作制涉外专利、商标代理机构和知识产权律师事务所的体制建设进行了一些有益的探索,事务所的工作得到了国际上的高度评价。

现任中华全国专利代理人协会副会长,1996年起被北京市高级人民法院聘为北京市法院系统知识产权法律顾问。

沈　怡 女,汉族,1945年8月24日出生,江苏人,中国致公党党员。大学学历,1983年10月起从事知识产权工作,职称为专利代理助理研究员,任永新专利商标代理有限公司副总经理。

沈怡1983年10月～1984年12月在北京市专利管理局业务二处工作,1984年12月～1990年10月任北京市专利事务所副所长、专利代理人,1990年10月至今任永新专利商标代理有限公司副总经理、专利代理人、商标代理人。曾任中华全国专利代理人协会第一届副会长。

谷建芬 女,山东威海人,1935年3月21日(农历)出生于日本大阪。1941年回国定居大连。

1952～1955年,就读于东北鲁迅艺术学院音乐系本科。东北音乐专科学校作曲系毕业。1955年至今,任中央歌舞团(现中国歌舞团)创作员。

创作作品近千首,近百首作品获奖。主要有:"金唱片奖"、"当代青年最喜爱的歌"奖、"校园歌曲大赛”奖、“全国流行歌曲创作大奖”、“文化部音乐舞蹈作品奖”、“中国音乐电视96MTV大赛作曲奖”、“南斯拉夫贝尔格莱国际流行音乐作曲奖”、“联合国科教文亚太地区优秀音乐教材奖”等。

主要代表作：《年轻的朋友来相会》、《那就是我》、《绿叶对根的情意》、《思念》、《烛光里的妈妈》、《今天是你的生日》、《歌声与微笑》、《世界需要热心肠》、《三国演义》电视连续剧主题歌与插曲、《青春世界》、《巫山神女》等。

1984～1989年举办谷建芬声乐培训中心，培训歌手50余人。如毛阿敏、解小东、那英等。在国内外流行歌曲演唱比赛中获一、二、三等奖及优秀奖多次。

社会职务：第九届全国人大常委、人大华侨委员会委员、中国音乐著作权协会副主席、中国致公党中央委员、文联全国委员会委员、中国音乐家协会副主席。

陈肖梅 女，汉族，1945年2月出生，浙江杭州人。研究生学历。1983年4月起从事知识产权工作，职称为专利代理研究员。任中原信达知识产权代理有限责任公司顾问。

著有《工业产权教程》、《欧洲知识产权概论》、《美国、加拿大知识产权考察》、《深层次开发专利文献为大中企业服务》等。

陈肖梅1982年在北京科技大学金属材料系获工学硕士学位。1983年参加专利工作培训，1984年经考核成为中国第一批专利代理人，是冶金专利事务所的创办人之一，并相继被任命为副所长、所长，该所于1991年和1995年两次被评为全国先进专利代理机构。1983年曾作为冶金工业部的代表多次参加中国专利法的制定和修改，并被邀请参加1991年和1999年两次中国专利法修改征求意见。1988年应邀参与中华全国专利代理人协会的创办，并被推选为协会第一、二、四、五届副会长、第三届常务理事，此外，还任中国知识产权研究会下属的北京知识产权研究会副会长，冶金知识产权研究会副理事长，以及中国贸促会冶金行业分会知识产权部主任。于2000年3月加入中原信达知识产权代理有限责任公司任顾问。

周亚贤 男，汉族，1926年5月16日出生，河北莞县人，中共党员。大专学历。1979～1983年从事知识产权工作。曾任国家工商局商标局副局长。

商标局初建，周亚贤同志协助局长筹建商标局，批判“左”的干扰，拨乱反正，为商标法制定奠定思想和理论基础，在商标立法过程中重调查研究，倾听各方面意见，为第一部商标法制定做出了贡献。为清理十年动乱造成的商标管理混乱，他组织全国自下而上的商标注册清理工作，重新建立商标档案，为商标审查注册工作打下了基础，与商标审查员打成一片，建立起一套商标审查的制度和标准。

明廷华 男，汉族，1938年2月出生，山东人，中共党员。大学学历，从事知识产权工作8年，职称为研究员。现任中国发明协会副理事长。

1990年由国家科委调到中国专利局工作后，主要从事专利宏观管理和宣传方面的工作，主持编写过大型画册《中国专利十年》，应邀到地方和有关部门做过“专利与科技工作”、“专利与企业发展”、“知识产权保护与知识经济”、“科技创新与知识产权保护”等报告，有的还在有关报刊上发表，协助局长起草有关专利工作的重要文件、报告。

林炳辉 男，汉族，1950年11月出生，福州人，中共党员，研究生学历，高级工程师职称，现任国家知识产权局副局长。

于1980年在中国科技情报研究所从事专利信息服务工作。1981年调入中国专利局，曾任自动化部副部长、专利信息中心副主任、国际合作部部长、办公室主任兼秘书长。2001年4月任国家知识产权局副局长。曾主持和参与了专利信息系统的开发工作，在报刊上发表过多篇有关专利信息系统的开发、知识产权无形资产评估、知识产权与科技创新等方面的文章。

欧万雄 男，1936年11月26日出生，四川人，中共党员，大学本科学历。曾任商标局审查处副处长、处长，商标局副局长，商标评审委员会副主任（正司级），曾兼任知识产权研究会副秘书长，中国版权研究会常务理事。

1979年始，主要从事商标实务和协助局长工作，1981年参与并组织全国混同商标处理，参与1982年商标法制定的讨论，1985年在国际工业产权保护协会北京工业产权研讨会演讲“商标和商品类似”，1987年在局长主持下，拟定审查处商标审查标准，1988年具体实施并负责商品分类转换工作，主持并首次拟定“类似商品区分表”，参与1993年“类似商品区分表”的修订，参与1994年商标局“商标审查准则”的修订，主持并负责解决历史遗留的工贸双方两本帐。1993年参与人大第一次修订商标法，主持商标法实施细则第二次修订。主持并完善商标评审程序，主持制定“商标评审规则”，建议并成立商标评审专家咨询组，主持召开首次商标评审案件研讨会。具体负责商标试点代理机构的审批和代理工作的实施，主持召开全国第一次商标代理机构工作会议，协助局长具体处理“三九胃泰”、“W&W'S”糖果等重大商标案件。1982年负责审查处《商标注册指南》一书主编，与董葆霖同志合编《商标的战略和策略》一书。负责撰写《知识产权保护——厂长经理必读》一书的商标篇，主持编写《商标评审案例选》，在有关报刊杂志发表商标论文数十篇，曾在中国台湾、中国香港、日本、美国、德国有关机构宣讲“中国的商标制度和商标评审制度”、“商标审查实务”等。

武　衡 男，汉族，1914年3月出生，江苏人，中共党员。大学学历。从事知识产权工作10年,为中国科学院院士。

曾在国家科委工作,先后担任过国家科委常务副主任、党组副书记,曾是全国人大常委委员、中顾委委员和全国政协委员。曾主持起草第一部《中国专利法》。

1978年党的十一届三中全会召开后,适应改革开放的需要,以战略眼光向中央提出了在我国建立专利制度的建议。在当时认识分歧大、阻力大的情况下,他知难而进,亲自率团到欧、美等10多个国家进行考察,借鉴国外的经验。在主持起草专利法的过程中,克服种种困难,使专利法于1984年获全国人大常委会通过。在兼任专利局长期间,对于推动专利法在我国的实施中做出了重要贡献。

武衡同志已于1999年1月15日在北京逝世。

罗　东　男,汉族,1950年5月出生,云南潞西人,中共党员。大学学历,1985年1月起从事知识产权工作,职称为副研究员。任云南国际技术促进公司总经理。

曾在报刊、杂志上发表过一些有关知识产权的文章论文。

1985年1月从云南省科委成果处调云南省专利管理处任副处长。1987年9月调云南省专利事务所任所长。1985年10月被选为云南省知识产权研究会常务理事。1988年12月被选为中华全国专利代理人协会常务理事,1991年4月~1998年4月担任中华全国专利代理人协会副会长,1990年被评选为云南省专利工作先进个人,1991年被评选为全国专利系统先进个人。

罗东川　1965年10月出生。现任最高人民法院民事审判第三庭(知识产权庭)副庭长。

1986年毕业于北京大学法律系,获法学学士学位。1991年毕业于武汉大学法学院,获法学硕士学位。现在北京大学法学院在职攻读知识产权方向博士学位。

曾任北京市第一中级人民法院知识产权审判庭庭长,在北京市第一中级人民法院知识产权审判庭工作期间,审理了大量复杂疑难的知识产权案件,包括我国法院受理的首批涉外知识产权案件。

主编《人民法院知识产权审判案例精选》、《知识产权审判实务》、《知识产权名案评析〈一、二〉》等著作。

2000年荣获首届“全国十大人民满意的好法官”、“北京市十大杰出青年”、“全国先进工作者”等称号。

范汉云　男,汉族,1949年2月出生,河北人,中共党员。研究生学历。1986~2001年从事知识产权工作。现任国家工商局商标局副局长。

著有《中国的商标确权制度》、《中国关于商标注册不当的法律规定及实务》。

1986~1989年任国家工商局商标局综合处副处长,1989~1996年任商标评审委员会办公室副主任、主任,1996~2000年任商标评审委员会副主任,2000~2001年任商标局副局长。

侯丽叶　女,汉族,1951年8月出生,中共党员,四川人。研究生学历,1979年2月至今从事知识产权工作,职称为经济师。现任国家工商局商标局副局长。

从1979年2月到商标局工作至今,历任审查员、室主任、副处长、处长、副局长职务,从事商标注册和管理工作22年。参加《商标法》及实施细则的制定和修改工作,对商标注册程序、商标审查标准、商标侵权假冒案件认定和查处、指导企业商标战略的运用、驰名商标认定和保护等有较深入的研究和实践经验。参加了《商标注册指南》、《商标注册用商品和图形分类知识讲话》、《商标管理》、《中国经济百科全书》、《中国商标十年》等书的编写;组织并参加《商标注册用商品和服务国际分类表》工具书的译制工作并组织实施了为期一年多的国家分类向国际分类的转换工作;在报刊、杂志上发表过二十余篇有关商标理论与实践的文章。

侯　林　男,汉族,1949年12月出生,辽宁人,中共党员。大学学历。现任国家工商行政管理局商标局局长。

1984年2月起任北京市西城区工商行政管理局副局长,1986年4月起任代理局长,1987年11月起任局长,1991年9月起任北京市工商行政管理局副局长,1993年1月起任国家工商行政管理局企业司(后为商业注册局)司长、局长,1998年8月起任商标局局长。

姜　颖　女,1940年8月出生,山东掖县人,1966年毕业于清华大学工程物理系。长期从事专利及知识产权工作,历任中国专利局副局长、国家知识产权局副局长、局长、党组书记等职务,现为第九届全国政协委员,研究员,中国知识产权研究会理事长、中国人民大学兼职教授、中国知识产权培训中心兼职教授。

姜颖同志从20世纪80年代初中国专利制度创建以来,就一直从事专利工作,在专利及知识产权法律法规、专利审查及宏观管理方面,具有深厚理论功底和丰富实践经验。姜颖同志长期分管专利审查业务工作,她参与了《专利法实施细则》的制定和修订工作,为建立和完善我国专利审查工作体系,使我国在不长的时间内居于发展中国家前列,并成为世界知识产权组织指定的国际专利受理局及初审局作出了重要贡献。

姜颖同志在主持国家知识产权局工作期间,顺利完成了局机构改革;提出了知识产权工作要为经济发展和科技创新服务的工作思路;广泛开展国际合作与交流,进一步扩大了我国在世界知识产权领域的作用和影响;认真组织了《专利法》再次修订的具体工作,进一步健全和完善了我国专利法律法规体系;采取有利措施,加快了专利审批工作和自动化建设步伐,积极推动知识产权管理体系建设，全国知识产权的宏观管理和保护力度有了极大的加强。

姜颖同志从事专利工作20年来，为建立和完善具有中国特色的专利制度，提高我国的知识产权保护水平，促进科技创新和经济发展，付出了极大的心血，起到了积极的推动作用，在国际知识产权界享有较高声望。

柳谷书 男，汉族，1921年6月出生，江苏镇江人，中共党员。大学学历。1965年从事知识产权工作，职称为研究员、一级律师。原任中国专利代理(香港)公司董事长。

著有《中国工业产权制度之介绍》一书。

1965年担任贸促会商标代理处处长，1979年3月参加WIPO召开的商标会议，1980年考察日本专利与商标代理，1981年应WIPO邀请，考察西欧和美国专利制度，1982年参加AIPPI莫斯科会议，该会议决定吸收中国入会。1982年担任贸促会法律部副部长兼专利代理处、商标代理处处长。1989年3月赴香港组建中国专利代理(香港)有限公司，任总经理、董事长。1987年任专利代理人协会第一、二届会长，后任名誉会长，1991年离休。1992年组建柳沈知识产权公司，任合伙人。

郭晓东 男，汉族，1940年11月出生，河北人，中共党员。大学学历。职称为副研，1982年11月开始从事知识产权工作。历任中国专利局机械审查部审查五室副处长、正处长，该部副部长、正部长。1994年任局人事教育部部长。1995年任中纪委派驻中国专利局(国家知识产权局)纪检组组长、局党组成员至今，2000年兼任中国发明协会副理事长至今。1985年11月～12月在德国专利局受训。1990年作为访问学者在日本特许厅工作四个月。

赵石英 男，汉族，1920年12月8日出生，四川人，中共党员。大学学历，1980年5月起从事知识产权工作。原中国专利局负责人。

1985年5月调任中国专利局负责人，1982年12月离休。在任中国专利局负责人期间，根据中央和国务院的指示，研究和探讨了在中国建立专利制度的理论依据，作了大量在我国建立专利制度的舆论宣传工作，组织起草了专利法及实施细则，建立了专利局的组织机构，培养了一批专利工作干部，在专利领域的国际交流与合作方面也作了许多开拓性工作，为我国的专利制度的建立作出了重要贡献。作为我国专利制度创建人之一，他的工作受到知识产权界的赞誉。

郝志新 男，汉族，1927年5月4日出生，中共党员，大专学历。1985年2月～1988年2月任国家工商局商标局局长，职称为高级经济师，国家保护工业产权协会(AIPPI)中国分会副会长。任职期间，主要抓了几项工作：

1. 修订《商标法实施细则》加强商标法制管理，强化了对商标侵权违法活动的经济处罚，加强了对注册商标专用权的保护。

2. 根据国家工商局公布实施的《关于申请商标注册要求优先权的暂行规定》，发布了《关于商标法在国外要求优先权问题的通知》。

3. 根据中央对台实行“一国两制”和台湾的现状，提出了“台湾商人回大陆申请商标注册，与大陆企业一视同仁，具体办法可参照对香港商标申请人的做法”，初步开通了台湾厂商回大陆注册商标的通道。

4. 组织进行了商品分类转换工程的前期工作。1988年2月印出了《类似商品区分表》(试用本)。

5. 开始商标领域的国际合作。1985年10月国家工商局商标局与法国工业产权局签定了《中法商标工作组协定》，协议约定双方每年举行一次工作会议，交流工作情况和资料。1986年10月与联邦德国专利局局长在北京就双边合作、交流资料、互派专家及帮助我方培训人员进行会谈，并形成纪要。

6. 成立了中国工业产权研究会商标委员会，加强商标工作的理论研究。

7. 重视思想政治工作，拟定了商标审查工作的职责与要求，提高工作人员的清廉执法、爱岗敬业精神。在组织上，成立商标局申请处，使商标审查工作开始走向专业化、制度化。

须一平 男，汉族，1942年5月出生，江苏常州人，中共党员。大学学历。从事知识产权工作22年，职称为研究员。任上海专利商标事务所所长兼党委书记。

著有《发明与专利》、《专利概论》、《专利指南》、《专利实践问答》、《中外投资法比较》、《涉外经济实用手册》(知识产权有关章节)等书。

1965年毕业于复旦大学电子物理系，1978年赴美国专利商标局进修，1980年5月至1984年9月在中国专利局上海分局工作，1984年9月起筹建上海专利商标事务所(原上海专利事务所)并担任党委书记、所长至今。现兼任中华全国专利代理人协会顾问(原会长)，中国知识产权研究会副理事长、上海市政府立法专家咨询委员会委员，上海仲裁委员会委员和国际商标协会会员，世界知识产权组织国际仲裁员等职。曾荣获全国专利系统先进工作者，上海科技精英提名奖和有突出贡献中青年管理专家等称号。享受国家特殊津贴。

钱传柄 男，汉族，1930年6月出生，浙江人，中共党员。大学学历，1979～1983年从事知识产权工作，职称为高级工程师。国家科委科技参赞。

曾编写过《专利知识》(合著)、《谈谈专利制度》(培训班讲义)、《中国的知识产权保护》(论文)。

1979～1981年任中国专利局副局长，1982～1984年任国家科委成果局副局长，继续参与专利工作。

在国家科委地方科委主任培训班、专利局主办的各部门专利干部培训班、天津市科委的专利干部培训班等讲授专利知识。

在参与制定专利法时，提出并坚持外国人申请中国专利，应委托国务院指定的专利代理机构办理。

在专利局工作时，创建并办理建立专利文献出版社。

高卢麟 男，汉族，1935年10月26日出生。副博士学历，职称为教授级高工，1987年9月起从事知识产权工作，原任国家知识产权局局长。

曾编写过《中国专利教程》及论文等数十篇。

1987年9月～1998年3月任中国专利局局长，1998年3月～1998年7月任国家知识产权局局长，1998年7月～2000年2月任联合国世界知识产权组织高级顾问。

高阶平 男，汉族，1920年12月出生，河北省霸县人，中共党员。从事知识产权工作2年。原任中国专利局负责人。

自1980年组建专利局至1982年离休，为专利局负责人兼机关党委书记。

曹中强 男，汉族，1952年2月8日出生，中共党员，浙江海盐人。大专学历，1979年3月起从事知识产权工作，职称经济师。任国家工商管理局商标评审委员会副主任、巡视员。

1979年调入国家工商行政管理局商标局任审查处审查员、商标评审委员会委员，1986年9月以来，任商标局综合处副处长、申请处副处长、审查处副处长、审查处处长，1993年6月任商标局副局长；中国知识产权研究会常务理事，中国知识产权研究会商标委员会副主任委员，中华商标协会理事，北京大学法制研究中心顾问。1993年以来，先后出席世界知识产权组织召开的有关协调商标保护法律的专家委员会会议、驰名商标专家委员会会议、尼斯联盟专家委员会会议；1994年作为中国政府代表团副代表出席缔结《商标法条约》外交大会，1995年9月，出席中国政府向世界知识产权组织递交中国加入《马德里协定有关议定书》通知书仪式。

参加编写《商标注册指南》、《商标管理》、《中国商标十年》，组织整理完成《商标注册用商品和服务国际分类》第七版中文版本、组织制定《类似商品和服务区分表》等有关商标方面的规章、论著。

曹建明 男，汉族，1955年9月出生，江苏南通人，1972年12月参加工作。1986年7月华东政法学院国际法系硕士研究生毕业，2001年3月被比利时根特大学授予荣誉法学博士学位。教授，博士生导师。

1972～1975年任上海静安区饮食公司团委副书记。1975～1979年任上海卫生局后方卫生处政工组负责人。1979～1983年在华东政法学院法律系进行本科学习。1983～1986年在华东政法学院国际法系进行研究生学习。1986～1995年任华东政法学院国际法系教师、系副主任、系主任、教授，此期间(1988～1989年)到比利时根特大学法学院进修。1995～1997年任华东政法学院常务副院长。1997～1999年任华东政法学院院长。1999年9月任国家法官学院院长。1999年11月起任最高人民法院副院长、审判委员会委员。

1994年12月9日为中央领导同志主讲中共中央法制讲座第一讲“国际商贸法律制度与关贸总协定”。1998年5月12日为中央领导同志主讲中共中央法制讲座第七讲“金融安全与法律建设”。

黄赤东 曾担任最高人民法院经济审判庭副庭长、庭长，主管工业产权案件的审判工作。专利法颁布前后，参与最高人民法院举办的培训班、专题讲座，培训各省、自治区、直辖市经济审判人员开展专利审判工作。1983年10月，赴澳大利亚悉尼出席亚太地区工业产权法官研讨会，会见了联合国世界知识产权组织总干事鲍格胥先生，在会上介绍中国人民法院依法审理专利、商标案件的基本原则和程序，受到与会者的好评。参与最高人民法院《关于开展专利审判工作的几个问题的通知》、《关于专利侵权纠纷案件地域管辖问题的通知》等司法解释的草拟工作。1996年10月至1998年10月，兼任最高人民法院知识产权审判庭庭长期间，主持庭务会议讨论知识产权案件，力保办案质量，努力做到依法、公正、公平。

黄坤益 男，汉族，1926年8月出生，湖南长沙人，中共党员。大学学历，1982年6月开始从事知识产权工作，职称为研究员。原中国专利局局长，全国人大教科文卫委员会顾问。

曾编写过《中国专利制度总论》、《企业领导谈专利》、《保护知识产权发展知识经济》、《知识经济与中国知识产权制度》、《全面认识“入世”以后的知识产权问题》等。

1982年6月～1987年9月任中国专利局局长，接续创建中国专利制度，完成立法及实施体系建设，发展国际合作及加入巴黎联盟，首日获申请3455件，WIPO誉为创造世界专利历史新记录，先后当选WIPO成员国会议主席、巴黎联盟大会主席；1989年2月～1993年3月任七届全国人大教科文卫委员会顾问，参与著作权法、科技进步法制定，商标法、专利法第一次修订；获国务院科技突出贡献表彰、联邦德国总统星星大十字勋章。现任中国知识产权研究会名誉理事长。

蒋志培 法学硕士，中国人民大学民商法博士。曾在英国伯明翰大学法学院、美国约翰马歇尔法学院任高级访问学者。国家法官学院兼职教授；中国人民大学民商法学研究基地研究人员。1968

年6月参加工作,1979年起任北京市西城区人民法院书记员、助理审判员、审判员,民庭副庭长、庭长,1985年任该院副院长;1990年1月任最高人民法院民庭助理审判员、审判员、涉外港澳台组审判组长,1993年9月任副局级审判员;1995年2月任最高人民法院知识产权办公室副主任;1996年10月任最高人民法院知识产权庭副庭长;2000年8月任最高人民法院民事审判第三庭庭长,同年10月任最高人民法院审判委员会委员;中国知识产权研究会常务理事、中国科技法学会常务理事、中国法官学会理事。

蒋志培同志长期从事民商事和知识产权审判工作,曾参与我国民法和多部知识产权法的立法工作以及多个知识产权法司法解释的起草工作。参与主编、撰写《知识产权诉讼》、《法学通论》、《知识产权法律保护若干问题研究》、《网络与电子商务法》、《知识产权审判指导与参考》等著作。

蔡立珩　男,汉族,1923年4月出生,中共党员,广东人。大学学历,1979年起从事知识产权工作。原中国专利局负责人。

1979年参加中国专利局筹建工作,并任中国专利局负责人,1981年12月10日因病去世。他善于学习、肯于钻研,他遵守纪律、克己奉公,在处理大量外交工作中,既有原则性,又有灵活性。他对建立我国的专利事业,不分昼夜、呕心沥血,一心扑在工作上,为中国专利事业的发展做了大量工作。

颜志祥　男,汉族,1939年4月出生,上海人,中共党员。大学学历,1985年4月起从事知识产权工作,职称为高级工程师。任中国石化总公司信息所处长。

曾在1992年和1993年《中国专利代理》发表两篇文章。

1985年3月～1985年4月在中国专利局举办的专利代理人学习班学习,获专利代理人资格证书;1985年5月～1985年8月在中国人民大学法律系专利律师班学习,获结业证书;1989年10月参加中华全国专利代理人协会任理事,1991年任常务理事,1993年任副会长;1993年4月参加中华全国专利代理人协会赴欧洲考察访问。

黎晓宽　男,汉族,1950年9月出生,湖北人,中共党员。研究生学历,从事知识产权工作2年。任国家工商行政管理局副司长。

曾编写过《商标法教程》、《商标注册指南与实例》。

1996年7月～1998年8月任商标局副局长;1998年8月～2000年4月任公平交易局副局长。

在商标局工作期间,主要负责商标审查工作和商标的法律事务,主要有:

1. 组织商标法修改论证工作。主要抓了组建《商标法》修改工作机构,制定了工作计划,组织翻译了13个国家的商标法,编辑了《外国商标法介绍》,同时开展了调查研究,召开了局内外座谈、研讨会,走访了专家学者和有关单位,起草了《商标法》修改试拟稿,为《商标法 》的修改做好了前期准备工作。

2. 贯彻《特殊标志管理条例》和《商标专用权质押登记程序》。根据有关规定,组织着手受理特殊标志注册和商标专用权质押登记申请,并完善了有关管理、审查及注册等方面的程序、文书,保证了特殊标志保护和商标专用权质押登记工作的顺利进行。

3. 完善和改进商标审查工作。在负责商标审查工作中,狠抓了商标审查工作的质量,坚持质量第一的方针,采取了一系列具体措施,同时完善了审查细则,使审查员有所遵循。在此基础上,研究了提高审查工作效率的具体方法,使审查进度有所提高。

4. 驰名商标的认定与保护。根据有关规定,组织开展了驰名商标的认定工作,同时组织审查人员对审查工作中如何保护驰名商标提出了实施意见,以防止审查工作出现漏洞。

5. 研究论证马德里协定和议定书在香港及澳门的适用问题,并与香港和澳门有关部门进行了磋商,取得一定进展。

中国知识产权网(WWW.CNIPR.COM)

——为您提供全方位的知识产权信息服务

随着人类社会经济的不断发展,知识经济在整个社会经济中所占的比重越来越大,地位越来越高,人们对知识产权信息的需求也越来越强烈。但是,很长一段时期,由于受到查询和传播手段的制约,人们很难及时掌握和了解自己所需的知识产权信息,这不但制约了人们开拓思路,也阻碍了一大批知识产权成果的推广和使用。如今,我们迎来了跨世纪的互联网时代,终于使这一棘手问题有了解决的可能。中国知识产权网的开通,为公众提供了包括专利、商标、版权在内的全方位的知识产权信息服务,使公众足不出户就能及时了解各种最新的知识产权信息。

中国知识产权网(WWW.CNIPR.COM),是国家知识产权局知识产权出版社在国家支持下于1999年6月创建的知识产权专业网站。旨在宣传知识产权知识、传播知识产权信息、推广专利产品、树立专利及其生产企业的形象,创造“专利”知名品牌。目前,网站依托于强大的中国专利数据库,首先重点推出了专利信息服务,为公众提供最具权威性的专利信息服务,近期还将与有关部门合作,通过互联网提供有关商标、版权的信息查询、展示、发布和中介服务,以使中国知识产权网最终成为中国知识产权的权威网站。

网站特色服务

■ 专利检索

“中国知识产权网”提供多种专利检索方式,使公众可以方便地检索到每周法定公开日(每周三)之前的包括著录项、摘要、主权项、法律状态、说明书全文及外观设计图形等全部专利数据,专利数据按周定时更新(每周四)。

■ 专利说明书全文、外观设计专利图形浏览及下载

公众在“中国知识产权网”上可在线浏览和成件下载1985年《专利法》实施以来的所有中国专利说明书全文和外观设计专利图形。

■ 专利展示及推广

“中国知识产权网”利用先进的网络信息技术,为专利发明人提供网上专利展示及转让服务。发明人可以将自己的发明成果在网上实时发布,让专利产品信息通过互联网传遍中国,走向世界,参与国际交流与合作。

■ 知识产权网上书店

公众通过“中国知识产权网”可以直接在线订购知识产权出版社出版的各种知识产权图书。

法律 法规 规章

历年法律法规规章目录

专　利

1 中华人民共和国专利法(1984 年 3 月 12 日第六届全国人大常委会第四次会议通过，1985 年 4 月 1 日实施,1992 年 9 月 4 日第七届全国人大常委会第二十七次会议第一次修正,2000 年 8 月 25 日第九届全国人大常委会第十七次会议第二次修正,2001 年 7 月 1 日施行)
2 中华人民共和国专利法实施细则(1985 年 1 月 19 日国务院批准,1985 年 1 月 19 日中国专利局发布,1992 年 12 月 12 日国务院批准第一次修订,1992 年 12 月 21 日中国专利局发布)
3 专利代理暂行规定(1985 年 9 月 12 日)
4 专利工作管理办法(试行)(1989 年 7 月 11 日)
5 国防专利条例(1990 年 7 月 30 日)
6 国务院专利代理条例(1991 年 3 月 4 日)
7 国务院关于决定加入《专利合作条约》的批复(1993 年 8 月 2 日)
8 中华人民共和国专利局令(第 1 号)清理专利法规(1990 年 9 月 19 日)
9 中华人民共和国专利局令(第 2 号)发布《中华人民共和国专利局行政复议规程(试行)》(1991 年 12 月 29 日)
10 中华人民共和国专利局令(第 3 号)发布《中华人民共和国专利法实施细则》(1992 年 12 月 21 日)
11 中华人民共和国专利局令(第 4 号)颁布《审查指南》(1993 年 3 月 10 日)
12 中华人民共和国专利局令(第 5 号)《关于中国实施〈专利合作条约〉的规定》(1993 年 11 月 23 日)
13 中华人民共和国专利局令(第 6 号)印发《中华人民共和国专利局行政复议规程》(1995 年 1 月 10 日)
14 中华人民共和国专利局令(第 7 号)关于中国实施《专利合作条约》的规定的修改(1995 年 5 月 28 日)
15 中华人民共和国专利局令(第 8 号)印发《专利权质押合同登记管理暂行办法》(1996 年 9 月 19 日)
16 国家知识产权局局长令(第 9 号)发布《专利管理机关查处冒充专利行为规定》(1999 年 1 月 6 日)
17 国家知识产权局局长令(第 10 号) 发布《关于在香港特别行政区知识产权署提出的首次申请的优先权的规定》(1999 年 12 月 15 日)
18 中华人民共和国专利局公告(第 1 号)外国人向中国申请专利可以依法要求享有优先权(1984 年 8 月 23 日)
19 中华人民共和国专利局公告(第 2 号)建立专利管理机关(1984 年 8 月 30 日)
20 中华人民共和国专利局公告(第 3 号)《中华人民共和国专利法实施细则》公布(1985 年 1 月 19 日)
21 中华人民共和国专利局公告(第 4 号)专利收费标准(1985 年 1 月 19 日)
22 中华人民共和国专利局公告(第 5 号)最高人民法院关于开展专利审判工作的规定(1985 年 2 月 27 日)
23 中华人民共和国专利局公告(第 6 号)中国专利局受理专利申请的地址、电话、信箱及专利收费帐号(1985 年 3 月 1 日)
24 中华人民共和国专利局公告(第 7 号)专利分类(1985 月 3 月 2 日)
25 中华人民共和国专利局公告(第 8 号)用于专利程序的微生物保藏办法(1985 年 3 月 12 日)
26 中华人民共和国专利局公告(第 9 号)中国专利文献服务(公布)网点(1985 年 9 月 10 日)
27 中华人民共和国专利局公告(第 10 号)专利代理暂行规定(1985 年 9 月 12 日)
28 中华人民共和国专利局公告(第 11 号)关于申请费的补充规定(1986 年 2 月 5 日)
29 中华人民共和国专利局公告(第 12 号)专利许可合同备案(1986 年 3 月 10 日)
30 中华人民共和国专利局公告(第 13 号)批准增设中国专利局南京代办处和中国专利局成都代办处(1986 年 4 月 12 日)
31 中华人民共和国专利局公告(第 14 号)专利代理机构名单(1986 年 5 月 6 日)
32 中华人民共和国专利局公告(第 15 号)中国专利局上海分局逐步开展专利申请的初步审查工作(1986 年 7 月 10 日)
33 中华人民共和国专利局公告(第 16 号)起用新专利代理人证书(1987 年 3 月 1 日)
34 中华人民共和国专利局公告(第 17 号)指定永

新专利代理有限公司为涉外专利代理机构(1987年5月1日)
35 中华人民共和国专利局公告(第18号)起用高卢麟局长签发的专利证书及优先权证明(1987年10月28日)
36 中华人民共和国专利局公告(第19号)最高人民法院《关于审理申请专利权纠纷案件若干问题的通知》(1988年2月25日)
37 中华人民共和国专利局公告(第20号)以申请人无申请权为理由的异议的处理(1988年2月25日)
38 中华人民共和国专利局公告(第21号)中国专利文献编号系统方案(1988年11月20日)
39 中华人民共和国专利局公告(第22号)公布专利收费帐号(1988年11月10日)
40 中华人民共和国专利局公告(第23号)撤销中华人民共和国专利局第15号公告(1989年4月15日)
41 中华人民共和国专利局公告(第24号)专利申请中使用邮政编码的有关规定(1989年7月27日)
42 中华人民共和国专利局公告(第25号)关于与人体健康有关的医疗器具的实用新型专利申请的审查(1989年9月15日)
43 中华人民共和国专利局公告(第26号)贯彻最高人民法院《关于审理专利申请权纠纷案件若干问题的通知》的意见(1989年11月20日)
44 中华人民共和国专利局公告(第27号)不授予实用新型专利的范围(1989年12月11日)
45 中华人民共和国专利局公告(第28号)办理共有权利的手续(1990年1月16日)
46 中华人民共和国专利局公告(第29号)成立上海代办处(1990年1月31日)
47 中华人民共和国专利局公告(第30号)专利缴费手续(1990年8月27日)
48 中华人民共和国专利局公告(第31号)关于专利申请权或专利权归属纠纷调处和审理中审查流程中止程序(1991年3月14日)
49 中华人民共和国专利局公告(第32号)公布第一批专利代理机构名单(1992年2月10日)
50 中华人民共和国专利局公告(第33号)新专利收费项目和标准(1992年8月3日)
51 中华人民共和国专利局公告(第34号)对修改后的专利法第二十五条、第二十九条的说明(1992年9月5日)
52 中华人民共和国专利局公告(第35号)公布修改后的《中华人民共和国专利法实施细则》(1992年12月12日)
53 中华人民共和国专利局公告(第36号)修改专利法后的专利收费项目和标准(1992年12月31日)
54 中华人民共和国专利局公告(第37号)指定北京柳沈知识产权公司为涉外专利代理机构(1993年3月6日)
55 中华人民共和国专利局公告(第38号)更改中国专利局办公地址(1993年5月3日)
56 中华人民共和国专利局公告(第39号)公布第二批专利代理机构名单(1993年4月30日)
57 中华人民共和国专利局公告(第40号)关于专利代理机构备案的手续(1993年7月30日)
58 中华人民共和国专利局公告(第41号)关于国际申请收费标准(1993年12月28日)
59 中华人民共和国专利局公告(第42号)指定中原信达知识产权代理公司为涉外专利代理机构(1994年4月29日)
60 中华人民共和国专利局公告(第43号)调整后的专利收费项目和标准(1994年8月9日)
61 中华人民共和国专利局公告(第44号)指定中科专利代理有限公司为涉外专利代理机构(1994年12月1日)
62 中华人民共和国专利局公告(第45号)关于撤销北京三煌专利事务所的决定(1995年1月9日)
63 中华人民共和国专利局公告(第46号)指定隆天专利商标代理有限公司为涉外专利代理机构(1995年1月19日)
64 中华人民共和国专利局公告(第47号)增设中国专利局西安代办处(1995年6月13日)
65 中华人民共和国专利局公告(第48号)关于申请文件用纸规格更改为A4型的决定(1995年7月30日)
66 中华人民共和国专利局公告(第49号)增设中国专利局广州代办处(1995年8月3日)
67 中华人民共和国专利局公告(第50号)指定上海华东专利事务所为涉外专利代理机构(1995年8月8日)
68 中华人民共和国专利局公告(第51号)关于港澳地区专利申请若干问题的规定(1995年8月21日)
69 中华人民共和国专利局公告(第52号)被撤销的专利代理机构名单(1995年10月31日)
70 中华人民共和国专利局公告(第53号)公布第三批专利代理机构名单(1995年10月31日)
71 中华人民共和国专利局公告(第54号)重申专利缴费手续和方式(1996年6月7日)
72 中华人民共和国专利局公告(第55号)增设中国专利局武汉代办处(1996年8月20日)
73 中华人民共和国专利局公告(第56号)停止中国专利局沈阳代办处专利受理和收费业务(1997年2月3日)
74 中华人民共和国专利局公告(第57号)关于香港回归后中国内地和香港专利申请若干问题的说明(1997年12月29日)
75 中华人民共和国专利局公告(第58号)关于更改专利授权通知书的决定(1997年10月15日)

76 中华人民共和国专利局公告(第59号)批准沈阳代办处重新开始受理专利申请及办理其他专利业务(1998年1月1日)
77 国家知识产权局公告(第60号)任命姜颖为国家知识产权局局长,免去高卢麟的国家知识产权局局长职务(1998年7月15日)
78 国家知识产权局公告(第61号)首批通过1998年年检的227家专利代理机构(1998年8月31日)
79 国家知识产权局公告(第62号)保密专利申请问题(1998年11月18日)
80 国家知识产权局公告(第63号)成立国家知识产权局专利局(简称专利局)(1998年11月30日)
81 国家知识产权局公告(第64号)涉外专利代理机构(1998年12月4日)
82 国家知识产权局公告(第65号)中国专利局各代办处更名为国家知识产权局专利代办处(1998年12月17日)
83 国家知识产权局公告(第66号)对当事人请求延长专利局指定期限审批的时间、次数及费用标准的修改(1999年6月23日)
84 国家知识产权局公告(第67号)指定中咨律师事务所为涉外专利代理机构(1999年7月19日)
85 国家知识产权局公告(第68号)首批通过年检的227家专利代理机构(1999年8月12日)
86 国家知识产权局公告(第69号)通过年检的257家专利代理机构(1999年8月23日)
87 国家知识产权局公告(第70号)撤销的专利代理机构(2000年1月28日)
88 国家知识产权局公告(第71号)专利代理机构年检(补检)(2000年1月28日)
89 国家知识产权局公告(第72号)指定涉外专利代理机构(2000年3月27日)
90 国家知识产权局公告(第73号)指定涉外专利代理机构(2000年4月27日)
91 国家知识产权局公告(第74号)使用新的专利收费户名及帐号(2000年11月10日)
92 关于职务发明创造专利和发明人、设计人奖酬提取办法的规定(1989年12月10日)
93 国家经委、国家科委、财政部、中国专利局关于加强企业专利工作的规定(1986年12月26日)
94 国家经委、国家科委、劳动人事部、中国专利局关于在全国设置专利工作机构的通知(1984年8月23日)
95 国家科委、中国专利局关于加强专利管理工作的通知(1990年2月2日)
96 国家知识产权局关于办理专利代理人工作证有关问题的通知(1999年4月13日)
97 国家知识产权局关于专利代理机构设立办事机构有关问题的通知(1999年4月13日)
98 国家知识产权局审查指南公报关于《审查指南》第五部分第七章的修改(1999年6月30日)
99 国家专利局关于贯彻《专利代理条例》的几点意见(1991年4月19日)
100 国家专利局关于进行专利代理机构年检工作的通知(1998年1月16日)
101 企业专利工作办法(试行)(1990年3月22日)
102 企业专利工作办法(1994年5月18日)
103 审查指南(1993年3月10日)
104 审查指南之撤销程序(1993年3月29日)
105 审查指南之复审与无效宣告程序(1993年3月29日)
106 审查指南之专利申请与事物处理(1993年4月1日)
107 审查指南之实质审查(之一)(1993年4月1日)
108 审查指南之实质审查(之二)(1993年4月1日)
109 审查指南之实质审查(之三)(1993年4月1日)
110 审查指南之实质审查(之四)(1993年4月1日)
111 审查指南之实质审查(之五)(1993年4月1日)
112 审查指南之实质审查(之六)(1993年4月1日)
113 审查指南之实质审查(之七)(1993年4月1日)
114 审查指南之实质审查(之八)(1993年4月1日)
115 审查指南之实质审查(之九)(1993年4月1日)
116 审查指南之使用说明、略语表、初步审查使用说明(之一)(1993年4月1日)
117 审查指南之使用说明、略语表、初步审查使用说明(之二)(1993年4月1日)
118 审查指南之使用说明、略语表、初步审查使用说明(之三)(1993年4月1日)
119 审查指南之使用说明、略语表、初步审查使用说明(之四)(1993年4月1日)
120 卫生部、农牧渔业部、中国专利局关于用于专利程序的微生物菌(毒)种、培养物入境检疫暂行规定(1985年9月10日)
121 中国单位或个人向外国申请专利的办法(1985年7月20日)
122 中国典型培养物中心用于专利程序的微生物保藏办法(1985年9月10日)
123 中国微生物菌种保藏管理委员会普通微生物中心用于专利程序的微生物保藏办法(1985年9月10日)
124 中国专利局、财政部、中国人民银行、国家税务局关于职务发明创造专利的发明人、设计人奖

酬提取办法的规定(1989 年 12 月 10 日)
125 中国专利局、国家计划委员会、国家体改委、国家科委、国务院生产委员会关于印发《企业专利工作办法(试行)》的通知(1990 年 3 月 22 日)
126 中国专利局、国家物价局关于专利代理机构收取专利代理费的通知(1987 年 12 月 12 日)
127 中国专利局、外交部、国家科委颁发《关于我国学者在国外完成的发明创造申请专利的规定》的通知(1986 年 2 月 1 日)
128 中国专利局办公室关于发明人(设计人)请求不公布其姓名的办事规程(1990 年 3 月 9 日)
129 中国专利局办公室关于印发《申请专利费用减缓办法》的通知(1994 年 8 月 15 日)
130 中国专利局对《关于中国实施〈专利合作条约〉的规定》的修改(1995 年 5 月 28 日)
131 中国专利局关于《处理有关微生物菌种保藏问题的通知》的执行办法(1990 年 7 月 14 日)
132 中国专利局关于《个人申请专利费用减缓办法》的通知(1985 年 2 月 4 日)
133 中国专利局关于处理有关微生物菌种保藏问题的通知(1990 年 6 月 6 日)
134 中国专利局关于发送《国家经委、中国专利局关于处理外国人申请专利的优先权和建立第二个涉外专利代理机构的请示》的通知(1984 年 8 月 21 日)
135 中国专利局关于废止《关于缴纳第一次年费的补充办法》的通知(1992 年 2 月 17 日)
136 中国专利局关于港澳地区专利申请若干问题的规定(1995 年 8 月 21 日)
137 中国专利局关于个人申请专利费用减缓比例掌握在不超过 50% 的通知(1985 年 2 月 25 日)
138 中国专利局关于贯彻《专利代理条例》的几点意见(1991 年 4 月 19 日)
139 中国专利局关于缴纳第一次年费的补充办法(1986 年 7 月 31 日)
140 中国专利局关于贸促会专利代理部和上海专利事务所可以代理台胞专利申请的通知(1990 年 7 月 23 日)
141 中国专利局关于培训企业专利工作者的通知(1987 年 3 月 17 日)
142 中国专利局关于培训企业专利工作者的补充通知(1989 年 2 月 21 日)
143 中国专利局关于涉外代理工作中几个问题的说明(1987 年 11 月 16 日)
144 中国专利局关于实施专利许可合同的备案的通知(1986 年 3 月 28 日)
145 中国专利局关于实行《自然科学研究人员职务试行条例》的实施细则的补充通知(1987 年 5 月 28 日)
146 中国专利局关于受理台胞专利申请的意见(1985 年 4 月 1 日)
147 中国专利局关于受理台胞专利申请的补充规定(1989 年 4 月 19 日)
148 中国专利局关于台胞申请专利手续中若干问题的处理办法(1993 年 4 月 23 日)
149 中国专利局关于向申请人出具优先权证明的办法(1988 年 3 月 1 日)
150 中国专利局关于印发《关于对海峡两岸专利交流活动管理的意见》的通知(1993 年 3 月 26 日)
151 中国专利局关于印发《关于受理台胞专利申请的规定》的通知(1993 年 3 月 29 日)
152 中国专利局关于印发《申请专利费用减缓办法》的通知(1992 年 8 月 18 日)
153 中国专利局关于印发《专利管理机关查处冒充专利行为暂行规定》的通知(1994 年 7 月 22 日)
154 中国专利局关于暂停批准企业、事业单位成立新的专利代理机构的通知(1988 年 2 月 26 日)
155 中国专利局关于执行《申请专利费用减缓办法》的补充规定(1992 年 10 月 10 日)
156 中国专利局关于指定首批专利代理机构代理台湾法人来大陆申请专利的通知(1993 年 3 月 29 日)
157 中国专利局关于中国实施《专利合作条约》的规定(1993 年 11 月 23 日)
158 中国专利局关于中止执行《专利管理机关处理专利纠纷办法》第二十六条第二十八条的通知(1991 年 11 月 23 日)
159 中国专利局关于专利代理机构备案的通知(1985 年 4 月 19 日)
160 中国专利局关于专利管理机构中的专业技术人员如何靠用专业技术职务的通知(1987 年 5 月 8 日)
161 中国专利局关于转发财政部税务总局(86)财税营字第 087 号文件的通知(1987 年 1 月 12 日)
162 中国专利局关于转发国家科委《关于加强技术合同认定登记工作的通知》的通知(1991 年 8 月 19 日)
163 中国专利局关于做好修改后的专利法实施前有关专利申请工作的通知(1992 年 9 月 8 日)
164 中国专利文献服务(公布)网点(第一批公布)(1985 年 9 月 10 日)
165 中华人民共和国专利局、国家国有资产管理局关于印发《专利资产评估管理暂行办法》的通知(1997 年 4 月 20 日)
166 中华人民共和国专利局关于印发《审查指南公报》的通知(1990 年 10 月 16 日)
167 中华人民共和国专利局行政复议规程(1995 年 1 月 10 日)
168 中央职称改革工作领导小组关于转发中国专利局《专利技术人员靠用自然科学研究人员职

务系列、实行〈自然科学研究人员职务试行条例〉的实施细则》的通知(1987年4月30日)

169 专利代理人考核委员会章程(1986年6月11日)

170 专利代理条例(附英文)(1991年3月4日)

171 专利代理机构年检办法(1998年1月16日)

172 专利管理机关查处冒充专利行为暂行规定(1994年7月22日)

173 专利管理机关查处冒充专利行为规定(1999年1月6日)

174 专利管理机关调处专利纠纷暂行办法(1985年4月1日)

175 专利管理机关处理专利纠纷办法(1989年12月4日)

176 专利技术人员靠用自然科学研究人员职务系列、实行《自然科学研究人员职务试行条例》的实施细则(1987年5月28日)

177 专利权质押合同登记管理暂行办法(1996年9月19日)

178 专利收费项目和标准(1994年8月9日)

版 权

1 中华人民共和国著作权法(附英文)(1990年9月7日第七届全国人大常委会第十五次会议通过,1991年6月1日施行)

2 中华人民共和国著作权法实施条例(附英文)(1991年5月24日国务院批准,1991年5月30日国家版权局发布,1991年10月1日施行)

3 全国人民代表大会常务委员会关于我国加入《保护录音制品制作者防止未经许可复制其录音制品公约》的决定(1992年11月7日)

4 全国人民代表大会常务委员会关于我国加入《世界版权公约》的决定(1992年7月1日)

5 国务院批转国家科委、中国科学院、外交部关于颁发科学技术人员对外通讯联系和交换书刊资料两个规定的请示(1979年2月1日)

6 国务院批转国家出版局关于发布加强对外合作出版管理的暂行规定的报告的通知(附英文)(1981年10月12日)

7 国务院办公厅转发国家版权局关于不得使用非法复制的计算机软件通知的通知(1999年2月24日)

8 对侵犯著作权行为行政处罚的实施办法(1994年5月1日)

9 对台出版交流管理暂行规定(1994年6月6日)

10 广播电影电视部关于进一步加强影视剧著作权保护工作的通知(1995年8月21日)

11 国家版权局 国家工商行政管理局关于印发《国外著作权认证机构在中国设立常驻代表机构管理办法》的通知(1990年7月23日)

12 国家版权局、财政部关于向国外支付作品使用费所需外汇额度有关问题的通知(1993年4月12日)

13 国家版权局、国家工商行政管理局关于国外著作权认证机构在中国设立常驻代表机构管理办法(1996年12月30日)

14 国家版权局办公室关于下发对台、港、澳版权贸易示范《出版合同》的通知(1990年8月2日)

15 国家版权局对《关于如何确定摄影等美术作品侵权赔偿额的请示》答复的函(1994年12月2日)

16 国家版权局公告(1991年8月10日)

17 国家版权局公告转载、表演已发表作品须付报酬(1991年8月20日)

18 国家版权局关于《对侵犯著作权行为行政处罚的实施办法》的更正通知(1994年5月1日)

19 国家版权局关于《录音法定许可付酬标准暂行规定》的补充通知(1994年10月7日)

20 国家版权局关于《图书、期刊版权保护试行条例》第十五条第四款的解释(1988年12月22日)

21 国家版权局关于颁发《报刊转载、摘编法定许可付酬标准暂行规定》等三个规定的通知(1993年8月1日)

22 国家版权局关于颁发《出版文字作品报酬规定》的通知(1999年4月5日)

23 国家版权局关于颁发著作权许可使用合同标准样式的通知(1992年1月24日)

24 国家版权局关于版权贸易合同审核登记问题的补充规定(1990年5月14日)

25 国家版权局关于版权贸易合同审批管辖问题的复函(1989年1月6日)

26 国家版权局关于版税问题的复函(1995年1月14日)

27 国家版权局关于报刊社声明对所发表的作品享有专有出版权的意见(1991年8月9日)

28 国家版权局关于北京市版权局行使涉外行政处罚权的决定(1993年2月18日)

29 国家版权局关于出版境外音像制品著作权合同登记工作有关问题的通知(1999年6月8日)

30 国家版权局关于对《围城》进行"汇校"问题的复函(1992年11月13日)

31 国家版权局关于对出版外国图书进行合同登记的通知(1995年1月15日)

32 国家版权局关于对复制境外音像制品委托合同进行登记的通知(1994年9月30日)

33 国家版权局关于对卡拉OK录像带或激光视盘是否属于录像作品或录像制品的答复(1993年9月27日)

34 国家版权局关于对文物出版社《乾隆版大藏经》整理版著作权归属问题的回复(1993年12月29日)

35 国家版权局关于对于中国检察出版社出版的《知识产权法律全书》是否属于复制行为的函的回复(1993年10月22日)

36 国家版权局关于对中华书局提出的"集释"问题的回函(1993年10月30日)
37 国家版权局关于翻译出版《毛泽东及其反对者》一书的意见(1994年4月8日)
38 国家版权局关于贯彻实施《出版文字作品报酬规定》的意见(1999年8月3日)
39 国家版权局关于广播电视节目预告等问题的复函(1992年4月9日)
40 国家版权局关于汇总使用港澳台同胞作品付酬情况的通知(1988年5月9日)
41 国家版权局关于加强音像版权管理的通知(1991年7月2日)
42 国家版权局关于进行涉外版权代理业务应经国家版权局批准的通知(1993年2月11日)
43 国家版权局关于民歌版权买卖给文件部的复函(1994年11月22日)
44 国家版权局关于期刊一年专有出版权的说明(1986年4月11日)
45 国家版权局关于清理港、澳、台作者稿酬的通知(1987年11月6日)
46 国家版权局关于陕西科技出版社丢失作者崔志刚书稿赔偿损失一案的答复(1993年4月9日)
47 国家版权局关于诗词的稿酬计算方法的答复(1993年8月2日)
48 国家版权局关于实施《保护录音制品制作者防止未经许可复制其录音制品公约》的通知(1993年4月20日)
49 国家版权局关于适当提高美术出版物稿酬的通知(1990年7月10日)
50 国家版权局关于台、港、澳作者来大陆领取稿酬的有关问题的通知(1988年8月1日)
51 国家版权局关于同意购买港、台图书重印权的复函(1988年1月20日)
52 国家版权局关于同意香港影业协会作为香港地区版权认证机构的通知(1993年6月25日)
53 国家版权局关于同意中国版权研究会以"中国著作权使用报酬收转中心"名义对外开展法定许可报酬收转工作的批复(1993年4月9日)
54 国家版权局关于为特定目的使用外国作品特定复制本的通知(1993年4月20日)
55 国家版权局关于维护出版社出版外国作品专有出版权的通知(1991年11月29日)
56 国家版权局关于修订本稿酬支付问题的答复(1987年1月26日)
57 国家版权局关于以IC和CD-ROM等方式使用音乐作品制作电脑卡拉OK付酬问题的通知(1994年12月6日)
58 国家版权局关于由北京市版权局负责中央级出版社涉及台港澳图书版权贸易合同审核的通知(1993年2月10日)
59 国家版权局关于在外文局系统支付职务作品稿酬的请示批复(1992年5月23日)
60 国家版权局关于执行中美知识产权谅解备忘录双边著作权保护条款的通知(1992年3月17日)
61 国家版权局关于指定美国电影协会对其会员电影作品著作权进行认证的通知(1995年1月15日)
62 国家版权局关于作品原稿是否应退还作者的意见(1990年5月5日)
63 国家出版局关于纠正文学类作品重复出版问题的通知(1983年6月10日)
64 国家出版局关于维护出版社出版权利的通知(1981年8月31日)
65 国家出版局关于转发中美贸易关系协定第六条的通知(1980年2月1日)
66 国家知识产权局关于颁发《出版文字作品报酬规定》的通知(1999年6月1日)
67 国家专利局关于进行专利代理机构年检工作的通知(1998年1月16日)
68 计算机软件著作权登记中使用的软件分类编码指南(1992年4月18日)
69 录音录像出版物版权保护暂行条例(1986年9月15日)
70 民族事务委员会、出版总署关于从汉文书籍译成少数民族文字的图书可免付汉文著译者稿酬的联合通报(1953年5月19日)
71 实施国际著作权条约的规定(附英文)(1992年9月25日)
72 图家版权局关于对出版境外音像制品合同进行登记的通知(1995年1月15日)
73 图书、期刊版权保护试行条例(1985年1月1日)
74 文化部、国家版权局关于改进营业性录像放映管理保护知识产权的通知(1996年8月19日)
75 文化部、国家版权局关于今后解释《图书、期刊版权保护试行条例》的联合通知(1989年1月6日)
76 新闻出版署、国家版权局关于认真做好报刊转摘作品付酬及收转工作的通知(1992年11月19日)
77 中国科学院版权收益提成试行办法(1983年5月3日)
78 中国科学院发送《关于期刊对外合作出版和授权翻译出版有关问题的暂行规定》的通知(1987年12月21日)
79 中国科学院发送《关于我院科技人员向国外投稿问题的试行规定》的通知(1982年4月10日)
80 中国人民建设银行关于颁发《中国人民建设银行计算机软件著作权登记管理暂行规定》的通知(1991年6月18日)
81 著作权涉外代理机构管理暂行办法(1996年4月15日)
82 著作权行政处罚实施办法(1997年1月28日)

83 最高人民法院、最高人民检察院、新闻出版署、公安部、国家工商行政管理局关于进一步严厉打击非法出版活动的通知(1992年12月23日)
84 作品自愿登记试行办法(1994年12月31日)

商 标(现行)

1 中华人民共和国商标法(1982年8月23日第五届全国人大常委会第二十四次会议通过,根据1993年2月22日第七届全国人大常委会第三十次会议《关于修改<中华人民共和国商标法>的决定》修正)
2 中华人民共和国商标法实施细则(1983年3月10日国务院颁布,1988年1月3日国务院批准修订,1993年7月15日国务院批准第二次修订,1995年4月23日国务院批准第三次修订)
3 关于申请商标注册要求优先权的暂行规定(1985年3月15日)
4 特殊标志管理条例(1996年7月13日)
5 集体商标、证明商标注册和管理办法(1994年12月30日发布,1998年12月3日修改)
6 商标评审规则(1995年11月2日)
7 企业商标管理若干规定(1995年12月22日发布,1998年12月3日修订)
8 商标评估机构管理暂行办法(1996年5月26日发布,1998年12月3日修订)
9 驰名商标认定和管理暂行规定(1996年8月14日发布,1998年12月3日修订)
10 商标印制管理办法(1996年9月5日发布,1998年12月3日修订)
11 商标代理管理办法(1999年12月2日)
12 国家工商行政管理局、新闻出版署关于报纸杂志名称作为商标注册的几项规定(1987年2月6日)
13 国家工商行政管理局关于公布必须使用注册商标的商品的通知(1988年1月14日)
14 国家工商行政管理局关于实行商标注册用商品国际分类的通知(1988年9月15日)
15 国家工商行政管理局关于适用《商标法实施细则》第四十一条第(2)项规定的答复(1989年10月22日)
16 国家工商行政管理局关于对责令停止销售侵权商品是否属于责令停止侵权行为的请示的批复(1990年6月11日)
17 国家工商行政管理局关于《商标法实施细则》第三十四条所述"非法印制"的解释(1990年7月18日)
18 国家工商行政管理局关于适用《商标法实施细则》第三十四条问题的答复(1991年3月11日)
19 国家工商行政管理局关于服务商标继续使用问题的通知(1994年8月12日)
20 国家工商行政管理局关于贯彻实施《商标法》有关问题的批复(1994年9月23日)
21 国家工商行政管理局关于工商行政管理机关查处商标违法行为工作中若干问题的意见(1994年11月12日)
22 国家工商行政管理局关于执行《商标法》及其《实施细则》若干问题的通知(1994年11月22日)
23 国家工商行政管理局关于个人合伙企业商标使用问题的批复(1995年2月28日)
24 国家工商行政管理局对《关于请求对有关商标法律问题进行解释的请示》的答复(1995年3月11日)
25 对外贸易经济合作部、国家工商行政管理局关于印发《关于对外贸易中商标管理的规定》的通知(1995年7月13日)
26 国家工商行政管理局关于擅自销售他人注册商标标识行为定性问题的答复(1995年10月6日)
27 国家工商行政管理局关于处理商标专用权与外观设计专利权权利冲突问题的意见(1995年12月7日)
28 国家工商行政管理局关于商标侵权案件涉及异议、争议等程序问题的处理意见(1996年3月25日)
29 国家工商行政管理局关于印发《马德里商标国际注册实施办法》的通知(1996年5月24日)
30 国家工商行政管理局关于禁止擅自将他人注册商标用作专卖店(专修店)企业名称及营业招牌的通知(1996年6月10日)
31 国家工商行政管理局关于印发《商标专用权质押登记程序》的通知(1997年5月6日)
32 国家工商行政管理局关于解决商标与企业名称中若干问题的意见(1999年4月5日)
33 国家工商行政管理局关于商标行政执法中若干问题的意见(1999年12月29日)
34 国家工商行政管理局商标局关于实施《商标代理管理办法》有关问题的通知[商标(2000)08号](2000年2月3日)
35 国家工商行政管理局商标局关于申请认定驰名商标若干问题的通知[商标(2000)19号](2000年4月28日)
36 国家工商行政管理局商标局关于商标审查意见书有关问题的通知[商标(2000)80号](2000年11月13日公布,2001年1月1日施行)

地方法规

1 浙江省著名商标认定和保护条例(1997年4月26日)
2 四川省专利保护条例(1997年6月16日)
3 山西省专利管理办法(1997年7月17日)
4 河北省专利保护条例(1997年10月25日)
5 湖北省专利保护条例(1998年4月2日)
6 湖南省企业专利工作条例(1994年2月24日)
7 湖南省科技成果推广条例(1994年4月28日)

8　四川省科学技术成果推广条例(1994年4月2日)
9　安徽省专利保护条例(1998年6月20日)
10　辽宁省专利保护条例(1998年9月25日)
11　山东省专利保护条例(1998年8月14日)
12　广西壮族自治区著作权管理条例(1998年1月7日)
13　广东省专利保护条例(1996年10月9日)
14　辽宁省专利保护条例(1998年9月25日)
15　河北省著名商标认定和保护条例(1999年4月2日)
16　广西壮族自治区专利保护条例(1999年7月30日)

相关法规

1　中华人民共和国知识产权海关保护条例(1995年7月5日)
2　中华人民共和国广告法(1994年10月27日)
3　药品行政保护条例(1993年1月1日)
4　药品行政保护条例实施细则(1993年1月1日)
5　关于新药保护及技术转让的规定(1987年3月24日)
6　农业化学物质产品行政保护条例(1993年1月1日)
7　农业化学物质产品行政保护条例实施细则(1993年1月1日)
8　计算机软件保护条例(1991年6月4日)
9　中华人民共和国反不正当竞争法(1993年9月2日)
10　中华人民共和国植物新品种保护条例(1997年10月1日)
11　中华人民共和国经济合同法(1981年12月13日)
12　中华人民共和国涉及外经济合同法(1985年3月21日)
13　中华人民共和国技术合同法(1987年6月23日)
14　中华人民共和国技术合同法实施条例(1989年2月15日)

主要法律法规

中华人民共和国专利法

(1984年3月12日第六届全国人民代表大会常务委员会第四次会议通过,根据1992年9月4日第七届全国人民代表大会常务委员会第二十七次会议《关于修改〈中华人民共和国专利法〉的决定》第一次修正,根据2000年8月25日第九届全国人民代表大会常务委员会第十七次会议《关于修改〈中华人民共和国专利法〉的决定》第二次修正)

第一章　总　则

第一条　为了保护发明创造专利权,鼓励发明创造,有利于发明创造的推广应用,促进科学技术进步和创新,适应社会主义现代化建设的需要,特制定本法。

第二条　本法所称的发明创造是指发明、实用新型和外观设计。

第三条　国务院专利行政部门负责管理全国的专利工作;统一受理和审查专利申请,依法授予专利权。

省、自治区、直辖市人民政府管理专利工作的部门负责本行政区域内的专利管理工作。

第四条　申请专利的发明创造涉及国家安全或者重大利益需要保密的,按照国家有关规定办理。

第五条　对违反国家法律、社会公德或者妨害公共利益的发明创造,不授予专利权。

第六条　执行本单位的任务或者主要是利用本单位的物质技术条件所完成的发明创造为职务发明创造。职务发明创造申请专利的权利属于该单位;申请被批准后,该单位为专利权人。

非职务发明创造,申请专利的权利属于发明人或者设计人;申请被批准后,该发明人或者设计人为专利权人。

利用本单位的物质技术条件所完成的发明创造,单位与发明人或者设计人订有合同,对申请专利的权利和专利权的归属作出约定的,从其约定。

第七条　对发明人或者设计人的非职务发明创造专利申请,任何单位或者个人不得压制。

第八条　两个以上单位或者个人合作完成的发明创造、一个单位或者个人接受其他单位或者个人委托所完成的发明创造,除另有协议的以外,申请专利的权利属于完成或者共同完成的单位或者个人;申请被批准后,申请的单位或者个人为专利权人。

第九条　两个以上的申请人分别就同样的发明创造申请专利的,专利权授予最先申请的人。

第十条　专利申请权和专利权可以转让。

中国单位或者个人向外国人转让专利申请权或者专利权的,必须经国务院有关主管部门批准。

转让专利申请权或者专利权的,当事人应当订立书面合同,并向国务院专利行政部门登记,由国务院专利行政部门予以公告。专利申请权或者专利权的转让自登记之日起生效。

第十一条　发明和实用新型专利权被授予后,除本法另有规定的以外,任何单位或者个人未经专利权人许可,都不得实施其专利,即不得为生产经营目的制造、使用、许诺销售、销售、进口其专利产品,或者使用其专利方法以及使用、许诺销售、销售、进口依照该专利方法直接获得的产品。

外观设计专利权被授予后,任何单位或者个人未经专利权人许可,都不得实施其专利,即不得为生产经营目的制造、销售、进口其外观设计专利产品。

第十二条　任何单位或者个人实施他人专利

的，应当与专利权人订立书面实施许可合同，向专利权人支付专利使用费。被许可人无权允许合同规定以外的任何单位或者个人实施该专利。

第十三条 发明专利申请公布后，申请人可以要求实施其发明的单位或者个人支付适当的费用。

第十四条 国有企业事业单位的发明专利，对国家利益或者公共利益具有重大意义的，国务院有关主管部门和省、自治区、直辖市人民政府报经国务院批准，可以决定在批准的范围内推广应用，允许指定的单位实施，由实施单位按照国家规定向专利权人支付使用费。

中国集体所有制单位和个人的发明专利，对国家利益或者公共利益具有重大意义，需要推广应用的，参照前款规定办理。

第十五条 专利权人有权在其专利产品或者该产品的包装上标明专利标记和专利号。

第十六条 被授予专利权的单位应当对职务发明创造的发明人或者设计人给予奖励；发明创造专利实施后，根据其推广应用的范围和取得的经济效益，对发明人或者设计人给予合理的报酬。

第十七条 发明人或者设计人有在专利文件中写明自己是发明人或者设计人的权利。

第十八条 在中国没有经常居所或者营业所的外国人、外国企业或者外国其他组织在中国申请专利的，依照其所属国同中国签订的协议或者共同参加的国际条约，或者依照互惠原则，根据本法办理。

第十九条 在中国没有经常居所或者营业所的外国人、外国企业或者外国其他组织在中国申请专利和办理其他专利事务的，应当委托国务院专利行政部门指定的专利代理机构办理。

中国单位或者个人在国内申请专利和办理其他专利事务的，可以委托专利代理机构办理。

专利代理机构应当遵守法律、行政法规，按照被代理人的委托办理专利申请或者其他专利事务；对被代理人发明创造的内容，除专利申请已经公布或者公告的以外，负有保密责任。专利代理机构的具体管理办法由国务院规定。

第二十条 中国单位或者个人将其在国内完成的发明创造向外国申请专利的，应当先向国务院专利行政部门申请专利，委托其指定的专利代理机构办理，并遵守本法第四条的规定。

中国单位或者个人可以根据中华人民共和国参加的有关国际条约提出专利国际申请。申请人提出专利国际申请的，应当遵守前款规定。

国务院专利行政部门依照中华人民共和国参加的有关国际条约、本法和国务院有关规定处理专利国际申请。

第二十一条 国务院专利行政部门及其专利复审委员会应当按照客观、公正、准确、及时的要求，依法处理有关专利的申请和请求。

在专利申请公布或者公告前，国务院专利行政部门的工作人员及有关人员对其内容负有保密责任。

第二章 授予专利权的条件

第二十二条 授予专利权的发明和实用新型，应当具备新颖性、创造性和实用性。

新颖性，是指在申请日以前没有同样的发明或者实用新型在国内外出版物上公开发表过、在国内公开使用过或者以其他方式为公众所知，也没有同样的发明或者实用新型由他人向国务院专利行政部门提出过申请并且记载在申请日以后公布的专利申请文件中。

创造性，是指同申请日以前已有的技术相比，该发明有突出的实质性特点和显著的进步，该实用新型有实质性特点和进步。

实用性，是指该发明或者实用新型能够制造或者使用，并且能够产生积极效果。

第二十三条 授予专利权的外观设计，应当同申请日以前在国内外出版物上公开发表过或者国内公开使用过的外观设计不相同和不相近似，并不得与他人在先取得的合法权利相冲突。

第二十四条 申请专利的发明创造在申请日以前六个月内，有下列情形之一的，不丧失新颖性：

（一）在中国政府主办或者承认的国际展览会上首次展出的；

（二）在规定的学术会议或者技术会议上首次发表的；

（三）他人未经申请人同意而泄露其内容的。

第二十五条 对下列各项，不授予专利权：

（一）科学发现；

（二）智力活动的规则和方法；

（三）疾病的诊断和治疗方法；

（四）动物和植物品种；

（五）用原子核变换方法获得的物质。

对前款第（四）项所列产品的生产方法，可以依照本法规定授予专利权。

第三章 专利的申请

第二十六条 申请发明或者实用新型专利的，应当提交请求书、说明书及其摘要和权利要求书等文件。

请求书应当写明发明或者实用新型的名称，发明人或者设计人的姓名，申请人姓名或者名称、地址，以及其他事项。

说明书应当对发明或者实用新型作出清楚、完整的说明，以所属技术领域的技术人员能够实现为准；必要的时候，应当有附图。摘要应当简要说明发明或者实用新型的技术要点。

权利要求书应当以说明书为依据，说明要求专利保护的范围。

第二十七条 申请外观设计专利的，应当提交请求书以及该外观设计的图片或者照片等文件，并且应当写明使用该外观设计的产品及其所属的类别。

第二十八条 国务院专利行政部门收到专利申

请文件之日为申请日。如果申请文件是邮寄的,以寄出的邮戳日为申请日。

第二十九条 申请人自发明或者实用新型在外国第一次提出专利申请之日起十二个月内,或者自外观设计在外国第一次提出专利申请之日起六个月内,又在中国就相同主题提出专利申请的,依照该外国同中国签订的协议或者共同参加的国际条约,或者依照相互承认优先权的原则,可以享有优先权。

申请人自发明或者实用新型在中国第一次提出专利申请之日起十二个月内,又向国务院专利行政部门就相同主题提出专利申请的,可以享有优先权。

第三十条 申请人要求优先权的,应当在申请的时候提出书面声明,并且在三个月内提交第一次提出的专利申请文件的副本;未提出书面声明或者逾期未提交专利申请文件副本的,视为未要求优先权。

第三十一条 一件发明或者实用新型专利申请应当限于一项发明或者实用新型。属于一个总的发明构思的两项以上的发明或者实用新型,可以作为一件申请提出。

一件外观设计专利申请应当限于一种产品所使用的一项外观设计。用于同一类别并且成套出售或者使用的产品的两项以上的外观设计,可以作为一件申请提出。

第三十二条 申请人可以在被授予专利权之前随时撤回其专利申请。

第三十三条 申请人可以对其专利申请文件进行修改,但是,对发明和实用新型专利申请文件的修改不得超出原说明书和权利要求书记载的范围,对外观设计专利申请文件的修改不得超出原图片或者照片表示的范围。

第四章 专利申请的审查和批准

第三十四条 国务院专利行政部门收到发明专利申请后,经初步审查认为符合本法要求的,自申请日起满十八个月,即行公布。国务院专利行政部门可以根据申请人的请求早日公布其申请。

第三十五条 发明专利申请自申请日起三年内,国务院专利行政部门可以根据申请人随时提出的请求,对其申请进行实质审查;申请人无正当理由逾期不请求实质审查的,该申请即被视为撤回。

国务院专利行政部门认为必要的时候,可以自行对发明专利申请进行实质审查。

第三十六条 发明专利的申请人请求实质审查的时候,应当提交在申请日前与其发明有关的参考资料。

发明专利已经在外国提出过申请的,国务院专利行政部门可以要求申请人在指定期限内提交该国为审查其申请进行检索的资料或者审查结果的资料;无正当理由逾期不提交的,该申请即被视为撤回。

第三十七条 国务院专利行政部门对发明专利申请进行实质审查后,认为不符合本法规定的,应当通知申请人,要求其在指定的期限内陈述意见,或者对其申请进行修改;无正当理由逾期不答复的,该申请即被视为撤回。

第三十八条 发明专利申请经申请人陈述意见或者进行修改后,国务院专利行政部门仍然认为不符合本法规定的,应当予以驳回。

第三十九条 发明专利申请经实质审查没有发现驳回理由的,由国务院专利行政部门作出授予发明专利权的决定,发给发明专利证书,同时予以登记和公告。发明专利权自公告之日起生效。

第四十条 实用新型和外观设计专利申请经初步审查没有发现驳回理由的,由国务院专利行政部门作出授予实用新型专利权或者外观设计专利权的决定,发给相应的专利证书,同时予以登记和公告。实用新型专利权和外观设计专利权自公告之日起生效。

第四十一条 国务院专利行政部门设立专利复审委员会。专利申请人对国务院专利行政部门驳回申请的决定不服的,可以自收到通知之日起三个月内,向专利复审委员会请求复审。专利复审委员会复审后,作出决定,并通知专利申请人。

专利申请人对专利复审委员会的复审决定不服的,可以自收到通知之日起三个月内向人民法院起诉。

第五章 专利权的期限、终止和无效

第四十二条 发明专利权的期限为二十年,实用新型专利权和外观设计专利权的期限为十年,均自申请日起计算。

第四十三条 专利权人应当自被授予专利权的当年开始缴纳年费。

第四十四条 有下列情形之一的,专利权在期限届满前终止:

(一)没有按照规定缴纳年费的;

(二)专利权人以书面声明放弃其专利权的。

专利权在期限届满前终止的,由国务院专利行政部门登记和公告。

第四十五条 自国务院专利行政部门公告授予专利权之日起,任何单位或者个人认为该专利权的授予不符合本法有关规定的,可以请求专利复审委员会宣告该专利权无效。

第四十六条 专利复审委员会对宣告专利权无效的请求应当及时审查和作出决定,并通知请求人和专利权人。宣告专利权无效的决定,由国务院专利行政部门登记和公告。

对专利复审委员会宣告专利权无效或者维持专利权的决定不服的,可以自收到通知之日起三个月内向人民法院起诉。人民法院应当通知无效宣告请求程序的对方当事人作为第三人参加诉讼。

第四十七条 宣告无效的专利权视为自始即不存在。

宣告专利权无效的决定,对在宣告专利权无效前人民法院作出并已执行的专利侵权的判决、裁定,已经履行或者强制执行的专利侵权纠纷处理决定，以及已经履行的专利实施许可合同和专利权转让合同，不具有追溯力。但是因专利权人的恶意给他人造成的损失，应当给予赔偿。

如果依照前款规定，专利权人或者专利权转让人不向被许可实施专利人或者专利权受让人返还专利使用费或者专利权转让费，明显违反公平原则，专利权人或者专利权转让人应当向被许可实施专利人或者专利权受让人返还全部或者部分专利使用费或者专利权转让费。

第六章　专利实施的强制许可

第四十八条　具备实施条件的单位以合理的条件请求发明或者实用新型专利权人许可实施其专利，而未能在合理长的时间内获得这种许可时，国务院专利行政部门根据该单位的申请，可以给予实施该发明专利或者实用新型专利的强制许可。

第四十九条　在国家出现紧急状态或者非常情况时，或者为了公共利益的目的，国务院专利行政部门可以给予实施发明专利或者实用新型专利的强制许可。

第五十条　一项取得专利权的发明或者实用新型比前已经取得专利权的发明或者实用新型具有显著经济意义的重大技术进步，其实施又有赖于前一发明或者实用新型的实施的，国务院专利行政部门根据后一专利权人的申请，可以给予实施前一发明或者实用新型的强制许可。

在依照前款规定给予实施强制许可的情形下，国务院专利行政部门根据前一专利权人的申请，也可以给予实施后一发明或者实用新型的强制许可。

第五十一条　依照本法规定申请实施强制许可的单位或者个人，应当提出未能以合理条件与专利权人签订实施许可合同的证明。

第五十二条　国务院专利行政部门作出的给予实施强制许可的决定，应当及时通知专利权人，并予以登记和公告。

给予实施强制许可的决定，应当根据强制许可的理由规定实施的范围和时间。强制许可的理由消除并不再发生时，国务院专利行政部门应当根据专利权人的请求，经审查后作出终止实施强制许可的决定。

第五十三条　取得实施强制许可的单位或者个人不享有独占的实施权，并且无权允许他人实施。

第五十四条　取得实施强制许可的单位或者个人应当付给专利权人合理的使用费，其数额由双方协商；双方不能达成协议的，由国务院专利行政部门裁决。

第五十五条　专利权人对国务院专利行政部门关于实施强制许可的决定不服的，专利权人和取得实施强制许可的单位或者个人对国务院专利行政部门关于实施强制许可的使用费的裁决不服的，可以自收到通知之日起三个月内向人民法院起诉。

第七章　专利权的保护

第五十六条　发明或者实用新型专利权的保护范围以其权利要求的内容为准，说明书及附图可以用于解释权利要求。

外观设计专利权的保护范围以表示在图片或者照片中的该外观设计专利产品为准。

第五十七条　未经专利权人许可，实施其专利，即侵犯其专利权，引起纠纷的，由当事人协商解决；不愿协商或者协商不成的，专利权人或者利害关系人可以向人民法院起诉，也可以请求管理专利工作的部门处理。管理专利工作的部门处理时，认定侵权行为成立的，可以责令侵权人立即停止侵权行为，当事人不服的，可以自收到处理通知之日起十五日内依照《中华人民共和国行政诉讼法》向人民法院起诉；侵权人期满不起诉又不停止侵权行为的，管理专利工作的部门可以申请人民法院强制执行。进行处理的管理专利工作的部门应当事人的请求，可以就侵犯专利权的赔偿数额进行调解；调解不成的，当事人可以依照《中华人民共和国民事诉讼法》向人民法院起诉。

专利侵权纠纷涉及新产品制造方法的发明专利的，制造同样产品的单位或者个人应当提供其产品制造方法不同于专利方法的证明；涉及实用新型专利的，人民法院或者管理专利工作的部门可以要求专利权人出具由国务院专利行政部门作出的检索报告。

第五十八条　假冒他人专利的，除依法承担民事责任外，由管理专利工作的部门责令改正并予公告，没收违法所得，可以并处违法所得三倍以下的罚款，没有违法所得的，可以处五万元以下的罚款；构成犯罪的，依法追究刑事责任。

第五十九条　以非专利产品冒充专利产品、以非专利方法冒充专利方法的，由管理专利工作的部门责令改正并予公告，可以处五万元以下的罚款。

第六十条　侵犯专利权的赔偿数额，按照权利人因被侵权所受到的损失或者侵权人因侵权所获得的利益确定；被侵权人的损失或者侵权人获得的利益难以确定的，参照该专利许可使用费的倍数合理确定。

第六十一条　专利权人或者利害关系人有证据证明他人正在实施或者即将实施侵犯其专利权的行为，如不及时制止将会使其合法权益受到难以弥补的损害的，可以在起诉前向人民法院申请采取责令停止有关行为和财产保全的措施。

人民法院处理前款申请，适用《中华人民共和国民事诉讼法》第九十三条至第九十六条和第九十九条的规定。

第六十二条　侵犯专利权的诉讼时效为二年，自专利权人或者利害关系人得知或者应当得知侵权行为之日起计算。

发明专利申请公布后至专利权授予前使用该发明未支付适当使用费的，专利权人要求支付使用费的诉讼时效为二年，自专利权人得知或者应当得知他人使用其发明之日起计算，但是，专利权人于专利权授予之日前即已得知或者应当得知的，自专利权授予之日起计算。

第六十三条 有下列情形之一的，不视为侵犯专利权：

（一）专利权人制造、进口或者经专利权人许可而制造、进口的专利产品或者依照专利方法直接获得的产品售出后，使用、许诺销售或者销售该产品的；

（二）在专利申请日前已经制造相同产品、使用相同方法或者已经作好制造、使用的必要准备，并且仅在原有范围内继续制造、使用的；

（三）临时通过中国领陆、领水、领空的外国运输工具，依照其所属国同中国签订的协议或者共同参加的国际条约，或者依照互惠原则，为运输工具自身需要而在其装置和设备中使用有关专利的；

（四）专为科学研究和实验而使用有关专利的。

为生产经营目的使用或者销售不知道是未经专利权人许可而制造并售出的专利产品或者依照专利方法直接获得的产品，能证明其产品合法来源的，不承担赔偿责任。

第六十四条 违反本法第二十条规定向外国申请专利，泄露国家秘密的，由所在单位或者上级主管机关给予行政处分；构成犯罪的，依法追究刑事责任。

第六十五条 侵夺发明人或者设计人的非职务发明创造专利申请权和本法规定的其他权益的，由所在单位或者上级主管机关给予行政处分。

第六十六条 管理专利工作的部门不得参与向社会推荐专利产品等经营活动。

管理专利工作的部门违反前款规定的，由其上级机关或者监察机关责令改正，消除影响，有违法收入的予以没收；情节严重的，对直接负责的主管人员和其他直接责任人员依法给予行政处分。

第六十七条 从事专利管理工作的国家机关工作人员以及其他有关国家机关工作人员玩忽职守、滥用职权、徇私舞弊，构成犯罪的，依法追究刑事责任；尚不构成犯罪的，依法给予行政处分。

第八章 附 则

第六十八条 向国务院专利行政部门申请专利和办理其他手续，应当按照规定缴纳费用。

第六十九条 本法自1985年4月1日起施行。

中华人民共和国专利法实施细则

（1992年12月12日国务院批准修订，1992年12月21日中国专利局发布）

第一章 总 则

第一条 根据《中华人民共和国专利法》（以下简称专利法），制定本细则。

第二条 专利法所称发明，是指对产品、方法或者其改进所提出的新的技术方案。

专利法所称实用新型，是指对产品的形状、构造或者其结合所提出的适于实用的新的技术方案。

专利法所称外观设计，是指对产品的形状、图案、色彩或者其结合所作出的富有美感并适于工业上应用的新设计。

第三条 专利法和本细则规定的各种手续，应当以书面形式办理。

第四条 依照专利法和本细则规定提交的各种文件应当使用中文。国家有统一规定的科技术语，应当采用规范词。外国人名、地名和科技术语没有统一中文译文的，应当注明原文。

依照专利法和本细则规定提交的各种证件和证明文件是外文的，专利局认为必要时，可以要求当事人在指定期限内附送中文译文；期满未附送的，视为未提交该证件和证明文件。

第五条 向专利局邮寄的各种文件，以寄出的邮戳日为递交日。信封上寄出的邮戳日不清晰的，除当事人能够提出证明外，以专利局收到日为递交日。

专利局的各种文件，可以通过邮寄、直接送交或者以公告的方式送达当事人。当事人委托专利代理机构的，文件送交专利代理机构；未委托专利代理机构的，文件送交请求书中第一署名人或者代表人。当事人拒绝接收文件的，该文件视为已经送达。

专利局邮寄的各种文件，自文件发出之日起满十五日，推定为当事人收到文件之日。

根据专利局规定应当直接送交的文件，以交付日为送达日。

文件送交地址不清，无法邮寄的，可以通过公告的方式送达当事人。自公告之日起满一个月，该文件视为已经送达。

第六条 专利法和本细则规定的各种期限的第一日不计算在期限内。期限以年或者月计算的，以其最后一月的相应日为期限届满日；该月无相应日的，以该月最后一日为期限届满日。

期限届满日是法定节假日的，以节假日后的第一个工作日为期限届满日。

第七条 当事人因不可抗拒的事由而耽误专利法或者本细则规定的期限或者专利局指定的期限，造成其权利丧失的，自障碍消除之日起二个月内，但是最迟自期限届满之日起二年内，可以向专利局说明理由并附具有关证明文件，请求恢复其权利。

当事人因正当理由而耽误专利法或者本细则规定的期限或者专利局指定的期限，造成其权利丧失的，可以自收到专利局的通知之日起二个月内向专利局说明理由，请求恢复其权利。

当事人请求延长专利局指定的期限的，应当在期限届满前，向专利局说明理由并办理有关手续。

本条第一款和第二款的规定不适用专利法第二十四条、第二十九条、第四十一条、第四十五条、第六十一条规定的期限。

本条第二款的规定不适用本细则第八十八条规定的期限。

第八条 国防系统各单位申请发明专利，涉及国防方面的国家秘密需要保密的，其专利申请由国务院国防科学技术主管部门设立的专利机构受理；专利局受理的涉及国防方面的国家秘密需要保密的发明专利申请，应当移交国务院国防科学技术主管部门设立的专利机构审查，由专利局根据该专利机构的审查意见作出决定。

除前款规定外，专利局受理发明专利申请后，应当将需要进行保密审查的申请转送国务院有关主管部门审查；有关主管部门应当自收到该申请之日起四个月内，将审查结果通知专利局；需要保密的，由专利局按照保密专利申请处理，并且通知申请人。

第九条 除专利法第二十八条和第四十五条的规定外，专利法所称申请日，有优先权的，指优先权日。

本细则所称申请日，是指向专利局提出专利申请之日。

第十条 专利法第六条所称执行本单位的任务所完成的职务发明创造是指：

(一)在本职工作中作出的发明创造；

(二)履行本单位交付的本职工作之外的任务所作出的发明创造；

(三)退职、退休或者调动工作后一年内作出的，与其在原单位承担的本职工作或者原单位分配的任务有关的发明创造。

专利法第六条所称本单位的物质条件，是指本单位的资金、设备、零部件、原材料或者不对外公开的技术资料等。

第十一条 专利法所称发明人或者设计人，是指对发明创造的实质性特点作出创造性贡献的人。在完成发明创造过程中，只负责组织工作的人、为物质条件的利用提供方便的人或者从事其他辅助工作的人，不应当被认为是发明人或者设计人。

第十二条 同样的发明创造只能被授予一项专利。

专利法第九条规定的两个以上的申请人在同一日分别就同样的发明创造申请专利的，应当在收到专利局的通知后自行协商确定申请人。

第十三条 专利权人与他人订立的专利实施许可合同，应当自合同生效之日起三个月内向专利局备案。

第十四条 专利法第十九条第一款和第二十条规定的专利代理机构由国务院授权专利局指定。

第十五条 对一项发明创造的专利申请权或者被授予的专利权发生争议时，当事人可以请求专利管理机关处理，也可以直接向人民法院提起诉讼。

当事人因专利申请权或者专利权发生纠纷，并已请求专利管理机关处理或者向人民法院提起诉讼的，可以请求专利局中止有关程序。

依照前款规定请求中止有关程序的，应当向专利局提交请求书，并附具专利管理机关或者人民法院的有关受理文件。

第二章 专利的申请

第十六条 申请专利的，应当向专利局提交申请文件一式两份。

申请人委托专利代理机构向专利局申请专利和办理其他专利事务的，应当同时提交委托书，写明委托权限。

第十七条 专利法第二十六条第二款所称请求书中的其他事项是指：

(一)申请人的国籍；

(二)申请人是企业或者其他组织的，其总部所在的国家；

(三)申请人委托专利代理机构的，应当注明的有关事项；

(四)要求优先权的，应当注明的有关事项；

(五)申请人或者专利代理机构的签字或者盖章；

(六)申请文件清单；

(七)附加文件清单；

(八)其他需要注明的有关事项。

申请人有两个以上而未委托专利代理机构的，应当指定一人为代表人。

第十八条 发明或者实用新型专利申请的说明书应当按照下列方式和顺序撰写：

(一)发明或者实用新型的名称，该名称应当与请求书中的名称一致；

(二)发明或者实用新型所属技术领域；

(三)就申请人所知，写明对发明或者实用新型的理解、检索、审查有用的背景技术，并且引证反映这些背景技术的文件；

(四)发明或者实用新型的目的；

(五)写明要求保护的发明或者实用新型的技术方案，使所属技术领域的技术人员能够理解，并且能够达到发明或者实用新型的目的；

(六)发明或者实用新型与背景技术相比所具有的有益的效果；

(七)有附图的，应当有图面说明；

(八)详细描述申请人认为实现发明或者实用新型的最好方式，在适当的情况下，应当举例说明；有附图的，应当对照附图。

发明或者实用新型专利申请人应当按照前款规定的方式和顺序撰写说明书，除非其发明或者实用新型的性质用其他方式或者顺序撰写能节约说明书的篇幅并使他人能更好地理解其发明或者实用新型。

发明或者实用新型说明书中不得使用“如权利要求……所述的……”一类的引用语，也不得使用商业性宣传用语。

第十九条 发明或者实用新型的几幅附图可以绘在一张图纸上，附图应当按照“图1，图2，……”顺序编号排列。

附图的大小及清晰度，应当保证在该图缩小到三分之二时，仍能清楚地分辨出图中的各个细节。

发明或者实用新型说明书文字部分中未提及的附图标记不得在附图中出现，附图中未出现的附图标记不得在说明书文字部分中提及。申请文件中表示同一组成部分的附图标记应当一致。

附图中除必需的词语外，不应当含有其他注释。

第二十条 权利要求书应当说明发明或者实用新型的技术特征，清楚并简要地表达请求保护的范围。

权利要求书有几项权利要求的，应当用阿拉伯数字顺序编号。

权利要求书中使用的科技术语应当与说明书中使用的科技术语一致，可以有化学式或者数学式，但是不得有插图。除绝对必要的外，不得使用"如说明书……部分所述"或者"如图……所示"的用语。

权利要求中的技术特征可以引用说明书附图中相应的标记，该标记应当放在相应的技术特征后面，并置于括号内，以利于理解权利要求。附图标记不得解释为对权利要求的限制。

第二十一条 权利要求书应当有独立权利要求，也可以有从属权利要求。

独立权利要求应当从整体上反映发明或者实用新型的技术方案，记载为达到发明或者实用新型目的的必要技术特征。

从属权利要求应当用要求保护的附加技术特征，对引用的权利要求作进一步的限定。

第二十二条 发明或者实用新型的独立权利要求应当包括前序部分和特征部分，按照下列规定撰写：

（一）前序部分：写明发明或者实用新型要求保护的主题名称和发明或者实用新型主题与现有技术共有的必要技术特征；

（二）特征部分：使用"其特征是……"或者类似的用语，写明发明或者实用新型区别于现有技术的技术特征。这些特征和前序部分写明的特征合在一起，限定发明或者实用新型要求保护的范围。

发明或者实用新型的性质不适合用前款方式表达的，独立权利要求可以用其他方式撰写。

一项发明或者实用新型应当只有一个独立权利要求，并写在同一发明或者实用新型的从属权利要求之前。

第二十三条 发明或者实用新型的从属权利要求应当包括引用部分和限定部分，按照下列规定撰写：

（一）引用部分：写明引用的权利要求的编号及其主题名称；

（二）限定部分：写明发明或者实用新型附加的技术特征。

引用一项或者两项以上权利要求的从属权利要求，只能引用在前的权利要求。引用两项以上权利要求的多项从属权利要求，不得作为另一项多项从属权利要求的基础。

第二十四条 摘要应当写明发明或者实用新型所属的技术领域、需要解决的技术问题、主要技术特征和用途。摘要可以包含最能说明发明的化学式。有附图的专利申请，应当由申请人指定并提供一幅最能说明该发明或者实用新型技术特征的附图。附图的大小及清晰度应当保证在该图缩小到4厘米×6厘米时，仍能清楚地分辨出图中的各个细节。摘要文字部分不得超过200个字。摘要中不得使用商业性宣传用语。

第二十五条 申请专利的发明涉及新的微生物、微生物学方法或者其产品，而且使用的微生物是公众不能得到的，除该申请应当符合专利法和本细则的有关规定外，申请人并应当办理下列手续：

（一）在申请日前或者最迟在申请日，将该微生物菌种提交专利局指定的微生物菌种保藏单位保藏，并在申请时或者最迟自申请日起三个月内提交保藏单位出具的保藏证明和存活证明；期满未提交证明的，该菌种被视为未提交保藏；

（二）在申请文件中，提供有关微生物特征的资料；

（三）涉及微生物菌种保藏的专利申请应当在请求书和说明书中写明该微生物的分类命名（注明拉丁文名称）、保藏该微生物菌种的单位名称、地址、保藏日期和保藏编号；申请时未写明的，应当自申请日起三个月内补正；期满未补正的，该菌种被视为未提交保藏。

第二十六条 有关微生物的发明专利申请公布后，任何单位或者个人需要将专利申请所涉及的微生物作为实验目的使用的，应当向专利局提出请求，并写明下列事项：

（一）请求人的姓名或者名称和地址；

（二）不向其他任何人提供菌种的保证；

（三）在授予专利权之前，只作为实验目的使用的保证。

第二十七条 依照专利法第二十七条规定提交的外观设计的图片或者照片，不得小于3厘米×8厘米，也不得大于15厘米×22厘米。

同时请求保护色彩的外观设计专利申请，应当提交彩色和黑白的图片或者照片各一份。

申请人应当就每件外观设计产品所需要保护的内容提交有关视图或者照片，以清楚地显示请求保护的对象。

第二十八条 申请外观设计专利的，必要时应当写明对外观设计的简要说明。

外观设计的简要说明应当写明使用该外观设计的产品的主要创作部位、请求保护色彩、省略视图等情况。简要说明不得使用商业性宣传用语，也不能用来说明产品的性能和用途。

第二十九条 专利局认为必要时，可以要求外观设计专利申请人提交使用外观设计的产品样品或者模型。样品或者模型的体积不得超过30厘米×30厘米×30厘米，重量不得超过15公斤。易腐、易损或者危险品不得作为样品或者模型提交。

第三十条 专利法第二十二条第三款所称已有

的技术，是指申请日前在国内外出版物上公开发表、在国内公开使用或者以其他方式为公众所知的技术，即现有技术。

第三十一条 专利法第二十四条第二项所称学术会议或者技术会议，是指国务院有关主管部门或者全国性学术团体组织召开的学术会议或者技术会议。

专利申请有专利法第二十四条第一项或者第二项所列情形的，申请人应当在提出专利申请时声明，并自申请日起二个月内，提交有关国际展览会或者学术会议、技术会议的组织单位出具的有关发明创造已经展出或者发表，以及展出或者发表日期的证明文件。

专利申请有专利法第二十四条第三项所列情形的，专利局认为必要时可以要求申请人提出证明文件。

第三十二条 申请人依照专利法第三十条的规定办理要求优先权手续的，应当在书面声明中写明第一次提出的专利申请（以下称在先申请）的申请日、申请号和受理该申请的国家；书面声明中未写明在先申请的申请日和受理该申请的国家的，视为未提出声明。

要求外国优先权的，申请人提交的在先申请文件副本应当经该国受理机关证明；要求本国优先权的，申请人提交的在先申请文件副本应当由专利局制作。

第三十三条 申请人在一件专利申请中，可以要求一项或者多项优先权；要求多项优先权的，该申请的优先权期限从最早的优先权日起算。

申请人要求本国优先权的，如果在先申请是发明专利申请，可以就相同主题提出发明或者实用新型专利申请；如果在先申请是实用新型专利申请，可以就相同主题提出实用新型或者发明专利申请。但是，提出后一申请时，在先申请有下列情形之一的，不得作为要求本国优先权的基础：

（一）已经要求过外国或者本国优先权的；

（二）已经被批准授予专利权的；

（三）属于按照规定提出的分案申请的。

申请人要求本国优先权时，其在先申请自后一申请提出之日起即被视为撤回。

第三十四条 在中国没有经常居所或者营业所的申请人，申请专利或者要求外国优先权的，专利局认为必要时，可以要求其提供下列文件：

（一）国籍证明；

（二）申请人是企业或者其他组织的，其营业所或者总部所在地的证明文件；

（三）外国人、外国企业、外国其他组织的所属国，承认中国公民和单位可以按照该国国民的同等条件，在该国享有专利权、优先权和其他与专利有关的权利的证明文件。

第三十五条 依照专利法第三十一条第一款规定，可以作为一件专利申请提出的属于一个总的发明构思的两项以上的发明或者实用新型，应当在技术上相互关联，包含一个或者多个相同或者相应的特定技术特征，其中特定技术特征是指每一项发明或者实用新型作为整体考虑，对现有技术作出贡献的技术特征。

符合前款规定的两项以上发明专利申请的权利要求，可以是下列各项之一：

（一）不能包括在一项权利要求内的两项以上产品或者方法的同类独立权利要求；

（二）产品和专用于制造该产品的方法的独立权利要求；

（三）产品和该产品的用途的独立权利要求；

（四）产品、专用于制造该产品的方法和该产品的用途的独立权利要求；

（五）产品、专用于制造该产品的方法和为实施该方法而专门设计的设备的独立权利要求；

（六）方法和为实施该方法而专门设计的设备的独立权利要求。

符合本条第一款规定的两项以上实用新型专利申请的权利要求，可以是不能包括在一项权利要求内的两项以上产品的独立权利要求。

第三十六条 专利法第三十一条第二款所称同一类别，是指产品属于分类表中同一个小类；成套出售或者使用，是指各产品的设计构思相同，并且习惯上是同时出售、同时使用。

依照专利法第三十一条第二款规定将两项以上外观设计作为一件申请提出的，应当将各件外观设计顺序编号标在每件使用外观设计产品的视图名称的前面。

第三十七条 申请人撤回专利申请的，应当向专利局提出声明，写明发明创造的名称、申请号和申请日。

撤回专利申请的声明是在专利局作好公布专利申请文件的印刷准备工作后提出的，申请文件仍予公布。

第三章 专利申请的审查和批准

第三十八条 在初步审查、实质审查、复审、撤销和无效宣告程序中进行审查和审理的人员有下列情形之一的，应当自行回避，当事人或者其他利害关系人可以要求其回避：

（一）是当事人或者其代理人的近亲属的；

（二）与专利申请或者专利权有利害关系的；

（三）与当事人或者其代理人有其他关系，可能影响公正审查和审理的。

专利复审委员会成员曾参与原申请的审查的，适用前款的规定。

审查和审理人员的回避，由专利局决定。

第三十九条 专利局收到发明或者实用新型专利申请的请求书、说明书（实用新型必须包括附图）和权利要求书，或者外观设计专利申请的请求书和外观设计的图片或者照片后，应当明确申请日、给予申请号，并且通知申请人。

第四十条 专利申请文件有下列情形之一的，

专利局不予受理,并且通知申请人:

(一)发明或者实用新型专利申请缺少请求书、说明书(实用新型无附图)和权利要求书的,或者外观设计专利申请缺少请求书、图片或者照片的;

(二)未使用中文的;

(三)不符合本细则第九十四条第一款规定的;

(四)请求书中缺少申请人姓名或者名称及地址的;

(五)明显不符合专利法第十八条或者第十九条第一款的规定的;

(六)专利申请类别(发明、实用新型或者外观设计)不明确或者无法确定的。

第四十一条 说明书中写有对附图的说明但无附图或者缺少部分附图的,申请人应当在专利局指定的期限内补交附图或者声明取消对附图的说明。申请人补交附图的,以向专利局提交或者邮寄附图之日为申请日;取消对附图的说明的,保留原申请日。

第四十二条 一件专利申请包括两项以上发明、实用新型或者外观设计的,申请人可以在专利局发出授予专利权的通知前,向专利局提出分案申请。

专利局认为一件专利申请不符合专利法第三十一条和本细则第三十五条的规定的,应当通知申请人在指定期限内对其申请进行修改;申请人期满未答复的,该申请被视为撤回。

分案的申请不得改变原申请的类别。

第四十三条 依照本细则第四十二条规定提出的分案申请,可以保留原申请日,享有优先权的,可以保留优先权日,但是不得超出原申请公开的范围。

分案申请应当依照专利法及本细则的规定办理各种手续。

分案申请的请求书中应当写明原申请的申请号和申请日。提交分案申请时,申请人应当提交原申请文件副本;原申请享有优先权的,并应当提交原申请的优先权文件副本。

第四十四条 专利法第三十四条和第四十条所称初步审查,是指审查专利申请是否具备专利法第二十六条或者第二十七条规定的文件和其他必要的文件,这些文件是否符合规定的格式;并包括审查下列各项:

(一)发明专利申请是否明显属于专利法第五条、第二十五条的规定的,或者不符合专利法第十八条、第十九条第一款的规定的,或者明显不符合专利法第三十一条第一款、第三十三条或者本细则第二条第一款的规定的;

(二)实用新型专利申请是否明显属于专利法第五条、第二十五条的规定的,或者不符合专利法第十八条、第十九条第一款的规定的,或者明显不符合专利法第三十一条第一款、第三十三条、本细则第二条第二款、第十二条第一款、第十八条至第二十三条的规定的,或者依照专利法第九条规定不能取得专利权的;

(三)外观设计专利申请是否明显属于专利法第五条规定的,或者不符合专利法第十八条、第十九条第一款的规定的,或者明显不符合专利法第三十一条第二款、第三十三条、本细则第二条第三款、第十二条第一款的规定的,或者依照专利法第九条规定不能取得专利权的。

专利局应当将审查意见通知申请人,要求其在指定期限内陈述意见或者补正;申请人期满未答复的,其申请被视为撤回。申请人陈述意见或者补正后,专利局仍然认为不符合前款所列各项规定的,应当予以驳回。

第四十五条 除专利申请文件外,申请人向专利局提交的与专利申请有关的其他文件,有下列情形之一的,被视为未提出:

(一)未使用规定的格式或者填写不符合规定的;

(二)未按照规定提交证明材料的。

专利局应当将视为未提出的审查意见通知申请人。

第四十六条 申请人请求早日公布其发明专利申请的,应当向专利局声明。专利局对该申请进行初步审查后,除予以驳回的外,应当立即将申请予以公布。

第四十七条 申请人依照专利法第二十七条规定写明使用外观设计的产品及其所属类别时,应当使用专利局公布的外观设计产品分类表。未写明使用外观设计的产品所属类别或者所写的类别不确切的,专利局可以予以补充或者修改。

第四十八条 自发明专利申请公布之日起至公告授予专利权之日前,任何人均可以对不符合专利法规定的专利申请向专利局提出意见,并说明理由。

第四十九条 发明专利申请人因有正当理由无法提交专利法第三十六条规定的检索资料或者审查结果资料的,应当向专利局声明,并在得到该项资料后补交。

第五十条 专利局依照专利法第三十五条第二款规定对专利申请自行进行审查时,应当通知申请人。

第五十一条 发明专利申请人在提出实质审查请求或者在对专利局第一次实质审查意见作出答复时,可以对发明专利申请主动提出修改。

实用新型或者外观设计专利申请人自申请日起三个月内,可以对实用新型或者外观设计专利申请主动提出修改。

第五十二条 发明或者实用新型专利申请的说明书或者权利要求书的修改部分,除个别文字修改或者增删外,应当按照规定格式提交替换页。外观设计专利申请的图片或者照片的修改,应当按照规定提交替换页。

第五十三条 依照专利法和本细则规定,发明专利申请经实质审查应当予以驳回的情形是指:

(一)申请不符合本细则第二条第一款规定的;

(二)申请属于专利法第五条、第二十五条的规定的,或者不符合专利法第二十二条、本细则第十二

条第一款的规定的,或者依照专利法第九条规定不能取得专利权的;

(三)申请不符合专利法第二十六条第三款、第四款或者第三十一条第一款的规定的;

(四)申请的修改或者分案的申请超出原说明书和权利要求书记载范围的。

第五十四条 专利局发出授予专利权的通知后,申请人应当自收到通知之日起二个月内办理登记手续。申请人按期办理登记手续的,专利局应当授予专利权,颁发专利证书,并予以公告。专利权自颁发专利证书之日起生效。

期满未办理登记手续的,视为放弃取得专利权的权利。

第五十五条 依照专利法第四十一条规定,对专利局公告授予的专利权,可以提出撤销的理由是指:

(一)授予专利权的发明和实用新型不符合专利法第二十二条规定的;

(二)授予专利权的外观设计不符合专利法第二十三条规定的。

第五十六条 依照专利法第四十一条规定请求专利局撤销专利权的,应当提交撤销专利权请求书和有关文件一式两份,说明请求撤销专利权所依据的事实和理由。

专利局对撤销专利权的请求作出决定前,撤销专利权请求人可以撤回其请求。

第五十七条 专利局收到撤销专利权请求书后,应当进行审查。对不符合规定的撤销专利权请求书,应当通知撤销专利权请求人在指定的期限内补正;期满未补正的,该撤销专利权的请求被视为未提出。

撤销专利权请求书中未写明撤销专利权所依据的事实和理由或者提出的理由不符合本细则第五十五条规定的,专利局不予受理。

专利局应当将受理的撤销专利权请求书的副本和有关文件的副本送交专利权人,要求其在指定的期限内陈述意见,专利权人可以修改专利文件,但是不得扩大原专利保护的范围;期满未答复的,不影响专利局审查。

第五十八条 专利复审委员会由专利局指定有经验的技术专家和法律专家组成,主任委员由专利局局长兼任。

第五十九条 依照专利法第四十三条第一款的规定向专利复审委员会请求复审的,应当提交复审请求书,说明理由并附具有关的证明文件。请求书和证明文件应当一式两份。

申请人或者专利权人请求复审时,可以修改被驳回的专利申请或者被撤销的专利文件,但是修改应当仅限于驳回申请的决定或者撤销专利权的决定所涉及的部分。

第六十条 复审请求书不符合规定格式的,复审请求人应当在专利复审委员会指定的期限内补正;期满未补正的,该复审请求被视为未提出。

第六十一条 专利复审委员会应当将受理的复审请求书转交专利局原审查部门进行审查。原审查部门根据复审请求人的请求,同意撤销原决定的,专利复审委员会应当据此作出复审决定,并通知复审请求人。

第六十二条 专利复审委员会进行复审后,认为复审请求不符合专利法规定的,应当通知复审请求人,要求其在指定期限内陈述意见;期满未答复的,该复审请求被视为撤回。

第六十三条 复审请求人在专利复审委员会作出决定前,可以撤回其复审请求。

第六十四条 专利局对专利申请文件中的发明创造名称、摘要或者请求书的明显错误可以予以修改,并通知申请人。

专利局对专利公报和发出的文件中出现的错误,一经发现,应当及时更正。

第四章 专利权的无效宣告

第六十五条 依照专利法第四十八条的规定,请求宣告专利权无效或者部分无效的,应当向专利复审委员会提交专利权无效宣告请求书和有关文件一式两份,说明所依据的事实和理由。

专利复审委员会对无效宣告的请求作出决定前,无效宣告请求人可以撤回其请求。

第六十六条 专利权无效宣告请求书不符合规定格式的,无效宣告请求人应当在专利复审委员会指定的期限内补正;期满未补正的,该无效宣告请求被视为未提出。

无效宣告请求的理由是指被授予专利权的发明创造不符合专利法第二十二条、第二十三条、第二十六条第三款、第四款、第三十三条或者本细则第二条、第十二条第一款的规定的;或者属于专利法第五条、第二十五条的规定的,或者依照专利法第九条规定不能取得专利权的。

专利权无效宣告请求书中未说明所依据的事实和理由或者所提出的理由不符合本条第二款规定的,或者在已提出的撤销专利权请求尚未作出决定前又请求无效宣告的,或者就撤销专利权请求、无效宣告请求已作出的决定,又以同一的事实和理由请求无效宣告的,专利复审委员会不予受理。

第六十七条 专利复审委员会应当将专利权无效宣告请求书的副本和有关文件的副本送交专利权人,要求其在指定的期限内陈述意见,专利权人可以修改专利文件,但是不得扩大原专利保护的范围;期满未答复的,不影响专利复审委员会审理。

第五章 专利实施的强制许可

第六十八条 自专利权被授予之日起满三年后,任何单位均可以依照专利法第五十一条的规定,请求专利局给予强制许可。

请求强制许可的,应当向专利局提交强制许可请求书,说明理由并附具有关证明文件各一式两份。

专利局应当将强制许可请求书的副本送交专利

权人,专利权人应当在专利局指定的期限内陈述意见;期满未答复的,不影响专利局作出关于强制许可的决定。

在国家出现紧急状态或者非常情况时,或者为了公共目的的非商业性使用的情况下,专利局可以给予强制许可。

专利局作出的给予实施强制许可的决定,应当依据强制许可的理由规定实施的范围和时间,并限定强制许可实施主要为供应国内市场的需要。

专利局作出的给予实施强制许可的决定,应当尽快通知专利权人,并予以登记和公告。强制许可的理由消除或者不再发生时,专利局可以根据专利权人的请求,对这种情况进行审查,终止实施强制许可。

第六十九条 依照专利法第五十七条规定请求专利局裁决使用费数额的,当事人应当提出裁决请求书,并附具双方不能达成协议的证明文件。专利局应当自收到请求书之日起三个月内作出裁决,并通知当事人。

第六章 对职务发明创造的发明人或者设计人的奖励

第七十条 专利法第十六条所称奖励,包括发给发明人或者设计人的奖金和报酬。

第七十一条 专利权被授予后,专利权的持有单位应当对发明人或者设计人发给奖金。一项发明专利的奖金最低不少于200元;一项实用新型专利或者外观设计专利的奖金最低不少于50元。

由于发明人或者设计人的建议被其所属单位采纳而完成的发明创造,专利权被授予后,专利权的持有单位应当从优发给奖金。

发给发明人或者设计人的奖金,企业单位可以计入成本,事业单位可以从事业费中列支。

第七十二条 专利权的持有单位在专利权的有效期限内,实施发明创造专利后,每年应当从实施发明或者实用新型所得利润纳税后提取0.5—2%,或者从实施外观设计所得利润纳税后提取0.05%—0.2%,作为报酬支付发明人或者设计人;或者参照上述比例,发给发明人或者设计人一次性报酬。

第七十三条 发明创造专利权的持有单位许可其他单位或者个人实施其专利的,应当从收取的使用费中纳税后提取5%—10%作为报酬支付发明人或者设计人。

第七十四条 本细则规定的报酬,一律从制造专利产品、使用专利方法所获得的利润和收取的使用费中列支,不计入单位的奖金总额,不计征奖金税。但是,发明人或者设计人的个人所得,应当依法纳税。

第七十五条 本章关于奖金和报酬的规定,集体所有制单位和其他企业可以参照执行。

第七章 专利管理机关

第七十六条 专利法和本细则所称专利管理机关,是指国务院有关主管部门或者地方人民政府设立的专利管理机关。

第七十七条 对于在发明专利申请公布后、专利权授予前使用发明而未支付适当费用的单位或者个人,在专利权授予后,专利权人可以请求专利管理机关处理,也可以直接向人民法院提起诉讼。专利管理机关处理时,有权决定该单位或者个人在指定的期限内支付适当的费用。当事人对专利管理机关的决定不服的,可以向人民法院提起诉讼。

发明人或者设计人与其所在单位对其发明创造是否属于职务发明创造以及对职务发明创造是否提出专利申请有争议的,或者专利权的所有单位或者持有单位对职务发明创造的发明人或者设计人没有依法发给奖金或者支付报酬的,发明人或者设计人可以请求上级主管部门或者单位所在地的专利管理机关处理。

请求专利管理机关处理专利纠纷的时效为两年,自专利权人或者利害关系人得知或者应当得知之日起计算。

第七十八条 依照专利法第六十三条第二款的规定,对将非专利产品冒充专利产品的或者将非专利方法冒充专利方法的,专利管理机关可以视情节,责令停止冒充行为,消除影响,并处以一千元至五万元或者非法所得额一至三倍的罚款。

第七十九条 属于跨部门或者跨地区的侵权纠纷,当事人请求专利管理机关处理的,由发生侵权行为地的专利管理机关或者侵权单位上级主管部门的专利管理机关处理。

第八章 专利登记和专利公报

第八十条 专利局设置专利登记簿,登记下列专利权有关事项:

(一)专利权的授予;

(二)专利权的转让和继承;

(三)专利权的撤销和无效宣告;

(四)专利权的终止;

(五)专利权的恢复;

(六)专利实施的强制许可;

(七)专利权人的姓名或者名称、国籍和地址的变更。

第八十一条 专利局定期出版专利公报,公布或者公告下列内容:

(一)专利申请中记载的著录事项;

(二)发明或者实用新型说明书的摘要,外观设计的图片或者照片及其简要说明;

(三)发明专利申请的实质审查请求和专利局对发明专利申请自行进行实质审查的决定;

(四)保密专利的解密;

(五)发明专利申请公布后的驳回、撤回和视为撤回;

(六)发明专利申请公布后的专利申请权转让和继承;

(七)专利权的授予;

（八）专利权的撤销和无效宣告；
（九）专利权的终止；
（十）专利权的转让和继承；
（十一）专利实施的强制许可的给予；
（十二）专利申请或者专利权的恢复；
（十三）专利权人的姓名或者名称、地址的变更；
（十四）对地址不明的申请人的通知；
（十五）其他有关事项。

发明或者实用新型的说明书及其附图、权利要求书另行全文出版。

第九章 费 用

第八十二条 向专利局申请专利和办理其他手续时，应当缴纳下列费用：

（一）申请费、申请维持费；
（二）审查费、复审费；
（三）年费；
（四）著录事项变更费、优先权要求费、恢复权利请求费、撤销请求费、无效宣告请求费、强制许可请求费、强制许可使用费的裁决请求费，专利登记费以及规定的附加费。

前款所列各种费用的数额，由国务院有关主管部门会同专利局另行规定。

第八十三条 专利法和本细则规定的各种费用，可以直接向专利局缴纳，也可以通过邮局或者银行汇付，但是不得使用电汇。

通过邮局或者银行汇付的，应当写明申请号或者专利号、申请人或者专利权人的姓名或名称、费用名称及发明创造名称。

通过邮局或者银行汇付的，以汇出日为缴费日。但是，自汇出日至专利局收到日超过十五日的，除邮局、银行出具证明外，以专利局收到日为缴费日。

不符合本条第二款规定的，视为未办理缴费手续。

多缴、重缴、错缴专利费用的，当事人可以向专利局提出退款请求，但是该请求应当自缴费日起一年内提出。

第八十四条 申请人应当在收到受理通知书后，最迟自申请之日起二个月内缴纳申请费；期满未缴纳或者未缴足的，其申请被视为撤回。

申请人要求优先权的，应当在缴纳申请费的同时缴纳优先权要求费；期满未缴纳或者未缴足的，视为未要求优先权。

第八十五条 当事人请求实质审查、恢复权利、复审或者请求撤销专利权的，应当在专利法及本细则规定的相关期限内缴纳费用；期满未缴纳或者未缴足的，视为未提出请求。

第八十六条 发明专利申请人自申请日起满二年尚未被授予专利权的，自第三年度起每年缴纳申请维持费。第一次申请维持费应当在第三年度的第一个月内缴纳，以后的申请维持费应当在前一年度期满前一个月内预缴。

第八十七条 申请人办理登记手续时，应当缴纳专利登记费和授予专利权当年的年费。授予专利权当年已缴纳申请维持费的，不再缴纳当年的年费。期满未缴纳费用的，视为未办理登记手续。以后的年费应当在前一年度期满前一个月内预缴。

第八十八条 申请人或者专利权人未按时缴纳申请维持费或者授予专利权当年以后的年费，或者缴纳的数额不足的，专利局应当通知申请人自应当缴纳申请维持费或者年费期满之日起六个月内补缴，同时缴纳金额为申请维持费或者年费的25%滞纳金；期满未缴纳的，自应当缴纳申请维持费或者年费期满日起，其申请被视为撤回或者专利权终止。

第八十九条 著录事项变更费、强制许可请求费、强制许可使用费的裁决请求费、无效宣告请求费应当自提出请求之日起一个月内，按照规定缴纳；期满未缴纳或者未缴足的，视为未提出请求。

第九十条 申请专利和办理其他手续，缴纳本细则第八十二条规定的各种费用有困难的，可以按照规定向专利局提出减缴或者缓缴的请求。减缴或者缓缴的办法由专利局另行规定。

第十章 附 则

第九十一条 任何人经专利局同意后，均可以查阅或者复制已经公布或者公告的专利申请的案卷和专利登记簿。任何人均可以请求专利局出具专利登记簿副本。

已被视为撤回、驳回和主动撤回的专利申请的案卷，自该专利申请失效之日起满二年后不予保存。

已被撤销、放弃、无效宣告和终止的专利权的案卷自该专利权失效之日起满三年后不予保存。

第九十二条 向专利局提交申请文件或者办理各种手续，应当使用专利局制定的统一格式，由申请人、专利权人、其他利害关系人或者其代表人签字或者盖章；委托专利代理机构的，由专利代理机构盖章。

请求变更发明人姓名、专利申请人和专利权人的姓名或者名称、国籍和地址、专利代理机构的名称和代理人姓名的，应当向专利局办理著录事项变更手续，并附具变更理由的证明材料。

第九十三条 向专利局邮寄有关申请或者专利权的文件，应当使用挂号信函，不得使用包裹。

除首次提交申请文件外，向专利局提交各种文件、办理各种手续时，应当标明申请号或者专利号、发明创造名称和申请人或者专利权人姓名或者名称。

一件信函中应当只包含同一申请的文件。

第九十四条 各类申请文件应当打字或者印刷，字迹呈黑色，整齐清晰，不得涂改。附图应当用制图工具和黑色墨水绘制，线条应当均匀清晰，不得涂改。

请求书、说明书、权利要求书、附图和摘要应当分别用阿拉伯数字顺序编号。

申请文件的文字部分应当横向书写。纸张只限单面使用。

第九十五条　本细则由专利局负责解释。

第九十六条　本细则自一九九三年一月一日起施行。

本细则施行前提出的专利申请和根据该申请授予的专利权，适用根据一九九二年九月四日第七届全国人民代表大会常务委员会第二十七次会议《关于修改〈中华人民共和国专利法〉的决定》修改前的专利法的规定和一九八五年一月十九日国务院批准、一九八五年一月十九日中国专利局发布的《中华人民共和国专利法实施细则》的相应规定。但是，专利申请在本细则施行前尚未依照修改以前的专利法第三十九条、第四十条的规定公告的，该专利申请的批准和专利权的撤销、宣告无效的程序适用修改后的专利法第三十九条至第四十四条、第四十八条的规定和本细则的相应规定。

中华人民共和国著作权法

（1990年9月7日第七届全国人民代表大会常务委员会第十五次会议通过）

第一章　总　则

第一条　为保护文学、艺术和科学作品作者的著作权，以及与著作权有关的权益，鼓励有益于社会主义精神文明、物质文明建设的作品的创作和传播，促进社会主义文化和科学事业的发展与繁荣，根据宪法制定本法。

第二条　中国公民、法人或者非法人单位的作品，不论是否发表，依照本法享有著作权。

外国人的作品首先在中国境内发表的，依照本法享有著作权。

外国人在中国境外发表的作品，根据其所属国同中国签订的协议或者共同参加的国际条约享有的著作权，受本法保护。

第三条　本法所称的作品，包括以下列形式创作的文学、艺术和自然科学、社会科学、工程技术等作品：

（一）文字作品；

（二）口述作品；

（三）音乐、戏剧、曲艺、舞蹈作品；

（四）美术、摄影作品；

（五）电影、电视、录像作品；

（六）工程设计、产品设计图纸及其说明；

（七）地图、示意图等图形作品；

（八）计算机软件；

（九）法律、行政法规规定的其他作品。

第四条　依法禁止出版、传播的作品，不受本法保护。

著作权人行使著作权，不得违反宪法和法律，不得损害公共利益。

第五条　本法不适用于：

（一）法律、法规，国家机关的决议、决定、命令和其他具有立法、行政、司法性质的文件，及其官方正式译文；

（二）时事新闻；

（三）历法、数表、通用表格和公式。

第六条　民间文学艺术作品的著作权保护办法由国务院另行规定。

第七条　科学技术作品中应当由专利法、技术合同法等法律保护的，适用专利法、技术合同法等法律的规定。

第八条　国务院著作权行政管理部门主管全国的著作权管理工作；各省、自治区、直辖市人民政府的著作权行政管理部门主管本行政区域的著作权管理工作。

第二章　著作权

第一节　著作权人及其权利

第九条　著作权人包括：

（一）作者；

（二）其他依照本法享有著作权的公民、法人或者非法人单位。

第十条　著作权包括下列人身权和财产权：

（一）发表权，即决定作品是否公之于众的权利；

（二）署名权，即表明作者身份，在作品上署名的权利；

（三）修改权，即修改或者授权他人修改作品的权利；

（四）保护作品完整权，即保护作品不受歪曲、篡改的权利；

（五）使用权和获得报酬权，即以复制、表演、播放、展览、发行、摄制电影、电视、录像或者改编、翻译、注释、编辑等方式使用作品的权利；以及许可他人以上述方式使用作品，并由此获得报酬的权利。

第二节　著作权归属

第十一条　著作权属于作者，本法另有规定的除外。

创作作品的公民是作者。

由法人或者非法人单位主持，代表法人或者非法人单位意志创作，并由法人或者非法人单位承担责任的作品，法人或者非法人单位视为作者。

如无相反证明，在作品上署名的公民、法人或者非法人单位为作者。

第十二条　改编、翻译、注释、整理已有作品而产生的作品，其著作权由改编、翻译、注释、整理人享有，但行使著作权时，不得侵犯原作品的著作权。

第十三条　两人以上合作创作的作品，著作权由合作作者共同享有。没有参加创作的人，不能成为合作作者。

合作作品可以分割使用的，作者对各自创作的部分可以单独享有著作权，但行使著作权时不得侵犯合作作品整体的著作权。

第十四条　编辑作品由编辑人享有著作权，但行使著作权时，不得侵犯原作品的著作权。

编辑作品中可以单独使用的作品的作者有权单独行使其著作权。

第十五条 电影、电视、录像作品的导演、编剧、作词、作曲、摄影等作者享有署名权,著作权的其他权利由制作电影、电视、录像作品的制片者享有。

电影、电视、录像作品中剧本、音乐等可以单独使用的作品的作者有权单独行使其著作权。

第十六条 公民为完成法人或者非法人单位工作任务所创作的作品是职务作品,除本条第二款的规定以外,著作权由作者享有,但法人或者非法人单位有权在其业务范围内优先使用。作品完成两年内,未经单位同意,作者不得许可第三人以与单位使用的相同方式使用该作品。

有下列情形之一的职务作品,作者享有署名权,著作权的其他权利由法人或者非法人单位享有,法人或者非法人单位可以给予作者奖励:

(一)主要是利用法人或者非法人单位的物质技术条件创作,并由法人或者非法人单位承担责任的工程设计、产品设计图纸及其说明、计算机软件、地图等职务作品;

(二)法律、行政法规规定或者合同约定著作权由法人或者非法人单位享有的职务作品。

第十七条 受委托创作的作品,著作权的归属由委托人和受托人通过合同约定。合同未作明确约定或者没有订立合同的,著作权属于受托人。

第十八条 美术等作品原件所有权的转移,不视为作品著作权的转移,但美术作品原件的展览权由原件所有人享有。

第十九条 著作权属于公民的,公民死亡后,其作品的使用权和获得报酬权在本法规定的保护期内,依照继承法的规定转移。

著作权属于法人或者非法人单位的,法人或者非法人单位变更、终止后,其作品的使用权和获得报酬权在本法规定的保护期内,由承受其权利义务的法人或者非法人单位享有;没有承受其权利义务的法人或者非法人单位的,由国家享有。

第三节 权利的保护期

第二十条 作者的署名权、修改权、保护作品完整权的保护期不受限制。

第二十一条 公民的作品,其发表权、使用权和获得报酬权的保护期为作者终生及其死亡后五十年,截止于作者死亡后第五十年的12月31日;如果是合作作品,截止于最后死亡的作者死亡后第五十年的12月31日。

法人或者非法人单位的作品、著作权(署名权除外)由法人或者非法人单位享有的职务作品,其发表权、使用权和获得报酬权的保护期为五十年,截止于作品首次发表后第五十年的12月31日,但作品自创作完成后五十年内未发表的,本法不再保护。

电影、电视、录像和摄影作品的发表权、使用权和获得报酬权的保护期为五十年,截止于作品首次发表后第五十年的12月31日,但作品自创作完成后五十年内未发表的,本法不再保护。

第四节 权利的限制

第二十二条 在下列情况下使用作品,可以不经著作权人许可,不向其支付报酬,但应当指明作者姓名、作品名称,并且不得侵犯著作权人依照本法享有的其他权利:

(一)为个人学习、研究或者欣赏,使用他人已经发表的作品;

(二)为介绍、评论某一作品或者说明某一问题,在作品中适当引用他人已经发表的作品;

(三)为报道时事新闻,在报纸、期刊、广播、电视节目或者新闻纪录影片中引用已经发表的作品;

(四)报纸、期刊、广播电台、电视台刊登或者播放其他报纸、期刊、广播电台、电视台已经发表的社论、评论员文章;

(五)报纸、期刊、广播电台、电视台刊登或者播放在公众集会上发表的讲话,但作者声明不许刊登、播放的除外;

(六)为学校课堂教学或者科学研究,翻译或者少量复制已经发表的作品,供教学或者科研人员使用,但不得出版发行;

(七)国家机关为执行公务使用已经发表的作品;

(八)图书馆、档案馆、纪念馆、博物馆、美术馆等为陈列或者保存版本的需要,复制本馆收藏的作品;

(九)免费表演已经发表的作品;

(十)对设置或者陈列在室外公共场所的艺术作品进行临摹、绘画、摄影、录像;

(十一)将已经发表的汉族文字作品翻译成少数民族文字在国内出版发行;

(十二)将已经发表的作品改成盲文出版。

以上规定适用于对出版者、表演者、录音录像制作者、广播电台、电视台的权利的限制。

第三章 著作权许可使用合同

第二十三条 使用他人作品应当同著作权人订立合同或者取得许可,本法规定可以不经许可的除外。

第二十四条 合同包括下列主要条款:

(一)许可使用作品的方式;

(二)许可使用的权利是专有使用权或者非专有使用权;

(三)许可使用的范围、期间;

(四)付酬标准和办法;

(五)违约责任;

(六)双方认为需要约定的其他内容。

第二十五条 合同中著作权人未明确许可的权利,未经著作权人许可,另一方当事人不得行使。

第二十六条 合同的有效期限不超过十年。合同期满可以续订。

第二十七条 使用作品的付酬标准由国务院著作权行政管理部门会同有关部门制定。

合同另有约定的，也可以按照合同支付报酬。

第二十八条 出版者、表演者、录音录像制作者、广播电台、电视台等依照本法取得他人的著作权使用权的，不得侵犯作者的署名权、修改权、保护作品完整权和获得报酬权。

第四章 出版、表演、录音录像、播放

第一节 图书、报刊的出版

第二十九条 图书出版者出版图书应当和著作权人订立出版合同，并支付报酬。

第三十条 图书出版者对著作权人交付出版的作品，在合同约定期间享有专有出版权。合同约定图书出版者享有专有出版权的期限不得超过十年，合同期满可以续订。

图书出版者在合同约定期间享有的专有出版权受法律保护，他人不得出版该作品。

第三十一条 著作权人应当按照合同约定期限交付作品。图书出版者应当按照合同约定的出版质量、期限出版图书。

图书出版者不按照合同约定期限出版，应当依照本法第四十七条的规定承担民事责任。

图书出版者重印、再版作品的，应当通知著作权人，并支付报酬。图书脱销后，图书出版者拒绝重印、再版的，著作权人有权终止合同。

第三十二条 著作权人向报社、杂志社投稿的，自稿件发出之日起十五日内未收到报社通知决定刊登的，或者自稿件发出之日起三十日内未收到杂志社通知决定刊登的，可以将同一作品向其他报社、杂志社投稿。双方另有约定的除外。

作品刊登后，除著作权人声明不得转载、摘编的外，其他报刊可以转载或者作为文摘、资料刊登，但应当按照规定向著作权人支付报酬。

第三十三条 图书出版者经作者许可，可以对作品修改、删节。

报社、杂志社可以对作品作文字性修改、删节，对内容的修改，应当经作者许可。

第三十四条 出版改编、翻译、注释、整理、编辑已有作品而产生的作品，应当向改编、翻译、注释、整理、编辑作品的著作权人和原作品的著作权人支付报酬。

第二节 表　演

第三十五条 表演者（演员、演出单位）使用他人未发表的作品演出，应当取得著作权人许可，并支付报酬。

表演者使用他人已发表的作品进行营业性演出，可以不经著作权人许可，但应当按照规定支付报酬；著作权人声明不许使用的不得使用。

表演者使用改编、翻译、注释、整理已有作品而产生的作品进行营业性演出，应当按照规定向改编、翻译、注释、整理作品的著作权人和原作品的著作权人支付报酬。

表演者为制作录音录像和广播、电视节目进行表演使用他人作品的，适用本法第三十七条、第四十条的规定。

第三十六条 表演者对其表演享有下列权利：

（一）表明表演者身份；

（二）保护表演形象不受歪曲；

（三）许可他人从现场直播；

（四）许可他人为营利目的录音录像，并获得报酬。

第三节 录音录像

第三十七条 录音制作者使用他人未发表的作品制作录音制品，应当取得著作权人的许可，并支付报酬。使用他人已发表的作品制作录音制品，可以不经著作权人许可，但应当按照规定支付报酬；著作权人声明不许使用的不得使用。

录像制作者使用他人作品制作录像制品，应当取得著作权人的许可，并支付报酬。

录音录像制作者使用改编、翻译、注释、整理已有作品而产生的作品，应当向改编、翻译、注释、整理作品的著作权人和原作品的著作权人支付报酬。

第三十八条 录音录像制作者制作录音录像制品，应当同表演者订立合同，并支付报酬。

第三十九条 录音录像制作者对其制作的录音录像制品，享有许可他人复制发行并获得报酬的权利。该权利的保护期为五十年，截止于该制品首次出版后的第五十年的12月31日。

被许可复制发行的录音录像制作者还应当按照规定向著作权人和表演者支付报酬。

第四节 广播电台、电视台播放

第四十条 广播电台、电视台使用他人未发表的作品制作广播、电视节目，应当取得著作权人的许可，并支付报酬。

广播电台、电视台使用他人已发表的作品制作广播、电视节目，可以不经著作权人许可，但著作权人声明不许使用的不得使用；并且除本法规定可以不支付报酬的以外，应当按照规定支付报酬。

广播电台、电视台使用改编、翻译、注释、整理已有作品而产生的作品制作广播、电视节目，应当向改编、翻译、注释、整理作品的著作权人和原作品的著作权人支付报酬。

第四十一条 广播电台、电视台制作广播、电视节目，应当同表演者订立合同，并支付报酬。

第四十二条 广播电台、电视台对其制作的广播、电视节目，享有下列权利：

（一）播放；

（二）许可他人播放，并获得报酬；

（三）许可他人复制发行其制作的广播、电视节目，并获得报酬。

前款规定的权利的保护期为五十年，截止于该节目首次播放后第五十年的12月31日。

被许可复制发行的录音录像制作者还应当按照

规定向著作权人和表演者支付报酬。

第四十三条 广播电台、电视台非营业性播放已经出版的录音制品,可以不经著作权人、表演者、录音制作者许可,不向其支付报酬。

第四十四条 电视台播放他人的电影、电视和录像,应当取得电影、电视制片者和录像制作者的许可,并支付报酬。

第五章 法律责任

第四十五条 有下列侵权行为的,应当根据情况,承担停止侵害、消除影响、公开赔礼道歉、赔偿损失等民事责任:

(一)未经著作权人许可,发表其作品的;

(二)未经合作作者许可,将与他人合作创作的作品当作自己单独创作的作品发表的;

(三)没有参加创作,为谋取个人名利,在他人作品上署名的;

(四)歪曲、篡改他人作品的;

(五)未经著作权人许可,以表演、播放、展览、发行、摄制电影、电视、录像或者改编、翻译、注释、编辑等方式使用作品的,本法另有规定的除外;

(六)使用他人作品,未按照规定支付报酬的;

(七)未经表演者许可,从现场直播其表演的;

(八)其他侵犯著作权以及与著作权有关的权益的行为。

第四十六条 有下列侵权行为的,应当根据情况,承担停止侵害、消除影响、公开赔礼道歉、赔偿损失等民事责任,并可以由著作权行政管理部门给予没收非法所得、罚款等行政处罚:

(一)剽窃、抄袭他人作品的;

(二)未经著作权人许可,以营利为目的,复制发行其作品的;

(三)出版他人享有专有出版权的图书的;

(四)未经表演者许可,对其表演制作录音录像出版的;

(五)未经录音录像制作者许可,复制发行其制作的录音录像的;

(六)未经广播电台、电视台许可,复制发行其制作的广播、电视节目的;

(七)制作、出售假冒他人署名的美术作品的。

第四十七条 当事人不履行合同义务或者履行合同义务不符合约定条件的,应当依照民法通则有关规定承担民事责任。

第四十八条 著作权侵权纠纷可以调解,调解不成或者调解达成协议后一方反悔的,可以向人民法院起诉。当事人不愿调解的,也可以直接向人民法院起诉。

第四十九条 著作权合同纠纷可以调解,也可以依据合同中的仲裁条款或者事后达成的书面仲裁协议,向著作权仲裁机构申请仲裁。

对于仲裁裁决,当事人应当履行。当事人一方不履行仲裁裁决的,另一方可以申请人民法院执行。

受申请的人民法院发现仲裁裁决违法的,有权不予执行。人民法院不予执行的,当事人可以就合同纠纷向人民法院起诉。

当事人没有在合同中订立仲裁条款,事后又没有书面仲裁协议的,可以直接向人民法院起诉。

第五十条 当事人对行政处罚不服的,可以在收到行政处罚决定书三个月内向人民法院起诉,期满不起诉又不履行的,著作权行政管理部门可以申请人民法院执行。

第六章 附 则

第五十一条 本法所称的著作权与版权系同义语。

第五十二条 本法所称的复制,指以印刷、复印、临摹、拓印、录音、录像、翻录、翻拍等方式将作品制作一份或者多份的行为。

按照工程设计、产品设计图纸及其说明进行施工、生产工业品,不属于本法所称的复制。

第五十三条 计算机软件的保护办法由国务院另行规定。

第五十四条 本法的实施条例由国务院著作权行政管理部门制定,报国务院批准后施行。

第五十五条 本法规定的著作权人和出版者、表演者、录音录像制作者、广播电台、电视台的权利,在本法施行之日尚未超过本法规定的保护期的,依照本法予以保护。

本法施行前发生的侵权或者违约行为,依照侵权或者违约行为发生时的有关规定和政策处理。

第五十六条 本法自1991年6月1日起施行。

中华人民共和国著作权法实施条例

(1991年5月24日经国务院批准,1991年5月30日国家版权局发布)

第一章 一般规定

第一条 根据《中华人民共和国著作权法》(以下简称著作权法)第五十四条的规定,制定本实施条例。

第二条 著作权法所称作品,指文学、艺术和科学领域内,具有独创性并能以某种有形形式复制的智力创作成果。

第三条 著作权法所称创作,指直接产生文学、艺术和科学作品的智力活动。

为他人创作进行组织工作,提供咨询意见、物质条件,或者进行其他辅助活动,均不视为创作。

第四条 著作权法和本实施条例中下列作品的含义是:

(一)文字作品,指小说、诗词、散文、论文等以文字形式表现的作品;

(二)口述作品,指即兴的演说、授课、法庭辩论等以口头语言创作、未以任何物质载体固定的作品;

(三)音乐作品,指交响乐、歌曲等能够演唱或者演奏的带词或者不带词的作品；

（四）戏剧作品，指话剧、歌剧、地方戏曲等供舞台演出的作品；

（五）曲艺作品，指相声、快书、大鼓、评书等以说唱为主要形式表演的作品；

（六）舞蹈作品，指通过连续的动作、姿势、表情表现的作品；

（七）美术作品，指绘画、书法、雕塑、建筑等以线条、色彩或者其他方式构成的有审美意义的平面或者立体的造型艺术作品；

（八）摄影作品，指借助器械，在感光材料上记录客观物体形象的艺术作品；

（九）电影、电视、录像作品，指摄制在一定物质上，由一系列有伴音或者无伴音的画面组成，并且借助适当装置放映、播放的作品；

（十）工程设计、产品设计图纸及其说明，指为施工和生产绘制的图样及对图样的文字说明；

（十一）地图、示意图等图形作品，指地图、线路图、解剖图等反映地理形象、说明事物原理或者结构的图形或者模型。

第五条 著作权法和本实施条例中下列使用作品方式的含义是：

（一）复制，指以印刷、复印、临摹、拓印、录音、录像、翻录、翻拍等方式将作品制作一份或者多份的行为；

（二）表演，指演奏乐曲、上演剧本、朗诵诗词等直接或者借助技术设备以声音、表情、动作公开再现作品；

（三）播放，指通过无线电波、有线电视系统传播作品；

（四）展览，指公开陈列美术作品、摄影作品的原件或者复制件；

（五）发行，指为满足公众的合理需求，通过出售、出租等方式向公众提供一定数量的作品复制件；

（六）出版，指将作品编辑加工后，经过复制向公众发行；

（七）摄制电影、电视、录像作品，指以拍摄电影或者类似的方式首次将作品固定在一定的载体上。将表演或者景物机械地录制下来，不视为摄制电影、电视、录像作品；

（八）改编，指在原有作品的基础上，通过改变作品的表现形式或者用途，创作出具有独创性的新作品；

（九）翻译，指将作品从一种语言文字转换成另一种语言文字；

（十）注释，指对文字作品中的字、词、句进行解释；

（十一）编辑，指根据特定要求选择若干作品或者作品的片断汇集编排成为一部作品；

（十二）整理，指对内容零散、层次不清的已有文字作品或者材料进行条理化、系统化的加工，如古籍的校点、补遗等。

第六条 著作权法和本实施条例中下列用语的含义是：

（一）时事新闻，指通过报纸、期刊、电台、电视台等传播媒介报道的单纯事实消息；

（二）录音制品，指任何声音的原始录制品；

（三）录像制品，指电影、电视、录像作品以外的任何有伴音或者无伴音的连续相关形象的原始录制品；

（四）广播、电视节目，指广播电台、电视台通过载有声音、图像的信号传播的节目；

（五）录音制作者，指制作录音制品的人；

（六）录像制作者，指制作录像制品的人；

（七）表演者，指演员或者其他表演文学、艺术作品的人。

第二章 著作权行政管理部门

第七条 国家版权局是国务院著作权行政管理部门，主管全国的著作权管理工作，其主要职责是：

（一）贯彻实施著作权法律、法规，制定与著作权行政管理有关的办法；

（二）查处在全国有重大影响的著作权侵权案件；

（三）批准设立著作权集体管理机构、涉外代理机构和合同纠纷仲裁机构，并监督、指导其工作；

（四）负责著作权涉外管理工作；

（五）负责国家享有的著作权管理工作；

（六）指导地方著作权行政管理部门的工作；

（七）承担国务院交办的其他著作权管理工作。

第八条 地方人民政府的著作权行政管理部门主管本行政区域的著作权管理工作，其职责由各省、自治区、直辖市人民政府确定。

第三章 著作权的归属与行使

第一节 著作权的归属

第九条 创作作品的公民或者依法被视为作者的法人或者非法人单位享有著作权，但法律另有规定的除外。

法人必须符合民法通则规定的条件。不具备法人条件，经核准登记的社会团体、经济组织或者组成法人的各个相对独立的部门，为非法人单位。

第十条 注释、整理他人已有作品的人，对经过自己注释、整理而产生的作品享有著作权，但对原作品不享有著作权，并且不得阻止其他人对同一已有作品进行注释、整理。

第十一条 合作作品不可以分割使用的，合作作者对著作权的行使如果不能协商一致，任何一方无正当理由不得阻止他方行使。

第十二条 由法人或者非法人单位组织人员进行创作，提供资金或者资料等创作条件，并承担责任的百科全书、辞书、教材、大型摄影画册等编辑作品，其整体著作权归法人或者非法人单位所有。

第十三条 著作权人许可他人将其作品摄制成电影、电视、录像作品的，视为已同意对其作品进行必要的改动，但是这种改动不得歪曲篡改原作品。

第十四条 职务作品由作者享有著作权的，在作品完成两年内，如单位在其业务范围内不使用，作者可以要求单位同意由第三人以与单位使用的相同方式使用，单位没有正当理由不得拒绝。

在作品完成两年内，经单位同意，作者许可第三人以与单位使用的相同方式使用作品所获报酬，由作者与单位按约定的比例分配。

作品完成两年后，单位可以在其业务范围内继续使用。

作品完成两年的期限，自作者向单位交付作品之日起计算。

第十五条 著作权法第十六条第二款第(一)项所称物质技术条件，指为创作专门提供的资金、设备或者资料。

第十六条 作者身份不明的作品，由作品原件的合法持有人行使除署名权以外的著作权。作者身份确定后，由作者或者其继承人行使著作权。

第十七条 著作权法第十八条关于美术等作品原件所有权的转移，不视为作品著作权的转移的规定，适用于任何原件所有权可能转移的作品。

第二节 著作权的继承

第十八条 著作权中的财产权依照继承法的规定继承。

第十九条 合作作者之一死亡后，其对合作作品享有的使用权和获得报酬权无人继承又无人受遗赠的，由其他合作作者享有。

第二十条 作者死亡后，其著作权中的署名权、修改权和保护作品完整权由作者的继承人或者受遗赠人保护。

著作权无人继承又无人受遗赠的，其署名权、修改权和保护作品完整权由著作权行政管理部门保护。

第二十一条 国家享有的著作权，由著作权行政管理部门代表国家行使。

第二十二条 作者生前未发表的作品，如果作者未明确表示不发表，作者死亡后五十年内，其发表权可由继承人或者受遗赠人行使；没有继承人又无人受遗赠的，由作品原件的合法所有人行使。

第三节 著作权的产生和保护期限的计算

第二十三条 著作权自作品完成创作之日起产生，并受著作权法的保护。

第二十四条 作者身份不明的作品，对其使用权和获得报酬权的保护期为五十年，截止于作品首次发表后第五十年的十二月三十一日。作者身份一旦确定，适用著作权法第二十一条的规定。

第二十五条 外国人的作品首先在中国境内发表的，其著作权保护期自首次发表之日起计算。

著作权法第二条第二款所称外国人的作品首先在中国境内发表，指外国人未发表的作品通过合法方式首先在中国境内出版。

外国人作品在中国境外首先出版后，三十天内在中国境内出版的，视为该作品首先在中国境内发表。

外国人未发表的作品经授权改编、翻译后首先在中国境内出版的，视为该作品首先在中国境内发表。

第四节 权利的限制

第二十六条 著作权法所称已经发表的作品，指著作权人以著作权法规定的方式公之于众的作品。

第二十七条 著作权法第二十二条第(二)项规定的适当引用他人已经发表的作品，必须具备下列条件：

(一)引用目的仅限于介绍、评论某一作品或者说明某一问题；

(二)所引用部分不能构成引用人作品的主要部分或者实质部分；

(三)不得损害被引用作品著作权人的利益。

第二十八条 著作权法第二十二条第(三)项的规定，指在符合新闻报道目的的范围内，不可避免地再现已经发表的作品。

第二十九条 依照著作权法第二十二条第(六)、(七)项的规定使用他人已经发表的作品，不得影响作品的正常利用，也不得无故损害著作权人的合法权益。

第三十条 依照著作权法第二十二条第(九)项的规定表演已经发表的作品，不得向听众、观众收取费用，也不得向表演者支付报酬。

第三十一条 著作权法第二十二条第(十一)项的规定，仅适用于原作品为汉族文字的作品。

第四章 著作权许可使用合同

第三十二条 同著作权人订立合同或者取得许可使用其作品，应当采取书面形式，但是报社、杂志社刊登作品除外。

第三十三条 除著作权法另有规定外，合同中未明确约定授予专有使用权的，使用者仅取得非专有使用权。

第三十四条 国家版权局负责提供各类著作权许可使用合同的标准样式。

第三十五条 取得某项专有使用权的使用者，有权排除著作权人在内的一切他人以同样的方式使用作品，如果许可第三人行使同一权利，必须取得著作权人的许可，合同另有约定的除外。

第五章 与著作权有关权益的行使与限制

第三十六条 著作权法和本实施条例所称与著作权有关权益，指出版者对其出版的图书和报刊享有的权利，表演者对其表演享有的权利，录音录像制作者对其制作的录音录像制品享有的权利，广播电台、电视台对其制作的广播、电视节目享有的权利。

第三十七条 出版者、表演者、录音录像制作者、广播电台、电视台行使权利，不得损害被使用作品和原作品著作权人的权利。

第三十八条 出版者对其出版的图书、报纸、杂志的版式、装帧设计,享有专有使用权。

第三十九条 图书出版者依照著作权法第三十条的规定,在合同有效期内和在合同约定地区内,以同种文字的原版、修订版和缩编本的方式出版图书的独占权利,受法律保护。

第四十条 作者主动投给图书出版者的稿件,出版者应在六个月内决定是否采用。采用的,应签订合同;不采用的,应及时通知作者。既不通知作者,又不签订合同的,六个月后作者可以要求出版者退还原稿和给予经济补偿。六个月期限,从出版者收到稿件之日起计算。

第四十一条 由著作权人承担出版经费的,不适用著作权法第二十九条、第三十条、第三十一条、第三十三条的规定。

第四十二条 著作权人寄给图书出版者的两份订单在六个月内未能得到履行,视为著作权法第三十一条所称的图书脱销。

第四十三条 著作权人依照著作权法第三十二条第二款声明不得转载、摘编其作品的,应当在报纸、杂志首次刊登该作品时附带声明。

第四十四条 著作权法第三十六条第(一)、(二)项权利的保护期不受时间限制。

著作权法第三十九条第二款和四十二条第三款规定的表演者获得报酬权利的保护期,分别适用第三十九条第一款和第四十二条第二款的规定。

第四十五条 依照著作权法第三十五条的规定,表演者应当通过演出组织者向著作权人支付报酬。

第四十六条 外国表演者在中国境内的表演,受著作权法保护。

第四十七条 外国录音录像制作者在中国境内制作并发行的录音录像制品,受著作权法保护。

第四十八条 著作权人依照著作权法第三十五条第二款、第三十七条第一款和第四十条第二款声明不得对其作品表演、录音或者制作广播、电视节目的,应当在发表该作品时声明,或者在国家版权局的著作权公报上刊登声明。

第四十九条 根据著作权法第三十二条第二款、第三十五条第二款、第三十七条第一款、第四十条第二款,使用他人已经发表的作品,应当向著作权人支付报酬。著作权人或者著作权人地址不明的,应在一个月内将报酬寄送国家版权局指定的机构,由该机构转递著作权人。

第六章 罚 则

第五十条 著作权行政管理部门对著作权法第四十六条所列的侵权行为,可给予警告、责令停止制作和发行侵权复制品、没收非法所得、没收侵权复制品及制作设备和罚款的行政处罚。

第五十一条 著作权行政管理部门对著作权法第四十六条所列侵权行为,视情节轻重,罚款数额如下:

(一)对有著作权法第四十六条第(一)项行为的,罚款一百至五千元;

(二)对有著作权法第四十六条第(二)、(三)、(四)、(五)、(六)项行为的,罚款一万至十万元或者总定价的二至五倍;

(三)对有著作权法第四十六条第(七)项行为的,罚款一千至五万元。

第五十二条 地方人民政府著作权行政管理部门负责查处本地区发生的著作权法第四十六条所列的侵权行为。

国家版权局负责查处著作权法第四十六条所列侵权行为中的下列行为:

(一)在全国有重大影响的侵权行为;

(二)涉外侵权行为;

(三)认为应当由国家版权局查处的侵权行为。

第五十三条 著作权行政管理部门在行使行政处罚权时,可以责令侵害人赔偿受害人的损失。

第七章 附 则

第五十四条 著作权人可以通过集体管理的方式行使其著作权。

第五十五条 本实施条例由国家版权局负责解释。

第五十六条 本实施条例自一九九一年六月一日起施行。

中华人民共和国商标法

(1982年8月23日第五届全国人民代表大会常务委员会第二十四次会议通过,根据1993年2月22日第七届全国人民代表大会常务委员会第三十次会议修正)

第一章 总 则

第一条 为了加强商标管理,保护商标专用权,促进生产者保证商品质量和维护商标信誉,以保障消费者的利益,促进社会主义商品经济的发展,特制定本法。

第二条 国务院工商行政管理部门商标局主管全国商标注册和管理的工作。

第三条 经商标局核准注册的商标为注册商标,商标注册人享有商标专用权,受法律保护。

第四条 企业、事业单位和个体工商业者,对其生产、制造、加工、拣选或者经销的商品,需要取得商标专用权的,应当向商标局申请商品商标注册。

企业、事业单位和个体工商业者,对其提供的服务项目,需要取得商标专用权的,应当向商标局申请服务商标注册。

本法有关商品商标的规定,适用于服务商标。

第五条 国家规定必须使用注册商标的商品,必须申请商标注册,未经核准注册的,不得在市场销售。

第六条 商标使用人应当对其使用商标的商品质量负责。各级工商行政管理部门应当通过商标管理，监督商品质量，制止欺骗消费者的行为。

第七条 商标使用的文字、图形或者其组合，应当有显著特征，便于识别。使用注册商标的，并应当标明“注册商标”或者注册标记。

第八条 商标不得使用下列文字、图形：

(1)同中华人民共和国的国家名称、国旗、国徽、军旗、勋章相同或者近似的；

(2)同外国的国家名称、国旗、国徽、军旗相同或者近似的；

(3)同政府间国际组织的旗帜、徽记、名称相同或者近似的；

(4)同“红十字”、“红新月”的标志、名称相同或者近似的；

(5)本商品的通用名称和图形；

(6)直接表示商品的质量、主要原料、功能、用途、重量、数量及其他特点的；

(7)带有民族歧视性的；

(8)夸大宣传并带有欺骗性的；

(9)有害于社会主义道德风尚或者有其他不良影响的。

县级以上行政区划的地名或者公众知晓的外国地名，不得作为商标，但是，地名具有其他含义的除外；已经注册的使用地名的商标继续有效。

第九条 外国人或者外国企业在中国申请商标注册的，应当按其所属国和中华人民共和国签订的协议或者共同参加的国际条约办理，或者按对等原则办理。

第十条 外国人或者外国企业在中国申请商标注册和办理其他商标事宜的，应当委托国家指定的组织代理。

第二章 商标注册的申请

第十一条 申请商标注册的，应当按规定的商品分类表填报使用商标的商品类别和商品名称。

第十二条 同一申请人在不同类别的商品上使用同一商标的，应当按商品分类表提出注册申请。

第十三条 注册商标需要在同一类的其他商品上使用的，应当另行提出注册申请。

第十四条 注册商标需要改变文字、图形的，应当重新提出注册申请。

第十五条 注册商标需要变更注册人的名义、地址或者其他注册事项的，应当提出变更申请。

第三章 商标注册的审查和核准

第十六条 申请注册的商标，凡符合本法有关规定的，由商标局初步审定，予以公告。

第十七条 申请注册的商标，凡不符合本法有关规定或者同他人在同一种商品或者类似商品上已经注册的或者初步审定的商标相同或者近似的，由商标局驳回申请，不予公告。

第十八条 两个或者两个以上的申请人，在同一种商品或者类似商品上，以相同或者近似的商标申请注册的，初步审定并公告申请在先的商标；同一天申请的，初步审定并公告使用在先的商标，驳回其他人的申请，不予以公告。

第十九条 对初步审定的商标，自公告之日起三个月内，任何人均可以提出异议。无异议或者经裁定异议不能成立的，始予核准注册，发给商标注册证，并予公告；经裁定异议成立的，不予核准注册。

第二十条 国务院工商行政管理部门设立商标评审委员会，负责处理商标争议事宜。

第二十一条 对驳回申请、不予公告的商标，商标局应当书面通知申请人。申请人不服的，可以在收到通知十五天内申请复审，由商标评审委员会做出终局决定，并书面通知申请人。

第二十二条 对初步审定、予以公告的商标提出异议的，商标局应当听取异议人和申请人陈述事实和理由，经调查核实后，做出裁定。当事人不服的，可以在收到通知十五天内申请复审，由商标评审委员会做出终局裁定，并书面通知异议人和申请人。

第四章 注册商标的续展、转让和使用许可

第二十三条 注册商标的有效期为十年，自核准注册之日起计算。

第二十四条 注册商标有效期满，需要继续使用的，应当在期满前六个月内申请续展注册；在此期间未能提出申请的，可以给予六个月的宽展期。宽展期满仍未提出申请的，注销其注册商标。

每次续展注册的有效期为十年。续展注册经核准后，予以公告。

第二十五条 转让注册商标的，转让人和受让人应当共同向商标局提出申请。受让人应当保证使用该注册商标的商品质量。转让注册商标经核准后，予以公告。

第二十六条 商标注册人可以通过签订商标使用许可合同，许可他人使用其注册商标。许可人应当监督被许可人使用其注册商标的商品质量。被许可人应当保证使用该注册商标的商品质量。

经许可使用他人注册商标的，必须在使用该注册商标的商品上标明被许可人的名称和商品产地。

商标使用许可合同应当报商标局备案。

第五章 注册商标争议的裁定

第二十七条 已经注册的商标，违反本法第八条规定的，或者是以欺骗手段或者其他不正当手段取得注册的，由商标局撤销该注册商标；其他单位或者个人可以请求商标评审委员会裁定撤销该注册商标。

除前款规定的情形外，对已经注册的商标有争议的，可以自该商标经核准注册之日起一年内，向商标评审委员会申请裁定。

商标评审委员会收到裁定申请后，应当通知有关当事人，并限期提出答辩。

第二十八条 对核准注册前已经提出异议并经裁定的商标，不得再以相同的事实和理由申请裁定。

第二十九条 商标评审委员会做出维持或者撤

销注册商标的终局裁定后,应当书面通知有关当事人。

第六章 商标使用的管理

第三十条 使用注册商标,有下列行为之一的,由商标局责令限期改正或者撤销其注册商标:

(1)自行改变注册商标的文字、图形或者其组合的;

(2)自行改变注册商标的注册人名义、地址或者其他注册事项的;

(3)自行转让注册商标的;

(4)连续三年停止使用的。

第三十一条 使用注册商标,其商品粗制滥造,以次充好,欺骗消费者的,由各级工商行政管理部门分别不同情况,责令限期改正,并可以予以通报或者处以罚款,或者由商标局撤销其注册商标。

第三十二条 注册商标被撤销的或者期满不再续展的,自撤销或者注销之日起一年内,商标局对与该商标相同或者近似的商标注册申请,不予核准。

第三十三条 违反本法第五条规定的,由地方工商行政管理部门责令限期申请注册,可以并处罚款。

第三十四条 使用未注册商标,有下列行为之一的,由地方工商行政管理部门予以制止,限期改正,并可以予以通报或者处以罚款:

(1)冒充注册商标的;

(2)违反本法第八条规定的;

(3)粗制滥造,以次充好,欺骗消费者的。

第三十五条 对商标局撤销注册商标的决定,当事人不服的,可以在收到通知十五天内申请复审,由商标评审委员会做出终局决定,并书面通知申请人。

第三十六条 对工商行政管理部门根据本法第三十一条、第三十三条、第三十四条的规定做出的罚款决定,当事人不服的,可以在收到通知十五天内,向人民法院起诉;期满不起诉又不履行的,由有关工商行政管理部门申请人民法院强制执行。

第七章 注册商标专用权的保护

第三十七条 注册商标的专用权,以核准注册的商标和核定使用的商品为限。

第三十八条 有下列行为之一的,均属侵犯注册商标专用权:

(1)未经注册商标所有人的许可,在同一种商品或者类似商品上使用与其注册商标相同或者近似的商标的;

(2)销售明知是假冒注册商标的商品的;

(3)伪造、擅自制造他人注册商标标识或者销售伪造、擅自制造的注册商标标识的;

(4)给他人的注册商标专用权造成其他损害的。

第三十九条 有本法第三十八条所列侵犯注册商标专用权行为之一的,被侵权人可以向县级以上工商行政管理部门要求处理,有关工商行政管理部门有权责令侵权人立即停止侵权行为,赔偿被侵权人的损失,赔偿额为侵权人在侵权期间因侵权所获得的利润或者被侵权人在被侵权期间因被侵权所受到的损失。侵犯注册商标专用权,未构成犯罪的,工商行政管理部门可以处以罚款。当事人对工商行政管理部门责令停止侵权行为、罚款的处理决定不服的,可以在收到通知十五天内,向人民法院起诉;期满不起诉又不履行的,由有关工商行政管理部门申请人民法院强制执行。

对侵犯注册商标专用权的,被侵权人也可以直接向人民法院起诉。

第四十条 假冒他人注册商标,构成犯罪的,除赔偿被侵权人的损失外,依法追究刑事责任。

伪造、擅自制造他人注册商标标识或者销售伪造、擅自制造的注册商标标识,构成犯罪的,除赔偿被侵权人的损失外,依法追究刑事责任。

销售明知是假冒注册商标的商品,构成犯罪的,除赔偿被侵权人的损失外,依法追究刑事责任。

第八章 附 则

第四十一条 申请商标注册和办理其他商标事宜的,应当缴纳费用,具体收费标准另定。

第四十二条 本法的实施细则,由国务院工商行政管理部门制定,报国务院批准施行。

第四十三条 本法自1983年3月1日起施行。1963年4月10日国务院公布的《商标管理条例》同时废止;其他有关商标管理的规定,凡与本法抵触的,同时失效。

本法施行以前已经注册的商标继续有效。

中华人民共和国商标法实施细则

(1988年1月3日国务院批准修订,1993年7月15日国务院批准第二次修订)

第一章 总 则

第一条 根据《中华人民共和国商标法》(以下简称《商标法》)第四十二条规定,制定本实施细则。

第二条 商标注册申请人,必须是依法成立的企业、事业单位、社会团体、个体工商户、个人合伙以及符合《商标法》第九条规定的外国人或者外国企业。

本实施细则有关商品商标的规定,适用于服务商标。

第三条 申请商标注册、转让注册、续展注册、变更注册人名义或者地址、补发《商标注册证》等有关事项,申请人可以委托国家工商行政管理局认可的商标代理组织代理,也可以直接办理。

外国人或者外国企业在中国申请商标注册或者办理其他商标事宜,应当委托国家工商行政管理局指定的商标代理组织代理。

商标国际注册,依照《商标国际注册马德里协定》办理。

第四条 申请商标注册、转让注册、续展注册、变更、补证、评审及其他有关事项，必须按照规定缴纳费用。

第五条 国家工商行政管理局商标局(以下简称商标局)设置《商标注册簿》，记载注册商标及有关注册事项。

商标局编印发行《商标公告》，刊登商标注册及其他有关事项。

第六条 依照《商标法》第三条规定，经商标局核准注册的集体商标、证明商标，受法律保护。

集体商标、证明商标的注册和管理办法，由国家工商行政管理局会同国务院有关部门另行制定。

第七条 国家规定并由国家工商行政管理局公布的人用药品和烟草制品，必须使用注册商标。

国家规定必须使用注册商标的其他商品，由国家工商行政管理局公布。

第八条 国家工商行政管理局设立商标评审委员会，对依照《商标法》和本实施细则规定提出的评审事宜，做出终局决定、裁定。

第二章 商标注册的申请

第九条 申请商标注册，应当依照公布的商品分类表按类申请。每一个商标注册申请应当向商标局交送《商标注册申请书》一份、商标图样十份(指定颜色的彩色商标，应当交送着色图样十份)；黑白墨稿一份。

商标图样必须清晰、便于粘贴，用光洁耐用的纸张印制或者用照片代替，长和宽应当不大于十厘米，不小于五厘米。

第十条 商标注册申请等有关书件，应当使用钢笔、毛笔或者打字机填写，应当字迹工整、清晰。

商标注册申请人的名义、章戳，应当与核准或者登记的名称一致。申报的商品不得超出核准或者登记的经营范围。商品名称应当依照商品分类表填写；商品名称未列入商品分类表的，应当附送商品说明。

第十一条 申请人用药品商标注册，应当附送卫生行政部门发给的证明文件。

申请卷烟、雪茄烟和有包装烟丝的商标注册，应当附送国家烟草主管机关批准生产的证明文件。

申请国家规定必须使用注册商标的其他商品的商标注册，应当附送有关主管部门的批准证明文件。

第十二条 商标注册的申请日期，以商标局收到申请书件的日期为准。申请手续齐备并按照规定填写申请书件的，编定申请号，发给《受理通知书》；申请手续不齐备或者未按照规定填写申请书件的，予以退回，申请日期不予保留。

申请手续基本齐备或者申请书件基本符合规定，但是需要补正的，商标局通知申请人予以补正，限其在收到通知之日起十五天内，按指定内容补正并交回商标局。限期内补正并交回商标局的，保留申请日期；未作补正或者超过期限补正的，予以退回，申请日期不予保留。

第十三条 两个或者两个以上的申请人，在同一种商品或者类似商品上，以相同或者近似的商标在同一天申请注册的，各申请人应当按照商标局的通知，在三十天内交送第一次使用该商标的日期的证明。同日使用或者均未使用的，各申请人应当进行协商，协商一致的，应当在三十天内将书面协议报送商标局；超过三十天达不成协议的，在商标局主持下，由申请人抽签决定，或者由商标局裁定。

第十四条 申请人委托商标代理组织申请办理商标注册或者办理其他商标事宜，应当交送代理人委托书一份。代理人委托书应当载明代理内容及权限，外国人或者外国企业的代理人委托书还应当载明委托人的国籍。

外国人或者外国企业申请商标注册或者办理其他商标事宜，应当使用中文。代理人委托书和有关证明的公证、认证手续，按照对等原则办理。外文书件应当附中文译本。

第十五条 商标局受理申请商标注册要求优先权的事宜。具体程序依照国家工商行政管理局公布的规定办理。

第三章 商标注册的审查

第十六条 商标局对受理的申请，依照《商标法》进行审查，凡符合《商标法》有关规定并具有显著性的商标，予以初步审定，并予以公告；驳回申请的，发给申请人《驳回通知书》。

商标局认为商标注册申请内容可以修正的，发给《审查意见书》，限其在收到通知之日起十五天内予以修正；未作修正、超过期限修正或者修正后仍不符合《商标法》有关规定的，驳回申请，发给申请人《驳回通知书》。

第十七条 对驳回申请的商标申请复审的，申请人应当在收到驳回通知之日起十五天内，将《驳回商标复审申请书》一份交送商标评审委员会申请复审，同时附送原《商标注册申请书》、原商标图样十份、黑白墨稿一份和《驳回通知书》。

商标评审委员会做出终局决定，书面通知申请人。终局决定应予初步审定的商标移交商标局办理。

第十八条 对商标局初步审定予以公告的商标提出异议的，异议人应当将《商标异议书》一式两份交送商标局，《商标异议书》应当写明被异议商标刊登《商标公告》的期号、页码及初步审定号。商标局将《商标异议书》交被异议人，限其在收到通知之日起三十天内答辩，并根据当事人陈述的事实和理由予以裁定；期满不答辩的，由商标局裁定并通知有关当事人。

被异议商标在异议裁定生效前公告注册的，该商标的注册公告无效。

第十九条 当事人对商标局的异议裁定不服的，可以在收到商标异议裁定通知之日起十五天内，将《商标异议复审申请书》一式两份交送商标评审委员会申请复审。

商标评审委员会做出终局裁定，书面通知有关当事人，并移交商标局办理。

异议不成立的商标，异议裁定生效后，由商标局核准注册。

第四章　注册商标的变更、转让、续展、争议裁定

第二十条　申请变更商标注册人名义的，每一个申请应当向商标局交送《变更商标注册人名义申请书》和变更证明各一份，并交回原《商标注册证》。经商标局核准后，将原《商标注册证》加注发还，并予以公告。

申请变更商标注册人地址或者其他注册事项的，每一个申请应当向商标局交送《变更商标注册人地址申请书》或者《变更商标其他注册事项申请书》，以及有关变更证明各一份，并交回原《商标注册证》。经商标局核准后，将原《商标注册证》加注发还，并予以公告。

变更商标注册人名义或者地址的，商标注册人必须将其全部注册商标一并办理。

第二十一条　申请转让注册商标的，转让人和受让人应当向商标局交送《转让注册商标申请书》一份，附送原《商标注册证》。转让注册商标申请手续由受让人办理。受让人必须符合本实施细则第二条的规定。经商标局核准后，将原《商标注册证》加注发给受让人，并予以公告。

转让注册商标的，商标注册人对其在同一种或者类似商品上注册的相同或者近似的商标，必须一并办理。转让本实施细则第七条规定的商品的商标，受让人应当依照本实施细则第十一条规定，提供有关部门的证明文件。

对可能产生误认、混淆或者其他不良影响的转让注册商标申请，商标局不予核准，予以驳回。

第二十二条　申请商标续展注册的，每一个申请应当向商标局交送《商标续展注册申请书》一份，商标图样五份，交回原《商标注册证》。经商标局核准后，将原《商标注册证》加注发还，并予以公告。不符合《商标法》有关规定的，商标局不予核准，予以驳回。

续展注册商标有效期自该商标上一届有效期满次日起计算。

第二十三条　对商标局驳回转让、续展注册申请不服的，申请人可以在收到驳回通知之日起十五天内，将《驳回转让复审申请书》或者《驳回续展复审申请书》一份交送商标评审委员会申请复审，同时附送原《转让注册商标申请书》或者《商标续展注册申请书》和《驱回通知书》。

商标评审委员会做出终局决定，书面通知申请人。终局决定核准转让注册或者续展注册的，移交商标局办理。

第二十四条　商标注册人对他人已经注册的商标提出争议的，应当在他人商标刊登注册公告之日起一年内，将《商标争议裁定申请书》一式两份交送商标评审委员会申请裁定。

商标评审委员会做出维持或者撤销被争议注册商标终局裁定，书面通知有关当事人，并移交商标局办理。撤销理由仅涉及部分注册内容的，该部分内容予以撤销。被裁定撤销的，原商标注册人应当在收到裁定通知之日起十五天内，将《商标注册证》交回商标局。

第二十五条　下列行为属于《商标法》第二十七条第一款所指的以欺骗手段或者其他不正当手段取得注册的行为：

(1)虚构、隐瞒事实真相或者伪造申请书件及有关文件进行注册的；

(2)违反诚实信用原则，以复制、模仿、翻译等方式，将他人已为公众熟知的商标进行注册的；

(3)未经授权，代理人以其名义将被代理人的商标进行注册的；

(4)侵犯他人合法的在先权利进行注册的；

(5)以其他不正当手段取得注册的。

商标注册人对商标局依照《商标法》第二十七条第一款规定做出的撤销注册商标决定不服的，可以在收到决定通知之日起十五天内，将《撤销注册不当商标复审申请书》一份交送商标评审委员会申请复审。商标评审委员会做出终局决定，书面通知申请人，并移交商标局办理。

任何单位或者个人认为商标注册不当的，可以将《撤销注册不当商标申请书》一式两份交送商标评审委员会申请裁定。商标评审委员会做出终局裁定，书面通知有关当事人，并移交商标局办理。

被撤销的注册不当商标由商标局予以公告，原商标注册人应当在收到决定或者裁定通知之日起十五天内，将《商标注册证》交回商标局。

依照《商标法》第二十七条第一款、第二款的规定撤销的注册商标，其商标专用权视为自始即不存在。撤销注册商标的决定或者裁定，对在撤销前人民法院做出并已执行的商标侵权案件的判决、裁定，工商行政管理机关做出并已执行的商标侵权案件的处理决定，以及已经履行的商标转让或者使用许可合同，不具有追溯力。但是，因商标注册人的恶意给他人造成损失的，应当予以赔偿。

第五章　商标使用的管理

第二十六条　使用注册商标应当标明“注册商标”字样或者标明注册标记㊟或Ⓡ。在商品上不便标明的，应当在商品包装或者说明书以及其他附着物上标明。

第二十七条　《商标注册证》遗失或者破损的，必须申请补发，商标注册人应当向商标局交送《补发商标注册证申请书》一份，商标图样五份。《商标注册证》遗失的，应当在《商标公告》上刊登遗失声明。破损的《商标注册证》，应当交回商标局。

伪造或者涂改《商标注册证》的，由其所在地工商行政管理机关根据情节处以二万元以下的罚款，并收缴伪造或者涂改的《商标注册证》。

第二十八条　对有《商标法》第三十条第(1)、(2)、(3)项行为之一的，由工商行政管理机关责令商

标注册人限期改正；拒不改正的，由商标注册人所在地工商行政管理机关报请商标局撤销其注册商标。

第二十九条 对有《商标法》第三十条第(4)项行为的，任何人可以向商标局申请撤销该注册商标，并说明有关情况。商标局应当通知商标注册人，限其在收到通知之日起三个月内提供该商标使用的证明或者不使用的正当理由。逾期不提供使用证明或者证明无效的，商标局撤销其注册商标。

前款所指商标的使用，包括将商标用于商品、商品包装或者容器以及商品交易文书上，或者将商标用于广告宣传、展览以及其他业务活动。

第三十条 在同一种或者类似商品上申请注册与本实施细则第二十九条规定撤销的商标相同或者近似的商标，不受《商标法》第三十二条规定的限制。

第三十一条 对有《商标法》第三十一条、第三十四条第(3)项行为之一的，由工商行政管理机关责令限期改正；情节严重的，责令检讨，予以通报，并处以非法经营额20%以下或者非法获利两倍以下的罚款；对有毒、有害并且没有使用价值的商品，予以销毁；使用注册商标的，应当依照《商标法》的规定，撤销其注册商标。

第三十二条 对有《商标法》第三十四条第(1)、(2)项行为之一的，由工商行政管理机关禁止其进行广告宣传，封存或者收缴其商标标识，责令限期改正，并可根据情节予以通报、处以非法经营额20%以下的罚款。

第三十三条 对违反《商标法》第五条规定的，由工商行政管理机关禁止其商品销售和广告宣传，封存或者收缴其商标标识，并可根据情节处以非法经营额10%以下的罚款。

第三十四条 任何人不得非法印制或者买卖商标标识。

对违反前款规定的，由工商行政管理机关予以制止，收缴其商标标识，并可根据情节处以非法经营额20%以下的罚款；销售自己注册商标标识的，商标局还可以撤销其注册商标；但属于侵犯注册商标专用权的，依照本实施细则第四十三条的规定处理。

第三十五条 商标注册人许可他人使用其注册商标，必须签订商标使用许可合同。许可人和被许可人应当在许可合同签订之日起三个月内，将许可合同副本交送其所在地县级工商行政管理机关存查，由许可人报送商标局备案，并由商标局予以公告。

违反前款规定的，由许可人或者被许可人所在地工商行政管理机关责令限期改正；拒不改正的，处以一万元以下的罚款，直至报请商标局撤销该注册商标。

违反《商标法》第二十六条第二款规定的，由被许可人所在地工商行政管理机关责令限期改正，收缴其商标标识，并可根据情节处以五万元以下的罚款。

第三十六条 商标注册人许可他人使用其注册商标，被许可人必须符合本实施细则第二条的规定。

许可他人使用本实施细则第七条规定的商品商标的，在将许可合同副本交送存查时，被许可人应当依照本实施细则第十一条的规定，附送有关部门的证明文件。

第三十七条 商标局依照《商标法》第三十条、第三十一条和本实施细则第二十八条、第二十九条、第三十一条、第三十四条、第三十五条规定做出的撤销注册商标的决定，应当书面通知商标注册人及其所在地工商行政管理机关。

商标注册人对商标局撤销其注册商标决定不服的，可以在收到决定通知之日起十五天内，将《撤销商标复审申请书》一份交送商标评审委员会申请复审。

商标评审委员会做出终局决定，书面通知商标注册人及其所在地工商行政管理机关，并移交商标局办理。

第三十八条 商标注册人申请注销其注册商标，应当向商标局交送《商标注销申请书》一份，交回原《商标注册证》。

第三十九条 撤销或者注销的注册商标，由商标局予以公告；自撤销或者注销公告之日起，其商标专用权丧失。被撤销的注册商标，由原商标注册人所在地工商行政管理机关收缴《商标注册证》，交回商标局。

第四十条 对工商行政管理机关依照《商标法》第六章和本实施细则第五章的规定做出的处理决定不服的，当事人可以在收到决定通知之日起十五天内，向上一级工商行政管理机关申请复议；上一级工商行政管理机关应当在收到复议申请之日起两个月内，做出复议决定。对复议决定不服的，当事人可以在收到复议决定通知之日起十五天内，向人民法院起诉。逾期不申请复议、不起诉又不履行的，由工商行政管理机关申请人民法院强制执行。

第六章 注册商标专用权的保护

第四十一条 有下列行为之一的，属于《商标法》第三十八条第(4)项所指的侵犯注册商标专用权的行为：

(1)经销明知或者应知是侵犯他人注册商标专用权商品的；

(2)在同一种或者类似商品上，将与他人注册商标相同或者近似的文字、图形作为商品名称或者商品装潢使用，并足以造成误认的；

(3)故意为侵犯他人注册商标专用权行为提供仓储、运输、邮寄、隐匿等便利条件的。

第四十二条 对侵犯注册商标专用权的，任何人可以向侵权人所在地或者侵权行为地县级以上工商行政管理机关控告或者检举。被侵权人也可以直接向人民法院起诉。

工商行政管理机关认为侵犯注册商标专用权的，在调查取证时可以行使下列职权：

(1)询问有关当事人；

(2)检查与侵权活动有关的物品，必要时，可以责令封存；

(3)调查与侵权活动有关的行为；

(4)查阅、复制与侵权活动有关的合同、帐册等业务资料。

工商行政管理机关在行使前款所列职权时，有关当事人应当予以协助，不得拒绝。

第四十三条 对侵犯注册商标专用权的，工商行政管理机关可以采取下列措施制止侵权行为：

(1)责令立即停止销售；

(2)收缴并销毁侵权商标标识；

(3)消除现存商品上的侵权商标；

(4)收缴直接专门用于商标侵权的模具、印板和其他作案工具；

(5)采取前四项措施不足以制止侵权行为的，或者侵权商标与商品难以分离的，责令并监督销毁侵权物品。

对侵犯注册商标专用权，尚未构成犯罪的，工商行政管理机关可根据情节处以非法经营额50%以下或者侵权所获利润五倍以下的罚款。对侵犯注册商标专用权的单位的直接责任人员，工商行政管理机关可根据情节处以一万元以下的罚款。

工商行政管理机关可以应被侵权人的请求责令侵权人赔偿损失。当事人不服的，可以向人民法院起诉。

第四十四条 对工商行政管理机关依照前条第一款、第二款的规定做出的处理决定不服的，当事人可以在收到决定通知之日起十五天内向上一级工商行政管理机关申请复议；上一级工商行政管理机关应当在收到复议申请之日起两个月内，做出复议决定。对复议决定不服的，当事人可以在收到复议决定通知之日起十五天内，向人民法院起诉。逾期不申请复议、不起诉又不履行的，由工商行政管理机关申请人民法院强制执行。

第四十五条 对假冒他人注册商标的，任何人可以向工商行政管理机关或者检察机关控告和检举。

向工商行政管理机关控告和检举的，工商行政管理机关依照本实施细则第四十三条的规定处理；其所控告和检举的情节严重，构成犯罪的，由司法机关依法追究刑事责任。

第七章 附 则

第四十六条 依照《商标法》第二十一条、第二十二条、第三十五条和本实施细则第二十三条、第二十五条规定申请复审的，当事人应当在规定的期限内办理。当事人因不可抗拒的事由或者其他正当理由，可以在期满前申请延期三十天，是否准许，由商标评审委员会决定。

以邮寄方式收发文的，以邮戳日期为准；邮戳不清或者没有邮戳的，以商标局发文后二十天或者收文前二十天分别作为当事人收到或者发出的日期。

第四十七条 申请商标注册或者办理其他商标事宜的书式，由国家工商行政管理局制定、公布。

申请商标注册或者办理其他商标事宜的收费标准，由国家工商行政管理局依照国家有关规定制定、公布。

商标注册的商品分类表，由国家工商行政管理局公布。

第四十八条 连续使用至一九九三年七月一日的服务商标，与他人在相同或者类似的服务上已注册的服务商标(公众熟知的服务商标除外)相同或者近似的，可以依照国家工商行政管理局有关规定继续使用。

第四十九条 本实施细则由国家工商行政管理局负责解释。

第五十条 本实施细则自发布之日起施行。

中华人民共和国植物新品种保护条例

第一章 总 则

第一条 为了保护植物新品种权，鼓励培育和使用植物新品种，促进农业、林业的发展，制定本条例。

第二条 本条例所称植物新品种，是指经过人工培育的或者对发现的野生植物加以开发，具备新颖性、特异性、一致性和稳定性并有适当命名的植物品种。

第三条 国务院农业、林业行政部门(以下统称审批机关)按照职责分工共同负责植物新品种权申请的受理和审查并对符合本条例规定的植物新品种授予植物新品种权(以下称品种权)。

第四条 完成关系国家利益或者公共利益并有重大应用价值的植物新品种育种的单位或者个人，由县级以上人民政府或者有关部门给予奖励。

第五条 生产、销售和推广被授予品种权的植物新品种(以下称授权品种)，应当按照国家有关种子的法律、法规的规定审定。

第二章 品种权的内容和归属

第六条 完成育种的单位或者个人对其授权品种，享有排他的独占权。任何单位或者个人未经品种权所有人(以下称品种权人)许可，不得为商业目的生产或者销售该授权品种的繁殖材料，不得为商业目的将该授权品种的繁殖材料重复使用于生产另一品种的繁殖材料；但是，本条例另有规定的除外。

第七条 执行本单位的任务或者主要是利用本单位的物质条件所完成的职务育种，植物新品种的申请权属于该单位；非职务育种，植物新品种的申请权属于完成育种的个人。申请被批准后，品种权属于申请人。

委托育种或者合作育种，品种权的归属由当事人在合同中约定；没有合同约定的，品种权属于受委托完成或者共同完成育种的单位或者个人。

第八条 一个植物新品种只能授予一项品种权。两个以上的申请人分别就同一个植物新品种申请品种权的，品种权授予最先申请的人；同时申请的，品种权授予最先完成该植物新品种育种的人。

第九条 植物新品种的申请权和品种权可以依法转让。

中国的单位或者个人就其在国内培育的植物新品种向外国人转让申请权或者品种权的，应当经审批机关批准。

国有单位在国内转让申请权或者品种权的，应当按照国家有关规定报经有关行政主管部门批准。

转让申请权或者品种权的，当事人应当订立书面合同，并向审批机关登记，由审批机关予以公告。

第十条 在下列情况下使用授权品种的，可以不经品种权人许可，不向其支付使用费，但是不得侵犯品种权人依照本条例享有的其他权利：

（一）利用授权品种进行育种及其他科研活动；

（二）农民自繁自用授权品种的繁殖材料。

第十一条 为了国家利益或者公共利益，审批机关可以作出实施植物新品种强制许可的决定，并予以登记和公告。

取得实施强制许可的单位或者个人应当付给品种权人合理的使用费，其数额由双方商定；双方不能达成协议的，由审批机关裁决。

品种权人对强制许可决定或者强制许可使用费的裁决不服的，可以自收到通知之日起 3 个月内向人民法院提起诉讼。

第十二条 不论授权品种的保护期是否届满，销售该授权品种应当使用其注册登记的名称。

第三章　授予品种权的条件

第十三条 申请品种权的植物新品种应当属于国家植物品种保护名录中列举的植物的属或者种。植物品种保护名录由审批机关确定和公布。

第十四条 授予品种权的植物新品种应当具备新颖性。新颖性，是指申请品种权的植物新品种在申请日前该品种繁殖材料未被销售，或者经育种者许可，在中国境内销售该品种繁殖材料未超过 1 年；在中国境外销售藤本植物、林木、果树和观赏树木品种繁殖材料未超过 6 年，销售其他植物品种繁殖材料未超过 4 年。

第十五条 授予品种权的植物新品种应当具备特异性。特异性，是指申请品种权的植物新品种应当明显区别于在递交申请以前已知的植物品种。

第十六条 授予品种权的植物新品种应当具备一致性。一致性，是指申请品种权的植物新品种经过繁殖，除可以预见的变异外，其相关的特征或者特性一致。

第十七条 授予品种权的植物新品种应当具备稳定性。稳定性，是指申请品种权的植物新品种经过反复繁殖后或者在特定繁殖周期结束时，其相关的特征或者特性保持不变。

第十八条 授予品种权的植物新品种应当具备适当的名称，并与相同或者相近的植物属或者种中已知品种的名称相区别。该名称经注册登记后即为该植物新品种的通用名称。

下列名称不得用于品种命名：

（一）仅以数字组成的；

（二）违反社会公德的；

（三）对植物新品种的特征、特性或者育种者的身份等容易引起误解的。

第四章　品种权的申请和受理

第十九条 中国的单位和个人申请品种权的，可以直接或者委托代理机构向审批机关提出申请。

中国的单位和个人申请品种权的植物新品种涉及国家安全或者重大利益需要保密的，应当按照国家有关规定办理。

第二十条 外国人、外国企业或者外国其他组织在中国申请品种权的，应当按其所属国和中华人民共和国签订的协议或者共同参加的国际条约办理，或者根据互惠原则，依照本条例办理。

第二十一条 申请品种权的，应当向审批机关提交符合规定格式要求的请求书、说明书和该品种的照片。

申请文件应当使用中文书写。

第二十二条 审批机关收到品种权申请文件之日为申请日；申请文件是邮寄的，以寄出的邮戳日为申请日。

第二十三条 申请人自在外国第一次提出品种权申请之日起 12 个月内，又在中国就该植物新品种提出品种权申请的，依照该外国同中华人民共和国签订的协议或者共同参加的国际条约，或者根据相互承认优先权的原则，可以享有优先权。

申请人要求优先权的，应当在申请时提出书面说明，并在 3 个月内提交经原受理机关确认的第一次提出的品种权申请文件的副本；未依照本条例规定提出书面说明或者提交申请文件副本的，视为未要求优先权。

第二十四条 对符合本条例第二十一条规定的品种权申请，审批机关应当予以受理，明确申请日、给予申请号，并自收到申请之日起 1 个月内通知申请人缴纳申请费。

对不符合或者经修改仍不符合本条例第二十一条规定的品种权申请，审批机关不予受理，并通知申请人。

第二十五条 申请人可以在品种权授予前修改或者撤回品种权申请。

第二十六条 中国的单位或者个人将国内培育的植物新品种向国外申请品种权的，应当向审批机关登记。

第五章　品种权的审查与批准

第二十七条 申请人缴纳申请费后，审批机关对品种权申请的下列内容进行初步审查：

（一）是否属于植物品种保护名录列举的植物属或者种的范围；

（二）是否符合本条例第二十条的规定；

（三）是否符合新颖性的规定；

（四）植物新品种的命名是否适当。

第二十八条 审批机关应当自受理品种权申请之日起6个月内完成初步审查。对经初步审查合格的品种权申请，审批机关予以公告，并通知申请人在3个月内缴纳审查费。

对经初步审查不合格的品种权申请，审批机关应当通知申请人在3个月内陈述意见或者予以修正；逾期未答复或者修正后仍然不合格的，驳回申请。

第二十九条 申请人按照规定缴纳审查费后，审批机关对品种权申请的特异性、一致性和稳定性进行实质审查。

申请人未按照规定缴纳审查费的，品种权申请视为撤回。

第三十条 审批机关主要依据申请文件和其他有关书面材料进行实质审查。审批机关认为必要时，可以委托指定的测试机构进行测试或者考察业已完成的种植或者其他试验的结果。

因审查需要，申请人应当根据审批机关的要求提供必要的资料和该植物新品种的繁殖材料。

第三十一条 对经实质审查符合本条例规定的品种权申请，审批机关应当作出授予品种权的决定，颁发品种权证书，并予以登记和公告。

对经实质审查不符合本条例规定的品种权申请，审批机关予以驳回，并通知申请人。

第三十二条 审批机关设立植物新品种复审委员会。

对审批机关驳回品种权申请的决定不服的，申请人可以自收到通知之日起3个月内，向植物新品种复审委员会请求复审。植物新品种复审委员会应当自收到复审请求书之日起6个月内作出决定，并通知申请人。

申请人对植物新品种复审委员会的决定不服的，可以自接到通知之日起15日内向人民法院提起诉讼。

第三十三条 品种权被授予后，在自初步审查合格公告之日起至被授予品种权之日止的期间，对未经申请人许可，为商业目的生产或者销售该授权品种的繁殖材料的单位和个人，品种权人享有追偿的权利。

第六章 期限、终止和无效

第三十四条 品种权的保护期限，自授权之日起，藤本植物、林木、果树和观赏树木为20年，其他植物为15年。

第三十五条 品种权人应当自被授予品种权的当年开始缴纳年费，并且按照审批机关的要求提供用于检测的该授权品种的繁殖材料。

第三十六第 有下列情形之一的，品种权在其保护期限届满前终止：

（一）品种权人以书面声明放弃品种权的；

（二）品种权人未按照规定缴纳年费的；

（三）品种权人未按照审批机关的要求提供检测所需的该授权品种的繁殖材料的；

（四）经检测该授权品种不再符合被授予品种权时的特征和特性的。

品种权的终止，由审批机关登记和公告。

第三十七条 自审批机关公告授予品种权之日起，植物新品种复审委员会可以依据职权或者依据任何单位或者个人的书面请求，对不符合本条例第十四条、第十五条、第十六条和第十七条规定的，宣告品种权无效；对不符合本条例第十八条规定的，予以更名。宣告品种权无效或者更名的决定，由审批机关登记和公告，并通知当事人。

对植物新品种复审委员会的决定不服的，可以自收到通知之日起3个月内向人民法院提起诉讼。

第三十八条 被宣告无效的品种权视为自始不存在。

宣告品种权无效的决定，对在宣告前人民法院作出并已执行的植物新品种侵权的判决、裁定，省级以上人民政府农业、林业行政部门作出并已执行的植物新品种侵权处理决定，以及已经履行的植物新品种实施许可合同和植物新品种权转让合同，不具有追溯力；但是，因品种权人的恶意给他人造成损失的，应当给予合理赔偿。

依照前款规定，品种权人或者品种权转让人不向被许可实施人或者受让人返还使用费或者转让费，明显违反公平原则的，品种权人或者品种权转让人应当向被许可实施人或者受让人返还全部或者部分使用费或者转让费。

第七章 罚　则

第三十九条 未经品种权人许可，以商业目的生产或者销售授权品种的繁殖材料的，品种权人或者利害关系人可以请求省级以上人民政府农业、林业行政部门依据各自的职权进行处理，也可以直接向人民法院提起诉讼。

省级以上人民政府农业、林业行政部门依据各自的职权，根据当事人自愿的原则，对侵权所造成的损害赔偿可以进行调解。调解达成协议的，当事人应当履行；调解未达成协议的，品种权人或者利害关系人可以依照民事诉讼程序向人民法院提起诉讼。

省级以上人民政府农业、林业行政部门依据各自的职权处理品种权侵权案件时，为维护社会公共利益，可以责令侵权人停止侵权行为，没收违法所得，可以并处违法所得5倍以下的罚款。

第四十条 假冒授权品种的，由县级以上人民政府农业、林业行政部门依据各自的职权责令停止假冒行为，没收违法所得和植物品种繁殖材料，并处违法所得1倍以上5倍以下的罚款；情节严重，构成犯罪的，依法追究刑事责任。

第四十一条 省级以上人民政府农业、林业行政部门依据各自的职权在查处品种权侵权案件和县级以上人民政府农业、林业行政部门依据各自的职权在查处假冒授权品种案件时，根据需要，可以封存或者扣押与案件有关的植物品种的繁殖材料，查阅、复制或者封存与案件有关的合同、帐册及有关文件。

第四十二条 销售授权品种未使用其注册登记的名称的，由县级以上人民政府农业、林业行政部门依据各自的职权责令限期改正，可以处1000元以下的罚款。

第四十三条 当事人就植物新品种的申请权和品种权的权属发生争议的，可以向人民法院提起诉讼。

第四十四条 县级以上人民政府农业、林业行政部门的及有关部门的工作人员滥用职权、玩忽职守、徇私舞弊、索贿受贿，构成犯罪的，依法追究刑事责任；尚不构成犯罪的，依法给予行政处分。

第八章 附 则

第四十五条 审批机关可以对本条例施行前首批列入植物品种保护名录的和本条例施行后新列入植物品种保护名录的植物属或者种的新颖性要求作出变通性规定。

第四十六条 本条例自1997年10月1日起施行。

中华人民共和国植物新品种保护条例实施细则(农业部分)

第一章 总 则

第一条 根据《中华人民共和国植物新品种保护条例》(以下简称《条例》)，制订本细则。

第二条 农业植物新品种包括粮食、棉花、油料、麻类、糖料、蔬菜(含西甜瓜)、烟草、桑树、茶树、果树(干果除外)、观赏植物(木本除外)、草类、绿肥、草本药材等植物以及橡胶等热带作物的新品种。

食用菌的新品种保护适用本细则的规定。

第三条 依据《条例》第三条的规定，农业部为农业植物新品种权的审批机关，依照《条例》规定授予农业植物新品种权(以下简称品种权)。

农业部植物新品种保护办公室(以下简称农业办公室)，承担品种权申请的受理和审查任务，以及管理其它有关事务。

第四条 对危害公共利益、生态环境的植物新品种不授予品种权。

第二章 品种权的内容和归属

第五条 《条例》所称的繁殖材料是指可繁殖植物的种子和植物体的其他部分。

第六条 申请品种权的单位或者个人统称为品种权申请人；获得品种权的单位或者个人统称为品种权人。

第七条 《条例》第七条所称的执行本单位的任务所完成的职务育种是指：

(一)在本职工作中完成的育种；

(二)履行本单位交付的本职工作之外的任务所完成的育种；

(三)退职、退休或者调动工作后，3年内完成的与其在原单位承担的工作或者原单位分配的任务有关的育种。

《条例》第七条所称本单位的物质条件是指本单位的资金、仪器设备、试验场地以及单位所有或者持有的尚未允许公开的育种材料和技术资料等。

第八条 《条例》第八条所称完成新品种育种的人是指完成新品种育种的单位或者个人。

第九条 完成新品种培育的人员(以下简称培育人)是指对新品种的培育作出创造性贡献的人。仅负责组织管理工作、为物质条件提供方便或者从事其他辅助工作的人不能被视为培育人。

第十条 同一个新品种由两个以上申请人分别同时申请品种权，农业办公室可以要求申请人在指定期限内提供证据证明自己是最先完成该新品种育种的人。逾期不提供证据或者所提供证据不足以作为判定依据的，由申请人自行协商确定申请权的归属；协商达不成一致意见的，农业办公室可以驳回申请。

第十一条 中国的单位或者个人就其在国内培育的新品种向外国人转让申请权或者品种权时，属于职务育种的，需经省级人民政府农业行政部门审核同意(中央单位需经主管部门审核同意)后报农业部审批；属于非职务育种的，直接报农业部审批。国有单位在国内转让申请权或者品种权的，由其隶属的上级行政主管部门批准。

转让申请权或者品种权的，由农业部公告，并自公告之日起生效。

第十二条 有下列情况之一的，农业部可以作出生产、销售等实施新品种强制许可的决定：

(一)为了国家利益或者公共利益的需要；

(二)品种权人无正当理由自己不实施，又不许可他人以合理条件实施的；

(三)对重要农作物品种，品种权人虽已实施，但明显不能满足国内市场需求，又不许可他人以合理条件实施的。

申请强制许可的，应当向农业部提交强制许可申请书，说明理由并附具有关证明文件各一式二份。

第十三条 依照《条例》第十一条第二款规定，申请农业部裁决使用费数额的，当事人应当提交裁决申请书，并附具未能达成协议的证明文件。农业部自收到申请书之日起3个月内作出裁决并通知当事人。

第三章 授予品种权的条件

第十四条 依照《条例》第四十五条的规定，对于《条例》实施前首批列入植物新品种保护名录的和《条例》实施后新列入植物新品种保护名录的植物属或者种，从名录公布之日起2年内提出的品种权申请，凡经过品种所有人许可，在中国境内销售该品种的繁殖材料未超过4年，符合《条例》规定的特异性、一致性和稳定性及命名要求的，农业部可以授予品种权。

第十五条 依照《条例》第十八条的规定，有下列情形之一的，不得用于新品种命名：

（一）仅以数字组成的；

（二）违反国家法律或者社会公德或者带有民族歧视性的；

（三）以国家名称命名的；

（四）以县级以上行政区划的地名或者公众知晓的外国地名命名的；

（五）同政府间国际组织或者其他国际国内知名组织及标识名称相同或者近似的；

（六）对植物新品种的特征、特性或者育种者的身份等容易引起误解的；

（七）属于相同或相近植物属或者种的已知名称的；

（八）夸大宣传的。

第四章 品种权的申请和受理

第十六条 中国的单位和个人申请品种权的，可以直接或者委托农业办公室指定的代理机构向农业办公室提出申请。

第十七条 在中国没有经常居所的外国人、外国企业或者其他外国组织向农业办公室提出品种权申请的，应当委托农业办公室指定的涉外代理机构办理。

第十八条 申请人委托代理机构向农业办公室申请品种权或者办理其他有关事务的，应当同时提交委托书，明确委托权限。农业办公室在有关程序中直接与代理机构发生联系。

申请人有两个以上而未委托代理机构的，应当明确一方为代表人。

第十九条 申请品种权的，应当向农业办公室提交请求书、说明书（包括说明书摘要、技术问卷）、照片各一式二份。

第二十条 请求书应当包括以下内容：

（一）新品种的暂定名称；

（二）新品种所属的属或者种的中文名称和拉丁文名称；

（三）培育人的姓名；

（四）申请人的姓名或者名称、地址、邮政编码、联系人、电话、传真；

（五）申请人的国籍；

（六）申请人是外国企业或者其他组织的，其总部所在的国家；

（七）新品种的培育起止日期和主要培育地。

第二十一条 说明书应当包括以下内容：

（一）新品种的暂定名称，该名称应当与请求书的名称一致；

（二）新品种所属的属或者种的中文名称和拉丁文名称；

（三）有关该新品种与国内外同类品种对比的背景材料的说明；

（四）育种过程和育种方法，包括系谱、培育过程和所使用的亲本或者繁殖材料的说明；

（五）有关销售情况的说明；

（六）对该新品种特异性、一致性和稳定性的详细说明；

（七）适于生长的区域或者环境以及栽培技术的说明。

说明书中不得含有贬低其他植物品种或者夸大其使用价值的言词。其技术问卷可以在缴纳审查费时提交。

第二十二条 《条例》第二十一条所称照片应当符合以下要求：

（一）照片有利于说明申请品种的特异性；

（二）一种性状的对比应在同一张照片上；

（三）照片应为彩色，必要时，农业办公室可以要求申请人提供黑白照片；

（四）照片规格为 8.5 厘米×12.5 厘米或者 10 厘米×15 厘米；

（五）照片的简要文字说明。

第二十三条 品种权申请文件有下列情形之一的，农业办公室不予受理：

（一）缺少请求书、说明书或者照片之一的；

（二）未使用中文的；

（三）不符合规定格式的；

（四）文件未打印的；

（五）字迹不清或者有涂改的；

（六）缺少申请人姓名或者名称、地址、邮政编码的。

第二十四条 农业办公室认为必要的，申请人应当送交申请品种和对照品种的繁殖材料，用于申请品种的审查和检测。

第二十五条 申请人送交的繁殖材料应当与品种权申请文件中所描述的该植物新品种的繁殖材料相一致，并应当符合下列要求：

（一）不得遭受意外的损害和药物的处理；

（二）无检疫性的有害生物；

（三）送交的繁殖材料为种子的，种子应当是最近收获的。

送交繁殖材料的时间、数量和其它质量要求应当符合农业办公室和本细则第二十六条、第二十七条、第二十八条的规定。逾期不送交或者送交不符合规定的，视为撤回申请。

第二十六条 申请人应当自收到农业办公室通知之日起 3 个月内送交繁殖材料。送交种子的，品种权申请人应当送至农业办公室公布的保藏中心；送交种苗、种球、块茎、块根等无性繁殖材料的，申请人应当送至农业办公室指定的测试机构。

第二十七条 繁殖材料应当依照有关规定实施植物检疫。检疫不合格或者未经检疫的，保藏中心或者测试中心不予受理。

第二十八条 当申请人送交的繁殖材料数量少于农业办公室规定的，保藏中心或者测试机构应当通知申请人，自收到通知之日起 1 个月内补足。特殊情况下，申请人送交了规定数量的繁殖材料后仍不能满足测试或者检测需要时，农业办公室有权要求申请人补交不足部分。

第二十九条 保藏中心或者测试机构收到申请人送交的繁殖材料的应当出具书面证明，并自收到繁殖材料之日起20日内(有休眠期的植物除外)完成生活力等内容的检测。检测合格的，保藏中心或者测试机构应当向申请人出具书面检验合格证明并同时通知农业办公室；检测不合格的，保藏中心或者测试机构应当通知申请人自收到通知之日起1个月内重新送交该品种的繁殖材料。

第三十条 保藏中心和测试机构对申请人送交的繁殖材料负有保密的责任，在品种权申请的审查期间和授权后品种权的有效期限内应当防止丢失、被盗等事故的发生。

第三十一条 申请人依照《条例》第二十三条的规定要求优先权的，应当在申请中写明第一次提出品种权申请的申请日、申请号和受理该申请的国家；未写明的，视为未要求优先权。申请人提交的第一次品种权申请文件副本应当经原受理机关确认。

第三十二条 在中国没有经常居所或者营业所的申请人，申请品种权或者要求优先权的，农业办公室认为必要时，可以要求其提供下列文件：

(一)国籍证明；

(二)申请人是企业或者其他组织的，其营业所或者总部所在地的证明；

(三)外国人、外国企业、外国其他组织的所属国，承认中国单位和个人可以按照该国国民的同等条件，在该国享有品种申请权、优先权和其他与品种权有关的权利的证明文件。

第三十三条 申请人在向农业办公室提出品种权申请后，又向外国申请品种权的，可以请求农业办公室出具优先权证明文件。

第三十四条 依照《条例》第十九条第二款规定，中国的单位和个人申请品种权的植物新品种涉及国家安全或者重大利益需要保密的，申请人应当在申请文件中说明，农业办公室经过审查后作出是否按保密申请处理的决定，并通知申请人；农业办公室认为需要保密而申请人未注明的，仍按保密申请处理，并通知申请人。

第五章 品种权的审查批准

第三十五条 在初步审查、实质审查、复审和无效宣告程序中进行审查和复审人员有下列情形之一的，应当自行回避，当事人或者其他利害关系人可以要求其回避：

(一)是当事人或者其代理人近亲属的；

(二)与品种权申请或者品种权有直接利害关系的；

(三)与当事人或者其代理人有其他关系，可能影响公正审查和审理的。

审查人员的回避由农业办公室决定，复审人员的回避由农业部决定。

第三十六条 一件植物品种权申请包括两个以上新品种的，农业办公室在通知缴纳审查费前，应当要求申请人提出分案申请。申请人在指定期限内对其申请未进行分案修正或者期满未答复的，视为撤回申请。

第三十七条 依照本细则第三十六条规定提出的分案申请，可以保留原申请日，享有优先权的，可保留优先权日，但不得超出原申请品种的范围。

分案申请应当依照《条例》及本细则的规定办理相关手续。

分案申请的请求书中应当写明原申请的申请号和申请日。原申请享有优先权的，应当提交原申请的优先权文件副本。

第三十八条 依照《条例》第二十七条规定，农业办公室对品种权申请进行初步审查，并将审查意见通知申请人。农业办公室有疑问的，可要求申请人在指定期限内陈述意见或者补正；申请人期满未答复的，视为撤回申请。申请人陈述意见或者补正后，农业办公室认为仍然不符合规定的，应当驳回其申请。

第三十九条 除品种权申请文件外，申请人向农业办公室提交的与品种权申请有关的文件，有下列情形之一的，被视为未提出：

(一)未使用规定的格式或者填写不符合要求的；

(二)未按照规定提交证明材料的。

农业办公室应当将视为未提出的审查意见通知申请人。

第四十条 自品种权申请初审合格公告之日起至授予品种权之日前，任何人均可以对不符合《条例》规定的品种权申请向农业办公室提出异议，并说明理由。

第四十一条 品种权申请说明书的修改部分，除个别文字修改或者增删外，应当按照规定格式提交替换页。

第四十二条 依照《条例》和本细则的规定，品种权申请经实质审查应当予以驳回的情形是指：

(一)不符合《条例》第十三条、第十四条、第十五条、第十六条、第十七条规定之一的；

(二)属于本细则第四条规定的；

(三)修改申请或者分案申请在实质内容上超出原说明书记载范围的。

第四十三条 农业办公室发出办理授予品种权的通知后，申请人应当自收到通知之日起3个月内办理领取品种权证书和缴纳第1年年费手续。对按期办理的，农业部授予品种权，颁发品种权证书，并予以公告。品种权自颁发品种权证书之日起生效。

期满未办理的，视为放弃取得品种权的权利。

第四十四条 农业部聘请有经验的植物育种专家、栽培专家、法律专家和有关行政管理人员组成植物新品种复审委员会(以下简称复审委员会)。

复审委员会主任由农业部负责人兼任。农业办公室可根据复审委员会的授权办理复审的有关事宜。

第四十五条 依照《条例》第三十二条第二款的规定向复审委员会请求复审的,应当提交复审请求书,说明理由并附具有关的证明文件。请求书和证明文件应当一式二份。

申请人请求复审时,可以修改被驳回的品种权申请文件,但是修改应当仅限于驳回申请的决定所涉及的部分。

第四十六条 复审请求书不符合规定格式的,复审请求人应当在复审委员会指定的期限内补正;期满未补正的,视为撤回复审请求。

第四十七条 复审委员会进行复审后,认为复审请求内容不符合《条例》和本细则规定的,应当通知复审请求人在指定期限内陈述意见;期满未答复的,视为撤回复审请求。

第四十八条 复审请求人在复审委员会作出决定前,可以撤回复审请求。

第四十九条 复审委员会对申请文件中的明显错误,可予以修改,并通知申请人。

第六章 品种权的无效宣告

第五十条 依照《条例》第三十七条第一款的规定,任何单位或者个人请求宣告品种权无效的,应当向复审委员会提交品种权无效宣告请求书和有关文件一式二份,说明所依据的事实和理由。

第五十一条 宣告品种权无效的,应当依据以下事实和理由:

(一)取得的品种权不符合《条例》第十三条、第十四条、第十五条、第十六条、第十七条规定之一的;

(二)取得的品种权属于本细则第四条规定的。

第五十二条 品种权无效宣告请求书中未说明所依据的事实和理由或者所提出的理由不符合本细则第五十一条规定的,或者复审委员会就一项品种权无效宣告请求已审理并决定仍维持品种权的,请求人又以同一事实和理由请求无效宣告的,复审委员会不予受理。

第五十三条 复审委员会应当将品种权无效宣告请求书的副本和有关文件的副本送交品种权人,要求其在指定的期限内陈述意见。期满未答复的,不影响复审委员会审理。

第五十四条 依照《条例》第三十七条第一款的规定,复审委员会对一项授权品种作出更名决定后,农业部予以登记和公告;农业办公室应当及时通知品种权人,并更换品种权证书。

授权品种更名后,品种权人不得再使用原品种名称。

第五十五条 复审委员会对无效宣告的请求作出决定前,无效宣告请求人可以撤回其请求。

第七章 文件的递交、送达和期限

第五十六条 《条例》和本细则规定的各种手续,应当以书面形式办理。

第五十七条 依照《条例》和本细则规定提交的各种文件应当使用中文,并采用国家统一规定的科学技术术语和规范词。外国人名、地名和科学技术术语没有统一中文译文的,应当注明原文。

依照《条例》和本细则规定提交的各种证件和证明文件是外文的,应当附送中文译文;未附送的,视为未提交该证明文件。

第五十八条 当事人向农业办公室和复审委员会提交的各种文件应当打字或者印刷,字迹呈黑色,并整齐清晰。申请文件的文字部分应当横向书写,且纸张只限单面使用。

第五十九条 当事人提交的各种文件和办理其他各种手续,应当由申请人、品种权人、其他利害关系人或者其代表人签字或者盖章;委托代理机构的,由代理机构盖章。请求变更培育人姓名、品种权申请人和品种权人的姓名或者名称、国籍、地址、代理机构的名称和代理人姓名的,应当向农业办公室办理著录事项变更手续,并附具变更理由的证明材料。

第六十条 当事人递交各种文件时,可以直接递交,也可以邮寄。邮寄时,应当使用挂号信函,不得使用包裹,一件信函中应当只包含同一申请文件。是邮寄的,以寄出的邮戳日为递交日。信封上寄出的邮戳日不清晰的,除当事人能够提供证明外,以农业办公室和复审委员会的收到日期为递交日。

农业办公室和复审委员会的各种文件,可以通过邮寄、直接送交或者以公告的方式送达当事人。当事人委托代理机构的,文件送交代理机构;未委托代理机构的,文件送交请求书中第一署名人或者代表人。当事人拒绝接收文件的,该文件视为已经送达。

农业办公室和复审委员会邮寄的各种文件,自文件发出之日起满 15 日,视为当事人收到文件之日。

根据规定应当直接送交的文件,以交付日为送达日。

文件递交地址不清,无法邮寄的,可以通过公告的方式送达当事人。自公告之日起满 2 个月,该文件视为已经送达。

第六十一条 《条例》和本细则规定的各种期限的第一日不计算在期限内。期限以年或者月计算的,以其最后一月的相应日为期限届满日;该月无相应日的,以该月最后一日为期限届满日。

期限届满日是法定节假日的,以节假日后的第一个工作日为期限届满日。

第六十二条 当事人因不可抗拒事由而耽误《条例》或者本细则规定的期限或者指定的期限,造成其权利丧失的,自障碍消除之日起 2 个月内,但是最迟自期限届满之日起 2 年内,向农业办公室说明理由并附具有关证明文件,请求恢复其权利。

当事人因正当理由而耽误《条例》或者本细则规定的期限或者农业办公室指定的期限,造成其权利丧失的,可以自收到通知之日起 2 个月内向农业办公室说明理由,请求恢复其权利。

当事人请求延长农业办公室指定期限的，应当在期限届满前，向农业办公室说明理由并办理有关手续。

本条第一款和第二款的规定不适用《条例》第二十三条、第三十二条第二、三款、第三十四条、第三十七条第二款规定的期限。

第六十三条 除《条例》第二十二条的规定外，《条例》所称申请日，有优先权的，指优先权日。

第八章 费用和公报

第六十四条 申请品种权和办理其他手续时，应当按照国家有关规定向农业部缴纳申请费、审查费、年费和测试费。

第六十五条 《条例》和本细则规定的各种费用，可以直接缴纳，也可以通过邮局或者银行汇付，但是不得使用电汇。

通过邮局或者银行汇付的，应当注明申请号或者品种权号、申请人或者品种权人的姓名或名称、费用名称及新品种名称。

通过邮局或者银行汇付时，以汇出日为缴费日。

第六十六条 依照《条例》第二十四条的规定，申请人可以在递交品种权申请的同时缴纳申请费，但最迟自申请之日起2个月内缴纳申请费，期满未缴纳或者未缴足的，其申请被视为撤回。

第六十七条 经初步审查合格的品种权申请，申请人应当按照农业办公室的通知，在规定的期限内缴纳审查费，需要测试的还需缴纳测试费。期满未缴纳或者未缴足的，视为撤回申请。

第六十八条 申请人在办理领取品种权证书时，应当缴纳授予品种权第1年的年费。以后的年费应当在前1年度期满前1个月内预缴。

第六十九条 申请人或者品种权人未按时缴纳授予品种权第1年以后的年费，或者缴纳的数额不足的，农业办公室应当通知申请人自应当缴纳年费期满之日起6个月内补缴，同时缴纳金额为年费的25%的滞纳金；期满未缴纳的，自应当缴纳年费期满之日起，品种权终止。

第七十条 申请人缴纳本细则第六十四条规定的部分费用有困难的，可以按照规定向农业办公室提出减缓的请求。减缓办法另行规定。

第七十一条 农业部定期发布植物新品种保护公报，公告与品种权有关内容。

第九章 罚 则

第七十二条 《条例》第三十九条规定的侵权案件，由侵权行为发生地的省级农业行政部门管辖；

两个以上省级农业行政部门都享有管辖权的侵权案件，应当由先立案的省级农业行政部门管辖；

省级农业行政部门对侵权案件管辖权发生争议时，由农业部指定管辖；

农业部在必要时可以直接处理侵权案件。省级农业行政部门认为侵权案件重大、复杂，需要由农业部处理的，可以报请农业部处理。

第七十三条 省级以上农业行政部门处理侵权案件应当符合下列条件：

（一）申请人必须是品种权人或者与品种权侵权案件有直接利害关系的单位或者个人；

（二）有明确的被申请人，有具体要求和事实依据；

（三）符合《条例》和本细则的规定；

（四）当事人任何一方均未向人民法院起诉。

第七十四条 《条例》第四十条、第四十一条所称的假冒授权品种行为是指下列情况之一：

（一）印制或者使用伪造的授权品种证书、品种权申请号、品种权号或者其他品种权申请标记、品种权标记；

（二）印制或者使用已经被驳回、视为撤回或者撤回的品种权申请的申请号或者其他品种权申请标记；

（三）印制或者使用已经被终止或者被宣告无效的品种权的品种权证书、品种权号或者其他品种权标记；

（四）生产或者销售本条第（一）项、第（二）项和第（三）项所标记的品种和冒充申请或者授权品种名称；

（五）销售授权品种未使用其注册登记的名称的；

（六）其他足以使他人将非品种权品种误认为品种权品种的行为。

第七十五条 依照《条例》第四十条、第四十一条规定，县级以上人民政府农业行政部门负责对本行政辖区内的假冒授权品种行为进行监督和查处。

两个以上县级以上农业行政部门都享有管辖权的假冒案件，应当由先立案的县级以上农业行政部门管辖；

县级以上农业行政部门对假冒授权品种案件管辖权发生争议时，由上一级农业行政部门指定管辖；

上一级农业行政部门在必要时可以处理下一级农业行政部门管辖的假冒授权品种案件。下级农业行政部门认为假冒授权品种案件重大、复杂需要由上级农业行政部门处理的，可以报请上级农业行政部门处理。

第七十六条 农业行政部门根据《条例》第四十一条的规定对封存或者扣押的植物品种繁殖材料，应当在1个月内做出处理。

第七十七条 当事人因品种申请权或者品种权发生纠纷，向人民法院提起诉讼并且人民法院已受理的，应当申请农业办公室中止有关程序。

依照前款规定申请中止有关程序的，应当向农业办公室提交申请书，并附具人民法院的有关受理文件副本。

第十章 附 则

第七十八条 已被视为撤回、驳回和主动撤回的品种申请的案卷，自该品种权申请失效之日起满2年后不予保存。

已被放弃、无效宣告和终止的品种权的案卷自该品种权失效之日起满3年后不予保存。

第七十九条 本细则由农业部负责解释。

第八十条 本细则自发布之日起施行。

中华人民共和国植物新品种保护条例实施细则(林业部分)

第一章 总 则

第一条 根据《中华人民共和国植物新品种保护条例》(以下简称《条例》),制定本细则。

第二条 本细则所称植物新品种,是指符合《条例》第二条规定的林木、竹、木质藤木、木本观赏植物(包括木本花卉)、果树(干果部分)及木本油料、饮料、调料、木本药材等植物品种。

植物品种保护名录由国家林业局确定和公布。

第三条 国家林业局依照《条例》和本细则规定受理、审查植物新品种权的申请并授予植物新品种权(以下简称品种权)。

国家林业局植物新品种保护办公室(以下简称植物新品种保护办公室),负责受理和审查本细则第二条规定的植物新品种的品种权申请,组织与植物新品种保护有关的测试、保藏等业务,按国家有关规定承办与植物新品种保护有关的国际事务等具体工作。

第二章 品种权的内容和归属

第四条 《条例》所称的繁殖材料,是指整株植物(包括苗木)、种子(包括根、茎、叶、花、果实等)以及构成植物体的任何部分(包括组织、细胞)。

第五条 《条例》第七条所称的职务育种是指:

(一)在本职工作中完成的育种;

(二)履行本单位分配的本职工作之外的任务所完成的育种;

(三)离开原单位后3年内完成的与其在原单位承担的本职工作或者分配的任务有关的育种;

(四)利用本单位的资金、仪器设备、试验场地、育种资源和其他繁殖材料及不对外公开的技术资料等所完成的育种。

除前款规定情形之外的,为非职务育种。

第六条 《条例》所称完成植物新品种育种的人、品种权申请人、品种权人,均包括单位或者个人。

第七条 两个以上申请人就同一个植物新品种在同一日分别提出品种权申请的,植物新品种保护办公室可以要求申请人自行协商确定申请权的归属;协商达不成一致意见的,植物新品种保护办公室可以要求申请人在规定的期限内提供证明自己是最先完成该植物新品种育种的证据;逾期不提供证据的,视为放弃申请。

第八条 中国的单位或者个人就其在国内培育的植物新品种向外国人转让申请权或者品种权的,应当报国家林业局批准。

国有单位在国内转让植物新品种申请权或者品种权的,由其上级行政主管部门批准。

转让申请权或者品种权的,当事人应当订立书面合同,向国家林业局登记,并由国家林业局予以公告。

转让申请权或者品种权的,自登记之日起生效。

第九条 依照《条例》第十一条规定,有下列情形之一的,国家林业局可以作出或者依当事人的请求作出实施植物新品种强制许可的决定:

(一)为满足国家利益或者公共利益等特殊需要;

(二)品种权人无正当理由自己不实施或者实施不完全,又不许可他人以合理条件实施的。

请求植物新品种强制许可的单位或者个人,应当向国家林业局提出强制许可请求书,说明理由并附具有关证明材料各一式两份。

第十条 按照《条例》第十一条第二款规定,请求国家林业局裁决植物新品种强制许可使用费数额的,当事人应当提交裁决请求书,并附具不能达成协议的有关材料。国家林业局自收到裁决请求书之日起3个月内作出裁决并通知有关当事人。

第三章 授予品种权的条件

第十一条 授予品种权的,应当符合《条例》第十三条、第十四条、第十五条、第十六条、第十七条、第十八条和本细则第二条的规定。

第十二条 依照《条例》第四十五条的规定,对《条例》施行前首批列入植物品种保护名录的和《条例》施行后新列入植物品种保护名录的属或者种的植物品种,自名录公布之日起一年内提出的品种权申请,经育种人许可,在中国境内销售该品种的繁殖材料不超过4年的,视为具有新颖性。

第十三条 除《条例》第十八条规定的以外,有下列情形之一的,不得用于植物新品种命名:

(一)违反国家法律、行政法规规定或者带有民族歧视性的;

(二)以国家名称命名的;

(三)以县级以上行政区划的地名或者公众知晓的外国地名命名的;

(四)同政府间国际组织或者其他国际知名组织的标识名称相同或者近似的;

(五)属于相同或者相近植物属或者种的已知名称的。

第四章 品种权的申请和受理

第十四条 中国的单位和个人申请品种权的,可以直接或者委托国家林业局指定的代理机构向国家林业局提出申请。

第十五条 中国的单位和个人申请品种权的植物品种,如涉及国家安全或者重大利益需要保密的,申请人应当在请求书中注明,植物新品种保护办公室应当按国家有关保密的规定办理,并通知申请人;植物新品种保护办公室认为需要保密而申请人未注明的,按保密申请办理,并通知有关当事人。

第十六条 外国人、外国企业或者其他外国组织向国家林业局提出品种权申请和办理其他品种权事务的，应当委托国家林业局指定的代理机构办理。

第十七条 申请人委托代理机构向国家林业局请品种权或者办理其他有关事务的，应当提交委托书，写明委托权限。

申请人为两个以上而未委托代理机构代理的，应当书面确定一方为代表人。

第十八条 申请人申请品种权时，应当向植物新品种保护办公室提交国家林业局规定格式的请求书、说明书以及符合本细则第十九条规定的照片各一式两份。

第十九条 《条例》第二十一条所称的照片，应当符合以下要求：

(一)有利于说明申请品种权的植物品种的特异性；

(二)一种性状的对比应在同一张照片上；

(三)照片应为彩色；

(四)照片规格为8.5厘米×12.5厘米或者10厘米×15厘米。

照片应当附有简要文字说明；必要时，植物新品种保护办公室可以要求申请人提供黑白照片。

第二十条 品种权的申请文件有下列情形之一的，植物新品种保护办公室不予受理：

(一)内容不全或者不符合规定格式的；

(二)字迹不清或者有严重涂改的；

(三)未使用中文的。

第二十一条 植物新品种保护办公室可以要求申请人送交申请品种权的植物品种和对照品种的繁殖材料，用于审查和检测。

第二十二条 申请人应当自收到植物新品种保护办公室通知之日起3个月内送交繁殖材料。送交种子的，申请人应当送至植物新品种保护办公室指定的保藏机构；送交无性繁殖材料，申请人应当送至植物新品种办公室指定的测试机构。

申请人逾期不送交繁殖材料的，视为放弃申请。

第二十三条 申请人送交的繁殖材料应当依照国家有关规定进行检疫；应检疫而未检疫或者检疫不合格的，保藏机构或者测试机构不予接收。

第二十四条 申请人送交的繁殖材料不能满足测试或者检测需要以及不符合要求的，植物新品种保护办公室可以要求申请人补交。

申请人三次补交繁殖材料仍不符合规定的，视为放弃申请。

第二十五条 申请人送交的繁殖材料应当符合下列要求：

(一)与品种权申请文件中所描述的该植物品种的繁殖材料相一致；

(二)最新收获或者采集的；

(三)无病虫害；

(四)未进行药物处理。

申请人送交的繁殖材料已经进行了药物处理，应当附有使用药物的名称、使用的方法和目的。

第二十六条 保藏机构或者测试机构收到申请人送交的繁殖材料的，应当向申请人出具收据。

保藏机构或者测试机构对申请人送交的繁殖材料经检测合格的，应当出具检验合格证明，并报告植物新品种保护办公室；经检测不合格的，应当报告植物新品种保护办公室，由其按照有关规定处理。

第二十七条 保藏机构或者测试机构对申请人送交的繁殖材料，在品种权申请的审查期间和品种权的有效期限内，应当保密和妥善保管。

第二十八条 在中国没有经常居所或者营业所的外国人、外国企业或者其他外国组织申请品种权或者要求优先权的，植物新品种保护办公室可以要求其提供下列文件：

(一)国籍证明；

(二)申请人是企业或者其他组织的，其营业所或者总部所在地的证明文件；

(三)外国人、外国企业、外国其他组织的所属国承认中国的单位和个人可以按照该国国民的同等条件，在该国享有植物新品种的申请权、优先权和其他与品种权有关的证明文件。

第二十九条 申请人向国家林业局提出品种权申请之后，又向外国申请品种权的，可以请求植物新品种保护办公室出具优先权证明文件；符合条件的，植物新品种保护办公室应当出具优先权证明文件。

第三十条 申请人撤回品种权申请的，应当向国家林业局提出撤回申请，写明植物品种名称、申请号和申请日。

第三十一条 中国的单位和个人将在国内培育的植物新品种向国外申请品种权的，应当向国家林业局登记。

第五章 品种权的审查批准

第三十二条 国家林业局对品种权申请进行初步审查时，可以要求申请人就有关问题在规定的期限内提出陈述意见或者予以修正。

第三十三条 一件品种权申请包括二个以上品种权申请的，在实质审查前，植物新品种保护办公室应当要求申请人在规定的期限内提出分案申请；申请人在规定的期限内对其申请未进行分案修正或者期满未答复的，该申请视为放弃。

第三十四条 依照本细则第三十三条规定提出的分案申请，可以保留原申请日；享有优先权的，可保留优先权日，但不得超出原申请的范围。

分案申请应当依照《条例》及本细则的有关规定办理各种手续。

分案申请的请求书中应当写明原申请的申请号和申请日。原申请享有优先权的，应当提交原申请的优先权文件副本。

第三十五条 经初步审查符合《条例》和本细则规定条件的品种权申请，由国家林业局予以公告。

自品种权申请公告之日起至授予品种权之日前，任何人均可以对不符合《条例》和本细则规定的品种权申请向国家林业局提出异议，并说明理由。

第三十六条　品种权申请文件的修改部分，除个别文字修改或者增删外，应当按照规定格式提交替换页。

第三十七条　经实质审查后，符合《条例》规定的品种权申请，由国家林业局作出授予品种权的决定，向品种权申请人颁发品种权证书，予以登记和公告。

品种权人应当自收到领取品种权证书通知之日起3个月内领取品种权证书，并按照国家有关规定缴纳第一年年费。逾期未领取品种权证书并未缴纳年费的，视为放弃品种权，有正当理由的除外。

品种权自作出授予品种权的决定之日起生效。

第三十八条　国家林业局植物新品种复审委员会(以下简称复审委员会)由植物育种专家、栽培专家、法律专家和有关行政管理人员组成。

复审委员会主任委员由国家林业局主要负责人指定。

植物新品种保护办公室根据复审委员会的决定办理复审的有关事宜。

第三十九条　依照《条例》第三十二条第二款的规定向复审委员会请求复审的，应当提交符合国家林业局规定格式的复审请求书，并附具有关的证明材料。复审请求书和证明材料应当各一式两份。

申请人请求复审时，可以修改被驳回的品种权申请文件，但修改仅限于驳回申请的决定所涉及的部分。

第四十条　复审请求不符合规定要求的，复审请求人可以在复审委员会指定的期限内补正；期满未补正或者补正后仍不符合规定要求的，该复审请求视为放弃。

第四十一条　复审请求人在复审委员会作出决定前，可以撤回其复审请求。

第六章　品种权的终止和无效

第四十二条　依照《条例》第三十六条规定，品种权在其保护期限届满前终止的，其终止日期为：

(一)品种权人以书面声明放弃品种权的，自声明之日起终止；

(二)品种权人未按照有关规定缴纳年费的，自补缴年费期限届满之日起终止；

(三)品种权人未按照要求提供检测所需的该授权品种的繁殖材料或者送交的繁殖材料不符合要求的，国家林业局予以登记，其品种权自登记之日起终止；

(四)经检测该授权品种不再符合被授予品种权时的特征和特性的，自国家林业局登记之日起终止。

第四十三条　依照《条例》第三十七条第一款的规定，任何单位或者个人请求宣告品种权无效的，应当向复审委员会提交国家林业局规定格式的品种权无效宣告请求书和有关材料各一式两份，并说明所依据的事实和理由。

第四十四条　已授予的品种权不符合《条例》第十四条、第十五条、第十六条和第十七条规定的，由复审委员会依据职权或者任何单位或者个人的书面请求宣告品种权无效。

宣告品种权无效，由国家林业局登记和公告，并由植物新品种保护办公室通知当事人。

第四十五条　品种权无效宣告请求书中未说明所依据的事实和理由，或者复审委员会就一项品种权无效宣告请求已审理并决定仍维持品种权的，请求人又以同一事实和理由请求无效宣告的，复审委员会不予受理。

第四十六条　复审委员会应当自收到无效宣告请求书之日起15日内将品种权无效宣告请求书副本和有关材料送达品种权人。品种权人应当在收到后3个月内提出陈述意见；逾期未提出的，不影响复审委员会审理。

第四十七条　复审委员会对授权品种作出更名决定的，由国家林业局登记和公告，并由植物新品种保护办公室通知品种权人，更换品种权证书。

授权品种更名后，不得再使用原授权品种名称。

第四十八条　复审委员会对无效宣告的请求作出决定前，无效宣告请求人可以撤回其请求。

第七章　文件的递交、送达和期限

第四十九条　《条例》和本细则规定的各种事项，应当以书面形式办理。

第五十条　按照《条例》和本细则规定提交的各种文件应当使用中文，并采用国家统一规定的科技术语。

外国人名、地名和没有统一中文译文的科技术语，应当注明原文。

依照《条例》和本细则规定提交的证明文件是外文的，应当附送中文译文；未附送的，视为未提交证明文件。

第五十一条　当事人提交的各种文件可以打印，也可以使用钢笔或者毛笔书写，但要整齐清晰，纸张只限单面使用。

第五十二条　依照《条例》和本细则规定，提交各种文件和有关材料的，当事人可以直接提交，也可以邮寄。邮寄时，以寄出的邮戳日为提交日。寄出的邮戳日不清晰的，除当事人能够提供证明外，以收到日为提交日。

依照《条例》和本细则规定，向当事人送达的各种文件和有关材料的，可以直接送交、邮寄或者以公告的方式送达。当事人委托代理机构的，送达代理机构；未委托代理机构的，送达当事人。

依本条第二款规定直接送达的，以交付日为送达日；邮寄送达的，自寄出之日起满15日，视为送达；公告送达的，自公告之日起满2个月，视为送达。

第五十三条　《条例》和本细则规定的各种期限，以年或者月计算的，以其最后一月的相应日为期限届满日；该月无相应日的，以该月最后一日为期限届满日；期限届满日是法定节假日的，以节假日后的第一个工作日为期限届满日。

第五十四条　当事人因不可抗力或者特殊情况

耽误《条例》和本细则规定的期限，造成其权利丧失的，自障碍消除之日起2个月内，但是最多不得超过自期限届满之日起2年，可以向国家林业局说明理由并附具有关证明材料，请求恢复其权利。

第五十五条 《条例》和本细则所称申请日，有优先权的，指优先权日。

第八章 费用和公报

第五十六条 申请品种权的，应当按照规定缴纳申请费、审查费；需要测试的，应当缴纳测试费。授予品种权的，应当缴纳年费。

第五十七条 当事人缴纳本细则第五十六条规定费用的，可以向植物新品种保护办公室直接缴纳，也可以通过邮局或者银行汇付，但不得使用电汇。

通过邮局或者银行汇付的，应当注明申请号或者品种权证书号、申请人或者品种权人的姓名或者名称、费用名称以及授权品种名称。

通过邮局或者银行汇付时，以汇出日为缴费日。

第五十八条 依照《条例》第二十四条的规定，申请人可以在提交品种权申请的同时缴纳申请费，也可以在收到缴费通知之日起1个月内缴纳；期满未缴纳或者未缴足的，其申请视为撤回。

按照规定应当缴纳测试费的，自收到缴费通知之日起1个月内缴纳；期满未缴纳或者未缴足的，其申请视为放弃。

第五十九条 第一次年费应当于领取品种权证书时缴纳，以后的年费应当在前一年度期满前1个月内预缴。

第六十条 品种权人未按照缴纳第一年以后的年费或者缴纳数额不足的，植物新品种保护办公室应当通知品种权人自应当缴纳年费期满之日起6个月内补缴，同时缴纳金额为年费的25%的滞纳金。

第六十一条 自本细则施行之日起3年内，当事人缴纳本细则第五十六条规定的费用确有困难的，经申请并由国家林业局批准，可以减缴或者缓缴。

第六十二条 国家林业局定期出版植物新品种保护公报，公告品种权申请、授予、转让、继承、终止等有关事项。

植物新品种保护办公室设置品种权登记簿，登记品种权申请、授予、转让、继承、终止等有关事项。

第九章 附 则

第六十三条 县级以上林业主管部门查处《条例》规定的行政处罚案件时，适用林业行政处罚程序的规定。

第六十四条 《条例》所称的假冒授权品种，是指：

(一)使用伪造的品种权证书、品种权号的；

(二)使用已经被终止或者被宣告无效品种权的品种权证书、品种权号的；

(三)以非授权品种冒充授权品种的；

(四)以此种授权品种冒充他种授权品种的；

(五)其他足以使他人将非授权品种误认为授权品种的。

第六十五条 当事人因植物新品种的申请权或者品种权发生纠纷，已向人民法院提起诉讼并受理的，应当向国家林业局报告并附具人民法院已受理的证明材料。国家林业局按照有关规定作出中止或者终止的决定。

第六十六条 在初步审查、实质审查、复审和无效宣告程序中进行审查和复审的人员，有下列情形之一的，应当申请回避；当事人或者其他有利害关系人也可以要求其回避：

(一)是当事人或者其代理人近亲属的；

(二)与品种权申请或者品种权有直接利害关系的；

(三)与当事人或者其他代理人有其他可能影响公正审查和审理关系的。

审查人员的回避，由植物新品种保护办公室决定；复审委员会人员的回避，由国家林业局决定。在回避申请未被批准前，审查和复审人员不得终卡履行职责。

第六十七条 任何人经植物新品种保护办公室同意，可以查阅或者复制已经公告的品种权申请的案卷和品种权登记簿。

依照《条例》和本细则的规定，已被驳回、撤回或者视为放弃品种权申请的材料和已被放弃、无效宣告或者终止品种权的材料，由植物新品种保护办公室予以销毁。

第六十八条 请求变更品种权申请人和品种权人的，应当向植物新品种保护办公室办理著录事项变更手续，并提出变更理由和证明材料。

第六十九条 本细则由国家林业局负责解释。

第七十条 本细则自发布之日起施行。

计算机软件保护条例

(1991年6月4日国务院发布)

第一章 总 则

第一条 为保护计算机软件著作权人的权益，调整计算机软件在开发、传播和使用中发生的利益关系，鼓励计算机软件的开发与流通，促进计算机应用事业的发展，依照《中华人民共和国著作权法》的规定，制定本条例。

第二条 本条例所称的计算机软件(简称软件，下同)是指计算机程序及其有关文档。

第三条 本条例下列用语的含义是：

(一)计算机程序：指为了得到某种结果而可以由计算机等具有信息处理能力的装置执行的代码化指令序列，或者可被自动转换成代码化指令序列的符号化指令序列或者符号化语句序列。

计算机程序包括源程序和目标程序。同一程序的源文本和目标文本应当视为同一作品。

(二)文档：指用自然语言或者形式化语言所编

写的文字资料和图表，用来描述程序的内容、组成、设计、功能规格、开发情况、测试结果及使用方法，如程序设计说明书、流程图、用户手册等。

（三）软件开发者：指实际组织、进行开发工作，提供工作条件以完成软件开发，并对软件承担责任的法人或者非法人单位（简称单位，下同）；依靠自己具有的条件完成软件开发，并对软件承担责任的公民。

（四）软件著作权人：指按本条例的规定，对软件享有著作权的单位和公民。

（五）复制：指把软件转载在有形物体上的行为。

第四条 本条例所称对软件的保护，是指软件的著作权人或者其受让者享有本条例规定的软件著作权的各项权利。

第五条 受本条例保护的软件必须由开发者独立开发，并已固定在某种有形物体上。

第六条 中国公民和单位对其所开发的软件，不论是否发表，不论在何地发表，均依照本条例享有著作权。

外国人的软件首先在中国境内发表的，依照本条例享有著作权。

外国人在中国境外发表的软件，依照其所属国同中国签订的协议或者共同参加的国际条约享有的著作权，受本条例保护。

第七条 本条例对软件的保护不能扩大到开发软件所用的思想、概念、发现、原理、算法、处理过程和运行方法。

第八条 国务院授权的软件登记管理机构主管全国软件的登记工作。

第二章 计算机软件著作权

第九条 软件著作权人享有下列各项权利：

（一）发表权，即决定软件是否公之于众的权利；

（二）开发者身份权，即表明开发者身份的权利以及在其软件上署名的权利；

（三）使用权，即在不损害社会公共利益的前提下，以复制、展示、发行、修改、翻译、注释等方式使用其软件的权利；

（四）使用许可权和获得报酬权，即许可他人以本条第（三）项中规定的部分或者全部方式使用其软件的权利和由此而获得报酬的权利；

（五）转让权，即向他人转让由本条第（三）项和第（四）项规定的使用权和使用许可权的权利。

第十条 软件著作权属于软件开发者，本条例有专门规定者从其规定。

第十一条 由两个以上的单位、公民合作开发的软件，除另有协议外，其软件著作权由各合作开发者共同享有。

合作开发者对软件著作权的行使按照事前的书面协议进行。如无书面协议，而合作开发的软件可以分割使用的，开发者对各自开发的部分可以单独享有著作权，但行使著作权时不得扩展到合作开发的软件整体的著作权。合作开发的软件不能分割使用的，由合作开发者协商一致行使。如不能协商一致，又无正当理由，任何一方不得阻止他方行使除转让权以外的其他权利，但所得收益应合理分配给所有合作开发者。

第十二条 受他人委托开发的软件，其著作权的归属由委托者与受委托者签定书面协议约定，如无书面协议或者在协议中未作明确约定，其著作权属于受委托者。

第十三条 由上级单位或者政府部门下达任务开发的软件，著作权的归属由项目任务书或者合同规定，如项目任务书或者合同中未作明确规定，软件著作权属于接受任务的单位。

国务院有关主管部门和省、自治区、直辖市人民政府，对本系统内或者所管辖的全民所有制单位开发的对于国家利益和公共利益具有重大意义的软件，有权决定允许指定的单位使用，由使用单位按照国家有关规定支付使用费。

第十四条 公民在单位任职期间所开发的软件，如是执行本职工作的结果，即针对本职工作中明确指定的开发目标所开发的，或者是从事本职工作活动所预见的结果或者自然的结果，则该软件的著作权属于该单位。

公民所开发的软件如不是执行本职工作的结果，并与开发者在单位中从事的工作内容无直接联系，同时又未使用单位的物质技术条件，则该软件的著作权属于开发者自己。

第十五条 软件著作权的保护期为二十五年，截止于软件首次发表后第二十五年的十二月三十一日。保护期满前，软件著作权人可以向软件登记管理机构申请续展二十五年，但保护期最长不超过五十年。

软件开发者的开发者身份权的保护期不受限制。

第十六条 在软件著作权的保护期内，软件著作权的继承者可根据《中华人民共和国继承法》的有关规定，继承本条例第九条第（三）项和第（四）项规定的权利。

继承活动的发生不改变该软件权利的保护期。

第十七条 在软件著作权的保护期内，享有软件著作权的单位发生变更后，由合法的继承单位享有该软件的各项权利。

享有软件著作权的单位发生变更，不改变该软件权利的保护期。

第十八条 在软件著作权的保护期内，软件的著作权人或者其受让者有权许可他人行使本条例第九条第（三）项规定的使用权。著作权人或者其受让者许可他人行使使用权时，可以按协议收取费用。

软件权利的使用许可应当根据我国有关法规以签订、执行书面合同的方式进行。被许可人应当在合同规定的方式、条件、范围和时间内行使使用权。

许可合同的有效期限一次不得超过十年。合同期满可以续订。

合同中未明确规定为独占许可的，被许可的软件权利应当视为非独占的。

上述许可活动的发生不改变该软件著作权的归属。

第十九条 在软件著作权的保护期内，由本条例第九条第(三)项和第(四)项规定的使用权和使用许可权的享有者，可以把使用权和使用许可权转让给他人。

软件权利的转让应当根据我国有关法规以签订、执行书面合同的方式进行。

转让活动的发生不改变该软件著作权的保护期。

第二十条 软件著作权保护期满后，除开发者身份权以外，该软件的其他各项权利即行终止。

凡符合下列各项之一者，除开发者身份权以外，软件的各项权利在保护期满之前进入公有领域：

(一)拥有该软件著作权的单位终止而无合法继承者；

(二)拥有该软件著作权的公民死亡而无合法继承者。

第二十一条 合法持有软件复制品的单位、公民，在不经该软件著作权人同意的情况下，享有下列权利：

(一)根据使用的需要把该软件装入计算机内。

(二)为了存档而制作备份复制品。但这些备份复制品不得通过任何方式提供给他人使用。一旦持有者丧失对该软件的合法持有权时，这些备份复制品必须全部销毁。

(三)为了把该软件用于实际的计算机应用环境或者改进其功能性能而进行必要的修改。但除另有协议外，未经该软件著作权人或者其合法受让者的同意，不得向任何第三方提供修改后的文本。

第二十二条 因课堂教学、科学研究、国家机关执行公务等非商业性目的的需要对软件进行少量的复制，可以不经软件著作权人或者其合法受让者的同意，不向其支付报酬。但使用时应当说明该软件的名称、开发者，并且不得侵犯著作权人或者其合法受让者依本条例所享有的其他各项权利。该复制品使用完毕后应当妥善保管、收回或者销毁，不得用于其他目的或者向他人提供。

第三章 计算机软件的登记管理

第二十三条 在本条例发布以后发表的软件，可向软件登记管理机构办理登记申请，登记获准之后，由软件登记管理机构发放登记证明文件，并向社会公告。

第二十四条 向软件登记管理机构办理软件著作权的登记，是根据本条例提出软件权利纠纷行政处理或者诉讼的前提。

软件登记管理机构发放的登记证明文件，是软件著作权有效或者登记申请文件中所述事实确实的初步证明。

第二十五条 软件著作权人申请登记时应当提交：

(一)按规定填写的软件著作权登记表；

(二)符合规定的软件鉴别材料。

软件著作权人还应当按规定交纳登记费。

软件登记的具体管理办法和收费标准由软件登记管理机构公布。

第二十六条 软件著作权的登记具有下列情况之一的，可以被撤销：

(一)根据最终的司法判决；

(二)已经确认申请登记中提供的主要信息是不真实的。

第二十七条 凡已办理登记的软件，在软件权利发生转让活动时，受让方应当在转让合同正式签订后三个月之内向软件登记管理机构备案，否则不能对抗第三者的侵权活动。

第二十八条 中国籍的软件著作权人将其在中国境内开发的软件的权利向外国人许可或者转让时，应当报请国务院有关主管部门批准并向软件登记管理机构备案。

第二十九条 从事软件登记的工作人员，以及曾在此职位上工作过的人员，在软件著作权的保护期内，除为了执行这项登记管理职务的目的之外，不得利用或者向他人透露申请者登记时提交的存档材料及有关情况。

第四章 法律责任

第三十条 除本条例第二十一条及第二十二条规定的情况外，有下列侵权行为的，应当根据情况，承担停止侵害、消除影响、公开赔礼道歉、赔偿损失等民事责任，并可以由国家软件著作权行政管理部门给予没收非法所得、罚款等行政处罚：

(一)未经软件著作权人同意发表其软件作品；

(二)将他人开发的软件当作自己的作品发表；

(三)未经合作者同意，将与他人合作开发的软件当作自己单独完成的作品发表；

(四)在他人开发的软件上署名或者涂改他人开发的软件上的署名；

(五)未经软件著作权人或者其合法受让者的同意修改、翻译、注释其软件作品；

(六)未经软件著作权人或者其合法受让者的同意复制或者部分复制其软件作品；

(七)未经软件著作权人或者其合法受让者的同意向公众发行、展示其软件的复制品；

(八)未经软件著作权人或者其合法受让者的同意向任何第三方办理其软件的许可使用或者转让事宜。

第三十一条 因下列情况之一而引起的所开发的软件与已经存在的软件相似，不构成对已经存在的软件的著作权的侵犯：

(一)由于必须执行国家有关政策、法律、法规和规章；

(二)由于必须执行国家技术标准；

(三)由于可供选用的表现形式种类有限。

第三十二条 软件持有者不知道或者没有合理的依据知道该软件是侵权物品，其侵权责任由该侵权软件的提供者承担。但若所持有的侵权软件不销毁不足以保护软件著作权人的权益时，持有者有义务销毁所持有的侵权软件，为此遭受的损失可以向侵权软件的提供者追偿。

前款所称侵权软件的提供者包括明知是侵权软件又向他人提供该侵权软件者。

第三十三条 当事人不履行合同义务或者履行合同义务不符合约定条件的，应当依照民法通则有关规定承担民事责任。

第三十四条 软件著作权侵权纠纷可以调解、调解不成或者调解达成协议后一方反悔的，可以向人民法院起诉。当事人不愿调解的，也可以直接向人民法院起诉。

第三十五条 软件著作权合同纠纷可以调解，也可以依据合同中的仲裁条款或者事后达成的书面仲裁协议，向国家软件著作权仲裁机构申请仲裁。

对于仲裁裁决，当事人应当履行。当事人一方不履行仲裁裁决的，另一方可以申请人民法院执行。

受申请的人民法院发现仲裁裁决违法的，有权不予执行。人民法院不予执行的，当事人可以就合同纠纷向人民法院起诉。

当事人没有在合同中订立仲裁条款，事后又没有书面仲裁协议的，可以直接向人民法院起诉。

第三十六条 当事人如对国家软件著作权行政管理部门的行政处罚不服的，可以在自收到通知之日起三个月内向人民法院起诉。期满不履行也不起诉的，国家软件著作权行政管理部门可以申请人民法院强制执行。

第三十七条 软件登记管理机构工作人员违反本条例第二十九条规定的，由软件登记管理机构或者上级主管部门给予行政处分；情节严重、构成犯罪的，由司法机关依法追究刑事责任。

第五章 附 则

第三十八条 本条例施行前发生的侵权行为，依照侵权行为发生时的有关规定处理。

第三十九条 本条例由国务院主管软件登记管理和软件著作权的行政管理部门负责解释。

第四十条 本条例自一九九一年十月一日起施行。

计算机软件著作权登记办法

第一章 总 则

第一条 根据《计算机软件保护条例》(以下简称《条例》)制定本办法。

第二条 申请著作权登记的软件应当是《条例》发布以后发表的、由开发者独立开发并已固定在某种有形物体上的软件。《条例》发布以前发表的、并未进入公有领域的软件的著作权登记，可在本办法实施以后的一年内办理。

第三条 《条例》及本办法中下列用语的含义是：

(一)发表：将软件公之于众的行为，包括用出售或其它提供复制件的办法向公众发行软件，或者为了进一步发行复制品的目的而公开展示软件。

(二)修改本：对原有软件进行修改后所形成的在功能或性能方面得到重要改进的新软件。

(三)合成软件：根据特定要求选择若干软件或若干软件的部分模块汇集编排而组成的体现了合成者创造性劳动的新软件。

第四条 软件著作权登记申请者(以下简称申请者)应当是该软件的著作权人或其继承者、受让者。

申请者可直接或通过邮寄办理登记。

第五条 软件著作权人或软件著作权人之一为外国人的软件登记，依照其所属国同中国共同参加的国际条约或缔结的双边协议中的有关规定处理。若有关规定不要求履行手续，可不办理登记，但自愿申请登记，则适用本办法。

第六条 经国务院授权，机械电子工业部(以下简称机电部)主管全国软件著作权登记管理工作。机电部委托中国软件登记中心(以下简称软件登记中心)具体承担计算机软件著作权登记工作。

第二章 申 请

第七条 一项软件著作权的登记申请应当限于一个独立发表的、能够独立运行的软件。

第八条 合作开发的软件进行著作权登记时，可以由各著作权人协商确定一名著作权人作为代表办理。

各著作权人协商不一致时，各著作权人都有权在不损害其他著作权人利益的前提下申请登记，登记时应当列出其他著作权人。

第九条 申请软件著作权登记时，申请者应当向软件登记中心提交软件著作权登记申请表、该软件的鉴别材料及相关的证明文件各一式两份。

第十条 申请软件著作权登记时，应当提交的主要证明文件为：

(一)个人申请登记时，提交个人身份证明；单位申请登记时，提交法人单位证明。

(二)《条例》第十一条、第十二条及第十三条所指的软件，如有著作权归属的书面协议，申请登记时，提交该书面协议。

(三)利用他人的软件产生的修改本、合成软件，若应当经原软件著作权人同意或授权的，申请登记时，提交原软件著作权人的同意书或授权书。

(四)权利继承者、受让者申请登记时，提交权利继承、受让的证明文件。

第十一条 软件的鉴别材料是指能够体现软件为独立开发的、人可读的、含有软件的识别部分的材料，包括程序的鉴别材料和文档的鉴别材料两部分。

第十二条 本办法第十一条所指程序的鉴别材料应当由源程序的前、中、后各连续的20页组成。若整个程序不到60页时，应当提交整个源程序清单。

但在下述情况下可申请作例外交存：

(一)程序中含有申请者的营业秘密；

(二)程序中含有申请者不愿披露的其它机密。

申请作例外交存时，申请者应当在申请书中阐明理由。经软件登记中心审定后，认为申请理由成立，允许作如下之一的交存：

(1)源程序的前、中、后各连续的20页，其中的机密部分用黑色宽斜线覆盖，但覆盖部分不能超过交存源程序的30%。

(2)源程序的连续的前10页，加上源程序的任何部分的连续的50页。

(3)目标程序的前、中、后各连续的20页，加上源程序的任何部分的连续的20页。

第十三条 本办法第十一条所指文档的鉴别材料应当至少为一种软件文档。所提交的每种文档的鉴别材料应当由该文档的前、中、后各连续的20页组成。若文档不到60页时，应当提交整个文档。

文档中涉及机密的部分，申请者可根据本办法第十二条的规定申请作类似的例外交存。

第十四条 在登记申请批准后，申请者为了以后取证的方便，可申请交存全部或主要部分的源程序清单。申请时，应当提交申请表，阐明交存源程序的数量及要求保存的年限。

软件登记中心应当将交存的源程序清单加以封存，未经申请者的同意或法庭的决定任何人都不能启封。

第十五条 软件的鉴别材料应当复制在国际标准A4型297mm×210mm(长×宽)纸上提交。除特定情况外，程序每页不少于50行，文档每页不少于30行。

第十六条 在软件权利发生转移时，下述当事人应当向软件登记中心备案，否则不能对抗第三者的侵权活动：

(一)《条例》第十六条、第十七条所指的权利继承者；

(二)《条例》第二十七条所指的权利受让者；

(三)《条例》第二十八条所指的权利的许可人或转让方。

第十七条 申请软件权利转移备案时，申请者应当提交软件权利转移备案申请表、有关的证明文件各一式两份。

第十八条 申请备案应当提交的证明文件分别为：

(一)权利继承备案时，提交有关继承方面的证明文件及原登记证书。

(二)权利转让备案时，提交依法签定的转让合同书及原登记证书。向外国人转让的，需提交国务院有关主管部门的批文。

(三)权利许可备案时，提交依法签定的许可合同书、国务院有关主管部门的批文和原登记证书影印件。

第十九条 申请软件著作权续展登记时，申请者应当于该软件保护期的最后一年之内提出书面申请，交回原登记证书。申请文件一式两份。

第二十条 申请者在登记申请批准之前，可以随时请求撤回申请。

第二十一条 登记申请应当使用软件登记中心制定的统一表格，并由申请者盖章(签名)。

申请文件(除表格、框图等不易打印的内容外)应当打字或印刷。字迹应当整齐清晰，不得涂改，纸张只限使用正面。

第二十二条 申请表格应当使用中文填写。国家有统一规定的技术术语，应当遵照国家规定；外国人名、地名、软件名称和国家没有统一规定的技术术语，应当注明原文。

提交的各种证件和证明文件是外文的，应当附送中文译本。

第二十三条 申请文件可以直接投送也可挂号邮寄。

申请者提交有关申请文件时，应当注明申请者、软件的名称，有受理号或登记号的，应当注明受理号或登记号。

第三章 审查和批准

第二十四条 对于本办法第九条、第十六条或第十九条所指的申请，以收齐符合本办法第二章规定的材料之日为受理日，给予受理号，并书面通知申请者。

第二十五条 有下述情况之一的，其申请将暂不受理：

(一)提出的各类申请未使用软件登记中心统一制定的表格；

(二)申请软件著作权登记时，未提交鉴别材料；

(三)申请备案时，未提交权利转移证明文件；

(四)申请软件著作权续展时，未交回原著作权登记证书；

(五)未按规定缴纳有关费用。

有下述情况之一的，其申请将不予受理：

(一)申请登记的软件不符合本办法第二条规定；

(二)申请时间不符合《条例》第十五条、第二十七条及本办法第十九条、第三十四条等规定期限。

软件登记中心作出暂不受理或不予受理的决定后，应当书面通知申请者。

第二十六条 软件登记中心应当自受理日起一百二十日内审查所受理的申请。申请符合《条例》和本办法规定的，准予登记，由机电部发给相应的登记证书，予以公布；申请不符合《条例》和本办法规定的，予以驳回。

第二十七条 有下述情况之一的，申请者应当在软件登记中心指定期间内补正：

(一)申请表填写不当；

(二)鉴别材料不符合规定；

(三)证明文件不齐备；

(四)其它应当予以补正的事项。

无正当理由逾期不予补正的，其申请视为撤回；

经补正后仍不符合要求的，予以驳回。

第二十八条 对已经登记并予以公布的软件，若登记中的主要信息不真实、不符合《条例》和本办法规定的，任何人均可向软件登记中心提出异议。提出异议者应当提交异议请求书及有关的证明文件各一式两份。

第二十九条 对不符合要求的异议请求，异议者应当在软件登记中心指定期限内补正，无正当理由逾期不予补正的，其请求视为撤回。

第三十条 软件登记中心应当将异议请求书影印件转给软件登记者。软件登记者应当在收到异议请求书影印件之日起一百二十日内提出书面答复，无正当理由逾期不予书面答复的，其登记视为无效，予以公布。

第三十一条 经审查认为异议成立的，机电部将撤销登记，书面通知异议者和软件登记者，并予以公布；异议不能成立的，予以驳回。

第三十二条 凡符合《条例》第二十六条所列情形之一者，机电部将根据具有法律效力的有关文件撤销登记，予以公布，并通知软件登记者交回原登记证书。

第三十三条 机电部设立软件登记复审委员会，负责软件登记的复审事宜。软件登记复审委员会由法律及软件技术等方面的人员组成。

第三十四条 对驳回登记申请或因异议成立撤销登记不服的，当事人可在收到有关通知后六十日内向软件登记复审委员会请求复审。请求复审时，应当提交复审请求书及有关的证明文件各一式两份。

第三十五条 软件登记复审委员会受理复审请求，作出复审决定并书面通知复审请求者。

第三十六条 在软件登记申请批准之后，软件著作权有效期限内，申请者可以随时要求变更或补充登记文件中的允许变更或补充的事项。

申请变更或补充登记时，申请者应当提交申请表及有关变更或补充的材料各一式两份。软件登记中心应当及时审查，将变更或补充结论书面通知申请者。

第三十七条 登记证书遗失或损坏的，可申请补发或换发。

第四章 软件登记机构

第三十八条 软件登记中心的职能如下：

(一)贯彻执行《条例》中有关登记的规定和本办法，研究并提出有关改进或完善登记工作的建议；

(二)受理、审查软件登记申请；

(三)负责软件登记公告的出版发行工作；

(四)负责软件登记案卷、登记簿的建立，软件登记案卷的分类存放，对外提供阅览查询服务。

(五)承办由机电部委托的其它与登记工作有关的事宜。

第三十九条 机电部将根据需要，通过协商指定适当的机构协助软件登记中心办理软件登记工作，其权限范围将由机电部根据具体情况分别确定，并予以公布。

第五章 软件登记簿和登记公告

第四十条 软件登记簿应当记录下述事宜：

(一)软件著作权的登记受理、批准事项；

(二)软件权利转移备案事项；

(三)软件著作权续展登记事项；

(四)变更与补充登记事项；

(五)登记的撤销及无效宣告事项；

(六)软件著作权的终止。

第四十一条 软件登记公告应当公布下述内容：

(一)软件著作权的登记；

(二)软件权利转移的备案；

(三)软件著作权的续展；

(四)软件登记的撤销及无效宣告；

(五)其它需要公布的事宜。

第四十二条 任何人经软件登记中心同意后，均可查阅软件登记公告，已公布软件的著作权登记申请表、鉴别材料以及软件登记簿。需要查阅时，应当提交查阅申请和查阅费用。

第六章 费　用

第四十三条 申请软件登记或办理其它有关事宜时，应当按情况缴纳下列费用：

(一)软件著作权登记费；

(二)软件权利转移备案费；

(三)软件著作权续展费；

(四)变更或补充登记费；

(五)异议及复审费；

(六)登记证书费；

(七)源程序封存保管费；

(八)例外交存费；

(九)请求延期处理费；

(十)其它需缴纳的费用。

应当补缴费用的，软件登记中心将通知申请者在指定的期间内补缴；无正当理由逾期不补缴的，其申请视为撤回。

具体收费标准由机电部会同有关部门制定并公布。

第四十四条 凡申请撤回或被驳回的，所缴费用不予退回。凡异议成立的，异议费退回。

第四十五条 本办法第四十三条所规定的各种费用，可以通过邮局或银行汇付，也可以直接向软件登记中心缴纳。

通过邮局或银行汇付的，应当在汇单上写明申请者、软件名称、费用名称，有受理号或登记号的，应当注明受理号或登记号。费用汇出日为缴纳日。

第七章 附　则

第四十六条 《条例》和本办法规定的、软件登记中心指定的各种期限，第一日不计算在内。期限以年或月计算的，以最后一个月的相应日为界满日；该月无相应日的，以该月的最后一日为界满日。界满日是法定节假日的，以节假日后的第一个工作日为界满日。

第四十七条 申请者向软件登记中心邮寄的各种文件，以寄出的邮戳日为递交日。如信封上寄出的邮戳日不清晰，除申请者提出证明外，以收到日为递交日。

软件登记中心邮寄的各种文件，送达地是省会、自治区首府及直辖市的，自文件发出之日满十五日，其它地区满二十一日，推定为收件人收到文件之日。

第四十八条 申请者因不可抗力或其它正当理由，耽误了《条例》和本办法规定或软件登记中心指定的期限，在障碍消除后三十日内，可以请求顺延期限。

在软件登记中心指定的期限界满前，申请者有正当理由提出延长期限的，应当提交书面请求及有关的证明文件。

第四十九条 本办法由机械电子工业部负责解释和补充修订。

第五十条 本办法自颁布之日起实施。

中华人民共和国知识产权海关保护条例

（国务院1995年7月5日发布）

第一章 总 则

第一条 为了实施知识产权海关保护，促进对外经济贸易和科技文化交往，维护社会公共利益，根据中华人民共和国有关法律，制定本条例。

第二条 本条例适用于与进出境货物有关并受中华人民共和国法律、行政法规保护的知识产权，包括商标专用权、著作权和专利权。

第三条 侵犯受中华人民共和国法律、行政法规保护的知识产权的货物（以下简称侵权货物），禁止进出口。

第四条 中华人民共和国海关对与进出境货物有关的知识产权实施保护，行使《中华人民共和国海关法》规定的有关权力。

第五条 进口货物的收货人或者出口货物的发货人以及他们的代理人（以下统称收货人或者发货人）应当按照海关的要求，向海关如实申报进出口货物有关的知识产权状况，交验有关单证。

第六条 知识产权权利人以及他们的代理人（以下统称知识产权权利人）要求海关对其与进出境货物有关的知识产权实施保护的，应当将其知识产权向海关备案，并在其认为必要时向海关提出采取保护措施的申请。

第七条 海关实施知识产权保护时，应当保守有关当事人的商业秘密。

第二章 备 案

第八条 知识产权权利人申请知识产权海关保护备案的，应当向海关总署提交书面申请。

申请书应当包括下列内容：

（一）知识产权权利人的名称或者姓名、注册地或者国籍、住所、法定代表人、主要营业场所等；

（二）注册商标的注册号码、内容及有效期限，专利授权的号码、内容及有效期限，或者有关著作权的内容；

（三）与知识产权有关货物的名称及其产地；

（四）被授权或者许可使用知识产权的人；

（五）与知识产权有关的货物的主要进出境海关、进出口商、主要特征、正常价格等有关情况；

（六）已知的侵权货物的制造商、进出口商、主要进出境海关、主要特征、价格等情况；

（七）海关总署认为应当说明的其他情况。

提交书面申请时应当附送下列文件：

（一）知识产权权利人身份证件的复制件或者登记注册证书的副本或者经登记注册机关认证的复制件；

（二）注册商标的注册证书复制件，商标局核准转让注册商标的公告或者备案的商标使用许可合同复制件；或者专利证书的复制件，经专利局登记和公告的专利转让合同副本，专利实施许可合同副本；或者著作权权利的证明文件或者证据；

（三）海关总署认为需要附送的其他文件。

第九条 海关总署应当自收到全部申请文件之日起30日内通知申请人是否准予备案。海关总署准予备案的，发给知识产权海关保护备案证书；不予备案的应当说明理由。

第十条 知识产权海关保护备案自海关总署准予备案之日起生效，有效期为7年。

在知识产权有效的前提下，知识产权权利人可以在知识产权海关保护备案有效期届满前6个月内，向海关总署申请续展备案。每次续展备案的有效期为7年。

知识产权海关保护备案有效期届满而不申请续展或者商标专用权、著作权、专利权法律保护期届满的，知识产权海关保护备案随即失效。

第十一条 备案知识产权的情况发生变更的，知识产权权利人应当自知识产权主管部门核准变更之日起10日内向海关总署办理备案变更或者注销手续。

第三章 申 请

第十二条 在海关总署备案的知识产权权利人发现侵权嫌疑货物即将进出境的，可以向货物进出境地海关提出采取知识产权保护措施的申请。

第十三条 请求海关采取知识产权保护措施的应当提交书面申请。

申请书应当包括下列内容：

（一）申请保护的知识产权名称、海关备案号；

（二）侵权嫌疑人名称、住所、法定代表人、主要营业场所；

（三）侵权嫌疑货物名称、规格等有关情况；

（四）侵权嫌疑货物可能进出境的口岸、时间、运输工具、收货人或者发货人等有关情况；

（五）有关侵权的证据；

（六）请求海关采取的措施；

（七）海关认为需要提供的其他内容。

第十四条　申请人请求海关扣留侵权嫌疑货物的，应当向海关提交与进口货物到岸价格或者出口货物离岸价格等值的担保金。

第十五条　知识产权权利人请求海关对其未在海关总署备案的知识产权采取保护措施的，应当在向海关总署提出申请的同时依照本条例第八条的规定向海关总署办理知识产权海关保护备案。

第十六条　申请人提出的采取知识产权保护措施的申请不符合本章有关规定的，海关不予接受。

第四章　调查和处理

第十七条　海关应知识产权权利人申请，决定扣留侵权嫌疑货物的应当制作海关扣留凭单，送达收货人或者发货人，并书面通知申请人。

收货人或者发货人认为其进出口货物未侵犯申请人知识产权的，应当向海关扣留凭单送达之日起7日内向海关提出书面说明。收货人或者发货人未提出异议的，海关经调查，有权将被扣留的侵权嫌疑货物按侵权货物处理；提出异议的，海关应当立即书面通知申请人。

申请人自本条第一款规定的书面通知送达之日起15日内，有权将侵权争议提请知识产权主管部门处理或者向人民法院提起诉讼。

第十八条　海关发现进出境货物有侵犯在海关备案的知识产权嫌疑的，海关有权予以扣留。海关扣留侵权嫌疑货物的，应当制作海关扣留凭单，送达收货人或者发货人，并立即书面通知知识产权权利人。知识产权权利人自通知送达之日起3日内提出知识产权保护书面申请的，依照本条例第十七条规定办理。

第十九条　收货人或者发货人认为其进出口货物未侵犯申请人知识产权的，在向海关提交相当于进口货物到岸价格或者出口货物离岸价格二倍的担保金后，可以请求海关放行有关货物。

第二十条　海关依照本条例第十七条和第十八条规定扣留侵权嫌疑货物的，应当自扣留之日起15日内开始对被扣留的侵权嫌疑货物及有关情况进行调查；但是侵权争议的有关当事人已将侵权争议提请知识产权主管部门处理或者向人民法院提起诉讼的除外。

海关认为有犯罪嫌疑的，应当移交有关机关进行调查。

第二十一条　海关对被扣留的侵权嫌疑货物及有关情况进行调查时，知识产权权利人应当提供必要的协助。

第二十二条　被扣留的侵权嫌疑货物有下列情形之一的，海关可以放行：

（一）经海关或者知识产权主管部门调查后排除侵权嫌疑的；

（二）人民法院判决或者裁定排除侵权嫌疑的；

（三）有关当事人未在规定时间内向人民法院提起诉讼，人民法院裁定不予受理，或者人民法院未作出财产保全的裁定的；

（四）知识产权权利人在规定时间内不予回复或者放弃知识产权海关保护的。

第二十三条　被扣留的侵权嫌疑货物，经海关、知识产权主管部门或者人民法院确定为侵权货物的，由海关予以没收。

第二十四条　海关对被没收的侵权货物，应当区别不同情况按照下列规定处理：

（一）对侵犯著作权的货物，予以销毁。

（二）对侵犯商标专用权的货物，侵权商标无法消除的，予以销毁；侵权商标能够消除并可以利用有关货物的，消除侵权商标，有关货物只能用于社会公益事业或者依法拍卖给非侵权人自用。

（三）前二项以外的其他侵权货物，依照国务院有关规定处理。

第二十五条　海关决定、知识产权主管部门决定或者人民法院判决或者裁定生效后，海关应当将有关当事人提交的担保金扣除下列费用后，予以退还：

（一）货物的仓储、保管和处置等有关费用；

（二）因申请不当给有关当事人造成损失的赔偿费用。

第二十六条　知识产权权利人与收货人或者发货人之间的民事纠纷，由当事人依法选择司法仲裁或者其他方式解决，海关不予受理。

第二十七条　海关接受知识产权保护备案和采取知识产权保护措施的申请后，因知识产权权利人未提供确切情况而未能发现侵权货物、未能及时采取保护措施或者采取保护措施不当的，海关不承担责任，由知识产权权利人自行承担责任。

第五章　法律责任

第二十八条　收货人或者发货人，明知或者应知其进口或者出口货物侵犯他人知识产权的，海关可以处以进口货物到岸价格或者出口货物离岸价格等值以下的罚款。

第二十九条　收货人或者发货人未如实申报与进出口货物有关的知识产权状况，交验有关单证的，海关可以处以进口货物到岸价格或者出口货物离岸价格等值以下的罚款。

第三十条　当事人对海关的处罚决定不服的，可以自收到处罚通知书之日起30日内，海关无法通知的，自海关的处罚决定公告之日起30日，向作出处罚决定的海关或者上一级海关申请复议；有关海关应当自收到复议申请书之日起90日内作出复议决定。对复议决定不服的，可以自收到复议决定之日起30日内，向人民法院提起诉讼。

当事人也可以自收到处罚通知书之日或者自海关的处罚决定公告之日起30日内，直接向人民法院提起诉讼。

第三十一条 进口或者出口侵权货物，构成犯罪的，依法追究刑事责任。

第三十二条 海关工作人员在实施知识产权保护时，滥用职权、故意刁难、玩忽职守、徇私舞弊，构成犯罪的，依法追究刑事责任；尚不构成犯罪的，依法给予行政处分。

第六章 附 则

第三十三条 个人携带进出境的行李物品、邮寄进出境的物品，超出自用、合理数量，并侵犯受中华人民共和国法律、行政法规保护的知识产权的，视为侵权货物，依照本条例有关规定处理。

第三十四条 海关实施知识产权保护，可以收取备案费和与扣留、处置侵权货物有关的必要费用。具体办法由海关总署会同国务院财政部门、物价主管部门规定。

第三十五条 申请知识产权海关保护备案和采取知识产权海关保护措施的具体规定以及有关文书格式，由海关总署制定。

第三十六条 本条例自1995年10日1日起施行。

药品行政保护条例

(1993年1月1日施行)

第一章 总 则

第一条 为了扩大对外经济技术合作与交流，对外国药品独占权人的合法权益给予行政保护，制定本条例。

第二条 本条例所称药品，是指人用药品。

第三条 凡与中华人民共和国缔结有关药品行政保护双边条约或者协定的国家、地区的企业和其他组织以及个人，都可以依照本条例申请药品行政保护。

第四条 国务院药品生产经营行政主管部门受理和审查药品行政保护的申请，对符合本条例规定的药品给予行政保护，对申请人颁发药品行政保护证书。

第二章 行政保护的申请

第五条 申请行政保护的药品应当具备下列条件：

(一)1993年1月1日前依照中国专利法的规定其独占权不受保护的；

(二)1986年1月1日至1993年1月1日期间，获得禁止他人在申请人所在国制造、使用或者销售的独占权的；

(三)提出行政保护申请日前尚未在中国销售的。

第六条 药品行政保护的申请权属于该药品独占权人。

第七条 外国药品独占权人申请行政保护，应当委托国务院药品生产经营行政主管部门指定的代理机构办理。

第八条 申请人应当报送下列文件的中文、外文对照本：

(一)药品行政保护申请书；

(二)申请人所在国有关主管部门颁发的证明申请人享有该药品独占权的文件副本；

(三)申请人所在国有关主管部门颁发的准许制造或者销售该药品的文件副本；

(四)申请人与按照中国有关法律、法规取得药品制造或者销售许可的中国企业法人(包括外资企业、中外合资经营企业和中外合作经营企业)正式签订的在中国境内制造或者销售该药品的合同副本。

第九条 外国药品独占权人在申请药品行政保护之前或者之后，应当依照《中华人民共和国药品管理法》的规定，向国务院卫生行政部门申请办理该药品在中国境内制造或者销售许可的手续。

第三章 行政保护的审查和批准

第十条 国务院药品生产经营行政主管部门自收到行政保护申请文件之日起十五日内，进行初步审查，并分别情况作出以下处理：

(一)申请文件符合本条例第八条规定的，发给受理通知书，并予以公告；

(二)申请文件不符合本条例第八条规定的，要求申请人限期补正；过期不补正的，视为未申请。

第十一条 国务院药品生产经营行政主管部门应当自收到申请文件之日起，或者依照本条例第十条第(二)项的规定，自收到补正文件之日起，六个月内审查完毕。因特殊情况不能在六个月内审查完毕的，国务院药品生产经营行政主管部门应当及时通知申请人，并告之理由，适当延长审查时间。

经审查，符合本条例规定的，给予行政保护；不符合本条例规定的，不给予行政保护，并告之理由。

第十二条 国务院药品生产经营行政主管部门批准给予药品行政保护的，颁发药品行政保护证书，并予以公告。

第四章 行政保护的期限、终止、撤销和效力

第十三条 药品行政保护期为七年零六个月，自药品行政保护证书颁发之日起计算。

第十四条 外国药品独占权人应当自药品行政保护证书颁发的当年，开始缴纳年费。

第十五条 有下列情形之一的，行政保护在期限届满前终止：

(一)药品独占权在申请人所在国无效或者失效的；

(二)药品独占权人没有按照规定缴纳行政保护年费的；

(三)药品独占权人以书面形式声明放弃行政保护的；

(四)药品独占权人自药品行政保护证书颁发之

日起一年内未向国务院卫生行政部门申请办理该药品在中国境内制造或者销售许可手续的。

第十六条 药品行政保护证书颁发后，任何组织或者个人认为给予该药品行政保护不符合本条例规定的，都可以请求国务院药品生产经营行政主管部门撤销对该药品的行政保护；药品独占权人对国务院药品生产经营行政主管部门的撤销决定不服的，可以向人民法院提起诉讼。

第十七条 药品行政保护的终止或者撤销，由国务院药品生产经营行政主管部门予以公告。

第十八条 对获得行政保护的药品，未经药品独占权人许可，国务院卫生行政部门和省、自治区、直辖市的卫生行政部门不得批准他人制造或者销售。

第十九条 未经获得药品行政保护的独占权人的许可，制造或者销售该药品的，药品独占权人可以请求国务院药品生产经营行政主管部门制止侵权行为；药品独占权人要求经济赔偿的，可以向人民法院提起诉讼。

第五章 附 则

第二十条 国务院药品生产经营行政主管部门对申请人提供的需要保密的资料，应当采取保密措施。

第二十一条 向国务院药品生产经营行政主管部门申请药品行政保护和办理有关手续，应当按照规定缴纳费用。

第二十二条 本条例的实施细则由国务院药品生产经营行政主管部门制定。

第二十三条 本条例由国务院药品生产经营行政主管部门负责解释。

第二十四条 本条例自 1993 年 1 月 1 日起施行。

药品行政保护条例实施细则

第一章 总 则

第一条 根据《药品行政保护条例》(以下简称条例)第二十二条的规定，制定本细则。

第二条 条例所称国务院药品生产经营行政主管部门是指中华人民共和国国家医药管理局(以下简称国家医药局)。

国家医药局设立药品行政保护办公室，负责药品行政保护申请的受理和审查，行政保护证书的颁发，行政保护有关事项的登记、公告以及侵权纠纷处理等工作。

条例所称国务院卫生行政部门是指中华人民共和国卫生部。

第三条 条例所称药品是指用于预防、治疗、诊断人的疾病，有目的地调节人的生理机能并规定有适应症、用法和用量的物质。

第四条 条例所称药品独占权人是指对申请行政保护的药品的制造、使用和销售享有完全权利的人。

第五条 条例第五条第三项规定的尚未在中国销售是指提出行政保护申请的药品尚未通过合法的商业渠道在中国境内的药品市场上流通过。

第六条 条例第七条规定的代理机构是指华科医药知识产权咨询中心。

第七条 向药品行政保护办公室递交行政保护申请书或者办理其它手续，应当使用国家医药局制定的统一格式。

第八条 药品行政保护办公室的有关行政保护的文件需要送交申请人的，应当通过代理机构转交。

第九条 条例和本实施细则规定的各种期限的第一日不计算在内。期限以年或月计算的，以其最后一月的相应日为期限届满日；该月无相应日的，以该月最后一日为届满日。

期限届满日是法定节假日的，以节假日后的第一个工作日为期限届满日。

第二章 行政保护的申请

第十条 条例第八条规定的外文是指申请人所在国的官方语言。

第十一条 申请人委托代理机构办理申请行政保护事宜时，应当签订委托书，写明委托权限。

代理机构向药品行政保护办公室递交条例第八条和本细则规定的申请文件的同时，应当递交委托书。

第十二条 一件药品行政保护申请只限于一种药品。

第十三条 条例第八条第一项规定的行政保护申请书，应当写明下列事项：

(一)申请人姓名(名称)、地址；

(二)申请人的国籍；

(三)申请人是企业或者其他组织的，其总部所在的国家或者地区；

(四)申请行政保护的药品的名称、化学结构式或者配方、剂型、适应症、用法、用量、工艺制备方法简介；

(五)申请人和代理机构的签名和盖章；

(六)申请文件的清单；

(七)其他需要注明的事项。

第十四条 申请文件应当整齐清晰，不得涂改。申请文件的文字应当横向书写，附图应当用制图工具绘制。

申请文件中涉及的科技术语应当采用中国统一的规范用语。

第十五条 在获得药品行政保护证书之前，申请人要求撤回行政保护申请的，应当通过代理机构向药品行政保护办公室递交书面声明，写明申请人的姓名或者名称和药品名称。

第三章 行政保护的审查和批准

第十六条 申请人向药品行政保护办公室提交

的文件，有下列情形之一的，被视为未提出：

（一）未使用规定的格式或者填写不符合规定的；

（二）未按照规定提交有关文件的。

第十七条 药品行政保护办公室在条例第十一条规定的审查期限内及时完成审查工作。

第四章 行政保护的期限、终止、撤销和效力

第十八条 条例第十三条所称药品行政保护证书颁发之日，是指药品行政保护证书上写明的日期。

第十九条 条例和本细则规定的公告事项，在药品行政保护办公室发布公告后，一律刊登在《中国医药报》上。

第二十条 药品行政保护办公室设立药品行政保护登记簿，对药品行政保护的申请和批准的有关事项进行登记。

第二十一条 依照条例第十六条的规定，对已授予行政保护的药品，可以提出撤销的理由是指该药品不符合条例第五条的规定。

第二十二条 依照条例第十六条的规定，请求药品行政保护办公室撤销行政保护的，应当递交撤销行政保护请求书和有关证明文件一式两份，说明请求撤销行政保护所依据的事实和理由。

第二十三条 药品行政保护办公室收到撤销行政保护请求书后，应当进行审查。撤销行政保护请求书中未写明撤销行政保护所依据的事实和理由或者提出的理由不符合本细则第二十一条规定的，药品行政保护办公室不予受理。

药品行政保护办公室应当将受理的撤销行政保护请求书的副本和有关证明文件的副本送交药品独占权人，要求其在指定的期限内陈述意见。

第五章 费　用

第二十四条 向药品行政保护办公室申请行政保护和办理其他事项，应当缴纳下列费用：

（一）申请费；

（二）审查费；

（三）年费；

（四）公告费；

（五）证书费；

（六）请求撤销费；

（七）侵权处理费。

上述各种费用数额，由国家医药局另行规定。

第二十五条 申请人应当在递交药品行政保护申请书的同时缴纳申请费；在收到受理通知书之日起一个月内缴纳公告费和审查费；无正当理由逾期不缴纳或者缴纳不足的，其申请被视为撤回。

第二十六条 获得药品行政保护的药品独占权人应当在行政保护证书颁发之日起一个月内缴纳证书费、公告费和当年的年费；在行政保护有效期内，应当于每年度最初的两个月内缴纳当年的年费。无正当理由逾期不缴纳或者缴纳不足的，视为自动放弃行政保护。

第二十七条 依照条例第十六条的规定，请求药品行政保护办公室撤销行政保护的，应当在递交撤销行政保护请求书的同时缴纳请求撤销费。

第二十八条 依照条例第十九条的规定，请求药品行政保护办公室制止侵权行为的，应当在递交行政保护侵权处理请求书的同时，缴纳行政保护侵权请求处理费。

第二十九条 本细则第二十四条规定的各种费用由代理机构代收。

第六章 附　则

第三十条 本细则由国家医药局负责解释。

第三十一条 本细则自1993年1月1日起施行。

特殊标志管理条例

（1996年7月13日国务院第202号令发布）

第一章 总　则

第一条 为了加强对特殊标志的管理，推动文化、体育、科学研究及其他社会公益活动的发展，保护特殊标志所有人、使用人和消费者的合法权益，制定本条例。

第二条 本条例所称特殊标志，是指经国务院批准举办的全国性和国际性的文化、体育、科学研究及其他社会公益活动所使用的，由文字、图形组成的名称及缩写、会徽、吉祥物等标志。

第三条 经国务院工商行政管理部门核准登记的特殊标志，受本条例保护。

第四条 含有下列内容的文字、图形组成的特殊标志，不予登记：

（一）有损于国家或者国际组织的尊严或者形象的；

（二）有害于社会善良习俗和公共秩序的；

（三）带有民族歧视性，不利于民族团结的；

（四）缺乏显著性，不便于识别的；

（五）法律、行政法规禁止的其他内容。

第五条 特殊标志所有人使用或者许可他人使用特殊标志所募集的资金，必须用于特殊标志所服务的社会公益事业，并接受国务院财政部门、审计部门的监督。

第二章 特殊标志的登记

第六条 举办社会公益活动的组织者或者筹备者对其使用的名称、会徽、吉祥物等特殊标志，需要保护的，应当向国务院工商行政管理部门提出登记申请。

登记申请可以直接办理，也可以委托他人代理。

第七条 申请特殊标志登记，应当填写特殊标志登记申请书并提交下列文件：

（一）国务院批准举办该社会公益活动的文件；

（二）准许他人使用特殊标志的条件及管理办法；

（三）特殊标志图样5份，黑白墨稿1份。图样应当清晰，便于粘贴，用光洁耐用的纸张印制或者用照片代替，长和宽不大于10厘米、不小于5厘米；

（四）委托他人代理的，应当附代理人委托书，注明委托事项和权限；

（五）国务院工商行政管理部门认为应当提交的其他文件。

第八条 国务院工商行政管理部门收到申请后，按照以下规定处理：

（一）符合本条例有关规定，申请文件齐备无误的，自收到申请之日起15日内，发给特殊标志登记申请受理通知书，并在发出通知之日起2个月内，将特殊标志有关事项、图样和核准使用的商品和服务项目，在特殊标志登记簿上登记，发给特殊标志登记证书。

特殊标志经核准登记后，由国务院工商行政管理部门公告。

（二）申请文件不齐备或者有误的，自收到申请之日起10日内发给特殊标志登记申请补正通知书，并限其自收到通知之日起15日内予以补正；期满不补正或者补正仍不符合规定的，发给特殊标志登记申请不予受理通知书。

（三）违反本条例第四条规定的，自收到申请之日起15日内发给特殊标志登记申请驳回通知书。申请人对驳回通知不服的，可以自收到驳回通知之日起15日内，向国务院工商行政管理部门申请复议。

前款所列各类通知书，由国务院工商行政管理部门送达申请人或者其代理人。因故不能直接送交的，以国务院工商行政管理部门公告或者邮寄之日起的20日为送达日期。

第九条 特殊标志有效期为4年，自核准登记之日起计算。

特殊标志所有人可以在有效期满前3个月内提出延期申请，延长的期限由国务院工商行政管理部门根据实际情况和需要决定。

特殊标志所有人变更地址，应当自变更之日起1个月内报国务院工商行政管理部门备案。

第十条 已获准登记的特殊标志有下列情形之一的，任何单位和个人可以在特殊标志公告刊登之日至其有效期满的期间，向国务院工商行政管理部门申明理由并提供相应证据，请求宣告特殊标志登记无效：

（一）同已在先申请的特殊标志相同或者近似的；

（二）同已在先申请注册的商标或者已获得注册的商标相同或者近似的；

（三）同已在先申请外观设计专利或者已依法取得专利权的外观设计专利相同或者近似的；

（四）侵犯他人著作权的。

第十一条 国务院工商行政管理部门自收到特殊标志登记无效申请之日起10日内，通知被申请人并限其自收到通知之日起15日内作出答辩。

被申请人拒绝答辩或者无正当理由超过答辩期限的，视为放弃答辩的权利。

第十二条 国务院工商行政管理部门自收到特殊标志登记无效申请之日起3个月内作出裁定，并通知当事人；当事人对裁定不服的，可以自收到通知之日起15日内，向国务院工商行政管理部门申请复议。

第三章 特殊标志的使用与保护

第十三条 特殊标志所有人可以在与其公益活动相关的广告、纪念品及其他物品上使用该标志，并许可他人在国务院工商行政管理部门核准使用该标志的商品或者服务项目上使用。

第十四条 特殊标志的使用人应当是依法成立的企业、事业单位、社会团体、个体工商户。

特殊标志使用人应当同所有人签订书面使用合同。

特殊标志使用人应当自合同签订之日起1个月内，将合同副本报国务院工商行政管理部门备案，并报使用人所在地县级以上人民政府工商行政管理部门存查。

第十五条 特殊标志所有人或者使用人有下列行为之一的，由其所在地或者行为发生地县级以上人民政府工商行政管理部门责令改正，可以处5万元以下的罚款；情节严重的，由县级以上人民政府工商行政管理部门责令使用人停止使用该特殊标志，由国务院工商行政管理部门撤销所有人的特殊标志登记：

（一）擅自改变特殊标志文字、图形的；

（二）许可他人使用特殊标志，未签订使用合同，或者使用人在规定期限内未报国务院工商行政管理部门备案或者未报所在地县级以上人民政府工商行政管理机关存查的；

（三）超出核准登记的商品或者服务范围使用的。

第十六条 有下列行为之一的，由县级以上人民政府工商行政管理部门责令侵权人立即停止侵权行为，没收侵权商品，没收违法所得，并处违法所得5倍以下的罚款，没有违法所得的，处1万元以下的罚款：

（一）擅自使用与所有人的特殊标志相同或者近似的文字、图形或者其组合的；

（二）未经特殊标志所有人许可，擅自制造、销售其特殊标志或者将其特殊标志用于商业活动的；

（三）有给特殊标志所有人造成经济损失的其他行为的。

第十七条 特殊标志所有人或者使用人发现特殊标志所有权或者使用权被侵害时，可以向侵权人所在地或者侵权行为发生地县级以上人民政府工商行政管理部门投诉；也可以直接向人民法院起诉。

工商行政管理部门受理特殊标志侵权案件投诉的，应当依特殊标志所有人的请求，就侵权的民事赔偿主持调解；调解不成的，特殊标志所有人可以向人民法院起诉。

第十八条　工商行政管理部门受理特殊标志侵权案件，在调查取证时，可以行使下列职权，有关当事人应当予以协助，不得拒绝：

（一）询问有关当事人；

（二）检查与侵权活动有关的物品；

（三）调查与侵权活动有关的行为；

（四）查阅、复制与侵权活动有关的合同、账册等业务资料。

第四章　附　则

第十九条　特殊标志申请费、公告费、登记费的收费标准，由国务院财政部门、物价部门会同国务院工商行政管理部门制定。

第二十条　申请特殊标志登记有关文书格式由国务院工商行政管理部门制定。

第二十一条　经国务院批准代表中国参加国际性文化、体育、科学研究等活动的组织所使用的名称、徽记、吉祥物等标志的保护，参照本条例的规定施行。

第二十二条　本条例自发布之日起施行。

司法解释

最高人民法院自1985年以来发布的涉及知识产权审判的司法解释目录

综　合

1　关于贯彻执行《中华人民共和国民法通则》若干问题的意见（试行）（1988年1月26日）

2　关于适用《中华人民共和国民事诉讼法》若干问题的意见（1992年7月14日）

3　关于进一步加强知识产权司法保护的通知（1994年7月5日）

4　关于适用《中华人民共和国合同法》若干问题的解释（一）（1999年12月1日）

5　关于执行《中华人民共和国行政诉讼法》若干问题的解释（2000年3月10日）

专利权

1　关于开展专利审判工作几个问题的通知（1985年2月16日）

2　关于专利侵权纠纷案件地域管辖问题的通知（1987年6月29日）

3　关于受理专利申请权纠纷案件若干问题的通知（1987年10月19日）

4　关于同意指定青岛市中级人民法院为审理专利纠纷案件第一审法院的批复（1988年5月4日）

5　关于专利纠纷案件管辖问题的复函（1990年6月26日）

6　关于审理专利纠纷案件若干问题的解答（1992年12月29日）

7　关于在专利侵权诉讼中原被告双方均拥有实用新型专利权应如何处理的批复（1993年8月16日）

8　关于同意指定温州市中级人民法院审理部分专利纠纷案件的批复（1997年6月12日）

9　关于同意指定佛山市中级人民法院审理部分专利纠纷案件的批复（1997年6月12日）

10　关于指定烟台市中级人民法院审理部分专利纠纷案件的批复（1999年12月2日）

11　关于对诉前停止侵犯专利权行为适用法律问题的若干规定（2001年6月7日发布，2001年7月1日起施行）

12　关于审理专利纠纷案件适用法律问题的若干规定（2001年6月28日发布，2001年7月1日起施行）

商标权

1　关于侵犯商标专用权如何计算损失赔偿额和侵权期间问题的批复（1985年11月6日）

2　关于西施兰注册商标侵权纠纷案有关问题请示的批复（1994年12月3日）

3　关于人民法院对注册商标权进行财产保全的解释（2001年1月2日公布，自2001年1月21日起施行）

著作权

1　关于由别人代为起草而以个人名义发表的会议讲话作品其著作权（版权）应归个人所有的批复（1988年6月9日）

2　关于认真学习、宣传和贯彻执行著作权法的通知（1990年10月9日）

3　关于深入贯彻执行《中华人民共和国著作权法》几个问题的通知（1993年12月24日）

4　关于审理涉及计算机网络著作权纠纷案件适用法律若干问题的解释（2000年12月21日）

域　名

1　关于审理涉及计算机网络域名民事纠纷案件适用法律若干问题的解释

植物新品种

1　关于审理植物新品种纠纷案件的若干问题的解释（2001年2月5日公布，2001年2月14日起施行）

2　关于开展植物新品种纠纷案件审判工作的通知（2001年2月5日）

最高人民法院关于执行《中华人民共和国行政诉讼法》若干问题的解释

(1999年11月24日最高人民法院审判委员会第1088次会议通过,自2000年3月10日起施行)法释〔2000〕8号

为正确理解和适用《中华人民共和国行政诉讼法》(以下简称行政诉讼法),现结合行政审判工作实际,对执行行政诉讼法的若干问题作出如下解释:

一、受案范围

第一条 公民、法人或者其他组织对具有国家行政职权的机关和组织及其工作人员的行政行为不服,依法提起诉讼的,属于人民法院行政诉讼的受案范围。

公民、法人或者其他组织对下列行为不服提起诉讼的,不属于人民法院行政诉讼的受案范围

(一)行政诉讼法第十二条规定的行为;

(二)公安、国家安全等机关依照刑事诉讼法的明确授权实施的行为;

(三)调解行为以及法律规定的仲裁行为;

(四)不具有强制力的行政指导行为;

(五)驳回当事人对行政行为提起申诉的重复处理行为;

(六)对公民、法人或者其他组织权利义务不产生实际影响的行为。

第二条 行政诉讼法第十二条第(一)项规定的国家行为,是指国务院、中央军事委员会、国防部、外交部等根据宪法和法律的授权,以国家的名义实施的有关国防和外交事务的行为,以及经宪法和法律授权的国家机关宣布紧急状态、实施戒严和总动员等行为。

第三条 行政诉讼法第十二条第(二)项规定的"具有普遍约束力的决定、命令",是指行政机关针对不特定对象发布的能反复适用的行政规范性文件。

第四条 行政诉讼法第十二条第(三)项规定的"对行政机关工作人员的奖惩、任免等决定",是指行政机关作出的涉及该行政机关公务员权利义务的决定。

第五条 行政诉讼法第十二条第(四)项规定的"法律规定由行政机关最终裁决的具体行政行为"中的"法律",是指全国人民代表大会及其常务委员会制定、通过的规范性文件。

二、管　　辖

第六条 各级人民法院行政审判庭审理行政案件和审查行政机关申请执行其具体行政行为的案件。

专门人民法院、人民法庭不审理行政案件,也不审查和执行行政机关申请执行其具体行政行为的案件。

第七条 复议决定有下列情形之一的,属于行政诉讼法规定的"改变原具体行政行为":

(一)改变原具体行政行为所认定的主要事实和证据的;

(二)改变原具体行政行为所适用的规范依据且对定性产生影响的;

(三)撤销、部分撤销或者变更原具体行政行为处理结果的。

第八条 有下列情形之一的,属于行政诉讼法第十四条第(三)项规定的"本辖区内重大、复杂的案件":

(一)被告为县级以上人民政府,且基层人民法院不适宜审理的案件;

(二)社会影响重大的共同诉讼、集团诉讼案件;

(三)重大涉外或者涉及香港特别行政区、澳门特别行政区、台湾地区的案件;

(四)其他重大、复杂案件。

第九条 行政诉讼法第十八条规定的"原告所在地",包括原告的户籍所在地、经常居住地和被限制人身自由地。

行政机关基于同一事实既对人身又对财产实施行政处罚或者采取行政强制措施的,被限制人身自由的公民、被扣押或者没收财产的公民、法人或者其他组织对上述行为均不服的,既可以向被告所在地人民法院提起诉讼,也可以向原告所在地人民法院提起诉讼,受诉人民法院可一并管辖。

第十条 当事人提出管辖异议,应当在接到人民法院应诉通知之日起10日内以书面形式提出。

对当事人提出的管辖异议,人民法院应当进行审查。异议成立的,裁定将案件移送有管辖权的人民法院;异议不成立的,裁定驳回。

三、诉讼参加人

第十一条 行政诉讼法第二十四条规定的"近亲属",包括配偶、父母、子女、兄弟姐妹、祖父母、外祖父母、孙子女、外孙子女和其他具有扶养、赡养关系的亲属。

公民因被限制人身自由而不能提起诉讼的,其近亲属可以依其口头或者书面委托以该公民的名义提起诉讼。

第十二条 与具体行政行为有法律上利害关系的公民、法人或者其他组织对该行为不服的,可以依法提起行政诉讼。

第十三条 有下列情形之一的,公民、法人或者其他组织可以依法提起行政诉讼:

(一)被诉的具体行政行为涉及其相邻权或者公平竞争权的;

(二)与被诉的行政复议决定有法律上利害关系或者在复议程序中被追加为第三人的;

(三)要求主管行政机关依法追究加害人法律责任的;

(四)与撤销或者变更具体行政行为有法律上利害关系的。

第十四条 合伙企业向人民法院提起诉讼的,应当以核准登记的字号为原告,由执行合伙企业事

务的合伙人作诉讼代表人;其他合伙组织提起诉讼的,合伙人为共同原告。

不具备法人资格的其他组织向人民法院提起诉讼的,由该组织的主要负责人作诉讼代表人;没有主要负责人的,可以由推选的负责人作诉讼代表人。

同案原告为5人以上,应当推选1至5名诉讼代表人参加诉讼;在指定期限内未选定的,人民法院可以依职权指定。

第十五条 联营企业、中外合资或者合作企业的联营、合资、合作各方,认为联营、合资、合作企业权益或者自己一方合法权益受具体行政行为侵害的,均可以自己的名义提起诉讼。

第十六条 农村土地承包人等土地使用权人对行政机关处分其使用的农村集体所有土地的行为不服,可以自己的名义提起诉讼。

第十七条 非国有企业被行政机关注销、撤销、合并、强令兼并、出售、分立或者改变企业隶属关系的,该企业或者其法定代表人可以提起诉讼。

第十八条 股份制企业的股东大会、股东代表大会、董事会等认为行政机关作出的具体行政行为侵犯企业经营自主权的,可以企业名义提起诉讼。

第十九条 当事人不服经上级行政机关批准的具体行政行为,向人民法院提起诉讼的,应当以在对外发生法律效力的文书上署名的机关为被告。

第二十条 行政机关组建并赋予行政管理职能但不具有独立承担法律责任能力的机构,以自己的名义作出具体行政行为,当事人不服提起诉讼的,应当以组建该机构的行政机关为被告。

行政机关的内设机构或者派出机构在没有法律、法规或者规章授权的情况下,以自己的名义作出具体行政行为,当事人不服提起诉讼的,应当以该行政机关为被告。

法律、法规或者规章授权行使行政职权的行政机关内设机构、派出机构或者其他组织,超出法定授权范围实施行政行为,当事人不服提起诉讼的,应当以实施该行为的机构或者组织为被告。

第二十一条 行政机关在没有法律、法规或者规章规定的情况下,授权其内设机构、派出机构或者其他组织行使行政职权的,应当视为委托。当事人不服提起诉讼的,应当以该行政机关为被告。

第二十二条 复议机关在法定期间内不作复议决定,当事人对原具体行政行为不服提起诉讼的,应当以作出原具体行政行为的行政机关为被告;当事人对复议机关不作为不服提起诉讼的,应当以复议机关为被告。

第二十三条 原告所起诉的被告不适格,人民法院应当告知原告变更被告;原告不同意变更的,裁定驳回起诉。

应当追加被告而原告不同意追加的,人民法院应当通知其以第三人的身份参加诉讼。

第二十四条 行政机关的同一具体行政行为涉及两个以上利害关系人,其中一部分利害关系人对具体行政行为不服提起诉讼,人民法院应当通知没有起诉的其他利害关系人作为第三人参加诉讼。

第三人有权提出与本案有关的诉讼主张,对人民法院的一审判决不服,有权提起上诉。

第二十五条 当事人委托诉讼代理人,应当向人民法院提交由委托人签名或者盖章的授权委托书。委托书应当载明委托事项和具体权限。公民在特殊情况下无法书面委托的,也可以口头委托。口头委托的,人民法院应当核实并记录在卷;被诉机关或者其他有义务协助的机关拒绝人民法院向被限制人身自由的公民核实的,视为委托成立。当事人解除或者变更委托的,应当书面报告人民法院,由人民法院通知其他当事人。

四、证　据

第二十六条 在行政诉讼中,被告对其作出的具体行政行为承担举证责任。

被告应当在收到起诉状副本之日起10日内提交答辩状,并提供作出具体行政行为时的证据、依据;被告不提供或者无正当理由逾期提供的,应当认定该具体行政行为没有证据、依据。

第二十七条 原告对下列事项承担举证责任:

(一)证明起诉符合法定条件,但被告认为原告起诉超过起诉期限的除外;

(二)在起诉被告不作为的案件中,证明其提出申请的事实;

(三)在一并提起的行政赔偿诉讼中,证明因受被诉行为侵害而造成损失的事实;

(四)其他应当由原告承担举证责任的事项。

第二十八条 有下列情形之一的,被告经人民法院准许可以补充相关的证据:

(一)被告在作出具体行政行为时已经收集证据,但因不可抗力等正当事由不能提供的;

(二)原告或者第三人在诉讼过程中,提出了其在被告实施行政行为过程中没有提出的反驳理由或者证据的。

第二十九条 有下列情形之一的,人民法院有权调取证据:

(一)原告或者第三人及其诉讼代理人提供了证据线索,但无法自行收集而申请人民法院调取的;

(二)当事人应当提供而无法提供原件或者原物的。

第三十条 下列证据不能作为认定被诉具体行政行为合法的根据:

(一)被告及其诉讼代理人在作出具体行政行为后自行收集的证据;

(二)被告严重违反法定程序收集的其他证据。

第三十一条 未经法庭质证的证据不能作为人民法院裁判的根据。

复议机关在复议过程中收集和补充的证据,不能作为人民法院维持原具体行政行为的根据。

被告在二审过程中向法庭提交在一审过程中没有提交的证据,不能作为二审法院撤销或者变更一审裁判的根据。

五、起诉与受理

第三十二条 人民法院应当组成合议庭对原告的起诉进行审查。符合起诉条件的,应当在7日内立案;不符合起诉条件的,应当在7日内裁定不予受理。

7日内不能决定是否受理的,应当先予受理;受理后经审查不符合起诉条件的,裁定驳回起诉。

受诉人民法院在7日内既不立案,又不作出裁定的,起诉人可以向上一级人民法院申诉或者起诉。上一级人民法院认为符合受理条件的,应予受理;受理后可以移交或者指定下级人民法院审理,也可以自行审理。

前三款规定的期限,从受诉人民法院收到起诉状之日起计算;因起诉状内容欠缺而责令原告补正的,从人民法院收到补正材料之日起计算。

第三十三条 法律、法规规定应当先申请复议,公民、法人或者其他组织未申请复议直接提起诉讼的,人民法院不予受理。

复议机关不受理复议申请或者在法定期限内不作出复议决定,公民、法人或者其他组织不服,依法向人民法院提起诉讼的,人民法院应当依法受理。

第三十四条 法律、法规未规定行政复议为提起行政诉讼必经程序,公民、法人或者其他组织既提起诉讼又申请行政复议的,由先受理的机关管辖;同时受理的,由公民、法人或者其他组织选择。公民、法人或者其他组织已经申请行政复议,在法定复议期间内又向人民法院提起诉讼的,人民法院不予受理。

第三十五条 法律、法规未规定行政复议为提起行政诉讼必经程序,公民、法人或者其他组织向复议机关申请行政复议后,又经复议机关同意撤回复议申请,在法定起诉期限内对原具体行政行为提起诉讼的,人民法院应当依法受理。

第三十六条 人民法院裁定准许原告撤诉后,原告以同一事实和理由重新起诉的,人民法院不予受理。

准予撤诉的裁定确有错误,原告申请再审的,人民法院应当通过审判监督程序撤销原准予撤诉的裁定,重新对案件进行审理。

第三十七条 原告或者上诉人未按规定的期限预交案件受理费,又不提出缓交、减交、免交申请,或者提出申请未获批准的,按自动撤诉处理。在按撤诉处理后,原告或者上诉人在法定期限内再次起诉或者上诉,并依法解决诉讼费预交问题的,人民法院应予受理。

第三十八条 人民法院判决撤销行政机关的具体行政行为后,公民、法人或者其他组织对行政机关重新作出的具体行政行为不服向人民法院起诉的,人民法院应当依法受理。

第三十九条 公民、法人或者其他组织申请行政机关履行法定职责,行政机关在接到申请之日起60日内不履行的,公民、法人或者其他组织向人民法院提起诉讼,人民法院应当依法受理。法律、法规、规章和其他规范性文件对行政机关履行职责的期限另有规定的,从其规定。

公民、法人或者其他组织在紧急情况下请求行政机关履行保护其人身权、财产权的法定职责,行政机关不履行的,起诉期间不受前款规定的限制。

第四十条 行政机关作出具体行政行为时,没有制作或者没有送达法律文书,公民、法人或者其他组织不服向人民法院起诉的,只要能证明具体行政行为存在,人民法院应当依法受理。

第四十一条 行政机关作出具体行政行为时,未告知公民、法人或者其他组织诉权或者起诉期限的,起诉期限从公民、法人或者其他组织知道或者应当知道诉权或者起诉期限之日起计算,但从知道或者应当知道具体行政行为内容之日起最长不得超过2年。

复议决定未告知公民、法人或者其他组织诉权或者法定起诉期限的,适用前款规定。

第四十二条 公民、法人或者其他组织不知道行政机关作出的具体行政行为内容的,其起诉期限从知道或者应当知道该具体行政行为内容之日起计算,对涉及不动产的具体行政行为从作出之日起超过20年、其他具体行政行为从作出之日起超过5年提起诉讼的,人民法院不予受理。

第四十三条 由于不属于起诉人自身的原因超过起诉期限的,被耽误的时间不计算在起诉期间内。因人身自由受到限制而不能提起诉讼的,被限制人身自由的时间不计算在起诉期间内。

六、审理与判决

第四十四条 有下列情形之一的,应当裁定不予受理;已经受理的,裁定驳回起诉:

(一)请求事项不属于行政审判权限范围的;

(二)起诉人无原告诉讼主体资格的;

(三)起诉人错列被告且拒绝变更的;

(四)法律规定必须由法定或者指定代理人、代表人为诉讼行为,未由法定或者指定代理人、代表人为诉讼行为的;

(五)由诉讼代理人代为起诉,其代理不符合法定要求的;

(六)起诉超过法定期限且无正当理由的;

(七)法律、法规规定行政复议为提起诉讼必经程序而未申请复议的;

(八)起诉人重复起诉的;

(九)已撤回起诉,无正当理由再行起诉的;

(十)诉讼标的为生效判决的效力所羁束的;

(十一)起诉不具备其他法定要件的。

前款所列情形可以补正或者更正的,人民法院应当指定期间责令补正或者更正;在指定期间已经补正或者更正的,应当依法受理。

第四十五条 起诉状副本送达被告后,原告提出新的诉讼请求的,人民法院不予准许,但有正当理由的除外。

第四十六条 有下列情形之一的，人民法院可以决定合并审理：

(一)两个以上行政机关分别依据不同的法律、法规对同一事实作出具体行政行为，公民、法人或者其他组织不服向同一人民法院起诉的；

(二)行政机关就同一事实对若干公民、法人或者其他组织分别作出具体行政行为，公民、法人或者其他组织不服分别向同一人民法院起诉的；

(三)在诉讼过程中，被告对原告作出新的具体行政行为，原告不服向同一人民法院起诉的；

(四)人民法院认为可以合并审理的其他情形。

第四十七条 当事人申请回避，应当说明理由，在案件开始审理时提出；回避事由在案件开始审理后知道的，应当在法庭辩论终结前提出。

被申请回避的人员，在人民法院作出是否回避的决定前，应当暂停参与本案的工作，但案件需要采取紧急措施的除外。

对当事人提出的回避申请，人民法院应当在3日内以口头或者书面形式作出决定。

申请人对驳回回避申请决定不服的，可以向作出决定的人民法院申请复议一次。复议期间，被申请回避的人员不停止参与本案的工作。对申请人的复议申请，人民法院应当在3日内作出复议决定，并通知复议申请人。

第四十八条 人民法院对于因一方当事人的行为或者其他原因，可能使具体行政行为或者人民法院生效裁判不能或者难以执行的案件，可以根据对方当事人的申请作出财产保全的裁定；当事人没有提出申请的，人民法院在必要时也可以依法采取财产保全措施。

人民法院审理起诉行政机关没有依法发给抚恤金、社会保险金、最低生活保障费等案件，可以根据原告的申请，依法书面裁定先予执行。

当事人对财产保全或者先予执行的裁定不服的，可以申请复议。复议期间不停止裁定的执行。

第四十九条 原告或者上诉人经合法传唤，无正当理由拒不到庭或者未经法庭许可中途退庭的，可以按撤诉处理。

原告或者上诉人申请撤诉，人民法院裁定不予准许的，原告或者上诉人经合法传唤无正当理由拒不到庭，或者未经法庭许可而中途退庭的，人民法院可以缺席判决。

第三人经合法传唤无正当理由拒不到庭，或者未经法庭许可中途退庭的，不影响案件的审理。

第五十条 被告在一审期间改变被诉具体行政行为的，应当书面告知人民法院。

原告或者第三人对改变后的行为不服提起诉讼的，人民法院应当就改变后的具体行政行为进行审理。

被告改变原具体行政行为，原告不撤诉，人民法院经审查认为原具体行政行为违法的，应当作出确认其违法的判决；认为原具体行政行为合法的，应当判决驳回原告的诉讼请求。

原告起诉被告不作为，在诉讼中被告作出具体行政行为，原告不撤诉的，参照上述规定处理。

第五十一条 在诉讼过程中，有下列情形之一的，中止诉讼：

(一)原告死亡，须等待其近亲属表明是否参加诉讼的；

(二)原告丧失诉讼行为能力，尚未确定法定代理人的；

(三)作为一方当事人的行政机关、法人或者其他组织终止，尚未确定权利义务承受人的；

(四)一方当事人因不可抗力的事由不能参加诉讼的；

(五)案件涉及法律适用问题，需要送请有权机关作出解释或者确认的；

(六)案件的审判须以相关民事、刑事或者其他行政案件的审理结果为依据，而相关案件尚未审结的；

(七)其他应当中止诉讼的情形。

中止诉讼的原因消除后，恢复诉讼。

第五十二条 在诉讼过程中，有下列情形之一的，终结诉讼：

(一)原告死亡，没有近亲属或者近亲属放弃诉讼权利的；

(二)作为原告的法人或者其他组织终止后，其权利义务的承受人放弃诉讼权利的。

因本解释第五十一条第一款第(一)、(二)、(三)项原因中止诉讼满90日仍无人继续诉讼的，裁定终结诉讼，但有特殊情况的除外。

第五十三条 复议决定维持原具体行政行为的，人民法院判决撤销原具体行政行为，复议决定自然无效。

复议决定改变原具体行政行为错误，人民法院判决撤销复议决定时，应当责令复议机关重新作出复议决定。

第五十四条 人民法院判决被告重新作出具体行政行为，被告重新作出的具体行政行为与原具体行政行为的结果相同，但主要事实或者主要理由有改变的，不属于行政诉讼法第五十五条的规定的情形。

人民法院以违反法定程序为由，判决撤销被诉具体行政行为的，行政机关重新作出具体行政行为不受行政诉讼法第五十五条规定的限制。

行政机关以同一事实和理由重新作出与原具体行政行为基本相同的具体行政行为，人民法院应当根据行政诉讼法第五十四条第(二)项、第五十五条的规定判决撤销或者部分撤销，并根据行政诉讼法第六十五条第三款的规定处理。

第五十五条 人民法院审理行政案件不得加重对原告的处罚，但利害关系人同为原告的除外。

人民法院审理行政案件不得对行政机关未予处罚的人直接给予行政处罚。

第五十六条 有下列情形之一的，人民法院应当判决驳回原告的诉讼请求：

(一)起诉被告不作为理由不能成立的;

(二)被诉具体行政行为合法但存在合理性问题的;

(三)被诉具体行政行为合法,但因法律、政策变化需要变更或者废止的;

(四)其他应当判决驳回诉讼请求的情形。

第五十七条 人民法院认为被诉具体行政行为合法,但不适宜判决维持或者驳回诉讼请求的,可以作出确认其合法或者有效的判决。

有下列情形之一的,人民法院应当作出确认被诉具体行政行为违法或者无效的判决:

(一)被告不履行法定职责,但判决责令其履行法定职责已无实际意义的;

(二)被诉具体行政行为违法,但不具有可撤销内容的;

(三)被诉具体行政行为依法不成立或者无效的。

第五十八条 被诉具体行政行为违法,但撤销该具体行政行为将会给国家利益或者公共利益造成重大损失的,人民法院应当作出确认被诉具体行政行为违法的判决,并责令被诉行政机关采取相应的补救措施;造成损害的,依法判决承担赔偿责任。

第五十九条 根据行政诉讼法第五十四条第(二)项规定判决撤销违法的被诉具体行政行为,将会给国家利益、公共利益或者他人合法权益造成损失的,人民法院在判决撤销的同时,可以分别采取以下方式处理:

(一)判决被告重新作出具体行政行为;

(二)责令被诉行政机关采取相应的补救措施;

(三)向被告和有关机关提出司法建议;

(四)发现违法犯罪行为的,建议有权机关依法处理。

第六十条 人民法院判决被告重新作出具体行政行为,如不及时重新作出具体行政行为,将会给国家利益、公共利益或者当事人利益造成损失的,可以限定重新作出具体行政行为的期限。

人民法院判决被告履行法定职责,应当指定履行的期限,因情况特殊难于确定期限的除外。

第六十一条 被告对平等主体之间民事争议所作的裁决违法,民事争议当事人要求人民法院一并解决相关民事争议的,人民法院可以一并审理。

第六十二条 人民法院审理行政案件,适用最高人民法院司法解释的,应当在裁判文书中援引。

人民法院审理行政案件,可以在裁判文书中引用合法有效的规章及其他规范性文件。

第六十三条 裁定适用于下列范围:

(一)不予受理;

(二)驳回起诉;

(三)管辖异议;

(四)终结诉讼;

(五)中止诉讼;

(六)移送或者指定管辖;

(七)诉讼期间停止具体行政行为的执行或者驳回停止执行的申请;

(八)财产保全;

(九)先予执行;

(十)准许或者不准许撤诉;

(十一)补正裁判文书中的笔误;

(十二)中止或者终结执行;

(十三)提审、指令再审或者发回重审;

(十四)准许或者不准许执行行政机关的具体行政行为;

(十五)其他需要裁定的事项。

对第(一)、(二)、(三)项裁定,当事人可以上诉。

第六十四条 行政诉讼法第五十七条、第六十条规定的审限,是指从立案之日起至裁判宣告之日止的期间。鉴定、处理管辖争议或者异议以及中止诉讼的时间不计算在内。

第六十五条 第一审人民法院作出判决和裁定后,当事人均提起上诉的,上诉各方均为上诉人。

诉讼当事人中的一部分人提出上诉,没有提出上诉的对方当事人为被上诉人,其他当事人依原审诉讼地位列明。

第六十六条 当事人提出上诉,应当按照其他当事人或者诉讼代表人的人数提出上诉状副本。

原审人民法院收到上诉状,应当在5日内将上诉状副本送达其他当事人,对方当事人应当在收到上诉状副本之日起10日内提出答辩状。

原审人民法院应当在收到答辩状之日起5日内将副本送达当事人。

原审人民法院收到上诉状、答辩状,应当在5日内连同全部案卷和证据,报送第二审人民法院。已经预收诉讼费用的,一并报送。

第六十七条 第二审人民法院审理上诉案件,应当对原审人民法院的裁判和被诉具体行政行为是否合法进行全面审查。

当事人对原审人民法院认定的事实有争议的,或者第二审人民法院认为原审人民法院认定事实不清楚的,第二审人民法院应当开庭审理。

第六十八条 第二审人民法院经审理认为原审人民法院不予受理或者驳回起诉的裁定确有错误,且起诉符合法定条件的,应当裁定撤销原审人民法院的裁定,指令原审人民法院依法立案受理或者继续审理。

第六十九条 第二审人民法院裁定发回原审人民法院重新审理的行政案件,原审人民法院应当另行组成合议庭进行审理。

第七十条 第二审人民法院审理上诉案件,需要改变原审判决的,应当同时对被诉具体行政行为作出判决。

第七十一条 原审判决遗漏了必须参加诉讼的当事人或者诉讼请求的,第二审人民法院应当裁定撤销原审判决,发回重审。

原审判决遗漏行政赔偿请求,第二审人民法院经审查认为依法不应当予以赔偿的,应当判决驳回行政赔偿请求。

原审判决遗漏行政赔偿请求，第二审人民法院经审理认为依法应当予以赔偿的，在确认被诉具体行政行为违法的同时，可以就行政赔偿问题进行调解；调解不成的，应当就行政赔偿部分发回重审。

当事人在第二审期间提出行政赔偿请求的，第二审人民法院可以进行调解；调解不成的，应当告知当事人另行起诉。

第七十二条 有下列情形之一的，属于行政诉讼法第六十三条规定的“违反法律、法规规定”：

(一)原判决、裁定认定的事实主要证据不足；

(二)原判决、裁定适用法律、法规确有错误；

(三)违反法定程序，可能影响案件正确裁判；

(四)其他违反法律、法规的情形。

第七十三条 当事人申请再审，应当在判决、裁定发生法律效力后2年内提出。

当事人对已经发生法律效力的行政赔偿调解书，提出证据证明调解违反自愿原则或者调解协议的内容违反法律规定的，可以在2年内申请再审。

第七十四条 人民法院接到当事人的再审申请后，经审查，符合再审条件的，应当立案并及时通知各方当事人；不符合再审条件的，予以驳回。

第七十五条 对人民检察院按照审判监督程序提出抗诉的案件，人民法院应当再审。

人民法院开庭审理抗诉案件时，应当通知人民检察院派员出庭。

第七十六条 人民法院按照审判监督程序再审的案件，发生法律效力的判决、裁定是由第一审人民法院作出的，按照第一审程序审理，所作的判决、裁定，当事人可以上诉；发生法律效力的判决、裁定是由第二审人民法院作出的，按照第二审程序审理，所作的判决、裁定是发生法律效力的判决、裁定；上级人民法院按照审判监督程序提审的，按照第二审程序审理，所作的判决、裁定是发生法律效力的判决、裁定。

人民法院审理再审案件，应当另行组成合议庭。

第七十七条 按照审判监督程序决定再审的案件，应当裁定中止原判决的执行；裁定由院长署名，加盖人民法院印章。

上级人民法院决定提审或者指令下级人民法院再审的，应当作出裁定，裁定应当写明中止原判决的执行；情况紧急的，可以将中止执行的裁定口头通知负责执行的人民法院或者作出生效判决、裁定的人民法院，但应当在口头通知后10日内发出裁定书。

第七十八条 人民法院审理再审案件，认为原生效判决、裁定确有错误，在撤销原生效判决或者裁定的同时，可以对生效判决、裁定的内容作出相应裁判，也可以裁定撤销生效判决或者裁定，发回作出生效判决、裁定的人民法院重新审判。

第七十九条 人民法院审理二审案件和再审案件，对原审法院受理、不予受理或者驳回起诉错误的，应当分别情况作如下处理：

(一)第一审人民法院作出实体判决后，第二审人民法院认为不应当受理的，在撤销第一审人民法院判决的同时，可以发回重审，也可以迳行驳回起诉；

(二)第二审人民法院维持第一审人民法院不予受理裁定错误的，再审法院应当撤销第一审、第二审人民法院裁定，指令第一审人民法院受理；

(三)第二审人民法院维持第一审人民法院驳回起诉裁定错误的，再审法院应当撤销第一审、第二审人民法院裁定，指令第一审人民法院审理。

第八十条 人民法院审理再审案件，发现生效裁判有下列情形之一的，应当裁定发回作出生效判决、裁定的人民法院重新审理：

(一)审理本案的审判人员、书记员应当回避而未回避的；

(二)依法应当开庭审理而未经开庭即作出判决的；

(三)未经合法传唤当事人而缺席判决的；

(四)遗漏必须参加诉讼的当事人的；

(五)对与本案有关的诉讼请求未予裁判的；

(六)其他违反法定程序可能影响案件正确裁判的。

第八十一条 再审案件按照第一审程序审理的，适用行政诉讼法第五十七条规定的审理期限。

再审案件按照第二审程序审理的，适用行政诉讼法第六十条规定的审理期限。

第八十二条 基层人民法院申请延长审理期限，应当直接报请高级人民法院批准，同时报中级人民法院备案。

七、执　　行

第八十三条 对发生法律效力的行政判决书、行政裁定书、行政赔偿判决书和行政赔偿调解书，负有义务的一方当事人拒绝履行的，对方当事人可以依法申请人民法院强制执行。

第八十四条 申请人是公民的，申请执行生效的行政判决书、行政裁定书、行政赔偿判决书和行政赔偿调解书的期限为1年，申请人是行政机关、法人或者其他组织的为180日。

申请执行的期限从法律文书规定的履行期间最后一日起计算；法律文书中没有规定履行期限的，从该法律文书送达当事人之日起计算。

逾期申请的，除有正当理由外，人民法院不予受理。

第八十五条 发生法律效力的行政判决书、行政裁定书、行政赔偿判决书和行政赔偿调解书，由第一审人民法院执行。

第一审人民法院认为情况特殊需要由第二审人民法院执行的，可以报请第二审人民法院执行；第二审人民法院可以决定由其执行，也可以决定由第一审人民法院执行。

第八十六条 行政机关根据行政诉讼法第六十六条的规定申请执行其具体行政行为，应当具备以下条件：

(一)具体行政行为依法可以由人民法院执行；

(二)具体行政行为已经生效并具有可执行内

容；

（三）申请人是作出该具体行政行为的行政机关或者法律、法规、规章授权的组织；

（四）被申请人是该具体行政行为所确定的义务人；

（五）被申请人在具体行政行为确定的期限内或者行政机关另行指定的期限内未履行义务；

（六）申请人在法定期限内提出申请；

（七）被申请执行的行政案件属于受理申请执行的人民法院管辖。

人民法院对符合条件的申请，应当立案受理，并通知申请人；对不符合条件的申请，应当裁定不予受理。

第八十七条 法律、法规没有赋予行政机关强制执行权，行政机关申请人民法院强制执行的，人民法院应当依法受理。

法律、法规规定既可以由行政机关依法强制执行，也可以申请人民法院强制执行，行政机关申请人民法院强制执行的，人民法院可以依法受理。

第八十八条 行政机关申请人民法院强制执行其具体行政行为，应当自被执行人的法定起诉期限届满之日起180日内提出。逾期申请的，除有正当理由外，人民法院不予受理。

第八十九条 行政机关申请人民法院强制执行其具体行政行为，由申请人所在地的基层人民法院受理；执行对象为不动产的，由不动产所在地的基层人民法院受理。基层人民法院认为执行确有困难的，可以报请上级人民法院执行；上级人民法院可以决定由其执行，也可以决定由下级人民法院执行。

第九十条 行政机关根据法律的授权对平等主体之间民事争议作出裁决后，当事人在法定期限内不起诉又不履行，作出裁决的行政机关在申请执行的期限内未申请人民法院强制执行的，生效具体行政行为确定的权利人或者其继承人、权利承受人在90日内可以申请人民法院强制执行。

享有权利的公民、法人或者其他组织申请人民法院强制执行具体行政行为，参照行政机关申请人民法院强制执行具体行政行为的规定。

第九十一条 行政机关申请人民法院强制执行其具体行政行为，应当提交申请执行书、据以执行的行政法律文书、证明该具体行政行为合法的材料和被执行人财产状况以及其他必须提交的材料。

享有权利的公民、法人或者其他组织申请人民法院强制执行的，人民法院应当向作出裁决的行政机关调取有关材料。

第九十二条 行政机关或者具体行政行为确定的权利人申请人民法院强制执行前，有充分理由认为被执行人可能逃避执行的，可以申请人民法院采取财产保全措施。后者申请强制执行的，应当提供相应的财产担保。

第九十三条 人民法院受理行政机关申请执行其具体行政行为的案件后，应当在30日内由行政审判庭组成合议庭对具体行政行为的合法性进行审查，并就是否准予强制执行作出裁定；需要采取强制执行措施的，由本院负责强制执行非诉行政行为的机构执行。

第九十四条 在诉讼过程中，被告或者具体行政行为确定的权利人申请人民法院强制执行被诉具体行政行为，人民法院不予执行，但不及时执行可能给国家利益、公共利益或者他人合法权益造成不可弥补的损失的，人民法院可以先予执行。后者申请强制执行的，应当提供相应的财产担保。

第九十五条 被申请执行的具体行政行为有下列情形之一的，人民法院应当裁定不准予执行：

（一）明显缺乏事实根据的；

（二）明显缺乏法律依据的；

（三）其他明显违法并损害被执行人合法权益的。

第九十六条 行政机关拒绝履行人民法院生效判决、裁定的，人民法院可以依照行政诉讼法第六十五条第三款的规定处理，并可以参照民事诉讼法第一百零二条的有关规定，对主要负责人或者直接责任人员予以罚款处罚。

八、其　他

第九十七条 人民法院审理行政案件，除依照行政诉讼法和本解释外，可以参照民事诉讼的有关规定。

第九十八条 本解释自发布之日起施行，最高人民法院《关于贯彻执行〈中华人民共和国行政诉讼法〉若干问题的意见（试行）》同时废止；最高人民法院以前所作的司法解释以及与有关机关联合发布的规范性文件，凡与本解释不一致的，按本解释执行。

最高人民法院关于审理涉及计算机网络著作权纠纷案件适用法律若干问题的解释

（2000年11月22日最高人民法院审判委员会第1144次会议通过，自2000年12月21日起施行）法释〔2000〕48号

为了正确审理涉及计算机网络的著作权纠纷案件，根据民法通则、著作权法和民事诉讼法等法律的规定，对这类案件适用法律的若干问题解释如下：

第一条 网络著作权侵权纠纷案件由侵权行为地或者被告住所地人民法院管辖。侵权行为地包括实施被诉侵权行为的网络服务器、计算机终端等设备所在地。对难以确定侵权行为地和被告住所地的，原告发现侵权内容的计算机终端等设备所在地可以视为侵权行为地。

第二条 受著作权法保护的作品，包括著作权法第三条规定的各类作品的数字化形式。在网络环境下无法归于著作权法第三条列举的作品范围，但在文学、艺术和科学领域内具有独创性并能以某种有形形式复制的其他智力创作成果，人民法院应当予以保护。

著作权法第十条对著作权各项权利的规定均适

用于数字化作品的著作权。将作品通过网络向公众传播，属于著作权法规定的使用作品的方式，著作权人享有以该种方式使用或者许可他人使用作品，并由此获得报酬的权利。

第三条 已在报刊上刊登或者网络上传播的作品，除著作权人声明或者上载该作品的网络服务提供者受著作权人的委托声明不得转载、摘编的以外，网站予以转载、摘编并按有关规定支付报酬、注明出处的，不构成侵权。但网站转载、摘编作品超过有关报刊转载作品范围的，应当认定为侵权。

第四条 网络服务提供者通过网络参与他人侵犯著作权行为，或者通过网络教唆、帮助他人实施侵犯著作权行为的，人民法院应当根据民法通则第一百三十条的规定，追究其与其他行为人或者直接实施侵权行为人的共同侵权责任。

第五条 提供内容服务的网络服务提供者，明知网络用户通过网络实施侵犯他人著作权的行为，或者经著作权人提出确有证据的警告，但仍不采取移除侵权内容等措施以消除侵权后果的，人民法院应当根据民法通则第一百三十条的规定，追究其与该网络用户的共同侵权责任。

第六条 提供内容服务的网络服务提供者，对著作权人要求其提供侵权行为人在其网络的注册资料以追究行为人的侵权责任，无正当理由拒绝提供的，人民法院应当根据民法通则第一百零六条的规定，追究其相应的侵权责任。

第七条 著作权人发现侵权信息向网络服务提供者提出警告或者索要侵权行为人网络注册资料时，不能出示身份证明、著作权权属证明及侵权情况证明的，视为未提出警告或者未提出索要请求。

著作权人出示上述证明后网络服务提供者仍不采取措施的，可以在提起诉讼时申请人民法院先行裁定停止侵害、排除妨碍、消除影响，人民法院应予准许。

第八条 网络服务提供者经著作权人提出确有证据的警告而采取移除被控侵权内容等措施，被控侵权人要求网络服务提供者承担违约责任的，人民法院不予支持。

著作权人指控侵权不实，被控侵权人因网络服务提供者采取措施遭受损失而请求赔偿的，人民法院应当判令由提出警告的人承担赔偿责任。

第九条 人民法院审理网络著作权侵权纠纷案件，应当根据案件不同情况，分别适用下列法律：

（一）认定侵害发表权等著作人身权的，适用著作权法第四十五条第（一）、（二）、（三）、（四）项的规定；

（二）认定向公众传播作品侵害使用权的，适用著作权法第四十五条第（五）项的规定；

（三）认定侵害获得报酬权的，适用著作权法第四十五条第（六）项的规定；

（四）认定侵害录音录像制作者、表演者、广播电视组织等邻接权，或者认定故意去除或者改变著作权管理信息而导致侵权后果的行为构成侵权的，适用著作权法第四十五条第（八）项的规定；

（五）认定剽窃、抄袭他人作品的，适用著作权法第四十六条第（一）项的规定。

第十条 人民法院在确定侵权赔偿数额时，可以根据被侵权人的请求，按照其因侵权行为所受直接经济损失和所失预期应得利益计算赔偿数额；也可以按照侵权人因侵权行为所得利益计算赔偿数额。侵权人不能证明其成本或者必要费用的，其因侵权行为所得收入，即为所得利益。

被侵权人损失额不能确定的，人民法院依被侵权人的请求，可以根据侵害情节在人民币500元以上30万元以下确定赔偿数额，最多不得超过人民币50万元。

立 法 追 溯

我国专利法在不断修改中完善

在80年代初期，中国起草其第一部专利法时，保护工业产权巴黎公约关于国民待遇、优先权、专利独立的三大原则是国际专利制度的基本规定。其他有关专利的问题，如谁有权申请，哪些可以申请，怎样申请，什么时候申请，怎样审查，怎样保护等基本问题均属国家主权，有很大的自主性。在这样的历史背景下，我国第一部专利法于1984年3月14日颁布，1985年4月1日施行。鉴于该时我国已加入保护工业产权巴黎公约，我国专利法中全面体现了巴黎公约的三大原则。在其余方面，我们充分考虑了中国国情的需要，博采各国之长为我所用。

在先申请制和/或先发明制之间，我们选择了有利于促进发明早日公布，程序简便的先申请制；在审查制度上，我们对发明采取了国际公认的早期公布、请求审查制；对实用新型和外观设计，根据我国国情采取了初步审查制。

针对中国社会主义初级阶段的特点，我们对专利权的归属作了“所有”和“持有”之分；规定授予实用新型、外观设计专利；专利权人的权利不包括进口权；对授予专利权的技术领域实行逐步开放；对无效由专利局设立复审机构进行；对专利保护实行司法途径和行政途径的双轨制等。

在上述原则下诞生的中国专利法一方面符合国际惯例，另一方面又具有鲜明时代特征和体现中国国情，受到国内外好评。我国专利法实施第一年1985年，即收到专利申请14372件，1986年至今，每年平均增长率超过20%，说明专利制度的实施在我国是成功的。

回眸过去的16年，我国的专利制度与我国的改革开放同步成长，也随着国际风云变换而不断调整，承担着保护知识产权的国际义务。16年的经验告诉我们，任何法律的制订均应适应社会生活的客观需求。16年来，我们对专利法进行了两次修改，每次都与国际国内需要强化知识产权保护的环境有关。

一、专利法的第一次修改——提高专利保护水平

从70年代起，科技和国际贸易对国民经济发展的作用日益为人们所关注。统计表明，在20世纪初期，发达国家促进国民经济增长的诸因素中，科技所占比例约为5%，而70年代末，不少国家已达到50%～70%。与此相适应，国际知识产权保护强化的趋势日益明显，体现在以下三个方面。

(1)发达国家力图通过乌拉圭回合谈判建立一个新的国际秩序以保证其跨国公司的知识产权使用费收入，限制发展中国家在科学技术上与发达国家进行竞争。《与贸易有关的，包括假冒商品贸易在内的知识产权协议》(TRIPS)在一定程度上体现了发达国家对发展中国家的一致利益。

(2)从80年代中期起，一些国家在WIPO的主持下，开始就授予专利权的技术领域、专利保护的期限、专利权人的权利等实质条件进行讨论，以对各国专利法的主要规定进行协调，弥补巴黎公约由于历史局限保护强度不够的弱点。为此，它被称为《保护工业产权巴黎公约补充条约(专利法部分)》，或简称《协调法》。由于该条约的改革力度不及当时正同时进行的TRIPS谈判(它为发展中国家达到既定目标规定了较长的过渡期就是一例)，故1992年以后，《协调法》实际上已处于被替代的地位。但当时签订《协调法》的终级目的与TRIPS可谓异曲同工。

(3)从80年代后期起，美国出于其内政外交的需要，以发展中国家不能充分有效保护其企业的知识产权为借口，根据其1986年修订的1974年贸易法，对其贸易伙伴以贸易制裁相威胁，逐个进行知识产权谈判，强迫发展中国家接受美国的知识产权保护标准。1989年和1990年，美国连续两年根据其国内贸易法的301条款，以我国知识产权保护不力把我国列入重点观察名单，1991年又升级列为重点国家名单。或是按照新的国际标准提高我国的知识产权保护水平，或是接受美国所谓的“贸易制裁”，我国必须尽快作出决策。

考虑到“TRIPS”中对知识产权保护规定的标准已得到国际认同，考虑到为我国当时“复关”的目标我们也必须接受该保护标准，考虑到美国根据301条款对我国完善知识产权保护水平的要求多数与TRIPS一致。1992年，为了贯彻我国政府深化改革，扩大开放的既定方针，并履行《中美知识产权备忘录》中我国政府的承诺，我国全国人大常委会于1992年9月4日通过了中华人民共和国专利法修正案，对我国1984年专利法进行了修改。这次修改的重点放在专利法实体规定中与TRIPS不相一致的地方，并对这些地方作了与TRIPS精神一致的修改。主要包括：

(1)扩大专利保护的领域，对化学物质和药品给予专利保护，对食品、饮料和调味品给予专利保护。

(2)加强专利权人的权利，对专利权人授予进口权，并规定方法专利的效力延及用该方法直接获得的产品，使取得专利权的发明创造享有充分保护。

(3)延长专利保护的期限，发明专利的保护期为20年，实用新型专利和外观设计专利的保护期为10年，均自申请日起计算。

(4)增加规定了国家利益或公共利益强制许可，并在修改后的专利法实施细则第68条对《关贸总协定知识产权协议》(以下简称《知识产权协议》)中规定的其他有关授予强制许可的条件作了补充规定。经过修改，我国专利法中有关强制许可的规定已与《知识产权协议》基本一致。

客观地说，由于国际国内情况的变化，我国在90年代本来也会不断修改专利法，以适应发展了的形势的需要。但上述国际环境对我国专利法的第一次修改从内容或时间进度方面都无疑起到了推动作用。其结果，我国专利法规定的保护水平已与国际标准基本一致。值得提出的是：1993年实行修改后的专利制度以来，我国的申请量实际上持续上涨，尤其是发明专利申请涨幅超过前7年平均涨幅。这说明修改后的专利法从总体上起到了调整产业结构、改变管理模式、进行科学管理的作用，极大调动了我国人民发明创造的积极性。

二、专利法的第二次修改——全面提高科技竞争力， 迎接入世挑战

我国1992年修改专利法与当时的国际环境有关，也有以美国为首的国际社会的压力。限于时间等条件，在修改的19条专利法条款中，多数与按TRIPS规定提高保护标准有关。对其他问题，例如适应我国体制改革的需要和审查制度的改革等均留待第二次修改考虑。随着我国改革开放的进一步深入，专利保护在科技进步和国民经济发展中所起的作用越来越重要，我们在世纪之交完成了对专利法及其细则的第二次修改。本次修改根据变化了的客观情况对现有法律进行了补充和修改，它是对我们实行专利制度近15年的实践经验的总结，在修改的深度和广度上远远超过了第一次。从下面所述的修改内容和宗旨可见一斑：

1. 明确专利立法为我国科技创新的基本方略服务

本次修改案在第一条立法宗旨上把原来的“促进科学技术的发展”改成了“促进科学技术的进步与创新”。专利法的这一修改不仅为专利法鼓励科技创新确立了指导原则，也为专利和科技的有机结合法律化提供了立法依据。这一修改对面临入世挑战的我国各行各业有很强实用性和针对性。我们应从国家的层面，从战略的层面深入研究怎样将这一重要变化落实在我国专利法的具体实施中、落实在行政和司法实践中。为此目标，本次修改的以下方面适应了不断深化的改革和中央提出的技术创新、体制创新、观念创新的要求：

(1)全民所有制单位对其申请和取得的专利有所有权　由于历史条件所限，我国1984年专利法规定全民所有制单位对其发明创造申请专利后只能持有，没有所有权。这事实上使全民所有制企业处于与非全民所有制企业在竞争中的不利地位，不利于培植、发展全民所有制企业。为与党的十四届三中全会关于“建立社会主义市场经济体制的决定”的精神一致，为按照十五大的要求对国有企业实行规范的公司制改革，保证公有经济的主导地位和非公有经济的共同发展。修改后的专利法取消了专利权依据单位的性质分为持有和所有，持有专利权的全民所有制单位对专利发明没有完全的处分权，在转让专利申请权或专利权时必须经上级主管机关批准等限制性规定。根据新的专利法，国有企事业单位作为市场经济竞争的主体，在申请专利和取得专利的权利义务方面将与非国有企事业单位享受同等待遇。在入世前夕，这对准备参与国际竞争的我国国有企事业单位而言，具有特别重要的意义。

与本修改的精神一致，也对专利法中关于合作完成的发明(专利法第8条)，申请权或专利权的转让(第10条)，计划许可(第14条)的条文等作了相应修改。这些修改充分反映了我国体制改革的成果。

(2)单位与发明人可以通过合同约定专利权的归属　专利法用授予专利权的方式酬报作出发明创造的单位和个人，鼓励发明创造。我国1984年专利法对界定职务发明创造规定了两个标准：一是执行本单位的任务所完成的发明创造，二是主要是利用本单位的物质条件所完成的发明创造。本单位的物质条件指本单位的资金、设备、零部件、原材料或者不对外公开的技术资料等。

根据我国实施专利法15年的实践，为适应科技计划项目管理体制改革，特别是课题制的实施的需要，修改后的专利法第6条引入了合同优先原则，允许科技人员和单位通过合同约定发明创造的归属。这表明根据修改后的专利法，对主要利用单位的物质条件完成的发明创造，发明人按照事先约定向单位返还资金或交纳使用费的，可不作为职务发明。本修改较原规定更有灵活性，有利于进一步调动科研人员的积极性，面向市场，自筹资金，按照市场需求立课题，并有利于使单位闲置的设备等物质条件得到充分利用。

(3)明确对职务发明人应当给予奖励和报酬　1984年专利法第16条规定：专利权授予后和实施后，单位应当分别对职务发明创造人给予奖励。根据本次专利法修改案，发明创造专利实施后，单位根据其推广应用的范围和取得的经济效益，对发明人或者设计人应当给予报酬。把应当给予奖励改为应当给予报酬，体现这是发明人或设计人的劳动所得，任何人不得侵犯。把发明人的利益和发明创造的实施栓在了一起，从而不仅有利于调动科技人员作出发明创造的积极性，也有利于调动科技人员实施发明创造的积极性。对单位而言，本规定更有强制性和便于操作，有利于更好地鼓励发明创造。

2. 保证公正与效率，方便申请、取得和享有专利的权利

获取和维持专利权的程序应当公平合理，它们不得过于复杂或花费过高，或包含不合理的时效或无休止的拖延。这是TRIPS对知识产权执法的总要求，也是我国专利立法的基本出发点。本次专利法修改案根据我国多年的实践，从优化程序、节约审查和审判资源、方便当事人、减少讼累的角度对审批和维权程序进行了改进和完善。

(1)取消撤销程序，简化流程　我国在1992年修改专利法时取消了授权前的异议制，改其为授权后的撤销程序。原希望此程序能方便公众向专利局反映授权中的明显失误，使专利局能通过行政程序及时纠正自己的错误。由于我国撤销程序与无效程序有一定的重合，导致撤销程序冗长，并有可能被恶意利用，来妨碍权利人利用无效程序保护自己的合法权益。为此，这次专利法修改取消了撤销程序，简化了流程。从公告授予专利权之日起，公众即可以请求宣告专利权无效。

(2)简化转让专利权和向外国申请专利的手续　根据国务院机构改革的精神，行政机关应转变职能，原则上不干涉当事人行使民事权利。为此，作了以下修改。一是删除关于我国单位或个人向外国申请专利应经国务院有关主管部门同意(第20条)的规定，这有利于方便我国申请人向外国申请专利，有效保护自己；二是转让专利申请权或者专利权的合同经专利局登记后即生效(第10条)，公告不再是该合同生效的条件。

(3)实用新型和外观设计的复审和无效由法院终审　为充分保护当事人的合法权益，本次专利法修正案规定对实用新型和外观设计专利申请的确权和无效宣告均由人民法院终审。本修改使专利法更符合我国《行政复议条例(1992)》的精神。根据我国《行政复议条例》，对行政机关任何具体行为不服或有争议的，有权要求司法救济。为此，专利局行政复议规程补充规定，专利局任何与专利申请或专利有关的行政决定，除专利法已明确规定的以外，均可请求复议，均可向法院起诉，无论其涉及的是发明还是实用新型和外观设计。而修改前的专利法中关于对复审委员会关于实用新型和外观设计申请或专利的确权决定和无效决定的规定是终局决定的规定与此精神不符，本应当予以修改和完善。此外，TRIPS第32条规定：“撤销专利或宣布专利无效的任何决定，均应提供机会给予司法审查”，从而规定对实用新型和外观设计专利申请复审和无效由法院终审也使我国的规定与TRIPS更趋一致。

(4)提交外国检索和审查结果资料　原专利法第36条第2款规定：“发明专利已经在外国提出过申请的，申请人请求实质审查的时候，应当提交该国为审查其申请进行检索的资料或者审查结果的资料；无正当理由不提交的，该申请即被视为撤回。”本条规定过于严厉，多年来受到不少批评。为方便当事人，并由于我局审查条件已有改善，第36条第2款修改为：“发明专利已经在外国提出过申请的，国务院专利行政部门可以要求申请人在指定期限内提交该国为审查其申请进行检索的资料或者审查结果的资料；无正当理由逾期不提交的，该申请即被视为撤回。”

(5)专利权的生效日期　从理论上讲，专利授权之日应当是专利授权公告之日。但由于一方面公告授予专利权需要制作文本、需要时间校对和印刷，故专利授权的公告客观上必然滞后于授权决定之日，不可能完全与授权决定同步。另一方面，授权公告滞后于授权决定之日也可给申请人履行交费义务和行使放弃取得专利权的权利，为此，原专利法实施细则第54条规定："专利局发出授予专利权的通知后，申请人应当自收到通知之日起二个月内办理登记手续。申请人按期办理登记手续的，专利局应当授予专利权，颁发专利证书，并予以公告。专利权自颁发专利证书之日起生效。"但在公众尚未得知之日专利权就生效对公众是不公正的，也于理不通。修改后的专利法第39条和第40条分别明确规定，专利申请经专利局审查没有发现驳回理由的，由国务院专利行政部门根据专利局的审查结论作出授予专利权的决定，发给专利证书，并予以登记和公告。专利权自公告之日起生效。原专利法实施细则第54条第1款规定的"专利权自颁发专利证书之日起生效"不再适用，因此将该句从该条中删除。

(6)明确了审批进入中国阶段的PCT申请的要求和程序　我国已于1994年正式成为PCT的成员国，成为其受理局、国际检索单位和国际初步审查单位。8年来，我们主要依据国家知识产权局的PCT实施办法审批进入中国阶段的PCT申请。由于这些规定没有反映在专利法和实施细则中(我们于1992年就完成了专利法的第一次修改)，影响了其普及和利用。本次修改在专利法实施细则中增加了一章(共18条)，完整规定了有关程序和要求。这一补充将有利于公众对PCT申请的了解和应用，有利于PCT申请的审批，为我国更多地利用PCT途径向外国申请专利，取得保护和更好地履行我局作为PCT受理局、PCT国际检索单位和国际初步审查单位的国际义务提供了条件和保证。

3. 加大保护力度，完善专利保护

我国即将入世，世贸组织要求缔约各方在入世前首先审视自己的有关法律是否与其一致，对于知识产权保护而言，就应审视其知识产权法律是否与TRIPS一致。为此，尽管我国专利法在1992年经过第一次修改，在主要规定方面早已与TRIPS一致，为强化知识产权特别是专利保护意识，培育有利于发明的产生和推广的良好社会环境，本次专利法修改案还根据TRIPS作了如下补充。

(1)增加了有关许诺销售的规定　根据TRIPS，专利分产品专利和方法专利。产品专利的专利权人有权禁止他人制造、使用、许诺销售(offering for sale)、销售、进口该产品；方法专利权人有权禁止他人使用该方法和制造、许诺销售、销售、使用、进口由该方法直接制造的产品。我国专利法在这方面与TRIPS的唯一差别是没有许诺销售的规定，这是指专利权人有权禁止他人进行一些销售前的推销或促销行为，使其能将侵权行为消除在萌芽状态的规定。为强化保护和与TRIPS一致，本次专利法修改案对此作了补充规定。

(2)外观设计的专利性条件　修改后的专利法第23条增加规定，授予专利权的外观设计不得与他人在先取得的合法权利相冲突。这里在先取得的合法权利，根据最高人民法院的司法解释，主要包括商标权、著作权、企业名称权、肖像权、知名商品特有包装或者装潢使用权等。这有利于提高公众对知识产权的了解和认识，减少纠纷，维护正当竞争秩序。

(3)引进实用新型检索报告制度　我国对授予实用新型专利权不进行实质审查，实用新型专利权人在技术转让中很难证明自己专利的价值，保证其市场利益；另一方面为维护公众的合法权益，也有必要防止实用新型专利权人利用对实用新型专利权不进行实质审查的制度滥用权利，阻挠他人的正常生产和经营活动。为此，修改后的专利法第57条规定，就实用新型提起专利侵权诉讼的，人民法院或者省、自治区、直辖市人民政府管理专利工作的部门可以要求其提供国务院专利行政部门出具的检索报告。我国修改后的专利法实施细则已明确规定，授予实用新型专利权的决定公告后，实用新型专利权人可以请求国务院专利行政部门作出实用新型专利检索报告。

(4)明确无效诉讼中第三人应当参加诉讼　向复审委员会请求宣告专利权无效的纠纷是由双方当事人引起的，复审委员会处于审判或仲裁的地位，没有任何自己的利益。但根据我国现行法，在请求宣告专利权无效的诉讼中，复审委员会只能作为被告，作为一方当事人的"义务代理人"继续原程序。鉴于专利无效行政诉讼的结果可能与未参加诉讼的另一方有利害关系，不让另一方在有关事实和法律问题上陈述自己的意见，有可能影响他的实际利益。为此，一方面为充分保护当事人的合法权利，另一方面为减轻专利复审委员会的工作负担，加快无效案件的审理，修改后的专利法第46条第2款根据我国行政诉讼法第27条明确规定"对专利复审委员会宣告专利权无效或者维持专利权的决定不服的，可以自收到通知之日起3个月内向人民法院起诉。人民法院应当通知无效宣告请求程序的对方当事人作为第三人参加诉讼。"

(5)完善了授予专利强制许可的条件　关于强制许可，经过1992年的修改，我国专利法中的有关规定已经与TRIPS基本一致。我国有合理条件强制许可、公共利益强制许可和依存专利强制许可。对于要求依存专利强制许可的条件，我国专利法规定是"后一发明比前一发明先进"，而TRIPS用的是"后一发明比前一发明具有显著经济效益的重大技术进步"。鉴于后者更透明和便于操作，本次修改案作了与TRIPS一致的修改。关于强制许可的其他一些限制性条件，例如：给予实施强制许可的决定应当根据强制许可的理由规定实施的范围和时间，强制许可的理由消除并不再发生时，应当终止强制许可等，在1992年的修改中，我们是放在专利法实施细则中规定的，为理顺关系，第二次修改这些内容被移入专利法中。修改后的专利法实施细则第72条并根据TRIPS，增加规定了“如果强制许可涉及的发明创造是半导体技术的，则强制许可实施仅限于公共的非商业性使用，或者经司法程序或者行政程序确定为反竞争行为而给予救济的使用”。

4．司法和行政两条途径协调运作，为专利权提供有效保护

(1)理顺司法途径和行政途径的关系　用司法和行政两条途径保护专利权是我国专利制度的特色。本次专利法修改注重建立和发展地方专利管理工作体系，理顺司法途径和行政途径的关系，促进了地方管理专利工作部门职能的发挥，加强了专利的行政管理和行政执法工作。主要体现在：

① 经修改的专利法第3条和专利法实施细则第79条明确规定，专利法和本细则所称管理专利工作的部门，是指由省、自治区、直辖市人民政府以及专利管理工作量大，又有实际处理能力的市人民政府设立的管理专利工作的部门。明确了管理专利工作部门的职能。

② 根据修改后的专利法第57条，地方管理专利工作的部门仅有权对是否侵犯专利权进行认定。认定侵权行为成立的，可以责令侵权人立即停止侵权行为。当事人不服的，可以依照行政诉讼法向人民法院起诉；侵权人期满不起诉又不停止侵权行为的，管理专利工作的部门可以申请人民法院强制执行。本行政途径有“程序简便、处理快、效率高”的优势，一旦认定侵权行为成立，可以立即责令停止侵权，这是深受欢迎的对专利权人最迅速、有效的保护。但对损害赔偿，本次修改也明确规定，管理专利工作的部门仅依当事人的请求进行调解，不作处理决定。调解不成的，当事人可以依照民事诉讼法向人民法院起诉。修改后的专利法实施细则并明确规定地方管理专利工作的部门对其他专利纠纷只能调解，从根本上理顺了司法途径和行政途径的关系。

③ 为加强地方管理专利工作的部门维护市场秩序的职能，修改后的专利法第57条增加规定地方管理专利工作的部门有权查处假冒他人专利，责令改正并予公告，没收违法所得，处以罚款。而按照现行专利法，假冒他人专利未构成犯罪的，即使故意违法，扰乱法制，也只能比照专利侵权行为处理。为有利依法行政，提高执法水平与效率，修改后的专利法实施细则对假冒他人专利和冒充专利行为的构成作了明确规定。

④ 修改后的专利法实施细则增加规定，国务院专利行政部门应当对管理专利工作的部门处理和调解专利纠纷进行业务指导。

⑤ 为强化保护，方便执法，专利法实施细则还新增规定，专利权人依照专利法第15条的规定在其专利产品或者该产品的包装上标明专利标记的，应当按照国务院专利行政部门规定的方式予以标注。

(2)公众有提供非法产品的“合法来源”的义务　根据原专利法第62条，善意第三人使用、销售侵犯专利产品的行为属于侵权的例外。尽管这种考虑有其合理的成份，但给侵权人寻求其非法产品的“合法”使用造成可乘之机，与国际惯例不一致。修改后的本条一方面明确规定善意第三人使用、许诺销售、销售侵权产品是侵权行为，另一方面也通情达理地规定，能证明其产品的合法来源的，不承担赔偿责任。为此，本规定能在一定程度上堵塞侵权人利用本条“合法”推销其侵权产品的漏洞，使任何人在已知、或有充分理由应知某商品是侵权产品时不得继续从事任何经营行为，强化了保护的力度。

(3)增加诉前临时措施　TRIPS第41条要求执法程序应允许采取反对侵权行为的有效措施，包括迅速的救济。并规定在下列两种情况下必须有临时措施：一是需要制止任何侵权行为的发生和制止侵权商品进入商业渠道，包括制止刚由海关放行的进口侵权商品进入国内商业渠道；二是为保存被指控的侵权的相关证据。我国执法程序中原无这种诉前可以责令停止有关行为的制度，为了有效保护专利权，与TRIPS一致，修改案第61条规定：“专利权人或者利害关系人有证据证明他人正在实施或者即将实施侵犯其专利权的行为，如不及时制止将会使其合法权益受到难以弥补的损害的，可以在起诉前向人民法院申请采取责令停止有关行为和财产保全的措施。”

(4)增加关于侵权赔偿额计算的规定　专利侵权损害赔偿是专利侵权行为人应当承担的主要民事责任之一，应当贯彻公正原则，使专利权人因侵权行为受到的实际损失能够得到合理赔偿。为此，修改案第60条明确规定，侵犯专利权的赔偿数额，按照专利权人因被侵权所受到的损失或者侵权人因侵权获得的利益确定；被侵权人的损失或者侵权人获得的利益难以确定的，参照该专利许可使用费数额的倍数合理确定。

本修改使专利法与我国有关知识产权法规的立法体例趋于一致，例如在商标法和反不正当竞争法中已有关于损失赔偿计算方法的规定，此次专利法第60条的修改有利于统一认识和统一标准，加强公众对专利的法律保护的信心。鉴于赔偿额可以参照有关专利许可使用费数额的倍数合理确定，本修改突破了专利权作为一种民事权利，纠纷赔偿只能适用填平原则的惯例。

(5)加强对行政权利的制约和监督　发明创造只有尽早公布和实施才能更好地发挥专利制度的积极作用，及时审结案件，尽量消除专利申请案件、复审和无效案件的积压是作为专利审批机构的国家知识产权局义不容辞的责任，也需要制度和法律予以监督。为此，修改后的专利法第21条明确规定：国务院专利行政部门及其复审委员会应当按照客观、公正、准确、及时的要求，依法处理有关专利的申请和请求，从法律的高度要求国务院专利行政部门勤政、廉洁、务实、高效。

修改后的专利法对用制度防范和杜绝腐败，加强管理专利工作部门的廉政建设予以了极大重视与关注，明确规定地方管理专利工作的部门不得参与向社会推荐专利产品等经营活动。违反规定的，由其上级机关或者监察机关责令改正，消除影响，有违法收

入的予以没收；情节严重的，对直接负责的主管人员和其他直接责任人员依法给予行政处分。

专利法的修改为我们依靠专利权和知识产权占领市场竞争的制高点，赢得国际竞争中的主动权创造了条件。但我们也应清醒地认识到，在以知识经济为特征的21世纪，世界经济的发展比以往任何时代都更加依赖于知识的扩散和应用，用法律保护资源向体现信息时代特征的高新技术转移已提上议事日程。我们必须正视知识经济时代的到来给专利保护带来的新课题，抓紧研究生物材料包括基因序列的专利性和保护问题、电子商务问题、以及用电子形式提交申请和电子申请中的有关法律问题等，注意考虑在这些前沿科技领域创造既有利于我，又不受制于他人的法律环境。鼓励科研人员对前沿科技的研究，缩短我国和发达国家的差距，促进高新技术商品化和产业化，是我国在完成这次专利法修改后应当予以高度重视的方面，也是我们义不容辞的责任。让我们坚持不懈以"三个代表"指导我们的各项工作，使我国的专利工作在新的世纪得到全面发展。

（国家知识产权局　文希凯）

有关中国著作权法制定的回顾

1990年9月7日9时10分，第七届全国人大常委会第十五次会议以102票赞成、10票反对或弃权通过了《中华人民共和国著作权法》。经过两代人（周建人同志等老一辈是第一代，我们这些在红旗下长大的人是第二代）的努力，人民共和国终于有了自己的第一部著作权法，我们，特别是文化人，有理由为中国文化发展史上这一"里程碑式的大事件"感到欢欣鼓舞。在著作权法颁布11周年的时候，作为著作权法起草工作的参与者之一，提笔回顾当年，虽然是一桩苦差事，但也是一件大有意义的事。

一、《中华人民共和国著作权法》制定的简单经过

我国现行著作权法的制定大体经历了两个阶段：1950－1957年为第一阶段；1979－1990年为第二阶段。

1949年10月，中华人民共和国成立，维护地方、买办官僚资产阶级统治的国民党政府的宪法、"六法"及其一切法律（当然包括1928年的著作权法）均被废除，而代之以《中国人民政治协商会议共同纲领》和人民政府的政策和法律法规。革命胜利初期人民政府在集中力量巩固政权和发展经济的时候，并未忘记知识分子在国家建设中的重要作用，积极落实《共同纲领》关于"人民有言论、思想、出版……自由"和国家"奖励科学的发现与发明，奖励优秀的社会科学著作，奖励优秀的文学艺术作品"的规定，并着手制定保护作者正当权益的法律文件。新中国与著作权（版权）保护有关的第一项法令是1950年公布的《关于改进和发展出版工作的决议》。《决议》指出："出版业应尊重著作权及出版权，不得有翻版、抄袭、篡改等行为……在版权页上对于出版、再版的时间、印数、著者、译者的姓名及译本的原书名称等应作真实的记载。在再版时，应尽可能与作者联系进行必要的修订。"关于支付作者稿酬的办法与标准，《决议》写道："稿酬办法应兼顾著作家、读者及出版家三方面利益的原则下与著作家协商决定。尊重著作家的权益，原则上不应采取卖绝著作权的办法"。计算稿酬标准，"原则上应根据著作物的性质、质量、字数及印数。"1953年，国家出版总署又公布了《关于纠正任意翻印图书现象的规定》，其中指出："一切机关团体不得擅自翻印出版社出版的图书图片，以尊重版权。"

除出版法规中明确规定保护著作权外，国家出版总署根据政务院（即现在的国务院）文化教育委员会的指示，1951年4月成立了由周建人领导的《著作权出版权暂行条例》起草委员会，其成员有周建人、华应申、周天行、傅彬然、张静卢、孙伏园、章锡琛七位同志。该委员会借鉴原苏联1928年著作权法，结合我国当时公私出版机构并存，侵犯作者权益在出版界比较严重的情况，先起草了《保障出版物著作权暂行规定》。1954年，出版总署合并到文化部，此项工作由文化部出版局继续进行。为此，文化部出版局成立了由王仿子、倪子明、朱希、王次青、欧建新同志组成的起草小组。在广泛征求著作界、文艺界、出版界和政府有关部门的意见后，1957年11月，文化部出版局向国务院法制局报送了《保障出版物著作权暂行规定（草案）》，请求审查。该《暂行规定》十分明确提出："为保障出版物著作权人的著作权，特制订本规定"，而对于受保护的著作，则仅限于"一、文字著作及口头著作；二、文字翻译；三、乐谱、艺术图画、科学图画及地图。"保护期则为作者终身及其死后20年。由于整风反右运动的开展，刚刚起步的著作权立法，便在反对"知识私有"和"资产阶级法权残余"的呼喊声中停止了。

21年后的1978年11月至12月，中国共产党第十一届中央委员会召开了中央工作会议和三中全会，端正了党的思想路线、政治路线和组织路线，作出了将全党全国工作重点转移到社会主义现代化建设上来的战略决策，全国人民为之振奋。大批的作家、科学家、艺术家在解放思想、发扬民主、繁荣创作、促进四化建设的号召下，满怀激情，重返文学创作、科学研究、艺术表演岗位，一批批优秀文艺作品和科研成果争相问世，打破了"十年内乱"造成的"一花独放"、"万马齐喑"的局面，迎来了社会主义文学艺术和科学事业的春天。与此同时，随着民主法治与改革开放政策的实施，不仅国内学术活动空前活跃，文化园地面目一新，我国与国外的文化、教育、科学技术方面的交流与合作也逐渐增多，作家、科学家、艺术家与其他从事文学创作、科学研究、艺术表演的文化人，以及新闻界、出版界、教育界、科学界相继提出制订法律，以保护知识分子进行创造性劳动及其劳动成果，调动广大作者的创作积极性，促进社会主义科学文化事业的发展，促进中外科学文化交流。

在1979年6月举行的全国人大五届二次会议上，著名作家陈登科同志提出："宪法规定的出版自由必须用法律形式予以保障，作者应该拥有对作品的著作权和版权”。小说家姚雪垠同志则提出要改革专业作家制度，“杜绝那种写与不写一个样，写好写坏一个样，甚至不写作品的人比勤奋写作的人更舒服的不合理现象。”在同期举行的全国政协五届二次会议上，文学家罗大冈同志提出：“科学界目前剽窃盛行，一是剽窃洋人的，二是剽窃本国他人的，这个风气对学术发展很不利。我写过关于巴黎公社和国际歌的书，后来发现有人整段整段抄我的。我提出质疑，有人还说这是光荣的事情，知识不是个人的财产。这个问题，应当有法律的规定。”著名学者戴安邦同志明确提出：“我们首先要在国内建立起版权制度，制定版权法。”著名画家张乐平同志等则要求：“制订出版法，保障作者合法权益。”在这种形势下，中止了 20 多年的著作权立法工作又重新提出来了。

著作权立法的具体起因是中美建交以后，1979 年 1 月，邓小平同志率中国代表团访美期间，由国家科委主任方毅同志和美国能源部长施莱辛格先生签订了《中美高能物理协议》，协议中提到了互相保护版权的问题。同年 3 月，中美双方开始商谈贸易协定，美方再次提出版权保护问题，要求在我方版权法公布之前，双方按世界版权公约的规定保护对方的版权。这个问题关系重大，国家出版局 1979 年 4 月向国务院呈送报告，要求“建立版权机构，制定版权法”。当时国务院副总理耿飙同志转请中共中央秘书长兼宣传部部长胡耀邦同志批示。耀邦同志批示：“同意报告，请你们尽快着手，组织班子，草拟版权法。”国家出版局立即组织班子调查研究，收集资料，在陈瀚伯、许力以同志的领导下，开始起草版权法。起草班子首先由沈昌文同志负责，因沈先生不愿离开出版社到机关工作，随后便由精通英文和熟习国际事务的汪衡同志负责，并正式定名为中国出版工作者协会版权研究小组，本人有幸成为这个小组中的一员，从此“误入版权阵地”。经过半年多的调查研究，研究小组于同年 12 月提出了一个草案，把出版法和版权法合二为一，称为《中华人民共和国出版法》，第一部分是出版条款(钟颖科同志执笔)，第二部分是版权条款(本人执笔)。这个草案于 1979 年 12 月在长沙召开的全国出版工作会议上进行了讨论，大家认为出版法与版权法合在一起不妥，最好还是分别立法。1980 年 7 月国家出版局草拟了《中华人民共和国版权法(草案)》，并在北京组织了讨论。1982 年，国家出版局合并到文化部，同年春夏，文化部将版权法草案修改成《中华人民共和国版权保护暂行条例》，并于同年 7 月印发全国征求意见，为正式起草版权法打下了基础。1983 年 4 月，文化部出版局召集专家会议，把《暂行条例》修改成《中华人民共和国版权保护试行条例》，于 1983 年 7 月上报国务院，在国务院法制局同志的帮助下又做了进一步的修改。同年 10 月，国务院副秘书长顾明同志召集国务院有关部委，进行讨论，大家当时认为这个《试行条例》已经有了立法的基础，稍加修改即可作为版权法草案上报。由于版权管理机构未能解决，版权法草案的起草工作受到了影响。在版权法一时很难出台的情况下，乱编乱印图书等侵犯作者与出版者权益的行为相当普遍。文化部决定，先制订《图书、期刊版权保护试行条例》，该条例于 1984 年 6 月印发全国新闻出版单位，内部执行。1985 年 7 月，国务院批准成立国家版权局。国家版权局的首要任务是具体组织起草版权法。1986 年 5 月，版权法草案正式上报国务院。国务院法制局与国家版权局联合到各地多次征求意见，并在北京召开 20 多次专题讨论会。1987 年夏天，国家版权局还在青岛召开了第一次全国版权工作会议。但 1987 年下半年，有几个部委提出意见，认为应暂缓制订版权法。理由是我们是发展中国家，比较穷，制订版权法后，就要向外国人支付作品使用费，要支付宝贵的外汇，而且估算了一个比较吓人的数字，认为国家财政承受不了。这个问题提出后，制订著作权法到底利弊如何，一时难住了不少负责同志。

为了解除部分同志认为著作权立法会影响引进外国作品的顾虑，国务院法制局请有关部委的同志一起反复进行了论证。得出结论是，制定著作权法并不等于马上参加国际版权公约，即使参加，我们每年为使用外国作品支付的版税，并不像某些人讲的那么吓人，是国家财力可以承受得起的。通过艰苦细致的说服工作，大家认识到：著作权立法不是没有必要，而是很有必要，而且要加快步伐。取得共同认识后，工作进展顺利。1988 年 11 月，国家版权局向国务院呈送了《关于加快版权法起草工作的报告》，经国务院批准，成立了以国家版权局副局长刘杲同志为组长、中国社科院法学所研究员谢怀栻同志为顾问的版权法起草小组，小组的其他成员来自当时的中共中央宣传部、国家教委、国家科委、中国文联、中国作协、文化部、广电部、中国科学院、中国社科院、国家版权局等单位共计 15 人，其中包括我国著名的知识产权专家郑成思教授。这个小组负责修改国家版权局起草的版权法草案。该小组和国务院法制局孙宛中、黄曙海、贾明如、李健等同志反复讨论，将版权法草案修改成《中华人民共和国著作权法(草案)》，经国务院常务会议讨论通过后，于 1989 年 12 月 14 日由李鹏总理提请第七届全国人大常委会审议。七届人大常委会在其第十一、十二、十四、十五次会议上都进行了讨论。在王汉斌同志的主持下，全国人大常委会法律工作委员会的顾昂然、胡康生、何山、王胜明等同志，和国务院法制局、国家版权局的同志反复磋商，多次修改，著作权法草案终于在 1990 年 9 月 7 日由全国人大常委会第十五次会议通过。同日，杨尚昆主席发布第 31 号《中华人民共和国主席令》，公布《著作权法》，并宣布该法将于 1991 年 6 月 1 日起施行。经过 11 个春秋，中华人民共和国第一部著作权法终于问世了。

二、著作权法起草过程中争议较大的几个问题

全国人大法律委员会主任王汉斌同志在审议著作权法草案时曾说：“在全国人大常委会审议的所有法律草案中，著作权法是最复杂的一个法，调整的关系最广，审议时间最长。”

著作权法涉及到每个家庭、每个人的利益，而不是只调整这部分人与那部分人的利益关系。每个自然人都可以成为作者,每个自然人又都是作品的使用者。在二者之间,还必须有传播者。传播者除传播作品外,还附加有创造性劳动。还有利用他人作品进行演绎创作的问题。立法调整的社会关系复杂,不同人有不同的利益,起草过程中出现一些分歧与争议是不可避免的。在我的记忆中,著作权法的每一条规定几乎都是经过争论才确定下来的,其中争议较大的是以下 10 个问题。

(一)关于法的名称

保护作者权益的立法,法律名称是采用"版权法"还是用"著作权法",可以说在我国已经争论上百年了。禁止翻版这一原始版权概念尽管在我国出现较早,但最早使用"版权"这一术语是在清朝。从我本人收集到的资料看,学术界最早使用版权这个术语的可能是蔡元培先生,1902 年 3 月 9 日,蔡先生写过一篇《日人盟我版权》的文章。严复先生 1903 年 4 月使用了"版权"一词。见诸官方正式文件是 1903 年清政府与美国签订的《中美续议通商行船条约》。同年与日本签订的《中日续议通商行船条约》也使用了"版权"一词。1910 年颁布的《大清著作权律》最先在法律中使用"著作权"一词。此后,北洋军阀政府和国民党政府颁布的法律中,一直称"著作权法"。据说著作权与版权这两个词都译自日文。在法的起草过程中,一些同志主张用版权,一些同志主张用著作权。主张用"版权"的同志认为著作权是日本人对德文、法文中"作者权"一词的错译。版权即使理解为出版权,也是作者对其作品享有的权利,何况版权包含的内容早已延伸到表演、广播、录制等权利;版权是国际通用语,如《世界版权公约》就采用版权一词。著作权常被人们理解为"著书立说"的权利,使用著作权容易混淆宪法赋予公民的创作自由和言论出版自由与民法赋予作者因创作作品而产生的民事权利。主张用"著作权"的同志认为用著作权一词可以把作者与著作联系起来;版权容易使部分人理解为出版者的权利。从清朝到民国时期,我国历史上有过三个著作权法,台湾现在还用著作权法,用著作权一词有利于海峡两岸沟通。在法的起草过程中,从 1979 年到 1988 年都使用版权,1988 年以后使用著作权。著作权法对此争议作出的结论体现在第五十一条:"本法所称的著作权与版权系同义语"。这一规定解决了一个长期争论不休的问题,统一了国人的认识——不论是版权还是著作权,都是指作者因创作作品而依法对作品享有的各种权利。

(二)著作权法与出版法的关系

七届全国人大常委会第十一次至十五次会议期间审议著作权法草案时,许多老同志觉得,这个法给作者权利太多。作者有署名权、发表权、修改权、保护作品完整权,还有权不准别人修改。那将来秀才造反怎么办?1989 年春夏之交,出现那么多反动的大字报和传单难道还要给著作权保护吗?不行!这些同志的担心有一定道理。从他们的政治斗争经验来讲,舆论工具非常重要,必须牢牢控制在自己手中,否则就会出问题,这是历史的经验。但是,舆论工具怎么控制,是不是由著作权法律来解决?当时国家版权局、国务院法制局一些同志的意见很明确:著作权法只解决一个问题,即因作品的创作与传播而产生的各种利益关系,特别是由传播作品产生的利益关系。其他问题,由其他法律解决。记得我当时是这样向人大常委们作解释的:涉及文化和意识形态方面的立法很多,各种不同的法调整不同的社会经济关系,这就好比"铁路警察,各管一段"。有些同志表示理解,但也有不少同志不同意"铁路警察,各管一段"的提法,仍然担心给作者权利太多会造成失控,故提出应当先制订出版法和新闻法,后通过著作权法。先解决允许出版什么、不许出版什么的政治标准问题,然后再讲作者应该享有什么权利。这种意见很强烈。当然也有许多同志认为没有必要等新闻出版法制订后再制订著作权法。首先,宪法已经规定公民必须坚持四项基本原则;其次,1955 年 11 月 18 日全国人大常委会第二十三次会议通过的《关于处理违法图书杂志的决定》,规定了内容反动或违反法律的作品,将禁止出版,并要追究作者与出版者的法律责任。再其次,政府新闻出版部门有各种条例,什么样的作品可以出版,什么样的作品不能出版已有具体规定。应当说,对作品内容的检查,完全有法可依,不必等新闻出版法出台后再制订著作权法。我国过去对禁止传播反动淫秽及有其他违法内容的作品的行政法规比较健全,而如何保障作者权益不受侵犯的法规却少而无力,因此当务之急是制订法律加强对作者权益的保护。最后,争议的双方达成协议,产生了著作权法第四条:"依法禁止出版、传播的作品,不受本法保护。著作权人行使著作权,不得违反宪法和法律,不得损害公共利益。"

(三)法人与非法人单位的主体资格

法人可不可以成为作者,非法人单位可不可以成为著作权人,是著作权法起草过程中又一个争论相当激烈的问题。主张法人不能成为作者的同志认为:创作作品是一个艰苦的脑力劳动过程,是一种思维活动,一种生理现象,只有自然人才具备这种生理机能。法人没有生理机能,不具备思维能力,也就无法进行创作活动,所以不能成为作者。主张法人可以成为作者的同志认为:作品是作者思想的表现形式,法人有意志,组成法人的自然人根据法人意志创作的作品,并不表现自然人而表现法人的意志,而且法人对其作品承担责任,因此,法人可以成为作者。著作权法第十一条体现了上述两种意见的调和。该条规定:"创作作品的公民是作者。由法人或非法人单位主持,代表法人或非法人单位意志创作,并由法人或非法人单位承担责任的作品,法人或者非法人单位视为作者。""视为"二字用词十分准确,法人本来不是作者,但依照法律规定的条件可以推定它为作者。

著作权法第九条和第十一条都提到了"非法人单位"视为作者或可以成为著作权人。1987 年 1 月 1 日生效的《民法通则》规定的民事权利主体为公民(自然人)和法人,为什么著作权法中出现了第三主体

——非法人单位？这是从作品创作的实际情况出发所做的特殊安排，也是从有利于调动集体创作的积极性考虑的。例如一个大学的教研室，集体编写一本教材，根据谁创作谁享有著作权和文责自负的原则，就不应当由该大学（法人）而应当由具体组织创作作品的教研室——非法人单位，享有权利和承担责任。如果组成法人的各个小单位组织创作的作品，其著作权由法人享有，该单位的创作者就没有创作积极性，而在我国此种由非法人单位组织集体创作作品的事实大量存在，制订著作权法的人，不得不承认和接受这个事实。当然，也有一些人不赞成出现“第三主体”，他们认为“第三主体”的不稳定性，使其享受权利容易而承担责任有时相当困难。

（四）计算机软件和民间文学是否作为保护客体

计算机软件中的文档部分，作为一般文字作品或图表作品受著作权法保护没有什么争论。而把程序纳入著作权法保护，就有不同意见了。一些同志认为保护计算机程序，确切地说是保护思想方法，是保护某种技术。对于技术产品也给作者有生之年加死后50年的保护期，不利于新技术传播，阻碍科技的利用与发展。他们主张单独立法保护计算机软件，而当时国外单独立法保护计算机程序的，只有韩国和巴西。另有一些同志主张用著作权法保护计算机软件，他们认为，计算机程序是用数字形式来表现的作品，保护软件主要是反对他人复制，而且当时已有30多个国家将计算机程序列入著作权法保护客体，用著作权法和国际条约来解决问题。我们是按照国际通行做法，把软件纳入著作权法保护的范围之内，还是承认它与传统的文学、艺术和科学作品的区别，照顾其作为技术产品的特殊性，实行单独立法，不论在起草小组内部还是在被征求的公众中，两种意见几乎势均力敌。经过反复讨论，计算机软件进入了著作权法保护的作品之列，但又在该法第五十三条规定：“计算机软件的保护办法由国务院另行规定”。这就是说计算机软件的保护，可以不适用著作权法的某些规定，而要针对这种作品的特殊之点，专门制定特殊的保护条例（国务院于1991年6月4日公布了《计算机软件保护条例》）。

如同计算机软件是否作为著作权法保护客体一样，民间文学是否作为著作权法保护的客体，争论也十分激烈。不同意用著作权法保护民间文学的同志认为：一、民间文学是一个民族的文化遗产，属于国家的公共财富，应当鼓励作家去挖掘、整理，推陈出新，以继承和发展本民族的文化，而不是限制作家去利用民间文学。二、民间文学是由一些身份不明的人在本地社区中世世代代创作、保存和发展的、具有鲜明的民族或地区特色的作品，无法确定这些作品的作者，也就很难确定它的著作权归属。同意用著作权法保护民间文学的同志认为：一、民间文学是发展中国家具有优势的文学艺术作品，不能让外国人无偿使用，更不能让外国人歪曲这些作品，损害本民族的形象。二、民间文学的作者不明，其著作权可以归国家所有，由国家规定民间文学的利用办法。三、世界知识产权组织和联合国教科文组织为发展中国家制订的著作权法蓝本——突尼斯著作权法，就将民间文学列为著作权法保护的客体。持这种观点的同志态度相当坚决，他们甚至提出保不保护民间文学是执不执行国家民族政策的问题（因为我国有55个少数民族，他们都有比较丰富的民间文学）。著作权法关于民间文学的保护，基本上采取了保护计算机软件的办法，该法第六条规定：“民间文学艺术作品的著作权保护办法由国务院另行规定。”很遗憾，著作权法实施10年了，民间文学艺术作品的著作权保护办法至今未能公布。

（五）关于邻接权的保护

邻接权，我国著作权法称之为“与著作权有关的权益”。它包括三部分人的权利：1. 表演者，即表演文学、艺术、科学作品的演员和文艺团体；2. 录音录像的制作者，如唱片公司、音像出版社等单位；3. 广播电视组织。在我国，邻接权还包括图书、报纸、期刊出版者的权利。他们是作品的传播者。

这些作品的传播者在传播作品中付出了创造性的劳动，他们的劳动应被承认与尊重，他们的合法权益应受保护。著作权法起草时，著作权法要不要包括邻接权，邻接权的保护要不要单独立法，争论比较多。有同志认为我们这个法调整的社会关系太多，太复杂了。著作权法保护作者就行了，其他事情一概不要管，主张邻接权单独立法，减少一些矛盾。另一些同志不同意这种意见，他们认为分散立法，矛盾可能会更大。而在同一个法中调整这些矛盾容易一些，互相也好衔接，没有必要搞两个法。从国际上立法趋势看，也是把邻接权列入著作权法的多，单独立法的少。把调整的作品的创作者、传播者、广大公民三者的利益关系合在一个法里，容易将作品的创作者与传播者两方面的积极性都调动起来。主张著作权法既保护作者权益也保护作品传播者权益的同志的意见被采纳了。著作权法单列第四章出版、表演、录音录像、播放，既规定了图书、报纸、期刊出版者和表演者、录音录像制作者、以及广播电视组织的权利，也规定了这些传播者与其被利用的作品的作者之间的关系。

（六）著作权的转让与继承

这个问题在50年代就有争议。相当多的同志不主张著作权转让与继承。理由是我们是社会主义国家，作者的子女不应当依赖父母的劳动成果来过日子，他们应当自食其力。也有很多同志认为著作权不允许转让与继承，这首先从法理上讲不通，体力劳动者创造的物质财产可以继承，为什么脑力劳动者创造的智力财产不能继承呢？允许继承著作权中的财产权利，对激发作者创作积极性的影响要大于作者子女可能因继承而产生过份依赖，过寄生生活的影响，可以说是利大于弊。1985年全国人大通过的《中华人民共和国继承法》明确规定，著作权中的财产权利属于公民个人的合法财产，公民死亡后可以继承。《继承法》通过后，大家认识统一了，也就无人反对著作权可以继承了。

著作权能否转让，著作权法中没有明确规定。1950年全国出版工作会议《关于改进和发展出版工作的决议》规定著作权不能卖绝，即不能转让。有些法律专家把著作权是否允许转让看作是社会主义著作权法与资本主义著作权法的分水岭。著作权不能转让的理由，是列宁在世时颁布过法规，宣布十月革命以前，作者同出版者、电影制片人、唱片制作者签订的转让著作权的合同一律无效。这一规定此后就成为社会主义国家著作权不能转让的依据。

著作权能否转让，我们国内也有两种意见。一种意见认为，著作权是一种人权，不能转让，特别是著作权中的人身权利，绝对不能转让，著作权中的财产权利，只能许可使用，不能转让。另一种意见认为，财产所有权的转让，就是卖绝，知识产权也不能例外，著作权允许转让就是允许卖绝著作权。同意著作权可以转让的人中，还有一种观点认为，著作权中的财产权，作为无形的产权，可以全部转让，也可以部分转让；可以在整个著作权有效期内转让，也可以做有期限的转让。所谓部分转让，就是只转让一种或数种权利，而保留其余的权利；所谓有期限的转让，即转让权利的时候，明确转让数年，数年之后，权利回归作者。在著作权法起草和通过时，前一种意见呼声强，占多数；后一种意见呼声弱，占少数。我想随着科学的发展，技术的进步，知识产权作为无形的财产进行有限转让的观点会被越来越多的人接受。

现行著作权法对于著作权转让的规定，既不鼓励，也不禁止，留有充分余地。

（七）职务作品的范围与著作权归属

职务作品的定义及其著作权的归属与利用，一直是著作权法起草过程中十分棘手的问题。有人主张著作权归作者，作者所在单位在其业务范围内有使用权；有人主张著作权只能归法人或非法人单位，作者个人根据合同领取报酬即可。起草小组探讨十几年，想找出一个最佳方案。现行著作权法第十六条关于职务作品的规定是否最佳方案，我不敢肯定，但应当承认，这是一个比较好的方案，基本上行得通。现在的写法，是各方妥协的产物。职务作品定义是：法人或非法人单位的职工，完成单位工作任务所创作的作品。但完成工作任务或本职工作外创作的作品不是职务作品。

职务作品虽然都是作为本职工作或工作任务完成的作品，但也有两种不同的情况，著作权归属也有不同的规定。第一种情况是作品反映作者本人的思想，体现作者本人的人格，作品的社会责任由本人承担，著作权归作者个人。第二种情况是由法人或非法人单位提供物质技术条件而创作，由法人或非法人单位承担责任的作品，著作权归法人所有或非法人单位所有。

第一种情况容易认定。第二种情况难以认定，还可能扩大解释。什么叫单位提供物质技术条件，用单位几张纸、一瓶墨水，或一个计算器，创作出来的作品，著作权就可以归法人或非法人单位？恐怕不能这么理解。

著作权归属必须从兼顾作者个人与单位双方利益的原则来考虑，如果仅考虑单位一方的利益，就容易把作者个人权利的范围缩小，把法人或非法人单位的权利扩大，影响作者的创作积极性；如果过分强调作者个人利益，就可能损害单位的合法权益，影响单位支持作者创作的积极性。著作权法第十六条规定著作权属于法人或非法人单位的职务作品有两种："（一）主要是利用法人或者非法人单位的物质技术条件创作，并由法人或者非法人单位承担责任的工程设计、产品设计图纸及其说明、计算机软件、地图等职务作品；（二）法律、行政法规规定或者合同约定著作权由法人或者非法人单位享有的职务作品。"

按照这一规定，著作权属于单位的职务作品的构成要件是：1. 由单位提供创作的物质技术条件，在一般情况下，这种物质技术条件，作者个人难以具备；2. 需要有他人合作，作品才能完成；3. 单位承担责任，个人不承担责任。

（八）作者的权利与义务

有些同志看了著作权法草案以后，认为赋予作者的权利太多，没有规定作者应承担的义务。有的同志甚至说，写出一个作品，发表要给钱，演出要给钱，广播还要给钱，这不是引导人们向"钱"看吗。他们提出，著作权法中应当规定作者必须坚持四项基本原则，维护国家的统一，维护安定团结的政治局面等。他们提出这种意见可以理解。另有一些同志认为，坚持四项基本原则、维护安定团结是每个公民的政治责任与义务，不仅仅是作者的事情。著作权法规定作者对社会应尽的义务，主要表现为对作者行使权利的限制。

著作权法第十条规定作者享有的人身权与财产权，是否给作者权利太多了。从目前国家的政治、经济和文化状况以及保护劳动者权益的实际情况看，我认为著作权法规定的权利是恰当的。首先，法律赋予作者的人身权利比较充分。尊重作者的劳动，完全必要，也符合精神文明建设的要求和中国知识分子重名轻利的特点。其次，作者的财产权利，即因使用作品获取报酬的权利，著作权法的规定达到了发展中国家的保护水平，还没有达到发达国家的水平。作者在行使经济权利时，基本的、传统的权利都有了，如出版、表演、展览、改编、翻译等 12 项经济权利。

作者权利中争议较大的是广播权。争议焦点是对已发表的作品，电台、电视台进行播放时，要不要取得作者同意，要不要支付报酬。作家、作曲家要求播放作品取得他们同意并支付报酬，广播电台、电视台认为很难办到，不同意付酬。理由是，我们国家的广播电台、电视台是宣传、教育工具，不是商业台，广大听众与观众并不交纳收听、收看费，如果法律规定付酬得财政部拿钱。财政部不拨款，广播电台、电视台则付不起这笔钱。要求承认作者的广播权的人认为：1. 广播电台、电视台，播放已发表的作品不给作者一点报酬，怎么鼓励优秀作品的创作呢？优秀的节目又将从何而来？2. 制作广播、电视节目对表演者是支付报酬的，而且支付的报酬越来越高。既然能给表演者支付报酬，为什么不给作者支付报酬？两种意见相持不下，直到七届全国人大常委会第十五次会议上还在争论。著作权法对此问题的规定既照顾了作者的利益，又适应了电台、电视台的实际承受能力。归纳起来，主要有以下三点规定：第一，承认作者对已发表的作品享有广播权。第二，这种广播权是有限的，只在制作节目时支付报酬，播放或重播时不再支付报酬。第三，非营业性播放已出版的录音制品不付酬。当然，还有不少同志对此规定不太满意。一部法律要使利益冲突的各方都十分满意，可能永远办不到。

（九）涉外著作权的规定

有些同志认为，著作权法是国内法，不应该提及外国人的事。只管960万平方公里土地上11亿6千万人的著作权，即只管中国境内中国公民的著作权，其余的事情不管。这种意见有一定道理，这在十八九世纪行得通。但现在是20世纪90年代，马上进入21世纪了，上述意见就行不通了。有人讲：地球变得越来越小了。意思是说科学技术的进步，使交通发达、通讯方便，缩短了国与国之间互相往来、交流接触的时间距离。文学、艺术、科学作品本身是一种无形的知识产权，作品一旦发表，可以超越国界进行传播，任何人都阻挡不住。各个国家文化科学事业的发展都要吸收国外的知识，闭关锁国已不可能。对著作权进行保护，不解决与国外著作权保护的关系，这种保护也是不完全的。大部分同志主张，著作权法是国内法，但考虑到我们的国际交往，应当设立必要的条款，解决涉外著作权问题。在现实生活中，我国1979年签订的《中美贸易关系协定》、《中菲文化协定》都有关于著作权的条款。在对外经济与文化的交流合作中，一些外国的厂商到中国办企业、办工厂，他们开发的软件要不要予以保护？还有许多文化、科技交流的项目，在合作过程中产生的文化、艺术和科学作品如何保护？学者互访时的讲演和创作，也都涉及到著作权问题。最后，多数同志的意见被接受了。著作权法第二条规定："外国人的作品首先在中国境内发表的，依照本法享有著作权。外国人在中国境外发表的作品，根据其所属国同中国签订的协议或者共同参加的国际条约享有的著作权，受本法保护。"这一原则性的规定，为此后逐步解决著作权涉外关系奠定了法律基础。

（十）版权行政机关能否处理侵犯著作权、邻接权的纠纷

部分同志认为：著作权是民事权利，是个人权利，政府机关最好不要介入。另外一种意见认为：权利是法律规定的，法律如果规定政府可以介入，政府就能够介入。著作权涉及到公众利益，不能认为纯粹是私人的事情，凡是涉及公众利益的，政府都有权干预。两种意见分歧之点是，侵犯著作权和邻接权的行为仅仅由司法机关处理还是行政机关也可以处理。最后定稿是著作权行政机关有权处理侵权行为。不仅可以处理，当侵权行为侵害公众利益时，行政机关还可以主动追究侵权者的责任。作出这种规定有它的道理。在全国人大法律工作委员会组织讨论著作权法草案时，邀请部分法院和著作权行政机关的同志参加，大多数同志赞成政府著作权行政机关有权处理著作权纠纷。法院同志说，目前法院受理案件多，希望政府著作权管理机关能协助他们处理一些著作权纠纷。著作权行政管理机关有多年著作权管理经验，有著作权专业人员，处理问题比较便利。作者团体也希望著作权行政管理机关能够处理著作权纠纷，因为著作权纠纷主要涉及文化人。中国文化人有个特点，不爱打官司，认为到法院打官司有失体面，不论有理无理，官司输赢，被法院传票传来唤去，总感觉是件不怎么光彩的事，希望调解。著作权行政管理机关有权处理侵犯著作权行为，可以说是我国著作权保护制度的一个特点。

著作权法起草过程中争议的问题还有很多，我仅仅选择这十个问题作简要回顾。

对于这些争议的问题，从法的名称到计算机软件、民间文学艺术作品的保护，国家版权局提供的著作权法草案与全国人大通过的正式文本有较大的差距，应当说，我们国家版权局的同志采取了相当灵活的态度。记得1990年8月七届全国人大常委会第十五次会议期间，当时主持著作权法定稿的全国人大法律委员会副主任宋汝棼同志给国家版权局局长宋木文同志写过一张条子，内容是"勿因小而失大，勿求全而拖延。"劝我们从争取尽快通过著作权法这个大局出发，不必在某些具体条文上坚持己见，不必为追求完美的结果而使著作权法推迟出台。我们接受了宋汝棼同志的劝告，在许多有争议的问题上放弃了自己的意见，为著作权法的顺利通过做了有积极意义的妥协。

三、我国制定著作权法的深远意义

1990年8月21日，全国人大法律委员会副主任宋汝棼同志向全国人大常委会汇报著作权法草案修改稿时指出："制定著作权法，对于保护作者的合法权益，调动知识分子的积极性，鼓励有益于社会主义精神文明、物质文明建设的作品的创作和传播；对于完善我国保护知识产权的法律制度，在平等互利的基础上发展对外经济、文化、科学、技术交流，促进对外开放，繁荣社会主义文化和科学事业，都具有重要意义。"

我十分赞成宋汝棼同志的意见，我认为，我国制定著作权法律、建立著作权保护制度，使中国共产党倡导的实事求是的思想作风和尊重知识、尊重人才，以及改革开放的政策，在文学、艺术和科学领域得以贯彻和发展，并以国家的立法形式予以确认。它将更新人们的某些思想观念，以经济杠杆和法律方式来激发和保证智力产品的创作和传播，推动社会主义市场经济体制的建立与发展，推动人类文明的进程。制定著作权法的深远意义，我认为还可以从以下四个方面来认识与理解：

1．著作权法的制定，划清了资产阶级名利思想与智力劳动者正当权益的界限。文学、艺术和科学作品的作者，是从事高级复杂劳动的脑力劳动者，是民族文化的承袭者和社会精神财富的创造者。文学、艺术和科学作品，既是作者人格和愿望的一种表现形式，又是作者艰苦的创造性劳动成果。因此，我国的

著作权法规定，作者对其作品享有人身和财产两方面的权利。作者在自己创作的作品上署名，禁止未经授权的修改，不是争个人之名，而是对社会对历史负责的表现。作者因他人利用作品而获取报酬，是社会对他们所作贡献的承认和合理补偿，是为他们继续创作提供物质条件的必要保障。著作权法保护作者对其作品享有某些人身权与财产权，不是助长资产阶级个人名利思想，而是保护脑力劳动者的智力成果及其正当权益；不是鼓励"一切向钱看"，而是为了激发作者的创作热情，鼓励他们为祖国为人民创作出更多的优秀作品，启迪人们的思想，陶冶人们的情操，鼓励人们积极上进，以提高整个民族的科学文化素质。

2. 著作权法的制定，肯定了文学、艺术和科学作品的商品属性。文学、艺术和科学作品是作者创造性劳动的结晶，正是这种创造性劳动，决定了作品的价值。文学、艺术和科学作品能够启迪人们的思想，使人们获得从事各种社会活动的知识与本领，或使人们获得艺术享受，丰富人们的精神生活，从而起到促进生产力的发展和推动社会前进的重大作用。正是这种有用性使作品具有使用价值。文学、艺术和科学作品不仅具有商品的两个属性——价值和使用价值，而且具有成为商品的三个必备条件——有用性、能供他人或社会消费和能经市场交换转到使用者手中。文学、艺术和科学作品具有思想性与艺术性，它不是满足人们物质消费，而是满足人们文化或精神消费的需要。它的社会价值是通过人们对它的理解，进而化为物质力量而实现的；它的经济价值是通过人们对它的复制与传播，包括通过其载体的交换实现的。考虑到上述特点，人们不妨称文学、艺术和科学作品为一种"特殊商品"。我国的著作权法，不仅规定作者对其作品享有财产权利，而且规定此种财产权利具有独占性。在一定期限内可以继承、转让或授权使用，而转让或授权使用的付酬标准，可以通过合同约定，这就从法律上肯定了文学、艺术和科学作品作为一种"特殊商品"的商品属性。承认文学、艺术和科学作品的商品属性，对人们认识中国还处在劳动仍是谋生手段的社会主义初级阶段这一客观事实，对人们自觉地运用价值规律来促进文学、艺术和科学作品这一"特殊商品"的生产与流通，将起十分重要的作用。

3. 著作权法的制定，理顺了文学、艺术和科学作品的创作者、传播者与公众三者利益关系。在社会主义的中国，文学、艺术和科学作品的作者，既不是为文化工业资本家生产剩余价值的雇佣劳动者，也不是高踞于劳动人民之上的精神贵族，他们是劳动人民的一部分，是国家的主人，他们与广大劳动群众的根本利益是一致的。我国的图书出版者、音像制作者、艺术表演团体、广播电视组织等作品的传播者，不是以谋取利润为惟一目的的资本家，而是以传播科学文化知识，传播先进思想，或为大众提供艺术享受为己任的社会主义文化事业单位和团体。作品的创作者、传播者和大众之间，其根本利益与奋斗目标是一致的，但在使用文学、艺术和科学作品方面也还存在矛盾与冲突。我国的著作权法不仅规定了作者与传播者的正当权益，也规定了广大公众因参加社会文化活动、学习知识、分享艺术而合理使用作品的权利（即对著作权人行使著作权的适当限制），基本上协调了三者因使用作品而产生的利益关系，从而可以调动全国大多数人进行创造性智力活动的积极性。我国历史悠久，人口众多，文化财富与智力资源非常丰富，一旦全国大多数人熟悉、掌握了著作权法，从事智力活动的积极性调动起来了，就能自觉地、充分地发挥个人的聪明才智，进行创造性的劳动，推动文化科学事业乃至整个社会主义建设事业的前进和整个中华民族文化素质的提高。

4. 著作权法的制定，提供了解决涉外著作权保护的法律依据。作为知识产权客体之一的文学、艺术和科学作品，一旦发表，即可超越国界进行传播，为他人利用。知识产权的一个重要特征是它严格的地域性。一个国家内产生的、或本国公民、法人创作的文学、艺术和科学作品要在国外得到保护，最基本的保证是与外国缔结双边或多边著作权协议。通过双边协定或国际公约谋求本国作品在国外的保护，是一切文学、艺术和科学作品的创作者与传播者的共同愿望，也是促进各国之间文化、科学、技术和经济交流的重要手段。而缔结双边著作权协定或参加国际著作权公约，必须以本国著作权立法为基础。我国著作权法规定，外国人在中国境外发表的作品，根据其所属国同中国签订的协议或共同参加的国际条约享有的著作权，将在我国受到保护，这就为我国逐步实现涉外著作权关系正常化提供了法律依据。1992 年 10 月 15 日和 30 日《伯尔尼公约》和《世界版权公约》分别在我国生效，1993 年 4 月 30 日，我国成为《保护录音制品制作者防止未经许可复制其录音制品公约》的成员国，至此，我国基本上实现了涉外著作权关系正常化。涉外著作权问题的解决，不仅有利于引进国外的智力资源，也将使我国的文学、艺术和科学作品在国外得到保护，从而能更好地弘扬中华民族的文化，增进我国人民与世界其他各国人民之间的相互了解，促进我国的对外文化、科学技术交流，促进对外贸易。

应当承认，与发达国家相比，甚至与某些发展中国家相比，我国著作权保护的水平仍然不高，著作权法的某些规定与国际著作权公约并不十分协调，但我国在建立和健全著作权制度方面毕竟迈开了第一步，而且是十分重要的一大步。

四、现行著作权法应当尽快修改

我国著作权法实施 11 年了，著作权法的实施，对保护广大文学、艺术和科学作品作者的正当权益，鼓励优秀作品的创作与传播，促进新闻出版、广播影视、戏剧音乐、电子软件等版权产业的发展，繁荣科学文化与教育事业，均起了十分重要的作用。然而，我们不能不看到，在这 11 年中，我国在政治、经济、文化各方面都发生了深刻的变化。在众多的深刻变化中，对著作权法影响最大的变化之一是，我国正在由社会主义计划经济体制向社会主义市场经济体制转变。作为上层建筑重要组成部分的国家法律，总是要为经济基础服务的，著作权法也不例外。80 年代起草，90 年代第一年通过的人民共和国的第一部著作权法，不能不带着深深的社会主义计划经济的“烙印”。这种“烙印”主要表现是：在某些情况下，法律的天平向使用作品的国营文化事业单位倾斜，例如，著作权法第四十三条规定：“广播电台、电视台非营业性播放已经出版的录音制品，可以不经著作权人、表演者、录音制作者许可，不向其支付报酬。”又如著作权法第三十条规定：“图书出版者对著作权人交付出版的作品，在合同约定期间享有专有出版权”，著作权法实施条例第三十九条进一步将专有出版权规定为“以同种文字的原版、修订版和缩编本的方式出版图书的独占权利”。再如著作权法第二十七条规定，除合同另有约定外，“使用作品的付酬标准由国务院著作权行政管理部门会同有关部门制定”。著作权制度本来是市场经济的产物，上述所列我国著作权法中计划经济的“烙印”，显然与文明社会公民权利平等、市场公平竞争的原则相悖，不利于社会主义市场经济体制的建立与发展。对著作权法影响最大的变化之二是，我国已经成为国际版权大家庭的一员，世人期望我国在这个大家庭中发挥重要作用。我国在著作权法生效后，分别于1992年10月15日和10月30日成为《伯尔尼保护文学和艺术作品公约》和《世界版权公约》的成员国，随后又于1993年4月30日成为《保护录音制品制作者防止未经许可复制其录音制品公约》的成员国。从总体上说，我国著作权法的主要条款与国际版权公约的规定基本协调，有些明显与公约冲突的条款，通过《实施国际著作权条约的规定》，以及《民法通则》第一百四十二条关于涉外民事关系可以适用国际条约的规定，使对外国公民著作权保护的法律冲突问题得到了妥善解决。但是，这种“解决办法”却又导致了另外一个严重问题的产生。这就是，依据现行的著作权法律法规，对公约其他成员国作者著作权的保护，比对中国作者著作权保护的水平要高。例如：《实施国际著作权条约的规定》第十六条规定：“表演、录音或者广播外国作品，适用于伯尔尼公约的规定；有集体管理组织的，应当事先取得该组织的授权。”而根据著作权法第三十五条、三十七条和四十条的规定，利用已经发表的中国作品进行表演、制作录音和广播电视节目，如果著作权人没有声明不许使用，则可以不经著作权人许可，只要按规定支付报酬。又如，《实施国际著作权条约的规定》第七条规定：“外国计算机程序作为文学作品保护，可以不履行登记手续，保护期为自该程序首次发表之年年底起五十年。”而根据《计算机软件保护条例》第二十四条和第十五条的规定，中国人的计算机软件办理著作权登记，是依该条例提出软件权利纠纷行政处理或者诉讼的前提。软件的保护期为25年，保护期满前申请续展的，才可以延长25年。此类外国人享受超国民待遇的规定，作为一种过渡性的安排，不无道理；但作为法律规定，较长时期不做变更，则不利于调动本国公民创作与传播作品的积极性，亦有损于国家形象。对著作权法影响最大的变化之三是，计算机、数码化、光纤通信等新技术的迅速发展及其在作品的创作与传播方面的广泛使用。数码化等新技术的运用，为作品的使用者提供了方便，依现行的法律却使著作权人的利益受到损害。例如，著作权法第五十二条规定：“本法所称的复制，指以印刷、复印、临摹、拓印、录音、录像、翻拍等方式将作品制作一份或者多份的行为。”按此规定，未经著作权人许可，将他人作品数码化制成光盘是否构成“复制”行为就可能有不同的答案。再如，著作权法实施条例第五条之三对“播放”的解释是，“指通过无线电波、有线电视系统传播作品”，按此种解释，通过互联网络检索某个文献信息中心的资料就不能视为“播放”，而不视为“播放”，又能视为一种什么行为呢？如果不经著作权人同意，擅自将他人作品收入资料库，通过互联网络向不固定的用户提供以谋取利益，这种行为明显侵犯了著作权人的经济效益，现行著作权法却还无法回答谁侵了权，侵犯了什么权利。面对新技术的挑战，著作权法必须有新的规定，以便达到既保护作者正当权益，又能促进新技术的发展，至少不应妨碍新技术的发展的目的。作为国家文化经济政策的基本法律，著作权法应当适应这些变化，并为这些可喜的变化提供必要的法律规范。为此，我们应当考虑修改现行的著作权法。

我们是在21世纪即将来临的时候提出修改著作权法的，修改著作权法就应当从二十世纪末中国的实际情况出发。人们可以列举出许多实际情况，我个人认为，修改著作权法应当特别注意以下几种情况和坚持以下几条原则：(1)中国已经开始由社会主义计划经济体制向社会主义市场经济体制转变，著作权法修改应当有利于社会主义市场经济体制的建立与发展。(2)中国还处于社会主义初级阶段，尽管个别地区经济相当发达，某些领域技术相当先进，但从总体上讲，特别是与发达国家相比，我国“一穷二白”的局面并未从根本上改变，著作权法的修改应当有利于“一穷二白”局面的改变，而不是维持和延缓这种局面。(3)中国对外开放进一步扩大，涉外著作权关系已经正常，著作权法的修改应当有利于国内国际两种智力资源的开发与利用，有利于国内国际两个著作权产品(包括文化产品与软件产品)市场的开拓。鉴于我国现行著作权法是一部现代化的著作权法，基本上能保障作者的正当权益和协调作品创作者、传播者以及广大公众三者之间因使用作品而产生的利益关系。因此，著作权法的修改可以考虑在不改变其基本框架的前提下，将《实施国际著作权条约的规定》、《计算机软件保护条例》以及新刑法中关于“侵犯知识产权罪”的有关条款统一到著作权法中，并对相应的条款作适当的修改或增删。适当修改或增删有关条款，似应考虑以下几点：(1)著作权法与我国参加的国际版权公约，主要是《伯尔尼公约》不协调的条款，原则上应当与国际公约的规定一致，使国内作者与外国作者在我国享受同等的保护。(2)明确著作权集体管理机构的法律地位和它的主要职责，以便增强作者的自我保护意识，充分发挥著作权集体管理机构在著作权保护中的作用。(3)补充行政执法与司法救助的规定，强化执法手段，使侵权行为能得到及时有效的制止和处罚，为维护著作权人和版权产业界的正当权益提供有力的武器和简明的方法。

著作权法的修改是一项十分艰巨和复杂的任务,仅靠立法机关和行政执法机关的努力是不够的,各种作者团体和版权产业界的人士都应积极参与这项活动。我们已经有了 11 年执行著作权法的经验,又有许多外国的经验可以借鉴,本着实事求是的态度和坚持认真细致的工作作风,我国的著作权法一定能够修改好,我国的著作权保护将进入一个新阶段。

(国家版权局　沈仁干)

我国商标法立法回顾

改革开放以后,随着经济体制改革的深入和企业自主权的扩大和 1963 年颁布的《商标管理条例》已不能适应我国发展社会主义商品经济和健全社会主义法制的要求,制定一部新的商标法律来保护商标专用权已是大势所趋。

一、《中华人民共和国商标法》的颁布

1979 年 6 月,工商行政管理总局决定成立《商标法》起草小组。从 1979 年 6 月到 1982 年 8 月,起草小组广泛征求各方面的意见,本着立足国内同时兼顾国际惯例的原则,经反复讨论、深入论证,起草了《中华人民共和国《商标法(草案)》(以下简称《商标法(草案)》)。1981 年 11 月 20 至 30 日,工商行政管理总局在北京召开全国商标问题讨论会,就《商标法(草案)》进行了逐条逐句的推敲。1982 年 4 月,国务院常务会议通过《商标法(草案)》,提请全国人大常委会审议。1982 年 8 月 23 日,第五届全国人大常委会第二十四次会议对《商标法》(草案)》进行审议,并一致通过了《中华人民共和国商标法》(以下简称《商标法》)。同日,叶剑英委员长以委员长第十号令向全国公布,并决定从 1983 年 3 月 1 日起施行。

《商标法》是适应改革开放形势的需要,在总结我国商标管理历史经验的基础上,借鉴发达国家商标立法的成功经验,结合我国经济发展的实际情况制订的。是一部既适合当时中国国情,又基本符合国际惯例的现代法律。《商标法》的颁布实施开辟了我国知识产权立法的先河,成为我国商标法律体系的奠基石和商标事业的重要里程碑。

二、《商标法》起草过程中几个争议较大的问题

改革开放初期,虽然我国工作重心实现了由政治运动到经济建设的转轨,但在当时的计划经济体制下,人们对于商标的本质、商标的功能、商标制度等问题的认识存在很大分歧。因此,在《商标法》起草过程中,在许多问题上争论十分激烈。

(一)关于保护商标专用权问题

保护商标专用权是修改《商标法》中所遇到的第一大问题,它直接关系到制定一部什么样的《商标法》问题。当时我国刚刚走出"文革"的阴影,有些人心存政治疑虑,认为商标专用权已经作为"资产阶级法权思想的残余"被批臭批倒了,不适宜社会主义公有制经济为主体的计划经济体制。多数人则认为,《商标管理条例》没有关于商标专用权的规定,只强调企业使用商标应当注册的义务,而没有规定企业获准注册后应享有的权利,因此,不但导致社会上对商标专用权的漠视,而且使一些企业感到只有义务没有权利,把商标注册当成了负担。实践证明,这对发展社会主义商品经济是不利的。从贯彻改革开放方针和发展社会主义商品经济的角度出发,《商标法》最终以保护商标专用权为立法核心,保护商标专用权也成了《商标法》的立法宗旨之一。

(二)关于改变全面注册、实施自愿注册原则问题

关于自愿注册原则,是商标专用权民事权利性质所决定的,是扩大企业自主权需要所决定的。但许多从事商标管理工作的同志认为自愿注册行不通,因为自 1956 年以后,虽然国家三令五申要求全面注册商标,但企业还是不愿注册,商标注册申请量一直很少。如果实行自愿注册原则,商标注册量将会更少,商标管理工作将会更加困难,将会导致社会经济秩序的混乱。反对强制注册的人则认为,全面注册(强制注册)办法是从我国社会主义改造基本完成后开始实施的,当时是针对许多生产企业不申请商标注册而采取的一项强制措施,后来列入了《商标管理条例》。实践证明,用行政手段强制企业注册商标,对生产和流通不利,对国民经济发展也不利。有些企业往往因为商标未获准注册,产品不能及时出厂销售;还有一些小企业生产的是当地产销的小商品或者是未定型商品,为在市场上销售也必须注册商标,这不仅增加企业负担,而且拖延了商品进入市场的时间;同时,强制注册也给商标主管机关带来不少困难。有些企业急于获准商标注册,常常函电催促甚至派人坐等,提出种种急需注册的理由,如产品积压、参加订货会、参加评比等等。不核准注册会影响企业的经营,核准了这些"急需"的商标申请,将会影响正常的商标注册工作。最后,从加强社会主义民主法制建设和搞活经济大局出发,《商标法》采用自愿注册原则,但留下一个妥协方案,即"国家规定必须使用注册商标的商品"实行强制注册原则,亦即对人用药品和烟草制品实行强制注册。

(三)关于管理商品质量问题

《商标管理条例》取消了商标专用权,把商标管理中心放在管理商品质量上,规定"商标是代表一定商品质量的标志"。有些同志认为,通过商标管理商品质量应当是《商标法》的一项主要功能,因为管理商品质量也就直接保护了广大人民群众的利益,这是我国社会主义国家性质决定的,"为人民服务,对人民负责,是我们一切工作的出发点和归宿"。保护商标专用权仅仅是一种手段,目的是通过商标管理商品质量,保护广大人民群众的利益。不同意见则认为,《商标法》是专门法,旨在通过保护商标专用权建立良好的社会经济秩序。通过对注册商标的保护,维护商标注册人和消费者的正当权益,建立公平竞争的社会经济秩序,而保障消费者利益、保障人民群众利益是所有社会主义法律的共性,不是《商标法》的本质特性。

在过去一个时期内,商标工作片面强调以管理商品质量为中心,淡化了商标注册和保护商标专用权的本质内容。商标不是代表一定商品质量的标志,而是表示商品来源于某一个企业的标志。最后,《商标法》未采用"商标是代表一定商品质量的标志"的提法,明确保护商标专用权是《商标法》的核心。但考虑到现实经济生活中,有利用商标声誉"粗制滥造、以次充好,欺骗消费者"的行为,《商标法》还保持了监督商品质量的条款,制止和惩处欺骗消费者的行为。

(四)关于注册程序问题

按照《商标管理条例》的规定,申请注册的商标,经审查核准,即予注册,并刊登于《商标公告》上。这种先注册后公告的优点是简化手续、节省时间,但在注册前未经公告征询意见,容易在商标注册后产生争议。从有利于保护商标专用权出发,《商标法》对上述注册程序做了必要的调整,采用先公告后注册的办法,即对申请注册的商标,经审查后刊登在《商标公告》上征询意见,在三个月异议期内,无异议或者虽有异议但异议不能成立的予以注册。这种办法虽然增加了一些手续,但有利于减少商标注册后的争议,有利于更好地保护商标专用权。《商标法》还规定,对于驳回申请、异议裁定以及注册商标有争议的,当事人不服的,可以向商标评审委员会申请复审,商标评审委员会做出终局裁定。当时工商行政管理总局上报国务院草案中,规定了行政复审的司法救济程序,但由于人民法院提出司法力量不足,难以承担该工作,故人大法工委修改时删除了这一内容。

(五)关于外国商标注册问题

《商标管理条例》规定,外国企业或外国人申请商标注册,必须具备两个条件:一是申请人所属国家已同我国订有商标互惠协议;二是申请注册的商标已在本国注册。但世界上大多数国家的商标注册都不要求签订互惠协议和提交本国商标注册证。按照这些国家的法律,我国商标申请外国商标注册,本应允许注册,却因我国的上述规定而不能接受申请,以致我国出口商品商标屡屡被人仿冒或者抢先注册,使我国遭受很大经济损失。为此,1978 年国务院批准,将有关外国商标注册的条款改为对等原则,灵活执行。《商标法》规定,对于外国商标注册申请,按申请人所属国同我国共同参加的国际条约或按双边协议或者按对等原则办理。

(六)其他问题

《商标法》总结了我国商标工作的经验和教训,吸取了不同社会制度国家商标制度的优点,形成了一套适合中国特色的商标制度。这套制度主要是:以保护商标专用权为核心,同时保障消费者的利益;商标权的产生采用注册原则;企业是否注册商标采用自愿注册原则;商标注册采用申请在先原则;商标管理实行统一注册、分级管理原则;商标侵权处理采用行政查处和司法审判"双轨制"原则。同时,根据《巴黎公约》,我国对外国商标注册申请实行国民待遇原则和优先权原则。

三、1993 年《商标法》的修订

随着我国改革开放的深入和经济建设的发展,商标领域不断出现新情况、新问题。1986 年,国家工商行政管理局提出修改《商标法》,但由于改革开放期间人大立法任务太重,修改《商标法》还不能列入立法日程。根据 1985 年 4 月 10 日第六届全国人大三次会议《关于授权国务院在经济体制改革和对外开放方面可以制定暂行的规定或者条例的决定》,请示国务院对《商标法实施细则》进行修改。1988 年 1 月 3 日,国务院批准修订了《商标法实施细则》。这次修改虽然是对《商标法实施细则》的修改,但修改的问题十分重要。如:商标注册申请由"两级核转制"向"代理制"转变;增加了县级以上行政区划名称禁止注册的规定;增加了烟草制品商标的强制注册;增加了优先权的规定;取消了"三年不使用商标"注册申请,一年内不予注册的限制;加大了商标侵权行为的处罚力度。

为适应我国市场经济发展和保护商标专用权的需要,1993 年 2 月 22 日,第七届全国人民代表大会常务委员会第三十次会议审议并通过了国务院关于《中华人民共和国商标法修正案》的议案,对《商标法》作了九条修订,并颁布了《关于惩治假冒注册商标犯罪的补充规定》。修订后的《商标法》,扩大了商标保护范围,完备了商标注册程序,加大了对商标侵权行为的打击力度。

(一)将服务商标纳入保护范围

修订前的《商标法》只对商品商标予以注册和保护,修订后的《商标法》增加了对服务商标的注册和保护。随着改革开放的深化和市场经济的发展,第三产业迅速崛起,成为我国国民经济的重要组成部分。第三产业的大量涌现,使得市场竞争更加激烈,企业之间的种种不正当竞争时有发生,经营者迫切要求对其服务商标给予保护。对服务商标实行注册保护,有利于鼓励商业、服务业、金融业、保险业、建筑业、旅游业、文化娱乐业等行业的经营者公平竞争,提高服务质量,推动我国第三产业的健康发展。同时,《商标法》颁布之后,我国相继加入《保护工业产权巴黎公约》和《商标国际注册马德里协定》。作为《巴黎公约》和《马德里协定》的成员国,由于 100 多个国家已注册和保护服务商标,要求来我国申请注册和保护服务商标的外国企业越来越多,注册和保护服务商标是我国履行公约和协定应尽的义务,也有利于我国企业享受公约和协定规定的正当权益。

(二)加大了对商标侵权行为的打击力度

随着市场经济的迅猛发展,假冒注册商标商品充斥市场,严重扰乱了社会经济秩序,侵犯了注册商标专用权,损害了广大消费者的利益。虽然 1979 年《刑法》第 127 条规定了假冒商标罪,但与现实情况相比,责任主体偏窄,量刑幅度偏低,不能适应打击假冒注册商标犯罪的需要。在全国人大常委会讨论中,许多委员提出了假冒商标问题的严重性和《刑法》第 127 条规定的不适应问题。人大常委会请法工委临时起草了《关于惩治假冒注册商标犯罪的补充规定》。修订后的《商标法》和《关于惩治假冒注册商标犯罪的补充规定》,一是明确规定了商标侵权行为的内容,加强了制止侵权的行政执法,划清了罪与非罪的界限;二是对于假冒注册商标罪作了明确规定,并把责任主体扩大到任何人,最高刑期从三年提高到七年;三是对于伪造、擅自制造他人注册商标标识或者销售伪造、擅自制造的注册商标标识,以及销售明知是假冒注册商标商品,规定了相应的刑事处罚内容;四是对于那些支持、纵容、袒护、包庇假冒注册商标犯罪行为的国家工作人员,也规定了刑事责任。这些规定,加大了对商标侵权行为的打击力度,惩治了假冒注册商标的犯罪分子,进一步加强了对注册商标专用权的保护。

(三)增加地名不得作为商标注册的规定

原来《商标法》中对于地名作商标未加限制,实践中带来不少问题:主要是地名缺乏显著性,不利于同一地方同一行业间的公平竞争;有些不是当地的企业,滥用外地地名,造成消费者误认、混淆。修改后的《商标法》,将1988年《商标法实施细则》有关禁止地名注册商标的规定提升到法中,禁止县级以上行政区划的地名或者公众知晓的外国地名作为商标注册,但地名具有其他含义的除外。

(四)增加商标使用许可的规定

商标使用许可制度的优越性是社会公认的,但一些不发达地区的被许可人使用发达地区商标注册人的名义、地址,不标明自己商品的真实产地,欺骗消费者。对此,人大常委会委员在讨论中要求加强对商标使用许可的管理。修改后的《商标法》规定,经许可使用他人注册商标的,必须在使用该注册商标的商品上标明被许可人的名称和商品产地。

(五)对注册不当商标的撤销规定

注册不当商标,主要是指违反《商标法》有关禁用条款,或者以欺骗手段或不正当手段取得商标专用权的注册商标。这一内容在1986年就有人提出建议,1988年进入《商标法实施细则》,1993年提升到《商标法》中。根据该规定,对于注册不当商标,商标局可以依职权撤销该注册商标,其他单位或个人也可以请求商标评审委员会撤销该注册商标。

四、新世纪《商标法》的修改

《商标法》实施近20年来,极大地推动了我国商标事业的繁荣发展,为促进我国经济健康发展发挥了重要作用。但随着我国改革开放的不断深化和社会主义市场经济体制的逐步确立,国内经济体制及国际经济环境都发生了重大变化,现行《商标法》的有些规定已经难以适应新情况、新变化、新要求。这主要表现在:原来立法过于强调"简明扼要",突出了原则性,缺乏可操作性,有些规定不能适应市场经济的要求;原来立法受过去的实践、条件的限制,商标权利的主体和客体都发生了较大的变化,需要扩充;原来的立法是在比较封闭的条件下产生的,近20年来我国加入了一系列实质性的商标保护的国际条约和国际组织,特别是我国即将加入世界贸易组织,将面临《商标法》律与国际条约和国际惯例接轨的问题;原来企业缺少经营活力,现在市场竞争加剧,商标侵权假冒活动十分猖獗,查处手段和力度显得远远不足。

上述问题已经引起人们的普遍关注,因此,需要对现行《商标法》进行修改和完善,使之更加适应市场经济体制和知识经济时代的要求。1996年国家工商行政管理局开始对修改《商标法》进行调研论证,并在广州召开了三省三市商标管理干部及司法系统和部分商标代理人参加的《商标法》专题论证会,就修改《商标法》进行了广泛的讨论。1997年,国务院将《商标法》的修改列入二档立法计划。围绕《商标法》的修改工作,商标局以及北京市、上海市、广东省工商局分别就《商标法》修改与香港《商标法》律制度衔接、服务商标保护、驰名商标保护、强化商标行政执法力度等专题开展理论调研,为《商标法》的修改做理论准备工作。1998年,商标局成立修改《商标法》工作小组,并在北京召开了修改《商标法》专家论证会,邀请有关专家学者和具有丰富实践经验的商标工作者就《商标法》需要修改的内容的内容进行专题研究。在充分调研论证的基础上,修改《商标法》工作小组提出了修改要点,明确了修改目标,并草拟了修改建议的试拟稿。1999年,商标局分别在河北承德和浙江杭州召开了修改《商标法》座谈会,就试拟稿征求基层商标管理干部的意见。同时,邀请有关专家学者就修改专题撰写专题论证报告,反复征询各方面的意见和建议,并加强与有关立法部门的沟通,统一了修改《商标法》的认识和看法。此外,国家工商行政管理局组团赴世界知识产权组织、德国、瑞士就修改《商标法》进行考察,并翻译了大量的外国《商标法》律资料,充分汲取各国商标立法的有益经验。2000年,商标局把修改《商标法》作为重中之重的工作,继续进行调研论证。在全面调研论证的基础上,商标局对现行《商标法》提出了一个全面的修改建议稿,并在西安、张家界、北京分别召开了修改《商标法》座谈会和专家论证会,就修改建议稿广泛听取各方面的意见和建议。

2000年下半年,根据我国加入世贸组织的新形势,立法机关决定加快《商标法》的修改进程。10月12日,国务院法制办在北京召开修改《商标法》征求意见会,广泛征求各方面的意见,确定了修改《商标法》的基本思路。根据TRIPS协议规定,在广泛征求各方面意见和建议的基础上,国务院法制办会同国家工商行政管理局拟定了《商标法修正案(草案)》,并上报国务院审议。11月22日,国务院第33次常务会议审议并原则通过《商标法修正案(草案)》,经进一步修改后于11月29日提请全国人大常委会审议。12月22日,第九届全国人大第十九次会议审议了该草案。

根据TRIPS协议的具体要求,《商标法修正案(草案)》主要从以下方面对现行《商标法》进行修改:放开权利主体;扩大保护客体;增加查处手段;加大保护力度。《商标法》修改后,我国的《商标法》律制度将在维护公平竞争的市场经济秩序、保护商标权人和消费者的合法权益、促进国民经济持续发展方面发挥更大的作用。

(商标局　董葆霖)

我国的商标行政执法工作回顾

改革开放以来,伴随着具有中国特色的社会主义市场经济体制的确立和发展,现代意义的中国商标法律制度也在逐步建立和完善。商标行政执法工作作为中国商标法律体系建设的一个重要组成部分,立足国内执法实践,借鉴和吸收国外的先进理论成果和执法经验,得到了长足的进步和发展,执法队伍历经锤炼,执法水平日益提高,执法成绩令人鼓舞,为保护商标权利人合法权益和消费者利益,维护统一、开放、竞争有序的社会主义市场经济秩序,扩大我国知识产权保护工作的国际影响做出了突出贡献,受到国务院有关领导和社会各界的好评,赢得国际组织和友人的赞誉。

一、中国商标行政执法工作的发展历程

1978年,工商行政管理总局恢复建制和行使职能后,决定进行全国范围内的商标清理整顿,恢复商标统一注册工作,为下一步实施商标专用权保护奠定了坚实的基础。1982年8月,五届全国人大常委会通过了《中华人民共和国商标法》,并决定从1983年3月1日起施行。《商标法》明确其核心是保护商标专用权,实现了商标管理由商品质量监督为中心向保护商标专用权为核心的质的转变。以此为契机,国家工商行政管理局于1983年11月在山东泰安举行全国商标办案工作会议,推动商标行政执法工作的全面开展。从1983年至1992年十年间,全国工商行政管理机关共查处各类商标违法案件20余万件,尤其是查处了涉嫌侵犯"SONY"、"IBM"商标专用权案等一批有国际影响的涉外案件,有力地保护了外商在华的合法权益。不少外商纷纷通过致信、赠匾或送旗等方式,感谢工商行政管理机关在保护其商标专用权方面所做出的积极努力,表示愿意进一步扩大在华投资,加强与中国的经贸合作。

1993年以来,随着国家经济形势的变化和《商标法》的修订,中国的商标行政执法工作迎来了又一个春天。修订后的《商标法》及《商标法实施细则》,加大了对商标侵权假冒行为的打击力度。全国各级工商行政管理机关根据"健全市场规则、加强市场管理、清除市场障碍"的总体要求,认真贯彻落实国务院《关于进一步加强知识产权保护工作的决定》以及《有效保护知识产权的行动计划》,拓宽监管领域,实现职能到位,抓住商标侵权假冒行为猖獗的重点地区、重点商品和商标印制等重点环节,多次开展大规模的专项整治,加大力度、重拳出击;集中力量狠抓商标侵权假冒大要案件,排除阻力一查到底;并选择典型案例予以曝光,震慑违法犯罪分子,教育广大人民群众。世界知识产权组织总干事伊德里斯博士在1999年初访华期间,曾盛赞中国的商标监督管理体制是"健全的和有效运行的,对其他发展中国家和地区起到了很好的表率作用。"当然,我们也应该清醒地意识到,由于历史的和现实的客观条件的限制,与我国经济持续、快速、健康发展的要求相比,与党中央、国务院和人民群众的殷切希望相比,与世界贸易组织《与贸易有关的知识产权协议》所规定的商标保护水准相比,我们的商标行政执法工作还存在一些薄弱环节。主要表现在:商标侵权假冒现象在各地仍然不同程度地存在,一些地方还十分猖獗乃至成为"社会公害",商标行政执法的力度还需继续加大;本位主义和地方保护主义在一些地方仍比较突出,某些地方政府对市场经济条件下行政执法的作用和意义认识不足,商标行政执法优势尚未充分发挥,商标执法条件和执法环境有待于进一步改善;商标行政执法工作的繁重任务与行政执法人员不足形成的鲜明反差继续在一定程度上制约着商标基础性管理工作的拓展;企业的商标运用水平和自我保护水平与国际上的知名企业相比存在很大差距,加强企业商标工作的任务相当艰巨;社会商标意识有待进一步提高,《商标法》制宣传还需继续加强。以上种种情况都制约着商标行政执法工作向纵深发展。因此,1998年,为适应监管社会主义大市场的需要,党中央、国务院批准了《工商行政管理体制改革方案》,同意省以下工商行政管理机关实行垂直管理。这是党中央、国务院加强工商行政管理的一项重大举措,也为强化商标行政执法,提高商标执法的统一性、权威性和有效性,创造了有利条件。面对知识经济的迅猛发展和即将加入世界贸易组织的新形势,工商行政管理部门在世纪之交的"2000年全国商标管理工作座谈会"上对商标管理工作进一步提出了"创新商标管理模式、加强商标管理队伍建设"的新思路,要求商标管理以商标办案为中心,把商标管理的重心逐步拓展到工商所,合理界定各级工商行政管理机关的商标管理职责,建立适应时代要求的商标行政执法体制。

回顾我国商标行政执法工作20余年的发展历程,有两条脉络清晰可循:其一是根据国家不同时期的经济发展水平确立商标行政执法工作的重点,增加行政执法的透明度和稳定性,积极探索和完善适应社会主义市场经济新形势的商标行政执法体制;其二是充分考虑世界商标保护标准日益趋同的趋势,汲取国外《商标法》律的精髓,稳步推进我国《商标法》律现代化进程,使商标权得到充分、便捷、有效的保护。

二、中国商标行政执法工作的特点

"徒法不足以自行",依法对注册商标专用权进行保护是商标行政执法工作的核心,商标专用权的保护程度从一个侧面反映出一个国家对知识和技术创新的重视程度。根据《商标法》的有关规定,我国商标专用权的保护实行"双轨制",即司法机关和工商行政管理机关均有权就商标侵权假冒案件作出相应的处理,这是中国《商标法》律制度的一大特色。司法审判可以发挥程序严格的优势,而行政执法具有执法网络健全、时效性强和主动灵活的特点,适宜尽快查处侵权假冒案件,及时控制和缩小侵权行为对商标权利人的损害后果,补偿被侵权人的损失。实践证明,这一制度是完全符合中国国情的,具有很大的优越性。从统计数字来看,同期人民法院受理的商标侵权假冒案件的数量远远低于工商行政管理

机关查处同类案件的数量。当事人愿意选择行政程序处理侵权纠纷，说明现行的商标行政执法体系对保护注册人的合法权益和消费者利益是切实有效的，行政保护已经成为我国保护商标专用权的主要途径。目前，全国县级以上的工商行政管理机关都建立了商标行政执法机构，在各级工商行政管理机关的共同努力下，锻炼造就了一支政治坚定、纪律严明、业务精通、工作务实的能够担当跨世纪重任的商标行政执法队伍，成为中国商标保护的"主力军"。从1991年邓克尔文本的《与贸易有关的知识产权协议》伊始，国际上已经明确承认并支持行政执法在知识产权保护中的地位和作用。1995年和1996年中美两次知识产权谈判以及达成的双边协定中，更是进一步肯定和扩大了行政执法的作用，认为它可以在较简便的程序中较迅速地制止侵权行为并阻止侵权行为扩大。

1. 及时有效性

行政保护相对于司法保护而言，突出的特点是效率高，这已被中外商标权利人所认可。从受理案件的数量来看，行政执法机关的受理量占案件总数的90%左右。特别是在采取处理措施方面，行政执法机关有权责令侵权嫌疑人立即停止其侵权行为，这非常有利于商标专用权的保护。在案件的处理结果方面，行政执法机关的行政处罚决定书做出的时间一般均快于司法判决，即使涉及疑难问题，需要向上级行政机关请示，由于同属于一个系统，效率也很高。

2. 手段多样性

行政执法机关可以通过各种合法的行政执法手段对侵权嫌疑人采取行政强制措施，如询问、检查、调查、责令封存等。行政执法机关做出的行政处罚也体现了多样性的特点，包括责令立即停止销售、收缴并销毁侵权商标标识、消除现存商品上的侵权商标以及罚款等。行政执法机关还可以就当事人提出的责令赔偿请求做出责令赔偿决定。工商行政管理机关在依法处罚的同时，还积极探索非强制性的行政执法方式，完善行政指导制度，从而实现把监管重点从事后查处转移到事前、事中的防范和纠正上来。

3. 主动灵活性

行政机关对商标专用权的保护实行"依职权主动查处"与"依投诉被动保护"相结合的原则。这与绝大多数国家采取的"不告不理"的被动保护做法形成鲜明的对比，使我国商标专用权保护工作更加全面有力。工商行政管理机关有权依法对商标使用人的商标使用行为进行监督检查，发现有侵权嫌疑时，有权采取相应的行政执法措施。

4. 分级管理性

商标侵权假冒行为最基本的管辖原则是地域原则，即由侵权人所在地或者侵权行为发生地县级以上工商行政管理机关管辖。商标权利人或普通消费者发现商标侵权假冒等商标违法行为，一般选择到违法行为发生地的基层工商行政管理机关投诉检举。作为全国商标主管机关，国家工商行政管理局商标局一般不接受商标专用权人的直接投诉，而主要负责对全国商标违法案件查处工作的指导、监督、协调。

三、中国商标行政执法工作的具体措施

(一)发挥行政执法优势，切实加强办案工作

商标行政执法的工作重点是与国家经济政策和发展目标紧密相联的。面对复杂的国内外形势，为保持国民经济持续、健康、快速地发展，中央明确要求强化市场监管、整顿市场秩序，指出"打击假冒伪劣，事关政治，事关政府威信，事关国家和民族的前途。"各级工商行政管理机关着眼于改革开放和经济建设的大局，以保护商标专用权为核心，积极履行法定职责，充分发挥职能作用，采取了一系列行之有效的措施。

1. 突出对有较高知名度商标的保护

各级工商行政管理机关始终把保护驰名商标、著名商标和国有大中型企业有较高知名度商标的工作作为重中之重，常抓不懈。商标局编制了《全国重点商标保护名录》，对有较高知名度且在全国范围内被侵权假冒严重的280件商标，实施了重点保护，集中力量查处了"茅台"酒案、"椰树"饮料案等一批危害人民生命安全、损害国家经济利益和国有企业合法权益、扰乱市场经济秩序的大要案件，在社会上引起了强烈反响，受到商标权利人的好评。2000年，商标局进一步选择《全国重点商标保护名录》中的20家企业作为维权联系点，充分发挥企业在商标注册情况、商品真伪鉴定和侵权假冒线索提供方面的优势，共同打击商标侵权假冒行为。

2. 适时开展专项执法行动

商标行政执法实践表明，集中开展大规模的专项执法行动是营造执法声势、震慑违法行为、树立良好执法形象的有效途径。各级工商行政管理机关针对重点地区、重点行业、重点商品开展的商标专项保护行动都取得了良好的成效。1983年《商标法》实施之初，全社会的商标意识普遍比较薄弱。为了彻底肃清十年动乱遗留的"吃名牌商标大锅饭"的思想，推动《商标法》的深入贯彻执行，1983年4月，国家工商行政管理局商标局开展了保护上海卷烟厂"大前门"商标专用权的专项治理行动，坚决制止了七个省市十五家卷烟厂滥用"大前门"卷烟商标的行为。此案的处理情况经过中央电视台、《人民日报》、《经济日报》、《法制日报》的广泛报道，在当时引起了强烈反响，使社会各界认识到依法保护商标专用权的必要性和严肃性，增强了《商标法》制观念。1995年第四季度部署的市场专项整治，以打击商标侵权假冒行为为工作重点，出动执法人员32.7万人，检查了12.8万家商场、20407家小商品市场和大型批发商场、5.2万家印制企业、1万余家生产企业。共查处商标侵权假冒案件14766件，捣毁制假售假窝点1513个，充分显示了专项整治的威力。1996年，各级工商行政管理机关针对专卖店、专修店等场所商标侵权活动开展治理，收到了较好效果。2000年，结合全国"打假"联合行动和工商系统"整顿市场秩序、整顿队伍作风"的"两整顿"活动，对汽车、服装

行业和证明商标的商标侵权行为确定整治方案，统一部署，区域合作，分头实施，重拳出击，使得行业性、区域性、大规模地制售侵权假冒商标商品的活动得到控制。正本清源，源清流洁，1997 年和 1999 年，各地工商行政管理机关相继开展了两次商标印制管理的专项执法检查，对商标印制企业进行了全面清理整顿，严厉查处非商标印制企业非法印制商标以及印制侵权假冒商标标识的行为，堵住了侵权假冒商标标识的源头。

3. 加强对涉外商标案件的查处

改革开放以来，侵犯外国商标专用权的案件呈直线上升趋势，为此，各级工商行政管理机关坚持国民待遇原则，认真履行国际承诺，高度重视涉外商标案件的查处工作。采用加快工作速度、增大罚款额和赔偿额等方式，严厉查处了一批侵犯外国商标专用权人商标专用权的案件。如假冒“BARBIE”玩具案、“YKK”拉链案、“柯达”胶卷案等。受到了国外当事人及其政府的赞扬，扩大了我国商标保护工作的国际影响，为我国开展全方位、多层次、宽领域的国际经贸交流与合作创造了良好的条件。目前，世界许多高知名度商标的权利人均在中国设立了投资项目。美国摩托罗拉公司的负责人曾表示，中国对商标专用权的保护，使他们相信本公司在中国的大规模投资是明智的。

4. 拓宽商标监管的领域

国家工商行政管理局商标局从 1998 年开始指导相关地方工商行政管理局对河北辛集皮革商业城、北京天意小商品市场和动物园服装市场重点实施商标监管，并派员连续参加了中国广州出口商品交易会、全国糖酒商品交易会的商标监管工作，使侵权假冒商品在流通环节得到了遏制。地方工商行政管理机关也按照国家工商行政管理局的统一部署，分别确立了本辖区内商品交易市场商标监管工作的重点，在保护商标专用权方面做到了标本兼治。

5. 加强商标行政执法工作的指导、监督和协调

由于商标案件的特殊性、专业性和复杂性，国家工商行政管理局商标局通过宏观和微观两个方面加强地方商标管理工作的指导。宏观指导主要表现为商标局就共性问题制定的规范性文件，根据形势的要求先后下发了《驰名商标认定和管理暂行规定》、《商标印制管理办法》、《关于执行<《商标法》>及其<实施细则>若干问题的通知》、《工商行政管理机关查处商标违法行为工作中若干问题的意见》、《关于处理商标专用权与外观设计专利权冲突问题的意见》、《关于商标侵权案件涉及异议、争议等程序问题的处理意见》、《关于解决商标与企业名称中若干问题的意见》、《关于保护服务商标若干问题的意见》及《关于商标行政执法中若干问题的意见》，为解决多年来困扰商标行政执法的一些疑难问题提供了依据。微观指导主要表现为商标局就具体问题对地方工商行政管理机关请示的批复，对地方司法机关咨询的答复，向地方工商行政管理机关交办、督办的大要案件等，统一执法标准。商标局按照《工商行政管理机关查处商标违法案件监控规定》的要求，强化对大要案件的全程动态监控，结合定期组织的商标执法检查，及时发现和纠正执法工作实践和执法队伍中存在的问题。各地也积极推行行政执法公示制、行政执法责任制和评议考核制，充分发挥这三项互相联系的制度在行政执法监督中的作用，提高商标行政执法工作的质量和水平。

（二）探索监管模式改革，完善行政执法机制

经济体制改革的不断深入，经济一体化和知识经济带来的权利人自我保护能力的增强和权利的扩张，对我们的商标行政执法工作提出了更高要求。各级工商行政管理机关以创新的精神勇于开拓，大胆探索，突破固有的管理模式，改革传统的思维定式，调整原有的体制框架，逐步形成了适应新形势的工作思路和执法模式。

1. 推动工商所建设，使商标管理重心逐步拓展到工商所

基层工商所作为工商行政执法主体的基础和重要组成部分，处于工商行政执法的第一线，直接面向广大生产经营者和消费者，由其实施商标执法，有利于及时发现和查处商标违法行为。北京、西安、无锡等地的执法实践表明，逐步形成以工商所为基本力量，执法重心在工商所的执法格局是大势所趋，是促进新形势下商标管理职能到位的机制保证，大大加强了商标行政执法工作的力度、广度和深度，初步扭转了商标监管力量薄弱以及基层工商部门坐等办案、低效率执法的状况。商标局高度重视基层工商行政管理机关的商标办案工作，在全国范围内确定了 20 家在商标办案方面有力度、有特点，能够对其他地方的商标执法工作起到示范作用的执法联系点，并于 2000 年的年初岁末两次召开了执法工作联系点暨工商所商标办案工作座谈会，形成了《工商所商标办案实施意见》。

2. 发展和完善区域性办案协作网络

1997 年以来，华东三省一市、北方十省市、环淮海经济区、东北三省相继建成了商标专用权保护协作网络。各协作单位明确和完善了跨地区商标案件查处的抄告、督办、协办等具体操作程序，通过交换著名商标清单、企业现场投诉等方式，发挥整体优势，打破地区分割和封锁，极大地便利了案件的查处工作。

3. 注重系统内外的协调和配合，形成协作联动的行政执法机制

系统内部，商标部门和经济检查、市场管理部门密切协作，形成合力，增强整体执法的效能。系统外部，工商行政管理机关在查处商标侵权假冒案件的过程中，与人民法院、检察院、公安局、海关、专利等部门进行了卓有成效的协作与配合。2000 年，国家工商局和国家知识产权局等五部门联合发文部署开展打击假冒 UL 标志专项活动。国家工商局、国家知识产权局和公安部就进一步加强知识产权案件查处过程中的协作和配合问题进行了专题研讨，共同签发了《关于在查处侵犯知识产权违法犯罪案件工

作中加强协作配合的通知》，严肃了案件移交的政策界限、工作程序以及组织纪律，通过司法强制手段增强行政执法效果，使违法犯罪分子得到应有的法律制裁。

（三）加强商标行政执法队伍建设，不断提高行政执法水平

各地狠抓商标行政执法队伍的制度化、规范化建设，开展多层次、多形式的干部教育和培训，进一步改进培训的方式，完善培训的内容，增强培训的系统性、针对性和实效性，提高执法人员的政治素质和业务素质。商标局每年都派员赴全国各地授课，协助地方工商局开展商标业务培训。为进一步提高基层商标行政执法人员的整体办案水平，商标局在有关省、自治区工商局的配合下，于2000年首次举办了六期基层商标办案人员培训班。全国31个省、自治区、直辖市共1928人参加了培训，参训学员普遍反映良好。山西、广西、重庆、上海等省、自治区、直辖市积极推行商标管理目标责任制，明确各级商标管理机构的职责与权限，把注册商标专用权保护、商标印制管理、企业商标使用管理等工作任务层层分解落实，量化考核标准，强化执法监督，实行制度化管理。北京、山东等地在普遍面临机构精简、人员缩编的形势下，依然单设了商标管理机构，体现了对商标管理工作的高度重视。据不完全统计，截至1999年底，全国各级工商行政管理机关共设立了2100多个商标管理机构，其中省级工商行政管理机关全部设立，地市级和县级工商行政管理机关设立商标管理机构的分别占90%和70%。全国商标管理机构现有专业人员已达到18000多人。

（四）加强商标行政执法宣传工作

各级工商行政管理机关通过培训、座谈会、知识竞赛、发放宣传材料等多种形式，广泛宣传保护商标专用权的重要意义，及时曝光大要案件和典型案件，震慑违法犯罪分子。使得商标行政执法工作得到商标注册人的积极参与，消费者的热烈响应，各级政府的大力支持，相关执法部门的密切配合，取得了很好的社会效果，形成全社会良好的商标行政执法氛围。银川市工商局从1995年起每年都举行新闻发布会和打击假冒伪劣商品展览会，公布举报电话，集法律宣传、政策咨询、现场执法于一体，提高了全社会的商标意识。

新世纪要有新发展，新世纪必有新机遇，新世纪更有新挑战。江泽民主席在2000年亚太经合组织领导人非正式会议上指出："应根据新的形势，对知识产权保护等方面的国际规则作出适当的调整。在切实保护知识产权的同时，按照市场规律，使知识产权的保护范围、保护期限和保护方式，有利于科技知识的扩散和传播，有利于各国共享科技进步带来的利益。"上述论断以全新的视角对我国的商标行政执法工作提出了新的更高的要求。知识经济在现实经济活动中主要表现为两种发展趋势，一是高科技化，一是全球化。知识全球化共享是知识经济时代的主流特征，商标专用权保护制度的调整和变革也就相应地成为各国商标立法和执法部门共同面临的普遍问题。"风雨多经人不老，关山初度路尤长"，新世纪的商标行政执法工作任重而道远。我们要以《商标法》修正案的颁布实施为契机，以强化商标办案工作为切入点和突破口，突出执法重点，强化执法力度，推动商标行政执法工作的发展进程，为党和国家推进经济结构的战略性调整和体制创新、认真做好加入世界贸易组织的各项准备和扩大对外开放以及西部大开发等各项重大战略部署和决策的顺利实施营造良好的公平竞争环境和市场经济秩序。

（商标局　刘磊）

统计资料

历年专利申请及专利授权状况

本统计资料包括自我国专利法实施以来的专利申请及专利授权状况。1985～2000 年国内外三种专利申请状况见表 1；1985～2000 年国内外职务与非职务专利申请状况见表 2；1985～2000 年国内各地区专利申请状况见表 3；1985～2000 年国外专利申请状况见表 4。1985～2000 年国内外三种专利授权状况见表 5；1985～2000 年国内外职务与非职务专利授权状况见表 6；1985～2000 年国内地区专利授权状况见表 7；1985～2000 年外国或地区专利授权状况见表 8。

表 1　1995～2000 年国内外三种专利申请状况　　单位:件

年　份	合　计				国　内				国　外			
	合 计	发 明	实用新型	外观设计	小 计	发 明	实用新型	外观设计	小 计	发 明	实用新型	外观设计
1985～2000	1166427	326811	594134	245482	968119	156434	590855	220830	198308	170377	3279	24652
1985～1990	167343	54074	102295	10974	137288	26895	101493	8900	30055	27179	802	2074
1991～1995	355231	86153	214402	54676	312023	50687	213224	48112	43208	35466	1178	6564
1996～2000	643853	186584	277437	179832	518808	78852	276138	163818	125045	107732	1299	16014
1996	102734	28517	49604	24614	82207	11471	49341	21395	20528	17046	263	3219
1997	114208	33666	50129	30413	90071	12713	49902	27456	24137	20953	227	2957
1998	121989	35960	51397	34632	96233	13726	51220	31287	25756	22234	177	3345
1999	134239	36694	57492	40053	109958	15596	57214	37148	24281	21098	278	2905
2000	170682	51747	68815	50120	140339	25346	68461	46532	30343	26401	354	3588

注:1.1985～1996 年香港数据列入国外(地区),1997 年(含 1997 年)之后列入国内;
2.1985～1999 年澳门数据列入国外(地区),2000 年(含 2000 年)之后列入国内。

表 2　1985～2000 年国内外职务与非职务专利申请状况　　单位:件

年　份	1985～2000	1985～1990	1991～1995	1996～2000	1996	1997	1998	1999	2000
合　计	1166427	167343	355231	643853	102735	114208	121989	134239	170682
1. 发明	326811	54074	86153	186584	28517	33666	35960	36694	51747
国内	156434	26895	50687	78852	11471	12713	13726	15596	25346
职务	59276	10760	17544	30972	3537	4248	4618	6009	12609
大专院校	11344	2836	3545	4963	604	635	794	988	1942
科研单位	15441	3652	4602	7187	1036	1262	1248	1413	2228
工矿企业	26445	3027	5168	18250	1725	2239	2480	3490	8316
机关团体	6046	1245	4229	572	123	112	96	118	123
非职务	97158	16135	33143	47880	7934	8465	9108	9587	12737
国外	170377	27179	35466	107732	17046	20953	22234	21098	26401

续表

年　　份	1985～2000	1985～1990	1991～1995	1996～2000	1996	1997	1998	1999	2000
职务	161441	24942	33237	103262	16329	20003	21351	20245	25334
非职务	8936	2237	2229	4470	717	950	883	853	1067
2. 实用新型	594134	102295	214402	277437	49604	50129	51397	57492	68815
国内	590855	101493	213224	276138	49341	49902	51220	57214	68461
职务	135889	26019	45768	64102	10211	10775	11289	14053	17792
大专院校	11784	3596	4497	3691	711	649	619	747	965
科研单位	20662	6024	7205	7433	1534	1396	1422	1465	1616
工矿企业	84751	12175	21167	51409	7544	8437	9004	11512	14912
机关团体	18692	4224	12899	1569	404	293	244	329	299
非职务	454966	75474	167456	212036	39130	39127	39931	43161	50669
国外	3279	802	1178	1299	263	227	177	278	354
职务	1965	465	630	870	143	151	117	201	259
非职务	1314	337	548	429	120	76	60	77	95
3. 外观设计	245482	10974	54676	179832	24614	30413	34632	40053	50120
国内	220830	8900	48112	163818	21395	27456	31287	37148	46532
职务	112684	4061	25340	83283	11449	14995	15971	17894	22974
大专院校	282	52	133	97	5	9	32	34	17
科研单位	1861	164	622	1075	265	171	191	170	278
工矿企业	100439	3080	15571	81788	11032	14793	15695	17634	22634
机关团体	10102	765	9014	323	147	22	53	56	45
非职务	108146	4839	22772	80535	9946	12461	15316	19254	23558
国外	24652	2074	6564	16014	3219	2957	3345	2905	3588
职务	22688	1809	5629	15250	2994	2853	3229	2742	3432
非职务	1964	265	935	764	225	104	116	163	156

注：1.1985～1996 年香港数据列入国外(地区)，1997 年(含 1997 年)之后列入国内；

2.1985～1999 年澳门数据列入国外(地区)，2000 年(含 2000 年)之后列入国内。

表 3　1985～2000 年国内各地区专利申请状况

单位：件

地　　区	1985～2000	1985～1990	1991～1995	1996～2000	1996	1997	1998	1999	2000
全国总计	968119	137288	312023	518808	82207	90071	96233	109958	140339
北　京	85049	16627	31126	37296	6595	6313	6321	7723	10344
天　津	22317	4576	8168	9573	1743	1540	1485	2016	2789
河　北	34349	4979	12661	16709	2944	3292	3295	3330	3848
山　西	12909	2504	4747	5658	953	1020	1070	1140	1475
内蒙古	8742	1129	2920	4693	859	940	785	971	1138
辽　宁	62769	11583	21967	29219	5218	5142	5643	6065	7151
吉　林	21554	4213	7471	9870	1626	1672	1960	2111	2501
黑龙江	31132	5006	11920	14206	2776	2642	2695	2987	3106
上　海	44239	7567	11037	25635	3154	3120	3419	4605	11337
江　苏	61453	9983	20020	31450	4980	5339	5829	7091	8211

续表

地　区	1985～2000	1985～1990	1991～1995	1996～2000	1996	1997	1998	1999	2000
浙　江	61026	7390	16645	36991	5162	6262	7074	8177	10316
安　徽	14242	1895	4618	7729	1243	1404	1484	1721	1877
福　建	25030	2042	6360	16628	2625	3018	3393	3381	4211
江　西	13830	2285	4836	6709	1199	1307	1259	1387	1557
山　东	69810	8757	22200	38853	6125	6523	7597	8589	10019
河　南	31419	4565	10535	16319	2933	2948	3163	3452	3823
湖　北	27866	5268	9047	13551	2195	2278	2629	2963	3486
湖　南	40215	8749	14683	16783	2968	3070	3225	3403	4117
广　东	106415	5928	26285	74202	9946	12858	13473	16802	21123
广　西	15418	2515	5467	7436	1379	1374	1317	1604	1762
重　庆	5261	—	—	5261	—	952	1255	1274	1780
四　川	36364	7347	10872	18145	3754	3032	3187	3676	4496
贵　州	7828	1276	2418	4134	774	785	800	789	986
云　南	12462	2129	3842	6491	1290	1109	1136	1246	1710
西　藏	132	12	46	74	10	12	14	10	28
陕　西	22919	4143	9687	9089	1790	1811	1723	1685	2080
甘　肃	7097	1342	2622	3133	601	553	598	583	798
青　海	1675	429	541	705	92	130	137	172	174
宁　夏	2429	427	865	1137	178	177	179	262	341
新　疆	8134	917	2763	4454	713	799	978	876	1088
海　南	2924	164	799	1961	235	383	468	373	502
香　港	4317	—	—	4317	—	802	915	1226	1374
澳　门	13	—	—	13	—	—	—	—	13
台　湾	61719	1541	19782	40396	6147	7476	7727	8268	10778
广　州	21865	2387	4971	14507	1609	2163	2931	3311	4493
长　春	1494	—	—	1494	—	—	—	388	1106
重　庆	5061	1652	2732	—	677	—	—	—	—
武　汉	11998	2413	3074	6511	896	1145	1238	1469	1763
南　京	1985	—	—	1985	—	—	—	555	1430
杭　州	1883	—	—	1883	—	—	—	530	1353
西　安	11274	2085	4116	5073	785	1029	1013	934	1312
济　南	1738	—	—	1738	—	—	—	447	1291
沈　阳	25648	4580	7881	13187	1962	2288	2642	2885	3410
成　都	2747	—	—	2747	—	—	—	783	1964
大　连	8426	1524	975	4127	643	671	679	961	1173
厦　门	1392	—	—	1392	—	—	—	337	1055
哈尔滨	13319	2185	4510	6624	1225	1354	1302	1372	1371
深　圳	5987	—	—	5987	—	—	—	1554	4433
青　岛	10524	1140	2522	6862	843	1178	1353	1607	1881
宁　波	1814	—	—	1814	—	—	—	526	1288

注：1.1985～1996 年香港数据列入国外；1997 年(含 1997 年)之后列入国内。

2.1985～1999 年澳门数据列入国外；2000 年的数据列入国内。

3. 从 1999 年 4 月开始，宁波统计数据单列；从 1999 年 7 月开始，长春、南京、杭州、济南、成都、厦门、深圳统计数据单列。

表 4　1985～2000 年国外专利申请状况　　单位:件

国家和地区	1985～2000	1985～1990	1991～1995	1996～2000	1996	1997	1998	1999	2000
合　计	198308	30055	43208	125045	20528	24137	25756	24281	30343
安道尔	1	0	0	1	0	0	0	0	1
亚美尼亚	1	0	1	0	0	0	0	0	0
荷属安的列斯群岛	68	0	3	65	2	12	14	18	19
阿根廷	27	5	11	16	2	4	1	3	6
奥地利	1019	213	260	546	100	122	103	99	122
澳大利亚	1926	521	484	921	184	182	168	155	232
巴巴多斯	16	2	2	12	0	4	1	4	3
比利时	827	173	169	485	102	103	82	72	126
保加利亚	39	26	6	7	4	2	0	0	1
百慕大	30	1	2	27	0	1	12	8	6
巴西	157	14	33	110	19	12	31	21	27
巴哈马	28	1	6	21	2	5	2	8	4
白俄罗斯	2	0	1	1	1	0	0	0	0
伯利兹	1	0	0	1	0	0	0	1	0
加拿大	1714	421	369	924	117	190	187	195	235
瑞士	6832	1125	1809	3898	751	767	741	772	867
智利	12	1	5	6	2	2	1	0	1
哥伦比亚	3	0	2	1	0	0	0	0	1
捷克斯洛伐克	72	37	17	18	8	3	2	4	1
古巴	28	1	11	16	1	4	2	5	4
塞普路斯	16	1	7	8	0	2	1	1	4
德国	18268	2849	3785	11634	1777	2228	2489	2353	2787
丹麦	1219	226	165	828	111	154	176	158	229
多米尼加岛	1	0	1	0	0	0	0	0	0
多米尼加共和国	1	0	0	1	0	0	0	0	1
厄瓜多尔	2	0	2	0	0	0	0	0	0
爱沙尼亚	1	0	0	1	0	0	0	0	1
埃及	3	0	1	2	0	0	1	1	0
西班牙	473	79	151	243	47	41	41	52	62
芬兰	1948	228	270	1450	210	269	275	318	378
马尔维纳斯群岛	1	0	1	0	0	0	0	0	0
法国	8615	1468	1873	5274	866	1016	993	1012	1387
英国	6224	1357	1358	3509	564	702	776	665	802
格鲁吉亚	2	0	2	0	0	0	0	0	0
直布罗陀	5	0	0	5	0	1	2	1	1
希腊	35	3	7	25	3	1	4	7	10
香港	4636	962	2855	819	819	—	—	—	—

续表

国家和地区	1985～2000	1985～1990	1991～1995	1996～2000	1996	1997	1998	1999	2000
克罗地亚	34	0	8	26	4	7	5	8	2
匈牙利	429	290	75	64	11	10	12	12	19
印度尼西亚	16	1	1	14	0	2	2	0	10
爱尔兰	135	14	21	100	15	23	28	12	22
以色列	526	0	112	414	42	57	80	73	162
印度	143	4	24	115	6	13	38	39	19
伊朗	1	0	0	1	0	0	0	1	0
冰岛	12	0	0	12	2	0	5	4	1
意大利	3156	574	788	1794	279	385	375	373	382
泽西岛	1	0	0	1	1	0	0	0	0
约旦	4	1	3	0	0	0	0	0	0
日本	62780	7527	12630	42623	7137	8395	9398	7805	9888
圣克里斯托夫岛	1	0	0	1	0	0	0	1	0
朝鲜	5	0	4	1	1	0	0	0	0
韩国	11276	179	2274	8823	1598	2083	1834	1447	1861
科威特	6	0	0	0	0	3	3	0	0
开曼群岛	10	1	0	1	5	1	1	1	1
哈萨克斯坦	2	0	0	2	0	0	0	2	0
黎巴嫩	1	0	0	1	0	0	1	0	0
列支敦士登	250	22	84	144	29	21	23	39	32
斯里兰卡	14	4	3	7	1	3	1	0	2
利比里亚	3	2	0	1	0	1	0	0	0
莱索托	1	1	0	0	0	0	0	0	0
卢森堡	229	64	65	100	16	10	6	14	54
拉托维亚	2	0	0	2	0	0	1	0	1
摩洛哥	1	0	0	1	0	0	0	0	1
摩纳哥	34	9	3	22	8	1	4	3	6
马达加斯加	1	0	0	1	0	0	1	0	0
澳门	105	35	37	33	1	5	15	12	—
马耳他	2	0	0	2	1	0	0	0	1
马尔代夫	2	0	0	2	0	0	2	0	0
马拉维	1	1	0	0	0	0	0	0	0
墨西哥	43	10	13	20	3	5	1	2	9
马来西亚	154	15	63	76	14	22	15	12	13
尼日尔	1	0	0	1	0	1	0	0	0
尼日利亚	1	1	0	0	0	0	0	0	0

续表

国家和地区	1985～2000	1985～1990	1991～1995	1996～2000	1996	1997	1998	1999	2000
荷兰	6097	1338	1166	3593	585	670	663	682	993
挪威	495	106	80	309	46	69	62	57	75
新西兰	213	28	60	125	29	19	22	22	33
巴拿马	86	36	3	47	0	10	16	11	10
秘鲁	2	2	0	0	0	0	0	0	0
菲律宾	29	6	11	12	0	1	4	2	5
巴基斯坦	5	0	1	4	0	0	0	4	0
波兰	66	37	16	13	1	5	2	4	1
葡萄牙	15	3	3	9	1	3	0	2	3
罗马尼亚	6	1	1	4	0	3	0	1	0
俄罗斯联邦	773	537	78	158	20	38	28	30	42
沙特阿拉伯	6	0	2	4	0	0	0	1	3
瑞典	3466	357	551	2558	318	413	488	571	768
新加坡	326	18	74	234	36	58	56	30	54
斯洛文尼亚	26	0	5	21	2	4	5	3	7
圣马力诺	1	0	0	1	0	1	0	0	0
塞内加尔	1	0	1	0	0	0	0	0	0
斯威士兰	1	1	1	0	0	0	0	0	0
泰国	123	8	49	66	5	7	6	22	26
土耳其	21	2	0	19	3	1	2	6	7
乌克兰	29	0	11	18	2	4	3	4	5
美国	52445	9073	11102	32270	4601	5919	6396	6936	8418
乌拉圭	2	1	0	1	0	0	1	0	0
乌兹别克斯坦	1	0	0	1	0	1	0	0	0
梵蒂冈	2	0	0	2	0	0	0	0	2
圣文森特和格林纳达	1	0	0	1	0	0	1	0	0
委内瑞拉	24	4	9	11	0	2	4	3	2
维尔京群岛	140	0	9	131	2	14	18	55	42
越南	1	0	0	1	0	0	0	0	1
瓦努阿图	8	0	3	5	1	1	1	2	0
萨摩亚	16	0	0	16	0	0	0	12	4
南斯拉夫	33	19	12	2	0	1	0	0	1
南非	207	0	89	118	13	18	22	28	37
津巴布韦	6	6	0	0	0	0	0	0	0

注:1.1985～1996年香港数据列入国外(地区),1997年(含1997年)之后列入国内;

2.1985～1999年澳门数据列入国外(地区),2000年(含2000年)之后列入国内。

表 5　1985～2000 年国内外三种专利授权状况　　单位:件

年份	合计				国内				国外			
	合计	发明	实用新型	外观设计	小计	发明	实用新型	外观设计	小计	发明	实用新型	外观设计
1985～2000	636385	61129	399852	175404	577485	25616	397166	154703	58900	35513	2686	20701
1985～1990	61637	7684	49009	4944	55260	3250	48442	3568	6377	4434	567	1376
1991～1995	206586	21922	151321	33343	187400	8522	150364	28514	19186	13400	957	4829
1996～2000	368162	31523	199522	137117	334825	13844	198360	122621	33337	17679	1162	14496
1996	43775	2976	27166	13633	39720	1383	26956	11381	4055	1593	210	2252
1997	50997	3494	27343	20160	46390	1532	27186	17672	4607	1962	157	2488
1998	67889	4733	33902	29254	61378	1655	33717	26006	6511	3078	185	3248
1999	100156	7637	56368	36151	92101	3097	56094	32910	8055	4540	274	3241
2000	105345	12683	54743	37919	95236	6177	54407	34652	10109	6506	336	3267

注:1.1985～1996 年香港数据列入国外(地区),1997 年(含 1997 年)之后列入国内;
2.1985～1999 年澳门数据列入国外(地区),2000 年(含 2000 年)之后列入国内。

表 6　1985～2000 年国内外职务与非职务专利授权状况　　单位:件

年份	1985～2000	1985～1990	1991～1995	1996～2000	1996	1997	1998	1999	2000
合计	636385	61637	206586	368162	43775	50997	67889	100156	105345
1.发明	61129	7684	21922	31523	2976	3494	4733	7637	12683
国内	25616	3250	8522	13844	1383	1532	1655	3097	6177
职务	15479	2628	5651	7200	825	912	954	1685	2824
大专院校	4471	1010	1657	1804	228	256	243	425	652
科研单位	5334	1038	1943	2353	247	316	337	543	910
工矿企业	3852	485	1350	2017	187	170	182	462	1016
机关团体	1822	95	701	1026	163	170	192	255	246
非职务	10137	622	2871	6644	558	620	701	1412	3353
国外	35513	4434	13400	17679	1593	1962	3078	4540	6506
职务	33504	4136	12516	16852	1497	1889	2949	4295	6222
非职务	2009	298	884	827	96	73	129	245	284
2.实用新型	399852	49009	151321	199522	27166	27343	33902	56368	54743
国内	397166	48442	150364	198360	26956	27186	33717	56094	54407
职务	106282	15639	39072	51571	6393	6564	8492	14603	15519
大专院校	10334	2686	4210	3438	611	511	600	848	868
科研单位	17293	4043	6594	6656	1029	962	1276	1860	1529
工矿企业	63423	7219	17523	38681	3435	4601	6305	11519	12821
机关团体	15232	1691	10745	2796	1318	490	311	376	301
非职务	290882	32803	111290	146789	20563	20622	25225	41491	38888
国外	2686	567	957	1162	210	157	185	274	336
职务	1633	359	483	791	135	99	111	185	261
非职务	1053	208	474	371	75	58	74	89	75
3.外观设计	175404	4944	33343	137117	13633	20160	29254	36151	37919

续表

年　份	1985～2000	1985～1990	1991～1995	1996～2000	1996	1997	1998	1999	2000
国内	154703	3568	28514	122621	11381	17672	26006	32910	34652
职务	87135	1764	17862	67509	6537	10556	15000	17627	17789
大专院校	442	34	310	98	15	7	17	31	28
科研单位	1409	74	396	939	111	194	216	170	248
工矿企业	76956	1502	10596	64858	5035	10239	14742	17360	17482
机关团体	8328	154	6560	1614	1376	116	25	66	31
非职务	67568	1804	10652	55112	4844	7116	11006	15283	16863
国外	20701	1376	4829	14496	2252	2488	3248	3241	3267
职务	19135	1223	4053	13859	2083	2407	3150	3111	3108
非职务	1566	153	776	637	169	81	98	130	159

注:1.1985～1996 年香港数据列入国外(地区),1997 年(含 1997 年)之后列入国内;
2.1985～1999 年澳门数据列入国外(地区),2000 年(含 2000 年)之后列入国内。

表 7　1985～2000 年国内地区专利授权状况

单位:件

地　区	1985～2000	1985～1990	1991～1995	1996～2000	1996	1997	1998	1999	2000
全国合计	577485	55260	187400	334825	39720	46390	61378	92101	95236
北　京	48235	6700	19379	22156	3295	3327	3800	5829	5905
天　津	13295	1995	5300	6000	899	940	1042	1508	1611
河　北	20606	1908	7699	10999	1526	1560	2090	3011	2812
山　西	7327	950	2837	3540	521	487	644	920	968
内　蒙	4730	426	1585	2719	326	372	523	723	775
辽　宁	36966	4958	14027	17981	2447	2624	3162	4906	4842
吉　林	11722	1729	4382	5611	681	679	1051	1550	1650
黑龙江	17033	1927	6469	8637	1202	1288	1517	2378	2252
上　海	24408	3587	7276	13545	1610	1886	2334	3665	4050
江　苏	38207	4131	12174	21902	2578	2962	3787	6143	6432
浙　江	37328	2816	9899	24613	2410	3167	4470	7071	7495
安　徽	8532	811	2692	5029	555	637	933	1422	1482
福　建	14853	713	3145	10995	1194	1546	2318	2934	3003
江　西	7339	834	2551	3954	495	611	765	1011	1072
山　东	40070	3704	13204	23162	2630	2907	4127	6536	6962
河　南	17195	1770	5510	9915	1242	1233	1803	2871	2766
湖　北	14808	2035	5043	7730	998	1041	1265	2228	2198
湖　南	21588	3651	8647	9290	1256	1333	1623	2523	2555
广　东	70854	2212	15362	53280	5273	7173	10707	14328	15799
广　西	8428	924	2877	4627	646	705	853	1232	1191
重　庆	3187	—	—	3187	—	339	612	1078	1158
四　川	21725	2769	7411	11545	1844	1591	1971	2921	3218
贵　州	3982	487	1151	2344	259	337	418	620	710

续表

地　区	1985—2000	1985—1990	1991—1995	1996—2000	1996	1997	1998	1999	2000
云　南	7800	927	2345	4528	602	692	832	1185	1217
西　藏	66	4	13	49	2	6	10	14	17
陕　西	13519	1725	5720	6074	968	946	1129	1569	1462
甘　肃	3815	460	1438	1917	286	295	349	494	493
青　海	881	149	331	401	43	56	62	123	117
宁　夏	1432	213	560	659	105	84	96	150	224
新　疆	4535	352	1455	2728	362	328	462	859	717
海　南	1535	32	366	1137	69	167	239	342	320
香　港	3911	—	—	3911	—	726	794	1106	1285
澳　门	13	—	—	13	—	—	—	—	13
台　湾	45272	361	14260	30651	3401	4344	5590	8851	8465
广　州	13927	748	3593	9586	520	1151	1906	2827	3182
长　春	446	—	—	446	—	—	—	10	436
武　汉	5803	539	2207	3057	—	403	597	1019	1038
南　京	802	—	—	802	—	—	—	32	770
杭　州	742	—	—	742	—	—	—	13	729
西　安	6139	493	2937	2709	—	404	610	878	817
济　南	699	—	—	699	—	—	—	17	682
沈　阳	13814	1380	6018	6416	—	981	1360	2126	1949
成　都	1049	—	—	1049	—	—	—	41	1008
重　庆	2288	339	1733	216	216	—	—	—	—
大　连	4572	398	2138	2036	—	289	370	602	775
厦　门	715	—	—	715	—	—	—	28	687
哈尔滨	6826	561	3009	3256	—	546	666	1085	959
深　圳	2544	—	—	2544	—	—	—	143	2401
青　岛	6934	289	2071	4574	—	524	1010	1427	1613
宁　波	784	—	—	784	—	—	—	163	621

注：1.1985～1996 年香港数据列入国外(地区)，1997 年(含 1997 年)之后列入国内；

2.1985～1999 年澳门数据列入国外(地区)，2000 年(含 2000 年)之后列入国内；

3. 从 1999 年 4 月开始，宁波统计数据单列；从 1999 年 7 月开始，长春、南京、杭州、济南、成都、厦门、深圳统计数据单列。

表 8　1985～2000 年外国或地区专利授权状况

单位：件

国家和地区	1985～2000	1985～1990	1991～1995	1996～2000	1996	1997	1998	1999	2000
合　计	58900	6377	19186	33337	4055	4607	6511	8055	10109
阿拉伯联合酋长国	1	0	0	1	0	0	0	0	1
亚美尼亚	1	0	0	1	0	0	1	0	0
荷属安的列斯群岛	1	0	0	1	0	0	0	0	1
阿根廷	2	0	1	1	0	0	1	0	0
奥地利	368	60	125	183	20	19	42	38	64

续表

国家和地区	1985～2000	1985～1990	1991～1995	1996～2000	1996	1997	1998	1999	2000
澳大利亚	630	82	237	311	43	46	58	82	82
巴巴多斯	2	0	2	0	0	0	0	0	0
比利时	309	30	118	161	22	31	35	31	42
保加利亚	11	0	4	7	1	2	2	2	0
百慕大	6	1	0	5	0	0	0	4	1
巴西	31	1	11	19	1	3	2	8	5
巴哈马	9	0	1	8	0	1	0	5	2
加拿大	509	70	184	255	27	33	38	57	100
瑞士	2430	236	794	1400	181	236	287	288	408
智利	3	1	0	2	0	1	0	0	1
捷克斯洛伐克	29	3	13	13	2	4	3	0	4
古巴	4	0	3	1	0	0	0	0	1
塞普路斯	6	0	1	5	1	0	0	4	0
德国	4564	534	1530	2500	222	263	470	674	871
丹麦	372	112	76	184	33	14	37	41	59
多米尼加岛	1	0	1	0	0	0	0	0	0
厄瓜多尔	1	0	1	0	0	0	0	0	0
爱沙尼亚	1	0	0	1	0	0	0	0	1
埃及	1	0	0	1	0	0	0	0	1
西班牙	172	22	57	93	15	5	13	23	37
芬兰	415	36	112	267	12	43	53	59	100
马尔维纳斯群岛	1	0	1	0	0	0	0	0	0
法国	2684	253	867	1564	169	256	279	323	537
英国	1844	178	596	1070	109	129	243	285	304
希腊	6	0	2	4	0	0	1	2	1
香港	3439	503	2324	612	612	—	—	—	—
克罗地亚	10	0	0	10	0	1	3	1	5
匈牙利	138	33	70	35	12	3	4	4	12
印度尼西亚	10	1	0	9	1	2	2	0	4
爱尔兰	18	0	4	14	0	2	3	3	6
以色列	74	0	4	70	6	11	16	19	18
印度	53	0	5	48	3	1	12	23	9
冰岛	2	0	2	0	0	0	0	0	0
意大利	1083	114	315	654	78	71	138	186	181
泽西岛	1	0	1	0	0	0	0	0	0
约旦	2	0	1	1	1	0	0	0	0
日本	19722	2339	5016	12367	1298	1864	2599	3012	3594
朝鲜	2	0	0	2	0	0	0	1	1
韩国	2159	18	454	1687	140	182	330	427	608

续表

国家和地区	1985～2000	1985～1990	1991～1995	1996～2000	1996	1997	1998	1999	2000
开曼群岛	8	0	1	7	0	6	0	1	0
列支敦士登	74	4	18	52	1	3	11	11	26
斯里兰卡	5	0	3	2	0	0	1	1	0
利比里亚	2	1	1	0	0	0	0	0	0
莱索托	1	1	0	0	0	0	0	0	0
卢森堡	119	3	61	55	4	8	15	10	18
摩洛哥	1	0	0	1	0	0	0	0	1
摩纳哥	7	0	4	3	0	0	1	0	2
澳门	47	9	20	18	2	2	3	11	—
墨西哥									
马来西亚	75	3	25	47	6	7	12	11	11
荷兰	2120	270	835	1015	130	174	183	217	311
挪威	150	21	54	75	3	8	17	18	29
新西兰	63	6	16	41	8	9	2	6	16
巴拿马	27	7	16	4	0	0	1	1	2
秘鲁	1	0	1	0	0	0	0	0	0
菲律宾	16	3	5	8	0	0	0	5	3
巴基斯坦	4	0	0	4	0	0	0	4	0
波兰	22	5	10	7	1	1	2	0	3
葡萄牙	6	1	0	5	0	0	1	1	3
俄罗斯联邦	163	31	101	31	4	2	0	10	15
沙特阿拉伯	3	0	0	3	0	0	0	0	3
瑞典	851	68	219	564	44	83	91	163	183
新加坡	183	7	33	143	25	24	54	16	24
斯洛文尼亚	6	0	0	6	0	0	0	1	5
斯威士兰	1	0	1	0	0	0	0	0	0
泰国	78	5	37	36	1	2	7	11	15
土耳其	5	0	0	5	0	0	2	3	0
乌克兰	5	0	0	5	0	0	1	2	2
美国	13576	1291	4773	7512	813	1044	1418	1905	2332
乌兹别克斯坦	1	0	0	1	0	0	0	1	0
委内瑞拉	7	2	1	4	0	1	2	1	0
维尔京群岛	66	0	7	59	0	2	7	34	16
越南	1	0	0	1	0	0	0	0	1
瓦努阿图	2	0	0	2	0	0	0	0	2
萨摩亚	12	0	0	12	0	0	0	0	12
南斯拉夫	19	10	7	2	1	0	1	0	0
南非	33	0	1	32	2	5	6	8	11
津巴布韦	3	2	1	0	0	0	0	0	0

注:1.1985～1996 年香港数据列入国外(地区),1997 年(含 1997 年)之后列入国内;

2.1985～1999 年澳门数据列入国外(地区),2000 年(含 2000 年)之后列入国内。

(以上统计由国家知识产权局规划发展司提供)

历年全国版权工作统计情况

2000年全国版权工作统计简述

国家版权局2000年的全国版权统计工作于2001年1月8日结束。截止到2001年1月8日，全国31个省、自治区、直辖市都向国家版权局上报了本地区的相关工作数据，但新疆、湖北、安徽、湖南没有按时或按要求上报统计结果。

根据对全国各省、自治区、直辖市版权局上报材料的统计，对2000年全国版权工作的有关情况简述如下。

一、打击盗版与案件处理。2000年全国各级版权行政管理机关受理案件、收缴盗版品的数量较往年又有所提高。全国版权行政机关共受理案件2457件，结案2433件，结案率为99.02%。其中处罚1726起，调解479起，移送103起；受理并结案数量较多的前五个地区是广西、吉林、辽宁、山东、安徽。

各地版权机关共收缴各类盗版品3260万余件。其中盗版书刊1299万余册，盗版软件411万余盘，盗版音像制品及电子出版物1537万余盘，其他盗版品14万余件。收缴盗版品数量最多的五个地区是广东、安徽、湖南、山东、福建。

二、版权贸易与认证、合同登记。图书版权贸易方面，2000年，全国各出版社共引进版权7343项，输出638项。引进、输出数量均为历年最多。其中引进数量在前五名的地区是北京、上海、辽宁、广东、江苏；输出数量在前五名的地区是北京、辽宁、江苏、浙江、四川。

音像版权贸易方面，2000年经国家版权局认证的引进音像制品合同共计1765份，其中录音制品911份，录像制品854份。

三、作品版权登记方面，2000年各地版权局及中国版权保护中心（中国软件登记中心）共登记作品6474件。其中，美术摄影作品2067件，文字作品715件；地方的作品自愿登记数量与往年比略有减少；中国版权保护中心登记软件作品3300件，比往年有所提高。作品登记数量在前五名的地区是广东、江苏、浙江、福建、辽宁。

四、版权代理方面，2000年全国共有27家版权代理公司，其中14家按要求上报了业务总结。在这14家中，13家开展了版权贸易业务，共代理图书版权1319项；代理电视节目4230小时。另代理版权纠纷62起。图书版权代理数量较多的公司是中国图书进出口总公司版权代理部、北京版权代理公司、广西万达版权代理公司与中华版权代理总公司。

1996～2000年各类统计

1996年各地版权案件查处情况、版权贸易情况、作品登记情况分别见表1、表2、表3；1997年各类统计见表4～表9；1998年各类统计见表10～表17；1999年各类统计见表18～表23；2000年各类统计见表24～表30；1995～2000年各类统计柱方图见图1～图8。

表1　1996年各地版权案件查处情况统计　单位：件

地区	查处案件数量	收缴盗版品数量	地区	查处案件数量	收缴盗版品数量
北京	61	368200	河南	0	0
天津	22	422980	湖北	0	0
河北	9	0	湖南	194	1130000
山西	28	4922	广东	42	25777
内蒙古	15	14956	广西	48	321306
辽宁	28	33000	四川	0	0
吉林	19	500	贵州	14	5580
黑龙江	0	0	云南	56	252154
上海	17	5190	山东	15	0
江苏	13	182200	陕西	31	15723
浙江	0	0	新疆	16	56(种)
安徽	14		河南	0	0
福建	20	3000	总政	0	0
江西	11	8995			

注：据各地版权局统计，1996年各地（仅限22个省市）版权局共查处版权案件673起，其中涉外案件33起，收缴盗版品2794539件。

表2　1996年各地版权贸易情况统计　单位：项

地区	引进版权数量	输出版权数量	地区	引进版权数量	输出版权数量
北京	1636	0	河南	0	0
天津	43	16	湖北	0	0
河北	42	12	湖南	48	32
山西	1	10	广东	110	0
内蒙古	0	0	广西	95	12
辽宁	25	1	四川	0	0
吉林	120	66	贵州	1	0
黑龙江	0	0	云南	8	0
上海	103	12	山东	29	0
江苏	38	27	陕西	302	18
浙江	0	0	新疆	0	0
安徽	27	0	河南	16	1
福建	241	11	总政	15	32
江西	15	0			

注：据各地版权局统计，1996年各地（仅限22个省市）出版单位共引进作品版权2915项，输出250项。

表 3　1996 年各地作品登记情况统计　单位:件

地区	数量	地区	数量
北　京	63	河南	0
天　津	8	湖北	0
河　北	3	湖南	21
山　西	32	广东	529
内蒙古	8	广西	13
辽　宁	36	四川	0
吉　林	12	贵州	10
黑龙江	0	云南	36
上　海	59	山东	16
江苏	50	陕西	53
浙　江	0	新疆	0
安　徽	23	河南	2
福　建	333	总政	0
江　西	5		

注:据各地版权局统计,1996 年各地(仅限 22 个省市)作者自愿登记作品共 2915 件。

表 4　1997 年各省自治区直辖市版权局处理各类版权案件情况　单位:件

地区	国内调解案件	国内查处案件	涉外调解案件	涉外查处案件	合　计
湖　南	39	175	0	0	214
湖　北	48	108	0	0	156
甘　肃	16	103	1	0	120
广　西	15	74	2	2	93
北　京	35	41	1	3	80
四　川	49	22	0	0	71
海　南	0	71	0	0	71
吉　林	30	40	0	0	70
黑龙江	7	33	0	0	40
陕　西	9	30	0	0	39
云　南	0	37	0	0	37
江　西	28	8	0	0	36
广　东	22	10	0	4	36
山　西	2	27	1	0	30
内蒙古	14	15	0	0	29
福　建	12	8	0	5	25
重　庆	14	11	0	0	25
安　徽	0	24	0	0	24
辽　宁	16	5	1	0	22
新　疆	18	3	0	0	21
青　海	2	18	0	0	20
天　津	17	1	0	0	18
江　苏	1	12	1	3	17
河　北	6	10	0	0	16

续表

地区	国内调解案件	国内查处案件	涉外调解案件	涉外查处案件	合　计
浙江	4	7	0	0	11
山东	6	4	0	0	10
上海	0	8	0	1	9
宁夏	6	2	0	0	8
河南	0	7	0	0	7
贵州	1	5	0	0	6
西藏	0	0	0	0	0
总计	417	919	7	18	1361

表 5　1997 年全国各地引进图书版权情况　单位:件

地区	自国外数量	自港澳台数量	合　计
北　京	1866	261	2127
江　苏	153	2	155
陕　西	75	74	149
上　海	113	23	136
广　西	75	7	82
黑龙江	62	6	68
浙　江	68	0	68
吉　林	66	0	66
河　南	62	0	62
湖　北	10	40	50
广　东	9	36	45
天　津	41	2	43
海　南	28	6	34
辽　宁	13	17	30
四　川	26	2	28
云　南	17	8	25
安　徽	21	0	21
山　东	7	5	12
河　北	5	3	8
福　建	1	6	7
江　西	4	0	4
山　西	1	1	2
甘　肃	1	0	1
贵　州	1	0	1
内蒙古	0	0	0
宁　夏	0	0	0
青　海	0	0	0
新　疆	0	0	0
西　藏	0	0	0
湖　南	0	0	0
重　庆	0	0	0
总　计	2725	499	3224

表 6　各地输出版权情况

单位:件

地　区	向国外输出	向港澳台输出	合　计	地　区	向国外输出	向港澳台输出	合　计
北　京	75	99	174	辽　宁	0	0	0
浙　江	0	50	50	内蒙古	0	0	0
山　东	26	0	26	河　南	0	0	0
湖　北	2	24	26	陕　西	0	0	0
四　川	5	11	16	山　西	0	0	0
广　西	14	0	14	甘　肃	0	0	0
上　海	0	9	9	青　海	0	0	0
宁　夏	1	8	9	新　疆	0	0	0
天　津	7	0	7	西　藏	0	0	0
江　苏	0	6	6	贵　州	0	0	0
吉　林	5	0	5	安　徽	0	0	0
河　北	0	4	4	江　西	0	0	0
湖　南	0	3	3	福　建	0	0	0
云　南	2	1	3	广　东	0	0	0
海　南	0	1	1	重　庆	0	0	0
黑龙江	0	0	0	总　计	137	216	353

表 7　1997 年全国各地收缴盗版品情况

单位:件

地　区	图　书	软　件	音像制品	其　他	合　计
广　西	1050000	25000	0		1075000
湖　南	256000	0	89000	103000	448000
湖　北	100000	0	90000		190000
海　南	8419	249	143454		152122
云　南	131410	0	8183	1632	141225
江　苏	10000	500	100000	2000	112500
四　川	74870	0	21800	549	97219
北　京	39251	1954	25598		66803
甘　肃	38137	864	25732		64733
陕　西	34000	0	8101		42101
新　疆	2500	600	27000		30100
福　建	0	0	2000	24000	26000
山　东	23260	0	0		23260
安　徽	10000	2000	8000		20000

续表

地　区	图　书	软　件	音像制品	其　他	合　计
黑龙江	15000	0	0		15000
吉　林	700	50	14000		14750
广　东	8360	0	0		8360
浙　江	1280	253	560	6231	8324
天　津	3080	3172	0		6252
山　西	0	0	5410		5410
江　西	3456	1431	0		4887
内蒙古	4060	0	815		4875
河　南	516	0	3690		4206
上　海	1283	0	1931	126	3340
贵　州	231	163	2869		3263
辽　宁	3000	0	0		3000
青　海	50	0	2062		2112
河　北	1500	0	260		1760
重　庆	200	0	417		617
宁　夏	30	0	0		30
西　藏	0	0	0		0
总　计	1820593	36236	580982	137538	2575294

表 8　1997 年各地作品自愿登记情况

地　区	数量合计	地　区	数量合计
广　东	597	湖　北	27
福　建	449	山　东	23
北　京	96	辽　宁	21
四　川	74	浙　江	16
上　海	71	安　徽	16
江　苏	61	江　西	16
河　南	59	贵　州	15
陕　西	52	新　疆	13
云　南	45	吉　林	8
黑龙江	41	内蒙古	5
河　北	40	山　西	5
甘　肃	40	天　津	3
湖　南	39	海　南	3
青　海	36	宁　夏	1
重　庆	34	西　藏	0
广　西	32	总　计	1938

表 9　1997 年全国各地举办宣传培训活动情况

地区	次数	人数(约)	地区	次数	人数(约)
北　京	5	30000	广　东	5	260
湖　南	10	30000	重　庆	1	200
黑龙江	20	3000	河　北	3	150
四　川	3	2000	宁　夏	3	120
甘　肃	21	1467	山　东	3	69
新　疆	6	1000	安　徽	2	60
天　津	6	900	西　藏	0	0
吉　林	20	850	上　海	—	—
辽　宁	7	800	河　南	—	—
江　苏	12	700	浙　江	—	—
广　西	11	700	贵　州	2	—
江　西	12	672	湖　北	—	—
青　海	5	400	云　南	—	—
内蒙古	5	300	福　建	—	—
陕　西	9	300	海　南	—	—
山　西	4	300	总　计	175	74248

注:标“—”为未统计

表 10　1998 年全国版权行政机关查处案件情况

单位:件

地　区	受理	结案	处理方式			行政复议		行政诉讼		涉案范围		
			调解	处罚	移送	总数	维持	总数	维持	国内	港澳台	国外
湖　南	272	251	23	241	8	0	0	0	0	271	1	0
山　东	163	135	10	152	0	0	0	1	0	162	0	1
上　海	141	140	0	140	0	0	0	0	0	140	1	0
四　川	89	76	65	14	1	0	0	0	0	87	1	1
北　京	78	78	25	53	0	0	0	0	0	78	0	0
海　南	72	65	0	72	0	0	0	0	0	72	0	0
吉　林	44	40	34	10	0	0	0	0	0	44	0	0
广　东	37	34	13	8	13	0	0	0	0	36	1	0
湖　北	36	36	5	31	0	0	0	0	0	36	0	0
广　西	31	29	18	11	0	0	0	0	0	31	0	0
内蒙古	31	25	13	10	2	0	0	0	0	30	1	0
陕　西	30	28	3	25	2	0	0	0	0	30	0	0
福　建	20	13	5	8	0	0	0	0	0	18	0	2
浙　江	19	19	16	3	0	0	0	0	0	19	0	0
安　徽	18	13	4	9	0	0	0	0	0	17	0	1
新　疆	18	10	0	10	0	0	0	0	0	18	0	0
天　津	14	11	9	1	1	0	0	0	0	14	0	0
甘　肃	13	12	9	3	0	0	0	0	0	13	0	0
河　北	13	11	9	1	1	0	0	0	0	13	0	0
黑龙江	12	12	3	9	0	0	0	0	0	12	0	0
江　西	12	8	5	3	0	0	0	0	0	12	0	0
重　庆	8	8	8	0	0	0	0	0	0	8	0	0
山　西	8	5	5	0	0	0	0	0	0	8	0	0
辽　宁	7	5	5	0	0	0	0	0	0	7	0	0
江　苏	6	6	3	3	0	0	0	0	0	6	0	0
贵　州	5	4	3	1	0	0	0	0	0	4	0	1
河　南	4	4	0	4	0	0	0	0	0	4	0	0
云　南	4	3	0	4	0	0	0	0	0	4	0	0
宁　夏	3	1	1	0	0	0	0	1	0	3	0	0
青　海	0	0	0	0	0	0	0	0	0	0	0	0
西　藏	0	0	0	0	0	0	0	0	0	0	0	0
总　计	1208	82	294	826	28	0	0	2	0	1197	5	6

表 11　1998 年全国版权行政机关收缴盗版品情况统计

地　区	盗版书刊(册)	盗版软件(盒)	音像制品(张)	电子出版物(盘)	其他(件)	合计(件)
湖　北	2000000	10000	43200	10000	0	2452000
湖　南	740000	2241	160000	87000	87200	1076441
山　东	952455	15337	61578	30028	0	1059398
广　西	500000	25000	55000	0	0	580000
广　东	262270	0	16200	13175	0	291645
四　川	124100	2100	47614	4623	4	178441
陕　西	25557	0	139456	0	0	165013
辽　宁	70	50000	40000	10000	0	100070
重　庆	100000	31	0	0	0	100031
浙　江	0	0	0	0	100000	100000
上　海	2471	58344	11961	0	3545	76321
安　徽	60000	1000	7000	0	0	68000
北　京	26600	1100	27360	0	0	55060
海　南	1923	0	25202	13516	0	40641
新　疆	14000	0	15000	0	0	29000
福　建	0	0	0	0	28500	28500
内蒙古	3235	0	18477	0	1	21712
天　津	10536	4945	4109	0	0	19590
云　南	7993	1104	1268	7983	213	18561
贵　州	400	1000	0	17000	0	18400
河　北	15100	57	340	756	0	16253
江　苏	9784	0	0	0	1727	11511
吉　林	2000	4000	500	5000	0	11500
江　西	6453	174	0	0	0	8227
青　海	78	0	5075	0	0	5153
黑龙江	810	0	2000	690	1000	4500
山　西	0	605	2895	0	0	3500
宁　夏	2200	0	0	0	0	2200
甘　肃	241	0	650	65	0	956
河　南	0	0	0	0	0	0
西　藏	396	0	4000	0	0	4396
总　计	4868672	177038	688885	199836	222190	6547020

表 12　1998 年全国版权引进类别统计

单位:项

地　区	图　书	音像制品	电子出版物	软　件	电视节目	合　计
北　京	3023	0	63	38	0	3124
陕　西	372	5	0	0	0	377
上　海	258	2	19	3	0	282
福　建	36	226	0	8	0	270
海　南	73	164	0	0	0	237
广　西	201	15	0	0	0	216
江　苏	207	0	0	0	0	207
山　东	147	42	0	0	0	189
四　川	128	27	7	0	0	162
浙　江	102	35	9	0	3	149
吉　林	144	0	0	1	0	145
黑龙江	134	0	0	0	0	134
辽　宁	125	2	0	0	0	127
广　东	106	0	0	3	0	109
天　津	88	0	0	0	0	88
湖　南	62	0	13	0	0	75
河　北	33	0	27	0	0	60
河　南	58	0	0	0	0	58
湖　北	47	34	0	0	0	47
重　庆	36	0	1	0	0	37
云　南	36	0	0	0	0	36
江　西	30	0	0	0	0	30
安　徽	11	0	0	0	0	11
甘　肃	8	0	0	0	1	9
贵　州	3	0	0	0	0	3
内蒙古	1	0	0	0	0	1
青　海	0	0	0	0	0	0
宁　夏	0	0	0	0	0	0
山　西	0	0	0	0	0	0
新　疆	0	0	0	0	0	0
西　藏	0	0	0	0	0	0
总　计	5469	552	139	53	4	6183

表 13　1998 年全国版权输出类别统计

单位:项

地　区	图　书	音像制品	电子出版物	软　件	电视节目	合　计
北　京	222	0	0	0	0	222
山　东	87	0	0	0	0	87
四　川	44	0	0	0	1	45
江　苏	44	0	0	0	0	44
黑龙江	27	0	0	0	0	27
浙　江	21	0	4	0	0	25
天　津	25	0	0	0	0	25
广　西	17	7	0	0	0	24
湖　北	19	0	0	0	0	19
吉　林	15	0	0	0	0	15
辽　宁	12	0	0	0	0	12
上　海	11	0	0	0	0	11
内蒙古	9	0	0	0	0	9
福　建	7	0	0	0	0	7
安　徽	7	0	0	0	0	7
湖　南	6	0	0	0	0	6
云　南	6	0	0	0	0	6
海　南	5	0	0	0	0	5
河　南	2	1	0	0	0	3
山　西	2	0	0	0	0	2
江　西	0	0	0	0	0	0
青　海	0	0	0	0	0	0
陕　西	0	0	0	0	0	0
甘　肃	0	0	0	0	0	0
贵　州	0	0	0	0	0	0
广　东	0	0	0	0	0	0
河　北	0	0	0	0	0	0
宁　夏	0	0	0	0	0	0
重　庆	0	0	2	0	0	2
新　疆	0	0	0	0	0	0
西　藏	0	0	0	0	0	0
总　计	588	8	6	0		603

表 14　1998 年全国图书版权引进地统计

单位:项

地 区	美国	英国	法国	俄罗斯	德国	澳大利亚	日本	韩国	台湾地区	香港地区	其他地区	合计
北 京	1493	318	72	30	197	18	266	8	398	83	140	3023
陕 西	75	46	0	227	1	0	4	0	19	0	0	372
上 海	115	50	10	4	20	0	12	0	13	7	27	258
江 苏	90	40	7	3	20	2	8	0	28	0	9	207
广 西	37	11	6	9	23	0	18	0	75	20	2	201
山 东	14	2	0	5	14	0	11	47	52	0	2	147
吉 林	46	17	0	0	0	0	31	4	44	2	0	144
黑龙江	36	18	0	15	0	0	16	22	10	7	10	134
四 川	17	3	0	1	1	0	50	0	51	4	1	128
辽 宁	72	20	0	9	11	0	1	1	4	0	7	125
广 东	22	16	9	9	0	0	5	0	28	16	1	106
浙 江	56	9	1	0	0	0	5	0	29	1	1	102
天 津	44	23	1	5	0	0	12	0	2	0	1	88
海 南	48	3	1	0	0	0	4	0	14	0	3	73
湖 南	24	9	8	0	6	0	3	0	12	0	0	62
河 南	4	1	0	27	0	0	4	0	22	0	0	58
湖 北	3	1	25	0	0	0	1	0	13	0	4	47
福 建	1	0	0	0	0	0	0	0	14	20	1	36
云 南	8	2	0	0	0	0	2	0	24	0	0	36
重 庆	1	0	0	0	0	0	0	30	1	0	4	36
河 北	8	2	0	0	1	0	0	5	15	1	1	33
江 西	14	3	1	0	7	4	0	0	0	0	1	30
安 徽	0	0	8	0	0	0	0	0	3	0	0	11
甘 肃	8	0	0	0	0	0	0	0	0	0	0	8
贵 州	0	0	1	0	0	0	0	0	0	0	2	3
内蒙古	0	0	0	0	0	0	1	0	0	0	0	1
青 海	0	0	0	0	0	0	0	0	0	0	0	0
宁 夏	0	0	0	0	0	0	0	0	0	0	0	0
山 西	0	0	0	0	0	0	0	0	0	0	0	0
新 疆	0	0	0	0	0	0	0	0	0	0	0	0
西 藏	0	0	0	0	0	0	0	0	0	0	0	0
总 计	2236	594	150	344	301	24	454	117	871	161	217	5469

表 15　1998 年全国图书版权输出地统计

单位:项

地　区	美国	英国	法国	俄罗斯	德国	澳大利亚	日本	韩国	台湾地区	香港地区	其他地区	合计
北　京	0	0	0	0	0	1	1	30	176	10	4	222
山　东	0	0	0	4	0	0	0	66	5	0	12	87
江　苏	0	0	0	0	0	0	0	1	42	1	0	44
四　川	0	0	0	0	0	0	1	0	43	0	0	44
黑龙江	0	0	0	0	0	0	11	0	12	4	0	27
天　津	0	0	0	0	5	0	0	0	12	8	0	25
浙　江	0	0	0	0	0	0	0	0	21	0	0	21
湖　北	1	0	0	0	0	0	0	0	17	1	0	19
广　西	0	0	0	0	0	0	0	0	17	0	0	17
吉　林	0	0	0	0	0	0	9	0	6	0	0	15
辽　宁	0	0	0	0	0	0	0	1	11	0	0	12
上　海	1	0	0	0	0	0	0	0	6	4	0	11
内蒙古	0	0	0	0	0	0	0	0	9	0	0	9
福　建	0	0	0	0	0	0	0	0	7	0	0	7
安　徽	2	1	1	0	2	0	0	0	0	0	1	7
湖　南	0	0	0	0	0	0	0	0	6	0	0	6
云　南	0	0	0	0	0	0	1	0	5	0	0	6
海　南	0	0	0	0	0	0	1	0	4	0	0	5
河　南	0	0	0	0	0	0	0	0	2	0	0	2
山　西	0	0	0	0	0	0	0	0	2	0	0	2
青　海	0	0	0	0	0	0	0	0	0	0	0	0
江　西	0	0	0	0	0	0	0	0	0	0	0	0
甘　肃	0	0	0	0	0	0	0	0	0	0	0	0
陕　西	0	0	0	0	0	0	0	0	0	0	0	0
贵　州	0	0	0	0	0	0	0	0	0	0	0	0
广　东	0	0	0	0	0	0	0	0	0	0	0	0
河　北	0	0	0	0	0	0	0	0	0	0	0	0
宁　夏	0	0	0	0	0	0	0	0	0	0	0	0
重　庆	0	0	0	0	0	0	0	0	0	0	0	0
新　疆	0	0	0	0	0	0	0	0	0	0	0	0
西　藏	0	0	0	0	0	0	0	0	0	0	0	0
总　计	4	1	1	4	7	1	24	98	403	28	17	588

表16　1998年全国版权合同登记情况统计

单位:份

地　区	图　书	电子出版物	软　件	其　他	合　计
北　京	3023	63	38	0	3124
陕　西	367	0	0	0	367
辽　宁	257	0	1	0	258
江　苏	168	29	0	0	197
吉　林	143	0	1	0	144
广　东	106	0	7	0	113
浙　江	102	9	0	0	111
广　西	107	0	0	0	107
天　津	85	0	6	3	94
海　南	62	0	0	0	62
四　川	55	7	0	0	62
河　北	33	27	0	0	60
河　南	57	0	0	0	57
湖　南	39	13	0	0	52
湖　北	6	27	0	0	33
江　西	30	0	0	0	30
山　东	19	0	3	0	22
新　疆	19	0	0	0	19
云　南	12	0	0	2	14
福　建	0	0	8	0	8
重　庆	6	2	0	0	8
甘　肃	8	0	0	0	8
贵　州	3	0	0	0	3
安　徽	1	0	2	0	3
山　西	2	0	0	0	2
内蒙古	1	0	0	0	1
青　海	0	0	0	0	0
黑龙江	0	0	0	0	0
上　海	0	0	0	0	0
宁　夏	0	0	0	0	0
西　藏	0	0	0	0	0
总　计	4711	177	66	5	4959

表 17　1998 年全国作品自愿登记情况统计　　单位:件

地　区	文字作品	口述作品	音乐戏剧	曲艺舞蹈	美术摄影	影视作品	设计图	地　图	其 他	合 计
福　建	4	0	2	0	697	9	6	0	0	718
广　东	22	0	4	0	470	5	0	1	12	514
江　苏	17	0	1	0	264	2	1	1	0	286
黑龙江	9	0	0	0	86	8	5	0	1	109
湖　南	27	0	0	0	5	62	2	0	0	96
山　东	31	0	0	0	33	1	8	0	7	80
四　川	41	0	0	0	33	0	4	0	0	78
陕　西	11	0	1	0	53	1	2	0	0	68
辽　宁	13	0	30	2	13	0	2	5	0	65
北　京	40	0	3	0	8	4	3	0	4	62
云　南	14	0	2	0	13	1	4	0	26	60
吉　林	26	0	2	7	19	0	0	0	0	54
河　北	24	0	0	0	22	1	0	0	0	47
甘　肃	42	0	0	0	2	0	0	0	0	44
内蒙古	4	0	37	0	1	0	0	0	0	42
重　庆	10	0	1	0	14	0	0	0	0	34
河　南	11	0	0	0	2	0	1	0	14	28
江　西	8	0	0	0	0	0	17	0	0	25
浙　江	18	0	0	0	3	1	2	0	0	24
宁　夏	2	0	1	1	16	1	0	0	2	23
湖　北	15	0	3	0	3	0	0	0	0	21
广　西	6	0	0	0	6	2	0	0	0	14
天　津	9	0	0	0	3	0	0	0	0	12
海　南	1	0	7	0	1	0	1	0	0	10
山　西	2	0	0	0	5	0	0	0	1	8
贵　州	1	0	0	0	1	0	4	0	0	6
安　徽	2	0	0	0	3	0	0	0	1	6
新　疆	3	0	0	0	0	0	0	0	0	3
青　海	1	0	0	0	0	0	0	0	0	1
上　海	0	0	0	0	0	0	0	0	0	0
西　藏	0	0	0	0	0	0	0	0	0	0
总　计	414	0	94	10	1776	98	62	7	68	2538

表 18　1999 年全国版权行政机关查处案件情况统计　　单位:件

地区	受理	涉案范围			结案	处理方式			行政复议		行政诉讼	
		国外	国内	港澳台		调解	处罚	移送	总数	维持	总数	维持
上海	367	0	367	0	366	0	366	0	0	0	0	0
广西	262	0	262	0	261	11	250	0	0	0	0	0
河北	118	0	118	0	118	100	18	0	0	0	0	0
黑龙江	85	0	85	0	85	15	70	0	0	0	0	0
四川	85	0	85	0	69	60	6	3	0	0	0	0
山东	83	0	83	0	78	38	42	8	0	0	1	1
北京	74	0	74	0	70	30	40	0	0	0	0	0
辽宁	72	4	68	0	66	20	48	0	0	0	0	0
陕西	56	2	54	0	53	16	38	2	0	0	1	1
广东	41	7	34	0	33	6	19	8	0	0	0	0
湖北	38	0	38	0	38	6	31	1	1	0	1	0
甘肃	37	0	37	0	32	24	29	9	0	0	0	0
安徽	36	0	36	0	34	4	30	2	0	0	0	0
海南	35	1	34	0	33	6	27	0	0	0	0	0
江苏	30	0	30	0	23	0	23	0	0	0	0	0
重庆	29	0	29	0	29	29	0	0	0	0	0	0
浙江	27	0	27	2	27	23	4	0	0	0	0	0
福建	17	0	17	0	15	15	0	0	0	0	0	0
内蒙古	16	0	16	2	22	22	0	0	0	0	0	0
湖南	15	0	15	1	6	3	0	0	0	0	6	0
新疆	13	0	13	0	10	9	1	0	0	0	0	0
云南	12	0	12	0	10	6	6	0	0	0	0	0
河南	9	0	9	0	8	0	3	6	0	0	0	0
江西	8	0	8	0	6	5	1	0	0	0	0	0
吉林	7	0	7	0	5	2	0	0	0	0	0	0
山西	7	0	7	0	2	2	0	0	0	0	0	0
天津	5	0	5	0	4	3	2	0	0	0	0	0
宁夏	2	0	2	0	1	1	0	0	0	0	0	0
西藏	0	0	0	0	0	0	0	0	0	0	0	0
青海	0	0	0	0	0	0	0	0	0	0	0	0
贵州	0	0	0	0	0	0	0	0	0	0	0	0
总计	1586	14	1572	5	1504	456	1054	39	1	0	9	2

表 19　1999 年全国版权行政机关收缴盗版品情况统计　　单位:册/盒/张/件

地区	合计	盗版图书	盗版期刊	盗版软件	音像制品	电子出版物	其他
浙江	5380000	5200000	17000	26000	5000	32000	100000
湖南	2890400	1952000	0	21900	800000	20000	96500
广东	2476288	409035	0	0	473800	1515625	77828
湖北	1815000	1480000	45000	0	278000	12000	0
上海	1390092	245	0	77000	0	0	1312847
甘肃	1273016	1145181	0	0	127835	0	0
广西	1040000	1000000	0	0	40000	0	0
安徽	592450	590000	0	2000	450	0	0
山东	565426	395968	59326	112	40710	69310	0
四川	559662	362647	123624	1851	50098	18267	3175
福建	463253	139600	100039	0	214000	9614	0
江苏	353732	348700	0	0	5032	0	0
海南	351601	81000	0	0	269000	1600	1
辽宁	254203	77616	9615	40396	118784	5792	2000
河北	205739	194879	2450	5426	943	2041	0
西藏	152945	61000	12000	0	79945	0	0
北京	140397	5897	0	3000	131500	0	0
黑龙江	125401	27046	0	0	80694	17661	0
云南	106742	46742	27800	23050	7150	2000	0
重庆	93000	30000	0	3000	60000	0	0
贵州	71280	59560	0	300	11420	0	0
陕西	69120	66009	0	0	3106	0	5
河南	55000	55000	0	0	0	0	0
内蒙古	45420	1078	0	1454	42888	0	0
山西	29037	0	0	5769	23268	0	0
宁夏	7310	230	0	7000	80	0	0
吉林	7000	5000	0	1000	1000	0	0
新疆	4014	1013	0	0	3000	0	1
天津	2742	80	0	1032	1275	355	0
青海	1703	45	0	0	1658	0	0
江西	1500	1500	0	0	0	0	0
总计	20523473	13737071	396854	220290	2870636	1706265	1592357

表20　1999年全国版权合同登记情况统计

单位:份

地　区	合　计	图　书	期　刊	软　件	境外加工音像制品	电子出版物	其　他
北　京	4946	3886	2	987	0	68	3
江　苏	1554	1490	0	0	42	22	0
上　海	416	384	6	26	0	0	0
辽　宁	266	266	0	0	0	0	0
天　津	209	83	0	4	122	0	0
广　东	112	0	0	0	83	29	0
海　南	107	88	0	8	11	0	0
陕　西	102	88	0	14	0	0	0
黑龙江	98	98	0	0	0	0	0
云　南	88	83	0	3	0	1	1
湖　南	84	79	1	1	0	3	0
浙　江	83	81	1	0	0	1	0
福　建	81	51	0	1	29	0	0
江　西	79	79	0	0	0	0	0
广　西	78	68	0	10	0	0	0
四　川	70	55	0	7	0	4	4
吉　林	67	64	0	3	0	0	0
新　疆	65	11	0	0	54	0	0
河　北	60	45	0	0	0	15	0
河　南	59	55	0	0	0	4	0
山　东	35	35	0	0	0	0	0
安　徽	20	19	0	1	0	0	0
湖　北	18	6	0	5	0	7	0
重　庆	12	12	0	0	0	0	0
内蒙古	6	6	0	0	0	0	0
青　海	3	3	0	0	0	0	0
山　西	2	2	0	0	0	0	0
甘　肃	0	0	0	0	0	0	0
西　藏	0	0	0	0	0	0	0
贵　州	0	0	0	0	0	0	0
宁　夏	0	0	0	0	0	0	0
总　计	8720	7137	10	1070	341	154	8

表 21　1999 年全国作品自愿登记情况统计

单位:件

地区	合计	文字作品	戏剧作品	音乐作品	曲艺舞蹈	美术摄影	影视作品	设计图	地图	其他
广东	1178	77	0	3	0	1058	0	0	0	40
江苏	539	15	0	6	0	511	0	3	0	4
福建	410	11	0	0	0	398	0	1	0	0
上海	202	27	0	12	0	114	28	1	0	20
北京	140	52	0	33	0	5	0	50	0	0
黑龙江	130	15	0	16	0	87	0	0	0	12
重庆	90	37	1	4	0	47	0	1	0	0
四川	80	38	0	1	0	35	0	0	6	0
江西	64	7	0	4	0	53	0	0	0	0
山东	61	18	0	4	0	15	1	9	0	14
云南	56	19	0	5	0	18	1	1	0	12
湖北	49	12	0	8	0	28	0	0	1	0
浙江	49	15	0	0	0	33	1	0	0	0
陕西	45	13	0	0	0	30	1	1	0	0
湖南	45	36	0	0	0	4	3	2	0	0
辽宁	43	19	2	2	0	19	0	1	0	0
广西	34	12	0	6	0	16	0	0	0	0
河南	32	15	0	3	0	7	6	1	0	0
甘肃	21	16	0	0	0	1	0	4	0	0
天津	20	5	0	1	0	5	5	3	0	1
新疆	16	4	1	0	0	1	0	10	0	0
河北	14	10	0	0	0	4	0	0	0	0
宁夏	14	14	0	0	0	0	0	0	0	0
内蒙古	13	2	0	1	0	8	0	0	0	2
吉林	12	9	1	0	1	0	0	0	0	1
安徽	11	7	0	0	0	0	0	0	0	4
山西	9	4	0	0	0	2	0	3	0	0
海南	6	1	0	0	0	4	0	1	0	0
贵州	5	5	0	0	0	0	0	0	0	0
青海	2	0	0	1	0	1	0	0	0	0
西藏	0	0	0	0	0	0	0	0	0	0
总计	3390	515	5	110	1	2504	46	92	7	110

表 22 1999 年全国图书版权引进情况统计 单位：种

地 区	合计	美国	英国	德国	法国	俄罗斯	澳大利亚	日本	韩国	中国香港	中国台湾	其他地区
北 京	3886	2035	403	221	79	14	5	349	8	82	505	185
上 海	438	151	164	30	19	6	0	6	0	27	25	10
辽 宁	385	172	44	30	30	1	1	31	9	0	30	37
江 苏	214	114	57	2	11	1	1	5	0	1	2	20
广 西	194	28	9	5	3	0	0	51	0	85	13	0
广 东	176	36	5	1	25	0	0	19	0	55	35	0
海 南	106	70	11	8	2	1	0	0	0	1	1	12
山 东	96	36	39	2	0	0	1	1	0	0	5	12
四 川	96	26	3	0	2	0	0	37	0	0	28	0
陕 西	88	66	11	1	2	0	2	4	0	0	2	0
湖 南	84	5	20	15	22	0	0	0	0	0	20	2
天 津	83	28	12	0	3	0	0	29	0	4	6	1
云 南	83	15	21	23	1	0	6	1	0	0	5	11
浙 江	81	39	7	1	10	0	0	9	0	8	0	7
江 西	79	25	14	18	0	0	2	5	0	0	11	4
吉 林	56	10	16	1	1	0	2	10	2	3	9	2
安 徽	54	7	0	5	4	0	0	0	0	37	0	1
福 建	51	12	0	0	0	0	4	0	0	7	28	0
内蒙古	43	21	1	0	0	0	0	0	0	5	15	1
河 北	41	3	0	26	0	1	0	2	0	1	5	3
河 南	37	4	8	0	0	2	1	13	0	0	9	0
湖 北	25	3	0	0	4	1	0	0	0	1	16	0
重 庆	24	7	5	0	1	0	0	5	0	0	0	6
黑龙江	12	0	10	0	0	0	0	0	0	0	0	2
新 疆	10	0	0	0	0	3	0	0	0	0	0	7
甘 肃	10	0	0	0	0	0	4	0	0	0	0	6
山 西	6	4	0	0	0	0	1	0	0	0	0	1
青 海	3	3	0	0	0	0	0	0	0	0	0	0
西 藏	0	0	0	0	0	0	0	0	0	0	0	0
贵 州	0	0	0	0	0	0	0	0	0	0	0	0
宁 夏	0	0	0	0	0	0	0	0	0	0	0	0
总 计	6461	2920	860	389	219	30	30	577	19	317	770	330

表23　1999年全国图书版权输出情况统计

单位:种

地区	合计	美国	英国	德国	法国	新加坡	澳大利亚	日本	韩国	中国香港	中国台湾	其他地区
北京	204	58	20	0	0	4	3	2	27	26	61	3
广东	33	0	0	0	0	0	0	0	0	29	4	0
湖南	32	0	0	0	0	0	0	0	0	0	32	0
山东	27	1	0	1	0	0	0	0	0	18	6	1
安徽	20	0	0	0	0	0	0	0	0	0	20	0
湖北	18	0	0	0	0	0	0	1	3	2	12	0
河南	14	0	0	0	0	0	0	0	0	0	14	0
江西	13	0	0	0	0	0	0	0	0	3	10	0
辽宁	12	0	0	0	0	0	0	0	1	0	11	0
上海	10	0	0	0	0	0	0	2	0	2	6	0
广西	9	0	0	0	3	0	0	2	0	1	3	0
江苏	6	0	0	0	0	0	1	0	0	0	5	0
河北	4	0	0	0	0	0	0	0	0	0	4	0
内蒙古	3	0	0	0	0	0	0	0	0	0	3	0
浙江	3	0	0	0	0	0	0	0	0	0	3	0
海南	3	0	0	0	0	0	0	2	0	0	1	0
甘肃	2	0	0	0	0	0	0	0	0	0	2	0
天津	1	0	0	0	0	0	0	1	0	0	0	0
重庆	1	0	0	0	0	0	0	0	0	0	1	0
陕西	1	0	0	0	0	0	0	0	0	0	1	0
吉林	0	0	0	0	0	0	0	0	0	0	0	0
山西	0	0	0	0	0	0	0	0	0	0	0	0
福建	0	0	0	0	0	0	0	0	0	0	0	0
四川	0	0	0	0	0	0	0	0	0	0	0	0
新疆	0	0	0	0	0	0	0	0	0	0	0	0
西藏	0	0	0	0	0	0	0	0	0	0	0	0
云南	0	0	0	0	0	0	0	0	0	0	0	0
青海	0	0	0	0	0	0	0	0	0	0	0	0
黑龙江	2	0	0	0	0	0	0	0	0	0	2	0
贵州	0	0	0	0	0	0	0	0	0	0	0	0
宁夏	0	0	0	0	0	0	0	0	0	0	0	0
总计	418	59	20	1	3	4	4	10	31	81	201	4

表 24　2000 年全国版权行政机关查处案件情况统计　　单位:件

地区	受理	涉案范围			结案	处理方式			行政复议		行政诉讼	
		国内	国外	港澳台		调解	处罚	移送	总数	维持	总数	维持
广西	549	549	0	0	538	60	471	7	1	1	0	0
吉林	299	299	0	0	299	0	298	1	0	0	0	0
辽宁	234	233	1	0	203	99	135	0	0	0	0	0
山东	222	222	0	0	198	12	150	37	0	0	1	1
安徽	184	184	0	0	139	10	121	8	0	0	0	0
广东	164	148	16	0	162	4	141	16	1	1	0	0
河北	156	156	0	0	132	106	26	0	0	0	0	0
云南	74	74	0	0	74	0	72	2	0	0	0	0
海南	72	72	0	0	49	4	39	6	0	0	0	0
四川	71	71	0	0	62	51	4	7	0	0	0	0
北京	56	56	0	0	56	11	45	0	0	0	0	0
上海	56	56	0	0	55	0	55	0	0	0	0	0
陕西	55	55	0	0	54	5	39	10	1	1	0	0
湖北	45	45	0	0	45	5	40	0	1	0	0	0
江苏	44	44	0	0	44	1	43	0	0	0	0	0
黑龙江	35	34	1	0	35	3	32	0	0	0	0	0
重庆	21	20	1	0	19	18	1	0	0	0	0	0
福建	21	18	3	0	20	17	2	1	2	1	1	0
浙江	16	14	2	0	16	16	0	0	0	0	0	0
新疆	15	15	0	0	15	8	7	0	0	0	0	0
甘肃	13	13	0	0	13	10	2	1	0	0	0	0
内蒙古	12	12	0	0	12	9	0	3	0	0	0	0
山西	11	11	0	0	10	10	0	0	0	0	0	0
河南	10	10	0	0	10	4	2	4	0	0	0	0
宁夏	10	10	0	0	8	8	0	0	0	0	0	0
天津	6	6	0	0	6	5	1	0	0	0	0	0
江西	5	5	0	0	3	3	0	0	0	0	0	0
贵州	1	1	0	0	0	0	0	0	0	0	0	0
西藏	0	0	0	0	0	0	0	0	0	0	0	0
青海	0	0	0	0	0	0	0	0	0	0	0	0
总政	0	0	0	0	0	0	0	0	0	0	0	0
湖南	—	—	—	—	—	—	—	—	—	—	—	—
总计	2457	2433	24	0	2277	479	1726	103	6	4	2	1

注:表中划“—”为未报统计结果

表 25　2000 年全国版权行政机关收缴盗版品情况统计　　单位:册/盒/张/件

地 区	合 计	盗版图书	盗版期刊	盗版软件	音像制品	电子出版物	其 他
广 东	20188424	4167773	0	4011878	5142540	6823233	43000
安 徽	2720449	2612995	11024	384	46412	48754	880
湖 南	2497461	1914073	0	0	0	563388	20000
山 东	1161941	676765	4764	539	474819	5054	0
福 建	1032830	410500	2400	26400	589000	3500	1030
广 西	939625	529624	36915	10575	295359	57673	9479
湖 北	664550	650000	8230	350	12453	3520	0
重 庆	430000	374000	0	0	26000	30000	0
辽 宁	404776	129472	11724	8740	226472	21528	6840
北 京	321300	96000	0	4000	210000	11300	0
江 苏	303594	299610	0	0	3984	0	0
河 北	281217	258099	3267	2978	1533	15340	0
云 南	281205	252692	13290	3468	11755	0	0
吉 林	228569	89986	4079	299	122997	10534	674
海 南	192300	67000	22000	1300	89000	13000	0
上 海	171717	90658	0	3203	27856	0	50000
山 西	164507	49000	30	0	59477	56000	0
四 川	160684	94100	0	2700	52384	11500	0
黑龙江	92500	47500	0	15000	20000	10000	0
新 疆	89640	8740	0	0	80900	0	0
贵 州	76000	0	0	0	76000	0	0
西 藏	61191	1921	0	500	58770	0	0
内蒙古	44000	6000	0	8000	30000	0	0
陕 西	35000	27000	0	0	8000	0	0
河 南	19590	3300	0	10520	5770	0	0
浙 江	17730	14000	0	350	2800	580	16000
天 津	7293	148	0	0	2945	4200	0
宁 夏	7165	220	0	0	1134	5811	0
甘 肃	4205	320	0	131	3500	254	0
江 西	1650	1650	0	0	0	0	0
青 海	1206	106	0	0	1100	0	0
总 政	0	0	0	0	0	0	0
总 计	32602319	12873252	117723	4111315	7682960	7695169	147903

表 26　2000 年全国版权合同登记情况统计

单位:份

地区	合计	图书	期刊	软件	境外加工音像制品	电子出版物	其他
北京	5481	4480	0	790	0	202	9
江苏	1853	1494	0	0	306	53	0
上海	619	564	10	44	0	1	0
天津	441	128	0	6	272	35	0
广东	375	228	0	83	64	0	0
吉林	175	175	0	0	0	0	0
辽宁	103	98	0	5	0	0	0
浙江	95	87	0	0	6	2	0
陕西	93	86	0	7	0	0	0
四川	92	75	1	7	4	5	0
海南	90	79	0	11	0	0	0
云南	85	81	0	2	0	2	0
河南	83	72	0	11	0	0	0
广西	64	64	0	0	0	0	0
山东	62	62	0	0	0	0	0
福建	58	44	0	1	0	13	0
江西	35	35	0	0	0	0	0
总政	31	31	0	0	0	0	0
黑龙江	28	28	0	0	0	0	0
安徽	28	25	0	3	0	0	0
河北	26	22	0	0	0	4	0
湖北	26	8	0	11	0	7	0
重庆	12	9	0	3	0	0	0
新疆	9	4	0	0	5	0	0
山西	1	1	0	0	0	0	0
贵州	1	1	0	0	0	0	0
内蒙古	0	0	0	0	0	0	0
青海	0	0	0	0	0	0	0
甘肃	0	0	0	0	0	0	0
西藏	0	0	0	0	0	0	0
宁夏	0	0	0	0	0	0	0
湖南	—	—	—	—	—	—	—
总计	9966	7981	11	984	657	324	9

注:表中划“—”为未报统计结果

表 27　2000 年全国作品自愿登记情况统计

单位:件

地 区	合 计	文字作品	戏剧作品	音乐作品	曲艺舞蹈	美术摄影	影视作品	设计图	地 图	其 他
广 东	746	47	0	2	0	643	0	5	0	49
江 苏	561	47	0	7	0	504	0	1	0	2
浙 江	335	17	0	0	1	305	2	1	0	9
福 建	232	2	0	2	0	216	11	1	0	0
辽 宁	185	30	1	111	0	39	3	0	1	0
上 海	176	44	0	18	0	103	1	5	5	0
重 庆	173	133	0	3	1	28	1	7	0	0
四 川	128	39	0	1	0	75	0	4	9	0
北 京	89	64	0	3	3	11	6	1	1	0
陕 西	76	32	0	1	0	30	1	1	11	0
广 西	71	20	0	20	0	31	0	0	0	0
云 南	62	23	0	5	0	28	0	2	0	4
河 南	46	38	0	1	0	3	2	2	0	0
山 东	38	24	0	2	0	9	0	0	0	3
黑龙江	37	28	0	2	0	2	1	0	0	4
河 北	30	20	0	5	0	3	2	0	0	0
甘 肃	28	9	0	1	0	0	18	0	0	0
湖 北	28	22	0	1	0	5	0	0	0	0
新 疆	22	17	0	0	0	5	0	0	0	0
江 西	16	7	0	8	0	1	0	0	0	0
海 南	16	4	0	1	0	11	0	0	0	0
宁 夏	14	9	0	0	0	2	0	0	0	3
天 津	12	4	0	0	0	7	1	0	0	0
吉 林	12	7	0	0	0	1	0	2	2	0
贵 州	12	7	0	0	0	1	0	4	0	0
安 徽	10	7	0	2	0	1	0	0	0	0
内蒙古	9	4	0	2	0	3	0	0	0	0
山 西	7	7	0	0	0	0	0	0	0	0
青 海	3	3	0	0	0	0	0	0	0	0
西 藏	0	0	0	0	0	0	0	0	0	0
总 政	0	0	0	0	0	0	0	0	0	0
湖 南	—	—	—	—	—	—	—	—	—	—
总 计	3174	715	1	198	5	2067	49	36	29	74

注:表中划“—”为未报统计结果

表 28　2000 年全国图书版权引进情况统计

单位:种

地　区	合计	美国	英国	德国	法国	俄罗斯	加拿大	日本	韩国	中国香港	中国台湾	其他地区
北京	4480	2119	714	203	83	0	0	393	61	105	583	219
上海	551	165	145	46	30	1	2	69	0	35	31	27
辽宁	425	196	66	12	28	0	32	24	2	20	39	6
广东	228	40	22	0	18	0	7	36	0	25	79	1
江苏	221	71	55	17	17	0	5	3	0	0	0	53
广西	168	32	13	4	31	0	0	21	0	31	33	3
湖南	143	0	0	0	0	0	0	0	0	0	9	134
四川	137	26	30	2	5	0	0	24	4	12	34	0
天津	128	49	14	2	10	4	0	34	2	0	12	1
吉林	105	26	30	0	2	1	0	16	13	0	10	7
海南	94	71	8	0	1	1	0	4	0	4	0	5
浙江	88	15	14	4	9	6	0	11	0	0	19	10
陕西	86	24	14	0	1	0	0	5	0	0	49	0
云南	82	28	40	5	3	0	1	4	0	0	1	0
河南	72	1	4	2	1	23	0	15	0	0	26	0
山东	62	9	30	9	0	0	5	6	0	0	0	2
河北	43	6	6	9	0	0	0	0	0	2	2	14
福建	40	0	0	0	0	0	0	0	0	9	31	0
湖北	37	3	4	1	13	0	0	3	0	8	5	0
江西	35	12	0	15	0	0	0	7	0	1	0	0
总政	31	11	1	3	1	1	1	0	0	0	4	9
黑龙江	28	12	7	0	0	5	1	3	0	0	0	0
安徽	26	6	3	10	4	0	0	0	0	0	0	3
重庆	15	6	3	1	0	0	4	0	0	0	0	1
内蒙古	14	8	0	0	1	1	1	1	0	0	1	1
山西	3	1	1	0	0	0	0	1	0	0	0	0
贵州	1	0	0	0	1	0	0	0	0	0	0	0
新疆	0	0	0	0	0	0	0	0	0	0	0	0
甘肃	0	0	0	0	0	0	0	0	0	0	0	0
青海	0	0	0	0	0	0	0	0	0	0	0	0
西藏	0	0	0	0	0	0	0	0	0	0	0	0
宁夏	0	0	0	0	0	0	0	0	0	0	0	0
总　计	7343	2937	1224	345	259	43	59	680	82	252	968	496

表 29　2000 年全国图书版权输出情况统计

单位:种

地　区	合计	美国	英国	德国	法国	新加坡	加拿大	日本	韩国	中国香港	中国台湾	其他地区
北京	328	2	2	0	0	8	1	6	33	38	212	6
辽宁	70	0	0	0	0	0	10	3	1	0	56	0
江苏	41	0	0	0	0	0	0	0	1	0	40	0
浙江	30	0	0	0	0	0	0	0	0	2	28	0
四川	27	1	0	0	0	0	0	0	2	0	24	0
安徽	19	0	0	0	0	0	0	0	0	1	18	0
湖北	18	0	0	0	0	0	0	0	0	0	18	0
甘肃	17	0	0	0	0	0	0	0	0	0	17	0
河南	15	0	0	0	0	0	0	0	0	15	0	0
广西	15	0	0	0	0	0	0	0	0	2	13	0
上海	13	0	0	0	0	0	0	0	0	9	4	0
云南	11	0	0	0	0	0	0	0	0	4	7	0
广东	10	0	0	0	0	0	0	0	1	9	0	0
吉林	6	0	0	0	0	0	0	0	0	0	6	0
陕西	6	0	0	0	0	0	0	0	0	1	5	0
河北	4	0	0	0	0	0	0	0	0	0	4	0
湖南	2	0	0	0	0	0	0	0	0	0	2	0
天津	2	0	0	0	0	0	0	0	0	0	2	0
总政	2	0	0	0	0	0	0	0	0	0	2	0
内蒙古	1	0	0	0	0	0	0	0	0	0	0	1
山西	1	0	0	0	0	0	0	0	0	0	1	0
山东	0	0	0	0	0	0	0	0	0	0	0	0
江西	0	0	0	0	0	0	0	0	0	0	0	0
海南	0	0	0	0	0	0	0	0	0	0	0	0
重庆	0	0	0	0	0	0	0	0	0	0	0	0
福建	0	0	0	0	0	0	0	0	0	0	0	0
新疆	0	0	0	0	0	0	0	0	0	0	0	0
西藏	0	0	0	0	0	0	0	0	0	0	0	0
青海	0	0	0	0	0	0	0	0	0	0	0	0
黑龙江	0	0	0	0	0	0	0	0	0	0	0	0
贵州	0	0	0	0	0	0	0	0	0	0	0	0
宁夏	0	0	0	0	0	0	0	0	0	0	0	0
总　计	638	3	2	0	0	8	11	9	38	81	459	7

表 30　2000 年全国各版权代理机构版权代理业务统计

代理机构名称	代理数量(项)	版权纠纷代理(起)
中华版权代理总公司	114	0
陕西省版权事务中心	0	22
上海市版权代理公司	—	—
安徽省版权代理公司	—	—
广东省版权事务所	—	—
国图贸易总公司版权代理部	5	0
河南省版权代理公司	2	0
广西万达版权代理公司	165	0
辽宁省版权代理公司	—	—
湖北省版权代理公司	—	—
黑龙江省版权代理公司	3	0
四川省版权事务中心	17	39
河北省版权代理公司	26	0
中国电视节目代理公司	143 部、7279 集、4230.25 小时	0
天津市版权代理服务公司	36	0
山东省版权代理公司	—	—
九州音像出版公司版权贸易部	55 项(音像)	0
湖南省版权代理公司	—	—
北京天都电影版权代理中心	—	—
中国电影输出输入公司	—	—
北京汇宇国际版权代理有限公司	—	—
云南版权代理公司	—	—
中国图书进出口总公司版权代理部	519	0
北京版权代理有限责任公司	400 余	0
中国出版对外贸易总公司版权事务部	0	0
深圳市版权代理中心	2	1
吉林省伦博版权代理公司(暂定名)	0	0
总　　计	1289 项(图书)	62

注:表中划“—”为未报统计结果

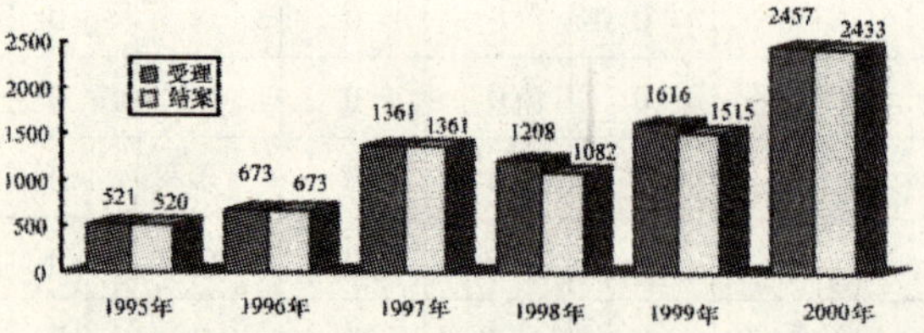

图 1　1995～2000 年全国版权行政机关查处案件数量比较

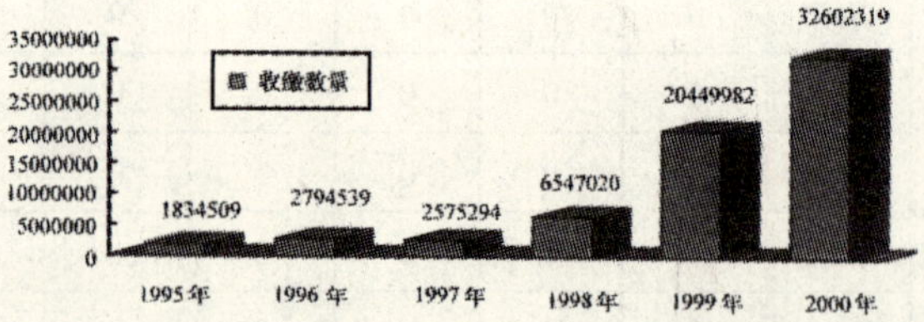

图 2　1995～2000 年全国版权行政机关收缴盗版品数量比较

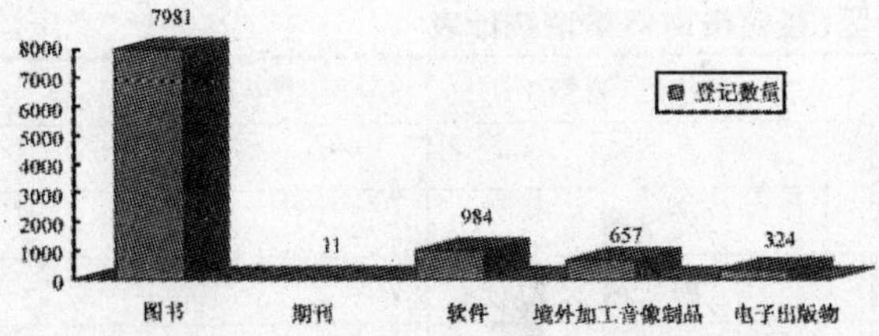

图 3　2000 年全国版权合同登记类别比较

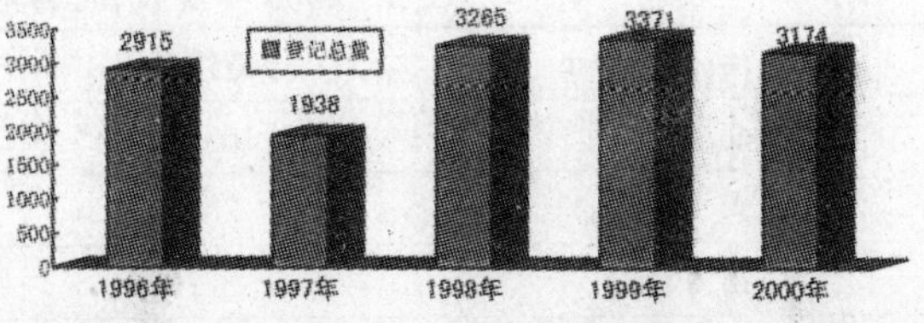

图 4　1996～2000 年全国作品自愿登记数量比较

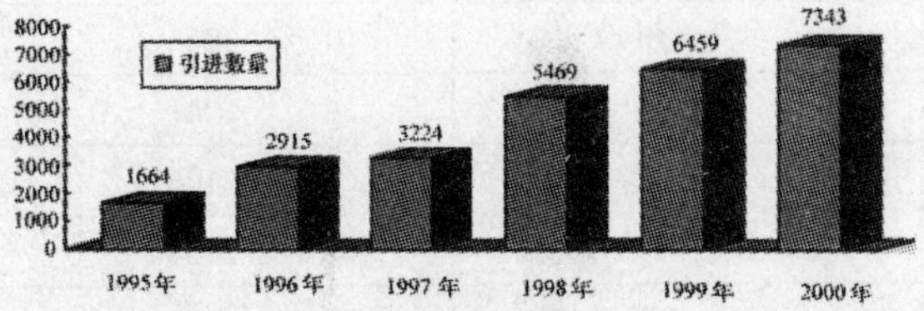

图 5　1995～2000 年全国图书版权引进数量比较

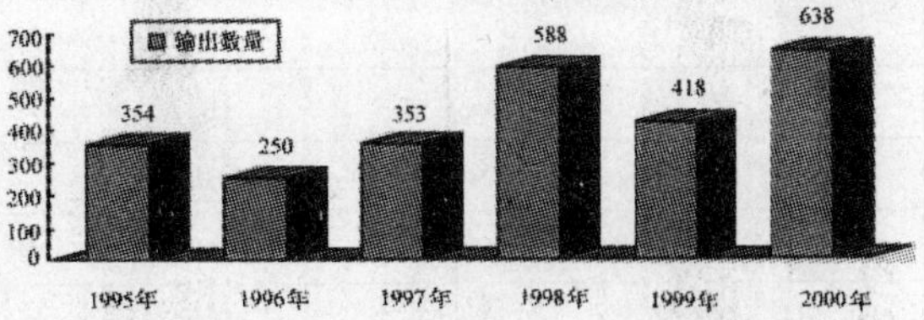

图 6　1995～2000 年全国图书版权输出数量比较

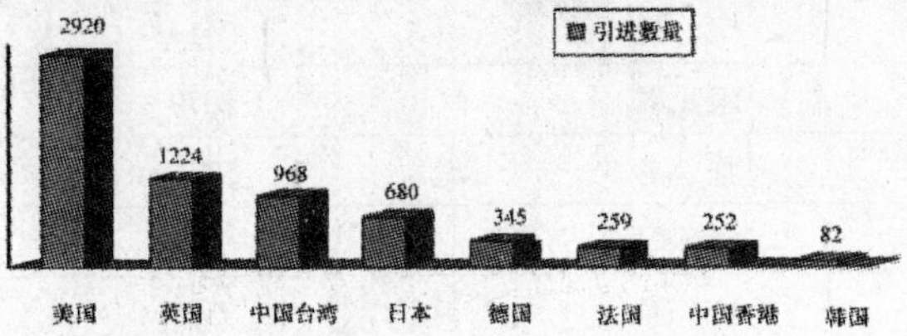

图 7　2000 年全国图书主要版权引进地及数量比较

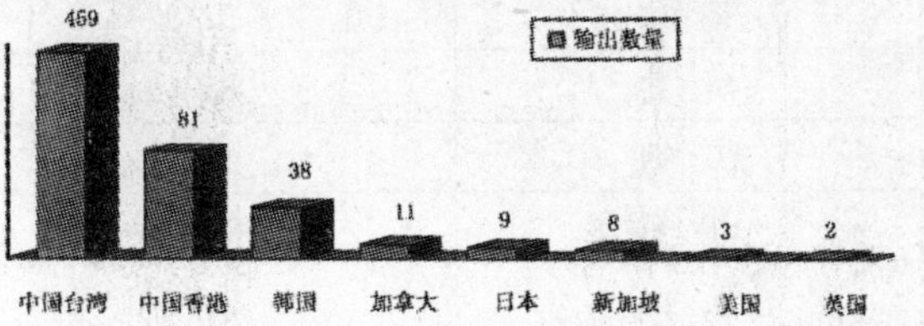

图 8　2000 年全国图书版权主要输出地及数量比较

（以上统计资料由国家版权局冯宏声提供）

历年商标申请、注册情况统计

2000 年度商标申请和注册概况见表 1；2000 年度各省、自治区、直辖市商标申请统计见表 2；2000 年度外国（地区）在华注册商标累计情况见表 3；2000 年度商标评审申请统计见表 4。历年商标注册申请及历年累计有效注册商标统计见表 5。

表 1　2000 年度商标申请和注册概况表　　数量（件）

<table>
<tr><th>项　目</th><th>国　内</th><th>国　外</th><th>马德里商标国际注册领土延伸</th><th>合　计</th></tr>
<tr><td>申请商标</td><td>181717</td><td>24623</td><td>16837</td><td>223177</td></tr>
<tr><td>续展商标申请</td><td>5717</td><td>3829</td><td>346</td><td>9892</td></tr>
<tr><td>商标异议申请</td><td>2333</td><td>2269</td><td>47</td><td>4649</td></tr>
<tr><td>其他商标申请</td><td>34125</td><td>10225</td><td>1031</td><td>45381</td></tr>
<tr><td>审定商标</td><td colspan="2">154500</td><td>12807</td><td>167307</td></tr>
<tr><td>核驳商标</td><td colspan="2">15839</td><td>4089</td><td>19928</td></tr>
<tr><td>注册商标</td><td>129441</td><td>16327</td><td>12807</td><td>158575</td></tr>
<tr><td>变更注册商标</td><td colspan="2">18347</td><td>900</td><td>19247</td></tr>
<tr><td>转让注册商标</td><td colspan="2">16523</td><td>700</td><td>17223</td></tr>
<tr><td>续展注册商标</td><td colspan="2">10754</td><td>175</td><td>10929</td></tr>
<tr><td>注销、撤销注册商标</td><td colspan="2">1767</td><td>138</td><td>1905</td></tr>
<tr><td>商标许可合同备案</td><td colspan="3">10600</td><td>10600</td></tr>
<tr><td>补证</td><td colspan="3">1495</td><td>1495</td></tr>
<tr><td>商标查询</td><td colspan="3">162383</td><td>162383</td></tr>
</table>

表 2　2000 年度各省、自治区、直辖市商标申请统计表

省、自治区、直辖市	申请件数	省、自治区、直辖市	申请件数
北　京	16552	广　东	35759
天　津	2875	广　西	1921
河　北	5710	海　南	1054
山　西	1663	四　川	7437
内蒙古	1565	重　庆	1287
辽　宁	6682	贵　州	1365
吉　林	1913	云　南	1741
黑龙江	3194	西　藏	106
上　海	9415	陕　西	2534
江　苏	11951	甘　肃	778
浙　江	19913	青　海	245
安　徽	2278	宁　夏	414
福　建	8526	新　疆	2879
江　西	1271	香　港	5036
山　东	9025	澳　门	53
河　南	3405	台　湾	6265
湖　北	3896	合　计	181717
湖　南	3009		

表 3　2000 年度外国(地区)在华注册商标累计表

国家(地区)	累计件数	国家(地区)	累计件数
阿根延	72	丹　麦	1024
澳大利亚	2264	多米尼加	4
奥地利	657	朝　鲜	6
巴哈马	209	厄瓜多尔	1
巴　林	2	埃　及	7
巴巴多斯	47	芬　兰	590
伯利兹	2	法　国	7919
比利时	288	德　国	11660
比荷卢	1162	直布罗陀	9
百慕大	614	希　腊	31
巴　西	211	圭亚那	3
特克斯和凯科斯群岛	1	匈牙利	129
维尔京群岛	2351	冰　岛	2
文　莱	5	印　度	295
保加利亚	18	印度尼西亚	302
柬埔寨	6	伊　朗	1
加拿大	1652	爱尔兰	171
开曼群岛	182	以色列	147

续表

国家(地区)	累计件数	国家(地区)	累计件数
马恩岛	33	俄罗斯	166
英属海峡群岛	15	意大利	4713
智利	38	牙买加	1
哥伦比亚	19	日本	29155
库克群岛	196	泽西岛	12
哥斯达黎加	4	约旦	3
克罗地亚	4	哈萨克斯坦	1
古巴	50	科威特	7
塞浦路斯	39	黎巴嫩	28
捷克	394	圣马力诺	1
利比里亚	21	沙特阿拉伯	35
利比亚	55	塞舌尔	3
列支敦士登	322	塞内加尔	1
卢森堡	101	新加坡	3060
葡属马德拉岛	16	斯洛伐克	2
马来西亚	952	斯洛文尼亚	11
马耳他	5	南非	207
马绍尔群岛	1	西班牙	960
毛里求斯	60	斯里兰卡	24
墨西哥	159	苏丹	1
摩纳哥	64	瑞典	1873
蒙古	1	瑞士	5915
缅甸	1	泰国	1059
安的列斯群岛	175	突尼斯	2
荷兰	1453	土耳其	122
新西兰	538	乌克兰	3
尼日利亚	3	阿联酋	38
挪威	279	美国	50747
阿曼	4	英国	10175
巴基斯坦	2	瓦努阿图	2
巴拿马	204	梵蒂冈	1
秘鲁	11	越南	2
菲律宾	197	西萨摩亚	115
波兰	17	西印度群岛	338
葡萄牙	63	南斯拉夫	31
波多黎哥	7	津巴布韦	3
韩国	4235	合计	150618
罗马尼亚	19		

表 4　2000 年度商标评审申请统计表

类型 \ 数量（件）\ 地域		国　内	国　外	合　计
受　理	驳回复审	644	3352	3996
	转让驳回复审	0	0	0
	异议复审	218	537	755
	争议裁定申请	132	59	191
	撤销注册商标复审	10	3	13
	撤销注册不当商标申请	263	254	517
	再 评 审	16	9	25
	合　计	1283	4214	5497
	不 受 理	16	3	19
	撤　案	10	30	40
	总　计	1309	4247	5556

表 5　历年商标注册申请及历年累计有效注册商标统计表　　单位:件

项　目	申　请				有效注册商标			
年　度	国　内	国　外	马德里	合　计	国　内	国　外	马德里	合　计
1979					27459	5130		32589
1980				26177	42807	6427		49234
1981				23004	58514	8476		66990
1982	17000	1565		18565	70899	13148		84047
1983	19120	1687		20807	75182	15436		90618
1984	26487	3077		29564	88444	16944		105388
1985	43445	5798		49243	107916	19076		126992
1986	45031	5939		50970	135021	24154		159175
1987	40014	4055		44069	159038	28588		187626
1988	41683	5866		47549	181882	31277		213159
1989	43202	5209		48411	212643	36796		249439
1990	50853	6419		57272	237300	42097		279397
1991	59124	8480		67604	271056	47859	2306	321221
1992	79837	10958	2591	93386	312972	53230	3486	369688
1993	107758	21014	3551	132323	351695	59466	5528	416689
1994	117186	20238	5193	142617	398649	70216	8544	477409
1995	144610	21442	6094	172146	429287	76596	27896	533779
1996	122057	22615	7132	151804	517167	81665	39247	638079
1997	118577	21676	8502	148755	705214	106623	49280	861117
1998	129394	18252	10037	157683	785309	120760	62758	968827
1999	140620	18883	11212	170715	881448	134656	75124	1091228
2000	181717	24623	16837	223177	1010889	150618	87931	1249438

注:此表中未减去 2000 年注销、撤销商标 1905 件。

1989～2000 年商标局认定的 196 件驰名商标

商　标	使用商品	商标注册人	认定时间
同仁堂	药品	北京同仁堂集团公司	1989
蝴蝶	缝纫机	上海协昌缝纫机厂	1991
贵州茅台	酒	贵州茅台酒厂	1991
凤凰	自行车	上海凤凰自行车股份有限公司	1991
青岛	啤酒	青岛啤酒股份有限公司	1991
海尔	电冰箱	海尔集团公司	1991
中华	卷烟	上海卷烟厂	1991
北极星	钟表	烟台北极星集团公司	1991
永久	自行车	上海永久自行车股份有限公司	1991
霞飞	化妆品	上海霞飞日用化工总公司	1991
五粮液	酒	四川省宜宾五粮液酒厂	1991
泸州	酒	泸州老窖股份有限公司	1991
大白兔	糖果	上海冠生园食品总厂	1991
张裕	葡萄酒	烟台张裕葡萄酿酒公司	1993
玉立	吸排油烟机	浙江玉立电器公司	1995
双星	胶鞋	青岛双星集团公司	1995
熊猫	收音机、电视机、录音机	熊猫电子集团公司	1995
英雄	自来水笔	上海英雄股份有限公司	1995
常柴	柴油机	常州柴油机厂	1995
灯塔	油漆	天津油漆厂	1997.4
马利	美术颜料	上海美术颜料厂	1997.4
美加净	化妆品	上海家化联合公司	1997.4
金驼	电解镍	金川有色金属公司	1997.4
张小泉	剪刀	杭州张小泉剪刀厂	1997.4
长虹	电视机	国营长虹机器厂	1997.4
康佳	电视机	康佳集团股份有限公司	1997.4
小天鹅	洗衣机	无锡小天鹅股份有限公司	1997.4
冰山	制冷设备	大连冷冻机股份有限公司	1997.4
美菱	电冰箱	合肥美菱股份有限公司	1997.4
澳柯玛	冰柜	青岛澳柯玛集团总公司	1997.4
东风	汽车	东风汽车公司	1997.4
嘉陵	摩托车	中国嘉陵工业股份有限公司(集团)	1997.4
红豆	服装	红豆集团公司	1997.4
森达	皮鞋	森达集团公司	1997.4

续表

商　标	使用商品	商标注册人	认定时间
雅戈尔	服装	雅戈尔集团股份有限公司	1997.4
红梅	味精	沈阳味精厂	1997.4
健力宝	饮料	广东健力宝集团有限公司	1997.4
椰风	饮料	海南金海食品总厂	1997.4
燕京	啤酒	北京燕京啤酒集团公司	1997.4
杏花村	酒	山西杏花村汾酒厂股份有限公司	1997.4
郎	酒	四川省古蔺郎酒厂	1997.4
红塔山	卷烟	玉溪卷烟厂	1997.4
乐凯	胶卷、相纸、胶片	中国乐凯胶片公司	1999.1
白猫	洗涤剂	上海合成洗涤剂厂	1999.1
大宝	化妆品	北京市三露厂	1999.1
两面针	牙膏	柳州两面针股份有限公司	1999.1
中华	牙膏	上海牙膏厂	1999.1
长城	润滑油	中国石化长城高级润滑油公司	1999.1
安尔乐	卫生巾	福建安尔乐集团有限公司	1999.1
华北	药品	华北制药集团有限责任公司	1999.1
999	药品	深圳南方制药厂	1999.1
丽珠	药品	珠海经济特区丽珠医药集团股份有限公司	1999.1
片仔癀	药品	漳州片仔癀集团公司	1999.1
三环	锁	山东烟台造锁总厂	1999.1
钻石	硬质合金	株洲硬质合金厂	1999.1
荣事达	洗衣机	合肥洗衣机总厂	1999.1
北大方正	电子出版系统	北京北大方正集团公司	1999.1
长城	计算机	中国长城计算机集团公司	1999.1
联想	计算机	联想(北京)有限公司	1999.1
海信	电视机	青岛海信电器公司	1999.1
TCL	电话机、电视机	TCL集团有限公司	1999.1
虎头	电池	广州轻工业品进出口(集团)公司	1999.1
容声	电冰箱	广东科龙(容声)集团有限公司	1999.1
春兰	空调	春兰(集团)公司	1999.1
格力	空调	珠海格力集团公司	1999.1
美的	电扇、空调	广东美的集团股份有限公司	1999.1
东方红	拖拉机	中国一拖集团有限公司	1999.1
轻骑	摩托车	中国轻骑集团有限公司	1999.1

续表

商　标	使用商品	商标注册人	认定时间
夏利	汽车	天津汽车工业(集团)有限公司	1999.1
1汽	汽车	中国第一汽车集团公司	1999.1
红星	宣纸	安徽泾县宣纸厂	1999.1
恒源祥	毛线	上海万象(集团)股份有限公司	1999.1
鄂尔多斯	服装	内蒙古鄂尔多斯羊绒制品股份有限公司	1999.1
三枪	针织服装、内衣	上海三枪(集团)有限公司	1999.1
富贵鸟	皮鞋	福建石狮市福林鞋业有限公司	1999.1
回力	胶鞋	上海回力鞋业总厂	1999.1
金猴	皮鞋	威海市金猴集团公司	1999.1
星	台球桌	北京星伟体育用品有限公司	1999.1
维维	豆奶粉	维维集团股份有限公司	1999.1
乐百氏	饮料	广东今日(集团)有限公司	1999.1
露露	饮料	露露集团有限责任公司	1999.1
娃哈哈	饮料	杭州娃哈哈集团公司	1999.1
椰树	饮料	椰树集团有限公司	1999.1
古井贡	白酒	安徽古井贡酒股份有限公司	1999.1
古越龙山	黄酒	中国绍兴黄酒集团公司	1999.1
剑南春	白酒	四川省绵竹剑南春酒厂	1999.1
全聚德	餐饮服务	中国北京全聚德烤鸭集团公司	1999.1
雕	洗涤用品	浙江纳爱斯化工股份有限公司	1999.12
奇强	洗涤用品	山西南风化工集团股份有限公司	1999.12
雅倩	化妆品	潮阳市宝兰丝精细化工有限公司	1999.12
敖东	药品	延边敖东药业(集团)股份有限公司	1999.12
地奥	药品	成都地奥制药集团有限公司	1999.12
健民	药品	武汉健民制药厂	1999.12
三金	药品	桂林三金药业集团公司	1999.12
新开河	人参	集安新开河人参有限责任公司	1999.12
红桃K	药品	武汉红桃开集团股份有限公司	1999.12
养生堂	药品	养生堂有限公司	1999.12
凤形	耐磨材料	安徽省宁国市耐磨材料总厂	1999.12
盼盼	防撬门	辽宁盼盼集团有限公司	1999.12
飞跃	缝纫机	飞跃缝纫机集团公司	1999.12
小鸭	洗衣机	山东小鸭集团有限责任公司	1999.12
白鸽	磨料磨具	白鸽(集团)股份有限公司	1999.12

续表

商　标	使用商品	商标注册人	认定时间
新科	影碟机	江苏新科电子集团有限公司	1999.12
万利达	影碟机	福建南靖万利达电子有限公司	1999.12
凤凰	照相机	江西凤凰光学仪器(集团)有限公司	1999.12
德力西	低压电器	德力西集团公司	1999.12
正泰	低压电器	正泰集团公司	1999.12
风帆	蓄电池	保定风帆集团有限责任公司	1999.12
格兰仕	微波炉	广东格兰仕企业(集团)公司	1999.12
万家乐	燃气具	广东万家乐集团公司	1999.12
长岭	电冰箱	长岭(集团)股份有限公司	1999.12
新飞	电冰箱	河南新飞电器有限公司	1999.12
星星	冷柜	浙江星星电器工业公司	1999.12
科龙	空调器	广东科龙(容声)集团有限公司	1999.12
长安	汽车	长安汽车(集团)有限责任公司	1999.12
东风	手扶拖拉机	东风农机集团公司(常州拖拉机厂)	1999.12
金城	摩托车	金城集团有限公司	1999.12
好孩子	童车	江苏好孩子集团公司	1999.12
金得利	首饰模具	福建省金得利集团有限公司	1999.12
飞亚达	钟表	深圳飞亚达集团有限责任公司	1999.12
珠江	钢琴	广州珠江钢琴集团有限公司	1999.12
彩练	塑料农用膜	锦州彩练塑料集团有限责任公司	1999.12
福耀	玻璃	福耀玻璃工业集团股份有限公司	1999.12
天坛	家具	北京天坛家具公司	1999.12
华光	陶瓷	华光陶瓷集团有限公司	1999.12
三利	毛线	三利集团有限公司	1999.12
万事利	丝绸	万事利集团公司	1999.12
波司登	羽绒服	江苏康博集团公司	1999.12
海螺	衬衫	上海海螺(集团)有限公司	1999.12
虎豹	衬衫	江苏虎豹集团公司	1999.12
康奈	皮鞋	温州长城鞋业公司	1999.12
鹿王	羊绒衫	内蒙古鹿王羊绒(集团)公司	1999.12
美尔雅	服装	湖北美尔雅纺织服装实业(集团)公司	1999.12
杉杉	服装	宁波杉杉股份有限公司	1999.12
仕奇	西服	内蒙古仕奇集团公司	1999.12
天山	羊绒衫	新疆天山毛纺织股份有限公司	1999.12

续表

商　标	使用商品	商标注册人	认定时间
鸭鸭	羽绒服	江西共青羽绒厂	1999.12
红双喜	乒乓器材	上海文教体育用品总公司	1999.12
得利斯	肉制品	山东得利斯集团公司	1999.12
双汇	肉制品	河南省漯河市双汇实业集团有限公司	1999.12
光明	乳制品	上海光明乳业有限公司	1999.12
三鹿	乳制品	河北三鹿集团股份有限公司	1999.12
完达山	乳制品	完达山企业集团乳品有限公司	1999.12
华龙	方便面	河北华龙食品集团有限公司	1999.12
龙丰	方便面	山东龙丰集团公司	1999.12
伊利	冷饮	内蒙古伊利实业集团股份有限公司	1999.12
恒顺	酱醋	江苏恒顺集团公司	1999.12
莲花	味精	莲花味精集团	1999.12
中信	金融服务	中国国际信托投资公司	1999.12
国旅	旅游服务	中国国际旅行社总社	1999.12
狗不理	餐饮服务	天津狗不理包子饮食(集团)公司	1999.12
锦江	酒店管理	锦江(集团)有限公司	1999.12
同仁	医疗服务	首都医科大学附属北京同仁医院	1999.12
全力	洗衣粉、洗涤剂	安徽扬程日化总公司	2000.9
传化	洗衣粉、洗涤剂	浙江传化化学集团有限公司	2000.9
黑妹	牙膏	广州美晨股份有限公司	2000.9
海	润滑油	上海高桥石油化工公司上海炼油厂	2000.9
东北	药品	东北制药总厂	2000.9
龙虎	人丹、清凉油	上海中华制药厂	2000.9
鲁抗	药品	山东鲁抗医药集团有限公司	2000.9
青春宝	药品	中国(杭州)青春宝集团公司	2000.9
正昌	饲料机械	江苏正昌集团有限公司	2000.9
东风	柴油机	上海柴油机股份有限公司	2000.9
厦华 Xoceco	电视机	厦门华侨电子企业有限公司	2000.9
海鸥	照相机	上海海鸥照相机有限公司	2000.9
鸿雁	低压电器元件	杭州鸿雁电器公司	2000.9
南孚	电池	福建南平南孚电池有限公司	2000.9
春花	吸尘器	江苏春花电器集团股份有限公司	2000.9
长江	手扶拖拉机	六安手扶拖拉机厂	2000.9
昌河	客货两用车	昌河飞机工业公司	2000.9
新大洲	摩托车	海南新大洲摩托车股份有限公司	2000.9
三角	轮胎	三角集团有限公司	2000.9
福辉	珠宝、首饰	福建省珠宝首饰进出口公司	2000.9

续表

商　标	使用商品	商标注册人	认定时间
老凤祥	珠宝、首饰	上海老凤祥有限公司	2000.9
天鹅	粘胶人造丝	保定天鹅股份有限公司	2000.9
阳光	呢绒	江苏阳光集团公司	2000.9
梦兰	床上用品	江苏梦兰集团公司	2000.9
AB	内衣	江苏 AB 集团有限责任公司	2000.9
步森	衬衫	浙江步森集团有限公司	2000.9
兰雁	牛仔布、牛仔服	兰雁集团股份有限公司	2000.9
黎明	服装	沈阳黎明服装集团公司	2000.9
耶莉娅	服装	耶莉娅集团	2000.9
东艺	皮鞋	温州东艺鞋业有限公司	2000.9
冠生园	糖果、蜂制品、糕点、速冻食品	冠生园(集团)有限公司	2000.9
喜之郎	果冻	广东喜之郎集团有限公司	2000.9
海天	酱油	佛山市海天调味食品有限公司	2000.9
珠江桥	酱油	广东食品进出口集团公司	2000.9
菱花	味精	菱花集团公司	2000.9
正虹	饲料	湖南正虹饲料股份有限公司	2000.9
旭日升	茶饮料	河北旭日集团有限责任公司	2000.9
酒鬼	白酒	湖南湘泉集团有限公司	2000.9
全兴	白酒	四川省成都全兴酒厂	2000.9
王朝	葡萄酒	中法合营王朝葡萄酒有限公司	2000.9
云烟	卷烟	昆明卷烟厂	2000.9
蓝星	清洗建筑物、锅炉服务	中国蓝星化学清洗总公司	2000.9
白天鹅	宾馆服务	白天鹅宾馆	2000.9

（以上统计资料由国家工商局商标局提供）

2000 年查处商标违法案件基本情况

2000 年，全国各级工商行政管理机关深入改革监管体制，加强基层商标办案工作，加大商标专用权的保护力度，突出商标行政执法工作重点，严厉查处各种商标违法案件，为维护我国社会主义市场经济秩序，创造良好的投资环境作出了积极努力。据统计，全年共查处各类商标违法案件 38240 件，收缴和消除商标违法标识 2.4 亿件(套)，收缴直接用于商标侵权的模具、印板和其他作案工具 10252 件，罚款总额 1.45 亿元，责令侵权人赔偿被侵权人经济损失 343.63 万元，移送司法机关追究刑事责任的犯罪嫌疑人 45 名。与 1999 年相比较，查处商标违法案件的总数、罚款额和移送司法机关追究刑事责任的人数均有较大幅度的增长。

一、查处商标违法案件的总数不断上升，商标办案工作进一步加强

2000 年，全国各级工商行政管理机关共查处各类商标违法案件 38240 件，比 1999 年增长 18.33%。其中商标一般违法案件 16239 件，增长 5.67%；商标侵权假冒案件 22001 件，增长 29.81%。查处商标违法案件数量上升有以下几个主要原因：

（一）充分发挥基层工商行政管理机关在商标办案中的作用。国家工商局商标局根据全国工商行政管理工作会议的精神和实际工作的需要，确立了20家商标行政执法工作联系点，组织召开了“全国商标行政执法工作联系点暨工商所商标办案工作座谈会”和经验交流会，制定了《全国商标行政执法工作联系点制度》，并在全国范围内组织了3次基层商标办案人员业务培训，使基层工商行政管理机关的商标办案工作进入了一个崭新的阶段。

（二）积极贯彻国家工商局集中开展“两整顿”的工作部署。国家工商局商标局组织开展了汽车、服装等行业的商标专项整治工作。各地工商行政管理机关也相应开展了相关行业的市场整治工作，查处了大量商标侵权假冒案件，有力地维护了商标专用权人的合法权益。

（三）突出执法重点，加强对驰名商标、证明商标、国有大中型企业商标的保护。国家工商局商标局与中华商标协会合作，专门召开了建立维护商标专用权企业联系点工作会议，对重点企业的商标实施重点保护；召开了“证明商标注册和保护座谈会”，对“碘盐”、“绿色食品”、“真皮标志”等证明商标使用和保护中存在的问题进行集中整治。各地根据实际情况开展了对证明商标的规范管理和专用权保护，取得了一定的成效。

（四）加强了对大型商品交易活动中的商标监管工作。各级工商行政管理机关不断加大监管力度，对全国糖酒交易会、大连服装节、广交会等大型交易活动实施商标监管，对全国范围内的重点商品交易市场的商标使用和管理情况进行监控，处理了大量的相关案件。

（五）加强对商标大要案件的监控。国家工商局商标局对全国的一批商标大要案件实施了重点监控，加大案件的查处力度，有效地打击了商标侵权假冒行为。

二、查处的商标违法案件中，假冒商标案件和商标侵权案件数量均有明显上升，其中销售环节上升突出

2000年，各级工商行政管理机关加大了对商标侵权假冒案件的查处力度，特别是加大了对重点地区、重点商品的商标使用和监管力度，对重点商标实施了重点保护，查处了一大批大要案件。全年共查处假冒商标案件9931件，比去年同期增长21.14%；查处商标侵权案件12070件，比去年同期增长37.93%。在商标侵权假冒现象比较严重的地区，工商行政管理机关查处案件的数量增长较大，其中，浙江、江苏、广东三省查处的商标侵权假冒案件分别为3877、1711、1617件，占全国查处商标侵权假冒案件总数的32.75%。

在查处的商标侵权假冒案件的具体类型上，流通领域中的商标侵权假冒案件仍占很大比例，案件数量与1999年同期相比增长33.28%。全国查处的“销售明知是假冒注册商标的商品的“商标假冒案件4870件，查处的“经销明知或应知是侵犯他人注册商标专用权”的商标侵权案件4541件，二者合计9411件，占全国商标侵权假冒案件数的42.78%。对这两类案件的罚款额为2628.89万元，占全国商标侵权假冒案件罚款总额的26.11%。

三、进一步加大对涉外商标的保护力度，有力保护了外国商标权利人的合法权益

各级工商行政管理机关坚持国民待遇原则，发挥行政执法程序简捷、高效的特点，查处了一大批涉外商标侵权假冒案件，保护了外国商标权利人的合法权益。全年共查处涉外商标案件2510件，比1999年增加616件，增长32.52%。其中商标侵权假冒案件2415件，比1999年增加605件，增长33.43%。东部经济发达地区，工商行政管理机关查处的涉外商标侵权假冒案件数量较多，其中广东省817件，浙江省417件，江苏省53件，占全国查处涉外商标侵权假冒案件总数的53.29%。

四、依职权主动查处的商标侵权案件数量上升，依投诉为线索查处的商标侵权案件数量下降

各级工商行政管理机关积极发挥市场监管职能，增强商标违法案件查处工作的主动性和积极性，制定了市场巡查、专项治理等关于案件查处的具体措施，并大胆予以实践，查处了大量商标侵权假冒案件，收到了明显效果。在全国查处的商标侵权假冒案件中，商标注册人投诉的案件仅为1150件，占案件查处总数的5.23%。

五、对假冒商标案件违法行为人的刑事处罚比已往更加重视

各级工商行政管理机关在商标行政执法中，主动与公安机关配合，对查处商标违法案件中涉嫌刑事犯罪的行为，积极移送司法机关追究刑事责任，有力地打击了假冒商标犯罪人的嚣张气焰，对保护商标专用权人的合法权益，维护社会经济秩序起到了很大作用。各地工商行政管理机关查处的商标假冒案件中，有37个案件，45个违法行为人被移送司法机关追究刑事责任，分别比1999年增加18件，24人，增长近1倍。

六、被提起行政复议和行政诉讼的商标案件相对减少，但已提起行政复议和行政诉讼的案件出现了变更和败诉的情况

随着工商行政管理机关商标办案人员业务素质的不断提高，被提起行政复议和行政诉讼的商标行政执法案件相对于查处商标违法案件的总数明显减少，分别是9件和7件，总数比1999年减少5件。但由于商标违法案件越来越复杂，在行政复议和行政诉讼中出现了变更行政处罚决定和败诉的情况，其中在行政复议中变更行政处罚决定的1件，在行政诉讼中败诉的2件，而1999年已结案的行政复议和行政诉讼案件中，行政处罚决定维持率和行政诉讼胜诉率均为100%。

2000年全国商标一般违法案件统计见表1；2000年全国商标侵权假冒案件统计见表2；各省、市、自治区、直辖市统计情况见表3和表4。

表1　2000年全国商标一般违法案件统计表

案件类型		案件数(件)	已结案件数(件)		未结案件数(件)		处理情况				
							收缴和消除商标标识(件)	销毁物品(吨)	罚款		
									案件数(件)		金额(元)
			国内	国外	国内	国外			罚款10万元以下	罚款10万元以上	
合计		16239	15672	88	472	7	76567502	270.0	13929	48	44280157.04
注册商标使用的管理	自行改变注册商标的文字、图形或其组合的	848	820		28		×	×	×	×	×
	自行改变注册商标注册人名义、地址或其他注册事项的	1107	1074		33		×	×	×	×	×
	自行转让注册商标的	150	149		1		×	×	×	×	×
	连续三年停止使用的	1375	1171		204		×	×	×	×	×
	商品粗制滥造、以次充好、欺骗消费者的	1024	1020		4		×	50.81	732		2096209.40
未注册商标使用的管理	冒充注册商标的	3315	3198	46	71		27032621	×	2800	18	14566134.85
	商品粗制滥造、以次充好、欺骗消费者的	1069	1064	1	4		×	35.70	750	2	1784358.20
	违反《商标法》第五条规定的	468	465		3		364648	×	435		527388.20
	违反《商标法》第八条规定的	221	212		9		1243292	×	177		381603.00
商标使用许可合同的管理	违反《商标法》第二十六条第二款规定的	543	511	23	9		1487984	×	469	3	2542929.65
	违反《商标法》第二十六条第三款规定的	295	289		6		×	×	226	4	562854.29
非法印制或者买卖商标标识的		5824	5699	18	100	7	46438957	183.49	8340	21	21818679.44
注册商标使用的管理小计		4504	4234		270		92100	50.81	732		2096209.40
未注册商标使用的管理小计		5073	4939	47	87		28640561	35.70	4162	20	17259484.25
商标使用许可合同的管理小计		838	800	23	15		1487984		695	7	3105783.95
补充资料		本期行政诉讼案1件，其中维持1件。									

表 2　2000 年全国商标侵权假冒案件统计表

案件类型		案件数(件)	已结案件数(件)		未结案件数(件)		处理情况						责令赔偿经济损失		移送司法机关追究刑事责任	
							收缴和消除商标标识(件)	收缴直接用于商标侵权的模具印版等工具(件)	销毁侵权物品(吨)	罚款						
										案件数(件)		金额(元)				
			国内	国外	国内	国外				罚款在10万元以下	罚款在10万元以上		案件数(件)	金额(元)	案件数(件)	人数(人)
合计		22001	18971	2342	615	73	163607455	10252	1143.17	18675	195	100689972.02	236	3436330.25	37	45
假冒商标	未经注册商标所有人的许可,在相同商品上使用与其注册商标相同的商标的	3608	2957	544	88	19	61040429	2327	204.18	3209	63	29714135.44	58	1690432.00	15	13
	伪造、擅自制造他人注册商标标识或者销售伪造、擅自制造的注册商标标识的	1453	1314	75	61	3	23076194	2916	144.57	1275	19	8363909.40	14	47520.00	7	12
	销售明知是假冒注册商标的商品的	4870	4403	383	67	17	8636549	1062	240.34	4470	22	15440752.13	37	182477.25	10	13
商标侵权	未经注册商标所有人的许可,在相同商品上使用与其注册商标近似的商标或在类似商品上使用与其注册商标相同或近似商标的	3444	3020	247	171	6	80136819	2298	222.88	2935	45	25062601.60	46	898831.00	2	2
	经销明知或应知是侵犯他人注册商标专用权商品的	4541	4162	260	102	17	6797305	91	238.17	4015	6	10848947.37	46	227756.00	3	5
	在同一种或类似商品上将与他人注册商标相同或近似文字、图形作为商品名称或商品装潢使用,并足以造成误认的	1660	1515	64	78	3	11778048	544	74.63	1326	27	5626827.20	15	47229.00		
	故意为侵犯他人注册商标专用权行为提供仓储、运输、邮寄、隐匿等便利条件的	102	94	2	6		2141398	506	1.00	88		1138352.00	1	2000.00		
	给他人注册商标专用权造成其他损害的	2323	1506	767	42	8	10001213	509	17.40	1357	13	4494446.88	19	340085.00		
假冒商标小计		9931	8674	1002	216	39	92753172	6306	589.10	8954	104	53518796.97	109	1920429.25	32	38
商标侵权小计		12070	10297	1340	399	34	60854283	3947	554.07	9721	91	47171175.05	127	1515901.00	5	7
补充资料		1. 本期行政复议案件共 9 件,其中维持 3 件,变更 1 件,撤销 1 件,责令重作 1 件,撤回 3 件。 2. 本期行政诉讼案件 6 件,其中维持 3 件,撤诉 1 件,败诉 2 件。 3. 商标侵权假冒案件中,商标注册人投诉案件 1150 件。														

表 3　2000 年各省、自治区、直辖市查处商标一般违法案件统计表

地　区	案件数（件）	已结案件数（件）		未结案件数（件）		收缴和消除商标标识（件）	销毁物品（吨）	罚款 10 万元以下	罚款 10 万元以上	金额（元）
		国内	国外	国内	国外					
合　计	16239	15672	88	472	7	76567502	270.00	13929	48	44280157.04
北京市	38	38								36740.00
天津市	216	216				1016056	2.00	192		401107.20
河北省	2031	1997		34		2547131	4.00	1318		2576103.58
山西省	254	252		2		375121	3.00	150	1	223352.00
内蒙古自治区	92	87		5		5143350		2941		135660.89
辽宁省	1035	1034		1		6734239	4.20	881	3	3709562.29
吉林省	160	153		7		661611		88		207337.56
黑龙江省	215	213		2		735032	10.00	136		372754.00
上海市	174	169		5		69417		156	7	3113047.28
江苏省	1428	1406	2	20		5885614	5.72	1097	16	11335446.15
浙江省	2003	1939	5	59		8246415		1817	6	8864547.50
安徽省	560	546	1	13		2287165	22.00	408		846983.00
福建省	427	382	11	34		3719145	8.00	299		863579.00
江西省	310	304		6		1130030	3.06	96	2	259090.00
山东省	1534	1510	1	23		5819036	9.00	1141	1	3107677.00
河南省	1057	1004		53		7409254	28.00	382		1150522.20
湖北省	728	671	1	56		493727		296	1	1332981.00
湖南省	702	698		4		1765196	5.00	467	1	1231906.20
广东省	413	325	67	14	7	8461626	122.56	307	3	229579.00
广西壮族自治区	231	226		5		5215379	0.90	182		554717.50
海南省	77	75		2		245000	2.50	28		16478.00
重庆市	177	177				869961	2.80	111		214370.00
四川省	1337	1311		26		3617214	5.25	861	1	421945.60
贵州省	329	328		1		1977714	29.00	221		545548.50
云南省	218	204		14		299540		37		53170.00
西藏自治区	3	3								
陕西省	261	237		24		108124	3.00	158	6	232060.00
甘肃省	83	41	42		84156			71		24804.00
青海省	26	13		13		124663		2		4669.00
宁夏回族自治区	10	10				115340		10		16848.20
新疆维吾尔自治区	110	103		7		1411245		76		131170.48

表 4　2000 年各省、自治区、直辖市查处商标侵权假冒案件统计表

地　区	案件数（件）	已结案件数		未结案件数		收缴和消除商标标识（件）	收缴直接用于商标侵权的模具印版等工具（件）	销毁侵权物品（吨）	罚款 10 万元以下	罚款 10 万元以上	金额（元）
		国内	国外	国内	国外						
合　计	22001	18971	2342	615	73	153607455	10252	1143.17	18675	195	100689972.02
北京市	848	846			2				840	8	2185782.08
天津市	177	153	24			1207917	588	16.10	167	1	1110460.86
河北省	919	870		49		2319734	457	13.40	752	60	1905142.00
山西省	241	228		13		792760	75	6.00	184	1	340276.00
内蒙古自治区	252	244		8		330156	11	16.66	195		195457.16
辽宁省	902	899	1	1	1	1629267	68	7.00	865	1	4028436.47
吉林省	336	313		23		1400566	22		200		346733.00
黑龙江省	160	155		5		1398485	6	25.07	134		595468.00
上海市	727	631	77	11	8	11554736	847	96.65	612	16	5517383.54
江苏省	1711	1627	52	31	1	9389342	700	19.00	1451	23	17644344.32
浙江省	3877	3398	409	62	8	36367481	2783	117.80	3714	31	25872785.00
安徽省	1102	1057	1	44		4462388	1004	48.98	1043	2	2261827.50
福建省	1173	884	255	30	4	5088096	343	20.16	1033		3050969.00
江西省	305	292	3	10		1358567	59	14.90	281	3	493983.71
山东省	1193	1158	10	25		4294694	386	37.00	1118	1	3241031.00
河南省	893	797		96		14788743	130	50.04	603		1781862.00
湖北省	394	390		4		597292	27	9.00	318	1	1717215.00
湖南省	704	671		33		2265139	108	13.50	634	16	2040059.00
广东省	1617	766	781	34	36	37877919	1301	397.74	1403	26	19690587.00
广西壮族自治区	381	365	2	14		6731110	62	0.27	359		580413.34
海南省	74	61		13		248998	16	1.40	51		300796.00
重庆市	274	262	4	6	2	1019961	252	6.83	217	1	640112.00
四川省	1939	1206	711	22		4461490	45	44.66	1093	1	2498930.10
贵州省	824	795		29		597552	10	47.70	621	1	1101797.70
云南省	254	217		37		640270	18	3.78	153		421529.00
陕西省	231	230		1		220482	10	4.10	219	1	295993.00
甘肃省	121	112		9		209467	916	19.72	85		94583.57
青海省	39	38		1		258998	4		36		191976.00
宁夏回族自治区	17	17				118559		2.20	16		28110.54
新疆维吾尔自治区	316	289	12	4	11	1977286	4	103.50	278	1	515928.13

（以上统计资料由国家工商局商标局提供）

植物新品种保护名录

植物新品种保护名录分农业和林业部分，分别由农业部和国家林业局发布。农业部共发布了三批植物新品种保护名录，见表 1、表 2 和表 3；国家林业局共发布了两批植物新品种保护名录，见表 4 和表 5。

表 1　中华人民共和国农业植物新品种保护名录(第一批)

属或者种名	学　名	属或者种名	学　名
1. 水稻	Oryza sativa L.	6. 菊属	Chrysanthemum L.
2. 玉米	Zea mays L.	7. 石竹属	Dianthus L.
3. 大白菜	Brassica campeStris L. ssp. pekinensis(Lour.)Olsson	8. 唐菖蒲属	Gladiolus L.
4. 马铃薯	Solanum tuberosum L.	9. 紫花苜蓿	Medicago sativa L.
5. 春兰	Cymbidium goeringii Rchb. f	10. 草地早熟禾	Poa pratensis L.

表 2　中华人民共和国农业植物新品种保护名录(第二批)

属或者种名	学　名	属或者种名	学　名
1. 普通小麦	Triticum aestivum L.	6. 黄瓜	Cucumis sativum L.
2. 大豆	Glycine max(L.) Merrill	7. 辣椒属	Capsicum L.
3. 甘蓝型油菜	Brassica napus L.	8. 梨属	Pyrus L.
4. 花生	Arachis hypogaea L.	9. 酸模属	Rumex L.
5. 普通番茄	Lycopersicon esculentum Mill.		

表 3　中华人民共和国农业植物新品种保护名录(第三批)

属或者种名	学　名	属或者种名	学　名
1.兰属	Cymbidium Sw.	3.鹤望兰属	Strelitzia Ait.
2.百合属	Lilium L.	4.补血草属	Limonium Mill.

(以上资料由国家农业部知识产权科教司成果处提供)

表 4　中华人民共和国林业植物新品种保护名录(第一批)

种或者属名	学　名	种或者属名	学　名
1.毛白杨	Populus tomentosa Carr.	5.牡丹	Paeonia suffruticosa Andr.
2.泡桐属	Paulownia	6.梅	Prunus mume
3.杉木	Cunninghamia Lanceolata	7.蔷薇属	Rosa
4.木兰属	Magnolia	8.山茶属	Camellia

表 5　中华人民共和国林业植物新品种保护名录(第二批)

种或者属名	学　名	种或者属名	学　名
1.杨属	Populus	10.油桐属	Vernicia
2.柳属	Salix	11.红豆杉属	Taxus
3.桉属	Eucalyptus	12.杜鹃花属	Rhododendron
4.板栗	Castanea mollissima	13.桃花	Prunus persica
5.核桃属	Juglance	14.紫薇	Lagerstroemia indica
6.枣	Zjzyphus jujuba	15.榆叶梅	Prunus triloba
7.柿	Diospyros kaki	16.腊梅	Chimonanthus praecox
8.杏	Prunus armeniaca	17.桂花	Osmanthus fragrans
9.银杏	Ginkgo biloba		

(以上资料由国家林业局科技司植物新品种保护办公室提供)

植物新品种授权品种

表 1　水稻授权新品种

序号	品种名称	申请号	品种权号	授权日	申请日	品种权人
1	培矮 64S	19990001.9	CN19990001.9A	2000 年 5 月 1 日	1999 年 4 月 23 日	湖南杂交水稻研究中心
2	农香 16	19990032.9	CN19990032.9A	2000 年 5 月 1 日	1999 年 4 月 23 日	湖南省水稻研究所
3	吉粳 73 号	19990036.1	CN19990036.1A	2000 年 5 月 1 日	1999 年 4 月 26 日	吉林省农业科学院
4	龙锦一号	19990044.2	CN19990044.2A	2000 年 5 月 1 日	1999 年 4 月 26 日	吉林省农业科学院
5	中 9A	19990050.7	CN19990050.7A	2000 年 5 月 1 日	1999 年 4 月 23 日	中国水稻研究所
6	楚粳 23 号	19990094.9	CN19990094.9A	2000 年 5 月 1 日	1999 年 10 月 22 日	楚雄彝族自治州农业科学研究推广所

表 2　玉米授权新品种

序号	品种名称	申请号	品种权号	授权日	申请日	品种权人
1	龙单 16 号	19990003.5	CN19990003.5A	2000 年 5 月 1 日	1999 年 4 月 23 日	黑龙江省农业科学院原子能利用研究所
2	豫玉 22 号	19990006.X	CN19990006.XA	2000 年 5 月 1 日	1999 年 4 月 23 日	河南农业大学
3	豫自 87－1	19990007.8	CN19990007.8A	2000 年 5 月 1 日	1999 年 4 月 23 日	河南农业大学
4	黑 221	19990009.4	CN19990009.4A	2000 年 5 月 1 日	1999 年 4 月 23 日	黑龙江省农业科学院原子能利用研究所
5	克单八号	19990010.8	CN19990010.8A	2000 年 5 月 1 日	1999 年 4 月 23 日	黑龙江省农业科学院小麦研究所
6	吉 J002	19990017.5	CN19990017.5A	2000 年 5 月 1 日	1999 年 4 月 23 日	吉林省农业科学院
7	四单 112 号	19990020.5	CN19990020.5A	2000 年 5 月 1 日	1999 年 4 月 23 日	吉林省农业科学院
8	四－C605	19990021.3	CN19990021.3A	2000 年 5 月 1 日	1999 年 4 月 23 日	吉林省农业科学院
9	吉单 501	19990031.0	CN19990031.0A	2000 年 5 月 1 日	1999 年 4 月 23 日	吉林省农业科学院
10	四单 105 号	19990033.7	CN19990033.7A	2000 年 5 月 1 日	1999 年 4 月 26 日	吉林省农业科学院
11	四单 75 号	19990037.X	CN19990037.XA	2000 年 5 月 1 日	1999 年 4 月 26 日	吉林省农业科学院
12	四单 68 号	19990038.8	CN19990038.8A	2000 年 5 月 1 日	1999 年 4 月 26 日	吉林省农业科学院

续表

序号	品种名称	申请号	品种权号	授权日	申请日	品种权人
13	吉单321	19990039.6	CN19990039.6A	2000年5月1日	1999年4月26日	吉林省农业科学院
14	吉921	19990040.X	CN19990040.XA	2000年5月1日	1999年4月26日	吉林省农业科学院
15	吉单209	19990041.8	CN19990041.8A	2000年5月1日	1999年4月26日	吉林省农业科学院
16	吉1037	19990042.6	CN19990042.6A	2000年5月1日	1999年4月26日	吉林省农业科学院
17	吉单507	19990043.4	CN19990043.4A	2000年5月1日	1999年4月26日	吉林省农业科学院
18	四单167号	19990045.0	CN19990045.0A	2000年5月1日	1999年4月26日	吉林省农业科学院
19	四单154号	19990047.7	CN19990047.7A	2000年5月1日	1999年4月26日	吉林省农业科学院
20	四单152号	19990048.5	CN19990048.5A	2000年5月1日	1999年4月26日	吉林省农业科学院
21	承单15号	19990054.X	CN19990054.XA	2000年5月1日	1999年5月12日	承德长城金山种子科技有限责任公司
22	靠山一号	19990056.6	CN19990056.6A	2000年5月1日	1999年6月14日	鞍山市黑玉米食品有限公司
23	登海4号	19990059.0	CN19990059.0A	2000年5月1日	1999年7月20日	莱州市农业科学院
24	登海2号	19990060.4	CN19990060.4A	2000年5月1日	1999年7月20日	莱州市农业科学院
25	登海9号	19990061.2	CN19990061.2A	2000年5月1日	1999年7月20日	莱州市农业科学院
26	登海1号	19990062.0	CN19990062.0A	2000年5月1日	1999年7月20日	莱州市农业科学院
27	登海12号	19990079.5	CN19990079.5A	2000年5月1日	1999年7月26日	莱州市农业科学院
28	西星糯玉1号	19990087.6	CN19990087.6A	2000年5月1日	1999年8月6日	莱州市农科院蔬菜种苗研究所
29	农大2493	19990093.0	CN19990093.0A	2000年5月1日	1999年10月18日	中种集团承德长城种子有限公司
30	丹598	19990095.7	CN19990095.7A	2000年5月1日	1999年11月11日	丹东农业科学院
31	南农紫玉糯1号	19990096.5	CN19990096.5A	2000年5月1日	1999年11月16日	南京农业大学
32	楚白单4号	19990097.3	CN19990097.3A	2000年5月1日	1999年11月16日	楚雄彝族自治州农业科学研究推广所
33	四单25号	19990019.1	CN19990019.1A	2000年9月1日	1999年4月23日	吉林省农业科学院

（以上表格由国家农业部知识产权科教司成果处提供）

表 3　林业植物授权新品种

序号	品种名称	申请号	品种权号	颁证日	申请日	品种权人
1	三毛杨 1 号	CN19990001	19990001	1999.12.29	1999.4.23	北京林业大学
2	三毛杨 2 号	CN19990002	19990002	1999.12.29	1999.4.23	北京林业大学
3	三毛杨 1 号	CN19990003	19990003	1999.12.29	1999.4.23	北京林业大学
4	三毛杨 1 号	CN19990004	19990004	1999.12.29	1999.4.23	北京林业大学
5	三毛杨 1 号	CN19990005	19990005	1999.12.29	1999.4.23	北京林业大学
6	三毛杨 1 号	CN19990006	19990006	1999.12.29	1999.4.23	北京林业大学
7	多瓣白玉兰	CN19990009	20000001	2000.4.7	1999.4.23	王飞罡
8	常春二乔玉兰	CN19990014	20000002	2000.4.7	1999.4.23	王飞罡
9	红元宝玉兰	CN19990010	20000003	2000.4.7	1999.4.23	王飞罡
10	丹磬玉兰	CN19990011	20000004	2000.4.7	1999.4.23	王飞罡
11	景新玉兰	CN19990012	20000005	2000.4.7	1999.4.23	王飞罡
12	长花玉兰	CN19990007	20000006	2000.4.7	1999.4.23	王飞罡
13	红运玉兰	CN19990013	20000007	2000.4.7	1999.4.23	王飞罡
14	飞黄玉兰	CN19990009	20000008	2000.4.7	1999.4.23	王飞罡
15	太行之恋	CN19990016	20000009	2000.4.7	1999.4.23	河南焦作园林局
16	贵夫人	CN19990017	20000010	2000.4.7	1999.4.23	河南焦作园林局
17	山阳红	CN19990018	20000011	2000.4.7	1999.4.23	河南焦作园林局
18	女王之女	CN19990019	20000012	2000.4.7	1999.4.23	河南焦作园林局
19	挚友	CN19990020	20000013	2000.4.7	1999.4.23	河南焦作园林局
20	玉丹	CN19990021	20000014	2000.12.29	1999.4.23	林兆洪
21	华美红	CN19990022	20000015	2000.12.29	1999.4.23	林兆洪
22	奥丽帕拉姆 OLIJPLAM	CN19990007	20000016	2000.12.29	1999.11.28	OLIJ ROZEN V.O.F
23	抗虫杨 12 号	CN20000013	20000017	2000.12.29	2000.8.15	中国林科院
24	美卡丽 MEIQUALIS	CN20000006	20000018	2000.12.29	2000.3.28	MELLAND STAR ROSE S.A
25	美康馥 MEICOFUM	CN20000012	20000019	2000.12.29	2000.5.12	MELLAND STAR ROSE S.A
26	山新杨	CN20000013	20000020	2000.12.29	2000.6.20	黑龙江防护林研究所
27	黑防杨 3 号	CN20000014	20000021	2000.12.29	2000.6.20	黑龙江防护林研究所
28	卡罗吉罗 KORROGILO	CN20000015	20000022	2000.12.29	2000.7.25	W. KORDES' SOHNE Rosenchu ulen Gmbh & Cokg
29	芳碧莎 FEBASA	CN20000016	20000023	2000.12.29	2000.9.8	MEILLAND STAR ROSE S.A

（以上表格由国家林业局科技司植物新品种保护办公室提供）

2000年计算机软件著作权登记情况

一、国家政策的引导，推动软件登记数量创新高

为推动我国软件产业的发展，增强信息产业的创新能力和国际竞争力。国务院在2000年6月24日颁布实施了《鼓励软件产业和集成电路产业发展的若干政策》(以下称“18号文件”)，从软件产业的投融资、税收、人才培养、收入分配、企业认定、知识产权保护等各个方面确定了国家扶植软件产业的政策性措施。2000年8月，江泽民总书记在国际信息处理联合会在我国举办的第16届世界计算机大会开幕式讲话中指出：“我们应深刻认识信息技术的伟大力量，积极推进信息技术的发展”，同时又进一步指出“我们的战略是：在完成工业化的过程中注意运用信息技术提高工业化水平，在推进信息化的过程中注意运用信息技术改造传统产业，以信息化带动工业化，发挥后发优势，努力实现技术的跨越式发展”。江总书记的讲话阐明了我国发展信息技术的决心。

江总书记的讲话和国务院“18号文件”的颁布实施，极大地鼓舞了我国软件厂商和软件工作者技术创新、开发自有知识产权软件的热情；政策引导和推动，提高软件从业人员的保护软件知识产权的意识，牵动了软件产业的蓬勃发展，并在软件著作权登记中得到了体现。2000年，实现全年软件登记数量3383件的可喜成绩，成为我国建立软件登记制度以来登记数量最高的一年，2000年的软件登记数量占到软件登记总量的三分之一以上。特别在“18号文件”颁布实施后，软件登记数量又有明显的上升，2000年上半年登记量为1246件；2000年下半年登记量为2116件。两者相比，2000年下半年软件登记数量上升了69.81%。

二、软件登记情况的回顾

2000年我国软件著作权登记制度走过了九个年头。九年来，中国软件登记中心受理各类软件登记达9100余件，批准软件登记达到了7500余件，软件登记数量呈逐年上升的趋势，无论是计算机软件著作权登记申请受理量，还是计算机软件著作权批准量都有了较快增加。

具体情况详见图1。

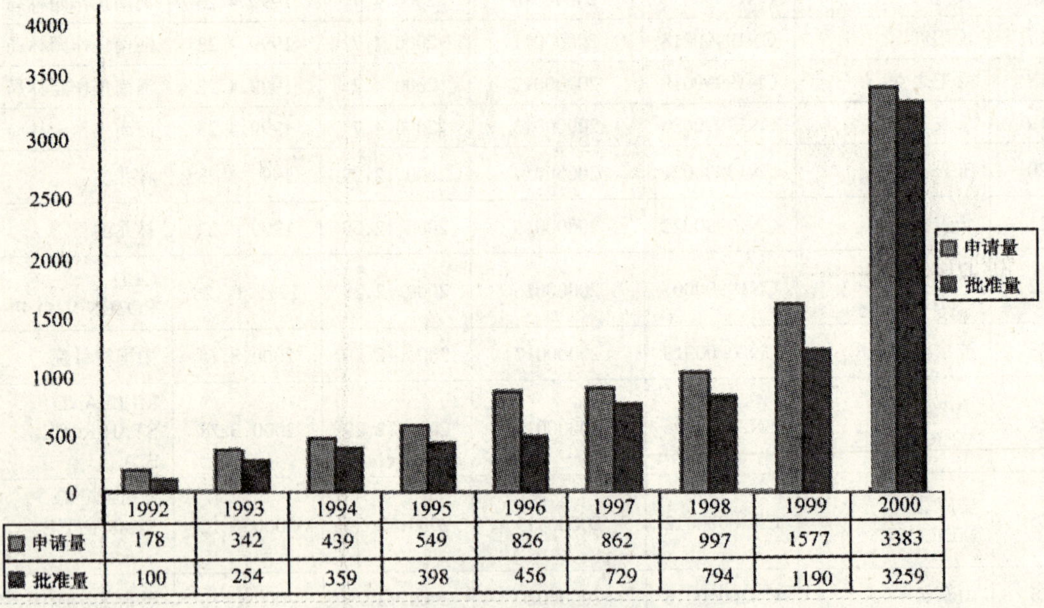

	1992	1993	1994	1995	1996	1997	1998	1999	2000
申请量	178	342	439	549	826	862	997	1577	3383
批准量	100	254	359	398	456	729	794	1190	3259

图1 历年来软件申请登记和批准情况表

软件申请急剧增长的数字，一方面反映了随着我国法制环境的逐步完善，自主开发并享有知识产权的软件成果和产品有了大幅度的增长，软件厂商和软件开发者保护软件知识产权的法律意识不断提高和深化；另一方面说明了软件著作权登记制度工作定位准确，已经被公众接纳，逐步得到了社会的认可。

1. 软件登记申请情况及特点

在2000年中，中国软件登记中心根据《计算机软件保护条例》和《计算机软件著作权登记办法》的规定，共受理各类软件登记申请3383件，包括了软件著作权登记、权利转移备案、软件登记事项变更等多项登记申请。2000年的软件登记申请量与1999年（1577件）软件登记申请量相比，增长了

114.52%。其中,作为“软件著作权有效的初步证明”的软件著作权登记的受理数量占到了绝大多数,为3032件,为整个登记受理数量的89.57%;反映软件知识产权交易活动的软件权利转移备案量为330件,约占到整个登记受理数量的9.75%。具体情况详见图2。

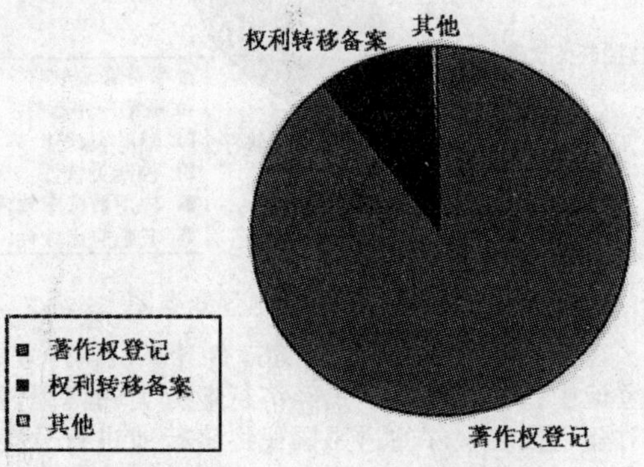

图2 2000年软件申请登记情况图

软件著作权登记制度是面向国内外任何软件登记申请者的,申请软件登记的业涉及各个国家和地区。软件著作权登记受理申请分布情况是:

在国内的方面:在2000年受理的3383件软件登记申请中,中国境内的省、市、自治区的软件厂商、个人提出的软件登记申请占绝大多数,约为98%。按照软件登记申请数量的前五名的省、市、自治区排名顺序依次是:第一是北京市,申请登记数量为1422件,占受理总量的42.03%;第二是广东省,申请登记数量为551件,占受理总量的16.29%;第三是上海市,申请登记数量为252件,占受理总量的7.45%;第四是浙江省,申请登记数量为177件,占受理总量的5.22%;第五是江苏省,申请登记数量为127件,占受理总量的3.75%。2000年按照软件登记数量对前五名的省、市、自治区排名与1999年的排名顺序完全一致,北京市软件登记数量的所占比例有所下降。此后的排名顺序依次是:山东、天津、陕西、四川、辽宁。

在境外的方面:我国软件著作权登记制度建立以来,每年都有境外软件公司提出软件著作权登记申请,而且境外提出软件著作权登记申请涉及的国家在逐渐增多。截止到2000年底,受理了来自美国、日本、以色列、韩国、澳大利亚、新加坡、德国、巴西、加拿大、新西兰、印度尼西亚和香港地区以及我国台湾省等十几个国家和地区的各类软件登记申请。但2000年涉外的软件登记申请数量所占比例有所下降,仅占2000年申请登记总量的2%。

2.软件知识产权交易活跃,权利转移数量增加

由于软件是一项具有知识产权的高新技术和实用性很强的工业性商品,开发软件的目的不是让人们欣赏,而是为人们提供使用。由于受到市场和应用需求牵引,软件知识产权的商业化运作是一项重要的活动,并通过软件知识产权权利人实施的许可、转让、质押和继承等行使权利行为表现出来。

在2000年,软件权利转移备案受理数量达到330件,占到整个软件登记受理量的9.75%。从软件权利转移备案的类型来看,囊括了我国法律、法规确定的软件著作权的转让、个人的无形资产入资、法人变更引起的无形资产转移、软件著作权的质押等各种类型转移活动。同时,2000年与1999年受理的软件权利转移备案数量137件相比,增加约2.5倍,也是软件登记制度建立以来最高的一年。具体情况详见图3。

上述数字在一定程度上反映了我国的法制建设逐步完善,权利人和公众的法律意识正在加强,软件知识产权的市场交易活动开始依法进行,并逐步走向正规。

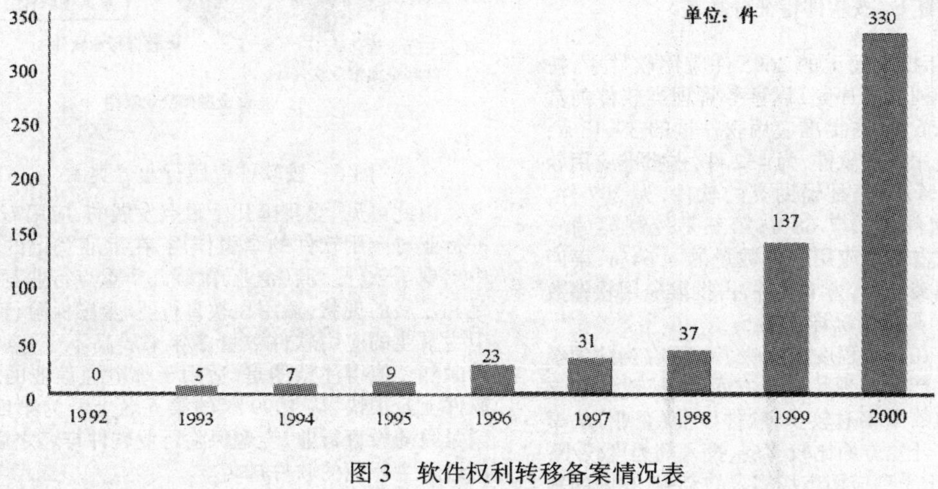

图3 软件权利转移备案情况表

三、获得批准登记软件的情况及特点

由于软件著作权登记申请，都需经过中国软件登记中心按照《计算机软件保护条例》和《计算机软件著作权登记办法》的规定进行审查后方能获得批准。在一定意义上讲，经过软件登记审查程序可以杜绝某些不合法、不规范的因素，并将软件著作权纠纷的隐患消除在萌芽状态。因此，软件受理量与登记量存在一定的差别。在2000年中，中国软件登记中心受理的登记申请为3383件，批准登记的软件(办理注册手续)3259件，其中，软件著作权登记数量为2864件，占全年批准量的87.88%；权利转移备案数量为377件，占全年批准量的11.57%。2000年所办理的软件登记注册数量也是自软件著作权登记制度建立以来最多的一年，也是历年中受理和批准登记比率差别最小的一年。

1. 按照登记软件特征分类统计

在2000年获得批准的2864件计算机软件著作权登记中，按照我国《计算机软件分类与代码》标准进行分类，其情况是：系统软件的批准数量为54件(1999年为25件)，占批准总量的2.06%；支持(工具)软件的批准数量为115件(1999年为31件)，占批准数总量的4.02%；应用软件的批准数量最多，为2695件(1999年为1059件)，占批准总量的94.10%(1999年占94.98%)。具体情况详见图4。

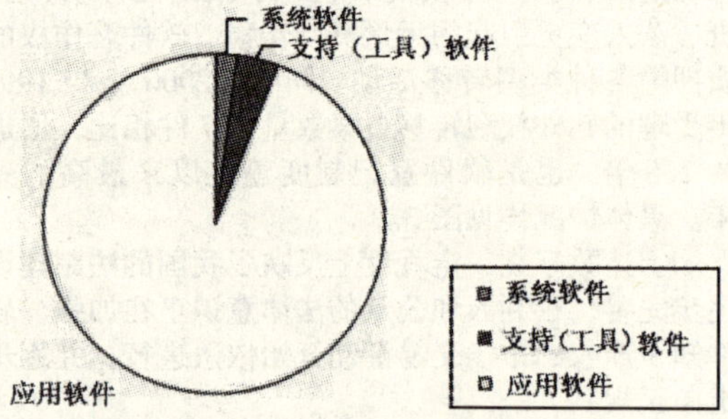

图4　按软件特征分类表

在2000年批准登记的2695件应用软件中，按照应用领域排列的顺序是：以事务管理类软件的数量最多，为1056件，占批准应用软件量的39.18%；其次是网络应用类的软件，为432件，占批准应用软件量的16.03%；第三是辅助类的软件，为207件，占批准应用软件量的7.68%；第三是控制类的软件，为179件，占批准应用软件数量的6.64%；第四是应用数据库类软件，为178件，占批准应用软件数量的6.61%。具体情况详见图5。

上述数字在一定程度上反映了我国在当前的经济条件下软件产业的现状。一方面，系统软件和支持(工具)软件数量相对较少，软件厂商(企业)从事基础性的软件开发方面比较薄弱、投入的力度较小；另一方面，由于受到应用市场需求的牵引，我国的软件厂商(企业)将应用软件作为开发重点，应用软件具有较大的市场需求。

2. 按照登记软件适应国民经济行业进行分类统计

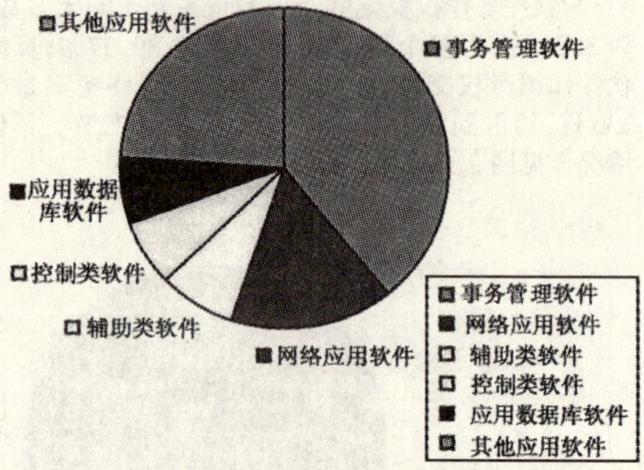

图5　按应用软件类型分类图

在2000年获得批准的2864件计算机软件著作权登记中，按照我国《国民经济行业分类和代码》标准对登记批准软件的适用国民经济行业进行分类，依次排列的顺序是：第一面向多个行业应用的通用软件，为950件，占登记批准软件总量的33.17%；其次是应用于教育行业的软件，为239件，占登记批准软件总量的8.34%；第三是应用于金融保险行业的软件，为214件，占登记批准软件总量的7.47%；第四是应用于邮电通信业的软件，为162件，占登记批准软件总量的5.66%；第五、第六是应用于卫生事业的软件为152件和应用于商业的软件为123件，分别占登记批准软件总量的5.31%和4.29%。具体情况详见图6。

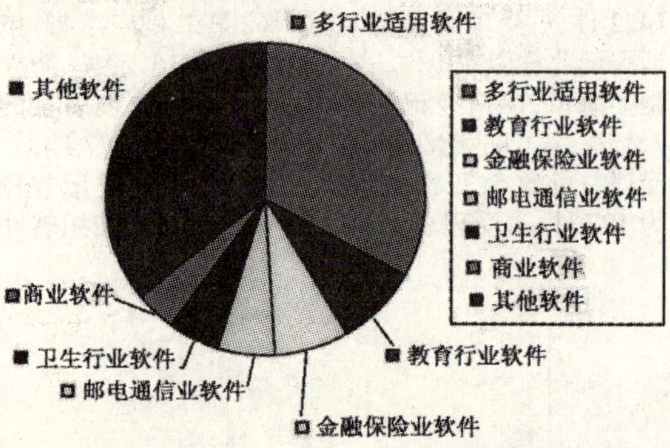

图6　按软件应用行业分类图

由此可见，受我国几个重点发展的、应用需求大的行业对应用软件的牵引作用，在批准登记的软件中出现了软件厂商(企业)围绕几个重点行业竞相涉足和发展的现状，适用在教育行业、金融保险行业和卫生事业的应用软件数量多年来居高不下，竞争比较激烈。值得注意的是，适用于邮电通信业的应用软件上升很快，从1999年的第五名上升为第四名，紧紧跟随教育行业、金融保险行业软件排名之后，并超过卫生行业的软件排名。

四、努力建设我国保护软件知识产权的法制环境

目前，软件技术已经渗透到我国国民经济建设的各个领域，它不仅对国民经济、国防建设、信息安全等所起到重要而且十分关键的作用；而且还是提高我国的科技创新能力、增强技术竞争实力的重要组成部分；同时，软件产业将可直接带动传统工业的技术改造等方面发挥作用。因此，软件产业被称之为信息技术产业中的“制高点”。

建立良好的法制环境、保护软件的知识产权是发展软件产业重要条件之一，并已取得了国际社会世界各国的共识。为了有效保护软件知识产权，国务院在颁布实施的“18号文件”的第十章“知识产权保护”中明确规定：“国务院行政管理部门要规范和加强软件著件权登记制度，鼓励软件著作权登记，并依据国家法律对已经登记的软件予以重点保护”。可见，国务院为鼓励软件产业发展的政策文件对保护软件知识产权提出了非常具体、明确的措施，需要引起我国软件企业、个人和软件管理者的高度重视。软件企业和个人不仅需要努力地开发、创新软件技术，而且需要对已完成的软件强化知识产权保护意识；各行各业的软件管理者在积极推进软件产业发展的同时，也需要强化软件知识产权的管理工作。在国务院“18号文件”的引导和推动下，确保我国的软件产业健康发展。

（以上资料由中国软件登记中心李维提供）

全国法院知识产权案件收案情况统计及分析

1991～2000年，全国法院共受理知识产权案件34902件。10年来，全国法院知识产权案件收案数量除1997年稍有回落外，一直处于稳步增长趋势（增长曲线见图1）。

1991～2000年全国法院知识产权民事案件收案情况见表1。

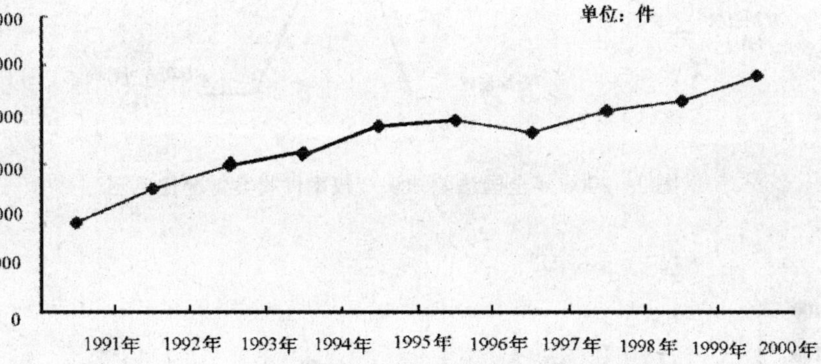

图1　全国法院知识产权案件收件数量增长曲线图

表1　全国法院知识产权民事案件收案情况　　单位：件

年份	著作权	技术合同	专利许可合同	商标侵权	专利侵权	非专利侵权	专利权属	商标权属	其他	合计
1991	153	982		67	330				282	1814
1992	143	1190	46	138	426	39	31	12	469	2494
1993	236	1449	69	189	570	65	41	17	307	2943
1994	326	1447	100	172	650	95	83	32	299	3204
1995	385	1422	99	281	857	90	95	30	497	3756
1996	436	1221	129	278	944	100	111	42	600	3861
1997	411	936	75	293	878	88	92	45	826	3644
1998	571	1175	82	435	844	181	236	92	477	4093
1999	750	942	71	395	1146	148	268	65	497	4282
2000	963	1146	57	344	1162	181	376	49	533	4811
合计	4374	11910	728	2592	7807	987	1333	384	4787	34902

1999年，全国法院知识产权民事案件共收案4282件，与1998年同期相比增加4.62%。其中：著作权案件750件，其他民事案件497件，技术合同案件942件，专利许可合同案件71件，商标侵权案件395件，专利侵权案件1146件，非专利侵权案件148件，专利权属案件268件，商标权属案件65件。

2000年全国法院知识产权民事案件共收案4811件（案件百分比构成见图2），与1999年同期相比增加12.35%，审结4790件，其中：著作权案件收案963件，审结989年；其他民事案件533件，审结545件；技术合同案件收案1146件，审结1109件；专利许可案件收案57件，审结53件；商标侵权案件收案344件，审结349件；专利侵权案件收案1162件，审结1157件；非专利侵权案件收案181件，审结184件；专利权属案件收案376件，审结352件；商标权属案件收案49件，审结52件。

另外，全国法院共受理了知识产权刑事案件255件，审结248件。

注：审结案件中均包括1999年旧存。

1999年、2000年收案情况对比见图3。

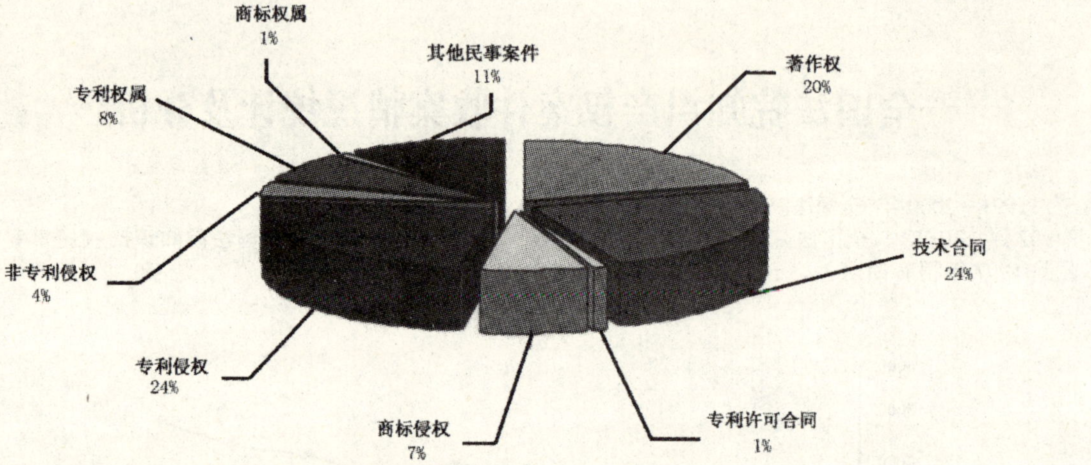

图2　2000年全国法院知识产权案件收案情况比例图

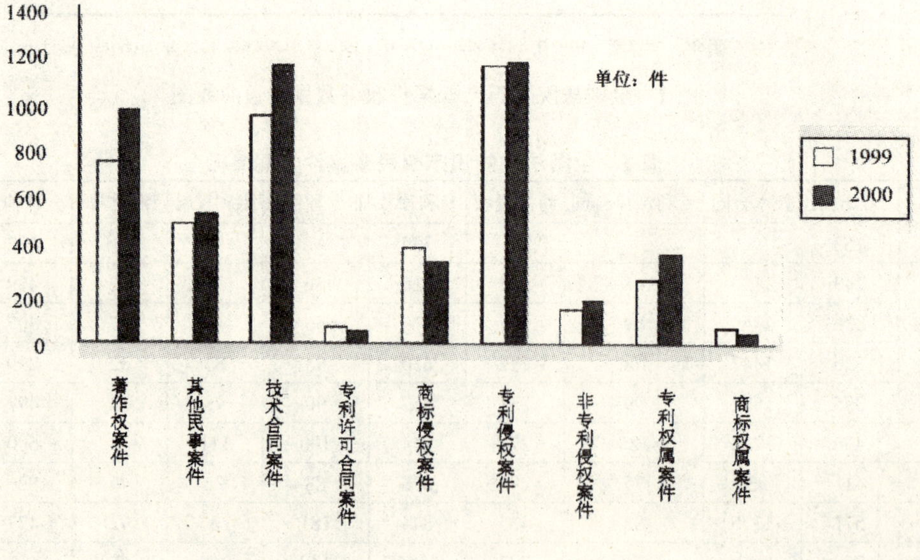

图3　1999年、2000年全国法院知识产权案件收案情况对比图

（以上资料由最高人民法院民事审判第三庭提供）

典型案例

行政保护案例

专利案件

1."U段全向全频道电视接收天线"专利侵权纠纷案

我局于2000年12月21日受理了请求人张××就被请求人北京××科技发展有限公司侵犯其"U段全向全频道电视接收天线"专利权提出的调处请求,依法组成合议组,开庭审理了本案。请求人张××及其委托代理人赖××、被请求人的委托代理人王×、邵××参加了庭审,现本案已审结。

请求人称:专利号为ZL94220084.5的"U段全向全频道电视接收天线"系请求人张××在其"套环天线"专利的基础上对U频段振子改进而成,目的是使"套环天线"的U频段(高频段)变成全方位接收、性能更好的全频道电视接收天线。该专利许可给北京市××电子仪器公司后,一直是该公司的拳头产品,销往河北、山东及全国各地,经济效益很好。2000年度该产品的市场份额和产值利润急剧下降,其原因是北京××科技发展有限公司在北京、河北、陕西等地大量生产、销售侵犯专利权人"U段全向全频道电视接收天线"专利权的"邦特商标天线"。据查该公司生产、销售侵权产品10余万套,给我造成直接经济损失30万元,又因其产品低价倾销,迫使我专利产品每套下调价格5元,造成我公司间接损失50万元,使请求人的经济利益受到很大损失。要求被请求人立即停止生产、销售侵权产品,赔偿因其侵权行为给专利权人造成的直接经济损失38万元,在中国知识产权报刊公开赔礼道歉,消除因其侵权造成的不良影响。

被请求人辩称:我公司是科研开发单位,从未发生过任何生产销售业务,从未生产、销售过U段全向全频道电视接收天线,而且,直到2000年9月才开始运营,不可能侵犯请求人的权益。开庭审理时,被请求人提交了河北省大城县农民赵××的证言及该公司2000年12月损益表,以证明自己没有生产过被控侵权产品。

经审理查明:

请求人张××于1994年9月6日申请了"U段全向全频道电视接收天线"实用新型专利,1996年6月22日获得专利权,专利号为ZL94220084.5,现为有效专利。该专利权利要求1为:由支架(1)、放大器(2)、半波振子(3)、外圆环振子(4)、U段振子(5)等组成的U段全向全频道电视接收天线,其特征是:U段振子(5)用三个小折合振子做成圆盘状,盘面呈水平套装在外圆环振子(4)中间,分别安装在半波振子(3)上部的支架上,半波振子下部装有放大器(2),他们用小同轴电缆连接。

被请求人北京××科技发展有限公司是2000年5月26日注册成立的有限责任公司,请求人在北京、河北、陕西等地市场上发现的"××天线",其产品结构也是由支架、放大器、半波振子、外圆环振子、U段振子等组成,U段振子用三个小折合振子分别弯成一定的弧度固定在支架上方的圆盘盒上做成圆盘状,水平套装在外圆环振子中间,安装在外圆环振子和U段振子下方的支架振子托上,半波振子下部装有放大器,匹配器、外圆环振子、半波振子、放大器等用小同轴电缆连接。

被控侵权产品"××天线"中,放大器上标有"××®"、"××科技"、"北京××科技发展有限公司"等字样,并贴有"北京××科技公司"防伪标识;"××天线"支架上标有"BT北京××科技发展有限公司"、"××®"字样;支架上装设的三个振子托、天线供电器及电缆上分别标有"××®"和"北京××科技发展有限公司"等字样;天线供电器的塑料包装袋上印有"××®、××新科技、北京××科技发展有限公司、地址:北京市海淀区×××××××14号电话等字样;产品包装袋上注明产品名称为"有源全频道电视天线",并印有"北京××®制造商:北京××科技发展有限公司"。

"××天线®"产品说明书中刊登的"××天线"BT-1、BT-2型图示为上述"北京××®有源全频道电视天线"产品的图示,产品说明书上注明该产品的生产厂家为:北京××科技发展有限公司,地址:北京市海淀区×××××××14号,电话、传真及邮编。

另查,1996年6月请求人张××就本案所涉专利有偿许可给北京市××电子仪器公司生产、销售，至该专利有效期满日止，实施许可费为人民币壹拾捌万元整，专利权人从每年的利润中按3%提成。

上述事实有94220084.5号“U段全向全频道电视接收天线”实用新型专利证书复印件及其专利文件、购货凭证、“××天线”实物、“××天线”产品说明书、协议书、营业执照、开庭笔录等在案佐证。

我局认为，本案的审理重点是被请求人是否制造、销售了侵犯请求人的94220084.5号“U段全向全频道电视接收天线”实用新型专利权的产品。我局在调处本专利纠纷时，该专利为有效专利。该专利的权利要求记载了该专利的技术特征，根据其权利要求1，U段全向全频道电视接收天线由支架(1)、放大器(2)、半波振子(3)、外圆环振子(4)、U段振子(5)等组成的，U段振子(5)用三个小折合振子做成圆盘状，盘面呈水平套装在外圆环振子(4)中间，分别安装在半波振子(3)上部的支架上，半波振子下部装有放大器(2)，他们用小同轴电缆连接。

被控侵权产品“××天线”与94220084.5号专利同属于全频道电视接收天线。“××天线”BT－1、BT－2型由支架、放大器、半波振子、外圆环振子及用三个小折合振子做成的圆盘状U段振子等组成，其产品结构与94220084.5号专利的权利要求所载明的技术特征比较，二者的结构及各部件的组合位置完全一样，所属技术领域、发明目的、功能和技术效果均与该专利相同，因此，“××天线”BT－1、BT－2型的结构特征落入了该专利的保护范围，属于未经专利权人同意制造销售的侵权产品。

请求人在北京、河北、陕西等地市场上发现的“××天线”BT－1、BT－2型，其产品的各组件上标有被请求人的名称等，产品包装袋及产品说明书上所标注的制造商名称、地址、电话等均与被请求人的名称、地址、电话相同。被请求人称自己未生产、销售过“××天线”的主张缺乏足够的证据支持，我局难以采信。因此，以被请求人名义制造、销售的侵权产品应视为是由被请求人制造销售的产品，被请求人应依法承担侵权赔偿责任。

请求人要求被请求人赔偿经济损失38万元的主张缺乏事实和法律根据，本局参照该专利的许可使用费确定赔偿数额。

本案在审理过程中调解未成。

根据《中华人民共和国》专利法第十一条第一款、第五十九条第一款、第六十条第一款的规定，决定如下：

1. 被请求人北京××科技发展有限公司应立即停止制造、销售侵犯94220084.5号专利权的“××天线”BT－1、BT－2型产品。

2. 被请求人北京××科技发展有限公司应向专利权人张××支付侵权赔偿费18万元整(于本决定送达之日起10日内支付)。

3. 本案受理费、调处费共4066元，由被请求人北京××科技发展有限公司负担(于本决定送达之日起10日内支付)。

当事人如不服本处理决定，可于收到本处理决定书之日起三个月内向北京市第一中级人民法院起诉。

2.“一种物料的高精度测量方法及用该方法制造的核子秤”专利申请权纠纷案

请求人北京××电子仪器联合公司(以下简称××公司)于2000年8月23日就专利申请号为99111339.X、发明名称为“一种物料的高精度测量方法及用该方法制造的核子秤”的发明专利申请权纠纷向本局提出调处请求。本局受理后，依法组成合议组，公开审理了本案。请求人××公司的代理人刁××，被请求人邸××及其代理人梁×参加了开庭审理。现本案已审结。

请求人××公司称：该公司成立于1992年，主导产品是核子秤，1995年申请了小感量高精度皮带核子秤，专利号95106808.3、发明人是××公司邸××等5人。2000年8月××公司收到北京中乾机电设备有限责任公司的警告函，得知被请求人邸××未经××公司许可，将属于××公司的技术以他个人的名义申请了“一种物料的高精度测量方法及用该方法制造的核子秤”发明专利，专利申请号：99111339.X。被请求人自本公司成立之日起至今一直是××公司在册的正式职工，技术职称为高级工程师，曾任××公司总工程师，主持和参与核子秤研制开发及技术改进工作，并一直在公司领取全额工资，享受电话补贴、午餐补贴、报销医疗费等。99111339.X专利文件中所涉及的技术内容全部是××公司未公开的技术秘密，该技术内容记载在由陈××于1997年2月撰写的“核子秤系统误差分析及控制”的技术报告中。因此，被请求人是××公司的技术骨干，享受该公司的职工待遇，掌握该公司的技术资料和科研成果，有关核子秤方面的技术改进和发明创造依法属于职务发明，请求将专利申请号为99111339.X的专利申请权变更为请求人。

被请求人邸××辩称：被请求人是××大学教师，1992年7月，××大学与北京××新技术研究所成立北京××电子仪器联合公司，由于××大学在该公司占有60%的股权，故被请求人邸××等四同志被××大学派往该公司工作，在此期间(1992.7－1996.1)，邸××在该公司担任总工程师，在其工作中曾主要负责了发明专利“一种小感量高精度核子秤”(专利号ZL95106808.3)的研制开发工作，是该专利的主要发明人，该产品于1997年投产、应用，该专利于1998年7月15日授权。1994年8月31日被请求人在××大学办理了退休手续。1996年1月××大学在××公司的全部股权转让给南通×××投资公司，××大学退出了××公司，同时被请求人与××大学派出的其他同志也随之退出了该新组建的××公司。新的××公司于1996年4月重新办理了公司注册手续。由于新的××公司有些技术问题无法解决，在××公司再三请求下，被请求人在1996年1月至1997年8月期间，给予××大公司一些技术咨询。1997年8月，被请求人离开了新的××公司与北京××机电设备公司一起合作，不再向新的××公司提供技术咨询。被请求人在1999年2月初同××公司的投资人李××商谈，提出进一步开发新一代核子秤的想法。1999年3月底被请求人在××公司的多次恳求下，为××公司的用户××卷烟厂现场解决过技术问题，此后至1999年8月10日，××公司又先后请被请求人到××烟厂、××烟厂解决现场用秤问题。

被请求人作为原××公司发明专利ZL95106808.3的核心发明人，在该专利申请后，在对其进行商品化产业化实际应用过程中，以及专利授权后，新的××公司都没有依"专利法"、"成果转化法"等法律法规明确向发明人支付相应的奖励报酬，被请求人一直认为××公司支付给他的费用是对其贡献的奖励及在经济损失方面的补偿。请求人仅以此为据认定被请求人是新××公司职工，是不符合事实的，也是没有法律依据的。被请求人与新的××公司之间从来没有签订任何确定有关劳动关系的合同或协议。被请求人所申请的99111339.X号专利提出了利用变参数数学模型方法进一步提高核子秤测量精度的方法，其设计思想与原ZL95106808.3号专利是有本质区别的，××公司也没有进行这方面的开发、研制工作。请求人指责被请求人使用了××公司的技术秘密是没有事实和法律依据的。因此，被请求人既不是新的××公司的正式职工，更没有接受新的××公司的委托或任务安排去开发、研究核子秤变参数数学模型测量方法，该专利申请权应归被请求人邸××个人所有。

经本局审理，查明：

1992年7月，××大学科技开发部与北京市海淀区××新技术研究所共同投资成立了××公司，公司性质为全民所有制与集体所有制联营，经营范围是电子产品、通讯设备、仪器仪表、机房设备的技术开发、技术服务、销售。1993年初××公司开始研制开发用于测量轻质物料的小感量核子秤。1995年××公司与北京××核应用技术研究所作为共同申请人，申请了发明专利"一种小感量高精度核子秤"。该专利于1998年6月20日授权，专利号为ZL95106808.3。1996年1月××大学将在××公司的全部股权转让给南通开发区××××投资公司，根据董事会决议和联营合同变更协议，××公司在工商行政管理部门办理了企业变更登记，对法定代表人和注册资金进行了变更，其经济性质为集体所有制和集体所有制联营，注册号为原注册号。1996年至1999年底，从××公司所提供的多份原始会议记录中，可以看出小感量核子秤是该公司的主导产品之一。

被请求人邸××是××大学教师，1992年7月××公司成立时，××大学派邸××等四同志为××公司专职科技人员，邸××在该公司担任总工程师，负责公司技术工作。1994年8月31日被请求人在××大学办理了退休手续后，继续在××公司负责核子秤的研制开发工作，是ZL95106808.3号发明专利"一种小感量高精度核子秤"的发明人之一。××公司于2000年1月12日给予邸××奖金壹万元。1996年初××大学股权转让后，邸××的××公司职工身份在该公司办公室主任的职工花名册和工作证发放记录中均有记载。从1992年7月至2000年3月，邸××在××公司按月领取工资，享受电话补贴、午餐补贴、有害工种补贴及报销医疗费等，曾多次参加××公司的领导干部会议、生产调度会、技术培训和研讨会等，讨论核子秤的质量问题、技术改进问题和开拓市场问题，如1996年3月5日的领导干部会讨论核子秤市场问题和营销问题；1997年元月6日领导碰头会讨论核子秤的市场、价格和技术问题；1997年2月公司技术研讨会，××公司陈××进行了"核子秤系统误差分析及控制"的学术交流；1999年3、4月，多次召开会议，分析小感量秤存在的技术问题和质量问题，并研究解决办法；1999年6－12月，多次开会研究小感量核子秤的技术改进工作，如计量精度、秤体结构、外观、前放电离室稳定性、双源多源方案及试验、PLC开发应用及制定行业标准等问题。以上会议均有邸××参加的记录。邸××受××公司的委派多次参与公司对小感量核子秤的市场调研和技术服务工作，如1996年6、7月分别到昆明、许昌进行小感量核子秤的市场调研；1997年1至4月，到厦门×厂参与小感量核子秤实验样机调试；1999年3月参与了南阳××厂小感量核子秤的装调服务；1999年到石家庄、秦皇岛等地用户处进行小感量核子秤的技术洽谈及签订合同等。

1999年8月10日，邸××向国家知识产权局提出了"一种物料的高精度测量方法及用该方法制造的核子秤"的发明专利申请，申请号为99111339.X。该专利申请的独立权利要求有两项：权利要求1为"一种物料的高精度测量方法。将所测物料置于输送装置上，在所述输送装置上方设置有γ放射源，在所述输送装置下方设置有γ射线探测器，所述输送装置上安装有测速装置，所述γ射线探测器和测速装置与带有数据输入装置和数据输出装置的微机数据处理系统相连；首先根据有物料时所述γ射线探测器输出电压 U_f 及无物料时所述γ射线探测器输出电压 U_0，计算出物料负荷 $F=KLn(U_i/U_0)$；其次利用所述测速装置测出的输送速度V，计算出所述物料的流量 $P=FV$；最后计算出所述输送装置在一段时间内的输送物料的累计量为 $W_h=\sum_{i=t}^{n}F_iV_i$ 其特征在于：所述公式 $F=KLn(U_i/U_0)$ 中的系数K值，是根据所述物料的流量变化、在所述输送装置上所处的不同位置、堆积形状以及γ射线散射等因素的影响来动态修定的"。权利要求5为"一种利用权利要求1、2、3或者4所述方法制造的核子秤，由支架、安装在支架上端封装在铅罐内的γ放射源、安装在支架下端的γ射线探测器、置于γ放射源与γ射线探测器之间的物料输送装置、带有数据输入装置和数据输出装置的微机数据处理系统、与微机数据处理系统相连的测速装置及与微机数据处理系统相连的前置放大器组成，其特征在于：所述封装在铅罐内的γ放射源为2－7个，安装在所述支架上端，直线排列并且与所述γ射线探测器平行”。2000年8月10日该专利申请公开。

以上事实有ZL95106808.3号专利公告文本、99111339.X号专利申请公开文本、××公司营业执照、××大学人事证明、××公司会议记录、笔记本、工资及补贴等发放凭单、本局开庭时当事人的陈述等在案佐证。

本局认为，审查本案涉及的99111339.X号专利申请的发明创造是否是职务发明，应适用《中华人民共和国专利法》第六条和《中华人民共和国专利法实施细则》第十条的规定，即是否是执行本单位的任务或者主要是利用本单位的物质条件所完成的。因此，本案的审查重点是，1、99111339.X专利申请所涉及的技术方案完成时，被请求人邸××作为该专利申请的发明人是否与××公司有劳动聘用关系；2、99111339.X号专利申请所涉及的技术内容是否是执行××公司的任务或者主要是利用××公司的物质条件所完成的。

99111339.X号专利申请的发明人邸××虽然是××大学教师，但1992年7月××公司成立时，××大学出具人事证明，派其为××公司的专职科技人员，并在该公司担任总工程师，应视为邸××与××公司建立了劳动聘用关系。1994年邸××在××大学办理退休手续后，继续在××公司工作。1996年初××大学将在××公司的股权转让给第三方，只是××公司联营一方民事权利的转让。××公司根据联营合同变更协议依法在工商行政管理部门办理企业变更登记，其公司法律主体资格未变。其后邸××继续参与××公司关于核子秤的技术改进工作，参加核子秤市场调研和技术服务等经营活动，至2000年3月，按月在××公司领取工资，享受公司职工的福利待遇等，事实上仍在履行作为××公司职工的义务，同时享受作为该公司职工的权利。被请求人所称新××公司和原××公司是两个法律主体、因××大学撤出联营公司而其派出人员也随之退出的说法因无事实依据和法律依据，故本局不予支持。王××等人提供的被请求人已于1997年离开××公司的证词以及被请求人所述请求人向被请求人支付费用的性质属于咨询报酬、奖励和经济方面的补偿而不属于工资一说，因缺乏相关证据的支持本局不予采信。

××公司自成立以来，核子秤是其主导产品之一，并一直在小感量高精度核子秤领域进行研制开发、技术改进和批量生产。本案争议的99111339.X发明专利申请涉及了一种用核射线测量物料重量的方法以及用该方法制造的高精度核子秤，其技术内容与该公司的经营范围和主导产品一致，该专利申请于1999年8月10日提出时，邸××与××公司存在劳动关系，其作为核子秤领域的专业技术人员进行与本单位产品密切相关的研制开发活动理应属于职务行为，所完成的技术成果应属于“执行本单位的任务或者主要是利用本单位的物质条件所完成的职务发明创造”。

本案在审理过程中调解未成。

根据《中华人民共和国专利法》第六条、《中华人民共和国专利法实施细则》第十条，做出处理决定如下：

1.“一种物料的高精度测量方法及用该方法制造的核子秤”（专利申请号：99111339.X）的专利申请权属于请求人北京××电子仪器联合公司。

2.本案受理费、处理费壹仟元，由被请求人邸××承担。

3.羟基磷灰石的制备方法专利申请权纠纷案

本局于1998年8月18日受理了请求人北京××生物工程新材料有限公司与被请求人陈××就“羟基磷灰石的制备方法”专利申请权纠纷提出的调处请求，并于1998年12月10日进行了开庭审理。

请求人称：1993年请求人就是美国羟基磷灰石义眼台产品的独家代理商，并进行了该产品国产化的研制工作。被请求人是本公司职工，受本公司委派与本公司高级技术指导宋××共同从事该项目的研制开发。1996年8月，请求人派被请求人前往××大学，与该大学冯××教授商洽合作开发该项目事宜。1996年9月2日，请求人与冯××签署了“关于合作开发珊瑚羟基磷灰石人造骨的协议”。1996年9月16－17日，请求人派宋××赴××大学，与冯××教授总结实验结果，并提出进一步加大产品强度和全面检测分析的研究，同时取回实验完成的小样。1996年10月9日，请求人派被请求人从冯××处取回正式实验报告，并将实验费及劳务费2万元转交冯××。1996年11月，请求人派宋××和被请求人一起办理申请专利事宜，但在确定该专利申请是职务发明还是非职务发明的问题上，被请求人与宋××及请求方总经理高××发生意见分歧，请求人决定暂缓办理该项专利申请，并告诫被请求人不要擅自去申请，被请求人应允。但1998年6月，请求人得知，被请求人已于1997年4月2日以个人名义申请了专利，且申请专利的内容与请求人委托冯××教授所做的实验及实验报告的内容一致。请求人认为，被请求人在请求人处工作的一切行为都是在执行本单位交付的任务，因此，该项专利的申请权应归请求人所有。

被请求人辩称，本人并非请求人单位职工，没有签定任何聘用合同，也从未将人事关系调入请求人处。请求人无开发人才，当时也无开发此项技术的条件（如原料、实验设备等），没有针对此项目设定的任务、立项、指定任何人从事相关研究工作。被请求人是有关本案专利技术内容的专业技术人员，早在八十年代末即开始接触和研究本案争议的专利内容，1994年以来利用较多的业余时间和精力放在具体研究和收集有关本案的技术内容，有××图书馆、邹××、谢××、中国××科学院仪器测试中心等出具的证明和实验数据，说明被请求人独立完成了本案专利申请的全部技术内容。被请求人1996年7月31日才从军队转业,不存在“1996年1月已成为本案请求人的正式职工”,请求人未向被请求人下达有关研制任务,也未给被请求人提供研制本专利技术的任何物质条件。××大学冯守华教授提供的“试验报告”为××大学无机合成与制备化学开放研究室所有,不是他与请求人“协议”的标的物,其成果不受“协议”的约束,与请求人无关。且本项专利申请的内容早在1995年10月以前已研制完成,因此本项申请专利的技术内容与请求人无关。

经审理查明:

1.请求人为一合资企业,其经营范围为:生产生物工程制品,新型化工原料;销售自产产品。被请求人从1995年8月开始在请求人单位工作,按月领取工资和饭补,1996年3月7日,请求人单位发文,决定被请求人于1996年1月1日起转为公司正式职工,任一部高级经理,工资级别定为B4。从1996年1月至1998年1月,被请求人在请求人单位按正式职工待遇按月领取工资和饭补,并于1996年9月开始享有住房补贴。

2.从1995年开始,被请求人在请求人单位从事羟基磷灰石的开发研制工作。1995年9月13日至9月16日,被请求人与请求人单位的高级技术指导宋××到天津××化学系做实验,主要解决在低温条件硫酸盐的转化问题,差旅费是由被请求人自行垫付。

3.1996年9月2日,××大学化学系冯××教授与请求人签署了“关于合作开发珊瑚羟基磷灰石人造骨的协议”,协议中约定“......”二、甲方(注:指请求人)委托乙方(注:指冯××)继续完成珊瑚[$CaCO_3$]转化为羟基磷灰石[$Ca_{10}(PO_4)_6(OH)_2$]的工业试验。甲方向乙方提供试验所需原材料,并将前一阶段试验资料和数据全部提供给乙方使用。三、试验完成的标准:转化后的珊瑚其主要成分应为羟基磷灰石,含量应达到美国同类产品标准,杂质含量亦以美国产品为限。甲方向乙方提供美国同类产品的标样,作为验收的依据。四、乙方负责试验和检测工作。试验的完成日期为1996年10月12日前。五、所需费用为人民币贰万元,在试验完成后由甲方一次性全部支付给乙方。六、试验成果归甲方所有。……乙方直接将试验的全部技术资料移交甲方……”。

1996年9月16－17日,宋××赴××大学了解和研究试验情况,取回试验完成的小样。1996年10月9日,冯××教授来京,带来“中温自压力合成多孔性生物材料试验报告”(下称“试验报告”),请求人派被请求人从冯处取回试验报告,并交给冯由请求人支付的试验费和劳务费贰万元。

4.1996年11月,宋××起草了申请羟基磷灰石制备方法专利的初稿,在与被请求人一同办理专利申请过程中,两人就该专利申请是职务发明还是非职务发明的问题发生争议,请求人决定暂缓申请专利。1997年4月2日,被请求人以个人名义申请了“羟基磷灰石的制备方法”发明专利,专利申请号97103827.9。该专利申请已于1997年10月8日由中国专利局公开。该专利申请的权利要求为:一种利用天然珊瑚礁石制备羟基磷灰石[$Ca_{10}(PO_4)_6(OH)_2$]的方法,其特征在于:将天然珊瑚礁石放置在一个内部衬有聚四氟乙烯的密封不锈钢反应釜中,与浓度为0.88－6.8mol/l的磷酸氢二氨[$(NH_4)_2HPO_4$(AR)]进行阴离子交换反应,反应温度为100～240℃,反应压力≤40巴,接近常压,珊瑚礁石与磷酸氢二氨的反应比例为1:1～1:5(重量比),反应时间为2～4天。

上述事实有请求人营业热照、被请求人1995年8月～1998年元月在请求人处领取工资、住房补贴等的工资表、到天津和吉林出差的财务报销凭证、“关于合作开发珊瑚羟基磷灰石人造骨的协议”、“中温自压力合成多孔性生物材料试验报告”、被请求人代领的由请求人支付给冯××贰万元试验费和劳务费的凭证、97103827.9号发明专利申请公开说明书、开庭笔录等在案佐证。

本局认为:

1.请求人为生产、销售生物工程制品的企业,被请求人虽然是1996年7月31日从军队转业,但从1995年8月开始已实际受聘于请求人单位,在请求人的经营范围内从事与羟基磷灰石制备技术相关的工作,并按月领取工资、饭补和住房补贴,享受该单位正式职工待遇,应属该单位职工。1996年9月2日,请求人与吉林××化学系冯××教授签定了“关于合作开发珊瑚羟基磷灰石人造骨的协议”,协议中第二条是“甲方委托乙方继续完成珊瑚[$CaCO_3$]转化为羟基磷灰石[$Ca_{10}(PO_4)_6(OH)_2$]的工业试验。甲方向乙方提供试验所需原材料,并将前一阶段试验资料和数据全部提供给乙方使用”,说明请求人在签定协议之前已进行了关于珊瑚转化为羟基磷灰石的研制工作且已取得阶段性试验成果。被请求人在请求人单位工作期间参与该项目的研制和试验,如与该单位共同从事此项研制工作的宋××在××大学化学系合作进行试验活动等,应属职务行为。

2.1996年9月16～17日,请求人派宋××赴××大学了解试验情况,进一步提出试验要求,并取回试验完成的小样。1996年10月9日,冯××教授完成了“协议”所约定的实验和检测工作,向请求人提供了“中温自压力合成多孔性生物材料实验报告”,请求人向冯××支付了实验费和劳务费共贰万元。请求人与冯××之间是按照“协议”履行了各自的权利和义务,被请求人辩称冯××提供的实验报告不是“协议”标的物的主张本局不予认定。

3.1994年4月2日被请求人向中国专利局提出的“羟基磷灰石的制备方法”发明专利申请,所涉及的技术领域是一种利用天然矿石在水热条件下进行阴离子交换反应,转换为生物活性材料羟基磷灰石的制备方法,与上述实验报告所阐明的技术领域相同,权利要求书所记载的技术方案和工艺参数均取自实验报告,专利说明书中实施例1、实施例2所记载的样品测试方法、变换交换剂浓度及产物相分析表、改变 Ca/P. 比值及产物相分析表均取自实验报告中的“研制方案”和“实验结果”。

4.“协议”中约定“试验成果归甲方所有”是协议双方的真实意思表示。被请求人作为请求人单位参与此项技术开发工作的人员对此未提出异议。

综上,发明专利申请“羟基磷灰石的制备方法”是请求人单位职工在执行本单位任务、利用本单位物质条件完成的,请求人与他人就该项技术签有合作开发协议,协议中对成果归属有明确约定,因此,该发明属请求人的职务发明。被请求人称本案争议的专利申请的内容是本人在 1995 年 10 月以前自行研制完成,因所提供的证人证言均属追忆,无原始凭证和相关证据支持,本局不予采信。

本案在审理过程中对双方当事人进行调解未成。依据《中华人民共和国专利法》第六条、第八条,作出如下处理决定:

1.“羟基磷灰石的制备方法”发明专利申请(专利申请号 97103827.9)申请权归北京××生物工程新材料有限公司所有。

2. 本案受理费、处理费共计壹仟元,由被请求人负担(于收到本处理决定书之日起 7 日内缴纳)。

4. 套环天线专利侵权纠纷案

我局于 1997 年 12 月 9 日受理了请求人张××就被请求人北京××益华应用电子公司侵犯其“套环天线”专利权一事提出的调处请求,并组成合议组对本案进行了审理。

请求人称:请求人张××于 1992 年 8 月 19 日申请了“套环天线”实用新型专利,1993 年 3 月 5 日被授予专利权,专利号:92230652.4。被请求人于 1997 年 8 月开始大量生产、销售与该专利产品结构、作用、电气性能均相同的“立影天线”,构成对请求人“套环天线”专利的侵权行为,要求被请求人立即停止侵权行为,公开向专利权人陪礼道歉,赔偿人民币 5 万元。

被请求人辩称:被请求人生产的“立影天线”是原型折合振子与变形折合振子及半波振子组合而成的天线,而请求人的天线是由两个变形折合振子和半波振子组合而成,天线的形状、构造不相同,其电性能有区别,不构成侵权。

经查:

1. 请求人张××是实用新型专利“套环天线”的专利权人,专利号:ZL92230652.4,授权日:1993 年 3 月 5 日,现为有效专利。该专利的独立权利要求 1 为:由外圆环振子、内圆环振子、半波振子、振子支架、带通滤波放大器、电源分配器等组成的套环天线,其特征是内环振子套装在外环振子中间安装在半波振子上部,半波振子下部装有滤波放大器,室内装有电源分配器。

2. 被请求人于 1997 年 8 月开始制造、销售的“立影天线”,其结构也是由外环振子、内环振子、半波振子、振子支架、滤波放大器和电源分配器组成,其中内环振子套装在外环振子中间,安装在半波振子上部,滤波放大器装在半波振子下部,室内装电源分配器。与请求人的专利产品“套环天线”权利要求 1 所述的技术特征比较,“立影天线”的结构、各部件的位置均相同。其区别是,“立影天线”中内环振子的形状为扁圆形,“套环天线”内环振子的形状为圆环形。

本局认为:

1. 实用新型专利权的保护范围以其权利要求的内容为准。被请求人制造、销售的“立影天线”,其形状与构造覆盖了请求人“套环天线”专利权保护的全部必要技术特征。请求人的专利产品与被请求人的产品均属于一种室外有源全频道电视接收天线,两种产品功能相同,各部件的作用相同,其整体结构设计使天线具有接收频带宽、增益高、接收电视信号方向图宽、防雷电性能好等特点。被请求人产品中内环振子与请求人的权利要求书所记载的内环振子均属环形振子,被请求人也没有提供证据说明其产品比专利产品有显著的改善和提高,因此,两产品的技术方案没有实质性区别,“立影天线”的内环振子与“套环天线”的内环振子相比属于等同替换。

由此,被请求人生产、销售的“立影天线”,其结构特征落入了请求人的“套环天线”专利保护范围,所属技术领域,发明目的、功能和技术效果均与请求人的专利产品一致,属于侵权产品。

2. 被请求人未经专利权人许可,从 1997 年 8 月开始,以生产经营为目的制造、销售侵权产品,属侵犯专利权行为,依法应承担侵权责任。

3. 被请求人提出请求人修改了原说明书附图,因其修改部分与本案争议无关,故本局不予认定。

根据中华人民共和国专利法第十一条第一款、第五十九条第一款、第六十条第一款的规定,决定如下:

1. 自本决定生效之日起,北京××益华应用电子公司应立即停止侵权行为,停止制造、销售侵犯 92230652.4 号专利权的“立影天线”产品。

2. 参照普通专利实施许可使用费的数额,北京××益华应用电子公司应向专利权人张××支付专利侵权赔偿费 5 万元(于本决定送达之日起 10 日内支付)。

3. 本案受理费、调处费共 3706 元,由被请求人北京××益华应用电子公司负担(于本决定送达之日起 10 日内支付)。

5.“汽车电动自动开闭门装置”实用新型专利侵权纠纷案

本局于 1999 年 5 月 25 日受理了请求人与被请求人就“汽车电动自动开闭门装置”(92203285.8)实用新型专利侵权纠纷向本局提出的调处请求,并于 1999 年 7 月 27 日进行了开庭审理,请求人回××、被请求人的代理人胡××、李××参加开庭审理,现本案已审理完结。

请求人称:1998 年 6 月 26 日在北京国际展览中心举办的“98 北京国际汽车展览会”上,请求人发现“北京市××机电发展有限公司”(以下简称:北京

××公司)未经专利权人许可,公开展览和销售标明由“北京××公司”制造的DZM型汽车电动自动门控制装置,该产品的明显特点是:外形、结构与其“汽车电动自动开闭门装置”(92203285.8)实用新型专利产品一模一样,就连产品型号,性能数据、尺寸、重量和各种参数也完全一字不差的抄自专利产品。后又发现“北京××公司”的法定代表人就是曾有过合作关系的“××公司”电脑仪器部负责人支×。故向北京市专利管理局要求“北京××公司”停止侵权,赔偿请求人经济损失伍拾万元整,并承担处理过程中发生的合理费用,通过报纸公开赔礼道歉。

被请求人称:我公司现有产品是依据“汽车电动自动开闭门装置”(92203285.8)专利申请前所签定的订货合同所生产,签定订货合同时有回先生参与。根据专利法有关规定,在专利申请前已有一定生产规模的,允许在不超过原有规模的条件下继续生产,因此,我方是在有关法律的规定下继续执行合同,不是侵权。

经审理查明:

1991年8月至1992年5月,请求人回××与“××公司”电脑仪器部负责人支×达成口头协议,由回××出技术,“××公司”电脑仪器部出资金共同生产汽车电动自动门控制装置。1992年3月3日,以回××、支×为共同申请人向原中国专利局申请了“汽车电动自动开闭门装置”(92203285.8)实用新型专利。后双方合作破裂,回××于1992年9月8日,向原北京市专利管理局提出专利申请权纠纷调处请求,1993年1月28日,原北京市专利管理局以(93)京专二字001号(82)处理决定书确认“汽车电动自动开闭门装置”(92203285.8)实用新型专利申请权属于回××。

“汽车电动自动开闭门装置”(92203285.8)实用新型专利申请日为1992年3月3日,颁证日为1993年9月26日,授权公告日为1993年11月24日,2000年3月3日,该专利权已期限届满终止。“汽车电动自动开闭门装置”(92203285.8)实用新型专利的权利要求1为:一种汽车用电动自动开闭门装置,其特征在于:直流电动机(13)以及其端盖(14)与减速机(15)壳体相连并用螺钉(16)固定,直流继电器(19)用螺丝(20)固定在底座(18)右面,减速机(15)还配置一控制机构(21)和转换机构(57),减速机(15)输出轴(37)上装有曲柄(38),主连杆(35)一端用阶形销固定,曲柄(38)在输出轴(37)上用楔形穿钉(39)和螺母(40)固定,摇杆(34)的一端在机座(18)上的小轴(42)中,副连杆(33)头部的关节轴承(32)与车门连接件的耳座孔用销连接。

1992年9月,“××公司”与北京××无线电总厂机械分厂签定加工5000套自动门配件的承揽合同,合同金额57.5万元;1993年3月“××公司”又与河北省固安××福利机械厂签定加工5000套自动门减速器总成的生产加工合同,合同金额13.25万元。利用上述两个合同加工的主要部件再配上标准件即可组装成汽车电动自动门控制装置。

1993年5月4日,北京市××机电发展有限公司成立,法定代表人为支×,经济性质为私营有限责任公司。“北京××公司”成立后,主要经营汽车电动自动门控制装置。1996年5月2日,根据公司法,“北京××公司”进行重新登记,企业类型变为有限责任公司,其它项目未变。

自“汽车电动自动开闭门装置”(92203285.8)专利颁证日至1998年底,“北京××公司”共销售“汽车电动自动门控制装置”4192台。

本案审理过程中,请求人共提供了两张购买“汽车自动门控制装置”的发票,一张是1999年3月在“北京××公司”购买“汽车自动门控制装置”的商业零售发票,数量为一台,金额为1080元/台,另一张是“北京××公司”开具的商业批发发票,无开票时间,数量为20台,金额为1600元/台。

被请求人共提供了三张本公司销售“汽车电动自动门控制装置”的北京增值税专用发票,开票时间分别是1997年元月、4月及11月,销售数量分别是7台、20台、27台,金额分别为752元/台,827元/台、923元/台。

以上事实有专利申请文件、公司营业执照、加工合同、销售发票及开庭笔录等在案佐证。

根据以上事实,本局认为:

1.“汽车电动自动开闭门装置”(92203285.8)实用新型专利权于2000年3月3日因期限届满终止,期限届满前,“汽车电动自动开闭门装置”(92203285.8)实用新型专利为有效专利。将被请求人生产、销售的“汽车电动自动门控制装置”与请求人的“汽车电动自动开闭门装置”(92203285.8)专利权利要求书记载的技术特征进行对比,二者技术特征相同,对这一事实被请求人的代理人,在本案开庭审理时予以承认。

2.“××公司”与被请求人“北京××公司”是经工商行政管理机关批准的两个独立企业法人,应为独立行使民事权利,承担民事义务的法律行为主体,在没有特别约定的情况下理应各自承担法律责任。“××公司”在专利申请日前开始加工生产“汽车电动自动门控制装置”,依法应享有先用权,而“北京××公司”未经专利权人许可,生产、销售与“汽车电动自动开闭门装置”(92203285.8)技术特征相同的“汽车电动自动门控制装置”,不属于法律规定的应享有先用权的范畴,已构成侵权。因此,对于被请求人“北京××公司”认为依法应享有先用权,并对请求人的“汽车电动自动开闭门装置”(92203285.8)不构成专利侵权的主张本局不予支持。

3.由于请求人回××未能提供支持其请求赔偿数额的详实证据,被请求人“北京××公司”也未能提供出因生产、销售“汽车电动自动门控制装置”所得利润的详实证据,故被请求人“北京××公司”因侵权成立,应赔偿请求人回××经济损失的数额由本局酌定。

本局根据《中华人民共和国专利法》第11条、第60条,决定如下:

1. 被请求人北京市××机电发展有限公司赔偿请求人回××经济损失叁拾贰万元整。

2. 本案受理费、处理费共计陆仟壹佰零陆元整，其中由被请求人北京市××机电发展有限公司承担伍仟贰佰捌拾陆元整，由请求人回××承担捌佰贰拾元整。

6. ××大学与李××专利权属纠纷

请求人：××大学　　　　被请求人：李××

案由："车辆外置后视镜"（94207489.0）专利权属纠纷

1990年5月26日，身为××大学行政事务处汽车队司机的李××向中国专利局申请了"车辆外置后视镜"（90206894.6）实用新型专利，并于1991年4月3日获得专利权（以下称"90专利"）。其权利要求1为："一种车辆后视镜，其特征在于：镜面由多个不同曲率半径的面圆滑连接而成的复合曲面，从上至下曲率半径越来越小，上半部镜面曲率半径很大（甚至为平面），下半部镜面的曲率半径不但从上至下越来越小，而且从一侧到另一侧也是越来越小。"

1992年9月，××大学水利系与李××签订《合作联合生产DX大视野机动车外置后视镜（"90专利"）协议书》（以下称"92协议"），该协议规定：××大学提供厂房、设备及产品试验资金11万元；李××提供镜片设计全部技术图纸，组织实施生产，负责设备的定购、安装、调试、生产；联营生产属水利系与李××联合办的企业，企业实行年终税后利润分成，该大学为70%，李××为30%。

协议签订后，双方开始合作试制"90专利"产品，为合作便利，93年10月李××调入水利系。为改进生产工艺、生产设备、产品模具等，该大学共投入资金近30万元。1993年12月8日试制出第一块合格样品。

1994年3月21日，李××向中国专利局申请了"车辆外置后视镜"（94207489.0）实用新型专利，××大学为其出具了非职务发明证明。该申请于1995年1月15日获得授权（"94"专利）。其权利要求1为："一种车辆后视镜，其镜面是由多个不同曲率半径的面圆滑连接而成的凸镜，以其安装在车辆后的方向来看，整个镜子的各个纵向断面上部具有大曲率半径，从上至下曲率半径逐渐减小，其特征在于：从靠近车身的内侧到远离车身的外侧这种纵向曲率半径的减小率逐渐加大；而且，从整个镜子的各个横向断面看，靠近车身的内侧具有大曲率半径，从内侧到外侧曲率半径逐渐减小，这种横向断面上的曲率半径的减小率从上至下是逐渐加大的。"

1996年12月3日，××大学向北京市专利管理局提出"94专利"为职务发明，专利权应归其持有的调处请求。

××大学称：双方依据"92协议"试制"90专利"，由于"90专利"技术方案在具体实施过程中存在许多技术问题，试制小组在试制过程中进行了不断改进，到1993年12月8日，试制成功了第一块样品，1994年3月，被请求人将试制成功的样品镜面以非职务发明向中国专利局申请了实用新型专利（"94专利"）；"94专利"技术方案在产生过程中，全部使用了水利系提供的资金与物质条件；李××作为水利系职工，享受水利系的最高奖酬金，受系领导的任命与指派参与研制、改进"90专利"技术方案应属其本职工作；因此，认为"94专利"属于职务发明，该专利权应归请求人持有。

李××辩称：1992年初，其在"90专利"的基础上设计成功了一种新的后视镜面型，为延长大视野后视镜的保护期限，于1994年申报的此专利（"94专利"）；利用水利系提供物质条件是为实施"90专利"；其将工作关系转到水利系是为了履行"92协议"，不是为了开发新的专利；作为合作合同的一方，负责解决合同实施过程中存在的技术问题是履行合同义务，不是执行请求人的任务，请求维持"94专利"权归其所有。

北京市专利管理局认为："92协议"确立了双方在履行协议过程中的平等民事主体关系；由于××大学不能证明李××作为××大学的职工，是依据单位的任务书或是在执行本职工作中完成的"94专利"技术方案，也不能证明"94专利"技术方案的完成主要利用了单位的物质条件；因此，其认为"94专利"属于职务发明的主张无充分证据支持，不能成立。同时，"92协议"未对合作期间申请专利的权利进行约定，××大学不能证明除李××以外的何人、在何时对"94专利"技术方案作出了创造性贡献；因此，不能作为"92协议"的合作一方，使"94专利"成为其职务发明。1997年12月26日，北京市专利管理局根据专利法第六条、实施细则第十条作出97京专法字226－20号处理决定：驳回请求人××大学要求"车辆外置后视镜"（94207489.0）实用新型专利为职务发明，专利权应归其持有的调处请求。

××大学不服该处理决定向北京市第一中级人民法院提起行政诉讼。一审法院认为：××大学未以充分确凿的证据证明改进"90专利"技术方案是水利系下达给李××的科研任务和"94专利"技术方案的形成与水利系提供的物质条件有着必然的联系。对李××水利系职工身份在研制、改进后视镜问题上是否为先决条件××大学未能举证说明。××大学与李××虽未在"92协议"中对"90专利"的后续改进作出约定，但××大学作出明示，同意李××申请非职务发明专利。因此，于1998年11月17日判决维持北京市专利管理局的处理决定有效。

××大学不服一审判决，向北京市高级人民法院提起上诉。二审法院认为："92协议"设定了双方平等的民事主体关系，这种关系不因李××在执行"92协议"过程中由车队调入水利系而改变。××大学在"94专利"产品转化过程中投入的物质条件对"94专利"技术方案的完成并无实质性作用。"92协议"对"90专利"产品转化完成的改进技术权利归属未作约定，××大学对李××的发明人身份无异议。因此，于1999年6月2日作出终审判决，"94

专利”的申请权、专利权均应归李××享有，驳回上诉，维持原判。

7.专利奖酬纠纷案

北京专利管理局成功地调处了一起国内最大的专利奖酬纠纷案。××集团总公司向专利发明人王××支付专利实施报酬37万元。双方当事人对该调处决定均表示可以接受，这一案件在国内同类专利纠纷案件中涉及金额最高。

王××是××公司两项专利“一种小屏幕文字处理设备中的显示方法”和“电子打字机”的唯一发明人。××公司使用这两项专利技术制造的MS2400、MS2401、和2401H型打字机，累计销售额约12亿元。

1993年5月，王××在调离××公司半年后，与××公司就支付专利报酬事宜达成协议，有关内容为“王××本人按国家有关规定应得到自己合理的报酬1993年12月31日前解决”。1993年9月，××公司就2400机的科研成果向王××支付了“科技奖金”17万元。根据××公司同时向2400机其他主要发明人支付奖金10万元等证据，北京市专利管理局认为，这17万元科技奖金中，包含有就2400机中实施专利向王××支付的专利报酬7万元，相当于每台2400机向王支付专利报酬7.78元/台，但××公司未就2401、2401H型机使用专利技术向王××支付专利报酬。

在××公司未依法向发明人支付2401、2401H型机实施专利报酬的情况下，综合2401型机较2400型机功能增加、售价提高的正面因素和2401机功能增加、专利技术所占份额下降的负面因素，经计算，正负因素的影响相抵。故认为，可用2400型机的单台付酬额，作为2401及2401H型机的付酬额。据此，北京市专利管理局作出了××公司应向发明人王××支付实施专利的报酬37万元的决定。

（北京市知识产权局提供）

版权案件

软件案例：

1.未经授权预装软件案

投诉人：美国××（中国）有限公司

被投诉人：广州××科技有限公司等9家公司

案情简介：

1997年9月，美国××（中国）有限公司向国家版权局投诉，称上述9家公司在销售计算机硬件的同时，未经该公司的授权，随机装入其享有著作权的计算机软件，侵犯了该公司的著作权，要求依法予以行政处罚。投诉人提供了从上述9家公司购得计算机，经检测证实装有所诉软件的证据，并附有公证机关出具的公证书。

经查，上述9家公司未经授权，主动或按客户要求在其销售的计算机硬件中预装美国××公司软件的情况属实，构成侵权。

处理结果：

根据著作权法规定，对上述9家公司作出立即停止上述侵权行为并各罚款一万元的行政处罚。9家公司对处罚决定均未提出异议。处罚决定均在规定期限内执行。

2.未经授权营业性使用软件案

投诉人：香港××有限公司

被投诉人：广州××公司

案情简介：

1996年度6月，香港××公司向国家版权局投诉，称广州××公司未经授权使用其拥有著作权的名为××的软件，要求进行查处。

经调查确认，广州××公司在向实际上没有授权资格的美国J公司购买使用所诉软件时，没有签订任何授权合同或其他法律文件，未尽足够的义务核查提供软件方是否具有授权资格，从而未经合法授权复制使用了实际上是香港××公司拥有授权资格的所诉软件，侵犯了香港××公司的著作权。国家版权局按照行政处罚法的规定对此案进行了听证。

处理结果：

根据著作权法和计算机软件保护条例的有关规定，国家版权局对广州××公司作出未经合法授权，不得再使用所诉软件，并罚款49万元的行政处罚。罚款数额是根据广州××公司购得该软件价格的2倍确定的。（根据著作权法规定，罚款数额可为侵权制品总定价的2－5倍。考虑到调查结果显示广州××公司并非故意侵权，而是未尽核查义务造成侵权，因此仅按规定最低线确定罚款数额。）广州××公司在规定期限内未提出异议。处罚决定在规定期限内执行。

3.未经授权使用他人作品制作软件案

投诉人：朗文出版亚洲有限公司

被投诉人：山东省某个体经营户

案情简介：

1996年5月，朗文出版亚洲有限公司投诉山东省某个体经营户未经授权，擅自将《新概念英语》制作成教学软件产品，并在全国公开销售，侵犯了其对《新概念英语》所享有的著作权，要求进行查处。

经查，被投诉人虽自行开发了该软件的程序部分，但其使用的《新概念英语》的内容未经投诉人授权，侵犯了投诉人的著作权。

处罚结果：

国家版权局作出停止制作和销售侵权软件制品、没收剩余侵权制品、罚款1万元的行政处罚。

4.非法仿制销售电子游戏机卡案

投诉人：日本SNK公司

被投诉人：广东某电子公司

案情简介：

1996年8月，日本SNK公司向国家版权局投诉广东某电子公司非法仿制其电子游戏机卡，侵犯了固化在游戏机卡中的软件的著作权，要求进行查处。

经查，被投诉人未经授权，仿制投诉人电子游戏卡，其固化在卡中的软件经鉴定与投诉人的卡中的软件完全相同，侵犯了其对该软件所享有的著作权。

处罚结果：

国家版权局作出停止制作销售侵权游戏卡，没收剩余侵权游戏卡并罚款3万元的行政处罚。

实用艺术案例

1. 未经授权使用壁纸图案案

投诉人：英国××装饰材料有限公司

被投诉人：杭州××壁纸厂

案情简介：

1998年5月，英国××装饰材料有限公司委托中联知识产权调查中心向国家版权局投诉，称杭州××壁纸厂生产的部分壁纸侵犯了其享有版权的壁纸图案，要求国家版权局予以查处。

经查，杭州××壁纸厂系杭州××装饰材料总厂的下属分厂，1997年8月，根据经销商提供的壁纸样卷，制作了花辊，并于同年10月、11月进行了生产，共生产了7个品种54余箱与英国××装饰材料有限公司享有版权的壁纸图案相同的壁纸。据杭州××壁纸厂交代，其生产的上述壁纸图案并非自己或委托他人设计，而是根据经销商提供的壁纸样品生产的，同时承认生产上述壁纸没有取得英国××装饰材料有限公司的授权。

处理结果：

根据《中华人民共和国著作权法》第四十六条和《中华人民共和国著作权法实施条例》第五十条之规定，考虑到杭州××壁纸厂能够积极配合行政机关的调查，而且能认识到行为的违法性，并及时作出了纠正，国家版权局决定给予杭州××壁纸厂以下行政处罚决定：

一、立即停止生产、销售上述侵权壁纸；

二、没收库存侵权壁纸23箱5卷及制作花辊。

2. 未经授权仿制汽车玩具模型案

投诉人：日本××株式会社和××模型株式会社

被投诉人：广州汕头××玩具有限公司

案情简介：

1997年5月，日本××株式会社和××模型株式会社委托××国际专利商标代理有限公司向国家版权局投诉，称广州汕头××玩具有限公司未经其授权剽窃和仿冒了其享有著作权的汽车模型、及其包装盒、装配说明书、贴纸。侵犯了其著作权，要求国家版权局予以查处。

经查，广州汕头××玩具有限公司自1996年起共生产了13种电池驱动塑料汽车玩具模型极其及其包装盒、装配说明书、贴纸。与日本××株式会社和××模型株式会社投诉的汽车模型及相关材料几乎完全相同，仅在个别地方稍加改动。

虽然该案中的汽车模型不属于我国现行著作权法保护的客体，但上述包装盒、装配说明书、贴纸分别属于我国著作权法规定的文字作品和美术作品，应受我国著作权法保护。广州汕头××玩具有限公司不能证明其生产的上述包装盒、装配说明书、贴纸为其自行设计，也不能证明取得著作权人许可，故认定其生产的上述包装盒、装配说明书、贴纸侵犯了日本××株式会社和××模型株式会社享有的著作权。

处理结果：

根据双方当事人的要求，国家版权局版权管理处对该案进行了调解。由于双方能够友好协商、相互谅解，最后达成了如下调解协议：

一、广州汕头××玩具有限公司就未经授权销售、生产有关的包装盒、装配说明书、贴纸一事，向日方道歉，并保证以后不再生产；

二、广州汕头××玩具有限公司自愿放弃上述小汽车模型的生产，并将侵权物品在国家版权局监督下销毁；

三、广州汕头××玩具有限公司一次性赔偿日方45万元人民币；

四、日方同意撤回在中国境内对广州汕头××玩具有限公司的相关投诉，并保证不再追究广州汕头××玩具有限公司的任何法律责任。

鉴于双方最终达成了协议，故国家版权局未对侵权方进行行政处罚。

3. 非法仿制国外陶瓷工艺品案

投诉人：意大利某公司

被投诉人：福建某工艺品厂

案情简介：

1997年9月，意大利某公司投诉福建某工艺品厂非法仿制其拥有著作权的陶瓷工艺品，侵犯了其著作权，要求进行查处。

经查，被投诉人生产并销售的系列陶瓷同意品中的多种产品与投诉人拥有著作权的产品相同或相似，且被投诉人不能证明该造型系自行设计创作，或得到权利人的授权。认定被投诉人侵犯了投诉人对该实用艺术品的著作权。

处罚结果：

国家版权局作出停止生产和销售该侵权陶瓷制品，没收剩余侵权制品和罚款2万元的行政处罚。

文字作品案例

1. 未经授权复制他人产品零部件手册案

投诉人：日本××株式会社

被投诉人：苏州××机械制造有限公司

案情简介：

苏州××机械制造有限公司在生产销售其PE-MAL良机牌CDL－5550N单针高速平缝机时，该机零部件手册抄袭复制了日本××株式会社的DDL－5550系列高速平缝机享有版权的零部件手册19450册。日本××株式会社1999年3月向国家版权局投诉，国家版权局经过调查，依著作权法第四十六条第二款及著作权法实施条例第五十条、第五十一条第二款对被投诉人进行了行政处罚。

处罚结果：

一、立即停止复制发行上述侵权零部件手册；

二、没收库存100余册侵权零部件手册；

三、销毁用于制作侵权零部件手册的相关材料；

四、罚款人民币一万元。

2. 未经授权出版他人书信等作品集案

投诉人：钱钟书、杨绛

被投诉人：辽宁某出版社

案情简介：

1997年5月，钱钟书、杨绛向国家版权局投诉辽宁某出版社未经其授权，擅自将他们的私人信函、诗文、墨迹、照片等，连同其他失实的报道，编成《记钱钟书先生》一书出版发行，严重侵犯了其著作权，要求予以查处。

经查，被投诉人未经著作权人许可，擅自出版上述作品，侵犯了著作权人的发表权、作品完整性权和复制发行权等多项著作权。

处罚结果：

国家版权局作出如下处罚决定：

1. 停止发行该书。

2. 封存并销毁该书的库存。

3. 对出版社罚款1万元。没收出版社付给作者的稿费和折抵稿费的该书。

3. 未经授权出版国外作家文集案

投诉人：罗某等8名译者

被投诉人；某中央级出版社

案情简介：

1995年12月，罗某等8名译者投诉某中央级出版社未经原作者和译者的授权，擅自出版发行《萨特文集》，侵犯了其著作权，要求进行查处。

经查，被投诉人未经授权出版发行该书的行为属实，侵犯了原作者和译者的著作权。

处罚结果：

国家版权局作出立即停止发行该书，没收库存并罚款5万元的行政处罚。

音像制品案例

1. 制作盗版激光小视盘案

投诉人：国际唱片业协会

被投诉人：广东省唱片公司××分公司

案情简介：

广东省唱片公司××分公司未经权利人授权，擅自冒用河北××音像公司和××出版社的名义制作发行《新国语巨献—95国语金碟榜》和《孟庭苇—全国最受欢迎的歌星》等激光唱盘，并委托广东××电子有限公司加工生产。构成对投诉人权利的侵害。国家版权局依据著作权法第四十六条第二款及著作权法实施条例第五十条、第五十一条第二款对被投诉人进行了行政处罚。

处罚结果：

一、立即停止发行、销售上述激光小视盘，并上缴剩余的侵权制品。

二、罚款人民币十万元。

2. 未经授权出版美国电影V－CD案

投诉人：美国电影协会

被投诉人：北京某两家音像出版社、天津某电子有限公司

案情简介：

1995年10月，美国电影协会投诉北京某两家音像出版社、天津某电子有限公司未经其授权，复制、出版并发行其会员公司的多部电影的V－CD，侵犯了其会员公司的著作权，要求进行查处。

经查，被投诉人未经授权，复制、出版并发行上述电影的V－CD行为属实。

处罚结果：

国家版权局作出停止发行侵权V－CD，没收库存侵权V－CD并罚款1－2万元的行政处罚。

3. 未经授权出版发行卡拉OKV－CD案

投诉人：中国音乐著作权协会

被投诉人：北京某音像出版社

案情简介：

1995年10月，中国音乐著作权协会向国家版权局投诉北京某音像出版社未经其会员授权，擅自将其会员的大量歌曲制作出版并发行卡拉OKV－CD，侵犯了其会员的著作权，要求进行查处。

经查，被投诉人未经授权，使用了206首投诉人的会员的音乐作品制作卡拉OKV－CD，侵犯了歌曲作家的著作权。

处罚结果：

国家版权局作出停止发行侵权的卡拉OKV－CD，没收库存，罚款8万元的行政处罚。

（国家版权局版权司信息处）

商标案件

1. 保护英国比彻姆集团有限公司“LVCOZADE”商标专用权案

根据“LVCOZADE”商标注册人英国比彻姆集团有限公司的投拆，广州、深圳、湛江等地工商局联合查处了一宗大规模生产、经销“LVCOZAD”（近似于LVCOZADE）葡萄适的涉外商标侵权案。

深圳某生化实业有限公司于1993年7月19日与广东果皇食品饮料厂（廉江）就合作生产1,000,000瓶“LVCOZAD”葡萄适一事签订合同后，遂向该厂提供了由××玻璃集团公司生产的玻璃瓶1,000,000支，由深圳××瓶盖厂生产的防盗盖1,000,000个，由惠州××彩印厂印刷的招纸1,000,000张。该厂生产出近4万箱“LVCOZAD”（每箱24支）分别运往深圳、广州、湛江等地销售。

深圳、湛东、江门、惠州等地工商局同时对以上单位进行了查处。在广州，广州市工商局于1994年2月28日即对大量经销上述侵权产品的侯××的销售点进行检查，并在其仓库查获他寄存的519箱侵权产品。并查明，侯××1993年12月中旬开始代销“LVCOZAD”葡萄适，至案发时止共进货3990箱，

已售出 3471 箱。进货价从 3.6 元至 3.8 元不等，销出价从 3.7 元至 3.9 元不等。合计经营额为 356,383.2 元，获利 8,330.4 元。广州市工商局根据《商标法》及实施细则的规定，对侯永义作出责令拆除侵权商标标识、罚款 8 万元的处罚决定，并责令侯××赔偿商标注册人经济损失 9,590 元。

2. 保护法国“CHANEL”及“Ⓒ”商标、意大利“GUCCI”商标专用权案

1995 年 3 月 2 日，法国夏内尔有限公司委托代理人向西安市工商局提交诉状，指控陕西第一针织厂和陕西第一针织厂进出口公司生产并销售使用已在我国依法注册的“CHANEL”及“Ⓒ”商标的商品，侵犯了其注册商标专用权；3 月 6 日，西安市工商局又接到诉状，意大利古希古奇股份公司委托代理人指控陕西第一针织厂进出口公司在其生产的服装上使用在我国已注册的“GUCCI”商标，侵犯了其注册商标专用权，请求查处。对这两起涉外商标案件，西安市工商局严格依法办事，迅速组织查处。

经查，陕西第一针织厂（以下简称“陕一针”）与深圳通阳行贸易有限公司签订工矿产品购销合同，为对方生产 32 支双沙文化衫，9403 型号 10000 打，9404 型号 10000 打，商标、吊牌由需方供应。共生产 9404 型号绣有“CHANEL”及“Ⓒ”花型及使用“CHANEL”商标文化衫 8600 件，经营额为100333.33 元，生产 9402A 型绣有“GUCCI”花型及使用“GUCCI”商标的文化衫 14390 件，经营额 199247.08 元。西安市工商局认为：陕西第一针织厂的行为违反了《中华人民共和国商标法》第三十八条第(1)项之规定，属侵犯注册商标专用权行为。根据《中华人民共和国商标法》第三十九条及《中华人民共和国商标法实施细则》第四十三条之规定，对“陕一针”作如下处理：一、责令“陕一针”消除现存商品上的“CHANEL”、“Ⓒ”及“GUCCI”侵权商标；二、收缴用于商标侵权的电子绣花带；三、对“陕一针”处以 20000 元罚款上缴财政。应意大利古乔古希股份公司的请求“陕一针”赔偿意大利古乔古希股份公司损失 10000 元人民币；四、建议深圳市工商局对深圳通阳行贸易有限公司的违法行为予以查处；五、建议西安市人民检察院对“陕一针”在这件商标侵权案件中负有责任的领导及直接责任者追究其刑事责任。

3. 保护“茅台”商标专用权案

近几年来，由于受利益的驱动，一些不法分子和企业侵犯中国贵州茅台酒厂（集团）有限责任公司（以下简称茅台酒厂）“茅台”等注册商标专用权的活动十分猖獗，虽经全国工商行政管理机关依法打击，但仍屡禁不止，并引起了国务院有关领导同志的关注。1999 年 6 月和 7 月，茅台酒厂和贵州省工商行政管理局分别向我局递交报告，要求加大执法力度，实施专项治理，保护茅台酒厂的合法权益。

“贵州茅台”、“茅台”、“赖茅”、“茅”等商标是茅台酒厂使用在酒商品上的注册商标，其商标专用权受法律保护。“贵州茅台”是国家工商行政管理局首批认定的驰名商标之一，“茅台”被国家工商行政管理局商标局列入《全国重点商标保护名录》，茅台酒厂也是全国首批工商行政管理机关与企业联手“打假维权”的百家企业之一。由于酒类商品事关人民群众的生命安全，国家工商局商标局高度重视保护茅台酒厂合法权益的工作，于 1999 年 8 月 3 日以国家工商行政管理局的名义向全国各省、自治区、直辖市及计划单列市工商行政管理局下发了《关于开展保护中国贵州茅台酒厂（集团）有限责任公司合法权益专项整治行动的通知》。通知要求各地在 8～10 月开展一次保护茅台酒厂合法权益的专项整治行动，坚决打击利用茅台酒厂商标声誉造成市场混淆的各种违法行为。

为切实贯彻落实党的十五届四中全会精神，进一步将专项整治行动引向深入，为国有企业改革和发展创造良好的外部环境，国家工商局商标局于 1999 年 9 月 24 日在贵州省贵阳市召开了保护“茅台”商标合法权益案件协调会。会议由商标局局长侯林同志主持。公安部经济犯罪侦察局、贵州省政府及相关职能部门的领导到会指导并讲话。来自全国 20 个重点省（市、自治区）工商行政管理局负责商标管理工作和经济检查（公平交易）工作的近 50 位同志参加了会议。遵义市、仁怀市的有关负责同志和茅台酒厂的主要领导列席了会议。会议还特别邀请了中央电视台、中国工商报社及贵州省主要新闻媒体的记者对会议进行了报道。与会人员认真总结检查了前一阶段保护“茅台”商标合法权益的工作情况，共同就茅台酒厂提供的涉嫌侵权假冒的实物和材料进行研究，对案件查处中的事实认定和法律适用进行了探讨。地方工商行政管理局的同志还对茅台酒厂在商标管理、营销网络、商标战略和策略中存在的问题提出了中肯的意见。会议要求各级工商行政管理机关要做到有案必接、快速出击，重点是加强对生产、批发环节的商标监管力度，尤其是各类商品交易市场和酒商品展销会。

会后，各级工商行政管理机关积极贯彻落实商标局的统一部署，掀起了保护茅台酒厂合法权益的新高潮。商标局指导大连市工商局加强了对 10 月在大连召开的全国秋季糖酒交易会的商标监管工作，取得了明显成效。据统计，全国共出动执法检查人员 28,000 人次，检查涉嫌侵权的厂家、商户、各类交易市场 43,000 家，查获带有侵权标识的酒类 100,787 瓶，收缴和销毁侵权标识或包装盒 171,770 个，罚款合计 30,000 元。对涉案地工商局作出的行政处罚决定，当事人均予以接受，并进行了整改，在法定期限内未提出行政复议及行政诉讼。

4. 保护“玉兰”商标专用权案

1999 年 1 月，中原信达知识产权代理公司代理美国宝洁公司向国家工商局商标局投诉，反映美国宝洁公司“玉兰”注册商标在我国部分省市被严重侵权的情况，要求依法保护“玉兰”商标专用权。

“玉兰”中英文文字商标、图形商标和组合商标是美国宝洁公司及其子公司在化妆品、护肤品及人用洗涤用品等商品上的注册商标。根据投诉材料所反映的情况，全国有39家在相同或类似商品上非法使用与“玉兰”注册商标相同或近似文字或图形的侵权厂家，主要分布在广东省、福建省、浙江省、江苏省、山东省、河北省等地区，其生产的侵权产品流通全国，对商标注册人的合法权益造成了极大的损害，同时因侵权产品的低劣质量使广大消费者的身体健康和切身利益受到侵害。国家工商局商标局经过初步研究认为，美国宝洁公司作为在我国较早大规模投资的日化行业内的知名跨国公司，其“玉兰”注册商标在消费者心目中具有较高的知名度并被列入《全国重点商标保护名录》，同时本案涉案范围跨多个省级行政区域且侵权情况较为严重，因此决定将本案作为由国家工商局商标局组织协调的大要案进行查处。

1999年1月27日，国家工商局商标局在广州召开了保护“玉兰”商标案件协调会。广东省、河北省、山东省、江苏省、浙江省、福建省、广州市、汕头市、义乌市、漳州市等10个相关省市工商局的商标管理人员参加了会议。与会人员就涉嫌侵权的39种商标标识进行了研究，并针对案件查处中的程序及事实认定和法律适用等问题进行了探讨。会议决定，按照商标局的统一部署，相关的10个省市工商局密切配合，对侵犯“玉兰”商标专用权的行为迅速采取有力措施，进行严厉打击，必须在1999年2月10日前对涉嫌侵权的39个生产厂家完成现场初查，并在春节后抓紧结案。

1999年2月1日，保护“玉兰”商标专用权行动在相关10个省市同时全面展开。涉案地工商局根据投诉人提供的线索，于2月10日前对涉嫌侵权的39个生产厂家依法进行了检查，现场查获有生产、销售或库存侵权产品行为的厂家共23家，并基本在4月底以前对查处的案件依法做出了行政处罚决定。据统计，10个省市工商局共查获带有侵权标识的化妆品、护肤品、人用洗洁品共625箱，计88,510瓶(件)；收缴、销毁侵权商标标识119,177件；清除现存商品上的侵权商标标识42,106件；对广东省澄海市金雅虹精细化工有限公司等23家侵权厂家罚款合计125,536元，对陈宏歆等11名直接责任人员罚款合计31,000元。

在本案的处理过程中，各涉案地工商局坚持依法行政，体现了从严从重从快的办案要求，有效打击了商标违法分子的嚣张气焰，保护了“玉兰”商标注册人和广大消费者的合法权益，达到了预期的效果。对涉案地工商局做出的行政处罚决定，当事人均予以接受，并进行了整改，在法定期限内未提起行政复议和行政诉讼。

5. 保护“娃哈哈”商标专用权案

“娃哈哈”等商标是杭州娃哈哈集团公司在无酒精饮料、不含酒精饮料、糖浆及其他供饮料用的制剂等商品上的注册商标，其商标专用权受法律保护。1999年1月，浙江杭州娃哈哈集团公司向国家工商局商标局投诉，反映全国有43家在相同或类似商品上非法使用和“娃哈哈”等注册商标相同或近似文字或图形的侵权厂家，主要分布在浙江、安徽、江苏、江西、广东、河南、山东、云南、河北、四川、湖北、北京、青岛等地区，其生产的侵权产品销售范围很广，数量巨大，对商标注册人的合法权益造成了极大的损害，同时因侵权产品的质量低劣使广大消费者的身体健康和切身利益受到侵害。国家工商局商标局经过初步研究认为，杭州娃哈哈集团公司是我国饮料行业的优秀企业，“娃哈哈”商标是我国的驰名商标，在消费者心目中具有较高的知名度，同时，本案涉及范围跨多个省级行政区域且侵权情况较为严重，因此决定将本案作为国家工商局商标局组织协调的大要案进行查处。

1999年1月29日，国家工商局商标局在浙江杭州召开了保护“娃哈哈”商标案件协调会。浙江省、江苏省、广东省、山东省、云南省、河北省、四川省、湖北省、北京市、青岛市等10个相关省市工商局的商标管理人员参加了会议。与会人员就涉嫌侵权的43件商标标识进行了研究，对商标的相同近似及涉及的装潢问题进行了认定，并针对案件查处中的程序和事实认定、法律适用等问题进行了探讨，提出了具体的意见和建议。会议决定，按照商标局的统一部署，相关的10个省市工商局密切配合，对侵犯“娃哈哈”商标专用权的行为迅速采取有力措施，进行严厉打击，必须在1999年2月10日前对涉嫌侵权的44家企业完成现场初查，并在春节后抓紧结案。

1999年2月1日，保护“娃哈哈”商标专用权行动在相关10个省市同时全面展开。涉案地工商局根据投诉人提供的线索，对涉嫌侵权的近30家企业依法进行了检查，现场查获有生产、销售或库存侵权产品的企业16家，并基本上在5月底以前对查处的案件依法作出了行政处罚决定。有的省市工商局就案件的查处专门发文，有的则通过召开会议的形式部署案件的查处工作。据统计，10个省市工商局共收缴、销毁侵权商标标识1,171,333件；消除现存商品上的侵权商标标识133,541件；对侵权企业罚款合计47,263.36元。

6. 保护“回力”商标专用权案

1999年9月，上海回力鞋业总厂向国家工商局商标局投诉，反映该厂“回力”注册商标在浙江省瑞安市被严重侵权的情况，要求依法保护“回力”商标专用权。

“回力 WARRIOR”及图形商标是上海回力鞋业总厂在鞋、运动鞋、胶鞋等商品的注册商标。根据投诉材料所反映的情况，浙江省瑞安市有20余家在相同或类似商品上非法使用与“回力”注册商标相同或近似文字的侵权厂家，其生产的侵权产品流通全国，对商标注册人的合法权益造成了极大的损害。上海市工商局为此也向国家工商局商标局紧急报告，请求国家工商局商标局大力支持查处此案。国家工商局商标局经过初步研究认为，上海回力鞋业总厂是有六十多年历史的国有企业，其生产的“回力”胶鞋、运动鞋以质优价廉而享誉中外，在消费者心目中具有较高的知名度，“回力”注册商标是中国驰名商标，并被列入《全国重点商标保护名录》，浙江省、温州市、瑞安市工商局多次立案查处过这次反映的鞋厂侵犯“回力”注册商标专用权的行为，但屡查不止，侵权行为不仅没有收敛，反而更加疯狂，手段更加隐蔽，因此决定将本案作为由国家工商局商标局组织协调的大要案进行查处。

1999年9月16日，国家工商局商标局紧急派员赶赴浙江省瑞安市，当天下午会同浙江省、温州市、瑞安市工商局就涉嫌侵权的商标标识进行了研究，并针对案件查处中的程序及事实认定和法律适用等问题进行了探讨，确定了其中侵权行为严重且屡查不改的四家（瑞安市贝贝鞋业有限公司、瑞安市振新胶鞋厂、温州市力回鞋业有限公司、瑞安市环城鞋业有限公司）作为查处的重点，并决定由瑞安市工商局立案查处，布置了查处行动方案，强调了查处行动的组织纪律。同时，就投诉人提出的“瑞安市回力鞋业有限公司”和“温州市力回鞋业有限公司”利用企业字号侵犯“回力”注册商标专用权的行为，要求温州市、瑞安市工商局根据《驰名商标认定和管理暂行规定》和国家工商局《关于依法保护上海“回力”驰名商标的通知》（工商标字[1999]145号）的精神，尽快予以解决。

协调会结束后，瑞安市工商局紧急召集了30名工商人员，兵分四路，同时对会上确定的四家涉嫌侵权企业进行了检查，并于1999年12月16日前对查处的案件依法做出了行政处罚决定。据统计，这次行动共消除现存成品鞋上的侵权商标标识123,360件，半成品鞋上的侵权商标标识27,160件；收缴侵权制鞋底模具71副，侵权包装盒5,000个；责令监督销毁侵权鞋底2,000双；罚款102,700元。

7. 保护“BARBIE”和“MATTEL”商标专用权案

1998年9月4日，汕头市工商局根据投诉，对汕头达濠鸿兴塑胶厂有限公司（以下简称“鸿兴公司”）进行检查，现场查获该公司生产的带有“BARBIE”和“MATTEL”注册商标的玩具娃娃衣（各种型号）成品73，698盒，包装盒400个，半成品一批。

在拟对鸿兴公司作行政处罚时，汕头市工商局应其要求于1999年1月21日举行了听证会。在听证会上，鸿兴公司提供了6份与案件有关的“海关加工合同备案表”。随后，又提供6份与香港鸿兴塑胶厂有限公司签定的成交确认书及出口专用发票等材料，经反复查实：鸿兴公司自1994年至1997年间擅自接受香港鸿兴塑胶厂有限公司委托，加工生产各种型号的带有“BARBIE”和“MATTEL”注册商标玩具娃娃衣成品共984,102盒。其中已出口的各种型号“BARBIE”和“MATTEL”注册商标玩具娃娃衣910,404盒，销售额计8,446,306.80港元；库存（已被汕头市工商局封存）各种型号的带有“BARBIE”和“MATTEL”注册商标娃娃衣成品数量73,698盒，成本价1，165，488港元，以上经营额合计9,611,794.80港元。

“BARBIE”和“MATTEL”商标是马特尔公司（美国）在玩具商品上的注册商标，其商标专用权受法律保护。鸿兴公司未经“BARBIE”和“MATTEL”商标注册人的许可，擅自在与玩具相类似的玩具娃娃衣商品上使用“BARBIE”和“MATTEL”商标的行为，属于《商标法》第38条（1）项所指的商标侵权行为。根据《商标法实施细则》第43条的规定，汕头市工商局于1999年5月13日，对鸿兴公司作出如下处罚：

一、责令立即停止侵权行为；

二、收缴并销毁被封存的“BARBIE”和“MATTEL”注册商标的玩具娃娃衣包装彩盒400个及印制“BARBIE”注册商标的丝印版1块；

三、消除被封存的玩具娃娃衣成品及半成品上所有侵权商标标识后发还鸿兴公司；

四、罚款200万元。

8. 保护“力平脂”商标专用权案

1998年8月28日，广州市工商局接到投诉，反映广州威尔曼药业有限公司（以下简称“威尔曼公司”）侵犯其“力平脂”注册商标专用权。

经查明，法国工业和保健生产有限公司于1993年4月28日获准在中国注册“力平脂”商标，核定使用的商品是第5类“含有降血类脂剂的心血管病药品”。法国工业和保健生产有限公司许可其子公司法国利博福尼制药公司在非诺贝特药品上使用“力平脂”注册商标，并由利博福尼制药公司组织生产。威尔曼公司于1995年在同类商品上申请注册“力平脂”商标，商标局发出修正意见书，请其删去“力平脂”中文文字，该公司后再申请注册“利旨平”商标并于1997年8月21日获准注册。威尔曼公司曾于1996年下半年因生产“力平脂”药品，构成对“力平脂”商标的侵权，被广州市工商局查处，并写出不再使用“力平脂”的保证书。此后，威尔曼公司在其生产的非诺贝特药品上，更换了新包装，使用了自己注册的“利旨平”商标。1998年8月28日，广州市工商局在威尔曼公司现场查获标有“（原名：力平脂）”的新包装“利旨平”（非诺贝特）成品药130箱（31,200盒），标有“（原名：力平脂）”的锡箔227.5公斤及药品说明书一批，并依法予以封存。经查实，自1997年至1998年8月案发时止，威尔曼公司共生产上述新包装“利旨平”（原名：力平脂）成品药208,046盒，经营额3,652,383.10元。

广州市工商局认为，威尔曼公司的上述行为，已构成《商标法》第38条（4）项所指的商标侵权行为。据此，根据《商标法实施细则》第43条的规定，广州市工商局对威尔曼公司作出如下行政处罚：

一、责令停止侵权行为；

二、消除侵权商标标识；

三、罚款36.5万元。

威尔曼公司对广州市工商局作出的封存强制措施及行政处罚决定不服，分别两次向广东省工商局申请复议，广东省工商局维持了广州市工商局的封存强制措施及行政处罚决定。威尔曼公司又分别向广州市天河区法院及广州市中级人民法院提出起诉及上诉，一审、二审法院对广州市工商局作出的行政处罚决定予以维持。

（国家工商局商标局提供）

司法保护案例

1.“无醇民用液体燃料”技术转让合同纠纷案

上诉人（原审被告）：赵燕珍

上诉人（原审被告）：河南省郑州市工商行政管理局二七分局（简称二七区分局）

被上诉人（原审原告）：晋城市兴泽工贸公司（简称兴泽公司）

原审被告：常庆

原审被告：河南省郑州市二七区商业贸易局

原审被告：郑州中南大酒店

原审被告：广西壮族自治区南宁市商业局

原审被告：广西南宁市商业装饰有限责任公司

原审第三人：郑州中南大酒店有限公司

一审案号：山西省高级人民法院（1999）晋经一初字第8号

二审案号：最高人民法院（1999）知终字第19号

案　情

起诉与答辩：

原告兴泽公司起诉称：1992年9月12日，我公司同被告赵燕珍、常庆成立的中南联合公司签订了《技术转让协定书》和《成交合同》。合同签订后，我公司按照约定分几次支付对方318.88万元，并投资26.76万元完成厂区的基建。中南公司安装了生产设备和配套炉灶、汽罐、汽桶，我公司对设备是旧设备和炉灶缺少合格证提出异议。1992年12月以后，中南公司人员擅自离去，且该公司提供的配套设备因质量问题被晋城市技术监督局封存。1994年8月，中南公司已经改变了名称和经营范围，赵燕珍称已将专利权卖给广东金山公司。我公司于1995年3月拆除了合成液化气厂的设备，支付费用17200元，支付租房租地费270829元。请求人民法院：一、确认《技术转让协定书》及《成交合同》无效。二、判令赵燕珍、常庆返还技术转让费及配套设备款3188800元。三、判令赵燕珍、常庆赔偿基建投资及租赁费555629元。四、判令赵燕珍、常庆赔偿贷款350万元的利息276万元。五、判令赵燕珍、常庆赔偿第一生产年度可收益款2228000元。六、判令河南省郑州市二七区商贸局作为中南公司主管单位，承担连带赔偿责任。七、判令中南大酒店在其注册资金1360万元范围内承担赵燕珍、常庆应当承担的850万元损失的赔偿责任。八、判令南宁市商业局在中南公司虚假注册资金202万元范围内，承担对我公司的赔偿责任。九、判令广西南宁市商业装饰有限责任公司与赵燕珍、常庆共同承担对我公司850万元损失的赔偿责任。十、判令河南省郑州市工商行政管理局二七区分局对中南公司非法注册进行民事欺诈给我公司造成的850万元损失承担赔偿责任。

被告赵燕珍、常庆答辩称：一、双方签订合同时是两个法人行为，列赵燕珍、常庆为被告不当。二、《成交合同》属购销合同，不能和技术转让合同并为主从合同一并审理，本案应由交货地或者被告住所地人民法院管辖。三、专利技术是合法的，许可原告使用该技术，随后向广东金山公司转让专利权，不存在欺诈。四、兴泽公司将可得利益也计为损失无法律依据，技术转让后的经济效益及风险不应由转让方负责。五、本合同是1992年9月签订并于同年12月履行完毕，已经超过技术合同一年的诉讼时效。

被告郑州市工商行政管理局二七区分局答辩称：我方作为国家行政机关，依法行使工商登记、注册、注销行为，我方与中南公司之间是行政关系，与原告起诉的民事关系不属同一性质，不应在本案中列为被告，并承担赔偿损失的民事责任，如有什么问题应提起行政诉讼解决。

被告广西南宁市商业装饰有限责任公司答辩称：我公司与中南联合公司均是独立核算，自负盈亏，我方只负责生产灶具供应对方，是买卖关系。我公司从不知道有南宁市江西农工商总公司这个单位，更无经济往来，不存在接收其在中南公司中的权利义务的情况。

其他当事人未作答辩。

一审审理查明：

1992年9月12日，兴泽公司与原郑州市中南联合公司（简称中南公司）签订了《技术转让协定书》和以技术转让相配套的专用设备为标的物的供货《成交合同》。合同约定：双方合作开发ZN－1型无醇民用液体燃料（即合成液化气），中南公司将其拥有专利权的专利技术转让给兴泽公司，转让费为35万元，生产权转让费为30万元，中南公司提供50吨储油罐8个及管道、呼吸阀8个，加油机一台，共计30万元。另配套提供炉灶3000个及气罐6000个，合计218.88万元。合同还约定，中南公司同意兴泽公司拥有山西省内专利技术转让权，包括专利生产权、全国生产销售供应权。凡通过兴泽公司签约转让的，由兴泽公司签约收费，中南公司派出专利高级工程师执行。所收费用两家五五分成。合同还约定，中南公司负责兴泽公司的生产产品符合预批企标，并教会生产管理和售后服务，“全方位扶持上马”供应市场。合同签订后，兴泽公司按约定于当日交款200万元(专用配套灶具的价款),又于1992年10月15日、10月19日分三笔交款113.88万元,总计付款313.88万元。中南公司根据《技术转让协定书》第五条的规定,发出了关于转让专利生产技术的公告的"红头文件",载明其专利技术从1992年10月23日许可给兴泽公司实施并明确了许可的范围。兴泽公司在收到"红头文件"后,按中南公司绘制的厂区草图及其派出的工程技术人员的实地规划完成了基建和厂区建设,共投资267,600.77元。此后,中南公司将生产设备分批送到厂区内,并派工作人员进行安装。安装过程中,兴泽公司发现送来的主要设备是使用过的旧设备,遂向对方提出异议。中南公司副总经理雷群策当即保证不影响质量,安装后可重新协商价款。期间,中南公司将配套炉灶、气罐、汽桶运来交货,经验收产品无合格证和说明书,兴泽公司提出异议,雷群策解释因货物系整批发送并保证所有证件随后送来。1992年12月,在工程基本安装完成后,中南公司的人员突然离去,兴泽公司多次找对方协商试生产事宜,对方总以种种理由一推再推,所承诺的将配套设备的合格证及说明书送来和设备价款再议也一直未兑现。兴泽公司对配套设备抽样试用,发现有质量问题,即与对方交涉,并向晋城市技术监督局投诉,该局于1993年9月26日对该批设备封存,要求提供产品标准。1994年8月兴泽公司再次找对方交涉,对方已改变了名称和经营范围。经与赵燕珍交涉,要求解除合同,赵燕珍称已将专利权卖给广东金山实业股份有限公司(以下简称广东金山公司),有关合同的履行等问题找广东方当事人。

兴泽公司于1994年9月向山西省晋城市中级人民法院请求立案,该院因诉讼主体不清未予受理。1995年7月,在另一借款合同纠纷中兴泽公司请求追加中南公司为第三人,未被采纳。中南公司未按时缴纳本案所涉专利年费,1994年10月27日被国家专利局认定视为放弃取得的专利权。为避免和减少损失扩大,兴泽公司于1995年3月即组织对已建成的合成液化气厂进行拆除工作,支付费用17,200元,支付房租、租地费335,629元,另有办公费589,422.84元,支付工资444,471元,欠交上级主管单位承包费150,000元(损失计算至1999年3月)。

一审法院另查明:中南公司成立之初,名义上是由广西南宁市江西农工商总公司投资,由郑州市原商业贸易中心提供租赁来的场地而成立,实际广西方并未投资。中南公司曾先后以郑州市中原区商业局和郑州市二七区商贸局为主管单位,但这两个主管单位也未作投资。1990年2月8日,在清理整顿公司中,中南公司被确认具有法人资格,予以保留,由郑州市二七区工商局给予重新登记,注册资金为202万元,但该资金未到位,郑州市二七区商贸局作为主管单位也未再投资。中南公司于1992年8月16日与郑州市二七区一马路办事处劳动服务公司签订协议,约定中南公司出资290万元,将一马路办事处未完综合楼竣工,从而取得该综合楼十八年的使用权。1992年10月,一马路办事处申请成立郑州市中南大酒店,赵燕珍为总经理。中南公司于1992年12月撤销,1992年12月30日,中南大酒店以场地建筑和十八年使用权折价1360万元为出资,与港商合资成立了中南大酒店公司,常庆任董事长,赵燕珍任总经理。

常庆、赵燕珍提供的三份证据,经山西省公安厅技术鉴定确认,南商(92)字第126号南宁装饰公司《关于郑州市中南联合公司经营情况及处理意见的批复》一文的印章与该公司历年来使用的印章不一致,该公司否认其发出过该批复文件。南农总司字(1989)第38号广西南宁农工商总公司《关于划拨中南联合公司款项的批文》所盖印章与其在工商登记表中所盖印章不是同一印章。南商办字(1990)第8号南宁市商业局文件的印章与南宁市商业局在《联合协议书》中所盖印章也不是同一印章。

一审判理和结果:

一审法院认为:原中南公司虽然注册资金为202万元,但无论是在该公司成立之初还是清理整顿公司后的重新登记,无论投资方还是挂靠的主管单位,均未对该公司进行过任何投资,该公司不具备法人资格。原中南公司在协议中明确承诺负责兴泽公司生产的产品符合标准并教会生产管理和售后服务,全方位扶持上马供应市场,但根本不去履行,其行为严重违背诚实信用原则,在未告知兴泽公司的情况下,将其专利另行卖断他人,进而放弃专利权,撤销公司转营他业。全面联系其行为,原中南公司对兴泽公司实施了明显的欺诈。双方所签技术转让合同及成交合同应认定为无效合同。双方依据合同取得的财物应各自返还对方,有过错的原中南公司应赔偿兴泽公司的损失。兴泽公司赔偿其预期收益的请求与法无据,本院不予支持。因原中南公司实际不具备法人资格并已撤销,其民事责任应由原中南公司的实际筹建经营者赵燕珍、常庆负责,郑州市二七区商贸局在该公司重新登记时作为主管单位,出具虚假注册资金证明,应承担连带责任。郑州市工商局二七区分局在该公司重新登记时,未认真审查,准予其重新登记,存在严重过错,应在注册资金202万元内承担相应赔偿责任。原中南公司因向中南大酒店投资而取得了该酒店18年使用权,故中南大酒店应在18年使用权范围内承担原中南公司的民事责任。因中南大酒店以18年使用权折价1360万元与港商合资成立中南大酒店有限公司,故中南大酒店有限公司应在中方1360万元内承担原中南公司的民事责任。

一审法院依照《中华人民共和国民事诉讼法》第一百二十八条、第一百三十条,《中华人民共和国技术合同法》第二十一条第一款第四项,《中华人民共和国民法通则》第六十一条第一款之规定,判决:一、兴泽公司与原中南公司所签《技术转让协定书》、《成交合同》无效;二、赵燕珍、常庆连带返还兴泽公司的技术转让费和专用设备款313.88万元,并赔偿兴泽公司建厂费、拆除费、租房费、办公费工资款及上交费合计1804,323.61元；三、赵燕珍、常庆连带赔偿兴泽公司银行利息损失(以350万元为本金，按银行同期贷款利率，自1992年11月至还清为止)；四、兴泽公司返还赵燕珍、常庆依合同取得对方的全部财产；五、郑州市中南大酒店在其十八年使用权范围内对上述2、3项承担连带责任；六、第三人郑州市中南大酒店有限公司在中方1360万元股权内对上述2、3项承担连带责任；七、郑州市二七区商贸局对上述2、3项承担连带责任；八、郑州市工商局二七区分局在原中南公司注册资金202万元内，对上述2、3项承担赔偿责任；九、驳回兴泽公司对广东金山实业股份有限公司、河南省郑州市中南公司清算组、广西壮族自治区南宁市商业局、广西南宁市商业装饰有限责任公司的诉讼请求。受理费50000元，由赵燕珍、常庆连带承担。

上诉与答辩：

上诉人赵燕珍上诉称：一、一审判决认定事实错误。1．一审认定原中南公司与兴泽公司签订的《成交合同》是"以技术转让相配套的专用设备为标的的供货合同"是错误的。该合同与技术转让合同是两份相互独立、性质完全不同的合同。2．一审法院认为原中南公司不具备法人资格，全面联系其行为，实施了明显的欺诈。上诉人没有实施欺诈行为。一审认定投资方和主管单位没有投资无依据，即使中南公司在注册登记时存在某些缺陷，也不能推断其在以后的经营都是"欺诈"。由于兴泽公司擅自拆除设备，不购买原材料，造成合同不能履行，中南公司已经交付了技术资料提供必要的技术指导，一审认定没有履行合同义务是错误的。中南公司在转卖专利权时告知了兴泽公司，且符合技术合同法实施条例第59条的规定，并无欺诈的事实。二、一审诉讼程序错误。1．本案由最高法院发回重审后另追加了被告，变更了诉讼请求。上诉人在答辩期内提出管辖权异议，但一审法院对上诉人的管辖异议申请不予理采。2．兴泽公司起诉是依据技术转让合同和成交合同，两份合同主体不同、标的非同一标的且非同一类，不能合并审理。山西高院对技术转让合同有管辖权，而对成交合同没有管辖权。3．兴泽公司的起诉超过诉讼时效。4．兴泽公司从1996年起诉至今就停止经营行为并且多年没有年检，其仍以法人名义起诉是错误的。中南公司是集体性质的法人，现已被撤销，一审认定赵燕珍、常庆为被告并承担责任是错误的。请求撤销一审判决，驳回兴泽公司的诉讼请求，并承担本案的全部费用。原审被告常庆因在交费期限内未交纳上诉费，视为撤回上诉：其二审诉讼主张同上诉人赵燕珍。

上诉人二七工商局上诉称：二七工商局只是负责企业登记、变更和注销的机关，并非中南公司的开办单位、主管机关。对中南公司开办时的形式要件的审查并无不当。一审判决认定上诉人在该公司重新登记时未作认真审查，存在严重过错，应在注册资金202万元内承担相应的赔偿责任，没有事实依据和法律依据。一审判决所援引的法律法规中没有任何条款是判决上诉人承担法律责任的依据。请求撤销一审判决第八项，驳回兴泽公司对二七工商局的起诉，由兴泽公司承担上诉人的上诉费用。

被上诉人兴泽公司答辩称：一、赵燕珍、常庆是本案的责任主体。理由是：原中南公司的设立和存续是非法的，该公司无任何单位投资，注册资金202万元全部虚假，名为联营，但联营方均在1989年清理整顿公司中消失，公司是赵燕珍、常庆非法设立的私营企业。二、赵燕珍、常庆实施了欺诈行为，表现在隐瞒原中南公司实为私营企业，没有专利技术力量，却承诺技术服务，隐瞒专利权转移的事实，骗取兴泽公司支付的专利使用费和专用设备款，撤销原公司，非法转移财产。三、本案不存在诉讼时效问题，所涉及的合同实施期是18年，在此期间可以随时要求中南公司履行义务。四、本案程序合法，是一诉而非两诉，在发回重审期间再提管辖权异议是滥用诉权。五、二七工商局对中南公司变更主管未行使形式审查，注销中南公司提供不出相关文件和注销时间、债权债务已经清理完毕的报告。根据民法通则关于国家机关职务过错应承担民事责任的规定和国务院《关于进一步清理整顿公司的通知》国发[1985]102号文第三条、国务院1989年《关于进一步清理整顿公司的决定》第五条的规定，应当承担民事赔偿责任。二七区工商局对中南公司登记行为是具体行政行为，该行为给相对人以外的民事主体造成巨大经济损失，构不成行政法律关系，不能引起行政诉讼，受害人只能依据民事法律规定向该机关索赔。请求维持一审判决。

中南大酒店公司虽然提出上诉，但是在规定的期限内没有缴纳上诉费，视为自动撤回上诉。

二审审理查明：

1986年4月11日，郑州市中原区人民政府批准中原区商业局向区政府递交的关于成立中南联合公司报告，同意中原商业贸易中心和南宁市农工商总公司在郑州市建立郑州市中南联合公司。同年4月17日由当地工商行政主管机关颁发营业执照，该公司法定代表人赵燕珍，注册资金人民币202万元，经济性质为集体所有制，经营方式为批发、零售、生产，主营五交化、合成液化气、炉灶等。1989年6月8日，广西南宁市农工商总公司《关于划拨"中南联合公司"款项的批文》称：经研究同意批准郑州市中南联合公司经理赵燕珍关于投资款项的报告，1986年3月1日划拨20万元，1988年6月18日货物投放8万元，以上总共投放流动资金28万元，归企业所有由法人代表赵燕珍负责归还。1989年5月28日，中南公司与二七区商业局签订协议书，二七区商业局同意接受该公司为直属单位，并于6月6日下发了《关于接管"中南联合公司"的批文》，明确中南公司自6月1日起由郑州市二七区商业局主管，为局属基层业务单位。1990年3月11日，南宁市商业局下发文件，同意委托郑州市二七区商业局为中南公司的主管单位。根据南宁市商业局南商字(1989)第22号文件规定，原广西南宁市江西农工商工贸公司(文件仍称其为南宁市农工商总公司)下属的中南公司与南宁市商业装饰服务公司合并,为该公司的外设机构;独立核算,自负盈亏,"具有法人代表资格",同归南宁市商业局主管。1990年2月8日,郑州市二七区清理整顿公司领导小组下发《关于对二七区属17户公司予以保留的决定》,称根据中共中央、国务院《进一步清理整顿公司的决定》和中共郑州市委、市人民政府《关于贯彻落实中共中央、国务院〈关于进一步清理整顿公司的决定〉》以及中共郑州市二七区委关于《二七区进一步清理整顿公司的实施意见》,经研究决定,对符合开办条件,具备法人资格的17户公司,予以保留,准予重新登记。中南公司属被保留的公司之一。

1992年8月16日,中南公司(乙方)与郑州市二七区一马路办事处劳动服务公司(甲方)签订协议书筹建综合楼,约定由乙方提供建设资金人民币290万元,建成后由乙方经营使用,定名为中南大酒店,乙方享有该楼十八年的使用权。该协议书得到履行。

1992年9月12日,中南公司(甲方)与兴泽公司(乙方)签订无醇民用液体燃料技术转让协议书,约定:甲方同意把无醇民用液体燃料专利技术转让给乙方并帮助乙方建厂,转让费为35万元,生产权转让费为30万元,乙方投资30万元给甲方由甲方负责提供50T储油罐8个和整个管道配备,呼吸阀8个,加油机一台,以及管道安装之全部,在乙方土建完成一个月后安装完工交付乙方使用。甲方将技术转让权和生产权给乙方,甲方同时同意乙方有权拥有山西省内专利技术转让权包括拥有专利生产权、全国生产销售供应权。甲方负责乙方生产的产品符合预批企标并教会生产管理和售后服务,"全方位扶持上马供应市场"。同时中南公司下属单位合成液化气厂(法定代表人仍为赵燕珍)与兴泽公司还签订了《成交合同》,合同内容原审查明事实属实。

1992年9月22日,中南公司与广东金山公司签订无醇民用液体燃料技术专利权转让合同书,约定以680万元的价格将其与兴泽公司合同涉及的专利技术又转让给广东金山公司。但未办理登记公告手续。在本案前次上诉审时,广东金山公司委托代理人向本院陈述该公司并不知晓中南公司与兴泽公司订立合同之事。

1992年9月30日,中南公司就其经营情况向南宁装饰公司作出报告。据南宁装饰公司对该报告批复、1992年12月10日中南公司关于注销该公司和所属合成液化气厂的报告,以及1993年1月12日二七区商业局关于中南公司、合成液化气厂申请注销情况的报告记载,中南公司几年来连年亏损、负债经营,截止到1992年9月31日累计亏损886318.21元(未包括商品设备处理后实际亏损额)。亏损原因之一是无醇液体燃料"生产成本大大高于销售价",无法生产和销售。中南公司决定从1992年12月20日起停止营业、终止合同,对外不发生任何业务关系,原以中南公司和液化气厂名义出现的公函、文件、合同书等一律宣布无效。

1992年10月13日,兴泽公司经过调查走访和与中南公司"充分酝酿协商",在其关于引进"民用无醇液体燃料"专利技术可行性报告中称,该项目"原料来源充足,开发前景光明","经济效益高,收回投资快"。

1992年10月9日,郑州市二七区一马路劳动服务公司申请成立中南大酒店,其中固定资金为一马路办事处所有的福寿街南段综合楼(即中南公司投资兴建的综合楼)经评估作价1200万元。中南大酒店主管部门为一马路办事处,经济性质为集体。中南大酒店于1992年12月9日获当地工商行政主管机关批准,法定代表人为赵燕珍。尔后,中南大酒店与香港汉毅发展公司合资成立郑州中南大酒店公司,1992年12月29日获批准成立,企业类别为合资经营,注册资本人民币2520万元。中南大酒店以福寿街南段综合楼以及十八年使用权折价1360万元作为出资。中南大酒店公司董事长为常庆,总经理为赵燕珍。

中南公司在与兴泽公司签订技术转让协定书和成交合同后,兴泽公司支付技术转让费95万元,以及购买炉灶、合成气罐218.88万元,并完成基建工程和厂区建设,共投资267,600.77元。中南公司按照合同约定办理了关于转让专利生产技术的公告,交付了技术资料、灶具、气罐,派人到受让方进行设备安装。同年12月,双方因履行上述技术转让合同发生纠纷。此后,兴泽公司要求中南公司就产生的纠纷协商解决未果。

1992年11月16日中南公司撤销本公司和其下属的合成液化气厂的建议获得批准。1992年12月10日,中南公司和中南合成液化气厂向二七区商业局、工商局、税务局等部门申请撤销。1993年元月12日,二七区商业局向二七区人民政府申请注销中南公司和中南合成液化气厂。1993年5月26日,二七区商业局发出通知,成立中南公司清资处理领导小组,负责清理债权债务。1993年5月28日《郑州晚报》刊登通告,声明郑州市中南联合公司已申请撤销。工商登记表明,中南公司于1993年2月23日注销。

1993年10月6日,晋城市技术监督局对兴泽公司仓库中2800台灶具和2800个合成气专用罐因质量投诉等进行封存。由于未缴纳前述专利的年费,至1994年10月27日本案涉及的民用无醇合成液体燃料及其制造方法发明专利被中国专利局视为放弃专利权。一审法院认定兴泽公司1995年3月拆除建成的合成液化气厂的情况属实。

兴泽公司于1994年9月向山西省晋城市中级人民法院起诉,该院因诉讼主体不清未予受理。此后,该公司又于1995年7月请求追加中南公司作为另一案件的第三人,也未被审理该案的法院采纳。1995年四季度,兴泽公司向晋城市中级人民法院起诉中南公司技术转让合同纠纷,该院告知其向山西省高级人民法院起诉。1996年9月,山西省高级人民法院指令晋城市中级人民法院作为该案一审法院,1997年1月山西省高级人民法院决定由其对本案进行一审。兴泽公司向法院提供的经济损失表列举了从1992年9月至1999年3月发生并被一审法院予以确认的损失包括:支付技术转让合同、成交合同款3,138,800元,建厂费267,600.77元,设备等拆除费用17,200元,支付房租、租地费335,629元,办公费589,422.84元,工资444,471元,欠交承包费15万元,合计4,943,123.61元。

二审判理和结果:

二审法院认为:上诉人赵燕珍、郑州市工商局二七分局与被上诉人兴泽公司就原审判决所认定事实、适用法律发生的争议主要围绕以下几个问题:1、赵燕珍及常庆的民事债务主体、诉讼主体问题;2、原中南公司与兴泽公司所订立的合同的效力、内容以及原中南公司及赵燕珍等在订立、履行合同中的行为性质问题;3、兴泽公司的诉讼主体及行使请求权的诉讼时效问题;4、郑州市工商局二七分局对涉及本案的工商登记等问题是否承担本案民事责任问题;5、双方当事人就本案纠纷的经济后果如何承担民事责任问题等。

根据二审法院查明的事实,原中南公司确实享有由中国专利局于1992年2月授予的“民用无醇合成液体燃料及其制造方法”的发明专利权;其欲转让该项专利,兴泽公司欲受让此项专利技术并进行了考察,双方经过协商订立该项技术的转让协议和相关合同,当时都是自愿的,符合各自的真实意思表示,也不为法律所禁止。但原中南公司在订立与履行该合同的过程中,未告知对方自己亏损经营、再转让专利、注销公司等涉及合同订立与履行的重要真实情况,采取了一系列违反我国法律规定的进行市场交易应当合法、诚实守信、等价有偿和民事权益受法律保护的作法。最后原中南公司所据以许可、转让的专利权竟因未缴纳专利年费而终止,导致该技术合同不能履行的后果已无可挽回。加之实施该项专利的技术和经营风险等原因,最终酿成纠纷给对方当事人造成经济损失。由于该合同涉及的专利权及双方转让该专利技术的行为真实,故应当认定双方当事人之间的合同有效,原审判决认定该合同无效不当。但原中南公司在签订和履行合同中存在违法、违约行为,应承担相应的民事法律责任。

赵燕珍、常庆等作为原中南公司、液化气厂及以后的中南大酒店等主要管理人员,共同决策、实施了与合同相关的诸多民事行为,但是原中南公司是集体性质的法人单位。这有当地有关行政主管机关批准成立的文件、资金证明、变更主管单位的协议书、原经办人的证人证言等证据证明;在1990年的清理整顿公司中经审查原中南公司亦被主管机关确认具备法人资格,予以保留;从原中南公司已取得的福寿街南段综合楼使用权入股中南大酒店和中南大酒店有限公司的角度和有关工商登记材料,亦表明中南公司的独立法人资格,未发现任何赵燕珍、常庆等个人投资入股的确实证据。这些事实尚不足以被兴泽公司提交的有关否定原中南公司法人资格的证据所推翻,也不能产生原中南公司即为赵燕珍、常庆私人企业的确信。因此,依据现行国家法律,上诉人赵燕珍、原审被告常庆提出他们个人不应作为本案诉讼主体承担民事责任的上诉理由成立,应予以支持。

原中南公司及其合成液化气厂分别与兴泽公司签订的民用无醇液体燃料技术转让合同与《成交合同》,是紧密联系、具有从属关系的两个合同,基于受让该专利技术的事实,兴泽公司才与原中南公司订立该专利产品使用的钢瓶、灶具等成交合同。割裂两个合同的关系,只会让原中南公司违约造成的经济损失,由兴泽公司单方承担。至于上诉人赵燕珍、原审被告常庆提出的中南公司和中南联合公司合成液化气厂是两个不同的民事主体的问题,鉴于中南公司与中南公司合成液化气厂的法定代表人都是赵燕珍,并共同申请注销和清资,因此,本案所涉及的两份合同未清理完毕的债务也应当共同连带承担。

兴泽公司在与中南公司为履行技术转让合同发生争议后,即派员到郑州市要求与中南公司协商解决,并通过投诉、向人民法院起诉等形式主张其民事权利,自1992年12月至1996年9月山西省高级人民法院正式立案审理,始终未放弃主张权利。因此,上诉人赵燕珍、原审被告常庆认为兴泽公司的起诉超过法律规定的诉讼时效的上诉理由,本院不予支持。

工商行政管理部门对公司、企业是否应当予以登记注册以及是否应当予以注销是依其法定职权作出的,兴泽公司认为二七工商局对中南公司的登记不当依据不足。即使该局对此有责任,由于其行为是具体行政行为,也不应承担本案的民事责任。因此,兴泽公司主张由二七工商局承担本案合同纠纷造成的经济损失事实和法律依据不足,上诉人二七工商局提出的上诉理由成立,本院予以支持。

鉴于本案涉及技术转让合同纠纷和成交合同纠纷,虽然在合同签订时合同主体有差别,但是在承担民事责任上是紧密联系的,原审山西省高级人民法院有权管辖技术转让合同纠纷,亦享有对全案的管辖权。一审法院在前次一审时对赵燕珍、常庆提出的管辖权异议问题已经作过裁定,在依照本院裁定重审的过程中对赵燕珍、常庆再次提出管辖权异议未予再行裁定,并不存在违反法定程序的问题。

兴泽公司1992年8月5日登记注册,领取企业法人营业执照。此后,未进行工商年检,但该公司营业执照未被吊销,且工商部门也未将其注销,最重要的是其仍有权利和责任清理和承继与原中南公司合同所造成的经济后果。因此,该公司仍可以自己的名义进行本案诉讼,并承担相应的民事责任。上诉人提出的关于兴泽公司不具备民事诉讼主体资格的上诉理由不能成立。

根据原中南公司的违约行为,其应当承担本案所涉及合同履约不能和因合同终止产生的经济损失的主要责任,其中对技术转让合同应承担全部违约责任。兴泽公司作为市场经济中的民事主体,应当认识可能遇到的技术与经营风险，且其对该项目的考察及作出可行性的报告偏离事实真相，投资盲目，对造成、扩大自己的经济损失同样负有责任。原中南公司注销后，该公司依据合同取得的福寿街南段4142平方米综合楼十八年使用权归中南大酒店，并作价入股中南大酒店公司。因此，原中南公司应当承担的民事责任由中南大酒店和中南大酒店公司按照承接原中南公司财产的份额承担责任。一审法院判决中南大酒店在十八年使用权范围内承担原中南公司的民事责任，以及判决中南大酒店有限公司在中方1360万元内承担原中南公司的民事责任并无不当，可予采纳。鉴于兴泽公司提出的经济损失中承包费、办公费、租房租地费计算有不尽合理之处，本院酌情予以扣除，以示国家法律对设立经营性民事主体必备法定条件及权利与行为能力规定的严肃性。一审法院判决郑州市二七区商贸局作为原中南公司的主管单位应承担连带赔偿责任，二七区商贸局未对此提出上诉，本院亦不予变动。但由于原审判决认定诉讼主体有误，故本院在采纳原审判决在实体处理一些意见的基础上，对判决主文各项均作一定变动。

综上所述，二审法院依据《中华人民共和国民法通则》第四条、第五条、第三十七条，原《中华人民共和国技术合同法》第十六条，第十七条第一款、第二款，第二十六条、第三十七条第(二)项、第四十条第(一)项，原《中华人民共和国技术合同法实施细则》第六十八条，《中华人民共和国民事诉讼法》第一百五十三条第一款第(三)项之规定，判决：一、撤销山西省高级人民法院(1999)晋经一初字第8号民事判决。二、晋城市兴泽工贸公司与原中南联合公司签订的《技术转让协定书》、晋城市兴泽工贸公司与原中南联合公司合成液化气厂签订的《成交合同》终止履行。三、郑州中南大酒店在原中南公司享有的福寿街南段综合楼十八年使用权范围内承担应当由原中南公司承担的民事责任，即在本判决书送达后二个月内返还兴泽公司技术使用费、生产权转让费、专用设备投资款人民币950,000元，赔偿经济损失人民币3,032,160元及利息损失(以3,982,160元为本金，按银行同期贷款利率，自1996年9月起计算至还清之日止)。四、晋城市兴泽工贸公司依合同取得的灶具、专用汽罐等归郑州中南大酒店所有。五、郑州中南大酒店有限公司在郑州中南大酒店1360万元股权范围内承担连带责任。六、郑州市二七区商业贸易局对前述第三项的损失负连带赔偿责任。七、驳回晋城市兴泽工贸公司对赵燕珍、常庆、郑州市工商行政管理局二七分局等其他诉讼请求。本案一、二审案件受理费共计10万元，由中南大酒店承担7万元，晋城市兴泽工贸公司承担3万元。

评　　解

本案要点如下：

一、赵燕珍、常庆的诉讼主体问题

赵燕珍、常庆提出原中南公司是集体性质的法人单位，将两个个人列为本案当事人并判决承担民事责任是错误的。涉及到的证据有：郑州市中原商业贸易中心与广西南宁市江西农工商总公司签订的《业务经营协议书》，广西南宁市江西农工商总公司拨款的资金证明，该公司《关于划拨中南联合公司款项的批文》，郑州市中原区商业局申请建立中南公司的文件，该中南公司的营业执照，中南公司与二七区商业局关于接收该公司为直属单位的协议及其政府批文，南宁市商业局同意委托二七区商业局为中南公司主管单位的文件，广西南宁市农工商总公司被依法注销的公告，郑州市二七区清理整顿公司领导小组关于对中南公司具备法人资格、予以保留的文件，中南公司向主管部门申请撤销该公司和中南合成液化气厂的报告，二七区商业局成立中南公司清资处理领导小组的通知，中南公司在郑州晚报上刊登的公告。上述证据证明，中南公司的成立符合法律规定和当时政策的要求，也进行了工商登记。按照《中华人民共和国民法通则》第三十七条所规定的法人条件，中南公司依法成立，有必要的财产，有自己的名称、组织机构和场所，能够独立承担民事责任，其注册资金不足部分，以及注销过程中没有实际清理完毕的债务，应当由投资人和主管单位承担，赵燕珍、常庆不应当作为本案的诉讼当事人承担民事责任。

二、中南公司是否实施了民事欺诈，即中南公司与兴泽公司签订的技术转让合同和成交合同的效力及履行

该问题可以从以下几个方面分析：

1. 中南公司申请的“民用无醇合成液体燃料及其制造方法”的发明专利于1992年2月5日授权，该公司作为专利权人于1992年9月12日与兴泽公司签订技术转让协定书，其转让的标的专利技术是真实的，且中南公司有权转让，并不存在对兴泽公司隐瞒事实真相的问题。兴泽公司如果对中国专利局授权的该项发明的实用性有异议，可以通过法律规定的程序，向中国专利局申请宣告该发明专利无效。兴泽公司未经法定程序，对发明专利的有效性表示异议，在本案诉讼中不能采信。

2. 兴泽公司在与中南公司签订技术转让协定书前，对该专利技术进行了可行性研究，有关部门的领导也了解此事。兴泽公司作为技术受让方也应当对该技术的内容和市场前景进行研究，并对此承担市场经营风险责任。

3. 中南公司与兴泽公司签订技术转让协定书后，于1992年9月22日与广东金山实业股份有限公司签订专利权转让合同，并不违反法律法规规定。原《中华人民共和国技术合同法》第二十六条和原《中华人民共和国技术合同法实施条例》第三十四条是限制技术合同的一方当事人未经对方当事人的同意，不得将合同的权利义务转让，而本案并不是技术转让合同的一方(中南公司)将合同权利义务转让，而是中南公司将自己的专利权转让他人，造成与兴泽公司正在履行的技术转让合同的转让人在事实上发生了变更。而法律对中南公司转让专利权并没有禁止性规定，且原《技术合同法实施条例》第五十九条规定，专利权转让合同、专利申请权转让合同不影响转让方在合同成立前与他人订立的专利实施许可合同或者非专利技术转让合同的效力。因此，兴泽公司提出中南公司在签订技术转让协定书后十几天就将专利权转让他人构成民事欺诈，法律法规对专利权人转让权利并没有禁止性规定，对签订技术转让合同与转让权利的时间也没有禁止性规定，因此，兴泽公司认为中南公司对其实施民事欺诈理由不能成立。

4. 中南公司在与兴泽公司签订技术转让协定书和成交合同后，按照合同约定办理了关于转让专利生产技术的公告，交付了技术资料、灶具，派人到受让方进行设备安装，不能认为中南公司根本不打算履行合同和没有履行合同的能力。至于中南公司履行合同未达到约定的“生产产品符合予批企标并交会生产管理和销后服务，全方位的扶持上马供应市场”，是承担违约责任的问题。

关于兴泽公司提出的中南公司提供的设备是旧设备、灶具产品质量不合格问题。在技术转让合同中只约定由中南公司提供50t储油罐8个和整个管道配备、呼吸阀8个、加油机一台、以及管道安装之全部，对设备的新旧没有约定。结合中南公司在1992年9月向其主管单位南宁市商业装饰服务公司要求转产，以及同年8月与郑州市一马路办事处劳服公司签订成立中南大酒店的协议，表明中南公司当时已经打算将该设备和技术同时转让，9月与兴泽公司的合同履行过程中将其使用过的旧设备一并转让。设备的新旧问题只是双方当事人争议的问题之一，整个合同的履行包括技术转让、设备购买以及灶具购销等多个方面，在没有合同特别约定的情况下，不能认为中南公司提供旧设备就是实施民事欺诈。

5. 中南公司与广东金山公司签订专利权转让合同后，专利权已归金山公司所有，但未办理登记公告手续，其责任问题本案已无法查明。中南公司1993年、1994年仍然缴纳了专利年费，至1994年10月27日，专利局以未缴纳年费为由视原专利权人中南公司放弃取得专利权。从中南公司签订技术转让合同到未缴纳年费（中南公司在1993年底被注销，也不可能再继续缴纳年费）致使专利权被视为自动放弃有两年多的时间，从这一点上兴泽公司主张中南公司实施了民事欺诈理由似不够充分。

6. 中南公司（乙方）于1992年8月16日与郑州市二七区一马路办事处劳动服务公司（甲方）签订协议书，约定由乙方提供建设资金290万元，建成后由乙方经营使用，乙方享有该大楼十八年的使用权。此后，又以该使用权折价1360万元投资入股中南大酒店有限公司。中南公司转让专利权、投资他项的行为给履行与兴泽公司签订的技术转让合同造成了困难。现兴泽公司否认中南公司告知已经向金山公司转让专利权，应认定没有告知。

综上，中南公司在与兴泽公司签订技术转让协定书以及中南公司合成液化气厂与兴泽公司签订成交合同虽有违反诚实信用原则的不当之处，且有违约行为，但不宜认定为欺诈，两份合同应为有效合同。

三、关于兴泽公司主张权利的诉讼时效问题

中南公司与兴泽公司签订技术转让协定书是1992年9月12日，12月安装设备，并发生争议，此后，双方曾经交涉，兴泽公司也派员到郑州市，有关证人证言都是兴泽公司的人员。兴泽公司1995年8月向晋城市中级人民法院提出追加中南公司为诉讼第三人的申请。兴泽公司向山西省高级人民法院起诉的时间是1995年12月16日，山西高院1996年9月6日立案。根据技术合同法的规定，技术合同的诉讼时效是一年，本案原告兴泽公司主张权利是否超过法律规定的诉讼时效双方有争议。本案的特殊情况在于中南公司签订技术转让合同后将专利权转让他人，并于合同履行期间注销，兴泽公司无法向其主张权利。兴泽公司派员到郑州市找中南公司以及赵燕珍的行为，虽然没有其他提出要求或者同意履行的书面证据，但是可以认定始终未放弃主张权利。

兴泽公司向法院起诉的最早时间是1995年四季度。因此，兴泽公司就技术转让合同纠纷起诉并未超过诉讼时效。至于设备购销，可以视为与技术转让合同相关的部分，兴泽公司主张权利未超过时效。

四、关于郑州市工商局二七区分局是否应当承担的本案的民事责任问题

该民事纠纷曾被最高人民法院发回山西高院重新审理，在重审中，原审原告兴泽公司申请增加了被告，其中包括郑州市工商局二七区分局，要求二七区分局对中南公司非法注册进行民事欺诈给该公司造成的损失承担连带责任。一审判决二七区工商局在中南公司所注册资金202万元内承担赔偿责任，但该判决未援引任何法律法规的规定作为依据。兴泽公司在答辩状中提出的重新登记必须重新验资的问题，因二七区工商局的工商档案丢失，已经无法取得这方面的证据，在没有其他相反证据的情况下，有关部门在清理整顿公司后对中南公司予以保留，二七区工商局的重新登记不应认定为违法登记。根据一审判决认定的“郑州市二七区商贸局在中南公司重新登记时作为主管单位，出具虚假注册资金证明”，即使中南公司重新登记有不当之处，责任在二七区商贸局，而不在二七区工商局。既然不能认定中南公司利用合同进行民事欺诈，也就不存在“二七区工商局对中南公司进行民事欺诈承担民事责任问题”。工商行政管理部门对公司企业是否符合法律法规和规章的规定、是否应当予以登记注册以及是否应当予以注销是依其法定职权作出的，是具体行政行为，与相对人及其他利害关系人形成行政法律关系。兴泽公司向人民法院请求由工商局承担本案合同纠纷造成的经济损失没有法律依据。

五、关于赵燕珍提出的管辖问题

赵燕珍、原审被告常庆提出此案发回山西高院重新审理后，原告增加了诉讼请求，被告提出了管辖权异议，但山西高院未予理采是违反民事诉讼程序。

本案涉及技术转让合同纠纷和成交合同纠纷，两份合同虽然在签订时合同主体有差别，但是中南联合公司合成液化气厂作为中南公司的下属单位，与中南公司同时申请注销，共同清理债权债务，在承担民事责任上是紧密联系的，山西高院有权管辖技术转让合同纠纷，鉴于山西高院对赵燕珍、常庆提出的管辖权问题已经作过裁定，在重新审理的过程中对赵燕珍、常庆再次提出管辖权异议未予裁定是正确的，并不存在违反法定程序的问题。

六、关于兴泽公司的诉讼主体问题

1992年8月4日，兴泽公司法定代表人邵启政与晋城市人大常委会办公厅签订《经济承包责任书》，约定由发包单位负责10万至15万元作为企业自有资金，承包人实行风险抵押承包，保证实现经济利润。兴泽公司1992年8月5日登记注册，领取企业法人营业执照，以后由于与中南公司的纠纷致使无力再从事其他经济活动，也未进行工商年检，但该公司营业执照未被吊销，且工商部门也未将其注销，因此，该公司仍可以自己的名义进行诉讼，并承担相应的民事责任。上诉人提出的关于兴泽公司不具备民事诉讼主体资格的上诉理由不能成立。

七、关于本案损失如何处理问题

中南公司未按约定履行完毕"全方位扶持上马供应市场"的义务，构成违约，并应当对本案纠纷的发生及损失的产生承担主要责任。根据原技术合同法第四十条第(一)项的规定，中南公司应当返还使用费并赔偿损失。本案损失赔偿范围包括技术转让费、生产权转让费、专用设备投资款等。由于原中南公司的违约行为，应当承担本案所涉及的合同履约不能和因合同终止产生的经济损失的主要责任，对技术转让合同应当承担全部违约责任。兴泽公司对履行该合同所产生的经济损失也应承担一部分责任，其所主张的承包费、办公费、租房租地费计算中的不合理处，应当予以扣除。因此，最终二审法院判决郑州市中南大酒店在原中南公司享有的福寿街南段综合楼十八年使用权范围内承担应当由原中南公司承担的民事责任，返还兴泽公司技术使用费、生产权转让费、专用设备投资款人民币95万元，赔偿经济损失人民币3032160元及其利息损失。

（段立红）

2. 侵犯"黄药"生产技术商业秘密案

上诉人(原审被告)：广东省罗定市林产化工厂(简称罗定厂)

上诉人(原审被告)：刘显驰。

被上诉人(原审原告)：株洲选矿药剂厂(以下简称株洲厂)

一审案号：湖南省高级人民法院(1997)湘高经初字第25号

二审案号：最高人民法院(1999)知终字第5号

案　情

一审审理查明：

株洲厂自1966年开始生产"黄药"。自1975年起，该厂对黄药生产合成技术中存在的质量不稳定、物料泄漏、温度控制难、容易起火等问题开始进行攻关，1981年，对黄药生产的关键设备"混捏机"与"球磨风选系统设备"进行了重新设计、制造、安装，降低了生产成本，提高了生产的安全性和产品质量。该厂所生产的黄药系列产品质量稳定，其丁黄药在1982年、1987年获国家银质产品奖，1981年、1989年获湖南省名牌产品；乙黄药于1983年、1988年获部优产品奖，1982年、1985年、1990年获湖南省优质产品奖。

株洲厂对该厂的技术成果采取了保密措施，颁布了《保密、档案工作制度》、《科技档案管理标准》，规定科技档案不得擅自复制、抄录、转借等，非经领导批准科技档案一般不得外借。

刘显驰毕业于武汉钢铁学院，历任株洲厂CS(黄药原料)车间技术员、药剂车间副主任、CS车间主任、厂设计室副主任兼设计室黄药工艺组组长。1990年10月，罗定厂找到刘显驰，要求其提供黄药生产的设备图纸及技术。双方口头约定，由刘显驰承担技术工作，罗定厂付酬金4万元，其中交完图纸付2万元，试车成功后再付2万元。此后，刘显驰在1991年5月底前向罗定厂黄武毅交付全部设备图纸(共包括底图、蓝图、白图四本181张)，刘显驰在图中标明设计人为柳顺直(刘显驰谐音)，单位为园利来技术开发公司(该单位并不存在)，并取得约定的2万元整。罗定厂即将这些图纸委托给广州市昆仑公司加工，期间，刘显驰应罗定厂的要求曾到昆仑公司指导设备生产。设备生产出来后，罗定厂请刘显驰去安装。刘显驰请株洲厂三位退休工人一起到罗定厂进行安装，刘显驰还单独到罗定厂指导试车，1991年11月，试车成功，罗定厂又付给刘显驰2万元。刘显驰为罗定厂设计了二台车共1200吨的生产能力，罗定厂又根据图纸再安装了二台车，生产能力达到2000吨，主要产品有乙黄药、丁黄药等。罗定厂使用上述设备生产黄药至1997年4月拆除设备止。

本案一审期间，一审法院委托湖南省科委组织技术鉴定，鉴定结果为：1、株洲厂黄药生产工艺的关键设备混捏机是该厂集多年生产经验自行设计的设备，在国内处于领先地位，属该厂专有技术；2、株洲厂黄药生产用球磨风选系统是自行设计、调试而逐步形成的技术成果，属该厂技术诀窍；3、罗定厂所取的黄药生产合成工艺的关键设备混捏机图纸是株洲厂图纸的复制品；4、罗定厂所获取的黄药生产球磨风选系统设计图纸，系使用了株洲厂的技术诀窍(抄袭了图纸)。

一审法院在本案重审过程中，委托湖南省科委再次组织鉴定，鉴定结论是：1、株洲厂黄药生产合成工艺的关键设备混捏机系该厂凭多年生产经验自行改进、设计、制作的设备，具有密封性能好、有效防爆、控温准确、变载性能可靠、出料阀独特等五项技术；该厂自行设计、调试并逐步形成的球磨风选系统所具有的封闭循环流程、重力分离器、鼓风机的改造、球磨机进出口端部的封闭装置和管道配置等五项技术，均系处于秘密状态，不为公众知悉，具有实用价值和相对进步性，能为权利人带来经济利益，又被该厂采取保密措施的技术秘密。2、罗定厂所获取并使用的黄药生产工艺的关键设备混捏机图纸和黄药生产球磨风选系统设计图纸，实质上是株洲厂图纸的复制品。

一审法院在本案重审期间，委托湖南省湘司审计师事务所对罗定厂生产销售黄药的获利情况进行了审计，结论是：罗定厂自1992年1月至1997年12月底，黄药销售收入35355011.44元，产品销售利润为5167753.47元，减去管理费用、财务费用等，利润总额为1292060.89元。所得税后净利润为412358.74元。根据审计报告结论和当事人提供的帐目资料，自1993年1月至1997年4月，该厂销售黄药收入共计29988782.92元，产品销售利润为4206430.80元，营业利润为816736.99元。

1992年6月，株洲厂根据群众揭发线索，向株洲市北区人民检察院举报刘显驰出卖该厂技术资料、贪污犯罪的问题。该检察院在侦查过程中将刘显驰收受的4万元予以追缴后交给了株洲厂，并于1994年12月20日向株洲厂发出一份检察建议书，称刘显驰案已侦查终结，建议株洲厂对刘显驰和罗定厂的侵权行为向人民法院提起诉讼。

1994年12月20日，株洲厂向湖南省株洲市中级人民法院起诉罗定厂和刘显驰，追究其共同侵犯技术秘密的法律责任。在罗定厂提出管辖争议后，由最高人民法院指定湖南省高级人民法院审理。

一审判理和结果：

一审法院经重审认为：株洲厂在其黄药生产设备混捏机和球磨风选系统方面拥有自己的技术秘密，这一事实已经湖南省科学技术委员会鉴定确认，本院予以认定；株洲厂对其技术秘密采取了严格的保密措施，从未向外公开，且该技术秘密用于生产后，产生了较好的经济效益和社会效益，故株洲厂的上述技术秘密尚不属于社会公知技术，依法应予保护。罗定厂明知株洲厂生产黄药，采用不正当手段，通过刘显驰共同实施侵权行为，应承担法律责任。罗定厂获取技术秘密的目的是制造设备进行黄药生产，自1991年11月试车生产开始至1997年8月底拆除设备，其行为已构成持续侵权。依据《中华人民共和国民法通则》第六十一条第二款、第一百一十八条、第一百三十九条、第一百四十条之规定，判决：一、广东省罗定市林产化工厂赔偿湖南省株洲选矿药剂厂经济损失人民币4155882.07元，此款限在本判决生效之日起十五日内一次性支付。二、刘显驰赔偿湖南省株洲选矿药剂厂经济损失人民币5万元(含罗定厂支付的报酬4万元)。本案案件受理费、财产保全费共计5万元，鉴定费1.5万元，审计费8万元，共计14.5万元，由广东省罗定市林产化工厂承担。

上诉与答辩：

上诉人罗定厂上诉称：重审判决对技术秘密是否存在的事实认定不清，认定罗定厂与刘显驰构成共同侵权错误，本案已经超过诉讼时效，判决罗定厂赔偿415万余元没有事实和法律依据，判决显失公正，诉讼费、鉴定费和审计费的承担不合理。要求二审法院撤销原判，驳回株洲厂的诉讼请求。

上诉人刘显驰上诉称：重审判决对本案的技术论证不足，案件超过诉讼时效，罗定厂所付酬金四万元只能部分上缴。

被上诉人株洲厂答辩称：原审判决事实清楚，适用法律正确，应予维持；两上诉人所侵犯的是无形财产，只要其不停止使用设备，其侵权行为就一直在持续发生，故本案没有超过诉讼时效，且时效应自1994年12月检察机关提出司法建议时起算，我厂也只有在检察机关将刘显驰案件侦查终结后才掌握充分的证据材料。

二审审理查明：

原审判决认定的事实属实。二审期间，株洲厂认可其赔偿数额可以在1993年至1997年4月间计算。

二审判理和结果：

二审法院认为：本案争议所涉及的技术，经过两次鉴定，确认了株洲厂黄药生产合成工艺的关键设备混捏机具有密封性能好、有效防爆、控温准确、变载性能可靠、出料阀独特等五项技术；该厂自行设计、调试并逐步形成的球磨风选系统具有的封闭循环流程、重力分离器、鼓风机的改造、球磨机进出口端部的封闭装置和管道配置等五项技术，均系处于秘密状态，不为公众知悉。罗定厂、刘显驰对上述鉴定结论提出异议称上述技术秘密已经公开，但未提供充分的证据，其所提供的有关技术资料，未发现载有上述技术秘密的内容，故上述鉴定结论应当采信。株洲厂为保护其技术秘密，订立了严格的保密措施；这些技术秘密能够应用于生产并产生了实际效益，株洲厂的上述技术秘密符合《中华人民共和国民法通则》和《中华人民共和国反不正当竞争法》规定的保护条件，应当依法受到保护。罗定厂明知株洲厂是生产黄药的专业厂家，为取得该厂生产设备的技术，私下找到该厂掌握此项技术的人员刘显驰，要求其提供有关技术，并在取得株洲厂的技术图纸后，进行了复制和抄袭，用于制造设备生产并销售，其行为构成侵犯他人商业秘密；刘显驰为获得酬金，将株洲厂严格保密的技术图纸提供给罗定厂，披露了株洲厂的技术秘密，与罗定厂共同构成侵犯商业秘密行为，罗定厂与刘显驰应当承担共同侵犯商业秘密的法律责任。罗定厂虽然于1991年5月就从刘显驰处获得了有关技术，随后即制造了设备，但是其使用设备进行生产的侵权行为和结果一直持续发生到1997年4月拆除设备为止。在此期间，罗定厂通过对设备的使用，一直在利用株洲厂技术秘密的效能，保证了生产的安全、正常进行和产品的质量。虽然株洲厂仅向检察机关举报要求追究刘显驰的法律责任,未向人民法院提出追究罗定厂侵权责任的请求,但是在检察机关侦查终结于 1994 年 12 月提出检察建议之前,没有证据证明株洲厂当时已经清楚知道其权利被罗定厂侵犯的情况,故株洲厂于同年 12 月 20 日起诉罗定厂,并没有超出诉讼时效;其根据群众揭发的线索向检察机关举报刘显驰,等待检察机关侦查结束后提起民事诉讼,应当认为诉讼时效自其举报时起中断,因此,株洲厂起诉罗定厂和刘显驰,均未超过诉讼时效。经征求双方当事人意见,株洲厂同意赔偿责任自 1993 年起算,故本案赔偿数额计算期间为 1993 年至 1997 年 4 月罗定厂拆除设备为止。株洲厂要求按照罗定厂的生产能力推算其获得的利润,认为罗定厂提供的产品销售帐目总帐与明细帐对不上,利润数字不可靠,审计事务所按照这样的帐目进行审计,在此基础上的审计结论也不可取的意见虽有一定道理。但相对其“按照罗定厂的生产能力推算利润”的要求来说,以参考审计结果并综合全案情况来确定赔偿数额更为合理。原审判决除认定罗定厂拆除设备的时间有误外,其他事实认定正确;判决认定罗定厂与刘显驰共同侵犯了株洲厂的技术秘密,但却没有依据《中华人民共和国民法通则》第一百三十条的规定判决两当事人承担共同侵权责任不妥;此外,对罗定厂和刘显驰的侵权行为仅适用《中华人民共和国民法通则》的规定而未适用《中华人民共和国反不正当竞争法》的有关规定处理,以及侵权利润按照销售利润计算问题上也有失当。

经二审法院审判委员会讨论决定,依据《中华人民共和国民法通则》第六十一条第二款、第一百一十八条、第一百三十条、第一百三十九条、第一百四十条和《中华人民共和国反不正当竞争法》第十条第一款第(二)项、第二十条之规定,判决:一、变更湖南省高级人民法院(1997)湘高经初字第 25 号民事判决第一项为:广东省罗定市林产化工厂赔偿株洲选矿药剂厂经济损失 816736.99 元及其从 1997 年 4 月至本判决执行之日的同期银行贷款利息,自本判决送达之日起十五日内支付,刘显驰对上诉款项承担连带责任;二、变更湖南省高级人民法院(1997)湘高经初字第 25 号民事判决第二项为:刘显驰赔偿株洲选矿药剂厂经济损失 4 万元人民币,此款已支付,不再另付。一审案件受理费、财产保全费、鉴定费、审计费共计 14.5 万元,由广东省罗定市林产化工厂承担;二审案件受理费 27010 元,由广东省林产化工厂承担 25010 元,刘显驰承担 2000 元。

评　解

本案要点如下:

一、诉讼时效问题

本案的诉讼时效问题很有典型意义,它涉及了刑事诉讼与民事诉讼的关系和涉及刑事侦查时民事诉讼时效的确定问题。

商业秘密的权利人在其商业秘密遭受侵犯时,有权向人民法院请求保护其民事权利;同时可以向侦查机关举报犯罪嫌疑人,待侦查机关侦查终结,检察机关提起公诉时,提起附带民事诉讼。权利人选择后一做法时,就产生了附带民事诉讼的诉讼时效问题。该附带民事诉讼仍然受民法通则关于时效问题规定的约束,这一点一般没有异议。但实践中对举报行为是否产生民事诉讼时效中断的法律效果却有不同意见。一种意见认为:权利人的举报与其他公众的举报没有不同,其效果只能是为侦查机关进行侦查行为提供线索,即使举报行为是权利人完成的,也不属于向人民法院请求保护民事权利或者向侵权人提出请求等能够产生民事诉讼时效中断的行为,故权利人的举报不产生时效中断的法律效果;另一种意见认为:权利人的举报不同于其他人的举报,其真实意思表示是追究侵权人的法律责任。这也是一种对其民事权利进行保护的请求,只不过以追究刑事责任的方式提出,其并未放弃对实体权利进行保护的要求。权利人举报后等待检察机关侦查终结后提起公诉时提起附带民事诉讼,这是权利人权利的持续行使,也是法律对提起刑事附带民事诉讼的形式要求。如果检察机关就侵权行为不提起诉讼或者免予起诉,不能为此剥夺权利人提起独立民事诉讼的权利,因此,将权利人的举报认定为时效中断是公平合理的,也符合诉讼时效中断的特征。最高法院二审判决中,采纳了第二种意见,认为株洲厂对刘显驰的起诉存在诉讼时效中断的情形,保护了株洲厂的实体权利,对上述分歧意见作出了统一规范性总结,其意义是重大的。

当然,无论罗定厂还是刘显驰,都在株洲厂提起民事诉讼的当时继续使用株洲厂的商业秘密,构成通常所称的持续侵权行为,株洲厂为此提出停止侵害,赔偿损失的诉讼请求,是没有超出时效期间的。

二、技术鉴定问题

本案一审法院曾先后两次委托湖南省科委进行鉴定,其第二次鉴定是最高人民法院在发回重审时指出原审判决事实不清后再次作出的。在第一次鉴定中,对当事人请求保护的关于混捏机的技术秘密,鉴定人作出了明确的鉴定结论;原审判决予以采信是可以的;但对当事人请求保护的球磨风选系统,由于其没有向法庭陈述要求保护的具体技术方案或者技术特征,鉴定结论也模糊不清,仅笼统提出该系统为技术秘密,原审判决予以保护是不妥的。从当事人陈述的情况看,权利人并不认为整体系统是全新的应当受保护的客体,而是认为该系统是对原有系统部分技术的改进。对此,法庭应当要求权利人对该部分改进所涉及的名称、技术特征等进行说明,确定应当保护的客体。如果当事人不说明或者不能说明,则法庭应当拒绝支持其实体请求。这样做的法律原因在于:一方面,法律所保护的客体应当是属于权利人专有的商业秘密,而不应当及于公知公用技术,防止损害公众利益;当事人笼统提出要求保护的技术,往往其中含有部分公知公用技术,如果不加区别地一律保护,实际上纵容了不正当竞争行为,对对方当事人也是一种不公正。另一方面,权利人在请求保护其权利时,应当对要求保护的客体内容进行限定,使之具体化、确定化,从而在程序上给予对方进行答辩、要求进行技术鉴定的机会,法院只有在这种情形下进行审理,才能公正保障当事人诉讼权利的行使。因此,最高法院对权利保护客体的确定问题,给予了极大的关注,认为这是涉及司法公正的大问题,不能含糊。

本案两次鉴定时,法院所出具的委托鉴定书,部分反映了一审法院审判侵犯商业秘密案件经验不足。如委托书中均要求鉴定人对原告的技术是否商业秘密问题进行鉴定。在不少法院审理案件的过程中都出现过类似情况。应当认识到:一项技术是否公开,属于事实问题,可以通过当事人的举证及鉴定进行认定;但其是否构成商业秘密,要根据反不正当竞争法规定的商业秘密构成条件进行判断,这属于人民法院行使审判权进行裁决的内容,不属于可以当作事实进行鉴定的范围,更不宜在鉴定结论中出现,否则就把依法辩论的问题转为证据的质证问题,成为谬谈。人民法院的审判权,只能由人民法院行使,不能擅自交由其他部门或者个人行使。从这一点看,这个问题极端重要,任何错误或者模糊认识都必须纠正或者改变。考虑到重审判决仅采信了鉴定结论中涉及事实的部分,重新鉴定已无必要,最高法院维持了原审对证据的认定。但这不等于说最高法院认可了一审法院的做法。在最高法院审理的(1999)知终字第15号黑龙江企达农药开发有限公司上诉南海市里水绿洲化工有限公司侵权纠纷案中,最高法院对怎样确定当事人请求保护的客体,确定该客体内容的法律意义等问题给予了明确的解释(附该判决书认定部分)。

三、关于确定赔偿责任时所使用的利润数额问题

本案一审法院在两次判决侵权人承担的赔偿责任时,均以侵权人在侵权期间因侵权所获得的利润这一方法来计算权利人的损失和侵权人承担的赔偿责任。这一方法,具有相对确定性,易于计算,往往为当事人乐于选择,也为各地人民法院普遍适用。最高法院对此持赞成态度。

在确定侵权获利时,往往有三组数字可供选择:一是产品销售利润,即侵权人侵权产品销售收入减去因该产品发生的制造费用、销售费用、税金及附加后的利润;二是营业利润,即以产品销售利润减去其侵权人全部管理、财务费用分摊到侵权产品上的部分后的营业利润;三是营业利润缴纳所得税后的净利润。在以往的司法实践中,存在着不同法院使用不同的利润数字进行判决,以及同一法院在不同的案件中使用不同数字进行判决的情形。在知识产权侵权赔偿数额较低屡有反映和意见的情况下,赔偿上这种司法标准不统一的状况,又进一步给当事人造成了困惑,成为又一反映的热点问题,影响了人民法院公正司法的社会形象。与此同时,这种状况还对审判人员研究解决损害赔偿问题的信心产生了不利的影响,表现为在赔偿问题上部分审判人员只求领导审核过关,不注意认真研究案情,不注意追求裁判结果的公正合理。由于赔偿标准上的不统一,往往发生一、二审法院在赔偿问题上存在分歧意见,无论二审法院发回重审或者改判,对下级法院实施错案追究制责任也产生了不公平的影响。对此,几年来最高法院一直注意解决损害赔偿问题,认为它关系到人民法院对知识产权保护的力度和公正问题,也关系到人民法院自身制度建设和审判队伍建设问题。由于损害赔偿问题错综复杂,只能逐步研究解决,故最高法院审判委员会以本案为契机,为侵权利润赔偿的确定问题确定了一个原则,即一般侵权行为以侵权人因侵权行为获得的营业利润进行赔偿。最高法院李国光副院长在全国第四次民事审判工作会议上再次在讲话中予以明确,并补充说:对以侵权、造假等为业的侵权人的侵权行为,可以以产品销售利润进行赔偿。这就在全国范围统一了相关执法标准。

最高法院以营业利润而不是以产品销售利润判决赔偿的理由是:根据我国会计制度的有关规定,企业的管理费用和财务费用属于其实际支出,分摊到各项产品。侵权产品也一样有分摊两项费用的实际情况。该费用在单位进行生产销售活动中实际发生,不属于获利范围。将该分摊费用排除在赔偿的利润数额之外,是实事求是计算侵权人因侵权获得利润的做法,对一般的企事业单位比较公平。如果不排除这两项费用,侵权人承担的责任过高,很难承受,赔偿后也难以弥补。但如果侵权人的全部生产经营活动主要在于侵权,则以产品销售利润进行赔偿就是必要的了,其目的在于制裁侵权人,使之不能靠侵权而生存。

(董天平)

3. 侵犯"生活垃圾利用技术"技术秘密案

上诉人(原审原告):四川省广汉市三丰科技实业有限公司(简称三丰科技公司)

被上诉人(原审被告):四川省环保建设开发总公司(简称省环保开发总公司)

被上诉人(原审被告):高进明

被上诉人(原审被告):四川省绿色环保产业发展有限公司(简称绿色环保公司)

被上诉人(原审被告):四川省内江机械厂(简称内江机械厂)

一审案号:四川省高级人民法院(1999)川经初字第19号

二审案号:最高人民法院(2000)知终字第2号

案　情

起诉与答辩:

原告三丰科技公司诉称:"生活垃圾无害化、资源化处理工艺与利用技术"系原告承担研制并完成的"九五"国家重点科技公关成果,1997年7月通过国家科委组织技术鉴定验收。该工艺技术国内领先，社会效益和经济效益显著，其成套设备被审定批准为国家重点新产品等。原告完成该技术成果后，一直以保密形式对其权利进行保护。1997 年底，环保建设总公司副总经理高进明提出与原告合作，并于 1998 年 1 月 14 日与原告签订了《合作协议书》，但被告高进明在以合作名义取得相关技术资料后，交给内江机械厂等单位，仿造出了全套设备，并以该技术与内江有关单位合作修建完成照搬原告技术的垃圾处理工程等。被告的上述行为侵害了原告的专有技术所有权。据此，请求判令被告立即停止侵害原告专有技术“生活垃圾无害化资源化处理工艺与利用技术”权属的行为，并立即归还从原告处以违法手段获得的全部技术资料等；判令被告赔偿由于侵犯原告专有技术所造成的直接和间接损失 1000 万元人民币；判令被告承担本案诉讼费用。

被告省环保开发总公司辩称：本公司并未与原告签订《合作协议书》，该协议书上加盖的合同专用章不是本公司合法登记注册的印章，此外，本公司也未授权任何人与原告签订《合作协议书》，为此，请求法院查明，事实，保护原告对本公司的诉讼请求。

被告高进明辩称：在原告提供的“城镇生活垃圾处理和资源化开发研究主题合同”中，看不出原告与该主题以及签署的专题合同有必然联系，即现有证据不能证明原告承担了国家“九五”重点攻关课题；原告提供的《科技成果鉴定证书》实际是“评议验收”，且原告并无证据证明其享有与本案有关的科技成果。为此，原告不拥有科技成果权。被告高进明也未通过不正当手段获取原告的所谓科技成果，请求法院驳回原告的诉讼请求。被告高进明还向一审法院提交了《国外城市废弃物处理》、《固体废物处理与资源化》、《城市垃圾处理与处置》、《城市垃圾处理推广项目》等公开刊物，用以证明其技术来源于公知技术。

被告绿色环保公司辩称：本公司的组建系经有关主管部门批准，并经工商登记和取得业内资质等级证书，与本案侵权纠纷无关。此外，原告并无证据证明本公司使用了原告的技术。

被告内江机械厂辩称：本厂与原告并未就“生活垃圾无害化、资源化处理工艺与利用技术”签订任何技术合同，也没有从原告处获取任何技术资料。因此，本厂与原告无任何法律关系，不应成为本案被告。

一审审理查明：

“生活垃圾无害化资源化处理工艺与利用技术”研究项目，系由三丰科技公司承担完成。1997 年 7 月 5 日，该技术通过了原国家科委委托四川省科委组织的科学技术成果鉴定。同日，四川省环保局局长，广汉市副市长及三丰科技公司总经理王英宾与高进明就如何开发市场事宜进行了商谈。同年 8 月 25 日，三丰科技公司以传真方式向省环保开发总公司提供了“YB—150 生产线机械设备报价”和“机械设备清单及报价”。9 月 18 日，四川省环保局、内江市政府、内江市建委就建设内江市生活垃圾处理厂问题进行研究，并以此会议纪要为委托书，委托省环保开发总公司负责工程总承包。

11 月 16 日，三丰科技公司向省环保开发总公司提供“利用城市生活垃圾生产有机复合肥项目投资及经济效益分析”(以 YB—100 生产线为例)。该分析主要内容有：项目设计及投资规模、年制造成本分析、管理费用等。11 月 27 日，四川省内江市建委主持召开了“内江市城市生活垃圾处理厂初步设计审查会”，对省环保开发总公司送审的《内江市城市生活垃圾处理厂工程方案(初步)设计说明书》等初步设计文件进行评审。评审意见为：该方案用地布置合理，功能分区明确、工艺先进。要求设计单位同年 12 月 15 日前完成总平面竖向布置图，1998 年元月底前提供全套施工图。高进明、三丰科技公司的王英才均代表省环保开发总公司参加“内江市垃圾处理厂工程初步设计审查会”，《说明书》的审定人为高进明，设计人有王英宾、王英才等。该初步设计方案中的主要工艺流程的原理、步骤、方法及技术参数与三丰科技公司科技成果鉴定《研究报告》中工艺流程的内容基本相同。12 月 1 日，三丰科技公司向省环保开发总公司发送《垃圾处理设备制造安装及资金使用情况安排》传真件，主要内容为：签订合同后预付设备资金 40% 用于备料及外加工的订货和首期设备制造；第二次支付设备资金 30% 用于制造其余设备等；土建进入尾工及全部设备入场时，支付设备资金 20% 等。12 月 18 日，内江市东观岩垃圾处理厂(以下简称内江垃圾处理厂)工程建设指挥部办公室(发包方)与省环保开发总公司(承包方)签订《内江市东观岩垃圾处理厂工程总承包合同》。该合同第五条第一项写明：本工程所有设备、材料由承包方组织采购。主要设备的选择、费用的确定由分包单位安排等，在征得发包方同意后，由承包方负责实施。

1998 年 1 月 14 日，省环保开发总公司(甲方)与三丰科技公司(乙方)签订《合作协议书》。双方约定：甲方利用乙方工艺技术及其装备进行推广实施建造垃圾处理厂；甲方承担业务联系、工程土建设计、施工管理等；乙方负责工艺总体方案、工艺技术设备制造、安装调试等；凡是由甲方签订的承包合同所承建的垃圾厂工程，乙方向甲方交纳自制设备价格的 5%～10% 作为管理费用；乙方提供的任何工程的总体方案、工艺技术和配套设备所有权归乙方，甲方对该技术和相关硬件技术有保守秘密的责任，并在其承包中对接产方有保密的要求，要在承包协议中申明：保证对该技术不外泄和严禁仿造设备等。合同期限为三年。省环保开发总公司副经理高进明和三丰科技公司总经理王英宾均在该协议上签字并加盖省环保开发总公司经济合同专用章和三丰科技公司印章。

同年 2 月 12 日，三丰科技公司总经理王英宾从省环保开发总公司处借出内江垃圾处理厂主厂房 ±0.000米层、6.000 米层平面图(底图，1997 年 11

月)各1张。同月19日,王英宾向省环保开发总公司归还“内江垃圾厂生产线设备布置图”(2张)。4月2日,省环保开发总公司(甲方)与内江机械厂(乙方)签订《城市生活垃圾无害化、减量化、资源化生产流水线全系统设备配置工程合同》。双方约定:甲方将其所承担的内江垃圾处理厂建设工程中利用垃圾生产复合肥工艺的全部配套设备及其生产线全部设施委托乙方设计、制造、安装等。

尔后,国家环境保护总局向三丰科技公司的“生活垃圾无害化资源化处理工艺与利用技术”颁发了《1998年国家环境保护最佳实用技术推广计划项目证书》;中华人民共和国科学技术部、国家税务总局、中华人民共和国对外贸易经济合作部、国家质量技术监督局、国家环境保护总局联合向三丰科技公司的“生活垃圾无害化资源化成套装备YB—100型”项目颁发《国家重点新产品证书》。

1999年3月9日,三丰科技公司以省环保开发总公司等在以合作名义取得相关技术资料后交付内江机械厂等单位,仿造生产全套设备,并以该技术与内江有关单位合作,修建完全照搬原告技术的垃圾处理厂,侵犯其专有技术所有权并给原告造成极大损失为由向一审法院提起诉讼,请求判令被告立即停止侵害原告专有技术“生活垃圾无害化资源化处理工艺与利用技术”的行为,并立即归还从原告处以违法手段获得的全部技术资料等;判令被告赔偿由于侵犯原告专有技术所造成的直接和间接损失1000万元,承担本案全部诉讼费用。

在一审法院审理过程中,三丰科技公司确定其包含工艺、设备尺寸、设备布局等11项技术信息的“生活垃圾无害化资源化处理工艺与利用技术”专有技术的载体为12张图纸、《生活垃圾无害化资源化处理工艺与利用技术研究报告》、《机械设备清单》和广汉市垃圾处理厂(现场)等。

1999年9月15日,三丰科技公司向一审法院提出鉴定申请,要求该院委托有关机构对其所列的技术信息是否属于技术秘密、被上诉人是否使用了三丰科技公司的技术秘密进行鉴定。三丰科技公司提交的鉴定材料和对象为:12张图纸、《生活垃圾无害化资源化处理工艺与利用技术研究报告》、广汉垃圾处理厂(现场)、《机械设备清单》、《内江市城市生活垃圾处理厂工程方案(初步)的设计说明书》等。其要求鉴定是否是技术秘密的具体技术信息为以下内容:1. 工艺流程和生产线设备布置;2. 总体设计方案和物料的取舍;3. 生化车间的通仓式结构;4. 快速、连续静态好氧发酵技术;5. 设置匀质库;6. 专用土建设计方案;7. 典型的设备安置和选型;8. 污水循环、减污、接种一举多得;9. 燃烧取热供给生产线;10. 综合利用减容量高达90%以上;11. 八角形多功能筛分机滚筒筛的巧妙利用。经三丰科技公司与高进明协商,一致同意委托四川省建设委员会组织有关专家对上述技术进行鉴定。同年9月20日,一审法院委托四川省建设委员会指派专业人员就三丰科技公司所提交的技术资料是否属专有技术、高进明及绿色环保公司是否使用了三丰科技公司的专有技术进行技术鉴定。同年12月7日,四川省建设委员会组织的专家组根据三丰科技公司所提交的技术资料及现场考察,并依照最高人民法院原《关于正确处理科技纠纷案件的若干问题的意见》中关于受法律保护的非专利技术成果应具备的条件,以川建城(99)便字第01号《技术认定意见》,对三丰科技公司提出鉴定的11项技术信息做出均不构成专有技术的结论。

鉴定结论作出后,三丰科技公司在质证中对《技术认定意见》提出异议,异议主要有:1、三丰科技公司拥有的工艺、技术取得国家科学技术部、国家税务总局、国家对外贸易经济合作部等5个国家行政部门颁发的《国家重点新产品证书》和取得国家环保总局颁发的《1998年国家环境保护最佳实用技术推广计划项目证书》。上述证书是三丰科技公司拥有该技术的合法凭证,任何单位或个人无权否定由国家行政机关依法认定该技术的先进性;2、《技术认定意见》并未对三丰科技公司的技术与使用的技术进行对比,其认定偏离了法院委托其认定的目的;3、专家组成员中有三位专家曾参与绿色环保公司的技术认证会,与本案有利害关系,按有关规定应予回避。

一审法院另查明:1997年4月16日,王英宾向中国专利局申请“垃圾复合肥料及其生产方法”发明专利,该发明专利申请公开日为1997年10月29日。

一审法院还查明:三丰科技公司系1996年5月经工商行政管理机关注册登记的有限责任公司企业法人,经营范围为新产品研制、垃圾处理等。绿色环保公司系1998年2月经工商行政管理机关注册登记的有限责任公司企业法人。

一审判理和结果:

一审法院经认为:“生活垃圾无害化资源化处理工艺与利用技术”的研究项目,系由三丰科技公司具体承担完成。1997年7月5日,该项技术成果通过了原国家科委委托四川省科委组织的鉴定,故三丰科技公司享有该项技术的成果权。

然而,根据专家组的《技术认定意见》,三丰科技公司的技术不构成依法保护的专有技术。该《技术认定意见》结论与国家科技部等行政机关颁发的证书内容及证书的取得,与三丰科技公司的技术是否为专有技术,或者无必然联系,或者无关,二者并无冲突与矛盾,《技术认定意见》并不构成对行政机关授予证书的否定。根据《技术认定意见》的结论,也无需再对三丰科技公司的技术与省环保开发总公司的技术进行对比。鉴于对本案所争议的技术鉴定系由三丰科技公司提出的申请,专家组成员在鉴定之前已当面介绍,鉴定前与鉴定期间三丰科技公司均未提出回避申请,故三丰科技公司异议称《技术认定意见》无效的理由不能成立。四川省建设委员会组织本行业专家作出的《技术认定意见》真实客观,应予以认可采纳。依法应予保护的专有技术,是指处于秘密状态、有实用价值并采取保密措施的技术方案或技术诀窍,三丰科技公司将其拥有的"生活垃圾无害化资源化处理工艺与利用技术"即视为专有技术的理由不能成立。三丰科技公司向省环保开发总公司提供的"机械设备清单及报价",主要系设备的规格和价格,并不能反映出本案所涉的专有技术,故三丰科技公司以被告利用其提供的"设备清单及报价"侵犯其专有技术的理由也不能成立。三丰科技公司诉称其设备布局及设备尺寸亦系"生活垃圾无害化处理工艺与利用技术"的技术内容,但三丰科技公司并未提供相应证据证明它们对实现该垃圾处理工艺的作用及效果。又因最高人民法院原《关于正确处理科技纠纷案件若干问题的意见》所规定受法律保护的非专利技术成果构成要件,与《反不正当竞争法》中商业秘密的构成要件相同,故《技术认定意见》以该司法解释做为专有技术的认定依据,与《反不正当竞争法》中商业秘密的规定并不相悖。三丰科技公司的包含工艺原理、设备布局、设备尺寸等11项技术信息的"生活垃圾无害化资源化处理工艺与利用技术",均可从公开出版物和行业标准等公知技术中获取,故三丰科技公司拥有的该项技术不具有专有技术的特征,也不具备依法受保护的非专利技术成果的构成要件。三丰科技公司诉称被告侵犯其"生活垃圾无害化资源化处理工艺与利用技术"无相应事实和证据证明,不予支持。一审法院依据《中华人民共和国民事诉讼法》第一百三十八条之规定,判决如下:驳回原告的诉讼请求。本案诉讼费60010元人民币,技术鉴定费58053.80元人民币,全部由三丰科技公司负担。

上诉与答辩:

上诉人三丰科技公司上诉称:一审法院在认定本案事实时将专有技术与非专利技术、商业秘密视为等同,混淆了法律概念,造成本案事实认定缺乏法律和事实依据。一、本案所涉及的"生活垃圾无害化资源化处理工艺与利用技术",是上诉人的专有技术不容置疑。一审法院忽略该技术处于秘密状态且权利人采取了保密措施的事实,实属错误。二、四川省建设委员会出具的《技术认定意见》不能作为本案证据采信。双方所争议的技术是经原国家科委进行鉴定的一项技术成果,并由国家有关行政管理部门对该技术设备颁发了证书。《技术认定意见》中列举了许多实例以证明本案该项技术是公知技术,但却未将该项技术与实例中的技术进行对比。专家在鉴定时以原理相同、用词不够准确、有相关行业标准等为由,否定上诉人的技术具有先进性,其鉴定依据错误。此外,参加技术鉴定的5名专家中,有3名专家曾参与被上诉人之一的绿色环保公司的技术认证,与本案有利害关系,应予回避。因此,该《技术认定意见》不能作为定案依据。三、被上诉人从上诉人处获取了该项技术,但其未按合同约定的保密条款履行合同,利用了上诉人的该项技术,构成了对上诉人技术秘密的侵权。因此,请求本院依法判决撤销四川省高级人民法院(1999)川经初字第19号民事判决,判令被上诉人立即停止侵权,赔偿经济损失1000万元,并承担本案一、二审的诉讼费用和鉴定费用。

被上诉人省环保开发总公司答辩称:一、原审判决对专有技术、非专利技术成果和商业秘密的法律概念的认定及结合本案的基本事实,对三个概念相互关系的解释是非常清晰的,其适用法律也是准确的。二、原审判决对上诉人所称的"专有技术"的范围界定明确,采信《技术认定意见》程序公正、合法,定性准确。三、答辩人从未使用过上诉人所谓的专有技术,根本构不成法律上的侵权关系。《合作协议书》不是技术转让协议及技术实施许可协议,而是开拓市场、推销上诉人所谓设备的协议。协议中涉及的关于技术归属和保密义务条款问题,该协议没有具体实施方案和根本没有履行,也就不可能涉及到技术权属和违约侵权的问题;上诉人未以法人的名义与答辩人和其他被上诉人进行过技术、经济上的合作,答辩人亦从未获取过上诉人的技术资料,更不可能使用其技术。因此,请求本院驳回上诉人的上诉请求,维持原判决。

被上诉人高进明答辩称:一、上诉人为确保在内江工程中选用其设备,确立共同拓展市场、推销设备的关系等,签订了合作协议书。因此,该协议不是技术实施许可协议。后由于内江业主通过实地考察,并经内江市政府决定,未选用上诉人的设备,故该协议实质上并未履行。被上诉人的技术是吸收公知技术等通过自己的诚实劳动进行的再创造,与上诉人的技术存在显著差异,侵权无从谈起。二、科技成果鉴定是有关科技行政机关按照法律规定的形式和程序,对科技成果进行审查和评价所做出的结论,与上诉人在本案中所称的工艺、技术是否构成专有技术更无必然联系。三、一审法院委托四川省建设委员会对本案进行技术鉴定,是上诉人要求的,且主持单位也是由上诉人首先提议的。上诉人称参加鉴定的五位专家中有三位专家参加了绿色环保公司承建的都江堰城市垃圾堆肥处理工程技术论证会,与本案有利害关系,事实上这次会议是国家环保总局主持召开的,是一次国家行政主管部门正常公务活动,不存在什么利害关系。同样,这三位专家也参加了上诉人承建的广汉垃圾处理厂的经验交流会,推广上诉人的技术,其中,作为鉴定专家之一的徐振渠教授还陪同外国专家到上诉人处考察,说明这些专家与上诉人之间的交往早于、深于同被上诉人的交往。因此,请求本院驳回上诉人的上讼请求。

被上诉人绿色环保公司答辩称:一、上诉人至今没有向法庭出示任何证据证明绿色环保公司在独立承担的垃圾处理厂项目中使用了上诉人的技术,被上诉人所完成的6个垃圾处理厂工程,完全是绿色环保公司自己独立设计的,有自己的技术特点和所包含的技术秘密。二、绿色环保公司从未与上诉人签订过任何协议,更谈不上什么履行协议,上诉人所出示的合作协议对本公司无任何约束力。上诉人也未给过本公司技术资料。三、一审法院委托四川省建设委员会对本案所作的技术鉴定,是由上诉人申请并提议的。参加鉴定的有3位专家曾分别应国家科技部等机关邀请参加了上诉人的技术推广会和被上诉人的技术论证会。这些活动是正常的,上诉人在鉴定前也知道此事,因此,不存在回避的理由。故请求本院驳回上诉人的上诉请求。

被上诉人内江机械厂答辩称:一审法院委托四川省建设委员会组织的技术鉴定,程序合法,内容真实;上诉人的技术构不成专有技术,无需再将上诉人的技术与被上诉人的技术进行对比。因此,原审判决正确,应予维持。

二审审理查明:

一审法院认定的事实属实。二审法院另查明:1999年4月18~19日,国家环保总局在四川省成都市召开"城市生活垃圾堆肥处理技术论证会",对绿色环保公司承建的都江堰垃圾处理厂进行技术论证,参加本案鉴定的三位专家徐振渠、陈世和、张进锋参加了该次技术论证会。此前,1999年1月13~15日,国家科技部、建设部在四川省广汉市召开"全国城市生活垃圾处理与资源利用经验交流会",上述三位专家也参加了此次会议,并参观了上诉人承建的广汉垃圾处理厂。1998年4月,徐振渠还陪同外国公司的专家前来上诉人处进行参观。

二审法院还查明:王英宾向中国专利局申请"垃圾复合肥料及其生产方法"发明专利(申请号为97103929),因未在指定期限内陈述意见,于2000年2月9日被该局视为撤回申请。该项技术方案现已进入公知领域。

在本案二审期间,二审法院针对三丰科技公司对鉴定组织单位四川省建设委员会出具的《技术认定意见》提出的专业技术问题,通知参加本案鉴定的五位鉴定人到庭接受询问并进行当事人互相质证,四川省建设委员会也派代表出庭。到庭鉴定人为本业务领域的专业技术人员。《技术认定意见》和鉴定人证实,三丰科技公司所主张的11项专有技术要点,有的已规定在行业标准中,有的已在使用中公开并见诸于公开的出版物,故该公司的"生活垃圾无害化资源化处理工艺与利用技术"属于公知公用技术。其中,关于"工艺流程和生产线设备布置"和"总体设计方案和物料的取舍",在1993年8月实施的中华人民共和国行业标准《城市生活垃圾好氧静态堆肥处理技术规范》(CJJ/T52-93)中,已规定了相同的一次性发酵工艺和二次性发酵工艺,混合进料和分选进料两种基本进料工艺流程。在国家科委社会发展科技司、建设部科技发展司编写的《城市垃圾处理技术推广项目》(1992年6月中国建筑工业出版社出版)一书中,登载了上海、无锡、杭州、武汉等11家的静态好氧堆肥技术,它们与上诉人的工艺技术方案实质相同。关于"生化车间的通仓式结构",早在北京市通州区、上海市、桂林市等地使用,上诉人主张的风量、风压等参数,上诉人并未具体写明,而在行业标准CJJ/T52-93、CJ/T3059-1996中已有明确的规定和要求。关于"设置匀质库"技术要点,其功能实质上起到二次发酵作用,对于改善堆肥制品质量(均匀性)是有益的,但属于一般技术措施,且浙江省常州垃圾处理厂已使用这样的技术。关于"专用土建设计方案",需根据工艺技术要求和相关制约条件,如地形、地质、气候等进行设计提出,属常规技术。关于"典型的设备安置和选型",与该领域工艺技术相关,属于常规的技术措施。关于"污水循环,减污、接种一举多得",已在行业标准CJJ/T52-93第5.2.4条和CJ/T3059-1996第3.2.8条中作出规定,至于该方案中设计使用几个水池,由工艺技术决定,可以有自已的特点,但应属于一般技术措施。关于"综合利用减容量达90%以上",据现场查看此技术措施如"人工分选废塑料粒"、"可燃物焚烧"等,仍属于一般技术措施。关于"八角形多功能筛分机滚筒筛的巧妙利用",上海、天津、北京市等地已公开使用这种技术;在行业标准CJ/T29.4-91和CJJ/T52-93中均已对用于筛选垃圾的滚筒筛从定义到主要技术条件做了明确的表述;上诉人称其技术方案"喂料机与八角滚筒筛巧妙配合",但并没有指出具体的巧妙之处,等等。

二审判理和结果:

二审法院认为:受我国反不正当竞争法、原技术合同法等法律保护的专有技术,即技术秘密,应当具有不为公众所知悉,能为权利人带来经济利益、具有实用性并经权利人采取保密措施的基本法律特征。为了准确判断上诉人所要求保护技术是否符合上述法律规定,一审法院在上诉人的请求下,邀请该领域专业技术人员进行了有关专业技术鉴定。该鉴定的鉴定单位、人员事先均经当事人协商同意,上诉人事先也了解其中3位专家曾与对方当事人有过工作接触,并未提出异议。二审中上诉人提出以3位专家鉴定人未予回避而质疑鉴定程序是否公正,主张所作的《技术认定意见》无效。经审查,上诉人提出鉴定人回避的理由难以服人,也不构成法律意义上应当回避的条件。所以,一审法院委托进行的此次鉴定程序上并无不当,上诉人的主张不能予以支持。

本院为了查实鉴定的实质内容是否准确,特通知鉴定人到庭,为双方当事人质证特别为上诉人对鉴定人发问创造了条件。经过庭审,5位专业技术人员对上诉人所主张的11项技术秘密要点逐项与公开出版物、行业标准等载明的及实际公开使用的相应技术进行了具体、详细、耐心地对比。他们的陈述的根据确实、理由充分、内容完整。而上诉人的举证和辩解却显得不足和无力。因此,一审法院采信该《技术认定意见》并无不妥。

根据5位专家的鉴定意见,三丰科技公司所主张的技术属于公知公用技术,不属法律所保护的技术秘密。因此,无论四被上诉人是否从三丰科技公司获取该项技术以及是否使用该技术,均不构成对三丰科技公司技术秘密或者"非专利技术成果权"的侵犯,至于三丰科技公司与省环保开发总公司签订的"合作协议书"中,虽有三丰科技公司"提供的任何工程的总体方案、工艺技术和配套设备所有权归乙方,甲方对该技术和相关硬件技术有保守秘密的责任"的字样,但该协议书对三丰科技公司提供何种技术、何时提供等具体内容并没有约定,事后也未再议定和履行。同时该"协议书"中却有被上诉人省环保开发总公司对外签订工程合同三丰科技公司要向其交纳自制设备价格5~10%的管理费。因此,从协议的总体看,被上诉人辩称的该"协议书"仅为双方开拓上诉人设备销售市场的一致意向的主张,理由更为充足,该协议书不足以认定为一份技术转让协议。何况辨别某项技术是否属于受法律保护的技术秘密,主要不在于协议上是否标有"秘密"字样,而在于该技术方案是否具备技术秘密的法定条件。

人民法院在审理侵犯技术秘密等案件中,应当对双方当事人所争议的技术方案是否为技术秘密进行审查。被审查的技术尽管在诉讼前或许进行过有关技术鉴定或被行政管理部门颁发过相关证书,但都不能构成抗辩人民法院在审判中依据国家法律对某项技术作出是否为技术秘密、是否应获得法律保护最终司法认定的正当理由。对于一项技术是否构成技术秘密的认定,属于人民法院行使司法审判权进行法律适用的范围。专业技术人员在受委托的技术鉴定中,主要是利用其专业知识就该项技术是否为公知公用技术等技术事实问题做出判断。一审法院在鉴定委托中将当事人所争议的技术是否为受法律保护的技术秘密也委托给专业技术人员鉴定,不尽妥当。但在本案鉴定中专业技术人员主要是对所争议的技术是否为公知公用技术作出判断,故一审法院的鉴定委托虽有不妥,但此点对本案的实体判决却没有影响。本院将本案案由纠正为侵犯技术秘密纠纷,更能准确、集中的体现双方当事人争讼的知识产权法律关系,也更明确地昭示所应当适用的法律领域。

综上所述,一审法院认定事实清楚,适用法律正确,应依法予以维持。三丰科技公司的上诉理由不足,其上诉请求予以驳回。依据《中华人民共和国民事诉讼法》第一百五十三条第一款第(一)项之规定,判决:驳回上诉,维持原判决。本案一审案件受理费60010元,技术鉴定费58053.80元,按一审判决执行。二审案件受理费60010元,专家出庭差旅费12906元,由三丰科技公司负担。

评　解

本案要点如下:

一、关于《技术认定意见》能否采信问题

一审法院根据三丰科技公司的申请,委托四川省建设委员会组织对该公司的"生活垃圾无害化资源化处理工艺与利用技术"是否为公知公用技术进行鉴定,组织鉴定单位及参加鉴定的五位专家是经过双方当事人协商同意的,对五位参加鉴定的专家中的其他三位专家,在参加本案鉴定前分别与对方有过一些工作上的接触也是知道的,双方当事人没有申请该三位专家回避,因此,本案鉴定程序合法。一审法院对四川省技术委员会出具并由参加鉴定的专家签字的《技术认定意见》进行了当庭质证,二审法院还通知参加的五位专家及组织鉴定单位的代表到庭质证。五位专家对三丰科技公司所主张的11项技术秘密要点逐项与公开出版物、行业标准上记载的以及实际公开使用的相应技术进行了具体对比,依据充分,内容真实。因此,二审法院认为,一审法院采信该《技术认定意见》并无不妥。

此外,从一二审法院查明的事实看,三丰科技公司在与省环保开发总公司签订《合作协议书》前,其法定代表人王英宾及其设计人员王英才即已与省环保开发总公司承建的四川省内江市垃圾处理厂工程的初步设计,且该初步设计方案的主要工艺流程的原理、步骤、方法及技术参数与三丰科技公司通过技术鉴定的"生活垃圾无害化资源化处理工艺与利用技术"基本相同,表明三丰科技公司对该项技术并未予以保密,这也从另一方面印证了《技术认定意见》的结论是正确的。

二、关于四被上诉人是否构成侵权问题

根据上述《技术认定意见》,三丰科技公司所主张的11项技术秘密要点或者非专利技术,均属于公知公用技术,不应通过技术秘密或者非专利技术予以保护。因此,无论四被上诉人是否从三丰科技公司获取此项技术以及是否使用此项技术,均不构成对三丰科技公司技术秘密或者非专利技术成果权的侵犯。

至于三丰科技公司与省环保开发总公司签订的《合作协议书》中,虽有三丰科技公司"提供的任何工程的总体方案、工艺技术和配套设备所有权归乙方,甲方对该技术和相关硬件技术有保守秘密的责任"条款,但该协议书对三丰科技公司提供何种技术、何时提供等具体内容并没有约定,事后也未再议定和履行。同时,该协议书中却有被上诉人省环保开发总公司对外签订合同,三丰科技公司要向其交纳自制设备价格5~10%的管理费。所以二审法院认为,从协议书的总体看,被上诉人辩称的该协议书仅为双方开拓上诉人设备销售市场的一致意向的主张,理由更为充足,它还不足以认定为一份技术转让协议。

三、关于行政部门技术鉴定的抗辩问题

三丰科技公司其"生活垃圾无害化资源化处理工艺与利用技术"已通过国家科委组织的技术鉴定,并且国家环境保护总局等部门也颁发了相关证书,试图以此证明该项技术成果为其技术秘密。一般来说,一项技术成果通过国家有关行政部门的成果鉴定,表明该项成果具有一定的先进性和创造性,但是,通过成果鉴定的技术成果,并不能表明该技术成果就是当然的技术秘密。因为行政部门的成果鉴定与司法部门对技术秘密的认定标准是不一样的。成果鉴定可能特别强调该项成果的先进性、创造性,而对其保密性往往并不作审查。而人民法院对技术秘密的审查,则要对其秘密性、非公知性和经济实用性进行全面审查。所以,二审法院认为,人民法院在审理侵犯技术秘密纠纷案件中,应当对双方争议的技术方案是否为技术秘密进行审查。被审查的技术尽管在诉讼前或许进行过有关技术鉴定或者被行政管理部门颁发过相关证书,都不能构成抗辩人民法院在审判中依据国家法律对某项技术是否为技术秘密、是否应获得法律保护最终司法认定的正当理由。

四、有关专有技术、非专利技术和技术秘密之间的关系问题

原《中华人民共和国技术合同法》所规定的非专利技术,根据最高人民法院《关于审理科技纠纷案件的若干问题的规定》第51条第二款所作的解释,其应具备的实质条件与《中华人民共和国反不正当竞争法》所规定的商业秘密中的技术秘密是一致的,即秘密性、实用性,并且采取了保密措施,只是提法不同,《中华人民共和国合同法》也已将原《中华人民共和国技术合同法》中规定的非专利技术修改为技术秘密。专有技术要获得法律保护,也必须符合上述三个实质条件,因此,二审法院认为,一审法院按照非专利技术或者技术秘密的构成条件认定三丰科技公司所主张的技术不是非专利技术,并无错误。

二审法院也指出了一审法院的错误,即一审法院在委托专家对三丰科技公司所主张的技术是否为专有技术进行鉴定是不妥的。专有技术是否构成非专利技术或者技术秘密,属于人民法院司法审判权的范畴,应由人民法院进行认定,专家只能就该项技术是否为公知公用技术等技术事实问题,利用其专业知识进行判断,这是需要今后注意的。本案中好在专家是在对所争议的技术作出是公知公用技术的判断的基础上,才认定其为不是专有技术的,故一审法院这一作法虽然欠妥,但对本案的实体判决没有影响。

五、关于案由问题

一审法院将本案案由定为"侵害专有技术纠纷",并不准确。因为专有技术是学术用语,我国原《中华人民共和国技术合同法》和《中华人民共和国反不正当竞争法》都没有专有技术的规定,专有技术要获得保护,必须具备非专利技术或者技术秘密的条件。所以,为了更能准确、集中的体现双方当事人争论的知识产权法律关系,明确昭示所适用的法律领域,二审法院将本案案由纠正为侵犯技术秘密纠纷。

(王永昌)

4.侵犯"傲时牌木材干燥设备"宣传画册著作权及不正当竞争案

上诉人(原审被告):上海申德系统技术公司(简称系统公司)

上诉人(原审被告):上海申德木业机械有限公司(简称木业公司)

被上诉人(原审原告):意大利傲时公司(简称傲时公司)

一审案号:辽宁省高级人民法院(1996)辽民初字第25号

二审案号:最高人民法院(1999)知终字第6号

案　　情

一审审理查明:

傲时公司成立于1984年10月29日,注册登记时间是1985年10月17日,公司名称为OSPANTOSRL(傲时),公司性质为单一股东的有限责任公司,地址在意大利川域素省,注册资金为9900万意大利里拉,法定代表人潘托·铁托。该公司经营范围木材和农业产品使用的干燥设备的设计和生产;工业和建筑用的保温幕墙的生产;一般的通用机械建造。1985年12月22日,该公司由原傲时公司更名为傲时潘托公司。

该公司在意大利申请了傲时牌产品的商标注册,其向中国推销产品有两种方式,一种是本公司及其独家代理商香港协昌木业机械有限公司在中国参加各种形式的木工机械展览会向中国推销产品;另一种是该公司向代理公司的两个子公司即深圳开原木业制品有限公司销售傲时牌干燥设备的零部件。为了达到销售目的,该公司制作了各种不同版本的广告册。其中有图片、文字说明、示意图等进行介绍该公司的产品,该画册在意大利国于1986年正式出版。

系统公司成立于1992年10月24日,为股份合作制企业,注册资金10万元,其经营业务包括生产木材干燥设备。该公司于1995年停止生产干燥设备。同年5月3日,木业公司成立,系有限责任公司,注册资金100万元,其经营业务中包括木材干燥设备。

1993年,傲时公司的代理商发现系统公司利用该公司画册中的干燥设备图片向客户散发宣传产品,即发表声明,提出抗议。继后又发现系统公司、木业公司陆续使用该公司的画册中的图片。经查,系统公司自1993年9月起至1995年11月止,先后在参加广州第三届国际木材加工机械技术系统展览会、北京第四届国际木工及家俱机械设备展览会、上海第四届国际林业及木材加工机械技术交流展览会以及在与吉林省泉阳林业局计划处、香港英伟贸易公司洽谈生意时,向客户散发的"申德木材干燥设备用户报告"宣传画册中,有九张或五张图片是从意大利傲时公司的中英文广告画册中抄袭的。木业公司自1995年8月至1997年6月,在与吉林省泉阳林业局计划处、香港英伟贸易公司洽谈生意时,将系统公司的"申德木材干燥设备用户报告"寄给客户进行洽谈业务,该资料中有五张图片是从意大利傲时公司广告画册中抄袭的。同时,木业公司在参加大连国际家俱、灯饰及木工机械展览会、上海木工机械展览会、四川成都木工机械展览会上向客户散发的广告画册中有一幅"干燥设备原理图",系从意大利傲时公司广告画册中采用桌面拼接技术抄袭的。

系统公司、木业公司于1997年10月15日向一审法院提供的产品销售情况记载,系统公司自1994年至1995年共销售干燥设备六十余台,总销售额为14,237,810元;木业公司自1995年至1997年共销售一百余台,总销售额为23,398,310元。1998年9月1日,两公司再次提供财务状况,系统公司销售额为2,733,000元;木业公司销售额为14,205,044.66元。

傲时公司以系统公司、木业公司侵犯其著作权、广告图片权以及采取不正当竞争手段争夺市场为由,向辽宁省高级人民法院提起诉讼。

一审判理和结果:

一审法院认为:傲时公司为推销产品而设计制作的广告画册(含工作原理图),属于知识产权范畴,该画册与1986年在意大利出版,傲时公司享有该画册版权。根据《伯尔尼保护文学和艺术公约》和中华人民共和国、意大利共和国政府《关于鼓励和相互保护投资协定》及我国著作权法的有关规定,意大利傲时公司制作的"关于木材干燥设备"的广告画册受中国法律保护。系统公司、木业公司宣传资料中的工作原理图经鉴定系使用傲时公司画册中的"工作原理图"经桌面拼接而成,因此,系统公司关于广告画册非傲时公司作品并已停止使用的理由,因缺乏事实依据不予采信。系统公司、木业公司自1993年起为间断使用傲时公司的宣传画册,侵权行为处于持续状态,傲时公司的起诉未超过诉讼时效。系统公司、木业公司为推销其干燥设备产品,在明知或者应当知道的情况下,未经许可擅自使用傲时公司的画册及工作原理图,在全国各种展销会上和洽谈生意中宣传自己的产品,目的是利用傲时公司的产品设备及产品优势,达到排斥竞争产品在市场竞争中取得优势地位。其所进行的虚假宣传,误导了客户,构成了不正当竞争。系统公司、木业公司的上述侵权行为,构成了侵权责任竞合。根据有关法律规定,傲时公司选择二被告公司承担不正当竞争赔偿责任的请求,应予支持。对于本案原告经济损失的赔偿,因二被告不配合审计,故以二被告1997年10月15日向法院提供的销售获利额为根据。据此,依据《中华人民共和国反不正当竞争法》第二条、第九条、第二十条之规定,判决:一、被告上海申德系统技术公司自本判决生效之日起十日内赔偿原告经济损失人民币2,847,562元;二、被告上海申德木业机械有限公司自本判决生效之日起十日内赔偿原告经济损失人民币4,679,662元;三、上述上海申德系统技术公司、上海申德木业机械有限公司应付款项逾期执行,按《中华人民共和国民事诉讼法》第二百三十二条规定执行;四、本案的财产保全费20,000元、审计费10,000元、鉴定费500元,合计30,500元,由二被告各承担一半;案件受理费51,510元,由上海申德系统技术公司承担21,510元,上海申德木业机械有限公司承担30,000元。

上诉与答辩:

上诉人系统公司上诉称:外国公司在中国从事生产经营活动,应当事先经过有关工商行政管理机关批准,傲时公司未经批准,不具备反不正当竞争法第二条规定的"经营者"的资格;傲时牌木材干燥并未合法、有效地出现在中国市场;原审判决适用反不正当竞争法第九条错误,系统公司所作出的宣传是真实可靠的宣传,且木材干燥设备是大型机械,年销售量一般不过几十台,生产商必须提供设备的安装、调试和售后服务,不同于生活中的消费品,仅靠泛泛的宣传不可能成交,也不可能发生引人误解的效果;系统公司未经许可使用他人照片,但未企图将自己的品牌"申德"与傲时牌相混淆,"申德木材干燥设备用户报告"中也明确对设备的品牌、制造厂家、各种部件的来源等作了明白无误的说明;原审判决适用反不正当竞争法第二十条规定错误,根据该条规定,只有当被侵害的经营者的损失难以计算时,才以侵权人因侵权所得利润确定赔偿额,系统公司与法庭多次要求被上诉人说明其经营情况,但对方却回避;一审法院明知所获得的是系统公司的不真实毛利润,却仍然简单地将其作为定案利润使用实属错误。要求撤销原审判决,驳回傲时公司的起诉。木业公司上诉称:公司使用的"工程原理图"是有关供热系统、气流循环系统、干燥系统等排列的公知原理图,并无技术含量,其中所包含的"原理"散见于各类教科书,该图与公开的BASUKI的工程原理图也相似,故使用"工程原理图"的行为不构成不正当竞争行为;傲时公司的产品从未合法进入中国市场,不是法律承认的"经营者";木业公司在销售自己产品的时候,从未使用过"傲时"牌,与傲时公司未发生竞争关系;傲时公司选择了按照其实际损失赔偿的方法,却未提供证明,即使按照侵权利润赔偿,原审判决将木业公司其他产品的利润也计入赔偿,且该数额是一审法院在公司财务人员外出及无法核查有关列表的情况下强迫公司人员凭记忆出具的利润数字,不应作为赔偿依据。原审判决还存在程序和其他实体方面认定事实的差错。请求撤销原审判决,依法驳回被上诉人的诉讼请求、改判或者发回重审。

被上诉人傲时公司答辩称:本公司并非以自己名义在中国境内从事经营活动,无须经过批准,香港协昌木业机械有限公司作为本公司的代理商,还在中国大陆设立独资企业以销售"傲时"牌的系列干燥设备,故本公司的产品合法进入中国市场,《保护工业产权巴黎公约》第二条规定不要求成员国国民在请求保护其产权的国家中设有住所或者营业所,故本公司具备诉讼主体资格;系统公司、木业公司将本公司的产品照片用于该公司产品的宣传,不属于真实可靠的宣传,目的是利用本公司产品的优势地位,误导客户,使其误解为该公司的产品已经达到其所宣传的程度,以此排斥竞争对手,故构成不正当竞争行为;关于赔偿问题,原审判决依据两上诉人自己提供的产品销售情况及最低毛利率计算出赔偿数额,上诉人未提出证据进行反驳,应当维持。

二审审理查明:

傲时公司于1985年10月17日在意大利TREVISO省注册,1987年1月19日经变更注册后启用ORGANISED SYSTEM S. R. L名称,此后,公司的中文名称使用"傲时公司",1996年2月19日,公司更名为O. S. PANTO. S. R. L,中文名称不变。该公司以经营木材干燥设备为主要经营活动之一,通过香港协昌木业机械有限公司及其在大陆设立的子公司向中国进口产品。为了达到销售商品的目的,该公司制作了广告宣传画册,其中有图片、文字说明、示意图等。画册在意大利国于1986年正式出版，其中关于木材干燥设备的图片有95幅。1993年，傲时公司的代理商发现系统公司利用该公司画册中的干燥设备图片向客户散发宣传产品，即发表声明，提出抗议。此后系统公司、木业公司仍陆续使用了该公司的画册中的图片进行产品宣传。系统公司自1993年9月起至1995年11月止，在参加广州第三届国际木材加工机械技术系统展览会、北京第四届国际木工及家俱机械设备展览会、上海第四届国际林业及木材加工机械技术交流展览会以及在与吉林省泉阳林业局计划处、香港英伟贸易公司洽谈生意时，向客户散发了“申德木材干燥设备用户报告”，其中总计有14张图片，其中分别有九张或五张图片是意大利傲时公司中英文广告画册中的图片。该用户报告中称：“公司的主要业务是向中国用户提供SUNTEK‘申德’大型自动化木材干燥窑。SUNTEK干燥窑的成套设计、技术、工艺标准，整套的木材干燥控制系统和关键设备均由德国公司提供”。木业公司自1995年8月至1997年6月，在与吉林省泉阳林业局计划处、香港英伟贸易公司洽谈生意时，将系统公司的“申德木材干燥设备用户报告”寄给客户进行业务联系，该报告中有五张图片是意大利傲时公司广告画册中的图片。同时，木业公司在参加大连国际家俱、灯饰及木工机械展览会、上海木工机械展览会、四川成都木工机械展览会上向客户散发的广告画册中有一幅“干燥设备原理图”，系从意大利傲时公司广告画册中采用桌面拼接技术抄袭的。

一审法院一审期间，决定对系统公司、木业公司的生产销售利润进行审计，同时又要求两公司提供其生产销售木材干燥设备的数量、利润等证据或者数字。系统公司、木业公司于1997年10月15日向一审法院提供了产品销售情况表，其中记载系统公司自1994年至1995年共销售干燥设备六十余台，总销售额为14,237,810元；木业公司自1995年至1997年共销售一百余台，总销售额为23,398,310元，以上商品销售的毛利率为20%—25%。1998年9月1日，两公司再次提供财务状况，系统公司销售额为2,733,000元；木业公司销售额为14,205,044.66元。1999年，系统公司为委托上海经隆会计师事务所进行财务审计，提供了该公司1993年、1994年和1995年的会计报表，其中载明：系统公司产品销售利润1993年为74,185.88元，1994年为23,530.69元，1995年为271,270.82元；营业利润为1993年亏损23,744.46元，1994年亏损125,661.11元，1995年亏损198,382.75元。同年10月15日，经隆会计师事务所据此作出该公司连年亏损的审计结论。1997年和1998年，木业公司为委托上海新申会计师事务所进行财务审计，提供了该公司1996年和1997年的会计报表，其中载明：1996年该公司商品销售利润534,669.22元，营业利润为亏损32,678.32元，1997年该公司商品销售利润1,980,502.97元，利润总额亏损27,631元。新申会计师事务所据此作出该公司连年亏损的审计结论。

二审判理和结果：

二审法院认为：意大利傲时公司于1986年设计制作的广告宣传画册，是文字作品与设备照片等摄影作品的编辑作品，其中有关设备的摄影作品，可以单独使用，也具有独创性。根据《伯尔尼保护文学和艺术作品公约》、中华人民共和国、意大利共和国政府《关于鼓励和相互保护投资协定》和我国著作权法的规定，意大利傲时公司对其制作的广告画册编辑作品以及画册中的照片等摄影作品享有著作权，该权利受我国著作权法保护。系统公司与木业公司未经著作权人傲时公司的同意，擅自复制、使用该画册中的摄影作品对其商品作宣传，侵犯了傲时公司的著作权，应当承担侵权法律责任。原审判决对此认定正确，应予维持。傲时公司称其设计的“工程原理图”属于具有独创性的作品，要求保护，但该原理图属于对干燥设备及工艺流程作概略图形示意和名称标注，其表达形式为已经通用的表达形式，缺乏独创性，不属于著作权法保护的范围。原审判决认定傲时公司对该“工程原理图”享有著作权，事实与法律依据均不足，应予纠正。

傲时公司是“傲时”商标在我国境内的合法使用人，也是“傲时”牌木材干燥设备的供应商，其商品通过香港协昌公司及其在我国内地设立的机构向内地合法进行销售和宣传，使“傲时”牌木材干燥设备在内地占有了一定的市场份额，因此，从商品提供者来看待傲时公司，其属于我国反不正当竞争法所称的“经营者”，其享有的合法权益受我国反不正当竞争法的保护。《保护工业产权巴黎公约》不要求公约参加国的公司必须在其他公约参加国中有经营场所其权利才受保护，故傲时公司虽然是外国公司，但其在中国没有经营场所的事实，不影响对其经营者地位的确认，也不影响该公司依据我国反不正当竞争法主张权利。两上诉人称傲时公司产品未合法进入中国市场，没有事实依据；称傲时公司不具有反不正当竞争法规定的“经营者”的身份，不具备诉讼主体资格的理由缺乏事实和法律依据，其这一上诉理由与主张本院不予支持。

系统公司在推销“申德”牌木材干燥设备过程中散发的用户报告，使用了傲时公司木材干燥设备宣传材料中的设备照片，其实际销售的设备与傲时公司的设备又不相同，故这一用户报告起到了误导消费者、混淆商品的作用，系统公司明知傲时公司有异议，仍然实施上述行为，其行为构成反不正当竞争法第九条所称的利用广告或者其他方法，对商品作引人误解的虚假宣传的行为，损害了正当经营者傲时公司的合法权益，系统公司对此应当承担不正当竞争法律责任。木业公司在销售其商品过程中，明知傲时公司有异议，仍然使用了系统公司的用户报告，直接损害了傲时公司的合法权益，其行为构成不正当竞争行为；系统公司许可木业公司使用该用户报告，对木业公司的不正当竞争行为应当承担连带法律责任。原审判决对两上诉人构成不正当竞争行为认定正确，但未认定系统公司与木业公司构成共同侵权不当，应予纠正。木业公司散发的“干燥设备原理图”虽然源于傲时公司的宣传资料，但傲时公司未能证明该原理图为其所特有或者独创，又为通用的工程原理的表达形式，且傲时公司未能证明木业公司的设备不符合该原理图的设计，故傲时公司关于木业公司散发“干燥设备原理图”的行为构成不正当竞争行为的主张和请求缺乏事实和法律依据，本院予以驳回。原审判决对此认定错误，应予纠正。

傲时公司基于两被上诉人侵权责任竞合的情况选择要求两被上诉人承担不正当竞争行为的赔偿责任，一审法院予以认可正确，本院予以维持。

关于系统公司与木业公司不正当竞争行为的赔偿责任，本院注意到：本案除了照片宣传上存在不正当竞争行为外，在商品的商标、名称、装潢等其他方面没有不正当竞争情形，而宣传材料造成的误认、混淆有别于在商品上使用商标、名称、装潢等造成误认、混淆的机会和程度，故赔偿上与侵犯商标权和使用知名商品特有名称、包装、装潢等不正当竞争行为应当有所差别。对于大型设备的销售来说，购买者需要实地考察设备，销售商需要进行设备安装、售后服务等，照片等宣传材料在销售商品中肯定会起到一定作用，但其作用是有限的，不能替代商品的质量、品牌、技术含量、售后服务等因素在售出商品中的重要作用，故从侵权行为与损害结果的因果关系上确认本案不正当竞争行为所产生的损害也应当是有限的。根据赔偿数额与损害结果应相当的原则，原审判决将推定的两上诉人的商品销售利润全部判决赔偿不妥，应予纠正。本案被上诉人难以证明其实际遭受的损失，两上诉人先后三次提供的销售额、毛利（即商品销售利润）等数字之间又互有矛盾。两上诉人最早于 1997 年 10 月向一审法院提供的数字高于以后提供的数字，一审法院在要求当事人提交该数字时，未明确要求其区分商品销售利润（即毛利）与营业利润，该数字又为上诉人管理人员在未核对帐册下提供的数字，故一审法院以此数字确定赔偿额依据不足，应予纠正。鉴于上诉人后两次提供的数字同样没有证实其来源的可靠性，所依据的资料是否完整真实缺乏证明，且第二次提交的数字情况仅为销售额数字，第三次提交的营业利润数字为亏损，难以以此确定赔偿，故本院根据本案的实际情况确定合理的赔偿额。根据本案技术设备商品销售过程的特点，可以认为商品的质量、价格、品牌、技术含量、售后服务承诺、推销宣传等在售出该商品中均起到主要作用；两上诉人在推销宣传中所使用的用户报告是主要的宣传资料，散发用户报告是两上诉人的主要推销手段，故用户报告发挥的作用基本上等同于推销宣传的作用，且该报告中的图片直接表现了所提供的设备不存在的技术特征，其作用应当相应加重考虑；用户报告由文字、图片两部分组成，其中文字部分没有引人误解的成分，且对设备的来源作了明确的说明，在一定程度上可以抵销图片的误导作用，故侵权图片的作用在用户报告中至多占二分之一比例。根据以上因素并参考两上诉人三次提供的商品销售额和毛利的数字情况，本院确定系统公司赔偿数额为 296621 元。鉴于能够证明木业公司不正当竞争行为的证据表明其侵权情节轻微，其行为也仅仅是使用了系统公司的宣传资料，故其赔偿数额应当酌情减少，本院确定其赔偿数额为 292479 元。由于系统公司的不正当竞争行为发生在 1995 年 12 月以前，木业公司的不正当竞争行为发生在 1998 年以前，侵权之债形成时间较长，故两上诉人应当分别承担上述赔偿金额相应的银行同期贷款利息。

原审判决除赔偿数额外，事实清楚；除认定木业公司使用“干燥设备原理图”构成不正当竞争行为和未认定两上诉人对木业公司的不正当竞争行为应当承担共同责任有错误应予纠正外，其他认定和适用法律正确，应予维持。上诉人的上诉理由部分成立。原审判决主文第三项、第四项不属于主文应当表述的内容，本院以撤销方式予以调整。综上，本院根据《中华人民共和国民事诉讼法》第一百五十三条第一款第（三）项之规定，判决：一、变更辽宁省高级人民法院（1996）辽民初字第 25 号民事判决第一项为：上海申德系统技术公司于本院判决生效之日起十五日内支付意大利傲时公司经济损失赔偿金人民币 296621 元，并承担该款自 1995 年 12 月 1 日起至执行之日止的银行同期贷款利息；二、变更辽宁省高级人民法院（1996）辽民初字第 25 号民事判决第二项为：上海申德木业机械有限公司于本院判决生效之日起十五日内支付意大利傲时公司经济损失赔偿金人民币 292479 元，并承担该款自 1997 年 7 月 1 日起至执行之日止的银行同期贷款利息，上海申德系统技术公司对上述款项承担连带清偿责任；三、撤销原审判决第三项、第四项。本案财产保全费 20000 元，由上海申德系统技术公司、上海申德木业机械有限公司各承担 10000 元，审计费 10000 元，由上海申德系统技术公司、上海申德木业机械有限公司各承担 5000 元，鉴定费 500 元，由意大利傲时公司承担，一审、二审案件受理费各 51510 元，共计 103020 元，由上海申德系统技术公司、上海申德木业机械有限公司各承担 40%，即 41208 元，意大利傲时公司承担 20604 元。

评　　解

本案要点如下：

一、反不正当竞争法中所称“经营者”的范围与竞争关系问题

系统公司与木业公司在其上诉中称傲时公司产品未合法进入中国市场，傲时公司不具有反不正当竞争法规定的“经营者”的身份。这一上诉理由，直接涉及傲时公司的权利主体资格问题，需要首先予以解决。这一问题又有两方面的意义，一是傲时公司的产品是否合法进入中国市场问题，这个问题仅涉及事实的查证。经两审查明，傲时公司的产品虽然不是由其直接进口中国市场的，但该公司通过在香港的代理商向内地进口,“傲时”品牌的设备已经在市场上有一定的知名度,上诉人又未能举证证明傲时公司及其代理商非法进口设备,故上诉人对被上诉人产品进入市场的合法性所提出的意见没有事实依据,不能支持。二是退一步说,即使傲时公司的产品没有进入中国市场,如果该公司或者其代理商在内地为推销商品进行了宣传活动,表明了商品生产者、提供者的身份,其也具有了反不正当竞争法所称的“经营者”的地位,其合法权益应当受到法律保护,这是本案涉及法律适用的一个主要问题。

反不正当竞争法是保护“经营者”的法律,依据该法规定向人民法院请求保护权利的,只能是经营者。反不正当竞争法通过保护经营者诚实的商业活动,维护市场竞争秩序,间接保护消费者。因此,适用反不正当竞争法,就必须对何为“经营者”,其范围包括哪些作出明确的界定,由此确定竞争关系的存在与否。由于我国市场经济刚起步,经营者的概念与范围还一时难以从法律上全面给予界定,因此需要人民法院通过案件的审理不断积累总结经验,逐步予以明确。

通常理解,经营者至少包括市场上的商品生产、销售者,服务提供者,技术开发、转让、使用或者持有人等,推而广之,在市场上为商业目的从事商业性活动的一切主体都属于经营者,参与他人的市场商业性活动的一切主体也应当同等视为经营者。在发生不正当竞争纠纷时,所称的“市场”具有特定性,是当事人之间作为经营者存在竞争关系的地域性市场,确认当事人在该市场存在竞争关系,是认定提起诉讼的当事人是否具备经营者身份及权利主体资格的关键着眼点。

本案最高法院从傲时公司是“傲时”商标在中国大陆的合法使用人,也是“傲时”牌木材干燥设备的供应商,其商品通过香港协昌公司及其在大陆设立的机构向大陆合法进行销售和宣传,使“傲时”牌木材干燥设备在大陆占有了一定的市场份额的角度来认定傲时公司属于反不正当竞争法所称的“经营者”,其合法权益受反不正当竞争法的保护。这一认定,顾及了经济全球化浪潮中商品跨国销售甚至无国界销售(如网上购物)的新情况,以市场上出现的合法商品的提供者作为经营者来对待,没有局限于仅认定进口商品的进口商或者国内销售商为经营者,扩大了对经营者审查的视野,确立了一项认定经营者的基本原则。这一做法,加之在判决书中所作的具体表述,阐释了中国对《保护工业产权巴黎公约》规定的理解和严格履行公约义务的态度,符合反不正当竞争法的立法本意,对规范多层次的市场与市场行为,维护市场秩序,具有重要意义。

二、关于人民法院根据案情适用定额赔偿的原则与方法问题

本案当事人对事实问题并无较大分歧意见,因此,在认定当事人之间著作权侵权和不正当竞争行为问题上不存在疑点和困难,难以处理的是赔偿问题。

木业公司与系统公司的侵权与不正当竞争行为,仅涉及在宣传材料中使用了傲时公司的产品宣传照片,在商品的商标、名称、装潢等其他方面没有侵权或者不正当竞争的情形。从误导消费者的角度看,宣传材料造成的误认、混淆有别于在商品上使用商标、名称、装潢等造成误认、混淆的机会和程度,故案件的赔偿与商标侵权和使用知名商品特有名称、包装、装潢等不正当竞争行为应当有所差别,一般不宜将行为人所得到的利润全部归结于侵权行为的结果。故二审判决根据具体情况认定:对于大型设备的销售来说,购买者需要实地考察设备,销售商需要进行设备安装、售后服务等,照片等宣传材料在销售商品中肯定会起到一定作用,但其作用是有限的,从侵权行为与损害结果的因果关系上确认本案不正当竞争行为所产生的损害也应当是有限的,考虑到损害与赔偿相一致的原则,原审判决将商品销售利润全部判决赔偿是不妥当的。这是最高法院在确定赔偿数额时考虑的第一个因素,也可以成为确定侵权损害赔偿方面的一项具体原则。

由于本案被上诉人无法证明其实际遭受的损失和上诉人因侵权获利的数额,两上诉人先后三次提供的销售额、毛利(即商品销售利润)等数字之间又有矛盾,一审法院取得其第一次提供的数字时,未明确要求区分商品销售利润(即毛利)和营业利润,未剔除当事人实际支出的管理费用和财务费用等,判决采信这一数字有所不妥;鉴于上诉人后两次提供的数字同样没有证实其来源的可靠性,所依据的资料是否完整真实缺乏证明,故本案无法以侵权人因侵权获得的利润计算赔偿。因此,最高法院根据案件的实际情况适用了定额赔偿(也称酌定赔偿),即参考《全国部分法院知识产权审判工作座谈会纪要》中提出的5000至30万酌定赔偿的幅度进行赔偿。

“定额赔偿”的原则是合理补偿权利人的损失。在确定其损失时,一要考虑行为与损失的因果关系,二要考虑侵权的性质与情形。本案的赔偿考虑了以下因素:1、两上诉人三次提交的销售额和毛利的具体数字:2、技术设备商品销售过程的特点,即一般可以认为商品的质量、价格、品牌、技术含量、售后服务承诺、推销宣传等在售出商品中起到主要作用,据此可以推算推销宣传在出售商品中发挥六分之一的作用。根据本案的实际情况,两上诉人在推销宣传中所使用的用户报告是主要的宣传资料,散发用户报告是两上诉人的主要推销手段,故可以认定用户报告发挥的作用等同于推销宣传的作用,且该报告中的图片直接表现了所提供的设备不存在的一些技术特征,其作用应当相应加重考虑。考虑到用户报告由文字、图片两部分组成,其中文字部分没有引人误解的成分,且对设备的来源作了明确的说明,在一定程度上可以抵销图片的误导作用,故侵权图片的作用在用户报告中至多占二分之一比例。用户报告中共有十四张图片,其中九张或者五张有引人误解的作用,考虑到案件的具体情况及其处理的法律效果与社会效果,对此继续划分赔偿比例已无必要。3、木业公司与系统公司侵权的实际情形。判决根据两公司侵权的实际情况，分别判决了承担赔偿责任、连带赔偿责任等，原审判决对此未作具体划分，其责任认定有误。

此外，本案两审判决书在叙述事实上有所不同，二审判决对原审判决书中认定事实部分中叙述不够清晰明了的部分作了改写，对当事人二审有争议的分歧意见所相关的事实予以补充说明。

（董天平）

5. 王蒙等六作家分别诉世纪互联通讯技术有限公司侵犯著作权案

原告：王蒙、张洁、张抗抗、毕淑敏、刘震云、张承志

被告：世纪互联通讯技术有限公司（简称世纪互联公司）

一审案号：北京市海淀区人民法院（1999）海知初字第53至58号

二审案号：北京市第一中级人民法院（1999）一中知终字第183至187号、194号

案　情

起诉与答辩

原告王蒙、张洁、张抗抗、毕淑敏、刘震云、张承志等六作家分别诉称：原告分别是《坚硬的稀粥》、《漫长的路》、《白罂粟》、《预约死亡》、《一地鸡毛》、《黑骏马》和《北方的河》① 的著作权人，被告未经许可，在其网站上传播使用了原告的作品，侵犯了原告对其作品享有的使用权和获得报酬权，请求法院判令世纪互联公司停止侵权行为、公开赔礼道歉、赔偿原告经济损失和精神损失，并承担案件诉讼费及调查费。

被告世纪互联公司辩称：我公司是国内最早从事国际互联网上内容提供的服务商。因我国法律对在国际互联网上传播他人作品是否需要取得作品著作权人的同意，怎样向著作权人支付作品使用费用等问题都没有任何规定，而我公司网站所刊载的原告作品，是“灵波小组”从已在国际互联网上传播的信息中下载的，而不是我公司首先将原告作品刊载到国际互联网上的，因此不知道在网上刊载原告作品还需征得原告的同意。原告提起诉讼后，我公司已从网站上及时删除了原告的作品。因此我公司刊载原告作品的行为仅属于“使用他人作品未支付报酬”的问题，况且访问我公司的“小说一族”栏目的用户很少，没有任何经济收益。我公司在刊载原告作品时，没有侵害原告的著作人身权，因此原告主张赔偿精神损失是不能成立的。至于原告主张的经济损失，其没有提供相应的法律依据。

法院审理查明

《坚硬的稀粥》（13018字）、《漫长的路》（5140字）、《白罂粟》（11250字）、《预约死亡》（48000字）、《一地鸡毛》（35000字）分别为作家王蒙、张洁、张抗抗、毕淑敏、刘震云所创作的文学作品，《黑骏马》（45000字）和《北方的河》（63590字）为张承志所创作的文学作品。1998年4月，世纪互联通讯技术有限公司（以下简称世纪互联公司）成立“灵波小组”，并在其网站上建立了“小说一族”栏目，在该栏目中刊载了王蒙等六作家的上述作品，其中王蒙、张洁、毕淑敏等三位作家的作品是“灵波小组”成员从其他网站上下载后存储在计算机系统内，张抗抗、刘震云、张承志等三位作家的作品是由他人以E—mail方式提供到世纪互联公司的网站上后由“灵波小组”成员存储在计算机系统内，然后通过WWW服务器在国际互联网上进行传播。联网主机用户通过拨号上网方式进入世纪互联公司的网址 http://www.bol.com.cn 主页，再点击页面中“小说一族”后，进入“书香远飘”页面。在该页面下有如下文字：“本站点内容皆从网上所得，如有不妥之处，望来信告之”（注：二审法院查明）。在“书香远飘”页面中点击“当代中国”页面后，再点击具体作者的作品名称，用户即可浏览或下载作品的内容。世纪互联公司所刊载的上述作品均有作者的署名。

1999年5月31日，王蒙等六作家以世纪互联公司侵犯著作权为由，分别向北京市海淀区人民法院起诉。

一审判理和结果

北京市海淀区人民法院经审理认为：王蒙等六位作家分别是案件涉及作品的著作权人。除法律规定外，任何单位和个人未经著作权人的授权，公开使用他人的作品，构成对他人著作权的侵害。著作权法第十条第（五）项所明确的作品使用方式中，并没有穷尽所有的作品使用方式。随着科学技术的发展，新的作品载体的出现，作品的使用范围得到了扩张。因此，应当认定作品在国际互联网上传播是使用作品的一种方式。作品的著作权人有权决定其作品是否在国际互联网上进行传播使用。除依法律规定外，非著作权人对著作权人的作品在国际互联网上传播时，应当尊重著作权人对其作品享有的专有使用权，并取得作品著作权人的许可，否则无权对他人作品进行任何形式的传播使用。作品在国际互联网上进行传播，与著作权法意义上的将作品出版、发行、公开表演、播放等方式虽有不同之处，但本质上都是为实现作品向社会公众的传播使用，使观众或听众了解到作品的内容。作品传播方式的不同，并不影响著作权人对其作品传播的控制权利。因此世纪互联公司作为网络内容提供服务商，其在国际互联网上将原告的作品进行传播，是一种侵权行为。虽然在国际互联网上的其他网站上亦有涉及原告的作品在传播，但这与被告的行为是否构成侵权无关。同时，被告作为国际互联网内容提供服务商，其丰富网站内容的目的是吸引用户访问其网站的经营行为，在经营活动中是否营利，只是衡量其经营业绩的标准之一，并不影响被告侵权行为的成立。因此，被告未经原告许可，将原告的作品在其计算机系统上

① 《黑骏马》和《北方的河》均为张承志所著。

进行存储并上载到国际互联网上的行为，侵害了原告对其作品享有的使用权和获得报酬权，被告应停止侵权行为，并在其国际互联网的网站上向原告公开致歉，以消除影响。原告提出的赔偿精神损失的请求，不予支持；对原告的经济损失赔偿数额，法院将综合被告侵权的主观过错、侵权的持续时间、侵权的程度等进行考虑。

北京市海淀区人民法院依照《中华人民共和国著作权法》第十条、第四十五条第(六)项、第(八)项之规定，于1999年9月18日分别作出判决：一、自判决生效之日起，被告停止使用案件涉及的原告的作品；二、自判决生效之日起十日内，被告在其网站主页上刊登声明，向原告王蒙等六原告致歉，致歉内容需经法院审核。逾期不履行该义务，法院将根据判决书内容自行拟定一份公告，刊登在一家全国发行的报刊的电子版主页上，有关费用由被告负担；三、本判决生效之日起十日内，被告向原告各赔偿经济损失1680元、720元、1140元、5760元、4200元、13080元，诉讼支出的合理费用各166元；四、驳回原告要求被告赔偿其精神损失的诉讼请求。

上诉与答辩

世纪互联公司不服一审判决，向北京市第一中级人民法院提起上诉，请求二审法院撤销一审判决第一、二、三项，改判上诉人不承担侵权责任，一、二审诉讼费由被上诉人负担。其主要上诉理由是：(一)一审法院对案件的事实的认定中，有两点未予指明。一是一审原告提交的证据显示，世纪互联公司的"小说一族"栏目主页上载明了如下内容："本站点内容皆从网上所得，如有不妥之处，望来信告之"；上诉人证据显示，几乎所有其他小说网站，均无权利人授权声明或侵权警告一类的告示。以上两点事实对于认定世纪互联公司无过错、不应承担侵权责任有重要的意义，一审判决漏列是不妥当的。(二)关于网络传播权问题。信息网络传播权等法律问题，应当通过著作权法的修正或司法解释来加以明确和规范，使各方面有法可循。在法无明文规定时，一审法院就将文字作品著作权人的专有权利延伸、扩展到网上传输，认定对已有网络资源的利用、转载已公开发表过的文字作品之数字化作品，亦应征得著作权人许可，否则就是侵权。这是对法律的扩大化解释，过分支持了著作权人的权利扩张，加重了网络传播者的责任。(三)关于上诉人的网上转载行为。著作权法第10条第(5)项所列举的作品使用方式，是指传统的作品使用方式，不包括第四媒体国际互联网络。国际互联网的开放性和交互性，使上诉人对网友E—mail过来的数据信息难以控制，且上诉人已尽了告示义务。网上海量信息(包括大量的不知名的人的作品)如果要一一取得许可，在实践中也不现实。网上使用作品报酬如按文字稿酬标准支付亦将使网络运行不堪重负。如一审判决那样，不将上载与下载相区分，不将下载与网友E—mail相区分，不将直接责任与间接责任相区分，仅用"等方式"来套用新情况，使网络内容提供服务商承担了不应承担的法律责任，会影响到中国新生的网络事业的发展，影响到公众(包括作家)对网络资源的利用，影响到著作权人的实际利益。

二审判理和结果

北京市第一中级人民法院经审理认为：王蒙等六作家依法对其创作的作品享有使用权及获得报酬权。所谓使用权及获得报酬权，依据我国著作权法第十条第(五)项之规定，是指"以复制、表演、播放、展览、发行、摄制电影电视、录像或者改编、翻译、注释、编辑等方式使用作品的权利，以及许可他人以上述方式使用作品，并由此获得报酬的权利"。从此规定可看出，我国著作权法对于作品的使用方式采取的是概括式及列举式并用的立法模式。随着科学技术的发展，对作品的使用方式将不断增多。鉴于国际互联网是近几年新兴的一种传播媒介，因此，作品在网络上的使用是制定著作权法时所不可能预见的。虽然我国著作权法未明确规定网络上作品的使用问题，但并不意味着对在网络上使用他人作品的行为不进行规范。依法调整网络上的著作权关系，对互联网的健康发展是必要的，也是有益的。我国现行著作权法的核心在于保护作者对其作品享有的专有使用权。若著作权人对作品在网络上的使用行为无权控制，那么其享有的著作权在网络环境下将形同虚设。在网络上使用他人作品，也是作品的使用方式之一，使用者应征得著作权人的许可。因此，上诉人提出的著作权法第十条第(五)项所列举的作品使用方式，是指传统的作品使用方式，不包括国际互联网的主张，无法律依据，不能成立。

世纪互联公司作为网络内容提供服务商(ICP)，对其在网站上向社会公众提供的内容是否侵犯他人著作权应负有注意义务，且上诉人从技术上完全有能力控制是否将作品上载到互联网上。因此，上诉人所称的其主观上无过错的主张，不能成立。

"灵波小组"成员从其他网站上下载的被上诉人的作品，虽是以数字化形式存在，但其并不构成一部新的作品，该作品的著作权仍应归被上诉人享有。上诉人在网络上使用该作品时，应依法取得被上诉人的许可。

就本案涉及的被上诉人的作品而言，不存在上诉人在上诉中所称的"海量"信息的问题。上诉人在使用该作品前，征得被上诉人的许可，是完全可以做到的，但上诉人并未依法取得被上诉人的许可。上诉人虽然在其网站上刊登了"本站点内容皆从网上所得，如有不妥，望来信告之"的告示，但这并不能成为其不构成侵权或免责的合法理由。因为从法律上讲，上诉人在使用被上诉人的作品时，应征得被上诉人的许可。同样，其他小说网站刊登被上诉人的作品，是否获得被上诉人的授权，是否载有侵权警告，与上诉人的行为是否构成侵权无关，亦不应作为其行为不构成侵权的合法抗辩理由。上诉人的其他上诉理由，"如转载已公开发表过的文字作品之数字化作品亦应经著作权人许可，否则就是侵权，这样判定是对法律的扩大化解释"，以及网络服务商的承受能力有限等，于法无据，本院不予支持。

上诉人在其网站上使用被上诉人的作品时，未征得著作权人许可，而且该行为又不属于我国著作权法所规定的合理使用行为或法定许可行为，故该行为构成侵权，应承担相应的法律责任，包括停止侵害、公开赔礼道歉、赔偿损失。

关于本案赔偿数额问题，因目前对在网络上使用作品尚无明确的付酬标准，在双方当事人对上诉人的侵权获利及被上诉人因此而受到的损失均未提供确切证据的情况下，原审法院依据上诉人侵权的主观过错、侵权的持续时间、侵权的程度等因素所确定的赔偿数额，并无不当之处。

关于本案法律适用问题，一审法院所适用的著作权法第四十五条第(六)项，即“使用他人作品，未按规定支付报酬的”是侵权行为，只适用于法定许可的情形，而在网络上使用他人作品，不属于法定许可范畴。因此，原审法院判决适用此条款有误，应予纠正。

综上所述，一审法院认定上诉人的行为构成侵权、判决上诉人承担停止侵权、公开赔礼道歉及赔偿损失的法律责任是正确的，其确定的公开赔礼道歉方式及赔偿数额亦无不当之处，该判决结果本院予以维持。上诉人的上诉理由不能成立。依照《中华人民共和国民事诉讼法》第一百五十三条第一款第(一)项，《中华人民共和国著作权法》第十条第(五)项，第四十五条第(五)项、第(八)项之规定，判决如下：驳回上诉，维持原判。一、二审案件受理费，均由上诉人世纪互联公司负担。

评　解

本案要点如下①：

一、关于著作权人对其数字化形式的作品是否享有著作权问题

根据著作权法实施条例第 2 条的规定，作品是指文学、艺术和科学领域内，具有独创性并能以某种有形形式复制的智力创作成果。根据这一定义，只要具备“独创性”和“可复制性”这两个实质要件的，无论作品的存在形式或载体如何，即可成为著作权法保护的客体。作品的数字化是依靠计算机技术把一定形式的文字、数值、图像、声音等表现的信息输入计算机系统并转换成二进制数字编码，以运用数字信息的存储技术进行存储，并根据需要把这些被转换成数字编码形式的信息还原的技术②。可见，数字化作品与传统作品的区别主要在于作品存在形式和载体的不同，作品的表现形式不会因数字化而有丝毫改变，也不会因数字化而丧失“独创性”和“可复制性”，因此，以数字化形式存在于磁盘等介质上的网络信息，如具备作品实质要件的，应当构成作品，受著作权法保护；同时，该数字化作品著作权的邻接权也是著作权法保护的客体。对于著作权法第 3 条列举的前 8 种具体形式的作品，应当理解为已经涵盖了其数字化形式，既包括已有的被数字化后的作品，也包括直接以数字化形式创作的作品。

传统作品被直接数字化后，改变的只是作品的存在形式，将文字等表现形式的作品转换成机器识别的二进制编码行为本身并不具有著作权法意义上的独创性，不产生新的作品，因此，该数字化作品的著作权归属不受影响，仍由原著作权人享有。对于直接以数字化形式创作的作品的著作权归属，同传统作品一样，应当依据著作权法的有关规定确定。

本案中，王蒙等六作家享有其创作完成的文学作品的著作权，该文学作品的存在形式可以是传统的文字形式，也可以是数字化形式。因此，王蒙等六作家当然享有在网络上传播的其数字化形式作品的著作权。

二、关于著作权人是否享有控制其作品在网络上传播的专有权利问题

本案六作家是否对网络上传播其作品拥有法律上的权利，是双方当事人争议的焦点问题，而问题的关键在于对著作权法第 10 条第(5)项的理解，即该条款所规定的使用方式是否包括网络上传播作品。随着科学技术的发展，作品的使用方式可能因技术、载体以及传播方法的变化产生质的变化。为了适应这种变化，1996 年的《世界知识产权组织版权条约》和《世界知识产权组织表演和唱片条约》增加了向公众传播权。根据《世界知识产权组织版权条约》第 8 条的规定，向公众传播的权利(Right of Communication to the Public)是指文学和艺术作品的作者享有的以授权将其作品以有线或无线方式向公众传播，包括将其作品向公众提供，使公众中的成员在其个人选定的地点和时间可获得这些作品的专有权利。我国即将加入世界贸易组织，成为上述两个国际条约的参加国。虽然这两个条约尚未生效，但保护数字化作品著作权人的网络传播权已经成为各国的通例，我国现行著作权法虽然没有明确规定网络传播权，但也未绝对排除因新出现的作品使用方式而产生的新的著作权利。根据我国著作权法第 10 条第(5)项的规定，使用权和获得报酬权，即以复制、表演、播放、展览、发行、摄制电影、电视录像或者改编、注释、编辑等方式使用作品的权利，以及许可他人以上述方式使用作品，并由此获得报酬的权利。根据一般理解，可以认定该条款对使用方式的规定是概括式和列举式的结合，并非穷尽式的。即该条款既

---

① 本案一、二审判决在社会上引起了较大反响，广大网络服务商及法律界人士对网络环境下著作权的司法保护问题进行了热烈探讨，本文评解的四个问题是当时笔者对讨论的热点问题的个人观点。2000 年底，最高人民法院颁布了《最高人民法院关于审理涉及计算机网络著作权纠纷案件适用法律若干问题的解释》，对人民法院审理网络著作权案件如何适用现行著作权法等有关法律作出了解释。该司法解释生效后，人民法院审理网络著作权案件有了明确依据，包括本文所述四个问题在内的网络著作权司法保护的相关问题，也有了答案。

② 参见应明：数字技术对版权制度的影响与对我国著作权法修订的若干思考，载《科技与法律》1999 年第 1 期

明确列举了最常见和立法时可预见的使用方式，又未排斥其他使用方式。可见，从该条款的行文上看，作品在网络上的传播完全可以被“等方式”所涵盖，成为新技术条件下一种新的作品使用方式。再有，从著作权法保护著作权人对作品的独占性使用权，以使其经济利益得以实现的出发点看，在网络上传播作品，会给传播人带来经济上的直接或间接利益，并对著作权人以相同或其他方式使用作品带来影响，从而对著作权人的财产权造成影响，因此，著作权人有必要对此进行控制。而且网络传播有极强的广泛性，如果著作权人不能控制，会给其因著作权而产生的经济利益带来严重的不利影响，甚至使其权利形同虚设。

本案中，王蒙等六作家作为作品的著作权人，有权决定其作品是否在国际互联网上进行传播使用。作品在国际互联网上进行传播，与著作权法意义上对作品的出版、发行、公开表演等传播方式虽然有不同之处，但本质上都是为实现作品向社会公众的传播使用，使观众或听众了解到作品的内容。作品传播方式的不同，并不影响著作权人对其作品传播的控制权利。

三、关于网络服务商的侵权责任问题

根据著作权法，除非法律另有规定，未取得著作权人许可及支付报酬的情况下，使用著作权人的作品，均构成侵犯著作权。在网上使用他人作品也应遵循这一原则。目前，网上刊载的内容一般分三种情况，一种是该内容直接由网络服务商提供，第二种是经由或可由网络服务商控制，第三种是由网友直接张贴到网页上，发布前不能经网络服务商控制。笔者认为，根据民事侵权的过错责任，上述三类网络服务商对于自己的网站所刊载的内容，其承担的责任应有所不同。对于第一种情况，网络服务商是他人作品的直接使用者，与一般的网民一样，如果违法使用他人作品，则应当承担直接侵权责任。对于第二种情况，网络服务商对在网站上发布的内容负有合理的审查义务，若其发布的为侵权内容，则网络服务商可能因未尽审查义务而具有主观过失，应承担一定的侵权责任。对于第三种情况，由于这种网络传播方式的性质，网络服务商对即时发布的内容是无法控制的，对侵权内容的发布主观上没有过错，可不承担侵权责任，但经权利人明确告知或网络服务商施以一般注意力已足以判断有侵权内容后，网络服务商仍未采取措施移除该内容的，网络服务商主观上就存在过错，也应认定构成侵权。

就本案而言，被告世纪互联公司在自己网站的“小说一族”栏目刊登六作家的作品，该栏目内容由被告的“灵波小组”整理选编，故被告是网络内容提供者，属于上述第一种情况。无论六作家的作品是通过何种方式传输给被告，或被告以何种方式获得该作品，这些作品均系署名作品，即为他人享有著作权的作品，使用前应征得许可。被告在未取得许可的情况下刊登六作家的作品，构成侵犯六作家的著作权。

四、关于网络上使用作品的付酬标准

赔偿数额的确定也是本案一个争论较大的问题。一审判决是以原告作品稿酬的倍数为计算依据确定赔偿数额的。目前，法律对网络上使用作品的付酬标准没有明文规定，双方当事人也没有提出自己的计算方法，在这种情况下，按照文字作品稿酬的标准确定赔偿数额应当说是解决本案赔偿问题的一个比较妥当的办法。国外的审判实践中的有一种作法是以被告网站上传播的原告作品的访问次数作为计算依据，参考网络服务商每千次访问量收取用户广告费(一般为 30 美元)的标准来计算侵权赔偿数额。这种计算方法对不正当竞争纠纷案件无疑是适当的，但是否也适用于侵犯著作权纠纷案件，还值得研究与探讨。此外，这种方法依赖于对访问次数证据的认定，而网上证据的取证、认证等问题，是计算机网络给司法实践提出的又一个新问题。许多人认为，定额赔偿不失为一种好的解决网络侵权案件赔偿问题的方式，但这有待于著作权法的修订或司法解释的尽早出台①。

(张　辉)

6．侵犯“敌杀死”商标权案

上诉人(原审原告)：艾格福(天津)有限公司(简称艾格福(天津)公司)

被上诉人(原审被告)：四川省富顺县生物化工厂(简称富顺生化厂)

一审案号：四川省高级人民法院(1998)川经二初字第 47 号

二审案号：最高人民法院(1999)知终字第 11 号

案　情

起诉与答辩：

原告艾格福(天津)公司诉称：“敌杀死”、“DECIS”中英文文字及地球、棉桃丰收树图形商标是法国艾格福(天津)公司在中国商标局合法注册的世界知名商标。在中国，该商标的使用权依法归艾格福(天津)公司。被告富顺生化厂在未得到原告授权的情况下，擅自印制 10%“高效敌杀死”标签，将其质量低劣的农药假冒原告的“敌杀死”产品在市场上出售，给原告的声誉及“敌杀死”产品信誉造成不可估量的损失。据此，一、请求判令被告富顺生化厂立即停止非法使用“敌杀死”商标的侵权行为；二、被告公开向原告赔礼道歉；三、赔偿因侵权给原告造成的经济损失人民币 750 万元；四、请求判令被告按国际现行农药(消毒品)销毁标准销毁全部假冒“敌杀死”农药，并由被告承担全部诉讼费。

① 《最高人民法院关于审理涉及计算机网络著作权纠纷案件适用法律若干问题的解释》第十条第二款对定额赔偿作出明确规定：被侵权人损失额不能确定的，人民法院依被侵权人的请求，可以根据侵害情节在人民币 500 元以上 30 万元以下确定赔偿数额，最多不得超过人民币 50 万元。

被告富顺生化厂辩称：一、原告艾格福(天津)公司不是“敌杀死”注册商标在中国境内的所有权人，与所诉的“敌杀死”注册商标纠纷无直接利害关系，不具备诉讼原告的主体资格；二、中华人民共和国化工行业标准中溴氰菊酯的商品名称记载为“敌杀死”、农业部《新编农药手册》中，溴氰菊酯为中文通用名，其他名称为“敌杀死”等，因此，由于“敌杀死”商标注册人管理疏忽，“敌杀死”已实际成为农药的通用名称，淡化了“敌杀死”注册商标的显著性，我厂以产品名称方式使用“敌杀死”，不构成对“敌杀死”商标注册人的侵权；三、富顺生化厂所生产、销售的“敌杀死”产品均取得有关行业主管颁发的准产证和农药分装登记证。四、依照商标法及其实施细则的有关规定，转让或许可均应依法申报备案，方才合法有效。因此，艾格福(天津)公司签订“商标使用许可合同”没有备案，应属无效。

一审审理查明：

1989年2月20日、1990年11月10日，法国罗素·优克福(ROUSSEL——UCLAF)有限公司经中国商标局核准注册“DECIS”、“敌杀死”文字商标，注册号分别为339549、533131。1995年8月30日、1997年1月14日又经中国商标局核准注册“地球”、“棉桃丰收树”图形商标，注册号分别为232102、928666。以上四个注册商标核准使用商品为灭草和杀寄生虫制剂、杀虫药剂，有效期均为10年。1989年6月8日，天津农药股份有限公司、渤海化学工业(集团)有限公司天津大沽化工厂与法国罗素·优克福公司签订合资经营合同，成立天津罗素·优克福农药有限公司。同时，法国罗素·优克福公司与天津罗素·优克福农药有限公司签订了《商标许可合同》，约定：法国罗素·优克福公司授权天津罗素。优克福农药有限公司在非专属、免使用费、不可再授权下在中国境内使用其在中国登记与注册申请的商标，该许可合同有效期为10年。1995年1月，天津市对外经济贸易委员会批准法国罗素·优克福公司将其持有的合资公司注册资本的出资额转让给法国赫司特·先灵·艾格福有限公司(HOECHST SCHERING AGREVOS. A.)，该合资公司的法定名称由原天津罗素·优克福农药有限公司变更为艾格福(天津)有限公司。1997年2月28日，“敌杀死”、“DECIS”、“地球”、“棉桃丰收树”四项商标经中国商标局核准转让给法国赫司特·先灵·艾格福有限公司。1997年间，艾格福(天津)公司发现市场上有富顺生化厂生产的冠以“10%高效敌杀死”、“敌杀死”和“DECIS”字样的农药产品销售。为此，艾格福(天津)公司分别于同年11月20日、12月15日函告富顺生化厂，要求其停止侵权行为。富顺生化厂分别于同年12月6日和次年1月20日向艾格福(天津)公司回函，表示立即停止生产和销售“高效敌杀死”产品，对已生产的农药产品重新改、印标笺，原有标笺在3月底前全部更换。之后，富顺生化厂仍继续生产、销售在标笺上冠以“敌杀死”、“高效敌杀死”字样的农药产品。艾格福(天津)公司遂于1998年7月20日向原审法院提起诉讼，要求判令富顺生化厂停止对“敌杀死”等商标的侵权行为、公开赔礼道歉、赔偿经济损失750万元、销毁全部假冒“敌杀死”农药并承担全部诉讼费。

一审法院还查明：艾格福(天津)公司系经国家工商行政管理局核准登记的中外合资企业法人。其使用“敌杀死”商标的农药专指有效含量为重量/体积比为2.5%(每公升含25克有效成份)绿色透明溴氰菊酯乳油，系农药中的知名品牌。1992年4月1日和1997年4月30日，富顺生化厂分别取得四川省化学工业厅颁发的“2.5%敌杀死乳油(分装)”准产证和中华人民共和国农业部颁发的“2.5%敌杀死乳油(溴氰菊酯)”农药分装登记证。1996年6月10日，农业部农药检定所(96)农药检(政)字第36号《关于农药分装登记的补充通知》规定：在审批分装登记时应要求分装厂提供原包装厂同意分装的授权书。本案审理过程中，上述注册商标的注册人法国赫斯特·先灵·艾格福有限公司于1998年7月30日授权艾格福(天津)公司在合作经营期限内继续使用上述商标，并在上述商标在中国受到侵害时有权从事调查和诉诸法律等。

一审期间，一审法院委托华西审计事务所对富顺生化厂从1997年至1998年8月的冠以“敌杀死”、“高效敌杀死”和“增效敌杀死”字样的农药产品的销售收入进行了审计，其结论为：“敌杀死”、“高效敌杀死”和“增效敌杀死”农药产品销售收入共计人民币3,384,814.94元。

一审判理和结果：

一审法院认为：法国赫司特·先灵·艾格福有限公司合法取得的“敌杀死”、“DECIS”文字商标及“地球”、“棉桃丰收树”图形商标已经中国商标局核准注册，且尚在有效期，法国赫司特·先灵·艾格福有限公司对该四个注册商标享有专用权，应受中国商标法保护。艾格福(天津)公司虽为上述注册商标的一般许可使用人，但因该注册商标的注册人授权艾格福(天津)公司在该商标受到侵害时，享有对此从事调查和诉诸法律的权利，故艾格福(天津)公司因此取得本案诉讼主体资格。根据我国商标管理的有关规定，有效期内的注册商标如因注册人疏于管理而使注册商标的显著性消失，该商标将因缺乏显著性而被撤销。本案商标注册人虽有对某些专业出版物上将溴氰菊酯的商品名与“敌杀死”商标混淆的情况疏于管理，但在中国商标局未宣布对该注册商标撤销前，仍应受商标法保护。富顺生化厂虽然取得了“2.5%敌杀死乳油”分装准产证和分装登记证，但因其未取得“敌杀死”、“DECIS”注册商标注册人的许可，有关行业管理部门颁发的准产证和登记证仍不具有许可他人使用注册商标的效力。艾格福(天津)公司与商标注册人所签订的商标使用许可合同虽未依法报中国商标局备案，但并不影响合同效力。综上所述，富顺生化厂未经商标注册人的许可，在其生产、销售的类似产品上使用“敌杀死”、“DECIS”注册商标，使消费者误认、误购，其行为已构成对“敌杀死”、“DECIS”注册商标专用权的侵犯，应依法承担商标侵权之责任。艾格福（天津）公司诉称富顺生化厂侵犯“敌杀死”、“DECIS”商标权，并要求被告赔偿侵权损失的请求理由正当，应当予以支持。富顺生化厂辩称未侵犯商标专用权的理由不能成立。

该院依据《中华人民共和国民法通则》第一百一十八条、第一百三十四条第一款第（一）、（七）、（九）、（十）项，《中华人民共和国商标法》第三十八条第（一）、（四）项，《中华人民共和国商标法实施细则》第四十一条第一款第（1）、（2）项，《中华人民共和国民事诉讼法》第一百三十四条第一款之规定，于1999年1月7日判决：一、富顺生化厂立即停止非法使用“敌杀死”、“DECIS”注册商标的侵权行为；二、库存的全部假冒农药产品“敌杀死”农药上的商标标识及包装瓶以及库存的“敌杀死”、“DECIS”商标标识自本判决送达之日起十五日内全部予以销毁；三、富顺生化厂赔偿艾格福（天津）公司经济损失人民币150,000元，于本判决生效之日起三十日内偿付；四、富顺生化厂自本判决生效之日在20日内分别在《中国农民报》、《四川农民报》刊登赔礼道歉声明，声明内容由该院审定，费用由富顺生化厂负担。案件受理费47,510元，审计费10,000元，保全费10,000元，共计67,510元，由富顺生化厂负担。

上诉与答辩：

上诉人艾格福（天津）公司上诉称：上诉人对原审法院根据在诉讼保全中查封的被上诉人销售帐户认定被上诉人侵权产品销售总额为3,384,814.94元不持异议，但原审判决被上诉人赔偿上诉人150,000元明显太低并且没有事实及法律依据。一审中上诉人选择了以被上诉人侵权获利作为赔偿额的计算方法，按照农药生产的常规利润额度计算，被上诉人的获利应在其销售总额的30%以上；被上诉人销售劣质农药，有效含量比优质产品的有效含量低若干倍，其获利远远超过30%；被上诉人的侵权时间也应从1994年7月起计算至1998年8月。故，请求撤销原审判决第三项，判令被上诉人赔偿经济损失1,500,000元。

被上诉人富顺生化厂答辩称：上诉人指控被上诉人销售劣质农药并获利在30%以上没有事实依据；“敌杀死”注册商标名称的广泛使用，实际已变成了农药的商品通用名称；上诉人请求赔偿的数额缺乏依据，也不符合实际，被上诉人实际是一个连年亏损的乡镇企业，望作就低且适当的赔偿。

二审审理查明：

二审法院对原审查证的主要事实予以确认。另查明：“敌杀死”、“DECIS”注册商标核定使用的商品为杀虫剂，富顺生化厂未经商标注册人许可，在同一种商品上既使用与“敌杀死”、“DECIS”注册商标相同的商标，又将“敌杀死”、“DECIS”文字作为其商品名称使用或者将“敌杀死”文字作为其商品名称的主要部分使用。原审认定富顺生化厂在类似商品上使用这些注册商标有误。富顺生化厂在使用“DECIS”作为其商标或者商品名称时，均同时使用了“敌杀死”文字作为其商标或者商品名称。原审法院委托华西审计事务所审计所针对的被控侵权产品中已包括富顺生化厂使用“DECIS”作为其商标或者商品名称的产品。

二审判理和结果：

二审法院认为：原审法院认定被上诉人的行为侵犯“敌杀死”、“DECIS”注册商标专用权正确。在被上诉人的成本、税金难以查清的情况下，原审法院参考被上诉人的销售收入和影响被上诉人生产成本的各种因素来确定本案的赔偿，其方法是适当的，但被上诉人在接到上诉人的警告并回函确认立即停止侵权后仍继续进行侵权行为，有明显的侵权故意，原审法院未考虑其主观恶意程度而未加重其赔偿责任有所不妥。上诉人主张按照农药生产的常规利润来计算本案的赔偿额，但没有提供充分证据来证明该常规利润；上诉人认为侵权产品属于劣质农药，并要求以此加重被上诉人的赔偿责任也缺乏事实依据。上诉人以在原审法院查封的被上诉人的标签中有标有上诉人于1995年1月更名前的公司名称——“天津罗素·优克福公司”字样的标签，即认为被上诉人在此之前就有侵权行为并请求从1994年7月起计算本案的赔偿数额，但上诉人并未提供证据证明被上诉人在1994年7月至1996年间实际使用相同标签销售侵权产品，其该请求亦缺乏事实依据。综上，上诉人关于增加本案赔偿数额的上诉请求成立，但其关于赔偿数额的计算方法不妥；原判认定事实基本清楚，适用法律基本正确，但确定150,000元的损害赔偿数额过低，不足以保护商标注册人的合法权益，应予变更。

二审法院依照《中华人民共和国民事诉讼法》第一百五十三条第一款第（一）、（二）项之规定，于2000年6月13日终审判决：一、维持四川省高级人民法院（1998）川经二初字第47号民事判决主文第一、二、四项；二、变更四川省高级人民法院（1998）川经二初字第47号民事判决主文第三项为：四川省富顺县生物化工厂赔偿艾格福（天津）公司经济损失人民币338,481元，于本判决生效之日起30日内偿付。一审案件受理费、审计费、保全费按照原审判决执行，二审案件受理费17,510元，由艾格福（天津）公司承担14,000元，四川省富顺县生物化工厂承担3,510元[在执行本判决第二项时直接给付艾格福（天津）公司]。

评　解

本案要点在于侵权定性和赔偿数额的确定，尤其是赔偿额的确定。

一、关于侵权定性

本案一审法院关于被告构成商标侵权的定性是正确的，有关的判理说词也很简明扼要，故二审法院未再就此多作论述，直接予以确认。在此值得一提的是商标淡化问题的认定和处理。本案确实存在中华人民共和国化工行业标准中溴氰菊酯的商品名称记载为“敌杀死”、农业部《新编农药手册》中溴氰菊酯为中文通用名，其他名称为“敌杀死”等情况，这些情形应当说已经构成对“敌杀死”商标的淡化，对该商标的显著性是有直接影响的。但由于商标的授权与维持以及撤销必须依照法定程序由有权机关进行界定，在目前的商标法上，这些权力（包括终局裁决权）均在于国家商标局及其商标评审委员会。在商标法未修改之前，其他任何机关包括人民法院均无权对此作出认定，包括无权对商标淡化行为是否已经导致商标的显著性丧失进行认定。因此，在一个注册商标在未被依法撤销之前，就应当受到商标法的保护。即使在商标法修改将商标权的授予和维持的终局裁决权交给司法机关，受理侵权案件的法院也无权在侵权诉讼中对商标权人的商标权的效力作出认定，也必须以诉讼时的法律状态为准。但在确有商标淡化情形，而被告又非故意侵权的情况下，在考虑侵权责任特别是赔偿责任时，是可以适当减轻被告的责任的。

另一个问题是行政登记等手续能否对抗商标权人的权利。原审法院认为，富顺生化厂虽然取得了“2.5%敌杀死乳油”分装准产证和分装登记证，但因其未取得“敌杀死”、“DECIS”注册商标注册人的许可，有关行业管理部门颁发的准产证和登记证仍不具有许可他人使用注册商标的效力。鉴于农药这种特殊商品，国家规定对农药的分装也要经过行政许可并进行农药登记。同时，根据有关法律、法规，分装生产也取得商标权人的授权或者许可。一般而言，行政机关在颁发许可证和登记之前的审查程序中应当要求申请人出具商标权人的授权或者许可证明，但在缺少这些证明文件或者因行政机关的工作失误等原因造成误发许可证或者登记的情形还是常见的，在此情况下，因程序本身不合法等原因，其所取得的许可证或者登记本身就应当作无效处理，或者至少是有瑕疵的，就不能对抗商标权人依法取得的权利。这与前述商标淡化问题不同，因为商标权对商标权人而言是一种绝对权，除非依照法定程序或者符合法定条件，该权利不因任何行政决定、命令等行政行为而丧失。颁发生产许可证和登记等行政行为，主要是审查申请人的生产技术条件，以保证产品的质量和使用安全，其并不对产品是否侵犯他人知识产权等民事权利进行直接认定和处理。因此，一般来说，不能以行政登记等手续对抗他人的民事权利。至于能否对抗他人的在先使用问题，也要看他人的这种在先使用行为是否已经依法能够产生在先权。

二、关于赔偿额的计算

对于知识产权的侵权损害赔偿，在司法实践中主要有以下几种计算方法：1、以权利人的损失计算；2、以侵权人的侵权获利计算；3、以正常许可费为参照计算；4、适用最高人民法院1998年吴县会议纪要提出的定额赔偿标准。当然，当事人也可以商定用其他计算方法计算损失赔偿额。以上几种计算方法在适用时有无先后顺序，或者说当事人对此有无选择权，是一个值得讨论的问题。最高人民法院在1985年11月6日关于商标侵权赔偿计算问题的批复中规定被侵权人对按其实际损失或者侵权人获利计算赔偿有选择权，而1992年12月29日关于专利侵权赔偿的司法解释中规定法院可以根据案情选择适用计算方法，并未说明权利人有无选择权。由于上述规定不一致，又存在定额赔偿的选择适用问题，故知识产权侵权损害赔偿方法的选择适用在实践中存在一定程度的混乱。实践中，不少人认为在适用顺序上应当优先考虑权利人受损和侵权人获利这两种计算方法，并应当赋予权利人以选择权，只有在损失和获利都不能查明，也无正常使用费可作为参照时，法院才可以基于当事人要求赔偿的诉讼请求，选择适用定额赔偿方法。笔者亦赞同这种看法。

本案原告未主张依其实际受损来计算赔偿额，也未提供任何因被告侵权导致其受损数额的证据。原告（上诉人）主张依据被告（被上诉人）的侵权获利来计算赔偿额，但未能提供充分的能够作为计算依据的证据。一审法院在确定本案赔偿时，也是按照推定的被告侵权获利来计算的。一审法院根据查封的被告的销售收入帐本，经审计只得到了被告从1997年1月至1998年8月的销售收入为3384814.94元，成本和税金难以确定。据此审计结果，一审法院在上诉人选择以被上诉人侵权获利为赔偿依据但因被上诉人的成本账册未能查封取得的情况下，参照与本案被上诉人同属一地、同为农药企业的上诉人另案起诉的富顺县农药厂经审计确认的利润比例（销售利润大约是销售收入的14%）并考虑被上诉人影响生产成本的各种因素来计算本案的赔偿额（一审法庭合议时认为可以按照被告销售收入的10%左右计算）。这种方法并无不妥。在上诉人主张以侵权获利计算本案赔偿，而被上诉人的侵权销售额又能够确定只是实际获利难以确定的情况下，可以采取酌定利润率的方法来确定被上诉人的赔偿数额。即，以推定的利润率来确定被告的获利，而不应考虑再适用定额赔偿规则。定额赔偿应当是在原告受损和被告获利等均不能确定的情况下才可以适用。在没有其他更好的可供选择的计算方法的情况下，参照与被告属同地同类且生产同种侵权产品企业的利润率来计算被告的赔偿额的方法也相对较为科学、可行，且一审法院考虑各种因素将本案被告的利润率确定为10%并无明显不妥。如果没有其他更充分的理由，二审一般应当维持原审的这种计算方法，以不再变更为宜。但因一审法院在实际计算时，仅确定赔偿15万元，并认为加上案件受理费、审计费、保全费等67519元，基本上就是被告销售收入的10%左右。一审法院实际上是将案件受理费、审计费、保全费等亦作为被告应当支付的赔偿额的组成部分，这种计算方法明显不当。按照原审合议时确定的计算比例（10%），赔偿额应为338481元，与实际判赔150000元差18万余元。而且本案被上诉人在接到上诉人的警告并回函确认立即停止侵权后仍继续进行侵权行为，有明显的侵权故意，也应当考虑判令其承担较重的赔偿责任。这就是本案一审存在的主要问题。

二审中，被上诉人根据法庭的要求，提交了其1997年1月至1998年8月间的全部销售和成本帐册，并且被上诉人依此自行测算出其销售收入为4648649.15元，“销售利润”（实为营业利润）为88753.56元。法庭曾征询上诉人是否同意以被上诉人提交的这些帐册为依据对被上诉人的利润进行审计，但上诉人怀疑该帐册有假，且未在法庭指定的期限内答复是否同意依此进行审计，也至今未予答复。对此，应视为上诉人拒绝就此进行审计，即上诉人放弃对该证据进行进一步质证的权利。同时，这些成本帐册被上诉人在一审时拒绝提交，且其依据这些帐册计算出的销售收入与一审审计结果不符（二审庭审中被上诉人解释为其自行计算时有重复计算，认为应以一审审计为准），营业利润仅8万余元，远低于一审判决的15万元其却未提出上诉，其举证的真实性难以确定。而且，上诉人上诉时明确表示对一审就此审计结果为3384814.94元并无异议，在二审庭审中也未对被上诉人自行计算多出的部分主张任何权利。在这种的情况下，二审不宜采信被上诉人所举其成本帐册的证据并就此再行审计，被上诉人的侵权销售额仍依据一审审计结果较为妥当。

上诉人在二审中还提出应当按照农药生产的常规利润额度——销售总额的30%以上来计算本案被上诉人的赔偿额，被上诉人销售劣质农药获利远远超过30%，以及被上诉人的侵权时间应从1994年7月起计算至1998年8月等问题。当事人应当对自己的主张提供证据。但是，上诉人在本案中没有提供任何证据来证明该农药生产的常规利润，如果其确实能够举证这种常规利润，且被上诉人也并非专门以假冒侵权为业（即仅生产该侵权产品），在选择以侵权获利方式来计算赔偿额而又无其他利润率可供参照计算时，依据行业常规利润来计算也是一种可行的办法。上诉人在本案中也未提供充分的证据证明被上诉人的侵权产品属于劣质产品。这种证明一般应当是国家有关行政主管部门作出的认定或者至少是经法律或者有关主管部门授权的权威机构出具的检测证明等。如果当事人能够举证这一点，则在采取酌定的方法确定赔偿时，一般即可作为酌定的因素之一，因为一般而言劣质产品成本应当低于合格产品或者优质产品，而且以劣质产品假冒他人商标，客观上也会损害商标权人的商品声誉乃至商业信誉。当然，这种情况下，侵权人还有一个在承担民事侵权责任以外一般还应承担行政责任乃至刑事责任的问题。至于上诉人提到的侵权时间的起算问题，上诉人以在原审法院查封的被上诉人的标签中有标有上诉人于1995年1月更名前的公司名称——“天津罗素·优克福公司”字样的标签为由，推定被上诉人在1994年之前就有侵权行为。对此问题，应当认为，上诉人已经进行了一定的举证，但这种举证尚不充分，存在着被上诉人不知道上诉人已经更名的事实而实际是在更名之后使用上诉人原来的公司名称的可能性，上诉人又不能提出在1997年之前被上诉人实际使用这些标签的证据，而且不能当然地以1997年以后的月销售额及利润来简单地推算以前年份的侵权获利。

另外，在二审改判理由的表述上，由于一审法院在判理中并未对本案赔偿额的计算方法作出说明，这在一定程度上也给二审法院的判词说理造成了一些困难。这也是目前司法实践中比较普遍的问题，往往比较注重对行为定性的说理，忽视对具体赔偿数额的计算以及诉讼费用划分的论述，导致当事人和外界无从准确地把握有关的数额是考虑哪些因素，依据什么标准和方法计算出来的。因一审判决的计算方法正确仅判决结果错误，因此，二审以一审未考虑被上诉人的主观过错为由予以改判。

（邰中林）

合作与交流

国家知识产权局

1980年，国家知识产权局在其前身中国专利局成立之初，就以积极进取的姿态同有关国家开展专利领域的交流与合作，其中，中德之间十年专利领域的合作，已被国际知识产权界传为佳话。1998年，原中国专利局更名后，国家知识产权局增加了统筹协调涉外知识产权事宜的职能，其国际活动由原来单纯专利领域扩展到了我国整个知识产权领域的涉外事宜。迄今为止，国家知识产权局在知识产权领域已与22个国家和地区以及3个国际组织保持并发展着良好的交流与合作关系。

2000年的国际活动

国家知识产权局继续做好统筹协调涉外知识产权事宜的工作，积极开展专利领域的国际交流与合作，取得了较好的成绩。

1. 涉外协调

1月20日　国家知识产权局与美国贸易代表团在京举行中美知识产权会谈。会谈由国家知识产权局马连元副局长主持，国家工商行政管理局、国家版权局、最高人民法院、外经贸部等有关单位派代表参加了会谈。会谈中，我方向对方介绍了我国在知识产权保护方面的进展，并明确阐述了我国政府在打击知识产权犯罪和假冒产品方面的立场和措施。会谈使美方对我国的知识产权保护有了积极的认识。

9月24日～10月4日　以乔宗淮大使为团长、国家知识产权局马连元副局长为副团长，由外交部、国家知识产权局、国家工商行政管理局、版权局、香港知识产权署以及驻日内瓦代表团组成的中国代表团参加了在瑞士日内瓦举行的WIPO成员国大会第35届系列会议，对国际上关心的一些重大的知识产权问题阐述了我国政府的意见，圆满地完成了任务。此次会议还确定了由我国和阿尔及利亚提出的每年4月26日为“世界知识产权日”的提案，提高了我国在国际知识产权领域的声誉和地位。

12月4日～15日　根据欧盟—中国知识产权合作项目2000年工作计划，国家知识产权局组织了赴欧洲知识产权立法执法考察团，该团由国家知识产权局、国务院法制办公室、全国人大教科文卫委员会、最高人民法院等人员组成，对欧洲专利局、德国专利商标局、欧盟总部、比利时最高法院、西班牙专利商标局、西门子公司等进行了考察和访问，取得了积极的成果。

2. 多边合作

2000年是国家知识产权局在多边合作领域继续取得积极进展的一年。

5月4日　国家知识产权局马连元副局长参加了在瑞士日内瓦举行的WIPO产业咨询委员会会议。

5月11日～6月2日　我政府代表团参加了在瑞士日内瓦举行的“通过专利法条约外交会议”，该次会议通过了专利法条约及其实施细则，中国政府在条约文本上签了字。

6月23日～24日　在北京举办了WIPO亚太地区发展中国家成员国PCT研讨班，来自世界知识产权组织的专家以及中国、韩国、印度尼西亚、蒙古、越南和斯里兰卡的学员约70名参加了研讨班。

7月25日～26日　根据欧盟—中国知识产权合作项目2000年度工作计划，国家知识产权局与欧洲专利局在北京联合举办了“知识产权保护与中国—21世纪的挑战和机遇”国际研讨会。国家知识产权局局领导、国内知识产权各有关部门负责人、欧盟总部代表、欧洲专利局局长、欧共体商标局局长以及中外代表300余人参加了研讨会。与会代表就知识产权与全球贸易及科研的关系、知识产权与电子商务、新技术的专利保护、传统知识的保护、知识产权的执法等问题进行了深入和热烈的研讨，并取得了巨大的成功。

10月10日～12日“WIPO亚太地区高新技术知识产权保护国际研讨会”在北京中国知识产权培训中心举行，世界知识产权组织总干事卡米尔伊德里斯参加了开幕式并作了发言。参加此次研讨会的有来自亚洲地区40余名知识产权领域(政府与企业)的高级代表，全国人大常委会、全国人大教科文卫委员会、最高人民法院、国务院发展计划委员会、国家经贸委、教育部、科技部、农业部、信息产业部、外经贸部、海关总署、国家工商局、国务院法制办、中国科学院、中国工程院、国家中医药局等43家单位派代表参加了研讨会。研讨会主要就计算机软件的专利保护、生物技术的专利保护、数字技术的发展与著作权保护、电子商务中商标与域名的保护等问题进行了讨论，姜颖局长在开幕式上作了主题发言，马连元副局长作了专题发言。

11月20日～25日　马连元副局长出席了世界知识产权组织在韩国大田举办的知识产权论坛，并在会上作了主题发言。

3. 双边合作

2000年国家知识产权局双

边合作的项目涉及欧洲专利局、美国、奥地利、巴西、保加利亚、法国、英国、德国、匈牙利、以色列、日本、韩国、俄罗斯、西班牙、瑞典、南斯拉夫等。

与欧洲专利局的双边合作有了新的进展，截至到12月31日国家知识产权局共有63名审查员到欧洲专利局接受培训、考察或访问。同时，该局还接待了欧洲专利局的专家来访，涉及的领域有电学、物理、化学、机械等审查领域，通过访问考察、学习和互相的交流，提高了该局审查员的审查和检索水平。此外与欧洲专利局在自动化、数据录入、文献以及学习产品的交换方面继续开展合作。为了继续两局已有的合作，与欧洲专利局合作处官员就下一年度的具体合作进行了磋商。

3月25日～4月3日　南斯拉夫知识产权局局长鲁宾卡·拉多萨维耶维奇女士一行五人访问国家知识产权局，签订了中华人民共和国国家知识产权局与南斯拉夫联盟知识产权局双边合作备忘录。

5月21日～6月2日　姜颖局长率国家知识产权局代表团访问了美国和巴西。在美期间，我代表团访问了美国专利与商标局和美国贸易代表办公室，并向其具体介绍了我国知识产权保护的最新发展情况，此外还访问了美国马歇尔法学院、摩托罗拉公司等有关单位。在巴西期间，姜颖访问了巴西工业产权局并就两局的合作事宜举行了磋商。其间还访问了巴西外交部、巴西发展与工业外贸部等有关单位。回国后，双方就合作文本交换了意见。

6月19日～7月2日　吴伯明副局长率国家知识产权局代表团一行六人访问匈牙利专利局和以色列专利局。访问期间，与匈牙利专利局签订了中华人民共和国国家知识产权局和匈牙利专利局会议备忘录。与以色列专利局就中华人民共和国国家知识产权局和以色列专利局双边合作谅解备忘录达成了一致意见。

8月27日～9月3日　法国工业产权局局长昂卡尔先生一行三人访问国家知识产权局，并在四川成都作了专题报告。访问期间，签订了第十五届中法专利混合工作小组会议会谈纪要和中国国家知识产权局与法国工业产权局关于药物数据库的合作协议。

9月10日～25日　杨正午副局长率国家知识产权局专利收费和财务制度考察团对英国专利局和法国工业产权局进行了工作访问。代表团与上述两局就专利收费制度、人事管理制度和工资制度等问题进行了交流。

10月13日～18日　美国专利与商标局局长托德·狄更生先生率团访问了我国的北京和上海。在京期间，双方举行了正式会谈并签署了两局的合作会谈备忘录，这是美国专利与商标局局长的首次正式来访。除访问国家知识产权局外，还访问了国家工商局商标局和上海市知识产权局。

10月22日～29日　王景川副局长率国家知识产权局代表团访问日本，与日本特许厅举行了中日第七次两局会谈并签署合作备忘录。代表团还访问了日本亚太工业产权研修中心等知识产权相关单位。

10月24日～28日　韩国知识产权局局长林来圭先生率团访问了我国的西安和北京，访问期间举行了中韩第七次局长会谈，会谈后通过互换文本的形式签署了两局合作备忘录。

12月10日～22日　姜颖局长率国家知识产权局代表团对德国专利商标局和奥地利专利局进行工作访问。在德期间，除与德国专利局举行双边合作会谈外，还访问了德国专利法院、德国专利律师协会以及宝马公司。在奥地利期间，我代表团与奥地利专利局召开了第10次混委会会议并签署两局混委会会议纪要。姜颖还应邀出席了奥地利方面举办的一个报告会并做了题为“中国专利制度的新发展”的报告。访问取得了圆满的成功。

此外，国家知识产权局还与保加利亚专利局通过换文的方式签订了中华人民共和国国家知识产权局和保加利亚共和国专利局2000～2001合作工作计划。

4. 其它活动

1月4日～14日　日本企业知识产权管理专家代表团来访，并在京、沪、穗三地举行了企业知识产权管理研讨会。

3月12日～25日　日本电子申请专家就国家知识产权局自动化系统的开发与该局的有关专家举行了座谈，并介绍了日本特许厅在自动化方面的最新进展。

3月28日～31日　韩国知识产权局PCT业务代表团来访，与国家知识产权局PCT业务部门进行了交流。

4月10日～21日　杨正午副局长率国家知识产权局二期工程大楼建设考察团对欧洲专利局、日本特许厅进行了访问。考察期间，我代表团针对欧洲专利局和日本特许厅的业务大楼建设问题以及专利业务大楼如何顺应当前和未来专利审查和自动化等工作的发展问题进行了考察。

4月12日～16日　国家知识产权局局党组成员郭晓东率团赴日内瓦参加“2000年日内瓦国际发明展览会”。通过展览会，宣传了我国在知识产权方面所取得的成就，并了解了参展国政府在知识产权领域的先进经验。

6月11日～18日　越南综合代表团来我国访问，就专利文献利用、外观设计审查及地方专利工作进行了考察。除访问国家知识产权局外，还参观了涉外专利事务所以及天津市知识产权局等有关单位。

7月5日～8日　马连元副局长赴日本东京参加了日本特许厅与日本发明协会共同举办的千人培训完成纪念会和亚洲工业产权研讨会，并在会上作了关于中国专利制度发展状况的专题报告。

11月5日～12日　日本发明协会亚太工业产权代表团来访，与中国知识产权研究会在北京、上海举办了研讨会，国家知识产权局王景川副局长会见了该代表团。

11月12日～18日 日本特许厅特殊领域即生物工程和商业方法专家代表团来访，为国家知识产权局相关领域审查员及涉外代理人就审查标准、检索及最新动向作了报告。

11月16日～20日 中国发明协会组团赴香港参加国际发明展览会，国家知识产权局局党组成员郭晓东作为该展览会总评奖员会成员参加了活动。

11月18日～29日 吴伯明副局长率领中国知识产权研究会代表团访问了日本特许厅以及日本知识产权研究会等有关单位，并就中国知识产权制度的最新进展情况作了介绍。

11月20日～24日 韩国知识产权局知识产权审判厅代表团访问国家知识产权局，并与国家知识产权局复审委员会就专利复审制度进行了讨论。此外，还与国家工商局商标评审委员会进行了座谈。

（国家知识产权局办公室宣传处刘宁）

国家版权局

一、与世界知识产权组织(WIPO)的关系

世界知识产权组织是一个帮助和确保知识产权所有人的权利在全世界范围内受到保护，从而使发明人和创作者的创造力得到承认和奖赏的国际组织。中国1980年3月3日递交了加入《建立世界知识产权组织公约》的加入书，并由此成为世界知识产权组织的成员国，从1980年6月3日起生效。

中国自加入世界知识产权组织以来，始终与该组织保持着良好的合作关系。中国在制定著作权法和建立著作权保护制度过程中，特别得到了世界知识产权组织的帮助和支持。从1982年双方共同在中国举办著作权培训班开始，双方已合作多次，举办了内容不同的培训班和研讨会。为此，世界知识产权组织邀请了许多国家的知名学者来华讲演，讲演内容从最初的一般著作权知识，逐步发展为著作权集体管理、计算机软件著作权保护、新技术对著作权保护的影响、网络上的著作权保护以及民间文学的保护等等。讲演者们从不同的法学传统和观点，不同社会制度或经济发展水平的角度阐述了各自的看法，使中国有机会更加广泛地了解国际著作权保护的动态和发展趋势。

世界知识产权组织每年还安排中国的著作权专业人员参加国际著作权培训班，帮助中国的著作权行政管理、教学研究人员到其他国家进行考察和访问。

在世界知识产权组织的安排与协助下，国家版权局不仅与经济和文化发达的国家的著作权机构建立了合作关系，也与亚洲、非洲、拉丁美洲一些不够发达的国家的著作权机构建立了合作关系。

国家版权局每年还积极派团出席世界知识产权组织有关版权与邻接权方面的专家会议、系列会议及有关会议。

世界知识产权组织共管理21个国际条约，其中著作权方面的条约是6个，依法是：《保护文学艺术作品伯尔尼公约》(1886年)、《保护表演者、录音制品制作者和广播组织罗马公约》(1961年)、《保护录音制品制作者禁止未经许可复制其录音制品日内瓦公约》(1971年)、《发送卫星传输节目信号布鲁塞尔公约》(1974年)、《世界知识产权组织版权条约》(1996年)、《世界知识产权组织表演和录音制品条约》(1996年)。

中国加入了其中的两个条约，一个是《保护文学艺术作品伯尔尼公约》(1992年10月15日)，一个是《保护录音制品制作者禁止未经许可复制其录音制品日内瓦公约》(1992年10月30日)。随着国际著作权条约的加入，中国在国际著作权联盟中的作用日趋显著。

(一)1998年国家版权局参加WIPO举办的活动简况

1.WIPO会议

3月25日～27日 国家版权局派代表参加了WIPO成员国第32届系列会议。会议议程主要包括1998年～1999年两年期计划和预算草案、专利合作条约体系的自动化、信息技术项目等。

6月8日～12日 国家版权局副司长常城等2人参加了WIPO音像表演议定书专家委员会第2次会议，并在一般性问题、定义、精神权利、受保护人、合同安排等问题上代表中国作了发言。

6月22日～26日 国家版权局派代表参加了WIPO信息技术常设委员会第1次全体会议。会议主要讨论了该委员会的方针和给工作组的指示、WIPO全球信息网的建立、知识产权数字图书馆计划、信息技术领域进展的信息交换以及委员会的工作项目等问题。

9月7日～15日 国家版权局副司长许超参加了WIPO成员国第33届系列会议。会议议程主要包括1998年计划执行情况、预算盈余方针、总干事的提名和任命方针、组织法改革、海牙协定实施细则的修正、伯尔尼公约的正式俄文本、1999年例会议程草案。会议上，许超副司长以中国代表团的名义向WIPO总干事提出，中国请求制定伯尔尼公约的正式中文本。

11月2日～10日 国家版权局副局长沈仁干等2人参加了WIPO版权和相关权利常设委员会第1次全体会议。会议主要讨论了音像表演的保护(议定书)、非独创性数据库的保护(条约)和广播组织的保护(条约)三个问题。

11月16日～20日 国家版权局派代表参加了WIPO信息技术常设委员会第1次工作组会议。会议议程主要包括该委员会的工作项目、专利合作条约自动化计划的进展、WIPO全球信息网计划的进展、通过网络交换优先权文件的技术问题、WIPO标准的修正、知识产权数字图书馆计划的进展。

12月14日～18日 国家版权局派代表参加了WIPO关于全球信息网的版权咨询委员会第1次会议。

2.WIPO与国家或地区政府合办的地区会议或培训班

4月28日～30日 国家版权局派代表参加了WIPO和新加坡政府合办的互联网知识产权地区研讨会。研讨会议题是互联网对知识产权的挑战、商标和域名问题、互联网和版权保护准则、有关互联网知识产权侵权和执法、信息技术和知识产权、利用互联网管理知识产权、知识产权和互联网的未来。国家版权局代表在会上介绍了我国互联网的发展情况、版权保护方面存在的问题及为寻求解决办法所作的努力。

6月1日～5日 国家版权局副局长沈仁干、副司长许超参加了WIPO与香港知识产权署合办的TRIPS协议中知识产权执法问题亚太地区研讨会。

8月24日～29日 国家版权局司长王化鹏、副司长常城参加了WIPO与马来西亚政府合办的版权与邻接权集体管理亚太地区圆桌会议，以及WIPO新条约亚太地区研讨会。

10月4日～8日 国家版权局派代表参加了WIPO与日本政府合办的知识产权发展亚洲地区论坛会。

10月12日～16日 国家版权局与WIPO在上海联合举办了两个会议，一个是WIPO新条约亚太地区研讨会，一个是音像表演议定书和有关问题亚太地区磋商会。

11月17日～19日 国家版权局派中国音乐著作权协会的代表参加了WIPO与韩国政府合办的促进私立部门利用知识产权保护系统亚太地区研讨会。

12月9日～11日 国家版权局派代表参加了WIPO与巴基斯坦政府合办的版权和TRIPS协议亚太地区研讨会。另，国家版权局派江西、广西和陕西局的代表参加了WIPO与瑞典、芬兰政府合办的版权与邻接权培训班。

3. 访问WIPO

5月27日 国家版权局局长于友先和中国版权局长代表团（司长王化鹏率团）访问了WIPO，并会见了该组织助理总干事卡洛斯先生。双方就继续开展关于版权对国际版权状况的考察、支持中国青年版权工作者参加国际培训达成了初步意向，于局长还就中国加入该组织两个新条约的问题发表了基本意见。

（二）1999年国家版权局参加WIPO举办的活动简况

1.WIPO会议

2月8日～12日 国家版权局派代表赴日内瓦参加WIPO信息技术常设委员会第2次会议。会议议程主要包括：WIPO全球信息网络计划的实施；知识产权数字图书馆计划的实施；信息技术领域进展的信息交换；电子数据载体的转换和技术指标的更新；国内局网页的展示和内容以及该委员会工作项目等。

3月 国家版权局派上海市版权局的代表参加了WIPO在美国举办的版权初级培训班。

4月20日～24日 国家版权局副局长沈仁干率团参加了WIPO和联合国教科文组织（UNESCO）共同举办的民间文学保护亚太地区磋商会。会议集中讨论了民间文学艺术形式的现状、法律保护和发展趋势；1982年关于保护民间文学艺术形式的示范规定，以及如何利用现有知识产权体系保护民间艺术。与会的国家代表还畅谈了保护民间艺术的经验，以及澳大利亚、菲律宾对该艺术的确认、整理、保护和利用的创举。

5月3日～11日 国家版权局副局长沈仁干率团参加了WIPO视听表演保护地区磋商会、版权和相关权利常设委员会第2次会议。会议议程主要包括：视听表演的保护；广播组织权利的保护；非独创性数据库的保护。中国代表团在会上就上述三个问题作了一般性发言，主要内容为：原则上同意就视听表演的保护拟订一项议定书；原则上同意对广播组织权利加强保护，但需要与当地权利相协调；认为国际保护非独创性数据的时机还不成熟，中国要进一步观察各国情况，作进一步研究。

5月31日～6月4日 国家版权局副司长常城参加了WIPO关于知识产权发展合作常设委员会第1次会议，会议审议了WIPO自1996年1月1日至1999年3月30日进行的与实施TRIPS协议有关的各项活动，以及国际局、非洲两人地区性专门机构、WIPO全球性知识产权问题局提出的报告。常城代表国家版权局就WIPO在培训版权人才方面所提供的援助表示感谢，并希望在该领域与WIPO一如既往地保持密切合作。

6月14日～15日 国家版权局派代表参加了WIPO信息技术常设委员会第3次会议，会议主要讨论了《信息技术常设委员会关于进入二十一世纪的信息技术计划声明》。会议在听取有关意见后，重新修订了声明。并准备下半年送各国和各组织再征求意见。

7月5日～7日 国家版权局派代表参加了WIPO罗马公约政府间委员会第17次常会，会议讨论了大会秘书处委托准备的报告：《罗马公约》、《世界知识产权组织表演和录音制品公约》和《与贸易有关的知识产权协议》之间的关系与比较：《罗马公约》承认的邻接权保护和进化的可能进行的改进。

8月 派上海市版权局和浙江省版权局的代表参加了WIPO在瑞士、瑞典举办的版权初级培训班。

9月14日～16日 国家版权局派代表参加了WIPO电子商务与知识产权会议，会议就全球因特网上电子商务对知识产权产生的挑战和影响以及数字媒体中知识产权的保护、实施和争端解决等有关问题进行了磋商。

9月20日～29日 国家版权局副司长许超等2人参加了WIPO等34届成员国大会，会议通过了2000/2001年工作计划和预算草案。工作计划包括：全球知识产权、版权及相关权得发展以及发展中国家的合作问题。另外，对中国方面来讲，还有一个十分重要的内容是出版《伯尔尼公约》中文本的问题。

10月4日～16日 国家版权局派代表参加了WIPO在日本举办的知识产权研讨会。

11月1日～2日 国家版权局派代表参加了WIPO知识产权和传统知识圆桌会议。

11月15日～20日 国家版权局副局长沈仁干等2人参加了WIPO等3届版权与相关权常设委员会会议。

12月6日～10日 国家版权局副司长常城等2人参加了WIPO信息技术常设委员会第4次会议。

12月8日～10日 国家版权局派代表参加了WIPO在新德里举办的知识产权执法会议。

2. 世界知识产权组织与国家或地区政府合办的地区会议或培训班

6月22日～23日 国家版权局副司长王化鹏参加了WIPO与马来西亚政府合办的电子商务和知识产权亚太地区磋商会。该会议是9月全球会议之前的地区性磋商会。

6月29日～7月1日 国家版权局副司长常城参加了WIPO与菲律宾政府合办的数据库和广播组织权利保护亚太地区磋商会议，会议就非创作性数据库的保护和盗用卫星信号进行播放等问题进行了讨论。

10月12日～15日 国家版权局与WIPO在昆明联合举办了版权与相关权集体管理亚洲地区研讨会和国家研讨会，国家版权局局长于友先和WIPO总干事依德里斯参加了开幕式。此前，于友先局长陪同依德里斯总干事访问上海，参加了复旦大学授予依德里斯总干事名誉博士学位的仪式。

此外，由WIPO资助，国家版权局派人在美国福兰克林·皮尔斯法律中心学习了一年。

3. 访问WIPO

4月6日～19日 国家版权局局长于友先率团出访WIPO，就国家版权局与1999年度和2000年度合作计划与依德里斯总干事及其他高级官员进行了会谈。代表团还访问了瑞典版权集体管理协会和承办WIPO知识产权短期培训班的瑞典专利局以及俄罗斯的版权集体管理组织。

（三）2000年国家版权局国际交流活动

1月18日～20日 我局派员参加了在马来西亚举办的WIPO亚洲地区知识产权研讨会。会议就TRIPS执法义务的实施和由诸如信息技术和电子商务等问题给21世纪带来的挑战和机会进行了研讨，各国代表还就政府、产业界和权利人协会采取的法律实施方面的信息、经验和做法进行了交流，WIPO和日本专利局还传达了关于协助发展中国家加强执法的情况。

3月6日～17日 我局版权管理司司长王化鹏应邀率团访问美国，对美国的电影工作及其版权保护的问题进行了考察。考察的目的，一是中美电影的现状和发展趋势及双向交流进行探讨，二是就中美电影的版权保护问题进行研究。通过考察，对中国电影工业的发展有如下三点启示：1、要树立大电影观含，充分开发电影资源；2、要改善和优化电影产业结构；3、要有高科技观念，尽快提高国产影片的科技含量。关于美国电影的版权保护，具体做法有这样几点：1、完善立法；2、迅速有力的执法；3、反盗版技术措施的保护；4、树立最终版权的意识；5、以发达的社会经济实力作基础。

3月6日～8日 我局派员参加了在澳大利亚举行的二十世纪知识产权战略管理研讨会。会议讨论的问题包括：1、信息技术与传播技术的迅速发展为数字经济的存在创造了机会，与此同时也为知识产权制度提供有效的保护提出了挑战；2、全球经济的一体化对于知识产权制度需提供跨越国界的有效保护带来了压力；3、现存知识产权制度的保护范围就传统知识、土著文化以及植物新品种等方面缺乏有效的保护；4、尤其在生物遗传工程和信息技术发展的情况下，出现了需要由知识产权制度对所有成员提供合理的与有效的保护的问题；5、发展中国家有可能从改进后的知识产权制度中获益，并影响其在信息技术的领域中的基础设施建设，提高人员的素质。

3月8日～10日 我局版权管理司副司长许超参加了日本第四届亚太地区版权和邻接权研讨会。会议的议题主要有：1、亚太地区版权集体管理的概况；2、目前版权与邻接权保护的国际发展；3、保护表演者、录音制作者、广播组织的立法趋势；4、传统知识的保护；5、新技术问题以及电子商务和知识产权。

4月10日～14日 我局副局长沈仁干率团参加了WIPO版权国际会议。会议实际分为四个：地区磋商会、常设委员会第四次会议、外交会议筹备委员会会议和WIPO大会第11次特别会议。以上四个会议均围绕着制定有关更新视听表演者保护的国际文件以及是否要在2000年底召开通过该国际文件的外交会议的主题而展开，会议基本确定年底召开有关保护视听表演的外交会议。

4月10日～12日 我局派员参加了美国商业软件联盟在马来西亚举行的东南亚软件产业研讨会。会议主要议题为多媒体软件的合法保护和加强反盗版措施等。

5月6日～20日 我局派员参加了国家知识产权局组团的赴美知识产权考察团。

6月18日～29日 我局版权管理司副司长许超率团访问了欧盟国家英国和瑞典。访问期间，代表团首先参加了19日～20日在斯德哥尔摩召开的国际文学和艺术协会大会，其间与欧盟指派的两名咨询专家进行了座谈，听取了两位专家对中国修改著作权法的建议和欧盟近年来有关版权方面的发展情况介绍。之后，还访问了瑞典专利局、瑞典司法部、瑞典表演者协会、瑞典表演权协会、英国专利局、英国出版商协会和国际唱片业协会，与上述各有关版权机构就各自所关心的版权问题进行了交流。

6月19日～25日 我局派员参加了美国电影协会在泰国举行的年会，会上我参会代表就中国近年来打击侵权盗版情况进行了介绍。

6月26日～7月2日 我局派员参加了日、韩在韩国举办的日韩知识产权执法研讨会。

二、与联合国教科文组织(UNESCO)的关系

中国于1992年10月30日加入了UNESCO管理的《世界版权公约》，并积极参加不定期召开的《世界版权公约》委员会会议。

1995年以来，国家版权局与UNESCO合作将该组织刊物《版权公报》(英文版)翻译成中文在中国出版发行。这也是国家版权局与UNESCO的主要合作项目。

1999年10月25日～27日 国家版权局与UNESCO、北京大学在北京联合举办了"数字化时代的著作权和邻接权培训研讨会"。

三、与其他国际组织的关系

1986年9月19日 中国版权代表团访问了总部设在伦敦的国际唱片业协会(IFPI)。IFPI成立于1933年，目前，在香港、新加坡、马来西亚等地均设有办事处。

四、与其它国家合作与交流

(一)亚洲

马来西亚

为执行世界银行援助计划，国家版权局派团访问了马来西亚内贸和消费者事业部知识产权厅。

日　本

1987年9月 日本文化厅派团(一行2人)访问了中国。

1987年11月 国家版权局派人(2人)到日本音乐著作权协会学习3个月。

1991年7月 在日本国际交流基金的资助下，国家版权局派1人到日本京都大学·(财)比较法研究中心学习1年。

1991年12月 应日本音乐著作权协会邀请，沈仁干副局长率中国版权研究会代表团访问日本。

泰　国

1995年国家版权局与泰国商业部签署了《版权和邻接权合作谅解备忘录》。

1996年双方进一步签署了《版权和邻接权合作行动计划》。

1996年国家版权局派代表(副司长陈昭宽)访问了泰国。

1996年12月 泰国智慧财产厅副厅长率团(一行3人)访问了北京和上海。

2000年7月 国家版权局司长王化鹏率团(一行5人)出访。

新加坡

2000年7月 国家版权局司长王化鹏率团(一行5人)出访。

越　南

1996年9月 派3人代表团访问了越南版权局。

1997年8月 越南版权局代局长吴满出先生率3人代表团访华。

(二)东欧中亚

俄罗斯

1999年4月 国家版权局局长于友先率团(一行6人)访问了俄罗斯著作权协会。于友先局长与该协会主席特韦尔多夫斯基签署了《中俄著作权友好合作协议意向书》。代表团还访问了俄罗斯出版工作者协会。

匈牙利

1986年9月 中国版权代表团访问了匈牙利出版局。匈牙利的《欧洲》出版社成立于1955年，是匈牙利唯一的外国作品出版社。

(三)西欧

德　国

中德两国的版权合作始于1989年。

1994年5月 于友先局长会见了来访的德国专利局局长豪依塞尔，就德国著作权集体管理机构援助中国著作权集体管理机构事达成了协议。按照协议，1995年2月～5月德国著作权集体管理机构(GEMA)接待了中方选派的3名人员。

1995年5月 应德国专利局邀请，于友先局长率5人代表团访德。

法　国

1994年5月法国文学家协会和多媒体作者协会代表团访华。

1995年5月以于友先局长为团长的中国版权代表团访问了法国。

1996年8月双方签订中法技术合作议定书。

1996年10月法国文学家协会主席弗朗索瓦·库佩先生率团(一行3人)访问了北京和上海。

1997年5月～7月 国家版权局选派3人赴法参加培训。

芬　兰

1993年5月 以宋木文为团长的中国版权代表团访问了芬兰教育部，与芬兰版权界人士进行了交流。

1995年10月 应国家版权局邀请，芬兰教育部政府特别顾问尤卡·里埃岱斯先生率团(一行4人)访问了北京和西安。

瑞　典

1984年6月 应国家版权局和联合国教科文组织的邀请，瑞典司法部部长奥尔森到上海为版权培训班讲课。

1988年12月 国家版权局沈仁干先生率团(一行3人)访问瑞典。

1989年11月 应国家版权局、最高人民法院和世界知识产权组织的邀请，瑞典最高法院皮特·达若斯基法官等3人，为在北京举行的亚太地区版权审判培训班讲课。

1992年9月 应国家版权局和世界知识产权组织邀请，瑞典司法部顾问奥尔森参加在北京举办的中国版权制度国际研讨会，并发表演讲。

1995年10月 以奥尔森先生为团长的瑞典版权代表团(一行4人)访问北京。于友先局长会见并宴请了代表团。

1997年10月 奥尔森先生

作为世界银行援助立法项目国家版权局邀请的4位外国专家之一来华讲学，并对中国著作权法的修改要点提供评论。

1999年4月 于友先局长率中国版权代团(一行6人)访问了瑞典专利局和瑞典局法部。

瑞 士

1999年4月 于友先局长率团访问世界知识产权组织时，在该组织的安排下，代表团访问了瑞士音乐著作权协会。

西班牙

1993年，应西班牙文化教育部的邀请，于友先局长率团(一行3人)出访。

1997年10月5日～12日 西班牙国会文化顾问、国务秘书处办公厅主任巴雷拉先生率西班牙版权代表团(一行3人)来华访问了北京和西安。

英 国

1986年9月，中国版权代表团访问英国专利局时，该局局长库珀先生介绍了英国版权管理机构和修改著作权法的情况。英国版权管理机构是英国工业产权和版权部领导下的英国专利局，属于政府部门，只是负责起草和修改版权法、代表政府参加国际组织和国际公约，协调处理版权具体问题的组织与政府间的关系以及协助培养版权人员的专门院校发展教育工作。专利局不是具体处理版权问题的机构。代表团还访问了英国出版家协会。

1995年3月，版权司副司长陈昭宽率团访问英国，参加伦敦国际书展。

(国家版权局版权司信息处冯宏声)

国家工商局商标局

十一届三中全会以前，中国在商标领域与其他国家和政府间组织虽有一定的交往，但仅限于相互注册商标优惠方面，交往的范围和规模十分有限。改革开放为中国在商标领域的国际交流与合作提供了契机，中国以积极的姿态，广泛开展商标领域的国际交往，加入商标领域的国际组织或条约，保持同世界知识产权组织的友好合作关系，加强同其他国家商标主管机关的国际交流与合作，提高了中国在商标领域的国际地位。

一、中国加入有关商标的国际组织和条约

1980年3月3日，中国向世界知识产权组织总干事递交了《建立世界知识产权组织公约》加入书，同年6月3日生效，中国正式成为世界知识产权组织成员国。

1984年12月19日，中国向世界知识产权组织总干事递交了《保护工业产权巴黎公约》(以下简称《巴黎公约》)加入书，于1985年3月19日生效，中国正式成为《巴黎公约》成员国。

1989年7月4日，中国向世界知识产权组织总干事递交了《商标国际注册马德里协定》(以下简称《马德里协定》)加入书，同年10月4日生效，中国正式成为马德里联盟成员国。这是中国加入的第一个专门规定商标问题的国际条约，加入该条约，使中国进入了马德里商标国际注册体系，开通了商标国际注册渠道，方便了国内外商标申请人。

1994年5月5日，中国向世界知识产权组织总干事递交了《商标注册用商品和服务国际分类尼斯协定》(以下简称《尼斯协定》)加入书，同年8月9日生效，中国正式成为尼斯联盟成员国。这是中国加入的第二个专门规定商标问题的国际条约，加入《尼斯协定》，使中国一些具有民族特色的商品和服务进入国际分类成为可能，方便了国内商标所有人到国外申请商标注册，以维护其在特有商品和服务上使用商标的权利。

1995年9月1日，中国向世界知识产权组织总干事递交了《商标国际注册马德里协定有关议定书》(以下简称《马德里议定书》)加入书，同年12月1日生效，中国正式成为《马德里议定书》成员国。这是中国加入的第三个专门规定商标问题的国际条约，中国的加入使该议定书达到了生效的法定成员国数目，因而具有特别的意义。前任世界知识产权组织总干事鲍格胥博士对此给予高度评价：中国加入《马德里议定书》，必将带动一大批发展中国家加入；中国带头加入，可以把自己的经验运用于《马德里议定书实施细则》的修改和完善，对健全世界知识产权制度是一个强有力的推动。事实也表明，《马德里议定书》不仅吸引发展中国家加入，而且吸引发达国家加入。

在加入有关商标的国际条约的同时，中国也积极履行国际义务，加强和扩大了中国在国际知识产权界的地位和影响。1985年成为《巴黎公约》成员国后，中国便承担公约规定的有关义务。在商标方面，《巴黎公约》主要有以下几个内容：(1)国民待遇原则。自1985年3月19日成为《巴黎公约》成员国，中国给予成员国国民和虽不是成员国国民但在某一成员国有住所或真实有效的工商营业场所的人以与中国国民相同的待遇，保证其不受歧视。(2)优先权。申请人要求优先权的，经商标局审查并确认其申请手续齐备的，中国均依法承认和保护其优先权。(3)对服务标记、集体商标的保护。1993年7月1日中国开始注册和保护服务商标，1995年3月1日中国开始受理集体商标和证明商标的注册申请。(4)对驰名商标的保护。中国《商标法实施细则》第二十五条(2)项规定，违反诚实信用原则，以复制、模仿、翻译等方式，将他人已为公众熟知的商标进行注册的，商标局可以撤销其注册商标，当事人也可以注册不当向商标评审委员会申请撤销。1996年8月国家工商行政管理局颁布了《驰名商标认定与管理暂行规定》，明确提出了驰名商标保护的总体原则。

1989年10月4日中国正式成为《马德里协定》成员国后，同年10月，中国便开始受理来自其他成员国商标所有人到中国的领

土延伸申请,并承认和保护优先权,严格遵守12个月的驳回期限。1990年中国的马德里商标国际注册领土延伸申请仅为2048件,到2000年则达到16659件。1989年以中国为原属国的国际注册仅为4件,到1997年则达到219件,位居国际注册第八位。

以中国为原属国的国际注册量历年统计(1989~1997) 单位:件

年　度	1989	1990	1991	1992	1993	1994	1995	1996	1997
国际注册量	4	25	58	37	57	41	64	109	219

马德里商标国际注册领土延伸至中国的申请量和历年累计注册量(1990~2000) 单位:件

年　度	1990	1991	1992	1993	1994	1995	1996	1997	1998	1999	2000
申请量	2048	2595	2591	3551	5193	6094	7132	8502	10037	11212	16837
历年累计注册量		2306	3486	5528	8544	27896	39247	49280	62758	75124	87932

二、中国与世界知识产权组织的友好合作

1973年11月,由时任中国国际贸易促进委员会法律事务部部长任建新率领的中国政府代表团作为观察员赴日内瓦参加了世界知识产权组织领导机构第四次系列会议,中国与世界知识产权组织进行了首次接触。此后五年,由于中国处在特定的历史时期,中国未与世界知识产权组织进行过联系。直到1979年,以国家科委成果局顾问吴永琪为团长的中国代表团参加了世界知识产权组织领导机构第十次系列会议,世界知识产权组织总干事阿帕德·鲍格胥博士应邀首次访华,中国与世界知识产权组织的关系有了大的突破。从此以后,中国不断发展与世界知识产权组织的友好合作关系。

世界知识产权组织总干事阿帕德·鲍格胥博士访华之后仅四个月,中国政府就向世界知识产权组织总干事递交了《建立世界知识产权组织公约》加入书。1980年6月3日中国正式成为世界知识产权组织成员国后,中国同世界知识产权组织进行了真诚而又卓有成效的合作,出席了世界知识产权组织召开的一系列商标会议,如领导机构会议、马德里联盟会议、尼斯联盟会议、维也纳联盟会议、协调商标保护法律专家委员会会议、解决国家间知识产权争端会议、驰名商标专家委员会会议、商标使用许可专家委员会会议以及商标、工业品外观设计和地理标记法律常委会会议等;参加了世界知识产权组织在澳大利亚、斯里兰卡、伊朗、日本、美国、加拿大、瑞士、荷兰、南非等国举办的各种类型的商标培训班;与世界知识产权组织联合举办了多次商标研讨会、商标培训班;国家工商行政管理局的领导及商标局的领导多次访问世界知识产权组织;邀请世界知识产权组织专家来中国讲课或工作访问。世界知识产权组织在中国商标法律制度的建立、商标注册体系的完善及人员的培训等方面,都给予了大力支持和帮助。

国家工商行政管理局与世界知识产权组织联合在中国举办的商标研讨会或培训班

时　间	地　点	会　议　名　称
1982年5月11~20日	北　京	商标法律培训班
1983年10月24~28日	北　京	商标分类与审查培训班
1984年8月13~16日	北　京	亚洲地区商标研讨会
1992年1月15~17日	北　京	商标国际注册马德里协定制度应用培训班
1992年1月18~20日	武　汉	商标国际注册马德里协定制度应用培训班
1993年3月8~10日	北　京	亚洲地区企业商标战略与管理研讨会
1996年3月7~8日	深　圳	中国和商标国际注册系统培训班
1996年3月11~14日	北　京	中国和商标国际注册系统培训班
1998年12月16~18日	北　京	商标法律研讨会
2000年6月8~9日	成　都	WIPO亚洲地区商标国际保护研讨会

三、中国与其他国家在商标领域的交流与合作

在独立自主、平等互利原则基础上,中国积极发展与世界各国商标主管机关的交流与合作。1985年,中国与法国建立中法商标工作组,每年定期举行一次中法商标工作组会议,加强了中法双方在商标领域的交流与合作;1995年,中国与泰国签订《中泰两国商标领域双边合作备忘录》,并于1996年共同草签了《商标合作活动计划》;1996年12月,中日商标首脑第一次会议在北京举行,中日双方共同签署了《中日商标首脑第一次会议备记录》,并于1998年4月和1999年5月分别在日本和北京举行了中日商标首脑第二次会议和第三次会议。商标局先后多次派团访问了法国、德国、美国、英国、日本、加拿大、澳大利亚、新西兰、泰国、巴西、瑞士、朝鲜、西班牙、比荷卢、韩国等国的商标主管机关,就有关商标事宜举行会谈或磋商;同时,法国、德国、日本、泰国、捷克、朝鲜、西班牙、美国、韩国、俄罗斯、保加利亚、南斯拉夫等许多国家的商标主管机关代表团来访商标局,了解中国的商标发展情况。通过与其他国家的交流,使中国了解了世界商标领域的最新发展动态,也使国外了解了中国的商标立法、司法、行政执法等方面的情况,增进了相互了解,加强了双边合作。中国还邀请外国商标专家来华讲学,派出数十批商标工作人员出国考察、学习,推动了中国商标事业的发展。

通过广泛的国际交往,进一步加强了中国与世界知识产权组织的联系,增进了与世界各国在商标工作和商标法律方面的交流与合作,提高了中国在世界知识产权界的国际地位。

(国家工商局商标局综合处)

最高人民法院知识产权领域

近二十年来,人民法院通过多种方式,不断拓展知识产权司法领域的国际交流与合作,积极学习借鉴国外知识产权审判的有益经验和成功做法,运用于我国知识产权审判实践中,使人民法院对知识产权的司法保护水平不断提高。近一年多来,最高人民法院和地方各级人民法院以多种方式,开展了多项国际交流与合作。以下所列为人民法院所进行的部分国际交流与合作活动情况。

一、访问和考察

2000年5月　最高人民法院法官董天平参加中国政府知识产权代表团赴美国访问考察。

2000年6月　最高人民法院法官张辉、郃中林参加中国赴欧盟商标、著作权考察团。

2000年10月　最高人民法院法官段立红、上海市高级人民法院法官朱丹作为青年访问学者赴瑞典、瑞士进行为期两个月的司法交流活动。

2000年12月　由最高人民法院副院长李国光率领的中国高级法官代表团访问欧洲,期间访问了世界知识产权组织和欧洲专利局。

2000年12月　最高人民法院法官王永昌参加中国赴欧盟专利执法、立法考察团。

二、合作培训

2000年4月、11月　最高人民法院民三庭和欧盟办公室在广州、武汉分别举办了为期一周的知识产权高级法官培训班,邀请欧盟和中方的专家学者授课,来自全国各级人民法院的140余名法官参加了培训。

2000年6月～8月　最高人民法院民事第三审判庭王艳芳参加美国天普大学与中国政法大学法律硕士学习,赴美学习、考察。

(段立红)

宣传、培训、出版物、网站

宣 传 与 培 训

国家知识产权局

一、宣传

以1998年国务院机构改革中原中国专利局更名为标志，国家知识产权局的宣传工作大致可以分为前后两个阶段。1985年专利法开始实施至1998年成立国家知识产权局14年中，其宣传工作仅仅涉及单纯的专利工作。1998年3月以后，由于国家知识产权局不但成为主管全国专利工作的国务院行政部门，而且，还担负统筹协调涉外知识产权事宜的职能，因而，尽管其宣传工作重点仍在专利，但开始覆盖了整个涉外知识产权领域。如果进一步划分，1998年前的宣传工作还可分为两个部分，1985年至1991年，原中国专利局没有专门的宣传部门，其宣传工作主要由当时的法律部政策研究室承担，宣传重点也仅限于专利申请量、单个专利项目等的宣传报道。1991年，原中国专利局成立了宣传处，其宣传工作逐步发生了由浅入深地变化。纵观国家知识产权局近20年来宣传工作的历史，实际也就是我国专利等知识产权事业发生、发展的基本脉络，它反映的问题和成绩也就是国家知识产权局在成长过程中所遇到的问题和取得的成绩。

(一)2000年的宣传

2000年，国家知识产权局紧紧把握住中央“发展是硬道理”这个主题，结合经济结构战略性调整、完善社会主义市场经济体制等中央的中心工作，广泛、深入地开展专利等知识产权宣传工作，使其宣传工作迈上了一个新台阶。

首先，突出宣传了党和国家对我国专利事业发展的关怀与支持。通过组织中央新闻媒体，对中共中央总书记、国家主席江泽民，中共中央政治局常委、国家副主席胡锦涛，中共中央政治局常委、国务院副总理李岚清，中共中央政治局委员、国务院副总理温家宝等党和国家领导人，参观由国家知识产权局举办的“中国专利十五年成就展”的宣传，包括在《人民日报》发表《站在新起点，实现大发展》评论员文章，突出体现了以江泽民为核心的党和国家第三代领导集体对我国专利事业的关心与支持。

其次，突出宣传了我国专利法的再次修改。通过配合国务院新闻办举行的记者招待会，在《人民日报》发表题为《推动技术创新是着眼点》的评论员文章，向国内外广泛宣传了我国专利法第二次修改的重大意义。

第三，突出宣传了国家知识产权局主管专利工作的职能。2000年初，通过召开“专利申请突破百万件”新闻发布会，充分反映出我国专利事业蓬勃发展的状况和国家知识产权局受理、审查专利申请，依法授予专利权的神圣职责。国家知识产权局制定下发了《加强地方宣传工作的意见》等文件，使地方的专利宣传工作能够在国家知识产权局的直接指导下，明确方向，结合各自的实际情况，有重点地对大众进行专利等知识产权的宣传普及工作，使全国的专利宣传工作形成了合力。通过对全国专利工作会议，以及国家知识产权局同中央其它部门、地方政府共同主办的各种以专利制度促进技术创新为主要内容的座谈会、展览会、洽谈会、经验交流会、研讨会和打击假冒专利等活动的宣传，展示了国家知识产权局在管理全国专利工作、推动我国专利事业的发展，促进我国技术结构、产业结构、地区经济结构调整，加快我国以专利技术为主的高新技术产业化，规范我国技术市场等诸多方面发挥的职能作用。

第四，突出宣传了国家知识产权局统筹协调涉外知识产权事宜的职能。通过对国家知识产权局与国际知识产权或专利组织以及与中央有关部门联合举办的各种国际会议、活动的宣传，例如，对“知识产权保护与中国—21世纪的挑战与机遇”国际研讨会、“WIPO亚太地区高新技术知识产权保护国际研讨会”、开展打击非法使用UL安全认证标志活动等的宣传，展现了国家知识产权局统筹协调涉外知识产权事宜的能力。

第五，为调动广大新闻工作者和知识产权界人士宣传大众、普及大众知识产权意识的积极性，国家知识产权局举办了第五届全国专利好新闻评选活动，并在年初发出了《关于第五届全国专利好新闻评选结果的通知》。

第六，继续重视利用因特网进行宣传工作。国家知识产权局

Internet 网站从 2000 年 1 月 1 日全面更新，全方位介绍了该局工作情况（网址：www. sipo. gov. cn)。

第七，继续贯彻落实党的十五大提出的新闻出版业要“加强管理，优化结构，提高质量”的精神，进一步发挥国家知识产权局主管的行业报纸和出版发行的宣传优势。知识产权出版社在建社 20 周年的基础上，加强了力量，更丰富了专利等知识产权出版物的出版，提高了出版宣传质量。

第八，为下一年做准备，与中央电视台合作，已经启动的宣传大众、普及大众的宣传工作有：

——关于培养青少年科技创新能力和知识产权保护意识的《创新之星》电视大赛活动；

——关于宣传专利支持西部大开发战略的专题片《知识产权在西部》；

——关于提高全民知识产权保护意识的“保护知识产权公益广告”；

——关于 2001 年 4 月 26 日第一个“世界知识产权日”的庆祝晚会。

二、培训

国家知识产权局的培训工作起步较早，约在 1980 年建局初期，随着专利法的即将实施，就开始了对大批专利审查人员和管理人员的培训。由于以前我国没有专利制度，所以，早期的培训主要是通过专利领域的国际合作进行的，原中国专利局既邀请外国专家来华讲学，同时也派大批人员到欧、美、日等国学习相关知识。1985 年我国实施专利法至今，虽然以国际合作方式出现的专利等知识产权领域的培训从未间断，但从那时起，国家知识产权局自身筹办的培训逐步增多，培训的对象范围越来越广，不但有对自身队伍的培训，还包括了对专利司法、专利管理、专利代理，甚至企事业单位的培训等等。特别是 1998 年设立国家知识产权局、中国知识产权培训中心落成后，为培养知识产权领域的高级人才奠定了坚实基础，使培训工作更进一步细化，也更加深入合理。

(二)2000 年的培训

(1)社会培训

全面加强培训工作，加强知识产权保护的社会意识，提升知识产权从业人员素质是社会培训的重点，国家知识产权局与国家经贸委合作对全国 520 户重点企业领导人进行的知识产权培训引起良好反响。为加强专利队伍建设，适应新时期知识产权工作的需要，国家知识产权局还对地方知识产权管理机关领导干部和本局司处两级领导进行了有针对性的培训，并面向全国专利代理人开展了知识更新培训，1000 多专利代理人参加了培训。对全国各地知识产权管理机关的知识产权培训工作给予了指导和支持。各地知识产权管理机关按照国家知识产权局要求，对县级以上行政领导干部和当地企业管理人员进行了大范围的培训，全国有两万余名行政领导干部、十万余名企业管理人员参加了知识产权培训。

(2)局内培训

根据培训工作的分工，2000 年初，国家知识产权局组织两期新入局审查员进行了为期一周的相关法律培训，内容包括：商标法，版权法，行政复议法及民法基础知识。通过培训，使那些具有较好技术背景，欠缺法律知识的新入局人员扩大了知识面，提高了法律素质，增强了依法行政的意识。

根据加快专利审查工作的需要，4 月至 12 月，举办了五个日语速成班及两个英语提高班，有效地提高了审查员外文检索的速度和质量。从整体上提高了审查员的外语水平。

为适应现代信息技术发展的需要，4 月至 6 月，举办了 20 余期计算机网络培训，普及和提高了全局工作人员自动化办公水平。

为搞好职工的继续教育，使专业技术人员不断地更新知识，国家知识产权局鼓励和提倡各业务部门邀请本领域专家进行讲课和交流，并在经费上给予支持。加强了审查员外出调研和参加社会实践的审批和管理工作，要求各调研小组外出前作好调研提纲，回局后认真作好总结。通过审查员走出去参加社会实践和调研，一方面加强了审查员对其专业技术领域发展的了解，另一方面还加强了审查员与发明人和申请人之间的沟通，便于及时有效帮助申请人。同时还起到了普及宣传专利法的作用。

为了帮助地方和企业普及专利知识，提高专利保护意识，宣传新修改的专利法，认真完成了推荐教员外出讲课的工作。

为制定将专利管理和保护纳入技术创新全过程的措施，制定宏观专利政策，特别是为加入 WTO 应采取的知识产权对策提供参考依据。国家知识产权局利用智力引进培训渠道，组织了 20 名来自省、市专利管理机关、企业、法院等系统的领导及专业骨干赴美国进行了为期 24 天的“美国专利政策与专利战略”培训班，收到了良好的效果。

(3)审查业务培训

2000 年国家知识产权局录入新专利审查员 56 人，为使这些新审查员尽快熟悉自己所属技术领域的专利审查工作，国家知识产权局吸取了国际上其他国家同行的先进经验，进一步加大了专利审查实践的培训力度。在 4 个月的专利基础知识课结束后，新审查员不但需在指导审查员的指导下进行审查工作，而且定期组织召开有关审查工作的经验交流会，以便解决审查工作中遇到的实际问题，丰富审查经验，提高审查水平。

进一步加强了新审查员的审查业务阶段考核工作，使新审查员的培训工作从入局伊始就进入科学管理轨道。

举办了十期有 800 多人参加的专利审查业务研讨会，研讨内容涉及了审查员的培训；审查业务实践专题交流；相关法规教育；审查指南的修改；行政复议等诸多课题。

(4)专利代理人的执业培训

为了提高专利代理人的业务水平，我局制定了《专利代理人执业培训办法》。2000 年是实施该办法的第一年，全年共举办九期培训班，有来自全国各地的1000余名专利代理人参加了培训，取得了较好的效果。

(5)中国知识产权培训中心的培训工作

2000年是国家知识产权局给培训中心下达具体培训任务的第一年，是培训中心培训工作真正开始走向规范化的第一年。

培训中心2000年的培训工作具有两个显著特点。一是培训经常化，初见规模；二是配合国家的方针政策，结合国家即将入世的大形势，加强了对企业和西部地区的培训。

全年举办各种培训班近30期，其中还承办了2期世界知识产权组织面向亚洲的国际研讨会和1期内地与香港知识产权研讨会，培训人数超过2000人。培训内容涉及知识产权基础知识、计算机程序发明专利申请审批与代理、医疗器械发明专利审批和代理、生物技术专利审查与代理、专利审查、专利代理、专利法修改、知识产权诉讼等。培训对象包括专利审查员、专利代理人、知识产权管理机关的工作人员、企事业负责人和从事知识产权工作的人员、公务员等。

培训中心为配合国家开发西部的战略，在西藏自治区成功举办了第一期知识产权培训班，这是国家知识产权局第一次在西藏自治区举办此类培训活动。来自西藏自治区政府及其各厅、局、委、办的主管领导和有关企事业的负责人，以及自治区各地、市科委的主管领导100余人参加了培训班。

培训中心与华中科技大学联合举办的研究生班的教学工作开展顺利。

培训中心的自动化工程第一阶段的工作基本完成，图书馆新进图书近千册，接收世界知识产权组织、欧洲专利局、日本特许厅赠书近百册，并对图书和培训资料进行了分类整理。

(国家知识产权局办公室宣传处刘宁)

国家版权局

宣传培训、学术活动

1982年5月10～21日 世界知识产权组织在北京举办首次版权培训班

1984年2月3～4日 联合国教科文组织在上海举办首次版权培训班

1985年7月25日 国务院批准设立国家版权局

1985年11月11～22日 国家版权局与世界知识产权组织在南京联合举办版权培训班

1988年9月19～24日 国家版权局与联合国教科文组织在北京联合举办版权培训班

1988年10月 第一次全国版权案例研讨会在湖南省召开

1989年10月31日 国家版权局、最高人民法院、世界知识产权组织联合举办“地区版权审判培训班”

1990年5月 司法部、国家版权局联合发出《关于在“二五”普法教育中学习宣传著作权法的通知》

1990年9月7日 第七届全国人大常委会第十五次会议通过《中华人民共和国著作权法》

1990年9月12日 国家版权局在北京召开新闻发布会，刘杲副局长就著作权法的若干问题作了说明

1990年9月15日 国家版权局在人民大会堂召开著作权法实施座谈会，首都法学界、文艺界、科技界等各界知名人士参加了座谈会

1991年5月30日 国家版权局副局长刘杲就著作权法生效实施在中央电视台发表题为《大力实施著作权法促进文化科学繁荣》的电视讲话

1991年6月1日 《中华人民共和国著作权法》正式施行

1991年8月 国家版权局、中国版权研究会等单位联合举办“著作权理论与实践研讨会”在大连市召开

1991年11月24日～30日 世界知识产权组织、广播电影电视部、国家版权局在京联合举办“广播电视、音像和唱片版权培训班”

1992年3月16日～27日 国家版权局与世界知识产权组织在广州举办“关于各类作品行使和管理培训班”

1992年6月5日 国家版权局在人民大会堂召开座谈会，纪念《中华人民共和国著作权法》实施一周年

1992年9月3～4日 中国版权研究会、中国出版工作者协会与日本书籍出版协会在北京联合举办“中日著作权研讨会”

1992年9月14～15日 国家版权局在北京举办“中国版权制度国际研讨会”

1992年9月15日 国家主席江泽民在京会见世界知识产权组织总干事阿帕德·鲍格胥博士

1992年11月3～4日 国家版权局在广州举办“内地·香港知识产权法律制度研讨会”

1993年4月20日 国家版权局在郑州举办“涉外著作权培训班”

1993年9月 为庆祝著作权法颁布三周年和我国加入国际著作权公约一周年，鼓励广大新闻工作者积极宣传著作权法，国家版权局和中国版权研究会联合举办“著作权好新闻评选”活动

1994年3月 国家版权局与世界知识产权组织联合举办“亚洲地区版权保护与文化发展研讨会”

1994年6月 为庆祝著作权法实施三周年，广泛宣传著作权知识，国家版权局与中央电视台合作录制了一台宣传著作权法的文艺晚会

1994年9月 国家版权局与世界知识产权组织联合举办“计算机和版权问题研讨会”

1994年12月 国家版权局与电子部、IBM公司合作举办中美知识产权研讨会

1995年6月5～6日 国家版权局在北京举办“国际影印复制权座谈会”

1995年7月26日 国务院法制局、国家版权局和国家测绘局联合举办“地图著作权研讨会”

1995年10月11～15日 中国版权研究会与全国人大教科文卫委员会在安徽举办“全国著作权理论研讨会”

1996年5月6～8日 国家版权局与世界知识产权组织在北京联合举办“数字技术版权保护研讨会”

1996年5月14～17日 国家版权局与东北三省版权局联合举办“音像版权管理培训班”

1996年5月30日 国家版权局在人民大会堂举行大型座谈会，纪念《中华人民共和国著作权法》实施五周年

1996年7月～9月 国家版权局组织与中国版权研究会联合举办“第二届全国好新闻评选”活动

1996年9月4～6日 国家版权局与世界知识产权组织在成都联合举办“版权和邻接权执法研讨会”

1996年9月5～6日 中国版权研究会和中国出版工作者协会与日本书籍出版协会在北京联合举办“第三届中日著作权研讨会”

1997年5月8～9日 “教材著作权研讨会”在北京召开，国家版权局、国务院法制局、全国人大法工委、国家教委等有关部门组织了此次研讨会

1997年6月23日 国家版权局在重庆举办“版权贸易研讨会”

1997年11月13～15日 国家版权局举办的“全国版权行政执法研讨会”在苏州举行

1998年8月 国家版权局在中国国际展览中心举办“中国版权保护图片展”

1998年9月27日 国家版权局在成都举办“全国地市级版权局长研讨班”

1998年10月12～16日 国家版权局与世界知识产权组织在上海联合举办“WIPO”版权新条约亚太地区研讨会”以及“WIPO视听表演议定书和有关问题亚太地区协商会议”

1999年1月15日 国家版权局、中国音乐著作权协会、美国电影协会在北京举办“国际音像新媒体版权研讨会”

1999年4月13～14日 国家版权局在北京分别召开“关于保护视听表演讨论会”、“关于保护广播组织(广播电视机构)权利讨论会”

1999年10月12～16日 国家版权局与世界知识产权组织在昆明联合举办“版权和有关权集体管理亚洲地区研讨会”、“版权集体管理国家研讨会”

1999年10月18～20日 国家版权局、联合国教科文组织、北京大学法治研究中心在北京大学联合举办“数字化时代的著作权和邻接权培训研讨会”

2000年3月28～30日 国家版权局主办、中国图书进出口总公司承办的“2000BIBF国际版权贸易研讨会”在北京召开

2000年4月19日 国家版权局在北京举办“网络著作权问题研讨会”

2000年4月26日 国家版权局版权管理司、国家信息产业部科技司主办，上海市版权局、上海市信息办承办、中国软件联盟、美国商业软件联盟、美国信息产业机构协办的“中美软件与互联网版权保护研讨会”在上海市召开

2000年8月20～23日 国家版权局在北戴河举办“第三届中央级出版社社长总编版权高级研讨班”

2000年8月31日～9月3日 国家版权局在中国国际展览中心举办“中国图书版权贸易成就展”，展览由中国出版工作者协会、中国版权研究会承办

2000年9月13日 国家版权局在人民大会堂举办座谈会纪念《中华人民共和国著作权法》颁布十周年

2000年9月30日 中华人民共和国国家版权局官方网站正式开通

(国家版权局版权司信息处
冯宏声供稿)

国家工商局商标局

《商标法》实施以来，各级工商行政管理机关始终如一地把商标法制宣传作为一件大事来抓，充分发挥新闻媒体的宣传作用，坚持不懈地采取多种形式，向社会各界特别是广大企业和消费者广泛深入宣传商标法律，大力普及商标知识，使《商标法》逐步为全社会所认识、接受并自觉遵守，全民的商标法制观念明显增强。同时，各级工商行政管理机关切实加强对商标管理人员、商标代理人、商标印制企业和企业商标管理干部的培训工作，提高了商标管理干部和商标代理人的业务素质，增强了企业的商标管理意识。

一、广泛深入开展商标法制宣传活动

十多年来，各级工商行政管理机关把《商标法》的宣传作为主要工作来抓，广泛深入地开展了商标法律宣传活动，取得了显著的效果。企业日渐认识到，商标不再仅仅是区别商品或服务来源的标志，而是企业形象和信誉的象征，是企业在市场竞争中图生存、求发展的重要手段。广大消费者逐渐形成认牌购物的风尚，并自觉以《商标法》为武器，积极维护自身合法权益，主动同商标侵权假冒行为作斗争。

(一)采取多种形式普及商标法律。《商标法》颁布以来，各级工商行政管理机关通过发放宣传材料、举办广播电视讲座、出动宣传车辆、悬挂宣传标语横幅、开辟广告宣传栏、开展现场咨询活动、举办假冒商标商品展览、拍摄电视专题片、举办文艺晚会等多种形式，大张旗鼓地开展宣传活动，向全社会普及商标法律和商标知识，使商标法制逐步深入人心。1982年《商标法》颁布之后、1988年《商标法》实施五周年之际、1993年《商标法》修订之后、1998年《商标法》实施十五周年之际，国家工商行政管理局组织全国工

商行政管理机关开展了声势浩大的《商标法》宣传活动，向全社会宣传普及商标法律。各级工商行政管理机关还在每年“消费者权益日”，结合各地实际，动员社会各界力量，开展大规模的商标法制宣传普及活动。各地结合全国义务普法教育，把商标法制列入普法教育内容，推动商标法制的宣传普及。商标局与北京科学教育电影制片厂联合摄制《商标与商标法》、《商标趣话》科教片，山西省拍摄了《飞走的燕子》、《健力宝风波》和《北方烧疑案》三部普及商标法律的电视剧，辽宁省与电视台合作拍摄了《金钱与良心》、《赎罪》等电视剧和《冒牌伪劣商品大曝光》等电视专题片，广泛宣传商标法律和商标知识。

(二)举办商标知识竞赛，召开新闻发布会，有针对性地宣传商标法律。十多年来，各级工商行政管理机关与新闻单位密切合作，举办了各类商标知识竞赛，吸引社会公众广泛参与和关注，提高全民的商标法律意识。商标局先后与中央电视台、法制日报社、中国工商报社等新闻媒体合作，参与并协助有关单位举办了全国首届商标法知识竞赛、全国知识产权法律知识竞赛、商标法律知识竞赛、首届中国国际商标知识大赛、“商标好新闻、好论文”评选活动等。山东、湖北、黑龙江、内蒙古等省、自治区工商局也举办了规模宏大的商标法律知识竞赛。与此同时，各级工商行政管理机关召开新闻发布会，介绍我国的商标法律制度和商标专用权保护情况，通报有关商标案件的查处情况，宣传我国的商标法律。自1989年以来，国家工商行政管理局先后举行过关于查处假冒商标和侵权案件新闻发布会、查处“IBM”计算机商标案等七件商标侵权大要案新闻发布会、商标法制建设新闻发布会、中国保护外国企业在华注册商标专用权记者招待会、1995年第四次市场专项治理成果通报会等。各地工商行政管理机关也就有关商标案件的查处情况及时通报新闻媒体，通过具体案件的报道来宣传商标法律。

(三)举行各类座谈会，推动《商标法》宣传工作的深入开展。1991年3月，国家工商行政管理局先后于1982年、1991年、1993年、1998年在北京召开《商标法》实施座谈会、八周年座谈会、十周年纪念大会、十五周年座谈会。各地工商行政管理机关也召开各类座谈会，邀请有关政府领导、相关部门负责人、企业的厂长经理及新闻单位记者参加座谈会，在宣传《商标法》的同时，使政府领导关心商标事业、有关部门支持商标工作、企业领导人重视商标管理、新闻媒体主动宣传商标法律。

(四)开展驰名商标、著名商标评选或颁证活动，积极宣传商标法律和商标知识。商标局于1991年积极参与并协助法制日报社、中央电视台和中国消费者报社主办“首届中国驰名商标消费者评选活动”，调动消费者参与评选中国驰名商标，通过评选活动宣传商标法律。各地工商行政管理机关纷纷开展著名商标评选或颁证活动，广泛宣传商标法律，积极引导企业争创驰名商标、著名商标，增强企业注册商标和保护商标的法律意识。

二、卓有成效地加强商标培训工作

十多年来，各级工商行政管理机关狠抓商标培训工作，加大对商标管理人员、商标代理人、商标印制企业和企业商标管理干部的培训力度，使商标管理干部和商标代理人的业务素质有了明显提高，企业的商标管理意识和商标运作能力也有了明显提高。

(一)加强对商标管理干部的培训工作。各级工商行政管理机关商标管理干部素质的高低，直接关系到我国商标注册与管理工作的好坏，也直接关系到我国商标行政执法水平的优劣。十多年来，各级工商行政管理机关把对商标管理干部的培训工作作为头等大事来抓，采取学习班、培训班、案例分析会、案件评查会、经验交流会、现场执法指导等形式，有效加强对商标管理干部的业务培训，切实提高商标管理干部的业务素质。1995年至2000年，商标局先后举办了四期全国商标管理干部培训班和六期全国基层商标管理干部培训班，对省级商标管理干部和基层商标执法干部进行集中培训，提高地方工商行政管理机关商标管理干部的业务水平。1994年至2000年，商标局先后五次召开全国商标办案工作座谈会或经验交流会，分析具体案例，交流办案经验，提高各地商标行政执法人员的办案水平。商标局还积极协助、指导地方工商行政管理机关开展对基层商标管理人员的培训工作，提高基层商标管理干部的执法水平。全国各地工商行政管理机关根据本地实际情况，因地制宜，采取理论与实践相结合的方式，每年都对基层商标管理干部进行多种形式的培训，使基层商标管理干部系统学习商标法律知识，熟悉商标法律法规，掌握商标办案技能，促进商标管理机构的职能到位，真正肩负起保护商标专用权的职责。同时，为做好有关商标注册工作，商标局开展了有关专题培训。1988年5月28日至6月3日，为做好商标注册用商品由国内分类向国际分类的转换工作，商标局邀请世界知识产权组织国际局莱德尔先生来华作“商标注册用商品国际分类讲座”。1990年3月，为做好我国加入《商标国际注册马德里协定》后的商标国际注册工作，商标局在广州举办商标国际注册马德里协定学习班。1992年5月至6月，为做好商标续展工作，商标局先后在西安、南京、青岛举办了商标续展工作培训班。1993年6月4日至9日，为做好服务商标的注册工作，商标局在哈尔滨举办全国服务商标培训班。

(二)加强对商标代理人的培训。商标代理人业务水平的高低，直接关系到商标代理的质量，也直接影响到商标注册工作的效率。自1990年推行商标代理制以来，商标局始终把商标代理人的培训作为提高代理人业务水平的重要手段来抓。1994年至

1995年，商标局连续在北京举办了四期商标代理人培训班。此后，商标局认定一批商标代理机构，即对新认定商标代理机构的代理人进行上岗前培训；考试或考核授予一批商标代理人资格，即对新批商标代理人进行培训，使其学习和掌握商标法律法规、商标注册流程、商标代理实务等知识，提高代理人的业务水平。

（三）加强对商标印制企业商标管理干部和企业负责人的培训。为有效从源头上制止商标侵权假冒行为的发生，规范商标印制行为，净化商标印制市场，根据国家工商行政管理局1996发布的《商标印制管理办法》有关规定，各地工商行政管理机关对商标印制企业的商标管理干部进行了普遍培训，经考试合格的授予《商标印制业务管理人员资格证书》。各地还结合《印制商标单位证书》验证工作，对商标印制单位的商标管理人员进行培训，使其熟知商标法律法规，并自觉遵守商标法律法规。此外，为从根本上加强我国企业的商标管理工作，提高我国企业的商标意识，各级工商行政管理机关充分发挥职能作用，通过召开研讨会、举办培训班等，引导企业增强商标意识。商标局于1991年和1993年分别在北京召开了“商标与企业发展研讨会”和“全国四十家大型企业厂长经理座谈会”。各地工商行政管理机关强化对企业的服务意识，举办了诸如企业商标保护、企业商标战略、企业争创驰名商标、农副产品商标发展战略等内容丰富的研讨会或座谈会，发挥典型企业的带头示范作用，使我国企业的商标管理水平和商标运用能力有了很大的提高。

（四）与世界知识产权组织联合举办培训班。利用世界知识产权组织的优秀人力资源和先进管理经验，国家工商行政管理局与世界知识产权组织先后六次联合举办培训班，即：1982年5月11日至20日在北京举办商标法律培训班；1983年10月24至28日在北京举办商标分类与审查培训班；1992年1月15至20日分别在北京、武汉举办两期商标国际注册马德里协定制度应用培训班；1996年3月7日至14日分别在深圳、北京举办两期中国和商标国际注册系统培训班。

通过开展以上宣传和培训活动，普及、宣传了商标法律知识，增强了企业的商标意识，提高了商标执法人员和商标代理人的业务素质，为营造公平竞争的市场经济秩序创造了良好的商标法制氛围。

（国家工商局商标局
综合处供稿）

知识产权出版物

图　书

序号	书　名	著(译)/编者	出版时间	定(估)价	出　版　社
1	1998美国联邦巡回上诉法院专利案件年鉴	顾柏棣主译	2000.04	60.00	知识产权出版社
2	1999年美国联邦巡回上诉法院专利案件年鉴	顾柏棣主译	2001.06	35.00	知识产权出版社
3	地方专利法规规章汇编	国家知识产权局条法司编	1998.04	26.00	知识产权出版社
4	发明创造与专利保护	温旭编著	2001.10	15.00(估)	知识产权出版社
5	发明创造之路有多远	石　践著	2001.09	18.00	知识产权出版社
6	发明创造专利权的获得与保护	李其华著	2001.11	10.00	知识产权出版社
7	发明和实用新型专利申请文件的撰写案例剖析	吴观乐著	1998.03	24.00	知识产权出版社
8	高新技术大全	刘璐编著	2001.08	398.00	知识产权出版社
9	国际外观设计分类表(第七版)	专利局审查部	1999.10	16.00	知识产权出版社
10	国际专利分类表(第七版共9册)	专利局审查部	1999.12	180.00(套)	知识产权出版社
11	化学和生物技术专利说明书的撰写与阅读	冯剑波译	1995.07	18.00	知识产权出版社

续表

序号	书　　名	著(译)/编者	出版时间	定(估)价	出　版　社
12	化学领域发明专利申请文件的撰写与审查	张清奎主编	1998.05	40.00	知识产权出版社
13	机械领域专利申请文件的撰写与审查	张荣彦著	1997.05	16.00	知识产权出版社
14	面向21世纪的中国知识产权问题	孔　平主编	2000.10	16.50	知识产权出版社
15	企业知识产权战略	冯晓青著	2001.09	22.00	知识产权出版社
16	人民法院知识产权审判案例精选	罗东川主编	1998.07	25.00	知识产权出版社
17	软件相关发明专利保护	刘孔中　宿希成　寿步编著	2001.08	18.00	知识产权出版社
18	商业秘密概述及诉讼保护	孙　鸥著	2000.04	13.20	知识产权出版社
19	审查指南	国家知识产权局编	2001.10	80.00	知识产权出版社
20	实用专利教程	江镇华等著	2001.10	15.00(估)	知识产权出版社
21	数字化技术的知识产权保护	陈美章　刘江斌主编	2000.05	26.00	知识产权出版社
22	外观设计概论	刘桂荣著	2001.11	30.00	知识产权出版社
23	外观设计专利复审与无效案例	赵嘉祥著	1999.09	16.00	知识产权出版社
24	外观设计专利申请审查指导	刘桂荣著	1998.12	19.00	知识产权出版社
25	网上查专利	孙艳玲著	2001.10	15.00(估)	知识产权出版社
26	新专利法详解	国家知识产权局条法司编	2001.09	42.00	知识产权出版社
27	英汉(汉英)知识产权词汇	汤宗舜 文希凯 蔡小鹏编	1996.12	18.00	知识产权出版社
28	域名与知识产权保护	陶鑫良　程永顺　张平主编	2001.01	32.00	知识产权出版社
29	怎样检索中外专利信息	江镇华等著	2001.10	18.00(估)	知识产权出版社
30	怎样撰写专利申请文件	江镇华等著	2001.10	18.00(估)	知识产权出版社
31	知己知彼 打赢知识产权之战—中国"入世"知识产权纵横谈	郑成思　韩秀成主编	2000.04	22.00	知识产权出版社
32	知识产权保护—厂长经理必读	高卢麟主编	2001.09	16.00	知识产权出版社
33	知识产权的保护策略与技巧	温　旭主编	1996.11	30.00	知识产权出版社
34	知识产权法案例教程	黄勤南著	2001.04	19.80	知识产权出版社
35	知识产权法规全书	知识产权出版社编	1998.08	198.00	知识产权出版社
36	知识产权法律保护寻答	陈美章主编	1999.10	19.00	知识产权出版社
37	知识产权理论与实务	袁志彦主编	1998.11	15.00	知识产权出版社
38	知识产权论	韦　之著	2001.10	20.00(估)	知识产权出版社
39	中国外观设计专利精品集(2001)	知识产权出版社编	2001.11	160.00(估)	知识产权出版社
40	中国优秀实用专利大全	中国知识产权报社编	2001.06	98.00	知识产权出版社

续表

序号	书　　名	著(译)/编者	出版时间	定(估)价	出　版　社
41	中国知识产权大案实录	朱卫卫 周冰心编	1998.12	19.80	知识产权出版社
42	中国知识产权二十年	刘春田主编	1998.11	19.80	知识产权出版社
43	中国知识产权教程——专利管理	胡佐超主编	2001.02	17.50	知识产权出版社
44	中国知识产权年鉴 2000	国家知识产权局编	2001.09	160.00	知识产权出版社
45	中国专利发明成果大典	知识产权出版社编	2001.12	396.00	知识产权出版社
46	中国专利局规章汇编	中国专利局条法司编	1999.07 重印	16.00	知识产权出版社
47	中国专利索引 1998 年(10－12)月	知识产权出版社编	1999.01	200.00	知识产权出版社
48	中国专利索引 1998 年(1－3)月	知识产权出版社编	1998.11	200.00	知识产权出版社
49	中国专利索引 1998 年(4－6)月	知识产权出版社编	1999.01	200.00	知识产权出版社
50	中国专利索引 1998 年(7－9)月	知识产权出版社编	1998.11	200.00	知识产权出版社
51	中国专利索引 1999 年(10－12)月	知识产权出版社编	2000	200.00	知识产权出版社
52	中国专利索引 1999 年(1－3)月	知识产权出版社编	1999.05	200.00	知识产权出版社
53	中国专利索引 1999 年(4－6)月	知识产权出版社编	1999.08	200.00	知识产权出版社
54	中国专利索引 1999 年(7－9)月	知识产权出版社编	2000.01	200.00	知识产权出版社
55	中华人民共和国专利法		2001.07	3.00	知识产权出版社
56	中华人民共和国专利法(中英文对照)		2001.07	7.00	知识产权出版社
57	中华人民共和国专利法实施细则		2001.07	4.00	知识产权出版社
58	中华人民共和国专利法实施细则(中英文对照)		2001.11	14.00(估)	知识产权出版社
59	中外专利数据库检索指南	刘延淮著	1997.03	68.00	知识产权出版社
60	专利代理	吴观乐主编	1999 年重印	15.50	知识产权出版社
61	专利法第二次修改导读	国家知识产权局条法司编	2000.09	7.80	知识产权出版社
62	专利法实施细则第二次修改导读	国家知识产权局条法司编	2001.07	11.00	知识产权出版社
63	专利法实用问答	孙国瑞编著	2001.10	10.00 (估)	知识产权出版社
64	专利法释义	文希凯主编	1999 年重印	7.00	知识产权出版社
65	专利法研究(2000 年)	专利法研究所编	2000.10	47.00	知识产权出版社
66	专利法研究(2001 年)	专利法研究所编	2001.12	47.00(估)	知识产权出版社
67	专利纠纷典型案例评析	胡佐超主编	2001.07	22.00	知识产权出版社
68	专利侵权判定	程永顺 罗李华著	1998.03	35.00	知识产权出版社

续表

序号	书　　名	著(译)/编者	出版时间	定(估)价	出　版　社
69	专利权的保护	尹新天著	1998.11	24.00	知识产权出版社
70	专利申请文件的撰写与审查要点(修订版)	黄　敏著	2001.12	14.00(估)	知识产权出版社
71	专利申请问答(修订版)	赵绍增　段绩用编著	2001.11	10.00(估)	知识产权出版社
72	专利申请须知(修订版)	国家知识产权局专利局编	2001.03	14.00	知识产权出版社
73	专利审查	吴伯明　黄益芬主编	1999年重印	18.50	知识产权出版社
74	专利审查业务与实践	国家知识产权局专利局审查业务管理部编	2001.09	39.00(估)	知识产权出版社
75	专利文献	赖　洪主编	1999年重印	12.50	知识产权出版社
76	专利行政案件判例集	北京市高级人民法院知识产权庭编	1999.06	46.00	知识产权出版社
77	专利许可贸易	曹家瑞　周民主编	1999年重印	4.50	知识产权出版社
78	专利资产评估基础知识	李芝生著	1998.01	19.00	知识产权出版社
79	最高人民法院知识产权判例评解	最高人民法院民事审判第三庭编	2001.05	39.00	知识产权出版社
80	最新国外专利精选—玩具器具、机构结构、自动装置	国外专利文献编译室编译	2000.02	48.00	知识产权出版社
81	最新失效专利技术精选	专利文献出版社编	1999.06	58.00	知识产权出版社
82	最新知识产权国际条约汇编	国家知识产权局条法司编	2001.11	60.00	知识产权出版社
83	知识产权自学考试指导与题解	曹新明	2001	14.00	北京大学出版社
84	知识产权法自学辅导	吴汉东	2000	11.00	北京大学出版社
85	知识产权法同步练习册	曹新明	2001	12.00	北京大学出版社
86	知识产权法(第1股)	吴汉东	2000	22.00	北京大学出版社
87	知识产权法(第2股)	吴汉东	2000	19.00	北京大学出版社
88	高科技产业与资本市场	陈开全	2000	23.00	北京大学出版社
89	专利法教程(经济法专业系列教材)	汤宗舜	1998	14.00	法律出版社
90	专利法教程	汤宗舜	重版	14.00	法律出版社
91	著作权法律知识手册	高凌瀚等	1994	8.50	法律出版社
92	中华人民共和国专利法	全国人大法工委	2001	3.00	法律出版社
93	中华人民共和国专利法	全国人大法工委	1999	3.50	法律出版社
94	中华人民共和国著作权法	全国人大法工委	1999	3.00	法律出版社
95	中华人民共和国商标法	全国人大法工委	重版	3.00	法律出版社
96	中华人民共和国反不正当竞争法	全国人大法工委	重版	2.50	法律出版社

续表

序号	书　　名	著(译)/编者	出版时间	定(估)价	出　版　社
97	中华人民共和国促进科技成果转化法	全国人大法工委	重版	2.50	法律出版社
98	中国知识产权法	张乃根	1999	24.00	法律出版社
99	中国经纪人实务全书	国家工商局	1997	185.00	法律出版社
100	知识产权损害赔偿研究	戴建志	1998	8.00	法律出版社
101	知识产权损害赔偿研究	戴建志	1997	9.00	法律出版社
102	知识产权实务及案例探析	张广良	1999	19.00	法律出版社
103	知识产权审判指导与参考(2)	高法知识产权庭	2001	45.00	法律出版社
104	知识产权审判实务	北京第一中级法院	2001	26.00	法律出版社
105	知识产权审判案例要览	程永顺	1999	24.00	法律出版社
106	知识产权欺诈及其防范(经济欺诈及其防治对策丛书)	高晓莹	1998	14.50	法律出版社
106	知识产权名案代理	北京律师协会	2000	19.00	法律出版社
107	知识产权论(当代中国法学文库)	郑成思	1998	34.00	法律出版社
108	知识产权论	郑成思	重版	34.00	法律出版社
109	知识产权价值评估中的法律问题	郑成思	2000	19.00	法律出版社
110	知识产权分解集成(上下)	宿　迟	1996	53.60	法律出版社
111	知识产权法律手册	编写组	2000	25.00	法律出版社
112	知识产权法教学案例选	陈建民	2000	15.00	法律出版社
113	知识产权法分解集成	宿　迟	1997	53.60	法律出版社
114	知识产权法的经济分析(民商法专题研究丛书)	刘茂林	1998	16.00	法律出版社
115	知识产权法案例评析	郑成思	1994	7.00	法律出版社
116	知识产权法("九五"规划高等学校法学教材)	郑成思	1998	21.00	法律出版社
117	知识产权法	任　寰	2000	25.00	法律出版社
118	知识产权法	郑成思	重版	21.00	法律出版社
119	知识产权法	黄勤南	2000	28.00	法律出版社
120	知识产权法	刘春田	1999	17.50	法律出版社
121	知识产权案例评析	郑成思	1994	7.00	法律出版社
122	知识产权案例精选(中英文)(典型案例评析丛书)	陈　旭	1999	29.00	法律出版社
123	知识产权案例精选(中英)	陈　旭	重版	29.00	法律出版社

续表

序号	书　　名	著(译)/编者	出版时间	定(估)价	出 版 社
124	英汉汉英知识产权保护词典	张广良	1997	25.00	法律出版社
125	网络时代的知识产权法	薛　虹	2000	27.00	法律出版社
126	商标法教程	张序九	重版	13.00	法律出版社
127	企业专利保护	温　旭	1999	12.00	法律出版社
128	美国是如何保护商业秘密的	连一民	1999	10.00	法律出版社
129	美国贸易法 301 条款研究	杨国华	1998	16.00	法律出版社
130	计算机与网络法规汇编(2000)	编写组	1999	8.00	法律出版社
131	合作作品的著作权	戴建志	1998	8.00	法律出版社
132	反不正当竞争法的适用与完善	孔祥俊	1998	20.00	法律出版社
133	反不正当竞争法案例精选评析	张广良	1998	19.00	法律出版社
134	法官论知识产权	陈　旭	1999	18.00	法律出版社
135	当前国家重点鼓励发展的产业、产品和技术目录	国家计委	1998	4.00	法律出版社
136	北京知识产权审判案例研究	王振请	2000	40.00	法律出版社
137	版权诉讼代理	朱妙春	2000	18.00	法律出版社
138	中华人民共和国商标法	全国人大法工委	1999	3.00	法律出版社
139	中国版权史研究文献	周　林　李明山	1999	25.2	方正出版社
140	侵犯知识产权犯罪研究	赵秉志	1999	21.6	方正出版社
141	专利实践问答	须一平		10	复旦大学出版社
142	专利的取得与保护——专利法原理与实务	翁贤明		14	复旦大学出版社
143	知识经济与知识产权	张乃根		18	复旦大学出版社
144	商标法理解适用与案例评析				复旦大学出版社
145	计算机软件的版权与保护	丁国盛		14	复旦大学出版社
146	国际贸易的知识产权法	张乃根		18	复旦大学出版社
147	知识产权法	刘春田	2001	22.00	高等教育出版社
148	商标法律理解与适用	编委会	1998	18.00	工商出版社
149	反不正当竞争法律理解与适用	编委会	1998	18.00	工商出版社
150	卡文迪许实验室	阎康年	1999	32.00	河北大学出版社
151	贝尔实验室	阎康年	1999	33.00	河北大学出版社
152	知识产权法实例说		1998	22.00	湖南人民出版社
153	商标法实例说		2000	22.80	湖南人民出版社
154	反不正当竞争法实例说		1998	13.50	湖南人民出版社
155	侵犯知识产权罪的认定与处理		1998	13	检察出版社

续表

序号	书　　名	著(译)/编者	出版时间	定(估)价	出　版　社
156	守住你的商业秘密	蔡建文	2000	22.00	经济日报出版社
157	专利法及配套规定新释新解		1999	108.00	民主法制出版社
158	商标法及配套规定新释新解		1999	66.00	民主法制出版社
159	中国企业技术创新分析	高　建	2000	15.00	清华大学出版社
160	技术创新学	傅家骥	1999	25.00	清华大学出版社
161	技术创新管理	吴贵生	2000	20.00	清华大学出版社
162	技术创新产权	扬　武	1999	16.00	清华大学出版社
163	后发优势	施培公	1999	15.00	清华大学出版社
164	专利法理解适用与案例评析		1996	21.00	人民法院出版社
165	著作权法理解适用与案例评析		1996	19.00	人民法院出版社
166	著作权法及配套规定新释新解		2000	66.00	人民法院出版社
167	中华人民共和国商标法诠释		1995	15.00	人民法院出版社
168	中国的涉外知识产权法		1999	28.00	人民法院出版社
169	知识产权与律师实务		1999	22.00	人民法院出版社
170	知识产权损害赔偿		2000	35.00	人民法院出版社
171	知识产权诉讼		1999	41.00	人民法院出版社
172	知识产权审判手册(第一辑)		1996	78.00	人民法院出版社
173	知识产权审判手册(第二辑)		1996	72.00	人民法院出版社
174	知识产权审判手册(第三辑)		2000	72.00	人民法院出版社
175	知识产权名案评析		1998	16.80	人民法院出版社
176	知识产权法律实务指南		1997	190.00	人民法院出版社
177	知识产权法分解适用集成		2000	179.00	人民法院出版社
178	知识产权的国际保护		1999	16.00	人民法院出版社
179	怎样打知识产权官司		2000	36.00	人民法院出版社
180	怎样保护知识产权		2000	31.00	人民法院出版社
181	上海法院知识产权案例精析		1997	16.00	人民法院出版社
182	商业秘密的运用和保护200题		1996	12.80	人民法院出版社
183	商标注册与法律实务438问		1996	25.00	人民法院出版社
184	商标法理解适用与案例评析		1996	18.00	人民法院出版社
185	国际技术转让法律与实务		2000	27.00	人民法院出版社
186	反不正当竞争法例解与适用		2000	26.00	人民法院出版社
187	反不正当竞争法理解适用与案例评析		1996	21.00	人民法院出版社
188	反不正当竞争法及配套规定新释新解		2000	66.00	人民法院出版社
189	常用著作权法律法规		1999	22.00	人民法院出版社

续表

序号	书　　名	著(译)/编者	出版时间	定(估)价	出　版　社
190	常用科技专利法律法规		1999	36.00	人民法院出版社
191	常用广告、商标法律法规		1999	22.00	人民法院出版社
192	法国知识产权法典	黄　晖	2000	32.50	商务印书馆
193	技术管理:开发和贸易	尹尊声	1997	15	上海人民出版社
194	中华人民共和国专利法释义	徐玉麟	2001	40.00	中国法制出版社
195	知识产权名案评析孙健	孙　健	1998	26.00	中国法制出版社
196	商业秘密法学	张玉瑞	1999	38.00	中国法制出版社
197	商业秘密保护法原理	孔祥俊	1998	24.00	中国法制出版社
198	科技干部法律知识读本		1998	30.00	中国法制出版社
199	科技干部常用法律汇编		1998	30.00	中国法制出版社
200	最新技术合同签约指南	杨林村	2000	19.00	中国经济出版社
201	专利和专利事务所	黄建华	1999	22.00	中国经济出版社
202	中国技术市场指南	范　力	2000	35.00	中国经济出版社
203	风险投资与科技企业	李国麟	2000	26.00	中国经济出版社
204	知识产权法案例分析	郭　禾	2000	20.00	中国人民大学出版社
205	知识产权法	刘春田	2000	33.00	中国人民大学出版社
206	民商法原理(二)物权法 知识产权法	郭明瑞	1999	38.00	中国人民大学出版社
207	竞争法有关问题研究	吴宏伟	2000	10.00	中国人民大学出版社
208	版权法(修订版)	郑成思	1997	39.00	中国人民大学出版社
209	侵犯知识产权罪	赵秉志	1999	16.00	中国人民公安大学出版社
210	中国企业孵化器论	颜振军	2000	12.00	中国社会科学出版社
211	知识产权概要	米　勒	1998	17.00	中国社会科学出版社
212	知识产权	王景琦	1999	20.00	中国社会科学出版社
213	中国区域著作权制度研究比较	吴汉东	1999	16.80	中国政法大学出版社
214	知识产权新视野	张　今	2000	17.00	中国政法大学出版社
215	知识产权文丛(一)	郑成思	1999	24.00	中国政法大学出版社
216	知识产权文丛(二)	郑成思	1999	23.00	中国政法大学出版社
217	知识产权文丛(三)	郑成思	2000	29.00	中国政法大学出版社
218	知识产权文丛(四)	郑成思	2000	32.00	中国政法大学出版社
219	知识产权诉讼案例的法官评注	张嘉林	1999	16.00	中国政法大学出版社
220	知识产权法学原理	费安玲	1999	14.00	中国政法大学出版社
221	知识产权法教学案例	姚新华	1999	15.00	中国政法大学出版社
222	知识产权法教程	来小鹏	重版	14.00	中国政法大学出版社
223	知识产权法	吴汉东	1999	22.00	中国政法大学出版社
224	新编知识产权法教程	黄勤南	重版	10.00	中国政法大学出版社
225	美国专利法判例选析	张乃根	重版	11.50	中国政法大学出版社

续表

序号	书　　名	著(译)/编者	出版时间	定(估)价	出　版　社
226	国际技术转让指南	科技部	2000	17.00	中国政法大学出版社
227	知识产权的保护神－无形资产纠纷例解		2000	14.00	中南工业大学出版社

杂　志

《著作权》
中国版权研究会
北京市西城区西绒线胡同甲7号　100031
(010)66082503

《电子知识产权》
信息产业部电子科技情报研究所
信息产业部知识产权咨询服务中心
北京市石景山区鲁谷路35号　100040
(010)68636280

《中国专利与商标》
中国专利代理(香港)有限公司
香港湾仔港湾道23号鹰君中心22字楼
(852)28284688

《中华商标》
中华商标协会
北京市西城区南礼士路头条7号414房间　100045
(010)68014395

《知识产权》
中国知识产权研究会
北京市海淀区蓟门桥西土城路6号　100088
(010)64882152

知　识　产　权　网　站

国　内　网　站

1. 知识产权机构网站

国家知识产权局　www.cpo.cn.net/
国家版权局　www.ncac.gov.cn
国家工商行政管理总局　www.saic.gov.cn
北京市版权局　www.bjcab.gov.cn
上海市知识产权局　www.ssip.com.cn/
河南市知识产权局　www.hnpatent.gov.cn/
山东省知识产权局　www.sdpatent.gov.cn/
湖南省知识产权局　www.hnipo.gov.cn/
湖北省知识产权局　www.hbipo.gov.cn/
贵州省知识产权局　www.gzipo.gov.cn/
广西壮族自治区知识产权局　www.gxipo.net/
广东省知识产权局　www.gdipo.gov.cn/
福建省工商行政管理局(商标)　sb.fjaic.gov.cn
香港特别行政区知识产权署　info.gov.hk/ipd/
上海市专利管理局　www.stc.sh.cn/gov/zhli.htm
武汉市专利管理局　www.whpab.gov.cn/
海南省科学技术厅　www.dost.hainan.gov.cn/
常州知识产权网　hskj.3322.net/
重庆市专利管理局　www.cnfy.com/patent/
新疆专利信息网站　www.xjipo.gov.cn
佛山专利信息网　www.fszl.gov.cn

2. 知识产权服务网站

电子知识产权　北京纲正知识产权事务咨询服务有限公司主办。electron.cetin.net

LUNGTIN INTERNATIONAL PATENT & TRADEMARK AGENT LTD　代理海内外专利、商标、版权、海关备案及侵权打假等法律服务。www.lungtin-ip.com

NetChina出版网　提供出版信息、在线出版版权保护及精品书推荐等服务。www.netchina.com/publish

ZIC国际商务安全顾问有限公司　提供知识产权调查保护、商务调查、商务安全顾问、法律。www.chinazic.com

爱迪儿全球发明网　www.idea.com.tw/

北京奥兰迪商业信息咨询有限公司　提供商务调查服务和信用管理服务的市场风险控制机构。www.oclandy.com

北京高默克商务咨询有限公司 专业代理国内外商标、专利等知识产权业务及商务咨询。www.gmkip.com[简体,英文]

北京集佳商标专利事物所 国家工商局、知识产权局指定商标、专利代理机构。www.unitalen.com.cn

北京捷诚信通商标事务所 在知识产权领域为国内外客户提供全方位服务。www.pscu.com.cn[简体,繁体,英文]

北京康信知识产权代理有限责任公司 业务领域以知识产权法律为主,包括 涉及专利、商标、版权。www.kangxin.com.cn

北京科技信息网 www.bsti.ac.cn/

北京力行律师事务所 代理产权交易、知识产权、投资、贸易、合 同法方面的法律事务。www.myhome.zaobao.com

北京灵达知识产权有限公司 介绍商标、专利、知识产权等相关知识。www.ling-da.com

北京刘及龙诚商贸咨询有限责任公司 提供国内国外知识产权咨询服务及相关的商业内容。www.li-ulch.com

北京荣安泰知识产权代理公司 www.ltip.com.cn/

北京市高朋律师事务所 公司证券、银行金融、并购重组、投资贸易、知识产权。www.ghpartners.com.cn

北京市格文律师事务所 一家具有15年从事公司投资、金融、房地产、知识产权及各类诉讼。www.gnw.com.cn

北京市环中律师事务所 从事反倾销、国际贸易、投资、金融、房地产、知识产权等业务。www.huanzhonglaw.com

北京市汇泽专利事务所 将在专利,商标,法律,评估,知识产权保护等方面提供服务。www.hui-ze.com

北京市商标事务所 服务涵盖商标的各个领域。www.bta.com.cn

北京市万慧达知识产权咨询服务有限责任公司 wanhuida.com

北京市专利事务所 国内外知识产权咨询,代理专利、商标,版权及海关保护。www.bpta.com.cn

北京同立伟业专利代理有限公司 www.infopatent.com.cn/

北京专利文摘库 202.127.160.21/patent

毕升发明网 www.bisheng.com.cn/

财团法人自行车研究发展中心 www.tbnet.org.tw/

彩虹天地数字版权保护 提供全套数字版权保护解决方案(DRM),以及加密狗,加密锁等产品。www.isecurity.com.cn

产权交易与合作洽谈中心 产权股权房地产专利知识产权设备转让合作招商投资。www.li2.8u8.com

长鸿国际专利商标事务所 www.behoo.com.tw/[BIG5]

长江国际专利商标事务所 www.longriver.com.tw/

常州恒升科技咨询网 主要介绍知识产权、科技成果、知识入股、技术入股、竞争情报、商业秘密等并提供相关服务。www.zch.cn99.com

成都鼎立律师事务所 擅长处理国际国内商贸、房地产及知识产权等法律事务。www.dingli-law.com

成都市商标事务所 www.tmchina.net

驰名商标-商业排名图文版 驰名商标,全球著名公司商标标志。famousbtand.yeah.net

大连恒信律师事务所 以贸易、投资、金融、房地产、海 事海商、知识产权为主。www.hxlawyer.com[简体,英文]

大连市专利服务中心 专利、法律、资产评估、知识产权保护、专利申请及诉讼等方面的服务。www.patent-center.com

大连银信律师事务所 提供金融、公司、商贸、房地产、知识产权等领域的服务。www.yxlawyer.com

东大国际专利商标事务所 www.jlpo.com/

东方知识产权网 提供全方面的知识产权信息。www.51click.com

发明 www.chinafm.com/

发思特专利事务所 从事专利代理、专利检索、专利技术转让、知识产权 法规咨询。www.okfirst.com

法律知识讲座 www.rol.cn.net/

泛达微信有限公司 www.fti.com.tw/

福建出版信息网 福建出版社、图书介绍,网络购书,出版基金,版权贸易 。www.fjbook.com

甘肃天合律师务所 法律咨询、诉讼仲裁、证券金融、房地产事务、公司事务、知识产权、涉外事务等。www.tianhelawyer.com

高博隆华有限公司(集团) www.globelaw.com.cn/

工业材料研究所专利地图服务中心 140.96.48.16/

光源信息服务 知识产权新闻、法规、交易信息奖。www.e-zhuanli.com

广东东方金源律师事务所 提供证券、知识产权、房地产和公司等法。www.szjy.com

广东古今来律师事务所 专利提供金融、房地产、知识产权、损害赔偿法律师服务的专业律师所。www.goodcomrade.com

广东胡永森律师事务所 提供中外合作、知识产权、金融、房地产、经济纠纷、法律顾问等。www.hxlaw-firm.com

广东省华商律师事务所 华商律师事务所从事诉

讼、非诉讼业务，涉外法律，咨询服务。www.huashanglaw.com[简体，英文]

广州云天律师事务所 拥有广泛海外合作基础，致力于资讯科技、知识产权等领域。www.yuntian.com[简体，英文]

国方律师事务所 提供证券、金融、公司与投资、知识产权、高新技术、诉讼和仲裁等领域。www.guofanglaw.com.cn

河北三平律师事务所 提供法律咨询，包括房地产、金融、知识产权、刑事辩护、证券等法律业。www.splawyer.com

黑龙江省绥化地区专利事务所 介绍专利、商标、版权等知识产权法律知识并提供相应服务。www.goldpatent.com.cn

黑龙江著名商标网 介绍黑龙江省知名企业。www.hlj－ftm.com

衡水农业信息网 ny.hshinfo.com/

湖北知识产权专修学院 www.hiip.org.cn/

中国机械信息网 知识产权信息服务，专利代理，知识产权法律咨询和诉讼代理知识等。Machineinfo.gov.cn

将群智权事务所 www.jcipo.com.tw/

精业法律网 legalnet.sysnet.net.tw/

九州世初知识产权鉴定中心 是行政执法机关、司法机关授权的法律鉴定事务的机构。jiuzhousc.com

康信知识产权咨询服务有限责任公司 重点包括涉及专利、商标、版权的各种法律事务。kangxin.com

科技法苑 知识产权专题，公司法研究，提供专业法律服务。zhouying11.top263.net

李河律师知识产权法律专题网 深圳李河律师有关知识产权专题的法律网站。www.li－he.com

连邦国际商标专利 & 法律事务所 www.tsailee.com.tw/

连城资产评估有限公司 国家级无形资产评估机构。www.lcaac.com

隆天国际专利商标代理有限公司北京办事处 www.lungtin－ip.com/

律阳律师事务所 www.gs－law.com.tw/

美中国际知识产权、专利技术转让及许可证贸易网 促进美国技术在中国的应用，协助美国公司在华推广其新技术。china－licensing.com

南京新天地农化科技开发有限公司 www.nj.col.com.cn/

宁波市专利事务所 www.cnpat.com/

宁夏知识产权 知识产权，专利代理，专利申请，专利咨询，专利信息，专利检索。Nxpa.y eah.net

乾坤律师事务所 在知识产权、金融、投资等领域都有高水平的专业律师负责。www.qiankun.com.cn

青岛环宇时代信息调查咨询有限公司 社会经济调查咨询、商务知识产权咨询、房地产、出国留学等中介服务。www.hy－qd.com

全扬徵信事业有限公司 www.chan－yang.com.tw/

三友专利代理有限责任公司 www.san－you.com/

山东华邦友商律师事务所 承办国内外经济贸易、金融、知识产权、房地产、投资代理，技术贸易。www.chinese－lawoffice.com

商标大世界 提供在线商标查询功能。www.86tm.com

商标法 www.cyberexp.com/

商标法律研究 和大家一起探讨有关知识产权的应用与保护方面的问题。ytdly.tongtu.net

商标交易网 提供著名商标，商标买卖，商标转让，商标许可等业务。www.esb.com.cn

上海海燕律师事务所 从事涉外事务、海事海商、知识产权等专业法律事务。www.hylaw.com

上海市成功综合律师事务所 国际投资，经贸，债权物权及知识产权等的诉讼代理及顾问。www.success.lawyers.com.cn

上海市华诚律师事务所 提供民事、商事、投资、贸易、公司、信息技术、知识产权等法律咨询。www.watson－band.com.cn[简体，英文]

上海市四维律师事务所 提供知识产权、商标、专利及著作机等服务。www.seaway.yeah.net

上海诤信咨询有限公司 提供知识产权保护、信息、投资、信用调查等咨询服务。www.sunfaith.com

深圳市敏于行律师事务所 提供知识产权、金融、房地产、公司等法律事务服务。www.myxlaw.com

深圳市天成律师事务所 提供经济、涉外、房地产、证券金融、知识产权、刑事等法律咨询。jlf.163.net

深圳欣美商标制作有限公司 www.sz－xm－label.col.com.cn/

深圳中智源知识产权代理 www.cnipco.com/

圣岛国际专利商标联合事务所 www.saint－island.com.tw/

世界图书出版公司 一家主要从事国际版权贸易的出版公司。5062.peoplespace.net

守民律师事务所 从事房地产、公司事务、金融、证券、知识产权等非诉讼法律业务。www.showme－lawyer.com

双城律师事务所 澳洲政府授权移民律师。特长法律业务：网络、投资、工程、知识产权。www.shuangcheng.com.cn

四川版权信息网站 介绍四川版权行政管理、版权保护、打击盗版等信息。www.sccopyringt.org

松鹤亭 探讨经济理论和生活，金融证券、知识产权、金融危机等，文化园地。www.hzym.163,net

台湾法盟国际专利商标事务所 www.at－taiwan.

com/～com00402/
台湾国际专利法律事务所 www.tiplo.com.tw/
台湾宏鼎国际法律事务所 www.chuangs.com.tw/
台湾将群智权事务所 www.jcipo.com.tw/
台湾敬业法律事务所 www.jinyea.com.tw/
台湾敬业法律事务所 www.jinyea.com.tw/
台湾连邦国际商标专利法律事务所 提供专利、商标、著作权等知识产权案申请注册服务。www.tsalee.com.tw[繁体]
台湾联诚国际专利商标联合事务所 www.lien-cheng.com.tw/
台湾天理国际智慧财产权事务所 www.tien-liipr.com.tw/[繁体]
台湾天理国际智慧财产权事务所 提供法律、知识产权咨询、申请商标、专利注册、变更、异议服务。www.tien-liipr.com.tw[繁体]
台湾五洲国际专利商标事务所 www.fpt.com.tw/chin.htm
台湾著作权法暨相关子法 www.moi.gov.tw/copright/html/1-4-1.htm
台湾专利公报 nbs.apipa.org.tw/
台一国际专利商标事务所 www.taie.com.tw/
太平洋国际拍卖有限公司 中外文化艺术品、知识产权、企业产权，土地使用权及不动产的拍卖。www.piac.com.cn
天籁网 影视音乐节目版权交易平台，上万个可听/可看的精彩节目。www.tianlai.com.cn
拓脑发明资讯网 www.q-patnet.com.tw/
网络法则 互联网知识产权等方面的法律、案例、文章、要闻。netrule.126.com
文彬国际商标专利法律事务所 www.wenping.com.tw/
无锡英特律事务所 提供有关国际商务、知识产权、房地产及公司企业方面 的法律事务。www.nease.net
吴亨利专利商标有限公司 www.founder.net.my/HenryGoh/
五洲国际专利商标事务所 www.fpt.com.tw/
武汉市商标事务所 www.wta.com.cn
武汉市专利管理局 www.wuhan.net.cn/
西安市商标事务所 www.xatm.com.cn/
香港文化传播事务所电子月刊 主要经营公关策利、图书编辑、出版发行、版权贸易、商务调查等业务。www.nease.net
香港知识产权署[繁体] www.houston.com
香港作曲家及作词家协会 介绍版权、版税及音乐牌照事务。www.cash.org.hk[繁体]
星韵律师事务所 刑事及经济诉讼，金融证券、房地产、知识产权法律咨询。www.xingyun.com
亚太智慧财产权发展基金会 建立知识产权资料库。www.apipa.org.tw[繁体]
颐合律师事务所 投资、房地产、证券、金融、知识产权、税务、保险、贸易。www.lawyers-china.com
音乐图书馆协会(英)(MLA) 版权、参考文献、目录、管理架构。www.music.indiana,edu[英文]
永新专利商标代理有限公司 www.chinantd.com/
永新专利商标代理有限责任公司 涉及中国知识产权的各个方面。www.chinantd.com
云南华纬律师事务所 云南华纬律师事务所提供专业的知识产权及投资法律服务。www.huaweilaw.com
浙江光正大律师事务所 提供经贸、金融、知识产权、房地产、海商海事和刑事方面。www.gzdls.com
浙江精华知识产权网 是属于介绍科技信息及专利事务的专业网站。www.pnt.com.cn/
浙江乐清市蓝田商务有限公司 知识产权保护咨询、产品认证咨询、企业形象策划、计算机软件开发。www.jmwan.com
浙江省商标事务所 提供商标策划、设计、申请、转计、法律 咨询、评估和广告包装。www.zjtlo.com
知识产权论坛 知识产权法律的论坛和邮件列表讨论组。www.iplaw.yeah.net
知识产权卫士 www.e-zhuanli.com
智慧财产权 www.law.com.tw/
智慧网—知识产权综合网站 介绍知识产权最新动态，探讨知识产权最新案例和热点问题。go6.163.com
中国版权保护信息网 包括中国版权保护中心、版权管理、版权社会 团体、版权教学科研单位。www.ccopyright.com.cn
中国版权网 中国版权，电子出版物，图书广告，新闻新书。copyrighe-china.com.cn
中国产权经济服务网 包括专利、商标、科技、网站、域名转让服务。www.wfinfo.com.cn
中国海关知识产权保护指南
中国海关知识产权保护备案，保护程序，下载备案申请表。customs.laws.org
中国科技与知识产权法律信息库 除中国法律数据库可免费检索外，其它数据库需要注册缴费。law.pku.edu
中国商标事务所 www.cntrademark.com/
中国商标数据库 提供全面商标记录服务。www.chinatrademarkdatabase.com
中国商标专利版权信息网 www.chinatrademark-patent.com/[英文]
中国商标专利事务所 政府授权的商标、专利代理机构，提供商标、专利、著作权等的知识产权法律服务。www.cntrademark.com

中国商标专网 拥有丰富的商标数据资源(商标查询功能),丰富的商标知识内容。www.daan.com.cn

中国商业资料 www.chinadoc.com/

中国天平商标代理公司 www.wang-associates.com/

中国图片图 专业图片代理公司,提供图片免费下载,有偿转让及版权贸易 。www.21pic.com.cn

中国音乐著作权协会 music.chinaroad.cn.net/music/ytzx/

中国知识产权保护 最高法院知识产权法官设立,专门发布知识产权司法保护信息等。Chin aiprlaw.com

中国知识产权网 提供包括专利、商标、版权在内的全方位知识产权信息和服务。cnipr.com.cn

中国知识产权信息网 北京英特普罗信息咨询有限公司主办。intelllecpro.com

中国知识产权在线法网 知识产权法律事务专业网站。www.go4.163.com

中国专利事务所 www.cntrademark.com/

中国专利文摘库 www.beinet.net.cn/

中国专利信息网 patent.com.cn/

中国专利在线 中国发明专利,技术信息和专利法津,法规,并免费宣传您的专利。portal.eastchina.com/server/

中联知识产权调查中心 www.cuippc.com/

中信专利事务所 中国国际信托投资公司下属的专利代理机构,专利、商标。www.citicip.com

中永信知识产权咨询有限公司网站 www.jonus.com.cn[简体,繁体,英文]

中原信达知识产权代理有限责任公司 代理国内外专利和商标申请、知识产权纠纷诉讼、咨询服务等业务。chinasinda.com[简体,英文]

中智源知识产权代理有限公司 位于深圳市,代理国内外商标注册,知识产权法律咨询。cnipco.com

众鑫律师事务所 本所在金融、证券、债券、房地产、招投标、知识产权等方面有丰富经验。www.zhongxinlaw.com

重庆合纵律师事务所 从事国际金融,贸易投资,知识产权,资产重组等业务。www.hezong.com.cn

重庆市天之合律师事务所 从事各种民事,刑事,商贸,知识产权、房地产等领域。www.tzhlawyer.com

著作权大世界 国际版权公约、中国著作权法规、版权管理、版权代理、版权贸易等。www.copyinfo.com/

专利法 www.chinafm.com/

专利交易网 主要提供知识产权许可转让、检索和技术领域分析。www.e-zhuanli.com

专利屋 有关知识产权(专利)的个人网站;介绍专利申请知识等。tomato.home.chinaren.net

专利信息网 www.cded.com/

专利在广西 广西知识产权局开设,有申请须知、专利查询、法律法规、专利工作动态、百姓专利等内容。www.gxipo.net

专利在线 专利、知识产权,技术转让,法律法规。mypatent.myetang.com

卓马网 从事网上出版、版权交易、按需印刷及发行电子书刊。ebook-s.com

资产评估信息网 提供评估咨询,政策法律法规,自主版权的计算机辅助资产评估系统。www.zcpg.com.cn

国外(地区)网站

AAP(美国出版联合会) www.publishers.org/

Action Without Borders (USA) www.idealist.org/

AFMA (美国电影交易协会) www.afma.com/

ALCS (Authors' Licensing and Collecting Society) www.alcs.co.uk/

ALCS-UK www.alcs.co.uk/

ASCAP (美国版权协会) www.ascap.com/

ASJA (美国作家记者联合会) www.asja.org/

ASMP (美国媒体摄影协会) www.asmp.org/

Blake, Cassels & Graydon, Barristers & Solicitors (专利商标联合会) www.blakes.ca/

BNA (电子信息政策和法律报告) www.bna.com/

BUMA-Netherlands www.buma.nl/

CIC (独立学院理事会) www.cic.org/

CISAC (著作版权国际联邦联合会) www.cisac.org/

FIPP (国际刊物出版联盟) www.fipp.com/

Franklin Pierce Law Center www.fplc.edu/

GAG, Graphic Artists Guild MPA, Music Publishers' Association www.gag.org/

GEMA-Germany www.gema.de/

Home Recording Rights Coalition www.hrrc.org/

IBM 专利资料库 www.ibm.com/patents

IFEX Alert Service, International Freedom of Expression Exchange Clearing House www.ifex.org/

IFJ(世界记者协会) www.ifj.org/

IMRO-Ireland www.imro.ie/

IPA(世界出版联合会) www.ipa-uie.org/

Japan IP Resources www.okuyama.com/

JASRAC (社会法人日本音乐著作权协会) www.jasrac.or.jp/ejhp/

Markforce Trademark Associates www. markforce. co. uk
MCPS－UK www. mcps. co. uk/
MP Ⅱ（媒体摄影版权代理） www. mpca. com/
MPAA（Motion Picture Assoc） www. mpaa. org/
Musicians' Intellectual Law & Resources Links www. aracnet. com/～schornj/
NCB－Denmark www. sn. no/
NMPA（国际音乐出版联合会） www. nmpa. org/
NWU（国际作家协会） www. nwu. org/nwu/
PRS－UK www. prs. co. uk/
Rasyonel and Patent Trademark www. rasyonel. com/
SABAM－Belgium www. sabam. be/
SACD－France www. sacd. fr/
SESAC（一个履行权利组织） www. sesac. com
SGAE－Spain www. sgae. es/
Stichting Burafo（Holland） www. cedar. nl/burafo/
WTM（国际科学技术医学联合会） www. stm. springer. de/
TAA（ Text and Academic Authors ） www. winonanet. com/taa/
The Authors Registry www. webcom. com/registry/
TONO－Norway home. sn. no/～tono/
Trademark by Industries, Research AR Inc warrior. com/tmsearch/
U. S. Patent Office Trademark Acceptable Identify
Trademark Watch www. twoi. net
澳大利亚版权联合会（ACC） www. copyright. org. au/
版权调查局 www. thomson－thomson. com/
版权调查中心 www. copyright. com/
版权管理中心 www. iupui. edu/it/copyinfo/
版权许可代理公司（CLA） clans. cla. co. uk/
版权在线调查中心 www. copyright. com/
联合国技术信息促进系统中国国家分部贵阳中心站 www. untipsgy. net. cn/
林肯法令（1946年商标法） www. law. cornell. edu/lanham/
美国版权协会 www. csusa. org/
美国国家版权局 lcweb. loc. gov/copyright/
美国商标法 www. law. cornell. edu/topics/
美国商标公司 www. trademrk. com/
美国专利商标局 www. uspto. gov/patft/
美国专利商标事务所 www. uspto. gov/
美国专利网站 patent. womplex. ibm. com/
挪威版权法 www. jus. uio. no/iri/lib/laws/copyright/co
挪威复制权协会（Kopinor） www. kopinor. no/english/
欧洲出版联盟（比利时） www. editeur. org/
欧洲专利局 www. european－patent－office. org/
企业名录联合会 www. riaa. com
日本专利局（Japanese Patent Office） www. jpo－miti. go. jp/
商标关税局 www. trademark. ca
商标搜索中心 Seek Trademark Center
商标先生 www. mrtrademark. com/
商标许可联合会 www. earthlink. net/～trademarks/
商标专利服务有限公司. www. patentservices. com
商标资料调查公司 www. trademarkresearch. com
商业软件协会 www. bsa. org/
石油摘要（petroleum Abstracts） www. pa. utulsa. edu/[英文]
世界版权联合会 www. inta. org/
世界商标网有限公司 www. gtni. com/
世界网上专利信息库 www. micropat. com
世界知识产权组织（WIPO）www. wipo. org/
世界知识产权组织版权条约 www. wipo. int/eng/diplconf/distrib/
世贸组织 知识产权 www. wto. org/wto/intellec/
亚洲发明网 www. proqc. com/～inventor/
音乐广播公司 bmi. com/
知识产权大世界 www. ipworldonline. com/
专利合作条约（Patent Cooperation Treaty） it1. irv. uit. no/[英文]
专利商标版权 www. nolo. com/ChunkPCT/PCT. index. html
专利商标版权大世界 www. ptcworld. com
专利商标版权信息 pw1. netcom. com/～patents2/
专利商标事务所（PTOS） www. ptos. org/

项目介绍

中国专利奖金奖项目

中国专利奖自1989年开始评审以来，每两年一届，已进行了6届，共评出中国专利金奖70项、优秀奖375项。中国的专利奖审评工作极大地鼓舞了广大发明人发明创造的积极性，有力地推动了有关领域的技术创新，增强了市场竞争力，为企业开拓了广阔的市场，为科技与经济的结合起到了积极的作用。为帮助广大读者对中国专利奖的获奖项目有所了解，我们特将6届中获金奖的70个项目作一简要介绍，简介中所列数据是当时评奖时的情况，特此说明。

1989年中国专利奖金奖项目

1. 高分辨率汉字字形发生器

专 利 号：CN85100285
发明设计人：王选　吕之敏　汤玉海　向阳
专 利 权 人：北京大学　山东潍坊计算机公司

简介：高分辨率汉字字形发生器是继EP0095536A1提出的把汉字字形压缩信息复原成汉字点阵的原理的基础上所做出的一实现该原理的设备，采用的是用户可编微程序的微处理器与外部逻辑电路相配合的办法，其中外部逻辑电路可以为中小规模的集成电路或用专门设计的门阵列；将此项专利和微处理机及相应的软件相配合可以形成供新闻报纸用的计算机——激光汉字编辑排版系统。该系统和国外类似系统相比，具有所需内存容量小，产生汉字的速度快，能够产生各种不同的字体字号等多种优点，因而受到国内、外用户的好评。

2. 氟塑料合金制造及应用

专 利 号：CN85100490
发明设计人：纪善荣
专 利 权 人：中国科学院上海有机化学研究所

简介：氟塑料合金是采用国内现有的超高分子量聚全氟乙丙烯（FER）为主要原料，与四氟乙烯加填料直接共混，用物理方法制造的。此材料性能超过了世界公认的"塑料王"聚四氟乙烯。

氟塑料合金的主要特性如下：1. 耐所有的溶剂、酸和碱等化学药品；2. 耐温200～250℃；3. 比聚四氟乙烯的冷流性降低30%～50%，而其硬度比聚四氟乙烯大一倍；4. 加工性比聚氟乙烯好，能热压成型。

用氟塑料合金开发的制品和设备具有硬度高、耐腐蚀范围广、抗老化性好、抗蠕变性高等优点，本身无任何污染，可在－50～120℃范围内输送不同浓度的酸、碱、氧化剂和有机溶剂。氟塑料合金适合加工成各种管、阀和泵的衬里，适合加工成离心泵、磁力泵和液下泵的泵壳和叶轮，以及各种膜片和密封件，在石油、化工、冶金、机电等领域有着广泛的应用前景。本发明自1986～1988年在4个工厂实施以来，合计年均增产823.26万元，年均利税108.15万元。

3. 磁团聚重选分选机

专 利 号：CN85103457
发明设计人：王城学　罗德璋　杨贵旺
专 利 权 人：地质矿产部矿产综合利用研究所
地质矿产部矿产综合利用研究所郑州分所
首都钢铁公司

简介：本专利是一种选别强磁性矿物的重、磁结合的新型选矿设备。它充分利用物料的强磁性，摒弃依靠外磁场直接吸引富集强磁性物的已有弱磁选技术原理，采用强磁性物在10～30高斯/克的比磁化强度的轻度磁团聚。并综合磁力、剪切力和重力多种分选作用，对磁聚体采用分层分散设置的小型永磁磁场，进行间歇的反复磁化，并施以水流剪切作用，使其处于团聚＝松散高选择性的强烈流变状态，使分选物料中不同成份的磁性差异转化为沉降速度的显著差异，在高浓度、大比重和粗粒度的重介矿浆中进行强化的重力分选。打破了强磁性物传统湿式弱磁选分选矿浆的结构化状态，使分选达到仅取决于矿粒本身固有的比磁化率大的高选择性分选。实现了单体强磁性颗粒与含强磁性物的脉石连生体较完善的分选。

该设备构思新颖、结构简单，是提高选矿厂技术经济指标的理想设备。

4. 一种馏分油加氢精制催化剂

专 利 号：CN85104438

发明设计人:李大东　石亚华　崔剑文　史建文
　　　　　庄福成　孙连霞　张馨维　史继义
专 利 权 人:中国石油化工总公司石油化工科学研究院

简介:加氢精制过程是石油炼制工业中的重要加工过程,而催化剂是加氢精制技术的关键。针对我国原油氮含量高的特点以及发展炼油工业的需要,开发出低压高活性的加氢精制催化剂(RN－1)。该催化剂的特点是采用了烷氧基铝或烷基铝水解制备纯度大于60%的一水铝石,经高温(500～700℃)焙烧制得 $\gamma-Al_2O_3$ 作为载体,负载镍和钨的氧化物,并加有助剂氟,催化剂组成(以催化剂为基准)为氧化镍1%～5%(m),氧化钨12%～35%(m),氟1～9%(m),其余为氧化铝。RN－1催化剂由于采用了高纯氧化铝为载体和合适的制造技术,降低了催化剂的金属含量,提高了加氢脱氮活性,经对比实验和实际工业应用证明,RN－1催化剂的活性、稳定性和强度显著超过了进口N－22催化剂(美国)和其他各种国外催化剂,达到八十年代国际先进水平。

RN－1催化剂自1987年4月,已先后在广州石油化工总厂、兰州炼油厂、大连石油七厂进行了工业应用,用于石脑油、灯油、催化柴油和润滑油,都生产出优质产品,获得可观的经济效益。

5. 序列脉冲激光瞬态全息摄影仪

专　利　号　:CN85105775
发明设计人:王其祥
专 利 权 人:华东工学院

简介:本发明的关键是将全息摄影仪中的单模脉冲激光器,设计成组合式的共腔多通道激光器,使每个光脉冲的谐振通道在空间上相互平行且不重合,每个光脉冲的泵浦源相互分离,每个光脉冲的发射时机由一个泵浦控制器控制,由此得到按一定的时间序列发射的激光脉冲。利用共腔多通道来形成时序可调脉冲激光是一个新的原理。

本发明的特点是:消除对固体激光介质产生影响的热透镜效应;每个光脉冲之间的时间间隔可调节,每个输出脉冲能量近似相等;能量利用率提高,脉冲个数大幅度提高等,从而使多脉冲全息摄影技术发展到一个新阶段,即利用序列脉冲进行全息摄影的阶段。

本发明已经研制和生产了一系列新的仪器,并在1989年被列入国家火炬计划。

在研究和实际应用方面,一个是把共腔激光器与现有的剪切照相系统结合起来,用于冲击载荷下大型结构装置的无损检测,另一个是人像全息商品化的工作。此外已经取得了许多有价值的研究成果,例如,汽车发动机的雾化机制以及风洞中火箭模型喷气流的喷射过程。

本发明已于1989年获江苏省科技成果一等奖。

6. 低合金耐大气腐蚀钢

专　利　号　:CN85108118
发明设计人:郭泰靖　鲁赤　吴瑞银　高宏适
专 利 权 人:鞍山钢铁公司

简介:本发明涉及一种低合金耐大气腐蚀钢。大气腐蚀是金属腐蚀中危害最大的一种,因此世界各国都研制耐大气腐蚀用钢。目前世界各国生产的低合金耐大气腐蚀钢中,其成分除含有Cu、P元素外,还含有价格昂贵的Cr、Ni等其它元素。本发明则采用我国富产的V、RE元素,经合理配比构成Cu－P－V－RE系列耐大气腐蚀钢。本发明钢可采用现有设备和常规工艺生产,可制成各种板、管、型材。其强度、韧性、焊接性、耐大气腐蚀性等综合性能均达到或超过国外耐大气腐蚀钢的水平。该发明于1986年获国家科委和冶金部颁发的“六五”低合金钢攻关的重大科技成果奖。

7. 带火焰稳定器的煤粉燃烧器

专　利　号　:CN85109436
发明设计人:徐旭常　王云山
专 利 权 人:清华大学

简介:带火焰稳定器的煤粉燃烧器是将船形火焰稳定器设置在燃烧器的煤粉气流喷口内。此船由船底、船帮及带有点火油枪的中心管组成,并在船头、船尾及中心管和油枪形成的环缝处各有一股喷射气流。由于船形火焰稳定器的特殊结构,加上适当调节三股气流的喷射压力和流量,便可在煤粉空气两项绕流此船体后形成适合的浓度场、流速场和温度场,使局部区域形成引燃煤粉气流的稳定火源。它不仅可作为煤粉预燃室,也可作为主燃烧器长期连续运行。目前全国已有16台锅炉上采用该技术并且全国两个最大的电站锅炉制造厂——哈尔滨锅炉厂和东方锅炉厂已购买制造该项产品的专利。

此项专利获1985年国家科技进步奖和1986年国家科技攻关奖。

8. 花式纱线及纺捻方法和设备

专　利　号　:CN85108085
发明设计人:王连贵
专 利 权 人:国营如皋染织厂

简介:本发明涉及花式纱线及用于纺捻花式纱线的方法和设备,该项发明解决了现有花式纱线纺捻技术与设备的不足,将喂入罗拉由4对增至5～7对,输出罗拉组成了3个牵伸区,4台步进电机和6只电磁离合器结合而成的罗拉驱动变速系统,在微机控制下可随意变换转速或停转,该机的使用大大增加了花式纱线的品种,并且使得在同一纱线上同时具有不同花式效应和花色,使花式纱线品种比原有纺捻技术增加了30多倍,并且该机灵活性大,可根据市场需要随时变化产品。

该机技术路线构思新颖,在花式纺捻工艺和机电一体化方面,其技术水平处于国内领先地位。

9. 中高碳空冷贝氏体钢

专　利　号　:CN86103009

发明设计人：方鸿生　郑燕康　陈秀云　赵如发
专 利 权 人：清华大学

简介：本技术是采用新的合金化途径，以少量价廉的普通元素（不含Mo、W）进行合金化。它在热加工成型后（锻、热弯、火焰切割成型等）空冷条件下，可获得贝氏体/马氏体复相组织，空冷自硬（>HRc50），制造一定范围的机械产品和零件在不热处理或少热处理的前提下，获得通常需调质处理的性能，甚至使一些产品达到过去难以达到的技术水平，提高了产品使用寿命。本钢种属模具钢、弹簧钢、耐磨材料等多用途的钢种，适用于量大面广的机械产品及零件。与现在调质处理钢相比，本技术可免除加热淬火工序或淬火回火工序，减少了工时及生产设备，节约了大量能源，避免了零件因加热淬火引起的变形、开裂、氧化脱碳等缺陷。

本技术解决了国外贝氏体钢发展难题，用价廉Mn元素合金化，发展了中碳和中高碳，实施后年均增收（节支）353.6万元，经济效益显著。并且本技术在冶炼、热加工工艺方面具有工艺简单、操作方便等优点；在性能上具有更高的强度和较好的切削性及韧性。在工业中应用有着广泛的前景。

10．塔式造粒旋转喷头

专 利 号：CN87103117
发明设计人：王时珍
专 利 权 人：中国武汉化工工程公司

简介：该塔式造粒旋转喷头主要适用于造粒塔制造0.8～2.5毫米的颗粒化肥。喷头置于高50～70米钢筋混凝土或金属结构的空塔顶部，呈倒锥形，依能力与粒径等不同要求锥面开有数千至万余个直径递变的小喷孔。在旋转离心力作用下将上部来的140℃（尿素）或170℃（硝铵）熔融物料喷洒在$\phi 8 \sim \phi 22$米的塔内，喷洒线在空间断裂成滴并被通风空气固化冷却落至塔底，即成为一定大小和一定强度的成品颗粒。该喷头与现有技术相比，其构成上的两个突出的实质性特点是其内设置有微分横向分料盘和喷孔分布具有等重量密度喷洒之特性，其显著的积极效果是喷洒均匀、冷却均匀、喷洒线无交错不粘塔底和与塔径相匹配不粘塔壁。该项专利技术的实施必定带来理想的经济效益和社会效益，应用该项技术设计的上海吴泾化工厂24万吨/年尿素造粒塔投产结果表明，产品合格率高达99.8%，粉尘排放浓度与现有技术相比减少了1/3～2/3。

1991年中国专利奖金奖项目

1．反应堆控制棒用对孔式水力步进缸

专 利 号：8510 0042
专利权人：清华大学
发 明 人：吴元强等

简介：反应堆控制棒用对孔式水力步进缸是一种适用于水动力堆的新型傅动装置。它以反应堆的冷却剂——水为工作介质，利用缸体阻力随缸体与活塞上的孔位错动而变化的特性，通过流量来控制活塞相对于缸体作步进式运动。它没有一般控制传动所面临的高压动能密封问题，可以完全封入反应堆压力壳中，结构紧凑。这种水力步进缸由带节流孔的缸体及活塞组成。在不动的缸体上有两列以上孔，这些孔在横向上按排排列，并与缸体轴线垂直在同一平面上，沿圆周均布。每排孔之间的距离等于步距。在活塞上只有一排孔，孔的方向与缸体上相应孔的方向一致。水从活塞内流入，经活塞和缸体的孔流出，其阻力系数随活塞及缸体的孔位的相对变化而变化，称之为对孔式水力步进缸。

1989年11月这一发明已在清华大学5兆瓦供热试验堆上实施，包括3根控制棒的水力驱动系统工作正常。5兆瓦供热堆是世界上第一座使用水力步进缸驱动控制棒的反应堆，已成功运行了两个供暖期。取得经济效益500万元。

2．离子注入半导体瞬时退火设备

专 利 号：8510 0131
专利权人：清华大学
发 明 人：钱佩信等

本发明为离子注入半导体瞬时退火设备，属于集成电路和半导体器件制造技术的工艺设备。其发明特征是该设备由机械传动和控制机构、变色红外接触式测温仪、高频加热炉、充保护气装置和石英退火腔等五部分组成，整个退火过程在充保护气条件下进行，利用高频感应加热石墨板作为热源，热处理时样品位于两块石墨板之间，石墨板从两面加热样品。本发明既适于制作1μm短沟超大规模集成电路和浅PN结（结深为0.2μm）器件，又适合于离子注入半导体退火，还能用于绝缘层上多晶硅再结晶、磷硅玻璃回流、难溶金属硅化物形成和浅PN结的欧姆结制作。与已往退火设备比较，样品升温快；设备简单，操作方便，生产效率高；被退火的硅片不翘曲，不发生晶体滑移；采用石英退火腔既容易清洗又能较好地避免重金属离子沾污；电激活率高且注入离子再扩散小。

1984年以来，全国12个单位应用了本发明设备13台，有效地促进了科研、教学的发展，避免进口同类产品，为国家节省了大量外汇；每台设备若每年工作300小时，可节约14万度电；设备成本低，性能好，在国际市场上有较强的竞争能力。

3．新型粉状硝铵炸药的制造方法与工艺

专 利 号：85100399
专利权人：冶金工业部长沙矿冶研究院
发 明 人：洪有秋等

简介：新型粉状硝铵炸药的制造方法与工艺属民用炸药领域中的一种生产工艺方法，其主要特征是采用新的原料配方，选用专门的混制工艺。它克

服了2号岩石炸药生产过程中粉尘大，贮存过程中易吸湿结块的缺点，且每吨产品的原材料成本下降40～50元，而爆炸性能不低于2号岩石炸药，还具有一定的抗水性能，产品不结块、易保存。它可用于露天爆破工程和无瓦斯、矿尘爆炸危险的地下爆破工程。

本专利自1987年开始推广至今，已在全国28个省市约100个工厂实施，覆盖面积达75%以上，累计产量72.8万吨，仅1990年产量就达27万吨，创年产值6.6亿元，创利税2.3亿元，原材料成本费用减少3510万元，减少因炸药结块导致失效带来的损失662万元，而且有毒有害粉尘的危害明显降低，劳动条件得到改善，对环境的污染明显减轻，同时，生产、运输、贮存、使用过程中的安全性提高，贮存性能稳定，爆炸性能良好，深受用户的好评。

4. 靠岸声纳

专 利 号: 86103212
专利权人: 中国科学院声学研究所
发 明 人: 施修祥

简介：靠岸声纳是一种能帮助船舶安全靠离码头的特殊水声设备，是现代化港口的关键设备之一。大吨位轮船停靠码头时，特别是在夜间或天气恶劣情况下，经常发生碰撞码头事故，经济损失十分严重。目前我国的大部分港口的到港船舶，是由引水员依据目测估计的船速和船港距离来引导完成的，由于目测数据的不可靠、不准确，曾出现过许多类似的事故。

由中科院声学研究所研制成功的靠岸声纳，博采国外同类产品之所长，充分利用现代信息处理技术和高质量的元器件，使系统的功能、可靠性、抗干扰能力，以及自动化程度等都有了较大的改进。该设备由换能器、发射机、接收机、整形鉴别器、控制门、距离信息输入器、电子钟的微型机等组成，利用超声波在水中的传播和反射，在规定距离内，连续准确地测出船舶运动中的速度、加速度和船舷对码头的倾斜角度，并把这些数据显示在岸边的灯光显示牌上，或通过无线数传电台传输到船上引水员手中的数传接收机上。引水员掌握这些数据就能迅速、安全地指挥船舶靠岸，而且，万一发生事故，其记录可以作为确定事故原因的依据。

靠岸声纳问世以来，已先后用于全国多家码头，获得一致好评，目前已创经济效益140万元，节约120万美元，节电2万5千度。并于1986年获中科院科学进步二等奖，1989年列入机械电子部推荐的替代进口产品目录。

5. 天然金刚石拉丝模及其制造方法

专 利 号: 86108742
专利权人: 北京市粉末冶金研究所
发 明 人: 徐乍英

简介：这是一种拉丝模具及制造该模具的方法。天然金刚石拉丝模是将金属坯料通过金刚石之孔拉拔成丝材的模具。该发明提出用含钨、铜、锡、铅、钴、磷铁的镍基金属粉末预压制成的主体粉模柱和由含镍、钛、钨、锡、钴、铅的铜基金属粉末预压制成的顶部粉模柱与天然金刚石和不锈钢模套构成拉丝模，以及采用加热加压使顶部粉模柱与金刚石粘焊在一起，主体粉模柱与铬镍不锈钢模套镶焊在一起的制造方法。天然金刚石在拉丝模的模套之中是否牢固是拉丝模质量好坏、使用寿命长短的关键。该发明的天然金刚石拉丝模工作时金刚石不会松动，模柱与模套不松套，一般拉丝可达40万米，延长了拉丝模的使用寿命。

该发明专利自1986年12月起开始实施，到1991年3月已生产拉丝模13.81万支，创产值2865万元，创利税2145.5万元。该产品已在国内上百家企业中使用，其销售量大模子占全国拉丝模市场的50%，小模子占全国拉丝模市场的65%。同时使用该结构和方法可节约大量的金刚石，拉丝模制造厂和使用拉丝模厂的总效益已超过上亿元，并为国家节省外汇86.8万美元。

6. 一种农药杀虫杀螨剂——灭杀毙

专 利 号: 87100162
专利权人: 台相林
发 明 人: 台相林

简介：本发明属于杀螨杀虫农药。由于有些有机磷、有机氯等农药毒性高、药效低，害虫已对其产生抗药性；除虫菊酯类农药虽然毒性低、杀虫效果高，但不能杀螨。本发明的目的是生产一种既能高效杀虫杀螨，又能防治抗性昆虫，同时对人畜又是低毒的新农药。本发明采用氰戊菊酯〔-α-氰基-3-笨氧基苄基-2-(4-氯笨基)-3-甲基丁酸酯〕乳油和马拉硫磷〔0,0-二甲-s-(1,2-二乙酯基乙基)二硫代磷酸酯〕乳油及增效磷〔0,0-二乙基-0-苯基硫代磷酸酯〕乳油按一定比例混合。其生产工艺简单，操作安全，无三废污染，易于大规模生产，毒性低，药效高，能虫螨兼治。经试验，21%的灭杀毙乳油杀苹果食心虫，兑水5000倍液死亡率达100%；杀森林松毛虫，兑水9000倍液死亡率达99.6%；杀稻卷叶虫，兑水6000倍液死亡率达100%；对人畜安全，残留期短；主要用于蔬菜、果树、森林、花生等作物。

灭杀毙自1987年投产以来，累计产量达7260吨，新增利税8800万元，出口创汇860万美元。

7. 合成氨生产方法及其合成反应器

专 利 号: 87100963
专利权人: 邓万贞
发 明 人: 邓万贞等

简介：这是一种冷激式直接换热合成氨或甲醇反应器，结构简单，调温方便，合成率高。它由承压外筒和内件所组成，而内件又由上部两层以上的催化床，下部为热交换器所组成，催化床间有冷热气体混合器，混合器可以取出和装入。反应器应用时有外部低温气部分预热和不预热两种流程。本发明最适合于中、小型生产厂使用,可以大幅度提高生产能力、降低阻力,并可保留原承压外筒,只改内件即可节约设备开支。

该技术在全国十几个省市30多家化肥厂中推广应用(已投运23家,待投运8家)统计,其中17家的使用情况表明,5年来,在节煤、节电、增产化肥、节省设备投资等综合经济效益为国家净增1亿元以上。并在结构上用简单的冷激部件代替了结构复杂的冷管装置,节省不锈钢材1/3,消除了热应力,不再出现因冷管拉裂而被迫停产检修,使生产稳定可靠。

8. 制取低碳烯烃的烃类催化转化方法

专 利 号: 87105428

专利权人: 中国石油化工总公司　石油化工科学研究院

发 明 人: 李再婷等

简介:本发明属于石油烃类的催化转化方法。目前国内外生产气体烯烃主要应用以轻烃为原料的热解方法。本发明提出一种在较低的温度下,采用创新研制的催化剂,以石油的重馏份油为原料,生产国家急需的有机化工原料——气体烯烃(乙烯、丙烯及丁烯)为主要产品的新方法。该方法是使用流化床或移动床反应器,烃类原料在反应器内与热的固体酸催化剂接触进行催化裂解反应,温度500～650℃,压力$1.5 \sim 3 \times 10^5$Pa,重量空速0.2～2.0小时$^{-1}$,剂油比2～12,反应后的待生催化剂经再生后返回反应器内循环使用。与常规的催化裂化及水蒸汽热裂解方法比较,本方法可以得到更多的丙烯和丁烯,丙烯和丁烯的总产率可以达到40%以上,丙烯产物不用加氢即可作为聚丙烯的原料。

该技术于1990年底在济南炼厂工业试验获得成功,并引起国务院的重视。李鹏总理亲自批准"八五"计划内新建安庆、荆门及镇海三套大型催化裂解装置,另外,国家计委及石化总公司已批准新建大庆、沈阳及济南的三套催化裂解装置,这几套装置的总处理能力为200万吨/年,预计全部投产后将年均新增产值17～20亿元,新增利税达5亿元。该项专利技术还同时向美国(已批准)、欧洲、日本申请了专利。

联系人:(100083)　中国石化总公司石油化工科学研究院　李再婷

9. 步行坐底式钻井平台

专 利 号: 88105334

专利权人: 胜利油田会战指挥部　上海交通大学

发 明 人: 顾心怿等

简介:步行坐底式钻井平台是一种海洋石油钻井平台。目前世界各国的海洋石油钻井装置均不能步行,搁浅以后就无法移动。泥沙质海滩一般比较平坦,海陆过渡带(包括海滩沼泽地带、潮间带和极浅的海区)比较宽阔。所以有很大的一片地区,海洋和陆上的钻井装置都无法进入作业。步行坐底式钻井平台的研制成功,提供了一种新的石油钻井装置,它可使石油钻井工作在海陆过渡带中顺利地进行。这种新的钻井平台采用内、外双体结构形式,并借助于一套液压油缸和轨道滚轮系统使内体和外体之间可以作上下方向和前后方向的相对运动,因此内体和外体可以交替地坐底不动,作为依托或举升离地向前移动,从而实现步行动作。它在海中可以拖航,在深水和波高不超过空间桁架的极浅海中可以坐底,在海滩上可以自己步行,涉水前进,到达指定井位,使现有钻井装置无法进入的海陆过渡带中的钻井作业得以实现。

步行坐底式钻井平台现已在胜利油田使用,已钻或探井5口,其中4口找到了油气资源,这4口井发现的石油地质储量在2000万吨以上。

10. 作物增产菌及其选育与发酵工艺

专 利 号: 88106560

专利权人: 北京农业大学

发 明 人: 陈延熙等

简介:本技术将植物体看作是与其体内体表生活的天然微生物共同组成的共生复合体,是一个自然生态系,其体内体表生活的微生物由于长期进化的结果,与植物体形成了相互依存、相互制约的关系,其中有些微生物对作物生长、发育、增产、改进品质、抗逆等有促进作用。将它们筛选出来复壮、培养,再施用到植物体上,这就是增产菌。本方法具体做法是先取作物根、茎、叶、花等器官,经分离并水浴处理得到芽孢杆菌,再经温室筛选及大田试验验证,对作物有益的蜡质芽孢杆菌(YIB)接种到固体培养料上或者液体培养液中,在22～35℃条件下,培养30～48小时,从而得到增产菌制剂。该增产菌可用于作物拌种、沾根、喷雾等,能促使作物增产10%以上,提高产品质量,增强抗逆能力,并具有成本低廉、使用方便、工艺流程简单、没有污染、没有残毒、不影响生态环境等优点。

增产菌技术自实施以来,已在全国30个省市的3.91亿亩土地、50多种作物上推广应用,累计为国家增产粮食150亿公斤,棉花1.3亿公斤,油料6.3亿公斤,新增产值100亿元,投资收入比在1:30左右。

1993年中国专利奖金奖项目

1. 熔盐籽晶法生长低温相偏硼酸钡单晶

专 利 号: 85101617.0

专利权人: 中国科学院福建物质结构研究所

发 明 人: 江爱栋

简介:晶体生长技术是科技领域中一项高科技。本发明技术主要特点是,经长期研究,确定了低温相偏硼酸钡是一种优良的非线性光学、热电等多功能材料，并证实该晶体在非线性光学方面，尤其在紫外倍频方面有非常广阔的应用前景；在热电的特殊应用范围也有其独到之处。因此生长这种晶体成为发明的关键，该发明通过新的助熔剂、特殊的固定籽晶方式、特别的晶体转动形式、特殊的温度程序和独特的出炉方式生长出低温相偏硼酸钡单晶。由于用该晶体做成的器件在200～1500nm波段可实现相位匹配，有效非线性系数在1064nm时是KDP的6倍，光损伤阀值高达13.5GW/cm^2，由于它具有温度稳定性好、晶体机械性能稳定和不易潮解等优点，所以在红外、可见、紫外光区的激光倍频、和频和光参量振荡器件中有广泛的应用。

该发明专利实施以来，产品主要销往美、日、德、前苏联、法、加拿大、英等十四个国家和地区。产品销售额达3485万元，创利润达2091万元，获取外汇收入684万美元。

2.水下淤泥质软基的爆炸处理法

专 利 号：87106811.7

专利权人：中国科学院力学研究所　连云港建港指挥部　连云港绵屏磷矿　交通部第三船务工程勘察设计院

发 明 人：张建华等

简介：本发明是一种水下淤泥质软基用爆炸处理的方法，适用于港区沉箱码头、护岸、滑道、围堰以及海上构筑物等工程的软基处理，特别是防浪堤软基的爆炸处理法。现在采用的在淤泥软基上修筑防浪堤的方法，主要存在清淤断面大，需要挖泥航道和水上抛石，要用挖泥船等大型设备，成本高。本发明所采用的技术方案是在施工起始端采用陆上抛填。当抛填体达到工程设计抛填高度时，在抛填体前方软基土层的适当位置中，埋置群药包。爆炸后使抛填体向前方塌落，塌落的抛填体将被爆炸扰动的淤泥质软基排走，抛填体塌落于硬土层上，形成泥下爆炸"石舌"，这方法使水下排淤和填石同时完成，修成后防浪堤既能长期稳定，同时能减少施工环节，不用价高的水上抛石与特殊的大型设备，从而大大降低造价。可广泛用于港区沉箱、码头、护岸、滑道、海上构筑物等工程的软基处理。

连云港港区采用本发明方法处理淤泥软基，节约开支3924万元，并减少了抛弃淤泥对海洋的环境污染。

3.一种飞秒扫描变像管

专 利 号：87106898.2

专利权人：中国科学院西安光学精密机械研究所

发 明 人：牛憨笨

简介：飞秒(fs)技术目前正在迅速发展，它对未来世界将产生重大影响。对飞秒现象的诊断将是必不可少的。变像管技术可对超快速现象进行诊断，关键是如何提高变像管的时间分辨率。本发明的目的在于设计和研制一种具有更高时间分辨率的飞秒扫描变像管。本发明的特征为该管具有在氧化铟锡透明导电基底上制作的锑—钾—铯光电阴极，微通导板(MCP)准直器加速电极，不等径同轴多园筒静电聚焦系统，输出阻抗为50Ω的弯曲线行波偏转器，该管的时间分辨率达200fs，达到了国际领先水平。同时具有大的动态范围，高的空间分辨率和好的信噪比。

本发明属高技术产品，只用于基础研究和高技术研究，由西安光机所自己实施，新增销售额89万元，新增利润44.5万元，创汇3万美元。产品用于研究自由电子激光器、X光激光和激光核聚变。出口美国，他们制成飞秒扫描相机，它可提供较其它相机更大的动态范围和更高的空间分辨率。

4.山楂蜜汁饮料的加工方法

专 利 号：88101102.9

专利权人：天津市林业果树研究所

发 明 人：马冬青

简介：该发明属于果汁加工的生产方法。据中国医学科学院卫生研究所分析，山楂富含有机酸、果胶质、维生素及矿物质等。其中维生素C高于苹果10多倍，高于柑桔近3倍，含的钙、铁等也远远超过其它水果。我国山楂资源丰富，产量高，全国年产量约1亿公斤。为了更好的开发我国的山楂资源，天津市林业果树研究所研制出山楂蜜汁饮料的加工方法，该发明专利的特征是：山楂经选拣清洗、预煮、浸泡、过滤等得到山楂汁、胡萝卜经过选拣清洗、去皮、切条、预煮、切块、胶磨得到胡萝卜浆，然后按山楂汁0.5～4公斤，胡萝卜浆0.5公斤的比例混合，然后加糖调配、再加热、装瓶、密封、杀菌、冷却、即得山楂蜜汁产品。使用该发明专利生产的山楂蜜汁饮料为带肉混浊汁。较好地保持了原料的色、香、味及营养成份，酸甜适口，营养丰富，由于开发出的产品由水果果肉组成，原料吨耗显著下降、产品得率大大提高，而且下脚料通过调配还可以制成品质上等的山楂酱。

该发明专利已获利税4000万元以上，产值达2亿元。现已有11个厂家投产生产。

5.一种超短波测控用多频天线

专 利 号：88103505.X

专利权人：电子工业部第五十四研究所

发 明 人：李渠塘等

简介：本发明提供了一种统一体制的测控设备的超短波测控用多频天线。用于无线电工程设备中作多功能、多点频、宽频带的测量和控制的收发天线。它把分离的遥控、遥测、测速、测距等多功能、宽频带、多点频、多种型式的天线综合在一个公共天线阵面上，使用一个天线转台和一套伺服控制系统完成对空间飞行目标的全部测量和控制任务。本系统由梳状滤波器，同轴式极化开关、定向耦合器、微带和差组件、天线阵面、超短波单元天线、分馈线、主馈线和旋转关节组成。这种多频天线具有可使整个空间飞行目标的测控系统减少天线，减少测控台站，减少设备量，减小天线体积和降低制造成本，减少操作维护人员，使用维修方便，便于制作车载活动式超短波测控用多频天线等优点。

该专利技术于 1988 年、1990 年和 1992 年三次执行国家级大型航天试验任务，取得了圆满的成功，特别是 1990 年和 1992 年两次遥感卫星回收任务，发射指令成功率 100%，接收数据全面准确，使卫星回收最安全最准确，创造了世界卫星发展史上的新记录。并获效益 80 万元。

6. 顺反体高效氯氰菊酯制造方法的改进

专 利 号：89108304.9
专利权人：南开大学
发 明 人：黄润秋等

简介：氯氰菊酯是一种高效广谱安全的拟除虫菊酯类杀虫剂，主要用于防治棉花、果树、蔬菜等经济作物害虫。我国每年耗资数百万美元从英、美等国进口原药，加工成 10%乳剂后出售。进口氯氰菊酯原药其中 40%～45%为高杀虫活性异构体（高效体），其余为低效体。本发明是一种以顺反体氯氰菊酯原药为原料，在溶剂中进行分离－差向异构化制备顺反氯氰菊酯高效体的方法。其特征在于以乙醇作溶剂，以氨或三乙胺作催化剂，加入占原药 1%重量的顺反氯氰菊酯高效体于上述溶液中，在 20°～30℃温度下搅拌 96 小时，并经过滤分离，使低效体转化为高效体，使原药中高效体含量由 40%～45%提高到 90%～95%，原药总酯数率达 98%。产品高效氯氰菊酯药效比进口原药提高一倍，田间药效试验证明，4.5%高效氯氰菊酯乳剂与进口原药制成的 10%乳剂药效相同。本发明构思巧妙，工艺过程及设备简单，较容易实现工业化生产。

本发明自实施以来，产品深受用户欢迎，新增销售额 1.2 亿元，新增利润 3326 万元，从 1992 年起出口销往朝鲜。

7. 一种石脑油重整催化剂

专 利 号：90101354.4
专利权人：中国石油化工总公司　中国石油化工总公司抚顺石油化工研究院
发 明 人：孙逢铎　徐远国

简介：石脑的催化重整是提高汽油辛烷值和生产芳烃的重要途径。近年来，人们对重整工艺和催化剂不断进行改进，特别是在改善催化剂的性能方面的进展尤为显著。本发明专利是一种多金属重整催化剂，是目前国内外最高水平、最低铂含量的工业化催化剂。其特点是将氢氧化铝原料，在高温水气氛下进行酸化改性，再经成型熔烧制成 r －氧化铝载体，担载金属铼、铂、Ti 和卤素。具体制备方法是采用 SB 粉，低碳烷氧基铝经水解制得的 HP 氢氧化铝以及各种氢氧化铝的混合物为原料，在高温水气氛下进行酸化改性处理，处理温度 60～250℃，处理时间 2～15 小时，然后挤条成型、油氨柱滴成球型或滚成球型，在 50～70℃ 下干燥 3～7 小时，100～150℃干燥 4～16 小时，然后在空气存在下，经过 450～750℃ 熔烧 4～10 小时，最后生成 r －氧化铝载体，这种 r －氧化铝载体结晶完整、晶粒大、孔容积大、微孔集中，使催化性能大幅度改善。

本发明专利特别适用于直馏石脑油重整。1991 年 6 月在大连石化公司投入工业应用，到 1992 年 12 月，已运行十八个月，累计新增利润 1752 万元。节约贵重金属铂 63 公斤。折合人民币 667 万元。

8. 铬－稀土鞣革废铬液封闭式循环工艺

专 利 号：90103170.4
专利权人：贵州省毕节县制革厂 成都科技大学
发 明 人：吴兴赤等

简介：制革废铬液排放量大，毒性大，含量多，国内外治理难度很大，采用的治理方法有“查倍尔分流化学物理处理法”，“电浮法净化”等，但工艺复杂，成本高，不宜推广使用。本发明采用铬－稀土鞣革废铬液封闭式循环工艺，是一种减少环境污染提高革质量的鞣革方法，将铬鞣废液收集后，补充适量的新鲜铬液及其它化工原料，再用于生产，其特征在于收集的铬废液送入铬鞣转鼓中调整 pH 值和盐含量，将油预鞣浸酸裸皮投入并转 10～20 分钟后，补加新鲜铬液，再加入 0.3%～0.8%的稀土和 0.2%～0.7%的蒙囿剂，转 2～3 小时后调温至 35～45℃，提碱至 pH 达 3.9～4.3后再转 2 小时左右，停鼓过夜，次日再转 0.5～2 小时，检查收缩温度大于 95℃ 即出鼓搭马，铬废液再送往收集池，使之形成循环－回收－再循环的封闭式系统，能使铬的回收使用率达 98%以上，并能节约红矾、硫酸、工业糖等化工原料各 40%左右，排放水中的含量低于 GB 3549－83 二级标准。

使用本发明技术，操作简便，易于管理，即保持生态环境、减轻铬污染，又能提高成品革的质量，社会、经济、环境三效益相得影彰。

9. 大节距扭绞型钢索的制造方法和设备

专 利 号：90103685.4
专利权人：机械电子工业部上海电缆研究所
发 明 人：余云龙等

简介：一种大节距扭绞型钢索的制造方法，是先按需要将钢丝切成定长、弄直，把钢丝汇集成平行钢丝索，然后紧扣一端使之绕同一轴线转动，通过模具绞合成形。能一次将众多的（最多为 421 根）ϕ7mm 的高强度钢丝同心、同向绞合成排列最为紧密的六角形钢索。其特征在于多根定长钢丝平行放置在若干可旋转的储线装置导向板上小孔中，一端呈自由状，绞制过程中可以自动退扭，不产生附加内应力，另一端穿过绞合装置上孔距依次减小呈收缩状的各分线板，然后使平行钢丝束绕同一轴线转动，绞合，同时牵引小车拖动绞合后的钢丝束，通过模具成形，随后绕包扎紧带并经弯道装置换向进入直轨道后储存、备用。

本发明采用了定长钢丝和储线装置，钢索采用直线储存，摒弃了传统的收、放线盘和大吨位重设施，设备结构简单，造价低廉，操作方便。采用弯道装置,生产设备仅为索长的1.1倍,节省了厂房面积。上海浦江缆索厂利用本技术生产的钢索已应用于二十四座桥梁工程,本世纪最大跨距斜拉桥杨浦大桥,南浦大桥都使用此钢索。实施后共生产近600吨钢索,获利1526万元,经济效益非常显著。

10. 马铃薯脱毒微型种薯的生产方法

专 利 号: 90106636.2
专利权人: 天津市蔬菜研究所
发 明 人: 王炳君　王鲁野

简介:目前国内外培养种薯的方法是将经组织液培养长成的脱毒试管苗直接定植在防虫网室内,经100～130天栽培,产生大种薯送往各地扩繁后为生产提供脱毒种薯。本发明是选择培养20～45天的试管苗切段,用赤霉素和生根粉溶液浸泡,在相对湿度为100%、26～28℃室温黑暗条件培养生根3天,然后栽于蛭石盘中,置于昼温26～28℃、夜温14～15℃、湿度90%～70%的棚内进行炼苗,肥水管理,经过30～60天培养后即可收获一茬微型薯。使用本发明方法的优点是1)开辟了脱毒种薯生产的新途径,不受季节限制,繁殖速度快,繁育成本低,种薯质量高;2)找到了解决马铃薯种情退化的有效措施,由于采用无土栽培,工厂化生产,便于隔离生产,种薯健康;3)微型种薯体积小、重量轻,贮运方便,全国各地都能建立自己的繁种体系,使繁育周期至少缩短一年;4)生产设施简化,生产成本降低,脱毒苗的培养设施可压缩70%,减少原种调种量90%。

本发明已在七个单位实施,累计新增产值2716万元,新增利税229万元,并以该项技术为依托,在俄罗斯和乌克兰成立二个合资企业,并与美国国际农技公司合作进行专利技术许可。

11. 错齿单侧刃工作丝锥

专 利 号: 85202253.0
专利权人: 刘海福
设 计 人: 刘海福

简介:一般用于加工内螺纹的丝锥,由于双侧刃都参加切削工作,难免有"卡、抱"锥现象。本实用新型提供了一种能减少加工扭矩的错齿单侧刃工作的丝锥,每个齿在攻丝过程中,都只有一个侧刃参加切削,这样沿螺旋线,每个齿都依次交错地只有一个工作侧刃,分别地完成内螺纹沟槽两个侧面的加工;主切削仍由每个齿的顶刃完成。由于有分屑作用排屑容易,避免了攻制软金属材料时,切屑变形而造成挤伤、划伤内螺纹沟槽侧面及塞屑、卡锥现象;又由于非工作侧刃与螺纹侧面有间隙,使冷却润滑液容易渗入,改善了切削条件,减小了扭矩;提高了螺纹的加工质量。丝锥是机械制造、机械加工行业不可缺少的通用工具、应用面广、消耗量大。由于错齿丝锥平均使用寿命是原丝锥的三倍以上,加工效率提高了30%以上,给国家节约了大量的钢材。

该技术实施以来,已生产丝锥15万支,新增销售额105万元,利税51万元。

12. 植物纤维物料热压成型机

专 利 号: 90224666.6
专利权人: 马丽萍
设 计 人: 马丽萍　程正华

简介:本实用新型提供了一种用干燥方法,以植物纤维为原料直接热压成型物品的设备。这种成型机由料斗、储料腔、输料挤压腔、成型筒、定型筒、电动机、变速传动装置和加热器及其监控装置共同构成。具体实现植物纤维无胶直接热压成形物品的技术构想;原料采用工、农业废弃物,如玉米杆、锯木屑、废甘蔗渣等。原料从料斗底部的第一进料口径预热器预热后进入储料腔,再由储料腔进入输料挤压腔,然后被腔内的螺旋挤压杆往热压成型筒方向输送,在热压成型筒内的原料受外周边加热器的加热和挤压头的"挤压"综合作用,被热压成既定形状的成品,并被后续成品挤进保温定形筒内,经过在筒内恒温定形后,从保温定形筒端口处被挤出。该机的使用,可缓解农村因燃料不足而伐木毁林的问题。而且由于纤维产品不加胶粘剂燃烧后的灰分是农村用肥田的最好肥料。

该技术实施后,已获销售额近2000万元,创利税280万元。为国家节约了大量的木材、煤炭。同时每台机器每年为用户还可创新3万多元。

13. 摩托车

专 利 号: 92302578.2
专利权人: 嘉陵机器厂
设 计 人: 凤翔等

简介:我国摩托车的整车外观设计目前尚处于不太成熟阶段,大部分国产车的外观设计、色彩、贴花图案基本沿用国外的方案,属于国外80年代初的样式。

JH125闪银黑色摩托车主体色采用九十年代国际小轿车流行色彩－闪银黑色,配以闪光银灰与闪光珠白色组合而成的板块式贴花,对非主视面的装饰部位则用亚光的黑色作为反衬,色彩协调、稳定、凝重。对发动机曲轴箱和前后轮毂等铝合金外露件,表面采用了特殊工艺处理后,涂装反光效果较强的鳞片状铝粉漆,使其与相邻的镀铬消声器相互衬托,增加了豪华感觉,前制动系统采用了先进的液压盘式制动装置。由于该车在外观设计及制作工艺上均采用了新技术、新材料,因此对提高我国摩托车设计水平和制造水平均具有重要的意义,是我国首次独立设计和制造高档豪华摩托车的一个开端。

该专利由嘉陵机器厂自己实施,于1992年4月至1993年4月正式投入生产以来,已连续生产JH125闪银黑摩托车3.5471万辆,产品销往全国各地,新增销售额30500.5万元,新增利税5700.2万元,非常畅销,供不应求。现已大批量投放国内市场并出口打入国际市场。

1995 年中国专利奖金奖项目

1. 三环式减速(或增速)传动装置

专 利 号:85106692.5
专利权人:冶金工业部重庆钢铁设计研究院
发 明 人:陈宗沅等

本发明提供了一种减速(或增速)传动装置,本发明专利独创了“平行轴——动轴”传动机构,其产品由一根低速轴、二根高速轴和三片传动环板构成。两根高速轴保持三片环板呈 120°相位差作平面运动,并与低速轴上的齿轮内接,通过多对齿与齿或针销与齿相啮合,形成大的传动比,同时能经受较高的荷载与过载。该专利的通用产品,简称三环减速器,同现有的减速器相比,比相同承载能力的普通多级圆柱齿轮减速器的体积小 1/3～1/2;质量轻 1/2～1/3;比相同体积的摆丝针轮减速器的承载能力多 50%;比相同功率蜗杆减速器效率高 10%～35%;比硬齿面减速器造价低 50%以上。此种减速器是节材、节能的新型通用减速器,其构造原理正确,结构新颖。该装置采用“平行轴——动轴”传动,兼有二者的主要优点,具有承载能力高、传动比大、体积小、质量轻、效率高、运转平衡、可以由几个轴端同时传递动力等优点。

从 1988 年起,已有重庆专用机械制造公司等 18 个单位实施本专利。截止到 1995 年初,实施单位累计新增销售额 3484 万元,新增利税 871 万元,增收节支总额达 1852.5 万元。

2. 一种天然椰子汁(奶)饮料的制造方法

专 利 号:88107040.8
专利权人:海南省地方国营海口罐头厂
发 明 人:詹子志等

本发明涉及一种把椰子白果肉榨汁后,制成人体所需高级天然营养饮料的制造方法。用传统的制作饮料的方法将椰果制作成饮料,不能合理充分的开发利用椰果中的椰子白果肉里所含的天然香气及营养成份,且会产生油水分离和蛋白凝块的现象。本发明提供了一种合理的利用椰子白果肉经榨汁加工制成椰子汁饮料的方法,提高了椰子汁在半成品加工中和成品保存期的物理稳定性状,又能保持椰子汁的天然香气及天然营养成份,无需加香精。具体方法是:选择成熟的椰子,剥掉其外壳的椰衣,去除硬壳,除去椰子白果肉表层的黑皮得到新鲜的白果肉,然后送去压榨处理成鲜椰子乳液,向乳液中加入蔗糖、经乳化混合后,在一定的温度下胶磨、均质,以钝化椰子汁中含有自然酪化的活性组织,然后加热脱气,即可得到理想的天然椰子汁。本发明只需掌握胶体磨中的乳浊液,利用均质机控制乳酪化的程度,就可以改变椰子汁蛋白质在常温和低温条件下的凝固和游离油的分离现象,实现椰子汁在储存期的物态稳定性。

本发明专利在海口罐头厂实施,产品深受国内外消费者的高度赞扬,并销往美国、加拿大、日本等十几个国家,年产量以 1～2 倍增长,产品供不应求。累计新增销售额 32 亿元,新增利润 2.6 亿元,创收外汇 1870 万美元。

3. 内弯弧形筋片扁环填料

专 利 号:89109152.1
专利权人:清华大学
发 明 人:费维扬等

简介:本发明提供了一种内弯弧形筋片扁环填料,主要用于石油炼制、化工、环保、湿法冶金、医药等领域的萃取,精馏和吸收过程。它具有下述特点:采用内弯弧形筋片提高了填料的强度,取消可能引起液滴聚结或物料结焦的翻边,填料内部的流道结构更为合理,从而提高了填料的传质效率;其高径比为 0.2 至 0.4,在乱堆时也能体现一定程度的有序排列的特点,从而降低了填料的阻力降和轴向返混,增加了处理能力,提高了传质效率;结构简单,容易加工,可采用碳钢、不锈钢、铝、塑料和陶瓷等多种材质加工制造。系统的实验研究和工业应用表明,此专利具有以下优秀的性能:用于低界面张力体系的液—液萃取时,此填料的性能明显优于 Pall 环、Intalox 鞍等国外引进的新型填料;用于中等界面张力体系的液—液萃取时,此填料的性能优于 Pall 环和大孔筛板等;用于气—液传质过程时,处理能力大、阻力降小、传质效率高。在实验条件下,性能优于或相当于国外引进的先进填料。

本专利实施厂家已有十余个,主要用于工业塔设备的技术改造,获得了巨大的经济效益。据已经鉴定的四个厂家经济效益统计结果,增收总额为 2357 万元,实施后年投资收益率为 380%。

4. 激光振荡放大链同步自动控制装置

专 利 号:90102889.4
专利权人:中科院上海光学精密机械研究所
发 明 人:梁培辉等

简介:本发明属于电子和激光技术领域的一种激光振荡放大链同步自动控制装置。为了获得强激光输出,激光工程中经常使用由一台激光振荡器和多台激光放大器组成的振荡放大链。对于激光分离同位素技术,需要有很强的铜蒸汽激光器作为可调谐染料激光的泵浦源。这个强的泵浦源必须采用振荡放大链的结构才能满足要求。要实现由多台激光器组成的振荡放大链的关键技术之一是同步自动控制技术。因为已有技术均不适用高功率脉冲激光振荡放大链的同步控制装置。所以本发明的目的是发明一种既具有抗强电磁干扰能力,又能够自动补偿由于温度、气体压力等因素变化引起激光输出延迟时间的漂移,以保证激光振荡放大链的最佳工作状态的适用于高功率脉冲激光振荡放大链的同步自动控制装置。本发明是由一台脉冲激光振荡器和多台脉冲激光放大器组成的激光振荡放大链采用闭环的光电控制回路,经计算机判断后,输出电压信号控制压控可变延时触发器,触发信号驱动激光放大器电源,连续地给出脉冲信号反馈,致使激光振荡放大链工作于最佳状态。本发明的装置具有很强的抗电磁干扰能力,具有计算机自动化运行,节省人力,同步控制精度高的优点。

本发明自实施以来累计新增销售额为 790.50 万元,新增利润 237.15 万元,创收外汇 90 万美元。

5. 双一次风通道煤粉主燃烧器及设计和改造四角切向燃烧器的方法

专 利 号:91105899.0

专利权人:清化大学
哈尔滨锅炉厂
福建永安火电厂

发 明 人:傅维镳等

简介:本发明涉及燃烧技术领域,特别是涉及燃烧煤粉的燃烧装置。目前以煤作为燃料中,无烟煤由于其挥发份含量低,因此,着火、稳燃性能及燃烧效率均差,所以不适合用于四角切向燃烧锅炉,但四角切向锅炉造价低,仍具有吸引力。国内外的专利都在着重解决稳燃问题,而无法解决无烟煤锅炉的燃烧效率问题。本发明的目的在于提供一种具有两个同向的一次风通道的煤粉主燃烧器及四角切向煤粉燃烧锅炉布置的燃烧器设计和改造方法,既能解决稳燃问题,又可提高燃烧效率。本发明采取的方法是在一次风通道外侧有高速控制射流通道,控制射流以 0－音速的速度和一次风粉分别通过控制射流通道和一次风通道进入燃烧器的有限空间,其速比一般在 0～17 之间。该燃烧器便于对四角切向燃烧锅炉的改造,不需移开临近燃烧器的水冷壁,不用增加新的给粉机和煤粉管。该燃烧器不但解决稳燃问题,实现煤粉浓、淡分离,降低 NO_x,而且大大提高燃烧效率,对于难以燃烧的无烟煤可以大幅度提高燃烧效率,无结焦问题。

本发明专利在福建永安火电厂、河南焦作电厂等 30 多个单位的锅炉上应用,仅据 9 台锅炉的统计,年均效益达 4000 多万元,经济效益十分可观。

6. 液压蓄能石油修井机或钻井机

专 利 号:91106336.6

专利权人:胜利石油管理局钻井工艺研究院

发 明 人:顾心怿等

简介:本发明涉及到一种液压蓄能石油修井机或钻井机。修井机和钻井机是石油工业广泛应用的设备,其基本模式都是由动力机传动绞车、牵引绳索,通过井架上的天车和游动系统来将管柱及钻井或修井工具反复地下入井筒或提出井筒。这样做起钻时要作大量的功,而下钻时管柱和钻具作负功,只得通过刹车来白白消耗掉,而且下钻时动力机还不能不开着。因此,能源消耗很大。本发明则从原理和结构及外形都不完全等同于常规的修井机和钻井机。其突出的特点和优点是:将动力机空转时可能作的功蓄存起来用于起升重量时,使动力机的装机功率大幅度地减小以节能;将下钻时管柱下行释放出来的能量的一部分蓄存起来,一方面使刹车比较省力轻便,另一方面可以利用这些能量使得下钻时可以不开动力机,又进一步节能并保证了安全;为了实现蓄能,发明了一种特别的组合油缸和蓄能系统,用组合油缸直接驱动钢丝绳提升系统实现起钻和下钻,又使操作简化,且常规机上的井架、绞车、传动系统等不再必需,因而又导致了修井(钻井)设备设计上的寿命。

实施该项技术能使我国钻井修井机装备方面向世界先进水平迈进。这种技术是石油工业广泛需要的,加上技术本身的先进性,可观的经济效益是在预料之中的。

7. 一种新杀虫杀螨剂的制备方法

专 利 号:91107318.3

专利权人:上海中西药业股份有限公司

发 明 人:孙观和等

简介:本发明涉及新杀虫杀螨剂的制备,尤其涉及新拟除虫菊酯类杀虫杀螨剂的制备方法。拟除虫菊醋类杀虫杀螨剂是仿照天然除虫菊素化学结构,用化学合成方法制造的杀虫剂。如美国专利提供的氟氰菊酯与原有的杀虫剂相比对多数有害昆虫如蚜虫、红铃虫、蟑螂等具有更强力的杀灭作用,对人、畜毒性更低,但仍有不少缺点,如对害螨(棉红蜘蛛等)药效不理想,要用较高浓度药液才能有效杀死害螨,对人体皮肤及眼粘膜有刺激,在使用时须穿戴防护用具等,并限制了使用范围,对人、畜仍有一定毒性,属中毒农药。本发明提供了一种新杀虫杀螨剂及其制造方法。该杀虫杀螨剂与现有拟除虫菊酯杀虫杀螨剂如氟氰菊酯相比具有以下优点:a. 除具有氟氰菊酯所具有的杀虫作用外,在较低的浓度下也具有优异的杀螨作用;b. 对人、畜毒性更低;c. 对皮肤和眼粘膜无刺激。1993 年在新疆进行了 1980 亩大面积药效示范推广,防治效果很明显,特别对棉叶螨的防治效果更好,因此该发明专利的推广应用将会产生很好的经济效益,具有广阔的应用前景。1994 年下半年仅销售 10%乳油 400 吨,市场上就产生了供不应求的局面。

本发明实施以来,累计新增销售额 2000 万元,新增利润 200 万元。

8. 改进的竹材胶合板制造工艺方法

专 利 号:91108203.4

专利权人:南京林业大学

发 明 人:张齐生

简介:本发明涉及改进的竹材胶合板制造工艺方法,属人造板生产中的胶合板生产技术。用毛竹代替木材制造胶合板存在着一系列的技术问题,竹材的利用率也低。目前用竹材制胶合板的方法,或胶粘剂用量大;或产品结构不合理,不能发挥竹材的内在性能。本发明对以上弱点进行改进,提高生产效率和降低成本。其工艺流程为:1. 采用贮存期不超过半年的直径大于50毫米的新鲜毛竹;2. 将毛竹截成所需长度;3. 将竹筒的外节切除;4. 将竹筒剖分成两块或两块以上;5. 去除内节;6. 将竹块浸泡在80℃以上热水中1小时以上;7. 将水煮后的竹材放入以热空气为介质的高温软化箱中加热3~8分钟;8. 将高温软化后的竹材加压展开;9. 将加压展开后的竹材送入由若干对辊筒组成的辊压成型机中进行辊压展平;10. 将展平后的竹片进行刨削加工;11. 将竹片加压干燥至竹片含水率小于8%。本发明方法由于取消了蜡煮工艺,降低了成本,采用辊压展平的方法进行处理,可便于进行连续展平,提高生产效率。

本发明专利以许可方式先后在江西、福建、安徽等地建厂23家,累计生产竹材胶合板5万立方米,创产值1.7亿元,利税3500万元。用于汽车工业降低成本1.35亿元。

9. 石油烃的催化转化方法

专 利 号:91108425.8

专利权人:中国石油化工总公司
中国石油化工总公司
石油化工科学研究院

发 明 人:霍永清等

简介:本发明属以石油烃类生产高质量汽油和富含丙烯、丁烯的液化气的催化转化方法。从石油烃类生产丙烯、丁烯和汽油通常采用催化裂化、热裂解或催化裂解方法,本发明是基于上述已有技术的重大技术进步。本法以包括常压渣油在内的石油重馏分油为原料,采用相应的工艺条件和具有特殊反应性能的催化剂——含有ZSM-5、REY和高硅Y三种沸石的固体催化剂,最大量地生产富含烯烃的液化气和高品质汽油的工艺技术。该技术的主要操作条件:反应温度480~550℃,反应压力130~350kPa,剂油比4~15;催化剂为复合的活性组分,具有合理孔分布、高重油转化能力和抗污染能力;其产品分布为:液化气25%~35%,$C_3^=$ 和 $C_4^=$ 15%~25%,汽油45%~55%,柴油0~25%,汽油可直接作为90号以上无铅汽油。目前国内外以重油为原料生产汽油和液化气的方法——催化裂化,其液化气产率仅为本法的1/3~1/2,汽化气加汽油产率比本法低10~15%,汽油辛烷值亦低3~5个单位。本发明既可增产化工原料又保持了汽油的产率和质量,油化兼顾,且投资少易于实施,具有广阔应用前景。

本发明已由兰州炼油化工总厂等石化企业实施,并建成了两套工业装置,仅兰州炼油化工总厂的40万t/α装置,每年比原来催化裂化装置增加利税1994万元(直接效益)。国内正建和拟建的装置十余套,加工能力将达600~700万t/α;待全部投产,预计其经济效益在20亿元/年以上。

10. 气体电离型高能X、γ辐射成像阵列探测装置

专 利 号:93102728.4

专利权人:清华大学

发 明 人:安继刚 邬海峰

简介:本发明涉及一种气体电离型高能X、γ辐射成像阵列探测装置,属核技术应用领域。在已有技术中公开的一种气体放电型阵列探测装置虽信号动态范围大(10^5),探测效率及灵敏度高,能满足检测系统的基本要求,但存在着成本高、因震动易产生噪声信号、三个月需要换气体钢瓶、要求高压的稳定度好、工作寿命较短等缺点。而本发明所涉及的探测装置是由安装在一支架上的多个高气压阵列电离室单元组成,每个电离室单元包括耐压密封外壳、窗口、长条形板状电极系统、电极系统支架以及充入其中的高压气体。依靠X、γ射线与高压工作气体相互作用产生的次级电子所引起的电离效应而输出信号。本发明设计的阵列探测装置具有很高的探测效率与信号灵敏度,可用于集装箱、汽车、列车等大型客体的辐射成像检测,也可用于对尺寸较小物体的无损检测。也适合于其它需用较高能量X、γ辐射成像的应用场合。例如用于各种工业零部件或产品的辐射成像无损检测设备(平移扫描成像装置或工业CT)。当多窄缝准直器将X、γ辐射准直成若干窄片状照射野时,配以多个阵列探测装置后可显著加快扫描成像的速度,甚至直接获取二维的辐射投影景象,或用于获取关于客体三维空间分布的信息。

本发明自1994年1月至1995年1月实施一年来,累计新增销售额为100万元,新增利润20万元。

11. 多功能活鱼运输箱

专 利 号:90203950.4

专利权人:孙乔良

设 计 人:孙乔良

简介:本实用新型是一种多功能活鱼运输箱,又叫八功能活鱼运输机组。是设计在各种汽车货箱上,供长途保活运输水产动物以鱼为主的集装箱类装置。目前国内外的保活运输水产装置都是以各种增氧手段来达到的。这种方法的共同弱点都回避了水体保鲜自净,使载鱼仓内水体的溶解氧不低于5~10mg/L的优良水质生态标准,这是活运成败的关键问题。本装置设有三套独立而又可联合作用的全能供氧系统。还设有水循环、自动排污系统,能自动过滤和排除载鱼仓的鱼类代谢物。此外尚有降温或升温、急救曝气(氧)、化学药剂处理八大功能。其特征在于由高压对撞仓、过滤仓、排污系统、供水系统、循环水系统、监控系统、救急系统组成。本装置可按需要保持载鱼仓内水体溶氧量不少于5毫克/升,不超出10毫克/升的富氧标准。而水体的pH值、碱度、酸度、氮、磷、氨等水化学指标都保持在渔业水质标准范围内,因此本装置能可靠地超高密度承担保活运输半径在2000公里之内,以鱼为主的各种水生或两栖类动物。

本实用新型在昆明市西山水产生态工程公司实施后，产品投放市场供不应求，全国除西藏外各省市都在推广应用，台湾、泰国、新加坡的客商也来争购产品。已累计生产652台，创新增销售额4312万元，新增利润1800万元。

12. 氰化贵液碳纤维电积提金槽

专 利 号：92216360.X
专利权人：沈阳黄金学院
设 计 人：杨立等

简介：本实用新型提供一种从氰化贵液中电积提金的装置——氰化贵液碳纤维电积提金槽。目前，从氰化贵液中电积提金的通用设备是钢棉电解槽，即将装有钢棉的塑料或其它材质的框或盒作阴极盒，利用不锈钢材料作阴极。该电解槽由于结构上的特点，处于沉积金泥时，需拆装阴极、洗脱金泥，故操作麻烦，在操作过程中的钢棉腐蚀碎头上附着的金泥不便回收，不仅影响金泥的回收率，而且钢棉腐蚀消耗药剂，对系统造成污染，还因钢棉的消耗，增加生产成本，因此现有电解槽急待改进。本实用新型的目的是提供一种碳纤维电积提金槽，它不仅有效地克服现有技术的不足，而且操作简便，金泥处理容易，明显减少阴极材料损耗，降低生产成本，提高金泥的回收率，由于本实用新型采用比表面积大且在电解过程中用无损耗的碳纤维作阴极，不锈钢作阳极，所以定期改变电源电极，即可使沉积于碳纤维上的金泥自行脱落到槽底隔板上。操动杠杆可使滑动筛板相对固定筛板滑动，筛孔相对时，金泥经筛孔落入积存槽内顺利排出。从而有效地避免采用原有技术存在的弊病。具有操作简便、不必取出阴极洗脱金泥、可直接将自行脱落到隔板上的金泥排出、金泥处理容易的优点。此外阴极材料不再腐蚀，明显减少损耗，降低生产成本，提高金泥回收率。

该实用新型实施两年来，累计新增销售额28000万元，新增利润1771.11万元。

13. 抽油烟机

专 利 号：94301453.0
专利权人：江苏长城电器集团股份有限公司
设 计 人：金宝玉

简介：本外观设计改变了以往抽油烟机的传统造型，它大胆采用抛物线及大小圆弧流线造型，线条流畅、优美，过渡面棱自然适度，产品表面平滑、光洁、美观、无螺钉焊疤痕迹、具有线条简洁的现代感。在内部结构上采用ABS工程塑料的组合式风道，取代了铁皮锅壳，其合体处采用迷宫式结构，并加密封条，在设计中使油环和蜗壳合为一体，从原理上，结构上彻底解决了国内抽油烟机较普遍存在的漏油现象，提高了整机的强度，并使吸力更大。在安全性能上，采用全塑接线盒，将电气接线头藏于其中，另用全塑安全挡板挡住，双重保护，确保人身安全。正是由于本抽油烟机在外观、性能、工艺等方面有较先进的设计和外观较突出的改进，投放市场后被消费者形象地誉为“子弹头”，开创了未来型抽油烟机的新格局。

该外观设计自投入市场以来，受到消费者的欢迎，被广大商业代表誉为“打破传统的新一代抽油烟机”，赢得了较好的市场需求量。新增销售额8854万元，新增利润1367.35万元。

1997年中国专利奖金奖项目

1. 氧化亚铁基氨合成催化剂及制备方法

专 利 号：86108528.0
专利权人：浙江工学院
发 明 人：刘化章　徐如玉等

简介：本发明为一种固体催化剂，特别适用于化肥工业中氨的合成和电子工业中由氨裂解制取纯氮、氢气。本发明作出之前全世界工业氨合成催化剂都是由磁铁矿粉与适量的促进剂熔融而成，并一致确认其具有最好的活性，成为沿袭数十年的经典理论。本发明突破了这一经典理论，创立了一个新的催化剂体系——非化学整比的氧化亚铁 Fe_{1}-xO，研制成功化学组成、晶体结构、物理化学性质及制备原理都与传统催化剂完全不同的新一代氨合成催化剂。本发明的催化剂由废氨合成催化剂或铁粉或铁条与磁铁矿粉、促进剂混合均匀后经熔融而成，产品中以氧化亚铁为主体成分。本发明与前有技术相比，明显地缩短了还原过程的非生产时间，并且还原后具有很高的活性。热分析(杜邦)表明：在氢气流量120升/分、催化剂粒度200目、重量40毫克、以每分钟30℃升温到400℃时，本催化剂还原度高达95%左右。其最终还原温度比 Al_{10-2} 型催化剂低80℃左右。该催化剂还具有操作压力低，良好的热稳定性、抗毒性，成本低等显著优势性能。本发明催化剂可广泛用于大、中、小型合成氨厂。

本发明已由浙江上虞化工总厂、浙江工业大学化工厂、湖南长岭炼油化工厂等企业实施生产，自1992年1月到1997年3月，已累计生产本发明催化剂4047吨，氨153.89万吨，共实现新增销售额23.57亿万元，新增利润11.9亿万元，所产催化剂的应用导致工业性增收节支达11.57亿万元；目前有包括我国南化集团的40家企业要求转让本发明产品A301技术。

2. 四硼酸锂(LBO)单晶的坩埚下降法生长

专 利 号：88105599.9
专利权人：中国科学院上海硅酸盐研究所
发 明 人：范世骢　王文等

简介：本发明属于单晶生长领域。迄今为止，四硼酸锂($Li_2B_4O_7$;LBO或LTB)单晶生长，国内外均采用提拉法。该生长方法的基本特征是在提拉法单晶炉内，通过交频或电阻加热熔化在铂坩埚内的四硼酸锂原料，再经过下种、缩颈、旋转提拉等操作，生长出一定方向和一定尺寸的 LBO 单晶。该单晶具有高声表面波（SAW）有效机电耦合系数（$K^2 \approx$ 1%），零延迟温度系数（TCD＝0）的切向，高声速、比重轻、不需极化、冷加工性能好的优点。因此，LBO 单晶压电材料是一种有前途的 SAW 和 BAW（体声波）四件的温度补偿基片材料。由于 LBO 熔体粘度大、晶体热膨胀的各向异性，用提拉法生长 LBO 单晶时，易出现白色丝状包裹物、气泡生长裂纹、组份过冷条纹等宏观缺陷和开裂破碎。该方法单机单产，加上因 LBO 熔体粘度大而不可能实现快速完整生长。因此该工艺效率低，国际上尚未实现 LBO 单晶的工业化生产。本发明的目的是提供一种稳定可靠的高质量 LBO 单晶的生长方法，以实现 LBO 新型压电单晶的工业化生产，即生长 LBO 压电单晶的 Bridgman 法。本发明的主要技术内容是：将高纯（99.9%，以下同）LBO 原料压块置入下部安放一定尺寸和方向晶种的坩埚中；铂坩埚置于 Bridgman 单晶炉中，熔化原料和晶种放顶部，在一定炉温下控制坩埚下降速度，即可生长出无宏观和显微缺陷的高质量 LBO 单晶体（即无色透明、完整性好、不易开裂的 LBO 单晶体）。本方法温场稳定、工艺设备简单、操作方便，可将多只坩埚放入 Bridgman 单晶炉内，同时生长不同形状和尺寸的单晶。

本发明曾获国家发明二等奖，该项发明专利在本所实施后，累计新增销售额 1809.64 万元，累计新增利润 1524.25 万元，创收外汇 219.1 万美元。

3. 储油岩油气组份的定量分析方法

专 利 号：89107286.1
专利权人：石油勘探开发科学研究院实验中心
发 明 人：邬立言　张振苓等

简介：本发明涉及一种化学定量分析方法，尤其是定量测定储油岩油气组份的分析方法。岩石热解快速定量分析是一种在石油钻探过程中评价生油岩和储油岩的方法。目前，国内外普遍应用此方法来快速评价生油岩的成熟度、有机质类型和产油潜量，以及快速评价储油岩的含油气等级和及时发现钻井过程中的油气显示，作为钻井后的试油依据。目前，国际上使用的新型岩石评价仪也只能粗略地测定出岩样中的气态烃、液态烃和热解烃，还不能直接分析储油层中的原油具体性质，更不能判断出是原油热解还是沥青、干酪根的热解烃，以此来判断是生油岩还是储油岩。本发明提出了一种快速测定和具体区分岩样中原油性质和判断储油岩或生油岩的方法。此方法通过分析测定少量的石油钻井中的岩屑，可定量测定和区分出储油层中所含天然气、凝析油、轻质油、中质油、重质油和沥青的含量，通过以上油气组份的含量，可有效地判断出所钻遇的是气层还是油层，以及油层原油性质和含油等级，并判断是储油岩或是生油岩。本发明解决方案是用一个热蒸发炉在不同温度下恒温、蒸发岩样中的气、油和热裂解沥青和干酪根；用氢气作为载气，把气态热蒸发物引入氢离子火焰鉴定器测定，根据热蒸发温度和恒温时间的差异，分别鉴定出各种峰值，以峰的面积计算出含油气量，以判断原油性质和储油岩、生油岩。

本发明实施后共销售 53 台，新增销售额 690 万元，新增利润 265 万元，分析岩样一万多块，运行效果良好，性能稳定。

4. 电磁动态塑化挤出方法及设备

专 利 号：90101034.0
专利权人：华南理工大学
发 明 人：瞿金平

简介：本发明涉及聚合物成型加工领域中的一种电磁动态塑化挤出方法及设备。本方法发明是采用电磁能通过一磁性运动体给物料施加动态塑化挤出所需的各种能量，其工作过程包括动态固体输送、熔融塑化混炼和溶体输送三阶段，整个工作过程均在周期性的振动状态下进行，其振动频率在 0～10^8Hz 之间调整。实现本发明方法的设备是电磁动态塑化挤出机，它是由电磁绕组装置、转动和振动部件、运动部件的轴向电磁支承以及与运动部件构成物料工作容积的固定部件所组成，它们均以相同的对称轴线套装于电磁绕组装置内。该设备采用集成化结构，工作部件与装置均以同轴线对称套装成一整体，其运动部件处于磁悬浮状态。整机体积小，机加工较容易、能耗低、制品质量好、产量高且物料的适应性广。

新设备应用后，其经济效益主要表现为两大部分：1. 机械加工成本降低 60%～70%，节省钢材，缩短了加工周期；2. 采用新设备可节能 40%～50%。该专利项目实施以来，共节钢材 0.19 千吨，计 66.5 万元；节电 3950 万度，计 3950 万元，新增销售额 5007 万元，新增利润 2313 万元。由于新设备具有传统机无法比拟的优势，可以预言，新设备将对传统的螺杆挤出设备进行更新换代，该发明的市场潜力巨大，并且与新设备配套的辅机也具有极广阔的市场前景。

5. 丙烯腈流化床催化剂

专 利 号：90108811.0
专利权人：中国石油化工总公司
　　　　　　上海石油化工研究院
发 明 人：陈欣　吴粮华

简介：本发明是一种用于丙烯氨氧化法制造丙烯腈的流化床催化剂，是由二氧化硅载体和化学式如下的组合物组成：$A_aB_bC_cNi_dCO_cNa_fFe_gBi_hM_iMO_jO_x$ 式中 A 为钾、铷、铯、钐、铊或它们的混合物；B 为锰、镁、锶、钙、钡、镧、稀土元素或它们的混合物；C 为磷、硼、砷、锑、铬或它们的混合物；M 为钨、钒或它们的混合物。本发明与前有技术相比主要在于：①引入钠元素，使催化剂具有了高活性和优良的耐磨性，使催化剂的磨损率从 7.9%降到 2.0%；②引入钨和钒代替部分钼组分，除了能提高催化剂的活性和选择性外，使丙烯腈单收从 77%增加到 80%，更重要的是能显著降低反应器进料中空气与丙烯的配比，使反应器的生产能力明显增加，与现有技术相比，使用本发明催化剂，生产能力可增加10%～15%，即现有5万吨/年的装置，使用本发明催化剂，生产能力能扩大到5.5～5.75万吨/年。本发明催化剂研制项目1995年获得国家科技进步一等奖。

本发明催化剂成功地应用于大庆石油化工总厂化工二厂及化纤厂、兰州石化公司石油化工厂、山东淄博石油化工厂、抚顺石油化工公司腈纶化工厂、上海高桥石化公司化工厂、台湾中化公司大社厂等企业，累计年均创经济效益亿元以上。

6. 藿香正气液体口服制剂的制备方法

专 利 号：91107254.3

专利权人：四川涪陵制药厂

发 明 人：李玉纯　陈鸿等

简介：本发明涉及的是由中药植物提取物制备液体口服制剂，具体而言是制备藿香正气液体口服制剂的方法，它是按照药典中“藿香正气水”的规定原料及用量比例，选取苍术、陈皮、厚朴(姜制)、白芷、茯苓、大腹皮、生半夏、姜(干姜或生姜)、甘草浸膏、广藿香油和紫苏叶油为原料，其中的生药原料按常规作必要的预处理及破碎后，先将苍术、陈皮、厚朴和白芷几种含芳香性挥发成分的原料加水后加热回流蒸馏，收集含芳香油的馏分、蒸馏后的残留物，包括蒸馏母液及残渣再与其它原料继续常规水煎取液，除去纤维素、蛋白质、果胶、树胶等无效或会影响疗效的大分子有机杂质，将所得的水性药液与蒸馏收集的含挥发油馏分及广藿香油和紫苏叶油原料混合，按常规加入适量的增溶剂、防腐剂，调节pH5.2～6.5，加水补足至药典规定总量并混匀即成。用此发明方法制备的藿香正气液体口服制剂为不含乙醇的完全水剂型。不仅在经济上降低了成本，还保证与药典规定的“藿香正气水”具有相同功能和疗效的基础上，在某些疗效及胃肠道的刺激等副作用方面还优于该“藿香正气水”。

藿香正气液自从投放市场以来，畅销全国并出口东南亚地区。本发明实施以来，共节约纯度为95%的乙醇约1330吨，折合人民币731.5万元。产品新增销售额11908.7万元，新增利润1278.54万元，创收外汇20万美元，取得了良好的经济效益。

7. 精密水准仪综合检验仪

专 利 号：92102435.5

专利权人：国家地震局地震研究所；中国计量科学研究院

发 明 人：傅辉清　齐乘光等

简介：本发明精密水准综合检验仪是一种室内检定计量器具的计量标准，它是由自平准线仪、中降台、微倾台、基座组成。为了自动给出一条高精度准水平线，设计了一长焦距平行光管光学系统和一套能自动校正其水平线精度的自动补偿器，使水平线不确定度应＜0.2″；为了给出一个多目标的准线，利用自动平面补偿镜在光路中以外调焦原理来获得调焦过程中光轴在铅垂面内几乎不变的无数个目标的准线管，准线在铅垂面内的不确定度应＜0.05mm；利用了f＝1000mm的长焦距平行光管光学系统，并在光学系统内安置了50～100倍显微测微读数系统可将分辨率提高到0.1″，估读到0.02″，从而使自平准线仪自身又是一个长焦距测微平行光管，可用于检测自动安平水准仪各项补偿误差；设计了升降台和微倾台构成一个能使仪器自由升降和倾斜的系统。

本发明提供了一种室内检定精密水准仪的计量标准，自1993年研制成功三年多以来，在全国推广应用达31台，总经济效益直接产值达130万元，利税达65万元，该检验仪作为一种高精度计量标准仪器，打破了传统的检定方法，提高功效3－5倍，有着广泛的应用前景。

8. 阻抗匹配平衡变压器

专 利 号：92107152.3

专利权人：湖南大学

发 明 人：刘福生　肖乐军等

简介：本发明属于一种新型平衡变压器，具体涉及将对称三相电力系统变为二相幅值相等，彼此相位差为90°电角度的二相电力系统；或将幅值相等，彼此相位差为90°电角度的二相电力系统变换为对称三相电力系统的阻抗匹配平衡变压器。目前用于电气化铁道牵引变电所的平衡变压器主要是斯科特接线变压器，但斯科特接线变压器在低压侧负荷变化的情况下，中性点电位会显著漂移，直接接地会有零序电流，造成对通讯的干扰，并使原方三相电压不对称，危及变压器的运行安全，使原方中性点不能直接接地，只能应用在110kV以下电力系统。本发明利用阻抗匹配方法，提供一种原方中性点能直接接地，能主要用于110kV以上，又能适用110KV以下电力系统，三相侧抽头容易，三次谐波电流小的平衡变压器。本发明的平衡变压器包括铁心A、B、C，三相绕组等，其特点是A、C相绕组的布置相同，均为三绕组，绕组ax(或cz)分成二个绕组串联，中间相B相为四绕组，A、B、C三相电磁容量相等，安匝数各自平衡。A、B、C三相各自绕组的等值阻抗关系为$Z_{AX}=Z_{BY}=Z_{cz}$；$Z_{ax}=Z_{cz}=\frac{1}{\sqrt{3}+1}Z_{by}$，c、d、e三点短路时从原方看去的三相短路阻抗相等。本发明适用于将对称的三相电压转换成二相幅值相等，相位差为90°的电压，或适用作上述变换的反变换情况。

本发明在云南变压器厂实施，截止1996年共售出56台，总容量为146.35万千伏安，累计新增产值8057.6万元，新增利税3598.2万元。

9. 高重频调制多脉冲YAG激光刻花系统及加工方法

专 利 号：92113223.9

专利权人：中国科学院力学研究所　北京吉普

汽车有限公司　首都钢铁总公司
中国大恒公司

发 明 人:杨明江　陈光南等

简介:本发明属于激光加工设备及加工方法,特别是一种利用脉冲激光在材料表面进行加工的设备及方法。目前已开展的激光刻花主要包括平面和立体图案的雕刻,冷轧辊的毛化与花纹雕刻采用的激光方法主要是 CO_2 激光和 YAG 激光。与 CO_2 激光相比,通常的 YAG 激光系统没有机械斩波器的振动问题,造价低,但在加工速度(脉冲频率)或脉冲能量方面却比不上 CO_2 激光系统,而冷轧辊的毛化和刻花需要高的加工速度和较大的脉冲能量。因此,YAG 激光目前在这两方面尚未获得应用。另外,目前所应用的激光刻花系统都是针对某一应用方面的专用设备和技术,它们之间几乎不存在通用性。为此,本发明提出了高重频调制多脉冲 YAG 激光刻花系统及一系列相应的技术方法,旨在克服目前激光刻花系统的上述不足。本发明的 YAG 激光刻花系统具有声光调 Q 的 YAG 激光器,在微机控制下输出轻调 Q 的高频编组脉冲,激光经聚焦头聚焦于工件表面,聚焦头和工件分别在微机控制下沿互相垂直的轨道移动,以使激光在工件上加工出所需图形,采用辅助气体斜角侧吹和偏心或倾斜加工方式,在冷轧辊的毛化和刻花工艺中具有突出的效果。

本发明项目在天津冷轧板厂、宝山钢铁公司、本溪钢铁公司等单位实施后,一年新增销售额 3638 万元,累计新增利润 1830 万元,创收外汇 1759 万元。

10. 西瓜一代杂种的育种方法

专 利 号:93109218.3

专利权人:西北农业大学

发 明 人:王鸣　张兴平

简介:本发明属西瓜杂种优势利用领域。本发明是采用杂种优势利用的方法进行育种,以自交系 WW150 为母本,以自交系 WW102 为父本,配制成一代新品种"西农 8 号"。对父母本双亲连续进行抗病性鉴定筛选,并采用自交分离系统选育,在抗病性鉴定筛选的基础上,对双亲经济性通过单瓜采收、单瓜考种,严格选择淘汰,选出最佳单果单系留种。母本 WW150 是用两个抗病、优质但座果性差的美国品种 Sugarlee 和 Dixielee 杂交,将其 F_1 自交,自 F_2 代起按抗病、优质、大果、外观美、耐贮运,且座果性好的方向进行分离选择,并采用苗期人工接种高浓度的西瓜枯萎病原菌的方法和田间抗病性鉴定,对杂种后代进行淘汰、筛选、单瓜采收、单瓜考种,加代繁殖到 F_6 育成稳定的自交系。父本 WW102 是以"旭大和"染色体易位系为育种原始材料,用 r 射线进行诱变改良,采用剂量为 10,000R,剂量率为 186R/min 的 γ 射线处理,并对其后代进行连续多代按抗病、优质、籽粒小、座果性好的目标进行分离选择,同时兼顾经济性状的选择至 R_5 育成稳定的自交系。

"西农 8 号"已在我国除西藏、青海之外的全部省、市、自治区进行栽培或大面积推广,累计推广面积已达 300 余万亩,累计新增产值达 9 亿元以上,平均每亩年增收产值 300 元左右,且在不少地区"西农 8 号"已逐步取代了进口品种,为国家节约了大量外汇开支,并显著地提高了农民的收入。

11. 全自动清污滤水器

专 利 号:94222099.4

专利权人:水利部能源部地质勘探机电研究所

设 计 人:苏九逵　刘同安等

简介:本实用新型属滤水器,特别涉及的是全自动清污滤水器。在水电站技术供水系统中,滤水器是主要装置之一,对其出口水压、流量都有一定要求,滤水器的局部水头损失是重要技术指标。目前,在国内大型水电站技术供水系统所使用的滤水器其性能不良,常用的回转式滤水器其工作水头损失大,运行性能不稳定,无堵塞指标,工作不可靠,操作困难。本实用新型提供的全自动清污滤水器,在过滤腔内,装有过滤组件和液流臂,过滤组件的隔环、底盘、压盖三者严密组装,隔环将一个滤网分隔成内外隔绝的两层滤网,在滤网与隔环之间有多个过滤单元,液流臂在传动轴带动下旋转,液流臂两臂每次分别和两个过滤单元接通,借助少量过滤后的清洁水,逐步将所有过滤单元内滤网上的污物冲洗后排出,并通过自动控制机构,实现在不停机的情况下,大面积过滤与小面积冲洗同时进行,而且耗水量少,局部水头损失小,出口水压稳定,自动化程度高,本专利产品可实现手动控制,定时自动控制和差压自动控制三种并列方式,信号保护功能齐全。

本实用新型实施以来,先后使用在单机容量 550MW 总装机 3300MW 的二滩等在建的大型水电站,年投放市场量约 90 台,产品销售到东北、华北、华东、中南、西南等地区,并出口叙利亚,累计销售 125 台套,新增销售额 704.2 万元,新增利税 267.9 万元,创外汇 18.98 万美元。

12. 盖板花真空抄针和肤皮分离装置

专 利 号:96207393.8

专利权人:北京雪莲羊绒有限公司

设 计 人:苗晓光

简介:本实用新型涉及纤维的预处理,如纺纱准备,特别涉及梳理机及附件。在羊绒的分梳过程中,传统的剥取盖板花的方式是靠斩刀的上下斩动在盖板针布上将盖板花剥下来。它只具备剥取的功能,剥取下的盖板花肤皮和绒毛是混合在一起的,而且只能靠手工挑选单独处理后再进行回用,不但劳动强度大,而且绒毛的利用率也低,机械设备则由于斩刀上下斩动频率较高,易损坏,寿命短。本实用新型是一种用于分梳羊绒的专有技术,它能有效地把山羊原绒中的肤皮和草杂、短绒毛分离出来。且纤维损伤小,提取率高,劳动强度低,改善工作环境。该技术由分梳机构、盖板、抄针辊、抄针针布、气流罩、导流板、可调节的上罩板、引流刀和风机、电机等组成。工作时,经过分梳后的含杂绒毛在被针布剥取、梳理和打击时产生高频振动。在剥取梳理力、打击力和振动力以及气流悬浮力的共同作用下,肤皮、草杂和短绒毛被分离出来。该技术还能有效地分离出用国外设备难以分离的、质量差异较小的两型毛、细刚毛。生产过程中无糟毛绒、短绒产出,工艺稳定,优于国外先进设备。

该实用新型技术自1995年3月实施以来,新增销售额4180万元,新增利润800万元,创收外汇126万美元。

1999年中国专利奖金奖项目

1. 用三硼酸锂单晶体制造的非线性光学器件

专 利 号:88102084.2

专利权人:中国科学院福建物质结构研究所

发 明 人:陈创天　江爱栋等

简介:目前普遍使用的非线性光学晶体主要有KDP、Urea、KTP等,它们的共同缺点是不能产生低于2000A°的紫外光输出,光损伤阈值不够高,角度调谐半宽度较小,化学稳定性不好,在空气中会潮解。因而用上述非线性光学晶体制备的非线性光学器件在耐受功率、对激光束发散度的严格要求以及转换波长等方面还存在有若干缺点。本发明涉及的非线性光学器件,它包含将至少一束入射电磁辐射通过至少一块非线性光学晶体后产生至少一束频率不同于入射电磁辐射的输出辐射的装置,其中的非线性光学晶体为LiB_3O_5晶体。其入射电磁辐射的波长范围为0.375~3.0μm;其非线性光学晶体通过拼接技术使其截面积大于等于$70mm^2$。本发明提供一种能产生波长短于2000A°的相干光输出的光波导器件,LiB_3O_5晶体表面上有一波导区,所述入射电磁辐射通过该波导区,该波导区是由离子取代或离子注入法形成的$Li_{1-x}M_xB_3O_5$,入射电磁波的波长为0.375~3.0μm。

本发明自1990年在福建晶体技术开发公司实施以来,累计新增销售额5960万元,新增利润2980万元,创外汇747万美元。由于具有宽透光波段,高损伤阈值,宽接受角等优点,在激光高技术领域得到广泛应用。

2. 一种消瘤药——甲硝唑氨酸的合成方法

专 利 号:89102182.5

专利权人:中国人民解放军第二军医大学

发 明 人:郑秀龙　杨立锡

简介:恶性肿瘤中约含有10%~50%的乏氧细胞,它们具有抗辐射作用,严重影响了肿瘤放疗的效果。目前认为辐射增敏剂能选择性地辐射增敏乏氧细胞,显著提高肿瘤放疗效果。甲硝羟乙唑(灭滴灵)等硝基咪唑类化合物是目前提高实体瘤中乏氧细胞辐射敏感作用较好的一类亲电子化合物。但由于其对神经系统毒副作用较大,因而限制了该药物的临床应用。本发明提供了一种高效、低毒、亲肿瘤辐射和化学增敏药——甲硝唑氨酸的合成方法。由氨三乙酸在吡啶溶剂内与醋酸酐在加热条件下生成中间产物氨三乙酸酐,再继续在加热条件下与甲硝羟乙唑酯化反应生成产品甲硝唑氨酸。本发明合成方法简单,成本低廉,原料丰富。甲硝唑氨酸(CM)溶于药用碳酸氢钠,再与Ca^{++}螯合成CMCa制剂后,能进一步提高肿瘤的治疗效果,且无毒副作用。

自1993年总后卫生部批准在军内临床使用该药后,先后有济南、福建、昆明、南京等军区总医院,四军医大二院,上海八五、南京八一及二军医大长海、长征等58家医院使用本药合并放、化疗治疗四千余例癌症患者,不仅可比原来单纯放、化疗提高50%左右的治疗效果,还可减轻单纯放、化疗后引起病人的恶心等消化和神经系统的毒副反应,并可延长病人接受放、化疗的疗程。该药由本单位投入生产,四年内已回收经费达120余万元。1997年许可给广州山河制药厂,获许可费1000万元。

3. 补肾防喘片的制备方法

专 利 号:91107259.4

专利权人:太极集团涪陵制药厂

发 明 人:沈自尹　白礼西

简介:支气管哮喘是一种常见病、多发病,患者十分痛苦。目前制取的中成药,如"二母宁嗽丸",不能对其从根本上加以治疗,因此治疗效果不甚显著。本发明创造是提供一种疗效好的支气管哮喘药物的制造方法。该方法是采用经常规炮制的生药附片、生地、熟地、补骨脂、淫羊藿、菟丝子、陈皮和山药粉为原料,先将附片单独煎煮,再将生地、补骨脂、淫羊藿、菟丝子、陈片与附片一起混合煎煮,混合煎煮次数至少为2次,每次煮沸时间为1.5~4小时,将各次煎液合并、过滤并浓缩成稠膏,再加入山药粉制成浸膏,将此浸膏常规干燥、粉碎、经压片、包衣制成糖衣片剂。该发明生产的中成药质量稳定,安全无毒,对防治支气管哮喘的季节性发作和慢性支气管炎咳喘具有很好的疗效,并具有远期防治效果。治愈率达98%。

补肾防喘片由太极集团涪陵制药厂1992年8月开始投放市场,主要销售四川及上海地区。1996年8月7日获发明专利以来,销售网络不断扩大,部分产品出口东南亚地区,深受医生和患者的信赖。补肾防喘片自投放市场后,销售收入、利润逐年上升,取得了良好的经济效益和社会效益,截止1999年3月31日止,累计产量达726.6万瓶,新增销售收入6457.92万元,新增利税2474.87万元。

4. 用于烷基芳烃的脱氢催化剂

专 利 号:91109968.9

专利权人:中国石油化工总公司

中国石油化工总公司上海

石油化工研究院

发 明 人:毛连生 袁怡庭等

简介:本发明是一种用于烷基芳烃的脱氢催化剂,这种催化剂可用于乙苯脱氢制二乙烯、二苯脱氢制二乙苯,亦可用于甲基乙苯脱氢制甲基苯乙烯。其组成是在铁-钾-铈-钼体系中加入了多种金属氧化物。它们可从碱土金属、ⅠB-ⅧB族和ⅢA-ⅤA族中任意选用至少一种或几种。制造的催化剂,不仅适用于低水比,又具有更高的活性、选择性及自再生能力强的优点,其催化性能优于工业用的同类脱氢催化剂。与现有技术相比有如下优点:1.添加ⅠB和ⅡB族元素,降低 Fe_2O_3 的还原活化能力,有效地降低了还原温度,因而,在同样的反应温度下,就具有更高的活性。2.添加ⅣA和ⅣB元素,部分中和了催化剂表面存在的少量酸性中心,抑制了芳烃脱烷基生成苯的反应,从而提高选择性。3.以稀土元素Ⅵ族元素完全取代通用的结构稳定剂铬,不仅解决了铬的环境污染问题,而且引入的稀土元素与 Fe_2O_3 形成固溶体,由于它们比 Fe_2O_3 还难还原,阻止了 Fe_2O_3 在反应过程中的过度还原造成的溶解结,起到了很好的结构稳定作用。4.引入少量难以还原的ⅡA族元素,阻止 Fe_2O_3 深度还原 FeO 和金属 Fe,以防止低水比条件下,原料裂解、积碳而导致催化剂使用寿命缩短。5.使用焙烧剂和独特的热处理工艺,控制催化剂的表面,使催化剂可几孔径达 1000A,改善内扩散性能,实现较高的选择性。本发明的催化剂在用于乙苯脱氢制苯乙烯的生产过程中,乙苯转化率为 74.43%,苯乙烯选择性为 96.61%,苯乙烯收率为 71.91%。由于乙苯脱氢催化剂开发成功,取代了进口催化剂,并且价格低于进口催化剂,可以节省大量外汇,降低生产成本。每年节约外汇 720 万美元,有十分可观的社会效益。

5. 一种直接以磷矿粉为磷源的粒状复合肥料的生产方法

专 利 号:91112622.8

专利权人:郑州工学院

发 明 人:孙以中 张文辉等

简介:部分酸化磷矿(又称节酸磷肥)是用生产过磷酸钙用酸量的一部分来处理磷矿,使磷矿中一部分磷转化为水溶性的、一部分转化为枸溶性的,尚有一部分未转化的磷在土壤中缓慢转化。通过调节酸用量,可改变上述三种形态磷的比例。部分酸化磷矿一步法制造的粒状复合肥料是一种以氮肥(尿素、硝铵等)、钾肥(氯化钾或硫酸钾)、磷矿粉和硫酸(或磷酸、或硫磷混酸)为原料,在反应造料机中一步制得的复合肥料。部分酸化磷矿一步法制复合肥是直接以磷矿粉为磷源,将磷肥的制造及其与氮肥、钾肥的复合融为一体,省却了磷肥的生产过程,具有投资少,原料价廉易得、工艺简单、成本低、肥效高等特点。

本专利技术已在全国推广,经各厂家信息反馈,效果良好。部分酸化磷矿一步法制复合肥属于化肥产品,主要用于农业,产品含有氮、磷、钾及其他中微量元素,具有氮肥适度缓效,磷肥不易被土壤固定,肥效高的特点,可根据各种作物需要生产各种作物专用肥。甘肃农业大学和河南省农科院土肥所试验表明,其肥效优于等养分的复合肥料,亩施 31.7 千克部分胺化粒状复合肥料,纯收益为 14.2 元。本产品从工业化实施到现在为止,累计生产能力达 168 万吨,实际产量为 84 万吨,新增销售额 92400 万元,新增利润 11088 万元。比同类复混肥产品累计节煤 8400 吨,节电 840 万度。

6. 轻质微孔硝酸铵混合物及其制法

专 利 号:92107873.0

专利权人:南京理工大学

发 明 人:刘祖亮 惠君明等

简介:本发明涉及的是一种轻质微孔硝酸铵混合物及其制法,它根据近代表面化学原理和炸药爆轰理论,首创硝酸铵微气泡自敏化原理,并应用特殊工艺技术制得,它主要用于制备工业炸药——膨化硝铵炸药。这是新型粉状工业炸药,它的特性:一是消除了原产品严重的毒性和污染;二是显著改善了物化性能和爆炸性能;三是大幅度降低了原材料成本,提高了生产效率,产品成本降低 15%~25%;四是降低了危险性,优化了使用性。现已列入国家"九五"重点推广计划项目。该项技术为国内外首创,其应用成果之一"岩石膨化硝铵炸药",分别于 1997 年和 1998 年获兵器工业总公司科技进步特等奖一次,国家科技进步二等奖一次,该项技术深受生产和使用单位欢迎。

本项发明主要用于制作新型粉状工业炸药——膨化硝铵炸药,现已广泛应用于各种矿场开采、水电、交通建设、机械、化工行业、城建、农业、军工等各种爆破场合。由于不易吸湿结块、爆炸威力较高、使用方便和爆炸后有毒气体量小而深受用户欢迎,现已在不同场合使用膨化硝铵炸药 20 多万吨。该项专利已向 16 个省的 44 个单位协作或转让,建成 26 条生产线,至 1999 年 3 月份,共形成产值 7 亿多元,新增利润约 1.4 亿元,取得了可观的经济效益。

7. 甘蓝型低芥中硫油菜三系杂交育种技术

专 利 号:93101664.9

专利权人:陕西省农垦科技教育中心

发 明 人:李殿荣 田建华等

简介:杂交油菜"秦油二号"在我国大面积推广种植后,在生产上取得了显著的经济效益。近年来世界许多国家都试图把杂交优势利用优质育种结合起来,但因育种方法不当或未找到理想的种质,至今进展不大。本发明的目的提供一种甘蓝型低芥酸中硫代葡萄糖甙油菜胞质雄性不育三系杂交育种的方法,包括安全隔离、适期播种、合理密植、适宜行比、精管父本、调节花期、去杂去劣、辅助授粉和精细收获措施,其特征在于用双低雄性不育系陕 3A 作母本;双低雄性不育保持系陕 3B 作父本杂交,繁殖双低雄性不育系陕3A;再用双低雄性不育系陕3A作母本,低芥酸高硫甙雄性不育恢复系垦Ca作父本,杂交配制低芥中硫杂交种"杂油59"。其安全隔离采用空间隔离,繁育原种双低雄性不育系陕3A的空间隔离距离在4公里以上,配制杂交种"杂油59"空间隔离距离在2公里以上,其隔离区不种植非父本油菜和白菜、芥菜等十字花科作物。本发明培育的杂交种具有角粒数多、适应性广、耐病性好、优质高产等特点。

本发明在陕西、内蒙、甘肃等省及法国利马格兰农业工业公司实施,自1993年9月至1998年12月底累计新增产值6027.8万元,新增利润6027万元,创收外汇10万美元。

8. 蜂窝式除尘器

专 利 号:94111239.X

专利权人:江阴市空调除尘设备厂

发 明 人:陆廷玮 陶永生等

简介:本发明涉及一种空气过滤设备,特别涉及一种对纺织工艺过程中散发出的纤维粉尘进行二次过滤、分离、过滤、清除的蜂窝式除尘器。国内纺织厂现有的空气过滤器比较落后,引进不少德国LTG公司和瑞士乐华公司的滤尘器。这两种都是两级滤尘设备。本发明公开了一种蜂窝式除尘器,它由密封箱体、尘笼、机械吸臂及传动机构组成,上述尘笼为置于箱体一侧、呈方阵排列的圆柱形小尘笼,机械吸臂置于密封箱体的另一侧,由回转小吸嘴传动箱和汇流箱组成,回转小吸嘴设置于传动箱上,其可进出小尘笼的吸口朝向小尘笼的内壁,另一端与汇流箱相通。本发明具有体积小、过滤面积大、结构紧凑、维修方便、机械吸臂工作可靠等优点。采用电脑控制,实现机电一体化,便于操作使用,该产品对改善劳动环境,防止环境污染,保障工人身体健康起到积极的作用。

本发明自实施以来,已在全国二十多个省、市、自治区的500家大中型棉纺织厂等使用,广泛应用于清花、梳棉、精梳、废棉、国产、进口清梳联等各种场合使用,产品除尘率超过99%,滤后空气完全达到国际标准。产品出口到墨西哥、叙利亚、印度尼西亚等国家。新增销售额为6300万元,新增利润1750万元,创汇140万美元。

9. 一种制备重组链激酶的方法

专 利 号:94112106.2

专利权人:上海医科大学

发 明 人:宋后燕

简介:本发明属生物技术方法。目前国外各公司用致病性溶血性链球菌作生产菌株,工艺复杂,成本高。本发明的目的是提供一种用生物高技术制备重组链激酶的方法。其技术方案是(1)从人体口腔分离溶血性链球菌,从培养液中提纯链激酶,测定N末端和C末端5个氨基酸顺序作设计引物的参考。用溶血性链球菌大分子DNA作模板,通过PCR直接扩增链激酶基因,链激酶基因经核苷酸顺序分析证实后与原核表达载体例如含PL、PR启动子、CIT857基因以及5SRNA终止信号的原核表达载体PLY-4质粒组成高效表达质粒PSTE-SK-1;(2)PSTE-SK-1转化大肠杆菌K802,用温度诱导γ-SK基因的表达,表达产物以包涵体形式存在于工程菌内;(3)通过发酵技术扩增工程菌,用温度诱导基因表达,发酸参数为温度28℃~42℃,氧溶量为50%~80%,pH6-8;(4)发酵后用高压破碎细菌,离心收集包涵体,包涵体经缓冲洗涤,盐酸胍溶解,和γ-SK的复性后,再用凝胶过滤,离子交换二步法纯化产品。用本发明方法所得产品的产量和纯度都很高。

本发明在上海医科大学等单位实施,并在瑞士、俄罗斯申请专利,产品临床应用显示,治疗急性心肌梗塞时,溶栓效率高,不良反应低,能安全有效抢救患者生命。累计新增销售额1470万元,新增利润1.2万元。

10. 一种柠檬酸或柠檬酸钠的制备方法

专 利 号:95111000.4

专利权人:安徽省蚌埠柠檬酸厂

发 明 人:薛培俭 金其荣等

简介:本发明涉及一种用发酵手段制备柠檬酸或柠檬酸钠的方法。制备柠檬酸通常采用薯类粉或小麦为原料,经过加热液化、消毒降温等工艺,由于玉米粉蛋白质含量多,营养成分过于丰富,现有柠檬酸生产菌株无法利用这种高营养的培养基进行代谢积累柠檬酸,无法用玉米粉为原料发酵直接提取柠檬酸。本发明的目的是提供一种全部采用玉米粉为原料,直接发酵提取柠檬酸或制备柠檬酸钠的方法,该方法是这样实现的:将玉米粉和水按重量比1:4~1:5调浆后加热,温度至65℃时按每克玉米粉加入6~12单位的高温淀粉酶,温度到95℃时维持至完全液化,采用快速过滤将含过剩蛋白质及不可发酵固形物的玉米渣与液化液分离,将液化液投入发酵罐;取上步所得玉米渣总重量的5%~25%的玉米渣加入发酵罐;加温消毒,加温至85℃时停止加热并开始快速降温,降至37℃时将种子液接入发酵罐;将发酵后所得含柠檬酸的液体用钙盐法提取柠檬酸,或从用钙盐法提取过程中产生的柠檬酸钙进一步制备柠檬酸钠。本发明方法大大提高发酵过程中的溶氧效果,加快了产酸的速度,缩短发酵周期,柠檬酸生产总收率提高10%。

本发明在安徽丰原生物化学股份有限公司实施,使用该专利技术以来,一举扭亏为盈,1998年实现利税7421万元,出口创汇3409万美元。累计新增销售额16579万元,新增利润9031万元,创收外汇6543万美元。

11. 管道不停输带压筒式封堵机

专 利 号:96225866.0

专利权人:辽河石油勘探局勘察设计研究院

设 计 人:陈继胜　李明义等

简介:本实用新型涉及一种用于石油、化工、给排水等工业管道流程改造、更换管段过程中对施工管道进行封堵作业的设备。工矿企业的油、气水、汽等各种工业管道常因腐蚀损坏、设备改扩建、流程改造、处理事故等原因需进行管道封堵作业。目前国内外采用的各种管道封堵机械和工艺虽能完成不停输带压开孔封堵作业,但都存在一定的局限性。本实用新型提供一种管道不停输带压筒式封堵机,该封堵机可以适应各种输送压力,适用于各种管材和输送介质。它由张缩手轮、拉紧螺栓、拉杆、进给手轮、套状螺母、丝杠、机体、密封导向组件、光轴、连箱、筒式封堵器、试压阀组和支架护栏组成。利用它可以在各种管材输送介质,较大输送压力范围(0～6.4MPa)的管道中实现不停输带压封堵作业。该封堵机具有施工工艺简便、开孔和耗用材料少,施工成本低等优点,使用效果和经济效益明显优于现有技术。

本实用新型自1992年实施至1998年底,施工收入5000万元,新增利润1000万元,创收外汇50万元,节油100万吨,价值8亿元。

12.全烧高炉煤气的高温高压电站锅炉

专 利 号:97203451.X

专利权人:首钢总公司

设 计 人:杨天助　沈月芬等

简介:高炉煤气是一种钢铁企业生产过程的附产能源,约占企业总能量的18%～24%。由于其热值较低,仅为3260～3762kJ/Nm^3。作为燃料直接用于工业中有较大的难度。目前,这部分能源主要作为热风炉、焦炉的燃料,但仍有大部分高炉煤气放散至空气中烧掉,造成极大的能源浪费和环境污染。本发明提供了一种全烧高炉煤气的高温高压电站锅炉,其炉膛由束腰分隔成燃烧室和上炉膛两部分,炉膛的底部为带一定角度且封闭的平炉底,在燃烧室的水冷壁上喷涂耐火材料形成卫燃带,尾部烟道布置有高沸腾度省煤器、高炉煤气预热器的烟气侧换热器。该锅炉的炉膛通过束腰分为两段形成了气体的二次混合,燃烧室独特的结构保证了高炉煤气的稳定燃烧和完全燃烧,燃烧器采用高炉煤气和助燃风强旋流混合,可在较低负荷下稳定运行,该锅炉设计合理,热效率高,经济效益显著,避免了能源的浪费和环境污染。

该全烧高炉煤气锅炉从1996年12月6日在北京首钢电力厂投产实施。截止到1999年3月31日,该锅炉累计生产高温高压蒸汽234万吨,平均负荷141吨/小时。燃烧高炉煤气23.3亿Nm^3,相当于节省烟煤31.19万吨,按现行煤价计算,节支6457.2万元。与煤粉炉相比,该锅炉无制粉系统设备,节电2577.34万度,按现行的电价计算,节电951.04万元。另外还可节油1200吨,节约钢材600吨,按现行价格计算,分别节支138万元、150万元。另外减少SO_2排放4991吨,可减少部分排污费用等累计新增销售额2.2732亿元,新增利润1257亿元,年均增利1.0629亿元,具有较高的经济效益。

中国专利优秀奖目录(1989～1999)

1989 年

序号	专利号	专利名称
1	CN85100188	微氮中温气体渗碳工艺
2	CN85100295	直拉(切氏法)硅单晶的氮保护气氛
3	CN85100324	馏分油临氢降凝催化剂及其制备方法
4	CN85100469	烃基膦酸单烷基酯的制备方法
5	CN85100742	径向浮动式齿轮泵,齿轮马达
6	CN85100848	牛焦虫疫苗制造方法
7	CN85101712	高电压合成绝缘子
8	CN85101950	高碳低合金钢高温形变球化退火工艺
9	CN85102720	现场叠层生产预应力钢筋混凝土拱型屋面大板
10	CN85103140	铁路车辆减速顶
11	CN85103436	窗片式散热片制造工艺与加工设备
12	CN85104114	新型涂料印花助剂
13	CN85106018	低塑性铝硅铜合金连杆铸锻工艺
14	CN85106171	无废液亚铁氰化钠生产方法
15	CN85106327	由N-(2,6—二甲苯基)-氨基丙酸甲酯合成甲霜灵的新方法
16	CN85106667	双相超高强度时效不锈钢
17	CN87205194	改型环形离心泵
18	CN85108820	真空预压加固软土地基法
19	CN85109580	一种含对笨二酚长效尿素复合肥料制造工艺
20	CN85200068	单辊输拌双绞龙挤出制砖机组
21	CN85200213	工业炉用油料燃烧器
22	CN85201531	微晶灯状远红外辐射器
23	CN87300281	异 型 酒 瓶
24	CN85202826	管接头多向模锻装置
25	CN85203072	潜油泵的叶轮,导壳
26	CN85204243	船舶斜唇口回流尾轴密封
27	CN85205525	汽油机的改进
28	CN85205577	插入式切向涡轮流量变送器
29	CN85300088	手枪
30	CN85300134	44D3-2型黑白电视机
31	CN85300699	食品包装袋
32	CN86100771	回收利用纸机排水的工艺及设备
33	CN86100819	全脂大豆素肉制造方法
34	CN86101447	农用杀菌杀螨含硫悬浮液配方
35	CN86107196	堵水加固水玻璃灌浆材料
36	CN86202127	防止管壳式换热器中流体旁通短路的密封装置
37	CN86203520	高压电解凝聚法处理纺织印染废水设备
38	CN86206021	钢模板校形机构
39	CN86206417	难燃输送带
40	CN86210194	薄板焊接器
41	CN86210220	全浮导钩碟型心脏瓣膜
42	CN86300006	残疾人摩托车
43	CN88203650	平衡阀及其专用智能仪表

(序号不代表名次先后)

1991 年

序号	专利号	专利名称
1	85100050	一种强化型同向射流火焰稳定方法及其燃烧器
2	85100211	人造大理石的立体浮印法及其产品
3	85100392	从植物山豆根中提取治疗肝炎用药的方法
4	85100447	高分辨率深能级瞬态谱仪的设置方法及仪器
5	85100769	新型汽化冷却高风温热风阀
6	85100781	抗疟药物青蒿酯的制备方法
7	85100901	高效无声破碎剂及其制造方法
8	85101008	包裹肥料及其制造法
9	85101970	射吸式冲击器
10	85102442	直立输送禾杆的联合收割机
11	85102489	一种反射炉结构的锑白炉
12	85102535	一种陶玉砖(板)及其制造方法
13	85103423	从气体混合物中分离二氧化碳
14	85103471	植物生长调节剂
15	85103855	用于脱除混合气中二氧化碳的复合催化碳酸钾溶液
16	85103856	多功能电磁阀
17	85104150	双丝窄间隙埋弧焊方法
18	85104232	用生物能搅拌装置的厌氧发酵设备
19	85104749	宽温域高阻尼材料
20	85106102	一种污水絮凝剂的生产方法
21	85106117	单烯烃中炔烃和二烯烃的催化选择加氢
22	85106575	电容式电子吊秤
23	85106712	粉粒体静态混合器
24	85107803	二氧化碲单晶体的生长技术
25	85107971	铝被覆钢的专用电焊条
26	85108166	可塑性磁性材料以及磁性槽楔的形成方法
27	85108921	快速充电机控制电路

28	85109106	自热式稻壳直接加热干馏炭化法
29	85205069	手提式智能热像仪
30	86100562	1 氢-1、2、4 三氮唑的制备
31	86100581	架空金属管道的阴极保护装置
32	86101512	维生素 B_6 中间体 4-甲基-5-烷氧基噁唑的合成工艺
33	86102149	电报警安全帽
34	86102593	煤层厚度探测仪
35	86103381	数字多频信号提取方法
36	86103431	环喷式电液伺服阀
37	86103777	亲水型有机硅织物整理剂的制备
38	86104417	河床净化过滤大口井
39.	86105043	从硫酸体系中萃取分离稀土元素
40	86106468	植物扦插生根培养装置
41	86107958	全自动岩、土体位移监测系统
42	86107964	共振试樁法
43	86108727	土壤识别与优化施肥方法
44	86202222	一种透反射式双色水位计
45	86203043	恒流高压直流电源
46	86207403	压气式无击锤气枪
47	87100483	蓄电池电解液参数测量装置
48	87100487	铅锡共生矿的鼓风炉混炼
49	87100871	伴有烯烃气体的择形裂化方法
50	85106757	强光离子渗金属装置及方法
51	87103213	铝电解着色工艺中形成氧化膜的方法
52	87105006	密炼机转子
53	87106668	膨胀石墨通用盘根及制造方法
54	87107110	铝板自铆联接方法
55	87203329	自动钢板坯夹钳
56	87207714	轧机联轴器嵌齿式快速装卸装置
57	87208350	扭力板手校验仪
58	87211319	智能恒电位仪
59	87212836	智能数字钟
60	87214808	具有单板密封型挡风环的离心风机
61	87215956	容积式换热器
62	87216402	电解用复合阳极
63	87301178	成套花样饺子
64	88108723	多频信号接收器
65	88203328	正负压气路循环式体外反搏装置
66	88218147	一种混凝土搅拌站
67	88300130	铰接式拖拉机
68	88301562	天然椰子汁(罐装)招纸装潢
69	89219249	低噪声轴流风机
70	89300122	无火管工艺火锅
71	89300278	编麻花机绣产品
72	90300545	龙珠式炭熨斗
73	89300906	龙把风嘴酒瓶
74	89300983	娃娃头气压瓶
75	89301344	躺靠椅
76	87202838	降低高度的 492Q 汽油机

1993 年

序号	专利号	专利名称
1	85100350.8	白钨精矿与黑白钨混合矿碱分解方法及设备
2	85100957.3	中药大黄炮制新工艺
3	85100997.2	用于烯烃聚合和共聚合的催化剂体系
4	85102845.4	硝基苯烷醚的合成方法
5	85104555.3	新型液气射流混合装置
6	85104885.4	印刷感光胶的制造方法
7	85105573.7	一种铁—锰—铝—铬不锈钢
8	86100490.6	利用抗氨固氮菌生产富硒单细胞蛋白、维生素 E 和菌肥的方法
9	86100853.7	多级分流叠板式防空化高压差调节阀
10	86104576.9	生产炭黑的方法和设备
11	86105062.2	氧化法制取 2—氯—8—乙基—5—氧—5,8—二氢吡啶(2,3—d)骈嘧啶—6 羧酸烷基酯工艺
12	86105529.2	混凝土及水泥制品养护窑
13	86106245.0	潜油电泵井测压装置
14	86108152.8	丁烯氧化脱氢催化剂
15	87101195.6	一种探伤用着色渗透液
16	87103455.7	丙烯腈流化床含钠催化剂
17	87105255.5	高渗透性呋喃—环氧化学灌浆材料
18	87106079.5	用中性有机磷(膦)类萃取剂从发酵液中提取抗菌素
19	87107714.0	旋转永磁体无感退磁机
20	87107727.3	银玻璃粉及其制备
21	88100149.x	活性矿浆法生产过磷酸钙
22	88100400.6	乙烯氧化制环氧乙烷高效银催化剂的制法
23	88100418.9	含烯土氧化物的富硅 Y 型分子筛裂化催化剂
24	88100426.x	无水瓶装氧气三级立式氧压机
25	88103689.7	虚子盘鼠标拣字计算机汉字输入方法
26	88104290.0	用于铅电解的阳极糊及其配制方法
27	88105605.7	温度传感器的铂薄膜制造方法
28	88105864.5	生产高强度钢轨的热处理方法和装置
29	88106416.5	一年生植物纤维复合板材的制造方法
30	88107718.6	高耐磨强度活性炭及其制备方法
31	89100079.8	全气候无苯毒硝基类涂料稀释剂
32	89101642.2	钢塑复合经济型保温窗

33	89101949.9	电解水制氢氧的装置
34	89103119.7	炉外短滑坡端出料加热炉
35	89104766.2	改性聚氯化铝的制造方法
36	89105187.2	麻棉混纺纱漂染技术
37	89105351.4	以苦卤为原料制取硫酸镁、氯化钠、氯化钾生产工艺
38	89105907.5	氯化铵系粒状复混肥料
39	89105945.8	具有动能制动的交流无触点开关
40	89106601.2	脉冲预电离管——条电极
41	89108856.3	巯甲丙脯酸中间体 D－3 乙酰硫基－2－甲基丙酰—L—脯氨酸的制备方法
42	90100343.3	过平衡压力补偿方法及双排柱塞径向柱塞泵
43	90100464.2	棕纤维弹性材料的生产方法
44	90105500.x	移动式分节振动运输列车
45	91108270.0	铸态高强度墨球铸铁球化剂
46	86200020.3	液压矮泥炮
47	87206684.3	半导体恒温电视监视器
48	88208854.8	体内擦洗浮动床钠离子交换器
49	89200202.6	高效水质净化装置
50	89202865.3	不燃烧电缆
51	89206475.7	硫酸干燥吸收塔大开孔全瓷球拱
52	89206929.5	一种多功能悬挂式喷雾器
53	89207234.2	一种用于钻探钻头的加长喷管射流装置
54	89212992.1	油冷式电磁除铁器
55	89213062.8	微波介质基片复介电常数测试传感器
56	90201348.3	船用燃油立式水管蒸汽锅炉
57	90207844.5	炼焦炉炉盖
58	90208610.3	用于工程起重机载荷力矩的全方位保护器
59	90217515.7	直线往复机构
60	90217724.9	遗体入炉车
61	90226142.8	多弧—磁控溅射多功能镀膜设备
62	91205657.6	立式节能消烟除尘汽水两用炉
63	91211162.3	连续出铅芯的全自动铅笔
64	91217438.2	对称式工频感应组合熔炼炉
65	91219908.3	高炉环形桥式吊车
66	91223036.3	滚动式电刷大功率电力稳压器
67	92209624.4	真空快淬炉
68	92211181.2	铸铁管水冷炉排
69	92211242.8	双作用增压注水泵
70	92224337.9	卡距可调旋切机
71	87301039.6	有盛渣水容器的茶水托盘
72	88301365.7	酒瓶
73	88301732.6	绍兴花雕酒坛
74	90303515.4	手提电波炉
75	91301433.8	电热多功能瓷火锅
76	91303511.4	气压出水保温瓶
77	91304447.4	黑芝麻糊包装袋
78	91304872.0	滚筒式衣物干燥机
79	85100040.1	流化床反应器新型复合内构件
80	87106374.3	汽车前轴成型辊锻工艺
81	92211106.5	锯石机锯框平移装置
82	92304418.3	圆柱形复合罐标贴

1995 年

序号	专利号	专利名称
1	86105879.8	附着式测力传感器
2	86105999.9	高效搅拌槽
3	87100467.4	介质过滤方法及设备
4	87102382.2	人参细胞简易培养方法
5	87102940.5	电液锤
6	87107555.5	制作速溶维他豆奶粉的方法
7	88101216.5	采用微处理器的脉宽调制逆变器控制装置
8	88101584.9	高炉布料器的水冷水封方法和设备
9	88102958.0	热电厂除灰系统衬胶管道及其技术
10	88104291.9	悬移顶梁液压支架
11	88104991.3	井像测井方法
12	88105938.2	变压吸附法从混合气中提取二氧化碳
13	88108101.9	猪囊虫病疫苗及其制备方法
14	88108924.9	碳酸钡的制法
15	88109693.8	一种由石膏生产硫酸的方法
16	88109705.5	催化蒸馏新型设备
17	89101424.1	全梯度合成测井方法
18	89102900.1	改进型还原式热管
19	89103506.0	合成油菜素内酯类似物的方法
20	89104115.X	二硫化碳生产过程中反应生成物的分离处理方法
21	89105069.8	用维生素丙母液制备草酸
22	89105452.9	一种烟用聚丙烯丝束及其制备方法
23	89105462.6	褶合曲线分析法及褶合光谱仪
24	89105471.5	一种云芝糖肽(PSP)的生产方法
25	89109140.8	馏分油加氢精制催化剂及制法
26	90100141.4	轻瓷多孔填料
27	90100951.2	一种含铋的石榴石磁光单晶材料的制造方法
28	90102873.8	抗肿瘤药表鬼臼毒吡喃糖甙的合成新工艺
29	90105510.7	苎麻生物脱胶综合治废方法及设备
30	90107030.0	投影式模具间隙测量仪及其光路结构
31	90107749.6	顺丁烯二酸酐催化剂及其应用
32	90108199.X	添加晶种生产水泥的生产方法
33	90109160.X	一种光降解银光薄膜
34	91101985.5	栽培食用菌的方法
35	91104074.9	自动控温加热电缆

36	91106592.X	一种耐磨件用多元锰铝青铜新材料
37	91109132.7	三铰拉杆方柱型高刚度轧机
38	92100453.2	烟草薄片用烟杆纤维物质
39	92101700.6	橡胶防焦剂的制备方法
40	92102736.2	葡萄促干剂及其生产使用方法
41	92107063.2	杂交辣椒湘研一号制种技术
42	93105070.7	轧花机棉卷密度自动控制方法及其自动控制装置
43	93110671.0	液压静力沉桩机
44	93111312.1	抗静电阻燃组合物及其制备方法
45	93114588.0	一种长效全元复混肥料
46	90208622.7	钢绞线、钢丝束预应力张拉锚具
47	90222380.1	无上横梁高刚度轧机
48	91206124.3	高频心电图检测仪
49	91219706.4	图文电视信号接收卡
50	89220783.3	高效节能传热器
51	92224482.0	振颤装料的自装式翻斗车工作装置
52	92234047.1	大功率短焰燃烧装置
53	93213014.3	轻型束管式光缆
54	94208395.4	随形磨削装置
55	94226095.3	一种新型冷热饮水机
56	91304511.X	净化矿化磁化器
57	92301597.3	提花拜毯
58	92306971.2	包装盒
59	92306999.2	酒瓶
60	92307277.2	药品包装盒(1)
61	93307793.9	打火机

1997 年

序号	专利号	专利名称
1	86106499.2	生产软质炭黑的方法和设备
2	86107630.3	一种新型稀土氨合成催化剂的制备工艺
3	86107806.3	印染废水处理方法
4	87101530.7	高速自然强制循环蒸发器
5	87102552.3	用于地下连续墙导管反循环成槽工法的装置
6	87107111.8	一种槐实茶剂的制作方法
7	88100942.3	合成尿素用二氧化碳原料气除氢催化剂
8	88105142.X	常压水煤气甲烷化用活性非均布型催化剂及其制造方法
9	89100145.X	含丝光沸石的贵金属负载型烷基芳烃异构化催化剂
10	89100691.5	呼吸机的微机控制器
11	89103600.8	制造注射用双黄连粉针剂的方法
12	89105603.3	硫铁矿土法炼硫废气治理工艺
13	90101920.8	一种高可靠性的离心纺丝电锭
14	90103066.X	一种植物生长调节剂
15	90104838.0	加剂抑制直馏油品碱洗过程中的乳化
16	90105012.1	长效碳酸氢铵及其制备方法
17	90105089.X	制备无味药物微囊的喷雾干燥工艺
18	90107763.1	橡胶树增产素
19	90109803.5	稀乙烯与苯反应制取乙苯工艺过程
20	91103277.0	串级补偿脉冲发电机
21	91103317.3	激光转镜式光学扫描系统
22	91103789.6	太阳能选择性吸收膜及制备
23	91106231.9	一种钯/氧化锰脱氧剂
24	91108164.X	双组份耐高温耐磨衬里材料
25	91108815.6	一种加氢脱氮催化剂及其制法
26	91109945.X	含磷和氢 Y 分子筛的裂化催化剂及制备
27	91111908.6	框式梯型骨折固定钢板
28	92105621.4	低碳微合金化埋弧焊丝
29	92106119.6	一种大型高炉喷吹烟煤系统
30	92110686.6	全密闭铅酸蓄电池的板栅用合金
31	92106990.1	底吹熔池炼铜法及其装置
32	92108348.3	从碳化母液中部分解吸脱除二氧化碳的方法及其装置
33	92108797.7	炼铁高炉的整体滑移安装推移设备
34	93104553.3	掺铈钛酸钡晶体光折变器及其制造方法
35	93111917.0	一种能替代汞的合金及制备法
36	93112393.3	费索激光波长计
37	93116666.7	拱圈挡土结构及其施工方法
38	93117724.3	可综合利用的架空体育场
39	93120037.7	镅和锔与裂变产物稀土分离的方法
40	93120982.X	复合鼓形透镜及使用该透镜的航标灯
41	89217797.7	建筑模板保养设备
42	90212253.3	微机控制的可校准频率标准器
43	91206108.1	泥线套管头
44	92221549.9	一种翻板阀
45	93200502.0	塑壳密封镉镍蓄电池的安全装置
46	93203399.7	新型体发热加热器
47	93209877.0	高压户内真空断路器操动机构
48	93210863.6	固井水泥浆返高冲洗控制器
49	93214274.5	电除尘器
50	93219781.7	用于两相或单相负载的三相变压器
51	93238189.8	施肥喷雾多用器
52	94238610.8	超低噪声冷却塔轴流风机
53	94239860.2	一种改进的手持式侧压钢筋连接机

54	94239819.X	电子束蒸发器
55	95210321.4	输液电泵
56	95221558.6	一种铅蓄电池延生器
57	95234689.3	带锯切割机床
58	96201991.7	连铸用多功能高效冷却器
59	95310673.X	化妆品包装瓶
60	95315202.2	酒瓶
61	96311033.0	双桶洗衣机

1999 年

序号	专利号	专利名称
1	85100463.6	“直接法”合成 ZSM－5 分子筛
2	88107217.6	葡聚糖铁的制备方法
3	88109698.9	制取甘露糖醛酸丙酯硫酸酯钠盐的方法
4	89102171.X	铂催化剂的回收方法
5	89105831.1	一种合成氯化石蜡的方法
6	89106793.0	高硅丝光沸石的合成
7	89106845.7	低温陶瓷釉上颜料及其制备方法
8	90108583.9	一种带钝体的煤粉燃烧器
9	91102138.8	无汞锌锰纸板电池
10	91102193.0	营养型植物生长调节剂的制备方法
11	91102450.6	一种稀土－铁－硼永磁材料的制取方法
12	91104433.7	一种农药控释剂的制备方法
13	91111807.1	大比表面非晶态合金的制备
14	91112719.4	棉花散纤维加工方法
15	92104871.8	直流系统接地故障的探测方法及探测装置
16	92106578.7	一种生产 6－O－羧甲基壳聚糖的工艺
17	92106674.0	多功能多色电子发光字
18	92109778.6	色心 YAG 晶体调制器
19	92109814.6	生产碱性电池锌粉的方法
20	92110744.7	夜光材料的合成工艺
21	92111130.4	凝胶型锝－99m 发生器自动分装装置
22	92114808.9	菘蓝眼部化妆品及其制备方法
23	92114998.0	甲型肝炎疫苗的生产方法
24	93100735.6	薏苡仁中性油脂乳剂
25	93100996.0	除草组合物
26	93101142.6	丁腈橡胶粉的制备方法
27	93106632.8	多分子预聚多异氰酸酯交联促进剂
28	93107379.0	构成约束阻尼结构的阻尼涂料层
29	93109707.X	一种植物纤维模压制品的生产工艺
30	93110413.0	茶色素及其生产方法
31	93112412.3	一种含 1－N－乙基庆大霉素 C_1a 或其盐的药用制剂及制备方法
32	93115435.9	竹材胶合板的生产方法
33	93115651.3	一种气固催化反应器
34	93115802.8	高强度无磁钻铤用钢
35	93119313.3	蒸汽加氧吹洗方法
36	93120999.4	促肝细胞生长素
37	94102372.9	超临界 CO_2 抽提高纯度卵黄磷脂的方法
38	94102595.0	适用于制备高抗冲击性聚苯乙烯的高顺式 1,4－聚丁二烯及其制备方法
39	94103625.1	纤维板湿法生产线改造为干法中密度纤维板生产线的方法
40	94105911.1	一种用于半导体器件塑封的环氧树脂组合物及其制法
41	94111776.6	硫酸法制萃取磷酸及含磷溶液的方法
42	94112029.5	罗布麻纤维混纺的纺纱方法
43	94212469.3	插入式瓶盖
44	95100772.6	杀灭幽门螺旋杆菌治疗胃病的胃内滞留缓释制剂
45	95106279.4	一种高费尔德常数磁敏旋光玻璃
46	95117453.3	一种铂－锡－钛多金属重整催化剂
47	95226701.2	年轮应力复合型阴极辊
48	96213320.5	液力投捞组合式配水装置
49	97202270.8	多层框架式线路阻波器
50	97312172.6	摩托车
51	97323472.5	单元式空气调节机
52	98312320.9	香水瓶

地方概况

●各省、自治区、直辖市知识产权概况及地方司法工作

2000年各省、自治区、直辖市知识产权概况

北京市

2000年,我市知识产权战线上的全体同志在市委、市政府的领导和国家知识产权各管理部门的指导下,在各有关部门的支持帮助下,团结协作,奋发进取,使我市知识产权工作取得明显进展,出现了可喜的新局面。

一、知识产权管理体系初步形成

为适应改革开放和我国即将加入WTO的形势需要,市政府对原知识产权办公会进行了调整,加强了对本市知识产权管理的统筹协调工作。调整后的知识产权办公会议成员单位由14个增加到25个。包括:市政府办公厅、市计委、经委、科委、教委、外经贸委、商委、法制办、财政局、国税局、地税局、公安局、司法局、工商局、广电局、文化局、新闻出版局(版权局)、质监局、检验检疫局、北京海关、市高级法院、一中院、二中院、中关村园区管委会、市知识产权局。

为了进一步健全工作体系,市政府新组建了知识产权局。在市专利管理局原有职能的基础上,增加了市知识产权办公会议办公室和统筹协调涉外知识产权工作的职能。根据2000年市政府要求,我市18个区县、44个局、总公司(集团)和有关单位成立了知识产权办公室并已开始工作。其中,昌平区知识产权办公室克服人员、经费困难,积极开拓进取,在宣传、培训、执法、实施等诸方面都取得了较大成绩。市工商局将商标监管职能从分局延伸到各工商所,在全市212个工商所配备了商标专管人员。市版权局根据国家版权局的要求,成立了包括图书、音像、电子、软件、影视等50余家版权产业单位和社会管理、行业管理部门在内的北京反盗版联盟,并在各区县文化文物局建立工作站,形成了全市反盗版工作网络。

在各部门的通力协作之下,覆盖全市的专利、商标、版权基层工作体系已初步建成。

二、知识产权保护水平明显提高

知识产权是促进科技经济发展的重要资源,必须依法加强保护。在过去的一年里,各知识产权行政管理机关和有关部门互相配合,分工协作,在执法的深度和广度上取得了可喜的成绩。

一是组织开展联合执法活动。根据国家知识产权局、对外经济贸易部等五部局《关于开展打击假冒UL标志专项活动的通知》及林文漪副市长的指示,由市知识产权办公会议办公室和知识产权局牵头,会同市外经贸委、工商局、海关、检验检疫局对北京市场进行了专项清理活动。在组织46个商场的739家摊商进行自查的基础上,执法人员对528家摊商进行了检查,查扣了宇昌电子有限公司朝阳分公司209台擅用UL标记的显示器和500余个包装箱。市工商局还立案18件,收缴有关标识7834件。市检验检疫局共销毁假冒产品约2000件,货值约60万元,有力打击了侵犯知识产权违法行为。

为贯彻落实国务院办公厅和市政府办公厅关于“不得使用非法复制的计算机软件”的通知要求,市知识产权办公会议与市版权局、北京版权保护协会联合发文并组织人员,首先对知识产权办公会议成员单位和北京版权保护协会理事单位进行了检查。林文漪副市长亲自参加了对北京海关、北京日报社的软件使用情况进行的检查,直接推动了软件正版化工作。

二是各知识产权管理机关和有关执法部门在各自的职权范围内认真执法,积极履行职责,较好地保护了知识产权权利人和社会公众的合法权益。

市知识产权局2000年共受理专利纠纷27件,结案27件。立案查处冒充专利行为7件,对其中造成恶劣影响的利用冒充专利进行技术转让的“PXY超能合成液化气”等案件的当事人,依法责令停止假冒,没收标识并处以罚款。通过近几年在主要大中型商场开展无冒充专利商场活动,流通领域的冒充专利行为得到了有效控制。据对部分商场的1552项专利商品的抽查统计,除有7.41%的商品专利标识使用不规范外,未发现恶意冒充专利行为。

版权局在今年执法工作中继续保持高压态势:对《走出魔镜的钱钟书》的侵权人进行了行政处罚,并销毁2000余册侵权书籍;先后打掉了金五星小商品市场后楼和朝阳麦子店地区的两个盗版音像制品

批发窝点;全年共暂扣侵权图书96000余册;散页10300印张;盗版VCD、CD光盘11300余张;侵权光盘56000余张;进行各类行政处罚56件;罚款51.09万元;完成著作权调解案11件;为被侵权人挽回损失28.1万元。

市工商局结合本市情况,开展了对与消费者身体健康密切相关的食品类证明商标标识的检查。检查重点集中在各综合批发市场、农贸市场和零售商店。共收缴非法绿色食品标识16万件;不规范批发食盐60吨;为贯彻国家工商局“汽车行业商标整治工作协调会”的会议精神,市工商局商标处组织1106人次对208个经营单位进行专项检查,共立案查处12家;根据举报线索,商标处在公安机关的配合下,组织了对朝阳、通州、丰台区三个库房的突击检查,共查扣假冒耐克、阿迪达斯、GAT、万宝路、鳄鱼等国外知名品牌的服装、运动鞋、皮具共67000余件套;非法经营额达90余万元;罚没款共计34.4万元。据统计,全年共查处商标违法案件815件;比去年增加了70.5%;罚没款共226.2万余元;收缴销毁假冒商标标识324万余件。

有关行政执法机关也在各自职责范围内积极查处涉及知识产权的违法案件。北京海关查扣4起出口俄罗斯和荷兰的假冒阿迪达斯运动衫和耐克运动鞋近12万余件(双),案值约17万美元。市公安局共出动警力15万余人次;抓获制贩盗版、淫秽制品等违法犯罪人员2171人;收缴各类非法出版物250余万件。质量技术监督局出动执法人员3500余人次;查处假冒伪劣案件5060起;罚没款总额约2500万元。

我市各级人民法院共受理一审知识产权案件675件,比1999年增长42%。其中,著作权案件383起,增长59%;专利案件113件,增长11%;商标案件38件,增长46%;其他知识产权案件141件,增长44%。其中,王蒙等29位知名作家诉吉林摄影出版社案件,陈佩斯、朱时茂诉中央电视台等重大、复杂、社会关注案件的成功审理判决,取得了较好的社会效果。

行政处理与司法审判各具特点、相辅相成,较好地满足了国内外各类当事人的不同需求,维护了首都良好的知识产权法律环境。

三、宣传培训工作深入开展

知识产权制度在我国是一项新兴的制度,需要进行长期广泛的宣传培训工作。当前我国即将加入WTO急需让我国的企事业单位了解、掌握WTO的有关知识产权规则。2000年市委、市政府理论学习中心组聘请著名法学专家讲授了知识产权法律知识,市委书记贾庆林、市长刘淇、原市人大常委会主任张健民、市政协主席陈广文及其他市领导和有关部委办局负责人参加了学习,对全市知识产权宣传培训工作起到了带头和示范作用。在林文漪副市长直接安排下,市知识产权局、版权局和工商局的管理人员先后进行了两次专业培训,对增强执法人员工作的责任感、紧迫感帮助很大。为提高我市知识产权社会服务机构的服务质量,我市加强了对代理人员的系统培训,在去年全国专利代理人和商标代理人的考试中,北京考区通过专利代理人资格考试人数为180人;约占全国通过资格考试总数的50%;通过商标代理人资格考试人数为253人;约占全国的60%;为我市乃至全国知识产权事业的发展注入了新生力量。

各单位也结合自身实际情况,开展了形式多样的培训和讲座。市工商局对本系统干部进行商标业务培训,共计3800余人次。中关村海淀园区在对入园企业进行培训时纳入知识产权内容,年培训1000余家企业的1500人。丰台区科委将专利法纳入科技人员再教育内容,年培训科技人员600余人。宣武区科委从娃娃入手,对中小学生650余人进行专利普及知识讲座。海淀科委利用电脑节的机会,开展丰富多彩的宣传、讲座。据不完全统计,市各区、县、总公司和企事业单位共组织专利、知识产权培训班121期;培训各类人员9610人;取得了令人满意的培训效果。

在宣传方面,市版权局努力开辟宣传渠道,在北京版权网站制做了著作权法宣传栏目,组织我市出版发行单位参加国家版权局举办的“版权与贸易知识竞赛”活动,举办了“北京版权保护十五年”展览。市知识产权局组团参加了“中国专利十五年成就展”,在中央、市级新闻媒体上保持了较高的“见报率”,全年共播发消息和报导142篇次,为我市知识产权事业的发展营造出良好的氛围。

四、为企事业单位服务工作有了新进展

在当前科技发展日新月异,国内外市场竞争日趋激烈的情况下,我们必须加强创新,开发拥有自主知识产权的技术产品,把技术命脉牢牢地掌握在自己手中,才能在竞争中立于不败之地。

为推动企业开发自主知识产权技术产品,市政府分别拨款100万元和300万元,用于资助专利申请和扶持专利实施。市知识产权局2000年下半年共资助技术含量高、市场前景好的专利申请1289项,扶持专利实施项目14项。为帮助企业运用专利信息资源,市知识产权局自1999年起,连续两年在全市开展“学专利,用专利,厂厂有专利活动”,加快了企业技术创新速度,提高了技术创新质量。

据统计,我市2000年职务发明专利申请量达到3906件,比1999年增长35%;其中企业专利申请量达到2545件,增长38%。其中,联想(北京)有限公司、北新建材(集团)有限公司、北京曲美家具有限公司年申请专利超过50件,较上年有大幅度增加。

在知识产权制度的保护下,最新技术产业化成效显著。中关村科技园区海淀园年实施专利新增产值61.1亿元;新增利税6.6亿。其中仅联想公司的专利产品“天禧电脑”,新增产值37.5亿元;利税3.8亿元。丰台、通州、昌平、顺义、怀柔等区县和燕山、首钢、汽车总公司、市科技研究院等企事业单位年实施专利新增产值均超亿元。据对各区县总公司、集团326项专利当年实施效益统计,共新增产值

85.98亿元；利税9.69亿元；分别比1999年增长236.4%和193.6%。

市工商局积极为企业提供服务，2000年确定了201家大中企业做为实施商标战略的重点单位。大兴分局和崇文分局分别召开了“促进经济发展，争创著名商标”和“创商标名牌战略”研讨会，指导企业利用品牌开拓市场，争创驰名商标。为促进农村经济发展，市工商局积极指导对农副产品的商标注册，全年共注册农副产品商标123件，较去年增加一倍。顺义的雪梨在注册商标前，仅售几元钱一公斤，注册“宝鸟”商标后，在大型商场每公斤售价达到100元左右。密云的“黄土坎”鸭梨，通州的“郎府”大葱，注册商标后也都取得可观的经济利益。

五、知识产权申请量大幅上升

在多方面因素的共同作用下，2000年度北京地区申请专利继去年突破7000件之后又突破万件大关，达到10336件，年增长34.0%；高于全国专利申请增长率6.4个百分点。其中，发明专利申请3401件，较上年增长65.5%；实用新型专利申请4984件，增长23.2%；外观设计专利申请1951件，增长20.7%。北京专利申请数量超过了山东和浙江，排在广东、台湾、上海之后，居全国第四。名次上升一位。至2000年底，全市累计专利申请量为85023件，占国内专利申请总量的8.7%。位于广东106412件之后，居全国第二。

去年，市版权局共受理著作权登记89件。法人作品登记量大幅上升，在国内名列前茅。版权贸易继续保持增长势头，实现引进总数5481项。其中图书4480项，比1999年增长16%；电子出版物、计算机软件1001项，保持了全国第一。

2000年我市商标申请量为16552件，较1999年大幅增加52%；注册量（批准量）为9364件，较上年增加47%；注册量排在广东、浙江之后，位居全国第三。全市累计商标注册量已达到60664件。

在市政府和国务院各知识产权管理部门的领导下，去年我市知识产权工作取得了前所未有的成绩。但是我们要清醒地看到在一些方面存在的问题和不足，与兄弟省、市相比，还存在不少差距。如：相当多的中、基层领导和国有企事业单位负责人知识产权意识不强；首都的人才优势、科技优势尚未充分转化为自主知识产权；知识产权保护地方立法步伐还应加快；行政机关执法条件不足，处罚力度不够；盗版问题仍很严重。我们将尽最大的努力，采取必要措施加以解决。

（北京市知识产权局　高永迈）

天　津　市

自1985年4月1日我国专利法施行以来，在天津市委、市政府及国家知识产权局的正确领导下，在社会各界的大力支持下，经过专利战线全体同志的共同努力，天津市的专利事业从无到有，从小到大，取得了显著成绩，特别是在“九五”期间，更是得到突飞猛进的发展。天津的专利管理体系和专利服务体系建设日趋成熟，为实施“科教兴市”战略、推动科技成果向现实生产力的转化、加强专利保护、促进科技进步和经济跨越式发挥发挥了重要作用。截止到2000年年底，全市申请专利22315件，授以13295件；通过举办各种类型、不同层次的学习班，共培训人员80万人次，培养专利工作者1618名；经过整顿，现有专利代理机构20个，专兼职专利代理人305名；建立了“企业专利特派员”制度。天津在全国率先开展了企业专利试点工作，制定了11项专利行政规章和规范性文件，调解处理专利纠纷66件；建立了天津市场专利商品监督管理网络，查处冒充专利204件；建立了天津专利信息地方网点，开展了专利检索、专利广告出证、专利资产评估确权以及专利合同认定登记等项服务工作。在不断探索专利实施新途径并取得一定效果的基础上，近几年又每年筛选一批优秀专利项目，列入计划重点进行实施推广，取得了显著的经济效益和社会效益。其中5项被列入促进专利技术产业化示范工程；在国家知识产权局举办的专利奖评选活动中，天津市先后有4项荣获中国发明创造专利金奖；天津市知识产权局两次被国家知识产权局、人事部评为全国专利管理工作先进单位；由于在专利普法宣传和专利技术市场工作中成绩突出，天津市知识产权局还分别受到司法部、广电部和原国家科委的表彰。天津专利工作的实践证明，社会主义市场经济的发展需要专利制度，专利制度在天津市的改革开放大潮中发挥了不可替代的作用。

一、贯彻“大管理”思想，借助政府各职能部门的能量，齐心协力开展专利工作

天津市专利管理局于1985年成立，1996年改为事业单位，赋予行政职能。2000年更名为天津市知识产权局，市政府直属事业单位，人员编制由成立时的15人增至35人。为了开展专利管理工作，确定由市辖的18个区、县科委以及部分工业局、总公司（集团）的科技管理部门兼管专利工作，各大专院校、科研单位和大中型企业的科技管理部门也配备了专兼职人员，管理专利工作。近年来，天津经济技术开发区、天津市新技术产业园区以及部分区县建立了知识产权办公室，一些企事业单位也建立了相应的专职机构，从而在全市形成了全方位的专利管理网络系统，加上专利代理和专利信息服务系统，天津市的专利体系日臻完善。

实践证明，要想推动专利管理工作迈上新台阶，光有专利体系还不够，必须贯彻“大管理”思想。市知识产权局在推动全市的专利工作中，注意加强与政府各职能部门的协调沟通，争取其支持，共同开展全市的专利工作。多年来，市知识产权局通过自己的努力，得到市政府经济、科技、计划、教育、商业、外经贸、工商、版权、财政、税务、金融、海关、国资、司法、公安、技术监督、新闻、统计等部门的大力支持，与一些部门还多次合作，这些都得益于政府各职能部门领导同志具有较强的专利意识。然而，有的领导同志、尤其是单位的“一把手”，工作忙，抽不出时间参加培训，知识产权意识淡薄，始终困扰着我们负责普法宣传的部门，提高领导的专利意识，是开展专利工作的前提，普法宣传必须从领导抓起。为此，“八五”期间，天津市两次邀请中国专利局高卢麟局长，专程来津为市委、市人大、市政府、市政协、市纪监委五大班子的领导以及市政府各职能部门、各区、县、局的主要负责人作关于知识产权的报告，在天津引起强烈反响。“九五”期间，国家知识产权局姜颖局长应邀来津为市政协领导和部分委员、各区县科技管理部门、专利工作试点单位负责人作关于知识经济与知识产权的报告，使与会者进一步认识到专利制度在科技经济发展中的地位和作用，增强了专利意识，明白了许多道理。各级领导知识产权意识的提高，加大了支持专利工作的力度，推动了专利战略的深入实施，优化了知识产权的法律环境，形成了包括专利管理、专利实施、专利信息、专利代理等全方位的专利服务体系，全市的经济、科技、财税、新闻等有关部门以及各行各业都为保护知识产权摇旗呐喊，铺路架桥。为了宣传普及知识产权知识，市知识产权局联合市工商局、版权局成功举办了大型“92 天津知识产权宣传展示会”，用图文并貌的大量展牌和实物宣传展示专利、商标、著作权知识以及天津市知识产权保护的现状，同时还设置 200 多个展位宣传展示推广专利新技术、新产品。不仅吸引了国家知识产权局、国家工商总局、国家新闻出版总署以及本市各级领导、企事业单位和群众参观，而且还吸引了许多外省市知识产权管理局的领导前来参观。为了作好全市的企业专利工作，九五期间，市知识产权局联合市经委把专利申请量化指标列入全市企业技术中心的达标考核内容。此后，在对百家企业调研的基础上，选定 19 家企业作为全市专利工作首批试点企业。同时，从专利系统内部挑选得力干部作为“专利工作特派员”派往试点企业，帮助企业建立健全知识产权管理制度，提供专利战略咨询和全方位的专利工作服务。作为专利试点企业之一的天津药业公司，经过“试点”后，高度重视知识产权保护工作，企业专利申请量不断提高，2000 年申请专利 38 件。由于加强了自主知识产权保护工作，该公司的企业技术中心发展迅速，1999 年被国家批准为国家级技术中心，2000 年在全国 294 家国家级技术中心工作考核中，整体实力名列前茅。目前，天津已经连续四年开展专利试点企业工作，把天津光电通讯集团公司、磁卡股份有限公司、中法葡萄酒有限公司等一批企业，培育成为把知识产权工作纳入到现代企业管理制度中的重视知识产权工作的典型。为了加强专利管理，规范和净化专利市场，保护专利权人和广大消费者的合法权益，市知识产权局与市商委联合建立了天津市场专利商品监督网络；与市工商局联合开展了专利广告出证检查工作；与市国资局联合开展了专利资产评估管理工作；与市科委联合开展了专利技术合同认定登记工作；与市司法局、市公安局联合开展了查处冒充专利工作；与市科委、市财政局联合开展了资助专利申请工作；与市统计局联合开展了专利实施情况调查等等。“大管理”思想的实质，就是通过我们深入细致的工作，让政府各职能部门逐步认识理解，最终能够主动参与、支持专利管理工作，把专利管理工作从我们一家的工作变成大家的工作，专利工作得到政府各职能部门的支持，就走着顺，行得通。

二、以提高专利申请量为中心，带动专利工作全面开展

专利申请量是衡量一个国家、地区经济和科技实力的重要标志。市政府 1999 年初提出要为企业申请专利留点线，以专利申请量为中心带动各项工作。围绕市领导的指示精神，市知识产权局确定了当年全市的专利申请量任务指标，全力以赴地开展了狠抓专利申请量工作。为把专利申请量任务指标落到实处，在市科委、市经委的大力支持下，市知识产权局拟定了天津市专利申请奖励资助办法，召开了天津市企业专利工作会议，下达了 1999 年度企业专利申请指标，召开了完成专利申请指标誓师大会和区县科委主任会议，开展了专利管理系统提高专利申请量竞赛活动，建立了可随时掌握申请情况的专利申请跟踪统计报告制度。通过采取上述措施，引起各企事业单位的高度重视，进一步提高了专利意识，改变了轻专利、重成果的传统观念，使申请专利、寻求专利保护成为企事业单位谋生存、求发展的自觉行动。从而极大地调动了发明创造的积极性，在全市掀起了前所未有的开展技术创新、积极申请专利的热潮。1999 年全市申请专利 2016 件，历史性地突破 2000 大关，比上一年增长了 35.8%，年增长率居全国各省、自治区、直辖市之首。

为了巩固和发展专利申请量增长的好势头，2000 年，市知识产权局通过召开天津市专利工作会议，认真总结成功的经验、表彰专利工作先进单位和先进工作者，下达了全市新的专利申请量指标。为了争取市财政部门在鼓励专利申请政策资金方面的支持，组织开展了对兄弟省市相关激励政策的调研，以《充分发挥专利制度的作用，促进科技进步和经济发展》的调研报告形式进行协调沟通。然后，联合市科委、市财政局共同拟定了《天津市加强知识产权管理和保护，促进技术创新的若干意见》，由市政府办公厅转发。该“意见”分“提高全社会的知识产权保护意识，加强对知识产权的管理”、“充分利用知识产权信息资源，提高技术创新的起点”、“促进我市自主知识产权开发利用的财税政策”三个方面，共制定了 15 条具体意见，在全市引起热烈反映。经过宣传贯彻、组织发动、制定办法、下达指标、分片包干、深入挖潜等大量艰苦细致的工作，天津市专利申请量再创新高。2000 年全市申请专利 2787 件，比上一年增长38%。其中申请发明专利468件，比上一年增长95%。两个增长率均居全国前列。两年来，以提高专利申请量为中心的工作实践，不仅带动了市知识产权局的工作上水平，而且也带动了全市的专利宣传培训、专利实施、专利代理、专利信息服务等各项工作上水平。

三、扶优扶强，推动专利技术向现实生产力转化

让专利技术尽快转化为现实生产力，是我国施行专利制度的根本目的。为了抓好专利实施管理工作，市知识产权局在经过多年的各种尝试和探索之后，从1996年开始，把专利实施工作的重点放在扶优扶强上，即扶持优秀的专利项目，扶持有强劲发展空间和显著经济效益或社会效益的专利项目。当年重点抓了3项，帮助专利权人实施其专利技术，取得了很好效果。1997年，又筛选10项优秀专利技术，作为实施推广的重点，被列入市委工作要点。为了作好这项工作，市知识产权局建立了专利技术实施推广的工作责任制和实施情况报告制度，对项目的实施推广工作分工包干，跟踪调查，负责到底。为了切实作好这些项目的实施推广工作，市知识产权局通过组织召开新闻发布会，与电视台联合制作播放宣传优秀专利技术转化为生产力的专题片，举办展览会、组织参加展示活动、向本市及全国各地介绍推广这些项目，为优秀专利项目的实施单位排忧解难，解决实施过程中的实际困难。根据当年对这10项专利技术实施情况的调查，年新增产值5.5亿元，新增利税1.4亿元。1998年以来，市知识产权局每年都筛选确定10至15项优秀专利技术，列入重点扶持推广计划，其中5项被列入“促进专利技术产业化示范工程”项目。在按照规定的扶持政策对其进行扶持推广的同时，为了增加企业发展后劲，推动技术创新，市知识产权局还充分发挥自己的优势和特点，利用新建成的中国专利信息系统天津地方网点，定期为其无偿提供专利信息跟踪检索服务，提供宣传培训和企业专利战略咨询等。市知识产权局既扶持推广了优秀专利项目，使企业取得了显著的经济效益，又增强了企业利用专利信息进行技术创新和使企业战略保护及市场开发的能力，并受到高度评价。天津南开戈德集团有限公司具有强烈的专利意识，十分重视专利工作，利用专利信息资源不断开发出防伪、识别领域的新技术、新产品，几年来先后申请专利30件。其中螺环类光致变色化合物、防伪渗透型原子印章等新授权的专利技术，实施后新增产值4514万元。天津天大天九科技股份有限公司的峰谷塔片式以及组片式波纹填料专利技术，经过推广实施，新增产值4985万元。

21世纪，给我们带来了新的机遇和挑战，全球经济一体化的发展趋势，必将给知识产权管理工作提出新要求。在知识产权的沃土上，让我们再接再厉，继续耕耘，用辛勤劳动的硕果，再造天津专利明日的辉煌。

（天津市知识产权局　王治强　刘胜章）

河北省

1.2000年我省将宣传培训工作作为全年专利工作的重中之重。为传达贯彻全国专利工作会议精神，部署2000年专利宣传培训工作，3月初召开了全省专利宣传培训工作会议。各市专利管理机关和专利工作试点县有关负责人及省内外10余家新闻单位的记者共60余人参加了会议。会议对近两年来全省专利宣传培训工作做了回顾，总结交流了工作经验，部署了2000年专利宣传培训工作的主要任务。会议印发了《2000年专利宣传培训方案》及《专利法实施15周年专利知识宣传周活动方案》，围绕《专利法》实施15周年纪念日，对开展专利知识宣传周活动做了具体部署。为更好地督促指导各市宣传任务的落实，8月份，召开了全省知识产权宣传培训工作调度会。

2.认真开展专利知识宣传周活动。各级科委和专利管理机关集中力量和时间，利用了一切可以利用的条件，在《专利法》实施15周年纪念日期间，开展了一系列形式多样、丰富多彩的宣传庆祝活动。一是省知识产权局与石家庄市联合举行了纪念《专利法》实施15周年座谈会。省人大副主任刘作田到会并就做好专利工作的重要意义作了讲话；二是4月1日，副省长刘健生就庆祝《专利法》实施15周年及如何做好今后专利工作在省广播电台、省电视台发表了广播电视讲话；三是4月1日上午，省知识产权局、河北发明协会、石家庄市专利管理局、石家庄市区4家专利事务所联合举办了大型专利宣传咨询活动。几家单位分别设立咨询台，摆放了展示《专利法》实施15年来光辉成就的展板，发放专利知识及专利技术信息宣传材料，积极向来访群众介绍专利方面的知识和信息。省、市人大、政协有关领导视察了活动现场并亲自向前来参观的群众发放宣传资料。

在宣传周活动期间，比较典型的活动还有邯郸市专利管理处组织的大型演出活动，沧州市专利管理处利用当地优势组织的宣传月活动，除此之外，唐山、保定、廊坊、石家庄等市专利管理机关也开展了有声有色的宣传庆祝活动。这些活动将专利宣传再次推向新的高潮，营造了一个良好的注重知识产权保护的社会氛围。

3.充分发挥新闻部门的舆论宣传作用。围绕重要活动展开强大宣传攻势，在庆祝《专利法》实施15周年纪念日活动期间，各级专利管理机关积极与当地新闻媒体及有关单位联系，集中宣传有关专利、知识产权方面的内容。如组织新闻记者深入基层采访专利工作。组织四家新闻单位的记者深入采访专利试点县验收活动，并走访了几家专利工作情况搞的较好的企业。各市在当地报纸、电台、电视台等宣传媒体开设专利及知识产权专栏，制作宣传专题节目，加强知识产权宣传力度。据不完全统计，2000年在市报、电台、电视台等媒体播发、展示我省专利工作成就和介绍专利知识的文章或消息达200余篇次。国家知识产权报河北通联站也被国家知识产权局授予先进通联站称号。由于专利宣传工作力度的加强，促进了专利申请量的增长，专利申请量全年为3846件，比1999年增长13.4%，是“九五”期间增长率最高的一年。

4．组织青少年“发明创新之星”电视大赛活动，联合省教育厅、团省委给各市教委、团市委、科委、专利局（处、办）下发了《关于转发〈关于开展全国青少年“发明创新之星”电视大赛活动的通知〉的通知》，要求各市有关部门通力合作。经过认真组织和精心筛选，从各市上报参赛的二十余项中筛选七项上报国知局。

5．举办首期县级领导干部知识产权培训班，使培训工作有了新突破。为贯彻落实江总书记“要向‘县太爷’宣传知识产权”的重要指示，增强县级领导干部的知识产权保护意识，适应和世界经济接轨的新形势，经省委组织部批准，9月份，举办了首期县级领导干部知识产权培训班。50多个县（市）领导参加了培训。国知局林炳辉、毛金生、朱兴国三位领导同志分别在会上作了专题报告，收到良好效果。

6．充分利用党校对领导干部进行知识产权培训。经与省委党校积极协商，我局从国知局请求陈仲华、乔德喜、文希凯几位专家到省委党校为我省厅、市领导干部WTO知识培训班做专题报告，共举办了四期，接受培训的厅、市级领导干部达200多人，收到良好效果。各市也充分利用党校对领导干部进行知识产权培训，提高了领导干部的知识产权保护意识。此项工作创造性地开展，受到国家知识产权局好评。

7．以《专利法》第二次修改为契机，举办知识产权培训班。为促进企业知识产权制度的建立，9月份，在邯郸市举办了60余家企业的领导干部及邯郸市各县（市）、区副县长、科技局长和经委主任等170余名代表参加的企业知识产权工作高级培训班。9月份举办全省高新技术产业开发区（园区）知识产权培训班；10月份举办全省高等院校、科研院所知识产权培训班，以及借省科技大会的召开对参会人员举办的知识产权培训。全省11个市相继举办了不同规模的以专利知识为主的知识产权知识培训班。省局在师资、培训资料、经费等方面给予各市大力支持。一些县（区），如桃城区、赵县、栾城、井径矿区等也成功举办了知识产权培训班。全年接受专利知识培训的人员达4700多人。其中培训专利执法人员、骨干390人。

8．专利试点县工作取得较快进展。大部分试点县在机构建设、专利宣传培训、行政执法、专利实施等方面做了大量工作，同时带动了其它县（市）专利工作的开展。尤其是邢台市所辖各县均成立专利或知识产权管理机构，沧州市所辖各县均明确一名专利工作通讯员，为县级专利工作深入开展打下了基础。已有桃城区、清河、宁晋、磁县、丰宁、东光、泊头、正定几县相继提出了验收申请。11月19日，我局在清河县成功召开了试点县经验交流座谈会，共中清河、磁县、丰宁、桃城区、宁晋五个试点县通过了考核验收。

9．认真组织全省专利管理工作部门，深入开展“3·15”专利打假及宣传活动。为办好“3·15”专利打假成果展，经过近两个月的紧张筹备，设计制作出了内容充实、生动，图文并茂的展板，选出了醒目引人的实物。“3·15”在博物馆广场展出期间，吸引了众多的参观者。在“3·15”咨询活动中，接待群众咨询1000余人次，散发专利打假维权宣传材料5000余份，广泛地宣传了《专利法》及专利知识。

按照省打假办的统一部署以及国家知识产权局《关于在“3·15”期间广泛开展打击假冒知识产权行为的活动的通知》的要求，我省下发了《关于在全省深入开展“3·15”专利打假活动的通知》，周密部署了“3·15”期间全省专利打假活动安排，组织全省深入开展“3·15”专利打假活动。全省各市管理专利工作的部门积极行动，开展了各种形式的专利打假活动，造出了声势，扩大了影响，收到了较好的效果。

由于我们查处冒充专利行为、净化商品流通市场工作的有效开展，严厉打击了假冒、冒充专利行为，使冒充专利产品明显减少，抽查结果显示，冒充专利产品比上一年的13%下降到5%左右。

10．行政办案速度明显加快，质量明显提高。全省明确专利行政执法主体资格的县（市）达126个，占72.8%。我们在加大专利行政执法力度的同时，对执法队伍素质和办案质量提出了更高的要求，同时也加强了对各市县专利行政执法的指导和检查，提高了各级专利管理机关的办案水平，全省在一年内处理重大专利纠纷37起，结案率达90%。尤其是省局，共受理专利纠纷案件10件，已结案9件，而且在已结的案件中，办案期限均不超3个月。

11．积极组织参加“中国专利十五年成就展”。4月1日北京举办“中国专利十五年成就展”，省局在组织参展上做了大量细致的准备工作。我省共有17个项目获“最佳参展项目”，9个项目获“优秀参展项目”，我省在这次参展中荣获优秀组团奖。

12.9月份组织30余家企业参加了在西安举办的第九届中国专利新技术、新产品博览会和在山东泰安举办的专利技术博览会。展示了河北的形象，提高了企业的知名度。

13．积极组织，精心筛选技术含量高、商场前景好，能形成规模效益的重大专利技术项目，列入国家、省各类计划。2000年，我局推荐的重大专利技术项目，有4项列入国家知识产权局第二批《促进专利技术产业化示范工程》，列入国家知识产权局专利工作试点企业有4家。同时，为省科技厅选送重大专利技术项目7个，争取列入第二年省科技计划。

14．省重大专利技术实施实验点工作进展顺利。截止2000年底已验收合格14家企业，其中

2000 年验收 6 家，顺利完成了我局制定的“九五”期间完成验收合格 20 个重大专利技术实施项目的目标任务。同时，积极争取到省科技专项资金 70 万元，支持重大专利实施试验点项目 6 个，市级重大专利技术实施项目共计 150 项，通过验收的有 50 个。

15. 认真开展了大规模的调查研究工作。为摸清和掌握我省知识产权和专利工作在经济建设中的基本情况，省局分党组四位成员，每人分担一个调研课题，从 9 月份开始，深入各市、县和基层，对省内高新技术开发区、国有大中型企业、民营科技企业、大专院校、科研院所进行了大范围的调研活动，搜集了大量的第一手资料，并分别写出调查报告。

16. 河北省专利信息网于 1 月 21 日建成。河北专利信息网的建成，使省知识产权局实现了办公自动化，另外还可供各级政府和科研单位随时查询专利文献，为企业加入 WTO 后，分析判断竞争对手的实力，以及研究开拓国际市场，提供了重要参考依据。全省各市(除张家口市外)知识产权管理机关全部实现联网，形成以省局为中心的专利信息网络。

17. 接受省政府政策研究室《WTO 与贸易有关的知识产权协定对我省经济影响和对策研究》的课题，抽调人员成立了课题组，在时间紧、任务重的情况下，加班加点调研、撰写出了 6 万多字的《WTO 与贸易有关的知识产权协定对我省经济的影响和对策研究》。研究成果先后在《河北日报》、《河北经济日报》、《河北科技报》重要位置大篇幅发表，被省政府研究室编辑收在《WTO 与河北》一书中。

18. 在广泛征求各市意见，认真总结“九五”工作成绩以及广泛学习先进省市工作经验的基础上，充分结合省情，研究提出了全省专利工作“十五”计划和 2015 年远景规划思路。

19. 机构改革工作进展顺利。曾多次向省政府、省人事厅、省编办陈述理由，做了大量说服、解释工作，经过几个月的努力，我局人员编制数以及处级领导职数都满足了局机构改革人员定岗、分流的需要。由原河北省专利管理局更名为河北省知识产权局，而且由事业单位改为省政府行政部门，同时，增加了知识产权对外协调职能，将原省政府知识产权办公会议办公室的工作划入我局。基本上实现了我们的要求，达到了预期目的，为局机构改革的进行和进一步开展工作创造了条件。

20. 积极筹建河北省专利技术服务中心，妥善安排省专利事务所脱钩改制工作。经过一段时期的努力争取，我省成立了专利技术服务中心，属省局下属事业单位。目前，中心人员已配备齐全，工作也已按部就班地展开。

为了贯彻国家对专利事务所改制的要求，成立了省局脱钩改制领导小组，为确保此项工作顺利开展，派有关同志到其它省市调研，制定了省专利所脱钩改制方案。省专利事务所在面临脱钩改制的情况下，全年完成代理专利申请 372 项，创收 33 万元。

(河北省知识产权局　贾向东)

山 西 省

2000 年，山西省知识产权局以政府机构改革为契机，全面贯彻科技是第一生产力的思想，建立健全全省知识产权管理制度，紧紧围绕省委、省政府“科技兴晋”的战略目标，加大专利执法力度，大力宣传知识产权保护的作用，充分发挥专利在技术创新中的地位，为山西省经济综合实力进入全国先进行列提供了支撑和保障，为新世纪全省知识产权事业的大发展作出了努力。

一、申请授权量继续保持大幅度增长势头

2000 年山西省专利申请授权量在九五期间稳定增长的基础上有突破性的增长。截止到 2000 年年底，专利申请量 1475 件，和 1999 年相比增加 334 件，增幅达到 29.3%。其中发明专利 338 件，占 22.9%；实用新型专利 861 件，占 58.4%；外观设计专利 276 件，占 18.7%；大专院校、科研单位申请专利 115 件，比 1999 年增加 20 件，增幅高达 21%；工矿企业共申请专利 195 件，比 1999 年增加 62 件，增幅高达 46.6%。这些申请量是在 1999 年山西省专利申请再创历史最高记录之后又有所突破，因此显得尤为难得。

2000 年山西省专利授权量继续保持稳定增长势头。截止到 2000 年年底，专利授权量共 968 件，比 1999 年增长 48 件，增幅 5.2%；标志技术创新含量的发明专利增加最快，截止到年底已授权 173 件，和 1999 年相比增幅高达 98.9%；实用新型专利授权 627 件；外观设计专利授权 168 件；2000 年大专院校、科研院所获专利授权 70 件，比 1999 年增长 9.4%；与经济发展联系最密切的国有工矿企业获专利授权 124 件。山西省专利申请量在不断保持增长的基础上，进一步提高了专利申请的质量，这充分说明，工矿企业、科研院所、大专院所拥有自主知识产权的意识不断增强。山西省知识产权局和各专利服务代理机构采取多项举措，加强业务建设，做好服务工作，出现了全省专利申请增长迅速，工矿企业、大专院校、科研院所申请大幅增长的好势头，全面完成了 2000 年申请任务。

二、积极宣传实施专利法，强化专利保护意识

世界专利制度的发展已有几百年的历史，但在我国还是一个新生事物。可以这样说，目前，知道专利的人不少，但真正了解专利发展情况及专利制度内涵的人不多。对专利制度相对于科技、经济、贸易以及社会发展的重要作用还认识不足，甚至还有人有思想顾虑和有不同的认识，思想观念还没有真正转过来。为了宣传专利法，普及专利知识，进一步强化人们的专利保护意识，山西省知识产权局利用报刊、杂志、电台、电视等新闻媒介积极进行宣传报道，通过创办《专利工作简报》，举办培训班等多种形式，大力宣传专利法，普及专利知识。省知识产权局与

《山西日报》联合举办了专利知识竞赛活动，引起社会普遍关注和积极响应，收到答卷1500余份。省知识产权局创办了18期《山西专利工作简报》，面向全省党政机关、科研院所、大专院校、企事业单位，宣传党的专利工作方针政策，报道专利工作的典型事例和专利信息。全省举办培训班6期，培训人员400多人，主要对企业厂长经理，科研机构、大专院校的所长、校长和从事专利管理、代理的工作人员进行了业务培训，从而使专利工作队伍不断壮大，专利工作人员的素质有了明显的提高。

三、加大执法力度，维护专利权人的合法权益

专利制度是法制制度，保护专利权，是专利制度的核心。加强法制建设，认真处理专利侵权案件，严肃查处假冒专利行为，保护专利权人和利害关系人的合法权益，维护社会主义市场经济秩序的强有力的措施。

山西省知识产权局把加强地方性法规、政策建设工作作为重点工作来抓，山西省知识产权局在深入研究专利有关法规政策的前提下着重抓了《山西省专利管理办法》的起草工作。在省政府法制局的指导下，我们经过一年半的调研、讨论和广泛征求有关部门的意见，依照《专利法》及其《实施细则》，参照国家知识产权局的有关法规和各省市有关地方法规办法，会同省法制局经过十多次讨论修改，先后十易其稿，拟定后报送省政府，以省政府令的形式发布。

《山西省专利管理办法》起草工作的完成是山西省知识产权局政策法规建设方面的一件大事。该《管理办法》的出台，体现了政府对专利工作的管理，规范了我省专利工作行为，建立和完善了专利工作管理制度和支撑体系，使我省专利管理工作进一步规范化、制度化，从而有章可循，有法可依。

全局同志严格执法，认真办案，对请求处理的案件，不推不拖，公平公正，及时办理。从而保护了专利权人的合法权益，受到广大发明人的好评。例如：山西省夏县节能技术研究所诉候马市五金铸造机械厂侵犯其专利号为94313224的"多功能消烟除尘暖气炉"的外观设计专利一案，请求山西省知识产权局调处。山西省知识产权局依法受理了此案，被请求人看到专利权人的多功能消烟除尘暖气炉在市场上销路很好，于是大肆仿造。请求人发现自己的专利产品被侵权，前去查询有关情况，却遭到当事人阻挠和殴打。为了进一步调查了解侵权事实，山西省知识产权局办案人员曾多次到案发地进行调查取证，而被请求人为逃避法律责任，避而不见。当时在厂的部分工人也阻挠我方调查，不予协助，并借厂长不在，拿生产车间门钥匙的人找不到等为由阻止我方办案人员到现场取证，无奈我们只好请当地公安人员协助，二次来厂才完成了取证工作。通过调查，发现15台侵权产品和大量的制作侵权产品的原材料，我方人员随后还走访了被请求人的两个销售网点，发现有5台侵权产品，在事实清楚，证据确凿的情况下，按照处理专利纠纷的程序，在作出处理决定之前，曾四次发出调解通知，而被请求人两次以出差未归和碰伤等原因未出席，两次无故未出席，在无法调解的情况下，按照有关规定和请求人的请求以及调查了解的事实，山西省知识产权局认为，被请求人仿制产品落入了请求人的专利保护范围，构成侵权。山西省知识产权局作出了处理决定：1．被请求人立即停止侵权行为，销毁其仿制专利产品的专用模具；2．被请求人公开向请求人赔礼道歉，消除不良影响；3．被请求人向请求人赔偿经济损失；4．被请求人承担本案的受理费，调处费。被请求人对山西省知识产权局的处理决定不服，并向太原市中级人民法院提起行政诉讼，把山西省知识产权局告到法庭。法院受理后，依法组成合议庭，公开审理了此案，并作出了行政判决书：认为山西省知识产权局处理决定认定事实清楚，适用法律正确，程序合法，判决维持原处理决定。这一诉案也是山西省知识产权局首次当被告，而以我方胜诉宣告这一案件的审理圆满结束。

由于行政执法具有手续简便、程序少、办案快、花费小等特点，因此发生纠纷的当事人大部分都愿意请求专利管理机关调解和处理，一般不愿对簿公堂，所以，几年来调解和处理了不少专利纠纷。截至到2000年底，山西省知识产权局共受理各类专利纠纷案件6件，其中绝大部分已结案。通过行政执法途径有力地协助了司法部门的工作，减轻了司法部门的压力，也及时地处理了纠纷案件，使许多企业解除了仿冒侵权问题的困扰，挽回了经济损失。

2000年，我们坚决按照"九五"专利发展计划的目标，搞好执法队伍建设，同公安、工商、版权、新闻等部门联合，集中力量在全省范围内开展查处冒充专利行为的联合行动，严厉打击冒充专利的不法行为，切实加强专利纠纷的调处工作，对专利侵权案件加快审理，及时办理。对影响较大的案件，将处理结果通过新闻媒介进行报道，维护市场正常秩序。

为加强全省专利保护的力度，现已将《山西省专利保护条例》作为地方性法规列入2001年省人大立法计划，在省科技厅和省法制办公室的指导和配合下，已开始调研起草工作。

四、加强专利技术实施，促进科技经济发展

专利技术的开发、推广应用，使其尽快转化成生产力，是建设专利制度的根本目的。为了加快专利技术的转化，提高实施率，山西省知识产权局经常通过报刊、电台、电视刊登播放专利技术信息，积极组织和参加国内外专利技术产品展览交易会。从专利局成立以来，共组织参展15次，共有620个项目参展。通过组织宣传、推广、实施专利技术，沟通了供需双方的联系，为专利技术转让架起了桥梁。随着专利事业的发展，专利申请日益增长，越来越多的适销对路的专利产品走向市场，专利产品以它的技术新颖、功能独特、外形美观而深受广大消费者的青睐。许多厂家纷纷申请专利，引进专利技术，自主开发专利产品，取得了明显的经济效益。根据2000年初步统计，我省专利的实施率在30%左右。我们仅对"山西榆次环海实业有限公司"、"山西闻喜选煤设备厂"、"山西介休二机工业公司""太原重机厂"和"太原理工大学"等5个单位的7项专利技术的实施效益统计，累计新增产值1.85亿元，新增利税3430万元。阳泉市98项专利实施项目共创造产值2.65亿元，全市的专利实施率达35%。例如：全国专利工作先进企业太原重型机械集团公司，认真贯彻、执行《专利法》和《企业专利工作办法》，积极做好企业专利工作，制订了《太原重型机器厂专利工作暂行管理办法》，鼓励公司职工发明创造，注重本企业知识产权的保护和专利技术实施。截止到1997年，该公司共申请专利33项，授权25项。其中，磁镜式直流电弧炉、海绵钛的剪切破碎及其专用设备、常压固定床煤气发生炉等16项专利技术已在该企业实施。这些专利技术产品为国家节约了大量能源，降低了劳动强度，且许多方面还填补了国内空白，达国际先进水平。专利技术的实施为该企业和国家带来了巨大的经济效益和社会效益，常压固定床煤气发生炉实用新型专利自1989年实施以来，共生产煤气发生炉130多台，总销售额4330万元，创利税630万元；海绵钛的剪切破碎及其专用设备发明专利，设计新颖，技术先进，填补了我国剪切破碎海绵钛的技术装备空白，经济效益和社会效益十分显著，为我国海绵钛工业的大型化发展创造了破碎技术条件，达到了当代世界海绵钛破碎设备先进水平。1985年以来，太原重型机械厂实施的16项专利技术共实现总销售额7507万元，创利税1291万元，不仅取得了直接经济效益，而且获得了巨大的间接经济效益和社会效益；太原钢铁公司是拥有百亿元资产的国家大型企业，他们十分重视企业专利工作，将专利工作融于企业的生产、经营管理之中，先后制订了《太原钢铁公司专利工作管理暂行条例》、《太钢关于专利（专有）技术许可贸易和技术转让管理办法暂行规定》等规章制度。1985年以来，共申请专利71项，授权44项，其中，闭路循环冷却水缓蚀剂、微机控制磨削钢坯的方法和设备等39项专利技术已转让实施或在本企业实施，共签定实施许可合同7项，合同成交额230万元；实施专利技术为太钢带来很好的经济效益，专利技术产品实现总销售额1.64亿元，创利税2040万元，专利技术产品的销售额占到太钢总销售额的3.8%。这些专利技术实施不仅给太钢带来了重大经济效益，而且在改善工人劳动环境，减轻工人劳动强度，安全生产和文明生产等方面也具有重大意义；介休二机实业股份有限公司始终坚持"科技是第一生产力"的宗旨，创出了一条以科技为先导，不断开发新技术、新产品的企业发展道路。1988年至1990年，他们投资300万元，经过数百次的反复试验、研究，发明成功了JKH—89型节能环保焦炉，并获得两项国家专利。1990年山西省科委组织专家对这两项发明进行了全面技术鉴定，二机厂依靠自己的发明创造，加之合理的经营管理，把一个落后亏损的小型修配厂建设成为拥有1亿元资产和1000余名职工，100多种产品，集科研、生产、国内外贸易于一体的综合型公司。目前，公司年总产值达1亿元，实现利税1500万元，1985年至今累计完成产值24793万元，平均增长率为112%，实现利税3396万元，平均增长率为204%，全员劳动生产率为1.25万元。该厂与德国合资创办的三盛焦化有限公司是国家外经贸部批准的自营出口企业，年创汇1000万美元，产品销往美国、德国、日本、瑞士、印度等国家。

五、加强专利管理和专利服务体系，保证专利工作的顺利开展

搞好专利工作队伍建设，不断提高专利工作人员的政治和业务素质，是搞好专利工作的基本任务，也是做好专利工作的基本保证。自山西省知识产权局成立以来，阳泉、大同市设立了专利管理办公室，最近太原市也成立了知识产权办公室。其它地、市科委均配备了专、兼职人员负责专利工作。目前，全省建立专利代理服务机构5所，共有获得国家颁发的专利代理资格证的专利代理人80余名，全省专利管理和服务体系已初步形成。

专利代理服务机构在为发明人代理专利申请、进行业务咨询、提供专利技术服务、代理专利纠纷诉讼、专利技术转让中介和专利资产评估等项业务中，发挥了积极的促进作用。在专利申请中，经专利服务机构代理的申请占全省总申请量的60%，这不仅为申请人提供了方便，而且促进了专利事业的发展。

六、建立健全全省专利管理和服务体系，进一步加强专利管理工作

党中央、国务院非常重视专利和知识产权保护，在这次国务院机构改革中，将中国专利局更名为国家知识产权局，列入国务院直属机构序列，其管理职能在原有专利管理工作责职不变的基础上，增加了国务院知识产权办公会议办公室的工作任务和统筹协调涉外知识产权事宜等职能。我们要按照国务院机构改革的统一步署和要求，结合我省工作实际，加强组织建设，做好机构改革工作，避免过去专利管理机关建设中的机构不健全，规格不统一，体制不规范，工作责职和单位性质不相符等问题，使专利管理机构建设走上法制化和规范化健康发展的轨道。

七、搞好专利试点工作，促进专利事业发展

企业是专利工作的主体，高等院校、科研院所是专利技术的生产基地。为了进一步做好企业、高校和科研所的专利工作，要会同有关部门，重点在我省实行现代企业制度改革的重点大中型企业，和进行科技体制改革试点的省属科研院所和大专院校，选择专利工作搞得好的单位开展专利工作试点，以点带面，促进我省专利工作的发展，用三年的时间使我省专利申请量达到全国的中上游水平。

八、重视企业专利工作，促进专利技术实施

企业不仅是专利技术的发源地，而且是专利技术的主要实施地。企业专利工作的好坏，直接关系到整个专利工作的好坏。因此，我们要把企业专利工作列为专利工作的重中之重，要充分发挥市场机制的作用，加强政府部门在技术转移、扩散中的政策导向和宏观调控作用，使市场引导和政府推动有机地结合起来。通过专利技术转让和中介机构积极筹集专利实施资金，积极向企业推荐先进适用的专利项目，帮助企业做好专利项目的技术、经济可行性分析和市场调查，促进专利技术的开发应用，努力提高专利技术的实施率。

九、建立中国专利信息工程网山西网点，搞好专利文献信息服务

经过努力，山西专利文献库已经初步建立，计有中国专利文摘，日本(英文)专利文摘，并建立了欧洲专利文摘和中国专利文献说明书光盘库，使全省的专利文献初具规模。山西地方专利信息网点是山西省知识产权局九五规划的重点项目之一，经过我们积极争取，在省有关方面的大力支持下，国家知识产权局批准山西省的网点建设列入全国建网计划。2000年6月，中国专利信息网山西网点已经顺利建成。该网点从报告立项、申请经费、方案论证到实施建成历时两年时间，网点的建成极大地提高了全局的办公自动化水平，该网点将为山西省的科研院所，大专院校、工矿企业等提供信息乃至知识产权方面的查询服务。山西专利信息网站的开通，为山西省专利工作的快速发展奠定了坚实的基础。山西网点的建成，在山西专利和知识产权工作发展史上将具有“里程碑”的意义，我们还要继续建设，使之逐步完善，为促进我省的科技、经济和专利发展发挥重要作用。

(山西省知识产权局　宋培贤)

内蒙古自治区

2000年是二十世纪的最后一年，也是实施自治区专利“九五”计划的最后一年，在这跨越千年的世纪之交年度中，我局按照年初所确定的年度工作目标，强化专利宣传、专利执法和专利保护，充分利用专利文献，指导企事业单位开展专利工作，努力推动专利申请、专利技术实施和产业化。截止到2000年12月底，全区年专利申请量已达1137件，比去年同期增长12%；专利授权量达775件，比去年同期增长7.2%；专利申请总量达到8741件。实现了“九五”计划所确定的年均专利申请量达到800件，累计达到8000件的目标。回顾一年来的工作，在局党组和局长的正确领导下，围绕国家知识产权局的年度中心任务，主要在五个方面完成十七项工作。

一、专利宣传、培训方面

1. 结合西部大开发战略的实施，利用国家知识产权局姜颖局长来我区考察调研之机，深入呼市、包头和伊盟等地开展调研、宣传，召开了自治区专利工作调研座谈会，收到了良好的效果。调研之后，国家知识产权局对我区专利工作给予了重点扶持，加大了专利宣传培训、志利试点企业和专利技术产业化示范工程经费的投入力度，投入专利试点，示范工程和宣传培训等专项经费共计45.5万元，有力地支持了我区的专利工作。

2. 协助国家知识产权局在我区筹备，召开了全国专利政务信息会议，全国各省市区知识产权局(专利管理局)的代表共计43人出席了会议。我区的精心组织和热情服务受到了各省市区与会代表的一致好评。

3. 协助国家知识产权局和中央电视台(知识产权西部行)电视专题摄制组圆满完成了在我区的采访和拍摄任务，在为期十天的采访和拍摄活动中，摄制组行程三千多公里，先后实地走访了五个盟市，八个企业集团，并就我区的知识产权工作采访了自治区政府副主席宝音德力格尔，收到了很好的宣传效果。

4. 配合自治区人民政府组织召开了全区知识产权工作电视电话会议，传达全国“运用专利制度，促进技术创新经验交流会”精神，会上宝音德方格尔副主席作重要讲话、部署了我区面向21世纪的知识产权工作。

5. 结合国家知识产权局关于纪念《专利法》颁布实施十五周年工作部署，制定了今后一个时期专利宣传与培训计划，并对盟市专利宣传培训作出了具体安排。

6. 深入到内蒙古第一机械制造厂、内蒙北方重工业集团、内蒙古蒙西高新技术股份有限公司开展专利及知识产权相关法律知识的宣传活动，培训企业中层以上领导干部400余人。

7. 利用各种新闻媒体宣传和普及知识产权保护的相关法律知识，全年在《中国知识产权报》等报刊上发表宣传35篇，编印《内蒙古专利》简报4期，发放1300份，全年向有关领导和部门赠阅《中国知识产权报》1530份。

二、专利保护和执法方面

1. 全年共受理专利纠纷3起。一是“手扶拖拉机专用播种器”多家专利侵权纠纷，该案在我处执法人员深入案发地五原县进行了实地调处，在我处的主持下，请求方与六家被请求方达成了调解协议，及时制止了侵权行为；二是内蒙古哈伦实业有限责任公司诉内蒙古新世纪广场“一种保健、保暖裤”专利侵权纠纷，该案目前正在审理中；三是临河市八通制造厂的“民用取暖锅炉”多家专利侵权纠纷案，通过调解，部分当事人达成调解协议。

2. 加强了专利行政执法工作，在包头、伊盟、巴盟和兴安盟开展了商品流通领域冒充专利行为市场大检查活动。范围涉及二十多个大型商场和药店的家用电器、生活日用品、仪器、药品和医疗设备等几大类，共登记带有专利标记的产品363种，通过专利文献检索，确认有效专利354项，占所查总量的91%无效专利18项，占所查总量的4.6%，无法进行专利文献检索的有17项，占所查总量的4.4%。通过这次大检查，进一步净化了专利产品市场，提高了市场依法经营的意识，保护了广大消费者的合法权益。

三、专利管理方面

1. 根据国家和自治区科技厅的部署，编制了

《内蒙古自治区专利工作“十五”计划和2010年远景规划(草案)》,下发各盟市征求意见,经多次修改后,已初步定稿。

2. 积极组织参加全国专利系统先进工作者和先进集体的评选活动。我区包头市专利管理处安平同志被评为全国专利系统先进工作者,通辽市专利管理局被评为全国专利系统先进集体。

3. 为使我区的专利代理服务机构逐步按照国家对社会中介机构进行清理整顿的要求实现规范化运作,适时召开了全区代理机构改制工作座谈会,针对我区专利代理机构的现状和特点,就改制工作做出了具体部署,提出了相应的实施方案。

4.2000年4月份组团参加了“中国专利十五年成就展”,被评为优秀组团奖,在我区选送的“18个项目中,有8项荣获“最佳参展项目奖”,9月份组团参加了国家知识产权局和辽宁省人民政府在沈阳市共同举办的“2000年中国专利技术产业化对接洽谈会”,签订技术转让合同三份,意向协议三份。11月份组团参加了在香港举办的“2000年香港国际发明展”,参展的五个项目获银奖二个,铜奖三个,签订合同二份。

四、专利试点工作以及专利技术产业化方面

1. 通过多方努力,2000年10月份国家知识产权局确定我区的包头市为全国专利试点城市,使包头市成为全国13个专利试点城市之一(其中西部地区仅3家)。目前包头市正按照国家对专利试点城市的要求,积极进行专利试点城市实施部署。

2.2000年10月份为蒙古兰宝生物化工有限公司实施的“有机富兰克胶”项目纳入国家专利技术产业化示范工程。另外,在对自治区属37家重点企业专利工作和1000项有效专利实施情况进行调查的基础上,重点选择了6家企业(包括国家知识产权局确定的2家专利试点企业)进行跟踪调查,确定了伊克昭化工设计院和内蒙古宇航人高技术产业有限责任公司为自治区专利试点企业。

五、专利信息资源开发利用方面

1. 积极争取国家知识产权局的支持,2000年9月份完成了中国专利信息网内蒙古网站局域网基础设备的安装、调试工作。国家知识产权局为我区信息网的建设共计投入52万元的网络设备,目前内蒙古网站已纳入我区科技信息网中并初步具备了向社会提供专利信息服务的技术条件。

2. 积极开展专利信息咨询和检索服务,全年共接待专利事务咨询200余人次,提供专利信息检索服务和专利广告出证近100项。

2000年我区的专利工作取得了一定成绩,但是与国家的要求和先进省区相比,还存在很大的差距和问题。

一是知识产权意识淡薄;

二是专利申请量偏低;

三是知识产权执法手段薄弱、保护力度差;

四是专利工作体系薄弱,代理队伍规模小;

五是政策不配套,专利管理工作层次较低。

这种状况与我国即将加入世贸组织的形势和自治区实施西部大开发战略的要求是很不适应的。二十一世纪知识将成为经济发展中最主要的生产要素,知识产权将成为经济增长和创造财富的一个重要工具。

(内蒙古知识产权局　李永志)

辽　宁　省

2000年,辽宁省专利工作紧紧围绕经济建设这一中心,坚持抓专利保护、抓专利信息工程建设、抓专利技术产业化、加强专利工作体系与队伍建设,推进各项专利工作的全面开展,取得了显著成绩。在政府培育专利市场、市场引导企业发展、推进专利技术产业化方面,进行了积极有益的探索,受到国家知识产权局和省政府的好评。在2000年省级政府机构改革中,原省专利管理局更名为省知识产权局,为省政府的直属机构,增加和划入了统筹协调全省涉外知识产权事宜、省政府知识产权办公会议制度办公室等新的职能,机构与职能建设得到加强。到2000年底,累计申请专利62769件;授权专利36965件;分别居全国第4位、第5位;2000年专利申请7151件,比1999年增长17.90%;授权4842件;比1999年增长1.3%。

在2000年1月召开的全国专利工作会议上,省知识产权局所作的《领导重视,通力协作,积极推进专利技术产业化》经验介绍,受到与会代表的称赞;省知识产权局及沈阳市专利管理局、大连化物所科技处、辽河石油勘探局知识产权办公室被评为全国专利工作先进集体。2000年11月在上海召开的全国“运用专利制度、促进技术创新”经验交流会上,陈政高副省长作了《面向经济建设需要,推进专利技术产业化》的经验介绍后,原国家知识产权局局长姜颖指出,辽宁的各项专利工作都做得很好,在推进专利技术产业化方面有新的突破,对全国的专利技术产业化工作具有指导意义。2000年9月在全省专利工作会议上,陈政高副省长在讲话中评价说,我们的知识产权工作、专利工作,从1999年开始出现一个非常大的变化,甚至可以说出现了一个拐点,就是专利工作与辽宁经济的结合越来越密切。2000年3月经省政府同意,省知识产权局会同省贸易厅、质量技术监督局、工商局、消协等部门下发通知,要求各市开展商品流通领域假冒专利行为大检查活动。在全省范围内,共检查了3000多种专利商品,对200超假冒充专利行为进行了查处,有力地打击了假冒专利行为,有效地保护了专利权人的合法权宜。

2000年8月25日,修改后的《专利法》通过后,辽宁省知识产权局组织广大干部、职工和各市专利管理机关、代理机构认真学习,对《专利法实施细则》的修改积极提出意见与建议。

为推进专利技术产业化,辽宁省知识产权局组织实施了“百、十、一”工程。确定专利技术产业化试点企业98家,除两个县以外,全省大部分县(市)都有了专利技术产业化试点企业,带动了一批相关企业的发展;确定专利技术产业化示范企业13家,进一步完善了辽宁省专利技术市场建设。先后组织优秀专利项目到沈阳、大石桥、北京、西宁等地进行巡回展出,有力地推动了专利技术的推广应用。在1999年成功举办了′99中国(辽宁)首届优秀专利技术产业化对接洽谈会的基础上,成功地承办了2000年中国专利技术产业化对接洽谈会。这次会议是由国家知识产权局辽宁省政府主办,国家知识产权局协调管理司、辽宁省知识产权局、辽宁省财政厅承办。对接会于9月26日—28日在辽宁工业展览馆举行,共有20多个省、自治区、直辖市和10多个中直部门、单位的1390个经筛选的优秀专利项目参展。省人大副主任徐廷生出席对接洽谈会开幕式,国家知识产权局副局长王景川、省政府副省长陈政高在开幕式上作了讲话。大会期间,共有3万多人次到会参观、洽谈对接、收集信息、购买专利产品,共发布专利信息1万多条,签订对接协议129项,交易额达3.98亿元;签订意向对接协议196项,意向协议金额达5.47亿元。这些项目的实施,将成为我省经济建设中新的增长点。12月在国家知识产权局和《经济日报》社共同举办的“专利—创业—产业化”研讨会上,省政府副秘书长齐文彬就如何推进专利技术产业化作了专题发言,受到与会各界人士的肯定。

省知识产权局领导经常深入各专利代理机构及其他知识产权中介服务机构调研、考察,及时解决各种问题,积极稳妥地推进专利代理机构的脱钩改制工作,引导专利转让、许可证贸易、专利信息、无形资产评估、中介服务机构的健康发展。全省专利代理机构共代理专利申请4000多件,仅发生1次投诉事件,投诉率为0.25%。

专利申请与授权:到2000年底,全省累计申请专利62769件,授权36965件。当年申请7151件,其中发明1299件;实用新型4970件;外观设计882件;来源为:个人5859件;大专院校108件;科研单位371件;工矿企业795件;机关团体18件。当年专利授权量4842件,其中发明458件;实用新型3703件;外观设计681件;权属为:个人3832件;大专院校67件;科研单位227件;工矿企业688件;机关团体28件。

专利行政执法:2000年省知识产权局会同省贸易厅、质量技术监督局、工商局、消协5部门,在全省商品流通领域开展了冒充专利行为大检查。全省共查处冒充专利215件,其中省知识产权局查处35件。在全省范围内大规模查处冒充专利,对整顿市场秩序,打击违法行为,为保护消费者利益作出了积极贡献。

全省各市加大了专利保护力度。省知识产权局和沈阳市专利管理局、大连市专利管理处共受理专利纠纷38件;结案29件。全省累计受理专利纠纷案件341件;结案283件。

专利技术市场与专利实施:2000年专利技术市场十分活跃,专利技术产业化取得明显成效,常设专利技术市场继续发展,展示项目的90%获得更新。4月1日,省知识产权局组团参加了国家知识产权局主办的中国专利十五年成就展。温家宝、任建新、周光召对辽宁的专利技术产业化工作给予肯定,并对辽宁的专利工作提出了殷切希望。9月份,国家知识产权局与辽宁省人民政府共同主办了2000年中国专利技术产业化对接洽谈会,共有1390个项目参展,落户辽宁项目129个;协议金额3.9亿元。省政府为此制定了7条优惠政策,筹措2500万元以贴息、风险投资、贷款担保等形式支持落户辽宁项目。

专利技术产业化取得明显成效。据统计:1999年末财政予以贴息扶持的34个优秀专利项目的年产值由1999年的2.42亿元增加到2000年的3.26亿元,增幅35%;年利税由1999年的3124万元增加到2000年的5134万元,增幅64%。2000年财政予以贴息扶持的项目100个,将拉动银行贷款2.4亿元。

我省列入国家知识产权局促进专利技术产业化示范工程的项目通过验收。以自主知识产权为核心技术发展起来的沈阳协合集团、大连路明科技集团获得较快发展,相继申请了多项境外专利,大连路明科技集团的高效蓄光型稀土发光材料还新入选国家知识产权局促进专利技术产业化示范工程。

专利代理:全年我省三分之一的专利代理人参加了国家知识产权局举办的专利代理人执业培训班,就有关专利代理知识进行了更新学习;全省有44人报名参加了2000年全国专利代理人资格考试;根据国务院办公厅[2000]51号文件要求,全省42家专利代理机构进行脱钩改制,整个脱钩改制工作于2001年6月底结束。

专利受理:国家知识产权局沈阳专利代办处2000年共受理专利申请6624件,其中发明1412件;实用新型4086件;外观设计1126件;累计受理专利申请49623件。代收代缴各种费用3731777.5元,其中申请费708150元,年费3023627.5元。在沈阳专利代办处受理的专利申请中,辽宁省内的有4789件,占72.3%,其他地区有1835件,占27.7%。

(辽宁省知识产权局)

吉 林 省

我国实行知识产权制度近二十年来,吉林省的知识产权工作从无到有,从小到大,由弱变强,有了长足的发展。截止到2000年底,吉林省已经申请专利21552件,是全国的2.2%;居全国第17位。注册商标近1.4万件,是全国的1.3%;居全国第22位。在这些申请专利的项目中,有的已经形成了吉林省拥有自主知识产权的技术和产品,如长春生物制品所的“甲肝减毒活疫苗”、省农科院的“细胞雄性不育系大豆及生产大豆杂交种的方法”、省军需大学的治癌药物“生物导弹”等项目,不仅科技含量高,并实现了产业化,产生了良好经济效益和社会效益。其中,“甲肝减毒活疫苗”和“细胞雄性不育系大豆及生产大豆杂交种的方法”项目已经通过“国际专利合作条约”(PCT)申请了多国专利。吉林省拥有一汽、敖东、新开河等全国驰名商标,通化长白山等200多件省内著名商标,在吉林省的汽车、化工、中药材、农副产品等骨干行业中,构成了知识产权优势,有力地促进了经济的发展。版权的引进工作也呈现出了良好的经济发展势头,成为吉林省版权产业新的经济增长点和推动力。同时,政府版权管理部门也采取了许多行之有效的措施,严厉打击侵权盗版行为,遏制了侵权盗版猖狂的势头。

吉林省为了进一步推动知识产权工作,在知识产权的宣传培训、政策引导、实施推广、市场监督、法律保护等方面都加大了工作力度。在2000年省直机关机构改革中,新组建了吉林省知识产权局,副厅级建制,纳入公务员序列,统一协调全省的知识产权工作,从而对知识产权工作开展奠定了良好的基础。目前,吉林省的知识产权工作已经进入了一个新的发展阶段。

(吉林省知识产权局)

黑龙江省

2000年,黑龙江省知识产权工作在省委、省政府和国家知识产权局的关心、支持和领导下,深入贯彻落实全国地方知识产权局局长工作会议和国家知识产权局“运用专利制度促进技术创新经验交流会议”精神和具体部署,进一步贯彻国家科技部《关于加强与科技有关的知识产权保护和管理工作的若干意见》的规定。深入分析了加入WTO后知识产权工作面临的机遇和挑战,加大了知识产权工作的力度,充分发挥知识产权制度对科技创新和体制创新的促进作用,开创我省知识产权工作新局面,为推进我省科技进步和经济建设做出了新的贡献。

一、我省知识产权工作回顾

2000年,我省知识产权事业不断完善和发展壮大,特别是省知识产权局成立以来,经过全省上下的共同努力,我省知识产权工作取得了突破性进展,充分发挥了知识产权制度在保护和激励科技创新方面的作用,有效地保护了专利权人的合法权益,促进了全省科技进步和经济发展。

(一)抓住机遇,积极争取省委、省政府的重视和支持,进一步加大了知识产权工作的力度

现代科技的飞速发展和知识经济的崛起,以及中国加入WTO时间在即,进一步凸现了知识产权工作的重要地位。我们抓住这一千载难逢的机遇,紧紧依靠省委、省政府,不断开拓创新,以抓知识产权工作体系建设为突破口,推动了我省知识产权工作的长足发展。2000年7月,省知识产权局成立后,省委书记徐有芳、省长宋法棠,副省长马淑洁等省领导对知识产权工作给予了高度重视和支持,多次过问知识产权工作,并对加强知识产权工作多次作出重要批示和指示。在省领导的支持下,我们积极与有关部门协调,取得省财政厅等有关部门的支持和配合,进而加大了对知识产权工作的实施力度。省财政厅领导对知识产权工作非常重视,率先在省直机关开展世贸知识和知识产权知识培训,并对知识产权工作给予了大力支持,在我省财政预算比较紧张的情况下,挤出1000万元资金,设立了专利技术实施及产业化资金、专利技术申请补贴资金和知识产权宣传培训资金。由于省领导的重视和有关部门的支持,知识产权局在工作力度上有了较大程度的加强。

(二)加大宣传力度,营造尊重知识产权的社会氛围

根据加入WTO后我省知识产权工作面临的挑战,针对我省知识产权工作存在的问题,我们集中力量加大了知识产权的宣传力度,先后利用“315”消费者权益日、4月1日《专利法》实施16周年纪念日、4月26日世界知识产权日等主要纪念日进行了重点宣传。在人员少、工作量大、时间紧的情况下,使各项工作在原有基础上又加大了力度。据统计,在我局组建以来的短短10个月时间里,中央电视台、黑龙江电视台、哈尔滨电视台、《中国知识产权报》、《中国知识产权》杂志、《科技日报》、《黑龙江日报》、《生活报》、《黑龙江晨报》、《哈尔滨日报》等新闻媒体对我局的工作进行多次报道,发表文章20多篇,并组织全局同志上街宣传咨询十余次。4月26日世界知识产权日之际,我们与省妇女儿童发展中心联合举办的“知识产权保护少儿科幻画展和百名少儿绘百米长卷活动”,提倡知识产权保护从娃娃抓起,达到了非常好的宣传效果,不仅省、市新闻媒体进行了报道,中央电视台也报道了这一新闻。今年3月份,我局又与省委宣传部、省科技厅、省教育厅、省广播电视厅联合发出了《关于加强知识产权宣传培训工作的通知》,加强与有关部门合作,共同做好知识产权宣传培训工作。

(三)制定专利保护行政法规和规章,加强知识产权保护工作

专利工作的中心任务是建立、完善和实施专利制度,利用法律和经济的手段鼓励发明创造,保护和管理发明创造成果,推进技术进步。为不断完善专利的地方性法规建设,几年来,根据《中华人民共和国专利法》和《中华人民共和国专利法实施细则》,结合我省实际,先后制定了《黑龙江省专利纠纷处理暂行规定》、《黑龙江省专利代理服务收费标准》、《黑龙江省处理专利纠纷收费办法》、《黑龙江省专利产品认定办法》,使这些方面的具体工作有章可循。

为了保护专利权人的合法权益,维护技术市场公平、有序的竞争,我们在人员少、缺少经费的情况

下，认真贯彻执行《专利法》赋予专利行政机关处理专利纠纷和查处假冒专利行为的职能，及时有效地开展了处理专利侵权和专利纠纷工作，共受理各类专利纠纷132件，结案102件，中止6件，结案率近80%。对其中不服处理决定上诉到法院的两件案子，法院均判决维持原处理决定。在人民法院支持下，这两件专利侵权处理决定依据《专利法》第60条的规定得到了强制执行，这两次强制执行在社会上震动很大，增强了人民群众对专利执法的信心，维护了专利权人的合法权益。

加强知识产权地方性法规建设。为更好地调动全社会重视和支持知识产权保护工作的积极性，使知识产权保护工作成为政府行为和全社会的行为，齐抓共管，形成合力，在借鉴兄弟省份经验基础上，结合本省实际，研究起草了《关于加强知识产权保护、促进技术创新的决定》，经省政府常务会议讨论并颁布。这一决定的出台，充分体现了省委、省政府对知识产权保护工作的重视和支持，对全面推进我省知识产权工作将产生巨大的作用。

2000年，全省共查处各类商标违法案件375件，罚款近30万元，收缴违法商标标识224万件。其中，商标侵权假冒案件152件，违法印制商标案件140件，商标一般违法案件225件，结案358件，结案率达98%。

2000年，我省共检查全省书刊、音像、电子出版物、计算机软件市场800多次，共收缴各类盗版品12万多件，调处各类版权纠纷292起。全省共查处各种侵权盗版案件85件，结案81件，结案率达95%以上，有效地打击了资版者的嚣张气焰。

(四)努力推动专利技术实施，获得了较好的经济效益和社会效益

专利制度的最终目的是加快科技、经济的发展，专利技术向现实生产力转化并进入市场是专利实施的重要环节，是技术创新的关键阶段。为此，全省各地、各单位运用市场机制，努力创造专利技术转化的良好环境，充分发挥技术优势，积极推动专利技术的实施并取得了较好的经济效益和社会效益。我局同省发明协会先后组织300多项专利技术参加了十多次全国发明展览会和专利展览会，有100多项专利产品获奖。据对全省68家实施专利技术年产值超百万元的企事业单位的统计，截至到2000年底，通过实施专利技术新增产值102亿元，新增利税10亿元。涌现出哈尔滨飞机制造公司、哈尔滨医药集团、大庆石油管理局、省石化研究院、哈慈集团等一批运用专利制度促进技术创新，取得明显经济效益的企事业单位。群众性发明创造热潮蓬勃兴起，专利申请量稳步增长。到2000年底，我省专利申请量已累计达到31136件，其中，2000年为3104件，首次突破3000件大关。已经授权的专利，累计达到17018件，其中，2000年为2252件。2252件授权专利中，发明专利申请664件，占21.4%；实用新型专利申请2019件，占65%；外观设计专利申请421件，占13.6%。

(五)大力加强精神文明建设，创建行业新风尚

一是狠抓了精神文明建设，树立良好的行业风尚。以开展"三讲"教育和机构改革为契机，加强内部思想建设和组织建设，提高全体工作人员的组织纪律性，增强工作责任感和使命感，为提高管理水平、服务水平奠定基础。

二是对全省企事业单位专利工作情况进行了全面调研。去年首次通过印发调查问卷，对全省专利工作情况进行了全面调查，并对9个市地40多家重点企事业单位进行了实地考察。同时，对1990年以来获省级科技进步奖的科技成果申请专利情况进行了调查，摸清了全省各企事业单位申请专利、授权专利、专利实施和产业化的情况。

三是加大了知识产权培训的工作力度。为进一步提高机关、大学、科研单位和企业领导，管理人员，科技人员的知识产权保护意识，积极做好"入世"准备工作，我们先后到省农科院、省微生物研究所、省财政厅、哈尔滨医科大学、黑龙江中医药大学等单位进行世贸知识和知识产权知识讲座，有力地促进了各单位对知识产权保护工作的重视。哈尔滨医科大学从战略高度对知识产权工作给予重视，决定实施"双百工程"，拿出100万元资金，设立校内创造自主知识产权科研启动资金，以保持持续创新能力，并力争今年申请100项专利。哈医大的举措，为全省高校知识产权工作的深入开展树立了良好的典范，在社会上引起很大反响，《中国知识产权报》、《黑龙江日报》都在头版头条报道了这一消息。

二、存在的主要问题

几年来，我省知识产权工作取得了一定的成绩，但与我省的科技实力和"入世"后的需要还不相适应，与发达省份的差距还很大，存在一些亟待解决的问题。

一是知识产权保护意识还比较淡薄，不适应加入WTO的需要

首先，一些领导对知识产权的作用和加强知识产权保护的重要性认识不深、重视不够，对知识产权保护工作抓得不紧，工作没有真正摆上日程，有些单位没有开展这项工作。其次，各企事业单位的管理者和科技人员的知识产权保护意识不强，不能及时地申报知识产权，被他人侵犯知识产权和侵犯他人知识产权的现象还很普遍。社会各界不能自觉地拿起知识产权的法律武器，保护自己的知识产权和维护他人的知识产权。

二是知识产权管理工作体系尚不健全，缺乏高水平的知识产权管理人才

省知识产权局虽已设立，但各市(地)知识产权管理工作机构还没有建立起来。到目前为止，全省只有哈尔滨市等少数市、地设立了知识产权管理机构，面对日益繁重的知识产权保护工作任务，现有各级知识产权及专利管理工作机构、职能和人员设置远远适应不了市场经济和"入世"的要求，严重制约了我省知识产权保护工作的深入开展。"入世"后，国际知识产权贸易、知识产权合作与交流、知识产权

的国际纠纷会越来越多,我省急需大批懂国际贸易、精通知识产权业务,并能熟练运用外语进行交流和开展业务工作的高层次专业管理人才。目前,这类人才的缺乏使知识产权保护工作难以迅速与国际接轨。

三是企业的专利保护工作薄弱,院校和科研单位专利意识不强

企业是技术创新的主体。目前,我省多数大中型企业对知识产权保护工作重视不够,企业管理者、科技人员的知识产权保护意识淡薄,绝大多数企业内部没有建立知识产权管理机构和制度,甚至知识产权保护工作无人负责。由于企业不重视知识产权保护,使企业的知识产权得不到及时的保护,更不能很好地转化实施,使大量的无形资产流失,这是企业技术创新工作开展步子不大的重要原因。高等院校和科研院所作为创造自主知识产权的主要力量,对专利工作也重视不够。全省39所高校每年登记科技成果1000项左右,但多年来,累计申请专利只有664项,我省高校和科研院所专利工作也亟待加强。

四是资金投入不足,知识产权工作缺乏资金支持

今年省一级已设立了专利专项资金,但各市、地有关部门及企事业单位绝大多数还没有把创造和取得自主知识产权的资金投入纳入日程,特别是企业,缺乏开展技术创新、创造和取得自主知识产权的资金投入,使许多优秀的技术创新成果不能及时取得知识产权并转化实施。

五是行政执法力度不够,地方法规不完善

在行政执法上,缺少必要的执法力量和手段,如人员、经费和必要的设备等等,致使许多专利纠纷案件和假冒专利的行为得不到及时、有效的查处。没有做到行政执法的规范化、制度化和经常化。同时,地方性知识产权法规也不健全,还没有出台适合我省实际的地方性知识产权法规和政策。

三、"十五"期间我省知识产权工作展望和近期主要工作

(一)"十五"期间我省知识产权工作的总体思路

1.指导思想。"十五"期间全省知识产权工作的指导思想是,以邓小平理论为指导,深入贯彻党的十五届五中全会、省委八届四中全会精神,以专利保护为核心,以专利资源开发利用为重点,充分发挥专利制度激励和保护创新的作用,加大知识产权保护工作的宣传培训力度、投入力度和执法力度,加速专利技术的实施和产业化,加强队伍建设,全面提高我省知识产权保护水平。争取"入世"后能够全面履行我们在知识产权领域所承担的权利和义务,创造和取得更多的自主知识产权,推动我省知识产权保护工作登上一个新台阶,为推进我省科技进步,实现"二次创业,富民强省"的奋斗目标做出更大的贡献。

2.发展目标。"十五"期间,全省知识产权工作的主要奋斗目标是,完善地方性专利管理和保护法规体系,创造有利于技术创新的知识产权和专利保护政策环境;将知识产权保护工作贯穿于技术创新的全过程,形成与社会主义市场经济体制相适应的专利工作运行机制和管理体制;知识产权保护和专利工作队伍的素质和水平上一个新台阶;专利申请量和专利技术实施率有较大幅度的增长;专利技术实施及产业化对我省经济发展的贡献率明显提高。

根据上述要求,"十五"期间我省知识产权保护工作的具体目标包括如下四个方面:

一是有计划、有步骤、分层次地对全省各有关部门,各地、市,各大专院校、科研单位和大中型企业、重点民营科技企业以及高新技术企业的领导和科技管理人员进行知识产权培训,使培训工作制度化。到2005年,各类知识产权工作人员的上岗培训达到80%以上,继续培训率达到每年70%,国有大中型企业知识产权培训工作经常化的单位达到50%。

二是资助一批优秀科技成果申报专利。每年选择一定数量的具有高科技含量、有市场前景的科技成果,给予申请补贴,资助其及时申报专利,以此带动更多的单位和个人申请专利,大幅度提高我省的专利申请量。到2005年,努力使我省的专利申请总量达到5万项,授权量达到3万项。

三是扶持一批高科技含量的专利技术实施和产业化。每年选择50项左右具有高科技含量、高附加值和市场前景广阔的专利技术,作为专利实施及产业化示范项目,给予必要的资金扶持,以少量政府启动资金吸引金融和社会各方面资金,用专利技术产业化的显著效益,赢得全社会对专利技术产业化资金的支持,不断争取省财政和各市(地)财政对专利技术产业化的支持,推动专利技术产业化步伐,提高专利转化率。到2005年,使我省专利技术转化率达到20%以上,使利用专利技术实施实现产值超千万元、利税超百万元的企业达到100家左右,产值超亿元、利税超千万元的企业达到50家左右,培育一批具有持续技术创新能力和市场竞争力的专利型企业。

四是加速我省知识产权信息网站建设。2001年完成省知识产权信息网站建设。2002年实现与国际互联网相连,使之成为可以提供远程检索的信息化、交互式平台,能快捷地检索到140个世界贸易组织成员国及175个世界知识产权组织成员国的知识产权信息。

(二)近期主要工作任务

1.以抓好企事业单位知识产权工作试点为重点,推动和引导企事业单位建立健全知识产权制度。按照国家经贸委、国家知识产权局联合下发的关于《企业专利工作试点方案(试行)》要求,坚持"试点先行,积累经验,以点带面,积极发展"的方针,指导全省企事业单位知识产权工作深入开展。每年选择5~10家企业作为黑龙江省企业知识产权工作试点单位,选择一两个县(市)作为专利工作示范县(市),予以重点指导和资金支持,落实相关优惠政策。促使这些试点单位建立知识产权工作机构,明确专人负责知识产权管理工作,并制定本单位的知识产权管理和保护办法,使知识产权管理制度在企事业单

位内部建立起来。引导和推动企事业单位根据技术的发展和市场的变化,研究制定知识产权战略,并将其作为本单位发展战略、技术创新战略和市场营销战略的重要组成部分。在知识产权信息文献运用、知识产权管理和保护方面先行一步,为企事业单位知识产权工作提供信息支持,从而带动全省企事业单位知识产权工作健康发展。

2. 抓好企业专利技术产业化示范工程,提高产业技术水平。要将专利工作纳入技术创新的全过程,使专利工作切实成为技术创新的一个重要组成部分。充分利用专利信息资源,提高技术创新的起点;在发展高新技术产业、改造传统产业以及引进、消化、吸收国外技术中,注意形成新的专利,提升技术水平,形成有自主知识产权的产品和产业;大幅度提高企事业单位掌握、应用和管理知识产权的能力和水平;重点抓好“专利技术产业化示范工程”,在政策、资金、服务等方面给予必要的扶持和指导并以此为突破口,不断提高专利工作在技术创新中的显示度和对发展经济的贡献率。今后我们将把推动企事业单位专利技术实施作为专利工作的重中之重,充分利用好专利技术实施及产业化资金,每年选择一批具有高科技含量、高附加值、高市场占有率的专利技术,作为我省专利技术产业化示范工程的项目,予以资金扶持。另外选择一批具备专利申请条件的优秀技术,作为专利申请补贴资金的资助对象,给予经费扶持,激励更多的发明人及时申报专利。

3. 健全和完善知识产权保护的地方性政策法规,加大执法力度。抓紧研究起草《黑龙江省专利管理条例》等推动技术创新的地方性知识产权保护和管理法规,并督促各市(地)、行业、企业、大学、科研单位制定各自的知识产权保护和管理的规章制度,努力为知识产权保护及专利工作纳入技术创新体系营造良好的法律政策环境,真正发挥专利制度在技术创新中的动力机制和保护机制作用。同时,加大专利行政执法力度,及时查处各种专利侵权案件,维护专利权人的合法权益。

4. 制定和完善政府科技计划中的知识产权保护和专利管理措施,促进形成重大技术项目的国内外知识产权。尽快研究制定政府各项科技计划的专利管理办法,明确科技计划完成单位在专利实施和保护方面的权利和责任,将专利作为科技产出的重要依据指标,确保和提高政府科技计划中创新成果取得专利的数量和质量。在研究开发立项时,要通过专利管理部门的专利权威检索和专利信息的研究分析,准确定位重点研究开发的技术项目,提高研究开发起点,优化配置创新资源,避免重复研究和创新资源不必要的浪费。对于研究开发取得的成果,应根据其水平、市场前景和自身需要,选择专利申请的类型、时机、国家和地区,及时取得专利保护,形成更多的自主知识产权。

5. 认真做好涉外知识产权统筹协调工作,开创国际合作新局面。要认真履行省政府赋予的涉外知识产权统筹协调职能,研究知识产权制度发展的趋势,加强国际合作,努力开创知识产权国际合作的新局面,并按照国家有关政策,研究并加强与港澳台地区的知识产权合作。同时,在统筹、服务、协商的原则下,通过省知识产权办公会议制度,努力加强与法院、商标、版权、外经贸、海关等有关部门的合作,积极推进涉外知识产权的统筹协调工作,认真组织好知识产权业务培训,邀请国外知识产权专家、学者来我省讲学、做报告,让世界了解黑龙江,让黑龙江走向世界。在我国加入世界贸易组织后,以成员国地方政府知识产权机构名义,加强与世界贸易组织和世界知识产权组织的沟通与合作,积极参加世界知识产权组织的活动,争取在人员培训、知识产权信息、国际知识产权申请等方面 得到 WTO 成员国和其它国际组织的支持,扩大我省的影响,加速我省知识产权工作与国际接轨的步伐。

6. 深入开展知识产权宣传普及工作,进一步提高全社会的知识产权保护意识。要在宣传工作指导思想上提高认识,要站在“把推动科技进步和创新,促进经济发展,维护国家主权和经济安全作为知识产权保护工作出发点和归宿”的高度开展宣传。要抓住国家和我省中心工作以及专利工作的一些重大活动、重大事件进行有重点的宣传。当前要抓住我国“入世”前的关键时机,在科技、经济、贸易领域掀起一个宣传专利、宣传知识产权的高潮,形成一个良好的社会氛围。在宣传的内容上、方式方法上要创新,创造性地开展宣传工作,力求取得更好的宣传报道效果,逐步实现知识产权宣传工作的制度化和经常化。加强对各地宣传工作的指导,充分调动各级专利以及知识产权管理机构的积极性,及时上报重要的知识产权信息,为各级领导决策提供依据。

7. 加强队伍建设和人才培养,提高管理水平和服务质量。要把知识产权队伍建设和人才资源开发工作摆到重要议事日程上,特别是把各类高层次管理人才的培训、培养工作放在战略高度上,紧紧围绕专利工作的目标和任务,不断优化队伍结构,加快培养专门人才。使各类专利人才和干部队伍在数量、素质和结构上与全面提高我省知识产权保护能力和水平相适应,达到具备开展国内及国际知识产权保护业务工作的能力。争取通过三五年的努力,培养一批精通知识产权管理业务,能够熟练处理国际知识产权事务的高层次管理专家,为知识产权事业的发展提供人才保障。同时,要充分利用知识产权培训机构和社会力量,发挥各部门和培训机构的积极性,利用高等院校、党校、行政学院的办学优势,多渠道、多形式、有计划、有步骤地对全省各有关部门领导和企事业单位的负责人和科技人员进行知识产权培训,提高全社会的知识产权保护意识和管理水平。

8. 加速我省知识产权信息网站建设,充分利用知识产权信息资源。认真贯彻国家知识产权局要求,加速黑龙江省知识产权信息网站建设,尽快与国家及各省份知识产权局、世贸组织成员国和世界知识产权组织成员国联网,以便快捷地检索到国外知识产权最新信息,使我省知识产权信息网站成为集国际国内专利和知识产权信息、科技信息、新技术信息的储存、咨询、传播、保护于一体的,迅速与国际接轨的不可替代的知识产权专业性工作网站,促进专利信息的传播和有效利用,为经济、科技、产业部门制定产业政策和科技发展战略,为企业技术创新,为行政和司法部门执法进行专利信息检索提供高效的服务。

9. 加强精神文明建设,树立良好的行业形象。坚持用邓小平理论和江总书记"三个代表"的思想教育广大知识产权工作者,注意在全省知识产权战线树立讲学习、讲政治、讲正气的良好风尚,引导干部树立正确的世界观、人生观、价值观和利益观,弘扬艰苦奋斗、爱岗敬业和无私奉献精神,改进工作作风,改进服务态度,提高服务质量,以勤奋、务实、廉洁、创新、高效的工作作风,努力塑造专利战线良好的精神风貌和行业形象。同时,加强与工商、版权、海关、人民法院等知识产权管理部门和有关部门的配合,努力形成齐抓共管,全社会重视、关心、支持知识产权保护工作的良好社会氛围,使我省的知识产权保护工作不断迈上新台阶,以适应"入世"的要求。

党的十五届五中全会已把科技创新工作提高到国民经济和社会发展根本性动力的战略高度,科技事业、知识产权工作从没有像今天这样受到全社会的高度关注和重视。我们有决心在省委、省政府的正确领导下,在国家知识产权局的大力支持和指导下,振奋精神、同心同德、励精图治、开拓创新,使全省知识产权工作提高一个新水平,登上一个新台阶,为完成"十五"计划的各项任务,为实现"二次创业、富民强省"宏伟目标而努力奋斗。

(黑龙江省知识产权局局长　张晓伟)

上 海 市

世纪之交,知识或智力资源的占有、配置、生产和运用已成为经济发展的重要依托,知识产权工作的重要性日益凸现,并受到了上海市委、市府的高度重视和支持,2000 年上海以推动经济的社会发展为出发点,以"管理规范、保护出色"为目的,使管理体系进一步理顺,知识产权工作的地位也得到了迅速提升。我们采用政策导向与宣传培训相结合的方法,极大地提高了社会知识产权的法律意识,鼓舞了申请专利,保护自主知识产权的积极性,实现了上海专利申请量的历史性飞跃,为实施第二次修订后的专利法,进一步提高企事业单位掌握和运用专利保护的能力和水平奠定了基础,实现了专利工作的新世纪跨越。

一、知识产权管理体系进一步理顺,管理职能和服务功能进一步加强

根据社会主义市场经济发展的要求，为了适应知识经济的发展趋势，实现把上海建成特大型国际大都市的目标，2000 年在政府机构改革中，原上海市专利管理局更名为上海市知识产权局，由原来的事业单位调整为行政机关，并列为市政府的直属机构，赋予其主管全市的专利工作和统筹协调涉外知识产权事宜的职能，并将市政府知识产权联席会议的职能也划归为市知识产权局。2000 年，上海市政府首次召开了全市的知识产权工作会议，提出了加强知识产权保护，把知识产权工作纳入上海技术创新全过程的任务。2000 年 7 月 20 日上海市知识产权局正式揭牌，这标志着上海的知识产权工作将在新的体制下进行开创性的管理和服务。

二、政策导向,制度保障,推进了知识产权工作的落实

2000 年 1 月上海市政府颁布了上海《关于加强本市知识产权工作的若干意见》。这是上海市政府第一次发布指导全市知识产权工作的政策性文件。其对专利、商标、版权和商业秘密等知识产权工作从提高意识、加强管理、落实奖酬、加大保护、费用资助等各个方面提出了要求和实施意见,体现了知识产权对技术创新促进和激励作用的新机制,有力地推动了上海知识产权工作的开展。此后又相继出台了《上海市鼓励引进技术的吸收和创新条例》、《上海市促进企业专利工作办法》、《上海市促进高新技术成果转化的若干规定》、《本市集成电路和软件产业发展若干规定》等政策,均对落实知识产权工作,促进在技术创新中的知识产权管理和保护提供了有力的支持和制度保障。

三、专利申请量实现历史性飞跃,专利授权量继续增长,成为上海重要的知识性财富

上海专利申请量累计已达 44220 件，2000 年上海专利申请量取得了历史性的突破，达到 11318 件，是 1999 年的 2.46 倍；增幅为全国第一，年申请量由 1999 年的全国第 8 位跃升为第 2 位；其中发明专利申请量从去年全国第 4 位跃升为第 1 位；是 1999 年的 4.50 倍；实用新型和外观设计专利申请也分别有 41.5%和 140.3%的增幅。虽然上海非职务专利申请仍有 21.8%的年增幅，但是职务专利申请比重已连续四年高于非职务专利申请，并逐年攀升，2000 年已占 81.1%。这表明在我国专利制度与科技奖励制度并存的今天，上海的企业、科研院、大专院校的领导增强了专利意识，更加注重运用专利这个市场机制来保护自己的发明创造。同时，由于职务专利的实施条件一般比非职务专利好，因此也说明上海专利技术转化为现实生产力，促进经济发展条件有了较好的发展，专利申请的结构和指标进一步向国际发展的趋势相一致。2000 年体现高技术及高含金量的发明专利申请在上海占了 41.5%的比重，尤其是生物医药中的基因专利申请在发明专利中占了相当大的成份，说明蕴藏在上海的创新能力量正通过专利制度逐步释放出来。

2000 年上海的专利授权量继续增长 10.5%,专利在技术创新成果和促进上海经济增长中的作用正在扩大,一大批以专利技术作为无形资产入股的高新技术企业正在兴起。为了展示上海专利工作的成就,上海市知识产权局组织了上海交大、二军大、上海联合基因公司、宝钢集团等11个单位的20多项优秀专利参加了中国专利15年成就展,为了实施西部大开发战略,繁荣技术市场,拓宽商品流通渠道,展示专利精品,上海又组织上海三枪(集团)公司,上海石化股份有限公司等13个单位的36个专利项目参加了在西安举行的第九届中国专利新技术新产品博览会。据统计,经上海专利技术登记认定的专利技术合同62项,合同成交金额2323.9万元。

附:1985—2000年上海市专利申请授权量一览表

分类		1985—2000年申请		2000年申请		1985—2000年授权		2000年授权	
		量(件)	构成%	量(件)	构成%	量(件)	构成%	量(件)	构成%
总量		44220	100.0	11318	100.0	24406	100.0	4048	100.0
发明		10698	24.2	4694	41.5	1537	6.3	302	7.5
实用新型		22598	51.1	2760	24.4	15991	65.5	2083	51.4
外观设计		10924	24.7	3864	34.1	6878	28.2	1663	41.1
非职务专利		19435	44.0	2136	18.9	11622	47.6	1516	37.5
职务专利	小计	24785	100	9182	100	12784	100	2532	100
	大专院校	2129	8.6	604	6.6	993	7.8	183	7.2
	科研单位	3050	12.3	610	6.6	1703	13.3	215	8.5
	工矿企业	17876	72.1	7935	86.4	8861	69.3	2099	82.9
	机关团体	1730	7.0	33	0.4	1227	9.6	35	1.4

四、专利宣传、培训和研讨,促进了上海营造知识产权保护的良好氛围

2000年8月5日第九届全国人大常委会通过了关于修改《中华人民共和国专利法》的决定,本次修改吸收了我国深化经济体制改革以来的实践经验和立法成果,加大了专利保护力度,简化了专利审批程序,按世贸组织中TRIPS协议的要求进一步调整完善了我国专利法的有关规定。为了确保新专利法的有效实施,上海市人大常委会办公厅、上海市人大教科文卫委员会和上海市知识产权局在2000年度举办了新专利法培训班,来自上海各委办局、区县人大、大专院校、科研院所和部分企业的有关领导及管理干部近100人参加了培训。国家知识产权局条法司、全国人大教科文卫委员会科技室、上海市高级人民法院知识产权庭及上海市知识产权局的领导和专家结合上海情况分别作了关于提高法制观念和知识产权意识,建立和完善具有中国特色、时代特征专利制度的演讲。为了培养基层专利骨干队伍,普及专利知识,上海市知识产权局分别与宝钢、医药系统举办专利工作者培训班,同时还举办了知识产权和专题专利讲座40多次,约有3000余人参加了讲座。此外,由上海市知识产权局、上海市知识产权研究会组织召开的"侵犯商业秘密的认定与处理"和"加强知识产权,促进技术创新"等专题研讨会及由上海的知识产权界的专家、企事业单位的代表和来沪访问的日本发明协会和日本知识产权协会代表共同参加的两次"中日知识产权研讨会"使全社会的知识产权意识明显增强。由于上海的专利工作受到了市委、市政府的重视,各项工作都取得了进步,2000年11月3日—4日,国家知识产权局在上海召开了全国"应用专利制度,促进技术创新经验交流会",总结推广了上海在专利工作方面的经验。

五、以法行政,切实保护专利权得到充分体现

上海的知识产权工作受到国际关注,以法行政,切实保护专利权是营造良好的投资和法制环境的重要方向。2000年上海市知识产权局受理专利纠纷案29件,结案26件,查处市场冒充专利的行为立案11件,结案11件。在3.15保护消费者权益活动以及全国联合打假行动中,上海市知识产权局在接受公众投诉的同时组织全市的专利行政执法人员对本市的"三街一园"(南京路、淮海路、四川北路、豫园)、各区县的主要商业区进行执法检查。

(上海市知识产权局 顾勇华)

江 苏 省

一、专利法的宣传普及

2000年,按照"三五"普法计划和国家知识产权局《关于加强全国专利宣传工作的意见》的部署,围绕《专利法》实施15周年,加强对地方专利宣传工作的指导，并利用一些重大活动，集中力量，将普法宣传引向深入。首先，加强政府职能部门宏观管理作用，年初与省科委、省计经委和省教委联合制发了《关于在全省进一步开展专利普法宣传工作的通知》(苏科成[2000]87号文)。要求各市将专利宣传普及工作目标列入年度工作目标，完成专利普法人数1万人次以上，指标分解做到层层包干，落实到人。盐城、南通、镇江、苏州、无锡、常州、连云港等市的专利管理部门结合当地实际，扎扎实实地开展了专利法普法宣传活动。其次，加强新闻报道和工作简报制度，省局借助省电视台、新华日报社、中国知识产权报社等新闻媒体，加大了对我省专利及知识产权工作的宣传报道力度。与此同时，办好《江苏专利》和《江苏专利申请量/授权量统计月报》和《江苏知识产权工作简报》机关刊物工作，向社会及时反映了我省专利及知识产权工作的成绩和现状。第三，以《专利法》实施十五周年为契机，指导各市开展了形式多样、生动活泼的庆祝活动。无锡市、苏州市、连云港市等都分别召开了座谈会，利用送科技下乡活动，分发各类宣传资料；利用新闻媒体和报告会宣传知识产权知识。省局也利用不同的方式开展了宣传活动，请王珉副省长在省电视台作了庆祝《专利法》实施十五周年电视专题讲话；组织了专利工作十五年成就座谈会，邀请省人大、省科委、省法院以及有关企业、院校的领导、专家学者参加，研讨了知识产权工作在经济结构调整战略和“科教兴省”战略中的地位和作用。与南京市科委共同筹办组织了在南京市新百广场进行的专利及知识产权知识咨询活动，展示了假冒专利实物和十五年来各市专利成就展图板，近万人参与了此项活动。编印了有关世贸组织与知识产权保护的宣传材料一万册，并下发常州、无锡、盐城、连云港、南通、镇江、徐州、武进等市县，举办多期专利及知识产权知识培训班，为全省企事业单位培养专利人才。做好了省“全国青少年发明创新之星”电视大赛”的推荐申报，并配合国家知识产权局和中央电视台摄制组在我省的摄制工作。

二、专利管理与行政执法

2000年，我局对全省专利申请量实行了目标管理。省专利局与省科委联合制发《关于对我省专利申请量实行目标管理的通知》(苏科成[2000]46号文)，把专利申请量作为工作目标列为对各市科委、专利管理部门的考核内容。嗣后，召开各市专利管理部门座谈会，以提高对这项工作的重视和提出解决问题的办法，并发出“关于进一步加大工作力度，认真完成全年专利申请量目标的通知”(苏科办[2000]第118号)。2000年9月1日，我局启动了省专利申请资助资金200万元，并制定实施《江苏省专利申请资助资金管理暂行办法》(苏科计[2000]第159号文)。一年来，无锡、南通、泰州、镇江、连云港、盐城、淮阴、徐州、扬州等市以及武进、东台、常熟、淮安等县(市)相继把专利申请量的目标分解下去；南通市及下属6个县和连云港、东台等市实施了对专利申请的资助。

为了提高全省的专利申请量，我局从企业、科研院所和高校三方入手，针对行业和单位提出了要求。一是与省计经委共同转发了国家知识产权局和国家经贸委制定的《企业专利工作管理办法(试行)》文件，并提出了建章立制、信息利用、人才培养和专利战略研究等相关的贯彻意见(苏专发[2000]014号文)；二是与省科委、省委科技工委联合召开了全省科研院所专利工作会议，制发了《关于进一步加强全省科研院所专利工作的意见》(苏科办[2000]150号文)。通过这次会议，来进一步提高我省科研院所的领导对专利工作的重视，真正做到抓专利工作，促专利申请；三是与省教委共同制发了《关于加强全省高等院校专利工作的意见》(苏教科[2000]10号文)，召开全省高校科研处长工作会议，认真抓好全省高校的专利工作。

2000年，全省专利申请量为8362件，其中发明专利申请量为1162件；分别比1999年增长17.4%和42.5%；全省高等院校和科研院所的专利申请量为212件和129件，比1999年增长73.7%和46.5%；全省企业的专利申请量为3296件，位居全国第三。

2000年，省局加大了查处假冒专利案件的力度，采取措施，制订了查案办案规程，做到有案必接，接案即查，提高了办案效率。全年共受理专利纠纷案件46件，处理结案17件；其中涉外案件4件；查处冒充专利6件。

为规范专利代理行为，经省物价局批准，出台了《关于执行新的〈江苏省专利收费标准〉的通知》，调高了代理收费标准，改变了收费偏低的不合理状况，同时启动了全省专利代理机构年检工作；根据国清[2000]1号文《关于进一步明确经济鉴证类社会中介机构清理整顿范围的通知》的精神，省局制发了《江苏省专利代理机构脱钩改制实施办法》，并着力解决专利中介服务机构的脱钩改制问题。

2000年，作为全国专利申请受理、收费自动化工程试点，国家知识产权局南京专利代办处以优质、高效的服务深受广大专利申请人、发明人的好评，全年受理专利申请7593件。

三、专利实施与专利信息利用

2000年，认真落实国家知识产权局组织的“中国专利十五周年成就展”的参展工作，参展展数位居全国第二，江总书记、胡锦涛、李岚清等党和国家领导专题亲临我省展台观展给予高度评价，并提出了希望。针对“促进专利技术产业化示范工程”，完成了南京市试点工程项目的落实，对南京金陵制药(集团)公司的脉络宁注射液、江阴市空调除尘设备厂的蜂窝式除尘器进行省级验收；在各市上报的15项工程项目中选定了13项上报国家作为第2批试点工程；为参与西部大开发，组织参加了国家知识产权局在西安举办的第九届中国专利新技术、新产品博览会，我省20多个项目参展。另外，小天鹅、好孩子、武柴、扬子石化、春兰集团等大型企业集团都把专利实施工作作为大事来抓，在核心技术领域拥有自主知识产权，专利产品已成为企业的主导产品。

2000年省专利信息中心为小天鹅集团、亚星集团、扬子石化公司和扬州通华集团、春兰集团、南通机床厂等一批省级重点企业集团建立起主导产品与关键技术专用专利信息数据库；对近27万件已失效的专利技术进行分类、筛选，并制作出专利信息检索光盘，为广大企事业单位服务。

四、工作体系建设

2000年，完成了省知识产权局的机构改革工作，局机关的定编定岗工作基本到位。省专利局正式更名为江苏省知识产权局，成为管理全省知识产权工作的行政局。为了进一步加强全省专利及知识产权工作，局党组和省科技厅党组一道就省知识产权局实施“三定”方案开展了积极的行之有效的工作，将省局现有的9个正副处长岗位全部拿出来，面向全局，采取竞争上岗，一般干部采取双向选择竞岗，以此实现工作人员和工作岗位的最佳组合。与此同时，我局办公条件得到了改善，局机关从10月份搬迁至省机械大厦，扩大了办公用房面积，更新了办公设施；铺设了局域网线，给每个工作人员都配置了工作电脑，实现办公自动化。

（江苏省知识产权局）

南　京　市

1995年7月，南京市版权局挂牌成立。近些年来，我们在市委、市政府的领导下，在省新闻出版局、版权局的指导下，按照《中华人民共和国著作权法》及其相关法规规章的有关规定，加强对南京版权市场、出版物市场的管理。从提高执法人员的执法水平着手，进一步加大执法力度，在促进版权市场、出版物市场健康有序地发展，繁荣文化市场方面发挥了积极作用。

南京是全国著名的历史文化名城，历史上曾有十个朝代在此建都。现在作为江苏省省会城市，经济科技文化相当发达。从地理位置看，南京处于全国南北交通要冲地带，濒临长江黄金水道。由于上述因素，南京的出版物市场发育很早，现在已颇具规模，不论是图书、报刊，还是音像、电子出版物，商家布点很多。这几年来，虽然我们做了大量的管理工作，但问题依然不少，管理难度还是相当大的。突出的问题有：一是经营者情况非常复杂，经营单位性质有异，国营、集体、个体兼而有之，特别是个体经营者中很多人来自外省、市。二是超范围经营、无证经营特别是下岗职工从事无证经营比较严重，尤其在电子出版物市场这类问题非常突出。三是主办单位以及经营者往往只注重经济效益而忽视精神产品的社会影响，管理不力甚至放弃管理。四是不少经营者缺少必要的经营法制意识，政策观念比较淡薄。

针对上述问题，我们在调查研究的基础上，根据省、市的工作部署，从开展全方位管理、提高查处案件水平的角度，制定了管理方案，强化执法力度。南京市版权局成立以来，查处图书非法出版活动30余起，码洋近300万元；查处报刊非法出版活动40余起。在电子出版物市场管理方面，我们采取政策宣传和查处打击相结合的方式对市场进行整治，几年来共出动人员2000余人次，出动车辆300多台次，收缴非法电子出版物和VCD光盘50000余张，有效地打击了非法出版活动。我们在不断提高执法水平，依法强化版权管理方面着重做好以下四个方面的工作：

一、掌握管理法规，提高执法人员办案水平

局领导十分重视执法人员学习管理法规，先后组织他们学习《著作权法》、《出版管理条例》、《印刷业管理条例》以及《行政处罚法》等一系列新闻出版、版权管理的法律法规，并且联系南京地区出版物市场实际和版权工作现状，有针对性地剖析案情，分析案例。通过学习，执法人员明确了执法职责，加强了政策法规意识，鉴别真假版本和查处案件能力得到了提高。在执法过程中他们一般都能果断处理案情，有效控制局面。在检查出版物市场时，对兄弟单位提出的问题，能准确加以答复，决不含糊，既不影响执法人员的积极性，又震慑了一些不法分子，避免了后遗症，掌握了查处工作的主动权。

二、领导高度重视，人员落实到位

对于版权管理工作，南京市版权局领导高度重视，把其列入党组会、办公会的重要议事日程。南京市新闻出版局四位正、副局长同时也是南京市版权局的四位正、副局长，有一位副局长主要分管版权管理工作，有关行政管理处室都建立了岗位责任制。版权管理、市场管理、印刷发行管理、图书报刊管理等大量具体工作，均落实到具体的责任人。在此基础上，强调在版权管理日常工作中，还要努力发扬团结协作、共同作战的精神。

三、树立“守土有责”意识，提高办案质量

执法人员对查处工作怀有一种“守土有责”的精神，无论是取证取样，还是搜查收缴非法出版物，都很认真负责，一丝不苟，一追到底，十分注重办案质量。执法人员在查处下关雷鸣印刷厂非法印刷案件时，克服种种困难，深入涉案单位，先后花了近两个月的时间，走访了近30个单位和个人，认真调查取证，做好询问笔录，通过他们的努力，我市这起近年最大的非法盗印案件顺利结案。南京市版权局查处的多起非法出版活动，办案质量比较高，没有一起案件留下后遗症。

我们对外省市举报的侵权盗版案件高度重视。如北京市版权局举报的《奥特曼战士大全》等两种书，蜀蓉棋艺社《象棋中局战术析解》等五种书，延边人民出版社《六年制小学数学数·法·题·解与达优训练》等12种书，以及上海三联书店举报的《学习的革命》等侵权盗版案件，我局均投入了大量的人力进行查处，而且务求做到件件落实，善始善终。国家版权局、上海市版权局等单位在其编发的简报中，均给予较好的评价。

四、增强组织协调能力，形成查处案件的网络

实践证明，管理好南京地区的出版物市场，光靠市版权局一家是难以奏效的，必须联合省市区公安、工商、文化、广电等部门并且形成网络，才能壮大管理力量。我们制定每个行动计划前，都事先主动与兄弟部门沟通，虚心倾听他们的意见，以便达成共识，形成一个核心，一个目标，力求相互促进，形成合力，做到文武结合，相互结合，相互尊重。在执法过程中，由于新闻出版、公安、文化、工商、广电等部门形成了良好的查处网络，因而增强了查处力量，克服了我们市版权局目前人力不够、车辆不足的困难。与兄弟单位的合作协调到位，有利于我们稳、准、狠地打击非法出版活动。省版权局和兄弟协查单位对此均有好评，并主动积极地与我局采取联合行动。

反之，我们也以同样的工作态度配合兄弟单位做好行政管理工作。1997 年，省美术馆举办'97 迎新春无底价书画精品拍卖会，多位著名画家当场指证部分画作为赝品假画，闹得沸沸扬扬。我局配合省版权局到现场协调处理，各方面均很满意，在全国影响很大。在查处南京书店销售盗版的《现代汉语词典》一案后，出版单位商务印书馆发来了感谢信。

五、注意新闻媒体作用，树立管理部门形象

在管理出版物市场中，我们还注意通过新闻媒体宣传我们的管理政策法规、工作经验和查处成绩。南京电视台、南京有线电视台、《南京日报》、《金陵晚报》和《江苏电子报》等新闻媒体多次播发消息文章，宣传我们的版权管理工作，大大提高了我局的管理地位，扩大了我局的影响面。同时，我们还编印了法规文件、印制了管理公告和刑法有关章节张贴在各大电脑商场。几年来，我们举办了电子出版物经营单位法人代表培训班、报刊从业人员培训班、印刷厂厂长培训班等多个培训班、学习班，以政策法规的学习为培训重点，通过这些措施形成了较好的舆论氛围。

六、2000 年主要事迹

第一，普及宣传《著作权法》。2000 年是《著作权法》颁布 10 周年，为此版权局加大了宣传力度，编辑印发了《著作权管理文件汇编》，发至全市 50 余家单位、咨询对象及不少在我市有影响的著作权人。南京电视台、有线电视台、江苏有线电视台、南京日报、金陵晚报等新闻媒体播发了我市加强版权管理工作的新闻稿件。组织参加了"全国版权与版权贸易知识竞赛"，取得了一等奖 1 人、前六名 6 人的成绩，受到了全国版权与版权贸易知识竞赛组委会的表彰。

第二，保护著作权人的合法权益。南京市的报刊转载付酬工作由于市版权局和各报刊社的共同努力一直走在全省的前列，省版权局给予了较高评价。我们通过召开报刊总编室主任座谈会，主动上门走访报刊社负责人，宣传做好付酬工作的重要性等措施来促进此项工作，目前发展势头较好。

第三，提供优质版权咨询服务。南京的大专院校、科研院所、工矿企业众多，来人来电版权咨询的较多，问题涉及作者的人身权、财产权、市场管理等方面，所有咨询者均得到满意答复。2000 年南京市版权局作品登记工作正式起步，全年受理单位及公民作品登记 5 件。

第四，坚决打击侵权盗版行为。保护著作权人及专有出版权人的合法权益是版权局的重要工作，对于侵犯上述权利人的侵权盗版行为必须坚决予以打击。2000 年，版权局为南京出版社、省版权局及外省市版权管理部门做出 20 余种图书的鉴定。查处盗版案件 10 余起，收缴盗版图书 2000 余册，盗版光碟 30000 余张。对蓝航书店等从事盗版图书销售者实行行政处罚，对申通书社的欠交罚款不间断进行追讨。对外省市举报的侵权盗版案件也高度重视，投入了大量的人力物力积极协办查处，国家版权局及外省市版权局等单位在其编发的简报中，均给予较好的评价。

我们在管理出版物市场中，从提高办案水平，加大执法力度着手，在促进出版物市场健康有序地发展，繁荣南京的文化市场方面做了一些工作，但仍然有许多不到位的地方。例如，查处工作与经营单位的主办部门协调不够；结案处罚手段比较单一；在打击侵权盗版工作中挖源头难等。

为了有效遏制侵权盗版、非法出版和非法经营活动，使出版物市场更加繁荣，我们准备在下一步着重做好以下几项工作：

第一，继续加强版权法规宣传，使广大群众自觉抵制不法分子的非法出版活动，提高经营人员遵纪守法的自觉性。

第二，加强与各有关部门的协调，加大执法力度，"挖源头、端窝点"，取缔非法出版活动，严厉打击制黄、贩黄活动，坚持"扫黄、打非"斗争。

第三，坚持许可证制度，规范经营单位的经营行为，按照国家规定加强鉴审、鉴定工作。

第四，制定举报奖励制度，落实有偿举报措施，发动广大群众举报非法出版活动。

第五，开办电子出版物批发市场，疏通供货渠道，为繁荣南京电子出版物市场，促进社会稳定，做出新的成绩。

（南京市版权局）

浙 江 省

自 1985 年专利法实施以来，我省专利工作以强化全社会专利意识、促进专利成果转化实施和加强专利保护为重点，不断开拓创新，取得了长足发展，有力地推进了科技进步，为浙江经济社会发展作出了积极的贡献。

一、全社会专利意识逐步增强

我国实施专利制度时间不长，提高全社会的专利意识，是做好专利工作的重要基础。在专利知识的宣传普及中，各级政府和科委、专利管理机构做了大量工作，并得到了各级人大的大力支持。在专利法实施纪念日、知识产权日，每年都开展大型的宣传纪念活动。采取电视讲话、专题报告、知识竞赛、新闻发布会等多种形式，普及专利知识，提高全社会的专利意识。在专利法实施10周年、15周年之际，省人大领导都作了电视讲话。在《浙江省专利保护条例》实施时，省人大、省政府以及30多个市县人大、政府的领导都作了讲话，省有关部门联合召开了新闻发布会。

二、专利申请量、授权量大幅度增加

随着社会主义市场经济体制的不断完善，全社会专利意识不断提高，我省专利申请量出现了连续多年持续上升的势头，特别是企业申请大幅度增加。截至到2000年底，全省已累计申请专利61025件，授权37327件。“九五”期间，专利申请量、授权量增长较快，分别是前11年的1.6倍和1倍。2000年专利申请量首次突破万件大关，达10316件，授权7495件，分别居全国第5位和第3位，是历史上最多的一年。全省涌现了一批专利大市、专利大县、专利大户。去年，宁波、温州、杭州、台州、金华的专利申请量均超过1000件，其中宁波2492件；温州2014件；8个县的专利申请量突破200件；其中慈溪504件；乐清442件；余姚433件；永康370件。还有不少企业成了专利大户，浙江超人集团累计申请专利164件；万向集团93件；001集团91件；阳光集团69件；中奇实业公司62件。目前，浙江大学已累计申请专利1209件；其中发明专利570件；在全国高校中居第2位。

三、专利技术产业化步伐加快

近年来，各级政府在促进科技与经济结合，加速科技产业化方面出台了一系列的政策措施，有力地促进了科技成果的转化。拥有专利权的专利技术和产品转化实施的速度不断加快，有效地推动了我省产业结构的调整和经济的增长。据有关部门统计测算，我省专利技术和产品的实施率为40%，远高于全国25%的水平，其中宁波、温州、台州、绍兴等市高达50%以上。有的县市专利产品产值在当地工业总产值中已占有较大份额，永康市接近25%，宁海县达16.5%。专利技术在一些企业发展中起到了主导作用。阳光集团去年实现销售额7.2亿元；出口额5.6亿元；其中80%以上是专利产品。帅康集团已累计获得63件专利，具有专利技术的吸油烟机的国内市场占有率连续五年稳居全国同行第一，去年销售额达到10.5亿元。浙江康莱特药业有限公司李大鹏经过多年研究开发的“薏苡仁中性油脂乳剂”和“康莱特注射液”，获得发明专利后迅速实现了产业化，去年销售额达到1.84亿元；利税3000万元。

四、专利保护力度不断加大

为确保专利法的顺利实施，1987年省政府就颁布了《处理专利纠纷的暂行办法》，成为全国第一个专利方面的地方性规章。1998年省人大通过了《浙江省专利保护条例》，在全国率先以地方法规的形式，对专利保护作出了明确规定，特别在授权专利行政机关可以主动查处专利违法行为方面，有了重大的突破。1999年，经省人大法制委员会审核，又公布了《关于实施〈浙江省专利保护条例〉的若干意见》，更加具体规定了专利行政执法的程序、措施，对《浙江省专利保护条例》作了具体的解释。这些法规、规章的出台，对改变专利执法手段不足、专利保护力度不够的状况起到了积极的作用。截至到2000年底，全省专利管理机关共受理专利纠纷案件589起；审结496起；查处专利违法行为案件58起；居全国第3位。宁波、温州、永康、慈溪、玉环等市县的专利管理部门，认真履行专利执法职能，及时处理专利侵权纠纷，受到了专利权人的好评。近5年来，杭州、温州中级人民法院受理专利纠纷案件848起；审结686起；省高院受理161起；审结160起。近3年全省公安机关立案侦查侵犯知识产权案件359起；涉案金额6200多万元；其中破案329起；抓捕犯罪嫌疑人503名。仅金华市公安机关去年就破获制假、售假、侵犯知识产权案件56起；抓获犯罪嫌疑人117名；逮捕37名；销毁假冒商品案值上千万元。大量专利纠纷案件和冒充专利行为案件的处理，为保护专利权人的合法权益，维护市场经济秩序，发挥了重要的作用。

五、专利队伍建设进一步加强

省委、省政府十分重视专利知识产权工作。1994年就成立了省知识产权领导小组，最近对领导小组成员又作了充实和加强。2000年省级机关机构改革中，在大力精简机构、压缩行政编制的情况下，将省专利管理局更名为省知识产权局，由事业编制改为行政编制，并实行领导高配。省知识产权局的行政职能有了进一步拓宽，除了管理全省专利工作外，增加了协调和指导全省知识产权保护工作的职责，并承担省知识产权领导小组办公室的工作，全省专利队伍建设经过多年的努力，得到了进一步加强。目前，已有10个市和25个县(市、区)设立了专利管理机构，全省拥有16个专利事务所；242名专利代理人；100多名行政执法人员；1200多名专利工作者；初步形成了包括专利管理、执法、代理、信息服务等在内的专利工作体系。

多年来，各地在运用专利制度，加强技术创新，促进科技经济发展过程中，积累了不少经验，形成了一些好的做法。目前，不少市县的党政领导亲自过问专利工作，把专利工作作为科技工作的重要内容来抓，他们在实践中深刻地体会到，抓经济不抓科技不行，抓科技不抓专利不行。宁波市把专利工作列入“一号工程”，并作为目标责任制考核的重要内容。上虞市是全国专利工作试点城市，他们把专利工作与城市创新相结合，层层建立领导联系专利试点企业的制度。这几年，全省出台了不少有关科技方面的政策，对鼓励广大企业和科技人员创造发明，起到了重要的激励作用。永康市政府制订了专利申请和实施奖励办法，市财政每年安排200万元，对专利申请、实施和试点企业进行奖励。乐清市规定，发明专利每项奖励1万元，实用新型专利每项奖励3000

元，外观设计专利每项奖励1000元。抓好试点，总结经验，树立典型，以点带面，是做好各项工作行之有效的方法。全省已有6家国家专利试点企业、50家省专利试点企业，各市县也建立了一批专利试点企业、这些企业都建立了机构，确定了人员，落实了经费，技术创新和专利工作开展得有声有色。

在充分肯定成绩的同时，我们应清醒地看到存在的困难和问题。

一是全社会专利意识还不够强：不少领导对这项工作的重要性认识不足，没有摆上议事日程。许多企业特别是一些大中型企业，既没有采取有效措施激励创造发明，又不懂得在市场竞争中利用专利制度保护自己的创新技术。全省约95%的企业至今没有申请过专利，省属科研院所中有28个没有专利，其中17个从未申请过专利。

二是专利技术的质量不高：我省的专利多数是实用新型和外观设计，发明专利仅占8%。

三是专利执法力度不大：有4个市和85%的县（市、区）还不具备专利执法资格。除杭州、温州外，其他市中级法院还不具备受理专利案件资格。许多专利纠纷案件没有得到及时查处，专利权人的合法权益得不到有效保护。

四是专利工作队伍不强：全省70%的县（市、区）没有专利工作机构，有的地方虽然设有机构，但力量配备不强，专利代理机构少，人员素质不高，难以适应专利工作发展的需要。

（浙江省副省长　鲁权庭）

安　徽　省

安徽专利工作，经过16个春秋的风风雨雨，已建成专利管理机构10多个，管理工作者40余人，专利执法队伍150人，专利代理机构10个，专利代理130多人，受理专利纠纷70余件，结案56件，建立了《安徽省专利保护条例》等地方专利法规，专利申请量每年正以20%的速度递增，截至2000年3月份，共申请专利14755件，授权8863件。

10多年来，我们不断举办学习班、讲座、报告会、专利知识竞赛、电视发明大奖赛、开辟报刊专栏、摄制电视专题片、印发专题宣传资料、普及专利知识、宣传贯彻专利法。如1987年，我们和省电视台联合举办“电视发明大奖赛”历时8个月，1000多个项目参赛，省电视台在每晚黄金节目时间内，播送了2个月，每当项目播出后，即有不少来电、来信、来人洽谈索要项目。

我局和省经济广播电台联办了半年的《专利之声》栏目，与省电视台联合开办了《金点子行动》电视专利栏目，此栏目自去年6月份开播至今，收到很好的效果，收视率非常高。

促进专利技术向现实生产力的转化，是我国实行专利制度的根本目的，也是增强我国国民经济的国际竞争力，促进经济结构调整和实现产业的优化升级的要求。我们采用了多种方式努力推进专利技术的实施：一是发挥“桥梁”作用，为发明人与企业家牵线搭桥，组织专利技术向外转让或引进好的专利技术，不仅积极组织我省的专利项目多次参加全国性的专利展览会，而且在1992、1995、1997年成功地举办了三次全国性的专利技术展示交易会。尤其是“'97中国（合肥）专利及科技成果展示交易会”，共设212个摊位，汇集了2000多项专利项目及科技成果，气氛热烈，交易活跃，成效显著，据不完全统计，成交正式合同项目51项，金额4175.25万元，鉴定意向合同445项，金额43656.41新产品销售额181.41万元，展交会期间有两万多人参观。

2000年4月，北京举办“中国专利15年成就展”，江泽民、胡锦涛、李岚清、温家宝等党和国家领导人参观了展览会。我省展团由于精心组织，参展专利技术起点高，专利产品新颖，展位布置美观，受到好评，荣获国家知识产权局颁发的“最佳展团奖”，我省有10个项目获奖。我局积极向国家知识产权局推荐一批有自主知识产权和市场前景较好的专利技术，尽快形成产业。目前，我省的丰原集团“玉米发酵柠檬酸技术”和铜都特种过滤机有限责任公司的“TT系列特种过滤机技术”两项专利技术被列入国家级专利技术产业化示范工程，并已组织实施。多年来，我们为企业作了大量专利技术检索服务工作，提供专利项目及失效专利技术检索上千人次。

我们狠抓了企业专利试点工作，坚持“试点先行、逐步深入、以点带面、指导全局”的原则，促进了全省企业专利工作的开展。经过两批专利试点企业的确认和实施，有67家企业被认定为省级专利试点企业，合肥荣事达集团和马钢股份有限公司被国家知识产权局、国家经贸委认定为国家级专利试点企业；全省专利工作机构不断加强，专利工作体系已初步形成，自1990年成立省专利局，我省相继又成立了阜阳市、安庆市、铜陵市、池州市专利局，黄山市、滁州市成立了专利管理处（办），不少市、县科委内设立了专利科（处）；专利信息利用工作逐步推进，“中国专利信息工程安徽网站”的建设正在加快，在国家局的大力支持下，完成了所有建站工作并投入使用，尽早开放为全社会提供专利信息服务。

我们相信，在新世纪，我省专利事业在国家知识产权局的直接指导下，在省委、省政府的正确领导下，在全省专利界同仁的共同努力下，将会出现“千帆竞发、百舸争流”的壮观局面。

（安徽省专利管理局）

福　建　省

一、全省专利申请和授权连续保持增长态势，年专利申请量和授权量均居全国第9位

据国家知识产权局统计，截至到2000年11月

30日，全省今年1—11月份专利申请量为3887件，跟去年同期相比增长27.6%，年专利申请量居全国第9位。在三种专利申请中，发明专利申请343件，占8.8%；实用新型专利申请1394件，占35.9%；外观设计专利申请2150件，占55.3%；三种专利申请总量已达24704件。从今年全省职务申请的情况分析，在全省1278件职务申请中，大专院校申请专利50件，占3.9%；科研单位申请专利32件，占2.5%；机关团体申请专利9件，占0.7%；工矿企业申请专利1187件，占92.9%。2000年1—11月全省专利授权量为2756件，跟去年同期相比增长4.4%，年专利授权量居全国第9位。在三种专利授权中，发明专利授权82件，占3%；实用新型专利授权997件，占36.2%；外观设计专利授权1677件，占60.8%；专利授权总量已达14406件。

二、加大专利宣传培训工作的力度，采取各种形式宣传新专利法

2000年8月25日，第九届全国人民代表大会常务委员会第十七次会议通过了《关于修改〈中华人民共和国专利法〉的决定》。这是我国专利法自1984年颁布以来，经过1992年第一次修正后所进行的第二次修正。经过这次修改的专利法，将于2001年7月1日生效。我局从思想认识、舆论宣传、骨干培训等方面做好实施新专利法的充分准备，采取多种方式宣传新修改的专利法，掀起学习、宣传、普及新专利法的热潮。

首先，在2000年9月下旬和10月中旬分别召开科研院所和各地市专利工作座谈会，传达通报专利法修改情况地方知识产权局局长会议、全国专利宣传通联暨培训工作会议、全国城市专利试点工作会议和全国专利政务信息会议精神，汇报交流科研单位和各地市专利工作情况经验，通报专利法第二次修改的背景、目的、意义和主要内容，征求对专利法实施细则的修改意见，部署安排围绕新专利法的实施近期需要加紧进行的各项准备工作。其次，在第四季度，分别与福州、南平、莆田、龙岩、漳州5个市科委、专利管理机构联合举办五期学习新修改的专利法骨干培训班，共培训222名辅导员和骨干，进一步加大培训专利工作队伍的力度。第三，在《福建日报》和《福建科技报》上开辟福建专利工作专版和专栏，集中宣传新修改的专利法，宣传15年以来全省专利工作的成就，宣传专利工作与科技进步、技术创新的关系，以进一步提高全社会的知识产权意识，第四，为了扭转我省专利政务信息和通联工作相对比较滞后的局面，出台了《关于进一步加强专利政务信息和通联工作的意见》，提出了一些新举措：围绕贯彻实施新修改的专利法，认真做好专利政务信息和通联工作，及时捕捉知识产权领域的工作动态、立法动态和理论动态，迅速、准确予以反映和报道；采取一些物质奖励措施，鼓励通联员积极向国家知识产权局《专利工作动态》、《知识产权局信息》和《中国知识产权报》投稿。一年来，我局干部共有22篇稿件被《福建日报》、《中国知识产权报》投稿。一年来，我局干部共有22篇稿件被《福建日报》、《中国知识产权报》、《知识产权》杂志、国家知识产权局《专利工作动态》等报刊采用；认真做好《中国知识产权报》的征订工作。明年除了继续为省委、省人大、省政府、省政协、省直有关厅局的领导以及各市县区科委、高等院校科技处、省高级人民法院、有关中级人民法院订阅《中国知识产权报》，免费赠送报纸以外，拿出专项专利宣传经费用于鼓励各市征订《中国知识产权报》，奖励给具体从事发行工作的同志；对原有的通讯员强化管理目标，坚持量化考核制度，将投稿、发行、组织参展三项具体工作列入考核通讯员的具体管理目标，在此基础上，选聘相关知识产权领域通讯员，健全通联站组织机构。国家知识产权局《专利工作动态》和《中国知识产权报》都报道了我局强化专利宣传和培训的具体做法和经验。

三、加强专利保护工作，依法维护当事人的合法权益

一年来共受理23件专利侵权纠纷和冒充专利行为案件，结案20件，其中处理结案1件，调解结案19件。为4项专利广告出具证明，为3项专利许可合同进行了登记。在调查研究、座谈讨论的基础上，向国家知识产权局上报了我局关于专利法及其实施细则的修改意见。为了加大专利保护力度，参照广东、四川等省经验，几易草稿拟成了《福建省专利保护条例》(草稿)，争取明年以省人大常委会的名义颁布实施。办理了省政协八届三次会议的“加强失效专利的再开发利用”、“关于知识产权保护的若干建议”、“我省应多渠道增强人们和企业的专利意识，依法保护专利”以及“关于尽快出台《福建省专利保护条例》的建议”4个提案，提案的省政协委员均表示满意。同时，还协助省科技厅办理了省九届人大三次会议和省政协八届三次会议4个提案。通过办理省人大和省政协的提案，呼吁社会各界关注专利工作，以唤起全社会对专利工作乃至知识产权工作的重视。为保护专利权人的合法权益，维护市场秩序，净化专利市场，我局还积极配合省直有关部门开展打击假冒知识产权产品的各项活动。我局参加“3.15”消费者权益日活动，在工商行政管理部门配合下进行专利打假。与省人民政府知识产权办公会议办公室、省外经贸委、省工商行政管理局、福州海关、省出入境检验检疫局、省公安厅联合开展打击假冒UL标志专项活动，初步收到了成效。在第四届中国投资贸易洽谈会期间，中国外商投资企业协会优质品牌保护委员会在厦门举打假护优专题研讨会，罗燕生局长同与会的其他代表一起探讨了保护优质品牌，打击假冒产品，保护知识产权，改善投资环境的问题。同时还与省公安厅、省工商行政管理局联合转发了公安部、国家工商行政管理局、国家知识产权局《关于在查处侵犯知识产权违法犯罪案件工作中加强协作配合的通知》，强化了打击知识产权违法犯罪的力度。

四、加强专利工作宏观管理，各项工作又有新进展

目前，我们主要抓了以下几个环节：

一是继续开展企业、高校、科研单位专利试点工作。我局积极配合实施国家知识产权局部署的“企事业专利工作试点工程”，带动企事业单位专利工作的全面发展。与省科委、省经贸委联合转发了国家知识产权局、国家经贸委《关于印发〈企业专利管理办法(试行)〉的通知》，召开了部分企业专利工作座谈会，并直接抓了福州第一开关厂、福建革新机械厂、福日公司、福州九星企业集团公司、福州大学、福建省机械研究院的专利试点工作，经常派人员深入试点单位，帮助抓好内部建章立制、专利宣传培训、专利申请、信息利用、专利实施等方面的工作，深受企业单位的欢迎。在2000年1月召开的全国专利工作会议上，中国科学院福建物质结构研究所科研处被评为全国专利系统先进集体，厦门大学专利代理事务所所长马应森被评为全国专利系统先进个人，受到了国家知识产权局的表彰。

二是积极配合实施“促进专利技术产业化示范工程”，采取各种措施，促进专利技术尽快地转化为生产力。被国家知识产权局列为全国首批“促进专利技术产业化示范工程”的漳州市科林人造板实用技术研究所的“纤维板湿法生产线改造为干法中密度纤维板生产线方法”的发明专利，已推广到12个省的21个企业，已累计新增产值12.1亿元，新增利税2.43亿元，向市场提供畅销的中密度纤维100万平方米，可替代250万立方米天然原木，累计节煤60万吨，节电2亿千瓦时，减少排放5000万吨高浓度有机废水，节约用水6000万吨。该项专利技术的成功实施，已为国家节约了6亿元的建设资金，提供了4000多人就业机会，救活了一批濒临倒闭的湿法纤维板生产企业，使原已形成的2亿元固定资产得以继续发挥效益，产生了巨大的经济效益和社会效益。为了沟通发明人与企业之间的联系，我局还组织50项专利技术、专利产品参加了国家知识产权局举办的北京专利法实施15年成就展和西安第九届中国专利新技术新产品博览会，12个项目参加评奖，获得金奖8项，银奖4项。

三是组织开展全国青少年“发明创新之星”电视大赛活动。根据国家知识产权局办公室召开的关于开展全国青少年“发明创新之星”电视大赛活动和西部开发话专利准备会的部署，我局先后调查了解了省科协、福建物构所等19个单位，在调查摸底、比较分析、讨论研究的基础上，筛选出具有一定代表性的14个项目报名参加全国青少年“发明创新之星”电视大赛。其中福州市台江第六中心小学20多年来一直重视加强对学生的科技教育，从小灌输发明创造意识，注重培训实践动手能力，使学校的素质教育上了一个新台阶。该校先后获得福建省青少年科技教育示范点、福建省文明学校、福州市文明学校、省、市、区科技活动先进单位等光荣称号，在各级科技作品与论文竞赛中获奖作品近千件，其中国际级6项，全国级104项，华东级12项，省级111项，有22项获得国家专利权。

四是加强专利信息服务工作，为企事业单位的科研、生产和经营服务。我局利用互联网传播专利信息，通过电子邮件和我局网站为各市县区和网员单位提供专利文献检索结果。据不完全统计，接受专利咨询服务和咨询回信约500人次，单项专利检索近百条，说明书提档200多项，课题检索245项，检索报告12篇。

五是申请设立专利申请费资助资金。为了鼓励单位和个人申请专利，扶持具有自主知识产权和市场前景的高新技术产品成长，加强专利申请保护，推动全省科技进步、经济建设和社会发展，我局积极建议、争取设立每年100万的福建省专利申请费资助资金。日前，省政府办公厅已下批文，经请示省政府领导，原则同意设立“福建省专利申请费资助资金”。目前正在配合省科技厅研究制定“福建省专利申请费资助实施办法”，力争明年初此项经费正式投入使用。

五、注意抓好思想政治工作和日常行政管理工作，促进各项工作任务的完成

一年来，我局认真学习贯彻党的十五届五中全会、全国人大九届三次会议、全国技术创新大会和全国专利工作会议精神，基本上坚持了每周半天的政治学习制度。注意组织大家学习江泽民同志关于“三个代表”的重要思想，巩固发展“三讲”教育的成果，以进一步加强党的建设和思想政治工作，加强精神文明建设，提高职工的思想政治素质，坚持党的基本理论和基本路线不动摇，在政治上同党中央保持一致。学习贯彻中央纪委第四次全体会议精神，组织职工观看反腐败教育影片《生死抉择》，对大家进行反腐倡廉的教育。组织进行了台湾问题和十五届五中全会精神知识竞赛活动，寓教育于娱乐之中，收到较好效果。在平时的政治教育中，我局加强艰苦奋斗的优良传统教育，倡导敬业精神；加强职工道德教育，树立良好的行业风气；加强全心全意为人民服务的宗旨教育，弘扬公仆意识，为此保证了单位的稳定，促进了各项工作任务的完成。

一年来，我们虽然在专利宣传、执法、管理、服务等方面做了大量工作，取得了一定成绩，但仍存在不少问题和困难。一是我局机构的性质与其所承担的职能不相一致的问题，直接制约了全省专利工作的进一步开展。我局核定的编制属事业编制，不列入政府行政序列，不利于行使专利法赋予专利管理机关执法与管理的双重职能。虽然在1994年上半年进行的机关事业单位工资制度改革中，省科委依据我局“实际承担政府行政职能，从事行政管理活动”的情况，经省委编办认定，将我局列入机关工资改革范围，在工资方面参照机关公务员制度，并从1993年10月1日起就暂停了专业技术职务的评定，原有的工程师、助理工程师分别比照主任科员、科员的工资执行。但由于我局既不是行政单位，又不属于参照公务员制度管理的事业单位，7年多来专业技术职务的各种待遇既不能享受，非领导职务也不能正常调整晋升，致使1990年大学本科毕业生至今仍是科员职务，影响了干部工作积极性的发挥和专利工作的开展。二是我局机构设置级别编低，不利于承担主管全省专利工作和统筹协调涉外知识产权事宜的行政职能。新修改的专利法第三条规定："省、自治区、直辖市人民政府管理专利工作的部门负责本行政区域内的专利管理工作。"这一规定明确了地方专利管理机构的设置、职能和权限，为地方专利管理机构的设置提供了法律依据。

（福建省专利管理局）

厦　门　市

一、2000年厦门市知识产权工作情况

2000年，厦门市以入选全国专利试点城市为契机，进一步建立健全知识产权管理、保护中介服务体系，积极开展知识产权的宣传、普法和培训，大力推进企事业单位知识产权工作，强化知识产权保护，取得了较好的成效。

（一）加强宣传、普法、培训，提高知识产权意识

为提高知识产权意识，厦门市加大知识产权的宣传、普法、培训力度，并向广度和深度发展。市专利管理局以高校、科研院所、企业为重点，全年共举办培训班9期，参加人员1870人。在修改后的《专利法》公布后及时组织宣传普及。在各种媒体报道专利信息100多条，发行《厦门专利》550份；市工商局为进一步规范制版业，堵塞商标侵权的源头，专门举办了2期商标印制人员培训班；厦门海关在厦门商报报道有关案例，增强威慑力，在专版上回答企业关于海关保护备案的基本程序；厦门出入境检验检疫局在厦门电视台制作、播放识别有关知识产权标识的常识，让广大消费者了解自己的权益，自觉抵制假冒伪劣商品。

（二）突出重点，严格执法

通过认真贯彻《厦门市专利保护规定》，进一步加强专利保护工作。2000年，市专利管理局共立案调处专利侵权纠纷8件，涉案金额110.84万元；市工商局共查处商标假冒案件74件、一般违法案件29件。收缴和消除商标标识335972件，收缴用于侵权的模具、印版8件，销毁侵权物品3.97吨，罚款155488元；厦门海关2000年共查处侵权案件33起，案值610多万元；厦门出入境检验检疫局与市工商局等有关部门联合开展UL打假行动，查处了3家涉嫌假冒UL标志的公司，查获假冒UL标志模具32片及各类电子线280捆。

（三）齐抓共管，确保专利申请量和注册商标有较快增长

知识产权相关部门精心配合，齐抓共管，确保专利申请量和注册商标有较快增长。2000年厦门市专利申请量为1592件（其中发明专利55件、实用新型专利649件、外观设计专利888件），增长30%，专利授权量达1370件。至2000年12月底累计，全市专利申请量为7304件，专利授权量5795件，位居全省各地市之首，专利申请量约占全省1/3强；2000年全市注册商标830件，到2000年12月底累计，全市有效注册商标5119件。

（四）企业知识产权制度建设成绩斐然

在推动企业建立知识产权制度方面，厦门市以入选全国专利试点城市为契机，根据《促进技术创新城市专利试点工作导则》，积极开展各项工作。2000年，市科委、市经发委和市专利局联合在全市确定第三批专利试点企业12家，现全市专利试点企业已达32家。通过为试点企业选派信息员、提供专利检索服务以及帮助专利制度建设等，使专利试点企业在专利申请、专利实施和保护方面取得了明显成效。一是建立和强化了企业专利管理机构，专利工作在企业管理中的地位得到确立，试点企业普遍设立了专门机构。如厦新电子股份有限公司成立知识产权办，并由副总负责知识产权工作；二是建立和完善了知识产权管理规章制度和机制。各试点企业结合本企业实际，制定了较完备的管理制度、办法，使企业专利工作做到有章可循。如厦门灿坤实业股份有限公司、厦门华侨电子企业有限公司等企业都建立了包括专利技术开发，专利申请、维持、放弃的确定，职务与非职务发明的审查，专利评价、评估，专利资产运营，专利权保护，专利档案管理在内的企业专利工作规章制度；三是采取各种形式，开展了专利法的宣传、培训，企业员工专利意识有较大提高。如厦门华侨电子企业有限公司多次选派人员参加省、市举办的各种专利知识培训班，邀请有关专家到公司讲授专利知识，接受过专利培训的人员达300多人；四是强化专利申请管理，促进企业专利拥有量加快增长。充分运用专利法这支无形的武器，维护企业自身的利益，给企业带来更好的效益，专利申请量呈现加快增长趋势。厦门灿坤实业股份有限公司目前拥有国内专利90件，国际专利31件，内销产品100%申请专利，外销产品申请专利近80%；五是在充分利用专利文献信息，为技术开发提供有效支持和服务；六是普遍加大了专利奖酬兑现力度，形成有效的激励员工发明创造新机制。如厦门宏发电声有限公司对1999年获得专利的两位设计师在取得专利证书后就兑现了上万元的奖酬，促进了技术人员加速创新的步伐。

（五）加快专利保护工作体系建设步伐

一是制定专利行政执法协调会议制度。为促使科技、经贸、工商、公安、技术监督、海关等行政部门按照各自职责依法做好知识产权的保护工作，更好地发挥整体合力，市专利管理局多次牵头召开上述有关部门，召开专利行政执法联席会，交流经验，听取建议，共同探讨如何进一步做好专利保护工作；二是建立专利监督制度。2000年向社会各界聘请市查处专利行为监督员50名，监督厦门市行政区域内冒充专利行为，查处冒充专利行为监督网已初步建立起来；三是积极筹建专利保护专家委员会。专利纠纷不同于一般民事纠纷案件，随着高新技术的发

展以及知识产权保护范围的拓宽，增加了对专利侵权判断的难度，成立专家委员会势在必行，筹建工作也正在进行中；四是加大专利保护力度，2000年市专利管理局共受理专利侵权纠纷8件，已结案7件，是历年来最多的。

（六）推动党建和精神文明建设不断发展

按照精神文明建设的要求和政治强、业务精、作风正的目标，厦门市知识产权相关工作部门坚持“两手抓，两手都要硬”，组织学习邓小平理论，学习江总书记关于“三个代表”的重要思想，积极参加“三讲”教育和“警示教育”，学习贯彻《廉政准则》。市专利管理局出台《厦门市专利管理局领导干部扎实开展党风廉政建设和反腐倡廉工作的具体措施》，推动党风廉政建设和反腐倡廉工作，坚决纠正不正之风，实行文明办公制度，开展向社会承诺活动，进一步提高了专利行政管理人员的素质，对促进专利工作的开展起到了积极的作用。

二、充分发挥专利制度作用，全面激励和保护技术创新

2000年，厦门在发挥专利制度作用，促进技术创新的主要经验和做法是：

（一）高度重视专利工作，充分认识专利制度在推动技术创新工作中的重要作用

厦门市委、市人大、市政府、市政协高度重视专利以及相关知识产权工作，努力营造有利于知识产权保护的社会环境、政策环境和法制环境。

1999年10月，中共厦门市委召开八届十次全体（扩大）会议，通过了市委、市政府《关于贯彻〈中共中央、国务院关于加强技术创新，发展高科技，实现产业化的决定〉的实施意见》，是厦门市贯彻中央和省委精神，进一步实施科教兴市，大力加强技术创新的重大决策。该实施意见明确提出“进一步提高全社会知识产权保护意识和法制意识。加强对知识产权的管理和保护，坚决查处各种侵犯知识产权行为，及时处理知识产权纠纷。建立和发展各类知识产权中介机构，加强科技成果、专利等无形资产的评估。”这个意见，对于厦门在2000年扎实抓好知识产权工作具有指导意义。

厦门市人大、市政协对专利及知识产权工作也给予高度重视与支持。1999年3月市人大常委会审议通过了《厦门市专利保护规定》并于同年5月1日起施行，是全国副省级城市中第一个制定的专利保护地方性法规。2000年5月，市人大组织教科文卫委委员和部分人大代表，对该规定一年来的实施情况进行了执法检查，在肯定成绩的同时要求市各有关部门积极发挥职能作用，在宣传和贯彻执行方面进一步做好工作，委员及人大代表还视察了厦新电子股份有限公司和厦华电子股份有限公司。

厦门市政协也在2000年6月组织部分科技界委员会，对《专利法》、《厦门市专利保护规定》颁布实施情况进行了调研与视察，走访了厦门电控厂和三圈日化有限公司，对如何提高企业专利保护意识、加大专利保护力度、推动企业技术创新，提出了很有价值的意见和建议。

（二）围绕技术创新，有重点地开展专利以及相关知识产权工作

为贯彻党的十五大精神，切实提高厦门经济和社会发展的整体素质和综合实力，扎实推进特区二次创业和跨世纪发展，一年来，厦门市紧紧围绕经济发展、技术创新，有重点地、积极地开展专利工作。

第一，按照《促进技术创新城市专利试点工作导则》的有关要求，制定、实施厦门市“专利试点工作方案”。方案突出通过城市专利试点工作，加大制度创新、管理创新力度，推动城市技术创新、经济结构调整和产业升级。通过实施指标体系，促使专利工作以量化形式溶入厦门的有关工作，2000年已基本完成方案指标。

第二，以城市专利试点工作做为突破口，使专利工作切实纳入厦门创新体系中。一是努力加强宏观指导，通过政策引导、扶持，促进技术创新。厦门市委、市政府《关于贯彻〈中共中央、国务院关于加强技术创新，发展高科技，实现产业化的决定〉的实施意见》中提出：“经认定的拥有自主知识产权的高新技术成果转化项目，自转化年度起，五年免征、三年减半征收企业所得税、营业税，以上期间返还增值税地方分成部分的50%”。“在我市首家生产的发明专利产品，自产品销售之年度起三年内，经市有关部门审定，由税务部门对该产品新增利润免征企业所得税”。“对于知识产权的职务发明人、设计人、作者以及主要实施者给予与其实际贡献相当的报酬和股权收益。专利权转让方或实施许可方，经专利管理部门核定，可从技术性收入中提取不低于30%的金额奖励有关人员，其中主要贡献人员所得奖励份额不低于奖励总额的50%”等。厦门市科委、市经发委和市专利局联合出台了《加强企业专利工作的若干意见》、《厦门市进一步加强专利工作促进技术创新的贯彻意见》，在《加强企业专利工作的若干意见》中明确“由企业开发的具有自主知识产权的专利技术新产品项目、由企业自主开发的正在申请专利的技术产品项目或引进专利技术合作项目，符合国家产业政策，可优先列入市技术创新项目计划及有关科技发展计划。由企业开发的具有自主知识产权的专利技术产品项目还可优先申请项目资金的支持，企业开发的专利技术新产品，经鉴定达到国家级、省、市级水平的，还可享受有关新产品减免税优惠政策”。上述政策在实际工作中得到贯彻落实；二是确定一批专利试点企业，促进建立健全企业专利工作机构和专利工作制度，鼓励企业加大专利申请和专利实施的奖励力度，推动技术创新。通过总结经验，推广典型，带动全市企业专利工作全面发展；三是建立年度企业专利工作通报制度，每两年对全市大中型企业进行一次专利工作开展情况的考评，考评情况给予公布；四是做好企业专利服务咨询工作，如专利试点企业列入专利企业档案库管理，专利管理机关选派专利信息员，提供专利信息优质服务，并帮助企业建立专利技术产品信息库。

第三，推动专利转化，促进专利技术与经济建设相结合。推动建立具有自主知识产权产业化、规模化工作发展，目前厦门已在生物技术、电子信息等领域形成一批具有知识产权的产品，经对部分专利项目统计，全市专利实施率超过50%，高于全国平均水平。如：厦华电子股份有限公司1998年底前只申请专利22件，而2000年一年中就申请专利36件，应用于彩色电视接收机的发明专利“电视接收机图像菜单选择节目方法及装置”(16画面彩电)，目前已生产近6万台，创产值近3亿元；通过与国家知识产权局联办中国厦门专利技术园区，推动专利转化工作。2000年4月，国家知识产权局和厦门市政府在厦门共同主办“2000年中国厦门高新专利技术项目投资洽谈会”，有6个项目首批“落户”专利园区，总投资1.76亿元，涉及的领域有高级节能技术、电子信息、光机电一体化、生物技术及环保技术等。这标志着厦门专利技术与经济建设相结合跨上了一个新的台阶，通过每年国家知识产权局参与在厦门举办的“中国投资贸洽会”，开设的“知识产权馆”，繁荣了专利技术市场。

第四，采取有效措施，加大专利保护力度。一是认真贯彻落实《专利法》及有关法律法规，加大专利保护力度；二是抓好《厦门市专利保护规定》的贯彻执行。一年来，厦门市各有关部门通过广泛宣传、召开专利执法协调会、制定“调处专利纠纷程序”和“查处冒充专利行为工作规程”、聘请查处冒充专利行为监督员以及设立举报电话等有效措施，促进《厦门市专利保护规定》的贯彻执行。

第五，强化宣传力度，提高全社会专利以及相关知识产权保护意识。坚持专利工作为技术创新和经济建设服务的指导思想，做好专利以及相关知识产权宣传普及工作。一是与普法教育相结合，按照“三五”普法计划，狠抓落实，把专利宣传普及工作作为依法治国、依法治市的一项重要任务，不断引向深入，努力提高全民的知识产权意识和法制观念；二是与专利执法相结合，执法本身就是一种很好的宣传活动，在调处专利侵权纠纷过程中，对当事人进行专利法律法规的宣传教育，提高其专利意识；三是选择一批企事业单位作为重点，推动专利以及相关知识产权知识学习普及，帮助建立健全专利以及相关知识产权管理制度；四是利用《厦门日报》、《厦门晚报》、《厦门商报》以及厦门电视台等各种新闻媒介向社会广泛宣传，取得了较好的宣传效果。

(三)切实加强对知识产权工作的领导

知识产权工作是一个社会系统工程，涉及到各个层次、各个方面。为了加强对厦门知识产权工作的宏观指导与协调，适应特区改革开放和经济建设发展需要，1994年即成立了厦门市知识产权工作领导小组，下设办公室，由分管副市长任组长，成员包括市科委、市教委、市建委、市农委、市经委、厦门海关、市工商局、市文化局、市广电局、市法制局、市公安局、市专利管理局、市中级法院、市新闻出版办等部门。为适应新形势发展需要，确实加强对知识产权工作的领导，2000年5月，厦门市对领导小组作了相应地调整充实，并决定将领导小组办公室挂靠市专利管理局。调整充实后的领导小组及办公室，加强宏观协调，积极组织开展工作，如打击假冒UL标志专项活动等，取得阶段性成果。

(厦门市专利管理局　徐文东　洪烟庆　陈金琼)

江　西　省

一、全省专利工作概况

在全国知识产权局认真指导和江西省科技厅的正确领导下，江西省专利工作继续深入贯彻党的十五大精神，全面落实全国技术创新大会和全国专利工作会议的要求，使专利工作为全省科技进步和经济建设服务。一年来，全省专利工作的开展紧紧依靠科研院所和高等院校，积极引导企事业单位利用专利制度促进技术创新，在加强专利宣传和培训、强化专利保护、推进全省专利工作体系建设等方面取得了较好成绩。截止到2000年底，全省专利申请13830件；专利授权7339件。2000年专利年申请量1557件；专利授权量1072件；较上年分别增长12.3%和6%；创历史新高。在三种专利中，发明专利和外观设计专利增长较快，企业专利申请量有明显增加，并涌现出清华泰豪公司、德宇集团等一批以专利为主导产品的企业。

针对我省机关企事业单位特别是一些领导干部的知识产权意识比较淡薄，2000年，我省专利宣传工作重点是提高政府部门和企事业单位领导的知识产权意识。我们利用国家知识产权局马连元副局长一行来我省调研的机会，江西省科技厅、南昌市政府、江西省专利管理局共同举办了报告会，邀请马连元副局长向省、市机关部分领导、干部、企事业单位的负责人200多人作了题为“WTO与我国知识产权保护对策”的专题报告。并将马副局长的报告整理成文字资料，发送给有关领导和单位，同时在《江西科技》上刊登，供省委、省政府各级领导参阅。为了进一步争取各级领导对专利工作的关心和支持，江西省专利管理局还向省委、省政府、省人大、省政协及各厅局、大专院校、有关科研院所和部分大中型企业领导赠送了2001年《中国知识产权报》，并发文要求全省各设区市、县(区)科委专利管理机关、专利事务所、大专院校和大中型企业积极计阅《中国知识产权报》。

形式多样地开展知识产权培训工作。为了在青年一代中树立知识产权意识，提高知识产权保护能力，我们积极推动各大专院校开设知识产权课程。我省已有华东交大和南昌航空学院开设了“知识产权”选修课，开设的知识产权课程有：知识产权总论、专利基础、专利文献、商标法、著作权法。南昌航空学院2000年就有400多名学员参加培训，这种形式为知识产权培训工作开辟了一条新路。省专利局利用江西省经济干部管理学院举办的“厂长、经理培训班”的机会，派人讲授“知识产权”课程，先后有200多名厂长、经理参加了学习，加强了企业领导的知识产权培训。由省人大和有关企业在江西科学院举办的干部培训班中，省专利局均派人前往讲授“知识产权”及“专利法”知识，参加培训的干部达300余名。在省科技厅举办的“技术市场经纪人培训班”中，增设了“知识产权保护”课程，有200多名干部参加了培训。江西省鹰潭市举办的“知识产权培训班”中，有企业干部和部分行政干部共50人参加学习，开设了知识产权概论、专利法、商标法、著作权法等知识产权的内容。

严格专利执法，切实保护专利权人的合法利益。根据国家赋予专利管理机关调处专利纠纷的职能，2000年全省共受理10起专利纠纷案件，全部结案。

努力完善全省专利管理机构建设。我省专利管理机构设置现状与国家知识产权局的要求和我省实际工作需要都有很大差距，全省十一个设区市除南昌市、鹰潭市原设有专利管理局外，其它各市均无专利管理机构。为此，江西省科技厅、省专利局在全省机构建设中，做了大量工作，力争各设区市均建立专利管理机关。在大家的共同努力下，赣州市政府同意成立赣州市知识产权局和专利局。

二、利用专利制度促进技术创新

规范企业专利工作，发挥专利制度在企业发展中的作用。江西专利局同省科技厅、省经贸委转发了国家知识产权局和国家经贸委联合下发的《企业专利工作管理办法(试行)》，推动企业的专利工作，一些企事业单位已经把专利工作提上了重要议事日程。洪都航空工业集团就制定了《专利工作管理条例》，将专利工作状况及专利管理水平作为评价考核本单位各部门经营管理水平和技术创新工作业绩的重要指标。南昌航空学院积极采取措施，设立专利申请基金，在考核中将获得专利与获得科技进步奖同等对待等，使专利工作有了新起色。

定期开展专利实施情况的调研活动，发现掌握了一批技术含量高、实施效益显著的专利项目，进行重点宣传和扶助。经我们推荐，江西制药厂的“杀灭幽门螺旋杆菌，治疗胃病内滞留缓释制剂”，江西省绿色工业集团公司的“茶色素及其生产方法”获得中国发明创造专利优秀奖，其中“杀灭幽门螺旋杆菌，治疗胃病的胃滞留缓释制剂”，被国家知识产权局确定为第二期国家示范工程项目。该示范工程的实施对推动我省企业依靠专利制度，促进技术创新、提高竞争力、开拓市场都起到了很好的示范和带头作用。

为了积极促进专利技术的实施，推广我省的专利技术，宣传我省的专利产品，江西省专利管理局多次组织省内项目参加各种博览交易会。在国家知识产权局2000年4月份举办的“中国专利制度十五年成就展”中，江西清泰豪公司的“清华显微诊断仪”等多项专利技术获最佳参展项目奖，另有9项专利技术获优秀参展项目奖。在郑州召开的第八届全国专利技术博览会中，参展的“杯杯茶”、“酿酒技术”两项目获得博览会金奖，江西省专利管理局也获得优秀组团奖。在宁波举行的十一届全国发明展览会中，我们选送的专利项目获得一枚金牌、一枚银牌和一个优秀新产品奖。

利用专利信息，大力支持企业的技术创新。随着专利工作的发展，我省利用专利信息工作的手段得到加强，服务质量得以提高。江西省专利管理局作为国家知识产权局确定的专利文献服务网点，近年来加速了专利信息工作的自动化进程。目前已配备了中国专利数据库光盘、中国专利说明书光盘、日本专利文摘光盘、欧洲与国际专利检索光盘，专利文献贮藏量达300多万件，2000年又成为知识产权出版社的会员单位。在专利信息硬件工作改善的同时，也注重提高信息服务的质量。江西省专利管理局克服经费和人员紧张的困难，长期以来一直坚持免费向省内各界提供国外专利信息检索服务。2000年共进行专利检索近100项，复制说明书1000多项。此外，利用专利信息进行专利广告中专利有效性检索，全年共为专利广告出证20余项，在一定程度上规范了专利广告市场。

为了提高青少年知识产权意识，鼓励青少年技术创新，同时配合国家知识产权局和中央电视台开展的全国青少年“发明创新之星”电视大赛活动，江西省专利局与省科技厅、省教育厅、省科协、省电视台5家共同发文，积极组织并通过电视台大力宣传，使符合条件的青少年都能踊跃参赛。通过对申报的项目进行认真的评审，评出了我省青少年发明创新成果二、三等奖，并向国家知识产权局推荐获奖项目参加者全国青少年“发明创新之星”电视大赛。

展望21世纪江西省专利局将进一步解放思想，广开思路，努力工作，充分发挥专利制度的作用。

(江西省专利管理局)

山东省

2000年，我局在省委、省政府的正确领导和科技厅党组、厅领导的关心和支持下，紧紧围绕服务于全省的科技创新和经济建设这个主题，按照国家知识产权局的部署要求，紧密结合我省专利工作的实际，积极开展工作。通过全局上下的一致努力，较好地完成了年度工作任务，取得了较大成绩。目前，全省专利工作发展比较健康，专利工作队伍比较稳定，专利系统的建设进一步得到加强。

年度专利业务工作的开展，主要是围绕宣传培训、专利技术实施、专利保护、信息开发利用等重点内容进行。较之往年，这些工作在2000年度有了新的拓展，工作质量有了新的提高。主要表现在以下几个方面：

一、初步编制出我省“十五”专利事业发展计划

我省“十五”专利发展计划包括指导思想、目标任务、政策措施等，并几经征求意见和修改，已基本成熟。

二、专利申请量稳步增长

在保持先进位次的前提下，专利申请量持续稳步增长。根据国家知识产权局的统计，截止到2000年底，我省专利申请量达到10019件，年增长幅度16.65%，列广东、上海、北京、浙江之后，居全国第五位；授权量6962件，年增长幅度6.5%，列广东、上海之后，居全国第三位。

三、专利宣传工作富有成效

2000年4月1日是我国《专利法》实施十五周年纪念日。为了搞好这个活动，一是组织参加了由国家知识产权局举办的中国专利15周年成就展，我省组织了近200个专利项目，包括海尔、海信、小鸭等大型企业在内的100余家企业参展。展出期间，我省以较多的产品、技术参展，受到党和国家领导人及国家有关部门的肯定和重视。此情况呈送邵桂芳副省长后，他作出重要批示："加按语，发信息，通报全省，以引起各级领导和有关企业的高度重视。发展高新技术，专利工作极为重要，面对加入WTO，专利工作更应高度重视。"同时，他还强调，在技术创新中，要"创造专利、保护专利、利用专利"。另外，省政府的内部刊物《政务信息》已按邵省长的批示发了信息；二是为了宣传我省十五年专利工作的成绩，我们还编发了《山东专利十五年》画刊，呈送给国家知识产权局及省的领导，赠送给省直、各市的领导同志；三是纪念活动期间，在全省开展了《专利法》的宣传周、月活动，在新闻媒体上开展了大张旗鼓的专利宣传活动，省电视台到目前为止，制作播出优秀发明人的专题片已达六部。从其效果看，每一部的播出都在社会上引起较大反响。应该说，2000年的专利宣传活动与往年比，不仅内容丰富、层次高、效果好，而且特色也很鲜明。

四、专利宏观管理工作又上新台阶

针对专利管理工作与政府各个部门联系较广，关系密切的特点，牢固树立专利工作"大管理"的思想。2000年以来，我局主动与国家知识产权局加强联系，及时汇报，得到了他们在工作上的指导、资金上的支持，专利培训工作、企业专利工作、专利技术产业化示范工程、技术贸易、专利市场管理等方面工作较前年有较大进展，不少方面工作走在全国前列，得到国家知识产权局的认可和表彰。在省内，我局遵照省科技厅的要求，加强了同省经贸委、省工商行政管理局、省委宣传部、省广播电视厅等部门的联系，在专利培训、企业专利工作、专利技术市场管理等方面得到他们的支持，各项工作进展顺利。我省专利工作已经呈现出以下几个方面的特点：

一是专利管理工作日趋规范。2000年计划出台的《山东省企业事业单位专利工作管理办法》、《山东省专利申请资助金管理办法》、《山东省专利技术贸易办法》、《山东省高新技术产业开发区专利工作管理办法》经多次修改，有的已交有关部门，有的已修改完毕，已具备正式出台条件。《中国专利山东明星企业认定暂行办法》在实行六年的基础上，经过修订，也已正式印发；

二是专利试点工作有新的进展。2000年又有东营市、泰安市列入省专利工作试点城市，东营市广饶县大王镇被命名为"山东专利镇"，这是我局命名的第十个"山东专利镇"。1994年以来，省科技厅、省知识产权局每两年开展一次认定"中国专利山东明星企业"活动，前三批的复查、第四批的申报工作现正在进行；

三是专利技术贸易、专利市场管理工作向规范化方向发展，加强了专利广告出证管理工作。去年专利广告出证24件，在专利广告出证工作中，一方面严格法律程序制度，加快出证速度，树立为请求人服务的思想，另一方面做到在出证过程中严查假冒专利；

四是专利技术贸易促进工作效果显著。我局与中国专利信息中心、济宁市政府联合举办的"2000孔子文化节高新专利技术博览会"取得了成功，全国有26个省市参展，摊位达200多个，反映良好。与此同时，我局还组团参加了国家知识产权局、陕西省政府举办的"第六届中国专利技术博览会"，为我省专利技术支持西部大开发迈出了实质性的一步；

五是"促进专利技术产业化示范工程"进展顺利。1998年以来，国家知识产权局实施了四大工程，其中之一是"促进专利技术产业化示范工程"，我省1998年有四项进入此工程，在全国是最多的。2000年根据国家知识产权局的要求进行了验收，其中两项继续进入第二期促进专利技术产业化示范工程。第二期我省上报专利技术项目又有两项中标，至此，我省列入国家技术项目已有4项（全国70项），列国家地方管理的有13项，省公布的有16项，共计33项。目前，国知局从资金、服务等方面的支持力度不断加强。

五、专利培训工作加大了力度

2000年的专利培训工作重点是侧重企业的厂长、经理。为了使我省的企业更好的适应我国加入世贸组织后的新形势，我局决定在全省大范围地普及知识产权知识。我局联合省委宣传部、省经贸委、省工商行政管理局共同举办"企业厂长、经理知识产权基础知识函授培训班"，据不完全统计，全省已有六千多人参加函授培训。按照国家经贸委、国家知识产权局的要求，我局还联合省经贸委，组织省内建有省级以上技术中心企业的有关同志先后在泰安、烟台举办了两期培训班。另外，六月份我局还在泰安市科委和专利局的协助下，圆满完成了国家知识产权局委托的第六期全国专利代理人提高班的培训任务，参训人员近180人。

六、专利行政执法工作主要是围绕《专利法》的修改和专利纠纷的处理做了一些工作

截止到2000年底，全省共受理专利纠纷案件78件，结案104件（含去年受理案件）；查处冒充专利36件，结案30件；在专利纠纷案件处理中，申请人民法院强制执行5件。有效地保护了专利权人的合法权益，净化了专利市场。根据国家知识产权局和省人大的要求，对提交全国人大讨论通过的《专利法》修改草案，我们进行了修改，提出修改意见，并按全国人大和国家知识产权局的安排，陪同省人大一起出席了在杭州市举行的修改《专利法》座谈会，向全国人大常委(2名)汇报了修改《专利法》情况；为处理专利纠纷需要而筹备的专家鉴定委员会现已筹备完毕；筹建专利技术鉴定中心也作了一些前期论证的工作。

七、专利信息服务领域进一步拓宽

为了充分发挥专利信息资源在企事业单位专利工作和技术创新中的作用，专利文献工作在1999年建立省专利局专利信息网站，为全省的专利工作提供专利信息网络支持的基础上，2000年的主要任务是配合全省的科技创新工作，抓好专利信息资源的开发利用，其主要内容是在全省范围内开展了专利信息承诺服务活动试点，使省局和各市的专利管理机关、专利代理机构与企业建立直接的专利信息服务联系，扎扎实实地为企业提供专利信息服务。我局研究制订了《山东省专利信息网络系统建设与管理办法》，加强网站管理，丰富网页信息；进一步抓好市级专利信息检索工作站的建设，充分发挥全省网络系统在专利工作中的作用。并注意抓企事业单位和各市专利管理机构专利文献利用的人才培训和业务培训。突出了利用因特网检索专利信息和专利文献在企事业单位专利工作、技术创新中的具体应用两个方面，为下一步我国加入WTO以后，使企业更好地开展国际间的技术贸易和加强专利产权的保护做好必要准备。

八、局内部建设进展顺利

按照省委省政府关于机构改革的要求，我局在充分调查、论证的基础上，拟制了局机构改革“三定”方案(建议)。方案经科技厅党组研究通过后，已正式报省编委审批。为保证干部职工的思想稳定和工作的正常进行，我们还积极稳妥地做好干部职工的思想政治工作，全省专利代理机构脱钩改制工作有条不紊地进行。按照[国办发(2000)51号]和山东省清理整顿领导小组[鲁清字(2000)1号]文件精神，省科技厅已同我局一起下发了《关于山东省专利代理机构脱钩改制工作实施意见》。目前，全省的专利代理机构脱钩改制工作正在按《意见》的要求，全面展开，妥善稳步地进行这项工作，按国知局的部署，3～4月份改制完毕，5～6月份由我局组织审查验收，专利局的基本建设有了突破性进展。我局业务楼和宿舍楼的建设在上级领导的关心支持下，经过多方面的努力，目前宿舍楼建设已经竣工，业务楼的建设正在进行中。整个基建工作始终坚持“公开、公正、公平，节俭、高质、高效”的原则，达到了“低消耗、高标准”的总体要求。

除上述主要工作外，其他经常性的业务工作如专利受理、代理、专利代办等服务工作的质量不断增强，服务态度显著改观，工作流程进一步加快，工作效率有了较大提高；全局的综合协调、服务保障工作在服从、服务于大局的前提下，努力克服困难，科学调整人力、财力和物力，保证了全局工作的正常运转；同时，局内部管理工作也正常有序地进行，干部职工思想稳定，工作秩序有条不紊，向心力、凝聚力不断得到增强，职业道德进一步规范，敬业爱岗精神不断发扬光大，处室间的配合协调日益密切，干群关系更加融洽，全局上下呈现出团结、稳定、正规、向上的良好氛围。

在肯定成绩的同时，我们也实事求是地认识和分析了存在的问题。首先，专利实施工作抓得不力，一些好的专利技术因无专项资金支持而难以产业化；其次，专利的结构不尽合理，“三多三少”(即实用新型和外观设计专利多、发明专利少，非职务发明多、职务发明少，申请国内专利多、申请国外专利少)的问题没有根本解决；再其次，高新技术企业专利保护意识淡薄，工作比较薄弱；第四，班子成员工作作风还不够深入，浮在上面指导多，到基层调查研究少；第五，干部、职工综合素质有待进一步提高，包括组织协调能力和创新能力，理论政策水平和宏观管理水平等。

(山东知识产权局)

河　南　省

河南省知识产权局是主管全省专利工作和统筹协调知识产权事宜的机构。

一、机构沿革情况

1985年1月，经省编委同意，省科委设立专利管理处(事业编制7名)。

1989年7月，经省政府批准，省科委专利管理处升格为河南省专利管理局(副厅级)，归口省科委领导，是省政府主管全省专利工作的职能部门，下设两个处室。

1995年8月，增设为三个处室(相当于正处级)，人员编制由15名增加到25名。经费实行全额预算管理。

2000年4月，河南省专利管理局更名为河南省知识产权局，隶属省科技厅领导，人员、处室不变。

二、省知识产权局的职责

1．承担省知识产权会议办公室的职能，协调知识产权立法中的重大政策和重大事宜；拟定实施专利法及其实施细则的地方性法规草案，拟定其他有关知识产权地方法规定的方案。

2．研究拟定知识产权涉外工作的政策、措施，统筹协调涉外知识产权事宜。

3．研究、制定我省知识产权事业发展战略并组织实施；研究、制定知识产权保护与相关产业协调发展的政策；协调和制定我省经济、科技、文化等领域知识产权的规章制度，指导各行业的知识产权工作；协调知识产权法律实施和执行中的重大政策问题。

4．依法处理专利纠纷和查处冒充专利不法行为。

5. 负责专利统计、分析，规范和促进专利申请及专利技术实施及许可贸易，推动专利技术产业化。

6. 负责评估、质押、广告等有关经营活动中的专利有效性的出证工作。

7. 根据国家知识产权局的授权，对专利代办处实施管理，受理专利申请。

8. 组织管理专利信息传播与服务，制定省内专利信息网发展规划。

9. 负责知识产权法律、法规的宣传、教育、培训工作。

10. 管理省内专利代理、专利资产评估和专利信息服务等中介机构；主管省内与知识产权有关的社会团体。

11. 承办省政府和省科技厅交办的其他事项。

三、工作简况

在省委、省政府以及省科技厅的领导下，通过全省专利工作者的共同努力，取得了可喜的成绩。专利法的宣传普及更加广泛深入，专利技术实施产生了明显的社会和经济效益，专利执法力度有所增强，专利信息的传播和应用为我省技术创新和经济发展发挥了重要作用，企业的专利保护意识不断增强。

1. 专利申请量

自1985年实施专利法以来，专利申请量逐年递增，截止到2000年12月底，我省已累计申请专利31414件；获权17195件；均居全国31个省市区第十一位。

2. 专利技术实施

自1986年以来，省科技厅每年从科技三项费用中拿出15万元经费，用于专利技术的实施。1997年至今，这笔经费提高到每年30万元，尽管这笔资金很少，但也发挥了不小作用。当然，专利技术实施的经费主要还是来自于企事业单位和个人。1986年以来，我局每年都要对专利实施项目进行调查统计，平均实施率为26.9%。

3. 专利执法

截止到2000年底，我局累计受理专利纠纷案件319起，当年结案率约90%。几年来，多次在全省范围的商品流通领域开展了专利打假活动，是全国开展此项活动较早的省份之一。我们还根据中宣部、国家知识产权局等的要求，在全省开展了争创无假冒专利商品商场的活动，并对24家商场授予“无假冒专利商品商场”荣誉称号。为了防止假冒伪劣商品充斥市场，我局专门设计制作了专利防伪标识，现已投入使用。另外还首创了专利广告出证制度。

我局积极响应省委、省政府依法治省的号召，从完善制度入手，先后制订了《河南省处理专利纠纷的暂行办法》等6个规章。2000年，又结合河南的实际情况，起草了《河南省专利保护条例》，省九届人大常委会第十九次会议已正式审议通过了《条例》，并于2001年1月1日正式实施。

4. 专利法宣传

专利法宣传一直是我们的一项先导性工作，多年来我们一直致力于专利法的深入普及和宣传，每年都至少要举办2—3期领导干部的培训班，经常举办大型报告会，同时还邀请国家知识产权局领导来豫作知识产权报告，收到较好效果。特别是2000年，按照国家知识产权局的部署，我们在全省范围内开展了声势浩大的宣传活动，在社会上产生了较大影响。

近几年来，我局和新闻媒体建立了良好的合作关系，河南日报、河南电视台、河南人民广播电台、大河报、郑州晚报等新闻单位都大量刊登了有关专利和知识产权方面的信息。我们还与河南日报社合作在《河南日报》上开辟了《百姓专利》专栏，每周一期。《中国知识产权报》河南记者站是全国第一家该报的地方记者站，多年来被评为全国先进记者站，获得过不少嘉奖和表彰。

5. 专利信息工作

在省政府以及国家知识产权局的大力支持下，于1999年年底建成了中国专利信息工程河南网站（网址：www.hnpatent.gov.cn）。并于2000年10月30日，在全国率先推出了“网上博览会”，产生了良好的效果。该网站既可检索国家专利文献，也可查阅各种专利工作信息，为我省开展专利工作提供了有力的支撑。

6. 企业专利工作

为全面推动企业专利工作，以点带面，我们在全省确定了41个专利工作试点企业，这些企业基本都建立了专利工作制度，并在专利法宣传、专利申请和专利技术实施方面做出了成绩，起到了示范作用。我省的安阳钢铁集团公司、许继集团、宇通客车股份有限公司被列为全国专利试点企业。

（河南省知识产权局）

湖　北　省

2000年，是湖北省专利事业发展史上的一个重要里程碑，是湖北省知识产权局抓住机遇、取得较大发展的又一个丰收年。时年4月，湖北省委、省人民政府对专利工作和知识产权保护工作给予了高度重视和倾斜，将原湖北省专利管理局更名为湖北省知识产权局，并纳入政府行政序列 。在此基础上，全省专利工作深入贯彻全国专利工作会议精神，紧紧遵循“加强技术创新、发展高科技、实现产业化”这条主线，以实施“科教兴鄂”战略和可持续发展战略为目标，坚持以专利宣传为先导，以专利保护为核心，以企业专利工作为重点，努力加强宏观管理，不断提高服务质量，使全省专利工作更加深入经济建设主战场，专利制度的功能和地位得到了有效提升，专利保护的力度得到了加强。全省专利申请量创历史新高，超额完成了省政府下达的3300件的任务，达到3485件，专利申请量在全国排序得以升位，为推动科技进步和经济发展作出了应有的贡献。

一、狠抓专利申请量，促进高新技术成果产权化

2000年,为进一步推进科技、经济和社会发展,湖北省政府将专利申请量达到3300件列为主要工作目标。为确保该目标的实现,从而推进高新技术产业化,湖北省知识产权局采取了一系列措施:一是年初给各市州专利管理部门和专利代理机构下达了2000年专利申请量、专利代理量任务指标;二是为充分调动专利代理机构的工作积极性,对完成或超额完成1999年代理指标的7家专利事务所进行了表彰;三是针对上半年专利申请形势,于7月初发出了《关于抓紧完成全年专利申请指标的通知》,再次强调了任务指标,要求各市(州)科委、专利管理机构、专利事务所切实做好工作,将本地区专利申请量抓上去;四是针对外观设计专利申请这一薄弱环节,联合省科技厅、省经贸委在宜昌召开了全省工业品外观设计及保护展示经验交流会。来自各地科委、经贸委、专利管理机关,轻工、食品饮料、医药、包装行业的有关企业负责人,省企业专利示范工程第二批专利工作明星企业、示范企业领导计130余人参加了会议。重点展示了57家企业的97件外观设计专利展品,交流了工业品外观设计及保护方面的典型经验;还特别邀请有关专家就如何利用外观设计专利促进企业技术创新和经济发展作了专题报告。会后两个月,来自企业的专利申请和外观设计专利申请都有大幅度提高,有效遏制了我省外观设计专利申请下滑的趋势。五是部分市州采取有力措施,促进专利申请量的提高。如武汉市、宜昌市设立专利发展资金,对专利申请予以资助;黄石市知识产权局联合市科协、市教委、市科委等部门发出了《关于鼓励青少年申请国家专利的通知》,对青少年申请专利实行优惠;黄冈市推出了专利申请优惠月活动。在湖北省知识产权局的精心组织和部署下,在全省专利战线的共同努力下,全省专利申请量突破3000件大关,达到3485件,不仅提前20天超额完成3300件的目标,而且较上年同期增长17.62%,创近几年增幅之最。全省16个市(州)中,11个市申请量呈正增长,其中增幅最大的鄂州市,达到132%。从总体来看,三分之二的市(州)专利申请量稳中有升。全省专利申请量和授权量在全国的排名分别提升至第12和13位。

二、抓专利宣传普及,营造良好的专利工作氛围

在我国加入WTO在即的新形势下,湖北省各级专利管理机关根据不同时期工作重点,采取多种形式,利用各种渠道,针对领导、干部、群众等不同对象,全方位、多视角,坚持不懈地进行专利知识的宣传和普及工作。一年来共深入大型企业、大专院校、科研院所举办讲座、报告会15场次,听众达万余人次;利用重要纪念活动组织街头宣传10次,接待专利知识咨询1.5万余人次,散发各类宣传资料6万多份;编印各类宣传材料2万余册。据不完全统计,全省共有50万人次不同程度地接受了专利知识的宣传和教育,重点从三个方面开展了工作:

(一)争取新闻媒体支持,对一些典型事例和重要活动进行广泛宣传,大大提高了专利工作的社会显示度

一年来,中央和地方各级报刊刊发湖北省专利工作稿件360余篇,各级电视台、电台播发专利新闻、专题报道近50余条。在各市州中,武汉市发挥了"龙头"作用,专利宣传有声有色,共在各种媒体上刊播稿件200多篇次;宜昌市以政府名义组织召开了"迎接知识经济挑战报告会";襄樊市举办了专利知识竞赛活动;黄石市组织拍摄了《专利为技术创新保驾护航》的专题电视片,用大量的事例说明了专利保护的作用;天门市专利管理局与市电视台合作,制作了电视专题片《关注专利》,请分管市领导作专题讲话,播出时间长达半月,在社会上引起了较大的反响。

(二)结合重要纪念活动进行重点宣传

"3.15"期间,湖北省知识产权局组织开展了专利打假的专项宣传活动,各市州专利管理机关积极策应,组织人员走上街头,在主要街道上挂起保护知识产权的横幅,在商场门前、街道上宣传专利法,开展咨询活动,认真答复市民提出的专利及知识产权问题,将专利知识送到千家万户。4月1日是专利法实施15周年纪念日。为了将全省专利宣传工作推向一个新的高潮,湖北省知识产权局精心组织,周密安排,组织了一系列活动:一是召开了由湖北日报、长江日报、湖北电视台、湖北经济电视台等10余家新闻媒体记者参加的座谈会,向新闻界通报了全省专利事业15年来取得的成就,通过各新闻媒体向社会宣传专利事业15年的发展史。二是邀请王少阶副省长在湖北日报上发表了《切实加强专利工作,促进科教兴鄂战略实施》的纪念文章。文章从全局的角度阐述了专利工作在新形势下的重要地位和作用,向全省发出了关于进一步加强专利工作的总动员。三是在4月1日组织有关大专院校、专利事务所在武昌洪山路开展了专利一条街的宣传咨询活动,通过悬挂横幅、张贴标语、散发宣传资料、展示展版、有奖征答、专利文献检索演示等方式,集中宣传了专利法、湖北省专利保护条例和有关知识。湖北日报、长江日报、楚天都市报、湖北电视台、湖北有线电视台、湖北经济电视台等新闻媒体对此活动进行了全方位的报道,在社会上造成了很大的影响。

(三)注重专利政务信息的采集与报送,有的放矢地向各级政府和领导进行宣传

机构改革以后,湖北省知识产权局建立了全省专利政务信息报送网络。在各市州专利管理部门的密切配合下,采集报送专利政务信息150余条,其中"争取在汉设立涉外专利代理机构"这一重要信息引起了省委书记蒋祝平的重视。

通过开展多种形式的宣传活动,全社会的专利意识和专利工作的社会显示度普遍增强,一种有利于专利事业发展的社会氛围逐渐形成。

三、严格执法,为技术创新创造良好的法制环境

"3.15"期间,湖北省知识产权局组织了声势浩大的专利打假活动,派遣小分队,分别深入到黄石、宜昌、十堰、襄樊、孝感等市,与当地专利管理机关一

道进行专利打假活动,对98个经营单位的1375项商品进行了抽查,查出冒充假冒专利商品160项并进行了妥善的处理。结合专利打假,分别对建立健全专利管理工作制度的3家商场和10家企业授予了“保护专利知识产权示范商场”和“专利重点保护企业”匾牌,增强了社会各界尤其是经营单位的知识产权保护意识,扩大了专利管理机关在社会上的影响力度。

与此同时,调处专利纠纷46起,审理结案43起,结案率达93%;查处冒充专利23起,结案率达100%,有效保护了当事人的合法权益。

抓企事业单位专利工作,努力促进制度创新和技术创新。

企事业单位是专利工作的重要阵地。为提高企事业单位的专利保护能力和水平,重点抓了如下2个方面的工作:

(一)继续组织开展了“湖北省企业专利示范工程”第二批试点企业的试点工作,着力抓了宏观指导与微观服务、企业专利人才培养、典型示范、对外学习与考察、试点企业的检查验收与明星、示范企业的评审、表彰等工作。

(二)积极开展了县市专利试点工作,将专利工作向基层延伸。按照“科技兴农”工程的总体要求,选择工农业基础较好,乡镇企业、村办企业较密集,地方领导对专利工作较重视,有一定专利工作基础的大冶市、谷城县、枝江县、黄陂区、武昌区等县、市、区开展了专利工作试点,引导和扶持中小企业、乡镇企业开发利用专利信息资源,建立鼓励技术创新,开展群众性发明创造的激励机制和以专利申请、实施、保护三位一体的专利工作制度,以尽快形成一批拥有自主知识产权的企业群体,促进地方科技进步和经济发展。

四、抓专利服务体系建设,为社会提供高效优质服务

专利服务体系是专利工作主体与市场连接的纽带,抓好专利服务体系建设,对全面推行专利制度,促进专利事业持续、健康、快速发展有着重要作用。2000年,重点做了以下2项工作:

(一)继续抓了“中国专利信息系统湖北中心站”的建设与发展工作。2000年底国家知识产权局正式批复了湖北省知识产权局计算机网络系统建设方案并给予了相应的经费支持,为进一步传播专利信息、提高办公自动化水平创造了条件。全年新发展网员13家,检索课题95项,打印和网上发送说明书1551份,网员上网次数2655次,上网时间18345分钟。此外,围绕湖北省委、省政府大力发展光电子产业,建立“中国光谷”这一重点工作,充分利用专利信息资源,开展了光电子领域中国专利申请情况的研究分析工作,为领导决策提供了依据。

(二)进一步抓了国家知识产权局武汉专利代办处的文明窗口建设工作。全年受理专利申请4896件,比上年同期增长22.16%(其中受理发明专利申请850件,同比增长46.05%;实用新型专利申请2800件,同比增长18.19%;外观设计专利申请1246件,同比增长27.34%);受理中间申请文件1008件;代收专利申请费、年费、维持费等293万余元,同比增长25.51%;接待来人来电来函专利咨询5000多人次;在受理和收费过程中为发明人或当事人纠正各种差错4000余项。为进一步给发明人提供准确、优质的服务,代办处建立了专利申请受理和收费自动化系统。该系统主要配置受理、收费记帐、数据传输在内的3套软件,能够完成代办处专利受理的数据采集,受理通知书、缴费通知书以及专利收费票据的打印,计算机自动记帐等功能,实现了申请受理、收费数据实时传输到国家专利局入库,减少了文件中转校审的时间,缩短了专利审查的周期。自动化系统的运行强化了代办处受理审查的职能,进一步规范了代办处的工作程序,完善了文件审查质量保证体系,为今后受理电子申请奠定了技术基础。

五、对外交流渐趋活跃

为开辟知识产权领域对外交流渠道,组团赴美国、欧洲、香港等国家和地区进行了参观和学习。在组织专利项目参加境内外展览方面也取得了积极效果:一是组织10个摊位,50多个专利项目参加了中国专利15周年成就展,获最佳参展项目奖4项,优秀参展项目奖6项;二是组织2个展位,15个项目参加了香港国际发明展览会,获3项金奖,3项银奖,1项铜奖;三是组织部分发明项目参加了西部开发与企业二次创业论坛投资项目洽谈会、湖北省高新技术产权交易会、中国(湖北)科技博览会、乡镇企业高新技术项目洽谈会。

另外,湖北省知识产权研究会为了帮助企事业单位更好地了解、学习、借鉴沿海城市及香港地区知识产权保护状况及涉外专利申请程序,组织部分企事业单位专利工作者赴深圳“华为”集团和中国专利代理(香港)有限公司进行了实地考察。为进一步促进我省知识产权事业发展,更好地为发明人服务摸索了新的路子。

(湖北省知识产权局　程时桓、姜有明、许耀文)

湖 南 省

在湖南省委、省人大、省政府、省政协的高度重视和国家知识产权的指导下,湖南省专利事业发展较快。在专利法的宣传普及、专业申请、专利实施、专利人才培训、专利代理服务、专利纠纷调处、查处假冒专利、专利信息网络建设等方面取得了可喜的成绩。1991年和1995年,省专利管理局被国家专利局和人事部评为“全国专利系统先进集体”和“全国专利工作先进管理机关”,1996年被湖南普法小组评为“全省普法先进单位”。湖南省专利事业从无到有,由小到大,为促进湖南省的科技进步和经济发展发挥了重要作用。

一、全省专利工作体系框架基本形成

湖南省专利管理局于1984年10月成立，当时定为正处级事业单位，1992年10月，经省政府批准，升格为副厅级，1994年机构改革时列为省政府直属事业单位，定编36名，其中局机关28人，中国专利局长沙代办处8人(现为国家知识产权局长沙专利代办处)。中国专利局长沙代办处于1983年8月成立，1984年省局成立后，与局合署办公。全省14个地、州、市有14个全部建立了副县级的专利管理局，全省100个县、市、区有70个县、市、区科委内设了专利管理办公室，安化县还成立了县专利管理局，定事业编制5人，有22个专利代理机构，专利代理人220多人，全省专兼职专利工作者达14000多人。这个专利工作体系为我省专利事业持续稳步发展提供了有力的组织保证。

二、专利申请量和授权量不断增长

从1985年4月1日我国专利法实施以来，我省专利年申请量不断上升，1999年为34033件；2000年达到4117件；到2001年4月止，全省累计专利申请量达41611件；累计专利授理量达到22400件；均居全国第9位。湖南的专利申请不但数量较多，而且质量较高，有近600项专利获国际和国内省、部级以上奖励。涌现出一批像伍尚魁、张剑等优秀发明企业家，一批像长沙矿冶研究院、中南大学、湖南大学、南方航空动力机械公司、巴陵石化公司、湘潭迅达集团有限公司、长沙远大空调有限公司等重视专利工作的先进单位。

三、专利技术实施经济效益显著

从专利法实施一开始，湖南省就注重专利技术的实施，提出“一手抓申请，一手抓实施”的方针。专利实施取得显著的经济效益和社会效益。据不完全统计，全省实施专利技术达7000多项。截止到2000年12月底，全省实施专利技术累计创产值达344亿元、利税48.4亿元，创汇3亿美元。专利技术实施推动了行业技术革命，长沙矿冶研究院的专利技术“粉状硝铵炸药的制造方法和工艺”，已转让到全国80多家工厂实施，这一技术取代了50年代从苏联引进的生产炸药的老工艺方法。专利技术的实施较好地利用了本地原材料，锡矿山矿务局实施“用金属锑制备三氧化二锑的方法”专利技术，利用该矿资源，为缓解国三氧化锑市场紧张局面，稳定价格起到了积极作用。长沙远大空调有限公司生产的溴化锂中央空调机组含有多项专利技术，连续数年销售额超20亿元。

四、企业专利工作活跃

专利工作对促进企业的技术进步，提高企业创新能力有着重要作用。专利法施行以来，我省极为重视抓好企业专利的管理工作，1990年召开了全省企业专利工作会议，在全省开展了企业专利工作试点，有134家企业被列为专利试点单位。省人大于1994年2月颁布了《湖南省企业专利工作条例》。据不完全统计，全省大中型工业企业有50%按照《湖南省企业专利工作条例》的要求实现了专利工作“五有”，即有专利申请；有专利工作机构；有专利工作管理办法；有专利工作人员；有专利技术实施。全省涌现了一批专利工作开展好的企业，如：巴陵石化总公司、涟源钢铁总公司、迅达集团有限公司等。

民营企业靠专利保护异军突起，全省一大批民营企业实施专利技术，靠专利保护赢得发展。如：远大空调有限公司1992年在长沙白手起家，2000年产值达22多亿元，该公司已成为全球最大的直燃机生产基地。迅达集团有限公司从专利法实施以来至现在，已申请专利达176项，年产值在4亿元以上。开发实施的燃气灶具专利系列产品，不仅国内销售形势看好，而且产品已销售到7个国家和地区。三一重工业有限公司开发的专利技术拖式混凝土输送泵，输送高度达300多米。创国内最新高度。这三家企业靠专利赢得市场，均都首批获得进出口经营权。已申请17项专利的雄宇实用技术研究所，这个所靠转让专利技术每年收入达100多万元。

五、大专院校，科研院所专利工作呈现好势头

专利法实施以来，我省大专院校、科研院所重视专利工作的开展工作。湖南大学自专利法实施以来，已申请专利达100多项。其中，6项获得国家级科技进步奖和国家发明奖，15项获得省、部级科技进步奖，有3位同志获湖南省十大专利发明家称号，该校先后三次被评为湖南省专利工作先进集体。长沙矿冶研究院专利技术实施率达78%；已实施的专利技术总产值达54亿多元。3次被评为全省专利工作先进单位和全国科研院所专利十佳单位。该院开发专利技术注重市场需求情况，注重专利开发后能否工业化、产业化。中南大学申请专利达300多项；专利实施率达60%；先后与150多个厂矿签定专利实施许可合同，每年为企业新增产值13亿多元；新增利税5.2亿元；创汇1729万美元。1991年该校被中国专利局、国家人事部授予全国专利工作先进集体，2000年3月，该校出台了《中南大学关于落实国家以高新技术成果作价入股政策的实施办法》极大地调动了广大科技人员创造高技术领域的自主知识产权和创办高新技术企业的积极性。该校已由教授、专家领衔创办以知识产权作价入股，产权明确的科技型企业20多家。

六、专利行政执法不断加强

湖南省各级专利管理机关调处各类专利纠纷案件达300多起，其中专利侵权案件达260余起。去年以来在全省范围内开展了商品流通领域的打假行动，查处冒充专利行为150多起。

七、地方专利法规建设进展较快

专利法实施以来，湖南省先后制定了14项地方性专利法规、规章和规范性文件。1994年2月省人大颁布了《湖南省企业专利工作条例》。目前，又正在制定《湖南省专利保护条例》。1988年1月，省人民政府以湘政发[1988]1号文件发布了《湖南省专利管理暂行办法》。地方专利法规体系的建立，使湖南省专利执法工作逐步走上法制化、规范化的轨道。

八、专利宣传培训广泛深入

1990年我局组织专利法及技术合同法学习考

试,全省有 62.6 万人参加。1993 年由省人大教科文卫委员会牵头。省专利管理局等单位参与组织的包括专利法在内的科技法律知识竞赛活动参加者达 100 万余人。2000 年为庆祝"第一个世界知识产权日",省知识产权局会同省政协经科委、省科技厅、省外经贸厅、省电视台等单位联合举办了全省"知识产权企业之星电视大奖赛",这一活动的成功举办,为推动企业的知识产权工作,提高全民的知识产权意识发挥了重要作用。

(湖南省知识产权局)

广　东　省

一、发展历程

1978 年,党中央十一届三中全会的开幕,吹响了改革开放的号角。广东,这一世代侨乡,又是沿海地区,成为了改革开放的前沿阵地。20 多年来,改革开放在广东取得了令世人瞩目的成就,城乡面貌发生了翻天覆地的变化,经济、文化、科技各项事业都得到了极大的发展。知识产权事业作为时代的要求,随着广东市场经济的日益活跃,在这片土地上逐步发展起来。

广东改革开放 20 年的发展历程,在很大程度上就是科技同经济结合,激励创新,促进科技转化,推动经济发展的过程。80 年代,广东根据当时的历史条件,选择了通过引进技术,加快转化的方式推动经济发展的战略。到了 90 年代,广东已经具备了一定的经济基础,省委、省政府不失时机地提出了以创新为导向的发展战略,建立有利于促进创新和加速科技进步的体制和机制,非常重视加快建立、健全知识产权制度,发挥知识产权制度在社会主义市场经济条件下保障和促进技术创新的重要作用,实现技术引进与自主开发并举,开始步入依靠科技进步推动产业结构优化、升级的阶段。根据世界经济发展的规律,结合广东经济发展和科技进步的客观要求,加强技术创新,大力发展电子信息、生物工程等四大高新技术产业,努力构建以传统优势产业为基础,以三大支柱产业为支撑,以高新技术为增长点的经济结构体系,从而形成了新一轮经济发展的强大推动力,全省高新技术产品产值年增长达到 30% 左右。社会主义市场经济的发展,是广东省知识产权事业发展的土壤,这既是改革开放客观实际的需要,也是经济发展规律的必然要求。

广东的专利事业大致经历了三个发展阶段。第一阶段,1985 年以前,在中国专利制度酝酿过程中,我省从事专利工作的机构仅有省专利工作办公室,其后在省科委内设立省专利管理处,主要工作是宣传专利制度,普及专利知识。第二阶段,1985 年 3 月成立广东省专利管理局,在各级党委、政府及有关部门的支持下,全省专利工作者逐步增多,工作体系逐步建立,这些专利工作的先行者凭着坚韧不拔的创业热情和始终不渝的敬业精神,克服各种困难,"唤起民众,感动上帝",经过 15 年的艰苦奋斗,使我省专利事业从无到有,从小到大,一步步发展壮大起来,全省专利申请量、授权量一直保持持续快速增长,专利质量不断提高。1996 年《广东省专利保护条例》的颁布施行,是广东省知识产权法制建设的一大突破,对全省专利保护工作的加强起到了重要作用。第三阶段,2000 年 3 月,广东省在原省专利局的基础上组建了正厅级省政府直属行政机构——广东省知识产权局,增加了对内、对外协调管理知识产权事宜的职能,行政编制 30 人,全省专利及知识产权事业又进入了新的发展阶段。

图一 广东省历年专利申请、授权情况

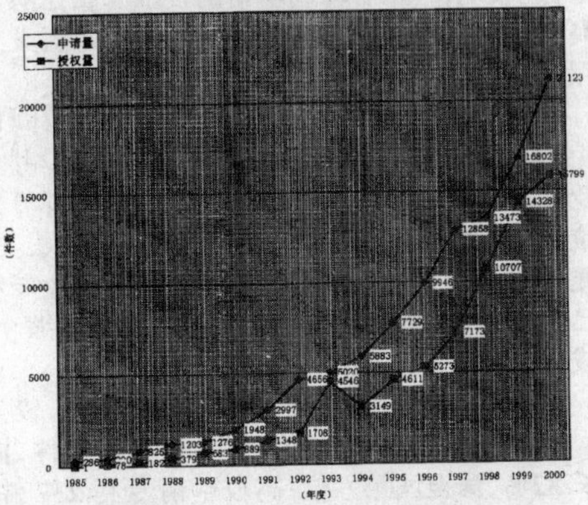

二、专利工作发展现状

至 2000 年底,在广东省现有的 21 个地级以上市及顺德市,都已设立专利管理机关,拥有一支精干的专利管理队伍。全省还建成了包括国家知识产权局广州专利代办处和广东省专利信息研究发展中心、广州市专利信息中心两家专利信息服务机构,26 家专利代理服务机构在内的服务体系。

由于地区经济发展不平衡等因素的影响,目前省内各市的专利工作发展状况有所不同,地区间发展不平衡的情况仍很突出。据统计,在全省 22 个地级以上市中,申请量居前 10 位的市的专利申请量占全省专利申请总量的 90% 以上,这些市主要分布在经济发展较快的珠江三角洲地区。

经过专利制度建立十余年来的努力,广东省的专利工作已进入快车道,呈现出高速发展的势头。自 1995 年开始,广东省的专利年申请量、授权量就达到了全国各省市第一。到 1999 年,累计专利申请总量、授权总量也达到了全国第一。2000 年广东省的专利工作取得了丰盛的成果。全省专利年申请量达到 21123 件,同比增长 25.7%,占全国年申请量的 15.1%,这是我国首次有一个省的年专利申请量突破 2 万件;全省专利年授权量达到 15799 件,同比增长 10.3%,占全国年授权量的 16.6%。这两个指标在 1997 年的基础上,三年翻了近一番,连续 6 年居全国榜首;至 2000 年底,全省累计专利申请量突破 10 万件,达到 106415 件,占全国累计申请总量的

10.9%；累计授权量达到70854件，占全国累计授权总量的12.2%。全省历年专利累计申请量和授权量、企业专利年申请量和授权量、实用新型专利年申请、专利案件受理量和审结量、专利实施率等指标，均名列全国第一，这标志着广东省的专利工作已步入了一个新台阶。

值得欣喜的是，在数量增长的同时，广东省专利申请的质量也有很大提高。在2000年的专利申请中，除外观设计专利申请量继续保持全国第一外，技术含量较高的发明专利申请达到1760件，比1999年同比增长56.2%，居全国第三位；实用新型专利申请达到6033件，同比增长32.3%，首次跃居全国第一，这两项指标的增长速度均远高于全国平均增长率，这表明，广东省专利申请的技术含量已有大幅提高，正在由数量上的“专利大省”向实际意义上的“专利强省”转变。

2000年，全省企业专利申请量9988件，同比增长19.3%，占全省专利年申请量的47.3%，占全国企业专利申请总量的约1/4，保持了在全国领先的地位。全省大中型企业的专利工作进步很快，美的、科龙、华为、中兴、格力、康佳等一批大型企业专利工作已初具规模，与国际知名企业的差距逐步缩小，企业成为全省专利工作的主体。

科研院所、高等院校的专利工作也取得较大进步。2000年，全省科研院所申请专利194件，同比增长32%，居全国第六位；高校申请专利237件，同比增长35.4%，居全国第三位。

2000年，广东率先在全国实行了专利纠纷案件属地管辖，委托市级专利管理机关处理部分专利纠纷，省局集中精力转向查处大案要案和加强宏观管理和指导，进一步打开了全省专利保护工作的局面。全年全省专利管理机关共受理专利纠纷案件318件，审结293件，分别比上一年增长52.2%和74.4%。省局还集中处理了一批有重大影响、案情复杂的大案要案，其中涉外案件40件，依法保护了当事人的合法权益，使国外厂商对我国知识产权保护有了较为深入的了解，起到了较好的对外宣传作用。此外，省局牵头会同外经贸、工商、技监和海关、出入境检验检疫等部门在全省范围内全面开展了打击假冒UL标志的专项活动，并派驻工作组在广交会开展专利执法，均造成较大影响。这些工作维护了广东的法制环境，为专利工作的发展提供了保障。

表1为广东省2000年各市三种专利申请、授权情况。

三、工作思路

2000年5月广东省知识产权局组建后，在不到一年的时间里，集中力量开展了以下几方面工作：

1. 加强横向联系，促进知识产权各有关部门的协调运作

广东省知识产权局按照对内对外统筹协调知识产权事宜的职能，不断加强与知识产权各有关部门的联系与合作，先后会同商标、版权、海关等部门和省社会文化管委会，开展了多次外事合作和宣传、执法活动。并加强与经贸科技部门的联系和合作，配合省科技厅、外经贸厅制定了一系列在科技、经贸活动中加强知识产权管理和保护的政策。这些协调工作为充分推动社会各界力量开展知识产权工作，促进重视知识产权的社会氛围的形成，带动全省知识产权工作的整体发展，起到了很好的作用。

2. 转变职能，加强全省专利工作的宏观管理

在2000年的机构改革中，省知识产权局进入省政府直属厅局系列，行政管理的职能得到加强。为适应目前全省专利工作形势发展的需要，该局以职能转变为突破口，大力推动市级专利管理机关的建设和工作开展，使省局的工作重点逐步向全省专利工作的宏观管理转移。广东在全国率先实行了专利纠纷案件属地管辖的原则，调动了市级专利管理机关的办案力量，使省局忙于办案的事务性压力得到缓解。2000年全省各市专利管理机关受理和审结的专利纠纷案件均占到全省总量的70%左右，市级专利管理机关成为专利执法的主力，全省专利保护工作打开了一个新的局面。省局集中精力转向法制法规体系建设和大案要案的查处，并建立了行政复议制度。同时，在机构改革、企业专利工作、代理机构脱钩改制等方面，省局也加强对市级专利管理机关的指导，使市级专利管理机关的工作水平不断提高。

3. 强化宣传培训，扩大知识产权工作的社会影响

广东省知识产权局通过积极与相关部门联合开展形式多样的活动，充分调动了社会力量开展知识产权的宣传培训。2000年举办的大型宣传培训活动有：与省委组织部等部门联合举办了“WTO与知识产权”、“技术创新与专利战略”两场大型报告会；与省教育厅等联合举行“高校知识产权宣传月”活动；与有关知识产权管理部门联合举办“《专利法》实施15周年”座谈会；编印《广东省知识产权工作指南》等。省局还积极推动各市专利管理机关开展宣传培训，全年全省共计举办各种讲座、报告会共24场，培训班41期，共8900多人参加了培训。这些活动对促进各级党政领导重视知识产权工作，扩大知识产权工作的影响，培养人才起了重要作用。

4. 突出重点，推动专利工作与技术创新的紧密结合

为充分发挥专利制度的作用，广东省积极推动专利工作与技术创新的紧密结合，使专利工作被纳入技术创新体系建设之中。广东省知识产权局认真贯彻国家知识产权局、国家经贸委制定的《企业专利工作办法》，通过专利试点企业、示范工程、百项创新工程等形式，带动了全省企业专利工作的发展。2000年，广东又把高新技术产业开发区作为推进企业专利工作的重点，在开发区铺开了建立知识产权管理制度的试点工作。同时，进一步加强高校、科研院所的专利工作，着重抓好科技立项、成果鉴定、职称评定以及评奖等专利激励措施的落实，引导高校、科研院所建立和完善知识产权管理制度，充分发挥其技术创新的源头作用。

5. 依法行政,加大知识产权保护力度

2000年广东省着重于建立健全知识产权保护体系,坚持依法行政,严格执法,采取各种措施加大保护力度,提高了知识产权保护水平。省局在大力加强市级专利行政执法工作的同时,加强对全省专利行政执法工作的指导与监督,通过提高执法人员的业务素质,建立行政复议制度等措施规范市级专利管理机关的执法行为,使专利行政执法水平得到提高。省局集中精力抓好大案、要案的处理,集中处理了一批有重大影响、案情复杂的大案要案,依法保护了当事人的合法权益。2000年省知识产权局还牵头会同工商、海关等部门,开展了打击假冒UL标志等专项活动,并派工作组进驻广交会处理专利投诉案件,这些工作都造成了较大的影响。

表2为广东省历年专利纠纷案件统计表

时至今日,广东省的专利及知识产权工作已经形成了领导重视、社会关注的良好氛围,正在向深层次发展。我们相信,随着市场经济的继续发展和法制环境的进一步完善,知识产权事业在广东必将取得更大的成绩。

表1 2000年各市三种专利申请、授权情况

市	申请				授权			
	发明	实用新型	外观设计	合计	发明	实用新型	外观设计	合计
潮州	27	72	647	746	5	95	657	757
东莞	35	386	1232	1653	4	344	1051	1399
佛山	48	507	1485	2040	7	423	1141	1571
广州	596	1335	2479	4410	128	1091	2099	3318
河源	12	10	29	51	1	5	8	14
惠州	34	96	248	378	5	62	140	207
江门	19	252	421	692	1	165	354	520
揭阳	10	69	419	498	1	43	118	162
茂名	10	43	41	94	2	33	32	67
梅州	14	28	30	72	4	8	10	22
清远	4	26	23	53	1	26	17	44
汕头	30	168	863	1061	2	112	673	787
汕尾	4	9	38	51	3	6	25	34
韶关	6	69	23	98	2	53	21	76
深圳	674	1511	2262	4447	67	1151	1858	3076
顺德	61	618	1519	2198	2	500	1226	1728
阳江	3	58	134	195	0	38	135	173
云浮	2	16	10	28	1	16	5	22
湛江	46	91	80	217	3	62	53	118
肇庆	22	50	46	118	9	50	43	102
中山	26	367	979	1372	3	261	815	1079
珠海	67	225	302	594	7	242	255	504
其它	10	27	20	57	3	11	5	19
合计	1760	6033	13330	21123	261	4797	10741	15799

注:表中佛山市不包括顺德市

表 2　广东省历年专利纠纷案件统计表

	年份	单位(件)	广东省专利局	广州市专利局	汕头市专利局	深圳市专利处	珠海市专利办	湛江市专利处	其他专利机关	专利机关合计	法院合计	全省合计
专利纠纷案件	1985—1990	受理	21	18	12	8	0	2	0	61	10	71
		结案	18	9	4	8	0	1	0	40	5	45
	1991	受理	14	20		6		1		41	16	57
		结案	12	11	8	6		2		39	13	52
	1992	受理	11	3		2				16	62	78
		结案	6	16						22	56	78
	1993	受理		1			1			2	64	66
		结案	7	4		2	1			14	41	55
	1994	受理	18	5		5		6		34	77	111
		结案	12	3				6		21	49	70
	1995	受理	45	5		13	1	3		67	125	192
		结案	32	5		4	1	2		44	101	145
	1996	受理	83	42		10		2	24	161	92	253
		结案	56	29		3		2	21	111	78	189
	1997	受理	102	52	4	10		3	30	198	81	279
		结案	80	46	4	7		2	22	159	108	267
	1998	受理	72	48		18	2	3	44	187	123	310
		结案	56	26		13	2	2	33	164	114	246
	1999	受理	96	27	5	35	0	5	41	209	119	328
		结案	93	21	5	22	0	3	24	168	117	285
	2000	受理	97	43	12	35	2	0	129	318	272	590
		结案	83	67	11	18	2	2	110	293	220	513
	合计	受理	559	264	33	142	6	22	268	1336	1041	2377
		结案	455	237	32	83	6	20	210	1075	902	1977

（广东省知识产权局）

广　州　市

2000 年广州市专利申请量和授权量总累计分别是 21865 件和 13927 件，年专利申请量和授权量分别是 4493 件和 3182 件，同比升幅分别是 36% 和 13%，已连续三年居全国省会城市榜首，且超过 25 个省(地区)；受理专利纠纷案 136 件(其中市中级法院 84 件)，结案 143 件(其中市中级法院 67 件)；企业专利实施率 73%。

建立和完善专利管理和保护的制度、体系。《广州市专利管理条例》的立法已通过市人大常务会议“三审”，目前已进入上报省人大常务会审批阶段。市政府出台穗府[2000]34 号文，提出一整套加强专利队伍建设、专利管理服务体系的政策与措施。专利统计制度正式实施，全市各行业专利分布情况正在逐步摸清。管理机关出台了《广州市专利管理局执法过错责任制实施方案》，并建立起与企业联系点制度。

多种形式宣传保护制度。制作了主题为“高新技术与知识产权保护”300 米科普长廊，先后在天河体育中心、高新技术产业开发区、花都区、番禺区、从化市等地及华南理工大学、暨南大学、中山大学、广东工业大学、广州大学等五所高校巡回展出；在《中国知识产权报》、《广州知识产权》及本地媒体发表文章 110 多篇，讲座 4 场，大型报告会 2 场，培训班 6 期，大型咨询活动 1 次。花都、荔湾、黄埔、越秀、番禺等区及高新技术产业开发区均以办班的形式，宣传普及《专利法》；增城市、海珠区等利用刊物设专栏进行《专利法》宣传。

企业专利工作有较大发展。全市企业年专利申请量1831件，同比增长29.8%，一批将技术创新与知识产权保护紧密结合的专利产业化企业正在形成。我市富通公司的“激光表面工程技术”、世界通集团公司的“可换卡座、插头的组合式手机充电器”获“2000年香港国际发明展”金奖。

专利服务工作更上一层楼。2000年，我们进行了专利文献检索2360项，同比增长16%；技术合同登记为历年之最，近700件，合同金额9.8亿元。广州市专利事务所被国家知识产权局指定为涉外专利代理机构，广州市专利信息研究发展中心建起专利信息自助查询系统，广州市属三家专利事务所年总代理量1533件，同比增长4%，

（广州市专利管理局　黄玉霞）

深圳市

一、专利申请成绩喜人

2000年，深圳市专利申请总量为4431件，比1999年增加1117件；居全省第二。其中发明专利申请量为669件；比1999年增加了179件；居全省第一；实用新型专利申请数为1494件；比上年增加了325件；外观设计专利申请数为2268件；比上年增加613件。在4431件专利申请中，职务发明为2575件；专利授权量为2401件；占总申请量的58.1%。

二、宣传普及专利法效果明显

随着我市高新技术产业的发展和企业知识产权保护意识的增强，企业和代理机构对具有专利专长人员的需求出现“供不应求”的局面。针对这种情况，我们为企业和专利代理机构的专利工作人员举办了为期16天的专利学习班，培养了一批素质较高的专利工作者。在2000年全国专利代理人考试中，深圳共有20多人获得专利代理人资格，是历年来考取人数最多的一年。

为进一步提高我市知识产权保护水平和意识，我们针对不同层次和行业的人员举办了多种形式的培训活动。如与律师协会联合主办了《专利复审与无效》专题讲座，参加人员包括律师、专利代理机构和企业从事知识产权管理的人员；聘请国家知识产权的专家来深进行《外观设计专利》、《专利战略》、《专利文献检索》的讲座；特别是根据我市高新技术企业近几年申请专利出现的情况和问题，邀请了国家知识产权局专利局的有关审查员来深与企业交流，对企业进行指导。此外，还与市中级人民法院知识产权审判庭共同组织6场《专利无效》口头审理会，参加旁听的企业专利工作者、专利代理人等约200人次。这些活动的开展对我市企业和代理机构的知识产权保护和管理水平提高起了很大的推动作用。

三、专利执法卓有成效

2000年，全市共受理专利纠纷案件78件，其中深圳市中级人民法院受理案件数为43件；专利管理处受理案件数为35件。从受理案件情况看，涉外案件数比例较大，在专利管理机关全年受理的35件专利纠纷中，涉外案件为26件；占总数的74.3%。从被控侵权方分布的情况看，受理专利纠纷案件中的被控侵权方主要分布在宝安和龙岗区。从被控侵权方结构来看，以三来一补企业为多，这些企业所在地多处在地形复杂的地带、人员素质较底，给执法带了一定的难度。这些企业的产品多数是外销，不打厂家名称和地址，专利权人在取证方面有很大的难度。针对这种情况，专利管理机关采用简化受理程序，结合现场勘验调查等方式处理专利侵权纠纷，取得了很好的效果，受到了专利权人的好评。对有些复杂的案件，还开展了到外地及有关政府部门调查和核实等工作，为案件的公正处理打下了基础，有效地保护了专利权。此外，专利管理机关还处理冒充专利3件，对规范专利市场，起了积极的作用。

为加强技术交易过程中知识产权的保护，在2000年中国国际高新技术成果交易会上，由深圳专利管理处牵头，联合工商、深圳海关、深圳版权局在交易会中介区设立了“深圳知识产权保护服务台”，及时处理知识产权的纠纷投诉和咨询。

四、企业专利工作成绩显著

随着高新技术产业的发展，知识产权越来越受到企业重视。2000年全市具有自主知识产权的高新技术产品产值达535.54亿元，占全部高新技术产品产值的比重为50.22%。许多企业相继建立了知识产权部门，将专利保护和管理工作作为关系到公司发展和生存的大事来抓。深圳黎明电脑网络有限公司在积极组建知识产权管理部门的同时，开展了十几次知识产权培训活动，并结合公司实际情况邀请美国资深律师来深进行了“电子商务知识产权保护”学术交流活动；富金精密工业（深圳）有限公司2000年专利申请达192件；华为技术有限公司全年申请达226件；比上年增加103件；其中发明专利为179件；康佳集团专利管理工作也很有起色，组建了知识产权管理体系，专利申请量大幅度的上升，公司专利实施率高达100%。华为技术有限公司的C&C08交换机、无线接入产品、RADIUM数据通信产品、SBS光传输产品、HONET接入网、C&C08 STP、TELLIN智能网，以及中兴通讯股份有限公司的数字程控交换机被国家知识产权局选为《促进专利技术产业示范工程》项目，在全省被选上的三个项目中，深圳占了二项。

（深圳市专利管理处　篮航伶）

珠海市

珠海是一个新兴的发展中的特区城市，建市以来利用国家的各种优惠政策及优越的地理位置，全

市科技和经济建设迅速发展。为了适应我国专利制度发展的需要，珠海市先后建立了以协调管理全市专利工作、调处市内各类专利纠纷、宣传普及专利知识以及促进专利实施为主要工作职能的珠海市专利管理办公室，以代理专利申请、专利诉讼、专利的行政撤销和无效、专利技术许可证贸易以及各种专利事务为主要职能的珠海市专利事务所，并配备了必要的专业人员，订阅了全套中国专利公报、中国专利分类索引等专利信息资料，购置了中国专利光盘检索系统，为全市广大企业和专利发明人提供必要的专利信息检索服务。珠海市的专利事业从无到有，取得了一定的成绩，专利申请量持续增长，由1987年专利申请不足10件发展到现在每年都有600多件，并有一批企业学会了自觉地运用专利法这一有力武器去进行市场竞争，截止2000年底全市共有3500多件专利申请。

一、采取切实可行的措施，广泛深入宣传专利法

普及宣传与重点宣传相结合：为了更好地宣传普及专利法，使专利知识为广大企业管理人员和科技工作者所掌握，并深入到科技工作和经济工作的各个环节，使之真正能为科技工作和经济建设服务，市专利办利用各种新闻媒体发表文章和专利法知识问答20余篇，派发资料2000多份。与此同时，还注意点面结合，邀请国家专利局和省专利局领导为市政府领导成员举办"知识产权与经济发展"的专题报告会，由市长带头亲自参加并主持会议，使专利工作取得了领导的重视和支持。2000年，市专利办给市委、市政府、市政协、市人大领导班子成员赠订了《中国知识产权报》，以期领导对知识产权工作的了解和重视。

理论宣传与解决实际问题相结合：在宣传普及专利法理论的同时，通过接待咨询、深入企业和企业的科技人员共同分析问题等方式，运用具体事例讲解专利法。根据珠海市外观设计申请较多和中小企业比例较高的特点，计算机软件产业较集中的实际情况，市专利办先后举办了《外观设计侵权判定》、计算机软件的专利保护》和《企业专利战略》等一系列的专利报告，深受企业的欢迎。

充分利用社会力量，将自身的主导作用与有关部门的协调相结合：针对珠海实际情况，与市司法局、市普法办联合将专利法列入珠海市的年度普法计划，为克服人手不足的矛盾，我们利用市工业培训中心、市电大等社会课堂进行专利法的讲座。利用市委党校培训全市领导干部的契机，邀请知名教授作有关知识产权的专题报告，收到了良好的效果。

二、营造良好的政策法规环境

随着社会主义市场机制的进一步完善，专利技术贸易日趋活跃，根据珠海市外联企业较多、实施引进技术较多的特点，1997年11月制定了《珠海市技术引进中专利法律状态审查办法》。该办法将专利工作与技术的引进、消化和创新紧密结合起来，对提高技术引进水平和专利技术的实施起到了积极的作用。

为鼓励本市发明人申请发明专利的积极性，增强专利意识，提高技术创新能力，促进全市的科技进步和经济发展，制定了《珠海市发明专利申请费用资助暂行办法》。凡本市的企事业单位、机关、团体和在本市辖区内有经常居所的个人，申请国内发明专利均可依本办法申请资助。该办法旨在促进发明专利申请量和拥有量的不断增长，继而带动实用新型专利、外观设计专利的增长，从而推动知识产权工作的进一步发展。

1999年全市专利产品产值为68亿元，专利实施率为71%；全市专利申请512件；专利授权417件。

三、以企业专利工作为重点，为经济建设服务

帮助企业制定专利规划，提高专利申请量。市专利办坚持寓管理于服务中的方针，帮助和引导企业开展专利工作和技术创新。珠海威斯达公司生产的面包机销往美国和欧洲市场，公司近两年共申请外观设计和实用新型专利共15件，对于市场在外的重点产品，还向美国、德国等申请了多件专利，保证了产品的出口通畅和市场开拓，取得了很好的经济效益。

发明创造的效益只有通过实施才能产生，将经济效益高、市场前景好的专利项目，积极推荐到各类科技计划，争取得到国家的扶持，早日实现产业化。全市已有一批企业在专利实施中取得了可喜的成绩，如珠海中富公司，根据企业的发展制定了专利管理规章制度，已申请专利83项，其中授权72项，该公司利用专利产品抢占了市场，从1988年的年产值4200万元发展到2000年的20多亿元，专利产品的销售额占了全公司销售额的90%以上，取得了良好的经济效益。珠海天年公司累计申请专利39项，其中28项已经实施，并做到每年都有新的专利产品推向市场。目前，珠海市有3家企业被列为省专利工作试点企业，1家被列为国家专利工作试点企业。

市专利办促使一批企业开展专利战略研究：向高层次迈进是健全企业专利工作制度的必经之路。格力电器公司是全国专利试点企业，公司制定了专利管理规章制度，对专利检索、保密制度、申请制度、奖励及组织机构等内容均作了明确的规定。公司建立了专利检索信息系统，该系统收集了与公司密切相关的中、美、日、欧专利信息55万余条，大大提高了公司技术创新的建设和水平，减少了技术研发和盲目性。目前，该公司已向中国专利局申请了158件专利，122项取得了专利权，并有部分产品已向国外申请专利，2000年65亿元的销售额中有54亿来自专利产品，为公司创造了良好的经济效益，该公司的专利技术已形成了实施一批、储备一批、申请一批、研究一批的新格局，技术开发创新和专利工作走上了良性循环的轨道。公司的"灯饰柜机"，以其优美的曲线造型征服了评委，该专1998年实施生产，1999年即产生了1.2亿的经济效益，荣获外观设计优和奖，这也是珠海市第一次在中国专利奖上榜上有名。

目前,大多数企业能运用专利武器保护自己的合法权益。申请专利的目的就是为了市场竞争,抢占制高点,保证自己的产品不被仿冒。珠海姗拉娜公司是一家生产名牌系列化妆品的专业公司,在全国20多个城市设有办事处,在全国百家最大商场的进入率达96%,其主导产品洗面乳申请专利投放市场后带来了相当可观的利润,但由于不法厂家的仿冒,造成其销售大幅下降。该公司经市场调查后,果断采取法律行动,分别向广东省专利管理局、广州市专利管理局起诉有关厂家,迫使这些厂家停止生产侵权产品,并赔偿损失,维护了自身的正当权益。

四、坚持以调解为主的原则,开展专利行政执法

做好专利保护工作是地方专利管理机关的重要职责,我们坚持在双方自愿的前提下进行纠纷调解工作。珠海亚洲仿真公司的专利产品心脏BP机销售前景可观,该公司个别科研人员与销售人员一起辞职,在珠海办公司并生产与亚仿公司相同的产品,接到亚仿公司的投诉后,将双方当事人找来交换意见,并耐心讲解专利法的有关条款,迫使被投诉方放弃了原来的生产计划。2000年10月,法国一化妆品公司诉珠海一公司侵犯其外观设计专利权,经过现场勘验,耐心的工作,终于促使双方达成和解协议,圆满处理了这起涉外专利纠纷。

随着全社会专利意识的增强,专利已渗透到国民经济的各个层面,在流通领域的假冒专利也逐年增多。为了净化市场,制止不正当竞争,维护专利法的尊严,我们市打假办、市财办等有关部门一起对全市大商场销售的800多件带有专利标记的产品进行了检查,并对55项有问题的产品进行了严肃处理。

"珠海中国专利展示交易中心"因有偿征集活动未能实现承诺,给广大专利权人、发明人造成了经济损失,同时给政府造成了不良的社会影响。2000年,该"中心"又开始了项目有偿征集活动,通过收集有关资料查明,该中心为私营企业,冒用政府名义,做虚假广告,有行骗的成份,市专利办联合市技术市场办、市工商局联合对该"中心"进行了查处,消除了社会不良隐患,维护了市场的公平秩序,保护了专利权人、发明人的利益。

(珠海专利办　张静华)

广西壮族自治区

《中共中央国务院关于加强技术创新,发展高科技,实现产业化的决定》,把"加强对知识产权的管理和保护"作为加强技术创新,发展高科技,实现产业化,推动社会生产力跨越式发展的一项重要措施,对专利工作既是难得的机遇,又面临严峻的挑战。专利制度作为一种创新机制,在保护发明创造专利权,鼓励发明创造,有利于发明创造的推广应用,促进科学技术进步和创新,发挥并将继续发挥越来越重要的作用。近年来,广西结合自己的具体情况,充分利用专利制度促进技术创新工作。具体做法是:

一、政府搭台造势,努力营造重视专利工作的良好环境

在自治区政府机构改革当中,自治区科技厅增挂自治区知识产权局的牌子,新组建了自治区知识产权局,使自治区的专利和知识产权工作在职能、机构、人员等方面都得到加强。

按照开好一个会、办好一个展览、制定好一个意见的近期工作思路将专利工作切入全区技术创新体系,在全自治区范围内掀起关注、重视专利工作的热潮,开创了专利工作的新局面。

(一)抓住自治区创新计划工作会之前的有利时机召开全区专利工作会议

2000年10月20日至21日,自治区人民政府召开了全区专利工作会议,各地、市分管科技和专利工作的副专员、副市长,各地、市科委(科技局)、高新技术产业开发区主任(局长),自治区各委、厅、局、行业办的领导,以及人民法院、海关、新闻单位、科研院所、高等院校、部分企业、各专利工作机构的领导300多人参加了会议。规格之高、规模之大、涉及面之广是前所未有的。

会议学习第九届全国人大常委会第17次会议修正的《中华人民共和国专利法》;普及专利知识、展示专利工作成就;表彰全区专利工作先进单位和先进工作者;总结、交流全区专利工作经验,部署今后全区的专利工作。自治区人民政府邀请国家知识产权局马连元副局长到会并作了"WTO与我国知识产权保护对策"的专题报告;自治区科技厅副厅长、自治区知识产权局负责人黎明智在会上作了题为"抓住机遇,奋起直追,努力开创广西专利工作新局面"的工作报告;最后,吴恒副主席代表自治区人民政府作了题为《认清形势,抢抓机遇,运用专利,促进发展》的重要讲话,他要求各级政府从战略的高度重新认识知识产权的重要性,抢抓机遇,运用专利实现广西经济的跨越式发展;并对各级政府、企业、院所和高校、各级专利管理部门、各级科技管理部门分别提出了具体的工作要求。与会代表,尤其是各地、市、部门的领导纷纷表示:要按照全区专利工作会议的要求,培育环境、加大宣传、支持督促,把本地区、本部门的专利工作抓起来,把专利工作纳入技术创新的全过程,运用专利制度促进技术创新。

(二)办好"专利与百姓——广西专利巡礼"展览

为配合全区专利工作会议的召开,2000年10月20日至23日举办了"专利与百姓——广西专利巡视"展览,这是广西首次举办的大规模专利成就展。这次展览展出了与百姓生活密切相关的100多项专利项目,同时也展示了广西近年来优秀专利成果。展览让人感到,专利就在我们身边,与我们息息相关。自治区吴恒副主席、国家知识产权局马连元副局长等领导、出席全区专利工作会议的全体代表、科技工作者、中小学生以及各界群众共8000多人参观了展览。应各地市的邀请,还陆续赴全区14个地、市巡回展出。

(三)制定出台了广西《加强专利工作,促进技术创新的若干意见》

为了贯彻落实《中共中央、国务院关于加强技术创新,发展高科技,实现产业化的决定》和全区技术创新大会的精神,充分发挥专利制度在我区技术创新中的作用,推动我区科技进步、经济增长和社会发展,由自治区知识产权局和自治区科技厅共同制定了《关于加强专利工作,促进技术创新的若干意见》,并经自治区人民政府同意转发至各地区行署,各市、县人民政府,柳州铁路局,自治区各委、办、厅、局贯彻执行。

《关于加强专利工作,促进技术创新的若干意见》共分四个部分(20条):一、切实加强领导,提高专利意识;二、切实加强企业、高等院校、科研院所及高新技术产业开发区的专利工作;三、营造有利于技术创新的政策环境、推动专利技术成果的产业化;四、完善专利管理服务体系,为技术创新提供必要的保障。该意见的制定,有力地推动了全区专利工作的开展。

二、努力营造技术创新的法律环境

(一)将专利保护纳入地方立法,强化专利保护力度

专利法的核心是专利保护,如果不加强专利保护,对专利侵权行为和冒充专利行为不依法严厉制裁与查处,将难以营造良好的技术创新环境。在实际工作中,专利行政执法越来越显得软弱无力,因此,加快地方立法工作尤显紧迫。自1997年6月开始,历时两年,广西壮族自治区人大常委会于1999年7月30日审议通过并颁布实施了《广西壮族自治区专利保护条例》,有效加强了专利管理机关的执法地位与手段,专利保护力度得以加强。截止到1999年底,我区专利管理机关共受理各类专利纠纷案件60多件,已调处结案58件,严厉打击了专利侵权行为,有效维护了专利权人的合法权益。1999年全区共申请专利1604件,比上年增长21.79%;2000年上半年全区共申请专利842件,同比增长7.81%。

(二)多部门联手开展抵制假冒、冒充专利商品活动,净化技术创新的社会环境

1999年,为配合"3.15"消费者权益日活动,自治区专利局会同自治区工商局、自治区版权局联合开展知识产权领域打假活动,同时把开展"抵制假冒、冒充专利商品"作为打假活动的重点。在此之后,自治区专利局还会同自治区贸易局、自治区技术监督局联合下发了《关于开展"抵制假冒、冒充专利商品"活动的通知》,通知规定了活动目的和要求、活动范围和内容、实施办法和时间要求,主要是对全区的大中型零售、批发企业的库存和在销商品进行全面检查,重点是专利产品和广告。凡涉及有专利这一语言、文字、标识的商品或广告,均在检查范围之列。

三、建立和健全企业专利工作制度,大力营造企业技术创新氛围

促进企业,尤其是国有企业成为技术创新的主体,全面提高企业技术创新能力,关键是要把建立健全企业技术创新机制作为建立现代企业制度的重要内容。所以,必须以市场为导向,加强技术研究开发和科技成果的转化与应用,切实把提高经济效益转到依靠技术进步和产业升级的轨道上来,使企业真正成为技术创新的主体。

几年来,广西认真贯彻落实《企业专利工作管理办法》,引导和帮助一批企业建立健全企业专利工作办法,做到领导、机构及人员的三落实。1996年,广西柳州建筑机械总厂制定了《专利工作管理办法》和《专利工作人员岗位责任制》等规章制度;广西化工研究院1998年制定了《广西化工研究院知识产权管理条例》。这些企业规章制度的推行,使企业的技术创新走向良性循环发展道路。

(一)以取得专利作为产品开发的目标,全面推动企业技术创新

柳州市建筑机械总厂是国家建设部定点生产预应力机具及张拉设备的专业厂,是一家集研究、开发、生产、营销和承担预应力工程施工于一体的国有综合型企业。现已具备年生产OVM锚具400多万孔,千斤顶(张拉机)2700多台,高压油泵1200多台的生产能力,大部分主导产品填补了国内空白,其专利产品"OVM锚具"、"液压提升装置"等,已成功应用于上海杨浦大桥、上海东方明珠电视塔、北京西客站、上海大剧院、首都机场机库等国家重大工程,并多次在国际招标中中标。

随着企业内部改革的深入,即使在厂内许多机构都被撤销的情况下,专利机构和人员不仅继续保留,而且得到了加强,归口到企业技术中心,纳入技术创新体系,走上了正规化管理的轨道。柳建机厂制定了几条措施:第一,每年的第一季度,厂长要亲自主持召开全厂专利工作会议,研究、布置当年的专利工作,并且拨出专款,作为当年专利工作储备资金;第二,制定了新产品开发要实行"四位一体"(技术、专利、论文、工法)同步实施,无法取得专利的产品不开发的方针;第三,聘请柳州市专利事务所所长担任企业长年专利顾问,以取得专利作为产品开发的目标,全面推动了企业的技术创新。到目前为止,该厂及属下企业共申请专利108项,已获专利权72项,成为广西的专利大户。

(二)建立技术创新激励机制,落实"一奖两酬"

广西化工研究院是创建于1958年的省级综合性化工科研单位,自专利法实施以来,该院共申请专利13项,其中发明专利9项,12项都不同程序得以实施,其中5项曾被列入国家重点推广项目。如"叶面宝"是该院1985年研制成功的一种植物生长调节剂,1990年列入农业部、中国专利局首批推荐支农专利产品,同年获广西科技进步一等奖,1991年列入国家火炬、星火计划项目,同年获中国专利优秀奖。该项目自开发实施10多年来,累计已在全国各地使用3亿亩次,创社会效益60亿元。"牲血素"是该院开发发明的一种仔猪补铁针剂产品,曾获广西

科技进步二等奖,2000年获中国专利优秀奖,到目前为止,该项目共创产值5000多万元,利税1000万元,创社会效益80亿元。

广西化工研究院近10项发明专利的先后开发成功并实施,形成了以专利产品为龙头的生产格局,关键是建立并推行技术创新激励机制,切实落实"一奖两酬"。《广西化工研究院知识产权管理条例》明确规定:"职工的智力劳动成果在本院实施后产生效益的,可按贡献大小享受技术权益,受益方式可按比例提成或配股等多种形式,享受期限为15年。"10多年来,累计共兑现"一奖两酬"奖励80多万元。

(三)动员社会力量在广大青年中间开展创新创效活动

为了引导全自治区广大青年职工增强创新意识,提高创新能力,推动技术进步和社会生产力的发展,增强知识产权意识,1999年9月由共青团广西区委和广西专利局牵头,会同广西创建青年文明号活动组委会、广西经济贸易委员会、广西科技厅、广西科协等六家单位共同组织了"在全区青年职工中开展创新创效"的活动。该活动在全区各行各业普遍开展的同时,确定了二十家试点单位,并且每年在全区表彰100项技术创新成果,自治区活动领导小组编印了《全区青年职工创新创效简报》,并通过新闻媒体和各种方式广泛宣传,营造有利于创新创效活动开展的良好氛围。该活动的开展,有力地推动了企业特别是国有大中企业的创新和专利工作的发展,许多企业的青年文明岗或创新小组在自己的工作岗位上涌现出一大批五小成果及相应的专利。

四、创办《百姓专利》电视栏目,大力营造技术创新的社会环境

由国家知识产权局办公室、广西电视台(广西卫视)和广西知识产权局联合创办了《百姓专利》电视栏目。其宗旨是:包装新科技,启发创造力,该栏目除了服务性以外,还是一个充满趣味的益智节目,现场的嘉宾和观众提出各种问题和奇思妙想,启发人去思考,去参与发明创造,从而推动全社会创新能力的提高。

该栏目自2000年元月2日开播以来,社会各界反映强烈。

(一)引起中央领导的重视和关注

国务院副总理温家宝今年4月2日晚在北京参观"专利法实施十五周年成就展"时,观看了广西《百姓专利》演播厅,并详细询问了此电视节目的内容、形式、播出时间、观众收视率及播出效果,并且说了几点意见:广西办这个固定的电视栏目开了一个好头,为专利宣传走出了一条新的路子;希望你们把节目内容办得更丰富,把节目办下去,而且要越办越好,让广大老百姓都了解专利。

(二)激发全社会的技术创新热情

《百姓专利》2000年已播出48期,共230多个项目,节目播出后共收到全国各地来信500多封,电话3000多次,需求意向人数达500多人次。2月25日,栏目第7期的环保项目播出后,先后有77个厂家要求接产;甚至远在澳大利亚的华人张屹峰先生在收看到该栏目播出的"植物纤维餐盒"等项目后,专门发来电子邮件,希望栏目组帮他联系购买技术事宜。9月3日,《百姓专利》第34期"甘蔗收割刀"等项目播出以后,广西钦州、玉林等地的两个农民拿着各自制作好的"甘蔗剥叶刀",要求申请专利保护。

(三)推动全区中小学的发明创造活动的开展

《百姓专利》栏目2000年全年播出的48期,有5期是专门为中小学生制作的,目的是启发中小学生的发明创造力,是学校推行素质教育的有益补充。栏目还把全国青少年发明大赛广西赛区现场决赛制作播出,从而推动了全区中小学校课外发明创造活动的开展。

广西卫星电视是西南地区影响最大的现代传媒之一,现已进入除台湾以外的近30个省市区的350个地级以上的有线电视台。通过电视这一观众最多的媒体,让老百姓了解专利,让家家户户关注专利的目标将逐步成为现实。

今后,我们将着重做好以下工作:

1. 加大专利法律法规和专利知识的宣传力度,进一步提高对专利工作在技术创新、产品创新中重要作用的认识;

2. 把专利技术作为技术创新的知识源和技术源,运用专利技术,推进技术创新,采取有力措施,切实加强专利技术实施;

3. 培育、营造专利权人与投资者结合的环境,促使专利技术转化为产品、形成产业;

4. 有重点有步骤地推进企业专利工作,引导企业加强专利管理、建立企业内部激励机制;

5. 进一步建立健全全区专利工作体系;

6. 加快专利信息系统建设,充分利用专利信息资源;

7. 强化专利执法,维护公平有序的市场经济秩序。

(广西知识产权局　宋洪浪　蔡穗南)

海　南　省

[专利管理]　海南省专利管理局成立于1988年8月,1996年至2000年从省科技厅中分出,在2000年的机构改革中更名为海南省知识产权局,仍属省科技厅的内设副厅级局,负责全省专利管理以及协调全省知识产权工作部门工作。现设知识产权协调管理处、知识产权实施处,编制12人(含正副局长各一名),局长由省科技厅一名副厅长兼任。

截止到2000年底,全省专利申请累计2924件,其中2000年501件,比1999年增长34%。专利实施产值累计17.9亿元;创税利1.253亿元;取得了较好的经济和社会效益。

2000年,在宣传培训方面,海南省知识产权局先后9次组织人员深入基层宣讲知识产权知识;为省内100家企业免费赠订《中国知识产权报》;并邀请国家知识产权局4位专家来琼举办了有110名企业专利工作者学习的培训班。

在专利行政保护工作方面,共调处外观设计专利纠纷8起,没收侵权模具4套,销毁侵权产品45000件,为专利权人收回经济损失赔偿金39500元。此外,还组织人员修改了《海南省专利管理局专利纠纷调处工作规程(试行)》和《海南省专利保护条例(送审稿)》,努力改善我省的专利管理工作。

在企事业单位专利试点工作方面,海南省知识产权局共与15家企事业单位签订了共同开展专利工作试点的协议书,先后7次深入试点宣讲知识产权知识,帮助和敦促试点企业做好机构、人员、制度的"三落实"工作,使这些试点企业专利申请量逐年增加,专利实施也取得了较好的效益。

在促进专利技术产业化方面,为客户提供专利检索服务193次,向企业推荐专利技术85项,组织6家企业参加全国性专利技术(产品)博览会,指导8家企业进行专利许可贸易,比较有效地促进了专利技术的实施。

[版权管理] 海南省版权局于1992年5月成立,在海南省新闻出版局挂牌,独立行使版权管理职能。在2000年机构改革中,撤消作为海南省文化广播体育厅内设局的海南省新闻出版局,海南省文化广播体育厅更名为海南省文化广电出版体育厅,保留海南省版权局印章,由海南省文化广电出版体育厅图书音像版权处具体负责本省著作权行政管理职责。

2000年海南省版权局审核登记出版境外图书合同79份;计算机软件著作权合同11份;受理调解版权纠纷4起;进行作品自愿登记16部;接待版权咨询二十余人次。配合我省文化市场管理部门打击侵权盗版活动,鉴定各类出版物69种,其中图书42种;期刊4种;光盘21种;录像带2种。开展著作权法宣传普及工作,在《海南日报》刊登普法专版;组织全省新闻出版系统各单位参加新闻出版署主办的普法知识竞赛和国家版权局主办的"全国版权与版权贸易知识竞赛"。继续开展新闻出版系统"三五"普法工作,组织全省新华书店系统法律知识考试;认真做好全系统"三五"普法总结验收工作。通过普法宣传教育工作,进一步提高了我省广大新闻出版从业人员的法律意识和依法行政、依法管理的水平和能力。

(海南省文化广电出版体育厅
图书音像版权处　于红艳)

重 庆 市

2000年,重庆市知识产权局紧紧围绕市委、市政府的中心工作,贯彻国家关于专利工作的方针、政策,突出为技术创新服务,坚持"大管理"的思想,抓好专利行政执法,推广专利技术,加强宣传培训三项重点任务。在全局同志相互配合与共同努力下,圆满完成了年初预定的目标任务,推进全市专利工作有较大发展。

今年,全市专利申请量呈较大幅度增长。全年申请专利1780件。比1999年的1275件增长了39%,高于全国平均增长水平。在申请的专利中,发明专利231件,占13%;实用新型专利930件,占52%;外观设计专利619件,占35%。在三种专利申请中,个人申请1153件,占65%;企业申请551件,占31%。到2000年底,授予重庆地区专利权1158件。其中,发明专利56件,实用新型677件,外观设计425件,所占比例分别为5%、58%和37%。在31个省市自治区年专利申请总量的排位由第23位上升到第21位。社会专利保护意识不断增强,各级领导对专利事业的发展给予了重视和很大的支持,专利工作领域不断拓展,增强了与相关部门之间的工作协调。

一、突出重点,开拓进取

1. 开展商品流通领域冒充专利的检查处理活动。我局会同市商委就开展此项活动联合发文,培训主城区12家商场管理专利产品的业务骨干20多人,采取商场自查自检,对有专利标识的产品进行登记造册,然后由市专利管理局和市商委联合组成检查小组进行核实和抽查对组织工作落实、措施得力、有工作成效的重百大楼等九家综合性商场(店),授予"无冒充专利示范商场(店)"的铜牌。此次活动共清理有专利标识的商品2000余件,对厂家未提供专利证书和专利年费发票的产品均作下柜处理,查处冒充专利两件。通过这些工作,我市首次将专利商品的规范化管理纳入了商业部门的质量管理体系中,促使他们对专利商品管理进行建章建制,提高了商场的信誉度,同时树立起专利行政执法的形象,促进了社会专利意识的提高,受到了人民群众的好评。

2. 首次在渝举办了全国专利代理人资格考试和考前培训班,国家知识产权局每两年举行一次全国专利代理人统考,并在全国选择个别省市布点考试。今年,经我们全力争取,国家知识产权局批准在重庆设考点。为此我们邀请国家知识产权局审查部的12位专家来渝授课,并组织了全国10个省市的近500人(次)参加资格考试和考前培训班,重庆地区共有100多人(次)参加,万州区专利事务所颜冲同志获得重庆考点总分第一名。培训班为我市培养了一批专利工作的专门人才。

3. 首次建立起专利申请费资助制度。在市科委的支持下,今年在我市建立起20万元的专利申请资助资金,这在西南地区属首家。这项制度旨在通过对技术适用、市场前景好,但缴纳专利申请费困难的职务和非职务发明的专利申请实施经费资助,鼓励发明创造,迅速提高我市专利申请量,并从中发现具有推广价值的专利技术,组织实施。现已对"碾摆式无级变速装置"、"一种制备纳米氧化锌的生产方法及装置"、"一种制备纳米氧化锌前驱体的装置"等三项专利技术的申请费给予资助。接受资助的发明人非常激动地告诉我们：政府部门资助我们申请专利的经费，使我们得到实惠，但更重要的是我发明创造的成果得到政府的认定，使我感到振奋。

4．建立起中国专利信息工程重庆网站。在国家知识产权局的支持下，2000年8月，“重庆专利网站”正式开通。它具有专利管理和专利信息检索服务的功能，配备了欧洲、日本、中国的专利数据库，有专利文献100多万篇。上联“因特”网，下接专利局各业务部门和企事业单位，为他们提供专利信息的服务，对外开展专利信息检索服务，全年向企事业单位提供专利信息144篇，使专利管理实现自动化。

二、推进日常工作的顺利发展

（一）宣传专利知识，培训专利人才，营造宏观环境

我市地处西南边陲，知识产权保护意识淡薄，搞好宣传培训工作，使知识产权保护深入人心，是我们的首要任务。

1．召开七次新闻单位座谈会和信息发布会，充分运用新闻大众媒体的传播功能宣传专利制度，先后就“重庆地区两单位、一人受到国家表彰”、“举办全国专利代理人资格考试和考前培训班”、“纪念专利法实施15周年”、“专利法修改实施情况调查”、“开展青少年‘创新之星’活动”、“我市实施专利申请费资助制度”等内容向新闻单位通报信息，在报刊和电视上发表专利信息40多次，在社会上形成较大的反响。配合国家知识产权局和中央电视台筹拍“中国专利西部行”和“全国青少年创新之星”电视系列片，撰写重庆地区电视拍摄脚本，筛选推荐重庆地区五个单位和六项小发明作为拍摄对象，现已在中央电视台播出。组织编辑“重庆专利技术集锦”一书，收集实施效果显著、市场前景好的专利项目80多项，展示重庆专利工作的丰硕成果。

2．全年培训专利人才500多人。组织350多人（次）参加全国专利代理人考前培训和专利工作者培训班以及资格考试；深入企业和区县宣讲专利法，为嘉陵厂、宗申集团、铜梁县等培训科技开发和管理人员150多人。

3．开展专利政策和知识产权相关法律法规的咨询，服务于社会。随着知识经济的观念日益深入人心，人们对知识产权保护的愿望增强，愈来愈多的人急需了解和掌握专利保护知识，上门或电话询问有关专利申请、专利技术转化、专利纠纷调处等问题应接不暇。今年以来，共接待并提供免费咨询1000余件（次）。如巴南区中学高二学生刘旭，发明了一种语音提示鞋柜，我们给予专利咨询后，申请了专利，并被选为参加全国“创新之星”大赛作品之一。

（二）强化专利行政执法，维护专利权人的合法权益

专利行政执法是法律赋予地方专利管理机关的主要职责，是依法治国的重要表现形式之一。调处专利纠纷、查处冒充专利和假冒专利是专利行政执法的三项任务。发挥行政机关及时快捷地处理好专利纠纷的优势，有利于保护专利权人的合法权益，维护市场经济的正常秩序，树立专利管理机关执法者的形象。今年，我局对付元竹就“摩托车离合器”诉嘉陵实业公司九龙分公司，重庆啤酒股份有限公司就“啤酒瓶、箱”诉荣昌、永川、璧山三个直销点侵犯外观设计专利权等四项专利纠纷进行立案，并全部调解处理。对广西黑五类集团公司“黑芝麻糊”、广东兰月亮集团公司“兰月亮洗涤系列产品”、大渡口区望海公司“电子闪光器”等冒充专利行为立案调查，并给予限期整改、罚款的处理。现尚有3项疑为冒充专利的行为正在调查中。

在开展专利行政执法过程中，采取向社会公布执法电话，接受举报，深入现场调查取证，主动出击等举措在全市范围内开展对冒充专利的查处活动，对一些重点企业如“华陶公司”进行专利纠纷处理的现场办公等措施，快捷、稳妥、灵活地行政执法方式，有效地保护了专利权的合法权益，受到企事业单位和发明人的普遍欢迎。华陶公司外观设计专利权屡屡被人侵权，常感头痛，产生了专利权得不到保护不如不申请专利的想法。我局得知这一情况后，即由局长带队赴企业深入了解情况，并帮助企业确定了维护其专利权和产品市场的一系列保护措施，使企业专利意识和专利权保护措施都得到增强。张民总经理感激地说：“专利管理局为保护重庆企业的合法权益，不辞辛苦，上门服务，我们非常欢迎这样的政府部门常到企业来指导工作。”

此外，我局还同市公安局、重庆海关等部门加强联系与合作，就假冒专利的查处程序和专利产品进出口申报程序的问题进行协商，达成共识，开展联合执法。下半年，我局配合市公安局端掉一生产、销售假冒“百事可乐”外观设计专利瓶装饮料的窝点，受法院委托，组织专家对“环绕变维建筑设计”发明专利诉讼进行了技术咨询。

有效的专利行政执法，扫除了专利权人的后顾之忧，同时，又极大地调动了人们发明创造的热情，促进我市专利申请量的快速增长。

（三）促进专利技术实施，增强重庆经济建设的发展后劲

我市每年申请专利1000多项，但非职务发明的转化率很低，专利技术对经济发展的潜力难以得到充分发挥。我局在无转化实施资金的条件下，主要采取组织专利项目进行展示和参加技术贸易活动，为专利技术向现实生产力转化牵线搭桥。今年，组织了“补肾防喘片”、“藿香正气口服液”、“双芩口服液”、“急支糖浆”、“一种用于治疗头痛的药物”、“一种治疗偏头痛的药物”、“一种健脾开胃的中成药”、“急支颗粒”等八种药物的制备方法或工艺技术，JH125、JH125——G、JH150E三种摩托车外观设计专利技术，“便携式血液透析机”、“辨钞药水笔”、“高强度聚焦超声肿瘤治疗系统”、“摩托车双向可控超越滑行节能器”、“模糊控制技术”、“双曲柄少齿差减速器”、“保洁鞋套”等24项专利技术参加国家知识产权局在北京和西安举办的“专利法实施15周年成

就展”和“全国第九届专利新技术、新产品博览会”，获优秀组团奖和最佳组团奖。我们将组织参加“重庆高交会”作为年度重要工作之一，精心安排，认真实施，首次举办了“重庆专利技术演示洽谈会”。推荐“易变组合摩托车”、“扫雷防爆防护装置”、“拉膜垫”、“多功能防盗窗帘”、“高抗震建筑及其生产工艺”、“平面砂带磨削及其控制方法”、“快速安全扣件”、“薄壁不锈钢异形铸件的应用方法”、“凸轮式超越离合器电启动装置”、“金融卡控权终端数据传输交换装置”等10项技术先进适用、市场前景好的专利项目，采取现场实物样品表演的形式，揭示其技术关键和功能作用，给技术需求方以真实可靠的感受。再通过专利权所有人与专利技术需求方直接见面洽谈，促进专利技术转化。这项活动在高交会上受到参观者的普遍欢迎。同时，我们还举办了“技术创新与知识产权保护”专题讲座和专利知识咨询服务，进行专利法的宣传普及。2000年，完成了1000余项专利信息的收集、整理、编印及分析工作；全年登记认证专利许可合同8项，超额完成市科委下达的500万元利润的任务。首次与银行合作试行专利权质押贷款，为“内极式锌锰电池”质押给亚太(香港)国际投资有限公司和“超声聚焦刀”等三项专利技术质押给高新区银行办理了专利认证手续，质押贷款额4300万元，为专利技术的转化开辟了一条新的途径。

专利技术的实施产生了显著的经济效益。据对12家企业的调查，共实施专利技术62项，实现年销售额5.46亿元，利税1.15亿元，创汇622.7万美元，节支4894.7万元。太极集团涪陵制药厂实施“补肾防喘片的制备方法”等6项发明专利技术，共实现销售额3.8亿元。重庆跃华集团实施“饮料周转箱”等14项专利技术，年销售额达2004万元。

以抓好试点企业和示范工程为契机，以点带面，推动企业专利工作。依照国知局的要求，组织对太极集团有限公司、中国嘉陵工业股份有限公司两个国家级专利工作试点企业和重钢公司“钢铁材料及微电子技术”等4个专利技术产业化示范工程项目进行检查验收，并顺利通过国家评审，转入新一轮的试点和示范。同时，遴选我市8家企业的31项专利技术作为第二批国家级“促进专利技术产业化示范工程”预选项目。由国知局批准，新增重庆海扶科技有限公司“超声聚焦刀”等6项专利为国家级示范工程项目。

通过一年的共同努力，专利试点企业和示范工程项目都有了较大的发展。嘉陵集团建立了以集团负责人为主、相关部门参加的专利委员会，注重专利法的宣传普及，不断增强企业专利意识，开展专利战略的研究与运用，充分利用专利文献信息，加速产品开发周期，切实实行专利“一奖两酬”制度，调动职工发明创造的积极性。企业已累计申请专利71项，授权66项，使企业自主开发的摩托车都拥有了知识产权。专利技术的实施已累计实现销售收入265亿元，创利税47亿元。其中，“JH——125”是唯一获得“中国专利金奖”的外观设计专利，受到国家知识产权局吴伯明副局长的称赞。

重庆太极集团董事长对知识产权保护工作极为重视，亲自抓企业自主知识产权的创新工作，并做到机构、人员、制度、经费、奖惩五落实，使企业实现了跨越式发展，跻身重庆工业50强和全国医药行业第3名的行列。企业累计申请专利48项，获权36项，生产的骨干产品都获得专利权。“藿香正气口服液”和“补肾防喘片的制备方法”分别获得第五届和第六届“中国专利金奖”，“天通软胶囊”已向德国专利局提出了专利申请，为企业进入国际经济大循环，产品进入国际市场奠定了基础。专利技术的实施取得显著经济效益，“补肾防喘片”产品年新增销售额7200万元。

(四)理顺关系　加强专利工作的宏观管理

1.实行机构改革。依照市委的决定，市专利管理局更名为重庆市知识产权局，由事业单位性质改为行政机关，是市政府负责全市专利工作和负责知识产权对外联络的主管部门。依照市里批准的“三定”方案，市知识产权局承担着在全市贯彻党和国家关于专利工作的法律、政策，专利行政执法，专利技术推广应用和专利法宣传培训等管理和执法的职能。由此理顺了专利管理机构的性质关系，解决了10年来遗留下来的问题。同时，通过实施“三定”方案，明确了知识产权局的职责任务，理顺了其地位和作用；编制专利行政机关资金计划，理顺经费关系；解决知识产权局工作人员的公务员身份，理顺人事关系。此外，在市委和市政府办公厅争取到将知识产权局作为县团级单位发文，理顺了信息传递渠道。通过理顺关系，为知识产权管理和执法工作开创一个良好的环境。

2.开展“技术创新中的知识产权保护对策研究”，提出“关于在技术创新中加强知识产权保护的意见”19条，部分内容被市委、市政府采纳，写入《中共重庆市委、重庆市人民政府关于加强技术创新，发展高科技，实现产业化的实施意见》中。将“重庆市专利工作的现状及对策研究”争取列为国家知识产权局软科学研究项目。力求对汽车、摩托车、医药化工行业及其它重要领域的专利的战略运用，专利保护的现状及问题进行分析，提出对策、建议供市领导决策。现项目正在研究中。

3.统一思想，推进专利事务所管理的改革。依照国务院有关文件精神，组织我市7家专利事务所负责人召开脱钩改制研讨会，就事务所目前面临的形势和下一步发展方向及工作思路进行专题研究，提出坚持贯彻国务院文件精神，充分做好各项准备，积极稳妥地实现事务所脱钩工作。保证代理人不散，代理业务不减，完成专利事务所年检登记工作。

4.筹建“重庆市知识产权研究会”。发展139名个人会员，43个团体会员；经筹备组推荐，初步形成研究会组织机构建议名单，完备开办手续，待适当时间召开成立大会。

5.与市相关部门协调配合，提高工作效率，积极争取国家知识产权局的支持。2000年初,专程赴京向国家局领导汇报重庆工作,并邀请到王景川常务副局长抵渝指导工作;凡国家局召开的会议,无论人手和经费再紧,也要派员出席。邀请国家局6个部门的20多位专家,来渝考察和授课,宣传重庆,加深相互了解。同时,与市里的经济主管部门和专业管理机构加强联系,共同推进专利事业发展。

6.抓好行政管理,为业务工作服务。明确干部的待遇,任命调研员1人,助理调研员1人。完成职工住宅货币分配的调查摸底和报批工作;努力争取改善专利管理机关的办公用房和职工住宅条件;注重职工文化知识和业务技能的学习,为职工举办为期两个月的微机培训班,派出参加组织、人事、工资、财务、升级、纪检等各种专业培训10人次;支持4位职工参加学历证书的学习。坚持高质量编发公文,树立行政执法机关的形象,全年共印发文件资料145份,收发文201件,用印3778次。及时处理人民代表建议和政协委员提案,妥善答复人民来信。

三、抓好思想建设,提高凝聚力

坚持每月一次的政治理论和时事政治学习,过好组织生活,关心职工生活和思想动态,交心谈心;坚持民主集中制管理,大事由局长办公室议讨论决定。全局同志树立起"有为才有位"的思想,面对目前办公用房紧,业务经费缺口大,人员结构不合理,机构级别低但任务重的困难,主动完成本职工作,发挥不怕艰苦,团结奋战的精神,树立为人民,为发明人服务的思想,杜绝了机关"三难"现象,待人接物耐心仔细、热情周到,工作效率不断提高。

(重庆市知识产权局局长　杨民宪)

四　川　省

[基本情况与年度特点]　2000年,四川省知识产权保护工作的基本情况如下:

一、共申请专利4496件,比上年增长22.31%;专利授权3218件,比上年增长10.17%。其中申请发明专利759件、实用新型专利1954件、外观设计专利1783件,分别比上年增长了24.63%、8.3%、38.22%。企业申请专利1365件,高校、科研院所申请专利251件,机关团体申请专利31件;分别比上年增长了34.21%、18.96%、72.22%;全省申请职务发明专利1647件,比上年增长32.39%;占当年申请总量的36.63%,比上年的33.90%增加了2.73个百分点。专利申请量和专利授权量均居全国第9位。全年共受理专利案件112起,其中假冒、冒充案件35起,专利纠纷77起。结案率、案件审结正确率是近几年最高的。

二、共申请注册商标5501件,已批准注册商标3803件,变更746件,续展204件。全省累计注册商标45383件,其中"全兴"商标被认定为"驰名商标"。至此,四川省共有7件驰名商标(其余6件是:"五粮液"、"泸州老窖"、"郎"、"长虹"、剑南春"、"地奥"),新认定39家企业的商标为全省著名商标;各市州认定知名商标359件。

三、版权保护工作。一是对开展版权保护试点工作的企事业单位进行了验收,全省15家企事业单位均验收合格,第二批试点单位已基本确定。二是加大了对盗版案件的查处力度,查获了一批有影响的盗版案件。三是开展了正确引导消费者抵制盗版的宣传活动。

年度特点:一、专利工作:(一)2000年专利申请量突破4000件,比上年的3676件增长840件,增长幅度达到20%以上,是"九五"期间增幅最高的一年。专利授权量突破3000件。(二)专利宣传深入发展,社会公众的专利意识得到提高,接受专利宣传的人数大幅度增加,接受教育和宣传的人民群众超过百万人次。(三)市、州专利执法工作开始步入正轨。全省共受理专利案件112件,其中54件是市、州专利执法人员查处的。(四)专利工作紧紧围绕省委、省政府的中心工作,为我省的"六大支柱"产业服务。省知识产权局专门邀请国家知识产权局专利局的中药专利审查员来川,帮助、指导中药企业的专利申请和知识产权保护,先后到雅安"三九"药业集团公司、迪康药业集团公司、太极药业集团公司等企业调研并指导专利和知识产权保护工作。省、市(州)知识产权(专利)局加大了为企、事业单位服务的力度,仅省局就走访50多家大、中型企业。为企业送专利技术信息,为企业提供专利法律服务,为企业的技术创新工作出谋划策,为培训企业专利工作者200多名,帮助19家专利试点企业建立了专利管理制度。

二、商标工作:重点在"三个领域"取得突破。在生产领域重点查处了有组织、规模大、性质比较严重的侵权假冒商标违法行为;在流通领域加强了对商品交易市场和商品展销会的商标监管,重点查处了批发环节经销假冒商标商品的违法行为。在印制领域,重点查处各类商标印制企业印制侵权假冒商标标识的行为,特别是加强了对非指定印制商标企业的检查。全省共检查商标印制单位1391户,占应验证企业的90%。取缔了一批无证无照、证照不全的非法印制商标的"黑窝点",从源头上堵住了侵权假冒商标行为。同时,对全省药品和烟草制品商标印制企业重新进行了调查和审核,更换了商标印制企业证书。

三、版权工作:一是随着全省21个市州反盗版联盟地方工作站的建立,标志着全省反盗版工作体系已初步建立;二是企事业单位的版权保护试点工作取得丰富经验,为在全省全面开展企事业单位版权保护工作探索了一条路子;三是打击盗版力度大成绩明显。

[知识产权保护]　专利保护工作在全体专利执法人员努力和有关部门大力支持下共查处了35件假冒、冒充专利案件,调处77件专利纠纷,结案率达91%,案件审结正确率达到100%。专利行政执法

案件审结质量较高,迄今还没有一件错案。四季度,全省专利执法人员积极参与全国打假联合行动。省知识产权局法律事务处与省质量技术监督局、省工商局积极配合,共同查处了12起假冒、冒充专利和专利侵权案件;12月19日又会同省公安厅、省质监局一举端掉了眉山市东坡区5个制假侵权窝点。乐山市专利局根据四川省知识产权局等六部门的统一安排和要求,派出执法人员与乐山海关、乐山出入境检验检疫局一起对进出口机电产品使用UL标志情况进行了执法检查。各市、州十分重视地方性专利保护规章制度的制定和完善,内江市制定了《关于进一步加强知识产权保护工作的实施办法》,泸州、宜宾市也分别以市政府名义下发了《专利保护及管理规定》。

全省各级商标管理机关,认真贯彻国家商标局"以保护为中心,以办案为重点"的工作思路,结合"两整顿"和"红盾百日执法行动"。严厉查处了各项商标侵权假冒违法案件。

(一)开展了驰名商标和著名商标的专项保护活动。成都、德阳、泸州、绵阳、乐山、宜宾等地分别开展了对"长虹"、"泸州老窖"、"五粮液"、"黎红"、"剑南春"、"绵竹"等驰名、著名商标的保护工作,检查生产、批发、销售企业5516户,查获侵权商标商品538275件,收缴侵权商标标识13658套,收回13家企业的《营业执照》。在对跨地区案件查处中,各地工商部门打破地方保护主义,积极支持,互相配合,查处了一批侵犯"茅台"、"娃哈哈"商标权的案件。达州工商局积极配合海南省工商局,在当地查获一批假冒"椰树"饮料的大案,案值超过10万元。

(二)开展了对商标侵权重点地区的专项整治工作。对成都、泸州、宜宾、德阳、绵阳等商标侵权较为严重的地区,组织人力物力进行了专项整治,有效打击了商标侵权者的气焰。

(三)开展了证明商标专用权保护行动,共查处了假冒、仿冒"郫县豆瓣"、"涪陵榨菜"、"加碘食盐"等违法行为40余起。

(四)开展了服装、化妆品和汽车维修等行业专卖店清理整顿工作。共清理、查处侵犯"奔驰"、"通用"、"丰田"、"依维柯"等10余种名牌汽车商标权的维修店、专卖店1391户,以及一批服装、化妆品、专卖店的商标侵权行为。

2000年,共查处违法案件3276件,其中商标侵权假冒案件1939件,一般商标违法案件1337件,收缴假冒商标标识827万套,罚款293万元。与1999年相比,查处商标违法案件总数、罚款额均有大幅度增长。

版权工作加大了对盗版案件的查处力度。省版权局执法人员按照"扫黄、打非、禁盗"集中行动的要求,采取多种形式,重点打击各种盗版行为,先后查获了一批有影响的盗版大案要案。重点对成都市各类出版物市场反复进行清查,净化出版物市场环境,加大了汽车货场、电影放映市场、制造盗版窝点、盗版使用单位个案查处力度。先后依法查处了成都通达音像盗版案、罗成国盗版案、使用AUTODESK盗版软件案、双流印刷二厂盗印教辅案等一批有影响的盗版大案、要案。收缴盗版图书、音像制品、电脑软件等共计43200余册(盘)。省版权局联合省反盗版联盟,在全省21个市州建立了省反盗版联盟地方工作站。

[知识产权法律法规的宣传与培训] 专利法律法规的宣传培训:一是各市、州十分重视专利宣传工作,专利管理机关的领导亲自上阵,直接组织参与宣传工作,起到了较好的带头作用。二是宣传方法灵活,形式多样。许多市、州把专利宣传与科普宣传、法制宣传"三下乡"结合在一起,携带专利及知识产权资料和自编的《农村实用专利技术专辑》等,邀请专利发明人到田间地头,向农民群众作宣传示范,受到热烈欢迎;三是加大了对企事业单位的宣传。许多市州对当地的扩张型企业、国有大中型企业和民营企业开展了重点宣传,直接指导企业认真落实专利工作制度,帮助企业制定激励申请专利的政策规定和措施。四是继续加强了对县处级以上领导干部的宣传。雅安、阿坝、巴中、广安、眉山、遂宁等市、州邀请省局领导为当地党委、政府中心组作关于"知识产权与WTO"、"企业专利战略与入世"的专题报告。自贡市专利局为市政府中心组送去了新修订的《专利法》,并对学习《专利法》做了辅导。全省共有500多名县处级干部参加了专利知识讲座或接受了短期培训。五是加强了同新闻媒体的合作与联系,进一步扩大了专利宣传范围,提高了专利宣传质量,增强了专利宣传效果。省知识产权局在2000年与四川省电视台紧密合作,共制作了"入世与知识产权保护"、"西部大开发与知识产权保护"等6个专题节目,先后在省内数家电视台播放。六是加大了专利培训工作的力度。省、市两级各举办了5期专利培训班。眉山市5月份举办的全市科技型企业厂长、经理和科技先进乡镇长专利培训班,对企业触动很大,反响强烈。

商标法律法规的宣传培训:各市州商标管理机关积极配合省政府的"名牌战略",通过报纸、电视等新闻媒体,宣传《商标法》;省局组织了2000年商标代理人资格考前培训和代理人资格考试。

版权法律法规宣传培训:为纪念《著作权法》颁布10周年,省版权局、省版权保护协会于11月20日联合举办了版权与版权贸易知识培训班,全省图书、音像出版社以及企事业单位、版权保护试点单位人员共40多人参加了培训。组织全省有关单位和人员参加了"全国版权与版权贸易知识竞赛"活动,共上报答卷3600多份。为维护消费者的合法权益,创造一个"使用正版、抵制盗版"的良好氛围,3月15日"消费者权益保护日",四川省版权局、四川省反盗版联盟和四川省外文书店、西南书城在成都开展了声势浩大的著作权法宣传和"反盗维权"活动,紧扣"明明白白消费"的主题,认真回答人民群众的咨询,散发了《如何识别盗版图书》、《四川省反盗版措施体系》、《四川省反盗版联盟成立大会专辑》等宣传资料。《四川省版权信息网站》于10月份开通。该网站以宣传《中华人民共和国著作权法》及其相关法律法规,维护著作权人的权益为目的,致力于促进和发展四川版权保护事业,为文学、艺术和科学作品的创作繁荣和广泛传播服务,为实施西部大开发战略服务。该网站已开通了版权行政管理、版权保护组织、版权服务指南、版权法律法规、版权保护信息、版权作品公告、留言板等栏目。

[**知识产权对外交流工作**] 为迎接我国加入WTO,2000年,四川省知识产权外事工作开展得十分活跃。3月下旬,美国知识产权律师协会一行来川访问考察,与正在参加全省专利工作会议的代表对话,和省商标版权界的专家学者进行了工作交流。4月和9月,美国驻成都总领事馆吴志祥总领事和加拿大驻重庆领事馆商务主任熊玉菲女士到四川省知识产权局考察四川省知识产权保护情况。8月下旬,四川省知识产权局接待了来川访问考察的法国工业产权局局长一行,四川省知识产权研究会组织近百人参加了"法国工业产权制度最新发展"专题报告会。12月份接待了来川访问的日本企业知识产权管理协会的专家,在成都举办了一场中日企业知识产权管理研讨会。省版权局先后举办了"中美电子音像制品版权保护研讨会"、"中美网络与知识产权保护研讨会"。通过一系列的外事活动,增加了全省知识产权界的对外交流,扩大了视野,同时也宣传了四川的知识产权工作,展示了四川对外开放的良好形象。

[**机构改革情况**] 2000年,省知识产权管理机关发生了较大的变化。

一、根据《四川省人民政府机构改革方案》,四川省专利局更名为四川省知识产权局。5月,中共四川省委、四川省人民政府宣布任命了四川省知识产权局党组成员名单和局领导班子组成人员。彭言智任党组书记、局长,陈本发、李敏任党组成员、副局长。8月,四川省机构编制委员会下发《关于调整省知识产权局职能和内设机构的批复》,四川省知识产权局作为省政府的直属部门,主要职责是:主管专利工作;负责统筹协调涉外知识产权事宜。原省科委承担的省知识产权办公会议的日常工作交由省知识产权局承担。局内设机构及名称亦有调整,设办公室、规划发展处、法律事务处、协调管理处、宣传教育处和机关党委,人员编制及领导职数保持原编制不变。全省21个市、州,除成都市、凉山州外,都设立了专利管理机构,其中,资阳、遂宁、巴中、达州、眉山市设立了知识产权局(办),德阳市专利局是全省唯一直属市政府领导的一级局。

二、四川省工商行政管理局商标处改为四川省工商行政管理局商标分局,编制人员由原来的6人增至17人,内设综合、管理、案件三个科。配备一名局长、二名副局长、一名调研员。现任局长陈奇伟,副局长王逸平、郝力,人员得到充实,领导力量得到加强。市、州工商行政管理局都设立了商标管理科。

三、四川省版权局与四川省新闻出版局合署办公。局长:李正培;副局长:莫世行、魏善和、何志勇。魏善和分管版权工作。内设版权处,黄煜任处长,张万富任副处长。为加强各市、州打击查处盗版行为的力度,在全省成立反盗版联盟的基础上,2000年又在21个市州成立了四川省反盗版联盟地方工作站,全省反盗版工作体系初步形成。

[**运用专利制度促进技术创新工作**] 2000年,全省专利管理机关把运用专利制度,促进企业技术创新作为一项重要工作来抓,收到较好的效果。一是企业专利申请比上年增长了348件,增长率为34.22%,超过全省平均增长率12个百分点。企业的专利申请量稳步增长,企业自主知识产权增加。特别是长虹电子集团公司、攀枝花钢铁集团公司、五粮液集团公司、四川石油管理局等大型骨干企业坚持技术创新,继续保持了申请专利的旺盛势头,长虹电子集团公司平均每五天开发一件新产品,每三天申请一件专利。二是专利试点企业的专利工作继续保持良好的发展态势。省知识产权局、省经贸委对19家省级专利试点企业的专利工作情况进行了检查验收,14家企业成绩显著。他们的共同点是,领导决策层重视,配备了专职管理人员,设立了专门的工作机构,办公有场地,划拨了专项经费,管理制度完善健全,专利工作基本纳入企业日常的生产经营轨道,有力地推动了企业技术创新。三是"促进专利技术产业化示范工程"取得显著成绩。据不完全统计,25个省级"促进专利技术产业化示范工程"项目的承担企业在这些项目上的总投入累计2750万元,专利产品年总销售额累计4.4亿元,实现利税9075万元,6个项目进入国家级"促进专利技术产业化示范工程"。四是继续加大对专利实施的资金投入。2000年,省财政在上年100万元的基础上增加了50万元,共扶持了24个实施项目。除省级实施资金外,攀枝花市专利局在市科委的支持下,以科技立项的形式重点扶持专利项目的实施,为"复合钢包调渣剂"专利技术的实施给予30多万元的支持。绵阳市为全面启动国家级"专利城市试点"工作,建立了技术实施引导资金,首期安排20万元,选取了拥有较多自主知识产权的科德机械公司、长风电工设备厂作为帮扶对象。五是市、州专利实施工作有了较大发展。德阳市专利局深入基层指导企业实施专利技术,帮助企业建立专利制度,全年共实施150项专利技术,创利税1.8亿元。攀枝花市2000年专利实施率达到54.7%,新增产值5.2亿元,新增利税1.06亿元,创汇1000万美元。地处老、边、穷、山区的巴中市,根据当地实际选择了三个优势企业开展"企业专利工作试点",取得了显著的宣传、示范效果,带动全区实施专利32项,累计实现产值2.12亿元,利税4800万元。据不完全统计,全省共新增实施专利技术458项,新增产值74.48亿元,新增利税12.77亿元,节约资金65亿元,出口创汇2021万美元。分别比上年增长57.93%、10.59%、6.05%、48.04%、53.03%。

[**表彰奖励先进**]

1.2000年1月,四川石油管理局、德阳市专利局、四川省知识产权局法律事务处,被国家知识产权局、人事部评为全国专利系统先进单位;德阳市专利局局长华景和被评为全国专利系统先进个人。

2.2000年3月,四川省知识产权局和四川省人事厅在全省专利工作会议上,表彰奖励了近3年来在专利工作中做出显著成绩的先进单位和个人。德阳市专利局等12个单位,许祥述等15名同志受到表彰和奖励。

3.2000年9月,四川省知识产权局表彰奖励了一批在专利宣传工作中作出突出成绩的先进单位和个人。

4.2000年,四川省版权局版权处被国家版权局评为"全国版权工作先进集体"。

5.2000年12月27日,四川省版权局、四川省版权保护协会、四川省反盗版联盟召开"全省版权工作先进单位、先进个人表彰大会",授予王国春等20名同志"四川省企事业单位保护版权试点先进个人"称号,授予邓燕等6名同志"版权市场监测员先进个人"称号,授予四川人民出版社等6家出版社"对外版权贸易先进单位"称号。

(四川省知识产权局　韩会堂)

贵州省

2000年度,在省委省政府以及原省科学技术委员会的领导下,在国家知识产权局的业务指导下,我局已完成了全年的工作目标。现将全年工作完成情况总结如下。

一、企事业单位专利工作

1.在1999年开展企业专利工作试点的基础上,2000年度又认定了14家企业作为我省专利工作试点企业,至此,全省专利工作试点企业增加到42家。我局继续为部分企业开展上门服务(如开磷集团、水城钢铁集团有限责任公司、贵州铝加工厂、贵州铝厂等),包括举办专利及知识产权讲座,为企业建立了其主导产品(技术)专利技术信息文摘数据库,实现和贵州省专利信息网站的联接,协助企业建立专利及知识产权管理或保护的规章制度,协助部分企业解决了专利或知识产权纠纷。通过我局的工作,我省专利试点企业贵州航空工业集团公司被人事部和国家知识产权局联合授予"全国专利系统先进集体"的称号。

2.国家知识产权局协调管理司组织人员赴黔,对列为全国专利工作试点的两家企业,即贵阳车辆厂和贵州神奇制药有限公司进行了验收,两家企业均顺利通过专利工作试点验收。

3.我局共推荐8个专利技术项目拟纳入国家"专利技术产业化示范工程项目",红林机械厂的"内燃机电控燃油喷射系统部件"专利项目获准选入该工程项目。目前,我省共有两个项目纳入了国家"专利技术产业化示范工程项目",按照国家知识产权局的要求,我局对前述两家企业给予了扶持。为他们建立了其主导产品(技术)七国两组织专利技术信息数据库(正在进行中);为他们提供了一套上网专用设备(电脑和 Modem),并实现了和贵州省专利信息网站的联接。

4.为了贯彻执行国家知识产权局和国家经贸委制定的《企业专利工作管理办法》和我局与贵州省经贸委制定的《贵州省企业专利工作管理实施办法》(试行),我局与贵州省经贸委联合召开了"企业专利工作经验交流会"。来自全省29家专利工作试点企业的领导(总工)、专利工作者以及"现代企业制度试点单位"技术中心的负责人共80多人参加了会议。会上,对贵州神奇制药有限公司、贵阳车辆厂以及贵州铝加工厂等专利工作开展较好,成绩突出的十四家试点企业进行了表彰,授予其"贵州省企业专利工作试点先进单位"称号,并举行了授牌仪式。

5.高校及科研院所专利工作

在1999年度开展大专院校巡回宣讲的基础上,2000年我局又先后到贵阳中医学院、遵义医学院等高校开展了专利及知识产权知识宣讲。在年底我局组织开展的"大自然杯"专利知识竞赛活动中,通过与省教育厅合作,把大专院校学生单列为一个基础参赛群体,从而使他们在学习知识的同时掌握了知识产权的内容,同时还促进了大专院校进一步开展专利工作。由于各院校领导的重视,同学们涌跃参赛,贵州大学、贵州工业大学的参赛人数达到了1000人以上。我局同时还开展了指导大专院校、科研院所的专利工作,指导和帮助一些科研院所建立或完善了有关专利、知识产权管理或保护的规章制度。如贵州工业大学,不仅制定了知识产权管理规定,还规定了凡申报课题者,必须首先进行专利文献检索,该校还被人事部和国家知识产权局联合授予"全国专利系统先进集体"的称号。

二、专利宣传培训工作

1.2000年4月1日是专利法实施15周年。4月1日至5日,国家知识产权局在京举办了中国专利15年成就展。党和国家领导人江泽民、胡锦涛、李岚清、温家宝等亲临展览会现场观展,对专利事业十五年的成就给予了充分的肯定和高度的评价。我局组织的贵州省展团共10个项目参展,涉及航空、化工、机电、汽车、环保、日常生活等领域。其中包括获得过中国专利金奖的项目(如贵州远明化工研究所的冷激式氨合成塔内件)、获得过中国专利优秀奖的项目(如贵阳车辆厂的棕纤维弹性材料)及近年来市场前景较好的优秀专利项目(如贵州铝加工厂的铝合金系列门窗型材)。

2.3月18日,我局参加贵州省"科技一条街"宣传活动,发放了3000多册专利法及其实施细则、专利申请宣传单等宣传资料。3月30日,我局召开了"大专院校、科研院所专利工作座谈会暨专利法实施十五周年新闻发布会",会议传达了1月18日至21日召开的全国专利工作会议精神,回顾了近两年来的全省专利工作情况，提出了今后两年的工作任务。会议还宣布：年内将开展我省大专院校、科研院所专利试点工作。

3.4月1日，省人民政府副省长马文骏在《贵州日报》发表署名文章，纪念专利法实施十五周年。

4.8月29日，我局召开"贵州省专利宣传、通联工作研讨会"。贵州电视台、贵阳电视台、贵州日报社、贵阳日报社等九家新闻单位以及《中国知识产权报》贵州通联站的特邀记者、通讯员共30多人参加了会议。会议就如何在新形势下搞好专利、知识产权方面的宣传报导进行了研讨，并提出了当前的宣传报导要点。

5.组织、推荐项目参加由国家知识产权局和中央电视台联合举办的"全国青少年创新之星电视大赛"活动。通过在《贵州日报》上广告公众，最终筛选出了12个项目推荐到国家知识产权局。

6.从9月初至11月底，我局在《贵州日报》开辟专栏发表了专利及知识产权系列文章。主要篇目有：《你是专利明白人吗》、《专利制度：为发明创造的天才之火添加了利益之油》、《我国专利制度，走过了辉煌的十五年》、《知识产权，时代的鲜明特征》、《知识产权与技术创新》、《念好专利经、打好专利牌，企业发展的必由之路》、《利用专利信息资源，站在巨人的肩膀上攀登》、《科技成果和专利权，不应该像两条平行的直线》、《保护专利权，为经济发展保驾护航》、《专利行政保护一瞥》、《实施西部大开发，专利工作大有可为》、《专利制度在贵州，任重而道远》。

7.为了提高贵州社会各界的专利意识，以适应我国即将加入世贸组织的新形势，同时也为了贯彻全国人大《关于修改〈中华人民共和国专利法〉的决定》，宣传普及第二次修改后的专利法。11月20日至12月20日，我局与贵州日报社、贵州省教育厅联合主办，南方汇通股份有限公司协办开展了贵州省"大自然"杯专利知识竞赛活动。11月15日召开新闻发布会，标志着为期一个月的竞赛活动正式开始。知识竞赛为个人书面竞赛，以新修改的专利法为准，竞赛题目50道，刊登于2000年11月20日《贵州日报》，南方汇通股份有限公司为竞赛活动提供了竞赛奖品和部分奖金。另外，我局特印制了1万余册新修改的专利法提供给各大专院校，同时也满足其他部分参赛者的索取要求，竞赛办公室共收到有效答卷6000余份，其中，98分以上的答卷接近1/3；90分以上的答卷占到了90%。竞赛活动得到了大专院校学生的积极响应，贵州大学、贵州工业大学参赛人数达到了1000名以上；其它各校，贵州商专、贵阳医学院、贵州财经学院、贵州师大和遵义医学院、中医学院和省民族学院等都达到了200份以上。一些企事业单位也积极组织参赛，贵阳车辆厂、贵州铝厂、贵州铝加工厂和贵航集团下属的永红机械厂、红林机械厂、黎阳机械厂等一批企业的参赛人数都在100名以上。科研单位中，贵阳铝镁设计院组织了236名职工参加竞赛，省化工研究院和中科院贵阳地球化学研究所的参赛人数也都在50名以上。自11月20日竞赛试题登报以来，由于各新闻媒体的及时报导，竞赛活动受到了各方的关注。12月20日，省知识产权局再次组织召开"大自然"杯专利知识竞赛新闻发布会，并现场进行了抽奖仪式。

8.按照国家知识产权局对地方专利工作的要求，各地方要树立了一批成功运用专利制度的典型企业。2000年底，经由我局组织策划，与贵州电视台联合推出了《走企业、话专利》十集电视新闻专题片，在贵州卫视的新闻联播中连续播出。十集专题片，每集都有生动的故事，辅以通俗易懂的语言，给观众留下了深刻的印象。专题片的播出，既是贵州省知识产权局抓"专利工作试点企业"工作中的一大举措，也是对开展此项工作的一个总结。《走企业、话专利》十集电视新闻专题片报导和涉及到的企业有：贵阳车辆厂、绥阳县棕丝厂、贵州红林机械有限公司、贵州黎阳机械厂、贵州安大航空锻造有限公司、贵航集团天义电器有限责任公司、贵州铝厂、贵州铝加工厂、贵州久美企业有限责任公司、贵州美联有限公司、贵州黄果树立爽药业有限公司、贵州神奇制药有限公司、贵州汉方实业股份有限公司、贵州的确神药业有限公司、贵州益佰制药有限责任公司、贵州恒霸药业有限责任公司、贵州省生物技术研究开发基地、贵阳南明老干妈风味食品有限责任公司、绥阳辣椒市场、遵义天阳食品厂、贵州巨星实业股份有限公司、贵阳云岩云中节能设备制装厂。

9.4月10日至17日，我局与省法制局联合举办了"专利行政执法持证上岗培训班"。各地（州、市）科技行政管理部门分管专利工作的同志共34人参加了培训学习，培训班学习了《行政执法及行政执法监督》、《行政处罚法》、《行政诉讼法》、《行政复议法》、《国家赔偿法》、《专利法》及其《实施细则》、《专利管理机关处理专利纠纷办法》、《专利管理机关查处冒充专利行为规定》（国家知识产权局9号令）。经考试考核后，共发出贵州省政府制发的"贵州省行政执法证"33个。

10.8月22日至25日，我局和国家知识产权局专利局文献部联合在贵阳举办了专利信息检索和利用培训班。来自我省企事业单位的70余人参加了培训，文献部审查文档处的曹玲玲、专利信息处的佟忠德、黄迎燕、文献阅览处的侯光荣分别讲授了"专利文献基础"、"专利信息利用"、"专利信息检索方法和国内外专利网站介绍"、"网上专利检索、专利光盘检索"。同时本局派员讲述了专利及知识产权基础、计算机网络检索基础及贵州省专利信息网站介绍。

11.5月10日至12日，为贵阳市司法局举办了专利诉讼培训班，该局所管理的律师事务所120余人参加了培训。

12.与中共贵州省委组织部联系并得到其支持，为2001年举办大中型企事业单位、有关政府部门领导干部知识产权培训班作了部分准备工作。

13.2000年我局加强了与新闻界的合作与联系，包括了贵州、贵阳电视台、贵州日报、贵阳晚报、贵州都市报、贵州商报等主要新闻媒体。使得我局开展的宣传培训活动都能做到了“电视有画面、报纸有文字”甚至“电台有声音”。包括《中国知识产权报》在内,我局组织的各种活动见报数量在100篇以上;电视台新闻在50次以上(不计重播和转播)。

14.内部刊物《贵州专利》(全年四期)的按时编印,以及贵州省专利信息网站内容的网上运行,在起到了传达、对外交流作用的同时,也发挥了较好的宣传效果。

三、市县专利管理工作

1.贵阳市专利管理处本年度专利工作起色较大。通过我局向国家知识产权局力荐,贵阳市于2000年10月份增补为全国专利工作试点城市,此举极大地推动了贵阳市专利工作的开展,分管市长极为重视,并参加有关专利工作会议,为贵阳市在将要进行的机构改革中成立市知识产权局打下了良好的基础。

2.红花岗区专利管理局利用与科技局“两块牌子,一套人马”的优势,大力扶持拥有专利权的科技项目。该局投入50万元支持发明专利“帕李氏闸阀”的开发,目前产品已经过国家规定的行业质量检测部门的检测,即将投入批量生产;投入40万元支持发明专利项目“PS燃煤锅炉脱硫除尘技术”的开发;投入20万元到发明专利“臻坤牌胃灵通”等中草药的开发中;投入10万元,支持遵义新地锰业公司自行研制的本地高铁、高重金属、低品位的菱锰矿生产金属锰的“高纯低硒电解金属锰半工业试验”和“电解金属锰重熔铸锭试验”两项正在申报中的发明专利项目。该局从科技发展基金中支持的实用新型专利、外观设计专利,科技资金对专利项目的支持数已超过150万元。这相当于全区科技三项费用总数的60%。此外,还开展了包括专利执法在内的其它专利管理工作,为我省其它地区将来开展专利工作做出了示范。

四、专利执法、省政府知识产权办公会议办公室的有关执法工作

1.受理专利侵权案8件,审结6件,剩余2件因程序规定尚不能结案。审结1999年因法定事由转接的专利纠纷案4件,已审结案件案值34万元。

2.查处冒充专利案件2件,案值9.3万元;查处假冒专利案件1件,案值0.5万元。

3.通过运用省政府知识产权办公会议办公室职能查处专利侵权案4件,案值100万元以上。

4.组织省对外贸易经济厅、贵阳海关、省工商局、省出入境检验检疫局召开协调会,贯彻落实国家知识产权局、对外贸易经济合作部等部、局下达的《关于开展打击假冒UL标志专项活动的通知》。

五、专利工作体系建设

1、原省专利管理局更名升格为省知识产权局。从2000年初开始,我局多次主动向省编办等部门汇报全国专利、知识产权机构改革的进展情况,积极争取以省级机构改革为契机,使我局的机构建设工作上一新台阶。8月底,省委省政府宣布原专利管理局更名为省知识产权局,为省政府直属事业单位。9月中旬,我局草拟出了贵州省知识产权局职能配置内设机构和人员编制方案,10月17日,省人民政府批准了经省机构编制委员会审核的《贵州省知识产权局机构编制方案》。根据该方案,原专利管理局更名升格为省知识产权局,履行省人民政府赋予的行政管理职能,主管全省专利工作和统筹协调涉外知识产权事宜。与原专利管理局职能比较,增加了统筹协调涉外知识产权事宜的职能,划入了设在原省科学技术委员会的省人民政府知识产权办公会议办公室的工作职能。职责方面,增加了除专利以外的其它知识产权方面的工作,并负责“贵州省知识产权信息网站”的运行和管理工作。新机构设三处一室,即法制处、协调管理处、规划发展处和办公室。编制扩大到30名。其中,局长1名,副局长2名,助理巡视员1名;正副处长(主任)9名,调研员或助理调研员5名。列入参照试行国家公务员制度范围。

2.自宣布机构直属省政府后,我局已开始着手有关交接工作,如财政资金下拨方式的变更、向省政府提出有关解决用车、办公用房的报告等。

3.与各地州市科技管理部门联系、做工作,力争促成在2001年的各地州市机构改革中,在科技管理部门以“两块牌子,一套人马”的方式成立知识产权局。目前,除贵阳市外,遵义市也基本确定。

4.组织联系全国专利代理人资格考试。共有近30人参加了今年的统考,初审同意贵阳市申报成立一家专利代理机构,并向国家知识产权局推荐。

六、专利文献、专利信息网站建设工作

1.专利文献服务工作。我局在已配置了日本、欧洲及国际专利英文文摘、中国专利文摘光盘、中国专利说明书光盘的基础上,2000年又配置了中国专利公报光盘,争取七国两组织光盘的工作还在进行之中。为了使这些专利信息充分发挥作用,我局下文通知列入我省专利工作试点的企事业单位前来我局免费使用或为其开展专利文献的上门服务工作,而且还接待了上百家的单位和个人,进行了上千个技术主题的专利文献检索。

2.建成贵州省专利信息网站。2000年初,我局以加挂在《贵州科技信息网》上的网页为基础,开始了信息采集工作。组织了有关专利及知识产权法律法规、政务信息、专利技术信息上网(贵州科技信息网)运行。4月26日,中国专利信息中心工作人员前来安装调试完毕,由于已经有了网站投入使用,一批企事业单位实现了和贵州省专利信息网站的联接。与此同时,我局局域网也投入使用,这使我局的办公自动化水平以及职工的计算机运用水平大幅度提高。

七、其它有关工作

1.2000年9月19日至21日,在贵阳组织召开了中南片区知识产权(专利)工作2000年联席会,湖南、河南、广东、广西、贵州等省、自治区及广州市知识产权局的领导出席了会议。会议就各局机构改革后职能的增加和调整、内设机构设置等组织建设情况,以及近两年来有突破和有特色的专利及知识产权工作进行了交流。

2.完成了原省科委下达的“贵州省专利制度实施的数量、质量研究”计划项目；开展了原省科委下达的“贵州省知识产权保护现状和对策研究”软科学项目的研究工作，申请国家知识产权局软科学项目《专利工作在实施西部大开发战略中的作为研究》，并获得资助。

3.完成了国家知识产权局交办的工作任务。(1)协助国家知识产权局开展调研工作。国家知识产权局党组书记、中纪委派驻国家知识产权局纪检组组长郭晓东率调研组一行四人，于6月27日至7月1日在我省调研。调研组于28日会见了马文骏副省长，就专利工作纳入技术创新体系、地方专利管理机关机构改革、国家知识产权局实施西部大开发的专利工作开展情况等问题交换了意见。调研组先后到了省高新技术开发区、贵阳市专利管理处、遵义市科委、红花岗区专利管理局了解专利工作开展情况。调研组还深入到贵州铝加工厂、贵州红林机械厂、贵州久美企业有限责任公司、遵义新地锰业有限责任公司，对企业专利管理工作情况进行了调研。(2)配合“知识产权西部行”专题片在我省的拍摄。2000年11月28日至12月7日，由国家知识产权局、中央电视台联合组织的“知识产权西部行”专题片摄制组赴黔，先后到贵阳、遵义、安顺、龙里、惠水等地，对贵州省神奇制药有限公司、南方汇通股份有限公司、遵义天方环保实业公司在运用专利制度促进企业技术创新、开拓发展及专利技术在推广应用方面存在的现实问题进行了采访和拍摄，并与遵义市红花岗区政府、惠水县政府及我局进行了座谈、采访。(3)协助国家知识产权局专利局实用新型审查部一行四人赴黔开展调研工作。(4)各种专利信息、数据的统计上报工作等。

4.完成了省政府、原主管部门省科委交办的有关工作任务；配合完成有关部门的工作。

(贵州省知识产权局)

云 南 省

“九五”期间，云南省专利工作着眼于大管理、大保护及创新意识，紧紧围绕省委、省政府确定的经济、社会发展战略目标，认真组织实施《云南省专利工作“九五”计划和2010年远景目标纲要》，截止到2000年，全省累计专利申请量12461件；批准专利7799件；专利申请量居西部12省区第4位；全国第22位。据2000年国家科技部科技进步监测评价，云南省每百万人口发明专利批准数为1.1，居全国第11位；“九五”期间，全省专利申请量6490件，专利批准量4527件，分别比“八五”增长69%和93%；专利申请量超过“九五”计划指标数的30%。2000年全省专利申请量达到1710件，专利批准量达到1216件；创专利法实施以来的最高水平。

一、全省专利管理及保护水平明显提高

加强专利及知识产权法制建设。

“九五”期间，云南省努力构筑有利于推进专利及知识产权工作的法制环境，相继出台了《云南省专利纠纷行政处理办法》、《关于在企业技术创新工作中加强专利工作的意见》、《云南省地县科委专利工作职责》、《关于省属独立科研院所改革试点工作中加强专利工作的意见》等政府规章和部门政策性文件，发挥了政府在运用专利制度推动技术创新中的政策导向作用。为适应西部大开发战略及我国即将加入WTO的需要，云南省加紧《云南省查处冒充专利行为的规定》、《云南省专利保护条例》、《云南省关于进一步加强知识产权工作，促进技术创新的若干意见》、《云南省科技计划知识产权管理办法》等法规和政策。

做好专利行政执法工作，保护当事人的合法权益。全省专利行政执法以保护国有无形资产为重点，以促进专利技术实施转化为目的，维护当事人的合法权益，营造良好的专利保护法制环境。至2000年，省专利管理局累计受理各类专利纠纷89件，结案86件；查处冒充专利5件，与公安、工商和技术监督部门联合打击假冒专利3件，查处了仿冒云南半导体器件厂专利产品的跨省区案件。

强化科技计划项目的知识产权保护。

“九五”期间，省专利管理局从技术创新源头加强了科技计划项目的知识产权保护和管理，建立完善云南省科技计划专利及知识产权数据库。一是对4071项应用基础研究、科技攻关计划、科技产业计划中专利申请情况进行专利检索。在2510项应用基础研究项目中申请专利125件，占立项的5.0%；在731项科技攻关项目中申请专利78件，占11%；在830项科技产业开发项目中申请专利97件，占12.0%；为制定《云南省科技计划知识产权管理办法》提供重要依据。二是建立省院省校科技合作项目知识产权管理数据库，对省院省校科技合作的50个备选项目进行了中国专利检索分析，提高研究开发项目起点和水平。三是对承担科技计划项目的重点单位进行专利及知识产权保护情况的跟踪调研，引导重点项目单位做好知识产权保护。

注重生物资源开发的知识产权管理和保护。

省专利管理局结合省委、省政府实施建设绿色经济强省的目标，加强相关领域的知识产权工作，使云南省生物资源开发的技术优势变为竞争优势。中科院昆明动物研究所改变了重成果轻专利的思想观念，从经费上对知识产权工作给予支持，在生物技术创新中已申请专利25件，累计申请专利50余件。省农科院生物技术研究所、中国医科院医学生物研究所、省烟草科学研究院适时将有前景的生物技术及时申请专利，加强了科研开发及市场竞争的知识产权保护力度。

促进专利技术产业化。1998年以来，省专利管理局采取有效措施，推进云南省国家级专利技术产业化示范工程项目——“阻抗匹配平衡变压器”的产

业化进程,该系列产品已累计新增产值4.85亿元,创汇2000多万美元,并通过了国家知识产权局的验收,滚动进入了第二批促进专利技术产业化示范工程实施。2000年,围绕省委、省政府提出建设绿色经济强省的战略目标,遴选了"云大——120高效植物生长调节剂"、"汽车尾气净化催化剂"、"太阳能用循环保温水箱、微压及多级循环燃油锅炉"等专利,列入国家知识产权局第二批促进专利技术产业化示范工程项目实施,有效地推进云南省专利技术的产业化。

据省专利局对593项专利项目实施的调查统计,共新增产值56.9亿元,新增利税10.53亿元。全省经认定的126户高新技术企业累计申请专利531项;拥有专利370项;"九五"期间累计实施专利技术223项;实现销售额43.52亿元;利税9.02亿元;创汇9792万美元。

二、企业专利工作取得突破性进展

"九五"以来,省专利管理局把专利工作纳入到企业技术创新以及高新技术成果产业化全过程,使之成为推进全省技术创新工作的重要组成部分。在调查全省336家大中型工业企业专利工作现状的基础上,1998年,与省经贸委配合,联合下发了《关于在企业技术创新工作中加强专利工作的意见》、《云南省企业专利工作试点方案》,在烟草、电力、机械、化工、生物医药、电子信息等重点行业及产业领域中选择了14家省级技术中心、产学研开发中心开展专利工作试点。通过开展试点,企业自觉运用专利制度参与市场竞争的能力和水平有了明显提高。截至到2000年底,已有14户试点单位累计申请专利363件,其中2000年申请专利61件,比1999年增长97%。红塔集团、昆明制药股份有限公司等一批企业,制定和完善了专利规章制度,有效地推进企业技术创新工作。如红塔集团2000年申请专利7件,并已全部实施,同时,省局还建立了相关技术领域的专利信息数据库,有效利用专利信息开发新产品,"红塔山"著名商标品牌价值已达到423亿元,几个主要商标在55个国家和地区注册。

"九五"期间企业专利申请1436件,占企业累计申请量2381件的60%;专利批准量达1110件;占累计批准量的1668件的66%。2000年全省企业专利申请量达到410件;比1999年增长71%。2000年,昆明制药股份有限公司、昆明贵金属研究所被国家知识产权局、国家人事部授予全国专利工作先进集体荣誉称号。

三、科研院所和高校专利工作进步明显

"九五"期间,省专利管理局结合科研院所转制和技术创新的要求,认真落实省科委《关于省属独立科研院所改革试点工作中加强专利工作的意见》,引导科研院所、高校把知识产权保护与科技创新及实现高新技术产业化有机结合起来,建立和完善有关的规章制度,加大对创新成果的知识产权保护力度,知识产权保护工作与科研开发和高新技术产业化相互促进,共同发展。至2000年,全省科研院所、高校累计申请专利969件;批准专利534件。"九五"专利申请量363件;比"八五"增长25%。据对全省37家省属应用型科研机构、13家中央驻滇科研院所和8所高校应用于生产的215项专利调查统计,专利实施率为24%;新增产值7.71亿元;新增利税1.15亿元;专利许可实施170项;获专利许可使用费8974万元;专利实施率为30%。全省首批转制的23家科研院所的已累计申请专利230件;实施专利新增产值达2.93亿元;利税5812万元。昆明冶金研究院选择具有自主知识产权的10余项技术,通过独占许可给新组建的昆明冶研新材料股份有限公司实施,获得显著经济效益。昆明贵金属研究所通过资产剥离的形式,以15项专利申请权和20项专利权参与组建贵研铂业股份公司。

改革与完善科技成果评价及分配制度是省委、省政府加强全省技术创新工作提出的一项重要措施。云南大学加大对专利发明人、设计人奖励力度,规定凡本校申请的发明、实用新型、外观设计被授予专利权后,分别给与奖励。该校以"安全期避孕试纸"生物专利技术入股,与港商合作成立了昆明云大生物技术有限公司,预计该系列产品销售额在千万元以上。昆明理工大学把包括专利在内的技术转让收入的90%归课题组使用,加大对科技成果转化的知识资本分配力度,形成专利技术转化的有效运行机制。该校用于研究与开发资金达到8400万元;已累计申请专利136件;获专利权111件;以专利技术作支撑,开展产学研联合,经过各种渠道实施专利技术,创经济效益10亿元。

四、全省专利管理和服务体系稳步发展

"九五"期间,省科委下发的《云南省地县科委专利工作职责》,明确了地县科委专利工作的10项任务,在全国率先规范地县科技管理部门的专利工作职责。省专利管理局加强对地县专利工作的指导,在全省地县科委初步建立起专利管理运行体系。一是昆明市、开远市科委相继设立专利管理处、专利办公室。二是部分地县在科委成立了成果与专利科,大多数地县把专利工作职能放到相应科室中,有人兼职管理。三是部分地市科委把当地的知识产权办公会议办公室职能与科委的专利工作职能相结合,有效地开展专利工作。"九五"期间,全省各地科委在专利及知识产权宣传、专利法律、技术信息服务、专利纠纷调解等方面做了大量卓有成效的工作,为推动当地经济发展和科技进步发挥了积极作用。

基本建成布局合理的多元化专利服务网络。

"九五"期间,省专利管理局从本省实际出发,认真贯彻落实省科委提出的关于加强地县专利服务网络建设的要求,以云南省专利事务所为依托,在西双版纳、德宏、丽江、昭通、大理、临沧等地州设立了办事处,与原有的10个专利代理机构一起,形成基本覆盖全省的专利服务网络。云南省专利服务机构的专利代理率达到80%,高于全国平均水平。

专利信息系统建设取得新进展。

“九五”期间，省专利管理局结合国家知识产权局实施全国专利信息工程地方网点及云南省科技信息网建设，在省财政的支持下，国家知识产权局立项实施，于1999年基本建成了“中国专利信息工程云南网站”。该网站的开通，向社会提供了包括美国、欧洲、日本及中国专利信息数据的网上检索服务以及专利、知识产权工作的信息服务。省专利管理局为7个边远地州科委配置了网络计算机设备，把信息网络的功能延伸到全省各地州。近年来，省专利管理局已为有关的部门、科研单位和企业检索上万条专利技术信息，为促进全省技术创新工作发挥了重要支撑作用。

五、开展技术交流促进专利转化

“九五”期间，省专利管理局积极开展技术交流和交易，推进全省专利技术转化实施。共组织全省112项重大专利技术，参加国家知识产权局举办的“中国专利技术博览会”，获金奖12项；最佳项目奖17项；银奖2项；优秀奖11项；创新奖2项；技术转让总成交额达到1.62亿元。2000年，在“中国专利15年成就展”期间，江泽民总书记参观了云南展厅，在听取梁公卿副省长汇报云南省围绕实施“科教兴滇”战略，积极开展专利和知识产权保护工作，促进科技进步和经济发展的情况后，对云南专利工作给予充分肯定。

“九五”期间，为鼓励开展群众性的发明创造活动开展，省专利管理局、省发明协会组织了以专利技术为主的发明创造选拔赛活动共5次；参赛项目364项；获奖项目241项。从中选出代表全省技术水平的专利技术和新产品参加全国发明展览会，全省共有68个项目参展，获奖达51项之多。

六、专利及知识产权培训与宣传向纵深发展

“九五”期间，省专利管理局配合省人事厅及其他部门，把知识产权培训纳入省院省校合作人才培养计划，与浙江大学、复旦大学联合举办了两期知识产权管理高级研修班，为全省培训了130余人知识产权管理人才。省专利管理局共举办6期专利工作者培训班和提高班，参加培训人员达500余人次。省专利管理局广泛利用新闻媒体以及各地通过举办各种形式的报告、讲座等宣传活动，使专利知识及知识产权普及工作深入发展，全省直接受过专利普法人员累计达到17万余人次，社会公众知识产权意识明显增强。

云南专利工作在“九五”期间有较快发展，迈上了新的台阶。我们认为，要搞好全省专利工作，省委、省政府重视并加强对专利及知识产权工作的领导是根本保证；树立专利管理工作“大管理和大保护”方针、创新和全局思想是基本思路；专利工作始终围绕省委、省政府的中心工作开展，把专利工作融入到科技、经济和社会发展的各个方面，是首要前提；抓好企事业单位专利工作试点、示范是有效措施。促进专利信息的广泛传播和利用是重要手段。

（云南省知识产权局　何晓钧）

西藏自治区

知识产权制度是科学技术和文化艺术发展的重要保障和激励机制，也是当代国际科技与经济合作的基本环境条件之一。21世纪是知识经济的时代，在这一新的时代，科学技术已经明显上升为第一生产力，知识产权也成为国际科技、经贸合作与竞争的主要“交通规则”和“游戏筹码”。

知识产权保护工作不仅仅是专利、商标和版权等部门的任务，也是科研院所、高等院校、企业等有关部门和全社会的共同任务，并贯穿于科研、生产和销售的全过程。知识产权保护不仅涉及国内经济、科技、贸易、社会等各个方面，还大量地涉及对外科技、经济、文化交流和合作中的问题。随着高科技的飞速发展，知识产权保护的触角将深入到各个领域，加强知识产权管理的任务将越来越繁重。知识产权制度对技术创新、发展高新技术产业促进经济的持续发展，将发挥越来越重要的作用。

一、我区知识产权工作回顾

在自治区党委、政府的正确领导和关心下，西藏的专利工作经历了一个从无到有、从无序到有序、逐步发展的过程。西藏专利管理机关知难而进，努力工作，开拓进取，开展了多方面的工作，取得了显著成效。

1.积极开展了专利知识、知识产权法律法规的宣传，增强了全社会专利意识。西藏科技、经济相对落后，特别是西藏的专利工作起步比内地晚了十年，差距甚大。全国其他省区在1985年就全面实施专利法，专利—科技—经济相互促进，发展迅速，显示出了越来越巨大的专利效应。而西藏专利管理工作在专利法颁布实施后的十年间几乎处于一片空白。西藏专利局成立后，利用各种活动、各种宣传方式和媒体，宣传普及专利法和专利知识，逐步增强了全区人民的专利意识和知识产权保护意识。

2.努力改善专利服务条件和服务质量。在国家知识产权局的支持下，我区专利管理机关建立了专利光盘检索系统，通过微机进行专利检索、查新等为社会提供免费、及时的专利信息服务。自治区专利局成立以来，专利检索200余项，提供专利信息、咨询服务600余人次。另外，我区是全国唯一没有专利代理机构的省份，为了方便专利申请者的需要，主动与北京、成都专利事务所协商，建立密切联系，协助办理我区的专利申请，进展比较顺利。

3.加大专利行政执法力度，加强了专利保护工作。专利局成立以来协同工商管理部门开展了查处、打击侵权假冒专利行为的活动。例如：有人仿造出售牛头牌酥油桶专利产品的案件、仿造折叠铝合金门窗、仿造热缩防伪套等；另外，专利局主动与拉萨海关联系和配合，商定在海关管辖地，我区进出口贸易实施专利权海关保护，对照备案严格查验措施，加强执法协助。有力地维护了专利法的尊严和专利权人的合法权益,得到了有关企业、商户的好评。

通过以上工作,西藏的专利工作有两个方面的明显起色。根据国家知识产权局的统计数字表明:自治区专利管理局成立之前的1985—1994年十年间专利累计受理量为47件,授权量为24件,而1994—2000年六年间,专利受理量累计为81件,授权量为42件。这说明随着我区市场经济的不断发展壮大和专利管理工作的逐步加强,社会公众的专利意识和知识产权保护观念得到了进一步增强。在2000年4月5日北京举办的"中国专利15周年成就展"会上,江泽民总书记兴致勃勃地来到西藏展位,高兴地说西藏开始有了自己的高新技术专利产品,而且看了藏药专利产品后高度赞扬了藏医藏药学是"了不起的成就"。

为完善知识产权制度,切实加强知识产权保护工作,自治区人民政府正在组织制定《关于加强我区专利工作的若干意见》等一系列政策法规,综合运用法律、经济和行政手段,引导企业、科研院所和高等院校采取有效措施,切实保护自己的知识产权,充分尊重他人的知识产权,推动全社会树立尊重和保护知识产权的良好风尚,为发明创造,文学艺术创作以及对外科技、经济、文化合作与交流创造良好的环境和条件。

二、我区知识产权保护中存在的问题及分析

我区知识产权保护工作虽然取得了较大的成绩,但在实践中仍然存在着许多问题。概括起来主要有以下几点:

1.知识产权保护意识薄弱

我区社会的专利意识、知识产权保护意识普遍十分淡薄。区内不少单位和个人自行设计和研制的外观设计、实用新型、发明创造一类的成果由于专利意识淡薄不愿意申请专利,或者不少专利申请后由于不及时交纳有关费用被撤消或以弃权处理;没有认识到知识产权是企业最重要的无形资产。他们很少将知识产权作为财产权来对待,只重视有形财产的积累与保护,忽视了专利、商标、技术秘密等知识产权的保护。十几年来,我国已颁布了一系列知识产权法规,但是许多企业的领导、科技人员、管理人员、经营人员却对知识产权知之甚少,不懂得运用法律武器来保护自己的智力成果,更不用说利用知识产权获得超额利润。知识产权意识薄弱是知识产权保护不力的首要原因,它带来的直接后果是拥有知识产权量少,易发生侵权或被他人侵权的现象。目前,除一些深受其害的知识产权权利人、当过被告的人和一些专门从事知识产权研究、教学与实务者外,多数人的知识产权意识仍较薄弱。要创造良好的保护知识产权的社会环境,还需要一个长期的过程。

2.知识产权的申请及授权量少,构成不合理

从申请数量看,尽管每年申请数量在不断增加,但同兄弟省市相比,仍有相当大的差距。去年申请专利24项,授权17项。而发明专利申请量只有1—2件;大部分为实用新型、外观设计专利申请;授权也已实用新型、外观设计为主,说明我区有大部分申请不能构成权利。

据统计,"九五"期间我区取得的省部级以上的科研成果达170多项,而其中申请专利的还不到1%。我区约有50家各类科研开发单位,但只有5%的科研开发单位创造了国家级科研成果,15%的科研单位创造了部级科研成果,平均一年还没有一项发明专利。从申请获授权的数量来看,在我区申请专利获授权率低,使我区企业在向国内外拓展时遇到了较大的问题。由于没有名牌产品和专利技术,不受国内外知识产权法的保护,难以开拓市场并求得进一步的发展。

3.知识产权流失环节众多,流失现象严重

知识产权的财产形态较抽象,其管理也较复杂,流失更加隐蔽,长期为人们所忽视。我区知识产权流失的环节和形式主要有以下几种:①职务、非职务发明界定失控造成流失。②合作研究、委托研究中忽视知识产权造成流失。③人才流动造成流失。④企业合资时造成流失。⑤知识产权管理不严造成损失。

4.执法人员素质不高,执法力度不够

知识产权立法还不够完善,执行起来还有一定难度,对知识产权保护工作造成了一定的不利影响。加之我区知识产权管理机构不健全,执法力度不够,使用知识产权侵权行为屡见不鲜。

5.我区专利工作的支撑服务体系建设严重滞后

专利事业和其它事业一样,是一项系统工程。但我区专利管理机关只有几名兼职干部,没有一个懂专业的专职人员的"袖珍机构",也没有专利事务所、专利代理人等专利服务中介机构,更没有地、县的专利管理机构,从而严重制约了我区专利事业发展。

6.我区专利成果实施转化难

在我区无论职务发明或非职务发明的三种专利中,实施转化最难的是发明专利和实用新型专利。其原因是未建立健全支撑服务体系之外,缺乏我区的专利成果实施转化的政策环境和资金投入。

三、加强我区知识产权保护的政策措施建议

专利制度的核心是保护专利权。专利权是垄断权、独占权,专利技术公布后,专利权人依靠法律制止侵权行为,行使的是绝对权利。可以这样形容,专利制度是技术创新的"保护神"。正如以上所述,没有专利制度就不会有开始于十八世纪的英国产业革命,德国30%的技术发展,美国60%的药品发明、38%的化学发明不会研究出来。实践证明:专利制度是激励发明创造,有效配置技术创新资源,促进新技术商品化和产业化,维护市场经济公平有序竞争的有效机制和基本法律制度之一。由此可以看出,重视知识产权保护与专利,增强知识产权保护意识和专利意识是具有重大的现实意义和长远的历史意义的。要加强我区知识产权保护和专利工作,关键在于对专利工作的认识要到位,特别是各级领导干

部的认识能否到位，工作能否到位是能否真正搞好我区专利工作的关键。

首先，要切实把专利法及专利知识的宣传、普及与人才培养结合起来，努力增强全民专利意识；其次，要加强政府对专利工作的政策支撑，引导企事业单位制定寻求专利保护的导向性政策；第三，要运用专利制度，鼓励技术创新，为精品名牌产品的成长壮大撑起专利保护伞；第四，要大力培育发展专利中介服务机构，加大服务力度；第五，要充分利用专利信息，提高我区科研水平。

总之，随着我国加入WTO的日期的临近，我国的知识产权法律制度将面临一种新的挑战和严峻的形式，为了更好地适应国际国内竞争，我们必须提高保护知识产权的社会意识，加强知识产权的实施力度，使我区的科学技术得到知识产权的保护和更快的发展。

（西藏自治区科技厅厅长　刘玉超）

陕　西　省

2000年是我国经济、社会各方面发展取得重大成就的一年，也是我国实施西部大开发战略全面启动关键的一年。在这一年里，全省专利工作者认真贯彻党的十五大及十五届五中全会精神，认真学习邓小平理论、江泽民总书记“三个代表”的重要讲话，贯彻省委、省政府关于我省经济、社会发展战略的部署及一系列方针政策，结合全球经济一体化及加入WTO对知识产权保护工作面临新的挑战形势，开拓工作，在专利管理、队伍建设、专利法宣传、专利执法、专利技术实施转化等方面都有了相应的进步，为我省科技进步和经济持续稳定发展做出了自己的努力。

2000年，全省专利申请量为2080件，授权量为1462件。截止到年底，全省专利申请总量达到22919件，授权总量达到13519件。为推动我省知识产权工作稳步发展，我局主要做了以下几方面工作：

一、加强专利宣传和培训工作，增强全社会知识产权保护意识

2000年专利宣传，培训工作围绕“入世”，技术创新和西部大开发，以提高知识产权保护意识，营造知识产权保护环境为主要任务，联合有关部门开展工作，举办活动，取得了预期的成效。

一是与陕西电视台联合举办了庆祝专利法实施15周年专利知识竞赛活动，起到了向全社会广泛宣传专利法及专利知识的作用，得到了省人大、省政府有关领导及有关厅局负责人的支持和肯定。

二是按照国家知识产权局拍摄“西部开发话专利”专题片的统一部署，组织安排在陕拍摄的项目，编排拍摄计划和拍摄脚本，落实采访省市有关领导，圆满地完成了任务，受到国家局的好评。

三是在国家知识产权局支持下在西安成功举办了西北企事业单位领导干部知识产权培训班，使西北五省市的60多名企事业单位的领导系统地接受了知识产权保护与管理方面知识的教育。

四是针对相当多的企业知识产权保护意识薄弱的现状，举办了“WTO与知识产权保护专题报告会”，使2000多名参会者对入世后的知识产权保护面临的挑战和对策有了一个基本的认识。与西安交大专利事务所联合举办了两期“知识产权实务等级证书培训班”，60多名学生拿到我局颁发的结业证书。

五是充分利用各种宣传媒体，报导专利工作动态，宣传专利工作。全年共在中国知识产权报、陕西日报、华商报、三秦都市报发表宣传稿件100余篇。

六是组织了2000年全国专利代理人资格考试和西安考点的考前培训工作。

二、加强专利保护，查处假冒专利行为，加大执法力度

一是为出台《陕西省专利保护条例》，完成了《陕西省专利保护条例》（草案）的代拟工作，并报经省政府法制局，列入省人大立法调研计划。

二是按照国知发管字（2000）23号文《关于开展打击假冒UL标志专项活动的通知》精神，我局与陕西省出入境检疫检验局、省工商局、省外经厅、西安海关联手，在全省开展了打击假冒UL标志的专项打假活动。

三是认真做好专利纠纷调处工作，2000年共受理专利纠纷案件15件，其中侵权纠纷14件，权属纠纷1件。审结案件10件，其中侵权纠纷9件，权属纠纷1件。还接受西安市工商局、公安局委托，组成专家组对2宗专利产品侵权案件进行了鉴定。

四是为净化专利产品市场，对轻工业批发市场和康复路两处关于侵权专利产品“诺亚”口杯的28家产品进行了查处，保护了专利权人的合法利益。

三、加强专利实施工作宏观管理，加快专利转化步伐

一是成功的承办了第九届中国专利新技术新产品博览会。与中国知识产权报社共同组织28省市、3部委、50多个展团、2000多个项目参展，博览会上，签定产品合同66项，金额211803万元，技术合同77项，金额365万元。

二是加强专利实施宣传和理论研究。配合省电台“农村节目”播出专利知识及项目，在陕报撰稿宣传专利项目。与陕西信息报合作编辑《最新专利荟萃》。2000年西安国际经贸洽谈会上组织我省获奖项目参加对外技术洽谈，签定合作协议，选拔高科技项目参加国际互联网上对外宣传等。

加强理论研究，提高业务水平，遵循国家可持续发展战略，结合专利实施，撰写“第四次产业革命——生态经济，可持续发展的唯一出路”，等科技论文指导推动实施工作。

三是努力争取专利项目列入各级各类计划组织实施。2000年列入省科技计划两项，争取经费10

万元，列入国家专利实施示范工程项目2项，争取经费15万元。

四是加强专利合同签证和广告出证的管理工作，根据国家知识产权局《关于加强专利广告出证管理的通知》精神，拟定了《陕西省广告出证管理办法》，并在"陕西日报"上予以公告。按此办法，2000年共办理广告出证6件，按照《中华人民共和国合同法》，鉴定专利实施许可合同两项，登记合同金额70万元。

四、树立大服务大管理思想，加强基础建设和宏观管理

一是针对我省企业专利工作薄弱现状，在与省经贸委共同转发了国家知识产权局、国家经贸委《关于印发企业专利工作管理办法（试行）的通知》的基础上，提出了加强我省企业专利工作的具体办法和要求。和省经贸委共同确定了彩虹（集团）公司等50家企业为我省第一批专利试点企业。西飞公司等2家为国家知识产权局试点企业，争取试点企业资金4万元。

二是按照国家知识产权局的统一安排，围绕专利代理机构脱钩改制工作，为脱钩改制方案的提出做好准备。

五、西安代办处发挥窗口职能，提高业务素质，完善服务功能

一是认真做好专利申请的受理工作。全年共受理专利申请1830件，受理中间文件637件。

二是在国家知识产权局的资助和支持下实现了专利受理和收费自动化系统。自2000年10月份起，收费自动系统开通，收费工作走向规范化，为下一步电子申请奠定了基础。

六、开拓创新，加大专利工作试点力度

在省政府的大力支持下，以政府名义，向国家局提交了在我省高技术产业开发区进行专利工作试点的请示，国家局对我省的请示十分重视，并派员来我省杨凌进行了实地考察，同意在我省杨凌农业高新技术产业示范区开展专利试点工作，并要求我们尽快制定试点方案报批。

七、开展局机关两个文明建设，按照中央和省委省政府的要求和部署，开展"三讲教育""回头看"活动、警示教育和廉政教育工作

在"三讲"教育"回头看"活动中，对"三讲"集中教育后的整改工作进行认真的自看自查，深刻反思，发扬成绩，克服缺点，进一步巩固和扩大"三讲"教育成果，把总结过去规划未来的工作提高到一个新的水平。

遵照中央、省委关于在党员干部中开展警示教育工作的精神和省委警示教育领导小组的部署和工作要求，成立了局警示教育小组。在全局党员干部中认真开展了警示教育，使大家进一步认识到警示教育是当前党风廉政建设，是新时期从严治党的一项重要工作和任务，是对全局党员进行思想教育的极好机会。通过认真学习江总书记重要讲话及有关学习材料，撰写读书笔记，通过组织观看警示教育影片和专题资料片，参观反腐倡廉展览，召开座谈会，进一步提高了大家的认识，增强了警钟长鸣的意识，并制定了《陕西省专利管理局领导干部廉洁自律守则》和《陕西省专利局机关工作人员廉政自律制度》。

扶贫工作在以前工作基础上，2000年又资助8000元用于红枣种植嫁接，促进扶贫村经济发展，受到佳县及镇、村干部及村民一致好评。

过去一年，我局工作虽然取得一些成绩，但企业专利工作还有待加强，专利人才严重不足，专利执法条件滞后，专利实施缺少支撑条件，局机关用房严重不足等，这些都需在今后的工作中努力解决。

随着入世的临近，知识产权工作的任务将更繁重，要求更高，我们一定要以邓小平理论为指导，按照"三个代表"的要求，认真贯彻党的十五大、十五届五中全会精神，增强信心，克服困难，团结拼搏，为我省知识产权工作实现跨越式发展而努力奋斗。

（陕西省知识产权局）

甘 肃 省

世纪交替，千禧更迭。人类社会已经跨入了新世纪的门槛。甘肃知识产权工作在国家知识产权局的指导下，在省委、省政府的领导下，2000年各项工作都取得了长足的发展，为新世纪甘肃知识产权工作的开局奠定了基础，为甘肃科技进步和技术创新发挥了积极的作用。

一、全省知识产权的基本情况

1．专利的基本情况

1985年4月1日至2000年12月31日，全省专利受理7097件。2000年全年专利共受理798件，其中：发明专利为221件，占27.70%；实用新型专利为412件，占51.63%；外观设计专利为165件，占20.67%。在三种专利中，个人申请专利受理482件，占60.4%；大专院校申请专利受理3件，占0.38%；科研院所申请专利受理59件，占7.39%；工矿企业申请专利受理247件，占30.95%；机关团体申请专利受理7件，占0.88%。

1985年4月1日至2000年12月31日，全省专利授权3815件。2000年全年专利授权为493件，其中：发明专利授权82件，占16.63%；实用新型专利授权326件，占66.13%；外观设计专利授权85件，占17.24%。

2．商标的基本情况

1983年3月1日至2000年12月31日，全省商标授权5532件。2000年全省商标申请受理656件，核准授权565件，续展52件，变更转让补证136件。全年共查处商标一般违法案件83件，其中：已结案件41件，占49%，未结案件43件，占51%；共收缴和消除冒充注册商标72720件；处罚31件，罚款24801.00元。全年共查处商标侵权假冒案件121件，其中：已结案112件，占92.5%，未结案9

件，占7.5%；共收缴和消除假冒商标标识209467件，收缴直接用于商标侵权的模具印版等工具916件，销毁侵权物品19.72吨，共处罚85件，罚款102282.80元。

3. 版权的基本情况

我省版权局自1987年自成立以来，根据新时期版权工作发展的特点，积极探索版权工作发展的路子。2000年版权工作有了新的发展，全年共输出版权17种，著作权作品自愿登记28件，计算机软件著作权登记10件。并积极开展依法保护版权工作，全年共受理侵权案件13件，收交非法出版制品14200盘册，维护了甘肃的文化市场秩序。

二、公众知识产权保护意识明显提高，专利申请量大幅度增长

从制度经济学来说，知识产权制度既是一种法律制度，也是一种经济制度，它的最大意义在于推动人们的发明创造活动，而不仅仅是其本身的功利价值。它刺激知识的生产与技术创新，追求一种利益的平衡，可以看到他是以刺激知识生产为目的、调节社会利益的平衡机制。

甘肃作为西部落后省份，知识产权事业发展最大障碍是公众的意识普遍低下，阻碍了知识产权事业的发展。所以，2000年我们把知识产权工作重点放在宣传培训上，为营造一种良好的发展环境，提高公众知识产权及专利保护意识，进一步加大了知识产权法律法规宣传培训工作力度。全年共举办各类专利培训、讲座共6班次，参加各类人员400多名。全年共编发甘肃专利内部资料6期，在国内各类宣传媒体发表稿件20余篇，扩大了专利工作的影响。省版权处充分利用新闻媒体的传播优势，加大向社会宣传普及。全年在各类报刊上撰写宣传文章约25篇，结合著作权法颁布10周年，邀请省内各类新闻媒体作了大篇幅的宣传报道。

由于加大了知识产权法律法规宣传培训工作的力度，全省公众的知识产权及专利保护意识有了明显提高，2000年专利年申请量打破了多年500多件的徘徊，比1999年猛增215件，申请量达到了798件，增长率为36%，创历史新高。但专利申请量还低于全国平均水平，仅占2000年全国专利申请总受理量140273件的0.57%。全年798件专利，其中个人482件，占60.40%；大专院校3件，占0.38%；科研单位59件，占7.39%；工矿企业247件，占30.95%；机关团体7件，占0.88%。这就不难看出，甘肃的专利申请构成，极为不合理，还有待进一步加强和优化。

三、依法行政，维护市场，促进知识产权工作的发展

知识产权侵权的假冒现象是一个全球性问题，不仅在中国存在，在世界各国包括发达国家也同样存在。提高人们的知识产权保护意识，加强对知识产权的保护是我国政府一项坚定不渝的方针。甘肃作为我国西部地区，同样重视知识产权的保护，保护知识产权所有人的利益，以促进经济建设和改革开放的进一步发展。

2000年省版权处严格执法，依法行政，全年共受理案件13件，收交非法出版制品14200盘册。充分运用法律赋予的行政处罚权，加大著作权保护力度。元月份，与省“扫黄”办等单位联合，对出版市场进行了全面检查；与省公安厅、省工商局联合，在全省范围内，对音像市场进行了检查；在打击盗版侵权的执法活动中，突出了对重点单位、重点出版物的权益保护。如对《读者》、秦腔音像出版都采取积极保护措施，维护了我省文化出版市场的秩序。

2000年省商标处主要以查处假冒商标为突破口，积极维护商标权人的合法利益。全年共查处商标侵权案件121起，结案9起。收交和消除商标标识209467件，净化了市场，促进了商品经济的发展。商标处一方面积极开展以法维护商标权人的利益，促进市场公平有秩序的竞争；另一方面积极开展创建知名商标的活动，促进陇货精名的发展，为甘肃经济发展服务。

2000年专利执法主要根据甘肃专利市场发育欠发达的情况，积极开展专利执法保护宣传。他们的做法主要是，发现案情以说服教育为主，在教育中执法，在执法中教育。全年共进行专利执法培训2期，促进了专利工作的发展。

（甘肃省专利管理局　刘军政）

青　海　省

今年以来，我局紧紧围绕党中央、国务院《关于加强技术创新，发展高科技，实现产业化的决定》和全省技术创新大会精神的落实，以专利工作服从、服务于全省经济科技发展这个大局，积极促进专利工作与技术创新的有机结合，以《专利法》实施十五周年为契机，解放思想，开拓创新，周密布置，精心组织，整个工作态势呈现出积极向上的势头。

1. 专利宣传培训工作进一步深入。按照“三五”普法计划和国家知识产权局《关于加强全国专利宣传工作的意见》的部署，组织了“专利市场也需打假”为主题的“3.15”宣传活动和四月一日《专利法》颁布十五周年的宣传活动，印刷发放各种宣传材料1500余份，并会同省经贸委、湟中县科委举办二期企业领导干部、厂长(经理)培训班，利用民和县科技活动月组织科技下乡活动，分发各类宣传资料100份。

2. 专利实施得到了加强。为了促进专利技术转化，使专利产品得到推广运用，我局组团参加了“第九届中国专利技术新产品博览会”获得金奖2项，特别金奖1项。十月份经过多方努力，“西宁·全国专利技术展示暨洽谈对接会”如期在西宁召开。此次专利技术展示暨洽谈对接会是近几年来我省举办的较大规模的专利技术洽谈对接和招商引资活动，通过技术交流，技术贸易，产品征订等，为省内外企事业单位，科研院所、大专院校及企业牵线搭桥。展厅共设展位80个，约500个项目，大会达成合作开发、技术转让意向性协议11项，其中省内6项，省外5项，涉及金额8108万元。9项专利产品销售833.9万元，达到了预期的目的。

3．根据辽宁省和青海省人民政府对口协作精神，充分发挥知识产权工作，推动科技发展的作用，本着“优势互补，互惠互利，共同发展，共同提高”的原则，经双方协商，辽宁知识产权局同青海省专利局决定开展对口协作，达成对口协作协议，将在今后的知识产权工作中加强协作关系，促进两省知识产权工作共同提高。

4．加大了查处假冒专利案件的力度。今年以来，我局积极采取措施，制定了查案办案规程，做到了有案必接，接案即查，同时集中力量，加强与法院及各有关部门合作，全年共受理专利侵权纠纷案件2起。

5．专利申请量稳步增长。今年专利服务工作深挖潜力，充分加强内部管理，调动职工的工作积极性，全年完成专利代理96件，创收10万余元，超额完成任务。无形资产评估中心在开展业务工作难度大的情况下，克服种种困难，完成创收3.9万元。

6．专利信息工程建设稳步有序。截止到年底，我局克服了资金严重不足等种种困难，专利信息工程业务用房已完工并进行验收，明年就可以正式使用。

回首过去的一年，我省专利工作取得了一定的成绩，但我省专利工作现状，还远不能适应社会主义市场经济快速发展的新形势，与广大群众和各级领导的期望还相差甚远。主要有以下几个方面的问题：

1．宣传的效果不十分理想。专利工作还没有被各级政府提到应有的位置，因此对专利工作的重视，支持程度还远远不够，广大群众对专利保护乃至知识产权保护的认识程度还有待提高。

2．专利申请量增长不快，职务发明少，科研单位、大专院校、企业申请专利的积极性不高。制约了专利工作及知识产权工作的开展。

3．专利保护工作仍显得比较薄弱。专利管理机关缺乏强有力的执法手段，专利权人尚不能得到及时有效的保护，执法队伍有待于进一步壮大，人员素质有待于进一步提高。

4．全省专利技术的实施困难重重。还没有形成有利于专利技术转化的良好机制，相应的政策、措施不多，专利技术对全省经济的贡献份额偏低，具有自主知识产权，能形成产业化的专利技术不多，高新技术产品，品牌专利产品更少。

5．全省专利工作的发展整体水平不平衡。地区差异明显，而且这种差异随着经济的发展有逐步扩大的趋势，制约了全省专利工作的全面发展。

6．全省专利管理体系建设，队伍建设急待加强。全省完整健全的工作体系尚未形成，州、地县市尚未建立专利工作机构和编配人员。

（青海省专利管理局）

宁夏回族自治区

2000年，宁夏回族自治区知识产权局在自治区党委、人民政府的正确领导和国家知识产权局的指导支持下，积极响应中央提出的西部大开发的战略部署，紧紧围绕优化工业经济结构、加快推进高新技术产业化的重点工作任务，结合宁夏知识产权（专利）工作实际，按照年初制定的“围绕一个目标（大幅度提高专利申请量），争取两个突破（领导支持和机构升格），抓住三个环节（源头、重点、主体），做好四项工作（宣传、培训、执法保护、产业化示范）”全区专利工作思路，发扬“负重拼搏、务实苦干、团结协作、开拓创新”的宁夏精神，克服人员、经费不足等困难，团结一致，艰苦奋斗，锲而不舍、辛勤工作，推动宁夏知识产权（专利）工作步入了健康发展的轨道。

一、知识产权（专利）工作得到了自治区领导的关心、重视和大力支持，宁夏知识产权局成立，这是宁夏知识产权（专利）工作步入健康发展轨道的两个重要标志

以专利制度为核心的知识产权制度是市场经济的产物，反过来，又反作用于市场经济，推动市场经济健康快速发展。知识产权事业的发展，专利制度作用的发挥，归根结底要依靠市场机制。但我们也十分清楚地看到，一方面市场机制不是万能的，另一方面，我国实行专利制度仅仅只有十五年的历史，专利制度还没有深入人心，特别是我区知识产权（专利）工作还比较落后，运用专利制度还没有成为企事业单位的自觉行为。正因为这样，知识产权事业的发展，专利制度作用的发挥离不开各级领导的关心、重视和支持，离不开政府的推动。因此，我们把争取自治区领导的支持作为搞好知识产权（专利）工作的一项重要内容来抓。一是通过创办《宁夏专利》呈送领导，为领导订阅《中国知识产权报》等措施，向领导宣传专利制度及其在市场经济和西部大开发的作用，争取领导的重视；二是狠抓知识产权（专利）工作，力促专利工作在经济工作中显示度的提高，通过有所作为，取得在领导全盘工作中的应有位置。在我们的积极努力下，知识产权（专利）工作被纳入自治区领导工作视野，得到了自治区领导的高度重视。2000年2月，全区技术创新大会上出台的《宁夏回族自治区党委、人民政府关于贯彻〈中共中央、国务院关于加强技术创新，发展高科技，实现产业化的决定〉的实施意见》，不仅明确了形成自主知识产权是技术创新追求的最终目标之一，确定了自主知识产权为技术创新的指标体系和评价体系的一项重要内容，而且对专利及知识产权的管理、保护和运用作了明确规定。其中，自治区政府每年安排专款支持具有重大市场价值的专利申请和维持；对于科技人员获得的发明专利、实用新型专利授权，可视同发表论文，作为技术职称评聘的条件和依据，明确表达了政府对专利工作的高度重视和对鼓励申请专利的导向及推动意图。

健全和加强知识产权（专利）工作体系，是搞好知识产权（专利）工作的基础和前提，过去宁夏专利工作的长期落后与徘徊，机构建设没有跟上全国步伐是重要原因。我们抓住了2000年省级机构改革的机遇，一是始终不折不扣地贯彻国家局的意图，按照国家局的要求做工作；二是加大专利工作力度，力促专利工作在经济工作和自治区全盘工作中的显示度不断提高，通过把专利工作抓上去来促使机构升格；三是通过各种方式宣传专利及知识产权工作的重要性，争取领导和有关部门对专利及知识产权工作的重视；四是争取国家局的大力支持。机构改革的结果基本达到了国家局提出的“更名、升格、进入政府序列（承担政府职能）”三项要求。自治区知识产权局的成立，标志着地处大西北腹地的宁夏知识产权事业进入了一个崭新的阶段，为我们今后进一步搞好全区的专利及知识产权工作，跟上全国的步伐创造了条件。

二、专利申请量继续大幅度增长，专利工作结束长期徘徊，呈现良好的发展势头

在市场经济中，申请专利是技术成果（新技术、新产品）实现市场独占的唯一的法律途径。专利申请量是反映一个地区知识产权（专利）工作水平的最直接的指标，是一个地区科技、经济实力的重要体现。2000年，我们把大幅度提高专利申请量作为制定和实施工作思路的主线，把提高申请量作为专利工作的龙头来抓，月月召开申请量分析会，采取多种措施，多次派出由局机关和代理人组成的小分队深入企事业单位，宣传专利知识，整理研究开发成果，促进专利申请保护。在1999年专利申请量比1998年增长46.4%的基础上，2000年专利申请量达到341件，比1999年又增长了30.2%。

值得一提的是，宁夏专利申请量在经历了“九五”前三年的徘徊不前后（1996年178件，1997年177件，1998年179件），经过1999年和2000年两年的冲刺，超额完成了专利工作“九五”计划。2000年的专利申请量比“八五”末1995年的169件增长了102%。

2000年的专利申请量不仅仅是数量的大幅度提高，在专利质量方面也有了较大的改善。主要表现在以下几个方面：一是在三种专利形式中，发明专利达到32.8%，比1999年增长89%，实现了国家知识产权局提出的进一步推动发明专利申请的目标。二是科研机构、高等院校、高新技术企业专利意识复苏开始申请专利，职务发明增幅较大，如宁夏药物研究所苦豆子系列研究开发成果申请了12项发明专利，国家级高新技术企业吴忠仪表股份有限公司继1999年提出了5项专利申请后，2000年又提出了10项专利申请，宁夏大学将甘草甜素、黄酮铬等多项技术申请发明专利，还有一大批科研成果正在做申请专利的准备。三是相当多的专利申请分布在我区重点培育的新材料、光机电一体化、特色医药、节能环保、生物工程五大高新技术产业里，为我区在“十五”期间优化工业经济结构，拓展优势特色产业的科研开发和技术创新空间、占领更大的市场份额打下了良好的基础。

三、知识产权（专利）宣传工作成效显著，培训工作全部铺开

专利宣传是专利各项工作的先导，要全面推进专利事业的发展，专利宣传至关重要。我们深知单靠专利管理机关是无法完成好专利宣传、提高全民专利意识，促进各项专利工作协调发展的繁重任务。所以，我们建立了一个以专利管理机关为主导、全区专利企业参与、各种新闻媒体配合的知识产权（专利）宣传主体。2000年在各种新闻媒体和刊物上发表知识产权方面的稿件50余篇，局机关的全体同志和专利服务中心的大部分同志在《中国知识产权报》及其它刊物上都发表过稿件；宁夏电视台对我区专利工作作了三次特别专题报道；我局配合国家局和中央电视台顺利地完成了《西部开发话专利》电视片的拍摄；2000年初创办的《宁夏专利》刊出8期；加强了《中国知识产权报》的发行工作，这些措施有力地推动了知识产权（专利）宣传工作，全社会的专利意识有了很大的提高。

知识产权（专利）培训工作全面铺开。完成了地方局领导人、专利信息网管理人员、专利执法人员、专利法理人员、部分大中型企业领导人、民营科技企业专利工作人员等培训任务。还选送两名同志赴日本参加了知识产权培训。这些培训为我区专利及知识产权工作培养了人才，为今后开展工作奠定了一定的基础。

四、加强了专利执法工作，加大了专利保护力度，知识产权（专利）保护开始在规范市场秩序中发挥作用

专利权的保护是专利制度的核心，切实保护专利权人的合法权益，是专利法赋予专利管理机关的重要职能。过去，专利保护是宁夏专利工作的一个薄弱环节，自1985年到1999年的15年间，只受理专利纠纷案件21件。2000年，我局加大了专利行政执法力度，采取主动回访、接受社会公众举报和专利权人的投诉等方式积极调处各类专利纠纷案件，全年立案处理了13件专利侵权纠纷。从保护当事人合法权利的角度出发，在调处专利纠纷案件中以“宣传专利法，教育当事人，保护专利权人及被请求人的合法权利，公正调处”为宗旨，工作重点放在狠抓办案质量、有效制止侵权行为、保护专利权人的合法权益上。如银川西夏文化传播公司的“西夏王陵金箔画”专利产品由于文化底蕴深、造型新颖而热销，一些商家未经专利权人许可，加工销售与“西夏王陵金箔画”专利相同的产品，该公司及时向我局提出请求，我们迅速暂扣侵权产品，及时审结此案，维护了专利权人的利益，该公司的销售量也迅速回升。又如陶乐市农机厂请求处理吴忠农机厂等4家企业对其“多功能粉碎机”专利侵权系列案件立案后，我局组织力量迅速在全区巡回办案，使4家企业承认侵权，并立即停止生产和销售侵权产品。该案的调处有效地保护了专利权人的合法权利，打击了侵权行为，规范了市场秩序，也使有关企业和个人受到了专利法的教育。吴忠农机厂在吸取侵犯专利权教训的同时，主动向我局咨询，寻求帮助，及时将自主研制开发的麻黄草收割机械的有关技术申请了专利。

五、积极实施促进专利技术产业化示范工程，推动高新技术产业化；鼓励支持中小企业及民营企业利用专利技术开拓占领市场，培育新的经济增长点

2000年，我局上报了宁夏东方钽业股份有限公司、宁夏恒力钢丝绳股份有限公司、西北轴承股份有限公司、宁夏绿谷制药有限公司等12家企业的专利技术项目进入促进专利技术产业化示范工程。目前，这12个项目实施情况良好，项目所在企业规模迅速扩大，取得了非常好的经济效益。宁夏东方钽业股份有限公司的高比容团化钽粉专利项目，2000年实现产值6.8亿元，创利税1.6亿元；宁夏三新技术股份有限公司依托专利技术作为最大的原始股本，实现企业的迅速扩张，2000年改组为宁夏均益实业（集团）有限公司，总资产超过1亿元；吴忠台钻厂是一个小厂，其中一个专利产品在2000年4月的中国专利十五年成就展上，短短5天就销售20多万元。仅这12个专利技术产业化示范工程项目，预计在近期内，产值将超过20亿元。

一大批没有进入示范工程项目的专利技术，也取得了很好的经济效益，如星日电子公司的“钽电容器”专利产品，产值超2亿元，利润达到5000万元；吴忠萨地奥公司的“羊胎盘素”专利产品，年产值达1亿元；青铜峡非职务发明人张全山的“防冻柴油油箱”专利技术，得到了自治区政府的100万元资助，迅速启动了规模化生产。这项专利引起了解放军总装备部和国内几大油田的极大兴趣，呈现出了广阔的市场前景，越来越多的企业的兴盛，都得益于专利技术，一大批名不见经传的小企业，依靠专利技术打开市场，占领市场，显示出勃勃生机。

六、不甘落后，努力争先，一扫宁夏弱小形象。筛选、组织了一大批企业及专利技术产品参展、评奖，提高了我区专利企业知名度，宣传了专利技术项目和产品

认真筛选、推荐专利技术、产品组团参展、评奖，是专利管理机关的一项重要职责。2000年，我局认真组织五十多家专利企业的百余项专利技术项目和产品参加了中国专利十五年成就展（北京）、第九届专利新技术、新产品博览会（西安）、广西创新计划新技术新产品交流交易会（南宁）、中国专利技术产业化对接洽谈会（沈阳）、专利技术展示暨洽谈会（西宁）。创造了我区专利工作历史上一年之中的参展次数、参展企业及专利技术项目和产品数量、获奖项目数量、销售额和协议额四个之最。特别是在中国专利十五年成就展上，宁夏展团以其组织严密、布展精巧、产品丰富、交易活跃、技术含量高，并提出了“西部大开发、专利要先行”的响亮口号，受到了温家宝副总理和国家知识产权局的好评。中国专利十五年成就展是对我国实施专利制度十五年来的专利及知识产权工作取得的巨大成就的一次检阅，是最高规格的国家级展览，江泽民等一大批党和国家领导人亲临展会，江泽民同志作了：“大力支持专利工作，充分发挥专利制度的作用，扶持有自主知识产权和市场前景的高新技术产品成长，促进我国经济的长远发展。”的重要指标。在这次盛会上，宁夏展位数和参展的专利技术及产品数量均列西北五省第一。国家知识产权局出版的《中国专利十五年成就展》会刊上宁夏展团所占篇幅在全国40个展团中名列第十、全国40个展团中评出3个最佳组团奖、宁夏与山东和四川荣登榜上。宁夏展团的钽系列高技术产品、预付费煤气表、柔性抽油杆、建筑装饰机械及工具、防冻型太阳能热水器、防伪印章、枸杞深加工系列产品等8个专利产品获大会最高奖——最佳参展项目奖。

七、知识产权（专利）系统的全体同志团结一致，辛勤工作，表现出了强烈的责任感和事业心，展现了良好的精神风貌和精神状态

专利及知识产权事业是发展的、有前途的伟大事业，这是知识产权局全体人员的共识，是我们为事业而努力奋斗的精神支柱。我区专利工作扭转被动落后的局面，结束长期低迷徘徊，呈现出良好的发展势头，根本原因是我们拥有一支非常好的专利工作队伍。一年中，我们十分重视这支队伍的思想建设、作风建设和业务素质的不断提高。在“三讲”教育活动中，知识产权局处以上干部不仅受到了深刻的党性党风教育，进一步坚定了理想信念，其他全体干部也在“三讲”教育中进一步牢固确立了正确的人生观、世界观和价值观。在进行专利及知识产权宣传工作中，我们首先注重提高系统内全体同志的思想认识，明确专利及知识产权工作在社会主义市场经济建设中、在经济结构战略性调整中、在推进高新技术产业化的进程中、和我国即将加入WTO的新形势下的重大意义，知识产权（专利）系统全体同志的使命感、自豪感显著增强，工作热情空前高涨。在全局开展了反腐倡廉警示教育和知识产权（专利）系统职业道德教育，在全体同志中构筑了一条牢固的思想道德防线，增强了全体同志拒腐防变的能力。现在，不论是局机关，还是下属单位，一种团结、积极、向上的风气已形成，大家都在忘我、超负荷的工作，每个同志既能独挡一面，又不分份内份外、团结协作形成合力。正因为这样，我们在人员、经费严重不足的情况下，顺利、出色地完成了全年任务。

（宁夏自治区知识产权局　廖斌）

新疆维吾尔自治区

随着国家知识产权制度的建立与完善，新疆维吾尔自治区(以下简称“自治区”)的知识产权事业同全国各省、市、区一样,在自治区党委、自治区人民政府的关怀下,坚持了“科技兴新,专利先行”、“专利宣传为先导,专利执法为核心,专利实施为根本”的工作方针,因而取得了明显的成绩,有力地促进了自治区的经济、科技和社会的发展。

自治区的知识产权工作,从无到有,从小到大,有了一个较大的发展。知识产权工作,在建立健全工作机构、协调指导、宣传培训、行政执法、咨询服务、完善地方立法、企业专利和专利代理,以及展开知识产权保护等方面,都取得了明显的成绩。

一、积极开展知识产权宣传和培训,不断提高各族人民的知识产权意识

近20年来,自治区人民政府重视加强对知识产权工作的领导,坚持把知识产权的宣传普及工作,作为一件大事来抓,自治区的专利、版权、商标、海关等部门密切配合,形成合力,自治区的党委、人大、政府、宣传、人事、司法、新闻、广播电视等部门,也将此项工作摆在重要议事日程,大力支持知识产权部门的工作,将知识产权法规的立法和宣传,纳入自治区的立法和普法规划,积极参与研究自治区知识产权法规的制订和宣传活动,多次组织举办的《社会主义市场经济法律法规》电视讲座,播放《知识产权在西部》等电视录像片,用维汉两种文字录制播放知识产权保护的宣传内容。自治区党校、新疆经济干部管理学院等大专院校积极支持知识产权机关的工作,主动开办知识产权专题讲座和举办干部和企业骨干知识产权培训班,自治区的讲师团多次应邀为自治区党校、新疆农业大学、新疆经济管理干部学院、新疆师范大学和乌鲁木齐市、巴音郭楞蒙古自治州、博尔塔拉蒙古自治州、阿勒泰地区、塔里木石油指挥部等举办专题讲座。自治区专利管理局、知识产权研究会还多次邀请国家知识产权局的领导、专家,以及内地省、区的专家学者来我区作专题报告。

自治区地处祖国西北边陲,地大物博、少数民族众多,为了使知识产权宣传、培训工作更加扎实有效,自治区的专利、商标、版权等部门,以极大的工作热情和强烈的事业心、责任心对待本职工作,在知识产权的宣传、培训工作中,针对交通不便、基层机构不健全、经费困难、专业人员缺少等实际情况,从基层需要出发,实行“走出去”战略,经常组织专业人员和讲师团下地、州,深入到工厂、农村和牧区等基层单位,开展丰富多彩的知识产权宣传活动。在宣传活动中,结合少数民族的特点,将知识产权法规和宣传材料编译成少数民族文字;在编写自治区地方中学法制教材时,将知识产权法律法规编入其中。在知识产权宣传活动中,自治区还通过电视、广播、报刊等新闻媒体,以及举办学习班、培训班、报告会、理论研讨会等宣传形式传播专利知识,提高全社会公众、尤其是各部门和企业领导的知识产权保护意识。

为了增强全体公民的知识产权保护意识,使新疆的专利工作再上一个新台阶,1996年3月,制定了《新疆维吾尔自治区专利工作报告‘九五’计划和2010年远景目标》,提出了“科技兴新,专利先行”的口号。1997年6月,新疆知识产权研究会组织了“新疆赴美知识产权法律及实施研讨培训班”;同年8月与中国知识产权研究会合作,在乌鲁木齐举办了“97知识产权保护研讨会”;2000年8月,在乌鲁木齐市举办了“西部大开发与知识产权保护”研讨班。新疆知识产权研究会、自治区专利管理局于1999年3月召开了“自治区企事业单位知识产权保护工作经验交流会”。2000年10月,自治区知识产权局配合国家知识产权局在有关企业进行了考察、专题报告会和现场审查专利申请案件等活动,协助拍摄了《知识产权在西部》录像片,与新疆电视台拍摄和播放了《新疆企业的专利保护工作》录像片。

为了搞好知识产权宣传,自治区自1985年以来,自治区共编写维汉两种文字的《知识产权普及读本》1.15万册,印发《知识产权法律法规文件汇编》和有关宣传资料30多万份(册);自治区知识产权工作协调指导小组,深入18家企事业单位考察、座谈,开展法律咨询活动;编发有关信息资料3万余字。自治区知识产权讲师团成员主持各类讲座90多次,直接听课人员达6000多人次。自治区专利管理机关,组织编印《新疆专利工作》105期,编印汉文专利法宣传材料和培训教材24000余册(份);举办企事业专利工作者和专利代理人学习班、培训班106班,培训人数4329人次;举办知识产权理论研讨会3次,参加人数300余人次;举办专题报告会50多次,参加人数近4万人次;组织70余人参加为期一年的“全国知识产权专业函授”学习;会同有关专家,开展法律咨询50多项、120多人次;组织全区200多个单位,15000多人参加了知识产权知识竞赛,个人获奖9项,自治区专利管理局获优秀组织奖;专利咨询人数累计达到3万多人次。

经过长期的知识产权宣传和培训活动,全体公民的知识产权意识得到逐步提高。自治区的专利申请量和专利授权量逐年递增。截止到2000年底,专利申请量累计达到8134件,2000年首次突破千件大关,达到1088件,专利授权量累计达到4535件,在西北五省区名列第2名。

二、建立健全知识产权管理和服务队伍,不断完善知识产权工作体系

为了加强自治区知识产权管理工作,1982年12月,经自治区人民政府批准,在自治区工商行政管理局设立了商标广告处,负责全区的商标行政管理和执法工作。

1993年3月成立了新疆商标事务所,负责代理国内商标注册事宜。

1985年3月,经自治区人民政府批准,在自治区科委设立了专利管理处(1991年8月,自治区专利管理处更名为自治区专利管理局,下设3个部,事业编制10个,更名后级别与隶属关系不变;2000年10月,自治区知识产权局由县处级升格为副厅级,隶属自治区人民政府,下设3个处,参照公务员管理,事业编制18个),负责全区的专利行政管理和执法工作。与此同时，自治区成立了新疆专利服务中心，专利管理处与专利服务中心为一套班子，两块牌子。1986年11月新疆专利服务中心从自治区专利管理处划出。

从1985年3月到2000年底，新疆的15个地州市中，设立的专利管理机构有4个（即，自治区知识产权局、昌吉回族自治州专利管理局、哈密地区专利管理局和阿勒泰地区专利管理科），占全区的26.7%。专利代理机构中，具有专利代理资格的有6个，即1985年3月成立的新疆专利服务中心、1985年5月成立的中科院新疆分院专利事务所、1986年6月成立的新疆石河子专利事务所、1987年1月成立的新疆生产建设兵团专利事务所、1987年9月成立的乌鲁木齐市专利事务所和1993年5月成立的克拉玛依市专利事务所。未取得专利代理资格专利事务所有3个，即1986年8月成立的昌吉回族自治州专利事务所、1996年9月成立的巴音郭楞蒙古自治州专利事务所和1998年2月成立的伊犁地区专利事务所。全区专利代理机构的事业编制有40个，实际从事专利服务的业务人员有30人（其中专职人员20人，兼职人员10人），具有专利代理资格的人员77个。专利事务所面向全区开展专利代理、专利文献、专利咨询和专利技术开发等项服务工作。全区有100多个企业设立了专利管理机构或专（兼）职管理人员，企业专利工作者达到100多名。

1988年7月，经自治区人民政府批准，在自治区新闻出版局设立了版权管理处（1991年9月，版权管理处对外称自治区版权局，为一套班子两块牌子），负责全区版权行政管理和执法工作。

为了进一步加强对全区知识产权工作的宏观管理与协调，根据国务院办公厅《关于建立国务院知识产权办公制度及有关部门职责分工问题的通知》精神，我区于1994年12月成立了自治区知识产权工作协调指导小组及其办公室。知识产权工作协调指导小组组长由自治区人民政府副主席米吉提·那斯尔兼任，3名副组长分别由自治区科委副主任、自治区新闻出版局局长和自治区工商局副局长兼任，17名成员由自治区人民政府的各部门负责人兼任，办公室主任由自治区科委副主任兼任。办公室的主要职责有10项，主要有：一是贯彻执行国家有关知识产权的法律、法规和政策；二是研究确定自治区知识产权工作的重大决策；三是统筹协调全区的知识产权保护与实施。1995年2月，国务院知识产权办公会议办公室制定了《有效保护及实施知识产权的行动计划》。同年3月，国务院办公厅发出《关于进一步加强知识产权保护工作的通知》。为了贯彻落实“行动计划”和“通知”的精神，自治区知识产权工作协调指导小组于1995年4月向全区印发了《自治区贯彻〈国务院关于进一步加强知识产权保护工作的决定〉的意见》，并于6月成立了自治区知识产权执法检查小组，并向社会公布了小组负责人和联系人姓名、办公地点、举报电话。

自治区知识产权工作协调指导小组成立后，克拉玛依市、石河子市、哈密地区、昌吉回族自治州、自治区机械电子工业厅、乌鲁木齐石化总厂等单位，也相继建立了知识产权工作协调指导机构，乌鲁木齐海关在下属单位也成立了知识产权管理机构。

1986年12月成立了“新疆维吾尔自治区发明协会”。发明协会成立以来，在全国发明协会和自治区科委的领导下，经过全体会员的努力，组织不断发展，到2000年底，有会员516名。发明协会会员中大部分拥有发明创造成果，其中，中级以上科技人员占60%，大专以上文化程度的占70%。根据发明协会章程，协会会员自觉参加了各项活动，为促进自治区的发明创造做了大量工作。发明协会在保护发明者的合法权益、帮助发明人解决困难方面，开展了积极的有效的工作，受到广大发明人的一致好评。发明协会在组织各种展览会方面做出了突出的成绩，如在1986、1988、1990年分别举办了3届自治区发明与新技术展览会。1992、1993、1994、1998年，在国家知识产权局的支持下，承办了4届全国发明与新技术、新产品博览会。15年来，先后组织参加了10次国际和12次国内发明展览会，获金、银、铜奖1051个、优秀奖87个，参展人数达到32万多人次。1993年，组织了自治区首届专利技术拍卖会，有6项专利技术参加拍卖，4项成交，成交额为75万元。在各种展览会上，共展出技术项目10400项，签订正式合同2522项，签订意向合同1382项，合同金额达到27.62亿元，销售额达到6866万元，取得了显著的社会效益和经济效益，有力地推动了企业的技术创新和实施专利技术活动。

1996年3月成立了“新疆维吾尔自治区知识产权研究会”该研究会有团体会员30个、个人会员283个；1994年3月，在全国率先建立了无形资产评估事务所（该所于1999年8月底完成了脱钩改制），实行独立核算，自收自支，自负盈亏，隶属自治区专利管理局，主要从事对全区的无形资产评估工作。截止到2000年底，我区已初步建立了较完整的专利工作体系。1999年9月，建成并开通了中国专利信息网络工程—新疆专利信息网站，配备了网站管理员，制订了网站管理制度，设置了新疆专利网页，建立了有关的数据库，实现了办公自动化和专利信息咨询网络化。专利代理机构也基本实现了微机联网和专利代理、查询、办公自动化。

三、建立健全地方知识产权法规，为知识产权保护营造良好的社会环境

1982年以来，我区各级专利、版权、商标等知识产权行政主管部门，为维护社会主义经济市场秩序，营造一个良好的社会环境，从建立健全知识产权法规入手，不断完善专利执法的规章制度，到2000年底，自治区已建立和出台的地方性专利法规有11个。在执法活动中，采取一系列措施，不断规范专利执法办案程序，提高办案质量，对专利执法情况，不断进行检查，充实执法力量，加大执法力度，使全区的知识产权行政执法工作逐步得到加强。例如，自治区人大与知识产权部门一起，组成联合执法检查组，对乌鲁木齐市、昌吉市等重点地区多次进行执法检查，并对已查处的侵权纠纷案件进行了回访。每年利用“3.15”消费者权益日，自治区专利、工商等部门密切合作，共同开展打击假冒专利活动，重视发挥“查处假冒专利行为社会专利监督网”等群众组织的作用，开展群众性地打击假冒专利行为活动。同时，自治区专利部门还在执法业务咨询、法律状态检索查询、办案程序等方面对地州（市）专利管理机关进行具体指导和帮助。

自治区知识产权工作协调指导小组办公室会同有关部门，对各地、各部门的知识产权法律法规实施和对国务院决定贯彻落实情况进行实地检查和协调指导，会同有关部门先后多次对石河子市、哈密地区、吐鲁番地区、阿克苏地区、喀什地区、和田地区、克孜勒苏柯尔克孜自治州、巴音郭楞蒙古自治州等地的知识产权保护工作情况进行实地检查，召开由各知识产权行政主管部门和有关单位参加的座谈会，汇报和交流了有关执法工作情况；检查了解各地、州市的文化市场；做好具体侵权案件申诉人的咨询服务工作，协调有关部门和单位为申诉人提供解决有关非专利技术成果被侵权问题的法律咨询。

自治区各级工商行政管理部门针对印刷企业存在的违犯商标法的印制行为、针对专卖店未经商标权所有人授权擅自使用他人注册商标的行为和商标交易市场存在的销售假冒商标商品行为，以及侵犯中国驰名商标、《全国重点商标保护名录》中商标的行为，坚持进行专项治理，严厉打击各类商标违法行为，切实维护经营者的合法权益。

自治区版权局加强了对文化、广播、电视、音像制品等行业的执法监督，以乌鲁木齐市为重点，对音像市场的著作权保护情况进行了重点检查。自治区计算机应用推广管理部门制定了《保护计算机软件版权行动计划》，并根据有关规定，对自治区和中央驻疆单位开发的计算机软件的标准化，主动坚持开展审查工作，并建立计算机软件版权登记制度。

知识产权执法活动，有力地维护了社会主义市场经济秩序和专利权人和消费者的合法权益，受到广大发明人和消费者的赞扬。据统计，1985 年来，全区共受理专利纠纷案件 125 件，结案 86 件，查处冒充专利行为 60 件，结案 46 件，挽回经济损失 500 多万元；处罚并上缴罚金 35.1 万元。立案查处各类商标违法案件 773 件，罚款 129 万元，收缴和消除商标标识 644 万件（套）。查处商标侵权假冒案件 16 起（其中国内 11 起、涉外 5 起），处以罚没款 7 起、15943 元。没收侵权假冒标识的瓶类 1388 个、纸类 1.3 吨、其它类 37 万件，无商标、无国际羊毛局统一标识的大衣 89 件。套处一般违法案件 4 起，收缴假冒标识 44 万件，罚款 3200 元。全区共受理各类著作权纠纷 160 余起，结案 140 余起，为著作权人挽回经济损失 20 余万元。为了净化图书、音像制品、电子出版物、少数民族语言音像制品的市场，查缴盗版图书 3 万余册、盗版的 CD 和 VCD 近 10 万张、盗版录音带 10 万余盒、录音复制设备 6 台，以及大量用于盗版的录音带封面，收缴盗版地图 300 余张，盗版计算机软件 700 余套，罚款 10 万元。受理版权投诉案件 13 起，收缴盗版的激光视盘 130 张、图书 51 种 500 余册。由于知识产权保护执法力度的不断加大，使知识产权的侵权现象有明显减少。据对乌鲁木齐市部分商场抽查，具有专利标记的商品中的冒充专利行为由 1996 年的 67% 降至 1999 年的 40% 以下。

四、努力加强企业知识产权工作，积极开展专利技术实施活动

企业是市场的主体，也是知识产权工作的重点。为此，我区从帮助企业建立知识产权管理机构和管理制度入手，重视和加强对企业专利管理人员的培训，密切配合国家知识产权局，积极抓好专利试点企业工作，抓好专利示范工程，搞好企业试点，制订奖励优秀发明家和实施专利技术的企业家政策，以政策为导向，建立一种奖励机制和激励机制，积极开展奖励优秀发明家和实施专利技术企业家活动，推动企业的技术创新和实施专利技术活动。15 年来，我区组织开展奖励优秀发明家颁奖活动 2 次，奖励优秀发明家 5 名，优秀发明者 36 名，评选、奖励优秀企业家 16 名。

为了推动专利技术实施活动的开展，1996 年，自治区在全国率先建立了专利技术推广基金，制订了《新疆维吾尔自治区专利技术项目可行性评价管理办法》，初步实现了对专利技术项目进行科学管理。在专利技术实施活动中，把专利试点企业工作和专利示范工程建设作为重点来抓，充分利用国家的优惠政策，选好专利试点企业和专利试点项目，积极开展评选、奖励优秀发明家和实施专利技术企业家活动，大力推动专利实施活动深入扎实的开展。企业的知识产权保护工作得到了明显的加强。如乌鲁木齐石化总厂通过为期两年的全国企事业单位知识产权保护试点工作，制定和健全了企业内部的知识产权管理制度，增强了企业知识产权的自我保护能力，初步形成了自觉防止侵犯他人知识产权和有效防范自己合法权益被非法侵害的工作机制。“乌鲁木齐高新技术产业开发区知识产权保护工作动员大会”召开后，高新技术产业开发区知识产权保护工作开始全面启动，形成了新疆东方奥斯曼化妆品有限公司、新疆特丰制药厂、新疆啤酒花股份有限公司、新疆第三机床厂、新疆联合收割机联合集团等一批依靠自主开发知识产权推动发展的骨干企业。过去那些不重视知识产权保护的企业，很快改变了以往的态度，开始在企业设立知识产权机构，配备专职人员，建立有关的制度。

知识产权工作与科技工作一样，应面向经济建设主战场，这已成为各类经济实体自身发展的内在需求和共识。专利技术的实施，有力地促进了企业的发展，产生了明显的经济和社会效益，为自治区的经济、社会的发展做出了突出贡献。例如，新疆石油公司实施的“丢手可钻桥塞”专利技术，创经济效益 1.48 亿元。据统计，到 2000 年底，自治区共实施专利技术基金240万元,实施专利技术项目16项,专利试点企业2个,促进专利技术产业化示范工程项目3个,实现利税491万元,税后利润886万元。

（新疆维吾尔自治区知识产权局　史治勋）

香港特别行政区

香港特别行政区知识产权署成立于1990年7月2日,主要负责协助香港特区政府制定知识产权保护政策及法规,负责管理香港特区政府的商标注册、专利注册及外观设计注册,并举办各种知识产权领域的活动,加强公众对保护知识产权的意识。

香港特区2000年在内地的专利申请受理量为1374件,其中发明专利152件,实用新型204件,外观设计1018件。专利申请授权量为1285件,其中发明28件,实用新型207件,外观设计1050件。

2000年4月国家知识产权局与香港特区知识产权署联合举办了内地与香港知识产权研讨会,使内地与香港特区的知识产权界的专家、学者进行了相互交流与探讨;中国发明协会与香港生产力促进局共同举办2000年香港国际发明展览会和国际研讨会,通过这些活动,增进了内地与香港特区的相互了解,促进了内地与香港特区在知识产权领域的交流与合作关系。

（国家知识产权局国际合作司　程晓虹）

台湾省

随着全球知识经济的迅猛发展,知识产权在台湾地区成为主导科技产业技术发展与市场开发的工具,其中专利权的保护与应用更是高科技公司在市场竞争中最重要的策略工具。近年来在专利申请方面逐年递增,在国内申请量一直居前列。

1. 台湾地区2000年在大陆的专利申请受理量为10778件,其中发明申请为1823件,实用新型为7388件,外观设计为1567件。

2. 专利申请授权为8465件,其中发明359件,实用新型677件,外观1329件。台湾地区年申请量居全国第三位。

台湾地区民间组织与我局下属单位中国知识产权研究会、中国发明协会等单位有着良好的合作关系,为进一步增进海峡两岸人民的相互了解,促进在知识产权领域的交流与合作,中国知识产权研究会与台湾地区有关民间组织定期在北京、台北两地举办海峡两岸知识产权研讨会。

（国家知识产权局国际合作司　程晓虹）

注:澳门特别行政区情况暂空。

地方司法工作情况

一、机构设置

20世纪90年代，地方各级人民法院充分认识到知识产权审判工作的重要意义，在最高人民法院和有关方面的指导和大力支持下，北京、上海、广东、江苏等地相继成立了知识产权审判庭专门审理知识产权案件，并配备了一批思想品德好、学历高、专业能力强的法官队伍。

1993年8月，北京市高、中级人民法院设立知识产权审判庭，是国内最早建立专门审理知识产权案件的专业庭的法院。1995年2月和2000年5月，海淀区法院和朝阳区法院也先后设立了知识产权审判庭。自1998年开始，北京高院将北京的知识产权案件集中审理，除海淀区、朝阳区法院外，其他基层法院不再受理知识产权案件。

广东省高级人民法院、广州市中级人民法院、深圳市中级人民法院、珠海市中级人民法院、汕头市中级人民法院于1994年开始陆续成立知识产权审判庭，1998年佛山市中级人民法院设立知识产权审判庭。

上海市高、中级人民法院、浦东新区法院于1996年、黄浦区法院分别于1996年9月成立知识产权审判庭。浦东新区法院作为试点，尝试将知识产权民事案件、刑事案件、行政案件统一划归知识产权审判庭审理。1998年8月，上海市高级人民法院下发通知规定，知识产权民事案件由市第一、第二中级人民法院作为一审法院，除浦东新区法院、黄浦区法院分别审理辖区内的一审知识产权民事案件外，其余区县法院不再受理知识产权民事案件。

江苏省高级人民法院1995年建立知识产权审判庭，南京市中级人民法院1996年设立知识产权审判庭，盐城中院亦设立了知识产权庭，其他中级法院都在经济庭或者民庭设立专门的合议庭审理知识产权案件。

目前我国人民法院知识产权审判机构的设置，初步形成了地方法院三级知识产权审判机构并以高中级法院知识产权审判庭为主的格局，若干中院或者基层法院适当集中审理，未设立知识产权审判庭的，也在经济庭或者民庭设立专门的知识产权合议庭。

二、案件审理情况

1995年至2000年北京市各级法院共受理一审知识产权案件3634件，审结3553件，其中美国沃尔特迪斯尼公司诉北京出版社、新华书店北京发行所及第三人大世界出版有限公司侵犯著作权等很多案件在国内外都产生了重大影响。

1997年至2000年广东省各级人民法院共受理一审知识产权案件1623件，审结1507件。佛山市中级人民法院审理的佛陶商业秘密侵权纠纷案在全国引起重大反响。

1998年至2000年上海市三级法院共受理一审知识产权民事和刑事案件919件，审结867件，受理二审知识产权民事案件257件，审结280件(含旧存)。上海法院审理的钱钟书、人民文学出版社诉胥志芬、四川文艺出版社侵犯著作权案、三毛著作纠纷案都产生重大影响。

1995年至2000年江苏省各级人民法院共受理各类知识产权案件2065件，审结1973件。

近年来，围绕党和国家的大局和中心任务，各地法院在审判人员数量少、审判工作繁重的情况下，加强队伍建设，克服困难，刻苦钻研业务，总结经验、积极开拓知识产权审判新领域，审理了大量有影响、疑难复杂的知识产权案件，树立了我国知识产权司法保护的良好形象，为科教兴国和科技成果转化发挥了重要职能作用。

三、地方法院审理知识产权案件的主要经验

近年来，北京、广东、上海、江苏等地法院解放思想，大胆开拓，从服务于国家科教兴国战略的大局出发，创造性地开展知识产权审判工作，取得了突出的成绩。他们的经验和措施主要有：

1．各级领导高度重视、大力支持知识产权审判工作

随着科学技术的迅猛发展，知识经济初见端倪，知识产权保护在社会经济发展中的地位越来越重要，各级法院领导从加快建立社会主义市场经济体制，实施科教兴国战略，迎接知识经济和加入世界贸易组织的挑战的高度来认识知识产权审判工作的重要性，多次强调搞好知识产权审判工作的重要意义。上海法院领导将知识产权审判工作作为上海法院的形象工程、窗口工程来抓，对知识产权审判工作实行高标准、严要求，同时在人员选配、业务培训、出国学习方面给予大力支持和优先照顾，定期研究如何做好知识产权审判工作。各地法院领导都高度重视知识产权大要案的审理，注重案件的社会效果和法律效果。

2．不断完善适合知识产权案件特点的审判方式

各地法院在成立知识产权审判庭之初，就针对知识产权案件当事人文化素质高、有一定诉讼能力的特点，积极探索审判方式改革，不断完善知识产权司法保护制度。主要做法有：庭前告知当事人诉讼权利义务；实行并规范庭前证据交换，通过证据交换，使当事人明确双方争议焦点，理清诉辨思路；主管知识产权审判的院长、庭长担任审判长审理案件；做好开庭审理、合议和公开审判工作，向社会公开开庭时间和地点，允许公众旁听和新闻单位客观报道。

1998年6月11日，中央电视台第一次向全国直播了北京市第一中级人民法院审理的十大电影厂起诉著作权侵权案件，在全国引起强烈反响。

3. 知难而进，努力探索，积累经验，积极开拓

经过十几年的审判实践的探索，各地人民法院根据知识产权审判的新情况、新问题，及时总结经验，先后出台了指导性的文件，例如北京高院的《审理技术合同纠纷案件若干问题的解答》、上海高院的《给予进一步加强知识产权审判工作若干问题的意见》等，从实体和程序方面进一步规范了知识产权审判工作，保证了案件的质量与效率。针对知识产权案件专业性强的特点，各地人民法院在审理过程中遇有疑难技术问题，坚持采取走访有关部门、召开专家学者论证会的形式，广泛听取各方面的意见，保证了审理案件的客观与公正。1996年北京高院在总结经验的基础上，为探索解决案件审理中涉及的专业技术鉴定问题，采取了三项措施：第一，聘请专家学者担任全市法院系统知识产权法律咨询顾问；第二，指定社会团体担任知识产权审判技术鉴定单位；第三，建立特邀陪审员制度。上海、广东等地法院也采取了类似的举措。

4. 开展调查研究，推进法官队伍建设

1998年8月，北京市高级人民法院提出了建设知识产权专业法官队伍的目标，提出专家性法官应精通知识产权法和国际条约，能胜任重大复杂案件的审判，有解决疑难问题的能力，有较高的文字写作水平，要懂一门外语。上海市法院重视加强义务学习与培训，通过选派法官到国外学习、交流，邀请外国法官、专家讲学，举办审判业务培训班等形式，努力提高法国队伍的整体素质。2000年上海法院就“WTO与中国知识产权司法保护”、“专利侵权判定”等专题进行了培训。在调查研究和总结经验的基础上，各地知识产权法撰写了一批有学术价值论文和案例，并出版了《知识产权案例选》、《上海法院知识产权案例精析》等著作。

5. 提高裁判文书的撰写水平，做好裁判文书的公开工作

各级人民法院在知识产权审判庭成立之初，就鼓励审判人员写好裁判文书，做到必须“讲理”，在判决中要针对双方抗辩的事实和主张阐述自己的观点，1999年北京市高级人民法院出版了《专利行政案件判例集》，编入了十多年来审结的全部专利行政案件的法律文书，为全面公开知识产权裁判文书打下了良好的基础。

6. 积极开展法制宣传，树立中国知识产权司法保护的良好形象

北京、上海等地法院多次召开新闻发布会，向社会介绍知识产权审判情况，发布案例。广播电视也多次现场直播或转播知识产权案件的开庭情况。法国在各种新闻媒体和有关刊物上发表的案例评析和新闻稿件在社会上产生了很大影响。2000年5月，北京法院参加了第三届北京高新技术产业国际周知识产权论坛，公开开庭审理案件，来自美国和欧盟的30余位法官、学者旁听案件审理。这次论坛和庭审成为国际周的亮点。

当前，面临中国加入世界贸易组织的形势，人民法院的知识产权审判工作任务十分艰巨。在新世纪“一个主题，三件大事”工作思路的总揽下，各级人民法院的知识产权审判工作将紧紧围绕党和国家的中心工作和“十五”计划纲要确立的科技进步和经济社会发展目标，认真贯彻执行知识产权法律和其他法律，积极做好入世的司法准备，正确审理各类知识产权纠纷案件，依法保护知识产权人的合法权益，制止假冒、盗版等侵犯知识产权的行为和不正当竞争行为，维护和规范公平竞争的市场经济秩序，为实施“科教兴国”战略，鼓励知识创新和促进科教进步及文化事业的发展提供可靠的司法保障。

（罗东川）

知识产权“入世”的背景及其在WTO中的地位

一、关贸总协定——国际法中的特例

世界贸易组织(WTO)的前身《关税与贸易总协定》(GATT),即人们一般称为“关贸总协定”的国际条约,是个在国际法领域较特殊的条约。

首先,该协定中从不出现“成员国”、“缔约国”等字样,而只称“缔约方”(Contracting Party),这是与该协定产生时,还存在一些当时殖民地宗主国管辖的“独立关税区”这一历史相联系的。在今天,作为含义更广、但地域更窄的“独立关税区”,仍有香港、澳门(及不久后的台湾)地区,在条约参加者主体方面,关贸总协定有它的特殊性。在过去,除使用“缔约方”之外,“成员”(Member)也是关贸总协定中的常用词,1993年底结束乌拉圭回合谈判后的文件中,大都以“成员”取代了“缔约方”的称谓,在个别条文中,也时而出现“成员国家”(Member Counrty)的字样了,但文件在统称“成员”的场合,则仍然不与“国家”连用。

其次,直到1993年底前,关贸总协定居然一直没有一个“正式生效”日;1948年1月生效的,仅仅是该协定的“临时适用议定书”。然而这一协定又一直在国际上起着如此重要的作用,以致它与国际货币基金组织及世界银行一道,被称为“世界金融与贸易体系的三大支柱”,这也是历史原因造成的。

第二次世界大战之后,在经济实力相对较强的美国推动下,原准备建立保持国家间的汇率平衡的制度,建立处理长期国际投资事宜的几个国际组织及国际贸易组织。40年代末,国际货币基金组织与世界银行相继成立,而拟议中的“国际贸易组织”则因为它的“宪章”在美国国会未能通过,而迟迟不能生效。于是,建立国际贸易组织的计划就搁浅了,这样一来,原先在日内瓦签署的一项关税减让的“一般协定”,即关贸总协定(英文中的General,既有“总”的意思,又有“一般”的意思)“暂时”取代了原有设想,起着世界贸易组织原打算起的作用。这一“暂时”,竟然长达40多年。

随着1993年底乌拉圭回合谈判的结束,这一奇特的协定的作用,也很快将成为历史。

再有,在乌拉圭回合结束之前,与这一协定相应的,并不存在一个联盟(Union),诸如巴黎公约、伯尔尼公约,则均有相应的巴黎联盟、伯尔尼联盟等。从而也当然不存在关贸总协定(联盟)大会(Assembly),虽然全体缔约方每年通常要开会一次,决定一些事宜。但这种缔约方聚集在一起,只被称为“缔约方全体”,英文中即把Party表述为复数,只是在乌拉圭回合多边贸易谈判中,才提出建立一个与总协定相应的“多边贸易组织”的问题。当然,在这种特殊情况下的“缔约方全体”(而不应加“大会”二字),也更谈不上无产阶级专政政体中常用的“最高权力机构”了,并非“缔约方”的国家,也曾在当年的多边谈判中起重大作用。例如,1991年底,形成知识产权分协议“邓克尔(当时的关贸总协定总干事)文本框架文件”的“10加10谈判”,其中10个发展中国家之一,即有尚未“复关”的我国。这一点似乎也可以从反面否定全体“缔约方”的“最高权力机构”地位。

我国曾经是关贸总协定的23个创始国之一,由于历史原因,从50年代初开始,我国与该协定的关系一度中断,1986年7月,我国正式提出了恢复我国的关贸总协定缔约国地位的要求。我国虽一直未“复关”,却又始终参加了乌拉圭回合全部议题的谈判。

二、知识产权——民事权利中的特例

关贸总协定是国际法领域一个极特殊的协定,今天它与民事法律领域中的一项极特殊的权利联系在一起,在开始对我们面临的主要国际法文件——世贸组织中的知识产权协议论述之前,读者应当对知识产权的一些特殊之处有所了解。

知识产权(或曰智慧财产权),作为民事权利中的一类极特殊的权利,不论在过去还是在今天,也不论在国际上还是在我们中国,均引起过并继续引起无穷的问题与争议。国际条约与国内法,一再尝试着侧重于在实践中解决有关问题,并从争议中解税出来,以利国际经济与国内经济的发展。当然,条约及法律往往在确实解决了一部分问题的同时,在另一部分问题上仍旧处在困境之中或重新陷入困境,各国的知识产权法学者或民法学者们,则一再尝试着侧重于从理论上解决有关问题,也往往更多地陷入更深的困境——尤其当有人只希望把知识产权与其他财产权放在同一个框架中去对待时,或只希望把知识产权贸易与有形货物买卖放在同一个框架中去对待。

多年之前,有人读到伯尔尼公约中有关作者的精神权利作为一项“权利”,至少应保护到作者死后50年时,曾认为这是起草伯尔尼公约后几个文本的专家们的“重大失误”。因为,从民法原理看,主体死亡了,精神权利(有些国家及伯尔尼公约的有些语种直称为“人身权”)仍存在,而且要保护至少50年,简直是荒谬的。1991年,在中国版权研究会的学术讨论中,有人再度“批判”伯尔尼公约中有关“死后精神权利”的条文,提出:作者死后,决不可能仍有精神权利;那时的“保护”,只能是“国家的公行为”对署名、作品完整性等等的保护。这种“有保护而无权利”的议论,至今不衰,后来又辅之以“无保护但有权利”的另一种议论,这都是议论者自己陷入更深的困境的实例。因为,“依法律保护的灭失了的权利”与“法律明文宣布不予保护的依法产生的权利”这两个命题,不仅违背了民法原理,而且违背了形式逻辑。

几年前,一位研究生在看到国际条约及国内法以及知识产权学者论著中强调知识产权的“法定时间性”特点时,反驳说:有形财产权中的主要项目是所有权,而所有权具有“永恒性”(在许多年前台湾出版的史尚宽先生的《物权法论》、董世芳先生的《民法概要》等著作中。我们早已读到过这些论断——台湾民法论著对大陆一些学人影响是很大的);至于“物权标的”时间性,则不应与知识产权中“权利”的时间性混为一谈。这位研究生忘记了:有形财产所有权的“永恒性”,是以有关财产“标的”的存在为前提的,房屋作为“物”倒塌后,其原所有人此时只是一堆砖头的“所有权”人了,一张桌子如果被火烧成灰,其原所有权人就可能“无所有”了。而知识产权中的所有权,不以有关物的灭失为转移,这种所有权才真正本应具有“永恒性”,但法律却断然限定了它只在一定时间(如专利20年、版权50年)内有效。此外,作为产权“标的”,只能拿知识产权中的“权”,与有形财产权中的“物”相比,这在各国立法中对此都是明白的。例如,各国担保法中,均把知识产权作为“以权利为标的的质权”或称“权利质权”,决没有称之为“作品质权”或“发明质权”的,更不会有称之为“图书(文字作品的载体)质权、建筑物(建筑艺术作品的载体)质权”的。在知识产权领域,“权利标的”、受保护“客体”及有关“载体”,都必须分得清清楚楚、不容混淆,“专有权”、“所有权”,均可离开有形物而存在。而在有形财产权领域,标的、客体及载体,往往同是一个,离开有形物的“所有权”往往是毫无意义的。在所有国际公约中,大多数国家在立法中,知识产权与有形财产权的这种不同,一般也是清楚的。

当有人读到美国版权法第203条时,曾吃惊地“发现”:多年来最不提倡作品“人身权”的美国,居然在这里如此强调作品中的人身(应称“精神”)因素。不论原签订的版权转让合同期为多久,也不管签约时作者如何确认,均可在35年后“反弹”回作者手中,这岂不是连衡平法中极重要的Estoppel原则都不顾了,如果美国立法者简单地给予回答,那可能是:“这正是知识产权的特殊性”。

当我们的立法机关希望制定一部无所不包的全面合同法时,我曾提议:请将知识产权转让合同视为例外。据我所知,仅以版权合同的规范为例,世界上只有极个别的国家把它们列入民法典或债权法典;有一部分国家有单行的部分版权权项转让法(如德国的“出版合同法”、希腊的“图书出售合同法”、“戏剧作品合同法”等等);而大多数国家都把版权合同规范列入单行的版权法中,这理由简单讲也就是:知识产权的特殊性。

知识产权的特殊性,我国近年还在不同场合表现为对它的研究或管理可以被许多学科或部门排斥,又几乎可以同样被这些学科或部门所吸收。在遇到棘手的需处理的知识产权事务时,民事部门可以推说它们(至少专利与商标)是经济部门的事,外贸部门可以推说它们(至少版权)是文化部门的事,乃至有“谁的孩子谁抱走”之说。遇到有“经济效益”或权力效益的知识产权事务时,则又往往以其他部门“技术上不通”、“业务上不熟”等等为由,往自己部门揽。在建学科时,在有些场合,知识产权法被说成不属于民法(仅其中版权属于),不属于经济法(仅有专利、商标属于),不属于国际法(仅有关国际公约似属于),以使他人立不起研究项目,建不起学位授予点。在另一些场合,则被民法界说成属于民法,经济法界说成属于经济法。此外,国际法、科技法乃至行政法教科书中,也都把他们列入自己的教学及研究范围。与这两种“推”与“拉”的状况相比,应该说北京市中高两级法院比某些学人们更明白一些,他们率先成立起独立的(既不属民庭,又不属经济庭的)“知识产权庭”,应当说,这才是确实看到了知识产权的特殊性。

三、乌拉圭回合

那么,是什么把国际法领域与民事法律领域这两个“怪物”结合在一起的呢?是“乌拉圭回合”。

关贸总协定的缔结与发展是通过多次多边谈判实现的,习惯上把各次谈判称为“回合”(即Round),也就是“一轮”谈判的意思。如果把缔结关贸总协定的1947年的第一轮谈判,算作第一个“回合”的话,到1993年底已经经历了8个回合的谈判,在前几个回合的谈判中,仅仅以降低关税为谈判的主要目标,并不涉及知识产权。

1948年,也就是关贸总协定的“临时适用议定书”刚刚生效时,即在法国安纳西举行了第二轮谈判(通称“安纳西回合”);1950年9月到1951年4月在英国的托奎举行了第三轮谈判(通称“托奎回合”);1956年1月到5月在日内瓦举行了第四轮谈判(通称“日内瓦回合”);1960年到1961年在日内瓦举行了第五轮谈判(通称“迪龙回合”)。这几个回合均只涉及关税减让问题,其中,只是偶尔在第12条(3),第18条(10)及第20条(d)中提及“知识产权”,不过,这并不是在保护知识产权的意义下,而是在“免责”的意义下提起的。

1964年5月到1967年6月在日内瓦举行的第六轮谈判(通称“肯尼迪回合”)第一次在关税减让之外,涉及了反倾销问题,1973年9月到1979年7月在东京发起、在日内瓦结束的第七轮谈判(通称“东京回合”,又称“尼克松回合”)还涉及非关税壁垒(主要是技术壁垒)问题。读者可以看到:从那时开始,“关税”与贸易总协定已开始超出关税范围,向其他领域扩展。

几乎所有的“回合”，均是在美国提议和推动下开始的。所以，很多次“回合”都被人们以美国代表（例如“迪龙”）或当时的美国总统（例如“肯尼迪”、“尼克松”）的名字称谓。

1978年，在东京回合谈判的过程中，美国与欧共体代表就曾联合提出了一份有关反假冒商品贸易的草案。这草案已经初步触及了知识产权问题，只不过东京回合并没有就该草案达成任何协议。

1985年，美国又在关贸总协定的一次专家会上，再度提出假冒商品贸易活动中的侵犯知识产权问题，这些都可以看作是在乌拉圭回合上正式提出知识产权议题的“序曲”。

实际于1986年9月15日在乌拉圭的埃斯特角城发起、于1993年12月15日在日内瓦结束的第八轮谈判（通称“乌拉圭回合”），则把谈判的范围进一步扩大。在乌拉圭的部长级会议上，瑞士等20个国家提出提案，要求把“服务贸易”、“投资保护”和“知识产权”，作为三个新的议题纳入谈判范围。美国代表甚至提出“如果不将知识产权等问题作为新议题纳入，美国代表将拒绝参加第八轮谈判”。一些发展中国家的代表则认为：“知识产权等问题根本不属于关贸总协定规范和管理的内容，不应当纳入谈判”。巴西代表还曾认为，如果把知识产权等问题放到关贸总协定中去，就如同把病毒输入计算机一样，其结果只会进一步加剧国际贸易中已经存在的不平衡。

1988年年底，在加拿大的蒙特利尔举行的又一次乌拉圭回合的部长级会议，也没有能够对是否把知识产权保护问题纳入关贸总协定取得基本一致的意见。在这一时期，学术界对这一问题实际上认识也不一致。联邦德国马克斯—普兰克学会的知识产权研究所在这一时期举办过关贸总协定与知识产权问题的学术讨论会，会后汇集的论文集书名叫作《要关贸总协定还是要世界知识产权组织?》。这说明，即使是发达国家的知识产权法学者，也未必从理论上赞成把知识产权等问题纳入关贸总协定。

但是，国际上的许多问题都远远不是纯理论问题，如果不打破乌拉圭回合的僵局，多数国家在对外贸易的实践中都会受到不利影响。在1990年底乌拉圭回合的布鲁塞尔部长级会议上，把知识产权问题纳入关贸总协定基本成为定局。1991年年底，关贸总协定总干事邓克尔提出了乌拉圭回合的最后文本草案的框架，其中的“与贸易（包括假冒商品贸易在内）有关的知识产权协议”基本获得通过。后来成为最后文本达成一致意见的主要障碍的，是欧共体与美国之间关于农产品出口的问题，而不再是知识产权问题。在1993年12月于日内瓦结束乌拉圭回合谈判之前，几乎使谈判功亏一篑的，也只是欧美之间关于视听制品的自由流通（属于“服务贸易”范围）的争议，在知识产权问题上，则绝大多数国家意见已基本一致了。

四、与贸易有关的知识产权

与“贸易”有关，这里的“贸易”主要指有形货物的买卖。服务贸易也是一种贸易，但是从乌拉圭回合最后文件的分类来看，“与贸易有关的知识产权协议”中，并不涉及服务贸易，而另外有一个“服务贸易总协议”去规范服务贸易问题。

与“贸易”有关，这里的“贸易”，即包括活动本身可能是合法的贸易，也包括假冒商品贸易，即活动本身肯定是不合法的贸易。在前一种贸易活动中，有时存在知识产权的保护问题，而在后一种贸易活动中，则始终存在打击假冒、保护知识产权的问题。所以，过去有的中文译本，把关贸总协定中的知识产权分协议的标题翻译为：“与贸易有关的知识产权协议，包括假冒商品贸易在内”，这虽然与外文文字的顺序相对照，让人感到是逐字翻译出来的、是无懈可击的，但这种译法可能使一部分人看不懂是什么意思；使另一部分人误认为“知识产权”中包括“假冒商品贸易”，而这又决非原意，所以这种译法并不确切。好在1994年，最终在马拉加什达成世贸协定时，其中的“与贸易有关的知识产权协议”（TRIPS）的称谓中，删去了“包括假冒商品贸易”一句，协议的原名称已经成为历史。

“知识产权”，有广义、狭义之分。广义知识产权中的科学发现权、与民间文学有关的权利、作者的精神权利等等，一般与贸易关系不大，所以这份文件中并不涉及。狭义知识产权中的实用技术专有权的一部分，该协议中也未加规范（例如“实用新型”）。可见，TRIPS中所涉及的知识产权既非人们通常理解的狭义知识产权，也非“建立世界知识产权组织公约”中所定义的广义知识产权。这一协议中的知识产权自有他特定的范围，这一范围，是由国际贸易实践中的需要（更确切些说，是由某个或某些经济大国在对外贸易中保护本国利益的实际需要）而决定的。

五、TRIPS在WTO中的地位

1994年4月的《马拉加什宣言》虽然宣布要成立一个“世界贸易组织”来代替“关贸总协定”，但并未指出具体的成立日期。只是1994年12月8日“世界贸易组织协定”的“执行会议”在日内瓦才最后决定了世界贸易组织于1995年1月1日成立。中国到1994年底之时，尚未完成进入世界贸易组织的谈判。但由于中国政府全面参加了关贸总协定乌拉圭回合的谈判，并在该回合的最后协议上签了字。所以，中国代表仍旧以正式成员的身份，参加了12月8日的执行会议。

1994年12月20日，中国“复关”谈判未达成协议。其中主要问题是美国坚持把中国作为“发达国家”对待，而事实上中国的经济状况远未达到发达国家水平。所以，1995年1月1日，世界贸易组织成立时，中国也尚未进入该组织。

世界贸易组织成立后的三个多月里，该组织的“总干事”人选首先是个举世瞩目的问题，起初，墨西哥、韩国及意大利（实际是欧洲联盟）各有一名人选。由于1995年年初，墨西哥发生金融危机，墨国内舆论认为作为墨西哥候选人的萨利那斯，（墨前总统）有不可推卸的责任，故该候选人退出，韩国候选人不久也宣布退出。1995年3月23日，世界贸易组织的成员及关贸总协定缔约方代表们,就任命意大利候选人鲁杰罗(Renato Ruggiero)为总干事一事,达成了一致意见,鲁杰罗于1995年5月1日就成为世界贸易组织首任总干事。

由于马拉加什会议决定由关贸总协定向世界贸易组织过渡,应当有个过渡期,1994年12月8日的执行会议决定,这个过渡期为一年。在1995年全年内,"关贸总协定"与"世界贸易组织"并存,这主要是由于当时尚有二十多个关贸总协定的缔约方,在世界贸易组织成立之日尚不能完成对乌拉圭回合全部协议的审批程序(至1994年4月,关贸总协定共有128个缔约方)。

1995年5月17日,刚上任的世界贸易组织总干事,就遇到了日美关于汽车贸易的纠纷。该纠纷由于未能在两国间以谈判解决,美国总统克林顿于5月10日宣布授权对日本采取报复行动,日本即诉诸世界贸易组织,认为美国的行为违反世界贸易组织规定的基本国际贸易原则(该纠纷后由日、美双方自己达成协议初步解决)。

到目前为止,尚无其他国家间的知识产权纠纷投诉世界贸易组织。

在《建立世界贸易组织协定》的第4条里,规定了该组织设立一个"总理事会",同时设立"货物贸易理事会"、"服务贸易理事会"及"与贸易有关的知识产权理事会"(简称TRIPS理事会)。实际上,1986年乌拉圭回合之始提出的三项新议题中,"投资保护"不再成为一个单项,而是列入"货物贸易协议"这个大项之下,所以就没有再设一个"投资保护理事会"。

在1995年1月31日的世界贸易组织总理事会上,选出香港地区的哈宾森(Stuart Harbinson)为"与贸易有关的知识产权理事会"主席。

TRIPS理事会的各项具体职能,均规定在《与贸易有关的知识产权协议》中,《建立世界贸易组织协定》只是规定了TRIPS理事会应在总理事会指导下开展工作。

协定也是在第4条中,规定了各理事会可以按照需要去设立附属机构,而在世界贸易组织的直接领导下,也设立了一些职能机构,其中之一,就是"知识产权与投资部",该部并不是TRIPS"理事会"的机构。

在《建立世界贸易组织协定》中,规定了WTO的五项主要工作,即:

促进本协定及多边贸易协议(系指包括货物贸易、服务贸易、知识产权保护在内的几个多边协议)、多种贸易协议(系指包括政府采购、民用航空器协议等在内的几个不属于"多边贸易协议"的其他协议)的管理与实施;

为世界贸易组织的成员之间的谈判提供讲坛;

解决成员间的贸易争端;

实施贸易政策审查机制;

与国际货币基金组织及世界银行合作。

世界贸易组织的职能由(至少两年举行一次的)成员部长级会议行使,部长级会议休会期间,由"总理事会"行使。

协定规定由总干事设立秘书处(而马拉加什会议已确定将关贸总协定原秘书处工作人员转为世界贸易组织秘书处人员)。

协定还规定:WTO具有法人资格。

协定规定:如果要修改TRIPS的第4条(即:最惠待遇"条款),必须经世界贸易组织的全体成员同意。可见它超越了《保护工业产权巴黎公约》及《保护文学艺术作品伯尔尼公约》的"最惠待遇"原则,对世界贸易组织多么重要。

关贸总协定的原缔约方,以及欧洲共同体,凡批准乌拉圭回合1994年的最后协议文件并承担义务的,均是世界贸易组织的"创始成员"(Original Members)。

《建立世界贸易组织协定》最后要求所有成员均有义务使自己的法律、条例及行政程序与协定一致,并且对协定不得作任何保留(但对于协定所附的某些协议,可以按协议的条件作出保留)。

在《建立世界贸易组织协定》之下,共有6大"附件",它们是:

附件1.A.货物贸易多边协议(该协议有13项;(1)项之下又有7个分项)即:

(1)1994年关税与贸易总协定

1 对解释1994年关税与贸易总协定第2条1款(b)项的谅解

2 对解释1994年关税与贸易总协定第17条的谅解

3 对解释1994年关税与贸易总协定有关收支差额规定的谅解

4 对解释1994年关税与贸易总协定第24条的谅解

5 对按照1994年关贸总协定免除有关义务的谅解

6 对解释1994年关贸总协定第28条的谅解

7 1994年关贸总协定的马拉加什议定书

(2)农产品协议

(3)卫生与植物卫生措施的适用协议

(4)纺织品与服务协议

(5)贸易的技术壁垒协议

(6)与贸易有关的投资措施协议

(7)实施1994年关贸总协定第6条(反倾销)协议

(8)实施1994年关贸总协定第7条(海关估价)协议

(9)装船前的检验协议

(10)来源规则协议

(11)进口许可证程序协议

(12)保障协议

附件1.B.服务贸易总协议

附件1.C.与贸易有关的知识产权协议(即TRIPS协议)

附件2.解决争端的规范及谅解

附件 3. 贸易政策复审机制

附件 4. 多种贸易协议。其中又包括：

(1)民用航空器贸易协议

(2)政府采购协议

(3)国际奶制品协议

(4)国际牛肉协议

在乌拉圭回合结束时，形成正式的“最后文件”共计 425 页。如果加上各成员在货物买卖的关税减让、服务贸易等问题上达成的协议附件，则共计 26 000页。1994 年 6 月，由当时尚未“交权”的关贸总协定秘书处编辑印制成书的《多边贸易谈判的乌拉圭回合成果》(其中包括《乌拉加什宣言》等等)，也长达 558 页。

世界贸易组织共(应)有法定工作人员人数为 420 人，其总部设在日内瓦的“威廉·拉柏德中心”(Centre William Rappard)，该组织的“知识产权与投资部”，也在这个总部中。

世界贸易组织将其现有的成员分为三类：第一，发达国家成员(大约 30 个)；第二，发展中国家成员(大约 70 个)；第三，最不发达国家成员(初步定 26 个)。个别国家的归类尚未最后确认。成员国(及地区)的部长级会议已决定，将成立一个“贸易与发展委员会”，定期调查和了解最不发达国家的状况，并向世界贸易组织提议采取相应措施予以帮助。

根据世界贸易组织 1995 年 7 月发布的文件，该组织成员分为“有投票权的成员”和“无投票权的参加国”两类。一类有 100 个，它们是：

安提瓜和巴布达	古巴
几内亚比绍	阿根廷
哥斯达黎加	圭亚那
澳大利亚	科特迪瓦
洪都拉斯	奥地利
捷克	香港
巴林	丹麦
匈牙利	孟加拉国
吉布提	冰岛
巴巴多斯	多米尼加
印度	比利时
多米尼加共和国	印度尼西亚
伯利兹	欧共体
爱尔兰	博茨瓦纳
埃及	以色列
文莱达鲁萨兰	萨尔瓦多
意大利	布基纳法索
芬兰	牙买加
加拿大	法国
日本	中非
德国	肯尼亚
智利	希腊
韩国	哥伦比亚
加纳	科威特
莱索托	巴基斯坦
坦桑尼亚	卢森堡
巴拉圭	瑞士
澳门	秘鲁
瑞典	马拉维
菲律宾	泰国
马来西亚	波兰
多哥	马尔代夫
葡萄牙	特立尼达和多巴哥
马里	罗马尼亚
突尼斯	马耳他
圣卢西亚	土耳其
毛里塔尼亚	圣文森特与格林纳丁斯
乌干达	墨西哥
塞内加尔	联合王国
摩洛哥	新加坡
美国	缅甸
斯洛伐克	乌拉圭
纳米比亚	南非
委内瑞拉	荷兰
西班牙	赞比亚
新西兰	斯里兰卡
津巴布韦	尼日利亚
苏里南	巴西
挪威	斯威士兰
加蓬	毛里求斯

第二类(无投票权的参加国)有 22 个：

安哥拉	贝宁
玻利维亚	布隆迪
喀麦隆	乍得
刚果	塞浦路斯
斐济	冈比亚
危地马拉	几内亚
海地	列支敦士登
马达加斯加	莫桑比克
尼加拉瓜	尼日尔
卢旺达	塞拉利昂
斯洛文尼亚	扎伊尔

1995 年 12 月 22 日，世界贸易组织与联合国世界知识产权组织缔结了一项协议，原则上规定了两国际组织间在知识产权国际保护中应当合作，这是又一种国际协定。不过，早在 TRIPS 的条文中，实际已规定了两组织及其所辖公约的关系。

到 1999 年底，世界贸易组织已经有 135 个成员，也就是说，有 135 个国家及特别关税区(香港、澳门)，在知识产权保护方面已经受 TRIPS 协议的约束。

(中国社科院　郑成思)

我国版权研究综述

一、网络传播权的发展

随着互联网在我国突飞猛进的发展，越来越多的版权作品在网络上传播，由此引发了版权纠纷及法律适用的问题。从 1998 年到 1999 年,我国发生的有关国际互联网的版权纠纷案逐渐多了起来,提交法院的案件也已达十几起。形象地说,纠纷大致分成“下网”和“上网”两类。所谓“下网”类纠纷是指因擅自从网络上下载作品,并发表在报刊等印刷出版的传统媒体上引起的纠纷。我国上个世纪末就出现了这类纠纷,例如陈卫华诉成都电脑商情报案以及徐捷诉中华工商时报社案都属于这一类。所谓“上网”类纠纷是指因擅自在网络上复制、传播他人在传统媒体上或网络上发表的作品而引起的纠纷。1999 年王蒙等六位作家状告世纪互联通讯技术有限公司未经他们许可复制并在互联网上传播其作品就是比较典型的案例。

对于这两类纠纷,我国版权学术界曾经有过争议。“下网”类纠纷争议的焦点主要是发表在互联网上的作品是否受我国《著作权法》的保护。曾经有一种观点是,即互联网上传播的都是不受版权保护的信息,《著作权法》也没有规定版权人享有控制作品在计算机网络上传播的权利。但是占据主流地位的观点是只要符合我国《著作权法》和《著作权法实施条例》关于“作品”的定义,就应当受版权保护。这些争论随着 2000 年 11 月 22 日《最高人民法院关于审理涉及计算机网络著作权纠纷案件适用法律若干问题的解释》的公布,已经有了明确的结论。该司法解释规定,受《著作权法》保护的作品,包括各类作品的数字化形式;在网络环境下无法归于《著作权法》第 3 条列举的作品范围,但在文学、艺术和科学领域内具有独创性并能以某种有形形式复制的其他智力创作成果,人民法院应当予以保护;《著作权法》第 10 条对版权人拥有的以复制、发行、播放等方式使用版权作品的各种专有权利的规定,均适用于数字化作品。根据这一司法解释,被创作完成并首先通过互联网提供给公众的作品也受我国《著作权法》的保护。

对于“上网”类纠纷,学术界也有过争论。一种观点是我国《著作权法》没有赋予版权人控制作品在计算机网络上传播的专有权;另一种观点则认为,版权主要是通过让权利人控制作品传播来实现的,在网络环境下,版权人如何控制作品在网络上的传播是版权保护法律制度必须解决的核心问题。2000 年 11 月 22 日《最高人民法院关于审理涉及计算机网络著作权纠纷案件适用法律若干问题的解释》公布以后,适用法律的问题也已经不存在了。根据该司法解释,将作品通过网络向公众传播,属于《著作权法》规定的使用作品的方式,版权人享有以该种方式使用或者许可他人使用作品,并由此获得报酬的权利。事实上,在该司法解释公布之前,人民法院已经审理裁决了数个案件,承认了版权人网络传播权的存在,并给予了司法保护。

二、网络服务提供者的版权侵权责任

网络服务提供者(又称“在线服务提供者”,即 OSP)是为各类开放性的网络(主要指国际互联网)提供信息传播中介服务的人。网络服务提供者是网络空间重要的信息传播媒介,支撑着网络上的信息通讯。

由于他人可以利用网络服务提供者的设施和服务从事版权侵权活动,网络服务提供者在他人实施的侵权行为中自觉或不自觉地扮演了某种角色,所以网络服务提供者面临为他人的侵权行为承担责任的风险。我国法院已经审理了多起这类网络服务提供者被控侵权的案件,但是在法律适用方面遇到很大的困难,在学术界也有很大争议。

一种观点认为网络服务提供者应当为通过其计算机系统的全部信息的合法性负责,一旦发现侵权信息的存在,都应当承担责任;一种观点认为网络服务提供者无法控制通过其计算机系统的“海量信息”,因此应当绝对免除责任;还有一种观点认为,作为信息在网络上传输的媒介,网络服务提供者的计算机系统或其他设施却不可避免地要存储和发送信息,因此面临版权侵权责任的风险。但是,网络服务提供者的版权侵权责任的标准和范围不仅直接影响版权保护的水平和质量,而且直接影响新兴的网络服务业的生存和发展,关系到互联网能否健康发展,也关系到无数网络用户的利益。因此,版权保护法律在界定网络服务提供者责任的同时,必须考虑对其责任加以必要的限制。

2000 年 11 月《最高人民法院关于审理涉及计算机网络著作权纠纷案件适用法律若干问题的解释》基本上采纳了上述第三种观点,即网络服务提供者既非完全免责,也非完全负责,而是有限制地负责。该司法解释规定,网络服务提供者通过网络参与他人侵犯版权的行为,或者通过网络教唆、帮助他人实施侵犯版权的行为的,人民法院应当根据民法通则第 130 条的规定,追究其与其他行为人或者直接实施侵权行为人的共同侵权责任。

《最高人民法院关于审理涉及计算机网络著作权纠纷案件适用法律若干问题的解释》设定的网络服务提供者过错责任的闸门为版权人的“警告”,即在网络系统中的侵权材料是由网络用户而非网络服务提供者选择、提供的前提下,网络服务提供者的侵权责任取决于其在收到版权人有效警告之后的“态度”,态度不好才承担责任。这种作法既考虑到网络服务提供者面对“海量信息”,无法逐一审查的问题,又考虑到网络服务提供者在制止侵权行为的继续和防止侵权结果的扩大方面的作用,设定了比较合理的责任标准。

该司法解释第五条规定,网络服务提供者,除了明知网络用户通过网络实施侵犯他人版权的行为之外,在经版权人提出确有证据的警告,但仍不采取移除侵权内容等措施以消除侵权后果的情况下,人民法院应当根据民法通则第 130 条的规定,追究其与该网络用户的共同侵权责任。

三、网站的法定许可

我国《著作权法》规定了针对报刊的法定许可。《著作权法》第 32 条 2 款规定,作品在报纸、杂志刊登后,除非版权人声明不得转载、摘编,其他报刊可以转载或者作为文摘、资料刊登,但应当按照规定向版权人支付报酬。《著作权法》这一条文中提到的“报刊”是指传统的印刷出版的报纸或杂志。

在互联网成为重要的媒体之后，网站之间或者网站与传统媒体之间相互使用作品的情况非常普遍。由于网络媒体容量大、更新速度快，在使用其他媒体刊载的作品时，难以事先取得授权，因此网络媒体一直强烈要求对其适用《著作权法》第32条2款规定的法定许可，要求享受报刊同等的待遇。

在学术界，一种观点认为应当给予网络媒体同报刊一样的法定许可，因为网络媒体使用信息量太大，均事先征得权利人同意成本太高，难度太大。另一种观点认为，法定许可本来就是有争议的制度，不宜扩大其适用范围，而且即便事先不取得许可，事后也要支付报酬，也需要找到权利人，如果以寻找权利人成本高为借口，那么享受法定许可待遇之后，向权利人支付许可费的可能性就很小了。

尽管目前仍然存在争议，但是《最高人民法院关于审理涉及计算机网络著作权纠纷案件适用法律若干问题的解释》对此已经有了比较明确的态度。根据该司法解释第3条规定，已在报刊上刊登或者网络上传播的作品，除版权人声明或者上载该作品的网络服务提供者受版权人委托声明不得转载、摘编的以外，网站予以转载、摘编并按有关规定支付报酬、注明出处的，不构成侵权。但网站转载、摘编作品超过有关报刊转载作品范围的，应当认定为侵权。

根据这一司法解释，已在网络上传播的作品，除版权人声明或者上载该作品的网络服务提供者受版权人委托声明不得转载、摘编的以外，印刷出版的报刊予以转载、摘编并按有关规定支付报酬、注明出处的，也不应构成侵权。

目前，我国《著作权法》正在被修订，有关法定许可的内容是否保留，是否扩大适用，仍然没有定论。

四、计算机软件用户的侵权责任

按照《民法通则》第106条的规定，过错责任虽然是“归责原则”，但是法律有特殊规定的，适用该特殊规定。在我国版权保护法律体系中，确实存在着这种特殊规定。《计算机软件保护条例》第32条就对软件用户的责任作了“特殊规定”，即软件持有者不知道或者没有合理的依据知道该软件是侵权物品，其侵权责任由该侵权软件的提供者承担。但若所持有的侵权软件不销毁不足以保护软件版权人的权益时，持有者有义务销毁所持有的侵权软件，为此遭受的损失可以向侵权软件的提供者追偿。

“软件用户”是相对于软件经营者的概念，他们是处于软件贸易的末端群体，只是使用软件，并不向公众提供（发行）或者展示软件复制件，因此软件用户的责任应当与软件经营者的责任有所不同。但是《计算机软件保护条例》第32条无疑是非常特殊的，学术界的争议也很大。一种观点认为，软件用户不应当承担责任；另一种观点则认为，软件用户也应当承担侵权责任，但其责任应当受到限制。

根据《计算机软件保护条例》第32条的规定，软件用户的责任限制主要表现在以下几个层面上：

(1)软件用户责任是针对软件版权而产生的特殊法律现象。就一般版权作品而言，作品的使用者是不承担侵权责任的，例如出版社出版、发行了盗版书籍要承担版权侵权责任，但是买了盗版书的人（不论知情与否）都不会仅仅因为看了盗版书就承担侵权责任。

(2)软件用户将所使用的软件复制在有形物体上是用户承担侵权责任的前提条件。软件作品与其他作品不同，用户要使用某个软件就必须对该软件进行复制。这里涉及的复制包括在计算机内存中的暂时复制和在计算机硬盘等有形载体上的复制。按照我国《计算机软件保护条例》第3条5项中“复制”的定义，前者不属于受软件版权人控制的复制，只有后一种复制才属于软件版权人专有权范围内的复制。

(3)《计算机软件保护条例》第32条所指的“用户”即包括为个人学习、研究或者欣赏而使用软件的用户，包括为课堂教学和科学研究而使用软件的用户，也包括为商业性经营管理需要而使用软件的用户。根据《著作权法》第22条1项的规定，为个人学习、研究或者欣赏，使用他人已经发表的作品，或者为学校课堂教学或者科学研究，翻译或者少量复制已经发表的作品，属于合理使用的范围，不需经版权人许可，也不需向版权人支付报酬。但是为了商业目的使用作品的行为则是不属于合理使用的。《计算机软件保护条例》第32条不作商业性或者非商业性的这种划分，使得我国许多由于各种原因在商业活动中使用着侵权软件复制件的经营组织（公司或者其他企事业单位）有可能被免于承担侵权责任。

(4)根据《计算机软件保护条例》第32条，软件用户原则上承担过错责任，即只在知道或者有理由知道使用的软件是侵权复制件时，才承担软件侵权责任。在软件用户没有过错的情况下，软件侵权责任由该侵权软件的提供者承担。这里所说的软件用户承担的“侵权责任”包括《民法通则》第134条规定的停止侵权、赔偿损失、赔礼道歉等责任方式。

(5)在特殊情况下，软件用户承担“严格责任”，即必须销毁侵权软件复制件，以保护软件版权人的权益。根据《计算机软件保护条例》第32条，为此遭受的损失可以向侵权软件的提供者追偿。根据这一条文，不论软件用户知情与否，只要侵权软件复制件不销毁不足以保护软件版权人的权益，软件用户就有义务将该侵权复制件销毁。如果用户没有过错，则可向侵权复制件的提供者追偿因销毁该软件复制件所遭受的损失。

（外交学院　薛虹）

关于网络传播与著作权的关系

著作权的发展史证明，著作权法的产生是同科学技术的发展紧密联系在一起的。随着科学技术的飞速发展，特别是信息技术和通信技术的发展，为知识产权保护带来一系列法律问题,特别是计算机网络传播问题。

我国虽然是发展中国家,但是网络传播在我国已经不是陌生的事物。我国的计算机网络服务于1994年3月正式开通,当时只有很少用户,但是发展速度非常快,且近一两年尤为突出。根据中国互联网络信息中心的调查统计,到1997年10月,网络用户才达62万,到1998年底就达220万,截止到2000年底,网络用户已达2250万,同一年前的网络用户相比,网络用户的年增长速度为400%。虽然2250万已是一个不小的数字,但是同人口总数相比仍占很小的比例。因此,我国的网络市场还有巨大的潜力没有开发。巨大的市场加上高速的发展,一两年后的网上用户数字肯定将是十分巨大的。

截止到2000年底,我国上网计算机共892万台,其中专业上网计算机141万台,拨号上网计算机751万台,各种网站共265405个。据调查,中国网民在网上访问次数最多的前50名网站全是中文网站。

网络传播问题也引起国际知识产权界的注意与兴趣。世界知识产权组织(WIPO)从1989年起就着手这方面的研究。1996年底WIPO通过了《WIPO版权条约》(WCT)和《WIPO表演和录音制品条约》(WPPT)。

《WCT》和《WPPT》的一项重要内容就是规定了作者在计算机网络上的权利。《WCT》第8条将这项权利称为"向公众传播的权利"。根据这项权利,作者"应享有专有权,以授权将其作品以有线或者无线方式公开传播,包括将作品向公众提供,使公众中的成员在其个人选定的地点和时间可获得这些作品。"这段文字清楚地表明作者的这项权利就是作者在计算机网络上的权利。"将其作品通过有线或者无线方式公开传播,"指作品在网络上的传播,"使公众中的成员在其个人选定的地点和时间可获得这些作品,"指用户通过网络在自己的计算机上收取其需要的作品,即通常所说的交互式使用。

这一条涉及的主要问题是作品在网络上的传播属于什么性质的行为。根据传统的理解,将作品传达给公众,无外乎两种方式:一、公开传播,即通过广播、表演、放映和有线广播等方式使公众听到或者看到作品,但是公众并没有得到固定作品的有形物体,即我们通常所说的作品的载体;二、发行,指向公众提供合理数量的作品原件或者复制件,也就是说,公众是通过得到作品的载体感觉到作品的,这里暗含的另一层意思就是,凡发行作品,必然涉及作品的复制,而且是先将作品复制,再提供给公众,因为大多数情况下,发行给公众的作品都是复制件。

在网络技术出现之前,两种传达方式并行不悖。公众感觉到作品,或者通过向公众传播的方式,或者通过发行的方式。在网络技术出现以后,提出了数据在网上的传播属于哪一种传达方式的问题。

从两个新条约的规定看,数据在网上的传播属于向公众传播的范围。但是,两个新条约又没有将网络传播完全等同于传统的向公众传播。这种不同一方面表现在传播的技术特征由传统的单向传播,变成互动式的双向传播,另一方面表现为传统的向公众传播不与复制行为发生任何联系,而网络传播则至少离不开临时复制行为。

还在制订《WCT》和《WPPT》草案的时候,WIPO就对向公众传播的权利有所解释:"'传播'意指向未在传播起源地的公众进行传输。作品的传输可以涉及一系列传输行为和临时储存行为。此类一时性的储存是传播过程的必要特点。如果在该过程中的任何一点将储存的作品向公众提供,则此类提供构成需经许可的进一步传播行为。应该指出的是,存储属于复制权范围。"

另外,网络传播"是提供作品的这一初始行为,……至于用户是否获得复制品,是否使该作品能被用户感觉到,从而被用户使用的问题则与本条无关。"

关于网络传播是否涉及复制,在各国理论界有不同的观点。然而,这种理论上的分歧并不影响为发展迅速的网络传播制定专门的法律规范。因为如果再不及时规范网络传播引起的法律行为,将会极大地损害著作权人的利益,极大地破坏良好的国际和国内经济秩序。WIPO的立法目的也是如此:理论上的分歧尽量回避,首先要解决的问题是明确作品在网络上的传播是作者的权利,任何人未经许可将他人作品上网,是对他人著作权的侵犯。至于网络传播是否涉及复制,由各国国内立法、司法解决。

与向公众传播的权利有关的是《WCT》第11条和《WPPT》第18条规定的关于技术措施义务。制订这一条规定的目的主要是制止对计算机程序的加密装置、对网络信息源设置的屏障等装置进行解密的行为。至于禁止到什么范围,具体地说,非法行为是否涉及制造、销售、进口以及提供服务。《WCT》和《WPPT》并没有明确规定。

《WCT》和《WPPT》制定的禁止规避权利人设置的技术措施规定,例如擅自对权利人设置的加密措施进行解密。做这种规定是因为规避技术措施的行为会给他人著作权带来极大的损害,特别是计算机程序在向公众提供后,被复制的可能性极大。在网络环境下,各类作品被复制因而遭受损害的程度尤其严重。对此,著作权人在作品的复制件中加入技术措施,例如加密程序。如果擅自将他人的加密程序解密,受损害的除了加密程序外,更主要的是失去加密程序后的作品可被他人任意复制,以致严重地损害著作权人的利益。

此外,《WCT》第12条和《WPPT》第19条规定的"关于权利管理信息的义务"也同向公众传播的权利有密切的关系。根据这条规定,任何人不得未经著作权人许可去除或者改变任何权利管理的电子信息;不得发行、为发行目的进口、广播、或者公开传播明知已被未经许可去除或者改变权利管理电子信息的作品或者作品的复制品。这里所说的"权利管理信息",指识别作品、作品的作者、作品的任何权利人的信息,或者有关作品使用的条款和条件的信息,和代表此种信息的任何数字或者代码，这些信息均附于作品的每件复制品上或者公开传播时出现。

《WCT》和《WPPT》之所以要禁止擅自去除或者改变权利管理电子信息，是因为在传统的传播方式下，例如书籍、磁带、光盘的销售，电影的放映，或者广播电视节目的播放，去除或者改变权利管理信息不是轻易能够做到的，即使能够做到，也容易被人发觉并且追究法律责任，而在电子环境下，特别是网络环境下则非常容易地就能做到去除或者改变权利管理电子信息，而且权利管理电子信息在去除或者改变后不易被人发现，甚至会出现真假难辩，真伪颠倒的情况。作品的权利管理电子信息一旦被他人擅自去除或者改变，将直接影响著作权人的精神利益和财产收入。因此，禁止去除或者改变权利管理电子信息仅是表面现象，其实质是通过这种禁止维护作品著作权人的人身权和财产权。

总之，无论是禁止规避技术措施的规定，还是禁止去除或者改变任何权利管理的电子信息的规定，都同著作权人的利益有紧密的关系。从侵权的四要件出发，擅自规避技术措施和擅自去除或者改变任何权利管理的电子信息的行为会给著作权人的利益带来损害，行为同著作权人受到的损害有因果关系，行为人都是出于主观故意，因此，如果法律明令禁止，擅自规避技术措施和擅自去除或者改变任何权利管理的电子信息的行为是违法行为。

由于《WCT》和《WPPT》通过时间不长，且涉及实体法内容，因此，凡批准加入这两个条约的国家一般都必须先修改国内法，以适应和能够执行两个新条约的规定。到目前为止，批准加入的国家尚不多。但是，美国和欧盟各国正积极修改国内法，准备尽早批准加入两个新条约。美国参、众两院已经在今年通过了实施两个新条约的法案。此外，我国香港特别行政区的版权法也基本吸收了两个新条约的内容。

我国著作权法虽然没有明确规定网络传播权，但是著作权法第 10 条规定："著作权包括下列人身权和财产权：……（五）使用权和获得报酬权，即以复制、表演、播放、展览、发行、摄制电影、电视、录像或者改编、翻译、注释、编辑等方式使用作品的权利；以及许可他人以上述方式使用作品，并由此获得报酬的权利。"从这段行文来看，著作权法以列举的形式规定了使用作品的方式，也就是说，除了法律列举到的方式外，凡公开利用作品，都属于对作品的使用。立法时采取列举的形式，而没有采取列尽的形式，是由于当时不可能预见到科技发展带来的新的使用作品的方式，一旦出现新的使用方式，至少可以用现行法律中的"等"来予以调整。只有这样，才能体现法律的长期性和稳定性，高度概括和疏而不漏的特点。因此，采取列举形式实乃明智之举。

从目前国内网络传播的情况看，在著作权方面基本是无序状态。上网的作品无论有无著作权，绝大部分未经过权利人的许可，更谈不上向权利人付酬。从网上擅自下载作品，然后以出版发行方式营利的例子已经屡见不鲜（例如戴安娜王妃遇难后出版的有关戴妃的大量出版物、电影《泰坦尼克号》公演前后出版的各种出版物、录音制品，有很大一部分是直接从网上下载后复制、发行的），擅自将他人软件的加密装置解密然后上网传播的情况也时有发生，最常见的侵权行为是在自己的网页中擅自登载他人作品（例如在很多用户的网页上都能查到常用的中外软件，这些软件通常并不是权利人自己提供到网上的）。这些情况如不尽快制止，长此下去，会使公众误以为任何作品都可以随意上网并可以免费使用，一旦形成公众都接受的习惯，将很难纠正。其实，类似的教训早已发生过：著作权法颁布前，公开表演（包括机械表演）、广播他人的作品都无须经过许可，无须支付报酬。当著作权法颁布后要求因公开表演和广播向著作权人支付报酬的时候，就很难得到人们的理解与拥护了，因为大家已经习惯地认为，买设备要付钱，租场地要付钱，用电要付钱，一切都要付钱，唯独使用文学、艺术作品不用付钱。这种情况无论对于知识产权的保护，还是对于经济秩序的维护，以及投资环境的改善，都是极为不利的。因此，即使暂时不考虑加入两个新条约，但是，从我国的国情出发，从保护我国著作权人的利益和维护社会经济秩序以及改善我国投资环境的角度出发，也应尽早考虑网络传播的法律问题。

（国家版权局　许超）

浅议数字化制品引起的著作权问题

关于数字技术引起的著作权问题，已有很多文章论述，本人也发表过一些谬论，在此不赘述。本文想就数字化技术的发展和应用，在实践中引发的一些著作权问题，进行粗浅的议论。

一、数字化制品的概念

所谓"数字化制品"，指将著作权法保护的作品以数字代码形式固定的有形物质载体，例如激光唱盘（CD）、激光视盘（LD）、数码激光视盘（VCD）、高密度光盘（DVD）、软磁盘（FD）、只读光盘（CD－ROM）、交互式光盘（CD－I）、照片光盘（Photo－CD）、高密度只读光盘（DVD－ROM）、集成电路卡（IC－Card）等。除了"数字化制品"一词，现实生活中还有与之相近的一些术语，例如"电子出版物"、"音像制品"等。本文没有使用其他术语，而使用"数字化制品"。这是因为，第一，数字技术的出现带来一系列著作权保护的问题。本文要解决的只是其中之一，即将作品数字化并制成物质产品引起的著作权问题。"制品"意为作品的复制品，而非著作权法第三条的作品概念，不会产生新的作品种类。另外，"制品"一词，限定于物质载体，排除了网络环境下的作品形态。第二，音像制品和电子出版物的概念均不能完全涵盖本文将要涉及的范围。"电子出版物"不包括数字化音像制品，且不是著作权法中的规范术语，使用“电子出版物”一词，不易与著作权法衔接。“音像制品”一词范围又过宽，著作权法的音像制品既包括数字化的，也包括非数字化的录制品。第三，新世纪数字技术在各领域将得到更广泛的应用，美国政府和香港特别行政区行政长官董建华先后提出“数字千年”和“数字港”设想，WIPO也提出“数字议程”计划。数字技术在国内也已得到广泛关注。“数字化”一词使用越来越普遍。综上，使用“数字化制品”一词，是符合国内外经济、技术、法律发展潮流的。

二、目前国内数字化制品出版概况

截止到2000年底的统计，全国共有音像出版单位292家，根据1998年统计，全年共出版音像制品1.7万余种，1.7亿余盒(张)。目前有光盘复制单位64家，生产线478条，其中只读类光盘母盘刻录线37条，复制生产线265条，可录类光盘母盘刻录生产线3条，复制生产线173条(其中CD-R155条，CD-RW17条，DVD-R1条)。

1996年以前，我国有电子出版单位36家，后经过整顿和重新登记，截止到1998年底，全国的电子出版单位为64家。电子出版业在我国已开始从起步阶段步入发展阶段，且发展速度极为迅速。全国年出版电子出版物品种的增长率连续几年超过100%，1992年至1994年底，全国出版的电子出版物只有12种，1995年增加到100种，1996年为300种，而1997年则猛增到1025种。1998年在全国市场疲软，盗版严重的情况下，电子出版仍呈上升趋势，出版物品种达1442种，比上一年增长41%，数量是2776万张，比上一年增长2.1倍。1998年的1442种电子出版物中有896种是由电子出版单位出版的国产节目，占62.1%；102种是由电子出版单位出版的引进节目，占7.1%；443种是由非电子出版单位经单项报批出版的国产节目，占30.7%。从出版成本看，每出版一种电子出版物，少则投资数万元，多则投资几十万、上百万元，甚至更多。电子出版物的印数一般为5000张，最少为1000张，也有印数超过万张的，但是属于极少数。市场销售价多在50～60元一张盘，也有150元左右的，出版部门一般以5折批发给销售商。从发行情况看，游戏类电子出版物最为畅销，其次是计算机类(例如希望公司的计算机类)和教育类(例如科利华公司的中小学教辅类)，其他种类的销售情况不好。因此，就绝大多数电子出版物而言，投入远大于产出。尽管如此，我国电子出版物的增长势头仍强劲不减，其原因既有行政意志的因素，也与出版部门创品牌、占市场的先期投资意识有关。据了解，部分电子出版物已不仅仅局限于实物的销售和出租，而是将目光投向计算机网络传播(例如万方公司的《中国企业、公司及产品信息数据库》、清华紫光公司的《科技期刊数据库网络版》)。随着技术的发展，网络传播肯定是今后发展的趋势。

三、数字化制品涉及的著作权问题

数字化制品涉及的著作权问题大体分为两类：第一类为数字化制品本身的权利，第二类为数字化制品中所包含的他人作品的著作权。当出现第一类问题的时候，例如就某件数字化制品与他人进行著作权交易或者提起司法或者行政保护时，涉及的法律关系和解决办法相对简单和明确，依照现行著作权法及相关规定就可以达到保护数字化制品本身著作权的目的。因此第一类问题不是本文需要解决的主要问题。本文主要想解决第二类问题。从上述介绍看，已出版的和将要出版的数字化制品所涉及的内容可分为两部分：第一部分基本不涉及他人著作权，例如法律及行政文件、明清以前的美术作品、由出版部门或者制作部门自己原始创作的数字化制品(如CD中的音乐、LD、VCD、DVD中的故事片、计算机光盘中的内容、旅游类电子出版物中的风景照片)等；第二种是他人的作品，例如仍在保护期内的他人创作的文学作品、几十年的报纸合订本、几十种学术期刊的合订本、仍在保护期内的他人创作的音乐、美术、电影作品、计算机软件等。因此，涉及他人作品的数字化制品是本文研究的主要对象。根据了解到的情况，很多出版、制作部门利用他人受著作权保护的作品，在出版或者制作数字化制品，特别是电子出版物时，都没有事先取得作者以及享有专有出版权的出版部门的许可，也就是说，都有侵犯他人著作权之嫌。从出版部门、制作部门和管理部门反映的情况看，出现这种情况的原因有三：第一，出版社或者制作部门不了解著作权法，不知道将他人作品制成数字化制品是对他人作品的著作权利用，按照著作权法的规定必须事先取得权利人的许可。这类人只占极少数。第二，明知法律规定，但是不愿意执行法律，尤其不愿支付报酬，这类人也属于极少数。第三，愿意执行著作权法的规定，但是由于涉及的作者数量太大，无法和权利人进行联系，加上误以为只要付酬就不侵权，于是索性先出版了再说。这类人占绝大多数。尽管到目前为止权利人状告数字化制品特别是电子出版物侵权的案件还不多，尽管部分出版和制作部门对著作权法存在重大误解，尽管大部分电子出版物仍处于严重亏损状态，但是，一旦权利人纷纷提起侵权纠纷，数字化制品特别是电子出版物的出版和制作部门在法律上就会处于极为不利的地位，先期投入的大量资金非但不会带来预期的声望和市场，反而可能成为计算赔偿金的巨大基数。此外，政府制定的计划在实施中也会因此受到阻碍。特别应指出的是，我国已经实施著作权法10年，数字化制品特别是电子出版物无视他人著作权的现象不仅大大损害法律的尊严，而且在国际上也会造成恶劣的影响。

四、解决办法

数字化制品引起的主要不是理论问题，而是如何实际操作的问题。从理论上讲，将纸介质或者其他介质的作品转变成磁、光、电介质的作品，将模拟信号记录的作品转变成数字信号记录的作品，将人读形式的作品转变成机读形式的作品，都属于复制行为，在著作权的诸项权利中属于复制权范畴。既然属于复制，按照著作权保护的原则，凡以复制形式利用他人受著作权保护的作品的，就必须事先经权利人许可，除非法律有明确的例外规定。这一点无论在国内法律界还是国际知识产权界都已成定论，没有必要再花时间去论证。使我们倍感艰难的是如何使法律规定的复制权变成现实，具体到数字化制品，就是如何既保护了权利人的权利，又使出版和复制部门方便快捷地取得授权和支付报酬。鉴于我国的社会制度、经济发展情况、公众的法制观念、数字化制品的具体特点以及国际著作权界的成功作法，愚以为要解决好数字化制品引起的著作权问题，取决于两点：第一，一个高效的、能和西方国家的集体管理组织相比的，而不是碌碌无为的集体管理组织必须立即建立，以解决具体的授权和收费及分配问题；第二，政府部门要介入和加强数字化制品行业的著作权管理，这样才能有效将这项工作组织实施。具体设想如下：

为解决既要经著作权人的许可，又要方便使用者的问题，建立由集体管理组织发放许可的制度。许可证的收费标准须经国务院著作权行政管理部门审查后方可生效。同时保留权利自己行使权利的可能。这样，既可以在法律上做到与著作权法的规定，即"不经许可，不得使用"的原则相一致，又大大地方便了数字化制品单位，凡欲利用他人作品制作数字化制品的，只需向集体管理组织取得许可就行了。

著作权法第46条(二)规定：著作权行政管理部门对未经著作权人许可，以营利为目的，复制发行其作品的可以给予行政处罚。著作权法实施条例第51条(二)规定：著作权行政管理部门对著作权法第46条(二)所列侵权行为，予以一万元至十万元或者总定价的二至五倍的罚款。根据以上规定，对于未经著作权人许可，将其作品制作数字化制品的，著作权行政管理部门可以依据上述规定给予行政处罚。

以上只是不成熟的想法，欢迎批评指正。

（国家版权局　许超）

数字化时代的著作权保护技术

一、前言

现在，网上电子书、音乐、电影、图片等数字内容的传播越来越多，由于数字化的内容很容易复制、修改，网络上传播的数字内容存在着大量的盗版和侵权问题。因此，针对数字内容的版权保护越来越重要，数字版权管理技术(Digital Rights Management，即DRM)就是以一定的计算方法，实现对数字内容的保护，包括eBook、视频、音频、图片等数字内容。

数字版权管理是一项新兴的技术，国外很多计算机公司进行了DRM技术的开发，DRM技术的目的是保护数字内容的版权，从技术上防止数字内容的非法复制，或者在一定程度上使复制很困难，最终用户必须得到授权后才能使用数字内容。本文主要介绍数字版权保护的相关技术。

二、数字版权保护的基本方法

数字版权保护方法主要有两类，一类是采用数字水印技术，另一类是以数据加密为核心的防拷贝技术。

数字水印（Digital Watermark）技术是在数字内容中嵌入隐蔽的标记，这种标记通常是不可见的，只有通过专用的检测工具才能提取。数字水印可以用于图片、音乐和电影的版权保护，在基本不损害原作品质量的情况下，把著作权信息，隐藏在图片、音乐或电影中，而产生的变化通过人的视觉或听觉是发现不了的。但是，目前市场上的数字水印产品在技术上还不成熟，容易被破坏或破解，而且这种方法，只能在发现盗版后用于取证，不能在事前防止盗版。

数据加密为核心的防拷贝技术，是把数字内容进行加密，只有授权用户才能得到解密的密钥，而且密钥是与用户的硬件信息梆定的。加密技术加上硬件梆定技术，防止了非法拷贝，这种技术能有效地达到版权保护的目的，当前国内外大部分计算机公司的DRM技术采用这种方法。下面就以该技术为核心，讨论DRM的相关技术。

三、数字版权保护的相关技术

以数据加密为核心数字版权保护技术，主要解决以下几个问题：

1．数字内容的安全性

实现数字内容的安全性，首先要对数字内容进行加密，使数字内容必须通过授权使用，对于没有使用权利的用户，数字内容是不可见的。对数字内容的加密，一般采用对称加密算法，其密钥是随机数。

2．数字版权的合法使用

加密的数字版权，在取得使用许可许(通常是一个文件)后，才可以使用。而许可证与用户的个人身份标识(通常是用户的硬件信息)绑定，是不可复制。如果把加密的数字内容和许可证拷贝到其它设备，无法正常使用。实现数字版权的合法使用，需要与数字内容的客户端软件(如电子书阅读软件、电影播放软件等)密切配合。

3．数字内容的完整性

完整性的目的是使加密的数字内容不可篡改，一般通过数字摘要等技术，并与客户端软件配合来实现。

4．数字作品传输的安全

传输的安全性，确保加密的数字内容不被非法截获，只有购买了数字内容的用户才能得到许可证文件，从而实现安全交易。传输的安全性一般由标准的网络安全传输协议实现，比如SET，SSL等等。

5．数字作品可计数

数字内容的加密与许可证机制，使数字内容不能复制，可以实现对数字作品的计数。例如，用户可以购买一本电子书、购买一首歌、看一场电影等等。

数字内容的计数贯穿在整个流通过程中：版权拥有者与分销商之间需要明确的计数；分销商与零售商(或内容服务商，如VOD点播服务商)之间需要计数；零销商与最终用户之间也需要计数。例如用户交了二本电子书的钱，就能得到二本电子书的内容及许可证。有了明确的计数之后，数字内容的流通环节才可以进行利益的分配。

6．数字版权的权利描述

采用DRM技术的数字作品，需要有相对应的权利描述，用户购买了数字内容，同时就具有相关的使用权利，对于不同形式的内容，其权利的描述也不同。

对于电子书，常见的权利包括：

(1)最基本的权利是可阅读，阅读的权利可分为在PC上阅读、在手持设备上阅读或者在任何设备上阅读等等。

(2)拥有的电子书拷贝数。用户一般只购买电子书的一个拷贝；但是对于数字图书馆来说，需要购买一种电子书的多个拷贝。

(3)电子书是否可以打印。如果电子书可以打印，可以指定允许打印的次数。

(4)电子书是否可以借、送，可以定义借出的时间长短。

(5)能否拷贝电子书中的部分文字。如果可以拷贝部分文字，则需要定义指定时间内拷贝的次数、拷贝的字数等等。

对于音乐和电影，常见的权利包括：

(6)可以播放的次数，最常用的是播放一次或播放无限次。例如：可以购买看一次电影的权利(就象买了一张电影票)，也可以购买无限次播放的权利(就象买了一张VCD或DVD)。

(7)允许播放的时间。例如：一部电影可以在购买后的24小时内反复播放，超过了时间就无法播放。

(8)是否可以传送到其它设备。例如在PC机上下载的音乐，能否传送到便携的MP3播放器(通常播放器本身也要支持版权保护机制)，如果能传送，还可定义允许传送的次数。

四、数字版权保护技术的应用

DRM技术可以应用于电子书、音乐、电影、图片等数字内容的版权保护，这里以方正Apabi电子书解决方案为例，说明DRM技术在电子书中的应用。在电子书的应用中，数字版权保护的目的，是让作者的电子版权得到保护，通过电子书的销售，作者和出版社得到相应的版税，电子书销售数量是可计数的。网上电子书书店能从出版社得到电子书的销售许可。读者通过网上支付购买电子书，可对电子书备份，也可以把书借或送给其他读者。

方正Apabi解决方案把电子书的流程还原为纸书的流程，通过方正Apabi产品，出版社可以很方便地制作和出版电子书，并且保护作者及出版社的版权；网上书店很容易建立网上电子书的销售系统；读者可以通过网上电子书店买书、在本地机器上阅读电子书，但购买的电子书只能通过授权传播；读者也可以在数字图书馆借书、还书。下图为整个流程的示意图。

如图中所示，方正Apabi系列产品，提供了基于数字版权保护的电子书解决方案，主要包括五个产品：

(1)方正阿帕比制作出版软件

方正阿帕比制作出版软件，包括两个部分，即阿帕比转换软件(Apabi Maker)和阿帕比编辑软件(Apabi Write)。

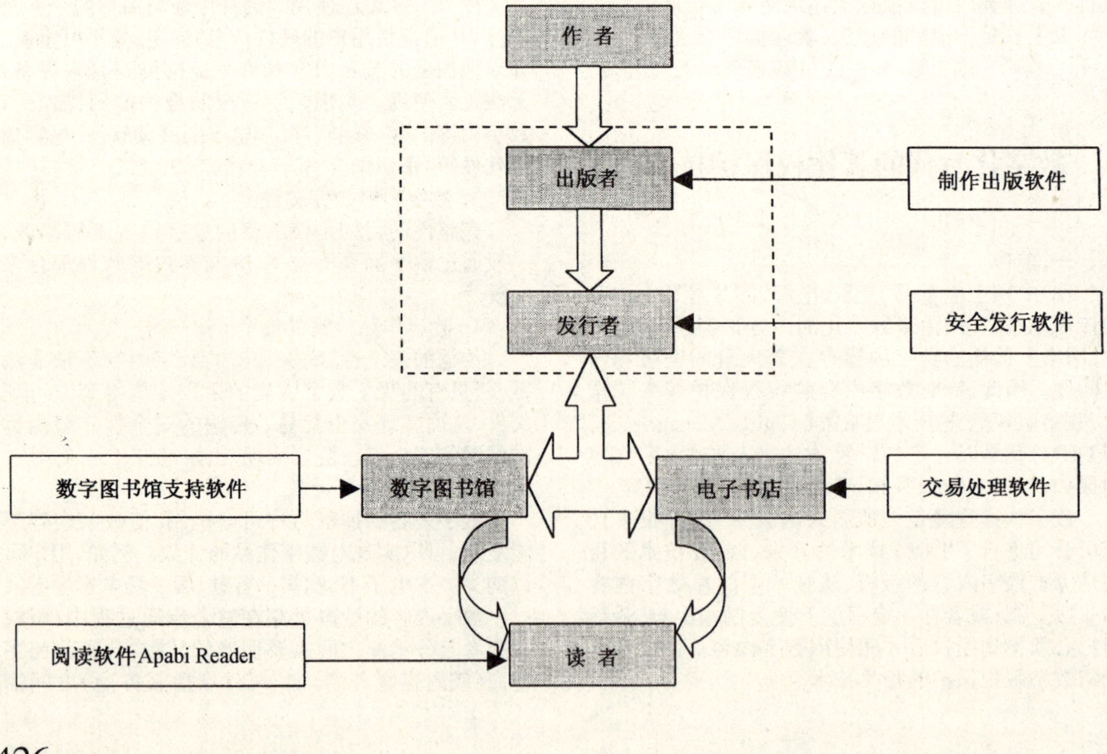

Apabi Maker 是一个数据转换工具，可以把用于印刷的电子文档，转换为可用于阅读的电子书文件 CEB。Apabi Writer 可以对 CEB 文件建立目录连接，还可以制作 eBook 的元数据信息，如作者、书名、书号、定价、出版社名和摘要等。

通过方正阿帕比制作出版软件，出版社可以把该书相关的版权信息加入 CEB 文件，而且这些信息在 CEB 文件制作完毕后无法篡改。

(2)方正阿帕比安全发行软件(Apabi Rights Server)

经过阿帕比制作出版软件生成的 CEB 文件，可以提交到 Apabi Rights Server，Apabi Rights Server 自动对提交的 CEB 文件进行加密，保护电子书的版权，并管理相应的元数据(即作者、书名、书号、定价、出版社名和摘要等信息)。Apabi Rights Server 还提供了数据查询和数据管理的功能，可以象印刷书一样把握电子书的销售。

(3)方正阿帕比交易处理软件(Apabi Retail Server)

Apabi Retail Server 为网上书店提供 eBook 的交易平台，网上书店可以通过 Apabi Retail Server 得到 eBook 下载许可证，并发给读者。Apabi Retail Server 会自动与相应的 Apabi Rights Server 交换信息，以确保版权的保护以及的信息的安全传递等等。

(4)方正 Apabi Reader

方正 Apabi Reader 用于阅读电子书，可以阅读 CEB、PDF、HTML、TXT 和 OEB 等文件。读者购买的电子书与机器的硬件信息梆定，是由 Apabi Reader 实现的，防止了电子书的非法传播。

(5)方正阿帕比数字图书馆支持软件(Apabi Library Server)

通过 Apabi Library Server，图书馆可以从出版社或发行者批量或单独购买具有版权保护的 eBook；读者通过数字图书馆进行 eBook 的借、还书。Apabi Library Server 既保护了出版社和读者的电子版权，又实现了图书馆传统的借、还书。

(北大方正　石毅)

1990－2000 年中国图书版权贸易情况分析

一、十年概述

(一)有关数据及政府的工作

1．有关数据

1990 年 9 月 7 日，《中华人民共和国著作权法》颁布，该法于 1991 年 6 月 1 日起实施。著作权法的颁布与实施，为版权贸易工作的开展奠定了法律基础。1992 年 10 月 15、30 日，中国先后成为《伯尔尼公约》与《世界版权公约》成员国后，中国的对外图书版权贸易也开始在国际法的框架内运作。

也正是从此时起，我们的版权贸易才开始主要是指涉外版权贸易(包括对港澳台)。

1990 年以前，中国从未有过版权贸易方面的统计。中国正式开展版权贸易统计是从 1995 年开始的，统计的类型是图书。1996 年 2 月，国家版权局首次公布了 1995 年度中国图书版权贸易的有关数据。从此，中国的图书版权贸易年度统计工作开始制度化。这为从量的方面掌握中国图书版权贸易情况奠定了基础。

1989 年中国内地翻译出版外国图书情况统计
(1989 版本统计)

国　别	种　数	占总数(％)	印数(万册)	占总数(％)
美　国	1146	33	10191.5	83
日　本	629	18	750	6.1
前苏联	387	11	227.2	1.8
英　国	353	10	291.5	2.3
法　国	165	4.7	160.3	1.3
东西德国	149	4.2	143.1	1.1
意大利	30	0.8	29.4	0.2
加拿大	28	0.8	20.4	0.1
丹　麦	27	0.7	60.6	0.4
奥地利	21	0.6	19.8	0.1
波　兰	19	0.5	16.2	0.1
其　它	518	14.8	364.9	2.8

1．统计时间：1992 年 10 月；
2．数字来源：国家版权局对国家版本图书馆馆藏书之统计；
3．图书印数包括重印数字。

1995 年中国内地翻译出版外国图书情况统计
(1995 版本统计)

国　别	种　数	占总数(％)	印数(万册)	占总数(％)
美　国	423	21.96	360.3	23.53
英　国	208	10.8	176.2	11.5
日　本	207	10.74	106.5	6.95
前苏联	139	7.22	113.6	7.42
法　国	128	6.65	127.6	8.33
德　国	52	2.7	33.4	2.18
意大利	11	0.57	7.5	0.49
加拿大	4	0.21	2.7	0.18
奥地利	4	0.2	1.7	0.11
波　兰	2	0.1	1.4	0.08
丹　麦	1	0.05	0.4	0.03
其　它	747	38.79	600.2	39.19
总　计	1926	100	1531.4488	100

1．统计时间：1997 年 5 月；
2．数字来源：国家版权局对国家版本图书馆馆藏书之统计；
3．图书印数包括重印数字。

此外，在 1990～2000 年间，国家版权局还曾进行过四次版权贸易或相关的大型统计工作，这四次统计是：通过国家版本图书馆分别对 1989、1995 两年全国翻译出版外国图书情况的统计(以下分别简称《1989 版本统计》与《1995 版本统计》)，通过各省版权局对 1991～1996 年 6 年中全国各出版社对外输出图书版权情况的统计(以下简称《六年输出统计》)及对 200 家出版社 1990～2000 年 10 年间版权贸易情况统计(以下简称《200家统计》)。这四次统计中,对国家版本图书馆的统计,由于该馆藏书的版本并不非常全面,加之统计时间较短等因素,所以,统计数字会有不准确的地方。后两次统计,由于时间都较紧,涉及面又较广,所以,都有程度不同的漏报现象。就是说这四次统计数字都少于实际数字。也由于上述原因,后两次的统计数字与1995年后的年度统计数字也有不一致的现象(一般年度统计更接近实际情况)。虽如此,这些统计依然是目前最权威的统计,也基本体现出了10年来中国图书版权贸易的脉络。

根据国家版权局的统计,从1995年到1999年5年间,通过出版社开展的图书版权贸易共约20700种,其中引进19740余种,输出1960余种。引进与输出之比约为10:1。这5年间,版权贸易数量发展较快,1995年为1900余种、1996年为3100余种,1997年为3580余种,1998年为5950余种,到1999年为6870余种。5年间增长了近5000种。

依据国家版权局5年来的年度统计(下简称《年度统计》)及对200家出版社10年来的数字统计,对十年的图书版权贸易情况分析如下:

10年间的版权贸易数字如果前5年(1990－1994年)以《200家统计》为基础,后5年(1995－1999年)以《年度统计》为基础计算的话,则分别是10年间引进超过23408种,输出超过4687种。如果将出版社漏报数字按目前统计数字的10%计算,则引进与输出数字分别为25748种与5155种。两项之和为30903种。

由此我们可以得出如下结论,10年间,我国通过出版社开展的图书版权贸易数量超过30900种,其中引进超过25700种,输出超过5100种。

就引进与输出的比例看,10年间的总体比例约为5:1。引进与输出比的变化可以1991年为线。1991年引进与输出数量大体持平,1991年之前,输出大于引进,1992年起引进开始大于输出。1992年以后又可以1996年为线来划分比例变化,1996年之前,引进与输出之比在4:1之内,1996年以后,引进与输出之比大体维持在10:1的状态。

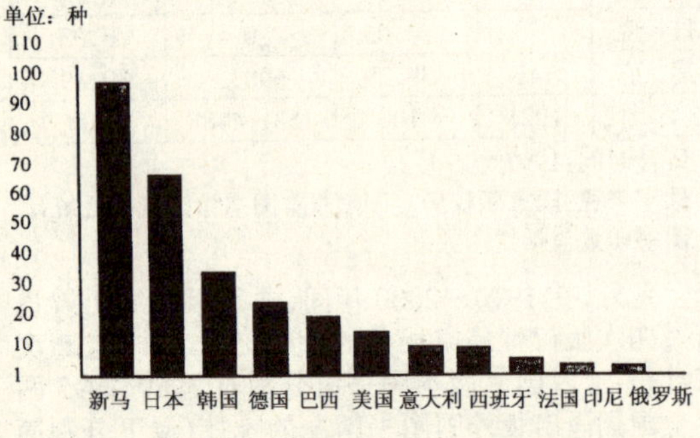

1991～1996年
中国内地出版社向外国输出图书版权示意图
(6年输出统计)

(制图　辛广伟)

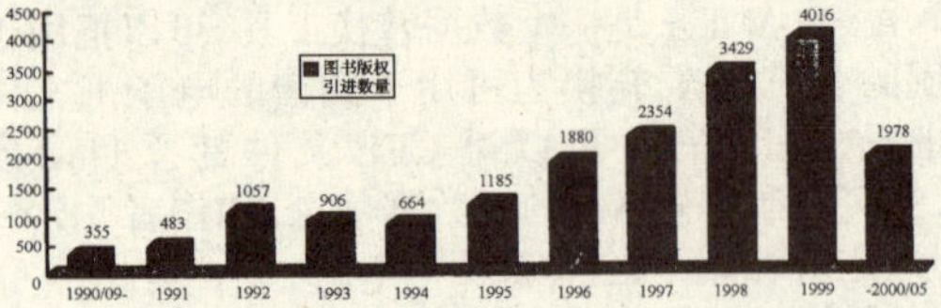

1990年9月～2000年5月
中国内地200家出版社图书版权引进示意图
(200家统计)

(制图　冯宏声)

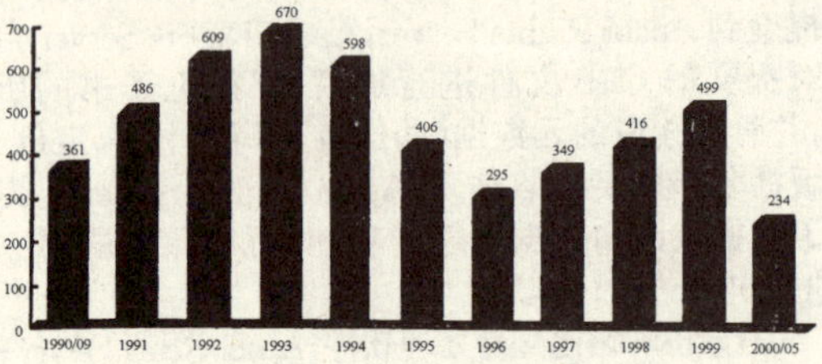

1990年9月～2000年5月
中国内地200家出版社图书版权输出示意图
(200家统计)

(制图　冯宏声)

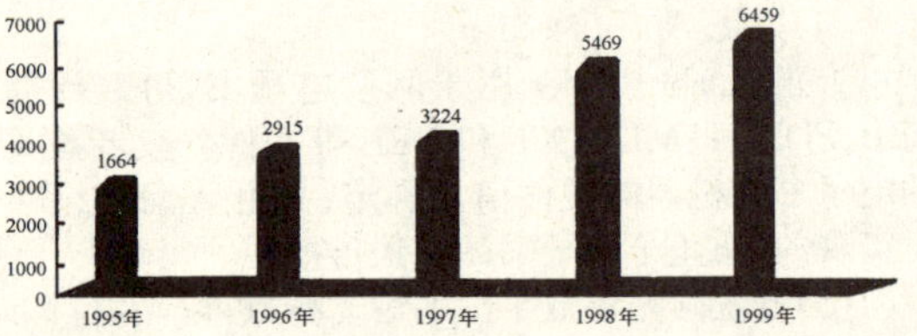

1995～1999年
中国内地出版社图书版权引进示意图
(制图　冯宏声)

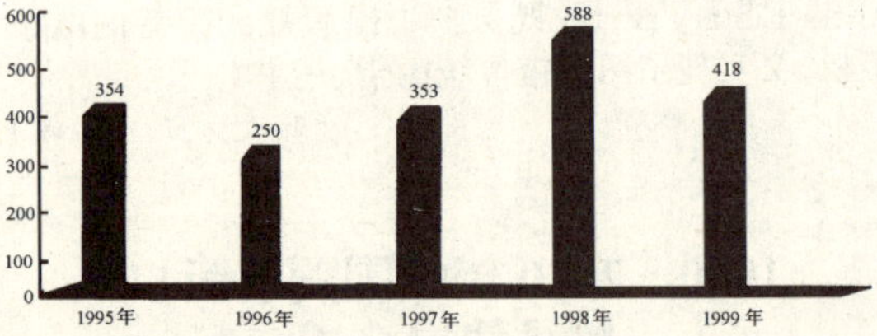

1995～1999年
中国内地出版社图书版权输出示意图
(制图　冯宏声)

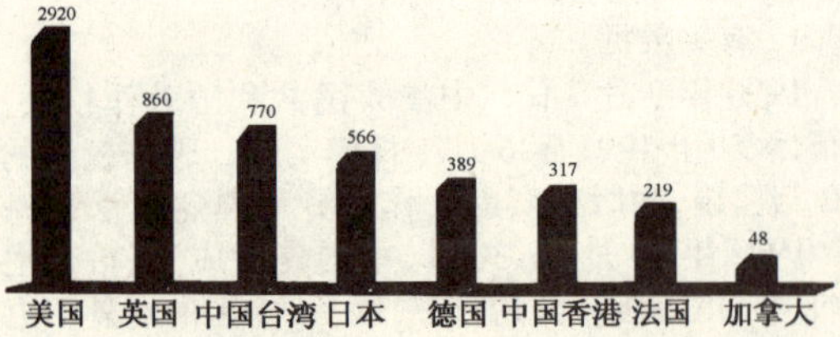

1999年中国内地出版社图书版权主要引进地示意图
(制图　冯宏声)

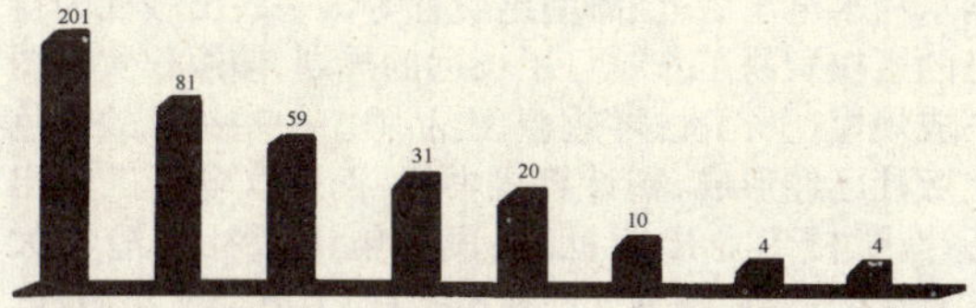

1999年中国内地出版社图书版权主要输出地示意图

（制图　冯宏声）

2．政府对版权贸易的推动。

改革开放以后，政府主管部门对版权贸易工作的指导与服务也开始逐步加强。依据著作权法规定，版权贸易工作是各级版权行政管理部门的工作之一，国家版权局是全国版权贸易工作的最高管理与服务部门。为推动各地版权贸易工作的开展，国家版权局在1988年直接组建中华版权代理总公司后，又先后批准成立了陕西、广东、安徽、上海、广西等地设立版权代理机构。同时，为拓展版权贸易种类，使版权贸易全面发展，国家版权局又批准了中央电视台成立中国电视节目代理公司，批准九州音像出版公司、中国音像协会成立音像版权代理部门。至今，中国内地的版权代理机构已发展到27家。为掌握宏观情况，更好地为版权贸易工作服务，从1995年起，国家版权局开始对全国的图书版权贸易情况进行年度统计，并由此形成制度。在推动版权代理工作的同时，国家版权局还直接组织了一些国际版权贸易洽淡活动，为我国图书版权贸易搭台。像1997年举办的“中日版权贸易洽淡会”、组织中国版权版权贸易代表团参加英国伦敦书展等。

各省、自治区、直辖市版权局及部分地市版权局是地方版权贸易工作的直接指导与服务部门，他们在本地区的版权贸易工作的发展中起到了非常重要的作用。广西、江苏、上海、吉林、北京、天津、陕西、安徽、广东、内蒙古与深圳等地版权局在推动本地区版权贸易工作中，表现尤为突出。而这些地区也恰恰是全国版权贸易工作较突出的地区。

为总结交流版权贸易经验，推动版权贸易工作的进一步发展，国家版权局先后于1994年11月及1998年6月在广西北海与辽宁大连召开了二次“全国版权贸易工作座谈会”，两次会议都印发了《会议纪要》，以对全国版权贸易工作进行总结与指导。

在2000年8月的北京国际图书博览会期间，国家版权局、新闻出版署还首次举办了“中国图书版权贸易成就展”。此次参展的有全国27个省、自治区、直辖市的197家出版社，展出比较有代表性的版权贸易图书4464种，其中引进2835种，输出1629种。中宣部副部长龚心瀚、新闻出版署署长、国家版权局局长、中国出版工作者协会主席于友先、新闻出版署副署长于永湛、桂晓风、中国出版工作者协会名誉主席、中国版权研究会理事长宋木文、中国出版工作者协会常务副主席陈为江、国际出版商协会主席 Mr. Pere Vicens、新任亚太出版商协会主席 Mr. Choon Ho、日本出版商协会主席渡边隆男、香港出版总会会长、联合出版集团董事长李祖泽与台湾出版事业协会理事长武奎煜等出席了开幕式。这次展览不仅检阅了著作权法颁布10年来全国图书版权贸易的成果，更为各出版社开展版权贸易工作提供了集中观摩与交流的机会。国家版权局与新闻出版署还将在展览后进行首次全国优秀版权贸易单位评选活动。

（二）引进图书分析

依据国家版权局的上述统计，10年来我国内地图书版权贸易在引进方面有如下一些主要特点：

1．引进数量增长较快，特别是后5年，呈高速增长态势

前5年，年引进数量以平均约29%的速度增长，属平稳增长时期。从1995年开始，增长速度明显加快。1995年引进数量为1664种，到1999年达6459种，平均年增长率约为57%。10年间引进的约25700种版权中80%以上是在后五年完成的。这说明，我国出版社在经过进入国际版权公约后的暂短阵痛后，很快就适应了国际版权贸易规则，标志着我国出版社版权贸易能力的快速提高。

2．从引进版权的来源地看，10年间前期以我国的台港为主，后期转为以外国为主

内地与港台间的版权贸易数量，无论是引进还是输出，在1991年前一直占内地图书版权贸易的首位。但从1992年中国大陆加入国际版权公约开始，这一情况开始发生变化。中国内地图书版权在引进方面开始呈现两个新特点，一是引进数量开始超过输出，二是版权来源地从以我国的台港地区为主逐步转为以外国为主。以1998、1999年为例，1998年列我国图书版权引进地前9名的国家与地区分别是美国、台港、英国、日本、俄罗斯、德国、法国、韩国与澳大利亚。其中从前述8国引进的版权数量达4220种，占当年总数的77%。从美国引进为2236种，占总数的40%。而从台港引进的数量为1032种，占当年总数的18%，这其中有许多是外国作品。1999年列我国图书版权引进前10名的国家与地区是美国、台港、英国、日本、德国、法国、加拿大、俄罗斯与澳大利亚。从美国引进的数量已占总数的45%。从台港引进数量占总数的17%。如果将从台港引进版权中外国作品按7%－8%计算，则目前我国每年引进版权中，从外国引进数量已占引进总数的90%左右。美国、英国、日本、德国、法国、俄罗斯、加拿大、澳大利亚与韩国等约10个国家已成为我国引进版权的主要来源地，其中美国、英国、日本、德国、法国与俄罗斯6国已成为我国图书版权贸易最重要的伙伴国。

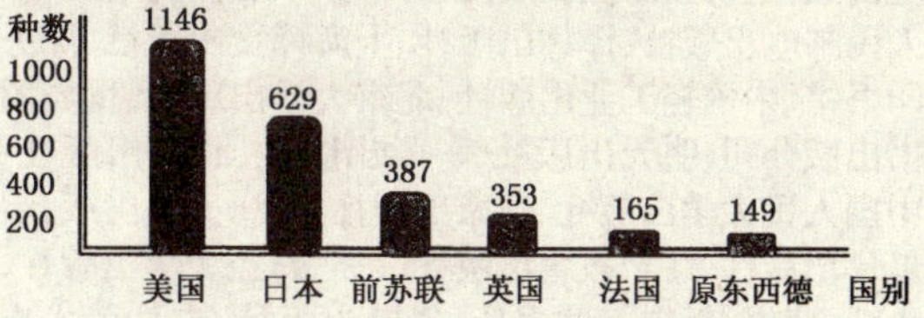

1989年中国内地翻译出版外国图书前六名地区示意图

（制图　辛广伟）

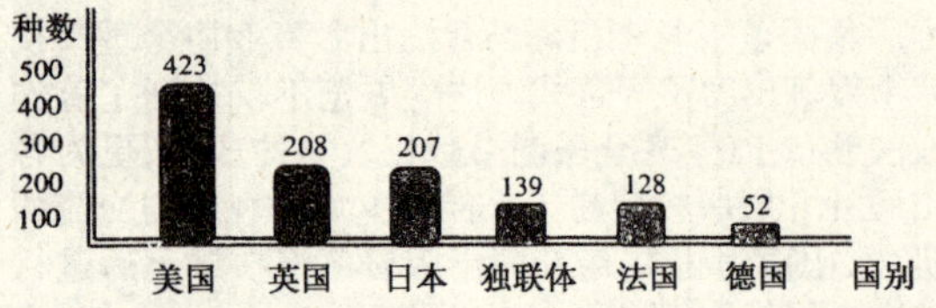

1995年中国内地翻译出版外国图书前六名地区示意图
（制图 辛广伟）

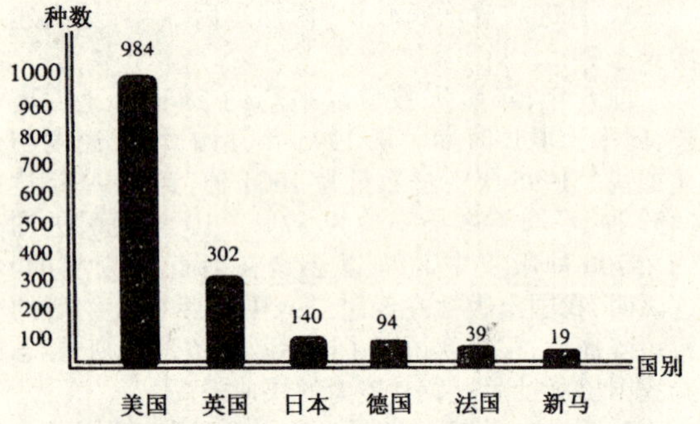

1997年北京地区外国图书版权引进地前六名示意图
（制图 辛广伟）

3. 从引进作品内容看，题材从相对单一到较为丰富，财经、科技、电子类图书数量逐步增多，引进热点与我国经济、社会发展的热点相吻合

在10年里的初期，引进作品以语言类、文艺类、生活类书籍为多，品种略显单调。到后期，这一情况开始发生变化，图书品种不断增多，领域日益扩大，学术类、财经类、科技类与电子类图书开始在版权贸易中占据重要位置。一些出版社还引进了许多外国原版教育类书籍。图书版权贸易出现了计算机热、财经热等新热点。以北京地区为例，居北京市版权局统计，近五年来，引进的科技类图书一直占引进图书总数的40%以上。计算机、经济管理与语言类图书形成引进书的三大板块，数量不断上升。大量文化、生活类作品的引进，极大地丰富了人民群众的精神生活；而大量学术类、财经类、科技类与电子类作品的引进，使图书版权贸易在我国的“科教兴国”战略中发挥的作用日益显著。

4. 涌现了一批版权贸易实力较强、社会效益与经济效益都取得较好收益的出版社

经过近10年的努力，一些版权贸易活跃、成绩显著的出版社开始出现，如中国大百科出版社、电子工业出版社、机械工业出版社、外语教学与研究出版社、人民邮电出版社、译林出版社、上海译文出版社、商务印书馆、中国轻工业出版社、北京大学出版社、世界图书出版公司、明天出版社、科学出版社、北京出版社、中国人民大学出版社、作家出版社、上海人民出版社、新华出版社、辽宁教育出版社、东北财经大学出版社、生活·读书·新知三联书店、华夏出版社、吉林美术出版社、漓江出版社、接力出版社、广东科技出版社、上海外语教育出版社、重庆出版社、高等教育出版社、中国水利水电出版社、海南出版社等。一些出版社为自己的版权贸易工作制订了长远的规划，使版权贸易图书成规模、上档次、增效益、出品牌。一些领域的特色出版社已经形成，如计算机书籍“四强”（电子工业出版社、机械工业出版社、人民邮电出版社与清华大学）、文艺书籍“四强”（译林出版社、上海译文出版社、作家出版社与漓江出版社）与外语学习书籍诸强（外语教学与研究出版社、上海外语教育出版社、外文出版社与商务印书馆等）等。在这些出版社中版权贸易图书不仅带来了极大的社会效益，也带来了较好的经济效益，一些出版社版权贸易图书销售码洋已在出版社总销售码洋中占举足轻重的地位。

5. 从地区看，近些年来引进版权实力较强的地区主要集中在10个以内

较突出的是北京、江苏、上海、广西、吉林、陕西、辽宁、广东、天津、浙江与湖南等。这些地区的版权贸易量几乎占了全国版权贸易数量的绝大部分。其它地区则较少，更有近10个地区开展的极少甚至于尚未开展此项工作。

（三）输出图书分析

依据国家版权局的上述统计，十年来我国内地图书版权贸易在输出方面有如下几个特点：

1. 数量分析

10年里，我国内地图书版权贸易的输出数量超过4680种，年平均输出超过470种。从《200家统计》数量示意图中可以看出，整个10年的发展线条呈波浪形。其中前五年呈明显的抛物线状，起伏较大；后5年发展线条虽也有起伏，但走向相对平直。1991～1995年是输出高峰期，每年均超过400种，1993年超过670种，为10年间的最高峰。输出数量最少的一年是1996年（“年度统计”与“200家统计”走向一致，数量分别为250与295种）。前5年年平均输出数量为540余种，后5年下降为年均近400种。

10年间图书版权贸易的输出地点主要还是我国的港台地区。依据国家版权局的《六年输出统计》，6年中我共对外输出版权2975种（《200家统计》数字为3064种），其中向台港输出2580种，向外国输出395种，对外国输出数量占输出总数的13%。依据《年度统计》，1998、1999年两年，我国向外国输出版权数量均约占对外输出总数的30%。取上述13%与30%的平均数，可将10年间我国内地出版社对外国输出版权占对外输出总数的比例确定为20%。以此推算，10年间我国出版社输出到外国的图书版权可先初步确定为1200种左右。另根据1998、1999年度统计，这两年对外国输出共为293种；1991～1996年共为395种，将没有统计的1990年与1997年均按130种统计，则10年间对外输出版权数量为948种。将上述1200种与948种两个数字平均，考虑到1992年中国大陆才加入国际版权公约的因素，此数字应定为1000种较合适（两者平均数为1074）。由以上推算可以得出如下结论：10年间，中国内地出版社向外国输出图书版权约为1000种，占全部对外输出总数的约20%；对外国输出与对台港输出之比为1:4（后

几年之比多约为 1:3)。

2. 对外国输出版权质的分析

1991~1996 年的《六年输出统计》是 10 年来在版权输出方面内容最详实、最具体的一次。故以下分析以此次统计为主,辅之以其他统计。通过对这些统计可以看出,我国图书版权对外国输出主要有 5 个较显著的特点,即输出地国家集中、亚洲是最重要地区、对欧洲输出有所加强、输出图书内容以中国传统文化为主及有输出能力的出版社少而集中。

第一,在地区分布方面,输出国家数量虽较多,但主要还是集中在几个国家。《六年输出统计》显示,中国图书版权的输出国家总数超过 23 个,其中亚洲 8 个,欧洲 12 个,美洲 3 个。从向各洲输出数量看,亚洲共 230 种,占总数的 58%强,欧洲为 125 种,占总数的 32%,美洲为 40 种,占总数的 10%。图书版权的输出对象主要还是在亚洲。从国家排名看,新马(新加坡与马来西亚一体授权)、日本、韩国、德国、巴西、美国是前 6 名。数量分别为 111、74、38、27、22、17 种。合计是 289 种,占了总数的 73%。其它 16 个国家仅为 26%。1998、1999 两年,中国向韩国、日本输出图书版权分别为 121 与 34 种,两国之和占当年对外国输出的 78%与 30%。可见,目前对中国图书有兴趣的国家还很不普遍,且主要集中在亚洲几个国家。

第二、从对中国图书的翻译语种方面看,亚洲的日韩较强,英语国家与地区仍有待开发。《六年输出统计》显示,亚洲的新马、日本与韩国是前三名。其中新马从中国引进的 111 种图书并没有翻译成外语,而只是买的中文重印权。如此说来,在 395 种图书中,翻译成外语的是 284 种,占总数的 72%。在这 284 种图书中,日本与韩国又占了 39%。加上向印度尼西亚、泰国、伊朗与朝鲜等的输出数量,中国对亚洲国家的输出数量超过总数的 40%多。而美、英、加等英语国家总共为 20 余种,只占 395 种的 5%或 284 种的 7%。英语读者在世界上占有举足轻重的地位,但我们对这些国家输出的图书版权数量却如此得少。这也说明这方面有极大的潜力待挖掘。1999 年,我国出版社向美、英两国分别输出了 59 与 20 种图书版权,占历年之最,也是少有的现象。

第三、对欧洲输出略有增强,欧洲市场值得重视。如果不把亚洲的新加坡与马来西亚的中文版数量计算在内,则欧洲引进中国作品的数量至少和亚洲大体相当。欧洲的德国、意大利、法国、西班牙、英国、荷兰、俄罗斯、芬兰、波兰等国均从中国引进了少量的版权,这向我们显示了欧洲市场的重要性。而瑞典、荷兰、丹麦等人口较少的国家也引进了中国作品,数量虽少,意义却大,显示了他们对中国的兴趣开始增加。所以,特别加强针对欧洲读者的图书版权贸易应是我国出版社认真思索的课题。

第四、从输出图书的内容看,总体上还是以有关中国传统文化艺术及语言类书籍较受欢迎。对亚洲的日本、韩国输出中,此类图书占了相当数量,如《中国哲学大纲》、《中国武侠史》、《隐士生活密探》、《十二生肖系列童话》、《中国民间秘密宗教》、《中国佛教史》、《中国药膳大词典》、《中医十大类方》、《中医辩证学》、《中国民间疗法》等。对欧美国家的输出也大体如此,如输出到德国的《西藏风貌》、《中医内科学》、《使用中草药》、《中国保健推拿图谱》、意大利的《中国瓷器绘画艺术》、《长寿之迷》、西班牙的《经络气功》、《中国茶》、瑞典的《中国康复医学》、法国的《敦煌吐鲁番文献集成》及美国的《中国金鱼画册》、《中国先天一元气功》、《气功精要》、《三松堂》等。巴西是南美洲引进中国作品最多的国家,引进内容绝大多数为中医图书,如《中医基础理论》、《伤寒论 500 医案》、《气功图谱》、《中国饮食疗法》与《练功十八法》等。

新加坡、马来西亚则对少儿、语言类图书最感兴趣,对这两国输出的主要都是此类图书,如《中华儿童故事丛书》、《中华民间故事大画册》、《绘图本中国古典文学》、《彩图神仙鬼怪故事》、《宝葫芦丛书》、《香蕉姥姥》、《汉语拼音彩图儿童故事宝库》、《小学生彩图成语词典》及《中学使用英汉词典》等。此外,有关中国当代社会各行业统计方面的书籍也输出了一些。如对日本、英国输出的《经济白皮书:中国经济形势与展望(1994~1995)》、《中国国家能力报告》、《中国农业发展报告(1995)》、《1996 年中国国民经济与社会发展报告》等。此外对德国与美国还分别输出了《孤立子理论与应用》与《非线性阶偏微分方程》。

第五、从输出者角度看,有输出实力的出版社还很少,且主要集中在北京。《六年输出统计》显示,从输出者所在地区分布看,北京占有绝对优势,数量达 215 种,占总数的 54%。其余出版社则集中在江苏、陕西、辽宁、浙江、吉林、天津、湖北、上海等几省市。江苏、陕西之所以名列前茅,是因为这两省与新加坡及马来西亚的交往较多,其版权输出地也均是新马两国。而辽宁、吉林除向新马输出外,日本、韩国是其重要的市场。再具体到出版社就会发现,能向外国输出版权的出版社主要集中在十几家,它们是外文出版社、新世界出版社、北京出版社、机械工业出版社、外语教学与研究出版社、江苏少儿出版社、浙江少儿出版社、辽宁少儿出版社、未来出版社与天津科技出版社等。这些出版社之所以能输出较多的版权,共同特点有三,一是拥有适合外国市场的图书,二是有熟悉版权贸易的人才,三是重视版权贸易工作。这些出版社不仅输出成绩突出,在引进版权方面也同样成绩不凡。

通过上面的分析可以看出,无论与引进外国版权数量比较,还是与向台港地区的输出数量比较(向台港地区输出为 2580 余种),我国内地出版社向外国输出版权的数量都是非常少的。这一状态是由我国目前的综合国力所决定的。我国是一个发展中国家,还处在社会主义初级阶段,这就决定了今后相当长的一个时期,对外国的图书版权贸易引进大于输出这一状态不会有大的改变。这是一种正常现象,不必大惊小怪。当然,这并不等于说,我们的出版社因此就可以无所作为,就应该听之任之。以目前我国出版社的状况来看,少数出版社还是应该在输出版权方面有所作为的。比如我们的部分教育、少儿类出版社。问题的关键是要有以世界为市场的眼光与魄力，同时有一个好的运做机制。以少儿图书为例，我国台湾的远流、格林等出版社，近些年曾多次在国际书展上获得图书插画奖，并卖出了多本少儿图书的版权，出版社的名气也因此大增。而这些图书作者中许多就是大陆人，且现在或以前也是我们出版社的作者。这不值得我们认真研究与思索吗？

二、中外双边图书版权贸易

在著作权法实施不到一年半的1992年10月，我国又正式成为《伯尔尼公约》与《世界版权公约》的成员国。只有从这时起，中国内地出版社才有了全面开展国际版权贸易的环境与法律依据，中国的对外版权贸易才走向正规化之路。近十年过去了，中国图书版权贸易已形成了一定的规模，积累了初步的经验，也有了比较固定的合作对象，美国、英国、日本、德国、俄罗斯、法国、韩国等少数几个国家已成为中国图书版权贸易的重要伙伴。认真回顾分析一下与主要贸易伙伴的版权贸易状况，对于做好今后的工作是非常必要的。以下是根据目前掌握的资料，对近些年来中美、中日、中俄与中法间双边版权贸易情况的分析。

1．中美图书版权贸易——对中国翻译出版美国作品量的简析

根据前述国家版权局的有关统计，至少从1989年起，在中国翻译出版的外国图书中，美国作品的数量（无论是种类还是印数）始终处于首位。1989年，我国翻译出版（包括重印）外国图书3472余种，印数在近1.3亿册以上，涉及国家共48个。从种数上看，美国超过1146种，占总数的33%。以下的5个国家分别为日本（629种、18%）、原苏联（387种、11%）、英国（353种、10%）、法国（165种、4.7%）及德国（东西德之和：149种、4.2%）。在图书的印数上，美国图书更是占了绝对的优势，超过1.02亿册，占出版外国图书总数的83%。

1992年中国与美国签定知识产权保护备忘录、特别是中国加入两个国际著作权公约的初期，中国翻译出版外国作品的数量曾一度有所减少，但美国图书依然是排在第一位。又据国家版权局《1995版本统计》，1995年我国出版的外国图书按国别统计（包括经过授权出版与进入公有领域不必授权出版及再版或重印书），居该年前6名的国家是：美国、英国、日本、独联体、法国与德国。其中，美国分别以423种与360余万册（分别占总数的21.96%及23.53%）列种数及印数的首位。这个数字比位居第二的英国均高出两倍多。

据北京市版权局对1997年北京各出版社引进外国图书版权贸易合同登记的统计结果，居北京市该年引进外国图书版权前六名的国家是美国、英国、日本、德国、法国与新马（新加坡与马来西亚）。其中美国以984种高居首位，占该年度引进总数的61%；比居第二位的英国高出3倍多。而北京市本年度引进图书版权的数量则占全国总数的三分之二强。另据国家版权局年度统计，1998、1999两年，中国出版社分别从美国引进图书版权2236与2920种，分别占当年引进图书总数的42%与45%。

从上述统计可以看出，改革开放20多年来，美国图书始终占据着中国出版外国图书的首席位置，这点在中国加入国际版权公约后，也没有变化。不仅如此，这一数量还在不断上升。且已几乎占了中国引进图书的半壁江山。随着中美交流的进一步加深，随着市场的逐渐开放与服务贸易的繁荣，这一状况将会持续相当长的时间。

中国从美国引进的图书内容相当广泛，包括政治、经济、文化、科技、生活等各个领域。近几年引进的图书又有两个明显的特点，一是电子信息类、财经类书籍大幅增多，一是其他畅销作品增多。由于我国电子信息产业的快速发展及计算机应用的普及，加之美国在此方面的领先地位，使得中国出版社引进的此类相关书籍较以往明显增加，不仅品种多，印数也较大。在美国新出版的一些电子类书籍，几个月后就会有中文版问世。同时，一些较具学术水准与价值的人文科学类书籍及拥有众多读者的流行图书如文艺畅销书、人物传记等书籍的引进比以往明显增多。影响较大的如80年代引进出版、90年代又重新签约修订的《不列颠百科全书》及《爱因斯坦全集》、《走向未来》、《廊桥遗梦》等，个别美国文学畅销书排行榜上的新书，几个月后也能在中国见到中文版。像1996年上海版权代理公司引进的《斯代拉如何重获她的情人》（How Stella Get Her Groove Back）就属此类。

与此相比，中国向美国输出图书版权的数量则微乎其微，与引进不成比例。国家版权局《六年输出统计》显示，1991年到1996年的6年时间里，中国向美国输出的图书版权仅为17种。在中国输出版权国家排名上，美国仅居第六名。1998、1999两年，中国对美国版权输出分别为4种与59种。1999年是十年来最多的一年，也是特殊的一年。对美国输出的中国图书内容多与中国文化有关，如《中国金鱼画册》、《三十六计彩绘本》、《气功图谱》、《十四经穴图解》、《神经科学百科全书》、《三松堂》、《中国历代名著全译》、《英汉倒排辞典》、《企业信用的再创造》等，出版这些书的美国的出版社多属大学或科研机构，如夏威夷大学、耶鲁大学、加州大学、美国数学学会等。

2．中英图书版权贸易

英国是中国引进外国版权的第二大贸易伙伴。在中国加入国际版权公约之前，中国出版的英国图书就已占相当比例。根据《1989版本统计》，该年中国内地出版了超过353种的英国图书，居出版的外国图书排名第四位。又据《1995年版本统计》，1995年，中国内地出版的英国图书超过208种，英国的排名则上升到第二位。这一排名一直保持到现在。1998、1999年，中国内地出版社分别从英国引进了594与860种图书版权，引进数量不断攀升。北京是中国内地引进英国版权最多的地区，1997年引进的英国版权达300余种，北京大学出版社、外语教学与研究出版社、商务印书馆等与英国的版权贸易非

常密切。上海市引进英国版权的数量也呈增长态势，上海版权代理公司近三年里代理引进英国图书近50种，《第二次世界大战丛书》、《世界百年掠影》、《当代世界前沿思想家系列》、剑桥插图历史系列等都是通过该公司代理引进的。由于中国版权贸易市场的巨大潜力，使得越来越多的英国出版社对中国市场发生兴趣，剑桥大学出版社、麦克米伦出版社、英国皇家学会出版社、培生教育出版集团、DK公司等是中英版权贸易合作的代表出版社。像DK公司，与中国出版社开展业务交流已达8年多，不仅授权中国出版社出版了500多种图书，还在北京设立了办事处。

相对于版权引进，中国向英国输出版权数量很少。1998年为1种，1999年为20种，是近年来数量最多的一年。

3. 中德图书版权贸易

德国是中国图书版权贸易的重要伙伴之一。在中国加入两个国际著作权法公约前，中国翻译出版的两德（东西德）图书种类约居中国翻译出版外国图书名次的第六位。90年代，中国引进德国图书版权数量不断增加。据北京歌德学院德国图书信息中心柯乐迪的有关报告，1992～1996年，德国图书被翻译成中文出版的由28种上升到135种。1996年，中国内地与港台出版社从德国引进图书版权135种（占德国对外输出总数的3%）。这些图书以少儿书数量最多（28种）、其次依次为艺术类、自然科学与文学类。1998年以来，中文图书市场（中国大陆和台湾）已是德国出版社卖版权数量最多的市场。1998年中国大陆与台湾的出版社共从德国出版社引进版权369种（占德国所有卖出版权的8.9%）。其中儿童和青少年书籍版权93种，文学类书籍60种，历史和艺术史书籍版权44种。1999年这个数字又上升到471种，其中，157种为儿童和青少年书籍，哲学和宗教类书籍52种，文学书籍44种，自然书籍27种，艺术书籍2种。而据国家版权局的统计，1998年，中国内地出版社从德国引进版权301种，1999年引进389种。1999年德国继美英日之后，居中国图书版权外国引进地排名第四位。

与引进相比，中国出版社向德国输出版权非常少。居柯乐迪的报告，1996年中国（内地与港台）向德国输出图书版权仅33种，占德国全部翻译书的0.3%。其中13种为纯文学书籍，其他为实用书籍。1999年，中国出版社对德国卖出了13种书的版权（其中一本是小说）。另据国家版权局的《六年输出统计》，1991～1996年，中国内地出版社共向德国输出了27种图书版权，德国居内地对外输出的第四名。根据国家版权局年度统计，1998、1999两年，中国内地出版社分别向德国输出版权7种与1种。

与中国与美英法等国家的版权贸易状况一样，中德间版权贸易上的引进与输出关系也不可能很快根本改变。不过，柯乐迪认为，中国对德国版权输出的数量还是可以提高一些的，关键是中国出版社要下功夫去开拓。比如中国出版社要用英文编写中国作家的简历，并用英语介绍这些作家作品的内容；然后根据这些内容制定出版权目录，再把这些版权目录寄给感兴趣的德国和其他国家的出版社。

4. 中俄图书版权贸易

在前苏联时代，中国曾出版过众多苏联作品，苏联也曾出版过少量的中国作品。但中俄图书版权贸易的正式开展应是从1992、1993年起。1992年10月中国先后加入了伯尔尼公约与世界版权公约，俄罗斯（苏联）原是世界版权公约成员国，1993年起，又加入了伯尔尼公约。这些为两国版权贸易的开展奠定了法律基础。

在1989～1995年期间，在中国出版的外国图书中，俄罗斯（包括前苏联）占有重要地位。据国家版权局《1989版本统计》与《1995版本统计》，1989年中国出版苏联图书387种，占出版外国图书总数的11%，居国家排名的第三位；印数在227余万册，占总数的1.3%。1995年出版俄罗斯图书139种，占总数的7.22%，居国家排名的第四位；印数超过113万册，占总数的7.42%。1992年9月，中华版权代理总公司与俄罗斯著作权协会（俄最大的版权代理机构）签署了合作议定书；1994年9月，两机构又进一步签定了具体的工作协议。从此时起，两国的版权贸易逐步开展起来。到1996、1997年，双方每年签定的版权合同都超过50份，涉及的作品已超过300余种。中俄间的版权贸易主要是中国从俄罗斯引进作品。1998、1999年，中国分别从俄罗斯引进图书版权344与30种，分别占当年引进地排名的第五与第七名。中国对俄罗斯输出则非常少，近两年中仅1999年有4种。

中国从俄罗斯引进的作品绝大多数是文艺作品。俄罗斯文学在世界文坛一直有着自己独特的地位，而由于历史的缘故，前苏联时期的诸多文学作品在中国有着极广泛的影响。进入80年代中期前后，苏联作品的影响开始明显减弱。但进入90年代中期前后，一些此类作品又开始有新的读者群产生。前苏联较有影响的文学作品的作者多为俄罗斯人，少数在从苏联独立的其他国家。中俄间的版权贸易就是在此背景下进行的。近些年中国引进的俄罗斯作品有肖洛霍夫的《静静的顿河》、法捷耶夫的《青年近卫军》、《毁灭》、绥拉菲莫维奇的《铁流》、费定的《早年的欢乐》、西蒙诺夫的《日日夜夜》、《战争三部曲》、爱伦堡的《暴风雨》、《解冻》、卡维林的《船长与大尉》、瓦西里耶夫的《这里的黎明静悄悄》、科斯莫米杨斯卡亚的《卓娅和舒拉的故事》、邦达列夫的《选择》、《岸》、帕斯捷尔纳克的《日瓦戈医生》、索尔仁尼琴的《古拉格群岛》与库尼亚耶夫的《叶赛宁》等。到目前为止，前苏联在版权保护期之内的著名作品几乎都已为中国出版社引进。除文学作品外，还有少量的传记类、人文科学类作品被引进，如戈尔巴乔夫的《不屈的人们》、亚科夫列夫的《朱可夫传》、沃罗宁的《巴甫诺夫传》及亚科布松的《情感心理学》等。出版这些书籍的出版社，包括人民文学、百花文艺、海燕、译林、海天、与上海译文等。这些作品多数是通过中华版权代理总公司代理引进的。

5. 中法图书版权贸易

中法间的文化科技交流源远流长。北京大学中法文化关系研究中心和北京图书馆参考研究部中国学室联合编辑有《汉译法国社会科学与人文科学图书目录》,书中收录了从19世纪末到1993年3月我国翻译出版的法国社会科学图书目录,计有约1800种(包括重译书)。另据今人许均统计,20世纪法国文学作品被翻译成汉语的超过500种。不过在中国加入两个国际公约以后,法国作品被引进数量有所减少。

中国与法国的图书版权贸易主要也是中国引进法国版权。在国家版权局对1989年与1995年出版外国图书的两次统计中,法国图书都位居第五。1989年中国出版法国图书超过128种,占出版外国图书总数的近7%,印数超过127.6万册,占总数的8%以上。1995年,中国出版法国图书超过165种,占总数的4.7%;印数超过160.3万册,占总数的1.3%。在北京地区1997年引进外国图书排列上,法国也居第五位,为39种。在1998、1999年,中国出版社分别从法国引进了150种与219种图书版权,法国分别排在中国引进外国图书数量的第5、6位。从法国方面的统计看,中国是世界上第7大法国版权购买国,在亚洲则是第2位,排在韩国之后。

中国引进的法国图书以文艺、人文科学类为多,据法兰西出版协会经理让一克里斯多夫·阿诺德介绍,1998年中国引进的法国图书中,文学与人文科学书籍占了引进总数的约80%。1999年获法国各类文学奖的书籍,在当年就已经在中国出版。如此速度令法国人惊讶(何农《阿诺德的喜与忧》,《光明日报》2000年8月30日)。也正因此,在2000年北京国际图书博览会上,法国出版界首次由法国出版业全国协会牵头,组织了一个包括法国各大出版公司在内的13人的出版代表团赴北京参展,并订下了45平方米的展台,以展出带来的800多种图书。中国对法国输出的图书版权非常少,在1991～1996年间,仅有4种左右,1998、1999年,分别是1种与3种。

6. 中日图书版权贸易——对日本输出版权质的分析

日本是中国图书版权贸易最重要的几个合作伙伴之一。它既是我国版权贸易重要的引进地,也是我们重要的输出地。据国家版权局《六年统计》,从1991年至1996年底,在我国出版社向外国输出的395种图书版权中,向日本输出为74种,占我对外国输出版权总数的19%,在我向外国输出版权排名中居第二位。但如以外文翻译权计,则日本居第一位(向新马所授均为中文重印权)。再根据国家版权局1998、1999两年的年度统计,日本分别在我对外国输出地排名的第二与第四位。在引进日本版权方面,根据国家版权局《1989版本统计》与《1995版本统计》,在我国翻译出版外国图书的排名中,日本分别居第二与第三位(1995年与第二位的英国仅差一种),1989、1995年,我国出版社分别出版日本图书629种与207种,印数为750万册与106万册,分别占当年总数的18%与7%。在1998、1999年,我国出版社分别从日本引进了454种与577种图书版权,分别占当年引进总数的20%与9%,在引进地国家排名中均排在美、英之后,列第三位。可见,日本在我国图书版权贸易中占有举足轻重的地位。

在引进日本图书版权方面,中国出版社从日本引进的图书不仅数量多,内容也十分广泛,涉及到诸多方面。除曾经畅销一时的文学类、漫画类图书外,电子信息、企业管理、财经、艺术、生活及语言等图书占非常大的比重。以与讲谈社的合作为例,据讲谈社国际室室长莅原隆分析,中国出版社虽与该社的版权贸易合作时间不长,但引进图书的特点已非常明显,一是"部头大",如河北教育出版社欲引进的《平山郁夫美术全集》(共7卷,每卷定价8000多日元)、海燕出版社引进的《UNESCOS世界遗传》(13卷)等,所支付的版权费用皆不菲;二是成系列、成规模,如中国纺织工业出版社、中国轻工业出版社引进的图书,每套都在十几册以上,且引进书目较系统(蒋道鼎《莅原隆眼中的中日版权交流》,《光明日报》8月30日)。

在对日图书版权输出方面,十年里,我国年对日版权输出数量变化不大,但总体有增长趋势。十年中年对日输出数量分别为1991年4种、1992年14种、1993年9种、1994年17种、1995年13种、1996年13种、1998年24种、1999年10种。(加图:1991～1999年间中国对日本输出图书版权示意图)根据《六年输出统计》,可以对中国向日本输出的图书从内容(质)上做较深入的分析。分析显示,对日输出的图书从总体上可大致分为五类,按数量排列分别为传统文化(文史哲医)、当代政经、艺术(包括漫画)及语言文学。

有关中国传统文化中的文学、历史、哲学、医学类书籍,是日本出版界最感兴趣的书籍,这类作品的输出也最多。输出的此类书籍包括《中国鬼文化》、《中国禁书大观》、《权利塔尖上的奴仆——宦官》等。三国题材的书籍一直是日本读者所喜爱的图书之一,1995年前后,日本出版界又出现了"三国热",从《曹操大传》、《诸葛亮大传》到各类漫画书层出不穷。中国的三国书,自然也受到了日本出版社的青睐,输出的此类书籍有《"演曹操"——吴晗文集》、《三国演义中的悬案》等。输出的哲学宗教类图书有《中国佛教史》、《宗教故事丛书(道教)》、《中国民间秘密宗教》等。有关中国传统医学养生类的书籍也很受日本读者喜爱,输出的此类作品有《中国药膳大词典》、《中医十大类方》、《中医辩证学》、《中国民间疗法》、《散手入门》、《太极拳基本功》等。

其次输出的是有关当代中国的政治经济类书籍。日本时刻关注着中国,日本出版界自然不会例外。于是,有关当代中国的政治、经济与社会问题,从领导人的著作、经历、当代历史,到社会主义市场经济、经济发展的重要统计材料、教育等的各类图书,都有可能成为输出的对象。这一时期输出的此类书籍包括《邓小平文选》(1-3)、《邓小平的历程》、

《她还没叫江青的时候》、《中华人民共和国演义》、《什么是社会主义市场经济》、《经济白皮书：中国经济形势与展望(1994－1995)》、《中国石化总公司年鉴(1994)》、《中国农业发展报告(1995)》、《1996年中国国民经济与社会发展报告》等。此外还有《中国高校大全》、《中国民工潮》等。

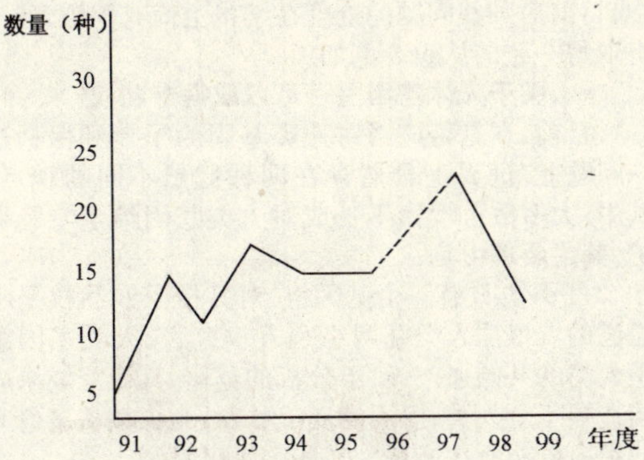

1991～1999年间中国内地对日本输出图书版权示意图

（制图　辛广伟）

中国传统艺术方面的书籍如中国书法、美术、服饰、民族风情等也是日本出版界较感兴趣的项目。输出的此方面书籍有《丝路传说》、《敦煌》、《齐白石作品集》、《中国篆刻大辞典》、《中国书法史图录》、《中国历代妇女妆饰》、《北京老天桥》等。日本是漫画王国，日本人对任何事情也都喜欢通过漫画来了解。所以有关中国题材的漫画，在日本也会有读者，像《绘画本中国古典文学讲经故事丛书》、《绘画本中国通史》、《孙子兵法连环画》、《小平说：什么是社会主义》等。

输出到日本的语言类与文学类书籍不多，曾经输出的几中包括《中国语动词活用词典》、《汉日辞典》、《例解新日汉辞典》、《战后日语新探》等及老舍、钱钟书、王蒙、苏童、莫言等作家的作品。

需要特别指出的是，有关中国当代政治、经济与社会类书籍在日本并没有多大的销售市场，但对日本了解中国却是必不可少的。于是，就有一些日本出版社在做系统地引进，为日本深入全面地了解中国做着非常认真而精细的服务与积累，这是值得我国出版社学习与借鉴的。顺便补充一点，日本在引进外国版权方面无论是数量还是速度都是全球排在前列的国家。但凡它认为对其有些价值的作品，就要设法引进，以便尽快掌握外国的最新信息与经验，了解消化，为其所用。这是其成为世界强国的重要原因之一。

三、内地与港澳台间的图书版权贸易

进入90年代，内地与港澳台间的版权贸易交流也进入了新时期。

1990年2月，国家版权局发出《关于认真执行对台港澳版权贸易有关规定的通知》。《通知》明确规定，将对侵犯台港澳作者版权及违反国家版权局以往有关规定的行为给予必要的行政处罚。1991年6月1日，《中华人民共和国著作权法》开始实施。著作权法的实施，使得内地与港澳台间的版权保护进入了全新阶段，也使得彼此间的图书版权贸易进入了依法实施阶段。1994年7月5日，全国人大常委会通过了《关于惩治侵犯著作权犯罪的决定》，对严重侵权行为给予刑事处罚：之后，此内容又纳入了从1997年10月1日开始实施的新刑法；1999年10月1日，新的合同法开始实施。这些都为我国版权贸易的开展创造了较以往更好的法律环境。在台湾，1992年6月12日开始实施经过大幅修订的新著作权法，这也为两岸的版权贸易提供了进一步的法律保护。而随着香港与澳门的相继回归祖国，内地与港澳间的版权贸易又进入了一个新时期。

10年间，内地与香港的版权贸易更加活跃，交流也更加深入。1988年，沪港出版研讨会开始每两年举办，京沪出版研讨会等活动频繁。香港书展、北京书展、新加坡书展等都成了内地与香港出版界间版权贸易交流的重要场所。同时，香港继续担当着两岸出版与版权贸易交流的桥梁。台湾图书参加北京国际图书博览会就是通过香港广汇图书与新民主时代出版社完成的。

这一时期，内地与港台出版界间交流的另一项重要成果是华文出版联谊会议的举办。为加强华文图书出版业的交流与合作，努力对外开拓华文图书市场，弘扬中华文化，增进中国三个地区华人及世界各地华人的了解与友谊，从1995年开始，中国三个地区——大陆、香港与台湾的出版界开始共同举办华文出版联谊活动。在台湾出版事业协会秘书长陈恩泉的提议下，内地、台湾与香港出版界有关人士议决，以“华文出版联谊会议”(该名称由香港商务印书馆总经理陈万雄博士提出)的形式进一步开展三地的出版交流活动。联谊会议每年举办一次，三地出版组织轮流承办。

1995年5月15、16日，第一届华文出版联谊会议在香港举行，中国出版工作者协会、香港出版总会与台湾图书出版事业协会的代表50余人参加了会议。会议的主题是保护版权，加强交流。会议承办者香港出版总会会长李祖泽、中国出版工作者协会主席宋木文及台湾图书出版事业协会理事长武奎煜先后致辞。会议就如何保护版权、开展版权贸易及华文出版联谊会议今后的一些活动安排达成了共识。华文出版联谊活动的开展，对于内地与港台间的版权贸易交流及出版合作均具有重要意义。

90年代也是两岸版权贸易交流的第二阶段。这一时期两岸版权贸易与出版交流的主要特点是，双方出版、版权方面的民间组织开始担负起两岸交流组织者的角色，交流开始逐步进入有规模有计划过程，出版、版权业务的开展与研讨活动交互进行相互促进。版权贸易交流进入平稳发展阶段。台湾出版社先策划选题或与大陆共同策划选题，然后再由大陆作者创作、台湾出版社出版的现象增多。大陆的学术科技类作品继续受到台湾出版界的欢迎；台湾的言情、武打小说则开始在大陆降温。一些外国畅销书在两岸同时热销。此外，一些台湾出版公司开始赴大陆投资与出版相关或不相关的产业。

1990年8月，应中国出版工作者协会的邀请，台北市出版商业同业公会组成“台北出版人访问团”参加了第三届北京国际图书博览会，并在京沪两地举行了“海峡两岸出版交流研讨会”。这是40多年来台湾民间出版机构首次直接组团来大陆，它标志着两岸版权贸易交流进入了新时期。

大陆的中国版协国际合作出版促进会、中华版权代理总公司是两岸出版与版权贸易交流的重要组织者。国际合作出版促进会举办了多次合作出版业务洽谈会，中华版权代理总公司也独立或与其它部门联合举办了多次以版权贸易为主的活动。此外，内地一些省市的出版组织也开始组织起了与台湾出版业者的版权贸易交流。1991年5月陕西省出版协会在中华版权代理总公司的协助下，举办了“’91西安出版、版权贸易交流会”，以台湾出版人为主的19家出版公司与陕西省所属的出版社共签订了60项版权贸易合同(涉及89种图书)，达成意向几十种。之后，吉林、北京、安徽、湖北、四川、福建、内蒙古等省市出版协会也先后举办了主要由台湾出版公司参加的版权贸易洽谈会，组织本地区出版社与台湾出版社开展了出版与版权贸易的规模交流。

这一时期，两岸间的大型书展也开始全面启动。1991年5月，台湾联经出版公司与中图在广州联合举办了“1991年台湾地区图书展销会”，这是台出版界第一次正式在大陆举办书展。这以后，台湾出版界在祖国大陆举办的书展数量不断增多。其中1993年11月，在北京举行的台湾图书展，有305家台湾出版公司参展。这是两岸出版交流开展以来，台湾出版界在大陆举办的规模最大的书展。1994年3月，大陆图书展首次在台湾举行，107家大陆出版社参展。这也是大陆在台湾举办的规模最大的书展。至此，两岸书展交流也达到了一个新水平。

两岸的大型书展，为两岸间版权贸易的开展提供了极好的机会。1994年的大陆书展，当场即签订版权贸易合同229项，意向书329项，合作出版合同11项。超过了以往其它类型的书展。大陆出版社从台湾引进的作品中，少儿类、文艺类特别是通俗文学类作品分量较重。台湾出版社则从大陆引进了大量的社科、科技类作品。据国家版权局统计，1991年6月至1996年12月，在大陆25个省市出版社的版权输出中，对台输出数量约占输出总数的85%以上，数量达3000项左右。向台湾输出版权较多的地区有北京、上海、湖北、江苏、辽宁、吉林、浙江、四川、天津、陕西、安徽、湖南等。另据中华版权代理总公司统计，该公司成立10年中，代理的两岸间的各类版权业务超过4000项。

今天，两岸间的版权贸易依然在各自的图书版权贸易中占有重要位置。大陆图书版权输出到台湾的数量依然很多，而台湾则一直居大陆出版社引进海外版权地区排名的第二位。

(国家版权局　辛广伟)

化学领域专利审查及保护中若干有争议的问题

在化学领域发明专利申请的审查及保护过程中，目前对某些问题的处理在学术上尚有争议，还没有取得一致的认识。例如：

一、关于人体基因是否可以取得专利权

目前，在是否应当对人类基因给予专利保护这一问题上，世界上仍然存在两种截然不同的观点。其中，大多数科学家不赞成对人类基因给予专利保护，其主要理由是：

1. 人类只有一个基因组，对其授予专利权是不道德的。根据人类基因组和人权宣言，人类基因组是人类的共同遗产，属于公权的范畴，其研究成果应当造福于全人类，而不能变成私权，为少数从事研究的私人机构所垄断和为某些个人谋私利。

2. 人类基因是天然存在的，不是人类自己创造的前所未有的新的产物。从自然界找到一种基因仅仅是一种科学发现，不能授予专利权。

3. 目前只有少数发达国家有能力进行人类基因组和相关疾病基因的研究，对其进行专利保护无疑会扩大发达国家与发展中国家之间的差距。

4. 科学家应当有利用最新科学信息进行科学研究的自由，对人类基因授予专利权会限制科学家的自由，阻碍科学技术的发展和新技术的推广应用。

5. 对人类基因授予专利会侵犯人的基本权利，理由是有人顾虑授予基因专利后，身体中含有该基因的每一个人都可能被控告侵犯专利权，从而被专利权人所控制，失去人身自由。

相反，法律专家和社会学家尤其是发达国家的专利律师都比较赞成对基因给予专利保护，其主要理由是：

1. 专利保护有利于调动企业和投资者的积极性，促进科学技术的发展。如果没有专利保护，就没有人愿意进行风险投资，从而使得科学研究成为无源之水。

2. 从根本上讲，人类基因也是化学物质，对其授予专利权并不违反伦理道德，也不会对人类和社会造成任何危害。相反，其研究成果还会造福于人类，用来解除人类疾病造成的痛苦。就像对药品和化学物质给予专利保护一样。

3. 从人体分离或通过技术手段如克隆得到的基因不是科学发现，原因是其存在状态与天然状态不同，从而可能导致出现不同的性质或用途。

4. 发达国家与发展中国家的差距是客观存在的，以此为理由不给予专利保护不符合TRIPS协议的有关规定。

5. 专利制度并不会限制科学家利用先进技术进行科学研究和阻碍新技术的推广应用，也不会限制人身自由，它仅仅限制为了生产经营目的而进行的仿制行为。相反，专利制度还可以促进技术情报的提前公开和限制新技术的滥用。

二、关于发明和发现的界限

由于专利法规定,科学发现不能被授予专利权,而发明则是可以得到专利保护的。因此,正确地划清科学发现与发明的界限,在专利申请和审批程序中占有举足轻重的地位。

有人认为,天然物质、中草药、微生物和人体基因等是自然界存在的物质,属于科学发现,不能被授予专利权。只有创造了自然界不存在的物质即前所未有的新物质,才能称之为发明。例如,联邦德国最高法院1975年3月11日的判例“酵母”所涉及的专利申请在联邦专利法院就曾被驳回,理由是所申请保护的微生物自地球上有生物以来就有,属于科学发现,不能被授予专利权。奥地利、法国、捷克等国家至今仍然拒绝对人体基因授予专利权。

与此相反,多数发达国家例如美国、德国、日本等认为,仅仅发现了某一天然物质的存在属于科学发现,是不能授予专利权的;而通过技术手段第一次将其分离出来,改变了其存在状态或内部结构,从而使其显示出过去未曾显示的使用价值,就可以视为一项发明。按照这种观点,天然化合物、从植物或动物中提取的中药成分或饮食品营养成分、从自然界筛选的微生物和人体基因,都是可以依法授予专利权的。虽然这些物质是自然界客观存在的,但一直无人知晓,不属于已有技术,因此无法被社会所利用;由于发明人第一次用技术手段(例如分离提取)提供了一种迄今未知的、有特定用途的物质,当然应当获得一定的报酬即专利保护,这也是公平的。基于我国地大物博、资源丰富的具体国情,中国国家知识产权局也接收了这种观点,并将其写入了审查指南。

三、关于动物和植物品种的概念

由于动物和植物是有生命的,其传统生物学的繁殖往往难以保持可重复性,因此,除了美国和日本等少数国家可以对动物和植物授予专利权以外,包括欧洲共同体在内的多数国家的专利法都规定,对动物和植物品种不授予专利权。

然而,转基因动物和转基因植物的出现,已经从技术上克服了这种缺陷,从而对这种法律规定提出了挑战。一方面,人们认为应当保护这种极有价值的发明,另一方面,法律规定又不能随意变动。为了鼓励生物领域的发明创造,尽可能用已经落后的法律去保护高新技术的发明,人们想方设法寻找新的出路,重新解释动物和植物品种的概念就是其中之一。例如欧盟1998年7月6日发布的98/44/EG号指令和欧洲专利组织管理委员会1999年6月16日根据该指令所修改的欧洲专利公约实施细则中,对动物和植物品种的概念作出了新的解释,即,“‘植物品种’指任何一个单一已知最低级别植物学分类单位的植物群体”;“要求保护的植物或动物若不限定于一个特定的植物或动物品种,就是可以授予专利的主题”。这种解释,虽然达到了可以对借助于可重复的现代生物技术得到的转基因动物和植物授予专利的目的,但是在法律概念上存在严重的逻辑性缺陷,容易造成混乱。

由于我国专利法已经明确规定了对动植物品种不授予专利权,不少业内人员认为,转基因动植物无疑也属于动植物品种,因此不能被授予专利权。

四、关于方法定义产品的专利保护

众所周知,产品权利要求应当尽可能用产品本身的技术特征来表征。例如:用分子式或结构式定义化合物;用组分及含量定义组合物;用静态结构定义机器设备等。然而,由于各领域技术内容的复杂性,有时很难或无法用产品本身的特征来清楚而简要地表征所发明的产品,从而不得不借助于其制备方法来定义,例如中药、饮食品、催化剂等。对于这种权利要求的保护范围,目前存在下述两种截然相反的观点。

一种观点认为,根据我国专利法第十一条的规定,产品专利应当享受“绝对保护”。即保护该专利产品的所有制造、使用、许诺销售、销售及进口行为,而不必受具体制备方法和应用领域及应用方式的限制。由于方法定义的产品属于产品专利,因此,有人认为也应享受不受方法限制的“绝对保护”,而不管该方法是否已写入了产品权利要求中。这在国外的判例中也可找到依据。例如美国联邦巡回上诉法院(CAFC)1991年对Scripes Clinic v. Genetech Inc.一案的判决是支持上述观点的典型判例。该判例指出:“在判断专利性时,不能认为这样的权利要求所述的产品受到了方法特征的限定。由于在判断侵权时采用的原则应当与判断专利性时采用的原则相一致,因此在确定保护范围时,对用方法特征定义的产品权利要求的正确解释方式也应当是认为产品没有受到方法特征的限定。”这种解释,对专利权人显然是十分有利的。

但另一方面,专利法第五十九条又明确规定:“发明或者实用新型专利权的保护范围以其权利要求的内容为准,说明书及附图可以用于解释权利要求。”也就是说,专利权的保护范围应当用权利要求所包含的技术特征来限定。方法定义的产品权利要求既然含有方法特征作为定义该产品的必要技术特征,因此在确定这种权利要求的保护范围时就不能离开这些特征。否则,其保护范围就不清楚,甚至根本无法确定。按照这种观点,方法定义的产品权利要求理应受到方法特征的限制,其保护范围就是用该方法所制备的产品,就其效力而言,实际上等同于方法专利保护所延伸到的直接产品。在国外,支持这种观点的典型案例是美国联邦巡回上诉法院于1992年7月13日作出的对Atlantic Thermoplastics Co. Inc. v. Faytex Corp.一案的判决。该判决指出:“在侵权诉讼中必须要考虑用方法特征定义的产品权利要求中所包含的方法特征,这不仅是因为这样的观点和以往的判例相一致,而且还因为忽略这样的方法技术特征就会背离专利法的一条基本原则,即只有当被告的实施行为包含了权利要求中的全部技术特征或者其等同物时,才应认为是构成了侵权行为。"这种解释似乎混淆了产品和方法两种不同类型专利的区别,对专利权人的利益显然不太有利。

我国法院将采用哪一种观点,目前尚无这方面的判例。

五、关于用途限定产品发明的专利保护

在化学领域的产品发明专利申请尤其是组合物发明专利申请中,常常会出现由用途限定的产品权利要求,例如"一种用于烯烃聚合的催化剂"、"一种用于封存粮食的除氧剂"、"玻璃粘合剂"、"防锈剂"、"解毒剂"、"抗胃溃疡药"、"抗贫血剂"等等。对于这种用途限定的产品发明的专利保护,国内外一直存在不同的观点和作法,尤其是对药品发明的用途限定争议最多。

一种意见认为,所有产品专利均应享受绝对保护,既然用途限定的产品专利仍然属于产品专利,那么,就应该享受产品专利的绝对保护。也就是说,其保护范围不应该受到权利要求中写入的用途的限定,该用途限定对权利要求的保护范围丝毫不起作用。这种意见可以在联邦德国最高法院 1978 年 11 月 7 日的判例"射击栓"中找到依据,该判例指出:"如果一个已知设备为了适合新的应用目的而对其构件进行了微小的改变,则授予该设备的专利仍为物品专利;即使在权利要求中说明了该构件的用途,该专利的保护范围也不受该用途说明的限制。"这种意见注重了专利的类别,但不符合用权利要求的内容确定保护范围的原则。

另一种意见认为,应当用权利要求的内容确定专利的保护范围,既然权利要求中包含了用途限定这一技术特征,在确定保护范围时就不能不考虑该用途的限定作用。也就是说,该专利应该享受一种限定用途的产品保护,只有当所涉及的产品可以用于该用途时,制造、使用、许诺销售、销售和进口该产品才能构成侵权。这种意见可以在联邦德国最高法院 1987 年 6 月 16 日的另一个判例"抗病毒剂"中得到支持。该判例的决定要点是:"特定的用途限定是以药品形式保护发明的组成部分。未针对该用途,则不为使用该专利。"在该判例中,虽然被控侵权方制造和销售的药品与专利"抗病毒剂"的组成相同,但由于该专利药品为抗病毒剂,而被告的药品所治疗的病症为帕金森病,由于帕金森病不属于病毒引发的病症,因而被判为不侵犯专利权。该判例还指出,由于该发明仅仅基于发现该已知物质可以治疗病毒病,其保护也应限定于此,与发明相适应。只有被控侵权的行为落入权利要求范围内才为侵权,权利要求决定保护范围,而不是说明书。

另外,在欧洲和联邦德国,还可以依照其特殊的法律条款对首次医药应用的已知物质批准一项用途限定的物质专利,该物质专利虽然也是产品专利,但是却不能享受绝对保护,其保护范围同样要受到用途的限定。

在我国,专利法及其实施细则对用途限定的产品专利的保护范围没有具体规定,法院也还没有相应的判例。

六、关于相似方法发明的专利保护

相似方法发明是指一种新的化学物质的制备方法发明,其中与现在技术的已知方法相比,该方法采用了结构相似的原料和相同的处理方式,从而得到了一种结构相似但却具有意外性质或用途的新物质。在不给化学物质产品专利保护的情况下,作为一种替代方式,许多国家的专利局都采用相似方法来间接地对产品进行保护,也就是说实际上承认了相似方法的专利性。然而,专利法明确规定用化学方法获得的物质不再是专利法所排除的保护对象后,相似方法是否还有必要给予保护呢?对此,至今尚无一致的认识。

一种观点认为,可以在物质权利要求之外保留相似方法。其理由如下:

(1)按照当初对相似方法的解释,化学方法权利要求的技术特征已不再仅仅是步骤或反应条件这种狭义的概念,而是包括原料、所得的产品甚至于所采用的特定设备在内的广义的概念。因此,保留相似方法权利要求也符合专利法的有关规定及审查指南的解释。

(2)虽然化学产品及其制备方法是密切相关的两个主题,但不能认为这种产品和相似方法是同一发明,因为它们的发明主题不同,目的、技术方案也都是不同的。所以为了更好地保护申请人的利益,可以在一个申请中要求化学产品及其制法,有创造性的产品以及制备它的相似方法也同样可以要求两个独立权利要求,并得到批准。这样做也有利于对发明进行"全方位保护"。

(3)批准了产品权利要求又批准了相似方法权利要求,并不容易引起日后的侵权纠纷,也就不容易提出无效程序,不会因批准相似方法权利要求而造成麻烦。

(4)鉴于目前化学领域待审的申请案积压严重的实际情况,不争论相似方法的专利性,可以加快审查速度。

另一种观点认为,不应当允许相似方法和物质权利要求并存,其依据是:

(1)发明人仅仅发明了一种新的化合物,而其制备方法并未花费创造性的劳动,应当严格按照专利法的要求,只批准一项物质专利,而不应随便附加一项相似方法权利要求。否则,就有可能加重第三者实施时的负担,为此多付出不合理的许可使用费,因此不符合专利法的立法宗旨和实施细则第十二条关于"同样的发明创造只能被授予一项专利"的规定。

(2)权利要求应当清楚而简要地表述请求保护的范围,不应当出现实质内容相同的权利要求。由于该化合物权利要求和相似方法权利要求的保护范围实际上是一致的,因而没有必要再次重复。而且,相似方法的专利性与产品密切相关,如果产品被证明无新颖性,则相似方法的命运也不例外,不可能再保留,除非它本来就不是真正的相似方法。因此,所谓"全方位保护"的理由是经不起推敲的。

(3)对于侵权判断来说,如果只批准一项化学物质产品权利要求，只要很方便地判断是否侵犯了该产品专利权即可，而不必再判断是否侵犯方法专利权；但如果再同时批准一项相似方法权利要求，则除了产品以外，还要判断是否同时侵犯了该方法专利权，尤其是当被告使用的不是常规方法时，其判断可能并不十分容易。

(4)鉴于我国的民族化学工业还比较落后，化合物发明大多为国外申请，因此，应当采取比较偏严的审批原则，而不应照搬工业先进国家的作法，对实质上的一项发明批准两项不同形式的权利要求。

（国家知识产权局　张清奎）

商标学术争鸣

1．关于商标权的性质与地位

这是一个长期争论的问题，一种观点认为商标权是一种财产权，可以脱离企业资产自由转让和许可；另一种观点认为保护商标的主要目的在于避免消费者发生误认误购，附带的才是保护商标权人通过商业投入赢得的商业信誉，因此不能认可商标权的财产权地位。

对于商标权是一种私权还是公权的争论也并未完结，一部分人认为，TRIPS协议已明确了所有知识产权的私权性质，商标权自然不应例外；另一部分人则认为，商标权有保护公众利益的一面，不能简单适用“民不举官不纠”的私权原则，必要时应运用行政乃至刑事手段主动保护，至少在我国现阶段，采用司法加行政的“双轨制”保护商标有其合理之处。

另外，有人认为商标权只是一种先占权，本身并不包括任何创造的成分，因此保护的价值不及专利和版权，但也有人认为至少驰名商标或著名商标的权利不能简单用先占权来解释，事实上它们已成为一种创造权，对于一个高效运行的社会而言，商标的识别和表彰功能绝不是一种可有可无的点缀，而之所以要对商标进行永久的而不是暂时的保护，正是因为专利、版权所有人的投入是一次性的，而商标权利人的经营投入和消费者对熟悉标志的依赖是长期的。

2．关于商标权利的主体资格

争议主要集中在自然人是否有权申请商标以及法人是否可以超越经营范围申请商标，有人担心在没有营业资格限制的情况下允许自然人申请商标或允许法人超范围申请商标，容易产生“商标掮客”或“商标耗子”；有人则认为在保证撤销欺诈性注册商标及三年不使用注册商标的情况下，商标注册将不至于被滥用，申请人愿意申请多少商标是企业自己的经营自由，何况外国自然人和法人目前一直可以自由申请，无需任何营业证明，如果我国加入《商标法律条约》，将不能要求提供营业证明。在网络经济时代，自然人保护商标的需要正在加大，商标立法应该回应时代的发展。

3．关于商标权利的客体资格

TRIPS协议第15条规定任何能够将一个企业的商品或服务与其他企业的商品或服务区别开的标记或标记的组合，均应能够构成商标，并特别列举了包括姓氏、字母、数字在内的文字、图形、颜色组合及各要素的组合均可注册，但允许各成员可以将视觉可感知作为注册的条件。

争论集中在世界贸易组织成员是否有义务注册立体商标和单一颜色的商标：一种意见认为各成员并无这一义务，因为协议中所用的“可以”表明该要求并非强制；也有一种意见认为，应当将第15条作为一个整体来看待，由于这一定义涵盖了所有可能起到识别作用的标志，且最后一句话只是允许各成员排除音响商标、气味商标等非视觉商标的注册，各成员显然有义务保护包括商品及其包装的外形及单一颜色在内的视觉商标。

4．关于立体商标的保护

在立体商标的问题上，大部分国家均已同意给予包括商品及其包装的外形在内的外观以注册保护，但同时也设定了诸多限制，如美国禁止具有功能性的外形注册，包括具有实用功能和美学功能的外形，欧共体协调成员国商标立法第一号指令第3条第1款第e)项明确排除纯粹由以下外形构成的标记：即商品本身的性质决定的；取得某种技术效果所必需的；赋予商品实质价值的。

争议主要集中在两点，一是在存在可以达到同样技术效果的外形时，是否应该禁止功能性外形注册商标，二是如果某外形曾经是实用专利或外观专利乃至版权的保护标的，在这些权利到期之后，其他人是否可以自由使用这些外形。美国最高法院在TRAFFIX一案中认为，某外形曾经是实用专利的标的这一事实应当作为该外形具有功能性的有力证据，但判断的依据仍然是该院在INWOOD一案所提出的标准，即主要看该外形是否对于产品的用途或目的至关重要，或者影响该商品的成本或质量，从而对到期专利是否当然排斥商标保护的问题采取了回避的态度。欧共体法院的总检察官在PHILIPS三头剃须刀一案的法律意见书中也持类似看法，即只要某外形对于产生某技术效果很重要，则无论是否还存在其它可以到达同样技术效果的外形，该外形均不得受到商标法的保护。当然，欧共体法院是否会最终采纳总检察官的意见目前还不能确定。

关于商品及其包装的外形的显著性的认定问题主要集中在，这些外形是否可以具有内在显著性，美国最高法院的回答是，商品包装的外形可以具有内在显著性（TWO PESOS案），而商品本身的外形则不可能具有内在显著性，要想取得保护必须证明已经通过使用取得了“第二含义”（WAL－MART案）。但这一立场仍然被某些学者认为过于武断，因为，这实际否定了所有商品本身外形的内在显著性，而诸如三角形巧克力（TOBLEONE）的显著性似乎显而易见，应该无需通过使用才能取得。

5．关于颜色商标的保护

颜色的组合作为商标来保护在TRIPS协议中

已成定论，争议主要集中在单一颜色是否可以作为商标注册和保护上，一种意见认为单色的数量有限，如果允许个别人垄断，很快就会被瓜分一空，而且很多颜色都具有功能性；另一种意见则认为，虽然这种可能性从理论上讲并不能否定，但重要的是是否保护已经取得显著性的颜色，美国最高法院在QUALITEX一案中则认定，某一单色如果不具有功能性且已经取得“第二含义”，则没有理由拒绝保护，但同时也明确，单色不可能具有内在显著性。

比荷卢法院同意注册比利时通讯公司的单色服务商标。欧洲内部市场协调局（商标、外观设计）也已经同意单一橙色的注册。

6. 关于地名可否注册商标或证明商标

地名由于其特殊的自然人文价值，在是否可以通过商标进行保护的问题上历来聚讼纷然，一种意见包括我国商标法认为应严格限制地名注册为商标，除非地名具有其它含义，即存在非地名的含义。但另一种意见则认为，首先，有些明显不可能是产品出处的地名例如勃朗峰不应被拒绝注册，其次，即使一个最初没有其它含义的地名，只要与特定质量没有内在联系，在取得“第二含义”后同样不应被拒绝注册。

至于具有特定质量内涵的地名，显然不应由个别人垄断，因此有人建议以原产地名称制度保护，反对通过商标这种私权来进行保护；但有人则认为，虽然从整体上讲商标权是一种私权，但证明商标具有一般商标所不具有的特殊性，即凡符合条件的单位或个人都有权使用该证明商标的开放性，事实上已不能将证明商标视为一种简单的私权，而且证明商标所有人如果对证明商标的使用状况放任不管将会被剥夺商标权，因此，以证明商标的形式保护地名不仅可行而且有效。

7. 关于零售可否注册服务商标

反对将零售作为服务注册的人认为，法国过去一致将商标分为三种，即制造商标、销售商标和服务商标，并把前两种统称为商品商标，因此并不将销售看成是一种服务；我国也将拣选作为商品商标的一种，零售总是同具体的商品联系在一起，单纯的销售并不被认为是一种服务，主要理由是零售即使可以作为服务注册，其权利范围也将极不确定，尤其是同零售商品的关系难以确定。

但支持将零售作为服务注册的人则认为，尼斯分类从第七版开始在第35类服务的注释中添加了一句话，即“为他人将各种商品归类，以便顾客看到和购买”，这实际上是对零售服务的内涵进行描述，而且不少国家实际上已经接受了零售服务的概念。最近的发展是，欧洲内部市场协调局即欧共体商标局第二上诉庭1999年12月在GIACOMELLI一案中也推翻了审查员的驳回意见，认为零售可以作为一种服务来保护，只是应该指明具体的领域。欧共体商标局在经过一年多的调研后于2001年3月12日决定改变自己的做法，承认零售是一种服务，并且建议但并不要求申请人指明具体的经营领域，以避免不必要的权利交叉和纠纷。但欧共体商标局认为即使没有具体指明，也可以接受，但申请人需要自行承担可能引起的冲突后果。

8. 关于经使用获得显著性是否可以注册

TRIPS协议规定在标记不具备内在显著性的情况下，各成员可以将经使用取得的显著性作为注册的条件，对这一规定目前有不同的理解：一种理解是该规定并不强迫各成员承认经使用取得的显著性，也就是说即使申请注册的商标已经通过使用获得显著性，各成员仍然可以不予考虑；另一种理解则是，各成员固然可以要求申请注册的商标应该具有显著性，或者在不具有内在显著性的时候，至少应具有获得显著性，否则不予注册，但如果该商标事实上已能区别商品的出处，注册机关就不得再以缺乏显著性为由驳回注册申请，否则就没有必要区分内在显著性和获得显著性。

对于是否应当禁止企业使用缺乏内在显著性的商标的问题，目前也有一些分歧：有人认为既然我国不允许商标中含有商品或服务的通用名称和图形，当然也不能作为未注册商标使用；有人则认为，商标缺乏显著性并不妨碍社会公共利益，因为公众对叙述性词汇享有合理使用权，即使不同意保护，至少也用不着禁止使用，法律只需警告叙述词汇的使用人在不能证明“第二含义”自己承担不受保护的后果即可。

9. 关于在先权利的范围及保护的程序性规定

关于在先商标的定义，一般认为是注册在先的商标；对于申请在先的商标，尽管先行商标法第18条承认其在先地位，但对于申请在先但处于驳回复审阶段的商标，其在先地位似乎还未能在实际操作中得到保证；目前争议主要集中在使用在先的商标是否可以构成在先权利，一部分意见认为TRIPS协议第16条第1款并未否定各成员依据使用授予权利的可能，但另一部分意见则认为这一条主要是为了照顾美国的特殊情况而作的妥协，因为美国宪法禁止国会离开州际贸易对商标进行立法，而绝大多数的国家包括国家的联合体，如比荷卢商标局和欧共体商标局都采用注册在先原则，对于使用在先的商标只有到达驰名的程度或他人的注册是出于恶意才给予保护。

反不正当竞争法中出现的知名商品的特有名称、包装和装潢是一个频繁引起争议的概念，一种意见认为该保护与商标保护无关，甚至可以保护商标法禁止保护的名称；另一种意见则认为对知名商品的特有名称、包装和装潢的保护从本质上讲与商标保护并无不同，二者都是为了避免消费者发生误认误购，所不同的是：商标法的保护以注册为前提，无需事先使用，一旦取得保护，效力及于全国；知名商品的特有名称、包装和装潢的保护则是以使用为前提的，且这种使用必须到达一定的知名度，保护的范围与知名的范围一致，形式较为灵活，并且对于本不具备内在显著性的标记，只要事实上可以起到区别出处的作用，同样可以予以保护。目前出现的反不正当竞争法与商标法的不同，一个重要的原因是我国商标法至今仍没有引入“第二含义”的概念。

对于企业名称是否可能构成商标的在先权利的问题，基本的看法是二者应当互为在先权利，关键是法律必须明确做出规定。

至于外观设计专利权、版权，以及姓名权、肖像权，一般都认为可以构成商标的在先权利，只是有人认为应当由商标局主动保护，依职权审查，有人则认为这些权利同商标权一样均属于私权，应该适用“民不举官不纠”的原则，即应通过异议或争议程序解决。

10. 关于欺诈性注册的法律后果

对于明知是他人正在使用的商标，抢先予以注册的行为，争论的焦点在于欺诈是否毁灭一切：一种意见认为规定注册在先原则的商标法属特别法，规定诚信原则的民法通则属一般法，在发生冲突时应优先适用特别法，除非注册的商标属于公众熟知的商标；另一种意见则认为，“欺诈毁灭一切”，欺诈注册完全可以与驰名商标或公众熟知商标无关，因为，只要有证据表明注册人知道他人正在使用某一商标，则无论该商标是否驰名，均应构成欺诈注册，而诚信原则属“帝王条款”，欺诈行为永远不能成为取得权利的基础，换句话说，“有毒的树结出的果也有毒”，任何时候都不能允许赦免违反诚信原则的行为。

当然，根据注册在先原则，如果他人完全是在善意的基础上申请的商标注册，在先使用人则不能主张任何权利，除非他的商标已经驰名，而保护驰名商标的一个重要出发点也是基于不得注册他人已经公众熟知商标的原则。

11. 关于驰名商标的驰名地域及行业范围

根据保护工业产权巴黎公约和 TRIPS 协议，各成员国负有保护驰名商标的义务，但在该商标是否应当在要求保护的地域和行业知名的问题仍有不同的理解：一种理解认为，商标无须在要求保护的国家驰名，只需在原属国驰名即可，而且即使只在个别行业内有名，也可以获得跨类别的保护；另一种理解认为，驰名商标的保护并未突破地域原则，在一国驰名的商标并不能当然在另一国获得保护，要想得到保护，则必须在要求保护的国家全国驰名，或至少是在该国的相当范围内驰名，至于行业范围，尽管无需在一般公众中驰名，但至少应该在要求保护的行业驰名，尤其是在非类似商品或服务上进行保护时，如果不存在跨类别的驰名度，或者说离开具体商品还能识别的绝对显著性，显然无法产生 TRIPS 协议第 16 条第 3 款所要求的联系，因而也就没有理由进行跨类别的保护。

12. 关于联合商标和防御商标制度的存废

一种意见认为，联合商标和防御商标可以明确界定权利的范围，通过防患于未然加强对驰名商标的保护，因此，应当引入我国的商标保护制度；另一种意见认为联合商标和防御商标制度已被事实证明不能满足现代商标保护的需要，没有必要再走弯路，因为注册联合商标或防御商标必须首先认定驰名商标，并根据驰名程度决定可以联合或防御的范围和类别，这对注册机关将是一个沉重的负担，其次，这种事先确定的范围和类别只有在该商标的驰名度不发生退化的条件下才具有合理性，一旦发生退化，或者必须进行相应的调整，从而进一步加重注册机关的负担，或者置之不理，从而导致保护范围失真，再次，商标所有人必须维持众多的注册，但仍有可能百密一疏，陷入无所不备无所不寡的被动境地，实际并不合算。

13. 关于类似商品或服务的认定

一种意见认为，商品或服务类似与否是一个客观事实，与商标是否造成混淆无关，换句话说，即使商品不类似，仍有可能产生混淆。而在先商标的声誉不应用来认定商品或服务的类似问题。英国甚至认为既然要求将混淆与否作为商品或服务是否类似的标准，那还不如直接问是否存在混淆，认定商品或服务是否类似就没有意义了。

另一种意见认为，必须结合混淆的可能来解释相似的概念，而混淆的可能的认定又取决于多种因素，尤其取决于商标在市场上的认知程度、商标同使用或注册的标记可能产生的联想、商标与标记及商品或服务间相似的程度。因此，商品或服务是否类似不应是一个孤立和静止的问题，类似的认定必须同市场上消费者对该商标的主观认知程度结合起来考虑，也就是说，‘强商标’就会比‘弱商标’在更宽的商品上得到保护，欧共体法院在 CANON 一案中明确表达了这一观点，即判定混淆与否必须整体考虑案件的各项因素，而且这些因素尤其是商标间的近似与商品或服务间的类似之间是相互关联的。由于在先商标越显著，混淆的可能就越大，强显著性商标的保护范围自然应比弱显著性商标的宽。

14. 关于商标淡化

目前主要的争论集中在类似商品上是否可能发生淡化上，一种意见认为，淡化只能发生在非类似的商品或服务上，或者说，淡化理论在商品类似时排不上用场；但也有人认为，尽管 TRIPS 协议第 16 条第 3 款主要针对非类似商品上的不法使用，但同样的问题也可能发生在商标不够近似的情况下，即消费者可能会在看到某一商标后联想到另一商标，但又不会同该商标混为一谈，只是会觉得似曾相识，这种情况一旦蔓延开来，结果同非类似商品的使用一样，在先著名商标就会逐渐被弱化为一个普通商标。

15. 关于商标退化

围绕 PDA 商标案，争议集中在商标是否缺乏显著性，是否可以由商标局主动撤销，该撤销是否应举行听证，一种意见认为该商标在注册时并未象撤销决定下达时那样为业内人士所知，商标局无权主动撤销该商标，即使撤销也应按行政处罚法举行听证；另一种意见则认为即使商标注册之初具有一定的显著性，但一旦该商标后来退化为指定商品的通用名称，则将违反商标法第 8 条的规定，而根据商标法第 27 条，该商标既可由商标局主动撤销，也可由其他人向商标评审委员会提出撤销申请，而商标局的撤销决定的救济手段是向商标评审委员会提出复审，而不是一种基于对商标所有人行为不当的行政处罚，因此无所谓听证，也无所谓行政诉讼。

争议还有一个焦点，即如果不是由于商标权利人的不当作为或消极不作为，而是由于一般公众的错误使用，某商标出现退化后应如何处置的问题，一种意见认为退化就是退化，发生退化就意味着该商标已无法起到区别出处的功能，因此无需问退化产生的原因；另一种意见则认为，商标权利人如果已竭尽全力阻止退化的发生，法律应当避免剥夺其商标，否则会有法不责众的感觉。

16. 关于反向假冒

一种意见认为根本不存在所谓的反向假冒的问题，商品售出后，购买人获得商品的所有权，因此可以任意处分属于他的商品，包括取掉原商标，换上自己喜欢的商标；另一种意见则认为，如果商品已进入最终消费者手中，该消费者当然可以做他喜欢的事情，包括调换商标，但反向假冒的问题不是出在最终阶段，而是出在中间商或转销商阶段，如果允许他们在这一阶段调换商标，最终消费者就可能认为他们是商品的出处，而不可能知道商品的真正出处，正是在这个意义上，出现了反向假冒的问题，反向假冒切断的是消费者同真正生产者之间的纽带和桥梁。

17. 关于商标与域名的冲突

与商标同企业名称的冲突相似，商标同域名的冲突已十分普遍，但解决的思路仍存在较大分歧，一部分人认为，无论商标所使用的词汇是否独特如SAFEGUARD、WHISPER、TIDE，使用与他人相同或近似的标记包括其并不知名外文原文如IKEA作为域名即构成侵权，商标权高于域名，尤其是驰名商标可以用来有力对抗域名抢注，一部分人则认为，商标法所规定的商标权受专属原则的制约，即注册商标的专用权以核准注册的商标和核定使用的商品为限，域名不能简单视为对商标的使用，更不能认为凡是相同或类似就是侵权，应该具体判断是否存在混淆的可能乃至联想的可能，只有在先商标足够独特和知名如DUPONT，撤销域名注册才能站得住脚，否则可能构成对域名的反向侵夺，如VIAGRA就被认为不够广为人知而被拒绝保护。要想突破专属原则，就应该具有更高的显著性和知名度，到达不用指明商品领域也能轻易识别的程度。

18. 关于叙述性合理使用

叙述性合理使用是在承认"第二含义"理论的前提下提出的一个问题，TRIPS协议一方面允许注册已经取得"第二含义"的叙述性词汇，相应地也明确允许对叙述性词汇的合理使用，虽然有人担心这种使用会冲击商标权，多数人认为不必担心，因为既然构成商标的词汇具有双重含义：本义和转义，两者完全可以并行不悖，而且如果不能作两种含义的区分，或者否定叙述性合理使用，注册叙述性词汇也将变得让人不可接受。

当然，叙述性的使用应当遵守工商业的诚实惯例，不得超过正常合理的限度，尤其不得故意突出使用，或抄袭他人的特殊字体。

19. 关于比较广告

一种意见认为比较广告不容易做到客观公正，虽然标榜为消费者提供商品的有关信息，但往往陷入对产品的自我吹棒，且容易损害被比较的商标的信誉；支持比较广告的人则认为，对于虚假的比较广告可以加强监控，而不能因噎废食，比较广告尤其是对价格的比较可以为消费者提供非常重要的信息，提高购物效率，促进商品流通，尤其是为新上市的商品提供一个自我展示的机会，欧洲共同体成员国已全面接受了比较广告。但正象"商务通"一案所揭示的那样，比较广告不能成为商业诋毁的庇护所。

20. 关于权利用尽和平行进口

在多大范围内带有商标的产品在首次合法投放市场后会导致商标权人的权利用尽是问题的焦点所在，一种意见认为，商标的作用在于区别出处，商标权人在世界上任何地方将该商品以某商标投放市场后，该商标区别该商品出处的功能不会有任何改变，因此，没有理由赋予商标权人随意阻碍商品自由流通的权利，既然商标权人选择了全球化生产，他就没有逃避全球化生产可能反过来冲击他的本土市场的后果。美国在利华(LEVER)一案中即持此种见解，但在标有同一商标的商品具有实质性区别时，进口人有明示该区别的义务，而且从消费者的利益出发也应该允许平行进口，消费者不应该受到价格歧视；另一种意见如欧共体法院在SILHOUETTE、SEBAGO两案中则认为，目前谈论商标权利国际用尽的时机尚不成熟，协调成员国商标立法第一号指令只是要求欧共体范围的商标权利用尽，商标权人仍然保留制止未经许可从欧共体之外进口相同商标商品的权利，TRIPS协议第6条实际也回避了权利用尽的问题。

21. 关于懈怠的后果

一种意见认为懈怠的后果是禁反言，是公平原则在商标法中的体现，商标所有人如果明明知道他人正在善意使用其商标而不做出任何反应，在经过一定的时间后，他就不能再对该人行使其商标专用权了，除非在后商标使用人是依恶意申请的；另一种意见认为，必须强调的是，物权经过他人长期公开的实际占有就可能出现他人依取得时效取得了所有权的问题，但就商标和其它知识产权而言，不可能通过占有到达保护的目的，也不存在因长期不法使用他人的权利而取得权利，不能将懈怠同取得时效等同，因为懈怠的后果只是对被容忍者丧失行使权利的可能，但绝不意味着被容忍者因此可以反过来将原权利人取而代之。当然，在先商标如果未能及时对在后注册商标提出异议或争议，则必须接受在后商标不可争议的事实并与其和平共处。

22. 关于证据保全

关于TRIPS协议第50条的法律义务是否可以通过财产保全来完成，一部分人认为财产保全可以起到证据保全的作用，因此不必单独就证据保全立法；另一部分人认为尽管在某些情况下财产保全后也可以作为证据,但有些甚至更重要的证据,例如往来帐目、购销合同则不能简单归入财产的范畴,如果没有专门的证据保全措施,就不容易有效地打击侵权假冒行为。

23. 关于商标侵权的无过错责任及其法律救济

问题的焦点集中在无辜销售人的责任形式,一种意见认为既然 TRIPS 协议第 44 条允许不下禁令,让无辜销售人继续销售,尤其是第 37 条明确规定无辜销售侵权集成电路布图设计的行为不构成侵权,说明侵权认定仍然遵循过错原则;一种意见认为,基于物权的请求适用无过错原则,基于债权的请求适用过错原则。

还有一种意见认为,不能仅仅依据权利基础截然区分责任形式,既不能简单地说停止侵权是绝对无过错责任,也不能说赔偿损失是绝对的过错原则,因为 TRIPS 协议无论在第 44 条还是在第 45 条都指出:任何绝对化的救济原则都可能是不全面的。唯一能够统一这两条的是,有无过错可能影响行为人承担责任的形式,但不影响侵权性质的认定。TRIPS 协议第 44 条固然允许无辜销售人继续销售,但并不意味着该行为不是侵权,TRIPS 协议仅在第 37 条排除无辜销售人的侵权责任,恰恰说明其它销售行为的侵权性质,否则第 37 条的规定就会显得没有必要。而且 TRIPS 协议第 45 条恰恰规定,在适当场合下,即使销售人确实无辜,仍应承担返还利润或法定赔偿的责任,所谓适当场合,恰恰应该对应不能对无辜销售人下达禁令的场合。第 45 条第 2 款的思路应该是,既然完全让无辜销售人停止销售后果过于严重,该销售人至少应将基于继续销售获得的不当利润返还权利人,而这种"不归杨即归墨"的处理方式显然是建立在对无辜销售人的侵权认定上。

关于赔偿的性质也有争议,一般认为赔偿只能是补偿性的,应当适用民法的填平原则,最多可以包括制止侵权的合理开支,但反对惩罚性赔偿和法定赔偿;但也有人认为,与传统物权不同的是,知识产权包括商标的侵权不可能通过占有到达自力保护,侵权人甚至可以在权利人不知晓的情况下轻松自由地实施侵权,如果仅仅同意填平损失,侵权人完全可以将这种赔偿视作一种事后补签的许可合同,权利人反而会承担沉重的举证责任,从而对侵权失去任何威慑作用,因此制定惩罚性赔偿或法定赔偿非常有必要。

(国家工商局　黄晖)

域名与商标

一、国际互联网及域名

国际互联网(INTERNET,也称因特网)起源于 20 世纪 70 年代,美国国防部当时建立了一种网络——ARPA 网,后来美国联邦机构"美国科学基金会"应用 ARPA 网的技术发展自己的 NSF 网,逐渐发展为在各机构间传输电子邮件及数据信息的庞大网络。到 20 世纪 90 年代,计算机技术突飞猛进,能够通过网络传输的内容越来越多,人们对网络的应用越来越广,终于发展为服务于政府机构、学校、商业及普通消费者的全球通讯网络。瑞士的 CERN 研究中心在传统的 INTERNET 基础上开发出了新的网络技术(即 World WideWeb,简称 WWW,中文译为万维网),为 INTERNET 大量的资源提供了一个简单的、便利的接口。WWW 不仅能使人瞬时查阅存储于世界任何地方的计算机中的有关信息,而且具有诱人的多媒体功能,可以显现高清晰度的图像,播放高保真度的音响,真正达到图文并茂、音像交融,这使因特网成为企业进行商品促销的重要手段之一。常见企业的作法是,企业在网上建立自己的网页进行广告宣传,扩大自己的影响力,在网上进行商品销售,接受订货。据统计,到 1997 年底,联入因特网的主机数已达到 2000 万,用户达 1.5 亿,网上的销售额每年已经达到了几百亿美元。发展如此之快,和因特网的迅速商业化有着很大的关系。今天,因特网已经成为电视、报刊等手段以外的又一种崭新的大众传播媒体。

任何组织或者个人想利用因特网宣传自己或发布信息,都必须有自己的网址,这个网址就象电话号码一样是由数字组成的,由计算机进行识别。但是,数字网址对于人们的记忆是很不方便的,为此管理者发明了域名。所谓域名就是在因特网上使用的用来区别不同网站主页(Homepage)的网络地址,一般用英文字母(拉丁字母)表示,每一个域名只对应一个数字物理地址,当人们在计算机上输入域名后,计算机就会自动将其转换为数字的计算机地址,从而找到相应的计算机,进入特定的主页。这样就可以将枯燥、无含义的地址代之以有含义的英文单词或都汉语拼音,从而大大方便了人们的记忆和使用,这种由英文字母组成的网址就是域名。如 IBM 公司的网址为 http//www.ibm.com,中国国际航空公司的网址为 http//www.airchina.com,国家工商行政管理总局的网址为 http//www.saic.gov.cn。在因特网上,域名具有唯一性,而不象商标那样,在不同的类别上可以出现相同的商标。人们只有在知道某一网站主页的域名以后,才能通过它访问到该主页,从而了解在该主页上发布的新闻、文化、艺术、商业、科技等各种信息。域名相当于一个单位在因特网上的"门牌号码",只有知道它,才能找到你想找到的东西。

域名按级划分可分为顶级域、二级域、三级域等等。顶级域有 2 种:(1)国家顶极域(CCTLD),以 ISO3166 规定的国别码表示,如中国的代码为.cn,目前有 243 个国家顶级域;(2)通用顶级域(gTLD),如.com,.net,.org,.int,.edu,.gov,.mil 等。其中.com,.net,.org 为无限制通用顶级域,任何人可以在其下申请注册域名,.int,.edu,.gov,.mil 为有限制通用顶级域,只有特定的人才能在其下申请域名注册，如.int专用于国际组织，.edu专用于大学，.gov，.mil，专用于美国的政府和军队机构。二级域名或三级域名往往与一个企业的名称或者商标相同，任何域名都是由“顶级域名＋二级域名或者再＋三级域名甚至再＋四级域名”构成的。

通用顶极域名下的域名登记由在早期由美国的互联网络信息中心(InterNIC)及其下属的代理机构负责，现在由因特网域名和地址分配公司授权的近百家公司负责；区域性的域名登记则由各国的主管部门负责，如我国由中国互联网络信息中心(CN-NIC)负责带有.cn后缀的域名注册工作。

二、域名与商标冲突的产生

由于许多企业的商标都是由英文字母或汉语拼音组成的，因此许多企业出于识别标志一体化的需要，将自己的商标作为域名的组成部分即二级域名(如前述IBM)或者三级域名(如前述SAIC)注册使用。这样商标就同域名开始发生关系了，商标在互联网上可以起到检索工具的作用。打个不一定恰当的比喻，互联网好比一个大型图书馆，对于自己不太熟悉的图书，人们在借阅时就要先进行检索，检索的工具可以是作者的姓名，可以是图书的内容，也可以是出版者的名称，当人们在互联网上收集信息时，如果想了解某个企业的信息而又不知道其网址，往往采取以下两种途径来实现目的。一是根据企业的类别进行相关信息的检索；二是根据企业的商标进行域名检索，找到相关企业的网址。因为，目前的许多大公司都是以商标作为域名使用的，且域名的构成规则比较确定，所以，在检索大公司时，采用后一种方法往往更能奏效。从这个意义上说，企业用商标作域名对于企业在网上的宣传(接受访问)是有利的，也正因为如此，如果有一定知名度的商标被他人用作域名注册的话，商标的注册人或使用人与域名的注册人之间就可能出现争端。实践中也确实发生了许多将他人商标注册为域名待价而沽的实例，即人们所说的“域名抢注”，引发了不少纠纷。

域名被抢注后如何解决呢？由于因特网发展的迅猛及其商机的突然出现，1996年，美国的域名登记机构提出了一项临时解决措施，即，任何人认为注册的域名侵犯其权利的，可以向域名注册机构提出异议，域名注册机构将要求登记人在30日内进行答辩。

如果异议人提交了在联邦专利商标局注册的证明，登记人也提交了同样注册证明(在不同的商品上)的话，则登记人有权继续使用该域名，直到法院或仲裁机构作出判决或裁定。

如果异议人提交了注册证明，而登记人提交不出商标注册的证据，则登记人应在90天内找寻新的域名，由登记机关免费进行登记。原域名则暂时搁置，任何人不能使用，待争议由法院判决或仲裁机构裁定后再决定该域名是否撤销。

如果异议人不能提交商标在美国的注册证明的，则该域名由原登记人继续使用，直到法院作出判决或仲裁机构裁定后再按判决或裁定执行。

由上可见，解决带有后缀.COM的域名纠纷的关键是商标是否在美国注册(包括使用，因美国采用使用在先原则)，而且解决的途径是唯一的，即由法院或仲裁机构解决。由美国一家主持通用顶级域名下的注册，以商标是否在美国享有权利为依据由美国的法院来裁判域名注册的是与非，这对于美国以外的当事人是不公平的。因此，从1996年下半年开始，有关的国际组织在一些国家的积极要求和配合下，开始寻求成立一个统一的国际机构来管理域名的注册和解决域名与商标及其他知识产权的冲突。

三、解决域名问题的历程

1996年，国际联网专门委员会(IAHC)成立，因特网协会和因特网分址当局对因特网的现状进行了一次全面的检查，在这两个机构的倡议下，由这两个机构加上国际电联、国际商标协会、世界知识产权组织(WIPO)、因特网结构委员会共同于该年10月份成立了国际联网专门委员会(IAHC)。

1997年4月29日至5月1日，来自世界各国和地区的约150名代表在日内瓦召开了为期3天的因特网域名会议。在这次会议上，与会代表签署了通用顶级域名谅解备忘录(gTLD－Mou)，该备忘录建立了一套程序以加强现有的通用顶级域名系统和设立一个在新的通用顶级域名系统中对二级域名注册的自我管理机构，以及建立一套解决新的顶级域名下二级域名持有者与商标权(或其他知识产权)所有者的冲突的程序，尤其是针对第三方将他人的驰名商标作为域名注册并欲以高价卖给商标所有人的情形。WIPO的国际局参与了备忘录起草的整个过程，并就有关知识产权事宜提供了建议。

早在1996年10月2日，WIPO举行的全体会议上决定，国际局应当在专家们的协助下，对新的全球信息工程(包括因特网)引起的国际知识产权问题进行研究。随后，WIPO国际局召开了一系列有关商标和因特网域名的协商会议。

1997年5月26日至30日，WIPO在日内瓦召开了商标与因特网域名协商会议第一次会议。会议主要对在通用顶级域名谅解备忘录下如何解决域名与商标等知识产权的争议进行了讨论，会议最后形成了一份主席总结，主要提出了如下观点：

(1)在因特网上，商标权和其他知识产权必须得到充分、有效地保护。

(2)有必要由WIPO将各国和区域性组织的商标局的商标数据库进行联网，建立一个世界性的商标数据库，并认为在此数据库中提供一种商标簿功能是有益的。

(3)通过对域名的注册加以限制来保护商标权。

(4)会议设想由WIPO的仲裁和调解中心来管理域名与商标争端的相关问题。

(5)由“域名异议管理委员会”(ACPs)来负责国际驰名商标被他人作为域名注册的撤销问题。

1997年9月1日至2日，WIPO在日内瓦召开了第二次商标与因特网域名协商会议。由于因特网的出现，对传统的商标法理论提出了挑战，如以域名申请商标注册需遵循什么原则，域名的使用是否具有在先权，什么情况下的域名使用构成商标侵权，可以获得什么救济，对因特网上发生的商标侵权，侵权地的确认，以及商标权的地域性与因特网全球性的矛盾等问题。这次会议对这些有关商标和域名的国内法和区域法的协调问题进行了充分的讨论。

1998年6月5日，美国政府发布了一份《因特网域名和地址管理政策白皮书》(以下简称白皮书)。由于因特网的全球性特征，在这份白皮书里，美国政府接受了国际社会的意见，认为通用顶级域名的注册不应由其政府直接管理，但也认为不应由政府间国际组织如WIPO来管理，而是应当将域名注册私营化。因此，决定成立一个设在美国的因特网域名和地址分配公司(以下简称为ICANN)来管理域名的注册事宜，该公司的董事会由全世界因特网领域、商标领域、信息领域等有关领域的有代表性的组织组成。同时，决定在域名注册方面引入竞争机制，将以前域名注册由美国一家公司垄断改为由ICANN在全世界指定一批有能力的组织或公司承担。鉴于WIPO的职能是在国际上协调和加强对知识产权的保护，以及WIPO在解决域名与商标冲突问题方面具有较深的研究，在这份白皮书里，美国政府请WIPO负责向ICANN提出一项因特网域名和地址管理的建议报告，以解决域名与商标的冲突问题。

WIPO接受了美国政府的建议，自1998年7月开始了起草因特网域名和地址管理报告的过程，为此，WIPO曾3次向各成员国和国际社会广泛征求意见，并举行了一系列的地区论坛，我国也提出了有关意见。在此基础上，WIPO于1999年4月30日发布了《因特网域名和地址的管理：知识产权问题》的报告，即《最终报告》，并将该报告提供给ICANN。

WIPO的《最终报告》主要提出了如下建议：

1．建议采用经改进的域名注册操作办法，以缓解域名与知识产权之间的紧张关系和减少冲突发生的可能性。具体如下：

(1)应当以电子方式充分反应域名注册人和通用顶级域名注册机构之间的合同关系，在不能确定电子合同能否合法执行的国家，应当以纸质合同的方式反应。

(2)准确、可靠的详细联系办法应当成为域名注册合同规定的注册域名的先决条件。

(3)域名注册合同中应当要求域名注册申请人提供如下准确、可靠的详细联系细节：

①申请人的全称；

②申请人的通讯地址，包括所在街道地址或邮政信箱、城市、州或省市、邮政编码和国家；

③申请人的e-mail地址；

④申请人的语音电话号码；

⑤如果可能，申请人的传真号码；

申请人如果是一个组织、协会或公司，还应当提供为行政或法律目的确定的联系人或办公室的名称；

(4)所有开放的通用顶级域名下的域名注册人的联系细节应当随时公开。这些联系细节应当包括上述(3)的内容，还应当包括域名注册日期，以及可能的话，表明域名注册人愿意将因该域名注册引起的知识产权纠纷提交仲裁的声明。

(5)建议上述联系细节仅用于有限的目的，域名注册合同应当明确规定联系细节的用途，以及注册人同意提供上述联系细节，域名注册机构应当采取合理的措施防止他人对这些联系细节的非法使用，如用于广告宣传或商业销售。

(6)建议只有域名注册申请人缴纳费用以后，才能获得域名注册。所有注册的域名都有有效期，只有缴纳续展费以后才能续展，在经两次通知后仍不缴纳续展费的，将撤销该域名的注册。

(7)建议在域名注册之前不设置异议期，也不要求在域名注册之前对潜在的冲突商标进行检索，但是可以在域名注册合同中鼓励申请人进行检索。

(8)建议在域名注册合同中包括下列声明：

①在其尽可能知道的范围内，申请人相信该域名的注册和使用不会侵犯他人的知识产权；

②申请人提供的所有信息是真实准确的。

(9)建议在注册合同中规定申请人同意将域名争议提交特定的法院管辖及其他争议解决程序解决。

(10)建议鼓励注册机构采取合理的自动程序证实域名申请人提供的联系细节，比如向域名申请人的地址发送确认电子邮件。

(11)建议在域名注册合同中规定，如果域名申请人提供不准确、不可靠的信息，或者没有及时更新有关信息，将构成实质违约行为，并将成为撤销注册的基础。如果第三人认为域名注册人的联系细节不可靠，也可以申请撤销该域名的注册。

2．建议对通用顶级域采用统一争端解决政策，根据这一政策，如果域名被指控出于恶意或滥用权利而取得注册或进行使用，在第三方的请求下，域名申请人将须接受行政程序裁决。

(1)建议任何争议解决系统，不论是选择性的或者是要求申请人必须采取的，都不能排除申请人将有关争议提交法院诉讼的权利。

(2)建议可以要求申请人在域名注册合同中同意将争议提交申请人住所在国法院或者注册机构所在国法院管辖，但不能排除其他潜在的法院管辖。

(3)建议在所有的开放的通用顶级域名中采取一项统一的争议解决行政程序。在注册合同中应当要求申请人同意将争议提交行政程序裁决，但是争议的事项以滥用域名注册为限。所谓滥用域名注册，是指：

①该域名与他人商标相同或误导性近似；

②域名注册人对该域名没有权利或没有合法的利益；

③该域名已经注册并被恶意使用，如域名注册人想销售、出租该域名，或欲向商标权人或商标权人的竞争对手转让该域名，以牟取利益的行为。

(4)行政程序的救济措施仅限于：

①撤销该域名的注册；

②将该域名转让给商标权人；

③决定程序所需的费用的合理分配。

(5)对行政程序与法院诉讼的关系问题，建议：

①行政程序不能排除向相应的国内法院提起诉讼；

②行政程序的裁决没有优先于国内司法裁决的约束效力；

③即使在行政程序结束后，也可以向有关的国内法院提起诉讼；

④如果一方在行政程序过程中提起了法院诉讼并且该行政程序没有被驳回，行政裁决小组有权决定是否中止行政程序。

⑤根据执行程序适用的原则，与行政程序不同的司法裁决与该行政程序的裁决互不影响。

(6)提起行政程序没有时间限制，但行政程序开始后，应当在45天内作出最终裁决。

(7)注册机构应当同意执行行政争议解决程序的裁决，并应当在行政裁决发布后7天内生效。在域名注册合同中，应当要求域名申请人同意行政程序对其域名的裁决权利，并同意由注册机构直接执行。注册合同中应当规定申请人同意注册机构执行行政程序裁决不承担任何责任，行政程序的裁决应当在因特网上公布。

(8)建议在域名注册合同中规定申请人可以选择是否通过仲裁程序解决域名争议。

(9)虽然鼓励善意的域名争议人考虑通过调解程序解决域名争议，但是建议不在域名注册合同中规定。

3．建议建立一种程序，对在广泛的地域范围内和各种商品类别上驰名的商标授予专有权，这一专有权的效力是禁止任何等三人将此驰名商标在新的通用顶级域上注册为域名。

由于域名抢注的对象主要是权利人的著名和驰名商标，因而对著名和驰名商标的特殊保护就很有必要。为此，根据《巴黎公约》和TRIPS的有关规定，WIPO建议：

应当建立一种机制，授予在广泛地域范围内和各种不同类别商品和服务上著名和驰名的商标在网络上的专有权，但这种机制只适用于将来引入的新的通用顶级域名，而不适用于现有的通用顶级域名。这种授予著名和驰名商标专有权的机制指的是根据商标权人的申请，由一个专门的认定小组认定该商标是否为著名或驰名商标，如果认定为著名或驰名商标，就赋予商标权人在所有或者部分通用顶级域名上的专有权，其他人不得在这些通用顶级域名上将该商标作为域名注册，已经注册的，可以予以撤销。对于与他人著名或驰名商标误导性近似，并且其使用方式可能会损害著名或驰名商标权利人的利益的域名，除非域名注册人能够证明其使用该域名具有合理性，也应当予以撤销。这种专有权机制使《巴黎公约》和TRIPS中对著名和驰名商标所规定的保护在计算机网络世界得到了反映。

4．如果上述建议得到采纳，就可以考虑增加新的通用顶级域名，只要增加的方式得到控制，就不会对知识产权造成损害。

引入新的通用顶级域名一直是因特网领域和商标领域试图解决域名与商标冲突问题的一种方法，因为人们相信，引入新的通用顶级域名以后，人们注册域名的选择就更多了，从而可以减少上述冲突的发生。在前面所说的因特网通用顶级域名谅解备案录中也曾建议引入新的通用顶级域名。鉴于因特网几年来的发展历程中，滥用域名注册的事情常常发生，并因此使消费者产生混淆，影响了公众对因特网的信任度，知识产权权利人不得不投入大量的精力来维护其利益，WIPO相信，只有通过采用前面所建议的域名注册操作办法、行政争议解决程序、著名和驰名商标专有权机制，才可以减少域名与商标冲突的发生，减少不必要的经济和资源上的浪费。因此，WIPO建议，只有在上述三项措施被采用以后，并且保证任何新通用顶级域名的引入进程能以缓慢、受控的方式进行，才能考虑引入新的通用顶级域名。

1999年8月26日，ICAAN发布的《统一域名争端解决政策》生效。在该政策中，WTPO的第一及第二项建议基本得到了采纳。

至2000年底，ICAAN已经指定了近百家机构负责在通用顶级域名下的域名注册。指定了四家争端纠纷解决机构，这些机构受理了上千件域名争议案件，其处理结果大多为当事人所接受，极少再进入诉讼程序。

四、2000年中国域名与商标领域的情况

由于计算机普及程度的原因，域名问题在我国引起较大程度的注意是在1997年。当时，一方面国际上有关域名的纠纷开始出现，另一方面一些中国企业发现自己的商标也已经被他人在通用顶级域名下予以注册。解决问题的难度在加上一些网络服务商的炒作，一时让众多企业人心慌慌。对此，商标局及时加以研究，采取了一些措施。首先，在报刊上普及网络知识，让人们了解域名的特点；其次，与CNNIC联系，将商标局认定的驰名商标予以域名预留；再次，商标局积极参与CNNIC有关域名政策的制定，使域名注册的管理最大程度上考虑到商标权利的保护。通过采取这些措施，在一定程度上减少了域名与商标纠纷的发生。

1997年底，我国第一起涉及域名注册的诉讼立案。案情是，科龙公司在试图以其商标Kelon注册域名时发现已另外的一家公司捷足先登。经过调查，科龙公司发现域名注册人与自己在同一地区，但对该标志并不享有任何权利。在与该域名注册人联系时，对方出价5万元转让该域名。科龙公司向法院起诉，认为对方的域名注册出于恶意，侵犯了自己的商标权，要求法院撤销该域名的注册。由于这是法院受理的第一起域名与商标冲突的案件，因此在当时曾引起一定范围的讨论。经过法院调查和审理后，当事人双方自行和解，以被告自行撤销域名注册结案。

随着时光的流逝，互联网在中国得到了迅速的普及，截至2000年底，中国的上网用户已经超过了1000万，在CN下注册的域名则接近十万。互联网的飞速发展对行政管理部门和司法部门提出了更多的挑战，有关部门勇敢地迎接了挑战，使2000年成为在互联网发展历史上值得大书特书的一年。

2000年6月，北京市第二中级人民法院对荷兰英特艾基系统有限公司诉北京国网信息有限公司不正当竞争、商标侵权案作出判决，宣布被告注册的“ikea. com. cn”域名无效，要求被告立即停止使用并在判决生效后十日内撤销该域名注册。

据原告称，原告在29个国家和地区拥有以“ikea”命名的大型专卖店，经营家具及家居用品。1983年，“ikea”在国家工商局商标局获得了商标注册。自1998年开始，原告在中国大陆开设了多家专卖店。随着其经营的成功及大量的广告宣传，“ikea”已逐步为消费者所认同。但是，被告将“ikea”注册为域名，其行为违反了《保护工业产权巴黎公约》的原则，也违反了《民法通则》的第四条规定，应属于不正当竞争，要求法院判令被告停止使用并注销“ikea. com. cn”域名。

被告辩称，其域名中的“ikea”是“internet”中的Ⅰ和一种鹦鹉的名字“kea”构成的。其准备开展的服务是网上语言信箱服务，与原告的家居业服务无关。因此，其注册域名并不违反有关法律的规定，请求法院驳回原告的诉讼请求。

法院经审理后认定，原告的“ikea”商标因其大力宣传和推广其独特的经营方式及良好的服务而为中国相关行业及消费群体所知悉。因此，应认定“ikea”商标为驰名商标。被告将该商标作为域名使用，易误导广大消费者认为该域名的注册人也是“ikea”驰名商标的所有人或者与该驰名商标权人有着某种合作关系，进而误认为在该域名下可以查询到与“ikea”商标相关商品的情况，提高了被告网站的访问率。被告在客观上利用了附着于该驰名商标上的良好商誉，并且由于因特网上域名使用的唯一性，也使得原告在因特网上行使其驰名商标权利受到妨碍，故应认定被告的行为对原告商标专用权造成了侵害。另一方面，被告注册域名而没有投入实际使用，且同时还注册了大量与他人注册商标相同的域名也没有使用，其待价而沽的非善意注册行为的主观动机十分明显，故被告的行为违反了公平竞争、诚实信用原则，构成了不正当竞争。因此，法院依据《反不正当竞争法》作出了前述判决。

该案对处理同类案件产生了一定的影响。随后，其他一些法院陆续判决了一批域名与商标冲突的案件。

2000年8月15日，北京市高级人民法院发布了《关于审理因域名注册、使用而引起的知识产权案件的若干指导意见》。该意见对域名纠纷案件的受理、管辖、法律适用、法律责任的承担等作了规定。

对于法律适用问题，《意见》规定，出于恶意将他人驰名商标注册、盗用为域名的行为违反诚实信用原则，违背公认的商业道德，属于不正当竞争行为，应适民法通则、反不正当竞争法调整。

至于恶意注册域名，《意见》认为应符合三个条件：

(1)注册的域名与权利人享有的标识相同或足以导致误认的相似；

(2)域名持有人对该域名标记不享有任何其他在先的权利；

(3)对该域名的使用具有恶意。

对于域名注册构成不正当竞争的，《意见》规定，人民法院可以判令域名持有人、使用人停止使用、申请撤销或者变更域名。因实施不正当竞争行为给原告造成损害的，还应判令其赔偿损失。

从以上规定来看，北京市高级人民法院对于审理域名纠纷的意见与国际组织的建议及一些发达国家的通常作法是近似的，这说明我国的司法界注重借鉴国际同行的实践经验和研究成果，注意与国际惯例接轨。这个意见不仅对于北京地区的法院有指导意义，对于其他地区的法院也有较大的参考价值，推动了我国法院系统对域名纠纷案件的审理。

2000年9月1日，北京市工商行政管理局发布的《网站名称注册管理暂行办法》开始实施。该办法要求互联网上的网站名称应当向该局登记，所登记的名称应符合一定的要求，对于侵犯他人注册商标专用权的网站名称，登记机关有权予以撤销，但并没有明确规定撤销的范围。网站名称虽然与域名不完全相同，但一般有着紧密的联系。所以，该办法的施行，标志着网上标志的管理将进一步走向秩序化。

对于域名与其他知识产权的冲突，CNNIC在早期采取了比较消极的政策，即由当事人通过诉讼或者仲裁渠道解决，CNNIC将无条件执行有关的判决或裁定。随着国际上统一域名纠纷解决机制的逐步确立，CNNIC也不断研究建立相应的机制来解决CN下注册域名所产生的纠纷。

伴随着中文域名注册的开放，2000年11月，CNNIC发布了《中文域名争议解决办法(试行)》，该办法以ICAAN的统一域名纠纷解决办法为蓝本，在司法和仲裁程序之外，又建立了一条便捷的纠纷解决渠道。

按照该办法的规定，商标权人认为他人注册的域名与自己的商标权构成冲突的，可以向CNNIC授权的争议解决机构投诉，请求争议解决机构进行裁决，以保护自己的权利。其获得支持的条件是：

(1)投诉人享有受法律保护的商标权；

(2)被投诉的域名与该商标相同或者具有足以导致混淆的相似性；

(3)域名持有人对该域名包括该域名的其他字符组合不享有商标权，也没有受法律保护的其他权利和利益；

(4)域名持有人对该域名的注册与使用具有恶意；

(5)投诉人的业务已经或者极有可能因该域名的注册与使用受到损害。

只有上述五项条件同时具备时，商标权人的投诉才能够得到支持。争议解决机构可以裁决注销已注册的域名或者将域名转让给投诉人。对于争议机构的裁决，CNNIC将予以执行，除非当事人在裁决作出30日内向法院起诉或者依有关协议提请仲裁机构裁决。目前，CNNIC已授权中国国际经济贸易仲裁委员会域名争议解决中心为中文域名争议的解决机构。据悉，该中心已成功地裁决了一批案件。

纵观2000年，我国的行政部门、司法部门、域名注册部门均在保护商标权方面向前迈进了一大步，使商标的保护与域名注册之间得到协调发展。

（国家工商局商标局　赵刚）

驰名商标与我国驰名商标保护工作状况

一、驰名商标的概念

驰名商标，英文名称为“Well-known Trademark”，法文名称为“marque notoire”。其概念的界定，各国理论探讨、立法实践及实际判例中对其称呼多种多样，有“周知商标”、“著名商标”、“世所共知商标”、“公众熟知之商标”、“世界性商标”等等。我国往往将驰名商标俗称为“名牌”。从以上这些对驰名商标的称谓中不难看出在不同的国家，驰名商标的具体含义有所不同，这不仅与各个国家自身保护驰名商标的历史发展有关，而且与各国对驰名商标的保护范围和认定标准不同有关。

法国学者Y. st-Gal认为，驰名商标是指为广大公众所共知且享有卓越声誉的商标。日本学者纹谷畅男认为，驰名商标是指作为与持有人业务有关的商品标志，已在交易者或消费者中为公众所熟悉的商标。我国学者郑成思认为，驰名商标是指经过长期使用，具有良好信誉并为公众普遍知晓的商标。刘春田教授认为，驰名商标是指在市场上长期地享有崇高信誉，为广大消费者知晓的商标。上述对驰名商标的论述虽各有其异，但仍有一些共同点，而这些共同点就是驰名商标的主要特点。

（一）知名度高

这是驰名商标的首要特征。生产经营者在自己的商品上使用商标，其最根本目的就是以商标作为纽带，让消费者选择自己的商品。商品纷繁复杂，通过其他方法很难让消费者一目了然地选择某一商品，而商标这种用简单明了的文字或图案组成的特殊标记，不但具有标明商品来源、保证商品质量的作用，而且简明易记。因此，人们只要记住某商标，就能选出自己所中意的该商标所标识的特定厂商、特定质量的商品，于是顾客认“牌”购物，厂商通过商标吸引顾客，而商标知名度越高，其标识的商品被选择的机会就越大。近现代大、小企业无不通过各种方式对各自商标广为宣传，提高商标知名度，借此加深消费者对自己商品的印象，以扩大销路，提高市场占有率。一个商标一旦广为人知，高度驰名，则其所标识的商品就拥有了广阔的市场、强大的竞争力。因此可以说使自己的商标高度驰名是生产经营者培育商标的第一目标，也是驰名商标的首要特征。

驰名商标的这一特征已为法学理论界及各国立法、国际条约普遍认可，但具体何为高度驰名尚无定论。一般地认为，驰名商标应在一定范围内享有较高知名度，一是地域影响的广泛性，不同商标具有不同的地域影响范围。驰名商标必然是一种在较大的地域内有影响的商标，一般要求其在本国范围内具有广泛影响，但有的国家要求的地域范围更广（如两个以上国家范围内）或更窄（如本国某地区范围内）。但无论如何，驰名商标应当在特定的地域范围内具有广泛影响却是各国一致的规定。二是公众影响的广泛性。对公众的范围各国立法和理论界是有争议的。有人认为应为普通大众，有人认为应为消费者，关贸总协定乌拉圭回合谈判达成的《与贸易有关的知识产权协议》（TRIPS协议）则规定：“不应要求驰名商标的声誉超出与该相关商品或服务正常接触的公众范围”即“相关公众”。因为某一种类的商品有某类特定的生产者、经营者和消费者群，并不能要求所有社会成员均对其有所了解。特别是一些专业性强、不为日常生活所用的商品，如耐磨材料、冷冻机械等，非相关公众很少涉及。因此，驰名商标只要在与该商标所标识的商品有关的相关公众中驰名即可，主要包括同类商品的生产者、销售者、消费者。

（二）信誉卓著

这是驰名商标的关键特征。生产经营者要想通过商标促销自己的商品，单单使公众知晓商标是不够的，还必须保持良好的商业信誉。在某商标被认知以前，消费者只能通过消费来了解该商标所标识商品的性能、质量，因此，凭借宣传、广告等手段来扩大商标知名度固然会在一定时期、一定程度上扩大商品销售量，但如果商品质量不高或不稳定，就很难巩固这种知名度，早晚会被消费者所抛弃。所以，生产经营者总是想方设法提高自己的商品质量。如果一商标所标识的商品质量优良并长期稳定，久而久之，消费者就会喜爱并信任该商标，此后就会单凭此商标来选择商品了。这就是驰名商标的真正价值所在——良好的商业信誉。商业信誉是一个很难确切度量的经济概念，但通过各国的司法实践来看，作为驰名商标，其信誉必须在同类商品中卓尔不群，且这种信誉在相关公众心目中经久不衰。

（三）竞争力强

从表面上看，商标只是用以区别商品或服务来源的可视性标志，在商品或其包装上所占位置很少，而且作为一种区别性的标志，商标必须附着于一定的商品之上，一般并不具有满足于人们日常生产和生活需要的实用功能。但从本质上看，商标对于企业与国家来说，就显得非常重要，是巨大的无形资产。商标的知名度越高、信誉越好，对企业的意义就越大。中华全国商业信息中心对全国百强商业企业的监测表明，1997年8月份，海尔、容声、新飞、美菱四大品牌电冰箱的市场占有率达59.91%。联合国工业产权署调查也表明，名牌在整个产品品牌中所占比例不足3%，但其市场占有率高达40%以上，销售额占一半以上。因此，驰名商标是一国经济实力的重要标志。一个国家拥有的驰名商标越多，其经济实力就越雄厚，竞争力就越强。在现代商战中，创造、培育、保护、发展、输出本国商标，特别是驰名商标，已成为各国政府和企业界的共同追求，驰名商标被认为是抢占国际市场"制高点"的"重型坦克"。也正基于此，现代国际贸易中有关商标，特别是驰名商标的使用、抢注、假冒等纠纷频频发生，商标的国际保护问题已成为国际贸易领域引入瞩目的焦点。有人预言，21世纪的竞争将是品牌的竞争，而品牌的竞争归根结底就是驰名商标的竞争。

综上，对驰名商标可以作如下界定：驰名商标是指在一定地域范围内，享有较高声誉，并为相关公众所知晓的商标。

二、保护驰名商标的由来

驰名商标的保护经历了一个历史的渐进过程。在商标法发展之初，驰名商标并未受到重视。十九世纪后半叶，为了适应商品经济的发展，资本主义比较发达的国家纷纷制订商标法。法国于1957年6月23日制订了世界上第一部专门的商标法《关于以使用原则和不审查原则为内容的制造标记和商标的法律》。此后，英国、意大利、美国以及德国等相继制订商标法，但这些法律均未对驰名商标作特别规定，仅对仿造他人注册商标使用于相同或类似商品的行为有所制裁。直到二十世纪初，由于驰名商标的声誉较高，其标示的商品具有较高的市场占有率，驰名商标在经贸活动中的作用日渐突出，围绕驰名商标的不正当竞争行为大为增加，国际上才逐步认识到驰名商标的特殊性，加强了对它的保护，因此，如何保护驰名商标早已成为一个国际性的问题。签订于一百多年前的《保护工业产权巴黎公约》（以下简称《巴黎公约》）在本世纪初修改时增加了保护驰名商标的规定。进入九十年代以来，TRIPS协议中对驰名商标给予了更大范围的保护。与此同时，许多国家通过修改法律或者制定新法在本国的商标立法中增加了保护驰名商标的具体规定。如1991年实施的法国知识产权法典、1993年实施的印度尼西亚商标法均对驰名商标的保护做了规定。1996年1月16日，美国也修改了商标法，规定禁止任何人淡化他人驰名商标。

（一）国际条约对驰名商标的保护

国际条约中对驰名商标的保护直接有所规定且影响较大的是《巴黎公约》、TRIPS协议，这两部国际条约的规范反映了国际上对于驰名商标保护的态度与趋势。

1.《巴黎公约》

《巴黎公约》现行文本中关于驰名商标的保护问题，体现在第六条之二。主要是为了解决《巴黎公约》成员国间由于各国国内法所遵循的商标保护原则不同（如，大陆法系国家多采用注册在先原则，英美法系国家多采用使用在先原则）而可能发生的商标权纠纷，尤其是围绕驰名商标所发生的权利纠纷。早在1925年海牙修订版中已经对驰名商标的保护有所规定，随后的1934年伦敦修订版、1958年里斯本修订版以及1967年斯德哥尔摩修订版对保护驰名商标均有所补充，最后形成现在的第六条之二所规定的内容：

"（1）本同盟各国承诺，对商标的注册使用国主管机关认为在该国已经驰名，属于有权享有本公约利益的人所有的商标，且使用于相同或类似的商品上，会构成复制、模仿或翻译，易于产生混淆的商标，如本国法律允许，依职权或根据当事人的请求，应拒绝或取消其注册，并禁止使用。商标的主要部分复制或模仿驰名商标易于产生混淆的，也应适用本条规定。

（2）自注册之日起至少五年内，应允许提出撤销这种商标的要求。允许提出禁止使用要求的期限，可由本同盟各成员国规定。

（3）对于以不诚实手段取得注册或使用的商标提出撤销其注册或禁止使用要求的，不应规定时间限制。"

由上述规定可知，《巴黎公约》对驰名商标的保护有一定特殊规定：二是突破绝对注册主义，对驰名商标保护扩及使用商标；二是突破商标保护的地域性限制，对在某成员国内驰名的商标，任何成员国均给予保护；三是延长异议期间。但是驰名商标保护范围仍限于相同或类似商品上；对于他人在不同类商品上的仿冒使用，驰名商标权人仍无权干涉。

《巴黎公约》对驰名商标的这种特殊保护的规定，是迄今为止多数国家及国家间多边及双边条约中保护驰名商标的基点与主要内容。

2.TRIPS协议

TRIPS协议是关贸总协定乌拉圭回合谈判的最终协议，于1994年签署。它对于各种知识产权的保护有许多具体的规定，对于未来各国知识产权法制的发展有相当重要的影响。该协议在驰名商标保护等内容上对《巴黎公约》等保护知识产权的国际条约进行了补充。

TRIPS协议第十六条第二款就驰名商标的保护问题作出规定："《巴黎公约》（1967年版）第六条之二，经必要修改，应适用于服务商标。认定某商标是否驰名，应考虑该商标为相关部分公众所知晓。"

本条第三款又规定："《巴黎公约》（1967年版）第六条之二，经必要修改，应适用于与注册商标核定使用的商品或服务不相类似的商品或服务，只要该商标在这些商品或服务上使用会表明这些商品或服务与注册商标所有人之间有某种关系，而且这种使用有可能损害注册商标所有人的利益。"

从上述规定看，TRIPS协议对驰名商标的保护有以下几个特点：

（1）扩大《巴黎公约》对于驰名商标的适用范围，使其及于服务商标。《巴黎公约》有关驰名商标的规定，仅适用商品商标，对于服务商标未作规定，因此，

TRIPS协议的规定有扩大适用范围的作用。

(2)扩大《巴黎公约》对于驰名商标的保护范围，使其及于不类似的商品或服务:《巴黎公约》对于驰名商标的保护，以相同或类似商品为限，TRIPS协议则规定对于他人使用驰名商标于不类似商品如果会引起联想且可能损害该驰名商标权利人的利益时，应予以禁止。

(3)驰名与否的判断，应以相关公众的认知为范围:《巴黎公约》对于商标驰名与否如何判断，并未明文规定，虽然许多人主张应以相关公众的认知为准，但TRIPS协议中为求明确，对此明文规定下来。

由上可知，TRIPS协议对于驰名商标的保护，较《巴黎公约》更为周到明确，其所表现出来的对驰名商标扩大保护趋势，值得重视。

TRIPS协议对驰名商标的规定是以《巴黎公约》为基础的，主要体现在第十六条之二三款。它比《巴黎公约》进一步的是:第一，把《巴黎公约》对驰名商标的特殊保护延伸到驰名的服务商标;第二，把对已注册的驰名商标的保护范围扩大到禁止在非类似商品或服务上使用与驰名商标相同或近似的标识;第三，对如何确定某商标为驰名商标，作了原则性规定，即应顾及相关公众对该商标的知晓程度，包括该商标在成员国地域内因宣传而获得的公众知晓程度。

三、我国保护驰名商标的历史

随着我国商标事业的发展，尤其是经济体制改革的不断深入，我国一些企业在参与国际市场竞争的过程中，不断遇到如何有效保护自己驰名商标的问题。“同仁堂”是其中第一例。1989年，北京市药材公司发现自己的“同仁堂”商标在日本被一厂商抢先注册。当该公司以“同仁堂”系驰名商标为由，请求日本特许厅撤销不当注册的商标时，日本有关方面要求中方提供“同仁堂”系中国驰名商标的有效证明文件。为切实保护我国商标在外国的正当权益，商标局专门就“同仁堂”商标的发展历史和现状进行了调查，并于1989年11月18日，正式认定“同仁堂”商标为中国驰名商标。这是我国商标主管机关正式认定的第一件中国驰名商标。在随后的几年间，我国通过公众评选和商标主管机关个案认定等方式又认定了一些驰名商标。

直到1993年，立法机关在修订《商标法》及《商标法实施细则》时，才开始使国内立法对驰名商标的保护问题有所涉及，即在《商标法实施细则》第二十五条中增加了对公众熟知商标的保护条款。该条第二款规定:“违反诚实信用原则，以复制、模仿、翻译等方式，将他人已为公众熟知的商标进行注册的”，属于注册不当，应当依法予以撤销。这里，“公众熟知商标”与“驰名商标”并不完全等同。我国《商标法》仅是对违反诚信原则抢先注册驰名商标的行为加以制止，而未涉及非恶意情况下将他人驰名商标在相同或类似商品上在先注册或使用的情形。应当说，我国对驰名商标的保护只是《巴黎公约》保护驰名商标的一部分，但即便如此，这一规定在一定程度上仍然起到了保护驰名商标的作用。

然而，该条款的可适用性毕竟有限，还远远不能满足现实的需要。因此，为加强对驰名商标的保护力度，维护公平竞争秩序，国家工商行政管理局根据《商标法》及《商标法实施细则》的有关规定，于1996年8月14日发布了《驰名商标认定和管理暂行规定》。这是我国第一部专门调整驰名商标认定和管理的行政规章，它的发布与实施使我国驰名商标认定和管理工作从此走上了法制化、规范化的轨道。

《驰名商标认定和管理暂行规定》对驰名商标的含义有一个法律界定，即第二条规定:驰名商标是指在市场上享有较高声誉并为相关公众所熟知的注册商标。这一规定曾引起一些争论，其中最大的焦点是对驰名商标是注册商标的要求。一些人认为，该规定违反《巴黎公约》，与TRIPS的精神也冲突。这里应当说明的是:

首先，《驰名商标认定和管理暂行规定》是我国在当前企业在参与市场竞争过程中遇到各种现行有关法律无法解决的商标权损害而必须借助于驰名商标扩大保护的实际情况下，为保护驰名商标权人合法权益，加强驰名商标保护力度而制定的部门规章。企业可以依据此规章申请认定中国的驰名商标。

其次，《驰名商标认定和管理暂行规定》关于驰名商标的定义仅对适用本规章的商标进行了界定，而并非对驰名商标的穷尽概念。这一定义的存在并不表示我国不履行《巴黎公约》保护驰名商标的国际义务。目前，我国对驰名商标的保护大致可以分为两种形式，一是完全依照《驰名商标认定和管理暂行规定》，依法认定和保护驰名商标;二是，对于未注册驰名商标，尤其是国外未注册驰名商标(我国的驰名商标几乎全部是注册商标，这是由我国实行商标注册在先原则决定的)，我国则直接援引了《巴黎公约》第六条之二的规定，对其申请中要求扩大保护的内容进行了保护。在我国已有多起对未注册驰名商标予以保护的范例，除前述的对“PIZZA HUT”商标的保护案例外，商标局还曾应意大利费列罗有限公司的申请，撤销了张家港市乳品一厂抢先注册在相同商品(巧克力)上的“金莎”商标。类似的保护未注册驰名商标的案例还有“氟利昂”、“吉普”等，这些充分说明我国对驰名商标的保护并不要求以注册为前提，不违背《巴黎公约》。

第三，《驰名商标认定和管理暂行规定》对驰名商标的保护扩大到非类似商品或服务上，要求该商标为注册商标，是与TRIPS协议保持一致，这与当前我国加入WTO日程临近，必须履行国际义务的客观形势相符合，也体现了我国积极参与驰名商标国际合作的鲜明态度。

四、驰名商标的认定

从法律意义上讲，驰名商标是由于商标权的冲突而相应产生的一种解决冲突的方法和程序，其认定应基于对驰名商标进行保护的要求。为保证认定的结果有助于解决权利冲突，则必须考虑认定的合法性和适用性。目前世界上大多数西方国家规定由司法部门进行驰名商标的认定，而一些东亚国家如日本、韩国等则规定可以由商标主管部门认定驰名商标。在发生实际的商标权利纠纷前提下，应商标权人的请求，由法院或商标主管部门对该商标是否驰名、能否给予扩大范围的特殊保护而进行认定。西方大多数国家采用这种认定方式，被视为国际惯例。

我国认定驰名商标的目的是为了切实保护驰名商标权人的合法权益，维护公平竞争的市场环境。按照《驰名商标认定和管理暂行规定》第四条的要求，商标注册人认为其驰名商标权益受到损害时，为保护其合法权益，可以向国家工商行政管理局商标局提出驰名商标的认定申请。之所以将受到损害作为申请条件，是因为无损害就无认定的必要。然而，由于国际交往的不断增多，国际间的驰名商标保护合作不断加强，国家间驰名商标名单的交换也日趋频繁，为使我国的驰名商标在他国享受对等保护，《驰名商标认定和管理暂行规定》第四条第二款还规定：在企业未提出申请的情况下，“国家工商行政管理局商标局可以根据商标注册和管理工作的需要认定驰名商标，以保护民族工业，维护国家利益。

但目前实践中，为更好地与国际惯例接轨，我国驰名商标的认定更强调的是对驰名商标实行被动保护的原则，即只有在商标注册人认为其驰名商标权益受到损害并请求保护其合法权益时，国家工商行政管理局商标局才考虑是否认定驰名商标。对驰名商标的损害可以来自多个方面，既可以来自发生在境外的在相同或类似商品或服务上的抢注，也可以来自在非类似商品或服务上将与他人驰名商标相同或近似的文字进行注册或使用，还可以是被他人作为工业品外观设计、企业商号和营业标记使用或登记注册等。这里，之所以将“我国商标在境外遇到的在相同或类似商品或服务上被抢注”作为企业申请认定中国驰名商标的理由，主要是因为，在解决境外商标纠纷的过程中，我国政府认定的中国驰名商标尽管并不具有法律效力，但在各《巴黎公约》成员国内，中国驰名商标对解决境外商标权纠纷、保护我国驰名商标商标权益却能起到一定的推动作用。

根据《驰名商标认定和管理暂行规定》的规定，驰名商标应在市场上享有较高的声誉并为相关公众所熟知。因此，为考察一个商标的声誉和知名度，商标局主要根据以下因素综合判定：

(1)使用该商标的商品在国内的销售量及销售区域；

(2)使用该商标的商品近三年来的经济指标(年产量、销售额、利润、市场占有率等)及其在国内同行业的排名；

(3)使用该商标的产品在国外的销售量及销售区域；

(4)该商标的广告发布情况；

(5)该商标最早使用及连续使用时间；

(6)该商标在国内及国外的注册情况；

(7)有关该商标驰名的其他证据。

在认定实践中，上述指标均不具有独立的作用。只有将这些指标综合考虑时，才能够对商标的驰名程度作出准确的认定。商标的声誉和知名度是随着时间的推移因商标使用人使用情况的变化而不断变化的，在不同的时期是不相同的。但是，这一变化是渐进的，所以在某一个特定时期又是相对稳定的。考虑到这一点，《驰名商标认定和管理暂行规定》强调经商标局认定的驰名商标，认定时间未超过三年的，不需要新提出认定申请。

自《驰名商标认定和管理暂行规定》发布以来，经国家工商行政管理局商标局认定的中国驰名商标，截止目前共有196件。

五、驰名商标的保护

《驰名商标认定和管理暂行规定》规定驰名商标除依法享有商标注册所产生的商标专用权外，还有权禁止他人在一定范围的非类似商品上注册或使用其驰名商标。在其驰名商标具有较强显著性和较高知名度的情况下，还有权禁止他人将其驰名商标作为企业名称的一部分使用。其主要内容体现在第8、9、10条的规定上：

1. 将与他人驰名商标相同或者近似的商标在非类似商品上申请注册，且可能损害驰名商标注册人的权益，从而构成《商标法》第八条一款(9)项所述不良影响的，由国家工商行政管理局商标局驳回其注册申请；已经注册的，自注册之日起五年内，驰名商标注册人可以请求国家工商行政管理局商标评审委员会予以撤销，但恶意注册的不受时间限制。

2. 将与他人驰名商标相同或者近似的商标使用在非类似的商品上，且会暗示该商品与驰名商标注册人存在某种联系，从而可能使驰名商标注册人的权益受到损害的，驰名商标注册人可以自知道或应当知道之日起两年内，请求工商行政管理机关予以制止。

3. 自驰名商标认定之日起，他人将与该驰名商标相同或者近似的文字作为企业名称的一部分使用，且可能引起公众误认的，工商行政管理机关不予核准登记；已经登记的，驰名商标注册人可以自知道或者应当知道之日起两年内，请求工商行政管理机关予以撤销。

上述保护措施表明，《驰名商标认定和管理暂行规定》对驰名商标在商标注册或使用方面的保护范围与TRIPS协议规定的范围相一致，但在调整驰名商标与企业名称方面则超出了TRIPS协议的规定。这是因为，对于驰名商标来说，由于其具有较高的知名度和较高的声誉，如果他人将其文字作为企业名称一部分(企业字号)进行登记注册，尤其在与驰名商标所有人所生产经营的行业相同或相关的领域内作为企业字号时，则有可能会使消费者误认为使用该字号的企业与驰名商标所有人有一定的联系，尤其是在当今企业向集团化发展，经营范围不断扩大的情况下就更是如此。

在具体措施上，我国对驰名商标的保护主要体现在以下几个方面：

1. 针对我国驰名商标在境外被抢注，严重阻碍我国民族品牌进入国际市场、参与国际竞争的问题，商标局应企业请求及时对这些商标给予认定，为尽快解决我国驰名商标的境外纠纷提供了有力帮助。这方面的案例除“同仁堂”外，还有上海协昌公司在印尼撤销印尼商人抢注在先的“蝴蝶”（缝纫机）商标胜诉案、江苏森达集团公司在澳大利亚撤销当地一贸易公司抢注在先的“森达”（鞋）商标胜诉案等。1998年，中国乐凯胶片公司在美国因当地一名为“LUCKY STORES, INC”的连锁店异议，而使其商标在彩卷商品上的注册受阻，极大地阻碍了“乐凯”胶片进入美国市场，1999年初，商标局应该公司请求及时认定“乐凯 LUCKY”（胶卷、胶片）为中国驰名商标。目前，“乐凯 LUKY”商标在美国的注册已获成功。

2. 在商标注册的审查程序中，商标局针对驰名商标本身的独创性和显著性的强弱，分别确定其跨类保护的范围。如对“茅台”、“五粮液”、“海尔”、“全聚德”等显著性很强的商标，基本上确定了在所有类别予以保护；而对“东风”、“北极星”、“长城”、“中华”、“凤凰”等显著性较弱的商标，则确定在相关类别上予以保护。商标审查员根据此范围，以个案原则，对他人将与这些驰名商标相同或近似的商标申请注册的，予以驳回，驳回理由是他人将这些驰名商标在非类似或相关商品上申请注册，将会导致对该驰名商标的淡化，从而使驰名商标权人的合法权益受到损害，容易在社会上产生不良影响。

3. 在企业名称登记过程中，要求各级企业登记部门，对他人将驰名商标作为企业名称申请登记，容易引起误认的，不予核准。已经核准的，应驰名商标所有人的请求，在一定时限范围内，可以予以撤销。如浙江省的宁波雅戈尔集团股份有限公司的“雅戈尔”商标曾被浙江省永嘉县某制衣公司作为企业名称的一部分使用，两公司同属服装生产企业，又在同一地区，广大公众无法区分，容易引起消费者的误认误购而使“雅戈尔”商标所有人的合法权益受到损害。商标局认定“雅戈尔”为驰名商标后，浙江省工商行政管理局应宁波雅戈尔集团的请求，依照《驰名商标认定和管理暂行规定》撤销了浙江省永嘉县雅戈尔制衣公司的企业名称，有利地保护了驰名商标权人的合法权益。南京市工商行政管理局应驰名商标所有人杭州张小泉剪刀厂的请求依法撤销了南京张小泉剪刀厂的企业名称也是一例。近来在企业名称方面得到有利保护的驰名商标还有：青岛“双星”、上海“回力”以及德国“奔驰”等。

另外，地方各级工商行政管理部门对驰名商标的保护予以高度重视，纷纷出台了对驰名商标加大保护力度的实施办法，并将保护驰名商标权作为商标行政执法工作的重点。

近年来，商标局依法认定和保护驰名商标的工作取得了良好的社会效果。首先，依法对驰名商标的认定完全不同于简单的名牌评比，驰名商标是一个法律概念，要经过严格的法律程序产生，更具有权威性，通过认定驰名商标可以保护驰名商标权人的合法权益，这就有效地遏止了社会上乱评名牌的泛滥，维持了公平竞争的市场环境。更重要的在于，认定驰名商标进而保护驰名商标的工作，激发了广大企业创立驰名商标的热情，使越来越多的企业认识到，在当前产品竞争转向品牌竞争的新形势下，应增强商标意识，更重视品牌的经营与管理，从而有力地促进了我国民族品牌进入国际市场、参与国际竞争。目前，在商标局认定的驰名商标中已经涌现出一批象“海尔”、“联想”等具有国际品质和声誉的民族品牌。

六、我国对外国驰名商标的保护

我国对驰名商标的保护始于1985年加入《巴黎公约》之后。当时国内法律尚未明确规定有关驰名商标的保护问题，在实践中，我国直接以《巴黎公约》的有关规定为依据，保护过一些外国的驰名商标。例如，1985年，必胜客国际有限公司对澳大利亚鸿图有限公司在第30类“饼、面粉制品”商品上申请注册的“PIZZA HUT”商标及屋顶图形商标提出异议。经调查，必胜客国际有限公司是该商标的创始人，其“PIZZA HUT”字母商标已在40个国家和地区获得注册，其屋顶图形商标及艺术字体“PIZZA HUT”已在包括澳大利亚在内的67个国家注册。依据《巴黎公约》关于驰名商标的规定，商标局于1987年8月17日裁定必胜客国际有限公司异议成立，并核准其注册了“PIZZA HUT”商标。

1993年修订《商标法》后，我国对于违反诚实信用原则抢注他人驰名商标的不正当行为主要通过撤销不当注册商标加以制止，但对于无法证明出于“恶意”动机将他人未注册驰名商标，尤其是国外未注册驰名商标（我国的驰名商标几乎全部是注册商标，这是由我国实行商标注册在先原则决定的）抢注的，我国则直接援引了《巴黎公约》第六条之二的规定，对其申请中要求扩大保护的内容进行了保护。在我国已有多起对未注册驰名商标予以保护的范例。如，商标局曾应意大利费列罗有限公司的申请，撤销了张家港市乳品一厂抢先注册在相同商品（巧克力）上的“金莎”商标。费列罗公司是世界四大巧克力生产厂商之一，其“FERREOROCHER”商标在世界上（包括中国）有较高知名度，1986年，该商标在中国注册，其产品开始进入中国市场，并在其产品上使用“金莎”中文字样及图形，但没有注册。商标局认为，费列罗公司的商标是驰名商标，该商标被他人在相同或类似商品上注册和使用，易引起消费者混淆与误认，依据《巴黎公约》，张家港市乳品一厂的“金莎”商标不予核准注册。类似的保护未注册驰名商标的案例还有很多，近年来，我国还在注册程序中对“耐克”、“麦当劳”等驰名商标在非类似商品或服务上进行了保护。

我国对外国驰名商标的特殊保护还体现在运用行政手段纠正对驰名商标在我国境内的不当使用，以维护驰名商标的知名度。如，1983年6月28日，美国杜邦公司向商标局申请“FREON”（氟里昂）商标注册时，尽管当时该商标在大陆已成为“冷却剂”

商品的通用名称,但最终还是同意核准其注册。因为该商标自1931年起一直使用,并在世界上91个国家获得注册,确属驰名商标。为挽救该商标,有关部门在1984年5月4日发出紧急通知,要求各地有关化工企业,将使用氟里昂作为商品名称的一律改称"氟制冷剂"。与此十分类似的还有美国克莱斯勒公司的"JEEP"(吉普)汽车商标,商标局也给予了注册,并由政府有关部门发出通知,将吉普车改称为越野车。

另外,对于国外驰名商标被使用在与其享有知名度的商品或服务不相类似的其它商品或服务上,或者被擅自使用作企业字号,以借驰名商标良好声誉搭便车的不正当竞争行为,我国亦采取有效措施加以制止,以保护国外驰名商标权人的合法权益。如:1988年8月5日,国家工商行政管理局商标局曾给经上海市工商行政管理局复函:"鉴于英国尤尼利弗公司在香皂、肥皂商品上使用的'LUX'、'力士'商标是世界驰名商标。上海百货公司日用品批发部在与香皂、肥皂商品密切相关的皂盒上使用'LUX'、'力士'商标标识,易使消费者产生误认。因此,从保护驰名商标出发,对上海百货公司日用批发部使用'LUX'、'力士'商标的行为应予以制止。"1989年3月1日,国家工商行政管理局商标局在《关于保护万宝路驰名商标问题的批复》中指出:"万宝路"和"Marlboro"商标是美国菲利普·莫里斯产品有限公司使用在香烟上的驰名商标,已在中国注册。杭州葡萄酒二厂将与"万宝路"、"Marlboro"商标相同、近似的文字、图形作为葡萄酒包装盒的装潢使用,已构成侵权行为,应依法处理,同时强调"要对侵犯驰名商标专用权的行为坚决查处"。1994年8月,香格里拉国际饭店管理有限公司投诉广东东莞市二轻联盛工业公司开办了一家酒店,并注册了"东莞市香格里拉大酒店"企业名称,给投诉人造成不良影响。商标局认为,香格里拉国际饭店管理有限公司是在饭店经营管理方面享有一定国际声誉的公司。该公司于1988年即在大陆注册了"香格里拉"商品商标,1993年7月,大陆开始受理服务商标注册时,该公司即申请注册了"香格里拉"服务商标。香格里拉饭店管理有限公司已经在十几个国家和地区经营和管理着近"30家香格里拉酒店,"香格里拉"商标已成为有较高知名度的服务商标,他人未经"香格里拉"商标权利人同意而在饭店服务业上使用,会造成消费者对服务来源的误认。因此,商标局发函责成有关地方工商行政管理局迅速纠正"东莞市香格里拉大酒店"企业名称的登记问题。1994年10月,"东莞市香格里拉大酒店"的企业名称被依法撤销。1996年6月,商标局专门发出通知,请各地组织专项检查,对本辖区内擅自将他人驰名商标用作专卖店(专修店)企业名称及营业招牌的店铺进行清理。"××专卖店"、"××专修店"、"××专营店"等应是商标注册人指定销售其商品或提供其服务的营业场所,未经商标注册人允许而擅自使用他人驰名商标作为企业名称或营业招牌,会使消费者认为该店与商标注册人之间存在某种联系,从而使消费者对商品或服务来源产生误认。同时,由于货源、专有技术、经营水平及店堂布局等方面的原因,其商品的真伪优劣及服务质量等也难以保证。1999年1月,商标局曾就上海市一家汽车维修公司未经授权而将德国戴莫勒－奔驰公司的驰名商标擅自使用为企业字号"上海奔驰汽车维修公司"一案给上海市工商局发文,请其调查核实,并依据《驰名商标认定和管理暂行规定》以及《企业名称登记管理规定》,责令其更名,并清除其使用在公司橱窗及汽车维修保养合约上的"奔驰"字样、商标图样、英文等。

尽管到目前为止,经国家工商行政管理局商标局认定的196件驰名商标都是国内企业的商标,没有一件是国外的驰名商标。但这并不意味着我国未对外国驰名商标进行过认定和保护。从上述事实不难看出,作为《巴黎公约》成员国,我国一直在按照该公约的有关规定履行着保护驰名商标的义务,对外国驰名商标的认定和保护比对国内驰名商标的认定与保护更早,也更为及时。

(国家工商局商标局　张俊琴)

21世纪的网络经济

一、网络经济的本质与特征

什么是网络经济?为与工业经济相区别,我对网络经济做这样的定义:网络经济不是信息经济,也不是服务经济,而是两者的结合。没有信息技术支持的服务经济不是网络经济,不具备服务特征的信息经济也不是网络经济。

对未来的经济形态,我们有多种叫法:信息经济、知识经济、网络经济、精神经济、新经济、非摩擦力经济、零距离经济、注意力经济、眼球经济等等。事实上,网络经济不只是信息产业经济,也不仅仅是信息技术在各个产业的应用,而是一种生产方式,是与工业时代经济不同的生产方式。两种生产方式存在着根本区别:工业生产方式是迂回生产方式,网络生产方式是更高的直接经济。

纯粹的网络经济是指以信息经济为主,而不是以工业经济为主的国民经济。纯粹的网络经济和信息经济的特点在于:第一,网络经济与服务业的关系:工业社会的制造业经济,最主要的特征是生产过程与消费过程分离,分工形成的迂回的中间环节是价值的主要增长点。因此,人们把工业经济也叫做迂回经济。服务经济的最大特点是生产过程与消费过程合一,这种生产与消费过程直接统一的经济,叫做直接经济。但服务业并不都属于网络经济,专业工业经济中也存在服务业,但服务只是依附于制造业而存在,并不是社会价值的主要来源。在网络经济中,价值主要从服务中获得,而不是主要从制造的产品中获得。第二,网络经济与信息产业的关系:信息产业是信息技术和服务的产业化,以信息技术为基础的经济是信息经济。信息产业是信息经济的增长点，是带动服务型经济和直接经济的火车头。

总的来看，人类社会的经济形态经历了三个阶段：第一阶段，即生产和消费过程合一的农业经济阶段。这一阶段国民财富只不过是简单再生产，没有增值过程，自给自足的生产和消费直接合一，是一种低水平的直接经济。第二阶段，即生产和消费过程分离的工业经济。这一阶段国民财富的增长，主要来自生产起点到消费终点之间增加的诸多中间迂回环节，所以是生产与消费之间进行迂回的经济。第三阶段，即生产和消费过程重新统一的网络经济。这一阶段国民财富的增长主要来自于生产和消费的统一过程，或直接化过程，越是直接快捷地贴近用户要求，得到的价值评价越高，网络经济是由信息产业和服务业主导的经济。信息经济不等于信息产业，信息产业只是整个国民经济中的一个组成部分，而信息经济则是指国民经济的整体。从全局的角度看，网络经济将对以工业经济和制造经济为主的国民经济全局带来根本特征上的改变。

二、国民经济宏观视野中网络经济的作用

展望网络经济的发展，它对促进经济增长、稳定物价、提高就业、最终平缓经济波动，将会发挥越来越关键的作用。

信息不仅是微观经济学意义上的“产品”，更是宏观经济学意义上的“经济调节手段”，也就是把信息当作货币一样，其价值可以伸缩，同时会对货币经济产生价值再分配的效果。这样，信息就从经济学的边缘舞台移到了中心的位置。举例来说，1998年美国7～9月许多行业税后利润出现不同程度的下降，电子设备行业的收益减少了74%，汽车业下降了63%。杜邦公司亏损高达5.6亿美元，孟山都化学公司亏损1亿美元，联合碳化物公司收益同比减少58%。经济学家据此认为既然实物经济在下滑，互联网股票市场没有理由上升。而事实是美国经济仍然强劲增长，超过6%。其原因就是，朝阳产业的互联网股所得，就是夕阳产业所失。这种所得，并非来自互联网公司的财务收益，而是来自美国的经济结构调整。

国际普遍认为，信息化对促进经济增长、降低通胀、提高就业，具有决定性的影响。这一规律，在我国经济发展中也将渐渐发挥作用。我们从信息经济的宏观政策理论角度，说明信息化在我国国民经济中，对促进经济增长、降低通货膨胀、提高就业这三大宏观经济目标实现的作用和影响。

1.信息化对增长的促进作用

国际上对信息化与经济增长的关系已有不少的研究，证明二者是相互依赖、相互促进的关系，其中比较有名的基普曲线(Jipp Curve)，描述了信息基础设施发展与经济增长成正比的互动关系。据有关测算，人均GNP每增长1000美元，相应每千人中电话主线普及率则增加2.24%。

1999年6月22日，美国发布的《浮现中的数字经济Ⅱ》指出：美国经济增长已有大约三分之一来自信息技术。1995年至1998年间，IT产品制造业虽然只占美国GDP的8%，但对国家实际增长的贡献超过了35%。可测度的电子商务虽然在整个零售产值中只占微不足道的1%，但它的发展仍出乎人们的预料。在1998年的报告中，预测家认为，企业电子商务到2002年将达3000亿美元。1998年，分析家认为互联网零售到2000年可达70亿美元。然而，这个数字在1998年就被超过了。

当前我国经济的发展，总量矛盾明显缓解，结构性矛盾愈益突出。其症结在于，社会需求热点已经快速转移，而国民经济的发展还停留在满足原来的需求热点上，满足新的需求热点的新兴产业发展较慢，从而导致经济粗放，大量原有产业的生产能力过剩。因此，根据目前世界经济发展的趋势和我国国民经济发展的状况，大力发展信息产业，是培育新的经济增长点、推进两个根本转变、促进我国经济发展和社会进步的一项重要任务。

纵观世纪之交的国内经济发展，当前制约我国经济发展的主要因素是人均资源相对不足，国民经济整体素质低，经营粗放，浪费严重，效益不高。我们用同样的能源和原材料创造的价值，仅相当于发达国家的1/6到1/4。比如，我国纺织出口量已占出口总量的1/7，而换汇额仅占1/14；我国是世界上最大的机床生产国，而现在却是世界上第二大机床进口国；进口及外资企业在我国生产的移动电话、程控交换机、计算机、电子元件、轿车、机床、录像机等，按销售额计算，在国内市场上已占50%～80%。严峻的形势告诉我们，全面推进信息化、发展信息产业和信息经济、实现两个根本性转变，是提高我国经济增长质量和效益的迫切要求，是我国在人均资源相对不足的情况下，实施可持续发展战略，保持经济快速、健康发展的根本出路，也是在世界经济竞争日益激烈的形势下，提高我国国际竞争能力的必然选择。把信息产业作为新的经济增长点，必将对促进我国国民经济持续、快速、健康发展发挥重要的推动作用。

2.信息化对降低通货膨胀的作用

信息化促进增长与它降低通胀具有内在的联系，信息技术业的价格随着质量和性能的改进一直在下降，而这是在经济的其余部分价格一直上升的情况下发生的。造成这种现象的原因，是IT业在摩尔定律的作用下改变了传统的边际成本递增法则，呈现出边际成本递减的特征。在过去6年时间里，美国微处理器每MIPS计算能力的成本从230美元降到3.42美元，其他制造业项目成本则没有消减得如此快。

关于信息技术抑制通胀，在《浮现中的数字经济》中美国官方的解释是：由于电子商务在美国已全面渗透到经济的各个领域，认为电子商务“本质上具有产生通货紧缩的性质”，它恰好有助于从整体上说明IT降低通胀的内生机制。

电子商务为什么可以在促成交易增长的同时自然地降低成本，从而实现“本质上的通货紧缩”效应？

首先，电子商务可以降低采购和营销成本。其次，电子商务可以减少库存。库存实质上是生产和消费之间供求未见面的中间物，产消间信息沟通越充分，库存积压越少。第三，电子商务可以缩短生产和产品周期。

3.信息化对提高就业的贡献

IT有助于增加总的就业机会，这是国际上得出的重要结论，这种就业增加是在不伴以通胀的条件下发生的。一般认为，IT对就业的影响是，对技术水平高的从业人员需求增大，对技术水平低的从业人员需求减少。但对总的就业水平是提高还是降低呢？美国自从1996年以来，IT产品制造业的就业者平均工资为53000美元，超过社会平均的30000美元。到2006年，美国劳动力几乎有一半就业于IT相关产业，创新将增加对高报酬的核心IT工作者的需求。

三、"工业化—信息化"社会的经济特征

工业社会的经济学基础是边际成本递增法则，这一法则是工业社会高成本社会化的反映，它的实质是成本随着社会化范围的扩大而增加。网络经济的经济学基础则是相反的边际成本递减法则，它是信息社会低成本社会化的反映，它的实质是成本随着社会化范围的扩大而减小。由此，经济学的主题发生了逆转，工业时代，稀缺的并不是产品和资源，稀缺的实质是生产和消费的社会化本身，因为它是成本最高的。而在信息时代，物质资本十分充足，可以随时把某一项生产社会化，物质资本过剩，而消费者的满意度，生产者对消费者的直接贴近本身，成了稀缺。

现在，中国仍然处在工业化阶段，在向信息经济迈进的过程中，工业化的任务还没有全部完成。由于工业社会的主要生产方式是迂回生产方式，继续完成工业化意味着社会的生产迂回路径还要继续延长。可网络经济的特征是缩短生产者与消费者之间的距离，成为直接化的经济，在迂回路径的延长过程中，引入网络经济这种生产者和消费者之间的距离，成为直接化的经济。在迂回路径的延长过程中，引入网络经济这种生产和消费合一类型的生产方式，具有特殊的复杂性。两种特征相反的经济聚在一起，就产生了一定的矛盾。

但是，我们既不能等工业化完成后才开始信息化，又不能停下工业化只搞信息化，而只能是边工业化，边信息化，促进工业化，通过工业化，为信息化打基础。

两者混合的道路是有的，传统的工业经济是一种粗放经济，它大量消耗能源和材料，破坏环境，同时生产和消费之间又不能及时见面。网络经济或信息经济则是集约的经济，它可以在一定程度上用信息和知识替代传统的物质消耗，同时利用网络超越时空特性加强生产与消费之间的直接关系。工业化和信息化的结合点在于传统产业的信息化改造：利用信息技术，通过集约的方式，改造传统产业。用网络经济的直接方式扩大迂回路径，用"低物耗成本"这种信息化的方式完成"扩大社会化"这种工业化的任务。这就是网络经济在我国可预见的未来的主要发展形式。

在发达国家，如美国，信息技术在新经济中的作用已充分显露出来。而在我国，由于存在大量工业社会的特征，上述经济特点不可能完全得到反映。在我国"十五"期间，将更多地呈现出工业经济规律和信息经济规律交织和混合发挥作用的特点。其表现为：

第一，信息产业正在成为经济的新增长点，但是，由于制造业由粗放经营向集约经营的转变刚刚开始，第三产业发展严重滞后，知识创新能力相对较弱，信息产业对经济增长的促进作用还是更多地表现在自身产值的增长，它的带动作用和促进作用将随着上述条件的变化不断发挥出来，并且越来越明显。

第二，信息产业有效地促进了国民经济向集约经营方向的转变，但是，由于网络等信息化基础设施不能满足需求，国民经济的主体部分仍然建立在以物耗和能耗为特点的传统迂回物质生产基础之上，使网络经济具有的低成本社会化、少花钱多办事、稳定物价等作用不能得到充分发挥。

第三，信息产业的繁荣创造了大量的新的就业机会，但是，由于教育水平和社会体制的限制，合格劳动力供给受到很大限制；而且由于计算机网络技术的采用，还会带来一些传统工作岗位的减少。然而，只要正确引导，网络经济的发展将向着通过降低耗费，提高经济效益，从而提高就业者收入的方向发展。

显然，深入把握网络经济的经济学特征，对于我们从经济全局把握时代的规律，是至关重要的。

（国家信息化办公室　姜奇平）

"21世纪是生命科学的世纪"意味着什么？

早就有人预言21世纪是生命科学的世纪，在21世纪到来之际，我们已经感觉到了生命科学时代的气息。在此我们想着重讨论两个主题：第一，分子生物学怎样引导生命科学走进21世纪；第二，21世纪，特别是前50年内，生命科学领域内会有哪些重大发展。

一、分子生物学——半个世纪来的生命科学革命

生命科学（Biology）是由希腊文Bios（生命）和Logos（科学）组成的。在19世纪以前，人们认为动物界和植物界是两个完全不同的世界，直到1802年拉马克在他的一本著作中提出动物和植物都是有生命的物体，统称为生物。

16世纪以前的生物学以简单的形态描述为主。16世纪以后，生命科学从系统分类原则逐步走上了实验科学道路。19世纪对生命科学来说是一个十分重要的时期,生命科学的许多基本学科就是在这个阶段建立的,它包括比较解剖学、组织学、胚胎学、细胞学、微生物学和进化论,细胞学说和进化论的提出可以算是生命科学史上的第一次革命。

在19世纪,还有一个伟大发现,那就是孟德尔遗传定律。孟德尔是奥地利人,在布隆的一个修道院的植物园里用豌豆进行杂交实验,并通过对实验结果的计算分析,总结出了几条规律。他在布隆博物学年会上宣读论文时,未被人们接受,他把论文寄给了当时欧洲有名的生物学家,也未引起重视,直到1900年,3位学者在对不同植物的研究中得出与孟德尔一致的结论时,人们才重新翻开发表在布隆博物学学会的会刊上的孟德尔的论文,懂得这个发现的划时代意义。20世纪生物学可谓是好戏连台,首先是孟德尔遗传定律的重新发现,接着摩尔根把基因与染色体联系起来并通过计算重组率找出基因间的相对距离。孟德尔和摩尔根遗传理论的建立是生命科学史上第二次革命。

二次世界大战以后,受量子物理学家薛定谔《生命是什么》一书的影响,许多年轻的物理学家走进生命科学的研究领域,应用物理学的研究方法来研究生命。20世纪40~50年代,3个学派的工作促成了分子生物学的诞生。一是以比德尔、塔特姆和艾弗里为代表的生化学派,比德尔和塔特姆通过对红色链孢霉的营养缺陷型的遗传学研究得出"一个基因一个酶"的结论,艾弗里等人通过肺炎球菌转化实验证明遗传物质是DNA而不是蛋白质。二是以德尔布吕克为代表的信息学派,德尔布吕克、卢利亚和赫尔希等人组成的噬菌体小组,通过研究噬菌体的生命史来寻找基因的本质。三是结构学派,肯得鲁和佩鲁茨用X射线衍射技术研究血红蛋白和肌红蛋白结构,威尔金斯和富兰克林则利用X射线衍射技术研究DNA结构。沃森和克里克成功制做了DNA双螺旋结构分子模型(1953年4月25日发表在英国《自然》杂志上),标志着分子生物学的诞生。分子生物学以惊人的速度发展,复制、转录翻译和转录调控机制研究日趋深入,中心法则的建立和完善,DNA测序技术,PCR技术和基因工程技术的发明,新的实验技术层出不穷,使得分子生物学成为生命科学中最基础和最活跃的学科,几乎所有的现代生命科学的分支都必须应用分子生物学的知识和技术。分子生物学理论和方法的成熟,加上计算机科学的发展,使人类有能力去解读自身的全部遗传信息,从而开始了规模宏大的工程——人类基因组计划。分子生物学的诞生和发展是生命科学的第三次革命。

二、21世纪的生命科学

1.人类基因组计划——21世纪生命科学的"敲门砖"

人类基因组计划是1990年前后开始实施的以美国政府为代表的一项旨在破解人类染色体30亿对碱基对遗传信息的科研计划,是本世纪投资最大的科研计划之一,与30~40年代提出的"曼哈顿工程"、70年代的"阿波罗登月计划"一起并称20世纪的三大科研计划。

分子生物学的发展和计算机科学的发展为大规模DNA测序和处理序列信息奠定了基础。当冷战结束后,人们把目光从外部转向自身,在渴望揭开癌症、各种遗传病和人脑的秘密时提出人类基因组计划已成为历史的必然。

人类基因组计划的内容可分为两方面:一方面是生命科学范畴的科研目标,将人类全部遗传信息表达在四张图中——遗传图、物理图、序列图和基因图;另一方面的内容是由此计划带来的公共卫生、教育、医疗等领域所涉及的伦理学和法学等的研究。人类基因组计划开始实施以来,进展十分迅速,按原计划将于2005年完成全序列测定的任务提前到了2003年以前。同时,科学家发现,实施人类基因组计划仅仅是认识人类自身的开始,立即面临的问题是如何解释人类基因组中遗传信息的功能问题,从而提出了"后基因组计划"。该计划的全面展开将成为从分子水平阐明生命活动本质的最辉煌的时代,在此期间,交迭出现的药物基因组学、环境基因组学等的成果已粗见端倪并正在深化。届时,许多遗传病的发病机制将被阐明,癌症也将不再是不治之症;生命科学领域的千古之谜——发育问题也将被揭开谜底;进化研究将出现新的突破,在人类基因组计划的冲击下生命科学将出现的新的形势和新的革命必将对产业结构带来深刻影响。

2.生物信息学——21世纪生命科学飞速发展的推动力

信息科学技术是研究生产、采集、存储、变换、传递、处理和应用信息的科学技术领域,它以数学、计算机科学和信息论为基础。信息科学和分子生物学的结合形成了新世纪前夜极富活力的新的学科领域——生物信息学。分子生物学的发展使蛋白质和核酸序列、结构、功能、定位等数据大量积累,需要自动化的、快速有效的信息处理手段,在这一领域,信息学找到了用武之地。由于生物遗传信息资源是生物漫长进化过程中形成的宝贵资源,世界各大制药公司展开了激烈的争夺战,更加促进了生物信息学的形成和发展。制药公司争夺生物遗传信息资源的目的集中在基因诊断、基因治疗和新药的开发,建立在生物信息学基础上的生物工程制药产业,在21世纪将逐步成为最为重要的新兴产业。

生物信息学的方法可同样应用于农作物育种。水稻等重要农作物基因组计划的实施将会提供大量有关农作物的遗传信息资源,以这些信息资源为基础的生物工程育种技术将提供全新的育种途径,提高农作物的产量、质量和抗逆性,导致一场真正的绿色革命,解决日益增长的粮食需求问题。

生物信息学将与分子生物学一起渗入到生命科学各基础学科领域,特别是生物多基因病遗传机制、生物进化、发育学、神经生物学和脑科学等重要领域,将会产生重大突破。

3.单基因病发病机制阐明、诊断和治疗将在21

世纪取得重大进展

遗传学上把符合孟德尔遗传规律的性状叫孟德尔性状，或单基因性状，医学遗传学则把由一对等基因控制的遗传病称为孟德尔式遗传病或单基因病，孟德尔式遗传病已发现有1500种左右，其中800种以上找到了相应的致病基因。随着人类基因组计划的推进，找出这些致病基因的速度将越来越快。

4. 将找到对多基因病研究的突破口

遗传学上把由多对作用微小的、累加的基因与环境共同作用所形成的性状叫数量性状，因为这些性状遗传基础复杂，所以又叫复杂性状，如人的身高、肤色、智力等。医学遗传学把由多对作用微小的基因与环境共同作用所导致的遗传病叫多基因病或复杂遗传病，如精神分裂症、冠心病、高血压和糖尿

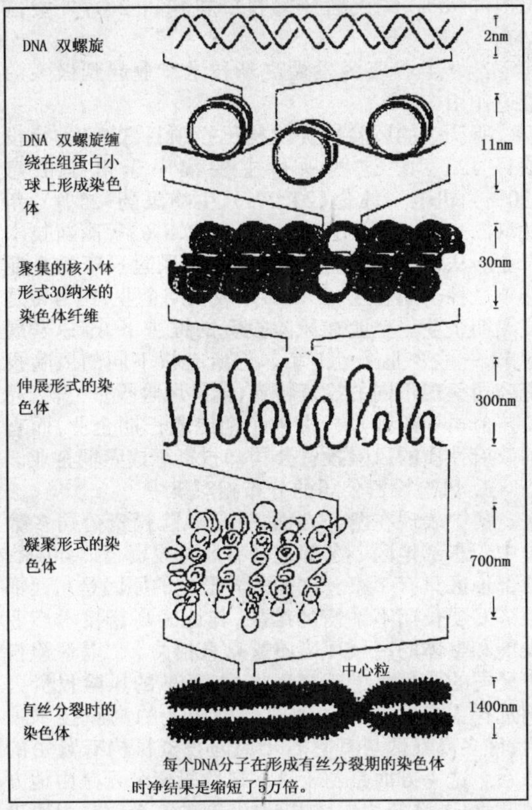

从染色体到DNA

病等。应用研究单基因病的方法，如定位克隆和定位候选克隆法都未得到得好的结果，在多基因病中，有一些特殊家系呈现明显的孟德尔式遗传，如简单的动脉粥样硬化，采用研究单基因病的方法很奏效，而对复杂疾病的效果甚微，要想真正取得进展，还需理论上和方法上的突破。我们认为复杂性状和复杂疾病涉及基因表达调控和代谢调控，遗传信息的比较生物学研究将有可能解决复杂基因表达调控问题。

5. 遗传信息的进化将成为分子生物学的中心内容

生命在地球上起源后已有35亿年的历史，如今生存在地球上的每一种生物都是经过35亿年的漫长自然选择留下来的独一无二的精华。从表面上看，自然选择所选择的是生物的表现型，而本质上选择的是遗传信息。从表面上看，自然选择所选择的是生物的个体，而本质上选择的是生态系统。

生命活动所需信息都储存于生物基因组中，只有用进化的观点对基因组核酸序列及其编码的蛋白质序列进行比较研究，才能深刻揭示生物大分子的结构与功能的关系，同时对生物遗传信息的进化有更深入的认识。

人类基因组计划的实施使得核酸序列和蛋白质序列数据以惊人的速度增长，为生物进化研究提供了丰富的材料。在21世纪初，人类基因组和许多模式生物基因组序列测完以后，通过比较研究，我们将在基因组上读到生物进化的历史，使我们对生物进化的认识从表面深入到本质。

我们不敢预测21世纪生物进化论将会有多么深刻的变化，但是，对编码序列和非编码序列的进化研究有几点是可以肯定的。对编码序列的进化研究，主要是以氨基酸序列比较为主：第一，纵向比较研究和横向比较研究将揭示蛋白质结构和功能的变化并绘制进化树；第二，对遗传变异与进化的关系将有新的认识。在蛋白质中，真正形成稳定的三维结构的短氨基酸序列是有限的（目前已发现120多种），因而，蛋白质结构的多样性来自于这些序列的拼接。这些短的序列叫模体（motif），新的蛋白质基因的产生将不再认为是“突变—选择”的过程（至今为止的传统的进化论观点），而是“模体拼接—选择”的过程。但是，仍然不能否认模体是在生物进化过程中由碱基不断发生突变并通过自然选择而积累下来，一旦模体产生，通过模体的拼接，生物进化速度要快得多。非编码序列的进化研究，主要是以基因组序列为主。目前，在这方面研究甚少，但有几点仍是可以预见的：第一，真核生物的基因多是不连续的，其编码序列（外显子）为非编码序列（内含子）所隔开，考虑到“模体拼接进化”，内含子的存在是极为有利的。如果一个外显子包含一个模体的编码序列，那么模体的拼接可发生在内含子中的任意一点，这种模体的拼接能形成新基因并有全新的功能，但是不会突然失去原来的全部功能。这是有利于生物进化的。第二，内含子起源进化研究，将有助于了解生命起源过程中RNA在先还是DNA在先的问题。设想这样一条途径似乎更为合理：原始RNA分子一方面通过剪接而形成信使RNA（作为蛋白质合成的模板）；另一方面，未经剪接的原始RNA用于合成DNA，形成基因组DNA。第三，通过对非编码序列的比较研究找出进化过程中的保守序列，将有助于揭示调控序列的结构与功能的进化历程，也有助于研究复杂的基因调控模式，遗传学和发育学的难题有可能在此找到突破。

6. 研究发育生物学的时机已经成熟

自从生命科学诞生以来，发育问题就一直是一个神秘而迷人的难题，虽然有许多优秀的科学家做

了一些十分杰出的工作，发育生物学却迟迟未能获突破性进展，直到1995年3位科学家因同源异型基因的研究而获得诺贝尔奖才标志了该领域进入到了成熟阶段。21世纪，遗传信息的进化研究成果将成为解决发育问题的基础。虽然不能肯定地说分子水平上"个体发育重演系统发育"，但有一点是清楚的，系统发育过程中遗传信息的进化将为我们全面解决发育问题提供最丰富最有用的线索。

7. 生物技术产业化的加剧

70年代以来各种生物技术层出不穷，如植物组织培养技术，基因工程技术，动物胚胎工程技术，无性繁殖技术，转基因动物和转基因植物技术，基因治疗技术等。上述技术以及目前仍难以预见的将在21世纪出现新的生物技术已经、正在和将要不断实现产业化，从而对21世纪的产业结构产生深远的影响。

三、结束语

"21世纪是生命科学的世纪"的含义远不止于此。我们仅就半个世纪来发展起来的分子生物学及相关领域可能带来的变革做了粗浅的预测。虽说是预测，实则已有苗头；虽说是谈论21世纪的生命科学，却是站在20世纪的基点上，更是局限于我们所熟悉的分子生物学领域的知识。即使在这样一个领域，我们对有些问题仍不敢妄加讨论，诸如"艾滋病是否能通过生物工程疫苗彻底消灭"，"癌症将在什么时候能用分子生物学方法治愈"，"基因治疗在未来的治疗手段中占什么地位"，"大脑功能是否可用分子生物学方法研究清楚"等问题。当然，对那些远离分子生物学的生命科学的预测，我们更是无能为力，不仅如此，生命科学发展也对21世纪的教育提出了新的要求。总之，生命科学世纪的美景将随着21世纪的推进而逐步展开。

参 考 文 献

1 Solter D. Cloning and embryonic stem cells: a new era in human biology and medicine. Croat Med. J. 1999 Sep. 40 (3):309～318

2 The Human Genome Project. Curj. Biol. 1999. 9(24): R908～R909

3 Foote S. Designing new drugs through DNA. Aust. Fam. Physician. 1999, 28(10):1011～1016

中科院　贺林　杨新平　刘万清

中国风险投资发展现状与对策

一、我国风险投资的发展现状

不久前我们对风险投资机构进行了调查，这次调查的重点是各地科委、高新区管委会了解和掌握的风险投资机构。我们认为，这部分风险投资机构是目前我国风险投资的主导力量，基本能反映全国风险投资的总体情况。根据对反馈问卷的分析可以看出，我国风险投资机构目前具有以下特征。

1. 我国的风险投资呈现良好的发展态势

随着对风险投资认识的逐步深入，各地政府从发展当地高新技术产业出发，非常重视风险投资的发展，一些企业为增强技术竞争优势，也纷纷涉足风险投资行业，全国风险投资呈现蓬勃发展之势。目前各地不仅投入大量的资金，并且还出台一系列优惠政策来促进风险投资的发展。国内一些实力雄厚的高科技公司也加入风险投资的行列，如四通、实达、联想、清华同方、海尔、宝钢、希望等公司都独自或联合其它机构成立了风险投资公司，进行战略投资。我们调查了25个省市的47家风险投资机构，这些风险投资机构拥有39.1亿元人民币的注册资本总额，其中有40家风险投资机构是1999年建立的，占所调查风险投资机构的83%。这些风险投资机构大多具有政策背景，政府拥有股权的风险投资机构占90%，纯民营风险投资机构占2%，外资占8%。

2. 风险投资为发展高新技术产业起到极大的推进作用

所调查的风险投资机构已投项目398项，待投项目123项。这些项目主要集中于电子信息(30%)、机电一体化(20.2%)、生物医药(25%)、新材料(14%)、环保(8%)、新能源(2.8%)等高新技术产业。从所投资的企业来看，获得风险投资的企业28%是种子期企业，53.6%是成长期企业，18.4%是成熟期企业。企业在风险投资的推进下，迅速发展起来，一些企业已经上市。但所有权不同的风险投资公司呈现不同的投资特点，国外风险投资公司、高科技公司一般都是投资种子期或成长期企业，而有的政府性质的风险投资公司却投资于成熟期企业。

3. 风险投资公司的分布相对集中

集中表现在两个方面：一是风险投资公司多数集中于东部地区。东部地区有风险投资公司40家，西部地区只有7家。这种差异形成的原因是东西部经济发展长期不平衡的结果，与地区高新技术产业发展和整体的区域环境质量息息相关。二是风险投资公司的业务集中于高新区内，89%的风险投资公司选择了在高新区和创业服务中心的高新技术项目，许多高新区与其它若干风险投资机构有紧密的联系。这一方面是由于许多风险投资公司是由地方政府、科委系统为主体共建的，有的甚至就是由原来的创业基金改造而成的。另一方面也说明了风险投资和高新区特别是企业孵化器之间存在着互补、共存的关系。

4. 各地积累了一些经验，风险投资专业人员在实践中得到提高

在我国，风险投资是新生事物，由于各地政府，特别是发达地区政府对风险投资的重视，在探索风险投资方面投入了大量资源，获得了一些宝贵的经验。

北京地区目前大约有10家正式注册的风险投资公司，另外还有若干从事风险投资业务的公司、基金和有关机构。1999年风险投资机构的注册数量明显增多，已投资项目超过25项，投资额逾1.7亿

元人民币，平均每个项目投资约为700万元。此外，北京市是全国民间进行投资发展最活跃的地区。这除了因为中关村地区有6000多家中小型科技企业外，整个地区良好的人文环境、活跃的创新气氛有力地促进了科技和金融的结合。

深圳的风险投资起步于1993年。深圳市政府对风险投资给予了大力的支持，并从一开始就明确风险投资要市场化运作，按经济规律办事，政府不干预风险投资的运营。深圳市还走了外向型的道路，1999年10月，在境外成立了风险投资基金(5000万美元)。此外，深圳市对科技风险投资的扶持措施具有重要的借鉴意义，这些措施包括：(1)逐年增加投资机构的资本金；(2)70%的资本金投入高新技术企业的风险投资公司，可享受高新技术企业的待遇。

上海也是风险投资非常活跃的地区，其经验主要有三点：(1)政府管理到位。1999年8月，上海市专门成立了由常务副市长为组长的上海市科技创新投资指导委员会，全面指导全市的风险投资工作。由于管理得力，政府主办的投资公司取得明显效果，充分发挥了示范作用，并且带动大型国营企业集团投资的社会化风险投资公司的迅速发展，其注册资金占到浦东总量的70%以上。一些吸纳民间资金的风险投资机构也有所发展；(2)规范的风险投资运作模式。上海创投公司实行风险基金的管理模式，作为投资公司，与7家管理公司和4家托管银行建立起合作关系。创投公司是资本的所有人，负责资金的投资方向和总体运作；管理公司负责为资金寻找项目和撰写可行性报告，目前已有7家管理公司签约，在项目投入时，管理公司还必须匹配5%～10%的资金；托管银行选定了民生银行、建行、上海银行负责资金款和财务监测，同时提供配套的融资服务；(3)交易所为促进科技成果持有方和资金持有方的融通、合作提供了一个良好的操作环境，对风险投资的发展起到一定的促进作用。1999年底上海技术产权交易所创办成立，目前已有89家单位在交易所挂牌，40个交易日的交易额达2.7亿元。

此次调查的47家风险投资机构共有从业人员800多人，通过不断的学习和实践，这些从业人员的能力和素质将得到极大的锻炼和提高。

5. 外资风险投资机构开始涉足中国风险投资业务

与政府创办的风险投资相比，目前我国外资风险投资机构在数量上还是少数，仅占我国风险投资机构的8%，但它们在我国风险投资界的影响却不容忽视。

(1)外资风险投资公司完全按国际上风险投资公司的惯例行事，其主要管理人员和部分职员在海外从事过相关业务，经验丰富。这些投资公司在投资之初即设计好了退出方案，如不能退出，即使再好的项目，也绝不介入。

(2)它们都有实力雄厚的母公司作为后盾。

(3)它们对目标企业的选择十分谨慎，有一个严格的、量化的项目评价体系，项目的审查要经过严格的调查程序。

二、存在问题

1. 资金来源有限，资本结构单一

虽然在全国技术创新大会的推动下，各地投入大量资金建立了一批以政府为主要出资人的风险投资基金或公司，一定程度上缓解了高新技术产业发展的资金短缺问题。但从总体上看，资金的缺口仍非常大，远远不能满足我国高新技术产业发展的需要，并且风险投资公司的资金来源大多有政府背景，这一方面限制了我国风险投资的资金规模，另一方面也使风险得不到有效分散。而目前西方各主要国家的创业资本中，来自公积金的占24%，银行占21.6%，公司企业占16.9%，私人投资占11.6%，股市投资者占2.3%，大学及研究机构占0.3%，其他来源占3.9%，来源于官方的只占一小部分，约8.3%。我国居民储蓄有6万亿，形成了人数不少的富有阶层，但他们很少把资金投资于高新技术企业，少量的投资额中又基本都没有进入风险投资领域。保险、养老等各种基金尚未开展风险投资业务，也缺少民间资本进入风险投资领域的渠道和运作保障机制。

2. 风险投资的运作机制有待完善

风险投资在我国还处于起步阶段，虽然我国目前有数十家风险投资公司，但运作上尚需完善。(1)投资方式需要调整。风险投资的投资方式通常是采取股权投资的方式，而我国有相当多的风险投资公司则以贷款的方式运作资金。(2)完善评价机制。目前，我国风险投资项目评价体系带有浓厚的人为色彩，缺乏严肃性、科学性。虽然风险投资公司仍然可以找到项目，但蕴含的风险很大，限制了搜寻的范围。这些公司如果不在体制和运作机制等方面进行大胆改革，如果不能逐步转到政府引导、企业主体投资、运行市场化方面来，这批资金将或不能有效地投入高科技，或不能持续健康发展，从而不能带动高新技术产业持续稳定发展。

3. 缺乏相应的激励和约束机制

许多风险投资公司基本上沿用传统国有企业管理模式，还没有建立起适合风险投资运行的激励和约束机制。这造成风险投资机构自身的人员素质、管理经验都很欠缺，大部分投资公司对投资项目的后期跟踪和辅导都跟不上，从而无法与国际上有实力的风险投资机构竞争。

4. 被投资方与投资方在投资理念方面存在差异，投资效率较低

很多科研成果产权不清，有的企业责、权、利也不明晰；在企业管理及发展方向上，被投企业与投资方的目标，尤其是在参股方面要求相差较大，观念不统一，大多需要很长的磨合期，造成投资协商无法进行。

5. 风险投资撤出机制尚未完全建立，风险资本出口不畅

风险投资追求超常规的股权投资收益，这种主动承担风险的投资动机，在客观上要求有一个顺畅

的退出通道，这正是风险投资不同于实业投资的本质特点。目前风险投资的出口有上市、回购、并购、清算等几种方式。这几种方式在法律保障和操作可行性方面均存在问题，使风险投资很难适时退出或套现。国内深、沪两市主板及拟议中的二板都难以及时满足大多数中小型科技创新企业发展的需求，致使国内许多优秀的高新技术企业纷纷寻求在境外上市，导致大量资本、人才和科技成果等外流，对未来的国内证券市场，乃至整个资本市场参与国际竞争形成了很大的压力。

6. 知识产权与无形资产没有得到充分重视和保护

由于对知识产权的保护不够，使风险投资不敢涉足风险较大的中试前期的投资。如果不放开无形资产在工商注册资金中比例的限制，将影响风险投资公司对技术价值的充分肯定，也将限制风险投资对企业无形资产运作空间。

7. 中介机构服务质量和人员素质参差不齐

与风险投资相关的中介机构，如会计师事务所、律师事务所、科技项目评估机构、技术经纪机构、投资顾问机构等力量薄弱，缺乏相应的高素质专门人才队伍。中介机构缺乏足够的职业约束机制和理念，甚至有的中介机构出具虚假报告。这使得风险投资公司在选择高新技术项目进行风险投资方面更艰难。

8. 法律未给予风险投资充分保护

由于风险投资有别于一般投资行为和金融动作机制，因此国外相关法律对有关风险投资的问题一般都有专门的法律依据。如美国成立专门的小企业管理局，并在《1940 年投资公司法》基础上制定了专门的《小企业投资法案》，有力地规范和推动了小企业的发展。

在我国现有经济法律法规中，有许多地方与风险投资运作规则相冲突。虽然《投资基金法》、《风险投资法》已列入国家立法规划，但从总体上讲，法律法规不健全和不成体系的滞后效应，仍是政府面临和应解决的现实问题。

三、政策建议

我国风险投资存在的问题并不是孤立的，而是相互影响、相互制约的，并且和我国的改革进程存在密切的关系。解决这些问题是一项庞大的系统工程，建议重点做好以下几个方面的工作。

1. 积极引导，推动要素主体的规范和发展

由于我国的风险投资业尚处于起步阶段，投资方和融资方尚未掌握风险投资的运作规则，再加上资本市场的不完善，造成我国风险投资业发展比较盲目，运作上缺乏科学性。因此，政府在发展我国风险投资业方面不应该炒作，而应该积极引导，促使风险投资运作规范化。建议在北京、上海、深圳、西安等地高新区积极推进风险投资示范工作，高新区推动风险投资试点，可以排除非法律因素的干扰，享受相关税收等政策的优惠，利于投资者与创业者的利益协调一致。高新区发展风险投资的经验、教训和模式将推广扩散到其它地区，为我国风险投资事业的发展作出贡献。

2. 规范中介服务体系行为

通过资格认证和受信等方式，加强对中介机构的管理，规范其行为，使这些机构以信誉为生存之本，做好咨询服务工作，促进中介市场的发育和完善，为资本市场提供优质服务。

3. 引导大企业和有经济实力的企业参与风险投资

风险投资不仅是风险投资公司和基金的事，大企业和各种有经济实力的企业在产业结构调整中，已经或准备参与风险投资的业务，这部分企业的参与，对风险资金的规模和结构都会有很大的改善，国家在研究风险投资机制和政策措施时应考虑到这一点。

4. 建立风险投资的法律支持环境

有效的法律环境是风险投资业健康发展的必要条件。建议国家在建立适合我国风险投资发展的法律制度之前，先行制定一些具体管理办法，包括风险投资公司投资高新技术企业运作体系中的资本出资方式、出资额、对外投资限制、税收、法人股处理等，都应在管理办法中做出有别于其他一般公司的明确规定。如规定风险投资公司的资本出资实行承诺制，允许风险投资公司的对外投资额超过 50%，在税收方面可让风险投资享受优惠政策，以推动风险投资业的发展。

5. 建立和完善多层次资本市场体系

对我国资本市场大胆进行改革，不仅是高新技术产业发展的迫切需要，也是我国资本市场迎接 WTO 的积极措施。否则，我国证券市场在国际上将长期处于二、三流市场地位，这是我国经济发展在知识经济、改革开放环境下极为迫切的要求。

(1)在活跃现有主板市场的同时，尽快建立二板市场，真正降低中小型科技企业的上市门槛，留住一流的高新技术企业，吸引境内外资金向高新技术产业投资。

(2)推进金融机构、科技担保等机构的金融创新和规范，建立并完善我国科技风险担保体系。

(3)鼓励多种融资方式，促使投资来源的多样化，扩大风险投资资金的规模。

此外，建立和完善区域性的技术产权交易市场，将为科技成果与风险资本更紧密地融合构建交易平台，加大信息供给，提高交易效率，从而不仅为高新技术成果的商品化和产业化获得资本支持，也赢得了宝贵的时间。

（国家科技部　张景安　唐凤泉　史昱　李布）

西部大开发回眸

实施西部大开发战略，加快中西部地区发展，是以江泽民同志为核心的党中央根据邓小平同志“两

个大局”战略构想，面向21世纪做出的重大决策。建国50多年，特别是改革开放20多年来，中国综合国力大大增强，据初步统计2000年国内生产总值为8.9万亿元人民币，首次突破1万亿美元，人均GDP达到800美元，实现了现代化建设的第二步战略目标，国民经济和社会发展进入了一个新的发展阶段。随着经济全球化的发展，世界经济结构正在进行大的调整，面临着加入世界贸易组织、中国将对经济结构进行战略性调整。实施西部大开发，是逐步缩小地区差距，加强民族团结，推动社会进步的重要举措；是调整地区经济结构，实现生产力合理布局，提高经济整体效益和水平的迫切要求；是扩大有效需求、开拓经济发展新的广阔空间；是全面建设小康社会，不断改善人民生活，实现现代化建设第三步战略目标的重大部署，具有重大的经济意义和政治意义。

西部大开发范围包括西南的四川省、重庆市、贵州省、云南省、西藏自治区，西北的新疆自治区、宁夏自治区、青海省、甘肃省、陕西省，以及内蒙古自治区和广西自治区，此外湖南湘西自治州、湖北恩施自治州也比照西部开发的政策。

一、三代领导人对西部的关注

东西部地区发展差距的历史存在和过分扩大，是一个长期困扰中国经济和社会健康发展的全局性问题。支持西部地区开发建设，实现东西部地区协调发展，是我们党领导经济工作的一条重要方针，也是我国现代化建设中的一项重要的战略任务。

早在50年代，毛泽东同志在著名的《论十大关系》中就强调，要处理好沿海工业和内地工业的关系。他讲道：“我国全部轻工业和重工业，都有约70%在沿海，只有30%在内地。这是历史上形成的一种不合理的状况。沿海的工业基地必须充分利用，但是，为了平衡工业发展的布局，内地工业必须大力发展……”

80年代，在我国改革开放和现代化建设全面展开以后，邓小平同志提出了“要顾全两个大局”的地区发展战略构想。“一个大局”是沿海地区加快对外开放，较快地先发展起来，内地要顾全这个大局。另一个大局是，当发展到一定时期，即到20世纪末全国达到小康水平时，全国就要拿出更多力量帮助中西部发展，东部沿海地区也要服从这个大局。

江泽民同志高度重视这个具有全局意义的重大问题，并多次就解决地区发展差距、实施西部大开发战略问题发表重要讲话。1999年6月17日，江泽民总书记在西北五省区国有企业改革发展座谈会上强调，要“抓住世纪之交历史机遇，加快西部地区开发步伐”。江泽民同志还提出了加快西部地区开发的总原则，即“把加快西部经济社会发展同保持政治社会稳定、加强民族团结结合起来，把西部发展同实现全国第三步发展战略目标结合起来，在国家财力稳定增长的前提下，通过转移支付，逐步加大对西部地区的支持力度；在充分调动西部地区自身积极性的基础上，通过政策引导，吸引国内外资金、技术、人才等投入开发，有目标、分阶段地推进西部地区人口、资源、环境与经济社会的协调发展”。

二、西部大开发政策的含金量

西部大开发从某种意义上来说是政府行为，但更是市场主导，此中的关键是：政府提供什么样的政策平台，让企业家、劳动者个人乐于并能够从中寻求发展的机会与可能。西部大开发战略的政策究竟有多少含金量呢？

有专家认为，本次西部开发的特点，一是市场主导，中央政府只是在基础设施等关键地方发挥作用；二是着眼于加入WTO之后与国际惯例对接，因此不可能出台一大堆超国民待遇的局部优惠政策。而中央财政投入和转移支付的金额，“那要根据具体项目来确定，硬性规定一个比例，浪费就不可避免，扶贫款每年都被大量截留就是教训。”尽管如此，许多专家仍然认为新政策有着足够的含金量。例如税收优惠，虽然加入WTO之后优惠政策必须对接为普遍国民待遇，但过渡期有5年，减免税还是有号召力的。而且，受益更多的是内资企业，因为它们更擅长短平快的项目。土地政策也具有很大的含金量。谁开发经营、谁拥有土地使用权和林草所有权的土地政策，体现了开发人和受益人一致的原则，为西部地区荒山、荒地造林种草及坡耕地退耕还林还草提供了利益机制和制度保障。问题在于，荒山荒地的使用权出让金能否减免到近似无偿的程度。美国开发西部的历程也表明了这一点：1862年出台的著名的《宅地法》规定，符合条件的美国公民，只要付10美元，就可以获得西部160英亩土地。1871年的《鼓励西部草原植树法》规定，只要在自己的土地上植树40英亩并成功保持10年，即可获得160英亩联邦土地。1877年的《沙漠土地法》则规定，只要移民在产权登记之后3年对土地进行了灌溉，即可以每英亩25美分的价格购买640英亩土地。我们会发现，正是这种受到法律保护的利益驱动，构成了美国人西进的原动力。再就是扩大对内对外开放的政策。“对外开放过去一直是东部优先，这次是齐头并进。”不仅对外开放，而且对内开放：凡对外商开放的投资领域，原则上允许国内各种所有制企业进入。此种提法由中央部委的重量级人物如此鲜明地在重大场合宣布，似乎还是第一次。公布的政策中还有一条：支持西部对国家鼓励和允许这类产业的企业通过转让经营权、出让股权、兼并重组等方式吸引外商投资。这等于给外商兼并收购西部国企开了一个大口子，接下来就看地方政府怎么运作了。

专家认为，新政策“有的特别好”，比如增加资金投入的政策（中央承诺加大建设资金投入、财政转移支付、金融信贷支持的力度）、土地政策。“有的力度不够”，比如税收政策，减免的都是所得税，此税属地方税，西部省份的各级财政普遍吃紧，有条件的地方政府早已通过先征后退的办法这么做了。而那些很穷的地方，给了它这个政策它也未必减得起。因此，税收政策应考虑从减免中央税比如增值税上做文章。“有的缺少具体内容”，比如国企改革，西部由于非公有制经济不发达，国企的退出难度比东部大得多，没有一些具体的优惠政策（如鼓励外资内资收购兼并西部国企、债转股更多向西部倾斜、享受东北老工业基地的政策等），改革是很难推动的。“有的不能称为优惠”，比如东西部同步开放，比如对外开放的同时也对内开放，这些是 WTO 的基本要求，是国民待遇而不是优惠政策。“总的来看”，“新政策体现了中央对西部的支持和倾斜，但已经公布的只是一个框架，我们正在等待进一步的、更加完善的内容。”有专家呼吁，最大的优惠政策：允许西部超前开放。而要吸引外资就必须开放市场，允许外资以包括大规模兼并收购在内的各种投资方式进入西部市场。”

三、2000 年西部大开发的主要进展

实施西部大开发战略，是党中央高瞻远瞩，总揽全局，面向新世纪做出的重大决策。1999 年，江泽民总书记指出：“实施西部大开发是全国发展的一个大战略。从现在起要作为党和国家一项重大的战略任务，提到更加突出的位置。”2000 年 1 月，党中央、国务院发出了关于实施西部大开发战略的文件，国务院成立了国务院西部地区开发领导小组，由朱镕基总理任组长，温家宝副总理任副组长，中央和国务院有关部门为成员单位。领导小组下设办公室，在国家计委单设机构，具体承担国务院西部地区开发领导小组的日常工作，曾培炎同志兼任办公室主任。1 月 19 日～21 日，国务院西部地区开发领导小组召开了西部开发工作会议，对 2000 年西部开发工作做了全面部署。

党中央、国务院领导同志高度重视西部开发工作，亲临西部地区深入调研考察，发表了重要指示。6 月，江泽民总书记到甘肃、宁夏考察，并在兰州召开了西北五省区党建工作和西部开发座谈会，提出了实施西部大开发的战略目标和指导方针。9 月 15 日，在中共中央召开的党外人士关于实施西部大开发战略的座谈会上，进一步论述了实施西部大开发的重大意义和重要任务。9 月 22 日，在中共中央就西部开发与加快中西部发展法治保障举办的法制讲座上指出，要通过加强法治，推动西部地区形成适应发展社会主义市场经济要求的充满活力的开发机制和良好社会环境。李鹏委员长 5 月到陕西考察，朱镕基总理 5 月、9 月分别到内蒙古、新疆考察，李岚清副总理 6 月至 9 月先后到重庆、宁夏、新疆、青海、西藏、四川考察，其他党和国家领导同志也多次到西部地区，对贯彻落实西部大开发战略的重要原则和重点工作做出明确指示。10 月 26 日，《国务院关于实施西部大开发若干政策措施的通知》颁发。11 月，国务院领导同志听取了关于《“十五”西部开发总体规划》的汇报。目前，西气东输、青藏铁路工程已正式立项，西电东送工程贵州等地的项目已正式开工，实施西部大开发拉开了序幕，西部开发工作有了一个良好开端。

（一）基础设施建设步伐加快

在扩大内需、实行积极财政政策的支持下，2000 年国家加大投入力度，加快了西部地区基础设施建设。一是 78 个在建大中型项目的建设进度加快。全年预计完成投资 326 亿元，全部和部分投产项目 42 项。二是 10 大新开工项目进展顺利。西安至南京铁路西安至合肥段、重庆至怀化铁路、西部公路建设、西部地区机场建设、重庆高架轻轨交通、柴达木盆地涩北至西宁至兰州天然气输气管道等工程已经开工建设。三是塔里木盆地到上海天然气输气管道工程、兰州到成都输油管道、西南水电建设和东送工程、进藏铁路、西南和西北出境铁路等 5 个重点工程的前期工作抓紧进行。

（二）生态环境保护与建设得到加强

2000 年，各地认真贯彻落实国务院西部地区开发领导小组会议精神，行动迅速，进展较快，加大了生态环境保护和建设力度。一是积极开展退耕还林还草试点工作，有关地区采取一系列有效措施，抓紧落实这项工作；据初步统计，到年底，长江上游、黄河上中游等地区 17 个省（区、市）和新疆生产建设兵团共完成退耕地还林还草 1129 万亩，宜林荒山荒地造林种草 787 万亩，完成了计划任务，造林成活率预计可以基本达到国家规定的标准。二是天然林保护工程进展顺利。到 2000 年上半年已累计调减木材产量 939 万立方米，完成公益林建设和森林抚育 617 万公顷。三是防沙治沙、天然草地恢复和建设、水土保持、重点地区综合治理等其他生态环境保护与建设工程稳步展开，取得一定成效。

（三）科技教育发展和产业结构调整取得进展

2000 年，重点选取生态建设与环境保护、优势资源增值转化两个方面的项目，作为高技术产业化示范工程，为修复和改善西部地区生态环境，发展特色经济和优势产业，提供了技术支撑。为加快西部地区高层次人才培养，年初安排了一批国债资金，重点用于支持西部高校教学、实验基础设施建设和学生生活和活动场所建设，使西部高校的培养能力扩大 10％左右，办学水平和教学质量进一步提高。下半年，又继续安排国债资金，支持西部重点院校基础设施、部分高校校园网的建设，还装备了一批贫困县县级职业技术教育和培训中心。

四、西部开发要容易犯的主要错误

国外在开发欠发达地区过程中，在自然环境保护、后进地区自我发展能力培育、对当地原有文明的保护、产业结构调整、社会发展等方面的失误，造成严重的后果，留下了深刻教训。全面系统地总结这些国家的失败教训，并引以为鉴，以减少在西部大开发过程中的各种失误，这对我国这样的发展中大国，将具有更重要的政治经济和现实意义。总结起来，主要的教训有以下几方面。

一是重视开发，忽视了资源和生态环境的保护。

包括美国、前苏联在内的许多国家，在开发欠发达地区过程中，由于对环境保护问题认识不足，大规模开发导致了自然生态环境的严重破坏，留下了许多深刻教训。美国在 1860～1890 年 30 年间，开垦了西部 9000 公顷处女地，一时间五谷丰登，人畜兴旺。但由于过度垦殖耕种，使土地失去了植被保护而埋下了祸根，加之气候异常，1934 年春季引发了毁灭性沙尘暴，摧毁了中西部大平原上20多个州的庄稼，使全国小麦减产3亿蒲式耳（1933年美国小麦总产为8.6亿蒲式耳），4500万公顷耕地被毁，16万农民倾家荡产，逃离了大草原。战后特别是进入20世纪60年代，西部地区工业污染问题日益严重，美国国会修改和通过了《清洁空气法》（1963年）、《水质法》（1965年）等数十部有关控制污染的法律，并建立了环境质量委员会和联邦政府环保局，政府和企业每年花费数百亿美元用于减少和控制污染。20世纪50年代前苏联在哈萨克斯坦、乌拉尔和西伯利亚等地毁林毁草开垦了6000万公顷土地，此举生产的粮食一度占全苏粮食总产的2/5。但好景不长，1963年即遭大自然惩罚，这一年风暴席卷垦荒区，仅哈萨克斯坦的新垦地受灾面积就达2000万公顷，占垦区总面积的80%。只注重开发，忽视环境保护，美国和前苏联都为此付出了沉重代价。事实表明，环境保护问题不仅是提高生活质量的问题，也是经济能否持续发展的问题。美国、前苏联等国在欠发达地区开发中的那种“先开发，后环保”的老路在我国西部大开发不应再重复，靠破坏环境来发展经济的做法必须摈弃。在我国西部开发中，应走开发与环保并进的道路。这是一条花费较多的路，但从长远看，更是一条高起点、可持续的经济发展道路。

二是重视区域援助，忽视了后进地区自我发展能力的培育。

从各国区域政策实践来看，大都根据不同时期的区域问题制定有明确的区域援助目标。如英国的区域政策主要是针对衰退的老工业区失业率高的问题，而实施以减少区域就业差异为主要目标的区域援助；德国20世纪90年代针对统一后相对落后地区结构衰弱和人口外流状况，实施财政补贴以平衡地区间的收入差异；日本20世纪60年代以来致力于解决经济发展的“过密”与“过疏”问题，提出实现国土均衡发展的政策目标等。总之，各国开发欠发达地区都有明确的援助目标，但在诱发欠发达地区的生产潜力，培育自我发展能力方面却做得不够深入，比较典型的是意大利。意大利在这方面有着深刻教训，在开发南部地区时，意大利曾从法律上规定中央政府必须把投资总额的40%投入南方，并从南方购买不少于其采购总额的30%的产品和劳务，同时以指令性计划规定国家参与企业必须把他们工业投资总额的40%和新建工业企业投资的60%投向南方。这样在南方就建立了许多大型工厂，为落后地区的发展创造了一定的条件。而意大利政府却忽视了对落后地区的自我发展能力及其生产潜力培育，忽略了对本地区中小企业的支持，结果本地区中小企业的发展因缺乏劳力、资金和原料而受挫，外来企业又因缺乏大批中小企业的成龙配套而变成了“沙漠中的教堂”。实践证明：单靠外援和优惠政策而忽视对本地区生产潜力和自我发展能力的培育，发展是不能持久的。我国在这方面也有深刻教训，现在西部地区形成的“二元”经济结构也是这种政策的结果。

三是重视开发，忽视了对原有文明的保护。

通过对美国和前苏联等国对欠发达地区开发实践的研究发现：各国基本上是针对不同的区域问题而制定明确的区域发展援助目标、成立专门机构、通过灵活多样的援助方式，对欠发达地区进行开发和援助的。但对欠发达地区开发和援助的着眼点和出发点主要是从政治经济的角度，从国家安全和社会稳定的角度来制定各项开发政策，以加快落后地区的社会经济发展的。无论是中央政府还是地方政府都不同程度地忽视了对落后地区的文化、文明的保护，以致造成了当地民族习俗和宗教文化的严重破坏。美国开发西部缺乏对西部原有文明的规划和保护，前苏联也没有对西伯利亚原有文明给予合理保护，致使开发欠发达地区的过程变成了原有文明和原始自然景观的毁灭过程。对欠发达地区的原有文明进行合理保护是每个国家不可推卸的责任和义务。我国西部各民族都有悠久的历史和灿烂的文化，对它们进行合理保护是我国西部大开发过程中不可回避的问题。

四是重视依托资源型重工业的发展，忽视各产业的协调发展。

欠发达地区经济发展停滞和落后，不仅会阻碍整个国家经济的发展，而且还孕育着政治上的不安定。因此各国政府对国内出现的区域差异都十分重视，并动用了政府资源向欠发达地区提供援助，以期加快欠发达地区的发展。由于许多国家在开发过程中过多注重大企业、大项目、大工程的开发建设，过分强调依托资源、能源的重工业的发展，造成了产业结构的失调。这方面在前苏联开发西伯利亚过程中有很好的见证。西伯利亚产品存在明显的原料性倾向，即在初级产品与深加工产品中，初级产品、原料性产品占绝大多数。长期以来，西伯利亚以粮食、木材、土畜产品为主要产品，从60年代以后，尤其以石油、天然气、矿产品、林产品为主，这些大都是“原”字号产品。从产业结构看，西伯利亚的产业按重轻农的次序排列，在地区的重轻农结构中，不仅重工业占绝对优势，而且重工业中的采掘工业部门在整个经济结构中所占比例也相当大。从整体分析，西伯利亚经济以重工业为主，尤其是耗能、耗水量大的工业更为发达，农业、轻工业相对落后，工业布局不尽合理。这种只强调重工业，忽视轻工业、农业，造成国民经济比例失调，严重影响了人们生活水平的提高，这是一个严重教训。探讨前苏联开发西伯利亚的做法，对于研究世界其它欠发达地区的开发，发展和丰富经济学理论，指导我国西部大开发，将有重要作用。

五是重视经济增长，忽视了社会的同步发展与进步。

解决欠发达地区问题，无论是对欠发达地区，还是对中央政府而言，都是较为紧迫的，因而在开发过程中，易产生注重经济增长的倾向，而对见效缓慢的社会发展问题重视不够。以美国开发西部地区为例，无论是比较被推崇的“公共土地”政策、利用军工生产推动经济发展，还是以高新技术产业发展推动产业结构升级、建立专门机构保障政策实施等措施，都是立足于经济的发展，而对社会的同步发展的重视程度远远不够。前苏联开发西伯利亚是注重经济增长的典型。原材料产品工业的大规模投入与开发致使西伯利亚发展速度惊人，从一些主要工业部门的产值来看，1945 年比 1940 年机械制造业增长 440%，化学工业增长 406%，黑色冶金工业增长 302.4%。可见，这些工业部门的增长速度是相当快的。尽管经济增长很快，但与之相对应的社会发展却相当滞后，人们的居住条件、物质文化生活较为落后，基础设施、交通条件业较差，这些日益成为亟待解决的重要问题。因此，忽视社会的同步发展与进步，最终将影响经济的持续增长。

五、中西部地区外商投资优势产业目录

中西部各省、自治区、直辖市外商投资优势产业目录如下：

一　山西省

1　粮食、蔬菜、水果、禽畜产品的贮藏、保鲜和加工
2　林木营造及林木良种引进
3　无磷洗衣粉生产
4　棉纺织、印染生产企业技术改造
5　新型纺织机械制造
6　公路、独立桥梁和隧道的建设、经营
7　煤炭加工应用技术开发及产品生产
8　煤焦油深加工
9　煤层气资源勘探、开发利用
10　单机容量 30 万千瓦及以上火电站的建设、经营
11　铜资源的勘查、开采(不允许外商独资)
12　高性能钕铁硼材料及稀土电机的开发、制造

二　内蒙古自治区

1　粮食、蔬菜、水果、禽畜产品的贮藏、保鲜和加工
2　林木营造及林木良种引进
3　保健酒的生产
4　皮革的后整理及高档皮革产品制造
5　乳制品加工
6　毛纺织、毛针织品生产企业技术改造
7　公路、独立桥梁和隧道的建设、经营
8　煤炭加工应用技术开发及产品生产
9　煤层气资源勘探、开发利用
10　单机容量 30 万千瓦及以上火电站的建设、经营
11　风力发电站建设、经营
12　稀土矿物加工及产品制造
13　铜资源的勘查、开采(不允许外商独资)
14　中、蒙药材加工

三　黑龙江省

1　粮食、蔬菜、水果、禽畜产品、水产品的贮藏、保鲜和加工
2　林木营造及林木良种引进
3　大豆、玉米深加工及其制品开发、生产
4　木浆及造纸生产企业技术改造
5　亚麻纺织及制品生产
6　公路、独立桥梁和隧道的建设、经营
7　煤炭加工应用技术开发及产品生产
8　煤层气资源勘探、开发利用
9　铜资源的勘查、开采(不允许外商独资)
10　高精铝材加工企业技术改造
11　电工仪表及电网智能管理控制系统设备制造
12　计算机软件开发
13　新型电子元器件开发、生产
14　石墨开采、加工及制品生产
15　抗生素药物原料生产
16　中药冻、干、粉、针制剂生产

四　吉林省

1　粮食、蔬菜、水果、禽畜产品、水产品的贮藏、保鲜和加工
2　优良农业作物和畜禽品种繁育基地建设、经营
3　林木营造及林木良种引进
4　农作物副产品(玉米秸杆等)的综合利用
5　化纤木浆生产企业技术改造及综合利用
6　公路、独立桥梁和隧道的建设、经营
7　风力发电站建设、经营
8　乙烯下游深加工产品及精细化工产品生产
9　汽车零部件制造
10　汽车电子元器件生产
11　高性能钕铁硼材料及稀土电机的开发、制造
12　液晶显示器开发、制造
13　计算机软件开发
14　药用植物种植、加工和制药新工艺开发
15　生物工程技术制药

五　安徽省

1　粮食、蔬菜、水果、禽畜产品、水产品的贮藏、保鲜和加工
2　林木营造及林木良种引进
3　竹资源的综合利用
4　棉纺织生产企业技术改造
5　碳纤维的开发、生产
6　公路、独立桥梁和隧道的建设、经营
7　煤炭加工应用技术开发及产品生产
8　煤层气资源勘探、开发利用
9　非金属矿的勘查、开采及产品深加工
10　农用机械制造
11　铜材料相关电子产品制造
12　旅游景区(点)及其配套设施的开发、建设和经营

六　江西省

1　粮食、蔬菜、水果、禽畜产品、水产品的贮藏、保鲜和加工
2　林木营造及林木良种引进
3　竹资源的综合利用

4 高档日用陶瓷生产(青花玲珑瓷除外)
5 苎麻纺织及制品生产
6 公路、独立桥梁和隧道的建设、经营
7 煤炭加工应用技术开发及产品生产
8 煤层气资源勘探、开发利用
9 稀有金属(铷、铯、钴、钽、铌)冶炼、加工
10 湿法磷酸及高浓度 NPK 复合肥生产
11 新型电子元器件及电子发光材料开发、制造
12 中药材、中成药加工
13 发酵工艺药物的开发、生产
14 旅游景区(点)及其配套设施的开发、建设和经营

七　河南省

1 粮食、蔬菜、水果、禽畜产品、水产品的贮藏、保鲜和加工
2 林木营造及林木良种引进
3 棉纺织、印染生产企业技术改造
4 公路、独立桥梁和隧道的建设、经营
5 煤炭加工应用技术开发及产品生产
6 单机 30 万千瓦及以上火电站的建设、经营
7 铜加工企业技术改造
8 开然碱矿开采、加工
9 新型电子元器件开发、制造
10 新型数字产品及配套件生产
11 电能综合管理自动化及电工仪表制造
12 优质浮法玻璃加工
13 中药材种植、加工

八　湖北省

1 粮食、蔬菜、水果、禽畜产品、水产品的贮藏、保鲜和加工
2 林木营造及林木良种引进
3 竹资源的综合利用
4 水资源合理开发、利用与保护工程
5 水产品养殖及深加工
6 棉纺织、印染生产企业技术改造
7 高档服装面料及服装加工
8 公路、独立桥梁和隧道的建设、经营
9 风力发电站建设、经营
10 磷矿开采、高浓度磷复肥、磷化工及盐化工产品生产
11 汽车零部件制造
12 大型环保设备制造
13 新型电子元器件开发、制造
14 石墨开采及深加工

九　湖南省

1 粮食、蔬菜、水果、禽畜产品、水产品的贮藏、保鲜和加工
2 林木营造及林木良种引进
3 竹资源的综合利用
4 红壤改造工程
5 水资源合理开发、利用与保护工程
6 高档日用陶瓷生产
7 苎麻纺织及制品生产
8 公路、独立桥梁和隧道的建设、经营
9 煤炭加工应用技术开发及产品生产
10 铁、锰矿采选及锰系列产品深加工
11 大规模集成电路设计与封装
12 中药材、中成药半成品及成品生产

十　广西壮族自治区

1 粮食、蔬菜、水果、禽畜产品、水产品的贮藏、保鲜和加工
2 林木营造及林木良种引进
3 竹资源的综合利用
4 松香深加工
5 水产品养殖和加工
6 蔗糖生产的综合利用
7 公路、独立桥梁和隧道的建设、经营
8 水电资源的开发、建设和经营
9 锢、锌有色金属矿的开采(不允许外商独资)
10 氟化盐、氯化盐、聚合磷酸盐生产企业技术改造
11 新型电子元器件开发、制造
12 中药材、中成药半成品及成品生产
13 旅游景区(点)及其配套设施的开发、建设和经营

十一　四川省

1 粮食、蔬菜、水果、禽畜产品、水产品的贮藏、保鲜和加工
2 林木营造及林木良种引进
3 优质农产品基地建设和经营
4 竹资源的综合利用
5 棉纺织、麻纺织、丝绸企业生产线改造
6 公路、独立桥梁和隧道的建设、经营
7 煤炭加工应用技术开发及产品生产
8 水电资源的开发、建设和经营
9 钒钛矿物开采及加工(不允许外商独资)
10 天然气资源开发及天然气化工产品生产
11 计算机软件开发及网络产品制造
12 新型数字产品及配套件制造
13 新型电子元器件制造
14 中药材、中成药、植物化学原料药开发、生产
15 旅游景区(点)及其配套设施的开发、建设和经营

十二　重庆市

1 粮食、蔬菜、水果、禽畜产品、水产品的贮藏、保鲜和加工
2 林木营造及林木良种引进
3 竹资源的综合利用
4 水资源合理开发、利用与保护工程
5 库区生态环境保护及整治工程
6 苎麻纺织及制品生产企业技术改造

7 公路、独立桥梁和隧道的建设、经营
8 城市地铁、轻轨交通建设、经营(中方控股或占主导地位)
9 天然气勘查、开采及天然气化工产品生产
10 汽车、摩托车零部件及电子元器件制造
11 大型环保设备制造
12 大型成套自动控制系统制造
13 中药材、中成药半成品及成品生产

十三 云南省

1 粮食、蔬菜、水果、禽畜产品、水产品的贮藏、保鲜和加工
2 林木营造及林木良种引进
3 花卉及栽培技术引进、开发、经营;现代花卉园区建设和经营
4 竹资源的综合利用
5 天然香料、食用菌的种植、加工
6 水资源合理开发、利用与保护工程
7 滇池污染治理及环境保护工程
8 绿色食品、保健食品开发、生产
9 蔗糖生产的综合利用
10 公路、独立桥梁和隧道的建设、经营
11 煤炭加工应用技术开发及产品生产
12 磷矿开采、高浓度磷复肥、磷化工产品生产
13 中药、生物药开发、生产
14 旅游景区(点)及其配套设施的开发、建设和经营

十四 贵州省

1 粮食、蔬菜、水果、禽畜产品、水产品的贮藏、保鲜和加工
2 林木营造及林木良种引进
3 竹资源的综合利用
4 水资源合理开发、利用与保护工程
5 公路、独立桥梁和隧道的建设、经营
6 煤炭加工应用技术开发及产品生产
7 钛冶炼、加工企业技术改造
8 低品位、难选冶金矿开采
9 钡盐生产企业技术改造
10 磷矿开采、高浓度磷复肥、磷化工产品生产
11 新型电子元器件开发、制造
12 中药材、中成药半成品及成品生产
13 旅游景区(点)及其配套设施的开发、建设和经营

十五 西藏自治区

1 粮食、蔬菜、水果、禽畜产品的贮藏、保鲜和加工
2 林木营造及林木良种引进
3 民族特需产品、工艺美术、包装及容器材料及制品生产
4 公路、独立桥梁和隧道的建设、经营
5 电力基础设施及新能源电站建设、经营
6 铬矿的开采与加工(不允许外商独资)
7 盐湖资源的开发利用
8 新型干法水泥生产线
9 藏成药品的开发、生产
10 旅游景区(点)及其配套设施的开发、建设和经营

十六 陕西省

1 粮食、蔬菜、水果、禽畜产品、水产品的贮藏、保鲜和加工
2 林木营造及林木良种引进
3 棉纺织及印染生产企业技术改造
4 公路、独立桥梁和隧道的建设、经营
5 煤炭加工应用技术开发及产品生产
6 煤层气资源勘探、开发利用
7 铜资源的勘查、开采(不允许外商独资)
8 天然气资源开发及天然气化工产品生产
9 现场总线智能仪表制造
10 新型电子元器件开发、制造
11 天然药物、保健药物及保健用品生产
12 民用飞机设计与制造(中方控股或占主导地位)
13 旅游景区(点)及其配套设施的开发、建设和经营

十七 甘肃省

1 粮食、蔬菜、水果、禽畜产品、水产品的贮藏、保鲜和加工
2 林木营造及林木良种引进
3 优质酿酒葡萄基地建设,优质葡萄酒酿制
4 马铃薯淀粉、玉米淀粉深加工
5 水资源合理开发、利用与保护工程
6 毛纺织生产企业技术改造、产业用纺织品开发、生产
7 公路、独立桥梁和隧道的建设、经营
8 超高功率石墨电极及碳素制品生产
9 天然气化工产品生产
10 钻机及油田设备制造
11 IC元件集成电路封装及电子专用设备、仪器制造
12 旅游景区(点)及其配套设施的开发、建设和经营

十八 青海省

1 粮食、蔬菜、水果、禽畜产品、水产品的贮藏、保鲜和加工
2 林木营造及林木良种引进
3 水资源合理开发、利用与保护工程
4 公路、独立桥梁和隧道的建设、经营
5 铜、铝、锌矿开采、冶炼、加工(不允许外商独资)
6 钾资源的开发、加工
7 盐湖资源综合利用及产品生产
8 新型建筑材料生产
9 中药、藏药材种植、加工
10 旅游景区(点)及其配套设施的开发、建设和经

营

十九　宁夏回族自治区

1　粮食、蔬菜、水果、禽畜产品、水产品的贮藏、保鲜和加工
2　林木营造及林木良种引进
3　水资源合理开发、利用与保护工程
4　葡萄的种植和酿酒
5　玉米、马铃薯种植及深加工
6　蚕养殖、蚕茧丝加工
7　公路、独立桥梁和隧道的建设、经营
8　钽、铌的冶炼和加工
9　钽电容及钽粉生产制造
10　旅游景区(点)及其配套设施的开发、建设和经营

二十　新疆维吾尔自治区

1　粮食、蔬菜、水果、禽畜产品、水产品的贮藏、保鲜和加工
2　林木营造及林木良种引进
3　优良蕃茄种植及深加工
4　优质葡萄的种植及酿酒生产
5　水资源合理开发、利用与保护工程
6　公路、独立桥梁和隧道的建设、经营
7　棉纺织生产企业技术改造及新产品的开发
8　风力发电、太阳能发电的建设、经营
9　锂盐的开发(不允许外商独资)
10　旅游景区(点)及其配套设施的开发、建设和经营

(国家发展计划委员会国土开发与地区经济研究所石培华博士)

技术创新与知识产权产业化

企业专利工作管理办法(试行)

总　则

第一条　为规范企业专利工作,充分发挥专利制度在企业发展中的作用,促进企业技术创新和形成企业自主知识产权,推动企业加强对知识产权的管理、保护和利用,制定本办法。

第二条　企业专利工作的任务是充分依靠和运用专利制度,使专利机制成为促进企业技术创新的一个主要动力机制和保护机制,鼓励和调动企业职工的积极性,为企业技术创新以及生产、经营全过程服务。

第三条　国务院专利工作行政主管部门、宏观经济调控部门共同负责对企业专利工作进行宏观指导和协调。

企业的专利状况指标及专利管理水平作为评价考核企业经营管理水平和技术创新工作业绩的重要依据。

第四条　本办法适用于国有企业及国有控股企业(以下简称企业),其它企业可参照执行。企业应根据本办法并结合自身状况建立和完善各项具体专利管理规章制度。

地方各级专利管理机关、宏观经济调控部门可以根据本办法及相关法规政策制定适合本地企业情况的具体实施措施办法。

第一章　企业专利工作人员及机构

第五条　有条件的企业应配备专职专利工作人员,建立专门机构。其他企业可根据工作需要,明确承担专利工作的机构和专职或者兼职人员。

企业专利工作机构的具体组织结构及管理模式,可根据本办法要求并结合企业自身情况灵活建制。企业主要负责人应主管和统筹企业专利工作。

第六条　企业缺乏条件配备专利工作者,可以从社会中介机构聘请具有注册执业资格的专业人员任企业专利顾问,帮助企业开展专利工作。

企业专利顾问应严格按照执业要求履行职务,保守企业秘密。

第七条　企业要明确企业专利工作者、企业专利顾问的工作任务和职责,提供工作条件,保障他们应有的权利,支持他们参加专利以及其它相关业务的培训、交流等流动。

第八条　各级专利管理机关应对企业专利顾问及其执业活动予以业务指导。要适时组织企业专利工作者、企业专利顾问开展业务培训及业务交流等活动。

第二章　专利产权管理

第九条　企业要制定适应本企业情况的覆盖企业各相关环节的专利产权管理制度。企业专利产权管理的内容包括:

(一)专利技术开发;

(二)专利申请、维持、放弃的确定,职务与非职务发明的审查;

(三)专利评价、评估;

(四)专利资产运营,包括专利权转让、许可贸易、运用实施,专利作价投资,专利权质押等;

(五)企业技术活动中形成的与专利申请相关技术档案的管理及对技术人员业务活动的规范;

(六)对涉及专利技术开发权益的流动人员相关活动的规范;

(七)专利权保护,包括专利侵权监视、专利诉讼及专利权边境保护等;

(八)其它企业专利产权管理事项。

第十条　企业要建立职工发明创造、申请专利的申报与审查制度,制订具体申报、审查程序和办法。

大中型企业可在基层技术单位(项目组)及其它必要的企业基层单位指定兼职专利联络员,由专利联络员配合企业专利工作机构或企业专利顾问开展发明创造、申请专利的申报等工作。

第十一条　企业对做出的发明创造,应进行分析评价,凡应该申请专利的,及时申请国内外专利。

对符合申请专利的发明创造应先提出专利申请,取得专利申请日后,再进行科技评价、评估、评奖、产品展览与销售等会导致技术发明公开丧失新颖性的活动。

对于不适于申请专利的发明创造,一般应将其纳入企业技术秘密保护范围,从本企业专利战略及经营实际出发需要公开的除外。

第十二条　企业职务发明创造在申请专利前,有关人员应对该发明创造保密。企业职工调离、离退休,或者外来学习进修、临时工作人员在离开企业前,应将其从事、参与企业技术工作的技术资料交给企业,并承担保密义务。未经企业许可,不得擅自发表涉及应予保密内容的文章,不得将属于企业的发明创造申请个人专利。

第十三条 职工将其非职务发明创造申请专利,企业应予支持,不得压制和侵犯其专利申请权和专利权。需要企业出具证明的,由企业审查确认后,出具非职务发明证明。

职工就其做出的发明创造的职务与非职务性质与企业发生争议的,可提请当地专利管理机关处理,确认为非职务发明的,由专利管理机关为其出具处理决定。

第十四条 企业与其它单位签订有关技术开发的合同,或者签订其它在将来履行中可能产生发明创造的合同时,合同应明确发明创造的专利申请权和专利权的归属。

对于跨单位学习进修、合作、工作的人员及企业临时聘用人员,企业应当事先就该人员在学习、工作中做出的发明创造的专利申请权及专利权归属与其本人及接受或派出单位签订合同。未签订合同或者合同规定不明确的,其专利申请权和专利权的归属按照国家有关规定处理。

第十五条 需向国外申请专利的项目,企业应进行可行性论证。

企业建立中外合资、合作企业时,外方以技术、设备、产品作投资的,企业应就所涉及的专利和相关技术领域进行专利检索和论证。

企业与外方签订涉及专利或将来可能涉及专利问题的涉外合同,应对专利事宜或可能涉及的专利事宜作明确约定。

第十六条 企业对其专利或专利申请,应依法及时交纳年费或申请维持费,维持其有效。对拟在法定期限届满前放弃或终止的专利和专利申请,要予以论证确认并建立管理档案。

第十七条 企业应依法维护其专利权益。发生被侵权,或者与他方产生专利侵权纠纷或其它专利纠纷的,及时采取措施,必要时请求专利管理机关处理,或向人民法院起诉。

企业职工有权保护本企业的专利权不受侵犯。发现侵犯本企业专利权行为,应及时向企业报告,并帮助做好调查取证工作。

企业专利权益涉及海关保护的,要按照知识产权海关保护条例要求,及时向海关总署申请办理专利权海关保护备案。

企业应避免侵犯他人专利权。

第十八条 企业要定期对专利权及专利申请状况进行统计分析与评估,估算企业专利资产,并将其纳入企业财会核算管理体系,作为企业经营决策的依据。

企业联营、兼并及对外合资、合作,开展重大技术贸易,涉及专利的企业应依照国家有关规定进行专利资产评估。企业开展上述专利资产评估应委托符合执业要求的中介机构完成。

第三章 专利信息利用

第十九条 企业要建立适合本企业的专利信息利用机制。

大中型企业应逐步建立企业专利信息数据库,有条件的企业要建立企业专利信息计算机管理系统。缺乏条件建立专利信息数据库的企业可依托社会专利信息中介机构与专利信息网络利用专利信息。

企业专利工作者、专利顾问要及时收集、研究与企业有关的专利信息,为企业技术创新、经营管理等相关企业活动提出对策。

第二十条 地方专利管理机关、宏观经济调控部门应采取措施促进专利信息的传播、开发和利用。要鼓励和支持本地区专利信息网络建设,逐步建立本地区中国专利信息网网站。鼓励和支持社会专利服务中介机构开展专利信息服务。

第二十一条 企业在产品、技术研究开发立项之前,应进行专利文献检索,在研究开发过程中及完成后,要进行必要的跟踪检索。企业研究开发项目进行鉴定验收时应有专利检索报告。

企业技术创新项目申请列入政府经济科技计划或者政府参与投资的,项目审批部门应当要求项目承担企业提供专利检索报告作为审批立项的依据之一。项目取得阶段性成果或完成后,承担企业向项目审批部门申报时,申报材料应提供项目所涉及技术领域的新的专利检索报告,及项目中产生的发明创造是否申请专利的说明。

第二十二条 企业开展对外贸易有下列情形之一的,应进行项目专利检索:

(一)技术、成套设备和关键设备的进出口;

(二)未在国内销售过的原材料和产品的进口;

(三)未在其他国家和地区销售过的原材料和产品的出口。

第二十三条 对企业重大的新技术、新产品研究开发项目,或者企业具有重大市场前景需要申请外国专利的技术创新成果,企业要进行项目专利战略研究,提出专利战略分析报告。

第四章 考核评价与扶持措施

第二十四条 企业专利状况指标作为评价企业技术创新工作与专利工作的主要考核指标,包括:

(一)专利权、专利申请权拥有量指标,包括自主开发和引进的专利权、专利申请权;

(二)专利开发率指标,包括年度专利权、专利申请权数与同期研究开发投资额比,年度专利权、专利申请权数与企业技术人员数比等;

(三)专利收益指标,包括自主开发专利和引进专利的收益;

(四)企业专利管理状况,包括专利管理综合水平,专利产权管理状况,专利信息利用状况,制定与实施专利战略状况,专利收益分配与奖励状况等。

企业应将企业专利状况指标及专利管理要求纳入企业有关负责人任期考核目标。

第二十五条 国务院专利工作行政主管部门、宏观经济调控部门共同制定企业专利工作达标和优秀两级评价标准，对企业进行评价。由企业自愿申报，省级以上专利管理机关、宏观经济调控部门组织评价。

对专利工作优秀并符合有关要求的企业，纳入有关扶持企业计划或其它政策支持范围。

第二十六条 对于政府财政支持的科技计划项目所取得的新技术成果，除合同规定应向社会推广或保密外，项目承担企业可以申请专利，并可以有偿转让或自行实施，所得收益属于承担企业。

第二十七条 各级专利管理机关、宏观经济调控部门应优先将拥有自主专利权并符合有关条件的高新技术项目推荐纳入国家有关经济和科技计划。优先向社会推荐有自主专利权的高新技术产品。对拥有自主专利权且形成一定产业规模具有市场前景的新产品和新技术，采取倾斜支持政策。

地方可以根据本地情况制定鼓励支持专利技术实施和产业化的具体措施。鼓励和支持地方建立专利基金，鼓励企业建立企业的专利基金。

第二十八条 鼓励和支持企业依托高等院校、科研院所等社会技术力量开展以专利为目标的技术创新活动。支持高等院校、科研院所及技术持有人以专利权入股，与企业合作建立新的经营实体。鼓励企业从高等院校或科研院所引进专利进行技术创新。

第二十九条 地方专利管理机关应鼓励发展面向企业服务的社会专利中介服务机构，引导帮助本地区成立企业专利工作者协会、专利顾问协会等有关企业专利工作的社会团体组织，并予以业务指导。

第五章 利益分配与奖励

第三十条 企业要根据专利法及实施细则和国家相关政策规定要求，建立企业内部合理的专利利益分配与奖励制度。对企业专利发明人或设计人作出的专利及其实施效益定期评价，兑现应分配利益与奖励。

专利利益分配与奖励应与专利发明人、设计人的贡献和专利实施效益对应。专利利益分配与奖励形式可以用股权分配，一次性支付应分配金额，或者按实施效益的一定比例提成等符合国家政策的形式。

第三十一条 企业开展专利利益分配与奖励，对专利及其实施效益评价时，可以组织专门委员会依国家规定的评价要求评价。

第三十二条 职务专利发明人、设计人对企业关于其职务专利及实施效益的评价与利益分配、奖励持严重异议的，可以向企业所在地专利管理机关申诉和请求处理。申诉事实成立的，专利管理机关可以督促企业重新进行评价及分配、奖励，或者直接依法作出处理。企业对专利管理机关的处理决定应予履行。

第三十三条 在依托产学研合作的企业技术创新活动中，对高等院校、科研院所的专利完成人及专利实施的主要完成人，企业应支付与其实际贡献相当的报酬，可以用股权收益分配等符合国家政策的形式支付报酬。

企业可以在研究开发前订立的合同中约定研究开发完成后取得专利权及专利实施后，给予专利完成人的分配比例。

第三十四条 企业应将专利发明与设计成绩作为考核技术人员工作的重要依据。

企业在聘任技术人员职务和给予相关奖励时，应将其申请专利和获专利权情况，作为考核的主要依据之一。

企业技术人员所作出职务专利产生突出效益的，可作为有突出贡献的专业人员，在评定技术职务时破格晋升。

第三十五条 企业开展技术创新项目的鉴定验收与奖励时，应将项目申请专利及获专利权情况作为重要考评依据。

第三十六条 各级专利管理机关、宏观经济调控部门要适时表彰专利技术创新成绩显著的企业、优秀项目和先进个人，在企业专利工作中做出突出贡献的企业专利工作机构、专利工作者、专利顾问以及其他专利工作人员。

在企业专利工作中做出显著成绩获得表彰、奖励的人员，其成绩作为职务聘任和晋升的主要依据之一。

第六章 责任与处罚

第三十七条 企业可以依据本办法制定本企业具体的责任追究制度。对违反本办法规定，造成企业专利资产和其他财产损失的，给予责任人员行政处分。

第三十八条 未及时申请专利或忽视专利权保护工作造成企业严重损失的，企业有关负责人及直接责任者应按国家政策法规和企业规定承担责任。

职工将职务发明创造以非职务发明创造申请专利的，或者有其它严重违反本办法规定侵犯、损害企业权益行为造成企业严重损失的，企业应依法采取措施，追究其应承担的责任。

第三十九条 企业专利顾问玩忽职守、履行职责不当或者泄露秘密，造成企业损失的，依据有关法律、法规和政策规定，承担相应责任。专利管理机关可根据有关规定视专利顾问过错情节作出相应处罚。

附 则

第四十条 本办法由国家知识产权局与国家经济贸易委员会解释。

第四十一条 本办法自发布之日起施行。原中国专利局、国家经贸委、国家科委 1994 年颁布的《企业专利工作办法》（国专发管字［1994］第 117 号）同时废止。

注：本办法由国家知识产权局、国家经济贸易委员会共同发文（国知发管字［2000］第 2 号），自 2000 年 1 月 5 日起执行。

企业专利工作试点方案

为适应我国即将加入WTO的新形势，有力推进全国企业专利工作，配合《企业专利工作管理办法(试行)》(以下简称《办法》)的实施，国家知识产权局、国家经贸委决定选择部分企业开展专利试点工作。通过试点使若干技术创新和专利工作基础较好的企业，先行一步，大幅度提高企业专利管理能力和水平，充分依靠和有效运用专利制度，增强企业技术创新能力和市场竞争能力。同时，通过试点工作总结经验并予以推广，以推动全国企业专利工作的开展。

一、指导思想

为适应我国社会主义市场经济向纵深发展，经济全球化趋势加快，知识经济时代的来临，以及我国即将加入世界贸易组织的国内外形势，我国企业亟需大力加强对知识产权的管理、保护和利用。企业专利试点工作要围绕和适应这一要求展开，要把企业专利工作作为促进企业改革和发展的重要内容，作为建立现代企业制度的重要组成部分。充分依靠和运用专利制度，使之成为促进企业技术创新的重要动力机制和保护机制，促进形成企业自主知识产权。要采取切实可行的措施，把专利工作切实纳入企业的技术创新、生产、经营等各个环节中去，提高企业在国内、国际市场上的竞争能力，促进拥有自主知识产权的产品、产业的形成和发展。

二、试点内容

(一)建立和完善规章制度，形成有效的专利工作机制

试点单位要按照《办法》要求，建立健全并不断完善其内部专利管理规章制度，形成专利产权管理与保护的规范，专利信息利用的规范，专利利益分配与奖励的规范，以及专利工作机构与人员的工作规范等。通过这些规范要求切实将专利工作贯穿于企业的技术创新以及生产、经营的全部环节、全部过程之中。

试点企业要根据《办法》的要求，积极探索建立适应本企业情况的有效的专利工作机制。应确定主管和统筹企业专利工作的企业主要负责人，配备专利工作人员。大中型企业要根据工作需要在必要的基层技术部门、经营部门设置兼职专利联络员，建立企业内部上下结合的专利工作有效组织体系。鼓励试点企业根据需要从社会中介机构聘任企业专利顾问，探索由企业专利顾问帮助企业开展专利工作的具体有效形式。

(二)加强专利培训工作

试点单位要因地制宜，结合各自的实际情况，采取多种形式普及专利知识及有关其它知识产权知识，提高全体职工特别是决策人员、科技人员对专利、知识产权知识的掌握和运用水平。要制定专项培训计划，通过多种途径培训一定数量的胜任企业专利工作的企业专利工作者，提高他们的业务素质并充分发挥其作用。

(三)大力加强企业专利产权管理工作，促进形成企业自主知识产权

要强化企业专利产权管理工作，按照《办法》规定要求，在制定完善各项专利产权管理制度的基础上，切实抓好每个环节的专利产权管理工作，具体专利产权管理的内容包括：专利技术开发；专利申请、维持、放弃的确定，职务与非职务发明的审核限定；专利评价、评估；专利资产运营，包括专利权转让、许可贸易、运用实施，专利作价投资，专利权质押等；企业技术活动中形成的与专利申请相关技术档案的管理及对技术人员业务活动的规范；对涉及专利技术开发权益的流动人员相关活动的规范；专利权保护，包括专利侵权监视、专利诉讼及专利权边境保护等。

企业专利工作者要介入开发新技术、新产品和技术改造的全过程，督促和帮助研发人员对具备条件适宜申请专利的新技术、新产品尽快提出专利申请，其中，对于在国际市场上有一定竞争力的新技术、新产品，要及时向有关国家提出专利申请，促使试点企业在加大技术开发力度的同时，自觉依靠专利保护，形成或拥有自主专利权(包括获得外国专利权)，并且有一定产业化规模的拳头产品。

(四)加强专利信息利用工作，开展企业专利战略的研究、制定、实施

试点企业要根据《办法》中有关专利信息利用的要求，切实有效地建立起适合本企业需要的专利信息利用机制，要明确本单位专利信息的收集管理部门，同时，要鼓励根据实际需要积极依托社会专利信息服务部门提供服务。

在新技术、新产品的开发立题前及研制开发和产品、技术出口中，要进行专利文献检索，以提高研究开发起点，避免低水平重复，避免侵犯他人专利权的现象发生。在技术、设备引进中和在进行中外合资、合作中，凡涉及外方专利的，都要对其法律状态进行检索，以避免不应有的损失并防止侵犯他人专利权。此外，还要通过检索专利文献，了解本行业、本技术领域国内外的最新发展动态，为制定、调整企业的经营发展战略服务。

专利战略是企业充分运用专利制度的功能以获取市场竞争优势及利益的谋略。在市场竞争尤其是国际市场竞争日趋激烈的形势下，制定专利战略对企业的生存发展至关重要。要通过分析专利文献，在了解本行业的国际发展态势和国内外竞争对手新技术、新产品开发动态的基础上，从编制发展计划规划、专利申请、专利实施、专利权保护到专利权转让、专利许可和专利诉讼等各个环节，制定和运用相应的竞争策略。

(五)建立科学的企业专利工作绩效考核制度，将专利工作与技术创新工作的考核评价有机结合，加大专利利益分配与奖励力度，形成有效的激励机制

要根据《办法》要求，把企业专利状况指标作为评价企业技术创新工作与专利工作的主要考核指标，包括：

1. 专利权、专利申请权拥有量指标，包括自主开发和引进的专利权、专利申请权；

2. 专利开发率指标，包括年度专利权、专利申请权数与同期研究开发投资额比，年度专利权、专利申请权数与企业技术人员数比等；

3. 专利收益指标，包括自主开发专利和引进专利的收益；

4. 企业专利管理状况，包括专利管理综合水平，专利产权管理状况，专利信息利用状况，制定与实施专利战略状况，专利收益分配与奖励状况等。

要根据十五大报告中“允许和鼓励资本、技术等生产要素参与收益分配”的精神和《办法》的具体规定，制定企业专利利益分配与奖励的办法，要加大专利利益分配与奖励力度，形成有效的激励机制，充分调动职工开展技术创新的积极性。

三、试点工作的组织实施

(一)确定试点企(事)业单位

试点企业的选择以在技术创新和建立现代企业制度上取得一定成绩、重视专利工作并有一定基础，而且在行业中有一定代表性的企业为重点选择对象。在具体选择试点企业时，除了选择申报专利突出的企业，也选择另一些能够依靠和运用专利制度，特别是能运用专利竞争策略于企业经营实践的企业。

由企业自愿申报，有关省、自治区、直辖市知识产权局、经贸委(经委)和国务院有关部门、中央管理企业进行审核、推荐，第一批拟定40家左右专利试点企业。

同时，拟定10家左右专利试点事业单位。

(二)部署和开展试点工作

国家知识产权局协调管理司、国家经贸委技术进步与装备司将共同成立全国企(事)业专利试点指导委员会，并设立开展日常工作的全国试点工作办公室，各省、自治区、直辖市应成立相应的指导委员会和试点工作办公室，以加强对试点工作的统筹组织和指导。

试点单位确定后，各试点单位要确定负责试点工作的机构和联络人员，并根据要求结合各自实际制定具体的实施计划，报国家知识产权局、国家经贸委，由两部门联合召开专门会议进行试点工作动员部署。

试点时间为二年。

各有关省市知识产权局、经贸委(经委)和国务院有关部门、有关中央管理企业要给以大力协助和支持，对试点单位制定试点实施方案、措施和工作计划给予具体指导。国家知识产权局将采取具体措施，对试点单位在专利信息收集利用等方面给以实际支持，并将视需要组织专利审查员、有关专利管理及法律方面的专家直接参与指导、帮助试点单位开展有关专利工作。对试点工作开展较好的单位，将优先接纳为“中国专利信息系统”成员，在设备、信息利用等方面给以适当扶持。国家知识产权局还将组织举办专门的试点单位专利工作人员业务交流培训班，为试点单位培训业务骨干。帮助试点单位总结经验，组织在一定范围内试点工作交流会议，并协调解决试点工作中遇到的问题。

(该方案由国家知识产权局、国家经济贸易委员会2001年3月1日共同发文(国知发管字[2001]第34号)，开始实施。)

关于实施国家知识产权局“促进专利技术产业化示范工程(地方管理重点项目)”的方案

为贯彻落实江泽民总书记在中央经济工作会议上关于“加快发展高新技术产业，扶持一批有自主知识产权和市场前景的高新技术产品”的指示精神，充分发挥专利制度在发展社会主义市场经济和推动技术创新工作中的作用，使专利技术尽快转化为现实生产力，同时，利用专利技术改造传统产业，推动地方经济发展，我局决定在各省、自治区、直辖市和计划单列市(以下简称“各省、区、市”)实施“促进专利技术产业化示范工程(地方管理重点项目)”(以下简称“地方管理重点项目”)。

一、实施“地方管理重点项目”的目的

我局实施“地方管理重点项目”的目的在于在各省、区、市行政辖区内培育和扶持一批拥有自主知识产权保护，具有发展前景和一定市场占有率的高新技术，使之形成产品和产业，并逐步走向规模化和生产现代化，以此为示范，带动本地区越来越多的企业自觉依靠专利制度，实施技术创新，改造传统产业，提高竞争能力，不断开拓市场空间，调整和优化产业结构，培育新的经济增长点，为保护和发展地方工业，带动地方经济的发展，充分发挥专利制度的作用。

二、实施“地方管理重点项目”的要求

(一)各省、区、市人民政府专利管理机关可在本行政辖区内自行选择项目列入“地方管理重点项目”；

(二)所选择的项目应当是已具有一件至数件以有效专利技术为核心的支柱产品；

(三)发明、实用新型专利所提供的技术方案构思巧妙，新颖，技术水平高，对提高相关产品的附加值或市场竞争力有突出的作用；

(四)项目所在企业有比较现代化的生产方式，产品结构合理，能形成系列产品，符合国家和地区的产业发展政策；

(五)专利产品的年销售额达到1000万元，5年内达到5000万～8000万元以上，并形成骨干企业规模化生产；

(六)进入“地方管理重点项目”要有持续开发的能力，每两年滚动一次，按照上述条件，所选项目有进有出；

（七）列入"地方管理重点项目"不得同国家知识产权局"示范工程"和国家部各委项目重复，但可以选入国家知识产权局"示范工程"项目；

（八）各省、区、市人民政府专利管理机关实施"地方重点管理项目"后，要编写《"地方重点管理项目"介绍》，项目介绍的文字每项不少于4000字，并将《"地方重点管理项目"介绍》汇编成册，报送国家知识产权局。

三、组织与实施

（一）各省、区、市人民政府专利管理机关在上级政府部门的支持下，可根据各地的实际情况制定适合本地区经济发展的"地方重点管理项目方案"，出台相应的扶持政策；

（二）在对"地方重点管理项目"进行项目审批和实施效果验收后，知识产权局将对实施工作效果显著的专利管理机关给予适当的工作资金资助；

（三）国家知识产权局对"地方重点管理项目"实施工作进行指导，对"地方重点管理项目"积极争取国家经济主管部门给予政策方面的支持，对具体要求（资金投入除外）给予适当业务帮助；

四、管理与检查

（一）各省、区、市专利管理机关于1999年7月15日前将本地区"地方管理重点项目"实施方案及项目报送国家知识产权局；

（二）国家知识产权局将在1999年第四季度，对"地方管理重点项目"工作进行检查，检查内容：

1."地方管理重点项目"选择情况以及方案的落实情况；

2."地方管理重点项目"扶持政策的兑现情况；

3."地方管理重点项目"的实施效果；

4.持续申请专利的能力；

（三）国家知识产权局对"地方管理重点项目"实施情况组织验收，验收结果将作为国家知识产权局对地方给予工作资金资助和考评地方专利工作业绩的重要依据之一。

促进专利技术产业化示范工程验收项目

序号	企业主导产品名称	企 业 名 称	推 荐 单 位	核验结果
1	柠檬酸	蚌埠柠檬酸厂	安徽省专利管理局	继续示范
2	甲肝减毒活疫苗等	卫生部长春生物研究所	吉林省知识产权局	继续示范
3	2,2,3,3,—四甲基环丙烷羟酸（菊酸）、甲氰菊酯	（中科院大连化学物理研究所）国家催化工程技术研究中心	大连市专利管理局	继续示范
4	湿法纤维板生产线改产干法中密度纤维板技术及全套设备	福建省漳州科林人造板实用技术研究所	福建省专利管理局	继续示范
5	塑料电动动态塑化挤出设备	华南理工大学聚合物新型成型装备国家工程研究中心	广东省知识产权局	继续示范
6	棕纤维弹性材料系列产品	贵阳车辆厂	贵州省知识产权局	继续示范
7	双黄连粉针剂、双黄连粉针（冻干）剂、丹参粉针剂、心安口服液	哈尔滨中药二厂	国家中医药管理局	继续示范
8	急支糖浆、儿康宁、藿香正气口服液、急支颗粒	四川涪陵制药厂	国家中医药管理局（重庆局）	继续示范
9	40%乙莠水悬浮乳剂 50%乙草胺乳油 38%莠去津胶悬剂	张家口市宣化农药厂	河北省知识产权局	继续示范
10	露露牌杏仁露	露露集团有限责任公司	河北省知识产权局	继续示范
11	一种直接以磷矿粉为磷源的粒状复合肥的生产方法	郑州乐喜施磷复合技术研究推广中心	河南省知识产权局	继续示范
12	璜时得牌 LDJ 系列粘合剂	湖北省宜昌市葛洲坝粘合剂开发公司	湖北省知识产权局	继续示范
13	锡、锌、铟	长沙矿冶研究院	湖南省知识产权局	继续示范
14	铁道牵引变压器、电力变压器、配电变压器、干式变压器	云南变压器有限责任公司（云南变压器厂）	湖南省知识产权局 云南省知识产权局	继续示范
15	高聚金葡素	沈阳协和集团公司	辽宁省知识产权局	继续示范
16	树脂、油品、化肥、丙纶、橡胶等	中国石化齐鲁石油化工公司	山东省知识产权局	继续示范
17	水泥立窑烟气收尘装置、湿法颗粒层除尘脱硫器	枣庄市环保设备制造有限公司	山东省知识产权局	继续示范

续表

序号	企业主导产品名称	企业名称	推荐单位	核验结果
18	光友精白薯类淀粉粉丝加工技术及成套设备	绵阳高新技术产业开发区光友特产有限公司	四川省知识产权局	继续示范
19	直接法合成 ZSM-5 分子筛-NKF 分子筛	南开大学催化剂厂	天津市知识产权局	继续示范
20	三剪结构建筑技术	新疆四产有限公司	新疆知识产权局	继续示范
21	YS 系列环氧乙烷银催化剂	北京燕山石油化工(集团)公司研究院	中国石油化工总公司技术开发中心	继续示范
22	炼油化工技术	中国石油化工总公司抚顺石油化工研究院	中国石油化工总公司技术开发中心	继续示范
23	钢铁材料及微电子技术	重庆钢铁(集团)有限责任公司	重庆市知识产权局	继续示范

促进专利技术产业化示范工程批复项目

序号	项目名称	实施单位	推荐单位
1	TT 系列陶瓷过滤机	铜陵铜都特种过滤机有限责任公司	安徽省专利管理局
2	双吸双磨制粉技术及设备工业锅炉高效节煤助燃装置	兰州振茂科技开发有限责任公司	甘肃省专利管理局
3	烃类选择加氢、氧化、脱氢系列催化剂	中油集团兰州石化公司化工研究院	甘肃省专利管理局
4	电子瓷粉和浆料,以及相关产品片式独石电容,片式电感和软磁铁氧体材料等	广东肇庆风华电子工程开发有限公司	广东省知识产权局
5	数字程控交换机	深圳市中兴通讯股份有限公司	广东省知识产权局
6	C&C08 交换机、无线接入产品、Radium 数据通信产品、SBS 光传输产品、HONET 接入网、C&C08 STP、TELLIN 智能网	深圳市华为技术有限公司	广东省知识产权局
7	内燃机电控燃油喷喷射系统及部件	贵州红林机械有限公司	贵州省知识产权局
8	离心球墨铸铁管	新兴铸管(集团)有限责任公司	河北省知识产权局
9	建筑用钢材	唐山钢铁集团有限责任公司	河北省知识产权局
10	双向金属密封蝶阀	郑州市蝶阀厂	河南省知识产权局
11	分辊主驱动辊式卷板机、矫正机	湖北重型机器集团有限公司	湖北省知识产权局
12	ZYJ 系列液压静力压桩机	长沙山河工程机械有限公司	湖南省知识产权局
13	HBT 系列混凝土泵,TC 系列塔式起重机,TCP 系列塔其起重布料两用机、HG 系列混凝土布料机、系列高速施工升降机	长沙中联重工科技发展股份有限公司	湖南省知识产权局
14	镇脑宁胶囊,复方苦参肠炎康片,甘舒霖	通化东宝药业股份有限公司	吉林省知识产权局
15	膜片式微孔曝气器	宜兴市高塍玻璃钢化工设备厂	江苏省知识产权局
16	铝铁、铝硅铁	江苏江南铁合金有限公司	江苏省知识产权局
17	球化剂合金	无锡永新合金球铁厂(集团)	江苏省知识产权局
18	系列花式捻线机	东台纺织机械有限责任公司	江苏省知识产权局
19	瑞贝克、安克系列产品、硫酸庆大霉素、硫酸小诺霉素及其注射液、大输液系列产品	江西制药有限责任公司	江西省专利管理局
20	三聚氯氰、乳胶漆,种衣剂系列,PPEK、PPES、PPESK 特种工程塑料	营口三征有机化工股份有限公司	辽宁省知识产权局
21	高效蓄光型稀土发光材料、发光膜板、发光陶瓷、发光化纤等产品	大连路明科技集团有限公司	辽宁省知识产权局
22	有机富兰克胶	内蒙古兰宝生物化工有限责任公司	内蒙古知识产权局

续表

序号	项 目 名 称	实 施 单 位	推 荐 单 位
23	钢丝绳、钢丝、钢绞线、建筑用钢料	宁夏恒力钢铁集团有限公司	宁夏知识产权局
24	ZK 系列真空热水锅炉	宁夏三新技术股份有限公司	宁夏知识产权局
25	重熔用铝锭、预焙阳极炭块、电工原铝杆、6063 合金棒	青海铝业有限责任公司	青海省专利管理局
26	氯化钾	青海盐湖工业集团有限公司	青海省专利管理局
27	岱峰牌 DGY 系列吊管机	泰安市泰山工程机械制造有限公司	山东省知识产权局
28	橡塑管带系列制品	莱州市橡塑厂	山东省知识产权局
29	气体自动灭火系统	西安新竹防灾救生设备有限公司	陕西省知识产权局
30	冶金机械　板、管、线等优质钢材	西安重型机械研究所上海宝钢集团公司	陕西省知识产权局
31	氟康唑及其胶囊(三维康)	上海三维制药有限公司	上海市知识产权局
32	高含量银杏叶浸膏(银杏酮酯)及制剂(杏灵颗粒　斯泰隆)研制应用	上海杏灵科技药业股份有限公司	上海市知识产权局
33	交流电机森兰变频调速器	成都希望森兰变频器制造有限公司	四川省知识产权局
34	一种超深穿透射孔弹	四川石油管理局测井公司	四川省知识产权局
35	参附注射液	雅安三九药业有限公司	四川省知识产权局
36	饲料级磷酸氢钙、饲料级磷酸二氢钙	四川龙蟒集团有限责任公司	四川省知识产权局
37	“昌泉”牌小麦、玉米、水稻、棉花拌种剂、种衣剂	四川彭山昌泉科农股份有限公司	四川省知识产权局
38	防伪识别系列产品	天津南开戈德集团有限公司	天津市知识产权局
39	“奇正”消痛贴膏	西藏林芝奇正藏药厂	西藏专利管理局
40	藏药“珊瑚七十”	西藏那曲地区藏药厂分厂雄巴拉曲神水藏药厂	西藏专利管理局
41	重熔用铝锭,电工圆铝杆,精铝锭,电子铝箔,化成箔,净水剂	新疆众和股份有限公司	新疆知识产权局
42	棉种过量式稀硫酸脱绒设备及种子机械	新疆石河子市华农种子机械制造有限公司	新疆知识产权局
43	云大－120 高效植物生产调节剂	昆明云大科技产业股份有限公司	云南省知识产权局
44	汽车尾气净化催化剂	昆明贵金属研究所	云南省知识产权局
45	太阳能用循环保温水箱,多级循环燃油锅炉,微压蒸汽锅炉,燃油炉灶	昆明星火节能技术研究所	云南省知识产权局
46	深型吸油烟机系列产品	帅康集团　宁波帅康厨房设备有限公司	浙江省知识产权局
47	高强度聚焦超声肿瘤治疗系统	重庆海扶(HIFU)技术有限公司	重庆市知识产权局

城市专利试点工作

2000 年国家知识产权局召开了全国城市专利试点工作会议,11 个试点城市的主管该工作的市长以及专利管理机关负责同志参加了会议,王景川副局长出席会议并讲话。会议根据我局《促进技术城市专利试点工作导则》和各市的试点工作规划,对各试点市前一阶段的工作进行了总结,交流了经验,分析了亟需解决的问题,提出了对策,部署了下一阶段的城市试点工作;会议还根据国家知识产权局实施西部大开发方案,就西部新增试点城市事宜进行了部署。这次会议从试点城市工作角度，为2000年的“运用专利制度促进技术创新经验交流会”作了必要的准备。

根据西部省份专利管理机关的推荐和有关市政府的申请，经过调研和论证，国家知识产权局决定增加包头、贵阳为全国专利工作试点城市。加上武汉、西安、石家庄、厦门、绵阳、湘潭、延边、招远、武进、上虞、澄海，我国共有13个城市进入全国专利工作试点城市序列。这些城市类型齐全，分布于全国各大行政区划，产业结构各异。一年来，各市试点工作在国家知识产权局推动与指导下正在按计划推进，市领导重视、有关部门配合、企事业单位参与、专利管理机关全面协调的工作局面已初步形成。各市都制订实施了试点工作方案，成立了以主管副市长为组长的试点工作领导小组。各试点城市真抓实干，使其专利工作从专利申请量、执法保护、产业化、体系建设等各个方面都较试点前有了较大的进步，取得了积极效果。

以下我们将陆续报道各试点城市的经验，供同行在工作中学习参考。

政府推动　市场拉动
运用专利制度促进技术创新

多年来，在国家知识产权局的重视和支持下，我市专利工作快速发展，专利制度对技术创新的作用日益显现。使我们倍受鼓舞的是，1999年5月28日江总书记在我市视察时多次强调专利保护问题。江总书记对武汉专利事业的亲切关怀，极大地推动了我市专利工作。

城市，具有知识、技术、信息与人才密集的特点，是技术创新和高新技术产业发展的基地，是产生知识产权的主要源泉。城市市场经济相对发达，对专利工作有较大的拉动力。城市区域集中，政府对专利工作的推力作用易于发挥。专利工作的深入开展与技术创新能力的提高，有利于增强城市综合竞争力和城市辐射功能，实现可持续发展。

1999年，国家知识产权局确定武汉为全国专利工作试点城市。为了做好试点工作，我市全面实施《武汉市加强专利管理，促进创新体系建设纲要》，不断加大政府的推动力度，积极推进体制、机制、管理和环境创新，充分发挥专利制度激励和保护创新的作用，初步建立了专利与经济、科技协调发展的新体制，初步形成了充满活力和科学有效的运行机制，初步实现了全方位和多功能的大专利管理，初步营造了有利于发挥专利制度作用的良好环境，有效地促进了高新技术产业的自主知识产权化和自主知识产权高新技术的产业化。截至2000年8月底，全市专利申请量为11418件。2000年1－8月，专利申请同比增长24%，在副省级城市中列第二位；发明专利占专利申请量的30%，同比增长81%，在副省级城市中均列第一位。

一、大力推进体制创新　实现专利与经济科技协调发展

专利制度集技术、经济、法律三位一体，具有很强的关联性、开放性和综合性。专利制度的有效实施，有赖于体制、机制、管理和环境的创新。其中，体制创新是关键。为了发挥专利制度的功能，我市在运用市场机制的同时，加强政府对专利工作的组织领导，综合运用经济、法律和必要的行政手段，大力推进企业专利工作，切实把专利管理和保护贯穿于技术创新的全过程，着力建立以政府推动为主导，市场拉动为基础，企业为主体，融入创新体系为重点，法制建设为保障的专利与经济、科技协调发展新体制。

(一)立足战略高度　协调创新关系

推动技术创新的关键在于运用专利制度有效协调创新关系，实现专利保护战略与技术创新战略的有机结合。多年来，我市注重从经济和科技发展的战略高度，不断加大政府推动力度。1987年，市委、市政府确立了“科教立市”的基本市策，提出要加强专利工作。1991年，市政府发布了《武汉市专利管理工作暂行规定》，使专利管理走向规范化。1995年，《武汉市科技进步条例》规定，要完善专利管理和服务体系，保护知识产权。1998年，市委、市政府制定了《武汉跨世纪科技进步战略纲要》，进一步把专利工作放在全市经济和科技发展的重要战略地位。1999年，市委、市政府作出《关于加强技术创新，加快发展高新技术产业的决定》，把专利作为评价技术创新能力的重要内容，确立了知识产权在技术创新战略中的重要地位。从2000年起，市政府又将专利工作纳入一级目标管理。

(二)强化组织领导　促进部门联动

有效发挥专利制度的作用，需要加强组织领导，整合社会资源。市政府主要领导和分管领导经常听取专利工作汇报，指导和协调全市专利工作。市长王守海多次强调专利工作对于促进技术创新的重要意义，要求市专利管理局充分发挥职能作用，各部门重视支持专利工作。市政府其他领导也结合各自分管工作，对专利工作给予积极支持。市委、市人大、市政府、市政协及其有关部门和市中级人民法院都积极为专利工作提供必要的支持和保障。市专利管理机关加强综合集成，统筹协调。全市已基本形成政府高度重视、部门协同配合、全社会广泛参与的专利工作新局面。

(三)强化主体地位　实现全程对接

企业既是技术创新的主体，也是专利工作的主体。技术创新是一个从研究开发到商品化、市场化并实现市场价值的过程。强化企业专利工作的主体地位，必须将专利管理贯穿于技术创新全过程，迅速地、大幅度地提高企业运用专利保护的能力和水平。我市引导企业将专利制度作为现代企业制度的重要组成部分，把专利保护战略与生产经营战略结合起来，实现专利工作与技术创新中研究开发、生产经营、中介服务、贸易流通各环节的“全程对接”，运用专利制度激励和保护技术创新。

二、大力推进机制创新　有效运用专利制度

建立科学有效的运行机制，是充分发挥专利制度作用，激励和保护技术创新的必要条件。为此，我市着力从知识资本分配与运营、资源优化配置、专利战略运用、技术创新能力评价等方面进行机制创新。

(一)建立专利参与分配机制　激发技术创新活力

专利制度作为现代社会激励技术创新的主要手段，反映了商品社会的客观要求。专利权作为知识资本，是一种重要的生产要素。我市根据专利权的不同投入形式，合理确定其参与分配的方式，在分配比例上有所突破。规定职务发明人可从专利权转让许可净收入中提取不低于30%的报酬；以专利权入股的，职务发明人可获得不低于该专利股权收益30%的报酬；由单位实施专利的，发明人可获得不低于该专利年净收入5%的报酬；在转让实施中作出主要贡献的人员所得的报酬，应不低于总额的50%。湖北省化学研究所在专利实施后，职务发明人可得到税后利润40%的提成，有效地调动了发明创造的积极性，截至2000年9月，该所共申请专利72件，其中发明专利71件。红桃K集团在发明专利授权后，给发明人一次性奖励1万—8万元，实施后产生经济效益的另给报酬。在几个月的时间里，红桃K集团就申请了16件专利，其中发明专利7件。

(二)建立资源优化配置机制　提高技术创新起点

技术创新资源的配置，有赖于市场的基础性作用。而市场对技术创新资源的合理配置作用，主要通过作为商品经济产物的专利制度来实现。我市规定在技术创新项目的决策和实施中，必须进行专利查新，避免重复研究开发。我市某科技股份有限公司在一重大项目投资决策前，就其关键生产技术，分析了国内外相关专利文献783篇，对出口国家涉及的专利问题进行调查，确定了该公司产品出口策略及可能发生专利冲突的规避策略，避免了决策失误。

(三)运用专利竞争机制　抢占技术创新制高点

在发达国家知识产权竞争优势的严重压力下，迅速提高知识产权保护的能力和水平，直接关系到我市经济的整体素质和综合竞争力。我市在优势技术领域运用专利进攻与防御战略，利用专利权的排他与独占特性，构筑专利保护网，参与国内外市场竞争，抢占技术创新制高点。武汉邮电科学研究院就直接面向英特网核心层和边缘层的IP向国际电信联盟提出“IP over SDH”提案，被信息产业部确定为国内行业标准，同时也被国际电联确认为国际标准。围绕这一方案，该院运用专利战略，就基于同步数字系统的IP网络技术申请了11件发明专利，并提出2件专利合作条约(PCT)专利申请，构筑强有力的专利保护网，取得进军国际网络产业的主动权。

(四)建立知识资本运营机制　促进技术创新成果转化

知识资本与金融资本两种资源的配置错位是制约技术创新的瓶颈。专利制度具有整合功能，可实现资金、人才、技术三大要素的互动与集成。有效运营知识资本，把知识资本与金融资本紧密结合起来，是促进技术创新成果物化的重要手段。我市积极鼓励以专利权作价出资入股，规定作价出资采用合同约定的原则，比例不受限制。武汉科诺生物农药股份有限公司在与美国杜邦公司合资中，以其专利作价1200万元入股，占总股份的20%。

目前，专利转让和许可的信息成本与交易成本较高，加之信息的不对称，导致许多潜在的投资者缺乏对专利技术投资的能力和机会，阻碍了社会资本流向最有价值的地方。同时，专利技术物化的特点，决定了仅依靠传统的融资手段是不可能满足其资本需求的，必须拓展新的融资途径。为此，我市积极探索知识资本与金融资本对接的新途径，推出一种全新的金融工具——专利信托。即专利权人以出让部分投资收益为代价，在一定期限内将专利委托信托投资公司经营管理。信托投资公司对受托专利的技术特性和市场价值进行深度发掘和适度包装，并向社会投资人出售受托专利风险投资收益期权，或者吸纳风险投资基金，构建专利转化资本市场平台，从而获取资金流。受托专利转让许可实施产生的收益，由专利权人、信托投资公司、社会投资者按约定的比例分成。这种以金融信誉为资本，以专利产权为载体，以信托投资为纽带，把专利权人、信托投资公司、社会投资者的利益紧密结合起来进行专利转化的新机制，与传统的技术转化中介有着本质的区别。目前，无逆变器不间断电源等10件专利已经受托，寻求社会投资。

三、大力推进管理创新　全面提升专利工作功能

实现管理创新是发挥专利制度功能的根本。我市切实加强专利管理，拓展专利服务空间，提高专利保护水平，全面有效提升专利工作功能。

(一)强化专利产权管理　保护技术创新成果

专利权是财产权，专利产权管理是专利管理的核心。我市积极引导企事业单位建立健全专利产权管理制度。同济医科大学建立知识产权保护合同和发明权属管理等知识产权制度体系，对界定专利权属、防止产权流失起了积极的作用。该校一名博士后参加“蝙蝠葛碱提取工艺”的研究与开发，学校与其签订了“专项知识产权保护合同”。同时，学校又对该工艺进行了改进并申请了专利，有效地防止了无形资产的流失。由于加强了专利产权管理，今年1-8月全市职务发明专利同比增长52%。

(二)强化中介流通管理　规范专利市场行为

专利技术中介和专利商品经营是技术创新体系的重要组成部分，是连接市场及社会的纽带。我市加强对专利技术贸易和商品流通领域的监督管理，实行查处与管理并举。1998年，我市发布了《武汉市商业企业专利商品经营管理暂行规定》。24家大中型商业企业发出拒售假冒专利商品、保护专利知识产权的倡议。继中南商业大楼在全国率先制定实施《专利管理办法》后，全市已有65家商业企业建立了专利商品经营管理制度。我市还开展了专利知识产权保护示范商场活动，已认定8家示范商场。

在商品流通领域取得经验和成效的基础上，我市将监督管理的重点转到技术贸易领域。市政府明确规定“设立专利技术贸易机构，应先报市专利管理部门审查同意”。市政府在技贸领域组织了8次专利行政执法，查处25家中介服务机构，净化了专利技术市场。

(三)强化专利实施管理　促进高新技术产业化

知识经济的支柱是高新技术产业，知识产权是知识经济的核心，发展知识经济必须注重具有自主知识产权高新技术的产业化。围绕促进高新技术产业化，市政府组织实施专利技术产业化示范工程，对一批专利项目进行扶持。佑图物理应用科技有限公司对四大关键技术申请了9项专利，并迅速形成产业，市场占有率达80%以上，产品在中央电视台春节晚会和香港庆祝回归仪式中得到应用。武汉理工大学国家光纤传感工程研究中心对光纤传感创新成果申请了7项专利，国家计委安排1亿元资金用于“光纤传感技术产业化示范工程”。

四、大力推进环境创新　有效发挥专利制度作用

创造良好的环境是激发专利制度内在活力的重要保证。我市以提高全社会专利意识为先导，以激励技术创新为目的，以强化专利保护为核心，积极营造有利于发挥专利制度作用的法制、政策和舆论环境。

(一)营造良好的法制环境　提高专利保护水平

为了实现专利管理和保护的法制化，我市在1996年就着手制定《武汉市专利管理条例》。今年以来，加快了立法步伐。4月份，市政府常务会审议通过了《武汉市专利管理条例(草案)》，并提交市人大常委会。随后，市人大常委会对《条例(草案)》进行了第一次审议。目前，《条例(草案)》正在进一步修改之中，拟在本月进行第二次审议并通过。

我市规范执法行为，加大执法力度，及时处理专利纠纷，严厉查处假冒和冒充专利行为。1999年以来，全市共处理和审理专利纠纷77件，查处假冒和冒充专利行为47起，涉及技术和商品350余项。

(二)营造良好的政策环境　加大专利扶持力度

为了解决技术创新中存在的技术、市场和分配的不确定性，我市坚持以市场机制为基础，正确选择政策工具，强化政府宏观指导。市政府先后出台了财政激励、融资筹资、产业技术、人力资源开发、发展中介服务等一系列政策。在财政激励政策方面，从2000年开始，每年安排100万元资金资助专利申请，并对专利产品实行税收优惠。在融资筹资政策方面，鼓励以专利权作价出资入股，比例上不封顶。在产业与技术政策方面，规定经济、科技和技术创新计划优先选用专利技术。在人力资源开发政策方面，规定将获得专利作为专业技术职务评审的重要条件；专利实施或从事专利工作有突出贡献的，可参加政府有突出贡献专家和享受政府津贴人员的评选。

(三)营造良好的舆论环境　提高全社会专利意识

我市紧紧围绕专利工作的重点、难点和热点问题，全方位开展专利宣传教育。我市把制定《武汉市专利管理条例》的过程作为提高全社会专利意识的过程。在《条例(草案)》提交审议前，市人大常委会举行了《知识经济与知识产权法》的新千年首次法制讲座。市人大常委会将《条例(草案)》在《长江日报》上予以公告，召开了立法听证会和20余次立法座谈会，新闻媒体进行了全方位的宣传。近两年的“3.15”至“4.1”期间，我市组织各区和企事业单位开展了声势浩大的专利宣传咨询活动。全社会的专利意识有了较大的提高。

为了贯彻党中央、国务院《关于加强技术创新，发展高科技，实现产业化的决定》，把专利管理和保护融入技术创新的全过程，推进我市创新体系建设，市政府制定了《武汉市加强专利管理，促进创新体系建设纲要》，作为指导和推动我市迈向新世纪专利工作的纲领性文件。《纲要》确立迈向新世纪专利工作的指导思想是：贯彻“科教立市”的基本市策和跨世纪科技进步战略，把专利管理融入技术创新的全过程，以构建全社会大专利管理体制为基础，以抓好专利产权管理为中心环节，以加强专利保护为着力点，以自主知识产权高新技术的产业化和高新技术产业的自主知识产权化为主攻方向，全面推进体制、机制、管理和环境四大创新，使我市专利工作更好地适应自身发展规律和社会主义市场经济、创新体系建设的需要，推动科技进步与经济发展。根据这一指导思想，我市确立了加强专利管理，促进创新体系建设的奋斗目标和任务。

紧紧围绕促进技术创新，有效发挥专利制度功能，是我们在新形势下面临的新课题。我市虽然进行了积极的探索与实践，但这只是初步的。我们要以这次会议为契机，学习借鉴各省市的经验，在国家知识产权局的关心支持下，进一步加大专利工作的力度，强化专利管理和保护，促进技术创新，为发展我国的专利和知识产权事业作出新的贡献。

(武汉市副市长　辜胜阻)

加强专利工作　促进经济发展

石家庄市是全国专利试点城市和全国技术创新示范城市。近年来，在国家知识产权局、河北省知识产权局的指导和大力支持下，石家庄市的专利工作取得了长足发展，对促进石家庄市技术创新和经济、社会发展发挥了重要作用。通过认真贯彻实施《专利法》和《石家庄市2000－2001年专利试点工作方案》,全市专利法制意识明显增强,专利申请逐年上升,截止目前,专利申请和授权分别达到5900件和4800件;专利技术实施产生显著的经济和社会效益,累计实施专利技术1200多项,创产值70多亿元,利税16.8亿元,节约外汇9000多万美元;企业专利工作深入开展,培育出一批自觉运用专利战略,在市场竞争中发展壮大的知名企业集团;专利执法保护力度不断加大,为改革开放和经济建设创造了良好的专利法制环境。累计查处冒充专利1000多项,受理专利纠纷案件325件,调处结案311件,结案率达95%以上;专利工作体系逐步健全,专利管理工作不断加强,为我市专利事业的大发展奠定了良好的基础。实践使我们认识到:加强知识产权工作是改革开放的迫切需要,是促进技术创新和经济发展的重要举措,是胜利实现跨世纪目标的必然选择。因此,在工作安排中,我们始终把专利工作放在一个事关全市经济发展的重要位置,我们的主要做法是:

一、广泛深入地开展《专利法》的宣传普及工作,强化全社会的专利意识

实行专利制度在我国是一项新兴的事业,搞好《专利法》的宣传普及,是开展好专利工作的前提。为此,我市有计划、有重点、分层次、多形式地开展了《专利法》的宣传普及工作。一是开展了面向各级领导的宣传、培训、教育。通过在市委党校开设知识产权课程和由市委办公厅、市政府办公厅、市委组织部等举办知识产权培训班,使全市县处级以上领导干部受教育率达到60%以上,从而大大提高了各级领导的知识产权意识。二是开展了面向知识产权工作骨干的培训。由市专利局、版权局、工商局、司法局、贸易局、卫生局、经贸委、科委等部门对我市专利管理、专利执法、专利服务以及企业、高校、院所的专利工作者进行了专利法律知识等业务培训,累计培训6000多人次,初步形成了一支具有较高业务素质的专利工作队伍。三是开展了面向社会的知识产权知识的普及宣传。一方面是利用每年4月1日《专利法》实施纪念日,开展大型的宣传纪念活动。市委、市人大、市政府、市政协领导亲自参加,各县(市)、区、各企事业单位积极组织。通过召开知识产权专题报告会、座谈会,在街头设立宣传站、悬挂标语、发放资料、接受咨询等形式向广大群众宣传知识产权知识,累计发放书刊、资料5万多份,接待咨询上万人次。另一方面,充分发挥新闻媒介的宣传作用。通过市委宣传部及各新闻单位在报刊、电台、电视台开设专栏、专题、专访等多种形式,普及知识产权知识,宣传先进典型。两年来,累计播发知识产权方面的文章、讲话、新闻等500多篇次。同时,市专利局、质量监督局、物价局等部门还先后三次组织了专利知识竞赛活动,省会各界数万人踊跃参加,取得了良好的宣传普及效果。

二、大力推动专利技术实施,促进发明成果向现实生产力转化

《专利法》实施以来,我市的专利实施工作坚持发挥市场调节作用和政府宏观调控相结合的方针,利用多种渠道,采取多种形式,推动专利技术的实施转化。一是大力培育和发展技术市场,通过制定和兑现优惠政策,引导和推动专利技术贸易的开展,累计发布、传递专利技术信息上万项次,中介、转让专利技术4000多项,实现专利技术交易额10亿多元。通过承办和组织参加全国、全省和区域性发明展览会、展交会,吸收我市500多项专利项目参加了展出。其中,200多项优秀专利项目获金、银、铜奖。通过这次活动,宣传了专利技术和专利产品,促进了专利技术的实施。如在1999年石家庄全国专利技术发明博览会上,我市组织168个企业的216项专利和高新技术项目参展,签订技术贸易合同1025项,产品定货合同1304项,合同成交额达8.6亿元。二是充分发挥政府宏观调控职能,筛选技术含量高、市场前景好,具有重大经济效益的优秀专利项目,列入各级各类计划。特别是为了加大专利实施力度,我市还专门设立了专利实施资金,编制了专利实施计划,对具有自主知识产权的高新技术项目给予重点支持,促使其形成产业化和规模化。

三、强化专利执法保护工作,为经济建设保驾护航

市场经济是法制经济,依法保护专利权人的合法权益,是专利制度的核心,也是改革开放和建立社会主义市场经济体制的要求。我市认真贯彻《国务院关于进一步加强知识产权保护工作的决定》,不断强化专利执法保护工作。一是建立健全专利执法保护工作体系。市委、市政府成立了具有独立执法职能的市专利管理局,市中级人民法院设立了知识产权审判庭,市政府实行了知识产权办公会议制度。成立了由主管市长任组长,专利、科技、经贸、工商、公安、司法等十几个部门领导组成的"市专利执法领导小组",初步形成了以专利行政执法和司法审判相结合,有关部门协调联动的专利执法保护体系,为专利执法工作的开展提供了组织保障。二是查处冒充专利取得显著成效。根据中国专利局关于《专利管理机关查处冒充专利行为暂行规定》和河北省政府157号令,市政府做出了《关于开展专利执法检查和查处冒充专利行为的决定》,市人大、市政府领导亲自挂帅,市专利执法领导小组12个部门联合行动,先后对我市100多家商贸企业、生产企业和广告媒体单位进行了专利执法检查,并依法对1000多项冒充专利的产品及行为进行了封存、停止销售、罚款等行政处罚。通过召开新闻发布会、以市政府名义命名11家"无假冒专利产品单位"并挂牌,对生产、销售、传播冒充专利产品的行为进行了公开曝光,其中对我市有较大影响的人民商场进行了罚款,对冒充专利的"路德眼神"产品的生产企业,路德公司罚款2万元,并对石家庄日报社、石家庄电视台刊播冒充专利广告行为给予行政处罚,在全市产生较大影响。通过专利执法检查和查处冒充专利活动,有效地净化了专利产品市场,维护了国家和广大消费者的利益,大大提高了全社会的专利和知识产权意识,营造了良好的专利法制氛围。三是认真贯彻执行《河北省专利保护条例》，加强专利行政执法和司法保护工作的协调配合，充分发挥各自的职能，积极开展对专利侵权和专利纠纷案件的调处和审理工作。累计受理案件325件、结案311件，结案率达95%以上，有效地保护了专利权人的合法权益，保护了知名企业和知名品牌，促进了市场经济的健康发展。如我市知名企业三鹿乳业集团诉行唐县奶粉厂侵犯其三鹿奶粉专利权一案，在省、市专利局和市中级人民法院的密切配合下，在调查、取证、确认侵权事实的基础上，责令行唐县奶粉厂停止生产，并封存了生产设备。同时经调解，由三鹿集团兼并行唐县奶粉厂而圆满结案，此案的调处，不但保护了知名企业和名牌产品，而且促进了企业的壮大发展。

四、推进企业专利工作的开展，促进两个根本性转变的实现

企业是市场经济的主体，是专利工作的主战场。《专利法》实施以来，我市认真贯彻落实《企业专利工作办法》，市政府下发了《关于实施工业企业技术创新示范工程的意见》，市专利局、市经贸委联合下发了《关于加强企业专利工作的意见》，先后选择50多家企业开展了专利和技术创新试点工作，通过典型和示范作用，推动了企业专利和技术创新工作的开展。一是把建立专利制度与建立现代企业制度相结合，将专利工作纳入现代企业管理的重要内容。如华北制药集团公司，是我国"一五"期间建立的国有特大型企业，在企业改组中，进一步完善了知识产权管理，明确了主管领导，设立了工作机构，配备了专职人员、制定了工作制度，做到了"领导、机构、人员、制度"四落实，为专利工作的深入开展提供有力保障，促进了企业改革、创新和发展，截止目前，累计获发明创造成果100多项，1999年度实现产值36亿元，利税4亿元，使企业不断焕发出勃勃生机和活力。二是把开发、实施专利技术与企业技术创新相结合，提高了企业自主创新能力，增加了产品的技术含量，增强了市场竞争能力，如市阀门三厂，以市场为导向，将专利工作贯穿于产品开发、生产经营的全过程，全厂累计申请专利23项，引进专利4项，实施专利技术20项，工厂的主导产品全部是专利产品，专利产品产值占总产值的60%以上，1999年实现产值6500多万元，利税600多万元，由一个濒临倒闭的企业一跃成为"省小巨人"企业，实现了经济腾飞。三是强化专利保护，依法保护名牌产品和企业的利益，使企业在激烈的市场竞争中发展壮大。如石家庄三鹿乳业集团公司，充分利用专利法律手段保护自身的合法利益，每开发一项新产品，都首先申请专利，再投放市场，当市场反馈某企业仿冒其产品时，他们立即拿起专利法律进行反击，有效地维护了名牌产品的声誉和企业自身权益，1999年，三鹿集团实现产值5亿多元，利税6800多万元，产品销往全国各地，国内市场占有率达27%以上。

科研院所、高等院校的专利工作也取得了可喜进展。电子部五十四所先后制定了《发明专利管理办法》、《职务发明创造专利的发明人奖酬提取办法规定》等制度，极大地调动了科技人员的发明创造积极性，有力地推动了本单位的专利工作的开展。全所累计申请专利128项，授权104项，47个优秀专利项目兑现奖酬金75.2万元，实施专利技术76项，创产值约1.2亿元。河北科技大学把专利工作纳入到教学和科研当中，设立了专利法及专利知识课程，投资建立了专利文献检索系统，在学校形成了"学专利知识，搞发明创造"的氛围，在校师生累计申请专利52项，转让实施专利技术22项，创经济社会效益1000多万元。

五、切实加强对专利工作的组织领导，推动专利试点工作的全面开展

市委、市政府始终把专利工作摆在事关全市发展大局的重要位置，切实加强对专利工作的组织领导。一是建立健全专利管理工作体系。早在1983年我市就成立了专利文献咨询机构，随着改革开放的不断深入和建立社会主义市场经济体制的要求，1995年，市委、市政府决定成立了20人编制的石家庄市专利管理局，并在"三定方案"中明确了"市专利管理局是市政府主管全市专利工作的机构，承担全市专利工作的政府行政管理和执法职能"。根据市政[1996]34号文件要求，市辖24个县(市)、区和市直23个有关部门也明确了专利管理机构和负责人员，为全市专利工作的开展提供了组织保障。二是加强对专利工作的组织协调。市政府先后建立了由市领导挂帅，各有关部门领导参加的"知识产权办公会议制度"，成立了"专利执法领导小组"、"专利试点工作领导小组"等，初步形成了协调联动，共同推进专利工作的大管理格局。在制定《石家庄市2000－2001年专利试点工作实施方案》时，将各项目标任务分解到市直25个部门，在领导小组的统一协调下，全方位推动工作的开展。如由团市委、市人事局、劳动局、经贸委、商贸委、科协等部门组织开展的"技术创新、管理创新、营销创新、服务创新"活动，评出创新成果12项，推动了城市创新工作的开展。三是加强对全市专利工作的规划和部署。市委、市人大、市政府、市政协多次开会研究部署专利工作，先后出台了《关于加强专利管理工作的通知》、《石家庄市专利工作"九五"计划和2010年目标规划纲要》、《关于进一步落实"科教兴市"战略的若干意见》、《石家庄市关于贯彻中共中央、国务院加强技术创新、发展高科技、实现产业化的决定的实施意见》、《石家庄市2000－2010技术创新发展战略及规划》、《石家庄市科学技术奖励条例》和《石家庄市职务发明奖励规定》等十多个政策文件和地方法规，不断强化了知识产权工作的政府行为，加大了知识产权保护力度，完善了以专利为主的知识产权的奖励政策，逐步建立起加强知识产权工作，促进城市创新和经济、社会发展的政策法规体系。如在石家庄科学技术奖励条例中，将是否具有自主知识产权作为重要的评奖条件。在今年的评奖中，石家庄市制动器厂的发明专利《ZDZ单项交流直推式电磁铁》被评为科学技术特别奖，政府奖励10万元，在全市产生了较大影响。另外，市政府还先后投资55万元，在国家知识产权局和河北省知识产权局的支持下建立了"中国专利信息石家庄网站"。

为全面推动我市专利工作的全面开展，市委、市政府还专门召开全市专利工作会和知识产权报告会，市委、市人大、市政府、市政协领导亲自出席，24个县(市)、区、市政府各有关部门的领导以及大中型企业、科研院所、高等学校的负责同志近千人参加这两次会议。在全市专利工作会上，总结和交流了《专利法》实施以来全市专利工作的成绩和经验，表彰奖励了专利工作先进集体、先进个人、优秀发明项目，分析了专利工作面临的新形势，确定了一个时期专利工作的指导思想、奋斗目标和工作重点。为推动我市专利事业的发展产生了深远的影响。特别是通过召开知识产权报告会，请国家知识产权局的专家作"我国加入WTO以后所面临的形势"的专题报告，使全市上下更加认识到知识产权保护在促进我市经济建设和社会发展中的重要作用。

总之，我市在贯彻实施《专利法》，发挥专利制度的作用，推动科技、经济和社会发展以及专利试点工作方面，虽然取得了一定的成绩，但从总体上讲仍处于发展阶段，与先进城市相比还有一定的差距，与建立社会主义市场经济体制的要求还有许多不适应之处，我们要以这次会议为契机，在国家知识产权局的指导、支持下，认真贯彻落实中共中央、国务院《关于加强技术创新发展高科技实现产业化的决定》，学习先进城市的经验，积极探索和开拓专利工作的新方法、新途径、新领域，全面开创我市知识产权工作新局面，促进我市技术创新和经济、社会发展。

(石家庄市人民政府)

加强专利发展战略研究
促进技术创新工作

西安市被列为全国专利试点城市之后，我们在不断加强专利试点工作，进行知识产权保护及对策研究的基础上，又开展了"西安市技术创新与专利发展战略研究"和"西安市电子信息产业专利发展战略研究"课题项目，并从这些项目研究中得到了一些有益的启示和体会。

一、西安市专利发展战略基本出发点

城市专利发展战略，具有所在城市地区的全局性，广泛性、综合性和长期性，并且对国家宏观层次的专利发展战略具有重要的促进和保障作用。在研究的过程中，我们的出发点主要有以下四个：

一是城市中心论，即城市是国内专利申请的中心。这是由于城市作为政治、经济和科教文化中心的地位和作用所决定的。如北京、上海等城市的专利申请量就超过了许多省区的专利申请量，而在各省区的专利申请量中，如西安市的专利申请量就占陕西省专利申请量的一半左右。这就证明，只要城市的专利申请量增加，不仅会增加其所在省区的专利申请量，而且，也会使国内专利申请量有较大的增加和较快增长。

二是技术创新和专利工作一体论，即技术创新和专利工作本身就是一个密不可分的整体。技术创新的全过程，也就是专利技术开发与专利申请及授权、实施与应用、占据市场份额，并获得较好经济收益的全过程。并且，专利制度具有促进技术创新，避免低水平重复研究、开发，在较高水平上实现技术跨越，形成更多的自主知识产权和保护创新成果，及其占据市场并实现市场价值的重要作用。

三是智力创造开发论，即城市专利发展战略实质就是城市智力创造开发战略。在东西部差距上，则应看到西部在智力创造开发上的巨大差距。西部10省区平均每万人仅申请了3.84件专利，而东部省市每万人却申请了7.36件专利，相差近一倍。因此，作为西部大开发的桥头堡和综合科技实力位居全国大城市前列的西安市，则就更应该把智力创造资源的开发，即专利技术的大开发和专利申请的大开发放在极其重要的地位，才能为实施西部大开发战略和西安的大发展作出贡献。

四是西安市的专利发展战略研究必须和国家大战略相衔接并为之服务。我们研究城市专利发展战略，绝对不能单纯孤立的研究，必须放在实施国家现代化建设第三步战略、西部大开发战略、科教兴国战略与技术创新战略等一系列大战略以及中国加入世贸组织，全面进入国际市场的前提条件下，站在宏观角度上来作总体研究。

二、西安市技术创新与专利发展战略的目标和重点

1. 技术创新和专利发展战略目标，都是为了拥有较多的自主知识产权

一个城市专利申请量与授权量及其构成比例，是测量一个城市技术创新能力和经济、技术开发实力状况的"晴雨表"，也是测量一个城市专利工作成效最主要的指标和标准。我们通过对西安市专利统计数据的分析与横向比较，使我们看到了西安市在专利申请与授权及其结构比例上的差距。如西安市年度专利申请量虽逐年有所增加，达到了年专利申请1000件左右，但由于增加的数量太少，其位次却在同等省会城市和副省级城市中呈现出逐年下滑的严峻形势。1999年，西安仅申请专利934件，位居广州、沈阳、青岛、武汉、哈尔滨、大连等城市之后。

因此，我们认为，西安市专利发展战略的基本目标应该是：西安市年度专利申请量，应该同国民总值增长13.5%的比例或略高于国民生产总值增长比例而同步增长，力争到2005年，由目前的年度专利申请1000件左右达到2000件以上；2010年达到年度专利申请3500件或4000件左右；10年申请量翻两番。这从今年前8个月专利申请数量的累计来看，上述战略目标是可以实现的。今年1至8月，西安共累计申请专利944件，不仅创造了历年同期累

计专利申请件数的最高纪录，而且也超过了1999年全年专利申请934件的纪录，居全国省会城市同期增幅第一，并有望达到西安市年度专利申请的最高纪录。

当然，西安在不断增加国内专利申请量的同时，还应当积极鼓励企事业单位和个人尽可能多的向国外申请专利，并应逐年有所增加，以便让专利先行去争占国际市场。

2. 西安市技术创新与专利发展战略的重点

我们通过对西安专利统计数据的分析以及调查研究认为，专利发展战略重点应放在以下几方面：

一是在三种专利申请中，应该以逐步提高发明专利申请所占比例，每年至少应该提高1%～2%，由总累计的19.8%和1999年的24.3%，逐步达到25%～30%左右。这是因为，发明专利最能体现技术创新与专利申请的质量和水平，也完全符合国家知识产权局进一步推动我国发明专利申请的要求。

二是在职务与非职务专利申请中，应该以逐步提高职务专利申请的比例为重点，每年至少应提高零点五个百分点，由总累计的32.2%和1999年的28.9%，逐步达到40%左右，因为，职务专利较之非职务专利更容易实施转化，这对于发展高科技、实现产业化十分有利。

三是在职务专利申请的分布上，应该以逐步提高企业申请所占比例为重点，每年至少提高零点五或一个百分点，使企业专利申请比例由总累计的29.3%和1999年的51.1%，逐步达到40%和60%左右。这是因为，企业要真正成为技术创新的主体，首先要成为申请专利的主体。企业专业申请多，其拥有的自主知识产权数量也就会随之不断地增加。

四是在专利申请所涉及的技术领域，应该以电子信息技术、生物医药和基因技术等高新技术为重点，并逐步提高在高新技术领域中的专利申请比例，以适应发展高科技、实现产业化和我国加入WTO的迫切需要。例如，电子信息产业是国内外发展最快和最具有竞争力的产业，西安市已将电子信息产业列为首要的支柱产业，并且具有较强的科技实力和较好的发展基础，面对外国公司来华大量申请电子信息类发明专利的严峻形势，西安市就必须在电子信息技术领域中的关键技术和核心技术上取得较大突破，才能促进西安电子信息产业突飞猛进的发展。

上述西安专利发展战略的重点，实际上就是要解决好西安专利申请的合理结构问题。这个问题解决好了，才能使专利工作更好地为促进企事业单位的科技进步和创新服务。

三、实施西安市技术创新与专利发展战略的措施

西安市被列为专利工作试点城市后，市政府及时成立了专利试点工作领导小组，由西安市副市长出任组长，市政府副秘书长、市科委主任出任副组长，市财政局、市工商局、市经贸委、西安高新技术开发区、经济开发区领导任成员，为统一协调专利试点工作，提供了组织保证。为搞好专利试点工作，促进我市技术创新体系建设，全面贯彻全国技术创新大会和专利工作会议精神，实施西部大开发战略，适应我国加入WTO后面临新形势的专利试点工作的要求，市政府又出台了“西安市加强专利工作促进技术创新体系建设纲要”。

《纲要》确定了“把专利工作作为创新体系建设的重要内容，融入技术创新全过程”、“以构建大专利管理为基础，以专利保护为中心，以加快专利实施促进产业化发展为主攻方向、全面推进专利管理体制、运行机制改革和保护环境建设，发挥专利制度对经济、社会发展的推动作用”的指导思想。提出“按照市场规律，符合技术创新需要的专利管理体制”、“专利申请高于省会城市平均申请量5%的速度递增”、“扶持一批年产值过千万的专利开发企业”、“加强地方专利立法，加大专利执法力度”的奋斗目标。同时，《纲要》还就完成“构建新的专利管理体制”、“建立科学有效的专利运行机制”、“创造有利于专利保护的良好环境”等工作任务，提出包括“人才培养”、“地方专利法规制定”、“加大奖励力度”、“增加专利实施经费”、“设立专利申请补助费”、“建立专利信息网”等一系列措施。

专利试点工作领导小组的成立和《纲要》的制定标志着我市专利工作进入了新的阶段。为进一步运用专利制度促进技术创新，我们加强了以下几方面工作：

1. 加强专利宣传，提高全民自觉运用专利制度意识

为了进一步提高全民专利意识，运用专利制度促进技术创新，我们的宣传重点放在高新技术企业，特别加强对企业管理人员、技术人员的宣传、教育。先后多次在高新技术开发区举办专利知识、专利法规知识讲座，收到较好的效果。与此同时，我们将专利宣传与专项工作结合起来，在行政执法、专利奖励、先进单位评选等活动时，先后通过省市报纸、电台、电视台播发涉及专利知识、工作动态、典型事例的消息10余篇(次)，并多次组织专利新闻热线，对普及专利知识，提高全民专利意识起到积极作用。同时，西安市在选拔有突出贡献的专家时，已经把有无专利作为选拔的标准之一，列入文件贯彻执行。

为了普及宣传专利知识，促进专利保护。今年年初，我处与省专利局联合筹划拍摄“走马三秦话专利”电视专题片。这一想法得到国家知识产权局的重视和支持。现由国家知识产权局主持，更名为“西部开发话专利”专题片，已被确定国家知识产权局专利宣传计划重点项目，我们已着手地方素材的收集与筛选工作。

随着全民专利意识的增强，专利试点工作全面进展，促进了我市专利申请量的增加。今年1-8月份我市专利申请944件，较去年同期增长近44.3%。居全国省会城市增幅第一。为了提高企事业单位和个人专利申请的积极性，加强自主知识产权保护，我市从三项经费中拿出10万元用于对我市

支柱产业领域的专利申请进行补助，以促进我市专利申请工作进一步加快步伐。

2.加大执法力度，营造保护创新的良好环境

专利保护是专利制度的核心。没有对冒充专利行为的查处，则难于实现专利保护。在当前市场假冒产品泛滥及部分群众对“专利保护”存在较多疑虑的情况下，严肃查处冒充专利，不仅有其现实意义，并将产生深远影响。两年来，我们在总结过去经验的基础上，对西安地区数十家企业进行了专项检查，对其中10家(15种产品)违规企业进行了行政处罚，罚金12.9万元。由于事实依据充分，查处程序合法，所以处罚工作进展顺利，所罚罚金已全部交纳到位。

行政处罚促进了被罚企业的专利知识、专利法规学习。在我们的宣传教育下，大多数受罚企业在认识提高的基础上，建立健全了相关专利产品进货管理制度。与此同时，我处专门设置执法公示牌，一方面建立健全了涉及立案、取证、处理等执法程序，完善了相关的法律文书，一方面公开执法程序及相应的法规政策，以便规范行政执法工作，方便群众监督。

建立西安市专利督查员制度，查处冒充专利行为，保护专利权人合法权益，净化专利产品市场，是专利管理机关应尽的职责。可是如何杜绝假冒专利的行为，仅仅靠事后查处是很难做到的。我们通过调查研究，制定并颁发了“西安市专利督查员工作暂行规定”，组织举办了商业企业、新闻单位、科技管理部门的人员参加的专利督查员学习班。学习专利法规，培训识别假冒专利产品的知识，提高企业依法办事的自觉性，培训合格者，发给西安市专利督查员证书。通过专利督查员在产品出厂、商场进货、专利宣传广告时把关，逐步把违法事件从源头上进行杜绝，减少违法事件的发生。姜颖局长、杨正午副局长分别在视察我市专利工作时均对我们此项工作给予了肯定和支持。

为在商品流通领域树立样板、表彰先进，1999年下半年，由我们牵头，以省专利局、市科委、市商贸委名义联合在西安地区组织“无冒充专利商品先进单位”评选活动，制定了西安市无冒充专利商场评价标准。经过严格评选，“西安开元商场购物中心”、“西安民生集团股份公司”等七家单位荣获“无冒充专利商品先进单位。”在西安商界引起较大反响。目前，这一作法已在全省推广。

3.加速专利技术转化，培植西安经济发展新的增长点

专利技术的转化不仅关系到地方经济的发展，也直接关系到专利工作在地方政府工作中的地位和领导关注、支持程度。今年以来，围绕加速专利技术转化，我们重点抓了以下几项工作：

(1)增加专利扶持经费，促进专利成果转化

去年10月国家知识产权局确定我市为专利试点城市后，我们充分利用这一机遇，围绕加速专利技术转化反复进行宣传，受到领导部门的重视，市科委确定从2000年开始，每年专利实施扶持经费为100万元，较去年50万元翻一番。专利扶持经费的增加，不仅有利于我们工作的开展，也进一步促进了专利技术在我市的转化。经市科委批准，项目扶持经费采用回收滚动使用的办法，以逐步积累资金不断加大转化扶持力度。目前已涌现出新竹防灾救生设备公司、西安重型机械所等一批实施专利效果显著的典型企业，明显起到示范作用。按照国家关于试点工作应抓好专利技术转化，以提高专利工作显示度的思想，我们在调查研究的基础上，今年重点支持拥有自主知识产权专利实施项目10项。其中“断路器在线监测系统”、“磁控式异步电动机软起动器”、“复合型缓蚀阻垢剂”等项目均为有较高技术含量、广阔市场和发展潜力的项目，这些项目的组织实施，不仅可望取得较大经济、社会效益，并将对我市产品结构调整产生积极影响。

同时为配合科技计划实施，我们还制定了“西安市科技计划专利法律状况查新、检索暂行规定”，在一定范围内减少了在科技计划中重复开发和侵权行为发生。

(2)利用激励机制，促进企业技术创新

①抓好重点企事业单位的专利申请和示范试点工作

我们准备在调查研究基础上，选择一批重点企业特别是企业集团和高新技术企业、重点高等学校和重点科研院所，作为西安市专利工作示范试点单位，以充分发挥他们在专利申请与保护方面的示范和带动作用，以确保西安市年度专利申请量较快增长，使西安专利发展战略目标得到较好的实现。

②要抓好企业的科技投入，使企业逐步成为专利技术开发和技术创新的主体

国内外许多企业创新的实践经验证明，企业特别是高新技术企业，要逐步成为自主创新和专利技术开发的主体，首先就必须逐步成为科技投入的主体。

在国际上，通常都是用研究开发经费占企业销售额的比例，来表示企业科技投入强弱程度的。目前，产业界对这一比重已经形成了一个较为客观的标准：如低于最低水平(1%)，则企业难以生存，更不具竞争力；处于中等水平(如2%～3%)，则企业只能走模仿创新的道路；达到较高水平(即4%－5%或以上)，则企业可以进行自主创新，进而会有一定的竞争力；世界500强企业的研究开发经费投入，可视为科技投入水平的上限，约占销售的10%或以上。而西安市149家大中型企业1999年的科研投入虽达到了12.1亿元，占销售额的比例仅为2.57%，如再加上政府拨款5.4亿元及银行贷款等，才占到销售额的5.65%。

因此，企业要进行专利技术开发和技术创新，也就必须不断地提高研究开发经费占销售额的比例。因此我们还需不断的研究和制定出相应政策和措施，争取使企业专利技术在第十个五年计划中开发和技术创新占销售额的比例达到具有较高竞争力的

目标。

③要建立健全激励机制，从制度上来激励专利技术开发与技术创新。

在企事业单位建立健全激励专利技术开发与技术创新的机制和制度，是深化改革和进行机制创新、制度创新的重要内容。

首先，就要贯彻落实技术与管理要素参与收益分配的原则，认真兑现奖励政策。这包括：可以从专利技术转让许可收益中提取不低于20%的比例，可以从专利技术实施转化投产后二至五年的新增利润中提取不低于5%的比例，奖励给专利技术完成者和为其转化做出重要贡献的人员，在股份制单位，也可将上述奖励金折算成股份或者出资比例，奖励给企业家和科技人员，让他们按持有股份分享收益；以专利技术入股的，也可按不低于该专利技术所占股份的30%或40%，直接奖励给专利技术完成者。

其次，要积极探索"股份期权"长期性激励创新的措施和制度。股份期权，又可称为优先购股权，这在发达国家是一种较为通行的促进企业特别是高新技术企业高速成长与发展的重要制度，也是美国硅谷赖以发展的重要的制度基础。我们拟准备选择若干重点企业进行试点，推行这种较为长时期的激励专利技术开发与技术创新的机制和制度，以充分调动企业家重视专利工作和科技人员主动开发专利技术与技术创新的积极性和创造性，使企事业单位的专利技术开发与技术创新不断迈上新台阶，为实施西部大开发战略和西安大发展做贡献。

（西安市专利管理处）

企业知识产权工作介绍

知识产权是市场竞争中的坚盾与利刃

——谈知识产权对海尔全球化发展的推动作用

在当代经济生活中，知识产权已经融入现代企业的各种主体行为里，已经成为企业参与市场竞争的主要运作模式和途径。

面对加入WTO在即和以电子商务为代表的网络经济所带来的竞争压力，如何面临这些挑战、如何抓住网络经济所带来的巨大的竞争机遇和商机？是目前许多企业在实施经营国际化时所必须解决的问题。

回顾海尔十几年来国际化发展的过程，我们相信是否具有自主的知识产权是决定参与国际化市场竞争能否取得成功的关键因素。

一、知识产权在海尔十几年发展历程中的核心作用

海尔从一个濒临倒闭的集体小厂，发展成为目前拥有包括白色家电、黑色家电、米色家电在内的所有电器产品的跨行业、跨领域的国际化企业，成功的关键是支持以知识产权为中心的新产品开发保护战略。海尔的成功是技术竞争的成果，也就是海尔知识产权工作成功开展的见证。

1．较早树立并始终具有超前知识产权保护意识

1987年中美两国就知识产权保护开始谈判。事实证明，这场谈判对中国企业十几年来的发展，参与市场竞争的方式和途径具有相当大的意义。但在当时，国内家电市场供不应求，诸多企业的效益连年增加，对于现在已被多数企业认同的知识产权保护对企业产品和技术升级具有的重要意义却认识不足。

当时海尔已经具有了一种忧患意识。企业做为市场竞争中的主体，没有自主的知识产权而想获得持续发展是不可能的。对照国外发达国家发展的成功经验，特别是二战后日本的迅速崛起给我们提供了生动的教材，也全方位地诠释出这一条被多家跨国大公司一次次验证的真理。

跨国公司对市场的垄断，是通过品牌输出、技术发展垄断等手段来实施的。做为中国的企业要想后来居上、打破市场和技术垄断，就必须具有自主的知识产权，否则只能成为其他发达国家的加工工厂，立志创国际名牌也就会成为一句空话。

1987年，海尔在国内首家成立了企业自办的知识产权部门——海尔知识产权办公室。这一机构设立于企业核心管理层内，其主要职能即是全面开展企业商标代理、创建品牌、以及实施技术专利申请保护等工作。知识产权部门的成立，为企业中长期决策信息提供、各子公司产品投资建设和技术升级换代，在借鉴他人成功经验的基础上，逐渐建立起一套适合海尔各阶段方针目标和工作重点的有效规划，为海尔十几年的技术创新、经营理念创新、品牌增值发挥了不可或缺的指导作用。

现在的海尔，没有知识产权保护就谈不上参与市场竞争，这已被所有普通管理人员所接受并自觉地运用到实际工作中去。新入厂的员工，包括刚毕业的大学生，首先接受的企业文化教育中，关于知识产权对企业发展和具体工作的指导作用，被当成一项主要内容来培训，从而能够在日常工作中自觉地加以运用。比如，对于一项新投资项目的规划和论证，从决策者到普通工作人员都会从本职工作出发，从多个角度来考虑和实施有关知识产权保护工作，诸如：项目涉及到的各项新技术是否有在先专利申请保护；就相关经营领域和地区所注册的商标是否有效和全面；对竞争对手的不正当竞争能采取哪些相应对策等等。也就是对一个投资项目的前期论证，将会通过对知识产权方方面面的论证和准备工作进行全面覆盖，首先会形成一个全面的保护范围，并准备在实际付诸实施中按已有规划着手实施。

再比如，具体到一种产品的零部件供应，当这位物资供应人员在处理签订部件供应协议时，他会首先想到这种零部件是否牵涉到专利侵权问题，为避免给企业造成不必要损失，他会主动地掌握有关供应厂家在专利侵权检索上的情况，并会通过签订协

议的方式来限定侵权行为和由此带来的经济赔偿，拒侵权纠纷于企业之外。

这就是目前知识产权工作在海尔管理体系中的重要性和普及性，可以说现在每个员工的知识产权保护意识已经融入到工作的各个方面，并成为自觉地工作准则和日常行为。

2．以产品开发为内核的专利保护工作

在海尔申请专利保护既是技术创新的前提条件、又为创新过程提供技术要素和实现手段，同时也是技术创新成果的必然法律存在形式。

在海尔，没有专利申请，新技术研发就没有结束，专利申请与研发技术成果是一一对应的关系。即实行100％的专利申请率，即每一项技术创新方案都会去申请一项专利，从积累每一项专利申请从而构成对一项技术创新的法律保护。伴随着不断拓展新的市场空间，各类新产品新技术的专利申请连续10年位居全国家电行业前三位，并保持持续稳定增长的良好态势。

截止2000年底，海尔累计申请国内专利3039项，其中2000年全年申请602项，按全年实际工作日计算，平均每天就有2个以上新专利问世，较去年增长20％。

为保证海尔国际化发展战略地顺利实施，近年对申请国外专利加大了工作力度，目前对主要产品和技术输出国家和地区均有相应申请，如北美、欧洲、日本、韩国、东南亚和中东地区，今年申请量较去年同期增长1倍。

同专利申请大幅增长相对应的是，海尔整体技术创新能力的提高。1997年8月，海尔被国家经贸委确定为中国首批技术创新试点企业之一，重点扶持冲击世界500强。

3．国内外营销网络拓展与商标注册申请战略

企业参与市场竞争，除在产品本身上进行技术竞争以外，企业自身品牌价值和形象竞争同样举足轻重，甚至是首要因素。因为消费者在购买和使用产品前，是通过对企业商标了解程度的多少来决定是否接受产品的。比如，美国的可口可乐几乎已经成为了可乐饮料的代名词。无论在哪里，如果不特别加以说明，人们所称的可乐即是指“可口可乐”。由此，产品商标具有的影响力可见一斑，这种影响力是潜移默化的，当消费者在选购产品时，甚至是不自觉地行为。

海尔是中国第一批驰名商标中的唯一家电品牌。

2000年海尔品牌价值评估值达到330亿元，是最有价值的家电、电子产品品牌。

我们并不满足于成为中国的名牌企业。海尔的品牌经营战略，是要成为属于中国自己的国际化知名企业，目标是在全球范围内创建海尔品牌高知名度、信誉度和美誉度的良好形象。海尔的海外扩张总体战略，就是通过先输出商标、再输出产品和管理理念的方式，最终成功实现企业经营的国际化发展。

自1990年，海尔坚持“先难后易”的出口战略，目前海尔品牌的各类家电产品在全球160多个国家和地区销售。做为创国际名牌战略先导的商标申请，始终走在整体出口工作的前列。海尔商标，包括中文、英文、图形商标，已在183个国家和地区申请2000多个商标。即使在刚开展商务活动的国家和地区，我们仍就坚持商标申请先行策略，使海尔真正成为一个全球化的知名品牌。

目前每年都有外国代理商主动找上门来，要求代理海尔在其本国的经营权。外国代理商之所以看重拥有海尔产品的经营权，是因为海尔有超值的品牌价值。拥有品牌价值，就会拥有高额商业业绩。没有品牌价值，即使你主动找到代理商，代理商也不会与你合作，因为赔钱的买卖谁都不会干。

同样的，每年海尔都会对全球代理商进行考核、评估，对其工作不符合海尔品牌经营要求的立即给予撤换。因为海尔有超值的品牌价值，只有同等实力的代理商才能将品牌价值转变为商业价值。

曾有一家知名欧洲A公司，本想取得独家经销权，这对很多企业来说相当具有诱惑力。虽创汇更多，但是却不利海尔品牌的运作，因此拒绝了这个要求。随后该公司即在本国运用自身影响恶意抢注海尔商标。但是海尔所有商标注册申请在先，即使该公司是本国较有知名度和经济实力的大公司，我们仍可运用对方国家法律对其行为一一给予反击。最终，海尔通知该公司，如果不主动撤回申请，我们将依法提起诉讼程序。在得知海尔商标已被当地官方授权的情况下，该公司不得不主动撤回申请。

通过这场历时一年零三个月的商标权之争，使我们更加深刻意识到商标权对于一个企业的重要性，我们称商标为“根”，没有根的坚实，不可能形成“枝繁叶茂”的市场回报。

4．技术保密和反不当竞争对技术研发的保障

海尔定牌生产、或是委托开发产品，涉及到的保密信息，我们通过实施合同审核，以及专利申请权的购买与转让，将企业技术资产以法律形式确定下来，从而将企业整体技术发展纳入闭环防范领域内，直接为企业进行各类反不正当竞争提供法律保障。

在已经发生多起技术仿制侵权案例中，正是由于海尔前期对技术合作签订有合同规定。能够将复杂的技术内容，按照相关法律准则清楚准确地划定出权利范围，从而能够在法律上取得主动，切实维护企业合法的经济利益。目前海尔专利侵权案件诉讼审结率、胜诉率均达100％。

二、知识产权是实施技术创新的根本条件

海尔的竞争优势在于创新。

中国加入WTO以后，所面临的关税壁垒必然减少，但非关税壁垒特别是技术壁垒将会增加。比如下一步，在欧盟市场要求销售的洗衣机必须达到AAA级能耗标准，而国内洗衣机行业中达到A级标准的都不多；在美国家电市场中，美国能源部每两年就要提高一次能耗标准。如果不掌握核心技术，这些都将难以达到。

海尔坚持以技术创新为手段的品牌经营模式，

面对着国际家电技术的迅猛发展，从国际范围内的专利信息库中挖掘技术创新点，来带动企业整体技术升级与出口，以保证海尔国际化战略的实施。

1. 专利文献是信息源和定位参照系

据WIPO统计表明，每年新技术发明创造的90%以上会在专利文献中检索到。海尔通过按产品门类、技术领域建立起有针对性的专利文献库，跟踪世界上最先进的科技成果，为创新项目提供方向。

(1)通过专利文献检索，寻找技术合作开发方，通过强强联合，确定攻关重点。选准课题、避免重复开发、提高效率。

(2)通过优胜劣汰，选择国际化、优秀的分供方，通过技术开发借力缩短开发周期，提高产品工艺可靠性。分供方技术是否具备海尔知识产权工作标准和要求，是选择分供方的基本条件。

(3)为技术出口贸易、海外建厂提供决策依据。

对于投产产品关键设计技术，就相似结构国际分类进行专题检索交由专利代理律师，特别是当地国专利律师进行技术研究可靠性论证。

2000年3月份，海尔在美国南卡莱罗那州投资设立的新型家电生产厂正式投产，第一批电冰箱产品随即投放到美国本国市场中并引起消费者和商家的欢迎。海尔能在竞争最为激烈的美国市场中建厂生产，是因为海尔具有符合美国法律的知识产权做为依靠，除已经在家电相关类别中申请了各类海尔商标外，对于美国整体冰箱技术专利文献的研究与论证，作为产品技术可行性的法律依据。

在选择以何种类型产品做为投产品种的问题上，为避免盲目投资而发生侵权风险，我们调取多年来跟踪冰箱技术在美国的专利文献库，对相似技术专利进行排查。同时委托专利代理律师，对排查出的多项相关技术内容逐一进行侵权检索分析。为避免因对美国法律产生歧义而影响论证结论的可靠性，对于关键技术内容我们还聘请美国知名代理律师所实施。通过跟踪检索，对与海尔产品技术相关的美国专利实现了全面的筛选分析，找出其中易发生侵权纠纷的技术方案，转而指导海尔现有技术的研发，做到在不构成侵权的前提下，通过对专利文献的利用，提高海尔技术应用水平，同时利用美国专利法申请海尔自己的专利，防止被他人仿制侵权，从而确保海尔冰箱在美国完全享受到美国专利法的保护。

有效利用专利文献，为投产决策、选择技术应用、确定专利保护方案提供了可行性资料来源和依据。

我们认为在选择产品技术时，特别是在涉及到向国外输出产品和技术时，对专利文献检索运用是首要的工作内容。

2. 通过对国际最先进技术的追踪借鉴，获得技术后发竞争优势

目前世界500强企业通过对产品技术实施专利申请保护，在其所属技术领域内，处于相对优势和主导地位，在市场竞争中形成垄断权。如果不能拥有有效专利权，必然会被诉侵权和索赔，直至被完全挤出市场。

与世界500强企业相比，在部分产品技术发展上我们起步较晚，专利技术拥用量较少与竞争对手已形成的专利保护壁垒构成了鲜明反差。在这些专利情报开发、市场研究与技术开发指导上，我们尚有很大的提升空间。在海尔实施国际市场扩张战略要求下，产品结构和市场销售类型的多样化，要求海尔同时具有能满足国内外各种市场竞争需要的多门类、多学科应用技术的储备。在坚持自主研发前提下，通过对相关专利追踪与借鉴，寻找到能够形成有效占领市场的技术方案，进而增加专利申请积累、提高整体技术竞争实力。

对现有专利技术的跟踪借鉴，可以形象地比喻成“站在巨人的肩膀上”。你可以不是巨人，但是只要能站在巨人的肩膀上，你就比巨人还要高。

海尔“小小神童即时洗”洗衣机就是一个最为典型的事例。

在研发此类微型洗衣机初期，技术人员急需了解市场中已有技术状况、以及已实施的产品类型。通过对专利文献的检索分析，发现先期国内已有部分专利申请，但是此部分专利技术方案并不完善，尚不足以形成有效的保护范围，而且其中有的专利权已被放弃。面对这些公开技术，无疑能够提供技术人员创造性思维的启迪，帮助技术人员直观地理解所要面临解决的技术课题内容。

在技术开发平面上，易于突破在先专利技术的封锁，通过对比找出其他解决方案是显而易见的；在技术开发高度上，以在先专利技术为基础，再进行改进和提高也同样具有明确的目的性。

在这些失效与无效专利基础上，所形成的更高层次的技术保护方案，当然也就会形成更为完整的“技术保护网”。

海尔“小小神童即时洗”洗衣机，第一次申报专利即达12项，依据以上所述技术开发与专利申请相结合的策略，从外观到内部结构所有新技术的应用均通过专利申请方式获得了市场保护。自投入市场后的几年来，产品虽然深受消费者欢迎，市场效益巨大。“小小神童”洗衣机至今已推出第九代产品，从自动型、全自动型、电脑型、到透明视窗型，每一代产品都形成了全面专利保护，共获国家专利26项，其中实用新型专利16项。

正是由于有全面、严密的专利保护，至今尚未专利侵权与技术仿制问题出现，从而保证了该系列产品市场效益的最大化。

从1998年至1999年，“小小神童”洗衣机已累计销售150多万台，实现销售收入13.2亿元，在国内微型洗衣机市场中，占有98%以上的市场份额。

每年夏季是国内洗衣机销售的所谓淡季，可是对于海尔“小小神童即时洗”洗衣机来说却是旺季，天气越是炎热销售越是火爆，人们越是享受到即时洗带来的方便和快捷。面对着市场效益诱人的景象，至今尚未有一起仿制侵权行为的发生，究其原因

无外乎是因为海尔已经通过申请专利将完整的技术方案保护起来，若想突破现有技术保护将会很难。

3. 通过知识产权保护，寻找企业跨行业发展、产品市场细分化的支持

技术的开发是一个不断升级的过程，当一个企业拥有自主专利权时会通过不断改进原有技术而获得“核裂变式”的专利保护范围。在针对一项专利技术申请每年增加的前提下，一项产品技术会有多项专利申请保护，留给竞争对手可以规避风险的范围已很小。

能够保证海尔顺利实施跨行业、跨领域经营战略，只能通过动态的专利保护战略，来寻求对已经形成的专利保护网的突破。通过“使用公开公知技术”+“有效专利技术的改造”，以“点”带“面”的突破，赢得整体产品技术研发方案的专利保护。

1997年海尔携经营白色家电的成功业绩，毅然挺进彩电经营领域并于9月率先在北京上市。面对着国内外众多彩电品牌，在投产上市前即已感受到超强的市场压力。如果再按照他人技术发展道路接着走下去，只会形成技术上的劣势，而技术上的优劣将直接关系到产品的市场前景。海尔搞彩电时间是很短，但是并不代表海尔的彩电技术起点低、并不意味着海尔彩电技术附加值小。集团领导层在做出投产彩电项目时，已经将海尔彩电发展寄望于独特的技术创新上来，关键是对专利技术的借鉴和应用。

现有彩电产品品种多样，技术特点不尽相同，有时消费者很难做出决定该购买哪种类型的彩电产品。同时，以日本为首的国外彩电厂家在实施专利法的十几年来，已经申请了众多类型的专利，从各个方面对产品技术进行保护。在表面上严密的技术保护范围中，似乎很难于再找到可以发展的空间。

但是根据对国内专利技术的跟踪，关于彩电屏显技术方面的专利保护并不完善。同时对消费者的调查显示，对于彩电显示屏开关机时瞬间闪烁射线，不仅对消费者视力造成损害，而且也是造成显示屏使用寿命缩短的最大因素。为此海尔决定将技术研发重点放在对彩电屏显技术的改进上来，以期研制出具有独特屏显技术的新型产品。

技术研发目标一旦确定下来，所有的技术开发重点全部围绕着如何避开已有专利技术的限制、以及如何取得申请专利所需的技术实质性提高上来。围绕着技术攻关成果，海尔先后就彩电开关机显示方式设计出多种方案，最终确定以“拉幕式开关机”为主导方案的屏显技术，并一次申请发明专利2项，以最大范围覆盖住技术范围，从而在专利法上确保了该项技术在国内应用的首创性。

这型彩电一改所有彩电在开关机时形成的瞬间闪烁射线，在开关机时对屏显做特殊处理，就像开启或关闭舞台帷幕一样逐渐打开或是关闭显示屏，对消费者的视觉伤害几乎减小到零。

先进独特的技术成果直接影响到市场销售效果，这型彩电刚一上市即受到消费者欢迎，各地商家纷纷来电追加订单，一时间全国各地海尔彩电销量直线上升，各大报纸接连转载报道，惊呼“海尔彩电奇迹”。出乎业内外人士意料的事情，对于我们来说却又是意料之中的事，而且我们坦然面对市场销售高潮的到来，因为海尔已经就相关专利技术进行过侵权检索、而且已经申请专利，自主专利带来的是自主的市场份额和效益回报。

通过专利投资，海尔在短短的三年时间里，建立起自主的技术优势、以及由此形成的产品特点。消费者在对海尔彩电瞩目的同时，并未意识到要达到这种技术发展高度，在国内通常要花十年以上的时间。这其中的捷径，就是对专利技术的应用、以及技术成果的专利保护。

1999年据国家统计局中怡康公司对全国1000家大商场统计，海尔彩电全年销量已上升至第三位。据该公司统计至2000年上半年，海尔彩电已连续2年保持在北京地区的销量第一名的佳绩。

三、知识产权是参与国际范围内经济竞争的入场券

1. 知识产权是国内市场国际化的竞争手段

中国加入WTO在即，国际跨国大公司通过在国内设厂或组织加工返销等方式，将原本国际范围内的产品竞争逐渐引入国内。据统计，目前处于世界500强的国际公司均已在中国投资设厂。在积极参与国际范围内市场竞争的同时，对已经属于“家事”的技术竞争，海尔主导竞争力量仍是知识产权，使用知识产权参与到国内市场的国际化技术竞争。

对于这些国外品牌厂家，海尔通过定期的专利跟踪与分析，能够寻找到竞争对手的研发主攻方向以及产品主要技术特征。虽然这些公司技术发展历史较长、人才力量雄厚，但是只要能够取得专利权，就可以取得技术上、法律上的平等竞争地位。而且海尔有遍布全国的营销网络，对消费者的需求充分掌握是海尔独具的技术优势。

据国内市场调研结果显示，我国已进入缺水期，用水定额制势在必行，事实上北京已经正在实施限额供水管理。海尔早就投入的节水型洗衣机研究，被正式提到议事日程上。

其他厂家虽有技术改进，但并不是真正意义上的节水洗衣机。在市场机遇面前，海尔采取先攻克专利难题，再解决具体技术难题的策略。首先明确要取得的专利保护范围，其次才是具体的技术开发。这种倒推式的开发方式，直接将技术人员的思路扩展到专利保护方案上来，以概念性技术替代结构性技术，以取得法律效果为准。

实际上，法律化的技术方案更具创造性，海尔节水型洗衣机经实验统计，在达到相同洗净效果的基础上，较普通洗衣机减少用水量60%以上。产品在投放市场以后，引起包括生产厂家在内的国内媒体、消费者的广泛关注，并已带动新一轮洗衣机节水技术的竞争。

2. 知识产权是取得国际市场的前提条件

做为国内最先成功实施国际化战略的家电企业，海尔的目标是要成为中国的国际知名家电企业。

只要一提起海尔，世界任何地方的消费者都会说："海尔，我知道，这是一个国际名牌。"而要达到这一点，海尔就必须在国际范围实现本土化，包括本土化技术研发、本土化产品生产和本土化销售。海尔已做出了大量的工作，目前在全球拥有工业园区7个、已投产生产工厂40个、售后网点11976个、营销网点51000个、贸易中心167个、15个技术设计分布于欧、美、日等国家和地区。

在实施所有本土化经营战略的同时，我们更加认识到拥有自主知识产权的重要性，可以说这是进入国际市场的前提条件：

(1)实施本土化技术研发，是要能成功地取得本土化的技术专利保护。在国外的设计中心，其技术研发借助于当地技术水平和人才优势，但是技术基础是源自于海尔自身的技术实力。在发达国家，跨国大公司通过对一种技术的专利申请，将各种实施可能全面保护起来，并且根据市场竞争实力对比，相互间构成技术联盟。对内相互许可实施，对外统一抵制其他品牌进入该市场。对于市场新加入者，通常都会在专利技术上做文章，对你进行侵权指控、要求巨额赔偿、直至将你最终完全挤出市场。

在这种以技术竞争为主的市场竞争面前，一味总是避开已有专利范围是被动的，而且成功率不高，要能立足于技术竞争必须具有专利权。这时的知识产权已经成为一种市场准入资格，技术成果不进行专利申请、缺少当地国家法律保护，就难以取得法律上的同等地位，只能任由他人排挤和追加诉讼。正如：巧妇难为无米之炊。没有做为"米"的知识产权，再好的技术成果也难成为市场中的佳肴。

(2)本土化生产的关键因素也包括知识产权领域。投产前没有通过专利检索跟踪，对现有市场技术发展就不可能形成一个全面、准确的掌握，当然将直接影响到整体投资项目决策的做出，造成投资方向的错误，甚至会是从事重复、低水平产品的生产。

如果没有申请自己的商标，所进行的所有生产充其量是低效益的来料加工，成为其他品牌的附庸。这当然不是实施本土化生产所应达到的目标。

(3)知识产权是成功实施本土化销售的前提。在签订国外销售协议时，都会对产品提供方提出关于专利侵权责任归属问题。在销售渠道发生专利权侵权行为，将直接追究产品生产方的责任。

目前，海尔已经进入欧、美、日等国家和地区的主要超市、零售网络，正是得益于海尔具有的自主知识产权。从专利保护前提下得到的自信，确保海尔能够成为享有国际高知名度的家电企业。

四、知识产权是企业进入网络新经济高速路的必备条件

随着国际互联网在市场竞争中的使用，特别是即将到来的电子商务时代，产品技术竞争将变得平面化、零距离化。产品技术的优劣对比，被网络信息传递无情地放大到最大化。消费者将拥有最大范围的选择余地。能否具有全部技术的知识产权，将直接导致能否将最先进技术产业化、从而满足消费者所有需求的必备条件。

知识产权能够保证技术多样化储备需求。

消费者的需求不再受厂家技术局限性的限制，对产品技术多样性的需求将会是几何级数规模的。比如，一种家电冰箱产品，根据消费者对色彩、容积、制冷方式、内部附件及功能等等因素，会产生上千种产品原型。一类产品大规模生产已不现实，消费者需要是通过单独订做生产的产品。也就是说对于一个产品，真正起到设计作用的是消费者，而将不再是生产厂家。

同时，消费者对产品交付能力的提高会有近乎苛刻的标准，网上购物的时间将被限定在以天、以小时为单位，因此任何一家走上网络经济的企业必须具有超强容量的技术多样化储备，从而能够达到根据消费者各类需求，在已有技术库存中随意匹配、及时研发出新产品的能力。

目前，海尔已在国内率先开展起来电子商务，即B2X。X者，未知数也。在新经济条件下，企业的价值就是最大限度地发现和满足用户的个性化需求，做到物有所值甚至是物超所值。

电子商务意味着什么？意味着我们和用户之间是零距离。没上网的时候，对专利技术的借鉴是背后进行的，可能会存在着仿制问题。对于技术相对处于劣势的企业比较有利，对手不多、透明度不大。可是一旦上网，企业的优劣势被无情地放大，而竞争对手不再是一般的品牌，而是世界名牌，这些名牌和你摆在一起，消费者凭什么买你的产品。凭的就是海尔能够提供比别人更好的满足用户需求的产品，如果用户提出要三角形冰箱，你能不能提供？以往申请三角型冰箱，只是申请外观设计，并没有涉及到具体的产品结构和相关制冷、机械类技术实质。为什么？因为看似简单的外形变化，带来的却是复杂的各种技术改进，而要实现这些技术改进就必须具有实实在在的专利来保障，既不能盲目照搬他人已有的专利技术，又必须做出能够拿到专利权的创新技术方案来。

对于电子商务就是这样，知识产权所能起到的作用是具体体现出一个企业的技术积累，技术人员创新能力能否在众多竞争对手中脱颖而出，通过满足用户的个性化需求来赢得市场订单。否则就会被网络经济淘汰。

速度是网络经济的生命。如果用户对企业提出了某个技术课题，那么就要求在最短时间内必须完成对技术创新项目。如果说在非网络经济条件下，知识产权是企业参与市场竞争重要条件的话；那么在网络经济下，是否具有自主知识产权就是企业参与网络经济的根本，缺了这种根本条件，企业就没有参与网络经济的资格。

再来说对三角形冰箱的研发，消费者有购买三角形冰箱的需求，我们通过对世界范围内有关冰箱技术进行的跟踪检索，结果显示并没有专门使用在三角形冰箱上的专有技术。面对着记录的缺乏，我们并没有盲目地埋头进行基础技术研究，因为海尔在冰箱技术方面有较丰富的专利可以利用，技术功能的互通性可以提供一个较为广泛的支持平台，通过对已有专利技术的重新排列组合，可以产生出新的技术方案，所以能够产生新的功能效果。

事实正是如此，在三角形冰箱研发过程中对海尔自主专利技术的二次改进，完全达到了脱胎换骨式的技术效果。比如三角形冰箱中采用的悬挂式旋转搁物架，其技术内容是建立在海尔已有悬挂式搁物架专利基础上，通过对部分连接部件固定方式的改进，进而设计出一种全新的技术方案，使得用户在使用时无须费力即可任意拿取到任何位置的物品，解决了三角形冰箱使用过程中最为棘手的难题。反过来说，如果我们本身不具有此类基础专利，那么要想解决这种技术课题，就必须从头来过。这无疑是计划经济下的技术开发方式，在已经进入网络经济的今天，其结果是可想而知的，只能是被市场无情地否决掉。

2000年6月2日，国内第一家网上订购设计的三角形冰箱在海尔商务公司实现成功交易。通过产品批量投放市场后，从电子商务订单反馈情况可以看出，三角形冰箱又给了消费者一个惊喜。因为在如此短的时间里，改变的并不仅仅是简单的外观造型，而是从使用方式、附件功能等多方面的全新的技术实践。在消费者对我们产品反馈信息中说，海尔产品总给人一种意想不到的满足，海尔做什么都会出色。

给消费者带来轻松的同时，我们自己深刻体会到正是由于海尔坚持自主开发并拥有知识产权，才会有技术应用上的游刃有余，才有可能在发展一日千里的网络经济时代仍能继续实现技术创新的市场价值。

五、结束语

海尔成功发展十几年来的经验表明，具有强大技术创新能力是参与市场竞争的决定因素，而拥有广泛、自主知识产权是这一决定因素的核心内容。

市场对技术研发的需求，是以企业取得市场效益为导向的，推动实现这种成功转化的力量就是对知识产权保护的投入和使用。技术提高已不再是单纯技术领域内的事情，而是涉及到市场竞争中的方方面面，最后落实到企业能否取得法律保障下的可持续发展。

我们始终认为并会继续坚持以知识产权促进企业技术进步的发展之路，海尔国际化战略发展的明天将会更加辉煌！

（青岛海尔集团知识产权事务中心）

中石化集团重视知识产权保护工作，增强市场竞争力

2000年中国石油化工集团公司集中其优良资产，经过重组改制并根据《中华人民共和国公司法》，于2000年2月25日成立了中国石油化工股份有限公司，并于2000年10月18日、19日在香港、纽约和伦敦股票发行上市，成为中国唯一一家境外三地同时上市的H股份公司。

中国石油化工集团公司暨中国石油化工股份有限公司重视技术创新和知识产权工作，2000年围绕集团公司重组，股份公司上市、促进技术创新和提高公司知识产权保护水平开展了工作。

一、在中国专利15年成就展上向江主席汇报集团公司专利工作成绩

在中国专利法实施15年之际，参加了中国专利15周年成就展，展示了中国石油化工集团公司的专利工作成绩和一批高水平的技术发明成绩。在中央领导专场，在国家知识产权局安排下，集团公司李毅中经理向江泽民主席等中央领导汇报了集团公司促进技术创新，运用知识产权制度，提高集团公司市场竞争力的工作成绩、主要发明创造的情况和对未来发展的战略构想。受到了江主席等中央领导的好评。会后李毅中经理做出了进一步加强中国石化集团公司专利工作的工作部署，有力地促进了集团公司知识产权工作。

二、中国石化集团公司获得多项专利奖

在全国专利工作会上中国石化集团公司的多项发明获奖，中国石化“用于烷基芳烃的脱氢催化剂”获世界知识产权组织和国家知识产权局颁发的中国专利金奖，“高硅丝光沸石的合成”、“大比表面非晶态合金的制备”、“铂-锡-钛多金属重整催化剂”、“油井多项存储收集器”、“适用于制备高抗冲击性聚苯乙烯的高顺式1,4－聚丁二烯及其制备方法”、“丁腈橡胶粉的制备方法”5项发明获中国专利优秀奖。中国石化集团公司技术开发中心获全国专利系统先进集体称号，中国石化集团公司技术开发中心马燕获全国专利系统先进工作者称号。

三、重视技术创新和知识产权保护

中国入关在即，中国石化的各级领导和科技队伍的技术创新和知识产权意识大大提高。以技术创新为基础的专利申请、专利保护和实施得到了进一步的发展。中国石油化工集团公司和中国石油化工股份有限公司共申请专利678件，再创历史最高水平。其中发明专利467件，实用新型专利208件，外观设计专利3件，发明专利申请量占总申请量的69%。中国石化已累计申请了中国专利4678件，其中发明专利2441件，获中国授权专利2572件。

2000年中国石化19项专利技术向14个国家申请专利59件，其中11件是通过PCT申请的。2000年中国石化共获24件国外专利授权，在18个国家和地区拥有授权专利162件。在对创新技术实施知识产权保护的工作中，我们注重研究市场和竞争对手，注重提高知识产权的保护水平，注重将专利技术推向工业化，2000年中国石化一批专利技术已成功地工业化应用。

2000年中国石化股份公司将技术创新和专利保护作为对直属研究院创新能力的考核内容，有利

促进了企业的技术创新。

中国石化既重视保护自身创新，同时重视尊重他人知识产权，我们继续坚持了在开发项目工业试验或投产前进行专利法律分析，避免侵犯他人的专利权。

三、培训、交流、展览

2000年7月中国石化和国家知识产权局联合举办了集团公司知识产权培训班，由国内法律专家作了化学类、机械类专利的撰写方法及技巧、专利的复审无效请求和专利侵权分析、国际专利文献信息的internet上的利用及有关从知识产权纠纷案件看企业加强知识产权管理的报告。

我们组织了和美国3M公司和美国一些专利事物所的就技术创新和知识产权保护方面的交流会。

我们组团参加了香港发明展览会。共有15项专利技术参展并获两个专项大奖，金奖11个，银奖8个，铜奖7个。“用丁烯烃聚合和共聚合的催化剂体系”获得世界知识产权组织颁发的世界知识产权金奖，“碳三馏分液相加氢新催化剂和新工艺”获全国妇女联合会颁发的巾帼发明奖。含稀土五元环结构高硅沸石的制备方法等11项专利技术获得金奖。中国石化集团公司展团获得第十二届发明展览会的组团奖。

中国石化组团参加了国家知识产权局举办的赴美知识产权培训班，学习了解了美国知识产权相关法律和实践，考察了美国高新技术产业的知识产权管理。

（中石化股份有限公司科技部知识产权处　马燕）

适应新形势切实加强石油集团知识产权工作

我国即将加入世界贸易组织，在国内市场消除关税壁垒后，石油企业将面临世界强手更严峻的竞争挑战。当前，世界石油工业已由70年代的规模取胜、80年代的成本取胜，发展到90年代的高技术取胜时代。近十年来，世界各大石油公司，纷纷投入大量人力、物力，应用科学理论，发展高新技术，使原油和天然气的发现成本和生产成本平均下降40%。中国的石油工业，特别在改革开放的20年来，高新技术的发展取得了长足的进步。一些方面有所创新，并达到国际领先水平。但是面对入世，我们仍然感到巨大的压力。我们更加清楚地认识到自主知识产权的高新技术是把握国家经济命脉的关键，是我们企业提高竞争实力，打开和占领国际市场的杀手锏，我们必须加强知识产权工作，实施技术创新战略，充分利用专利制度，提高技术创新能力，加快发展拥有自主知识产权的高新技术，才能在竞争中不断发展。

一、石油集团概况

1998年，国家对石油化工业进行了战略性调整与重组，中国石油天然气集团公司（以下简称石油集团）是在原中国石油天然气总公司基础上组建的上下游、内外贸、产销一体化的特大型石油石化企业集团，是国务院确定的授权投资机构和国家控股公司。

石油集团主要从事石油、天然气资源的勘探开发及油气共生和钻遇的其他矿藏的开采业务，炼油、化工、化纤、化肥等石油化工业务，原油、天然气、成品油和石油化工等产品的储运、营销和进出口业务，以及与石油石化相关的其他业务。石油集团拥有大庆油田等13家大型石油天然气生产基地和吉化集团等17家大型炼油化工企业，20个油品销售公司。

二、工作回顾

从石油天然气总公司到石油集团，历来十分重视科技进步和科学管理，始终将技术创新放在重要的战略位置，对深入开展知识产权工作给予了高度重视和支持。经过十几年的努力，石油知识产权工作已奠定了坚实的基础，为实施石油集团技术创新战略，建立和完善适应市场经济的技术创新体系，进一步加大自主知识产权的开发和保护力度，增强竞争实力，石油集团的知识产权工作必将提供强有力的支持和保障。

（一）工作实践

1.普及知识产权法律知识，石油集团全员知识产权意识和法制观念普遍增强，初步形成了重视知识产权保护的良好环境。

2.专利、知识产权管理体系基本健全，已建立了各级知识产权工作网络和服务网络，组建了一支知识产权工作专利骨干队伍。

3.制定、实施了促进科技进步和技术创新、加强知识产权保护的政策和措施，专利、知识产权工作的管理办法和配套规章制度基本健全，专利工作水平和实际运用知识产权制度的能力不断提高。

4.保护知识产权，促进技术创新，为生产经营的发展和经济效益的提高提供了强有力的技术支持和权益保障。

1985年～1999年共取得科技成果17736项，申请职务发明专利3125件。经中国专利局公开和公告授权的职务发明专利2925件，其中发明专利为733件，占2925件的25%，略高于国内16%的同期水平。1999年底拥有授权的职务发明专利2387件，国外专利申请20余件。专利实施率达到70%，初步统计增加经济效益达40多亿元。

（二）工作方法

1.加大知识产权宣传普及力度，增强全员知识产权意识和法制观念

石油集团把提高知识产权意识和法制观念，提高知识产权管理、保护和利用水平，创造保护知识产权的良好环境定为知识产权宣传普及教育工作的核心任务。采取多种方式分层次进行知识产权教育，举办专题报告会、讲座20多场，各类培训班200多期，培训学员3万多人，举办10多次专利、知识产权知识竞赛及大型宣传、咨询活动，参加者达10万多人次。石油集团还将知识产权法制教育及基础知识

纳入领导干部进修和新干部岗位培训教育计划,在石油集团管理干部学院党校班和干部轮训班开设必修课,进行强化再教育,企事业单位领导和科技管理干部的培训普及率达60%。组织企事业单位知识产权工作主管领导及骨干工作人员参加国内外知识产权培训、考察及国际国内研讨会,培养和提高知识产权工作专业人才。

2.加强专利、知识产权工作机构建设

"九五"期间,石油集团以专利工作为基础构建了知识产权管理体系框架,建立了知识产权工作网络和服务网络。目前,石油集团科技委员会是知识产权工作的最高领导决策机构,由科委副主任主管知识产权工作,石油集团知识产权保护办公室设在科技发展部,由科技发展部主任主管该办公室工作,该办公室负责石油集团知识产权管理工作,在石油集团经济和信息研究中心专门设置了知识产权管理处,开展有关业务工作和专利代理及知识产权服务工作。石油集团所属各单位按领导层、管理层、执行层三个层次组建了知识产权工作网络,即局、厂知识产权工作委员会—知识产权保护办公室(设在科技处)—知识产权专(兼)职岗位(设在科技科)。石油集团还以石油工业专利服务中心等所属6个专利事务所及石油集团科技评估中心为基础,组建了石油集团知识产权服务网,拥有一批熟悉石油石化专业并经过业务培训的高中级人才,以及专家数据库为基础的专家支持系统,拥有一支经验丰富的专利代理人队伍,以科技文献信息数据库、专利文献数据库、科技成果数据库为依托,可为石油集团提供科技查新、专利检索、科技评价、评估、技术经纪、专利代理、专利维权、诉讼等全方位服务。

3.建立健全知识产权管理制度,把知识产权工作融入到石油集团技术创新的全过程

试点先行,逐步深入;以点带面,指导全局;建设知识产权保护示范单位,建立健全石油集团知识产权工作机制和管理制度。

1996~1998年,组织胜利、辽河、四川油(气)田,石油大学(华东)四单位开展知识产权保护试点工作,探索将知识产权工作融入技术创新全过程的途径。经过三年的实践,试点单位以重视知识产权,强化对知识产权的内部管理和自我保护为重点,从提高运用专利制度能力,加强专利保护入手,向全面开展知识产权保护奋进,建立了新的知识产权管理机制,使管理工作制度化、程序化、规范化。制定了适应本单位的管理办法、工作程序和标准、考核指标奖惩政策和措施,培养了一支知识产权工作专业队伍,建立了知识产权工作网络,推动了技术创新活动蓬勃开展,专利申请数量稳定增长质量不断提高,商业秘密、商标、著作权保护水平有所提高,企业知识产权战略研究的初步开展,为深化试点单位知识产权管理与保护工作提供了动力。试点单位作为示范单位将石油集团知识产权工作带到了新的起点,试点经验的推广实施,为石油集团知识产权管理与保护水平的整体提高发挥了重要作用。

为适应我国即将加入WTO及石油集团重组改制后面临的新形势的挑战,切实加强石油集团知识产权工作,对1994年制定的《中国石油天然气总公司关于保护知识产权的暂行规定》进行补充,于1999年颁布了《中国石油天然气集团公司知识产权管理办法》,于2000年对该管理办法又全面进行修订,并补充制定了《中国石油天然气集团公司专利管理实施细则》、《中国石油天然气集团公司专有技术管理实施细则》、《中国石油天然气集团公司计算机软件管理实施细则》和《中国石油天然气集团公司知识产权工作考核评价暂行条例》及14个附件,对技术创新全过程中的知识产权工作进行规范和指导。重新修订的配套管理办法,进一步突出了鼓励创新,加大保护力度,对知识产权实行集中管理、分级负责,主动管理、注重实效,权责明确,建立科技投入回报制度。

4.加强知识产权工作,为实施石油集团技术创新战略提供保障和动力

"九五"期间,石油集团将科技兴油战略上升为技术创新战略,实施了五项重大举措。

一是加强技术创新能力建设。加强研究开发能力、工程化配套能力、产业化能力和市场开拓能力建设。石油集团在学习、消化和吸收国内外先进技术的同时,加强自主创新,形成自主知识产权,在更高水平上实现技术发展的跨越。

二是加强科学技术的创新。包括科学理论、应用技术和新工艺新产品研究开发的创新,扩大找油、气领域,提高炼油、化工加工能力和产品档次,降低成本,提高效益。

三是增强知识产权保护能力。设置知识产权工作专项经费,加大投入,加强知识产权管理、保护工作力度,研究制定石油集团知识产权保护战略、策略和措施,在充分研究国内外主要技术竞争对手的基础上,完善石油集团技术创新发展战略。

四是创造优秀人才脱颖而出的政策环境。尊重知识产权,落实奖酬政策,改革奖励制度。石油集团设立了技术创新奖,对在技术创新、科技成果转化和高新技术产业化中做出重大贡献或取得显著效益的实行重奖,科技生产要素参与分配,科技人员的贡献、业绩与收入挂钩。增强了科技队伍的凝聚力,调动了发明创造的积极性。

五是进一步深化科技体制改革,进行结构调整和制度创新。重新构建了石油集团技术创新体系,按三个层次建立起一批配套的重点实验室、技术开发中心和高新技术产业化基地。建立了市场化的科技管理新机制,科研项目管理全面实行课题制,严格立项查新检索制度,实行项目全成本核算和招投标制度,建立了科技评估和科技投入回报制度,对研究和开发项目分别确定投入回报和知识产权量化指标。在研究开发过程中,课题组成员及科技管理人员都具有知识产权管理与保护的职责。

"九五"以来,石油集团共取得各类科技成果6000余项,其中重大成果200多项,有50余项科技

成果获国家科技进步奖、发明奖和自然科学奖，500余项科研成果获省、部级科技进步奖和新技术推广奖，获得国家专利550余件，科技进步对石油经济增长的贡献率达到48%。

例如，新组建的重点实验室在低场核磁共振岩心测试技术、油藏地球化学新技术、高分辨率感应测井新理论、大型测井软件解释平台及新型催化剂等方面都取得了重大成果，27项技术申请了国家发明专利，这些成果对指导生产发挥了重要作用。地球物理采集处理解释软件技术开发中心独立开发了具有独立版权的新一代采集应用软件GRISYS地震数据处理系统以及GRIStation地震资料解释系统使我国的地震数据处理软件在微机和工作站平台领域基本摆脱了对国外的依赖，对形成我国的物探软件产业起了很大的推动作用。北京勘探开发科学研究院研制的DQ－60系列顶部驱动钻井装置及用于7000米井深的PSZ75型液控盘式刹车系统其总体技术水平达到了国际先进水平，填补了国内空白，该装置已获中国专利授权，PSZ75型液控盘式刹车系统正在办理申请美国专利。新技术的应用将提高钻井自动化，提高钻井质量，降低钻井成本。抚顺石化公司的重油接触裂解制乙烯专利技术，由于采用重油做原料，使乙烯生产成本大幅度降低，开创了世界乙烯生产的新途径，这项技术也将带动全国炼油化工技术的新一轮提高。

近几年来石油集团在国际化经营方面取得了突破性进展，目前在苏丹、哈萨克斯坦、加拿大、秘鲁、委内瑞拉、泰国等国家开发多个油田，在北美、南美、南亚、非洲、中东、独联体等地的十几个国家提供地震、钻井、测井、测试、录井、地面工程建设等工程技术服务，在国际化经营的过程中，我们充分认识到开发和拥有自主知识产权的技术对企业生存与发展的重要性紧迫性。

经过十几年的努力，石油集团已基本建立了较为完善的知识产权管理和保护工作体系，制订了完善的规章制度，设置了知识产权管理部门，组建了知识产权工作专业队伍。所属各单位都有明确的部门和岗位归口管理本单位的知识产权工作，并建立了各级知识产权工作网络。石油集团和所属各单位分别设置了知识产权工作专项经费，用于知识产权的管理与保护，专利申请的数量逐步增加质量逐步提高，推动了知识产权工作的全面开展。

三、加强石油集团知识产权工作的几点认识

回顾石油集团知识产权工作的历程，只有认真总结经验，巩固成绩，找出差距，提高认识，研究对策，制订措施，提高知识产权管理保护水平和实际运用知识产权制度的能力，才能使石油集团技术创新战略顺利实施，并在国内外市场竞争中争得更大的生存和发展空间。

（一）必须把知识产权工作纳入国家和企业技术创新体系建设之中

世界经济合作组织对技术创新定义为“把一种想法变成产品，投放到市场的过程”。技术的变革在经济发展中有重大的推动作用。技术创新是一项系统工程，它是技术产生和技术应用的统一，是技术与经济的有机结合，它包括产品创新、工艺创新、制度创新、管理创新、组织创新、观念创新等。知识产权是技术创新的核心内容，知识产权制度为技术创新提供了良好的法律环境，技术创新成果只有在知识产权保护的前提下，才能顺利实现工程化、产业化，取得效益。没有知识产权，就没有控制力，企业在技术创新体系建设中，必须加强知识产权保护。将其纳入技术创新的全过程，并将知识产权拥有量作为考核评价创新工作的重要指标。

重组改制后的石油集团在企业技术创新体系建设中，一是加强了企业技术创新能力的建设，二是加强科学理论的创新，应用技术、新产品研究开发的创新，三是增强知识产权保护意识，加大专利管理工作力度，四是建立人才使用新机制，五是建立了9个重点实验室、8个企业技术开发中心，还建立了高新技术产业化基地，从而加强了研究开发能力、工程化配套能力、产业化能力及市场开拓能力，研究开发出一批拥有自主知识产权的核心技术和产品，并已取得显著成效。

（二）技术创新是企业发展的动力和保障，强化企业知识产权管理与保护工作应是企业的自觉需求

我国即将“入世”，石油石化工业将直接融入国际市场，石油集团将直接面对国际石油巨头的挑战，管理体制和市场规则日趋国际化，我国企业同外国企业在世界经贸舞台上将处于同等竞争地位，形势十分严峻。石油集团目前在勘探开发、炼油化工领域中，主体技术与国际水平相比，竞争力强的仅占10%，竞争力一般的占30%，竞争力弱的占60%，处于明显的劣势，如果不加强自主创新，提高企业技术创新能力，如果对技术创新成果不进行有效的知识产权保护，我们将长期处于被动地位，失去生存和发展的空间。

重组改制后的石油集团正在采取有力措施开始扭转计划体制下成果管理与知识产权管理脱节，重成果轻专利，知识产权工作处于被动状态的局面。将知识产权工作列为科技工作的核心内容，并作为重要的考核指标纳入科技工作考核评价体系之中势在必行。修订石油集团知识产权管理办法，制订了配套的专利管理、专有技术管理、计算机软件登记实施细则及知识产权工作考核评价暂行办法。新办法的实施强化了对知识产权的主动管理，使石油集团知识产权管理与保护工作开始跨上一个新的台阶。保护知识产权开始成为企业的自觉需求，一大批技术创新成果及时得到保护，并加快了工程化、产业化的进程，走向市场，并取得了显著的效益回报，增强了石油集团市场竞争力。

石油集团的知识产权工作仍然存在很多差距，还远远不能适应新形势的要求，今后要继续从以下十个方面强化知识产权工作。

1.在实施技术创新过程中，形成知识产权保护网络；

2.开展知识产权保护战略和策略研究；

3.完善有利于促进知识产权保护的政策措施；

4.健全完善知识产权保护工作各项规章制度；

5.充分重视知识产权信息的监测、跟踪、研究和开发利用；

6.管好用好知识产权工作专项经费；

7.加大知识产权保护工作宣传力度，提高知识产权意识和法制观念；

8.充分利用知识产权制度，提高技术和产品在市场中的竞争力；

9.开展国际交流与合作，提高知识产权管理与保护水平及诉讼能力；

10.组织开展专利许可贸易，争取更大的经济效益。

（中国石油天然气集团公司科技发展部）

附表

石油石化主要技术领域1985年～1999年6月中国专利申请公开与授权统计表

单位：件

	石油集团	石化集团	外国公司	国内单位个人	合计
B01J	31	247	297	185	760
C07C	26	159	755	145	1085
C08C	38	152	1787	318	2295
C09	61	21	112	120	314
C10G＋C10M	111	221	361	185	878
小 计	324	827	3312	953	5416
%	6.0	15.3	61.2	17.6	100
E21B	928	332	325	1513	3098
F04	168	107	35	542	852
F16	184	101	68	480	833
G01	250	166	146	482	1044
小 计	1530	706	574	3017	5827
%	26.3	12.1	9.9	51.8	100
其他类	804	874	788	1787	4253
合计	2601	2380	4674	5757	15412
%	16.9	15.4	30.3	35.4	100

输出引进并举，发展版权贸易，走向国际市场

北京大学出版社从20世纪80年代后期开始开展版权贸易工作。十几年来，北京大学出版社已同美国、英国、德国、法国、荷兰、加拿大、俄罗斯、日本、韩国、菲律宾、新加坡、马来西亚等十几个国家以及台湾、香港、澳门地区50多家出版社建立业务往来。向海外输出版权360多种（不含签了协议而未能履行的），引进版权480多种，在输出及输入两项版权贸易的指标上，均居全国出版社前列。

一、建立一支版权贸易队伍，是开展版权贸易的基本保证

北京大学出版社从1979年恢复建制，经过了第一段的初创及发展后，在文化教育界产生了一定的影响。北大出版的一批高水平的教材及学术著作受到了海内外读者的欢迎，受到海外出版社的关注。在1984年，就有外商同我社联系版权转让事宜。1988年，北大出版社根据我国改革开放的形势，提出了“立足北大，面向全国，走向世界”的发展思路。北京大学出版社要把自己的奋斗目标定在向世界一流大学出版社——牛津大学出版社和剑桥大学出版社看齐。牛津、剑桥出版社既是著名大学的出版社，也是世界性的名牌出版社，它们的分支机构遍及世界，它们的出版物通过图书及版权贸易进入到世界各个角落。版权贸易是一个出版社走向世界的重要标志之一。1988年4月，我社正式组建了国际合作室（后改为对外合作部），抽调了懂外语，有编辑出版经验及有一定版权知识的编辑专职从事对外版权贸易工作。

版权贸易工作是一项专业化很强的工作。在海外，大型的出版机构均设有专职的版权经理（Rights Manger），社会上还有各种版权代理公司和版权经纪人，出版社要走向世界，必须要有专门从事版权贸易的人才。他们应该要有一定的外语水平，能直接与外商面对面的谈判，能阅读外文图书资料或直接浏览原版图书；他们还需要具备出版业务的多种知识（包括图书市场、生产成本等）和知识产权知识；他们还须具备一定公关能力。他们应该要从海外的图书出版信息中能捕捉到适合中国市场又符合本社出书方向的图书，在向外商介绍本社图书时，也能恰到好处。北大出版社从80年代以来，注意培养与选拔版权贸易人才。对外合作部在出版社历次改革中机构保持稳定，版权贸易人员保持相对稳定。尽管个别同志因各种原因离开了对外部，但由于出版社有了版权人才储备，使北大的版权贸易工作一直保持健康稳定的发展。我们体会到对外部人员相对固定，既有利于版权贸易人员在工作中积累知识与经验，又有利于同外商建立起良好的业务交往。有些外商批评中国出版界参加国际书展"图书是老面孔，人员是新面孔"，即版权经理或参展人员年年换新人，年年是新手，这种情况容易引起外商猜疑，不利于版权贸易的开展。我社在对外部设立地区经理制，分片负责。我社每年参加法兰克福、美国、日本和香港书展，除其他人员外，版权经理基本固定，保证了版权贸易工作的连续性。我社还选派版权经理参加国内外版权培训班，有计划地选送他们到国外大学、出版机构进修学习，不断更新他们的知识结构。实践证明，有了专门的机构及专职的人才，有利于版权贸易工作的开展。

二、积极开发外向型图书，是对外版权输出的基础

从80年代末到90年代初，北京大学出版社在版权贸易初期，主要是向外推销北大版图书。1989年2月，在中国版协国际合作促进会在深圳举行的第一届版权洽谈会上，我社签订了28种图书的版权转让合同。到1992年，北京大学出版社有的百种图书的版权转让到了海外。在版权贸易中，我们也发现，我社有些图书选题虽好，但由于出版操作得不好，引不起外商兴趣未能转让版权；有些图书选题、装帧、印制、编排不符合海外读者口味；一些海外读者急需的而又符合我社出版方向的图书没有列入我社选题。长期以来，中国出版界的外向型图书大多集中在中医、中药、武术、饮食、美术等方面，而这些基本不属于我社的出版范围。如何发展版权贸易，扩大我社的影响，是一个迫切问题。为此，我们分析了北大的学科优势和海外的图书市场，鼓励编辑组织既适合国内市场，又适应海外市场的选题，把对外推销版权的重点放在开发数学、生物、语言（尤其是汉语教学）和文史类的外向型图书上。对于成功转让版权的图书，出版社给予奖励。我社出版的"北大数学丛书"是一套高水平的数学研究著作，我们希望作者在撰写完中文书稿后，将主要内容及部分章节译成英文，再向外商推荐，由于中国在数学领域里有较高的水平，美国数学协会出版社、德国施普林格出版社、菲魏克出版社先后从我社购买了十多种数学类图书的版权。近十多年来，由于中国国际地位的提高和中国经济的崛起，在国外兴起了一股"汉语热"。我社主动开发的60多种成龙配套的对外汉语教材和汉语词典，这些书出版后一方面满足了来华外国留学生学习汉语的需要，另外通过中国国际图书进出口公司大量出口到海外。有40多种对外汉语教材及工具书还成功地转让到了日本、韩国、新加坡和马来西亚等国家与地区。"外语实用口语300句系列"、"艺术教育与美学研究丛书"由于在选题及编排中比较适合海外市场，整套转让到了海外。1991年，我社参展人员从法兰克福书展上得到德语地区的读者迫切需要中型的汉德、德汉词典的信息后，回社后及时组织多位专家用近三年时间编写出一部160多万字的《现代德汉汉德词典》，以后又衍生出了《袖珍德汉汉德词典》两种版本，该书并与德国一家图书公司合作出版后，受到德语地区读者的欢迎，现在《现代德汉汉德词典》已出版到第三版，每年还能销售1000多册。

在我社对外版权输出量中，台湾、香港和澳门地区占了60%左右。我社有近200余种图书版权转让到了台湾，其中大部分是大学教材及学术著作。林庚先生的《中国文学简史》、袁行霈先生的《中国诗歌艺术研究》、胡代光、厉以宁先生的《当代西方经济学说》、叶朗先生的《现代美学体系》、张国华先生的《中国法律思想史》、周公度先生的《结构化学基础》、赵凯华先生的《光学》、陈仲庚先生的《实验临床心理学》等均是北大名教授编写的教材，沟通了海峡两岸教育界的交流，在台湾出版后，受到了台湾大学生的欢迎，有的还多次再版。我社一批数理化与文史哲以及经济、法律的教材通过版权转让进入到台湾的大学课堂，在台湾教育界产生了很好的影响。不少外国及港澳台的学子由于读了北大输出版权的教材及著作，投考北京大学。这从一个侧面反映了版权贸易所产生的连锁反应。还有像《中华文明之光》（共8册）、《十三经注疏》、《中国书法史》以及《一国两制及香港基本法》、《中国概况》等图书向海外输出版权，既传播了中华文明和中国改革开放以来的现实及方针政策，也扩大了我社在海外的影响。

三、"为我所需"和"双效并重"，是引进版权的基本方针

北京大学出版社在引进版权方面开展得虽然比较早，但进展不快。在1993年前，我社每年只引进几种外版书。1993年后，我社加强了引进图书版权的力度，从每年引进十几种发展到现在每年引进上百种。在引进版权问题上，我社认为，作为一家大学出版社，应在选题上坚持出版原创性图书为主。如果一个出版大部分书靠海外版权支撑，即使这个出版社有很好的经济效益，但在国际出版界不会有什么地位，我社确定了。引进版权图书要坚持"为我所需"和"双效"并重方针，坚持社会效益与经济效益并重。另外，还有以下基本要求：一是补国内图书空缺；二是高水平；三是新技术、新理论新观念；四是符合我社的出书方向；五是健康的、有品位的。根据我们的发展思路，将引进高水平的教材、科技类图书、学术著作、外语读物、工具书作为我们版权贸易的重点。

1995年，我社成功地引进了比尔·盖茨的《未来之路》(The Road Ahead)。我们在引进此书之前已得知盖茨要出版一部描述微软成长以及展示信息高速公司的图书，后来看到样张后，坚定了花巨款引进的信心，最后我社以10万美元的版税引进了这本书的中文简体字版出版发行权。《未来之路》在1996年春出版时，正值中国IT产业步入新的发展期。本书一出版，在3个月内发行了40多万册，创造了1996年引进版图书的最高记录，产生了很大的影响。北大出版社按国际规划引进该书版权，在西方出版界也产生了很大的影响，美国《出版周刊》称《未来之路》在中国北大出版是中国保护知识产权的一个成功的案例。本书的版权转让合同还被中国历史博物馆作为文物收藏。《未来之路》出版还促进了中国信息高速公路的建设，中国第一个网站——瀛海威网站也在这一年诞生。1999年，我社又引进了盖茨的《未来时速》一书，本书向人们展示了信息网络时代的对当今经济、政治及日常生活的影响，本书出版后取得了较好的社会效益和经济效益。近三年来，我社大量引进了国外最新计算机技术类图书，并且形成了我社一个新的亮丽的增长点。在10年引进版权总数中，科技类的占70%，社科类占30%(同输出比例刚巧相反)。国外的大学教材是我们引进的重点。这几年先后引进的牛津、剑桥的语言类教材，以及“全美最新工商管理教材”与三联合作引进的曼昆的《经济学》，从施普林格引进的德国著名物理教育学顾莱纳的《量子电子力学》等4种量子物理学教材，从美国和欧洲引进的《组合化学》、《高分子化学》等化学教材以及从英国心理学会引进的《教师心理学》、《组织与心理契约》等心理学方面的教材被许多高校所采用，有的已多次印刷。

我社日本语工具书经过几年的努力，已形成了有大、中、小不同类型的词典。为了使北大版的日本语工具书更齐全，我社花了巨资(500万日元)，从日本角川书店引进了当今规模最大的《汉日词海》，还从讲谈社引进《最新日语外来语分类辞典》和《日本姓氏读音大词典》等工具书，使我社的日语词典更加成龙配套。我社积极与英美以外国家引进版权，从法国引进了30多种人文科学类的图书，如“20世纪法国思想家传记丛书”、“观点丛书”等学术专著和科普类图书等。由于中国对法语出版物的版权引进竞争没有像英语出版物那么激烈，因此，我社在引进图书的版税上不仅得到优惠，而且在出版费、翻译费上得到了法国外交部的资助。这些图书品位比较高，但出版后能在发行5000册甚至万册以上，都有较大的赢利。

最近，北京大学出版社将启动“未名译库”和引进版教材的出版项目。我们将组织专家选择国外名言著及名教材，计划在5～10年时间内，引进100种人文社科类的学术著作及100种大学教材，更好地为学校教学科研服务，为国家的文化教育建设服务。

四、遵守游戏规则，保证版权贸易持续发展

北京大学出版社在版权贸易上这几年一直保持着持续发展的态势。1999年，引进版权82项，输出30项，而在2000年，引进版权达146项，而输出版权达到42项，在对外输出上继续处在全国领先地位。今年，版权在引进与输出上又将会有突破。其主要原因一是北大版图书坚持高品位、高品质，有持续向外版权转让的基础，在引进版权上，坚持履行出版合同，遵守版权市场游戏规则，与外商开展了良好的合作。

前段时间，国内出版界兴起了一股引进热。有些出版社为了争得外版书，不顾本社的财务及图书市场开出高版税的许诺，在输出上却低版税来“倾销”。实践证明，追求单方面的一时的利益，最后是得不到好的长期的效果。其实，国际版权贸易市场也有其基本的规则。只有版权贸易双方均有利，做到“双赢”，才能使版权贸易正常开展。我社根据国际市场确定了一个引进与输出的一般版税率：新书、畅销书、名家名著版税率为7%～12%，一般在8%～9%之间，重印后9%～12%，出版四年以上的为6%～8%，最低不能低于6%。我们认为这样一个版税率既有利于引进，也有利于输出，有利于建立良好的可信赖的合作伙伴关系。版税过高或过低，都不利于与国际版权贸易接轨，不利于版权贸易健康稳定的发展，甚至会损害出版社的社格与声誉。

在版权贸易中，还应坚持诚信为本的基本商业伦理道德。对签订的出版合同应认真履行，按时、准时是现代经营管理工作的基本要求。合同不按时履行，不准时回复外商的来函、来电均会失去信誉，造成损失。在执行合同中碰到新问题或很难克服的困难(如因译稿的问题，拖延了出版时间等等)应及时向外商通报，印数、印次也应准确无误、清楚明了，版税结算也应及时。有时为了执行合同，还要主动承担必要损失。我社曾同一家英国出版公司合作出版一本向海外发行的英文论文集，但由于作者交稿的原因，使出版拖延。但对方对规定的交货日期不同意更改。最后，我们只能用空运将印制的上百册图书运到了伦敦。尽管多花了几万元钱，但却赢得了外商的信任。他们抓住了商机，销出了这批书，因而及时地把我社应得的利润汇到我社。开展版权贸易十多年来，北大出版社在版权贸易与对外交往中，赢得了外商的信任，也赢得了效益，许多与北大合作过的海外出版社都十分愿意与北大出版社长期合作。

中国即将加入WTO，中国出版业将会更广泛更深入地融入到国际出版业的竞争中去，版权贸易将面临新的问题。北大出版社将进一步更新观点，更积极主动地开展版权贸易，使北大版图书真正地走向世界。

(北京大学出版社)

经营商标，争创驰名

商标作为一种重要的知识产权，在经济发展和社会进步中发挥着日益重要的作用。对此，北京用友软件股份有限公司（以下简称用友公司）有着深刻的认识。

用友公司成立之初，就非常重视商标维权登记工作。截止到2000年底，用友公司在国家工商行政管理局商标局登记注册，并享有商标专用权的注册商标已有29个。这些商标不仅被广泛应用于与公司的产品/服务相关的各种物品和场合，其中的主服务商标还被作为"商誉"的一部分，许可部分代理使用。随着公司的发展，"用友"及心型图案商标与其所代表的用友"实用、先进、可靠的产品和专业、及时、真诚的服务"逐步深入人心。

通过多年经营，在用友公司成长为中国最大的独立软件公司、管理软件公司和财务软件公司的同时，"用友"商标也随之驰名全国。1999年，用友公司的注册商标"用友"被北京市工商行政管理局认定为北京市著名商标。然而，"用友"商标知名度也带来了日益严重的侵权损害，主要表现形式如下：

1. 某些代理商在与用友公司的商誉许可协议终止后，继续非法使用"用友"字号，并继续以"用友"名义从事经营活动，严重侵害了"用友"商标的专用权。

2. 某些企业未经许可，擅自使用"用友"商标，进行虚假的广告宣传，严重误导消费者。

3. 已发现有将与"用友"注册商标相似或近似的标识在非类似商品或服务上申请注册的情况，及在域名中将"用友"商标作为恶意抢注的对象情况。这些注册一旦获准，必将给用友公司的商标权益及商业信誉造成直接或间接的损害。

针对上述情况，用友公司及时明确了争创驰名商标的战略。2000年8月，用友公司向北京市工商行政管理局报送有关材料，同年10月，该材料已报至国家工商行政管理局商标局。围绕驰名商标的塑造，用友公司做了以下几方面的努力。

1. 建章立制，完善商标管理。用友公司结合ISO9000管理模式的实施，制定了《商标管理制度》，逐步规范了公司的商标管理工作，并积极参与中华商标协会等专业团体活动，学习交流管理经验，丰富发展商标管理工作的内涵。

2. 加强宣传，扩展商标知名度。用友公司参加了"首届中国国际商标知识大赛"的系列活动，通过对"用友"商标的集中突出宣传，不仅进一步提高了全社会的商标保护意识，规范了市场秩序，而且"用友"商标的认知度也得到了进一步提高。在公众问卷调查中，用友以"心"为形象的商标深受公众青睐，荣获"中国最具潜力商标奖"。

3. 创新技术，增强商标竞争力。商品是商标经营的基础，而商标驰名的基础就是它所代表的名优产品与服务。虽然"用友"是中国应用最广泛的财务及企业管理软件品牌，但用友公司坚持不断创新，开发新产品。最近推出的用友NC（新世纪）管理软件就是全新一代全面企业应用解决方案。

4. 营造良好的商标生存环境。用友公司一方面加强宣传，提高公司员工和全社会的商标意识；另一方面积极采取措施打击各种对"用友"商标的侵权行为。通过这两方面的努力为驰名商标的创立培养良好的土壤。

2001年用友公司经核准成功上市，为"用友"商标争创驰名提供了一个良好的契机。用友公司有信心抓住这个机遇，不仅让"用友"在国内驰名，而且要将其塑造成国际知名品牌。

（北京用友软件股份有限公司）

天平商标代理公司

华盛正元专利代理有限公司

WANG&ASSOCIATES

WANG & ASSOCIATES 由北京天平商标代理公司（成立于1994年），北京华盛正元专利代理有限公司（成立于1999年10月），联合组成的知识产权代理机构。

WANG & ASSOCIATES在国内外客户及同行的的帮助与支持下，凭着全体代理人对知识产权事业的无比热忱和恪尽职守的精神，已经形成了较为专业、高效的服务机制，建立了涵盖专利、商标、版权及其他知识产权领域的服务网络。

随着全球经济一体化的迅猛推进，以及国内外客户知识产权意识的提高，我们坚信：知识产权领域的大发展即将来临。

关于代理人

WANG & ASSOCIATES的创始人及主要代理人均为从事知识产权及法律服务多年的专业人士。其中，董事长王怡女士为“商标代理人”、“中国法学会会员”；总经理、专利代理人李恩泰先生为高级工程师、原国家专利局审查官员、现任联邦德国专利局名誉成员、美国华人发明协会中国区秘书长，其在航空、汽车及机械制造工艺等领域较为专业。

公司拥有一批获得专业学位并具有丰富代理经验的商标代理人、专利代理人、版权代理人及相关领域的律师，其专业覆盖机械、冶金、电力、物理、计算机、通讯、新材料、新工艺、化工、医药及生物工程等诸多技术领域；能够在专利、商标、版权及其他相关领域为客户提供高效、优质的代理服务及相关咨询服务。公司的专利、商标、版权代理人及律师均能熟练使用一种或一种以上涉及英语、法语、日语等语种外语。

关于服务项目

WANG & ASSOCIATES可以接受国内外及港澳台地区客户的委托提供如下代理服务：境内外专利申请及其他相关事宜；境内外商标注册申请及其他相关事宜；涉外作品版权登记；网络域名登记；知识产权保护及其他相关法律服务等。

一、专利

1 提供与专利事务有关的法律咨询；
2 代理专利检索；
3 代理专利申请，撰写专利申请文件，请求实质审查及复审相关事务；
4 请求撤销专利、请求宣告专利权无效；
5 代理专利权的转让、专利许可的相关事务；
6 制作外观设计图片或照片；
7 提供专利文件的翻译服务；
8 其他专利相关事务。

二、商标

1 提供与商标事务有关的法律咨询；
2 提供商标策划、商标设计及相关事务；
3 代理商标查询、商标检索；
4 代理境内外客户商标注册申请、注册商标变更、续展、转让、使用许可等事宜；
5 代理有关商标异议、注册商标争议、复审等事宜；
6 代理撤消注册不当商标申请；
7 代理商标使用许可合同备案申请；
8 提供商标证明文件及翻译服务；
9 其他相关的商标事务。

三、版权

1 提供与版权事务有关的法律咨询；
2 代理境内外及港澳台地区的版权登记注册；
3 代理计算机软件登记；
4 提供版权文件的翻译服务；
5 其他版权相关事务。

四、知识产权保护

1 代理知识产权海关保护备案申请；
2 代理知识产权侵权案及不正当竞争案件的调查及行政投诉；
3 提供有关知识产权保护的法律咨询；
4 其他知识产权保护的相关事宜。

公司地址：北京市朝阳区朝外大街22号泛利大厦1611室　邮编：100020
Prime Tower, Suite 1611, No.22 Chaoyangmen Wai Dajie Chaoyang District, Beijing 100020, China

中国国际贸易促进委员会专利商标事务所
CCPIT PATENT AND TRADEMARK LAW OFFICE

中国国际贸易促进委员会专利商标事务所是中国历史最长、规模最大的知识产权涉外代理机构。

该事务所现有人员约260名，其中包括律师40名，专利代理及商标代理共110余名。许多人取得双学士、硕士甚至博士学位，他们大多掌握一种或多种外语，具有多年专利、商标代理工作或其他相关法律工作经验，有些专家还曾参与有关中国知识产权法律的起草工作，如专利法、商标法及计算机软件保护条例等。

该所目前与全世界几乎每一个国家的同行都建立起业务合作关系，能够代理国内企业及个人向几乎所有的外国或地区申请商标注册及专利注册。

该所与有关知识产权的一些主要国际组织，如国际保护工业产权协会和国际许可证贸易工作者协会等保持着密切的联系，这两个国际组织的中国分会秘书处都设在该所。中国知识产权研究会出口商品商标分会的秘书处也设在该所。

中国专利代理（香港）有限公司

China Patent Agent (H.K.) Ltd

涉外知识产权代理

Intellectual Property Attorneys

中国专利代理（香港）有限公司于1984年在香港成立，是中国政府最早指定的涉外专利商标代理机构之一。公司接受中国和外国委托人的委托，办理在国外及中国大陆所有与知识产权有关的法律业务，包括专利、商标、版权、商业秘密、不公平竞争、计算机软件登记以及知识产权海关保护、许可和转让等。同时，公司也接受中国大陆和外国客户的委托，办理在香港的专利、商标和外观设计注册业务。公司现有工作人员280人，其中专利代理人90名，商标代理人30名，律师25名。自成立以来，中国专利代理（香港）有限公司已与世界知识产权组织（WIPO）、国际保护工业产权协会（AIPPI）、国际许可证贸易工作者协会（LES）、国际商标协会（INTA）、各地区性专利律师协会以及上千家外国律师事务所、公司、科研机构建立并保持着良好的合作关系，代理了大量来自中国及海外的专利商标申请，处理了上千件专利商标侵权案件，维护了国内外客户的权益。

Incorporated in Hong Kong in 1984, China Patent Agent (H.K.) Ltd. (CPA) is one of the leading intellectual property agencies established the earliest by the official designation of the Government of the PRC and dedicated to the provision of legal service in patent, trademark and copyright services for overseas clients. This company, entrusted by the Chinese (including those from the mainland and Hong Kong SAR) and foreign clients, deals with patent applications, trademark and design registrations, copyright enforcement and any other legal affairs relating to intellectual property, such as trade secrets, unfair competition, computer software registrations as well as IPR Customs protection, licensing and assignments, in mainland China and in foreign countries. Additionally it handles patent, trademark and design registrations in Hong Kong SAR upon the entrustment of the Chinese and overseas clients. The company now has altogether staff members of 280, among whom 90 are patent attorneys, 30 trademark attorneys and 25 attorneys-at-law.

Since its coming into existence, CPA has established and maintained good relations with WIPO, AIPPI, LES, INTA, the regional trademark and patent attorneys' associations and over a thousand law firms, corporations and research institutions. Renowned for its professional accomplishments and capabilities, CPA is currently recognized as one of the leading agencies for providing intellectual property protection services to the clients both in China and overseas.

■丁忠泽总经理(左三)会见香港知识产权署署长谢肃方、副署长张景辉以及中国知识产权研究会名誉会长高卢麟。

General Manager Ding Zhongze (3rd from left) met with Stephen Selby, Director, and Peter K.F. Cheung, Deputy Director of the Intellectual Property Department of Hong Kong SAR, and Gao Lulin, the Honorary Chairman of the China Intellectual Property Society.

公司总部

地　　址: 香港湾仔港湾道23号鹰君中心22字楼
电　　话: (852) 28284688
传　　真: (852) 28271018
电子邮件: mail@cpahkltd.com
网　　址: www.cpahkltd.com

北京办事处

地　　址: 北京市西城区金融街27号投资广场B座19楼
邮政编码: 100032
电　　话: (86 10) 66211588
传　　真: (86 10) 66211564 (专利), 66211590 (商标)

深圳办事处

地　　址: 深圳市深南中路68号航空大厦31楼
邮政编码: 518041
电　　话: (86 755) 3688627, 3689625
传　　真: (86 755) 3689624

驻日本代表处

Representative Office
China Patent Agent (H.K.) Ltd.
地　　址: 7/F, Waiyuu Building 19 - 6 Hongo, 3-Chome Bunkyo-ku, Tokyo 113 Japan
电　　话: (81 3) 5689 7628
传　　真: (81 3) 5689 7625

驻德国代表处

Verbindungsburo
China Patent Agent (H.K.) Ltd.
地　　址: Zweibrueckenstrasse 17 D-80331 Munchen Germany
电　　话: (49 89) 228 9328
传　　真: (49 89) 228 9327

中国专利与商标代理(美国)有限公司
China Patent & Trademark Agent (U.S.A.) Ltd.
地　　址 One World Trade Center Suite 2205New York, N.Y. 10048 USA
电　　话: (1 212) 912 1870
传　　真: (1 212) 912 1873
电子邮件: ip@cptausa.com

China Science Patent & Trademark Agent Limited (CSPTAL) is one of the largest intellectual property law firms in Beijing. The firm limits its practice solely to the filed of intellectual property, including patent, trademark, copyrights, unfair competition, domain name registration and related litigation and transactional matters.

CSPTAL is a law firm which was derived from the former Patent Agency of Chinese Academy of Sciences (CAS) that was founded in 1984.

The firm is currently staffed by 80 members, including 40 patent attorneys, 10 trademark attorneys and 10 attorneys at law. Many of the patent prosecutors in the firm hold advanced degrees and are experienced scientists and engineers in their respective fields. For example, 10 patent attorneys have an academic title as professor, and 20 of young associates have a master degree, two of them have a doctor degree and also 7 patent attorneys have previously worked as patent examiners in the Chinese Patent Office. More than half of our attorneys has received further training at various patent offices or law firms in USA, Japan, Europe or Canada. Thus, the firm is able to meet the needs of clients in all areas of technology.

We have also earned a reputation for patent and trademark litigation and the firm has access to computer databases that make rapid, in-house search service available.

CAPTAL is located only three kilometers from the Chinese Patent Office, an ideal place to provide immediate access to the CPO, and it also creates a favorable condition for frequent contact between the patent attorneys and CPO examiners.

中科专利商标代理有限责任公司

邮编：100080

地址：北京市海淀区中关村大街22号中科大厦16层

16/F., Zhongke Building, No.22, Zhongguancun Street, Haidian District, Beijing 100080, P. R. China

Tel: 0086-10-62613753，62613755，62613756

Fax: 0086-10-62613754，62644181

E-mail: cspal@public.east.net.cn

北京集佳专利商标事务所自1995年成立以来，热忱致力于在知识产权领域为公众及企业界提供全面的技术与法律支持，并以造就二十一世纪中国最优秀的知识产权人才为已任。经过持续稳定的发展，集佳成长为中国大型产权代理机构，总部设于北京，在全国各主要商业城市均设有分支机构。集佳秉承“站在客户的角度考虑每一个问题”、“全身心地关注客户每一个细节”的服务理念，凭借高素质的专家队伍，高标准的服务方式，集佳正走在行业的最前沿，在2000年全国代理机构商标代理排名中名列第三。

UNITALEN 北京集佳

Beijing Unitalen Patent & Trademark Law Firm

北京集佳专利商标事务所

地址：北京市西城区金融大街35号国际企业大厦A座801

邮编：100032

联系电话：010-88092888 传真：010-88092158

网址：http://www.unitalen.com.cn

电子邮件：market@unitalen.com.cn

目前集佳的专利、商标、版权业务涵盖了中华人民共和国大部分省、自治区、直辖市，为境内外150余个国家和地区1000余家企业代理相关事务数万件，并为中国大陆的2000余家企业在国外100多个国家和地区办理了商标、专利、版权事宜。至今已有150多个国家20000多家客户把集佳作为他们创造财富的支点。

北京集佳专利商标事务所与世界知识产权组织（WIPO）、国际保护工业产权协会（AIPPI）保持着密切的联系与合作，并与多个国家和地区的律师事务所、科研机构保持着良好的业务合作关系，除了代理国内专利、商标、版权业务外，还接受国外及港、澳、台地区的企业、组织和个人委托，在中国大陆办理知识产权事宜，并根据大陆企业、组织和人个的委托，在外国和港、澳、台地区办理各类知识产权事宜。

专利商标事务所

Beijing Unitalen Patent & Trademark Law Firm is a leading intellectual property law firm designated by State Administration for Industry and Commerce of China and State Intellectual Property Office of China to practice intellectual property law in China and act for clients domestically and internationally. Headquartered in Beijing, our firm also has 6 branches across China, which adds additional dimensions to our practice.

In the year 2000, we are officially ranked the 3rd in trademark application and 5th in patent application among Chinese IP law firms, with trademark applications reaching to 5,600 and patent applications over 1,100.

Our practice encompasses all aspects of intellectual property law including patent, trademark, copyright, computer-related law, trade secret, unfair competition, Internet domain name, web-based infringement, and IP recording in Customs. In particular, we are experienced in IP litigation, trademark watch, and anti-counterfeiting investigation and enforcement.

BEIJING UNITALEN PATENT & TRADEMARK LAW FIRM

Address: Room 801, Building A, Corporate Square, 35 Finance Street,

Beijing 100032, P. R. China

Tel : +86-10-88092160, 88092888

Fax: +86-10-88092157, 88092158

E-mail: ufd@unitalen.com

Website: http://www.unitalen.com

北京正理商标事务所
BEIJING JANLEA TRADEMARK AGENCY & CO.

北京正理商标事务所于1995年由诸葛北华先生创建，为股份制企业，是中国政府指定的涉外商标代理机构。现有工作人员40余人，由长期从事知识产权业务的律师、商标代理人及专业人员组成。本所下设法律部、注册部、调查部、财务行政部。总部在北京，并在广州、上海、成都设有办事机构。

北京正理商标事务所成立以来与中国及世界主要国家和地区律师行、知识产权顾问公司及国际性大企业建立了长期稳定的合作关系，并与中国各地工商行政管理、技术质量监督、公安等执法部门保持着很好的合作关系，成功代理了大量涉外商标侵权案件、不正当竞争侵权案件(1995年——2000年代理各类涉外侵权案件1600余件)，同时代理了大量商标注册案件。

在迈向二十一世纪的今天，北京正理商标事务所将放眼世界，实施全球化的经营战略，本着“客户第一”、“一切为客户”的服务宗旨，愿与国内外客户真诚合作，用自己的专业知识和从业经验，为客户提供更优质、更高效、全方位的知识产权法律服务。

北京市西城区车公庄大街甲4号物华大厦A15层
电话：(010)68001882
传真：(010)68001884
邮编：100044
电子邮件地址：law@janlea.com.cn
网址 http://www.janlea.com.cn

Shanghai Patent & Trademark Law Office

SPTL

上海专利商标事务所

所长：须一平

上海专利商标事务所简介

上海专利商标事务所是一个综合性的国际知识产权代理机构。为客户提供全方位的知识产权代理服务。

上海专利商标事务所现有职工160多人，其中，专利、商标代理人、律师近百名，他们都具有大学以上理工科或法学专业背景，接受过知识产权法律的专门培训，并且掌握英语、日语等多种外语；专业面覆盖了包括机械、电子、物理、化学、生物、医药等各种技术领域。

上海专利商标事务所接受申请人的委托代理中国、外国的专利申请，PCT国际专利申请；中国、外国的商标注册申请，马德里商标国际注册申请，商标续展、商标变更、商标许可、商标转让；代理中国、外国的计算机软件登记，著作权登记；提供专利、商标检索服务，法律咨询；提供知识产权诉讼代理服务，技术转让和许可证贸易服务等。

上海专利商标事务所具有完善的计算机管理系统，不仅可提供各项申请代理服务、同时可提供代缴专利年费、提醒专利缴费时限、商标续展时限等与国际接轨的其他代理服务。

上海专利商标事务所一贯坚持“高效率、高质量、快节奏、建立具有高信誉代理机构”的服务宗旨，为国内外客户提供高效优质的知识产权代理报务。

上海专利商标事务所连续六届被上海市人民政府命名为“上海市文明单位”，是可以信赖的知识产权代理机构。

上海专利商标事务所
地址：上海市桂平路435号
邮编：200233
电话：021—64853500
传真：021—64828651，64828652
E-mail:sptl@siit.intnet.com.cn
网址：www.sptl.com.cn

Shanghai Patent & Trademark Law Office
Address:435 Gui Ping Lu Shanghai
200233,P.R.China
Tel:021-64853500
Fax:021-64828651,64828652
E-mail:sptl@siit.intnet.com.cn
Website:www.sptl.com.cn

中原信达知识产权代理有限责任公司
CHINA SINDA INTELLECTUAL PROPERTY LTD.

总裁：穆德骏
President Mr.Dejun Mu

中原信达代表团记问外国客户
Sinda delegation visits foreign clients

办公室一角
a partiel view of China Sinda′ s offices

中原信达知识产权代理有限责任公司是国家知识产权局和国家工商行政管理局指定的中国涉外知识产权代理机构，于1994年在北京成立，是目前国内主要的知识产权代理机构之一。公司总部设在北京，拥有现代化的办公设备及自动化的网络管理系统。为更便捷的服务于客户，信达在上海、深圳、美国华盛顿设有分支机构。

信达公司主要业务部门包括专利部、商标部、法律部和调查保护部。公司员工110人。具有律师、专利代理人、商标代理人资格的专业素质人员50余人。专利代理人均获得专业学位并有丰富的实践经验，专业覆盖机械、电子、化学、土木工程等诸多领域，能够就专利事宜向客户提供高质量的专业性技术服务。

信达公司主要业务是专利申请、商标申请、知识产权法律咨询、专利、商标、著作权、反不正当竞争等知识产权的诉讼及行政保护工作等。

信达公司的服务宗旨是为客户提供周到上乘的专业服务。信达公司全体员工将以饱满的精神，优质的服务迎接新老客户。

有关我公司详细信息，欢迎登陆我公司网站查询。

北京总部：北京市朝阳区建国路99号中服大厦1300
邮政编码：100020
电话：(010) 6581 2530
传真：(010) 6581 2937/38
电子信箱：sinda@chinasinda.com
网址：http://www.chinasinda.com

美国分部：Suite 203, 414 Hungerford Drive, Rockville, MD 20850, USA
电话：001 301 738 1318
传真：001 301 739 1320

上海分部：上海市南京西路128号永新广场1705室
邮政编码：200003
电话：(021) 6350 0878
传真：(021) 6350 8638
电子信箱：sindash@online.sh.cn

深圳分部：深圳市红岭中路7号国际信托大厦1307室
邮政编码：518001
电话：(0755) 2111404
传真：(0755) 5596570
电子信箱：sinda@public.szptt.net.cn

上海华东专利事务所

SHANGHAI HUA DONG PATENT AGENCY

上海华东专利事务所，原称中国科学院上海专利事务所，成立于1985年，是全国第一批成立的专利代理机构之一，并于1995年8月8日经国务院委托中国专利局指定成为全国第九家涉外专利代理机构，也是上海地区第二家涉外专利代理机构。

本事务所主要业务范围是代理国内外法人和自然人进行专利申请、商标注册、版权登记、知识产权诉讼、知识产权咨询、许可证贸易、技术转让服务。

本事务所代理人技术专业覆盖机械、电子、化工、生物等诸多领域，特别是在生物技术、新药、精细化工、微电子、光电子、激光红外、核科学、材料科学等高新技术方面具有优势；另外，本所多名代理人具有国外事务所工作经验，或同时具有律师、专利或商标代理资格。

为加强知识产权保护，维护权利人的合法权益，上海华东专利事务所愿竭诚为国内外客户提供一流服务。

地址：中国上海市肇嘉浜路446号
伊泰利大厦10楼
邮编：200031
电话：86-21-64331768
86-21-64662401
86-21-64331736
传真：86-21-64339517
电子信箱：shdpa@shdpa.com

Add: 10/F,Italy Building
466 Zhao Jia Bang Road
Shanghai 200031,China
Tel: 86-21-64331768
86-21-64662401
86-21-64331736
Fax: 86-21-64339517
E-mail:shdpa@shdpa.com

华诚事务所简介

华诚律师事务所坐落于上海南京东路外滩，是一家拥有高素质律师队伍，服务范围广泛同时具有鲜明特色的中国合伙制律师事务所。

华诚律师事务所与国内外的律师事务所同行有着广泛和密切的联系。在北京、深圳、杭州和哈尔滨均设有协作所，从而为其当事人提供直接及富有特色的高品质法律服务，其服务范围涉及诉讼、知识产权、投资、公司事务、房地产及商业贸易等事务。其客户包括众多著名大公司，涵盖银行业、电脑软硬件业、食品业、医药业、房地产业、化工业、娱乐业、汽车业、消费品业及机械业。其不仅代理知识产权的申请和注册，还代理知识产权的诉讼以及其他各类诉讼案件，例如投资、公司事务、房地产和商业贸易等案件。

华诚律师事务所能以中、英、日、俄等多种语言，为当事人提供其所需要的法律服务。华诚律师事务所的律师和专利代理人以法官和资深律师为主体具有美国、英国、日本、澳大利亚、新西兰和俄罗斯等多国法律与商业的教育背景，以代理涉外案件见长，精于办理涉外法律事务，尤其擅长为在华经商的外国当事人或在国外经商的中国当事人提供创新的法律和商业建议，提供优质的诉讼服务。

“华诚”精神

为当事人提供最好的服务是“华诚”的宗旨。

知识产权类业务范围

1. 专利和商标的申请及登记
2. 专利、商标侵权诉讼
3. 版权登记及诉讼
4. 软件登记及诉讼
5. 专利、商标及版权的海关保护登记
6. 知识产权评估
7. 调查服务
8. 侵权监督
9. 翻译
10. 知识产权许可
11. 平行进口
12. 反不正当竞争
13. 因特网打假
14. 海关打假
15. 知识产权反假冒及诉讼

我们提供高效、完善的服务，并注重提供节支、高品质、创新和前瞻性的服务，并以此感到骄傲。

地址：上海市南京东路 61 号
新黄浦金融大厦 11 楼
电话：021-63500777
传真：021-62726366
E-mail:mail@watson-band.cor

上海市天宏律师事务所

我所主任朱妙春律师

简介

上海市天宏律师事务所创办于1998年，系一家以处理知识产权及各类重大民事、经济、涉外法律事务为特色的专业律师事务所。

本所现有的12名律师均为专职律师。其中既有从业多年的资深律师，又有留学回国的教授专家，还有精通外语熟悉外贸的法学硕士。本所律师在知识产权、外国投资、国际贸易、经济合同、房地产、证券等法律服务领域各有建树。

主任朱妙春律师是国内著名律师，先后就读于上海船舶科技学院、上海工程技术大学和华东政法学院。自1985年起从事律师工作，1998年初创办以知识产权为特色的“上海市天宏律师事务所”。1992年入选《中华名律师词典》并成为当年上海市市政府法律顾问团24位成员之一。现为中国专利代理人，中国知识产权研究会、中国版权研究会会员，中华全国律师协会知识产权专业委员会会员，上海交通大学知识产权研究室特邀研究员。

鲁迅肖像及姓名权研讨会

朱律师与公证员听取朱巧妹老人陈述

本所律师承办案件主要有：

“鲁迅稿酬案”、“《围城——汇校本》”、“电视局《黄克城》制片人纠纷”及“POS计算机软件”、“‘让世界充满爱’公益广告案”、“《霓虹灯下的哨兵》剧本署名权纠纷”等著作权案件；

“夹筋强力包装袋”、“微晶取暖器”、“矿泉水及加工装置”、“液压压桩机”、“高压油载开关”等专利纠纷案；

“美国摩托罗拉公司与金万利公司商标注册纠纷”、“美国伊士曼柯达公司与上海柯达视听教育经营部注册商标纠纷”、“日本伊藤家料理店注册商标、字号纠纷”、“吴良材眼镜店字号、商标纠纷”、“永和豆浆注册商标纠纷”、“金华火腿注册商标及原产地樗纠纷”等商标纠纷案件；

“美国凯米尼尔搅拌机商业秘密”、“瑞典伊萨伯格瑞特公司不正当竞争纠纷”、“宝康DM治疗仪虚假宣传”、“扬子江药业集团舒血宁”、“一路发公司‘嵌镀金或镀银月历牌挂历’”、“上海伟隆机械制造厂月饼机械技术秘密纠纷”、“汇丽地板不正当竞争纠纷”、“德国汉高活性剂商业秘密纠纷”、“‘东方网’域名、网页纠纷”等不正当竞争案件。

SHANGHAITIANHONGLUSHISHIWUSUO

地址：上海市打浦路80弄1号A.B　邮编：200023

电话：021-63021264 63042559　传真：021-63031987

San-You Intellectual Property Agent Ltd.

三友知识产权代理有限责任公司

SANYOU 15th ANNIVERSARY
15th
Sanyou
ANNIVERSARY
1986-2001
1986 2001

客户的愿望就是我们的任务
客户的满意就是我们的目标
客户的信任就是我们的荣幸

三友知识产权代理有限公司是经国务院和国家工商行政管理局指定的涉外专利、商标代理机构，始创于1986年10月。

2001年7月，十余名来自中国国际贸易促进委员会专利商标事务所和中国专利代理（香港）有限公司的专利代理人、商标代理人和律师，以合伙人身份加盟本公司。

本公司总部设在北京，并在青岛、深圳、香港、日本设有办事处。

本公司向国内外各界人士提供有关知识产权领域的所有服务；即，专利申请，商标注册，版权、海关登记，集成电路布图设计登记，侵权纠纷，调查取证，法律诉讼等。

工作语言是中文、英文、日文、德文、法文、朝鲜文。本公司是中华全国代理人协会（ACPAA）常务理事单位；国际商标协会（INTA）会员和国际保护工业产权协会（AIPPI）会员

Founded in October 1986, Beijing Sanyou Intellectual Property Agent Ltd. is one of the agencies designated by the competent departments of the State Council to handle foreign patent and trademark matters.

In July 2001, more than ten patent attorneys, trademark attorneys and attorneys-at-law, leaving CCPIT Patent and Trademark Law Office and China Patent Agent (Hong Kong) Ltd., joined this firm as new partners.

Its head office is located in Beijing with its branch offices in Tokyo, Hong Kong, Moscow, Qingdao and Shenzhen.

Its business scope covers patent and trademark application and prosecution, copyright registration, Customs IP rights recordation and Customs administrative protection, intellectual property litigation, licensing and other legal affairs.

The working languages of the firm are Chinese, English, Japanese, German, French, Korean, etc..

The firm is a member of the Standing Committee of All-China Patent Agents Association (ACPAA), a member of International Trademark Association (INTA) and a member of International Association for the Protection of Industrial Property (AIPPI).

北京总部：
国内：
地址：北京市北三环中路40号
邮编：100088
电话：+86-10-62041212
传真：+86-10-62041313
+86-10-62041515
邮件：syp@san-you.com
国际：
地址：北京市金融街27号投资广场
A座8层
邮编：100032
电话：+86-10-66211624
+86-10-66211633
传真：+86-10-66211631
+86-10-66211632
邮件：info@san-you.com
网页：www.san-you.com
日本代表处：
首席代表　刘新宇
地址：Iwata Bldg.5F Iidabashi 4-5-12
Chiyoda-Ku,Tokyo 102-0072 Japan
电话：+81-3-3512-5021
传真：+81-3-3512-5026
E-mail:linda@arion.ocn.ne.jp
Beijing Head Office:
Add.: 40 North Sanhuanzhonglu Road,
Beijing 100088, P. R. China
Tel.: +86-10-62041212
+86-10-62360215
Fax: +86-10-62041313
+86-10-62041515
E-mail: syp@san-you.com
Website: www.san-you.com
International Service Office:
Add.: 8F, Block A, Investment Plaza,
27 Jinrong Street,
Beijing 100032, P. R. China
Tel.: +86-10-66211624
+86-10-66211633
Fax: +86-10-66211631
+86-10-66211632
E-mail: info@san-you.com
Website: www.san-you.com
Japan Representative Office:
Representative: Liu Xin-yu
Add.: Iwata Bldg. 5F, Iidabashi 4-5-12
Chiyoda-Ku, Tokyo J02-0072 Japan
Tel.: +81-3-3512-5021
Fax: +81-3-3512-5026
E-mail: linda@arion.ocn.ne.jp

湖北珞珈律师事务所

HUBEI LUOJIA LUSHISHIWUSUO

简介

湖北珞珈律师事务所，前身是成立于1991年的湖北省法律事务中心第七律师事务所。多年来，我所立足于”汇集优秀人才，发挥一流水平，保证一流质量，提供一流服务”的建所宗旨，广纳贤才，狠抓管理，以优质的法律服务赢得了社会各界的普遍赞誉。目前，我所拥有45名执业律师，15名辅助工作人员，设有4个专业部，拥有图书资料近2000册，办公面积达462余平方米，并实现了办公条件和管理手段的现代化。2000年10月，我所荣获司法部部级文明律师事务所称号。本所依托武汉大学，聘韩德培、马克晶等久享盛誉的博士后流动站指导教授为专业顾问，李龙、李双元等一批博士研究生导师为所内兼职律师。我所律师中，72%的律师获硕士以上学位，30%以上的律师获博士学位，其中，有多名律师曾留学国外。此外，我所与同属武汉大学法学院主管的国家一级刊物《法学评论》、国内唯一的环境保护法研究所、国际法研究所、港台法研究所有互相协作关系，与美国凯曼克律师事务所、中国法律服务（香港）中心互为代理机构。本所专业顾问及律师曾多次受国家部委及地方人民政府邀请，参加国务院法制局、外交部条法司、经贸部条法司、国家环保局的法律法规论证，签约审查，参与国家涉外缔约谈判。为社会各界提供了卓有成效的优质法律服务，受到广泛赞誉。我所曾成功代理过中国银行湖北省分行与南德集团及贵阳支行信用证结算纠纷、香港东方公司与龙威合营纠纷等著名案件，并成功为数十件股票发行上市、上柜提供了法律服务。此外，我所为三峡公司、清江开发等国家大型工程项目提供法律服务；并曾受国务院委托，参与国家重点工程赔偿责任的对外谈判，受武汉市政府委托，参与国家重点工程赔偿责任的对外谈判，受武汉市政府委托，参加与菲律宾，新加坡等国政府的境外投资谈判，并担任日本NEC中原公司、广州宝洁公司、新加坡政府投资集团武汉长江广场公司、百胜餐饮（武汉）有限公司、香港华润仓储运输有限公司、澳门南光集团有限公司、TBWA上海李岱艾广告有限公司、红桃K、双虎涂料有限公司等百余家国内外知名企业的常年法律顾问及委托代理人。

我所是我国首批获取证券从业资格的律师事务所。自1995年以来，我所业务收入稳居湖北省省直律师事务所首位。据1998年统计，共办理诉讼法律事务1000多件，为近50余家单位担任常年法律顾问，业务领域涉及金融、证券、电力、交通、通讯、电视网络、机构、电子，房地产、外经贸、外商投资、政府机构等行业，还与境外30余家律师机构建立了广泛的业务联系。我所自1996年以来，连续5年荣获湖北省“司法行政系统先进单位”、“先进律师事务所”、“法律服务文明示范窗口单位”、“省级文明律师事务所”等荣誉称号；陈晓枫主任连续数年被评为省劳动模范、优秀律师事务所主任、优秀律师和先进共产党员，并获第二届全国十佳律师提名奖。1992年由我所原副主任万鄂湘教授发起，我所拨专款成立，并以骨干律师组成的武汉大学社会弱者权利保护中心于1997年被 国务院授予“全国扶残助残先进集体”称号。2000年，我所被湖北省政法委授予湖北省省直律师事务所中唯一的“人民信得过的政法单位”；2000年9月，被中国质量万里行促进会、司法部律师公证工作指导司确定为“企业质量维权服务单位”；2000年10月被司法部评为“部级文明律师事务所”。我所的业务范围是：

一、接受国内外当事人委托，承办对外贸易、国际金融、国际海事、商事、中外技术合作、草拟章程协议等有关法律事务；运用专业外语参加谈判、代理涉外仲裁、国外诉讼活动；

二、接受股票发行企业、股份制发行企业委托，办理证券法律事务；

三、接受政府机关、对外经济部门、国内外企业机构，或个人委托担任法律顾问；

四、接受国内外当事人委托，联系中国法律（香港）中心办理在港公司注册、公司股权证书、设定银行帐号及广告杂志服务事务；

五、接受经济、民事、行政案件当事人委托、代理参加诉讼；

六、接受非诉讼案件当事人的委托，提供法律意见，参加调解、仲裁，办理见证、财产继承及专利代理业务；

七、接受犯罪嫌疑人、被告人、被害人、自诉案件自诉人委托或人民法院的指定，担任刑事案件辩护人、代理人；

八、解答法律咨询、代写诉讼文书、出具法律意见书。

主任一级律师陈晓枫

我所部分律师在会议室

我所部分律师合影

99年日本福岛市法律界代表团访问我所

联系地址：湖北省武汉市武汉大学校门东侧
联系电话：027-87875991
87877624 87686391
传　　真：027-87666229

中国驰名商标
中信
锐意创新
与时共进
中国国际信托投资公司
CHINA INTERNATIONAL TRUST & INVESTMENT CORPORATION

继往开来　再创辉煌

人类伴随着社会进步，迈入了21世纪。未来的世界，是知识的世界，是科技的世界，是经济全球一体化的世界。黑龙江省知识产权保护工作在省委、省政府的领导下，有了较大的发展。尤其是2000年7月黑龙江省知识产权局成立之后，省知识产权工作得到了进一步加强。近一年来，我们认真贯彻党的十五届五中全会和省委八届四中全会精神，充分发挥知识产权制度保护和激励创新的作用，加大知识产权保护工作的宣传培训力度、资金投入力度和执法力度。加速专利技术实施及产业化，创造更多的自主知识产权，使我省知识产权工作登上一个新台阶，为迎接我国加入世界贸易组织做好充分的准备，为实现“二次创业，富民强省”的战略目标做出更大的贡献。

一是加大知识产权宣传力度，进一步提高全社会的知识产权保护意识，形成重视知识产权、尊重知识产权的良好社会氛围。二是全面实施新修订的《专利法》。研究制定《黑龙江省专利管理条例》，在各市(地)、企业、大学、科研单位建立健全知识产权保护制度，把《专利法》的宣传贯彻落到实处。三是搞好管理人员的专业培训，提高管理水平和服务质量。按照“入世”的要求，有步骤地对全省各有关部门和企事业单位的负责人和科技人员进行培训，使知识产权管理人员的业务素质逐步达到具备开展国内及国际知识产权保护业务工作的能力。四是尽快研究制定政府科技计划中的专利管理办法，注重形成科技项目的国内外知识产权。将专利工作纳入科技计划管理工作的全过程，确立专利在科研立项、科技成果评价和管理中的重要地位，确保和提高政府科技计划中创新成果取得专利的数量和质量。形成更多的自主知识产权。五是加速专利技术实施及产业化步伐，推动企事业单位专利技术实施转化，选择一批具有高科技含量、高附加值、高市场占有率的专利技术，予以资金扶持，促进产业化。六是抓好企业专利技术产业化示范工程试点工作，按照国家《企业专利工作试点方案(试行)》要求，坚持“试点先行，积累经验，以点带面，积极发展”的方针，选择典型企业作为黑龙江省企业知识产权工作试点单位，予以积极指导。同时，确定一批省内重点项目作为我省专利技术产业化示范工程的项目，推动全省企业知识产权工作健康发展。七是按照国家知识产权局要求，加快实施黑龙江省国际知识产权信息网站建设。使我省知识产权信息网站成为集知识产权信息、科技信息、新技术的储存、传播、咨询于一体的知识产权综合信息网站。

让我们共同携手，继往开来，再创辉煌！

▲ 在全国专利技术对接洽谈会上，国家知识产权局王景川局长参观我省展厅并听取张晓伟局长的汇报。

At the national trade fair of proprietary technology, Wang Jingchuan, Director of National Intellectual Property Bureau, visits the exhibition hall of Heilongjiang Province and listens to a report presented by Zhang Xiaowei, Director of Heilongjiang Intellectual Property Bureau

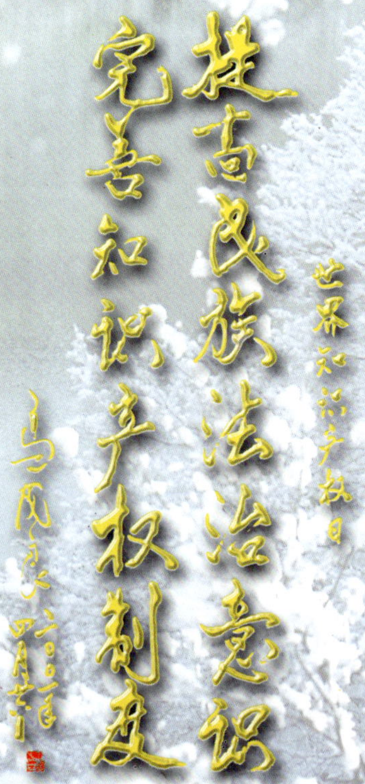

▶ 省政协主席马国良为知识产权工作题辞

Ma Guoliang Chairman of Heilongjiang Political Consultative Committee, writes words of encouragement for workconcerning intellectual property rights

黑龙江知识产权

▶省政府副省长马淑洁、省政协副主席王乃谦、省科技厅厅长王树国在我局检查工作。

Ma Shujie, Vice-governor of Heilongjiang Provincial Government, Wang Naiqian, Vice-chairman of Heilongjiang Political and Consultative Committee and Wang Shuguo, Director of Heilongjiang Bureau of Science and Technology, check up on work.

保护知识产权
促进科技创新
马淑洁
二〇〇一年四月廿六日

◀省政府副省长马淑洁为知识产权工作题辞

Ma Shujie, vice-governor of Heilongjiang Province, writes words of encouragement for work concerning intellectual property rights

▶2000年10月25日，黑龙江省知识产权局举行揭牌仪式，省人大副主任王人生、省政府副省长马淑洁、省政协副主席王乃谦，省人大原副主任朱典明和省直各有关厅局、大专院校等领导参加了揭牌仪式。图为省知识产权局张晓伟局长主持揭牌仪式。

On October 25, 2000, the unveiling ceremony of the founding of Heilongjiang Intellectual Property Bureau was held. Wang Rensheng, vice-director of Heilongjiang People 's Congress, Ma Shujie, vice-governor of Heilongjiang Provincial Government, Wang Naiqian, vice-chairman of Heilongjiang Political Consultative Committee, Zhu Dianming, former vice-director of Heilongjiang People' s Congress, leaders of relevant departments and bureaus directly under Heilongjiang Provincial Government, as well as leaders of relevant universities and colleges, attended the ceremony. The picture shows that Zhang Xiaowei, Director of Heilongjiang Intellectual Property Bureau, presides over the unveiling ceremony.

地址：黑龙江省哈尔滨市南岗区中山路204号
邮编：150001
联系电话：0451-2621130　2627651
网址：www.hlipo.gov.cn

广州市专利事务所

GUANGZHOU PATENT AGENCY

广州市专利事务所是1985年中国开始实施专利法时创建的从事知识产权法律服务的事务所，是国家知识产权局指定的涉外专利代理机构。

广州市专利事务所拥有一批长期在知识产权领域从事法律服务的专利代理人、律师、商标代理人及技术专家，具有丰富的专利申请及知识产权诉讼代理的实践经验。其技术专业覆盖了机械、电子、化工、生物、计算机、通讯等各领域。

广州市专利事务所于1996年被中国专利局授予“全国专利工作先进代理机构”称号。本所以客户至上为服务宗旨，竭诚为客户提供优质高效的法律服务。

地址：广州市仓边路87号四楼　　邮政编码：510030
电话：(020)83335425　　传真：(020)83325355

中国版权保护中心

致力于中国版权社会管理和社会服务的发展

开展版权的社会管理和社会服务是建立和完善版权保护体系的重要内容。中国版权保护中心作为新闻出版总署(国家版权局)批准设立的国家级的综合性版权社会管理和社会服务机构,自1998年成立以来,以贯彻执行著作权法,维护著作权人和作品使用者及传播者的合法权益为宗旨,为鼓励创作、促进作品传播、繁荣科学文化,促进版权事业和版权产业的发展服务。

中心下设中华版权代理总公司、中国软件登记中心、中国著作权使用报酬收转中心、《著作权》杂志编辑部、法律部、版权鉴定委员会、涉外作品登记部、中国文字作品著作权协会(筹)等机构和部门。

中华版权代理总公司与欧美、东南亚、俄东地区版权贸易机构建立了长期、友好的版权贸易合作关系。图为该公司邀请俄罗斯著作权协会主席特维尔多夫斯基等外国客人参观"中国图书版权贸易成就展"。

中心的主要职责有:

1 开展各类作品的版权转让和许可使用代理业务,组织国际国内版权贸易洽谈活动,提供版权信息、咨询和选题策划。

2 受国家版权局委托,开展计算机软件著作权、涉外作品登记,著作权质押合同登记,涉外音像制品权利转让和许可使用合同认证。随着"中关村科技园区软件著作权登记代办处"的成立,近期还将在一些省市自治区设立软件登记代办处。

3 负责法定许可著作权使用报酬的收转,已在26个省(市、区)设立办事处。

4 提供版权法律咨询、纠纷调处、代理诉讼、常年法律顾问等服务。1999年成功代理了王蒙等六作家状告一网站的网络侵权案,唤起了全社会保护网络著作权的意识。

5 接受司法机关和版权行政管理部门的委托,对版权归属、侵权性质等进行技术鉴定。

6 开展文字、摄影、美术作品的著作权集体管理。已与中国作协作家权益保障委员会成立了"中国文字作品著作权协会(筹)",发展会员1500多人。美术、摄影作品集体管理机构正在筹建中。

7 编辑出版《著作权》杂志。

8 开设"中国版权信息网"(www.ccopyright.com.cn)。

9 开展著作权法律知识的宣传普及和人员培训工作。

10 办理国家版权局委托或批准的其他工作。

版权的社会管理和社会服务是一项全新的工作。我们愿在著作权人、作品使用和广大公众之间架起一座智慧的桥梁,共同开创中国版权产业的美好未来。

中国版权保护中心经常举办各类座谈会,与海内外版权界同仁共商版权交流与发展

海内外一批著名作家授权委托中国版权保护中心对其作品进行版权保护和管理。图为中心常务副主任齐相潼(左三)和欧美部副主任暴淑艳(左四)同台湾著名女作家罗兰女士及其妹妹洽谈后合影。

Tel:(010) 66069073, 66084745, 66084974, 66084975, 66081567, 66036975, 66085220, 66085221, 66083771, 66012436
Fax:(010) 66059534, 66084745, 66081567, 66085108, 66076635
Web:www.ccopyright.com.cn
E-mail:cac@public.bta.net.cn

ZHONGGUOBANQUANBAOHUZHONGXING

中国版权保护中心常务副主任 兼中华版权代理总公司常务副总经理 齐相潼(法人代表)
地址:北京西城区西线线胡同甲7号 邮编:100031

白天鹅賓館 WHITE SWAN HOTEL

简 介

由广东省与霍英东先生合作兴建，是第一家由中国人自行设计、施工、管理的中外合作大型现代化酒店。曾接待英女王伊丽莎白二世、美国前总统布什等四十多位国家元首和政府首脑，邓小平同志也曾三次莅临视察。是国内第一家世界一流酒店组织成员、中国首批三家五星级酒店之一、全国百优五十家星级饭店之首、世界商务人士广州首选酒店等，在宾馆服务上使用的“白天鹅”商标被认定为驰名商标。

传真：(020)81861188 (020)81882288
电话：(020)81886968
电传：440688 WSH CN
E-mail：swan@white-swan-hotel.com
web site:www.white-swan-hotel.com

泸州老窖股份有限公司

瀘州老窖

LU ZHOU LAO JIAO

泸州老窖股份有限公司是具有四百多年酿酒历史的上市公司，其始建于明代万历年间(公元1573年)的老窖池群为全国重点保护文物，被誉为“中国第一窖”。所产泸州老窖特曲酒1952年被国家确定为浓香型白酒的典型代表，其“泸州”牌商标为首届中国十大驰名商标之一。

地址：四川省泸州
邮编：646000
电话：0830-2390150

广东省顺德市格兰仁仕电器实业有限公司

Galanz

格 兰 仕

地址：广东省顺德市粤桂大道南25号
邮编：528305
电话：(0765)8886389-875

中国驰名商标

新開河®

人参行业率先通过
ISO9002国际质量体系认证

集安市新开河有限责任公司组建于1998年10月(前身为集安市参茸总公司，成立于1981年)，是国际上最大的生产经营人参的专业性现代化股份制企业。

公司主要经营新开河人参系列产品，超微参粉等品种。

公司1999年通过了ISO9002国际质量体系认证，同年“新开河”商标被国家工商局商标局认定为中国驰名商标。

地址：中国吉林省集安市建设北街7号
邮编：134200
销售服务电话：(0435)6222895 6221827
传真：(0435)9222997 62211827

追求发展速度，努力创造价值——

上海光明乳业股份有限公司

一、公司概况

成立于1996年的上海光明乳业有限公司经过四年的健康良性快速发展，已经取得了在中国乳品行业的领先地位，2000年11月经国家对外贸易经济合作部批准，上海光明乳业有限公司依法整体转制为上海光明乳业股份有限公司。

上海光明乳业股份有限公司是开发、加工、生产乳和乳制品、冰淇淋、非碳酸饮料、饮用水等相关食品、饲料和添加剂、公牛精液、胚胎、良种牛，销售自产产品并从事相关产业的技术、人员培训和牧业技术服务的中外合资股份制企业。公司拥有远东最大的牧场和世界一流水平的挤奶及恒温冷藏系统；拥有先进的乳品加工工艺、技术和设备，形成了消毒奶、保鲜奶、酸奶、超高温灭菌奶、奶粉、果汁饮料等系列产品。

二、高科技的光明

光明乳业特别注重产品的科技含量，着力建设“高科技的光明”。公司建立了市级乳业技术中心，并向国家级目标努力。通过优化组合，集聚国内外乳业英才，技术中心成为光明的技术摇篮。

公司不断加快技术向生产力转化的力度。具有国内一流水平的奶牛育种和饲养技术，为产品生产提供了优质奶源，2000年公司下属牧场实现了奶牛单产“八吨”工程，其中第四牧场单产突破了9000公斤大关。技术中心奶牛研究所拥有国内规模最大、最为完善的奶牛生产性能测定系统（DHI），每月对30多个牧场的头胎牛进行体型外貌鉴定。采用先进的动物模型BLUP的方法进行育种值的计算，保证公牛后裔测定的准确性。公司目前培育的优秀公牛冻精畅销全国30多个省市。

三、质量创优、服务规范、新鲜到家

光明乳业实施全方位的质量管理，在ISO9002国际质量保证体系下，加强“5S”基础规范要求。公司引进国际先进的生产技术设备和管理经验，按国际一流标准生产乳制品，形成了液态奶、保鲜奶、超高温灭菌奶和酸奶的专业化生产基地。

为满足消费者需要，“新鲜每一天”成了光明乳品优质新鲜的象征。也成为是消费者光明乳业全体员工的行动指南。

四、电子商务成为新的经济增长点

在经济全球化的今天，光明乳业积极拓展电子商务业务，建立了www.net1717.com网络平台，自2000年5月1日正式开通，消费者可以通过网上点击和电话订购（627171717），公司的物流系统和送货网络将把光明乳业的乳制品和日常生活所需的2000种商品在24小时之内送到消费者手中，而极具特色的2小时快速配送，使消费者享受到更便利、更快捷、更丰富的全新的网上购物体验。

五、近期光明打假案例：

1.2001年3月，上海光明乳业有限公司（以下简称光明乳业）委托上海市反假维权委员会赴温州地区调查了解仓南“某乳品有限公司”仿冒光明乳业生产的奶粉包装装潢情况并协调当地工商行政管理机关调查处理此案。

2.2000年5月，光明乳业向上海市工商局投诉上海某乳品厂假冒光明商标的侵权行为，上海市工商局南汇分局后查封了被诉人的财务帐册和使用的“光明”中口瓶。

3.2000年4月，上海市浦东新区工商局接受光明乳业投诉并查处了上海某食品厂及某实业公司销售假冒光明品牌鲜牛奶的侵权行为，给予了侵权人没收违法所得、收缴使用的光明牌包装空瓶以及罚款若干元的行政处罚。

4.1999年9月，光明乳业向浙江省台州市椒江工商行政管理局申请立案，要求查处椒江某乳品厂不再使用和光明乳业相近似包装的书面保证。

5.2000年1月，光明乳业向上海市工商局投诉，申请查处上海两家某乳品公司使用相近似光明牌商标特浓牛奶包装装潢的不正当竞争行为。上海市工商局松江分局后作出了没收相近似商标、没收侵权人非法所得和处以罚款若干的行政处罚。

六、光明乳业的历史

· 1911年少数农民开始在“租界”出售水牛或黄牛的牛奶，但当时牛奶仍是有钱人的营养品。出现英商“可的牛奶公司”

· 1949年前由于当时美国剩余奶粉充斥市场，加上通货膨胀，纸币贬值，出现了“杀牛养牛”的困境，上海奶牛业已趋于十分困难的境地

· 1949～1956年生产自救，维持牧业、乳制品的低水平发展

· 1949年益民一厂成立，主要进行奶粉生产

· 1952年江泽民同志出任益民一厂厂长。在其任职期间，注册“光明”品牌

· 1956年上海市农业局正式成立“上海市牛奶公司”，它是接管、整顿的官僚资本以及个体农场主公私合营的结果。主要产品是液态奶和少量的黄油、酸奶

· 1956年由于益民厂生产奶粉但无奶源，而上海市牛奶公司有牧场，于是在全市产业调整在益民厂的奶粉生产全部归口到上海市牛奶公司

· 1958～1978年原计划经济下，上海市牛奶公司的牛奶供不应求。其生产按奶源开展，产品以奶粉为主，并维持液态奶的少量生产。

在这20年间，上海市牛奶公司为全国各地同行提供大量参观、考察和学习的机会

· 1978～1992年“改革开放”开始，上海市政府着手解决上海人民“喝奶难”的实事工程。光明品牌产品由奶粉转为液态奶，公司先后建立九个乳品厂，建立多个品牌

· 1992年制定企业发展战略构想：以市场为导向，创国内一流，与国际接轨，外引内联，立足上海，服务全国，面向全国，面向世界

· 1992～1995年进入社会主义市场经济，以前“供不应求”的状况变为“供大于求”，市场竞争非常激烈。牛奶公司进行内部专业化分工，集约化经营

——提出“国内一流，国际接轨”的口号

——统一品牌

——统一销售队伍

——成立营销部

· 1995年制定走向全国的战略：依托上海，走向全国，与国际接轨，将公司建成全国一流的、最大的乳品、食品公司和全国奶牛育种中心之一

· 1996年上海市牛奶公司和香港上实控股公司50对50组建“上海光明乳业有限公司”

－财务制度按国际财务规范运作

－讲究投资回报

· 1997年制定“光明”牌品牌战略

· 1998年制定新发展战略

· 地方性生产品销售公司，全国性品牌增值公司打破系统、区域、所有制的界限，推进奶业产业化，实现生产经营与资产经营的优势组合，在黑龙江、内蒙古设生产基地

· 1999年光明成为全国知名品牌，在北京、西安、武汉建生产机构，在全国大部分省份建销售机构，推行ERP项目，争取上市

2001年市内外销售比例为55：45，初步形成全国性公司和全国性品牌

1993——2000年期间，收奶量、销售额和液态奶产量为全国第一，平均年增长30%以上

知识产权保护

—自愿登记并已经被上海市版权局批准的版权作品：

1. 光明甜牛奶（250ml）外包装设计
2. 光明高钙奶外包装设计
3. 果粒酸奶（草莓）外包装设计
4. 果粒酸奶（菠萝）外包装设计
5. 果粒酸奶（青苹果）外包装设计
6. 果粒酸奶（香蕉）外包装设计
7. 炸鲜奶（椰子味）外包装设计
8. 炸鲜奶（水蜜桃）外包装设计
9. 炸鲜奶外包装设计
10. 雪克（玉女100克）外包装设计
11. 雪克（金童106克）外包装设计
12. 光明奶油（125克）外包装设计
13. 光明奶油外包装设计
14. 光明草莓牛奶（250ml）外包装设计
15. 光明巧克力牛奶（250ml）外包装设计
16. 光明咖啡牛奶（250ml）外包装设计
17. 光明纯牛奶（1升）外包装设计
18. 光明纯牛奶（500ml）外包装设计
19. 光明纯牛奶（250ml）外包装设计
20. 光明特浓鲜奶（950ml）外包装设计
21. 鲜果汁杯（西柚750ml）外包装设计
22. 鲜果汁（西柚350ml）外包装设计
23. 鲜果汁（西柚汁）外包装设计
24. 鲜果汁杯（甜橙350ml）外包装设计
25. 鲜果汁（甜橙750ml）外包装设计
26. 鲜果汁（橙汁）外包装设计
27. 鲜果汁（菠萝750ml）外包装设计
28. 鲜果汁（菠萝350）外包装设计
29. 鲜果汁（菠萝汁）外包装设计
30. 鲜果汁杯（苹果350ml）外包装设计
31. 鲜果汁杯（苹果750ml）外包装设计
32. 鲜果汁（苹果汁）外包装设计
33. 光明奶（强化VAVD）外包装设计
34. 光明奶（强化DHA）外包装设计
35. 光明奶（强化铁）外包装设计
36. 光明奶（强化牛璜酸）外包装设计
37. 光明奶（强化钙）外包装设计

上述作品的著作权人均为上海光明乳业股份有限公司，作品类型为美术作品。

地址：上海市枫林路251号
邮编：200032
电话：(021)64041393
传真：(021)64049006

TBEA特变电工

XINJIANG TEBIAN ELECTRIC APPARATUS CO.,LTD

新疆特变电工股份有限公司

博士后工作站揭牌仪式

引进清华大学"交流异步高速变频电机"专有技术实施的扬水照明工程，解决了皮山县山区人民照明用水问题。

中国社会科学院知识产权研究中心唐广良来公司做知识产权专题讲座

新疆特变电工股份有限公司是我国变压器行业首家上市公司，也是中国大型电工产品的生产和出口企业。公司拥有控股公司5个，投资参股企业10个，总资产20亿元，净资产10亿元，员工1500多人。2000年，公司产销10亿，利润过亿元，进出口额1300万美元。

特变电工在全国同行业中较早取得了ISO9001，ISO9002 及英国UKAS、美国FMRC质量体系认证和国际IEC电工采标认证。1998年，公司又在全国同行业中率先通过ISO14001环境管理体系国内国际认证。公司主导产品220kV及以下油浸式电力变压器、配电变压器、干式变压器和35kV级及以下的交联电缆、电力电缆、控制电缆等远销全国20多个省、市、自治区和马来西亚、巴基斯坦、阿联酋、苏丹等十几个国家。

在主业快速发展的同时，特变电工逐步加大了对高科技领域的投入，同新疆信息中心等单位共同组建了"新疆信息产业有限公司"，与清华大学等单位共同组建了"新疆新能源股份有限公司"，并且参股了清华科创、西安博通等高科技企业。

公司逐步加大科研开发投入，1997年，公司技术中心被认定为国家级企业技术中心，2001年公司博士后工作站正式成立。公司先后获得"全国五一劳动奖状先进集体"、"全国百家企业管理杰出贡献奖"等荣誉。江泽民、朱镕基、胡锦涛等党和国家领导人先后来公司视察，给公司极大的关怀和高度的评价。

地址：新疆昌吉市延安南路52号　　电话：0086 994 2723231 2723967 2724845(总机)
传真：0086 994 2723395　　邮编：831100
网址：http://www.china-tbea.com　　E-mail:tbea-cj@mail.xj.cninfo.net

GANG TIE YAN JIU ZONG YUAN

钢铁研究总院

CISRI

连续镀锌(铝)生产线

高效连铸机工作现场

卧式烧结热等静压机

钢铁研究总院创建于1952年，是国家大型钢铁工业科学研究开发机构，1999年7月1日转制为中央直属大型科技企业。

研究领域包括以金属材料为主的材料科学与工程、钢铁生产工艺技术与装备、冶金分析测试技术与仪器。国家冶金精细品种工业性试验基地、连铸技术国家工程研究中心、国家非晶微晶合金工程技术研究中心、国家钢铁产品质量监督检验中心，国家钢铁材料测试中心和中国冶金企业体系认证中心均设在钢铁研究总院。

钢铁研究总院现有职工1972人，具有高级职称人员近500人，其中两院院士5人、享受政府特殊津贴的专家223人，国家级有突出贡献的中青年专家22人，博士导师31人，有3个专业的博士学位、7个专业的硕士学位授予权，设有国家在产业部门研究院所的首批博士后流动站。建院49年来，共取得3000多项科研成果，包括国家发明奖75项、国家科技进步奖78项、国家自然科学奖2项、全国科学大会奖90项、省部级科技进步奖837项。我院一直重视对知识产权的保护工作，并在1993年成立了知识产权办公室，制定了有关专利申请和实施条例，以及各种奖罚制度，尤其在专利的发展过程中已经取得了很大成绩。自专利法实施以来共申请专利690项，其中发明专利占70%以上，已授权专利515项。根据国家知识产权局年度报告，我院一直位于全国科研院所年申请量的前六名，并获得全国专利工作先进科学院所的称号。钢铁研究总院在功能材料、难熔合金、粉末合金、高温合金、合金钢、焊接材料、特种陶瓷与耐火材料等领域拥有众多专有技术和产品，是重要的冶金新材料研究发展基地，为我国的国防建设和国民经济建设，研制并提供了大量关键新材料，作出了突出贡献。

钢铁研究总院致力于行业共性技术、关键技术研发，在高效连铸、高炉喷煤、球团（小球）烧结、转炉溅渣护炉、熔融还原等工艺流程和前沿技术、重大装备技术引进消化吸收以及冶金在线分析测试技术和仪器开发等方面，具有雄厚的技术优势和系统配套能力，为冶金行业科技进步发挥了重要作用。

钢铁研究总院控股的安泰科技股份有限公司的成功上市，实现了科技资本与金融资本的有机结合，进一步增强了总院的科技实力和市场竞争力，经济运行连年稳步增长。

装有单晶叶片的
发动机工作涡轮

地址：北京市海淀区学院南路76号
电报挂号:7560
邮政编码：100081

葫芦岛国家专利技术园区简介

辽宁省葫芦岛市是一个新兴的沿海工业、旅游、港口城市，南临渤海辽东湾，北依松岭山脉，西枕万里长城，地处连接我国华北、东北的辽西走廊，京哈公路、京沈高速公路、京哈铁路和即将开通的秦沈高速铁路横贯全境，境内有著名的天然良港——葫芦岛港，市中心距北京仅410公里。全市辖兴城市、绥中县、建昌县、连山区、龙港区、南票区等六个县（市）区，总面积10415平方公里，总人口270万。具有得天独厚的区位交通优势、富饶的资源优势和实力雄厚的产业优势，葫芦岛风光秀美，气候宜人，拥有大量的风景名胜。

葫芦岛国家专利技术园区是国家知识产权局2001年1月18日批准成立的首批国家级专利技术园区之一，由创业园区、产业园区和生活区组成。其中产业园区由生物工程、新材料、先进制造和电子信息等功能区组成，规划总面积283.6公顷，紧靠京沈高速公路出口和秦沈高速铁路车站，且紧贴102国道，距海滨旅游区仅4公里，交通极为方便。目前，创业中心已开始启用，产业园区由上海同济规划设计院完成总体规划，坚持国内一流标准，实现九通一平：通路、通上水、通排水(污水、雨水分离)、通电、通暖、通燃气、通三网(通讯、INTERNET、有线电视台)、土地平整、公共绿化覆盖率达28.6%，2001年末可实现主体通平。现有国内外企业三十余家陆续入园投资兴业，现有的四十余个专利技术和高新技术产业化项目达产后，年产值将达53亿元，利税10亿元。葫芦岛专利技术园区建设已列入辽宁省《政府工作报告》。葫芦岛国家专利技术园区将以专利技术产业化为切入点建成一个现代化、外向型、技术型，以第二产业为主，兼有研究、开发功能的生态型现代化工业园区。

葫芦岛国家专利技术园区坚持高标准规划、高起点建设的原则，实行全封闭管理开放式经营，一站式服务的全新体制，为广大投资者提供最优惠的政策，配套的基础设施，良好的社区环境，完善的服务体系，为拥有自主知识产权的高新技术产品开发和高新技术产业化提供了更加广阔的舞台。

地址：辽宁省葫芦岛市龙背山海辰路
邮编：125000
电话：0429-8231092
传真：0429-8231092

Hualong Luick Noodles, See You Everyday

华龙集团

HUALONG FOOD GROUP

河北华龙食品集团有限责任公司是一家股份制民营企业，位于全国优质小麦基地——河北省隆尧县。从1994年3月创建以来，经过六年的艰苦创业，现已发展成为占地面积 66.7万平方米，拥有员工8000多人，集团所属九大分公司，集方便面、精粉、饼业、包装、彩印、调味品、运输于一体的功能齐全、设施先进、管理现代化的企业集团，产销量跃居全国同行业前三位，总资产达30亿元。

建厂伊始，以青年企业家范现国为首的决策者，就将“高起点、高站位、高标准；大气魄、大投入、大手笔；新思维、新观念、新管理、”的三高三大三新战略思想全面导入集团的创业之中。在实现当年投产当年收效的佳绩后，两年创出了产销量河北省第一的目标，六年取得了产销量全国同行业三强的辉煌业绩。集团目前拥有七大制面粉厂、46条先进的生产大线、年方便面生产能力达48万吨。面粉、高精粉公司年处理小麦30万吨；纸品公司年产瓦楞纸板6000万平方米；运输公司拥有各种运输车辆1200部，为全国同行业之最；调味品公司年产品质优良的汤料万吨左右；饼业公司年产中、高档饼干4万吨；农业股份有限公司拥有优质麦繁种基地1000余亩。集团1999年被评为“中国食品工业优秀企业”；1999年12月“华龙”商标被国家工商局认定为“中国驰名商标”。集团严格执行并不断完善以ISO9002建立的国际质量体系认证标准。目前，七大系列、四十多个口味，上百个规格的华龙牌系列方便面，成为畅销全国30多个省、市、自治区的名牌产品。

展望未来，华龙人将以振兴民族食品工业为己任，以“立百年大业，创国际品牌”为奋斗目标，在实现企业集团化、产品名牌化、管理科学化、技术现代化的基础上，与新知识经济同步，与国际食品工业一流水平接轨，向行业多元化、经营国际化的目标迈进。预计“十五”期间集团将在西北、西南、中南、华东等地分别组建八大分公司。加大科研力度，在北京和日本设立研发机构吸纳世界一流科研专家；加强与日、韩一流食品企业的合作，通过合资、合作，开发高科技含量和高附加值产品，使华龙面以崭新的面貌走向世界。华龙集团与科研机构联合组建了农业股份公司，目前，千亩小麦种子工程示范园已启动。经过3年时间将利用高科技建成1.8万亩的良种基地，将示范园建成培训园、创业园，为农业产业结构的战略性调整作出新贡献。

腾飞的华龙，在新世纪到来之际正以振兴民族食品工业为己任，为建立国际一流的现代化大型食品集团，为改善提高全民族的生活质量而勇往直前。

地址：河北隆尧华龙城
（全国优质小麦基地）
电话：(0319)6591588
邮编：055350

海南椰树集团海口罐头厂

椰树集团在前进

1999年5月，在中南六省区国有企业改革和发展座谈会上，江泽民总书记亲自听取了椰树集团有限公司董事长兼党委书记王光兴的汇报后指出：椰树集团的做法是"国有企业改革的一种探索"。

从1986年起，椰树集团王光兴总裁就着手对已经连续五年亏损、仅差2万元就亏空家产的海口罐头厂(椰树集团前身)进行人事、分配、用工和产权四项制度改革，经过十五年的改革探索，如今的椰树集团已成为中国最大的天然果汁罐头饮料生产企业；国务院确定的建立现代化制度百户试点单位和全国520家重点企业之一，被评为"创国际品牌优势企业"。以王光兴为首的椰树集团领导班子，用现代企业家的智慧解开了国有企业摆脱亏损、实现发展的心结，以其超前改革的胆识为椰树集团的发展壮大立下了汗马功劳。

改革十五年，也就是从1986年至2000年间，椰树集团领导班子带领椰树人成功地趟过海南历史上国有企业改革的湍流，使椰树集团发生了翻天覆地的变化，成为国有企业改革的佼佼者，取得了振奋人心的五大显著成绩。

一是销售产值和利税大幅度增长。改革15年累计销售产值达134.55亿元，是建厂30年总和的35.1倍；共实现上缴利税12.66亿元，是改革前30年总和的25.37倍。

二是天然果汁饮料的产销量连续7年在全国行业排名第一，矿泉水、软包装排名第二。制罐产销量列中国第一、亚洲第六，具有三条世界一流、两条中国一流的现代化生产线，使椰树集团具有超凡的强劲实力。

三是椰树集团的发展带动了海南热带水果种植业的发展，帮助本省50万果农脱贫致富。

四是建立自主知识产权，共申请110项专利技术，"一种天然椰子汁(奶)的制造方法"的产品被授予"中国专利金奖"，"椰树牌"商标被授予"中国驰名商标"。天然椰子汁、优质天然矿泉水及天然芒果汁三大名饮相继被定为"中国国宴"饮料。这三种国宴饮料已接待一百多个国家的元首和政界要人。

五是职工生活条件大大改善。改革15年来共建7.8万平方米的职工宿舍，全公司的离退休职工和在公司工作三年以上的职工都按条件安排了住房；并建了同时容纳几百人就餐的职工食堂；投入巨资，修建图书馆、娱乐室、健身房、游泳池、篮球场等各种设施，极大丰富广大干部职工的精神文化生活，使集团职工提前步入小康水平。

江总书记对椰树集团改革做法的肯定极大地鼓舞集团广大员工。椰树集团领导班子坚信，在改革开放的大潮中，在海南省委、海口市委的领导下，一定能带动全体员工进行第三次创业，一定能够取得成功。

地　址：海南省海口市龙华路41号　邮编：570102
电　话：0898-66796000-5240　联系人：邝才优

高聚生

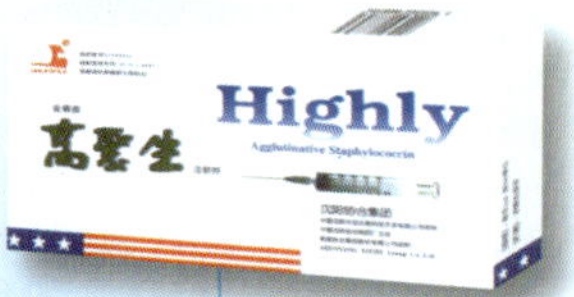

【通用名】　金葡液
【商用名】　高聚生
【主要成分】　蛋白质、多肽、游离凝固酶。
【性状】　微黄色澄明液体、中性，不含防腐剂。
【适应症】　经多年临床应用证明，本品适用于：恶性肿瘤、白细胞减少，免疫功能低下、胸腹水，放、化疗引起的副反应。
【用法与用量】　肌肉或局部注射，每日一次，每次1-2支，二个月为一个疗程或遵医嘱。胸腹腔注射每次4-6支或遵医嘱。
【不良反应】　可见全身发热反应或局部肿痛
【注意事项】　(1)用药后可有局部疼胀或全身发热反应，在37.5℃—38.0℃之间，8—12小时后可自行消退，严重者或持续不退者应对症处理。
(2)有过敏史者慎用。
(3)本品应在医生指导下使用。

专利号：ZL 91.1.0606.7
批准文号：国药准字S 19990010
国家级抗瘤一类生物新药
国家首批《促进专利技术产业化示范工程》项目
国家计委《国家高技术产业化示范工程》项目
重点国家级火炬计划项目
国家重点新产品
国内批准生产的金葡液产品中
唯有其商品名为高聚生的金葡液是经国家批准唯一用于抗癌的生物制剂
世界上第一个用于临床的超抗原抗癌生物制剂

沈阳协合集团有限公司是集科研、生产、经贸为一体的高科技跨国集团。协合集团包括生物医药中心、天然化合物工程研究中心，信息中心、实验中心等几个部门及建立在北京、天津、上海、重庆、大连、连云港、南京、福州、广州、深圳、海南、武汉、成都、乌鲁木齐、兰州、太原、河南、内蒙古和美国西雅图、洛杉矶在内的三十二个分公司，办事处和三个制药厂；现有员工508名，其中技术人员276名。主要从事医药领域生物工程技术研究，包括生物药品、中药、西药（针剂、片剂、胶囊剂、丸剂）、保健品的开发、生产和销售。

地址：沈阳市和平区三好街19**甲**8**号　邮编：**110004
电话：(024)23936094　23936916 **传真：**(024)23936741　23787042
http://www.xichcgroup.com
E-mail: xiehe@xiehegroup.com

福建农大菌草技术开发公司

菌草技术是由福建农林大学菌草研究所发明的专利技术，它是利用世界各地极为丰富的、且尚示未开发利用的菌草代替林木栽培食用菌、药用菌，并利用废菌料生产菌体蛋白饲料的综合技术。迄今为止已研究发现35种菌草，并可以用菌草栽培45种的食用菌、药用菌。

该项技术的大面积应用对保护生态环境，治理水土流失，合理开发利用草地，对林业生产、牧业生产，对农民的脱贫致富、啬就业和增加优质食品都将产生深远的影响。

菌草技术曾获国内外专利界、发明界、农业科技界等12项大奖。

菌草技术简况

一、主要技术指标

（一）专利技术　专利号：(1)ZL91101985.5;(2)ZL92108490.0;(3)011156370.6

（二）技术水平　国际首创、国际领先

（三）主要特点

以草代木、代粮，原料丰富，周期短、产量高、质量好，形成菌、草、牧良性循环，集经济、生态、社会三大效益于一体，解决“菌林”、“菌粮”两大矛盾，为菌业可持续发展开辟一条新路子。

（四）应用范围

凡有芒果萁、五节芒等野草，象草、拟高梁等牧草，水稻玉米、棉花、小麦等农作物秸秆以及可种植菌草的地区均可应用本技术。

地　址：中国福州金山福建农林大学
联系人：林应兴　林辉
电　话：0591-3789223　0591-3740494
传　真：0591-3741269
网　址：www.Juncao.org
E-mail：Juncao@pub5.fz.fj.cn

华中科技大学

一、学校简介

华中科技大学是国家教育部直属的全国重点大学，由原华中理工大学、同济医科大学、武汉城市建设学院和科技部干部管理学院于2000年5月26日合并成立。是涵盖理、工、医、文、管等多学科的综合性大学，被首批列入国家“211工程”重点规划。学校设有本科专业59个，硕士学位学科149个，博士学位学科92个，博士后科研流动站17个。有国家工程研究中心3个，国家重点实验室和专业实验室5个，部级重点实验室7个。

学校现有教职工8000余人，其中教师4000余人。有中国科学院院士5人，中国工程院院士8人，博士生导师511人，教授751人，副教授1211人。在校学生48000余人，其中研究生6800余人，外国留学生200余人。

地址：湖北省武汉市
珞瑜路1037号
邮编：430074
电话：027-87543037
传真：027-87545524

HUAZHONGKEJI

二、知识产权工作情况

我校先后制定了20多个关于知识产权的管理规定，多次被评为教育部、湖北省及武汉市知识产权工作先进集体。1999年，原华中理工大学和同济医科大学同时被国家知识产权局和人事部评为“专利工作系统先进集体”。

截止到目前，我校共申请专利600余件，获得授权400余件；专利成果转化累计社会经济效益数十亿元。学校申请注册商标21件；拥有各类技术秘密数千件。

我校是全国最早开展知识产权教学、研究的高校之一，目前已形成了知识产权方向的博士、硕士、第二学位、双学位和辅修班等多层次的教学体系。经国务院学位办公室批准，我校于1999年与中国知识产权培训中心合作开设了“知识产权法”研究方向的硕士生课程进修班。

近年来，我校先后承担了国家有关部门下达的知识产权方面研究项目20多项。其中，国家自然科学基金项目5项，“知识产权协调管理与保护”是国家自然科学基金会成立以来在知识产权领域资助的唯一一项重点项目；在《知识产权》、《著作权》、《法学评论》、《科技与法律》等刊物上发表论文近300篇，并出版《市场竞争与专利战略》等专著及知识产权方面的教材多部。

DAXUE

融合现代科技

999

三九医药

秉承中医传统

中药电子调配中心简介

1998年7月，在三九集团总裁赵新先的主持下，《中药电子调配中心》项目正式立项，并聚集全厂科技精英成立了专项课题组。目的在于：通过中药电子调配中心的研制，在继承和发扬中医药传统的前提下，改造目前落后的中药制造和管理模式而成为自动化、信息化的现代中医药模式，从而大力促进中药的产业化。

中药电子调配中心是一种将计算机技术和机器人技术应用于中药调配过程的光机电一体化设备，用于将中药房传统的人工调配方法改为计算机控制下的药物自动调配。

它的问世，大大提高了取药操作的效率，改善了药房环境，提高了药房自动化水平和整个医院的现代化水平，使走向衰落的中药产业重新振作起来。它的问世，吸引了国际医药人士的目光，一味使用西药的患者中，有一部分开始尝试没有副作用的中药，因为它再也不是旧时草根树皮、瓦罐煎煮、费时费力又不卫生的传统中草药。这使中药走向产业化、走向世界成为可能，这也正是三九人共同的理想。

1999年10月，世界上第一台“中药电子调配中心”问世，并首先在第一届中国国际高新技术成果交易会上亮相。1999年11月，该项目被纳入国家“863”计划，2000年9月，该项目顺利通过国家“863”计划智能机器人主题专家组验收，目前已取得发明专利4项，实用新型专利6项，外观专利2项。

如果说爱迪生发明灯泡为人类照明史立下了丰碑，那么三九研制的中药电子调配中心的发明则在发展了几千年的中药发展史上谱写了新的篇章，这种改革和创新的意义已经远远超过了技术本身。

国家领导在视察中药电子调配中心时，在肯定该项发明的同时，对中药电子调配中心的产业化寄与了厚望。

在赵新先总裁的领导下，三九人将不负国家和人民的重托，充分发挥人才、资源、管理等优势，利用现代科技发展民族产业，将中药电子调配中心项目不断推向前进，让中医中药给世界上更多的患者带来福音。

中药电子调配中心

Traditional Chinese Medicine Electronic Making Up Cen

地址：深圳市银湖路口
邮编：518029
电话：0755-2118666
传真：0755-2411265

知识产权类
中华人民共和国专利法
实施细则
2001
知识产权出版社
中华人民共和国专利法
Patent Law of the People's Republic of China
2000
知识产权出版社
《专利法》
最新版本
《实施细则》
全国人大常委会法
制委员会审定 2001
年 7 月 1 日施行
实用专利丛书
《实用专利教程》
《怎样撰写专利申请文件》
《怎样检索中外专利信息》
反映最新的专利法内容
突出实用性、可操作性
专利法实施细则
第二次修改导读
国家知识产权局条法司 编
知识产权出版社
专利法第二次修改导读
国家知识产权局条法司 编
知识产权出版社
怎样检索
中外 专利信息
江镇华 主编
知识产权出版社
导读：
权威性与指导性并重
法律界及相关领域人员必备
知识产权出版社

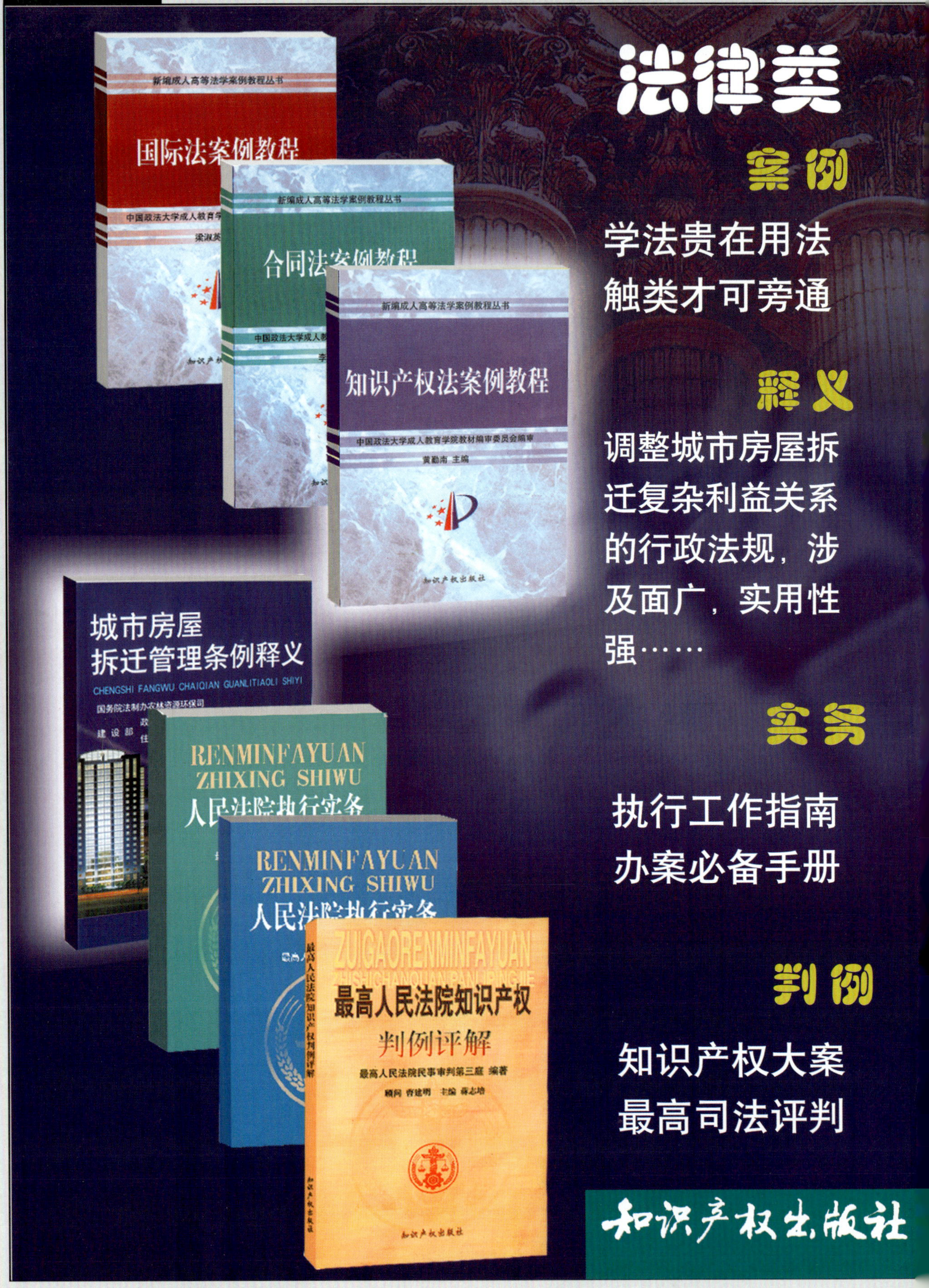
法律类
案例
学法贵在用法
触类才可旁通
释义
调整城市房屋拆
迁复杂利益关系
的行政法规，涉
及面广，实用性
强……
实务
执行工作指南
办案必备手册
判例
知识产权大案
最高司法评判
新编成人高等法学案例教程丛书
国际法案例教程
合同法案例教程
知识产权法案例教程
中国政法大学成人教育学院教材编审委员会编审
黄勤南 主编
知识产权出版社
城市房屋
拆迁管理条例释义
CHENGSHI FANGWU CHAIQIAN GUANLITIAOLI SHIYI
RENMINFAYUAN
ZHIXING SHIWU
人民法院执行实务
最高人民法院知识产权
判例评解
最高人民法院民事审判第三庭 编著
知识产权出版社

业务

- 对特定目标的侵权调查
- 侵权品、假冒品来源调查
- 与知识产权有关的市场调查
- 特定地区的侵权监测
- 工商查询
- 公司一般情况调查
- 资信情况
- 商标使用状况调查

- 组织反假冒行动
- 代理投诉
- 追究侵权人的刑事责任
- 向侵权人索取赔偿

联络方式

- 地　　址：中国北京市朝阳区北辰东路8号北京国际会议中心7024室
- 邮　　编：100101
- 电　　话：86-10-64911267，64922925，64922949
- 传　　真：86-10-64991919
- 网　　址：http: // www.cuippc.com
- 电子邮件：cuippc@cuippc.com

四川省商标事务所简介

四川省商标事务所是经国家工商行政管理局指定的具有独立法人地位、专门从事国内外商标代理业务单位。

主要业务范围：

（一）申请商标注册；

（二）申请注册商标的续展、转让、变更、补证及注销；

（三）商标异议和商标评审；

（四）商标案件；

（五）商标使用许可合同备案；

（六）商标设计和商标咨询；

（七）应聘担任企业商标法律顾问等有关商标事宜；

（八）依有关规定确定其他有关的商标事宜。

地址：四川省成都市新华大道玉沙路 118 号
邮编：610017
电话：（028）6752951
传真：（028）6623669

黑龙江省金龙商标事务所有限责任公司

简介

黑龙江省金龙商标事务所有限责任公司就是原黑龙江省商标事务所。是由国家工商行政管理局在黑龙江省指定的专门从事商标代理业务的法律服务机构；用现代企业制度改制的法律代理服务机构；用市场经济的理念，对每一个客户，可以实行全面的一条龙服务的法律代理服务机构。

该公司拥有丰富经验的代理人员，商标设计人员，有现代的办公设备，有律师、会计师、经济师、研究生，其中 98% 以上为大学本科毕业生。

地址：黑龙江省哈尔滨市道里区西七道街 21、27 号
邮编：150010
电话：0451 — 4695667 4572113
4572119 4572186
传真：0451 — 4695704

潍坊市商标事务所简介

潍坊市商标事务所成立于 1992 年，是国家工商行政管理局指定和授权的商标代理机构，隶属于潍坊市工商行政管理局的事业法人单位。本所代理人员均具有大专学历，并在商标代理工作方面受过专门培训，业务熟、作风实、有经验，能够高质量、高效率地独立完成每一项代理工作。本所拥有一套办公现代化设备和计算机网络化服务体系。

潍坊市商标事务所始终以“民心工程”为主线，一贯坚持“信誉第一，优质服务”的宗旨，从代理质量到代理时间为广大客户提供一流服务。在代理程序上，从商标起名、查询、设计、报件实行一条龙服务。

潍坊市商标事务所的业务范围：代理申请国内外商标注册；申请商标续展、转让、变更、补证及注销商标；商标许可使用合同备案；商标查询、设计及装潢设计、印刷代理；担当企业法律顾问，商标假冒、侵权案件的调查取证和诉讼代理。

地址：潍坊市奎文区民生东街 67 号（潍坊市工商行政管理局大楼内）
邮编：261041
电话：（0536）8589138
传真：（0536）8589138

山西省商标事务所简介

简介

山西省商标事务所成立于1994年，是国家工商局指定和授权设在山西的唯一商标代理机构。本所人员具备法律、外语、商标评估、计算机、美工等专业知识，并通过国家统考取得了《商标代理人资格证》和《执业证书》，是一支为企业提供高质量、高效率的高素质队伍。

本所认真坚持“信誉第一，优质服务”的宗旨，竭诚为企业代理申请国内外商标注册；申请商标续展、转让、变更、补证及商标使用许可合同备案；商标查询、设计及侵权案件的调查取证和诉讼代理。

地址：山西省太原市迎泽大街 229 号省财贸大楼四层西面
邮编：030001
电话：（0351）4041870　4162820
传真：（0351）4171291

汕头市商标事务所简介

汕头市商标事务所成立于1992年，是经国家工商局指定的商标代理机构。主要代理范围有：代理国内外商标注册申请；代理注册商标续展、变更、转让、补证、许可合同备案申请等事项；代理商标异议、复审、争议；商标法律咨询；商标查询和商标设计；商标侵权案件调查、取证与诉讼；以及其他商标事宜。

汕头市商标事务所工作人员皆经国家工商局商标局考核合格，取得商标代理人资格证书，具备丰富的商标实践工作经验，为委托人提供详细、准确、迅速的服务，有效维护委托人的合法权益。

地址：广东省汕头市长平路丹阳庄西三区17幢
韩江大厦803室
邮编：515041
电话：0754—8841660　8841662
传真：0754—8841361
Web site:www.st-tm.com
Email:web@st-tm.com

大连市商标事务所简介

大连市商标事务所是国家工商行政管理局指定的商标代理机构，成立于1993年，现拥有先进的计算机管理系统、现代化的办公设备和一支高素质、勤奋敬业的员工队伍，他们都是法律、工商管理、外语、经济、美术等专业大学、研究生毕业。

大连市商标事务所以“优质、高效、严谨、诚信”为服务宗旨，为企业提供商标代理、商标法律顾问、商标设计、商标评估、商标侵权代理等多方位服务，多年来的不懈努力赢得了国内外客户的广泛赞誉和高度信赖，今后我所还将一台既往地热忱服务。

地址：大连市西岗区民运街22号
邮编：116021
电话：0411—3600362　3693217　3696198
传真：0411—3608494
网址：www.dl-tm.com

吉林市商标事务所简介

吉林市商标事务所是国家工商行政管理局指定的，从事国内外商标代理业务的代理机构。拥有一批具有多年商标代理工作经验和专业知识，并经国家工商局考核合格的商标代理人。拥有先进的办公自动化系统，实现了从商标查询、设计到上报的计算机程序化管理。

吉林市商标事务所始终坚持诚实信用原则，以优质、高效为根本宗旨，全心全意为广大客户服务。建所8年以来，经过不懈的努力，业务质量不断提高，业务范围不断扩大。已由建所初期单一的国内商标代理扩展到现在的涉外商标代理、商标策划等诸项业务。其中在涉外商标代理方面已与境外9个国家和地区的知识产权组织建立了良好的联系。

我所愿与国内外务界建立密切友好的联系，为知识产权的保护事业竭诚尽力。

地　址：吉林省吉林市吉林大街319号
邮　编：132001
电　话：0432—2557373　2557351-6214（6217）
联系人：王敏

佛山市立邦商标事务所简介

佛山市立邦商标事务所是位于珠江三角洲西部的佛山地区唯一一家由国家工商行政管理总局指定的商标代理组织、广东省商标协会会员单位。1999年12月30日成立，现拥有多名已取得《商标代理人资格》的代理人及律师等专业人员，可以接受国内外、台港澳地区广大客户的委托，办理涉及商标的各种法律事务：

△商标注册信息检索
△在中国、外国（地区）的商标注册、续展、变更、转让等事宜
△商标异议、争议、评审等法律程序
△商标侵权案件调查、投诉等法律服务
△商标法律咨询、公告监测、常年商标法律顾问
△商标设计及广告策划、代办知识产权海关备案、代办商品条形码

地址：广东省佛山市卫国西路4号六楼
邮编：528000
电话：0757—3392100　3383076
传真：0757—3392133
E-mail:fslptm@pub.foshan.gd.cn

最高人民法院书讯

最高人民法院民事审判第三庭(原知识产权审判庭)近年来编著了6本涉及知识产权各个领域的审判参考用书。它们是:

一、《最新知识产权司法文件精选(1)》按照法律、法规的专业分类,分为综合、著作权、专利、商标等类别,分类中按照法律、法规、行政规章等法律效力级别和颁布时间排列。

二、《知识产权诉讼》分为7编:总论、知识产权诉讼程序、著作权与著作权邻接权诉讼、专利诉讼、商标诉讼、反不正当竞争诉讼、技术合同诉讼等。

三、《知识产权审判指导与参考》第1卷的鲜明特点是就当前出现的新类型知识产权案件的司法对策进行探讨,如对伴随网络服务业的发展而产生的网络著作权、网络服务提供者的法律责任、域名与商标权的冲突、超链接技术引发的著作权保护等与信息技术有关的问题和植物新品种司法保护的实践操作、基因知识产权保护等与生物技术有关的问题进行探讨。

四、《网络与电子商务法》分为16章:分别介绍了网络与电子商务法律概述;网络与电子商务的知识产权问题;网络服务提供者的法律责任;网络与电子商务的诉讼管辖;网络与电子商务中的犯罪问题;电子合同;电子签名与认证;网络与电子商务诉讼中的证据问题;网络与电子商务企业的资本经营;网络与电子商务支付中的法律问题;电子商务与税收;网络与电子商务中的隐私权问题;电子商务中的消费权益保护;网络与电子商务的行政管理与行业管理;有关电子商务立法的建议;国内网络与电子商务纠纷案例分析。该书还附录了最新网络、电子商务法规。

五、《最高人民法院知识产权判例评解》2001年5月由知识产权出版社出版。该书代表了最高法院法官对知识产权的案件的的审判思路,详细介绍了近年来最高法院判决、调解的二审案件,再审案件、请示案件等的具体情况,以及至今鲜为人知涉及审判的一些事件与事实。

六、《知识产权审判指导与参考》第2卷,由最高人民法院民事审判第三庭法官编著。该书是知识产权审判与参考系列丛书的第2卷。该卷收集、整理了2000年以来颁布的知识产权领域有关专利权、著作权、商标权、反不正当竞争等法律、法规、司法解释、行政规章以及相关理论文章和业务资料。本卷〔知识产权审判精神与政策〕刊登了最高人民法院为贯彻执行国家法律和相关政策而制定的有关指导性意见。〔司法解释〕刊登了最高人民法院于2000年底和2001年初公布的三件司法解释,涉及网络著作权、商标专用权和植物新品种权的法律保护等问题。在〔知识产权审判前沿〕栏目,介绍了知识产权审判的最新动态,并邀请起草司法解释的同志撰写如何理解和适用司法解释的专题文章。为适应"入世"需要,〔知识产权专论〕栏目刊登了《面对入世的我国知识产权法律保护机制》、《论知识产权的概念、历史发展及其法律保护的含义》、《我国知识产权法律责任制度》等专论。在[法律]栏目,刊登了新修改的专利法。在[案例分析]栏目精选了最高法院最近审结的由承办法官们撰写的二审案件评析,披露最高法院在处理知识产权疑难复杂案件中的审判思路。本卷还新设了[对外司法交流]栏目,刊登最高法院和地方法院知识产权法官到美国、欧盟等发达国家交流、考察的报告。

中国飞行试验研究院

概况

中国飞行试验研究院始建于1959年，是中国唯一承担军民用飞机、航空发动机、机载设备等国家级鉴定试飞和民用飞机适航审定的试飞机构，属于综合性的飞行试验研究基地，也是国家进出口产品商检局授权的飞机适航认可实验室。现有2000多名技术人员，其中有近百名有突出贡献的科技专家及驰名全国的“试飞英雄”。40多年来，承担了我国研制新机和改型机90%以上的试飞任务，圆满完成了数千项国家下达和横向合作的飞行试验项目，荣获全国科学大会奖、国家科技进步奖和部（省）级重大科技成果奖400多项。目前，试飞院已与美国、法国、俄罗斯、英国、意大利、韩国、新加坡等10多个国家和地区建立了合作关系。

沙长安 院长

技术特点

试飞院下设飞机飞行试验技术研究所、动力装置飞行试验技术研究所、航空电子与机载设备飞行试验技术研究所、测试技术研究所、飞行部、试飞员学院、中飞通用航空公司、宝航实业总公司。对外的远方航空技术发展总公司统管全院的民品经营与开发。全院拥有飞行力学、强度、飞行品质、颤振、动力装置、机载设备、电子、武器火控、高空防护与救生、仿真、测试、自动控制及辨识技术等120多个专业，有空中试车台、弹射、变稳、雷达电子、航测等试验研究机及全任务飞行模拟台、天线实验场、激光雷达站、地面标准试车台、微波着陆系统等大项设备36项，自行研制的实时数据采集和处理系统达国际90年代先进水平，空中综合模拟试验机居国际前列；1997年通过ISO9001质量体系认证。

主要产品

近年来重点开展了以飞行试验技术为依托的各种飞行试验及航空设备鉴定、航空遥测、航空摄影等服务项目；研制生产了试飞测试系统、各类军民用传感器以及飞机、汽车等模拟器；批量生产了“中华之光”名优产品金刚石钻机类电动工具、板式纺织烟草除尘器及矿车自动拦截装置，塑料异型材，各种民用天线、矿山自动化采掘机天线遥控装置，水泥配料微机系统、磁性材料、民用设施环境影响评价等高科技项目和产品共28个种类。

国际合作意向

★军民用飞机、航空发动机、机载设备的鉴定试飞和地面试验
★民用飞机适航审定试飞
★无人驾驶直升机的研制生产
★航空摄影、遥感遥测、机场跑道校准
★传感器、变换器及数据采集记录和大型数据实时处理系统的研制和生产
★各种实验设备的设计、加工、安装和调试
★飞行模拟设施研制及仿真试验
★培训试飞员
★重型电动工具、PVC塑料异型材的销售和生产
★提供技术咨询和技术服务

地址：陕西省西安市73信箱　电话：(029)6837347
邮编：710089　传真：(029)6202030
电子信箱：cfteid@public.xa.sn.cn

新疆维吾尔自治区第三机床厂

调径变矩系列节能抽油机简介

调径变矩抽油机是由新疆第三机床厂独立研制的一种新型节能抽油机。它继承了目前国内外油田广泛使用的常规游梁式抽油机结构简单、运行安全可靠、故障率低等优点，同时运用调径变矩技术，实现了动态平衡。由于采用了独特的小平衡块调平衡和螺杆自锁调冲程装置，大大降低了调参作业费用和工人劳动强度，使调参变得简单易行，因此可增加调参频次，提高原油产量，真正实现了“**低成本采购、低成本改造、低费用运行、低强度操作、高效能产出的特性。**”

调径变矩系列机型已通过自治区新产品鉴定。该机的调径变矩、自定心配重箱、调冲程支撑装置等三项关键技术属国际首创，其性能指标国内领先。该技术已获两项国家专利（ZL97231916.6、ZL98243443.X），已申请美国专利，并获受理。该机型已列入99年国家级重点新产品计划、2000年国家级火炬计划，并获2000年自治区科技进步一等奖，2001年国家级科技进步奖（已公告），中国专利十五年成就展最佳项目。在1999年中国石油天然气总公司召开的“节能抽油机选型及技术研讨会”上被一致推选为全国重点推广七种机型的首选机型。

经油田现场检测，调径变矩抽油机比常规游梁式抽油机吨油耗电、维护费、人工工时分别下降30%、66%、70%，制造材料和加工费下降20%，售价下降6%，市场竞争力强。已推广应用于全国各大油田，该技术已向东北、山东和克拉玛依地区转让，社会，经济效益十分显著。

地址：新疆乌鲁木齐市炉院街44号
邮编：830006
电话：0991-5884200
传真：0991-5884200-247

中国科学院兰州化学物理研究所

始建于1958年。40多年来在催化、润滑、分析、合成等学科领域的科研工作为国民经济和国防建设，特别是为我国石油化工和“两弹一星”做出了重大贡献。著名化学家张大煜院士、申松昌教授、王弘立教授、李树本教授先后任本所所长。现任所长为薛群基院士。

研究所现有：1.羰基合成国家重点实验室，主要开展羰基合成、选择氧化与生物酶催化过程的基础性研究。开展催化新材料的研究，进行以含氧有机物的环境友好合成为目标的催化科学与技术领域的前瞻性和战略高技术研究。2.固体润滑国家重点实验室主要开展新型润滑防护材料的设计、制备和摩擦学性能研究；从分子层次上探索摩擦化学机理和材料损伤防护的理论与方法；发展国家安全和高技术工业需要的先进润滑防护材料和减摩抗磨技术。3.精细石油化工中间体国家工程研究中心重点开展以选择氧化、羰基合成和不对称催化为主要技术手段，开展天然气综合利用、超细粉末材料和含氧有机化合物等精细化工中间体的产品与工艺的研究与产业化。4.先进润滑与防护材料研究发展中心主要从事润滑和防护材料的应用研究。开展纳米材料、薄膜材料、涂层材料、固－液分散体系和整体材料与技术的研制与产业化。5.生态与绿色化学研究发展中心主要从事绿色化工与清洁催化的基础性研究与高新技术开发，以及西部生态环境的改善与恢复、可再生资源的优化利用。6.西部天然药物研究发展中心重点研究用近代化学手段，研究小分子与靶分子的相互作用，为西北特有天然药物现代化提供理论依据：建立天然活性物质分离分析新方法，形成适用于中、藏药的筛选方法和复合技术：发展有明确医疗目标的国家级新药。

现有在编职工440人，其中院士2人，160余名高级专业技术人才，其中50%具有硕士和博士学位。自1979年以来，共培养出了400多名理学博士和硕士。近几年来被录入SCI的论文数连续位居全国十名左右，具有雄厚的学科积累和人才优势。编辑出版《分子催化》、《摩擦学学报》和《分析测试技术与仪器》三种在国内外有一定影响的学术刊物。

建所以来，兰州化物所共取得重要科技成果400多项，涉及石油、石化、化工、航空航天、机械制造、仪器仪表、电子、能源、材料、农业、医药、食品诸行业，积累了丰富的研究经验和成果。其中，获国家、省部级以上奖励的成果180项、获国家科技进步特等奖一项，国家自然科学奖、发明奖近30项。

从1985年《专利法》实施以来，研究所重视将知识产权管理作为科研管理的一个重要方面，逐步加强和完善知识产权管理手段，为研究所的知识创新工作保驾护航。研究所共申请专利227项，其中发明专利205项，实用新型22项：授权专利101项，其中发明专利79项，实用新型22项。

目前全所按照中国科学院的战略部署，凝炼目标、转变机制、组织队伍，重点开展资源化学、新材料和化学生物学领域的基础性、战略性和前瞻性创新研究，努力将兰州化学物理研究所建设成为具有强大科技创新与持续发展能力、特色鲜明的高水平实体。

地址：甘肃省兰州市天水路342号
邮编：730000
电话：（0931）8277971
传真：（0931）8277088
网址：http://www.licp.ac.cn
电子邮件：licp@ms.lzb.ac.cn

四川石油管理局

知识产权管理委员会

*四川石油管理局*是从事石油天然气勘探开发的特大型国有企业，经过多年的努力奋斗，在四川盆地建成了中国陆上最大的天然气生产基地。遵照国家有关企业专利试点工作的要求，我局建立了完善的知识产权保护工作体系和管理制度，广泛开展知识产权法制宣传和人员培训工作，分别于1991年、1994年、1999年连续三届被评为全国专利工作先进单位。截止2001年6月，全局累计专利申请380件，职务发明275件，已授权职务发明专利比例为75%，职务发明专利实施率90%以上。全局共有注册商标39件，重点再用商标132件。为了使我局知识产权工作持续发展，我们成立了四川石油管理局知识产权管理委员会，落实了三级单位的知识产权工作人员48名及三级单位的知识产权工作人员上千人，形成了全局的知识产权管理网络。在企业重组改制时，为了保证我局知识产权工作正常发展，我们及时调整了知识产权管理体系，成立了新的知识产权管理委员会。到我局第一个知识产权五年工作计划结束时，全局24个主要科研和生产单位相继建立了自己的知识产权管理委员会或领导小组和办公机构。知识产权工作管理框架的建立为我局知识产权工作的深入发展起到了保证作用，也为生产一线工作网络的建立打下了良好的基础。

为总结企业专利管理的经验，分析存在的困难和问题，提出加强石油企业专利管理的建议，我们开展了“石油企业专利管理研究”的课题，该课题为我局专利工作的规范化提供了理论依据，获得了局内外的一致好评。该课题于1999年获局科技进步二等奖，四川省科技进步三等奖、第二届全国优秀专利调查研究报告暨优秀专利软课题研究成果三等奖。

为了搞明白我局主要专业与国内外同行业技术的差距，提出今后重点发展的方向和目标，我们组织开展了“四川石油管理局专利发展战略研究”。经过两年的技术调研和专利文献的分类分析，基本上弄清楚了我局在深井钻井，测井等五个方面与国际国内在技术上的差距和优势，为企业的生存和发展提出了战略性的意见。

多年来全局各单位对已授权的200多项职务发明专利共兑现奖励60多万元，奖励优秀专利项目3项，9000元。

为了技术创新的需要，局拨专款引进科技和专利数据库。建立了以局为中心的文献体系。

2000年，我局对有市场潜力的专利技术作为开发项目，并对5项专利技术给予了80万元的开发扶持资金。

我局在“八·五”和“九·五”期间共承担重点科研项目542项。到2000年，全局的商标注册共为39件，其中“长征牌硫磺”和“川石牌”机械产品每年可产生上亿元的产值。

地　址：四川省成都市府青路一段三号
邮　编：610051
电　话：028-6011981
传　真：028-6011978

CERTIFICATE OF QUALITY SYSTEM CERTIFICATION

北京合力金桥系统集成技术有限责任公司

公司简介

通过ISO9001质量体系认证

北京合力金桥系统集成有限公司成立于1996年11月，主要从事计算机技术和通信技术相结合的大型开放式系统集成及应用软件的研发与应用，是国内系统集成领域的一流服务提供商。现已发展成为中关村科技园区中型高新技术企业，并在2001年6月正式成为香港上市公司“普纳集团有限公司”（香港证券交易号码1013）旗下的控股公司。

合力金桥的发展战略目标是“成为国际一流的系统集成商及应用软件开发商”。公司以中国电信业及烟草、金融、保险、政府等行业系统的计算机技术和通信技术应用为主要市场经营方向，在呼叫中心系统、宽带IP网络集成系统、电信运营支撑系统、智能楼宇控制系统及应用软件开发方面悉心投入，取得了良好的业绩。其中，合力金桥“第四代呼叫中心技术开发”、“程控交换机实时计费联机采集系统开发”等项目均通过了信息产业部组织的专家论证，被国家经贸委列为国家级重点技术创新项目；合力金桥“电信计费系统集成与软件开发”项目也通过了中国电信的资格认证。此外，公司还在宽带IP城域网和接入网、Internet和Intranet组网、智能楼宇控制与安防等方面掌握了许多关键技术。

合力金桥公司坚持以技术和服务为立身之本，集成国际上著名IT厂商先进、成熟的硬件和软件平台，开发符合用户需要的各类应用软件系统，向用户提供先进而可靠的技术。公司现在已成为CISCO公司银牌合作伙伴，并即将成为其金牌合作伙伴。在完成了诸多大型系统集成项目的基础上，合力金桥积累了丰富的工程经验，形成了售前技术咨询、方案设计、产品销售、设备安装、应用开发、售后跟踪维护和支持等完善的服务体系。

公司2000年已正式通过了ISO9001国际质量标准认证，建立了独具特色的工程项目管理办法，对承担的软件工程、网络工程、楼控工程、通信工程等系统集成项目实施全程化的管理。在软件开发方面，公司努力与国际标准接轨，已按照CMM标准来规范软件开发过程，并开始申请CMM资质认证。

经过不懈的努力，2000财政年度公司已通过了信息产业部“国家系统集成一级资质企业”资格初步审核，经营合同额达3亿元人民币，为实现公司远景规划奠定了坚实的基础。

下一个三年，公司主要业务方向是为用户提供“面向电子商务的电信网络技术和解决方案”，将重点发展应用软件服务（ASP）、增值服务以及网络集成服务，探索一套适合国情的、先进合理的工程项目管理办法、企业管理制度和人才激励制度，建立起独特的企业资源规划管理系统（ERP）和客户关系管理系统（CRM）。

合力金桥是按现代企业制度管理、拥有一流技术人才和管理人才、拥有灵活的市场运作机制的企业。在不远的将来，合力金桥将成为中国信息产业中系统集成和应用软件生产与服务的一流企业，成为一个具有核心竞争优势、按照国际惯例运作和管理、真正具有国际水准的公司。我们正坚定地朝着这一目标扎扎实实地迈进。

地　址：北京市海淀区万泉河路68号紫金大厦
邮　编：100086
电　话：010-82656600
传　真：010-82656222

NANTONG ELECTRICAL MELTING AND EXPLOSION MACHINE TOOLS CO.,LTD

南通电熔爆机床有限公司

南通电熔爆机床有限公司是科、工、贸一体化的股份制有限公司。承担国家重点工业性试验项目——电熔爆机床及冷轧辊修造等24项新技术中试任务，是我国首创电熔爆系列机床、冷轧辊修造的产业化所在地。

电熔爆机床是发明家叶良才高工经三十多年潜心研究的一项重大发明。被列为国家“八·五”重点科技攻关项目，并通过了国家鉴定验收，取得24项世界首创的重大成果；1998年经国家计委批准，列为国家重点工业性试验项目，由南通电熔爆机床有限公司承担。

电熔爆机床可广泛应用于冶金、机械、航空、航天、矿山、车辆、建材以及国防工业等行业。

南通电熔爆机床有限公司具有雄厚的技术实力，能够根据用户需要，满足内圆、外圆、平面、切割下料等多种加工工艺要求，开发不同品种、规格的系列化电熔爆机床。

电熔爆机床的技术特点

1、凡导电材料，均可进行加工，可以进行外圆、内圆、平面、端面、切割、开槽、其它异形面、镗孔等加工。工件可以是锻件、铸件、堆焊和喷焊件等。

2、被加工件的金相组织不变。表面不产生裂纹、不改变机械性能。

3、加工效率高，每小时熔爆量可达10—120公斤，加工深度可达0.01—15毫米，比传统加工方法提高生产率几倍至几十倍、成本降低50—70%。

4、非接触加工、工件不变形、机床受力小、比传统机加工可提高机床使用寿命5—10倍。

5、粗加工表面粗糙度可达到Ra12.5以上、精加工尺寸精度±0.05—±0.01mm，粗糙度Ra0.2。

6、无环境污染。

7、耗能低，比其它机加工方法节电1—3倍。比电火花加工方法可节约用电10—20倍。

地址：江苏省南通市任港路35号
邮编：226001
电话：0513—3513101
传真：0513—3527013
电挂：7201
E-Mail:drb@public.nt.js.cn

葫芦岛市人民政府
关于促进专利技术园区发展的若干规定

一、进入园区投资的高新技术企业，自认定之日起，减按15%的税率征收所得税，两年内免征所得税、三年减半征收所得税的园区科技三项费用的扶持。

进入园区投资的非高新技术企业开发具有自主知识产权专利技术产品的，经认定后，给予相当于五年减半征收所得税的园区科技三项费用扶持。对具有自主知识产权的高新技术企业，经认定后，从投产年度起，五年内给予相当于增值税地方留成部分的科技三项费用或风险资金的扶持，专项用于企业技术研发和技术创新。

二、对进入园区起步区高新技术产业投资项目的工业用地使用权出让价格，实行优惠。自签订土地出让协议之日起，一个月内缴清土地出让金的，土地使用权出让价格为12美元/m^2；二个月至半年内缴清的，土地使用权出让价格为14-16美元/m^2；八个月内缴清的，土地使用权出让价格为17美元/m^2。

三、在创业服务中心从事开发的科研机构，五年内减半征收房租费，外地科研机构进区开发的，前两年免收房租费，后三年减半征收。房租费按使用面积执行成本价优惠。

四、市本级科技三项费用的80%及科技风险资金全部，均用于扶持进区的专利技术和高新技术产品开发及产业化项目，并由市政府在区内组建风险投资公司，用于规模较大、市场前景广阔的专利技术及高新技术产品开发。

五、进区投资企业用于专利技术开发和高新技术产品生产的仪器、设备，可实行快速折旧的办法，最低折旧年限可定为五年。

六、园区管委会对进区企业实行封闭式管理，由管委会一个窗口对外。管委会实行项目报批、开工建设、专利申报，企业登记注册、税务代理、职称评定等手续的“一条龙”优质服务。凡涉及市职能部门权限的，由市有关部门积极配合园区管委会办理。禁止各级行政管理部门和其他单位要求园内企业参加各种形式的检查、评比活动。

七、外地来园区工作的科技和管理人才，同时享受《葫芦岛市引进优秀人才若干政策规定》和《葫芦岛市吸引和鼓励留学人员来葫工作若干规定》等优惠政策。

八、对科技含量高、投资规模较大、市场前景好的重点高新技术及专利产业化项目，可由市政府研究，一事一议，给予另外优惠待遇。

青岛市广播电视科研所

技术创新
——青岛广电所的不懈追求

技术创新——知识产权保护——成果产业化，这是青岛广电所在技术创新之路上的创业三部曲。成立于1990年的青岛市广播电视科学研究所，在短短的十年间，致力于广播电视及相关产品的技术创新，取得了丰硕的成果；并因此在国内广电系统享有较高的知名度，被国家广电总局和人事部授予"全国广播电影电视系统先进集体"的光荣称号。

该所以40余名高中级技术人员为主体，在信号分析、过程处理、实时控制等方面不懈追求技术创新，获几十项部、省、市级鉴定的科技成果。其中ＴＣ４０００系列电视播音提词器、TVZ3000自动校对专业时钟系列产品、TL可编程讯源音量批示器系列产品、音频测试系列产品、电视节目自动播出系统、同步广播系统、IC卡管理系统、共缆传输和话缆传输图像监控系统等成果，分别荣获广电总局科技进步奖、全国发明展览会金奖、中国专利优秀奖、北京国际发明展金奖等各种奖励。这些成果提高了国内广播电视播出质量和自动化水平，推动了国家时间标准化的普及和进步，替代了相关产品的进口，为我国的广播电视事业作出了重要贡献。

有几十项成果，就有几十项知识产权，为了保护自己，防止来自国内外的侵权行为，该所在技术创新的同时，不遗余力地寻求合法的知识产权保护。为保护自己的技术，该所申请了29项发明、实用新型专利。为保护自己的品牌，该所注册了HINAC等商标。该所还寻求了计算机软件、著作权等多方位的全面的知识产权保护。目前，该所获批的专利有25项，其中"电视播音提词器"94年获中国专利局授权以来的8年间，无人敢冒犯侵权，在用户中享有极高的声誉。自立式提词器亮度和双比度高，图像无畸变，可视范围大。平板式提词器安装在三角架或座机上，采用高清晰度TFT液晶显示器。TVZ自动校时钟充分利用电视和广播传递、接收时间信号。许多产品都有很高的技术含量并申请了专利。

有了几十项知识产权，还要不断努力，将其产业化。在这方面，该所也是相当成功的，经济效益十分显著。借助于电视播音提词器、专业时钟和讯源批示器三个系列的拳头产品，一个几十人的小所，已形成近千万元的生产、销售能力。上述产品已用于中央电视台、国际广播电台、新华社、北京电视台、上海电视台等千余家中央、省、地市级电视台、电台、有线台以及部队、空港、地铁和卫星基地等处，并出口到美国及东南亚、非洲十多个国家。主要产品在国内市场的占有率已达20～90%，成为这些方面的主导供应商。仅电视播音提词器一项，产品行销近千台。目前，该所已形成在国内外具有一定影响的广播电视设备生产能力，成为这个行业中不可小视的一支产业队伍。

在新的世纪里，青岛广电所经过股份制改造，将进一步奏好技术创新——知识产权保护——成果产业化的三部曲，发挥专业特色，激发更大的活力，为社会作出更大贡献。

地址：山东省青岛市宁夏路200号　邮编：266071
电话：0532—5702069　5702070
传真：0532—5702069　5702070、
http://www.hinac.com
E-mail:hinac@mail.qdcatv.com.cn

武汉华科通信工程开发研究所

WUHANHUAKE COMMUNICATIONAL PROJECTING DEVELOPMENT RESEARCH INSTITUTE

武汉华科通信工程开发研究所是华中师范大学校办全民所有制高科技产业，与物理系实行学研产紧密三结合，以产销促开发养科研，以科研促学科带开发，迎接网络化、全球化、新经济浪潮的挑战，为科教兴国做贡献。

华科通信研究开发系列拥有知识产权成果：

◆综合功能达到先进水平的"场致发射显微分析综合系统"；
◆负离子原子探针；
◆华科微机多媒体教育网络；
◆表面等离子模共振（SPR）生化检测器；
◆校园网络和教育管理平台；
◆直流电机控制系统及综合电源，等等。

所长刘武教授、博导，同时担任物理系主任，华中师范大学国家物理学人才培养基地负责人，被国家教委和人事部评为"在祖国社会主义现代化建设中做出了突出贡献的回国留学人员"；1992年获国家教委科技进步奖，武汉市发明一等奖，国务院政府特殊津贴；1993年评为湖北省有突出贡献中青年专家；1996年被选为中国电子学会场致发射专业委员会主席；1997年被国家教委聘任为"高等师范教育面向二十一世纪教学内容和课程体系改革指导委员会"委员，1999年成为湖北省高级专家协会会员。

华科与物理系紧密结合建设成华中地区第一个联结教学大楼、学生宿舍、教师住宅的物理教育网络，取得教育环境信息化、探索开放式创新人才培养模式的显著成果。

华科通信追求科技创新、科学管理和精益求精工作精神的完满结合；以服务充分发挥产品功效，以创意满足长远需求为宗旨；以团结、求实、创新、奉献为企业精神，与广大客户真诚合作，为振兴中华而共同奋斗。

武汉华科通信追求科技创新、科学管理和精益求精科学态度的完美结合；以服务充分发挥产品功效，以创意满足长远需求为宗旨；以团结、求实、创新、奉献为企业文化的精髓；以完美服务、科教兴国、振兴中华的实际行动做广大客户的忠诚朋友。

法人代表人：刘武
地址：湖北省武汉市珞瑜路150号华中师范大学
邮编：430079
电话与传真：（027）87878887
网址：www.hktx.com.cn

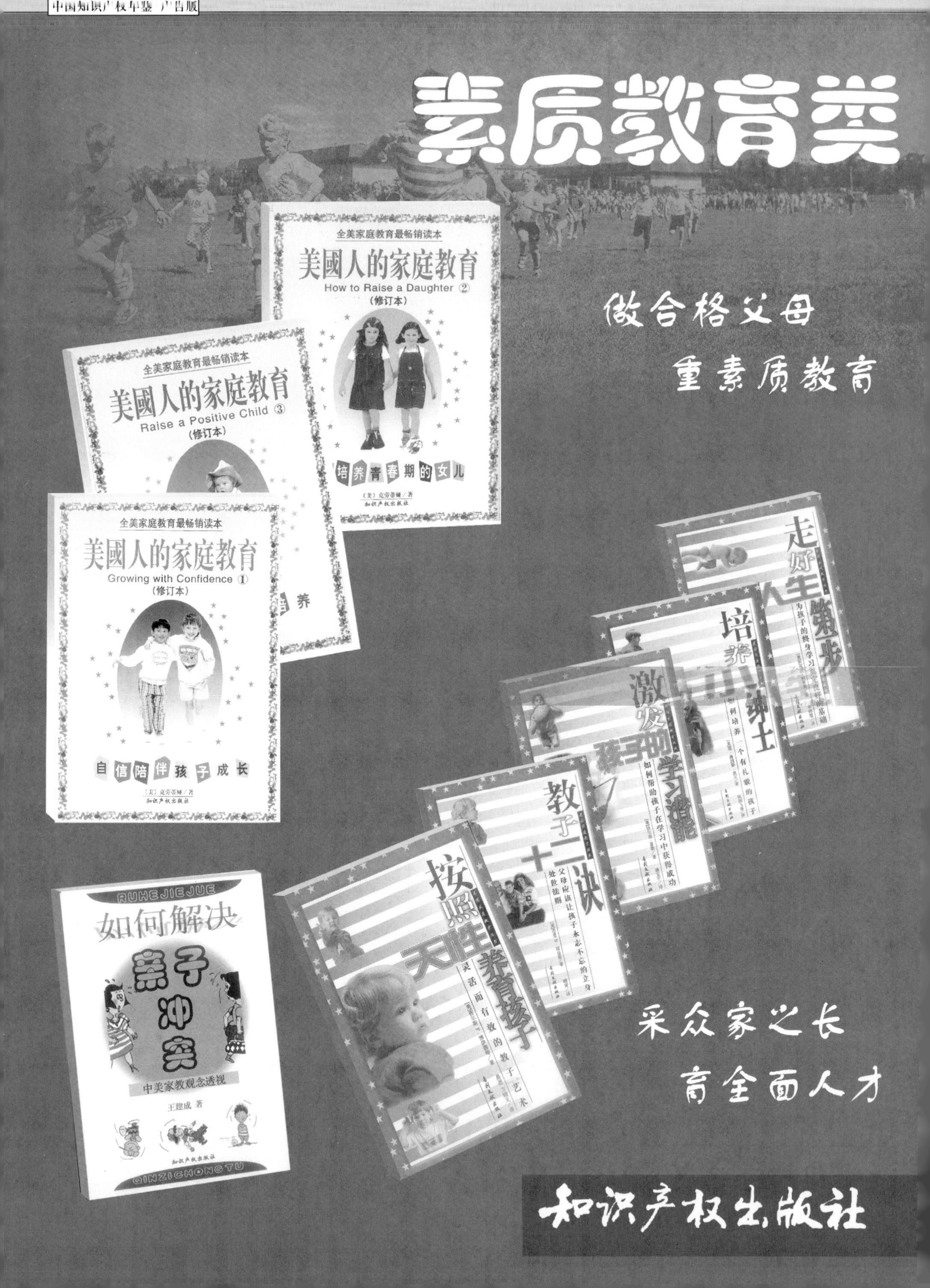
素质教育类
做合格父母
重素质教育
全美家庭教育最畅销读本
美國人的家庭教育
How to Raise a Daughter ②
(修订本)
培养青春期的女儿
〔美〕克劳蒂娅／著
知识产权出版社
全美家庭教育最畅销读本
美國人的家庭教育
Raise a Positive Child ③
(修订本)
全美家庭教育最畅销读本
美國人的家庭教育
Growing with Confidence ①
(修订本)
自信陪伴孩子成长
知识产权出版社
走好人生第一步
为孩子的终身学习奠定良好的基础
培养小绅士
如何培养一个有礼貌的孩子
激发孩子的学习潜能
如何帮助孩子在学习中获得成功
教子十二诀
父母应该让孩子永志不忘的立身处世法则
按照天性养育孩子
灵活而有效的教子艺术
RUHEJIEJUE
如何解决亲子冲突
中美家教观念透视
王建成 著
知识产权出版社
QINZICHONGTU
采众家之长
育全面人才
知识产权出版社

附 录

全国专利代理机构名录

北 京 市

序号	代 码	代理机构名称	地 址	邮 编	负责人	电 话
1	11001	国内贸易部专利代理事务所	北京市东城区总布胡同弘通巷3号	100005	李桂玲	(010)65122786
2	11002	农业部专利事务所	北京市朝阳区农展馆南里11号大院	100026	陈如明	(010)65003833
3	11003	水利电力专利事务所	北京市德外六铺炕水利部信息研究所内	100011	吴舜龄	(010)64015184
4	11004	建设部专利代理事务所	北京市西直门外车公庄大街19号	100044	朱丽岩	(010)68317744-144
5	11005	地质矿产部专利代理事务所	北京市阜城门外北街277号	100037	莫　迪	(010)68329333
6	11006	机械工业部知识产权事务中心	北京市阜城门外百万庄南里1号	100037	梁　挥	(010)68351309
7	11007	核工业专利法律事务所	北京市海淀区阜城路43号	100037	高尚梅	(010)68416002
8	11008	航空航天工业部航空专利事务所	北京市和平里小关东里14号	100029	杜永保	(010)64918407
9	11009	航空航天工业部航天专利事务所	北京市和平里滨河路1号	100013	安　丽	(010)68373447
10	11010	电子工业部专利服务中心	北京市石景山区鲁谷路74号院内(北京750信箱)	100039	苏路群	(010)68215163
11	11011	兵器工业专利事务所	北京市海淀区车道沟10号	100081	刘东升	(010)68414477-4362
12	11012	煤炭工业专利事务中心	北京市朝阳区霄云路霞光里8号	100016	廖立全	(010)64678866-1331
13	11013	石油工业专利服务中心	北京市和平里七区十六楼	100013	刘天语	(010)64210627
14	11014	化学工业部化工专利服务中心	北京市安定门外小关街53号	100029	揭玉斌	(010)64437115
15	11015	中轻专利事务所	北京阜外大街乙22号	100833	孙家蔚	(010)68396604
16	11016	铁道部科技情报所铁路专利咨询服务中心	北京市西直门外大柳树北	100081	曾晓芒	(010)63249112

续表

序号	代码	代理机构名称	地址	邮编	负责人	电话
17	11017	交通部专利服务中心	北京市朝阳区惠新里240号	100029	蒋瑞年	(010)64912277-2401
18	11018	信息产业部专利服务中心	北京市海淀区学院路40号	100083	孔庆义	(010)62304026
19	11019	冶金专利事务所	北京市灯市口74号	100730	陈肖梅	(010)65251227
20	11021	中科专利商标代理有限责任公司	北京市海淀区海淀路80号中科大厦16层	100080	李悦	(010)62613753
21	11023	煤炭科学研究院专利事务部	北京市和平里煤炭科学研究院	100013	冀鸿恩	(010)64214223
22	11024	中国航天工业总公司第二研究院专利代理事务所	北京市永定路50号	100854	王克刚	(010)68386595
23	11026	中国船舶工业总公司专利事务所	北京市海淀区学院南路70号	100081	徐永乐	(010)62182158
24	11027	中国石油化工总公司专利代理服务部	北京市东城区安外大街58号(北京3048信箱)	100011	颜志祥	(010)64241861
25	11028	中国有色金属工业总公司专利事务所	北京市西直门内西章胡同9号	100035	王连发	(010)62229297
26	11029	建材专利事务所	北京市百万庄	100831	浦西民	(010)68311144
27	11034	石油化工科学研究院专利事务所	北京市海淀区学院路18号	100083	邓颐	(010)62311523
28	11036	中国人民解放军总后勤部专利服务中心	北京市复兴路22号南门1号楼	100842	王进	(010)66886213 66886205
29	11038	中国国际贸易促进委员会专利商标事务所	北京市阜成门外大街2号8层	100037	林柏楠	(010)68516688
30	11039	国家医药管理局专利法律事务所	北京市西城区北礼士路甲38号1902室	100810	方宁	(010)68313344-1902
31	11040	北京科益专利事务所	北京市海淀区清河镇清河大楼丁三	100085	李兴文	(010)66332420
32	11041	华夏专利事务所	北京市复兴路63号	100036	杨玉荣	(010)68158208
33	11042	国防专利事务所	北京市第122信箱	100036	张复华	(010)66357067
34	11044	中国人民解放军海军专利代理服务中心	北京市丰台区六里桥北里4号	100073	何小穆	(010)66967353
35	11100	北京市专利事务所	北京市西城区西直门南大街16号	100035	王燕秋	(010)66160610
36	11102	首都专利代理事务所	北京市朝阳区亚运村安苑东里1区12号院内	100029	杨思东	(010)64924695
37	11104	北京市西城区专利代理事务所	北京市西城区百万庄大街扣钟北里甲8号	100037	吕世静	(010)68329079
38	11105	柳沈知识产权律师事务所	北京市朝阳区北辰东路8号汇宾大厦A0601	100101	沈尧曾	(010)64993490

续表

序号	代码	代理机构名称	地址	邮编	负责人	电话
39	11107	北京市机械工业专利事务所	北京市西城区西安福胡同甲26号	100031	徐雪琦	(010)66082069
40	11108	北京市仪器仪表专利事务所	北京市安定门西滨河路25号(六楼,情报标准处)	100011	章宝忠	(010)64219678
41	11111	北京市梦实专利事务所	北京市西城区北礼士路甲98号	100037	苏　瑞	(010)68337903
42	11112	北京市蕾波医药卫生专利代理事务所	北京市西城区月坛南街1号	100045	于淑惠	(010)68023519
43	11113	北京市建筑工程专利代理事务所	北京市复兴路34号	100039	朱　琨	(010)68224422-283
44	11114	北京市科技专利事务所	北京市西直门外南路19号	100044	谢小延	(010)68354577
45	11116	北京燕山石油化工公司专利代理事务所	北京市房山区凤凰亭路9号(北京10041信箱)	102500	黎宗坚	(010)69342614
46	11117	北京首钢华夏专利代理事务所	北京市石景山区首钢办公厅	100041	李永东	(010)68292092
47	11120	北京理工大学专利代理事务所	北京市海淀区白石桥路7号	100081	高燕燕	(010)68912328
48	11121	北京市第九专利代理事务所	北京市海淀区学院路37号	100083	周长其	(010)82316125
49	11124	北京市电子工业专利事务所	北京市东城区北河沿大街79号	100009	李春儒	(010)64035204
50	11126	北京市第三专利代理事务所	北京市新街口外大街2号	100088	李全旺	(010)62014574
51	11127	北京三友专利代理有限责任公司	北京市北三环中路40号	100088	李　强	(010)62360216
52	11129	北京市海淀区专利事务所	北京市海淀区北四环西路21号	100083	谷永久	(010)62546298
53	11130	北京市医药医疗器械专利代理事务所	北京市朝阳区白家庄西里5号	100020	张秀英	(010)65023545
54	11132	小松专利事务所	北京市前门西大街8号楼1002室	100051	陈祚龄	(010)63172986
55	11134	北京市建筑材料工业专利事务所	北京市石景山区西福村1号	100041	陈祚章	(010)68871856
56	11135	华能集团专利事务所	北京市海淀区复兴路甲23号17层(公主坟)	100036	管新国	(010)68223972
57	11136	大兴县专利事务所	北京市大兴县黄村兴丰大街北头	102600	高云瑞	(010)69242225
58	11137	北京金之桥专利事务所	北京市海淀区知春路49号希格玛公寓A座108号	100080	林建军	(010)88096308
59	11138	三高专利事务所	北京市海淀区学院路蓟门东里12楼1单元201号	100088	何文彬	(010)62042352
60	11139	北京科龙环宇专利事务所	北京市海淀区西土城路2号儿童电影制片厂办公楼205室	100088	孙皓晨	(010)62356877

续表

序号	代码	代理机构名称	地址	邮编	负责人	电话
61	11200	北京大学专利事务所	北京市海淀区北京大学红一楼102号	100871	陈美章	(010)62751284
62	11201	清华大学专利事务所	北京市海淀区清华大学院内	100084	丁英烈	(010)62784623
63	11203	北京工业大学专利代理事务所	北京市朝阳区平乐园100号	100022	张　慧	(010)67392381
64	11204	北京北化大专利事务所	北京市和平街北口(北三环东路15号)	100029	霍京华	(010)64214681
65	11205	北京农业大学专利代理事务所	北京市海淀区清华东路17号主楼138房间(136信箱)	100083	张红莲	(010)62336241
66	11206	北京林业大学专利事务所	北京市海淀区清华东路肖庄	100083	陈福江	(010)62338223
67	11207	北京科技大学专利代理事务所	北京市学院路30号	100083	刘月娥	(010)62332553
68	11210	祥云专利事务所	北京市海淀区学院路蓟门东里2号楼	100088	秦月贞	(010)62044013
69	11212	北京市第一轻工业总公司专利事务所	北京市交道口菊儿胡同7号	100009	崔圣伦	(010)64010612
70	11214	北京申翔知识产权服务公司专利代理部	北京市海淀区蓟门小区东里(二居)13楼1门201室	100088	石光鸿	(010)62058625
71	11215	小龙专利代理事务所	北京市海淀区学院南路76号军工协会	100081	容敦璋	(010)66812529-9373
72	11216	北京三幸商标专利事务所	北京市亚运村汇园国际公寓G座0708号	100101	刘激扬	(010)64924350
73	11218	北京思创专利事务所	北京市朝阳区北三环东路14号(北京1442信箱专利办)	100013	韦庆文	(010)64216131-2424
74	11219	中原信达知识产权代理有限责任公司	北京市朝阳区建国路99号中服大厦1300室	100020	穆德骏	(010)65002933 (010)65003866 (010)65003397
75	11220	北京铁路科技专利服务中心	北京市海淀区复兴路6号	100038	张居才	(010)63226923
76	11221	北京邦大专利事务所	北京市海淀区北三环中路44号123房间	100088	魏殿绅	(010)62028637
77	11222	北京市化工专利代理事务所	北京市朝阳区东郊化工路西口	100022	刘　钧	(010)67723642
78	11223	北京元中专利事务所	北京市海淀区北太平庄路甲1号百花大厦116室	100088	汪诚芝	(010)62357015
79	11224	北京华进专利事务所	北京市海淀区复兴路甲15号	100036	李　瑛	(010)68515533-5207
80	11225	北京京强专利事务所	北京市海淀区蓟门里小区蓟门商场招待所201房间	100088	林　强	(010)62021633-36
81	11226	北京市法苑专利事务所	北京市海淀区花园东路31号(牡丹宾馆7001室)	100083	陈俊由	(010)62025544-7001

续表

序号	代码	代理机构名称	地址	邮编	负责人	电话
82	11227	北京集佳商标专利事务所	北京市海淀区学院路41号5号楼希格玛办公中心101室	100088	张海旭	(010)62352183
83	11228	北京市汇泽专利商标事务所	北京市海淀区西土城路4号	100088	赵　军	(010)62367879
84	11229	北京亚沛专利事务所	北京市海淀区学院路41号5号楼205室(希格玛写字楼内)	100088	王亚轩	(010)62214423
85	11230	北京万科园专利事务所	北京市海淀区北三环中路77号(北京电影制片厂院内)	100088	张亚军	(010)62352426
86	11232	北京慧泉专利事务所	北京市海淀区北四环西路21号	100083	王顺荣	(010)62013322-4150
87	11233	北京科兴园专利事务所	北京市朝阳区酒仙桥路13号	100016	王　蕴	(010)64355266
88	11234	中国商标专利事务所	北京市西城区月坛南街14号月新大厦	100045	李彦章	(010)68528686
89	11235	北京奥瑞专利事务所	北京市北三环西路1号	100088	朱黎光	(010)62017895
90	11236	电力专利事务所	北京市德外六铺炕	100011	常　力	(010)64015184
91	11237	北京市广友专利事务所	北京市海淀区花园东路31号牡丹宾馆7006室	100083	王密璇	(010)62025544-7006
92	11238	北京博圣通专利事务所	北京市海淀区花园东路30号花园商务会馆6317号	100083	黄　薇	(010)62354433
93	11239	北京映泰专利事务所	北京市朝阳区东直门外大街26号A座412室	100027	李恩泰	(010)64174716
94	11240	北京康信知识产权代理有限责任公司	北京市海淀区北三环中路甲77号	100088	张天舒	(010)62056204 62056392
95	11241	北京双收专利事务所	北京市海淀区北太平庄黄亭子小区2号楼1门503室	100088	吴忠仁	(010)62045614
96	11242	北京港归专利事务所	北京市西直门外大柳树路2号铁科院老协	100081	韩宝田	(010)63224420
97	11243	北京银龙专利代理有限公司	北京市朝阳区马甸裕民路12号E1元辰鑫大厦522室	100029	郝庆芬	(010)62021749
98	11244	北京市合德专利事务所	北京市海淀区北太平庄黄亭子3号楼1门201室	100088	李本源	BP:(010)6858288呼5785
99	11245	北京纪凯知识产权代理有限公司	北京市西城区宣武门西大街甲129号金隅大厦602室	100031	赵蓉民	(010)66411409
100	11246	北京观韬专利代理有限责任公司	北京市朝阳区惠新东街19号元立物业楼7011、7025、7027室	100101	李光松	(010)64988367
101	11247	中咨律师事务所	北京市朝阳区朝外大街20号联合大厦901室	100020	赵玉林	(010)65871237
102	11248	中信专利事务所	北京市朝阳区新源南路6号景城大厦13层	100004	高筱苏	(010)64661664
103	11249	北京中恒高博专利代理有限公司	北京市海淀区花园东路30号花园饭店5号楼5403室	100083	宋　敏	(010)82076158

天津市

序号	代码	代理机构名称	地址	邮编	负责人	电话
1	12002	天利专利事务所	天津市河西区洞庭路60号	300222	李志英	(022)28702854
2	12100	天津市专利事务所	天津市南开区科研西路2号(科技园区)金辉大厦5楼	300192	李桂发	(022)23690057
3	12101	天津市机械工业管理局专利事务所	天津市红桥区金钟桥大街15号	300091	王庆禹	(022)27272017
4	12103	天津市卫生局专利事务所	天津市南开区复康路24号	300192	董光仁	(022)23681647
5	12104	天津天方专利事务所	天津市和平区赤峰道33号	300041	李庆春	(022)23399260
6	12105	天津市电子仪表工业管理局专利代理事务所	天津市和平区解放北路151号	300040	刘英兰	(022)23315895
7	12107	天津市金信专利事务所	天津市河西区友谊路西园道1号	300061	魏　东	(022)28353353
8	12108	天津市第一轻工业局专利事务所	天津市河西区友谊路10号	300201	杜海秋	(022)28355037
9	12110	天津市第二轻工业局专利代理事务所	天津市南开区长江道31号	300193	杨学良	(022)27370506
10	12111	天津市医药专利事务所	天津市和平区兰州道振德里1号	300052	尚世曾	(022)27827224
11	12112	天津渤海化工集团公司专利事务所	天津市南开区长江道化工信息研究所内	300193	余占海	(022)27476894
12	12113	天津市专利律师事务所	天津市和平区常德道119号	300050	王里歌	(022)23396645
13	12114	天津利达专利事务所	天津市中山路10号	300142	古洪达	(022)26361537
14	12115	天津市北辰专利事务所	天津市北辰区京津公路336号	300400	刘殿明	(022)26390021
15	12200	南开大学专利事务所	天津市卫津路94号南开大学内	300071	赵尊生	(022)23503139
16	12201	天津大学专利代理事务所	天津市南开区卫津路92号天津大学19楼	300072	张　强	(022)2403127
17	12202	天津师范大学专利事务所	天津市河西区八里台师大内	300074	李　明	(022)23540031
18	12203	天津三元专利事务所	天津市河西区气象台路70号余2门602	300074	郑永康	(022)23538038
19	12205	天津市红桥区专利事务所	天津市红桥区科委	300131	李凤林	(022)26373032
20	12206	国家海洋局专利事务所	天津市河东区七纬路(天津75号信箱)	300171	崔立增	(022)24305213-3722

河 北 省

序号	代 码	代理机构名称	地 址	邮 编	负责人	电 话
1	13100	河北省专利事务所	河北省石家庄市建设南大街 19 号	050011	张二群	(0311)6049512
2	13101	石家庄市专利事务所	河北省石家庄市裕华东路 243 号	050011	赵承满	(0311)6044108
3	13102	秦皇岛市专利事务所	河北省秦皇岛市建设大街原郊区政府院	066000	戴 辉	(0335)3062487
4	13103	唐山专利事务所	河北省唐山市歌舞团院内	063000	杨聚楼	(0315)2824047
5	13104	河北省邯郸专利事务所	河北省邯郸市中华北大街 66 号	056014	李 敏	(0310)3015809
6	13106	唐山钢铁集团有限责任公司专利事务所	河北省唐山市滨河路 9 号	063016	高云旺	(0315)2703685
7	13108	河北省科技专利事务所	河北省石家庄市工农西路 68 号	050051	李羡民	(0311)7028659
8	13109	张家口市专利事务所	河北省张家口市新村路 9 号	075000	马淑文	(0313)2015780
9	13110	保定市专利事务所	河北省保定市朝阳街 118 号	071051	张长根	(0312)2022636 2024133
10	13111	承德市专利事务所	河北省承德市武烈路 3 号	067000	陈秀文	(0314)2024483 2022279
11	13112	河北省科贸专利事务所	石家庄市和平西路 334 号	050071	白海静	(0311)7827242

山 西 省

序号	代 码	代理机构名称	地 址	邮 编	负责人	电 话
1	14001	中国科学院山西专利事务所	山西省太原市 165 信箱	030001	魏树巍	(0351)7044095
2	14100	山西省专利服务中心	山西省太原市迎泽大街 366 号	030001	樊 华	(0351)4043343
3	14101	太原专利事务所	山西省太原市新建路桃园一巷西口	030002	闻秀元	(0351)3330224
4	14102	长治专利事务所	山西省长治市大庆路 8 号	046011	张 炜	(0355)2043332
5	14105	山西五维专利事务所	太原市迎泽大街 248 号	030001	李盛林	(0351)4082938

内蒙古自治区

序号	代 码	代理机构名称	地 址	邮 编	负责人	电 话
1	15100	内蒙古自治区专利服务中心	内蒙古自治区呼和浩特市新华大街 1 号内蒙古人民政府四号楼 120 室	010055	邢学光	(0471)6945042
2	15101	包头市专利事务所	内蒙古自治区包头市青山区钢铁大街 BBC 楼院内	014000	安 平	(0472)5155287 5154861

续表

序号	代码	代理机构名称	地址	邮编	负责人	电话
3	15102	通辽市专利事务所	内蒙古自治区通辽市和平路35号	028050	邹芳德	(0475)8239430
4	15103	赤峰市专利事务所	内蒙古自治区赤峰市园林路竹园1号写字楼(北门五楼)	024000	曹宏光	(0476)8330491
5	15104	乌海市专利事务所	内蒙古自治区乌海市科技大厦五楼	016000	石玉忠	(0473)2030473
6	15105	伊克昭盟专利事务所	内蒙古自治区东胜市11号	017000	高永珍	(0477)8335757
7	15106	兴安盟专利事务所	内蒙古自治区乌兰浩特市罕山中街46号	137400	思勤高娃	(0482)8411296

辽宁省

序号	代码	代理机构名称	地址	邮编	负责人	电话
1	21001	辽宁省国防科技工业专利事务所	辽宁省沈阳市皇姑区崇山中路六号	110031	范玉琢	(024)86842230
2	21002	中国科学院沈阳专利事务所	辽宁省沈阳市三好街一段二号	110003	许宗富	(024)23893208
3	21100	辽宁专利事务所	辽宁省沈阳市和平区三好街18号	110003	吴世民	(024)23848307
4	21101	沈阳市专利事务所	辽宁省沈阳市沈河区中街路14号	110011	王　勇	(024)24846774
5	21102	抚顺市专利事务所	辽宁省抚顺市第91号信箱	113008	田　哲	(0413)2427545
6	21103	大连市专利服务中心	辽宁省大连市斯大林广场一号(东1－4号)	116011	刘　刚	(0411)4620764
7	21104	鞍山钢铁集团公司专利事务所	辽宁省鞍山市铁东区南胜利路31号	114001	颜　伟	(0412)6726862
8	21105	铁岭市专利事务所	辽宁省铁岭市银州区市府路15号	112000	靳万清	(0410)4848734
9	21106	辽河石油勘探局专利事务所	辽宁省盘锦市兴隆台辽河油田科技处	124010	吴士华	(0427)7820936
10	21107	沈阳亚泰专利事务所	辽宁省沈阳市和平区文化路39号	110025	顾立民	(024)25866954
11	21108	盘锦市专利事务所	辽宁省盘锦市兴隆台市府小区	124010	张亚安	(0427)2834406
12	21109	东北大学专利事务所	辽宁省沈阳市和平区文化路3号巷11号	110006	卢　成	(024)3893000－7376
13	21110	鞍山专利事务所	辽宁省鞍山市铁东区五一路28号	114001	卢锡成	(0412)2226713
14	21111	辽阳石油化纤公司专利事务所	辽宁省辽阳市宏伟区火炬街5号	111003	王玉田	(0419)5152656
15	21112	丹东市专利事务所	辽宁省丹东市振兴区七经街95号	118000	路云峰	(0415)2129737

续表

序号	代码	代理机构名称	地址	邮编	负责人	电话
16	21113	辽阳专利事务所	辽宁省辽阳市中华大街82号	111000	杨英利	(0419)3132461
17	21114	朝阳市专利事务所	辽宁省朝阳市朝阳大街2段81号	122000	讷志清	(0421)2816932
18	21115	辽宁科技专利事务所	辽宁省沈阳市沈河区青年大街274号	110015	孙吉秀	(024)23898987
19	21116	沈阳市第二专利事务所	辽宁省沈阳市和平区南五经街24号	110003	于　飞	(024)23866489
20	21117	本溪市专利事务所	辽宁省本溪市平山区东明路市科技情报所内	117000	张仲达	(0414)2821932
21	21118	锦州市专利事务所	辽宁省锦州市凌河区云飞路二段40号	121000	田思文	(0416)3129419
22	21119	大连科技专利事务所	大连市中山区人民路61号15层	116001	龙　峰	(0411)4648585
23	21120	大连新技术专利事务所	辽宁省大连市西岗区黄河路110号201室	116011	史卫义	(0411)3622340
24	21200	大连理工大学专利事务所	辽宁省大连市甘井子区凌工路2号	116024	侯明远	(0411)3631333－3631
25	21201	大连海事大学专利事务所	辽宁省大连市凌水桥	116029	焦宪长	(0411)3620618
26	21202	营口市专利事务所	辽宁省营口市站前区昌盛里15号	115000	汪长敏	(0417)2832971
27	21203	葫芦岛市专利事务所	辽宁省葫芦岛市龙湾大街市计委一楼	125000	魏　勇	(0429)3113220
28	21204	鞍山热能专利事务所	辽宁省鞍山市铁东区绿化街43号	114004	刘　江	(0412)5839327
29	21205	辽宁技联专利事务所	辽宁省沈阳市沈河区文萃路26号2－1－1号	110015	杨　颖	(024)23409342
30	21206	阜新市专利事务所	辽宁省阜新市海洲区人民大街46号	123000	陈　光	(0418)2810774
31	21207	沈阳杰克专利事务所	沈阳市皇姑区黄河南大街16号九州大厦308室	110031	陈　述	(024)86216564
32	21208	大连铁路专利事务所	大连市沙河口区西安路101号	116022	孙宗琳	(0411)4199227
33	21209	辽宁利泰专利事务所	沈阳市和平区14纬路16－1号	110003	刘忠达	(024)23871689
34	21212	大连东方专利事务所	大连市西岗区黄河路263号	116011	李洪福	(0411)3632520
35	21213	鞍山华惠专利事务所	辽宁省鞍山市铁东区对炉街15甲－1号	114003	阎福波	(0412)6315467
36	21214	本溪科技专利事务所	辽宁省本溪市人民路37号3－2－2	117000	董洪波	(0414)2849693
37	21215	大连智慧专利事务所	大连市西岗区长明街4号	116011	周志舰	(0411)3625624

续表

序号	代码	代理机构名称	地址	邮编	负责人	电话
38	21216	沈阳共生专利事务所	辽宁省沈阳市沈河区大西路118号恒泰大厦8楼	110014	武也平	(024)22933515
39	21217	鞍山钢都专利事务所	辽宁省鞍山市铁东区南胜利路35号	114002	黄　珂	13604919791

吉林省

序号	代码	代理机构名称	地址	邮编	负责人	电话
1	22001	中国科学院长春专利事务所	吉林省长春市人民大街168号	130022	宋天平	(0431)5385214
2	22100	吉林省专利服务中心	吉林省长春市人民大街132号	130021	丁洪学	(0431)5642142
3	22101	长春市专利事务所	吉林省长春市斯大林大街57号	130056	刘利民	(0432)8966664
4	22102	吉林市专利事务所	吉林省吉林市松江路65号市科委403室	132011	杨天休	(0432)2060024
5	22103	长春市锦程专利事务所	吉林省长春市绿园区锦程大街35－1号	130011	王兆和	(0431)5903638
6	22104	延边科友专利代理有限公司	吉林省延吉市河南街20号	133001	郭太秀	(0433)2822571
7	22200	机械工业部长春专利事务所	吉林省长春市斯大林大街114号	130025	朱世林	(0431)5705327
8	22201	吉林大学专利事务所	吉林省长春市朝阳区前卫路10号	30012	顾晓炯	(0431)8960403
9	22202	东北师范大学专利事务所	吉林省长春市斯大林路120号	130024	刘延军	(0431)5687510
10	22203	辽源市专利事务所	吉林省辽源市信宁街4号	136200	南小平	(0437)3223159
11	22204	四平市专利事务所	吉林省四平市铁西区	136000	石　岱	(0434)3226205
12	22205	通化市专利事务所	吉林省通化市东昌路4号7楼	134001	王　伟	(0435)3216438
13	22206	吉林省吉利专利事务所	长春市宽平大路23号	130012	王大珠	(0431)5959924

黑龙江省

序号	代码	代理机构名称	地址	邮编	负责人	电话
1	23100	黑龙江省专利服务中心	黑龙江省哈尔滨市中山路204号	150001	李云霞	(0451)2621966
2	23101	哈尔滨专利事务所	黑龙江省哈尔滨市道里区上游街27号	150010	王敦成	(0451)4618314
3	23103	齐齐哈尔市专利事务所	黑龙江省齐齐哈尔市人民政府2号院科委505室	161000	曹忠靖	(0452)2403801

续表

序号	代码	代理机构名称	地址	邮编	负责人	电话
4	23104	黑龙江省绥化地区专利事务所	黑龙江省绥化市北二西路(绥化地区行署科委)	152054	陈雅平	(0455)8221308
5	23105	黑龙江省大兴安岭地区专利事务所	黑龙江省加格达奇大兴安岭地区科委	165000	刘忠民	(0457)2712711
6	23106	黑龙江省鸡西市专利事务所	黑龙江省鸡西市信息中心(市科委情报所内)	158100	王　琦	(0453)2356532
7	23107	牡丹江市专利事务所	黑龙江省牡丹江市东新荣街仁寿路9号	157009	芦　林	(0453)6521852
8	23108	佳木斯市专利事务所	黑龙江省佳木斯经贸大厦市科委专利事务所	154002	吕凤云	(0454)8222226
9	23109	黑龙江省松花江专利事务所	黑龙江省哈尔滨市南岗区西大直街26号四楼	150001	岳泉清	(0451)3660488
10	23110	黑龙江省黑河市专利事务所	黑龙江省黑河市兴安街117号	164300	万国庆	(0456)8224593
11	23111	黑龙江省科学院专利事务所	黑龙江省哈尔滨市南岗区中山路204号524室	150001	陈　静	(0451)2621320
12	23112	黑龙江省鹤岗市专利事务所	黑龙江省鹤岗市科委	154101	宫小平	(0454)3432943
13	23113	双鸭山市专利事务所	黑龙江省双鸭山市政府小楼410号	155102	王松亭	(0454)4222678
14	23114	黑龙江省农垦专利事务所	黑龙江省佳木斯市农垦科学院情报所	154000	何崇安	(0454)8193766
15	23115	大庆石油专利事务所	黑龙江省大庆市让胡路区大庆石油管理局科技处	163453	胡志文	(0459)5994617
16	23116	伊春市专利事务所	黑龙江省伊春市新兴西路科技大楼	153000	李建文	(0458)3615302
17	23117	哈尔滨市南岗区宗康专利事务所	哈尔滨市南岗区清明三道街8号2楼3门	150080	赵宗康	(0451)6240817
18	23118	哈尔滨东方专利事务所	哈尔滨市南岗区东大直街178号	150001	陈晓光	(0451)2541514 2532942
19	23119	大庆科技专利事务所	大庆市人民政府办公楼4123房间	163002	宋彦庆	(0459)6396052
20	23200	哈尔滨工业大学专利事务所	黑龙江省哈尔滨市南岗区西大直街92号	150001	李依群	(0451)6414904
21	23201	哈尔滨船舶工程学院专利事务所	黑龙江省哈尔滨市南岗区文庙街41号楼	150001	佟福山	(0451)2519745

上　海　市

序号	代码	代理机构名称	地址	邮编	负责人	电话
1	31001	机械电子工业部上海专利事务所	上海市漕宝路103号	200233	吴宝根	(021)64759042 (传真)64516348
2	31002	上海华东专利事务所	上海市岳阳路319号	200031	费开逵	(021)64331768 (传真)64339517

续表

序号	代码	代理机构名称	地址	邮编	负责人	电话
3	31100	上海专利商标事务所	上海市桂平路435号	200233	须一平	(021)64853500
4	31101	上海市专利律师事务所	上海市衡山路692号	200030	吴宝琛	(021)64312106 (传真)64670750
5	31102	上海石化专利事务所	上海市金山卫上海石油化工股份有限公司	200540	袁明昌	(021)57943650
6	31103	上海纺织专利咨询服务中心	上海市兰州路545号	200082	沈天培	(021)55211341 (传真)55213418
7	31104	上海化工专利事务所	上海市思南路30号	200020	应云平	(021) 63273400－328 (传真)53061896
8	31105	上海市轻工业局专利事务所	上海市余姚路607弄19号	200042	孙豪展	(021)62300159 (传真)6256006
9	31106	上海铁路局专利事务所	上海市天目东路251号	200071	胡　森	(021)56222913 (传真)56222963
10	31107	上海航天局专利事务所	上海市桂林路408号	200233	柴庆澄	(021)64828119 (传真)64362404
11	31108	上海冶金专利事务所	上海市中山北一路82号	200083	冯培德	(021)56718274 (传真)56663916
12	31110	上海市第五钢铁厂专利事务所	上海市宝山区同济路333号	200940	申安文	(021)56673306 56679080－3336
13	31111	上海高校专利事务所	上海市陕西南路202号	200031	谈顺法	(021)64734277
14	31113	上海市浦东专利事务所	上海市浦东新区川沙镇临园弄31号	201200	徐启伟	(021)50811200 (传真)50813442
15	31114	上海市公用事业管理局专利事务所	上海市衡山路706号	200030	俞季兴	(021)64314037 (传真)64723943
16	31115	上海第二工业大学专利事务所	上海市陕西北路80号	200040	董巧新	62536499－1011
17	31116	上海医科大学专利事务所	上海市医学院路138号	200032	毕森序	(021) 64041900－509 (传真)64037268
18	31117	上海市机电工业管理局专利事务所	上海市虎丘路27号106室	200002	林淦秋	(021)63217280 (传真)63213672
19	31119	上海市嘉定专利事务所	上海市嘉定镇塔城路360弄10号	201800	许忠高	(021)59520094 (传真)59533083
20	31121	上海水产专利事务所	上海市共青路486号	200090	欧阳俊立	(021)65680311 (传真)65682900
21	31123	上海科学技术情报研究所专利事务所	上海市淮海中路1634号	200031	石绮明	(021)64332247 (传真)64377626
22	31126	上海市郊县工业专利事务所	上海市香港路150号	200002	王月珍	(021)63230899
23	31127	上海第二专利事务所	上海市中山南二路930号	200030	吴干权	(021)64871275
24	31128	上海市东方专利事务所	上海市湖南路125号	200031	沈　原	(021)64333991 (传真)64459276

续表

序号	代 码	代理机构名称	地 址	邮 编	负责人	电 话
25	31129	上海医药专利事务所	上海市愚园路532弄50号	200040	王 巍	(021)62132985 (传真)62520228
26	31200	复旦大学专利事务所	上海市邯郸路220号	200433	陆 飞	(021)65643778 (传真)6549416
27	31201	上海交通大学专利事务所	上海市华山路1954号	200030	王锡麟	(021)62813274
28	31202	同济大学专利事务所	上海市四平路1239号	200092	徐旺盛	(021)65982332
29	31203	华东理工大学专利事务所	上海市梅陇路130号	200237	徐玉芳	(021)64252676
30	31204	华东师范大学专利事务所	上海市中山北路3663号	200062	刘家英	(021)62232671 (传真)62577918
31	31205	上海大学专利事务所	上海市延安路149号	200072	陶鑫良	(021)56629699
32	31207	中国人民解放军第二军医大学专利事务所	上海市翔殷路594号	200433	丁振英	(021)25070119 (传真)65490178
33	31208	上海东亚专利事务所	上海枫林路320号	200032	罗习群	(021)64183548
34	31209	上海英特专利事务所	上海市东安一村107号304室	200032	何文欣	(021)64173744
35	31210	上海市华诚律师事务所	上海市华山路2号905室	200040	傅强国	(021)62726866 (传真)62726366
36	31211	上海市华润律师事务所	上海市浦东新区浦东南路1085号华申大厦1204室	200120	丁纪铁	(021)68406964 (传真)68406278
37	31212	上海高升专利事务所	上海市徐汇区茶陵北路21号214室	200032	曹余尧	(021)64035460
38	31213	上海新天专利事务所	复兴中路526号503室	200020	衷诚宣	(021)53061652

江 苏 省

序号	代 码	代理机构名称	地 址	邮 编	负责人	电 话
1	32001	中国科学院南京专利事务所	江苏省南京市北京东路39号	210008	奚幼坚	(025)7711772
2	32002	无锡市江南专利事务所	江苏省无锡市通惠西路160号	214035	郭丰海	(0510) 3703481－56283
3	32100	江苏省南通市专利事务所	江苏省南通市环城南路122号	226001	葛 雷	(0513)5511886
4	32101	连云港市专利事务所	江苏省连云港市科委院内	222001	章云霓	(0518)5805294
5	32102	江苏省专利事务所	江苏省南京市广州路37号江苏科技大厦25层	210008	沈根水	(025)3354164 3353048
6	32103	苏州市专利事务所	江苏省苏州市人民路91号科技大楼五楼	215002	马明渡	(0510)5249204

续表

序号	代码	代理机构名称	地址	邮编	负责人	电话
7	32104	无锡市专利事务所	江苏省无锡市学前街168号	214001	聂汉钦	(0510)2721946
8	32105	常州市专利事务所	江苏省常州市延陵西路6号	213003	周建观	(0519)8101369
9	32106	扬州市专利事务所	江苏省扬州市琼花路科技中心	225001	张荣亮	(0514)7346394
10	32107	镇江市专利事务所	江苏省镇江市正东路6号科技大厦	212003	沈卫平	(0511)4424829
11	32108	泰州市海陵专利事务所	江苏省泰州青年路26号	225300	王楚云	(0523)6222442
12	32110	淮阴市专利事务所	江苏省淮阴市健康西路136号	223001	陈静巧	(0517)3665056
13	32111	盐城市专利事务所	江苏省盐城市通榆中路13号市科委楼	224002	倪晓峰	(0515)8333270
14	32112	南京市专利事务所	江苏省南京市成贤街118号	210018	仲网俊	(025)3438202
15	32113	常熟市专利事务所	江苏省常熟市海虞南路科技中心内	215500	朱伟军	(0520)2794911
16	32114	南京化学工业(集团)公司专利事务所	江苏省南京市大厂区十村本公司大楼三层314、315房间	210048	韩长河	(025)7791848－65722
17	32200	东南大学专利事务所	江苏省南京市四牌楼二号	210018	楼高潮	(025)7715864
18	32201	江苏理工大学专利事务所	江苏省镇江市江苏工学院内	212013	曹焕元	(0511)8780076
19	32202	中国矿业大学徐州专利事务所	江苏省徐州市南效翟山中国矿业大学内	221008	张惠忠	(0516)3885833
20	32203	南京理工大学专利事务所	江苏省南京市孝陵卫200号	210014	吴树山	(025)4315814
21	32204	南京大学专利事务所	江苏省南京市汉口路22号(南京大学内)	210008	黄嘉栋	(025)3325520
22	32205	徐州市专利事务所	江苏省徐州市解放路187号	221009	胡亚辉	(0516)3842844
23	32206	南京航空航天大学专利事务所	江苏省南京市御道街29号	210016	王贵农	(025)4892732
24	32207	南京师范大学专利事务所	江苏省南京市宁海路122号	210097	王东升	(025)3722267
25	32208	宜兴市专利事务所	江苏省宜兴市陶都路8号7号楼	214206	史建群	(0510)7986284
26	32209	张家港市专利事务所	江苏省张家港市步行街66号	215600	孙　高	(0520)8217067
27	32210	江阴市专利事务所	江苏省江阴市虹桥北路125号	214400	唐纫兰	(0510)6800873
28	32211	武进市专利事务所	江苏省武进市延正中路行政中心C座6楼	213159	蒋　华	(0519)6310341

续表

序号	代码	代理机构名称	地址	邮编	负责人	电话
29	32212	昆山市专利事务所	江苏省昆山市前进中路152号科技大楼五楼	215301	白淑媛	(0520)7313542
30	32213	泰州市京泰专利事务所	江苏省泰州市青年路26号	225300	冯　森	(0523)6242301
31	32214	常州市中天专利事务所	江苏省常州市关河中路6号内1号楼415室	213002	翁坚刚	(0519)8107720

浙　江　省

序号	代码	代理机构名称	地址	邮编	负责人	电话
1	33100	浙江省专利事务所	杭州市环城北路47号	310003	徐关寿	(0571)5107068
2	33101	杭州市专利事务所	浙江省杭州市解放路138号	310001	俞润体	(0571)7079683
3	33102	宁波市专利事务所	浙江省宁波市冷静街43弄1号太阳公寓楼21层D室	315010	张　刚	(0574)7299192
4	33103	浙江省金华市专利事务所	浙江省金华市青春小区通园南7幢	321000	胡杰平	(0579)2119346
5	33104	温州市专利事务所	浙江省温州市九山河通桥6号	325005	陈肇南	(0577)8223034
6	33106	舟山市专利事务所	浙江省定海人民南路105号	316000	陈顺安	(0580)2026496
7	33107	台州市专利事务所	浙江省临海市中山中路91号	317000	蔡正保	(0576)5112577
8	33108	绍兴市专利事务所	浙江省绍兴市胜利西路53号	312000	许家安	(0575)5136206
9	33109	嘉兴市专利事务所	浙江省嘉兴市中山西路251号	314001	张　岱	(0573)2085109
10	33200	浙江大学专利代理事务所	浙江省杭州市玉古路117号6楼浙江大学内	310013	张法高	(0571)7951084
11	33201	浙江工业大学专利事务所	杭州市朝晖6区浙江工业大学内	310014	袁木棋	(0571)8320027
12	33202	余杭中平专利事务所	浙江省余杭市科委院内	311100	翟中平	(0571)6223652
13	33203	浙江高新专利事务所	浙江省杭州市环城北路309号(经农大楼)四楼	310003	唐银益	(0571)5060672
14	33204	浙江省丽水地区处州专利事务所	浙江省丽水市灯塔街157号	323000	许志鸣	(0578)2132724
15	33205	温州高翔专利事务所	浙江省温州市学院西路24号	325027	姜苏宾	(0577)8354973
16	33206	浙江翔隆专利事务所	浙江省杭州市天目山路46号国际花园A幢15楼	310007	戴晓翔	(0571)7057041

安 徽 省

序号	代 码	代理机构名称	地 址	邮 编	负责人	电 话
1	34001	中国科学院合肥专利事务所	安徽省合肥市长江路343号四联大楼十楼	230061	任岗生	(0551)2822515
2	34100	马鞍山专利事务所	安徽省马鞍山市花雨路科技馆	243011	高桂珍	(0555)2358592
3	34101	安徽省专利事务所	安徽省合肥市巢湖路145号	230001	刘 栋	(0551)2675579
4	34102	蚌埠市专利事务所	安徽省蚌埠市胜利路85号	233000	张 中	(0552)2043645
5	34103	中国科学技术大学专利事务所	合肥市金寨路96号	230026	汪祥虬	(0551)3601955
6	34105	铜陵市专利事务所	安徽省铜陵市义安北路(市科委大楼)	244000	张克华	(0562)2836029
7	34107	芜湖市专利事务所	安徽省芜湖市劳动路47号科技大楼	241000	徐 晖	(0533)3837764
8	34108	安徽省阜阳地区专利事务所	安徽省阜阳地委办公楼九楼	236003	许兰敏	(0558)2269339
9	34109	合肥市专利事务所	安徽省合肥市霍邱路6号	230061	汤茂盛	(0551)2647242
10	34110	安徽合肥大夏专利事务所	安徽省合肥市巢湖路145号	230001	季 晟	(0551)2644782

福 建 省

序号	代 码	代理机构名称	地 址	邮 编	负责人	电 话
1	35001	中国科学院福建物质结构研究所专利事务所	福建省福州市西河	350002	黄锦顺	(0591)3712804
2	35100	福建省专利事务所	福州市五一南路34号	350009	蔡学俊	(0591)3269626
3	35101	厦门市专利事务所	福建省厦门市升平路49号三楼	361001	徐文东	(0592)2105591
4	35200	厦门大学专利事务所	福建省厦门市厦门大学内	361005	马应森	(0592)2185111
5	35201	福州市专利事务所	福州市古田东路能源巷6号	350005	陈如涛	(0591)3363304
6	35202	三明市专利代理事务所	福建省三明市科委大楼	365000	刘 勇	(0564)3212736
7	35203	厦门市新华专利商标代理有限公司	福建省厦门市湖滨东路中段台湾酒店附楼一楼	361004	朱 凌	(0592)5087718
8	35204	漳州市专利事务所	福建省漳州市胜利东路科技楼	363000	王继跃	(0596)2924412
9	35205	泉州市专利事务所	福建省泉州市津淮街东段泉州市科委	362000	林少琳	(0595)2579353

江 西 省

序号	代 码	代理机构名称	地 址	邮 编	负责人	电 话
1	36100	江西省专利事务所	江西省南昌市省府大院北二路东	330046	李东辉	(0791)6211947
2	36101	江西省九江市专利事务所	江西省九江市人民路52号	332000	吴贵明	(0792)8220346
3	36102	江西省景德镇市专利事务所	江西省景德镇市广场东南侧科技馆内三楼	333000	熊赣荣	(0798)8229812
4	36103	江西省赣州地区专利事务所	江西省赣州市行署院内	341000	卢和炳	(0797)8225759
5	36104	江西省萍乡市专利事务所	江西省萍乡市昭萍东路(市科委内)	337000	曾建跃	(0799)6833144
6	36105	南昌大学专利事务所	江西省南昌市南京东路17号	330047	郭毅力	(0791)8305084
7	36106	江西省抚州地区专利事务所	江西省抚州市赣东大道行署大院	344000	李 华	(0794)8282494
8	36107	江西省新余市专利事务所	江西省新余市沙新西路3号	336525	袁淑珍	(0790)6441067
9	36108	江西省上饶地区专利事务所	江西省上饶地区科委	334000	彭建华	(0793)8219100
10	36110	江西省机械工业厅专利事务所	江西省南昌市丁公路797号	330002	刘守正	(0791)6222004
11	36111	南昌市专利事务所	江西省南昌市中山路44号	330003	陈守国	(0791)6226686
12	36112	鹰潭市专利事务所	江西省鹰潭市胜利西路27号	335000	周少华	(0701)6222645
13	36113	江西省吉安地区专利事务所	江西省吉安市书街六栋1号	343000	浦应莱	(0796)8226602
14	36114	江西省宜春地区专利事务所	江西省宜春市环城北路140号	336000	陈敬华	(0795)3223327

山 东 省

序号	代 码	代理机构名称	地 址	邮 编	负责人	电 话
1	37001	齐鲁石油化工公司专利事务所	山东省淄博市齐鲁石油化工公司	255436	邬晓凤	(0533)7547294
2	37100	山东省专利事务所	山东省济南市千佛山东二路19号	250014	马耀文	(0531)2602942
3	37101	青岛市专利服务中心	山东省青岛市中山路1号	266001	郑小军	(0532) 2869762－6138
4	37102	烟台市专利事务所	山东省烟台市毓璜顶西路17号	264000	董尚凤	(0535)6253741
5	37103	淄博市专利代理事务所	山东省淄博市张店区柳泉路22号	255000	孙爱华	(0533)2172084 2184463

续表

序号	代码	代理机构名称	地址	邮编	负责人	电话
6	37104	山东省高等院校专利事务所	济南市朝山街33号	250011	葛长娟	(0531)2953698
7	37105	济南市专利事务所	山东省济南市经二路193号(市府六楼622)	250001	矣海锋	(0531)6056540
8	37106	济宁市专利事务所	山东省济宁市红星东路6号	272117	靳和平	(0537)2315142
9	37107	东营市专利事务所	山东省东营市东营区东城府前街104号(人民政府院内A楼5楼)	257091	陈占华	(0546)8329015
10	37108	山东专利法律事务所	山东省济南市解放路41号	250013	张建成	(0531)2947485
11	37200	山东大学专利事务所	山东省济南市山大南路27号	250100	王绪银	(0531)8564557
12	37201	青岛海洋大学专利事务所	山东省青岛市鱼山路5号	266003	宁芝华	(0532)2032886
13	37202	威海市专利事务所	山东省威海市文化中路80号	264200	马良悦	(0631)5819862
14	37203	潍坊市专利事务所	山东省潍坊市胜利东街318号科委大楼	261041	孟祥仁	(0536)8233373
15	37204	青岛化工学院专利事务所	山东省青岛市郑州路53号	266042	方晨昭	(0532)4851401
16	37205	山东工业大学专利事务所	山东省济南市经十路33号	250014	张希华	(0531)2955081-2496
17	37206	山东省临沂地区专利事务所	山东省临沂市沂蒙路219号	276001	尚　海	(0539)8100762
18	37207	泰安市专利事务所	山东省泰安市普照寺路6号	271000	高相杰	(0538)8220281
19	37208	诸城市专利事务所	山东省诸城市人民东路54号	262200	孙　利	(0536)6211481
20	37209	枣庄市专利事务所	山东省枣庄市光明中路54号	277102	马萍华	(0632)3333440
21	37210	德州市天科专利事务所	德州市德城区平等街2号	253016	武月岭	(0534)2624640
22	37211	烟台同兴专利事务所	烟台市毓璜顶西路17-2号	264000	陈廷荣	(0535)6286947

河南省

序号	代码	代理机构名称	地址	邮编	负责人	电话
1	41100	洛阳市专利事务所	河南省洛阳市王城路8号	471000	李世平	(0371)5951509
2	41101	河南省南阳市专利服务中心	河南省南阳市七一路140号	473003	张天禧	(0377)3134917
3	41102	河南省专利代理中心	河南省郑州市纬二路73号楼四楼	450003	聂孟民	(0371)5938514

续表

序号	代码	代理机构名称	地址	邮编	负责人	电话
4	41103	郑州市专利事务所	河南省郑州市市委北院科技情报所内	450007	韩　华	(0371)7932036
5	41104	河南省科学院专利事务所	河南省郑州市红专路58号	450002	陈大通	(0371)5715713
6	41105	开封市专利事务所	河南省开封市汴京路85号	475002	张汝肃	(0378)5950086
7	41106	安阳市专利事务所	河南省安阳市人民大道市科委	455000	张智和	(0372)5927037
8	41107	新乡市专利服务中心	河南省新乡市平原路242号	453003	马既森	(0373)3052076
9	41108	中濮专利事务所	河南濮阳市中原路277号	457001	万　龙	(0393)4816997
10	41109	郑州中原专利事务所	河南省郑州市纬四路12号	450003	张绍林	(0371)5951509
11	41110	郑州中民专利代理有限公司	郑州市嵩山南路81号	450052	郭中民	(0371)7941973

湖北省

序号	代码	代理机构名称	地址	邮编	负责人	电话
1	42001	中国科学院武汉专利事务所	湖北省武汉市武昌小洪山中科院武汉分院	430071	王敏锋	(027)87872806
2	42002	东风汽车公司专利事务所	湖北省十堰市张湾区二汽厂科委大楼	442001	王广畔	(0719)8226328
3	42100	襄樊市专利事务所	湖北省襄樊市春园路146号	441003	汪邦军	(0710)3220324
4	42102	湖北省专利事务所	湖北省武汉市武昌八一路214号	430072	王德法	(027)87642327 87646212
5	42103	宜昌市专利事务所	湖北省宜昌市星火路22号	443000	范小芳	(0717)6773029
6	42104	武汉市专利事务所	湖北省武汉市解放大道1087号	430016	樊　戎	(027)82427237
7	42107	荆门市专利代理事务所	湖北省荆门市象山大道9号	434500	刘官金	(0724)2331397
8	42109	黄石市专利事务所	湖北省黄石市湖滨路44号	435000	饶建华	(0714)6226463
9	42110	湖北省十堰市专利事务所	湖北省十堰市体育路2号	442000	李建平	(0719)8652025
10	42113	武汉楚天专利事务所	武汉市江大路20号	430010	丁齐旭	(027)82606204
11	42114	黄石市专利法律事务所	湖北省黄石市湖滨路96号	435000	王　敏	(0714)6265451
12	42200	武汉大学专利事务所	湖北省武汉市武昌珞珈山	430072	康俊明	(027)87884130

续表

序号	代码	代理机构名称	地址	邮编	负责人	电话
13	42201	华中理工大学专利事务所	湖北省武汉市武昌珞喻路151号	430074	方　放	(027)87543950
14	42203	武汉汽车工业大学专利事务所	湖北省武汉市武昌马房山武汉汽车工业大学	430070	朱　云	(027)78850161
15	42204	武汉测绘科技大学专利事务所	湖北省武汉市武昌珞喻路39号	430070	周允昌	(027)87885922-2440
16	42205	中国地质大学(武汉)专利事务所	湖北省武汉市武昌喻家山	430074	张　俐	(027)87481365
17	42206	武汉水利电力大学专利事务所	湖北省武汉市武昌珞珈山	430072	周创兵	(027)87884555-2103
18	42207	武汉冶金科技大学专利事务所	湖北省武汉市青山区任家路	430081	蒋继生	(027)86364153
19	42208	湖北省机电专利事务所	武汉市武昌区石牌岭14号	430070	冯卫平	(027)7826438-3152
20	42209	荆州市专利事务所	湖北省荆州市沙市区航空路45号	434000	陈德斌	(0716)8223971
21	42210	武汉交通科技大学专利事务所	湖北省武汉市武昌余家头	430063	孟庆繁	(027)86551793

湖南省

序号	代码	代理机构名称	地址	邮编	负责人	电话
1	43001	中国有色金属工业总公司长沙公司专利事务所	湖南省长沙市劳动路侯家塘夏家冲7号	410007	蒋　进	(0731)5559881
2	43003	长沙市希望专利事务所	长沙市人民路53号	410011	李卫平	(0731)4123003
3	43004	张家界市专利事务所	湖南省张家界市崇文路27号	416600	张鸿飞	(0744)8325676
4	43005	安化县专利事务所	湖南省安化县东坪镇县党政机关大院	413500	夏赞希	(0737)7223001
5	43008	湖南兆弘专利事务所	长沙市岳麓区新民路口岳麓金融大厦403号	410006	赵　洪	(0731)8887282
6	43100	邵阳市专利事务所	湖南省邵阳市科委	422000	周后俊	(0739)5363955
7	43101	湖南省衡阳市专利事务所	湖南省衡阳市和平南路10号	421001	潘桂英	(0734)8226342
8	43102	湖南省国防科技工业专利事务所	湖南省长沙市八一路433号	410011	赵承玉	(0731)4454286
9	43103	岳阳市专利事务所	湖南省岳阳市南湖大道	414000	彭乃恩	(0730)8843484
10	43105	株洲市专利事务所	湖南省株洲市新华西路	412000	王法男	(0733)8823244
11	43106	湖南省娄底地区专利事务所	湖南省娄底行署	417000	李范军	(0738)8313070

续表

序号	代码	代理机构名称	地址	邮编	负责人	电话
12	43107	益阳市专利事务所	湖南省益阳市康富路31号	413000	颜奇光	(0737)4226341
13	43108	湘潭市专利事务所	湖南省湘潭市建设北路22号	411100	成晓红	(0732)8221627
14	43109	湖南省怀化市专利事务所	湖南省怀化市迎丰中路466号	418000	杨智泉	(0745)2716504
15	43110	郴州市专利事务所	湖南省郴州市苏仙北路30号	423000	邓道培	(0735)2881064
16	43113	湖南省专利服务中心	湖南省长沙市八一西路27号	410001	杨中元	(0731) 4461850 4468222
17	43114	长沙市专利事务所	湖南省长沙市人民路(窑岭)	410011	余建国	(0731)4135480
18	43115	永州市专利事务所	湖南省永州市芝山区中山北路8号	425006	秦善生	(0746)6223120
19	43117	湖南省常德市专利事务所	湖南省常德市科委院内	415000	张启炎	(0736)7791389
20	43118	湘西土家族苗族自治州专利事务所	湖南省吉首市文艺路11号	416000	王学东	(0743)8223083
21	43200	中南工业大学专利事务所	湖南省长沙市左家垅	410083	龚灿凡	(0731)8876073
22	43201	湘潭大学专利事务所	湖南省湘潭市羊牯塘	411105	许　斌	(0732)8292062
23	43202	国防科大专利事务所	湖南省长沙市德雅路137号	410073	潘小松	(0731)4572335

广　东　省

序号	代码	代理机构名称	地址	邮编	负责人	电话
1	44001	中国科学院广州专利事务所	广东省广州市先烈中路100号	510070	余炳和	(020)87668146 (传真)87775791
2	44100	广州市专利事务所	广东省广州市仓边路87号	510030	张　洪	(020)83325354 (传真)83325355
3	44101	深圳市专利服务中心	广东省深圳市深南中路18号	518031	王雄杰	(0755)3208187 (传真)3351757
4	44102	广东粤高专利事务所	广东省广州市农林下路72号	510080	林德伟	(020)87765190 (传真)87302749
5	44103	汕头专利事务所	广东省汕头市海滨路科技馆10楼	515031	郑炳光	(0754)8981163
6	44104	广东专利事务所	广东省广州市先烈中路100号省高中心大楼(38号)七楼	510070	何本谦	(020)87619470
7	44105	珠海市专利事务所	广东省珠海市香洲区红山路9号科技中心	519000	张静华	(0756)2512084 (传真)2512094
8	44106	茂名市专利事务所	广东省茂名市油城6路科技活动中心内	525000	吴达海	(0668)2871715 (传真)2283413

续表

序号	代 码	代理机构名称	地 址	邮 编	负责人	电 话
9	44200	中山大学专利事务所	广东省广州市新港西路135号	510275	叶贤京	(020)84186300－1399
10	44201	华南理工大学专利事务所	广东省广州市华南理工大学院内	510641	何燕玲	(020)87110627 (传真)85511266
11	44202	三环专利事务所	广东省广州市中山二路74号	510089	温 旭	(020)87330499 (传真)87332451
12	44203	湛江市专利事务所	广东省湛江市霞山人民南路30号	524001	庞爱英	(0759)2231844
13	44204	肇庆专利事务所	广东省肇庆市城中路49号市府大院	526040	王 宇	(0758)2282667
14	44205	江门市专利事务所	广东省江门市港口路68号科学馆内	529051	陈国荣	(0750)3364410 (传真)3398730
15	44206	佛山市专利事务所	广东省佛山市汾江南路14号	528000	邓 英	(0757)2281605 (传真)2238752
16	44207	广东省惠州市专利事务所	广东省惠州市云山西路6号江北行政中心5号楼213房(市科委)	516003	陈 恬	(0752)2808940
17	44209	深圳睿智专利事务所	深圳市南山区深圳科技工业园总公司办公楼115号	518057	陈鸿荫	(0755)3361404
18	44210	番禺市专利事务所	广东省番禺市市桥镇环城中路126号	511400	梁新杰	(020)84810155
19	44211	中山市专利事务所	广东省中山市石岐兴中道8号科学馆一楼	528403	吴月霞	(0760)8326970
20	44212	清远市专利事务所	广东省清远市市府大楼1010室	511515	罗晓林	(0763)3363440
21	44213	顺德市专利事务所	广东省顺德市大良镇沿江西路118号	528300	薛家驹	(0765)2212340 (传真)2226253
22	44214	广州市荔湾专利事务所	广东省广州市周门路36号西座	510176	梁劲祥	(020)81838608
23	44215	东莞市专利事务所	东莞市新芬路科学馆7楼	511700	区合笑	(0769)2211804
24	44216	广东世纪专利事务所	广东省广州市天河区黄浦大道西201号金泽大厦2109房	510620	刘 卉	(020)87567115
25	44217	深圳顺天达专利代理有限公司	深圳市上步中路1001号科技大厦807-808室	518031	蔡晓红	(0755)3212395 (传真)3264787

广西壮族自治区

序号	代 码	代理机构名称	地 址	邮 编	负责人	电 话
1	45102	广西壮族自治区柳州市专利事务所	广西壮族自治区柳州市科学会堂	545001	张荣玖	(0772)2817508 2812704
2	45104	广西壮族自治区专利服务中心	广西壮族自治区南宁市星湖路24号	530022	石本定	(0721)5310089
3	45106	南宁市专利事务所	广西壮族自治区南宁市淡村路5号	530031	黎明天	(0771)4824960

续表

序号	代码	代理机构名称	地址	邮编	负责人	电话
4	45107	桂林市专利事务所	广西壮族自治区桂林市文明路市科委二楼	541002	谢郎光	(0773)2822008
5	45108	广西壮族自治区梧州市专利事务所	广西壮族自治区梧州市新兴三路一号市府8楼	543003	游庆强	(0774)3824881 3824882
6	45109	玉林市专利事务所	广西壮族自治区玉林市东门路274号	537000	邱振泉	(0775)2824932
7	45110	广西北海市专利代理事务所	广西壮族自治区北海市红旗路	536000	黄建中	(0779)2028637

重庆市

序号	代码	代理机构名称	地址	邮编	负责人	电话
1	51102	重庆市专利事务所	四川省重庆市人民路236号	400015	陈纪刚	(023)63852570
2	51108	万县市专利事务所	四川省万县市高笋塘52号	404000	唐贤均	(023)58226150
3	51122	重庆市涪陵区专利事务所	重庆市涪陵区兴华中路34号	408000	夏　洪	(023)7224389
4	51123	重庆西信专利事务所	四川省重庆市胜利路132号	400013	杨锦春	(023)63500007
5	51125	重庆创新专利事务所	重庆市渝中区人民路256-18号	400015	宫兆斌	(023)63602041
6	51201	重庆大学专利事务所	四川省重庆市沙坪坝正街174号重庆大学	400044	张荣清	(023)65103547
7	51209	重庆旭日专利事务所	重庆市中区双钢路1号	400013	张爱云	(023)63863058

四川省

序号	代码	代理机构名称	地址	邮编	负责人	电话
1	51001	中国科学院成都专利事务所	四川省成都市人民南路四段九号	610015	张一红	(028)5228821 (传真)5220846
2	51100	四川省专利服务中心	四川省成都市东风路一段三十二号	610016	邓文生	(028)6781800 (传真)6781800
3	51101	成都专利事务所	四川省成都市人民中路三段12号	610031	本德昌	(028)6644814
4	51103	绵阳市专利事务所	四川省绵阳市临园路东段76号	621000	唐秉俊	(0816)2339714
5	51105	四川高新专利事务所	四川省成都市西南民院156信箱	610041	张　澎	(028)5579985 (传真)2201771
6	51106	德阳市专利事务所	四川省德阳市长江西路一段37号(市府大楼6楼)	618000	刘克勤	(0838)2201771
7	51109	攀枝花市专利事务所	四川省攀枝花市炳草岗临江路科技大楼七楼	617000	于汉平	(0812)3342977

续表

序号	代码	代理机构名称	地址	邮编	负责人	电话
8	51110	四川省遂宁市专利事务所	四川省遂宁市凯旋中路49号	629000	李俊	(0825)2251981
9	51111	内江市专利事务所	四川省内江新华路市科委大楼二楼	641000	魏常巍	(0832)2039933 (传真)2022887
10	51112	乐山市专利事务所	四川省乐山市市中区柏杨路30号、市科技中心大楼七楼	614000	叶建民	(0833)2443461
11	51113	四川省雅安地区专利事务所	四川省雅安市上坝路行署办公室	625000	尹怀勤	(0835)2222295
12	51114	泸州市专利事务所	四川省泸州市江阳南路科委内	646000	田英特	(0830)3193993
13	51115	四川省达县地区专利事务所	四川省达县市彭家湾地科委内	635000	余显忠	(0818)2374192
14	5116	宜宾市专利事务所	四川省宜宾市大碑巷23号	644000	陈厚生	(0831)8200872 (传真)8200872
15	51117	广元市专利事务所	四川省广元市利洲东路一科市委内	628017	张志德	(0839)3226634
16	51118	四川省自贡市专利事务所	四川省自贡市丹桂大街南段科技大厦内	643000	詹福五	(0813)8109037
17	51120	四川辅君专利事务所	四川省成都市东风路一段三十二号	610016	谢辅俊	(028)6614776
18	51121	成都飞机工业公司专利事务所	四川省成都市黄田坝	610092	洪建胜	(028)7405418 (传真)7415534
19	51124	四川虹桥专利事务所	四川省成都市文武路42号新时代广场九楼	610012	任 虹	(028)6761406 (传真)6751369
20	51126	四川省中亚专利事务所	四川省成都市武候区胜利村388号	610041	胡松涛	(028)5555154
21	51200	四川大学专利事务所	四川省成都市九眼桥川大内老滨江楼59号	610064	陈智伦	(028)5415346 (传真)5411765
22	51202	成都科技大学专利代理事务所	四川省成都市磨子桥	610065	黄幼陵	(028)5401223
23	51203	电子科技大学专利事务所	四川省成都市建设北路二段四号	610054	张万祥	(028)3202335 (传真)3258056
24	51204	华西医科大学专利事务所	四川省成都市人民南路3段17号	610041	陈实惠	(028)5501137 (传真)5501209
25	51205	四川兴蜀专利事务所	四川省成都市西郊四川工业学院内	611744	张礼达	(028)7720087
26	51207	南充市专利事务所	四川省南充市文化路27号	637000	许祥述	(0817)2221780
27	51208	西南交通大学专利事务所	四川省成都市九里堤西南交通大学1号教学楼1334号	610031	聂厚显	(028)7600273 (传真)7605542
28	51210	四川科学城专利事务所	四川省绵阳市919信箱4分箱	621900	翟长明	(0816)2484485 (传真)2484484
29	51211	四川天元专利事务所	四川省成都市一环路南四段2号	610041	张 新	(028)5589667

贵 州 省

序号	代 码	代理机构名称	地 址	邮 编	负责人	电 话
1	52001	贵州航空工业专利事务所	贵州省安顺市66信箱(安顺市南华路)	561000	赵绿化	(0853)3226759
2	52100	贵州省专利服务中心	贵州省贵阳市延安东路外文书店大楼六楼	550001	郭 防	(0851)5825161
3	52102	遵义市红花岗区专利事务所	贵州省遵义市红花岗区中华路68-4号	563000	杨海嵘	(0852)8825685

云 南 省

序号	代 码	代理机构名称	地 址	邮 编	负责人	电 话
1	53100	云南省专利事务所	云南省昆明市北京路110号	650051	彭一江	(0871)3138935
2	53101	昆明市专利事务所	云南省昆明市南太桥科技大楼12楼	650021	雷 明	(0871)3173756
3	53102	红河州专利事务所	云南省个旧市中山路州政府大院12栋	661400	韩卫东	(0873)2124179
4	53103	云南省楚雄彝族自治州专利事务所	云南省楚雄市鹿城北路25号	675000	邹昆林	(0878)3122914
5	53104	云南省曲靖市专利事务所	云南省曲靖市文昌街50号市科委内	655000	黄劲峰	(0874)3122104
6	53105	思茅地区专利事务所	云南省思茅地区科委内	665000	李向荣	(0879)2124465
7	53106	云南省机械专利事务所	云南省昆明市白塔路27号(省机械工业厅内)	650011	林孟锐	(0871)3160424
8	53108	云南协立专利事务所	昆明市人民东路246号	650051	旃习涵	(0871)3177417
9	53109	玉溪市专利事务所	云南省玉溪市棋阳路北段	653100	王元富	(0877)2028322
10	53110	派特律师事务所	昆明市北京路110号	650051	张 怡	(0871)36217703
11	53200	云南省高校专利事务所	云南省昆明市环城东路(云南工学院)	650051	杨宏珍	(0871)3304012

陕 西 省

序号	代 码	代理机构名称	地 址	邮 编	负责人	电 话
1	61001	中国科学院西安专利事务所	陕西省西安市小寨东路3号	710061	任 越	(029)5245534
2	61100	陕西省发明专利服务中心	陕西省西安市雁塔路11号	710054	顾路祥	(029)5522194
3	61101	陕西省石油化工专利事务所	陕西省西安市南郊东八里村红专南路8号	710061	何国信	(029)5265999-4506
4	61103	陕西专利律师事务所	陕西省西安市莲湖路21号(莲湖饭店内)	710003	李景文	(029)7274867

续表

序号	代码	代理机构名称	地址	邮编	负责人	电话
5	61104	咸阳市专利事务所	陕西省咸阳市西兰路6号	712000	赵林海	(0910)3218250
6	61106	宝鸡市专利事务所	陕西省宝鸡市广元路科技馆	721000	李凤岐	(0917)3215181
7	61107	安康地区专利事务所	陕西省安康市金州路55号地区科委	725000	陈虎	(0915)3214869
8	61108	陕西省机械工业专利事务所	西安市劳动西仪102街坊3号楼	710082	李启源	(029)8610384
9	61110	陕西煤炭工业专利事务所	陕西省西安市雁塔路2号	710054	杨来侠	(029)5583052
10	61111	渭南市专利事务所	陕西省渭南市朝阳大街中段	714000	张太和	(0913)2012988
11	61113	汉中地区专利事务所	陕西省汉中市将坛西路	723000	冯涛	(0916)2514448
12	61114	西安市专利事务所	陕西省西安振兴路31号	710068	胡宗健	(029)8402954
13	61115	榆林地区专利事务所	陕西省榆林市西沙地区科委院	719000	柴向荣	(0912)2388153
14	61116	铜川市专利事务服务所	陕西省铜川市政府院内市科委	727000	王光华	(0919)2388153
15	61200	西安交通大学专利事务所	陕西省西安市咸宁路28号	710049	贾玉健	(029)3268964
16	61201	陕西师范大学专利代理事务所	陕西省西安市南郊陕西师大	710062	申忠才	(029)5308245
17	61202	陕西省高校专利事务所	西北大学行政楼科研处	710069	李文义	(029)8302279
18	61203	西安理工大学专利事务所	陕西省西安市金花南路	710048	杨引雪	(029)7239700-2677
19	61204	航空工业部西北专利事务所	西安市友谊西路127号	710072	王鲜凯	(029)8492338
20	61205	陕西电子工业专利事务所	陕西省西安市太白路2号	710071	王品华	(029)82022402
21	61207	延安地区专利事务所	陕西省延安市十字正街科技馆5楼	716000	刘小鹏	(0911)2112208
22	61208	陕西省商洛地区专利事务所	陕西省商州市北新街西段	726000	刘靖	(0914)2315565

甘肃省

序号	代码	代理机构名称	地址	邮编	负责人	电话
1	62001	兰州炼油化工总厂专利事务所	甘肃省兰州市西固区	730060	师瑄	(0931)7932347
2	62002	中国科学院兰州专利事务所	甘肃省兰州市天水路340号	730000	王玉双	(0931)8826623
3	62004	中国石油兰州化学工业公司专利事务所	甘肃省兰州市西固合水北路1号	730060	王建明	(0931)312365

续表

序号	代 码	代理机构名称	地 址	邮 编	负责人	电 话
4	62100	甘肃省专利服务中心	甘肃省兰州市平凉路421号	730000	妙登云	(0931)8869293
5	62102	甘肃省机械工业专利事务所	甘肃省兰州市金昌路128号	730030	张 真	(0931) 8822821-374
6	62103	兰州高新技术产业开发区专利事务所	兰州市渭源路15号东陪楼	730000	张正伟	(0931)8883851
7	62200	兰州大学专利事务所	甘肃省兰州市天水路78号(兰州大学逸夫科学馆3楼)	730000	张 晋	(0931)8912790

青 海 省

序号	代 码	代理机构名称	地 址	邮 编	负责人	电 话
1	63100	青海省专利服务中心	青海省西宁市胜利路3号	810001	全宏毅	(0971)6136490

宁夏回族自治区

序号	代 码	代理机构名称	地 址	邮 编	负责人	电 话
1	64100	宁夏专利服务中心	宁夏银川市公园街8号科委楼4003室	750001	郭立宁	(0951)5032206 5048475

新疆维吾尔自治区

序号	代 码	代理机构名称	地 址	邮 编	负责人	电 话
1	65001	中国科学院新疆专利事务所	新疆维吾尔自治区乌鲁木齐市北京南路40号	830011	刘 震	(0991)3836474
2	65002	新疆生产建设兵团专利事务所	新疆乌鲁木齐市东风路70号	830002	林东春	(0991)2645146 2624298
3	65100	新疆专利服务中心	新疆维吾尔自治区乌鲁木齐市北京南路40号自治区科委院	830011	白志斌	(0991)3836547
4	65102	石河子市专利事务所	新疆维吾尔自治区石河子市北三路科委楼	832001	李伯勤	(0993)2013059
5	65103	乌鲁木齐专利事务所	新疆乌鲁木齐市小西门中桥一巷26号市科技大楼七楼707室	830002	张晴霞	(0991)2302505 2301054
6	65104	克拉玛依专利事务所	新疆维吾尔自治区克拉玛依市准葛尔路54号	834000	田郊山	(0990)884953

海 南 省

序号	代 码	代理机构名称	地 址	邮 编	负责人	电 话
1	66001	海南省专利事务所	海南省海口市海府路89号科技大楼207室	570003	陈 辉	(0898)5339140
2	66002	海口市专利事务所	海南省海口市新华南路5号	570102	林尤怀	(0898)6223722

香港特别行政区

序号	代码	代理机构名称	地址	邮编	负责人	电话
1	72001	中国专利代理(香港)有限公司	香港湾仔港湾道23号鹰君中心22字楼		郑松宇	(00852)28284688
2	72002	永新专利商标代理有限公司	香港九龙尖沙咀东部科学馆1号康宏广场南座1805-6室		戈　泊	(00852)27391818
3	72003	隆天国际专利商标代理有限公司	香港湾仔港湾道18号中环广场36楼3606室		郑特强	(00852)23041729

(由国家知识产权局条法司提供)

全国版权代理机构名录

序号	名　　称	地　　址	邮　编	电　话
1	中华版权代理总公司	北京西绒线胡同甲7号	100031	010－66084975
2	陕西省版权事务中心	西安市北大街131号	710003	029－7251870
3	上海市版权代理公司	上海市绍兴路5号	200020	021－64370148
4	安徽省版权代理公司	合理市跃进路1号	230063	0551－2846082
5	广东省版权事务所	广州市水荫路11号18层	510075	020－87662333
6	国图贸易总公司版权代理部	北京市车公庄西路35号公司西楼303	100044	010－68437147
7	河南省版权代理公司	郑州市农业路73号院内	450002	0371－5730604
8	广西万达版权代理公司	南宁市民族大道68号	530022	0771－5516127
9	辽宁省版权代理公司	沈阳市和平区北一马路108号	110001	024－86267326
10	湖北省版权代理公司	武汉市武昌中南路湖北省外文书店	430071	027－8815557
11	黑龙江省版权代理公司	哈尔滨市道里区森林街68号	150010	0451－8370148
12	四川省版权事务中心	成都市桂花巷21号	610015	028－6277641
13	河北省版权代理公司	石家庄市友谊北大街330号	050061	0311－7756500转
14	中国电视节目代理公司	北京市南礼士路三条1号	100045	010－63955914/63955915FAX
15	天津市版权代理服务公司	天津市和平区马场道150号	300050	022－23280480
16	山东省版权代理公司	济南市省府前街1号综合楼	250011	0531－6061784
17	九州音像出版公司版权贸易部	北京市西城区丰盛胡同19号	100032	010－85285169
18	湖南省版权代理公司	长沙市展览馆路	410005	0731－4302557
19	中国电影输出输入公司	北京市新街口外大街25号	100035	010－62238892

续表

序号	名　　称	地　　址	邮　　编	电　　话
20	北京汇宇国际版权代理有限公司	海淀区复兴路甲 14 号华鹰大厦 502－504 室	100036	010－63967852 /63955457FAX
21	云南版权代理公司*	云南昆明市东风西路 16 号	650031	0871－3610552 /3614387FAX
22	中国图书进出口总公司版权代理部	北京市工体东路 16 号	100020	010－65063070
23	北京版权代理有限责任公司	北京建国门内大街光华长安大厦后楼 401 室	100005	010－65171427 /6511428FAX
24	中国出版对外贸易总公司版权事务部	北京市安定门外安华里 504 号	100011	010－64215031 －3186
25	深圳市版权代理中心	深圳市红荔路 6026 号关山月美术馆 5 楼	518031	0755－3068510
26	吉林省伦博版权代理公司(暂定名)	长春市人民大街 124 号	130021	0431－5644760

*E-mail:ynca@public.km.yn.cn

（国家版权局版权司提供）

全国商标代理机构名录

国家工商行政管理总局商标局　2001.7.30

序号	单位名称	单位地址	邮编	电话	传真
1	北京鼎力知识产权代理公司(鼎力)	北京西长安街 88 号首都时代广场 416 室	100005	(010)83915086	83915089
2	北京港专知识产权咨询服务有限公司(北京港专)	北京市西城区金融街 27 号投资广场 B 座 1901	100032	(010)66211559 66212288－1001	
3	北京高默克商务咨询有限公司(高默克)	北京市西城区月坛北街 2 号月坛大厦 309 室	100045	(010)68081372	
4	北京集佳专利商标事务所(集佳)	北京市西城区金融街国际企业大厦 A 座 801	100032	(010)88092888	88092157
5	北京纪凯知识产权服务有限公司(纪凯)	北京市西城区宣武门西大街甲 129 号金隅大厦 602 室	100031	(010)66411409	66411419
6	北京捷鼎咨询有限责任公司(捷鼎)	北京市宣武门外大街 6 号庄胜广场北座 1334 室	100052	(010)63103377	63104716
7	北京金木土咨询服务有限公司(金木土)	北京市朝阳区光华路 1 号嘉里中心北楼 30 层 3006 室	100020	(010)65612299	65610830
8	北京京顺商标事务所(京顺)	北京市崇文区花市上四条 141 号	100045	68040224 68588908	68051762
9	北京康信知识产权代理服务有限责任公司(康信)	北京市海淀区北三环中路甲 77 号	100088	(010)62056204	62056490
10	北京灵达知识产权咨询有限责任公司(灵达)	北京市海淀区定慧寺东里 15 号楼坤澜宾馆 315、316 室	100036	(010)88117711 －6316　88141500	88141501

续表

序号	单位名称	单位地址	邮编	电话	传真
11	北京隆天律诚知识产权咨询服务有限公司(隆天律诚)	北京市海淀区知春路南20号508室	100088	62029599	27934694
12	北京明圣咨询有限公司(明圣)	北京市朝阳区霄云里5号楼A门103室	100016	(010)66708866	
13	北京诺孚尔商标事务所有限责任公司(诺孚尔)	北京市西城区车公庄西路甲19号	100044	(010)68366771 68482575	68482582
14	北京荣安泰知识产权代理有限责任公司(荣安泰)	北京市朝外大街20号联合大厦1308B室	100020	(010)65885776	65883617
15	北京高博隆华专利商标代理有限责任公司(高博隆华)	北京市西城区南礼士路3号海通大厦4A	100037	(010)68037772	
16	北京三幸商标专利事务所(三幸)	北京市亚运村汇园国际公寓G座0706	100101	(010)64924350	64924351
17	北京三友知识产权代理有限公司(三友)	北京市海淀区北三环中路40号北楼二层	100032	(010)66211624	
18	北京市捷诚信通商标事务所(捷诚信通)	北京市西城区三里河东路甲3号	100045	(010)68505570	68522738
19	北京市商标事务所(北商所)	北京市西城区月坛北街2号月坛大厦1601室	100045	(010)68083066 －69	68343636
20	北京天驰知识产权代理有限公司(天驰)	北京市朝阳区北四环中路8号亚运村汇欣大厦14层	100101	(010)84991188	84990025 84990026
21	北京天平商标代理公司(天平)	北京市朝阳门外大街22号泛利大厦1611室	100022		
22	北京万慧达知识产权咨询服务有限公司(万慧达)	北京市西城区金融大街33号通泰大厦C座808	100037	(010)88086720	88086723
23	北京维澳知识产权咨询有限公司(维澳)	北京市朝阳区建外大街22号赛特广场M层30112房间	100004	(010)65598871	65598870
24	北京雷门知识产权代理有限公司(谢天晴)	北京市朝阳区建国门外大街21号国际俱乐部188室	100020	65323861－225 13701164047	65323877
25	北京兴成智业商务咨询有限公司(兴成智业)	北京市西城区阜外北营房东里13号院今儒商务大厦B座601室	100039	68362432 68362434	68362432 88384461
26	北京亚业咨询有限公司(亚业)	北京西苑饭店57101房间	100000	68313388－57101 57102	68365558
27	北京亚一知识产权咨询服务有限公司(亚一)	北京市西城区月坛北小街4号1号楼201室	100037	(010)68026084	68026083
28	北京英特普罗信息咨询有限公司(英特普罗)	北京市西城区金融街23号平安大厦702室	100032	(010)66210768,9 66310857	66210771
29	北京永新商标咨询服务有限公司(北京永新)	北京市西城区金融大街投资广场A座10层	100032	(010)66211834	
30	北京正理商标事务所有限公司(正理)	北京市西城区车公庄大街甲4号物华大厦A	100031	(010)66411975	66411973
31	北京智翁商贸信息中心(智翁)	北京市西城区西内大街国务院二招	100035	(010)68026562	

续表

序号	单位名称	单位地址	邮编	电话	传真
32	北京中理通商标事务所有限公司(中理通)	北京市西城区三里河东路甲3号	100045	(010)68505573	
33	北京专商投资咨询服务有限公司(专商投资)	北京市朝阳区东三环北路19号华鹏大厦403	100020	(010)65975210	65975202
34	柳沈知识产权律师事务所(柳沈)	北京市朝阳区北辰东路汇宾大厦A座	100101	(010)64993490	64993491
35	中国国际贸易促进委员会专利商标事务所(贸促会)	北京市复兴门内大街158号远洋大厦F10层	100031	(010)68516688－2241	68510208
36	中国商标专利事务所(中商所)	北京市西城区月坛南街14号月新大厦8层	100045	(010)68528686	68570096
37	中科专利商标代理有限责任公司(中科)	北京市海淀区中关村大街22号中科大厦16层	100080	(010)62560539	62613754
38	中原信达知识产权代理有限责任公司(中原信达)	北京市朝阳区建国路99号中服大厦1300室	100020	(010)65003866	65002937
39	天津市商标事务所(天津)	天津市河东区六经路35号	300012	(022)24205544	24215548
40	河北省商标事务所(河北)	河北省石家庄市体育南大街316号	500021	(0311)5814743	5814746
41	唐山市商标事务所(唐山)	河北省唐山市北新西道101号	063000	(0315)2217966	2217966
42	山西省商标事务所(山西)	山西省太原市迎泽大街229号	030001	(0351)4041870	4043490
43	内蒙古自治区商标事务所(内蒙古)	内蒙古呼和浩特市新城区艺术厅南街1号	010020	(0471)6937894	6937825
44	鞍山市商标事务所(鞍山)	辽宁省鞍山市铁东区路前街25号	114002	(0412)24011878	24011871
45	大连市商标事务所(大连)	辽宁省大连市西岗区民运街22号	116021	(0411)3696198	3608494
46	辽宁辽西商标事务所(辽西)	辽宁省锦州市解放路二段52号	121000	(0416)2325652	2325652
47	辽宁省商标事务所有限公司(辽宁)	辽宁省沈阳市皇姑区崇山中路55号	110031	(024)86860688	83878251
48	沈阳市商标事务所(沈阳)	辽宁省沈阳市沈河区南关路118号	110015	(024)24011869－78	24112911
49	长春商标事务所(长春)	吉林省长春市西安大路84号	130061	(0431)8543912－6606	8585313
50	吉林省华一商标事务所(吉林省所)	吉林省长春市南关区大经路102号	130041	(0431)8714204	8714204
51	吉林市商标事务所(吉林市所)	吉林省吉林市吉林大街317号	132011	(0432)2557351－6214	2557373
52	延边朝鲜族自治州商标事务所(延边)	吉林省延吉市延龙路209号	133001	(0433)2815580	2824017

续表

序号	单位名称	单位地址	邮编	电话	传真
53	哈尔滨市商标事务所(哈尔滨)	黑龙江省哈尔滨市道里区防洪胡同14号	150010	(0451)4617038 4681752	4680796
54	黑龙江省商标事务所(黑龙江)	黑龙江省哈尔滨市道里区高谊街65号	150010	(0451)4633244	4633244
55	上海公信知识产权企划有限公司(上海公信)	上海市新华路730号402室	200052	(021)62516152 62045281	
56	上海市东方商标事务所(上海东方)	上海市浦东大道2330号4楼	200135	(021)58789086	58857999
57	上海市商标事务所(上海商标)	上海市长安路1001号1号楼5楼	200070	(021)63534090	63171064
58	上海专利商标事务所(上海专利)	上海市桂平路435号	200233	(021)64853500	64828652
59	常州市商标事务所(常州)	江苏省常州市县直街52号	213003	(0519)6690600	6671555
60	淮阴市商标事务所(淮阴)	江苏省淮阴市北京北路31号	223001	(0517)3942743	3946361
61	江苏省商标事务所(江苏)	江苏省南京市北京西路30号宁海大厦11楼	210024	(025)3321128	3321732
62	连云港市商标事务所(连云港)	江苏省连云港市新浦南极路168号	222002	(0518)5412949	5411578
63	南京市商标事务所(南京)	江苏省南京市解放路46号	210016	(025)4598458	4599930
64	南通市商标事务所(南通)	江苏省南通市青年西路39号	226006	(0513)3534566	3539792
65	苏州市商标事务所(苏州)	江苏省苏州市南环东路28号	215007	(0512)5622202	5293259
66	无锡市商标事务所(无锡)	江苏省无锡市健康路77号	214001	(0510)2711644	2764203
67	徐州市商标事务所(徐州)	江苏省徐州市建国西路81号	221006	(0516)5697579	5607214
68	盐城纵横商标广告事务所有限公司(盐城)	江苏省盐城市人民南路17号附一号	224002	(0515)8376088	
69	扬州市商标事务所(扬州)	江苏省扬州市盐阜西路16号	225001	(0514)7341355 －3110	7341245
70	镇江市商标事务所(镇江)	江苏省镇江市天桥路8号南大楼6楼	212003	(0511)4426422	4416626
71	杭州市商标事务所(杭州)	浙江省杭州市新华路80号市局四楼	310003	(0571)7083272	7222551
72	金华市商标事务所(金华)	浙江省金华市青春路152号	321000	(0579)2115645	2312801
73	宁波市商标事务所(宁波)	浙江省宁波市长春路34号	315010	(0574)7292130	7293297

续表

序号	单位名称	单位地址	邮编	电话	传真
74	绍兴市商标事务所(绍兴市所)	浙江省绍兴市解放北路277号2楼	312000	(0575)5141514	5141514
75	绍兴县商标事务所(绍兴县所)	浙江省绍兴市越城区府河街116号2楼	312000	(0575)5140854	5140854
76	温州市商标事务所(温州)	浙江省温州市小南路巴黎大厦12层	325000	(0577)8292627	8292304
77	温州市浙南商标专利事务所(温州浙南)	浙江温州市小南路巴黎大厦8层	325000	(0577)8258772	8258770
78	杭州萧山商标事务所(萧山)	浙江省杭州萧山市人民路46号	311200	(0571)2674304	2674370
79	浙江省商标事务所(浙江)	浙江省杭州市延安路孩儿巷思敬里1号	310006	(0571)7060981	7066034
80	浙江裕阳知识产权咨询服务有限公司(浙江裕阳)	浙江省杭州市体育场路409号二轻写字楼9楼	310004	(0571)5096658	5192958
81	安徽省商标事务所(安徽)	安徽省合肥市庐江路122号七楼	230061	(0551)2641966	2641899
82	淮北市淮海商标事务所(淮北)	安徽省淮北市惠黎路138号	235000	(0561)3022780－8255	
83	芜湖市中新商标事务所(芜湖)	安徽省芜湖市延安路29号	241000	(0553)5011849	5011849
84	福建省商标事务所(福建)	福建省福州市华林路128号写字楼6层	350003	(0591)7843360	7843179
85	福州市商标事务所(福州)	福建省福州市古田中路	350005	(0591)3334994	3363369
86	泉州市商标事务所(泉州)	福建省泉州市丰泽区刺桐路中段西侧	362000	(0595)2388332	2288332
87	厦门市商标事务所(厦门)	福建省厦门市湖滨南路计西路口	361004	(0592)2115280	2023995
88	厦门新华专利代理有限公司(厦门新华)	福建省厦门市湖东路中段台湾酒店附楼一楼	361004	(0592)5117231	5087728
89	江西省商标事务所(江西)	江西省南昌市省府大院省工商局内	330046	(0791)6271134	6271134
90	南昌市商标事务所(南昌)	江西省南昌市丁公路737号	330002	(0791)6220314	6221795
91	滨州市商标事务所(滨州)	山东省滨州市新华街2号	256613	(0543)3352014	3373916
92	东营市商标事务所(东营)	山东省东营市东城辽河路115号	257091	(0546)8334543	8334549
93	荷泽市商标事务所(荷泽)	山东省荷泽市中华东路86号	274033	(0530)5335037	5334845
94	济南市商标事务所(济南)	山东省济南市经七路516号汇统大厦A座19楼	250022	(0531)7918706	7918506

续表

序号	单位名称	单位地址	邮编	电话	传真
95	济宁市商标事务所(济宁)	山东省济宁市市中区红星中路43－1号	272119	(0537)2883803	2321429
96	临沂市商标事务所(临沂)	山东省临沂市沂蒙路422号	276004	(0539)8313367－3037	8313065
97	青岛金盾商标代理有限公司(青岛金盾)	山东省青岛市北区延安路167号中信物业大厦301	266023	(0532)3660093	
98	青岛市商标事务所(青岛)	山东省青岛市福州路87号	266071	(0532)5730834	5814119
99	山东省商标事务所(山东)	山东省济南市燕子山路43号	250014	(0531)8527556	
100	泰安市商标事务所(泰安)	山东省泰安市岱宗大街东首409号	271000	(0538)8222216－2301	8233066
101	威海市商标事务所(威海)	山东省威海市统一路53－5号	264200	(0631)5231786	5231363
102	潍坊市商标事务所(潍坊)	山东省潍坊市奎文区民生东街67号	263000	(0536)8234641	8237897
103	烟台市商标事务所(烟台)	山东省烟台市芝区胜利路1号	264000	(0535)6080472	6080473
104	淄博市商标事务所(淄博)	山东省淄博市张店区桑北中路5号	255030	(0533)3180262	3184201
105	河南省商标事务所(河南)	河南省郑州市金水区红专路40号	450002	(0371)5717366	5728615
106	湖北省商标事务所(湖北)	湖北省武汉市武昌区东湖路65号	430077	(027)86774462	86771669
107	武汉市商标事务所(武汉)	湖北省武汉市江汉区香港路249号	430015	(027)82800882 85633001	82800881
108	长沙市商标事务所(长沙)	湖南省长沙市解放中路239号	410005	(0731)2251062	4438830
109	常德市商标事务所(常德)	湖南省常德市光荣路	415003	(0736)7235477	7222710
200	湖南省商标事务所(湖南)	湖南省长沙市涝弯镇枫林路1号	410006	(0731)8883262	8853237
201	东莞市商标事务所(东莞)	广东省东莞市新风路新风市场四楼	511700	(0769)2222762	2214402
202	佛山市立邦商标事务所(佛山立邦)	佛山市卫国西路4号六楼	528000	(0757)3392100	
203	广东省商标事务所(广东)	广东省广州市天河体育西横街一号	510620	(020)87581756	87591190
204	广州华进咨询服务有限公司(华进)	广东省广州市先烈中路76号中侨大厦21楼A室	510070	87320276 13808831387 13602892136	87320273
205	广州市商标事务所(广州)	广东省广州市天河路110号东梯三楼	510620	(020)85598011	85598037

续表

序号	单位名称	单位地址	邮编	电话	传真
206	广州市天河京诚企业事务策划有限公司(天河)	广东省广州市天河区龙口中路173号华天国际广场18楼2室(06)	510000	(020)38733080	
207	广州伟成知识产权咨询服务有限公司(伟成)	广州市建设大马路3号省党校4楼J室	510060	(020)83884115 83827715	
208	江门市商标事务所(江门)	广东省江门市东华二路(市工商局院内)	529051	(0750)3381099	3368495
209	汕头市商标事务所(汕头)	广东省汕头市长平路丹阳庄西三区17幢韩江大厦803室	515041	(0754)8841660	8841361
210	深圳市商标事务所(深圳)	广东省深圳市深南东路5033号金山大厦19楼	518008	(0755)2073290	2073295
211	深圳市商协商标代理有限公司(深圳商协)	广东省深圳市罗湖区南湖路国贸商住大厦22楼D座	518014	(0755)2221228 2221620	2223206
212	深圳市顺天达专利代理有限公司(顺天达)	广东省深圳市上步中路1001号科技大厦807－808	518031	(0755)3699066	3699050
213	湛江市商标事务所(湛江)	广东省湛江市赤坎百园小区东园路	524043	(0759)3321068	
214	中山市国文知识产权代理有限公司(中山国文)	广东省中山市石岐区悦来南路22号二楼	528400	0760－8929955 8929933	8626101
215	中智源知识产权代理有限公司(中智源)	广东省深圳市罗湖区嘉宾路太平洋商贸大厦505室	518001	(0755)2136512	2136520
216	珠海市商标事务所(珠海)	珠海市香港区人民东路125号工商大厦	519000	(0756)2227945	2231543
217	广西壮族自治区商标事务所(广西)	广西南宁市里湖路37号	550032	(0771)5535536	5857200
218	海南省商标事务所(海南)	海南省海口市机场西路10号特区工商大厦	570206	(0898)6759998	6756918
219	重庆市商标事务所(重庆)	重庆市中区沧白路73号	404000	(023)63803586	63803586
220	重庆市万州商标事务所(重庆万州)	重庆市万州桂华路9号	404000	(0819)8230858	8230858
221	成都市商标事务所(成都)	四川省成都市鼓楼北三街1号	610012	(028)6740879	6623689
222	成都市天策知识产权商务服务有限公司(成都天策)	四川省成都市人民南路一段97号皇城公寓三栋十楼A座	610016	(028)6720621	6899371
223	四川省商标事务所(四川)	四川省成都市新华大道玉河路118号	610012	(028)6745970	6623669
224	贵阳市商标事务所(贵阳)	贵州省贵阳市中山西路60号(市工商局八楼)	550003	(0851)5863851	
225	贵州省商标事务所(贵州)	贵州省贵阳市八鸽岩路4号	550004	(0851)6821801	6825140
226	昆明市商标事务所(昆明)	云南省昆明市滇池路严家地市工商局大楼305号	650034	(0871)4149185	4148747

续表

序号	单位名称	单位地址	邮编	电话	传真
227	云南省商标事务所(云南)	云南省昆明市新闻路28号	650031	(0871)4143041	4143120
228	西藏自治区商标事务所(西藏)	西藏拉萨市宇拓路13号	850000	(0891)6331067	6330922
229	甘肃省商标事务所(甘肃)	甘肃省兰州市秦安路华富大厦六楼	730030	(0931)8827820	8827880
230	陕西华林商标事务有限公司(陕西华林)	陕西省西安市西新街52号(市人大)901室	710004	(029)7281683	7259159
231	陕西省商标事务所(陕西)	陕西省西安市西新街甲字3号海星智能广场802室	710004	(029)7251308	7235684
232	西安市商标事务所(西安)	陕西省西安市友谊东路298号(西安工商大楼4层)	710054	(029)7823108 3109 3107	7823110
233	青海省商标事务所(青海)	青海省西宁市北大街3号	810000	(0971)8235267	
234	宁夏回族自治区商标事务所(宁夏)	宁夏银川市利民南路391号	750001	(0951)6026654	4202745
235	新疆天诚知识产权咨询服务有限公司(新疆天诚)	新疆乌鲁木齐市中山路116号合信大厦8楼803室	830001	(0991)2312134	
236	新疆维吾尔自治区商标事务所(新疆)	新疆乌鲁木齐市人民路56号	830002	(0991)2811407	2811407
237	隆天国际专利商标代理有限公司(香港隆天)	香港湾仔港湾道18号中环广场36楼3606室		(0852)23041729	27934694
238	隆天国际专利商标代理有限公司北京办事处	北京海淀区知春路20号国际企业合作大厦504-511室	100088	(010)62029599	62028833
239	香港永新专利商标代理有限公司(香港永新)	香港九龙尖沙嘴东部永安广场103室		(0852)27391818	27220051
240	香港永新专利商标代理有限公司北京办事处	北京市金融大街27号投资广场A座10层	100032	(010)66211834	62028147
241	中国专利代理(香港)有限公司(香港专利)	香港湾仔港湾道23号鹰君中心22字楼		(0852)28284688	28271018
242	中国专利代理(香港)有限公司北京办事处	北京市西城区金融街27号投资广场B座19层	100032	(010)66211588	66211590

(由国家工商局商标局提供)

2000年国家科学技术进步奖获奖项目

经国务院科学技术行政部门对国家科学技术奖励委员会作出的国家科学技术奖的获奖人选和奖励种类及等级的决议进行审核，报国务院批准。2000年度国家科学技术进步奖授奖项目250项。公开公布项目179项，其中一等奖13项，二等奖166项。其余项目由有关部门在内部公布。

一等奖项目

项目编号:1.J-201-1-01

项目名称:高配合力、综合性状优良的玉米自交系

"黄早四"

主要完成人:北京市农林科学院作物研究所、中国农业科学院作物育种栽培研究所

推 荐 单 位:农业部

本项目以选育中、早熟自交系为研究目标,采用对基础种质、选育和鉴定方法进行综合改进的关键措施,它以我国地方种质资源"唐四平头"为基础材料,通过两次开放授粉,加强基因重组,创造出新的性状聚优"小群体"作为选系基础材料,培育出综合性状优良的玉米自交系"黄早四"。黄早四主要优良性状有:1、高配合力,其产量的配合力超过国内外优良玉米自交系,如自330、丹340、478、B37、Mo17等;2、高抗玉米矮花叶病,兼抗多种病害;3、适应性广,超过其他亲本系;4、株型紧凑;5、具有叶数多,出叶速度快,根端RNA酶活性高等独特的形态生理学性状;6、双穗性强;7、具备有利于种子繁育的优良特征特性;8、具有特定的指纹图谱,与其他骨干亲本系(Mo17等)有很大的遗传距离。

黄早四是独具特色的我国玉米地方种质,为我国独特的玉米杂种优势类群,它将成为我国利用率高、应用范围广,成效大的杂种优势类群,并奠定了我国紧凑型玉米育种的基础。以黄早四为亲本配制的杂交种,主要适宜推广地区为黄淮海流域,其他能够满足其生长发育要求、具备适宜的生态、生产条件的地区也可种植。黄早四是我国玉米育种利用率很高的自交系,有70多个衍生系,50多个推广杂交种,累计推广面积7.18亿亩,遍布我国21个省区。

项 目 编 号:2.J-210-1-01

项 目 名 称:大港油田陆上高成熟探区千米桥潜山大型凝析气藏成藏系统与勘探

主要完成人:中国石油大港油田集团有限责任公司
吴永平、姚和清、孙振纯、杨池银、杨勇、祝文亮、肖景华、周建生、岳发辉、曹来勇、何炳振、熊金良、周立宏、廖前进、李东平

推 荐 单 位:中国石油天然气集团公司

本项目创造性地运用地质学原理对油气成藏理论、条件及综合勘探技术进行攻关研究,它发现了中国东部高成熟油气区规模最大的凝析气田,本项目的实施缓解了华北地区天然气供需矛盾,这会对贯彻石油工业"稳定东部,发展西部"的战略方针,改善人民生活、保护生态环境起到相当重要的作用。项目的主要创新点有:

1. 资源评价认为大港探区古潜山具有广阔的勘探潜力,该项目的完成,极大地丰富和发展了渤海湾古潜山石油勘探理论,提出了"深部潜山"找油模式。

2. 首次在中国东部中新生代伸展构造区建立相关构造系统的概念模型,形成深潜山精细三维预测方法设计、高精度成像处理和非均匀质性储层地震描述,探索并形成行之有效的地球物理勘探技术,为选准预探井位,保证钻探成功提供了重要依据。

3. 首次在预探井中成功应用欠平衡钻井工艺,并形成了井筒综合配套技术,在千米桥深部潜山大型凝析气田的发现中起到了关键的作用。

目前,该气田已进入开发建设初期,一年来已积累生产油当量8万余吨,预计到2003年年生产天然气可达5亿-8亿立方米,生产凝析油25万-30万吨。在老油区找到一个油储量达1亿吨凝析气田,为大港油田找到了后备接替资源。"深部潜山"找油模式和欠平衡钻井技术目前已推广应用到大庆、胜利、辽河等油田。

项 目 编 号:3.J-210-1-02

项 目 名 称:硫化矿电位调控浮选理论与实践

主要完成人:中南工业大学、广东工业大学、广东省韶关岭南铅锌集团凡口铅锌矿
王淀佐、邱冠周、刘如意、刘侦德、胡岳华、覃文庆、顾帼华、孙水裕、伍敬峰、戴晶平、孙肇淑、徐竞、聂晓军、王毓华、吴伯增

推 荐 单 位:教育部

目前硫化矿电位调控浮选,国外以单矿物的理论研究为主,进行着硫化矿物与捕收剂相互作用的电化学机理研究,但一直未能找到可用于生产实践的电位控制方法。我国硫化矿大部分属于复杂多金属类型,分选难度大,长期以来,采用传统的浮选工艺,生产指标差,成本高,能耗高,环境污染大。本项目为解决这些难题进行了理论研究和技术创新,硫化矿电位调控浮选理论将电化学、量子化学,矿物加工工程学用于硫化矿浮选过程,系统地研究了不同体系中,捕收剂在不同硫化矿物表面形成疏水产物及产物稳定性的热力学条件和电极过程动力学方程,建立了硫化矿浮选电化学的分子轨道与能带理论模型。主要创新有:

首次发现"矿浆原生电位"可成为控制硫化矿选择性浮选分离的电位判据,提出通过矿浆原生电位调控pH值和药剂浓度相匹配,实现了复杂成份硫化矿浮选的高选择性分离;发明了"矿浆原生电位-pH值-药剂浓度"三维控制参数,这三要素的匹配和调节,是控制硫化矿浮选效果的主要手段。

该项技术实现了铅锌硫化矿电位调控浮选,提高了分离选择性,增大了浮选设备的处理能力,降低了药剂消耗和能耗。通过在国内15家不同类型的铅锌矿山的推广应用,产生了全新的工艺过程控制参数,解决了复杂铅锌硫化矿的、高选择性浮选分离。

项 目 编 号:4.J-213-1-01

项 目 名 称:反应分离耦合技术及其在酶法合成手征性化合物中的应用

主要完成人:南京化工大学
欧阳平凯、芮新生、胡永红、徐虹、王雪根、葛晓芳、朱建良、王正春

推 荐 单 位:国家石油和化学工业局

生物转化体系生产手征性化合物时普遍存在产物抑制、转化率低、产物浓度稀、后提取难度大和工艺流程长等弱点，从而使生物技术产品缺乏竞争力，是国内外生物化工界急切需要解决的难题。该项目有以下技术创新：

1. 通过大量的筛选工作，获得了高活性用于手征性催化的酶产生菌；

2. 研究了酶蛋白结构上活性域构象条件的保持，提供了采用细胞膜控制性渗透等措施，从而提高了酶的稳定性；

3. 采用了分离相匹配的反应技术，研究了耦合过程中产品的结晶和稳定性工艺，保证了生物反应分离技术的可行性。

该项目是综合性的生物化工技术，开发的难度很大，用这一反应分离耦合技术开发了具有自主知识产权的L-苹果酸和L-丙氨酸生产工艺流程，已经实现工业化规模生产，明显降低了生产成本和污染，技术经济指标达到国际先进水平，提高了产品质量和市场竞争力，产生了显著的经济和社会效益。该项技术在L-苹果酸和L-丙氨酸上推广应用的成功，为其他生物化产品的研究开发和产业化提供了重要启示和生产路线，具有良好的推广应用前景。

项 目 编 号：5.J-213-1-02
项 目 名 称：7万吨/年环管法聚丙烯成套技术
主要完成人：中国石化集团北京石油化工工程公司、中国石化集团公司工程建设部、巴陵石化公司长岭炼油化工总厂、福建炼油化工有限公司、中国石化集团九江石化总厂、中国石化集团武汉石化厂、中国石化集团济南炼油厂、中国石化集团北京化工研究院、中国石化集团物资装备公司、北京市奥达石化新技术开发中心
余学恒、陈伯华、张旭之、吴孝炽、苏洪、邱时平、于文秀、应洪山、孙钢、孙曾珏、黄大洋、薛青利、李来生、张清波、许学旺
推 荐 单 位：中国石油化工集团公司

该项目在我国首次实现了从催化剂研制到工程设计、建设、关键设备制造等整套成熟技术，从根本上改变了我国大型聚丙烯装置建设完全依靠引进的局面。主要技术创新为：

1. 攻克了聚丙烯N-催化剂在大型聚丙烯工业装置上应用的关键技术，实现了工业应用，其性能超过国外同类催化剂水平；

2. 开发了流程简单的炼厂气丙烯精制形成技术，提高了原料综合利用水平，扩大了聚丙烯原料来源；

3. 设计和采用大型单环管工艺，开发出成套工艺包。缩短了流程，简化了操作，节省了装置投资；

4. 攻克了关键设备大型环管反应器的设计制造技术难关，实现了国产化，装置的技术经济指标和产品质量达到了国际同类装置的水平。

采用该技术已建成七套7-10万吨/年工业装置，形成了59万吨/年的生产能力。使企业优化了产品结构，形成新的经济增长点。经济效益和社会效益明显提高，并具有广阔的推广前景。

项 目 编 号：6.J-215-1-01
项 目 名 称：常温变量喷射-动力波洗涤闪速炼铜技术
主要完成人：南昌有色冶金设计研究院金属（集团）公司
张文海、郑耀明、王临江、周松林、郭奕全、宋修明、袁家誉、王忻江、任鸿国、梁海卫、唐尊球、张源、邓淑华、周俊、章平
推 荐 单 位：江西省　安徽省

硫化铜精矿、燃料和氧气从分离塔顶部高速喷入，在2秒钟完成冶炼过程，这是当前世界上最主要的炼铜工艺和发展方向。该项目历经8年，完成了跨学科、高难度的系统性技术攻关，取得了以下创新成果：

1. 从理论上提出"常温送风节能"新概念，率先攻克常温送风下生料技术关键，实现了连续、稳定的常温送风闪速炼铜。

2. 对闪速炉进行了重要创新：应用"FSCC"软件，实现了闪速炉总体结构优化和确立最佳传热传质设计参数；并开发双腔四通道喷嘴；通过对常温送风条件下反应塔焦点区移动及炉衬腐蚀规律的研究，优化了闪速炉冷却系统与水套配置；解决了铜水套无间隙整体铸造技术，应用效果明显优于进口产品。

3. 开发铜冶炼烟气动力波洗涤组合装置，实现了复杂铜精矿冶炼烟气制酸。

4. 开发新型阀控计量装置和计算机在线控制数学模型，实现了闪速炼铜高精度的计算机在线控制。

该项目能有效控制炼铜厂SO_2、Pb、As、Cd等污染源，其研究成果已成功应用于国家"八五"重点项目金隆工厂和我国最大的炼铜厂江西贵溪工厂的技术改造。技术与装备于1998年出口伊朗，实现了我国有色冶金高新技术与大型设备成套输出的历史性跨越，促进了我国炼铜工业技术的全面升级。

项 目 编 号：7.J-217-1-01
项 目 名 称：CC-2000开放式、面向对象的EMS/DMS支撑系统
主要完成人：中国电力科学研究院、东北电网调度通信中心
吴玉生、赵君、吴杏平、孙超、曹连军、蒋建民、杨秋恒、董春晖、王文、沈松林、李立新、郭崇辉、孟令愚、邵滨、宋小琳
推 荐 单 位：国家电力公司

该项目为我国自主开发用于发电网、输电网和配电网的电力调度自动化系统，主要由以下四部分组成：

1. 分布式实时数据库管理系统；

2. 分布式系统运行管理环境；

3. 分布式全图形人机界面；

4. 电力系统大对象。

该项目采用面向对象的设计思想和编程技术开发了EMS/DMS支撑系统，系统运行环境管理软件基于事件驱动的分布式管理机制，实现了基于EMS/DMS大对象的应用接口，实现了电力系统实时数据库和商用关系数据库的统一使用和管理，与引进的国外同类系统相比，具有切换速度快、事故追忆功能强、开放性好等特点。

该项目于1996年起先后在东北、华北等多个电网应用，改变了我国过去省级以上电网调度的自动化系统主要依赖国外进口的局面，具有很好的推广前景和很强的国际竞争力。

项 目 编 号:8.J－219－1－01

项 目 名 称:SCDMA无线用户环路系统

主要完成人:北京信威通信技术有限公司

李世鹤、陈卫、徐广涵、李军、张晓丽、陈英、慕福奇、周滔、张文忠、林波、刘晓农、段滔、杨贵亮、李晨光、张代君

推 荐 单 位:信息产业部

随着通信技术的发展，用无线替代交换机到用户电话的连接，即无线用户环路系统，成为通信领域的一个新热点。本项目的研制成功，为我国第三代移动通信奠定了基础，对发展我国的无线通信产业将发挥积极的推动作用。

该系统源创性突出，在国际上首次同时使用了智能天线、同步无线接入信令、同步码分多址技术、软件无线电等多项国际先进技术，并在上述核心技术上取得突破。该项目已取得7项专利(其中6项为发明专利)，使我国在该领域拥有重要的自主知识产权，实现了我国电信史上的突破。其中，TD－CDMA已得到国际电信联合会的承认。

系统主要技术性能指标如下：

1. 工作频带 1785 － 1850MHZ；载频间隔0.5MHZ；

2. 多址方式CDMA＋SDMA；

3. 双工方式TDD　TDD的周期为10ms；

4. 扩频系数32；扩频码为32组正交Walsh函数加256位伪随机码；

5. 发射功率：无线机站为27dbm(500mv)/每收发机　用户台为20dbm/每码道；

6. 话音特性：8kbps　ITU－TG.729标准；话音质量MOS≥3.8(注：PCM　MOS≤4.10；GSM MOS≤3.50)。

该产品自1999年正式投入市场以来，已在全国近二十个省市开通或正在开通该系统，具有广阔的市场前景。

项 目 编 号:9.J－221－1－01

项 目 名 称:复杂地质艰险山区修建大能力南昆铁路干线成套技术

主要完成人:铁道部第二勘测设计院、中国铁路工程总公司、中国铁道建筑总公司、西南交通大学、中铁五局(集团)有限公司、铁道建筑研究设计院、铁道部第一勘测设计院、中铁第十六工程局、中铁二局集团有限公司、铁道部南昆铁路建设指挥部

推 荐 单 位:铁道部

南昆铁路是国家“八五”“九五”重点建设项目，东起南宁，西至昆明，北接红果，沿途经广西、贵州、云南三省(区)，全长899.68km。1990年12月开工建设，1997年11月建成通车。

南昆铁路是我国在西南复杂地质艰险山区修建的具有90年代水平的Ⅰ级电气化大能力铁路干线。铁路从海拔78米的南宁盆地爬升至2200多米的云贵高原，地形险峻，地质复杂，工程艰巨。参加工程建设的广大科技工作者，攻克无数技术难关，在6大领域取得了重大的突破性进展：

1. 以高墩、大跨、弯梁为特点。在各类预应力混凝土连续刚构桥和连续梁桥的结构设计、施工技术和移动式支架造桥技术方面有重大突破，全线桥梁建造技术整体上达到国际先进水平。其中，清水河预应力混凝土连续刚构桥跨度128m、墩高100m、桥高183m均列世界第二；板其二号预应力混凝土平弯桥主跨72m列世界第二，曲线半径450m为世界最小，跨度与曲线半径之比(0.16)居世界之冠。

2. 单线长隧道修建和复杂地质隧道防灾技术获系统性突破。在我国铁路目前最长的单线隧道米花岭隧道(长9392m)施工中，采用快速施工技术和钻爆、运碴、喷锚、衬砌的机械化配套模式，创造了平均月成洞122m的国际先进水平；对集高瓦斯、高地应力和富水软岩于一体的家竹箐隧道(长4990m)，其防突、防爆施工技术与设备，瓦斯计算与自动监测、报警、通风系统以及封闭瓦斯材料等安全施工和运营防灾技术有全面创新。

3. 路基高边坡支护与特殊岩土处理技术有新的突破，对路堑高边坡，提出“分层稳定，坡脚预加固”的新观念，采用预应力锚索、上钉墙和锚固桩等支挡组合形式，成功解决了软弱岩体高边坡机械化施工难题；对陡坡路堤，创新了预应力锚拉式桩板墙和钢塑复合带拉筋加筋土档土墙结构，其中长200m、高24m的石头寨锚拉式桩板墙的规模居世界首位。

4. 以地质灾害勘察为中心，改进和运用综合物探方法探测岩溶地下洞穴。其准判率达到80%；研制出由4种物探方法组合进行隧道开挖面前方不良地质预报的技术，开发了泥石流区计算机选线系统。

5. 研制了通信信号和牵引供变电的关键设备。其中多项能的区段信号设备监督监测系统、牵引变电所微机保护与监控综合自动化装置和有线/无线相结合的站场接触网开关微机集中监控装置均为国内首创，设备国产化率接近80%；昆明东自动化驼

峰提高了车辆编解能力200%。

6.强化了坡面防护与绿化,控制了水土流失。首次实现全线自来水供给率和水质达标率均达100%;在昆明东站修建了铁路首座隔声墙。

南昆铁路是沟通我国西南地区与华南沿海地区的重要通道,是大西南通向出海口岸的捷径。它的建成,对促进西南地区的经济、社会发展,实施党中央开发西部的伟大战略具有重大作用。

项 目 编 号:10.J-221-1-02

项 目 名 称:万县长江大桥特大跨(420m)钢筋混凝土拱桥设计施工技术研究

主要完成人:四川省交通厅公路规划勘察设计研究院、四川公路桥梁建设集团有限公司、重庆交通学院、西南交通大学、四川大学

谢邦珠、李文琪、臧棣华、杨稚华、徐基伟、顾安邦、谢幼藩、刘忠、范文理、杨如刚、贺立新、游贤贵、李淑峰、万中茎、赵雷

推 荐 单 位:交通部

万县长江大桥是国道主干线上海至成都公路在四川万县跨越长江的特大公路桥,主跨420米,桥长856米,桥宽24米,是世界上跨径和规模最大的混凝土拱桥。针对国内外此类拱桥缺乏合理、可靠技术的现状,该项目实现了以下技术创新:

1.在设计上开拓性地提出了拱圈强度验算的非线性综合分析法,对拱圈形成过程仿真,可以分析各种非线性影响;建立了施工过程非线性稳定分析方法,可以考虑几何非线性、材料非线性、个体构件先期失稳对整体稳定性的影响;研究出能确保骨架线性安装精度和拱圈混凝土浇筑中结构安全的二级施工控制方法。

2.在施工中成功开发了钢管混凝土劲性骨架成拱方法;大吨位、多节段缆索吊装悬拼技术;桥用高强混凝土配制、生产、输送工艺技术以及“六工作面”对称同步浇筑法。

3.在新材料应用方面,首次在特大跨混凝土拱桥上采用钢管混凝土和高强混凝土;设计了新型组合式刚架桥台和轻型化拱上结构。

万县长江大桥对沟通国家干道交通网,开发西部经济意义重大。它的技术创新成果促进了世界大跨混凝土拱桥建造技术的发展。

项 目 编 号:11.J-223-1-01

项 目 名 称:中国铁路客票发售和预订系统

主要完成人:铁道部科学研究院、北方交通大学、长沙铁道学院、上海铁道大学、西南交通大学、华东交通大学、大连铁道学院、兰州铁道学院、石家庄铁道学院

马钧培、刘春煌、项源金、陈光伟、刘强、詹子宁、史峰、田宁、齐玉杰、叶明芷、徐尤南、罗小兵、谢川成、张剑、李锋

推 荐 单 位:铁道部

该项目是覆盖全国铁路的大型计算机网络应用系统,在世界最繁忙的铁路运输线上实现了铁路快车停靠车站计算机联网发售、预订与管理,日发售量250万张,高峰时突破400万张,全面实现了售票、退票、订票、计划、调度、结帐、统计、查询等相关业务的计算机管理,并提供了营销分析决策支持。

系统由铁道部客票中心、地区客票中心、车站售票系统三级联网构成,采用了当今世界先进的计算机和网络技术、数据集中与分布相结合的方案和三层客户机/服务器结构,构建了覆盖全国铁路的计算机售票网络,建立了研究开发、模拟试验、维护支持基地,自主研制开发了适应我国铁路路情的总体设计和应用软件。

系统重点解决了席位的分布与生成策略、基础数据同步复制、交易连接管理、数据库通信、票价灵活计算、客运径路计算、软件自动分发、大交易量和突发高峰适应性、客票营销分析、系统安全措施等难度较大的技术问题。尤其是在大型交易系统和信息系统关键技术的攻关中取得突破,如首次大规模地运用复制服务器技术,自行成功地研制了交易连接管理服务器和数据库通讯软件等中间件,取得了创新的成果。

系统采取了自下而上、分步实施、分期收效的推进策略,已建成了铁道部客票中心和覆盖全国铁路的24个地区客票中心及700多个车站售票系统,投入运营的售票窗口达7000多个,通过该系统发售的车票已占全路票额的85%以上,社会和经济效益显著。

项 目 编 号:12.J-233-1-01

项 目 名 称:中国阻断淋巴丝虫病传播的策略和技术措施的研究

主要完成人:中国预防医学科学院寄生虫病研究所、山东省寄生虫病防治研究所、贵州省寄生虫病研究所、广西壮族自治区寄生虫病防治研究所、福建省寄生虫病防治研究所、湖北省医学科学院寄生虫病防治研究所、广东省寄生虫病防治研究所、四川省寄生虫病防治研究所、湖南省卫生防疫站、河南省卫生防疫站

史宗俊、孙德建、王兆俊、陶增厚、潘士贤、刘心机、张绍清、欧作炎

推 荐 单 位:卫生部

淋巴丝虫病是丝虫在人体内造成淋巴系统回流障碍所导致的疾病,全球感染人数1.2亿,中国原是淋巴丝虫病流行严重的国家之一,有16个省(自治区、直辖市)的864个县、市,防治前有淋巴丝虫病人3099.4万,受感染威胁人口达3.3亿。该项目在我国实施40多年,其主要技术创新如下:

一、通过系统地对淋巴丝虫病病源史和生物学特性研究,揭示了该病的发病机理、传播机制,确立了阻断淋巴丝虫病传染源为主导的防治策略;通过

对丝虫病传播动力学研究分析，揭示了该病防治后期的传播规律，阐明残存低密度微丝蚴血症者，已无淋巴丝虫病传播的意义。明确提出了我国阻断淋巴丝虫病传播的阈值，为全球消灭淋巴丝虫病提供了理论依据。

二、确立以0.3%乙胺嗪药盐群体防治的科学措施，截止1994年底，全国普服乙胺嗪药盐达1.9亿人次，极大地控制了我国淋巴丝虫病的流行和发生，使70年代微丝蚴血症者(具有传染性的)2500多万人降至目前不足1万人，这使我国成为世界上率先消除淋巴丝虫病流行的国家。

通过几十年大规模防治实践，我国已于1994年实现了基本消除淋巴丝虫病的发生；至1997年底已有6个流行省(自治区、直辖市)达到消灭淋巴丝虫病标准，2000年底有7个流行省(自治区)保持6年以上达到消灭淋巴丝虫病标准，是我国疾病控制的一项重大成就，并为全球消灭淋巴丝虫病的可行性提供了科学范例。

项目编号:13.J－233－1－02
项目名称:肝胆管结石及其并发症的外科治疗与实验研究
主要完成人:朱素贞、李庆俊、常江、吴让庄、邓珊珊、郑贤球
中国人民解放军第三军医大学第一附属医院、中国人民解放军总医院
黄志强、韩本立、刘永雄、蔡景修、何振平、董家鸿、别平、王曙光、黄晓强、钱光相、迟彦邦、顾红光、李智华、李锐、龚建平
推荐单位:总后勤部

该项目针对肝胆管结石这一严重疾病，全面系统地阐明了肝胆管结石的病因、发病机理和临床病理特点，提出肝胆管结石及其并发症诊治的新概念，创用了一系列治疗肝胆管结石及其并发症的手术方法，形成了较为完整的肝胆管结石及其并发症的诊治理论和技术体系，主要创新有：

1.全面系统研究并阐明了肝胆管结石及其并发症的发病机理。通过大量流行病学调查和一系列临床实验研究，首次报道了我国肝胆管结石在胆道疾病中的分布特点和重要性；提出了胆道感染、胆道寄生虫、胆汁淤积是肝胆管结石形成的三大基本病理因素；发现并证实了组织性β－葡萄糖醛酸苷酶、胆汁中粘蛋白及胆道免疫反应在胆石形成中的重要作用；揭示了肝胆管结石在肝内临床病理特征；明确提出了重症急性胆管炎的诊断标准及其所致多脏器功能衰竭的机理。

2.创建了一系列治疗肝胆管结石及其并发症的手术方法。针对肝胆管结石患者病情复杂危重、并发症多等特点，研究并创用了20余种治疗肝胆管结石及其并发症的有效外科手术方法：肝胆管结石肝部分切除根治术；高位胆管狭窄的显露及矫治术；胆管空肠吻合改进术；重症胆管炎胆道引流术；胆道大出血肝动脉结扎及肝叶切除术；胆源性门脉高压症分期手术等，解决了严重影响和制约肝胆管结石外科治疗效果的关键性技术疑难问题，临床远期疗效优良率高达87.1%。

二等奖项目

项目编号:14.J－201－2－01
项目名称:湘研系列辣椒品种(湘研1－10号)的推广
主要完成人:湖南省蔬菜研究所
邹学校、周群初、戴雄泽、李雪峰、马艳青、苏争艳、何青、刘虎、左宁、曾令明
推荐单位:农业部

项目编号:15.J－201－2－02
项目名称:北方土壤供钾能力及钾肥高效施用技术研究
主要完成人:中国农业科学院土壤肥料研究所、山东省农业科学院土壤肥料研究所、辽宁省农业科学院土壤肥料研究所、河北省农林科学院土壤肥料研究所、吉林省农业科学院土壤肥料研究所、河南省农业科学院土壤肥料研究所、黑龙江省农业科学院土壤肥料研究所
金继运、刘荣乐、程明芳、张漱茗、雷永振、邢竹、吴荣贵、吴巍、杨俐苹、孙克刚
推荐单位:农业部

项目编号:16.J－201－2－03
项目名称:优质高产早熟大果花生新品种豫花7号
主要完成人:河南省农科院、开封县第一职业高中、河南省经济作物推广站、安徽省种子总公司、河南省种子管理站
张新友、汤丰收、狄先、任春玲、夏英萍、马淑琴、董文召、殷冬梅、葛秀荣、梁尼亚
推荐单位:河南省

项目编号:17.J－201－2－04
项目名称:玉米品种郑单14号(豫玉18号)选育
主要完成人:河南省农业科学院粮食作物研究所、河南省种子管理站、河南省长葛市科学技术委员会、河南省汝州市种子公司、安徽省种子管理站、四川省南充市种子公司
王义波、王振华、王永普、张新、陆利行、魏振宙、李铁庄、房志勇、刘玉恒、贺华
推荐单位:河南省

项目编号:18.J-201-2-05
项目名称:保护地番茄新品种“中杂9号”和“中杂8号”的育成
主要完成人:中国农业科学院蔬菜花卉研究所
高振华、李树德、杜永臣、朱德蔚、冯兰香、王孝宣、戴善书、陈新伟、杨翠荣、严准
推荐单位:农业部

项目编号:19.J-201-2-06
项目名称:广东水稻品种对白叶枯病和稻瘟病的抗性研究及其在抗病育种上的应用
主要完成人:广东省农业科学院植物保护研究所
伍尚忠、徐羡明、霍超斌、曾列先、朱小源、杨祁云、林璧润、黄少华、刘景梅、刘智英
推荐单位:广东省

项目编号:20.J-201-2-07
项目名称:棉花远缘杂交新品种“石远321”
主要完成人:石家庄市农业科学研究院、中国科学院遗传研究所
赵国忠、冯恒文、李爱国、梁正兰、李增书、姜茹琴、眭书祥、赵丽芬、朱青竹、钟文南
推荐单位:河北省

项目编号:21.J-201-2-08
项目名称:谷子锈菌优势小种监测及谷子品种抗性基因研究
主要完成人:河北省农林科学院谷子研究所
董志平、崔光先、甘跃进、高立起、谢剑峰、郑桂春、李青松、赵兰波、籍贵苏、刁现民
推荐单位:河北省

项目编号:22.J-201-2-09
项目名称:大穗型高配合力水稻优良不育系冈46A的选育和应用推广
主要完成人:四川农业大学、四川省农业厅
黎汉云、刘代银、周开达、龙斌、李仁端、黄世超、李仕贵、杨林、朱建清、马均
推荐单位:四川省

项目编号:23.J-202-2-01
项目名称:黄土高原昕水河流域生态经济型防护林体系建设模式研究
主要完成人:北京林业大学
高志义、查多禄、齐宗庆、王久丽、朱金兆、谢京湘、火树华、吴斌、陆守一、任勇
推荐单位:国家林业局

项目编号:24.J-202-2-02
项目名称:五倍子单宁深加工技术
主要完成人:中国林业科学研究院林产化学工业研究所、重庆丰都康乐化工有限公司、四川省彭州天龙化工有限公司、老河口市林产化工总厂
张宗和、黄嘉玲、秦清、王琰、李丙菊、徐浩、王连珠、陈文文、李东兴、郝援朝
推荐单位:国家林业局

项目编号:25.J-202-2-03
项目名称:杉木建筑材优化栽培模式研究
主要完成人:中国林业科学研究院林业研究所、福建林学院福建杉木研究中心、湖南省林业科学院、江西省林业科学研究院、贵州大学、南京林业大学、福建省林科院
盛炜彤、惠刚盈、何智英、张守攻、陈长发、贺果山、童书振、马蔷、丁贵杰、叶镜中
推荐单位:国家林业局

项目编号:26.J-202-2-04
项目名称:杨树介壳虫等干部害虫综合防治技术研究
主要完成人:东北林业大学、大庆市林业局
刘景全、迟德富、邵景文、邓立文、马玲、张学科、李成德、严善春、胡隐月、刘宽余
推荐单位:国家林业局

项目编号:27.J-202-2-05
项目名称:红树林主要树种造林和经营技术研究
主要完成人:中国林业科学研究院热带林业研究所、中国科学院南海海洋研究所、海南省东寨港国家级自然保护区管理处、广东内伶仃福田国家级自然保护区管理处、湛江市林业局、广东湛江红树林省级自然保护区管理站、湛江市林业科学研究所
郑德璋、廖宝文、郑松发、李云、张乔民、邱坚锐、宋湘豫、郑馨仁、刘治平、吴中亨
推荐单位:国家林业局

项目编号:28.J-202-2-06
项目名称:刺槐建筑与矿柱材林优化栽培模式研究
主要完成人:山东农业大学
梁玉堂、龙庄如、邢黎峰、张光灿、丁修堂、王哲理、李宏开、刘财富、左永忠、丰震
推荐单位:国家林业局

项目编号:29.J-203-2-01
项目名称:猪口蹄疫病毒系统发生树及其应用

主要完成人:中国农业科学院兰州兽医研究所
谢庆阁、赵启祖、刘在新、常惠芸、刘卫
推荐单位:农业部

项目编号:30.J-203-2-02
项目名称:大型海藻生物技术研究及其应用
主要完成人:青岛海洋大学、荣成市水产养殖场、荣成市海兴育苗场、日照市海水育苗场
戴继勋、张学成、崔竞进、包振民、欧毓麟、刘涛、隋正红、韩宝芹、孙建华、徐加元
推荐单位:教育部

项目编号:31.J-203-2-03
项目名称:中国荷斯坦奶牛MOET育种体系的建立与实施
主要完成人:中国奶牛协会、中国农业大学、中国农业科学院畜牧研究所、北京奶牛中心、新疆畜牧科学院、北京奶牛育种中心良种场
张沅、许宗良、罗应荣、陈静波、张勤、宣柏华、朱化彬、龙福增、王安江、洪广田
推荐单位:农业部

项目编号:32.J-203-2-04
项目名称:中国蓝舌病流行病学及控制研究
主要完成人:云南省(农业部)热带亚热带动物病毒病重点实验室
张念祖、李志华、张开礼、张富强、李华春、邹福中、肖雷、向文彬、朱建波、杨承瑜
推荐单位:云南省

项目编号:33.J-203-2-05
项目名称:高产蛋鸡新配套系的育成及配套技术的研究与应用
主要完成人:北京市种禽公司、中国农业大学生物学院、中国农业大学国家生物技术实验室、中国农业大学动物科学技术学院、中国科学院遗传研究所
官桂芬、程少平、孟安明、李宁、杨宁、张海兰、孙会、高竹、仇宝琴、李建魁
推荐单位:北京市

项目编号:34.J-203-2-06
项目名称:牛体外受精技术的研究与开发
主要完成人:内蒙古大学、广西大学
旭日干、卢克焕、张锁链、石德顺、薛晓先、凌泽继、刘东军、王武陵、塵洪武、韦英明
推荐单位:内蒙古自治区

项目编号:35.J-203-2-07
项目名称:犬五联弱毒疫苗的研制
主要完成人:中国人民解放军军需大学
夏咸柱、殷震、范泉水、黄耕、武银莲、李金中、乔贵林、袁书智、何洪彬、钟志宏
推荐单位:总后勤部

项目编号:36.J-203-2-08
项目名称:高效转化、肉质改良、资源开发型全价饲料的研发与产业化
主要完成人:浙江大学、浙江一星饲料集团有限责任公司、浙江欣欣饲料股份有限公司
许梓荣、汪以真、邹晓庭、孙建义、夏枚生、王敏奇、屠友金、占秀安、冯杰、钱利纯
推荐单位:浙江省

项目编号:37.J-210-2-01
项目名称:综合信息矿产预测理论与方法体系
主要完成人:长春科技大学
王世称、艾宪森、李忠、陈华山、杨毅恒、严光生、朱裕生、叶水盛、李景朝、肖克炎
推荐单位:专家推荐

项目编号:38.J-210-2-02
项目名称:胜利海上埕岛油田高速、高效勘探开发技术
主要完成人:中国石油化工集团公司胜利石油管理局
宋万超、何生厚、潘元林、才汝成、李阳、孔凡仙、王军、林会喜、周志齐、周长江
推荐单位:中国石油化工集团公司

项目编号:39.J-210-2-03
项目名称:测井解释工作站系统
主要完成人:石油勘探开发科学研究院、大庆石油管理局测井公司、辽河石油勘探局测井公司
常明澈、李宁、于亚娄、杜贵彬、童晓玲、张玲、陆阳、王建强、邱汉强、乔德新
推荐单位:中国石油天然气集团公司

项目编号:40.J-210-2-04
项目名称:复杂条件下地下工程开挖支护技术的理论方法和应用研究
主要完成人:中国科学院武汉岩土力学所、山东科技大学、淮南矿务局
朱维申、刘泉声、白世伟、李术才、陈卫忠、尤春安、杨家岭、袁亮、吴玉山、祝经康
推荐单位:湖北省

项目编号:41.J-210-2-05

项目名称:BGRIMM系列浮选机研制与推广应用
主要完成人:北京矿冶研究总院
沈政昌、刘桂芝、刘振春、张鸿甲、邹介斧、夏晓鸥、刘惠林、刘彦君、卢世杰、刘林
推荐单位:国家有色金属工业局

项目编号:42.J-210-2-06
项目名称:油气藏数值模拟技术的应用与推广
主要完成人:西南石油学院、四川石油管理局地质勘探开发研究院
李允、钟孚勋、张烈辉、罗涛、杜志敏、冯曦、王阳、杨兆中、胡勇、贺伟
推荐单位:四川省

项目编号:43.J-210-2-07
项目名称:新城金矿复杂条件矿床采矿方法研究
主要完成人:山东黄金集团(有限)公司新城金矿、长春黄金研究院、北京科技大学、东北大学、长沙矿山研究院
崔仑、蔡美峰、韦华南、孙豁然、李春元、赵国彦、刘国富、李凤山、乔兰、李元辉
推荐单位:国家经济贸易委员会

项目编号:44.J-210-2-08
项目名称:地下矿山高阶段强化开采新工艺综合技术研究
主要完成人:铜陵有色金属(集团)公司、长沙矿山研究院、北京有色冶金设计研究总院、北京矿冶研究总院
李周经、孙再东、饶绮麟、彭怀生、王善元、李樟鹤、夏倩、王毅、郭然、谢源
推荐单位:国家有色金属工业局

项目编号:45.J-210-2-09
项目名称:深圳市规划国土管理信息化工程
主要完成人:深圳市规划国土信息中心
郭仁忠、张曼平、彭子凤、向发灿、鲍江军、许蔚文、李春阳、荣芳、梁勇、潘俊杰
推荐单位:国土资源部

项目编号:46.J-210-2-10
项目名称:坑道钻机及近水平孔定向钻进技术的研究
主要完成人:煤炭科学研究总院西安分院
胡少韵、石智军、赵学社、殷新胜、韩仕洲、郝世俊、李新建、周新莉、龚城、刘卫东
推荐单位:国家煤炭工业局

项目编号:47.J-210-2-11
项目名称:塔里木盆地海相克拉通油气勘探开发技术及其应用
主要完成人:中国石油天然气股份有限公司塔里木油田分公司
廖永远、贾承造、孙龙德、邸超、俞新水、梁狄刚、周新源、王招明、刘昌玉、田军
推荐单位:新疆维吾尔自治区

项目编号:48.J-210-2-12
项目名称:坚硬厚煤层综放开采关键技术研究
主要完成人:大同矿务局、中国矿业大学(北京校区)、太原理工大学、煤炭科学研究总院太原分院
谢和平、朱晓喜、张宝山、彭建勋、孙忠义、张锁江、解景全、靳钟铭、王家臣、白希军
推荐单位:国家煤炭工业局

项目编号:49.J-210-2-13
项目名称:国家高精度GPS网布测方案、施测技术和数据处理的研究
主要完成人:国家基础地理信息中心、武汉测绘科技大学、中国测绘科学研究院、国家测绘局大地测量数据处理中心
陈俊勇、刘经南、张燕平、李毓麟、施闯、张骥、施品浩、葛茂荣、肖耀寰、王权
推荐单位:国家测绘局

项目编号:50.J-210-2-14
项目名称:柴达木盆地地质与油气预测
主要完成人:中国地质科学院地质力学研究所、青海石油管理局
黄汉纯、黄庆华、马寅生、周显强、王长利、陈泽光、李永贤、王砚庆、高荐、孙立平
推荐单位:国土资源部

项目编号:51.J-210-2-15
项目名称:南海南部海域航磁调查
主要完成人:中国地质调查局航空物探遥感中心
高仁载、方迎尧、周伏洪、王乃东、王庆萼、李标芳、刘天猛、于长春、张培琴、王卫平
推荐单位:国土资源部

项目编号:52.J-211-2-01
项目名称:抗菌系列家电及抗菌塑料研制应用
主要完成人:海尔集团公司青岛家电工艺装备研究所、海尔科化工程塑料国家工程研究中心有限公司
杨绵绵、李毕忠、季君晖、杜光林、严庆、徐进礼、金道谟
推荐单位:山东省

项目编号:53.J-211-2-02

项目名称:碳氢物质替代 CFCs 制造系统工程
主要完成人:广东科龙电器股份有限公司
黄小池、谢清文、吴世庆、王国生、刘国梁、关志强、谭蓁、顾中平、潘坚、王伙平
推荐单位:国家轻工业局

项目编号:54.J-211-2-03
项目名称:天然级肉味香精生产技术
主要完成人:北京工商大学、河南省漯河市双汇实业集团有限公司、广东一品鲜生物科技有限公司
孙宝国、宋焕禄、王玉芬、陈尧桀、张留安、廖国洪、何文娇、魏冰、陆辛玫、李小瑶
推荐单位:教育部

项目编号:55.J-211-2-04
项目名称:无铬少铬鞣法生产高档山羊服装革
主要完成人:四川大学、四川雅安皮革总厂
石碧、李维德、范浩军、杨玉彬、何有节、李梅芳、曾少余、李强、曹明蓉
推荐单位:教育部

项目编号:56.J-211-2-05
项目名称:MNML 立式双辊碾米机和 MPGL 立式双辊抛光机研究开发
主要完成人:湖南郴州粮油机械有限公司
陈学秀、谷世斌、曹曦蓉、马秉春、欧文生、刘文、林智勇、王月芳、邹锋、罗碧军
推荐单位:国家粮食储备局

项目编号:57.J-211-2-06
项目名称:高胡、二胡、中胡(系列)高音区、音质、音量的改良
主要完成人:四川音乐学院
陈泽、赵砚臣、陈欣
推荐单位:文化部

项目编号:58.J-211-2-07
项目名称:发酵法生产衣康酸技术的研究
主要完成人:山东省食品发酵工业研究设计院、山东中舜集团有限公司、青岛琅琊台酒业(集团)股份有限公司
刘建军、姜鲁燕、李丕武、王廷刚、王明惠、李大林、赵祥颖、田延军
推荐单位:山东省

项目编号:59.J-212-2-01
项目名称:氨纶纤维产业化技术
主要完成人:烟台氨纶股份有限公司
朱允铎、陈嘉震、郑志杰、于李强、秦春、林荣、周国永、刘学功、常勇、张钢
推荐单位:山东省

项目编号:60.J-212-2-02
项目名称:万吨级腈纶高速纺丝生产线电控系统
主要完成人:哈尔滨工业大学、中国石油大庆石油化工总厂
王庆超、赵伯超、喻宝才、乔永宽、胡慎敏、李天书、王金娥、吕世勇、郭振良、严利明
推荐单位:国防科工委

项目编号:61.J-212-2-03
项目名称:电晕放电型可染性导电纤维的研究及其特种功能面料开发
主要完成人:江苏省纺织研究所、无锡市第三棉纺织厂
陶再荣、李荣珍、王琴云、华靖乐、郁蕾、祁军、周建平、张长乐、杨宏、庄秉康
推荐单位:江苏省

项目编号:62.J-213-2-01
项目名称:磷铵副产磷石膏制硫酸联产水泥新技术
主要完成人:山东鲁北企业集团总公司
冯怡生、冯久田、刘希岗、王玉瑞、吕天宝
推荐单位:山东省

项目编号:63.J-213-2-02
项目名称:氯乙烯类多相(共)聚合反应工程研究及工业应用
主要完成人:浙江大学
潘祖仁、翁志学、黄志明、刘龙孝、包永忠、单国荣、罗英武
推荐单位:教育部

项目编号:64.J-213-2-03
项目名称:热硫化硅橡胶生胶生产技术
主要完成人:晨光化工研究院
王伟良、张汝琴
推荐单位:国家石油和化学工业局

项目编号:65.J-213-2-04
项目名称:氯乙烯路线联产 HFC-152a 和 HCFC-142b 中试技术
主要完成人:浙江省化工研究院
杜国浩、毛汉卿、刘明华、郭心正、翟洪达、何帮井、马鑫明、裘霞敏、尚金漫、何俊
推荐单位:国家石油和化学工业局

项目编号:66.J-213-2-05
项目名称:全钢丝载重子午线轮胎一次法成型
主要完成人:天津市橡塑机械联合有限公司
张芝泉、朱伯明、张建浩、汤静、毛小馨、

张晨、王东海、曾志清、陈英铸、姚昆
推荐单位:天津市

项目编号:67.J-213-2-06
项目名称:新型高效纵流壳程换热设备现代设计技术研究与应用
主要完成人:郑州工业大学
刘敏珊、董其伍、魏新利、徐晓慧、王定标、王学生、刘伟、陈发忠、崔忠峰、秦可
推荐单位:国家石油和化学工业局

项目编号:68.J-213-2-07
项目名称:100万吨/年中压加氢改质成套技术开发及工业化
主要完成人:中国石化集团北京燕山石油化工有限公司、中国石化集团抚顺石油化工研究院、中国石化集团北京设计院
郑灌生、刘守义、刘家明、华炜、孙洪江、朱昌莹、吴秀章、戴景岐、简悦、杨仕铭
推荐单位:中国石油化工集团公司

项目编号:69.J-213-2-08
项目名称:一步法铝塑复合管成型设备与专用交联料的研究与制造
主要完成人:青岛化工学院
潘炯玺、谢雁、葛涛、刘新民、郭红革、王焱、陈兴銮、杨金平、李玮
推荐单位:山东省

项目编号:70.J-213-2-09
项目名称:2.5万吨/年碳五分离工业性试验
主要完成人:上海石油化工股份有限公司、中国石油化工集团公司北京化工研究院、中国石化集团北京石油化工工程公司
林敏仙、于豪翰、杜春鹏、孙国金、徐宏芬、衣秀玉、言敏达、李普阳、俞甲翘、杨德忠
推荐单位:中国石油化工集团公司

项目编号:71.J-213-2-10
项目名称:杀虫剂残杀威原药技术开发
主要完成人:湖南化工研究院
石峰、杨慧、梁跃华、段湘生、王洪成、尹霖、苏红、陶贤鉴、聂萍、冯建东
推荐单位:国家石油和化学工业局

项目编号:72.J-214-2-01
项目名称:锂离子蓄电池研制及应用技术研究
主要完成人:信息产业部电子第十八研究所
朱利宏、汪继强、杨清欣、汪艳、杜友良、张泽波、谭逸雄、刘荫福、娄永康、薛梅
推荐单位:信息产业部

项目编号:73.J-214-2-02
项目名称:风云二号卫星复合材料结构件与EP-KM上面级壳体制造技术
主要完成人:哈尔滨玻璃钢研究所
康子与、刘其贤、孔庆宝、田开谟、王文达、高巨龙、陈辉、赵洪斌、王兴华、刘扬
推荐单位:国家建筑材料工业局

项目编号:74.J-214-2-03
项目名称:JG-4混凝土缓凝减水剂
主要完成人:冶金工业部建筑研究总院
苏波、梅名虎、熊大玉、赵雅军、龚春明、张志宏、韩枫、肖军、李勇、曹国平
推荐单位:国家冶金工业局

项目编号:75.J-215-2-01
项目名称:铁精矿球团烧结新工艺的研究
主要完成人:钢铁研究总院、酒泉钢铁(集团)有限责任公司、安阳钢铁集团有限责任公司、北京科技大学、冶金部鞍山冶金设计研究院
谷永振、潘宝巨、马智明、周取定、张新生、宋书亭、袁娅佳、葛铸高、于海津、刘文学
推荐单位:国家冶金工业局

项目编号:76.J-215-2-02
项目名称:新型热喷涂技术和涂层材料的研究与开发
主要完成人:广州有色金属研究院、中国南方航空动力机械公司、北京矿冶研究总院、中国科学院化工冶金研究所
周克崧、刘敏、戴达煌、洪瑞江、刁楚鹏、王德政、梁振锋、史文方、杨大君、廖传美
推荐单位:国家有色金属工业局

项目编号:77.J-215-2-03
项目名称:武钢RH多功能真空精炼技术
主要完成人:武汉钢铁(集团)公司、武汉钢铁设计研究院、西安重型机械研究所、北京冶金设备研究院
刘建功、王殿禄、高凯、刘涵清、刘良田、孙毅、董伟光、于伟民、杨杰、胡述疑
推荐单位:国家冶金工业局

项目编号:78.J-215-2-04
项目名称:高温浓硝用C_8高纯高硅奥氏体不锈钢及其焊材
主要完成人:钢铁研究总院、四川川投长城特殊钢股份有限公司第三钢厂、大化集团有限责任公司、吉林化学工业股份有限公司化肥厂、中国石油兰州石化公司化肥厂、

安徽淮化集团有限公司、泸天化集团有限责任公司404厂
冈毅民、陈敬胜、庞瑞、王庆符、接云升、陈绍寿、宋尔应、刘忠国、范海枝、许崇臣
推荐单位:国家冶金工业局

项目编号:79.J-215-2-05
项目名称:板带钢轧制过程的智能优化与数模调优
主要完成人:东北大学、本溪钢铁(集团)有限责任公司、宝山钢铁股份有限公司、鞍钢新轧钢股份有限公司
王国栋、刘相华、徐建忠、邸洪双、赵昆、马东清、邹天来、袁建光、李长生、赵德文
推荐单位:国家冶金工业局

项目编号:80.J-215-2-06
项目名称:形状记忆与超弹性NiTi合金研究与应用
主要完成人:哈尔滨工业大学、法尔胜集团公司、北京卫星制造厂
赵连城、刘礼华、蔡伟、杨恒、王中、王儒润、刘兆生、黄兵民
推荐单位:专家推荐

项目编号:81.J-215-2-07
项目名称:汽车换热器用铝合金复合箔的研制
主要完成人:东北轻合金有限责任公司、中南工业大学
肖亚庆、周江、孙海安、马保伟、甘卫平、史文方、张华、陈兴利、唐伟、郑祥建
推荐单位:国家有色金属工业局

项目编号:82.J-215-2-08
项目名称:铁水热装及其相关新工艺在超高功率电炉上的应用
主要完成人:江苏淮钢集团有限公司
何达平、韩建淮、刘祥、张凤军、杨武
推荐单位:江苏省

项目编号:83.J-216-2-01
项目名称:宝钢2030mm外耦滚筒机构协衡飞剪机
主要完成人:上海宝钢集团公司、西安重型机械研究所、秦川机床集团有限公司、重庆大学
柳冉、赵兵、高玉田、沈成孝、朱庆明、蒋继中、郁黎扬、晁春雷、朱进兴、朱季瑞
推荐单位:国家机械工业局

项目编号:84.J-216-2-02
项目名称:华中I型数控系统
主要完成人:华中理工大学
周济、黄树槐、周云飞、朱志红、陈吉红、周祖德、熊清平、李小华、熊晓红、陆云祥
推荐单位:教育部

项目编号:85.J-216-2-03
项目名称:离心球墨铸铁管工艺及装备的研究
主要完成人:新兴铸管(集团)有限责任公司、中国农业机械化科学研究院
范英俊、郭士进、张伯明、王黎晖、赵焕平、杨彬、徐顺友、胡家骢、陈宝玉、孙韶华
推荐单位:河北省

项目编号:86.J-216-2-04
项目名称:奥氏体不锈钢焊条
主要完成人:太原理工大学
王宝、孙咸、刘满才、吴宇、张汉谦、孟庆森
推荐单位:山西省

项目编号:87.J-216-2-05
项目名称:热处理数学模型和计算机模拟的研究与应用
主要完成人:上海交通大学、盐城丰东热处理有限公司
潘健生、胡明娟、钱初钧、张伟民、顾剑锋、沈甫法、徐薇平、毛立忠、蔡珣、李勇军
推荐单位:上海市

项目编号:88.J-216-2-06
项目名称:金属型材三维拉弯工艺及设备
主要完成人:燕山大学
周超、高才良、闻广秋、钱志平、吕玫、杨兆森、韩伟、王志敏、王国山、王允善
推荐单位:国家机械工业局

项目编号:89.J-216-2-07
项目名称:低比转速高扬程高速离心泵的理论设计与工业化应用
主要完成人:浙江大学、浙江苍南特种泵有限公司
朱祖超、王乐勤、汪希萱、陈鹰、金庆明、黄敦回
推荐单位:浙江省

项目编号:90.J-216-2-08
项目名称:快速成形制造若干关键技术及其设备
主要完成人:西安交通大学
卢秉恒、李涤尘、王素琴、丁玉成、赵万华、洪军、赵毅、曹瑞军、胡德洲、唐一平
推荐单位:专家推荐

项 目 编 号:91.J-216-2-09
项 目 名 称:磁脉冲振动清车装备的研制
主要完成人:北京机电研究所
海锦涛、王勇、张立斌、陆辛、谷九如、李敏贤、王辉、朱钰、范安国、张守彬
推 荐 单 位:国家机械工业局

项 目 编 号:92.J-217-2-01
项 目 名 称:全玻璃真空太阳集热管、集热器及热水系统
主要完成人:北京清华阳光能源开发有限责任公司、北京清华阳光太阳能设备有限责任公司、清华大学、北京玻璃仪器厂
薛祖庆、殷志强、张剑、沈长治、严锡元、傅延龄、邹怀松、薛培杰、邹辉煌、郑世民
推 荐 单 位:北京市

项 目 编 号:93.J-217-2-02
项 目 名 称:200MW 汽轮机通流部分优化设计及应用
主要完成人:北京全三维动力工程有限公司、中国科学院工程热物理研究所、哈尔滨工业大学、北京重型电机厂、哈尔滨汽轮机厂有限责任公司、黑龙江省电力公司、浙江省电力公司
蒋洪德、徐星仲、朱斌、蔡虎、郭朝阳、张冬阳、黄伟光、王仲奇、徐文远、朱国良
推 荐 单 位:专家推荐

项 目 编 号:94.J-217-2-03
项 目 名 称:iES500 电力调度自动化主站应用环境
主要完成人:山东大学
云昌钦、杨志强、严中华、王浩、张志伟、魏新华、孙玉军
推 荐 单 位:教育部

项 目 编 号:95.J-217-2-04
项 目 名 称:WBZ-500 型微机变压器保护装置
主要完成人:南京电力自动化设备总厂、东北电力设计院、东北电管局、华中理工大学、辽阳电业局
徐进亮、陈德树、沈福媛、孟志宏、牛立峰、刘效孟、陶月明、毛锦庆、芮志浩、王峰
推 荐 单 位:国家电力公司

项 目 编 号:96.J-217-2-05
项 目 名 称:DISA & DR2000 变电站自动化设备
主要完成人:国家电力公司电力自动化研究院
徐石明、陶晓农、赵金荣、施玉祥、张辉勇、顾大庆、刘臣宾、蒋跃平、陈朝勤、周郸飞
推 荐 单 位:国家电力公司

项 目 编 号:97.J-217-2-06
项 目 名 称:武钢硅钢扩建工程 CA5 机组电气自动化系统
主要完成人:天津电气传动设计研究所
马小亮、谢保侠、胡枫林、闫占文、楚子林、郭斌、王万新、王东晴、桂林、刘国建
推 荐 单 位:国家机械工业局

项 目 编 号:98.J-217-2-07
项 目 名 称:低压电器可靠性设计及检测技术
主要完成人:河北工业大学、苏州高新技术产业开发区电器技术研究所、国家继电器质量监督检验中心
陆俭国、李志刚、王景芹、苏秀苹、李奎、骆燕燕、杜太行、胡德霖、韩青、刘教民
推 荐 单 位:天津市

项 目 编 号:99.J-218-2-01
项 目 名 称:300MW 核反应堆压力容器关键制造技术研究及应用
主要完成人:中国第一重型机械集团公司
邢济本、金栋国、宋忠臣、洪性九、徐肇源、刘志颖、李叔彦、张致忠、吕亚臣、林岳萌
推 荐 单 位:国家机械工业局

项 目 编 号:100.J-219-2-01
项 目 名 称:8 × 2.5Gb/s SDH 密集波分复用(DWDM)系统及相关技术
主要完成人:信息产业部武汉邮电科学研究院
漆启年、袁鑫昌、余少华、黄宣泽、张延安、唐家武、周锡康、舒华德、张学勇、胡国华
推 荐 单 位:信息产业部

项 目 编 号:101.J-219-2-02
项 目 名 称:ZXMVC3000/3200 会议电视系统
主要完成人:深圳市中兴通讯股份有限公司
李志前、戴志军、汪伦、吴永明、黄强、江奕坚、王宁、翁健、史立庆、马汉军
推 荐 单 位:广东省

项 目 编 号:102.J-219-2-03
项 目 名 称:M900/M1800 数字蜂窝移动通信系统
主要完成人:深圳市华为技术有限公司
侯金龙、杨刚华、陈朝晖、刘江峰、范晖、张韶井、王卫军、王冬、陈曦、张洁敏
推 荐 单 位:广东省

项 目 编 号:103.J-219-2-04
项 目 名 称:670nm 半导体量子阱激光器批量生产

主要完成人:中国科学院半导体研究所
郭良、马骁宇、陈良惠、王丽明、茅冬生、谭满清、潘贵生、刘德钧、王树堂、李玉璋
推荐单位:中国科学院

项目编号:104.J-219-2-05
项目名称:网络管理设计、测试成套技术及系统
主要完成人:北京邮电大学
孟洛明、亓峰、杨正球、陈兴渝、李文璟、邱雪松、潘湘国、雷友珣、熊翱、戴忠
推荐单位:信息产业部

项目编号:105.J-219-2-06
项目名称:5英寸可录CD光盘生产工艺、材料和母盘开发研究
主要完成人:中国科学院上海光学精密机械研究所、深圳市先科企业集团、华东理工大学
千福熹、王士杰、唐福龙、陈群、何红、侯立松、田禾、张国轩、顾冬红、苏建华
推荐单位:中国科学院

项目编号:106.J-219-2-08
项目名称:超扭曲液晶显示器(STN-LCD)中试工艺研究
主要完成人:清华大学
高鸿锦、张百哲、万博泉、董友梅、雷有华、李余增、解志良、张伟、石琳、肖飞
推荐单位:北京市

项目编号:107.J-220-2-01
项目名称:加速纺机产品结构优化升级的信息集成与虚拟产品开发技术
主要完成人:清华大学、经纬纺织机械股份有限公司
肖田元、张庆喜、郭沁汾、韩向利、李鑫、孟明辰、库冠群、段广洪、戚建萍、张燕云
推荐单位:专家推荐

项目编号:108.J-220-2-02
项目名称:计算机网络安全关键技术研究与产品开发
主要完成人:中国科学院软件研究所、中国科学技术大学、中国科学院高能物理研究所、中国科学院计算机网络信息中心
卿斯汉、倪惜珍、冯登国、许榕生、钱华林、杨蕾、荆继武、安德海、常晓林、赵战生
推荐单位:中国科学院

项目编号:109.J-220-2-03
项目名称:工业机器人研究、开发及工程应用
主要完成人:中国科学院沈阳自动化研究所
王天然、曲道奎、阳如坤、胡炳德、杜鹏、黄勇、胡建平、徐方、李庆杰、李正刚
推荐单位:中国科学院

项目编号:110.J-220-2-04
项目名称:WPS 2000智能集成办公系统
主要完成人:珠海市金山电脑有限公司
董波、沈家正、章立新、万里、许彬、王羽、林剑锋、问永民、林玉铃
推荐单位:信息产业部

项目编号:111.J-220-2-05
项目名称:数字视频广播编码传输与接收系统
主要完成人:哈尔滨工业大学、中国科学院计算技术研究所、北京算通科技发展有限公司
高文、陈熙霖、高鹏飞、张晶、赵德斌、何锦、赵巍、屈冬生、刘伟、贺思敏
推荐单位:黑龙江省

项目编号:112.J-220-2-06
项目名称:高性能分布式并行数值代数软件研究与开发
主要完成人:中国科学院软件研究所
孙家昶、迟学斌、李玉成、曹建文、王鼎盛、张林波、朱鹏、邓健新、张云泉、潘峰
推荐单位:中国科学院

项目编号:113.J-220-2-07
项目名称:现场总线控制系统
主要完成人:浙江大学、浙江浙大中控技术有限公司
褚健、孙优贤、金建祥、施一明、黄文君、王为民、郭豪杰、钟国庆、熊菊秀、裘峰
推荐单位:浙江省

项目编号:114.J-220-2-08
项目名称:多媒体数据库管理系统 OpenBASE
主要完成人:东北大学、东方软件有限公司
刘积仁、张霞、赵宏、曹斌、彭成宝、于宏江、袁淮、李春山、崔毅、吕新宇
推荐单位:辽宁省

项目编号:115.J-220-2-09
项目名称:曙光计算机应用示范(天津)工程
主要完成人:天津天大天财股份有限公司、南开大学、天津市计算中心、天津市科学技术信息研究所、天津市计算机研究所、天津市对外经济贸易委员会计算中心、曙光信息产业公司
寇纪淞、马其慧、韩维恒、李宝纯、孙富元、王俊铁、张洪奎、周时悌、万家泰、郝淳海
推荐单位:天津市

项 目 编 号:116.J－220－2－10
项 目 名 称:6000 米深海拖曳观察系统
主要完成人:上海交通大学
朱继懋、曹智裕、虞苏芳、顾云冠、余松煜、唐荣庆、王洪法、周源华、黄佩伟、张希贤
推 荐 单 位:教育部

项 目 编 号:117.J－220－2－11
项 目 名 称:全国报关单联网核查系统工程
主要完成人:海关总署、江南计算技术研究所、中国邮电电信总局、国家外汇管理局信息中心
杨国勋、吴国芳、王小丁、张泰安、姜林章、门晓波、曾燕珲、肖逢刚、吴幼毅、何瑜
推 荐 单 位:海关总署

项 目 编 号:118.J－221－2－01
项 目 名 称:虎门大桥建设成套技术
主要完成人:广东省交通厅、广东省长大公路工程有限公司、中交公路规划设计院、广深珠高速公路虎门大桥有限公司、广东虎门技术咨询有限公司、中交第二公路勘察设计研究院、交通部公路科学研究所
曾苏、林荣有、郑玉书、牛和恩、郑启瑞、郑明珠、杨高中、刘刚亮、杨学年、廖卓清
推 荐 单 位:交通部

项 目 编 号:119.J－221－2－02
项 目 名 称:北京首都国际机场东跑道整修加固技术研究
主要完成人:中国民航机场建设总公司、交通部公路科学研究所、北京首都国际机场航站区扩建工程指挥部、北京市公路局、北京市市政工程总公司
刘林生、沈金安、苏新、何福淦、洪上元、李舜范、吴志晖、秦汉昌、任惠平、李福普
推 荐 单 位:中国民用航空总局

项 目 编 号:120.J－221－2－03
项 目 名 称:浦东国际机场航站楼工程成套施工技术与设备研究
主要完成人:上海建工(集团)总公司、上海市机械施工公司、上海市第三建筑有限公司、上海市第七建筑有限公司
徐征、吴欣之、林锦胜、陈志明、周之峰、杨堃、王其龙、宋文俊、丁锡强、李成勇
推 荐 单 位:上海市

项 目 编 号:121.J－221－2－04
项 目 名 称:超高层钢管混凝土结构综合技术
主要完成人:中建二局深圳南方建筑公司、华艺设计顾问有限公司、中国建筑第二工程局、中国建筑二局安装公司、中国建筑二局第一建筑工程公司、中国建筑二局第三建筑工程公司、唐山中建工程技术研究所
程宝坪、吴国林、胡家琴、邱凡、陈世民、刘海东、汪洋、郭寒竹、张惠民、马国林
推 荐 单 位:中国建筑工程总公司

项 目 编 号:122.J－221－2－05
项 目 名 称:澳门国际机场人工岛工程建设成套技术
主要完成人:中国港湾建设(集团)总公司、交通部第三航务工程勘察设计院、广州航道局、中港第一航务工程局、中港第三航务工程局、中港第四航务工程局、天津港湾工程研究所
刘绍尧、廖权懋、杨联正、刘翼熊、钟树源、魏兴华、刘怀远、廖谅九、张余庆、莫景逸
推 荐 单 位:交通部

项 目 编 号:123.J－221－2－06
项 目 名 称:高耸钢结构设计理论研究及工程应用
主要完成人:同济大学
王肇民、马人乐、何敏娟、邓洪洲、颜明忠、蒋演德、罗烈、沈之容、马星、赵晓阳
推 荐 单 位:教育部

项 目 编 号:124.J－221－2－07
项 目 名 称:EBG 自行式架桥机
主要完成人:江西日月明实业有限公司、南昌大学
陶捷、黄锡镛、吴跃星、徐晓霞、袁延华、麦丰城、帅长斌、黄闻、陈合爱
推 荐 单 位:江西省

项 目 编 号:125.J－221－2－08
项 目 名 称:人工冻土基本力学性能研究与应用
主要完成人:煤炭科学研究总院北京建井研究所、中煤特殊工程公司、中煤第一建设公司特凿处、兖州矿业(集团)有限责任公司第六工程处
陈湘生、李昆、徐兵壮、张云利、汪崇鲜、彭连海、庞荣庆、陈东海、李嘉玲
推 荐 单 位:国家煤炭工业局

项 目 编 号:126.J－222－2－01
项 目 名 称:混凝土高坝全过程仿真分析及温度应力的研究与应用
主要完成人:中国水利水电科学研究院
朱伯芳、许平、董福品、厉易生、贾金生、

杨波、闫继军
推 荐 单 位:水利部

项 目 编 号:127.J-222-2-02
项 目 名 称:全国水中长期供求计划研究
主要完成人:水利部南京水文水资源研究所、中国水利水电科学研究院水资源研究所、水利部长江水利委员会、水利部黄河水利委员会、水利部淮河水利委员会、水利部海河水利委员会、水利部珠江水利委员会、水利部松辽水利委员会、水利部太湖流域管理局
张国良、徐子恺、王浩、庞进武、马滇珍、王建生、姚建文、张象明、涂善超、王玉太
推 荐 单 位:水利部

项 目 编 号:128.J-222-2-03
项 目 名 称:真空激光自动监测大坝变形技术
主要完成人:浙江大学、长春市朝阳监测技术研究所、丰满发电厂
王绍民、夏诚、陈昌林、夏强、应成仁、夏正坚、赵道木、李维平、夏刚、朱精敏
推 荐 单 位:浙江省

项 目 编 号:129.J-222-2-04
项 目 名 称:XHM-7型斜井滑模系统的研制与实践
主要完成人:中国水利水电第十四工程局、天荒坪抽水蓄能电站工程建设公司
马洪琪、尚明华、熊训邦、李鹏程、王良生、陈恒敬、朱镜方
推 荐 单 位:国家电力公司

项 目 编 号:130.J-222-2-05
项 目 名 称:三峡工程散装水泥/粉煤灰实时调运指挥系统(TGP-CFADIS)
主要完成人:华中理工大学、中国长江三峡工程开发总公司
费奇、於崇东、陈学广、王运丰、刘振元、罗荣海、马文飞、汪建平、朱明富、甘邯
推 荐 单 位:教育部

项 目 编 号:131.J-222-2-06
项 目 名 称:水锤基本理论及其工程应用研究
主要完成人:河海大学
索丽生、刘德有、张芹芬、刘启钊、张健、胡明
推 荐 单 位:专家推荐

项 目 编 号:132.J-223-2-01
项 目 名 称:广深铁路200km/h电气化新技术
主要完成人:铁道部电气化工程局
刘宝锟、容仕宽、陆明强、王刚、田乃强、赵印军、曹立白、鲁海祥、戴钦祯、邢尊军
推 荐 单 位:铁道部

项 目 编 号:133.J-223-2-02
项 目 名 称:船体外板水火加工成形技术研究
主要完成人:大连理工大学、大连造船新厂
纪卓尚、孙振烈、刘玉君、金世良、邓燕萍、于文喜、董守富、陈永义、戴寅生、姜春满
推 荐 单 位:辽宁省

项 目 编 号:134.J-223-2-03
项 目 名 称:16500m^3半冷半压式液化气船
主要完成人:江南造船(集团)有限公司、中国船舶工业第七零八所
叶彼得、张富明、胡可一、高继峰、程斌、姚荣、朱锦标、张国新、郭强亨、邹斌
推 荐 单 位:国防科工委

项 目 编 号:135.J-223-2-04
项 目 名 称:飞行品质监控和飞行图形仿真系统研究
主要完成人:中国民用航空总局航空安全技术中心、中国民航学院、中国东方航空集团公司
谢孜楠、陶亦渊、陈治怀、诸彤宇、翁祖军、徐祥松、俞力玲、舒平、钟民主、李春香
推 荐 单 位:中国民用航空总局

项 目 编 号:136.J-223-2-05
项 目 名 称:46000吨化学品/成品油轮设计与建造
主要完成人:大连造船厂
王泰荣、赵占军、董瑞华、程燕、王祯禄、廉成本、初文强、谭富山、纪国利、王德平
推 荐 单 位:国防科工委

项 目 编 号:137.J-223-2-06
项 目 名 称:发动机性能控制系统的开发和应用
主要完成人:中国南方航空股份有限公司、广州飞机维修工程有限公司(GAMECO)
韦桂兰、高勇、黄粤、陈钦彬、李明、李耀南、李欣、曹学国、车创林、罗镇民
推 荐 单 位:中国民用航空总局

项 目 编 号:138.J-223-2-07
项 目 名 称:交通运输系统规划设计理论、方法、技术的研究及应用
主要完成人:吉林工业大学
杨兆升、王殿海、徐丽群、姜桂艳、温慧敏、胡坚明、岑晏青、靳文舟、季常煦、朱

中
推 荐 单 位:吉林省

项 目 编 号:139.J-230-2-01
项 目 名 称:模/数、数/模转换器(ADC、DAC)静态特性测量标准
主要完成人:中国计量科学研究院
童光球、张秀增、邹本霞、钱钟泰、何强、颜红艳、迟天舒
推 荐 单 位:国家质量技术监督局

项 目 编 号:140.J-230-2-02
项 目 名 称:mt法天然气流量标准装置
主要完成人:四川石油管理局勘察设计研究院、中国测试技术研究院、四川石油管理局输气公司(国家原油大流量计量站成都天然气流量分站)
郭绪明、罗镇伟、刘承昭、孙玉声、郝耀武、黄锦才、苏建华、米家锦、陈俊骞、邱宁
推 荐 单 位:中国石油天然气集团公司

项 目 编 号:141.J-231-2-01
项 目 名 称:膏体充填新技术的研究与工业化
主要完成人:金川有色金属公司、北京有色冶金设计研究总院
刘同有、于润沧、周成浦、魏孔章、王佩勋、王晓雯、王五松、丁启圣、王正辉、齐占海
推 荐 单 位:国家有色金属工业局

项 目 编 号:142.J-231-2-02
项 目 名 称:液膜分离回收废水中高浓度酚、氰技术及应用
主要完成人:沈阳化工研究院、江苏省新沂利民化工有限公司
程迪、李明、李利敏、于秀霞、许淑娟、胡清、王大庆、战捷、刘军、陶霞
推 荐 单 位:国家石油和化学工业局

项 目 编 号:143.J-231-2-03
项 目 名 称:A/O工艺处理吉化混合化工废水
主要完成人:中国石油天然气股份有限公司吉林石化分公司研究院、吉林化学工业股份有限公司污水处理厂、吉化集团公司设计院
谢锐、张锐锋、张汉武、张兴福、李志明、王俊杰、张立桅、廉基、张春、车庆华
推 荐 单 位:中国石油天然气集团公司

项 目 编 号:144.J-231-2-04
项 目 名 称:城市污水水解-好氧生物处理工艺示范工程研究
主要完成人:北京市环境保护科学研究院
王凯军、贾立敏、郑元景、谭凤君、吾理之、曹文忠、张少凡、田宁宁、柯建明、王晓惠
推 荐 单 位:国家环境保护总局

项 目 编 号:145.J-232-2-01
项 目 名 称:中国沿岸现代海平面变化及其应用研究
主要完成人:青岛海洋大学、中国人民解放军测绘信息技术总站、国家海洋信息中心
陈宗镛、郑文振、左军成、于宜法、黄祖珂、汤恩祥、黄立人、王骥、周天华、陈特固
推 荐 单 位:教育部

项 目 编 号:146.J-232-2-02
项 目 名 称:数值气象预报的并行计算技术
主要完成人:国家气象中心、国家气候中心
颜宏、金之雁、施培量、王建捷、董敏、刘金达、伍湘君、洪文董、刘志远、张德新
推 荐 单 位:中国气象局

项 目 编 号:147.J-233-2-01
项 目 名 称:鼻咽癌防治系列研究
主要完成人:中山医科大学肿瘤防治中心
闵华庆、洪明晃、黄腾波、汪慧民、张恩罴、郭翔、马骏、钱朝南、罗伟、钱剑扬
推 荐 单 位:广东省

项 目 编 号:148.J-233-2-02
项 目 名 称:真菌病的基础与临床系列研究
主要完成人:中国人民解放军第二军医大学、中国医学科学院皮肤病研究所
廖万清、吴绍熙、郭宁如、温海、吴建华、姚志荣、顾菊林、陈江汉、刘维达、吕桂霞
推 荐 单 位:总后勤部

项 目 编 号:149.J-233-2-03
项 目 名 称:全口义齿固位的研究
主要完成人:中国人民解放军第四军医大学
郭天文、施生根、赵铱民、欧阳官、冯海兰、闫召民、施崇山、毛勇、刘宝林
推 荐 单 位:总后勤部

项 目 编 号:150.J-233-2-04
项 目 名 称:外科实用管道铸型标本制作法的研究和应用
主要完成人:中国人民解放军第一军医大学
李忠华、王兴海、石瑾、洪辉文、钟世镇、胡耀民、刘大庸、原林、欧阳钧
推 荐 单 位:总后勤部

项目编号:151.J-233-2-05
项目名称:肾移植组织配型技术与临床系列研究
主要完成人:中国人民解放军第一军医大学、广州器官移植配型中心
于立新、肖露露、叶桂荣、白喜文、韩献平、马俊杰、陈志良、叶欣、杨淑玲
推荐单位:广东省

项目编号:152.J-233-2-06
项目名称:我国儿童青少年风湿热的调查与群体性一级预防方法的建立
主要完成人:广东省心血管病研究所、重庆医科大学附属第一医院、北华大学医学院附属医院、同济医科大学公共卫生学院、浙江医院、华西医科大学附属第一医院
黄震东、饶栩栩、杨平珍、岑润超、陈运贞、陈志红、邓木兰、吴红穗、陈剑光、陈沛芳
推荐单位:卫生部

项目编号:153.J-233-2-07
项目名称:危重心脏瓣膜病外科治疗的基础与临床研究
主要完成人:中国人民解放军第二军医大学
张宝仁、梅举、徐志云、于伟勇、王志农、邹良建、朱家麟、韩林、郎希龙、王连才
推荐单位:上海市

项目编号:154.J-233-2-08
项目名称:系列性脾保留性手术的基础与临床研究
主要完成人:哈尔滨医科大学第一临床医学院
姜洪池、乔海泉、许军、侯利民、孙备、张峰、荣万水
推荐单位:卫生部

项目编号:155.J-233-2-09
项目名称:胃癌“三早”与胃癌现代外科治疗的研究
主要完成人:中国医科大学
陈峻青、王舒宝、张文范、张荫昌、徐惠绵、单吉贤、刘庆华、戴冬秋、戚晓东、吴云飞
推荐单位:辽宁省

项目编号:156.J-233-2-10
项目名称:急性心肌梗死的急诊介入治疗
主要完成人:首都医科大学附属北京红十字朝阳医院
胡大一、贾三庆、李田昌、王乐丰、杨明、崔亮、陈方、王铁
推荐单位:卫生部

项目编号:157.J-233-2-11
项目名称:膀胱移行上皮癌诊断治疗及应用基础研究
主要完成人:天津市泌尿外科研究所
马腾骧、畅继武、徐勇、韩瑞发、王广有、张广建
推荐单位:天津市

项目编号:158.J-233-2-12
项目名称:中国人经典型苯丙酮尿症(PKU)突变基因的鉴定与产前诊断
主要完成人:中国医学科学院基础医学研究所、中国医科大学、上海市儿童医院上海医学遗传研究所
罗会元、王涛、孙开来、黄淑帧、袁丽芳、黄尚志、刘国仰、曾溢滔、孙桂凤、李佳
推荐单位:卫生部

项目编号:159.J-233-2-13
项目名称:Wilson病的分子生物学研究
主要完成人:中山医科大学
梁秀龄、徐评议、王丽娟、马少春、刘焯霖
推荐单位:卫生部

项目编号:160.J-233-2-14
项目名称:常用智力、人格和神经心理测验的研制及推广应用
主要完成人:湖南医科大学附属第二医院
龚耀先、程灶火、姚树桥、蔡太生、戴晓阳、张致祥、解亚宁、赵介城、周世杰、杨坚
推荐单位:卫生部

项目编号:161.J-233-2-15
项目名称:卡托普利对急性心肌梗塞病死率及并发症影响的多中心随机临床研究
主要完成人:中国医学科学院心血管病研究所、上海第二医科大学附属瑞金医院、天津市胸科医院、大连医科大学附属第二医院、山东省立医院、同济医科大学心血管病研究所、上海市心血管病研究所
刘力生、王文、陶寿淇、龚兰生、陈树勋、刘玉慧、朱德祺、戴闺柱、潘信伟、刘忠铭
推荐单位:卫生部

项目编号:162.J-233-2-16
项目名称:中国人遗传性b5R缺陷的分子遗传学、免疫学和酶学研究
主要完成人:中国人民解放军南京军区福州总医院
朱忠勇、王瑶、吴玉水、黄长晖、兰风华、唐玉钗、何菊英、谢毅、俞秀玲

推荐单位:总后勤部

项目编号:163.J-233-2-17
项目名称:铅对儿童生长发育影响及其预防的系列研究
主要完成人:上海第二医科大学附属新华医院、上海市儿科医学研究所、上海第二医科大学附属上海儿童医学中心
沈晓明、颜崇淮、章依文、吴胜虎、赵薇、周建德、敖黎明、何稼敏、李纫秋、郭迪
推荐单位:卫生部

项目编号:164.J-233-2-18
项目名称:烧伤创面愈合机理的研究
主要完成人:上海第二医科大学附属瑞金医院
史济湘、朱德安、许伟石、方培耀、严忠馥、冯世杰、郑铎铣、曹启栋、吴建和、青春
推荐单位:卫生部

项目编号:165.J-233-2-19
项目名称:造血生长因子的分子进化及其指导的基因工程系列研究
主要完成人:中国人民解放军军事医学科学院放射医学研究所、中国人民解放军军事医学科学院基础医学研究所
贺福初、吴祖泽、刘永学、陈惠鹏、鱼咏涛、瞿成奎、魏汉东、邢桂春、吴加金、王清明
推荐单位:总后勤部

项目编号:166.J-233-2-20
项目名称:血管内皮细胞在烧伤早期脏器损害发病中作用的研究
主要完成人:中国人民解放军第三军医大学第一附属医院
杨宗城、罗向东、黄跃生、高建川、王晓军、李志清、刘旭盛、王旭、罗勤、何保斌
推荐单位:总后勤部

项目编号:167.J-233-2-21
项目名称:实体瘤的细胞遗传学研究
主要完成人:哈尔滨医科大学
李璞、傅松滨、肖晟、刘权章、赵育桢、宋岩、黄承滨
推荐单位:黑龙江省

项目编号:168.J-234-2-01
项目名称:天麻种子与真菌共生萌发及生长机理和纯菌种伴播技术研究与应用
主要完成人:中国医学科学院药用植物研究所、陕西省略阳县食用菌开发中心
徐锦堂、郭顺星、傅士贤、何才章、冉砚珠、范黎、兰进、王秋颖、贺秀霞、刘瑞芳
推荐单位:专家推荐

项目编号:169.J-234-2-02
项目名称:薏苡仁酯制剂及其抗癌作用机理和临床研究
主要完成人:浙江省中医院
李大鹏、黄洁敏、吴良村、姜丽丽、李炳生、施建英
推荐单位:国家中医药管理局

项目编号:170.J-234-2-03
项目名称:脾虚证辨证论治的系列研究
主要完成人:广州中医药大学
王建华、劳绍贤、连至诚、王汝俊、陈淑英、邱向红、刘友章、卞兆祥、邵庭荫、刘良
推荐单位:国家中医药管理局

项目编号:171.J-234-2-04
项目名称:中西医结合治疗股骨头坏死临床研究
主要完成人:广州中医药大学
袁浩、何伟、樊粤光、张德兴、刘少军、张庆文、曾意荣、唐立明、方斌、李雄
推荐单位:国家中医药管理局

项目编号:172.J-234-2-05
项目名称:通心络胶囊治疗冠心病的研究
主要完成人:石家庄以岭药业有限公司
吴以岭、田书彦、张庆昌、陈金亮、郭双庚、王兰芬、张树才、赵韶华、高学东、吴相锋
推荐单位:国家中医药管理局

项目编号:173.J-234-2-06
项目名称:传统外用藏药创新产品奇正消痛贴膏的开发与产业化生产
主要完成人:西藏林芝奇正藏药厂
雷菊芳
推荐单位:西藏自治区

项目编号:174.J-235-2-01
项目名称:自体血液回收利用系统(自体-2000型血液回收机)
主要完成人:北京医科大学第一医院、北京京精医疗设备公司
张明礼、路书奇、鲁天龙、张积宏、朱乃庆、马胜利、吴栋、刘桂兰、倪旭培、董君
推荐单位:北京市

项目编号:175.J-235-2-02
项目名称:重组链激酶(r-SK)研制、开发与临床应用
主要完成人:上海医科大学、上海实业医大生物技术有限公司
宋后燕、朱运松、任军、汤其群、顾银良、

陈幼妹、朱文玲、陈衔城、张翊、徐光
推荐单位:上海市

项目编号:176.J-235-2-03
项目名称:地塞米松系列产品新工艺的研究与应用
主要完成人:天津药业有限公司
卢彦昌、袁长东、杨凤翻
推荐单位:天津市

项目编号:177.J-235-2-04
项目名称:天然d-α-维生素E工艺技术创新
主要完成人:浙江医药股份有限公司新昌制药厂
李春波、邵斌、周增龙、徐金龙、吕春雷、吕志强、马文鑫、蒋晓岳、潘一斌
推荐单位:国家经济贸易委员会

项目编号:178.J-235-2-05
项目名称:注射用A型肉毒毒素的研制及临床应用
主要完成人:兰州生物制品研究所、北京市第六医院、首都医科大学附属北京同仁医院
王荫椿、戴壮、卢炜、吴晓、杨仲蟠、李志辉、张方华、薛峰、马占恒
推荐单位:甘肃省

项目编号:179.J-235-2-06
项目名称:BME-200眼科超声波诊断仪
主要完成人:中国医学科学院生物医学工程研究所
王延群、杨军、宋学东、丁仲奇、林秩文、王志元、计建军、宋国祥、邢维忠、李穗
推荐单位:卫生部

与知识产权有关的主要国际组织

1 比荷卢商标局
Benelux Trademark Office
2 比荷卢外观设计局
Benelux Designs Office
3 发明人协会国际联合会
International Federation of Inventors′ Association (IFIA)
4 非洲地区工业产权组织
African Intellectual Property Organization (ARIPO)
5 非洲知识产权组织
African Intellectual Property Organization(OAU)
6 国际版权情报中心
International Copyright Information Center
7 国际版权学会
International Copyright Society(INTERGU)
8 国际保护工业产权协会
International Association for the Protection of Industrial Property (AIPPI)
9 国际保护植物新品种联盟
International Union for the Protection of New Varieties of Plants(UPOV)
10 国际笔会
International P.E.N.
11 国际标准化组织
International Organization for Standardization
12 国际档案协会
International Council on Archives
13 国际法院
International Court of Justice
14 国际翻译家联合会
International Organization for Sranslators
15 国际工业产权代理人联合会
International Federation of Industrial Property Attorneys(FICPI)
16 国际建筑师协会
International Union of Architects
17 国际竞争法联合会(LIDC)
International League of Competition Law
18 国际劳工组织
International Labour Organization(ILO)
19 国际录音制品业联合会
International Federation of Phonogram Industries
20 国际商会
International Chamber of Commerce(ICC)
21 国际图书馆协会联合会
International Federation of Library Association and Instiution
22 国际文献工作联合会
Federation of International Documentation
23 国际文学艺术协会
International Literary and Artistic Association (ALAI)
24 国际无线电与电视组织
International Radio & T.V. Organization
25 国际信息处理联合会
International Federation for Information Processing
26 国际许可证贸易经理协会
Licensing Executives Society International(LESI)
27 国际演员联合会
International Federation of Actors(FIA)
28 国际艺术协会

International Association of Art(IAA)
29 国际音乐家联合会
International Federation of Musicians(FIM)
30 国际专利文献中心
International Patent Documentation Center (IN-PADOC)
31 联合国教育科学和文化组织
United Nations Educational, Scientific and Cuitural Organization(UNESCO)
32 美国作曲家、作家、出版商协会
American Society of Composers, Authors and Publishers
33 欧亚专利局
Eurasian Patent Office(EAPO)
34 欧亚专利组织
Eurasian Patent Organization
35 欧洲广播联盟
European Broadcasting Union
36 欧洲专利局
European Patent Office(EPO)
37 欧洲专利组织
European Patent Organization
38 世界贸易组织
World Trade Organization(WTO)
39 世界知识产权组织
World Intellectual Property Organization(WIPO)
40 视听工作者国际联合会
International Federation of Audiovisual Workers (FIAD)
41 太平洋地区工业产权协会
Pacific Intellectual Property Association(PIPA)
42 亚太地区广播联盟
Asia - Pacific Broadcasting Union(ABU)
43 亚洲专利代理人协会
Asian Patent Attorneys Association(APAA)
44 著作者和作曲者协会国际联合会
International Confederation of Societies of Authors and Composers(CISAC)
45 作家、作曲家、出版商协会
Society of Authors, Composers and Publishers
46 作家协会国际联合会
International Affiliation of Writers' Guilds

关于知识产权的国际条约

1 保护工业产权巴黎公约(1883 年 3 月 20 日)(巴黎公约)
Paris Convention for the Protection of Industrial Property (March 20, 1883) (Paris Convention)
2 保护文学艺术作品伯尔尼公约(1886 年 9 月 9 日)(伯尔尼公约)
Berne Convention for the Protection of Literary and Artistic Works (September 9, 1886) (Berne Convention)
3 商标国际注册马德里协定(1891 年 4 月 14 日)
Madrid Agreement Concerning the International Registration of Marks (April 14, 1891)
4 制止商品产地虚假或欺骗性标记马德里协定(1891 年 4 月 14 日)
Madrid Agreement for the Repression of False or Deceptive Indication of Source on Goods (April 14, 1891)
5 工业品外观设计国际保存海牙协定(1925 年 11 月 6 日)
The Hague Agreement Concerning the International Deposit of Industrial Designs (November 6, 1925)
6 世界版权公约(1952 年 9 月 6 日)(UCC)
Universal Copyright Convention (Septemter 6, 1952)(UCC)
7 商标注册用商品和服务国际分类尼斯协定(1957 年 7 月 15 日)
Nice Agreement Concerning the International Deposit of Industrial Designs (November 6, 1925)
8 保护原产地名称及其国际注册里斯本协定(1958 年 10 月 31 日)
Lisbon Agreement for the Protection of Appellations of Origin and their International Registration (Octoer 31, 1958)
9 保护表演者录音制品录制者和广播组织罗马公约(1961 年 10 月 26 日)
Rome Convention for the Protection of Performers, Producers of Phonograms and Broadcasting Organizations (October 26, 1961)
10 保护植物新品种国际公约(1961 年 12 月 2 日)
International Convention for the Protection of New Varieties of Plants(December2, 1961)
11 建立非洲 - 马拉加什工业权局利伯维尔协定(1962 年 9 月 13 日，1977 年 3 月经班吉协定予

以修改）
Libreville Agreement Establishing the African and Malagasy Office of Industrial Property(September 13, 1962, revised by Bangui Agreement, March 1977)

12 建立世界知识产权组织公约(1967 年 7 月 14 日)
Convention Establishing the World Intellectual Property Organization (July 14, 1967)

13 建立世界工业品外观设计国际分类洛迦诺协定(1968 年 10 月 8 日)
Locarno Agreement Establishing an International Classification for Industrial Designs (October 8, 1968)

14 卡塔赫那协定(安第斯协定)(1969 年 5 月)
Cartagena Agreement

15 专利合作条约(1970 年 6 月 19 日)(PCT)
Patent Cooperation Treaty (June 19, 1970) (PCT)

16 国际专利分类斯特拉斯堡协定(1971 年 3 月 24 日)
Strasbourg Agreerning the International Patert Classification (March 24, 1971)

17 保护录音制品录制者防止擅自复制其录音制品日内瓦公约(1971 年 10 月 29 日)
Geneva Convention for the Protection of Producers of Phonograms Against Unauthorized Duplication of Their Phonograms (October 29, 1971)

18 商标注册条约(1973 年 6 月 12 日)(TRT)
Trademark Registration Treaty (June 12, 1973) (TRT)

19 建立商标图形要素国际分类维也纳协定(1973 年 6 月 12 日)
Vienna Agreement Establishing an International Classification of the Figurative Elements of Marks (June 12, 1973) (TRT)

20 授予欧洲专利公约(1973 年 10 月 5 日)(欧洲专利公约)
Convention on the Grant of European Patents(October 5, 1973)(European Patent Convention)

21 播送卫星传输信号布鲁塞尔公约(1974 年 5 月 21 日)
Brussels Convention Relating to the Distribution of Programme - Carrying Signals Transmitted by Satellite (May 21, 1974)

22 建立非洲地区工业产权组织卢萨卡协定(1976 年)
Lusaka Agreement on the Creation of the African Regional Industrial Property Organization(1976)

23 国际承认用于专利程序的微生物保藏布达佩斯条约(1977 年 4 月 28 日)
Budapest Treaty on the International Recognition of the Deposit of Microorganism for the Purposes of Patent Procedure (April 28, 1977)

24 保护奥林匹克会徽内罗比条约(1981 年 9 月 26 日)
Nairobi Treaty on the Protection of the Olympic Symbol (September 26, 1981)

25 视听作品国际登记条约(1989 年 4 月 18 日)
Treaty on the International Registrtion of Audiovisual Works (April 18, 1989)

26 英语非洲工业产权组织内专利和工业品外观设计议定书(1982 年 12 月)
Protocol on Patents and Industrial Designs Within the Framework of The Industral Property Organization for English - Speaking Africa (December, 1982)

27 关于商标国际注册马德里协定的议定书(1989 年 6 月 27 日)
Protocol Relating to the Madrid Agreement Concrening the International Registration of Marks (June 27, 1989)

28 与贸易有关的知识产权协议(1994 年 4 月 15 日)(TPIPS)
Agreement on trade Related Aspects of Intellectual Property Rights, (April 15, 1994)(TRIPS)

29 商标法条约(1994 年 10 月 28 日)
Trademark Law Treaty (October 28, 1994)

30 欧亚专利公约(1994 年 11 月 1 日)
Eurasian Patent Convention(November 1, 1994)

索　引

使用说明：

1. 本索引按汉语拼音字母顺序排列；
2. 以数字、符号和英文字母开头的词条单列在前；
3. 收入索引的有知识产权组织、人物简介、主要法律法规、2000年颁布的司法解释、典型案例、图书杂志及知识产权网站、中国专利金奖项目、知识产权代理机构及2000年国家科学技术进步一等奖项目；
4. 索引词条后的数字为内容所在页码。

B

F

G

M

N

O

P

Q

R

S

W

X

Y

Z

图书在版编目(CIP)数据

中国知识产权年鉴.2000/马连元主编.—北京:知识产权出版社,2001.11

ISBN 7-80011-551-8

Ⅰ.中... Ⅱ.马… Ⅲ.知识产权—工作—中国—2000—年鉴 Ⅳ.D923.4-54

中国版本图书馆 CIP 数据核字(2001)第 077882 号

中国知识产权年鉴(2000)
国家知识产权局主办
责任编辑:向良穗　黄清明　雷嘉玲
责任校对:韩秀天　装帧设计:段维东　责任出版:刘军
知识产权出版社出版、发行
(北京市海淀区蓟门桥西土城路 6 号　邮编:100088)
http://www.cnipr.com
(010)62026893　(010)82086765 转 8252
知识产权出版社电子制印中心印刷
新华书店经销
2001 年 11 月第一版　2001 年 11 月第一次印刷
787mm×1092mm　1/16　印张:36.75　彩插印张:5
字数:1350 千字
印数:1～3 000 册
ISBN 7-80011-551-8/Z·402
定价:160.00 元
如有印装质量问题,本社负责调换